图书在版编目（CIP）数据

河北经济年鉴. 2018：汉英对照 / 河北省人民政府办公厅，河北省统计局，河北省社会科学院编. -- 北京：中国统计出版社，2018.12
ISBN 978-7-5037-8542-9

Ⅰ. ①河… Ⅱ. ①河… ②河… ③河… Ⅲ. ①地方经济－河北－2018－年鉴－汉、英 Ⅳ. ①F127.22-54

中国版本图书馆 CIP 数据核字(2018)第 154949 号

河北经济年鉴-2018

作　　者/河北省人民政府办公厅　河北省统计局　河北省社会科学院
责任编辑/李　冲　谢英欣　潘保海
装帧设计/黄　晨　郝　巍
出版发行/中国统计出版社
通信地址/北京市丰台区西三环南路甲 6 号　邮政编码/100073
电　　话/邮购（010）63376909　书店（010）68783171
网　　址/http://www.zgtjcbs.com/
印　　刷/河北鑫兆源印刷有限公司
经　　销/新华书店
开　　本/889mm×1194 mm　1/16
字　　数/1683 千字
印　　张/41.75
版　　别/2018 年 12 月第 1 版
版　　次/2018 年 12 月第 1 次印刷
定　　价/380.00 元

本书附同版本 CD-ROM 一张，光盘内容以书面文字为准。
如有印装差错，由本社发行部调换。

编 辑 说 明

《河北经济年鉴—2018》是本书出版以来的第 34 卷，主要记载了 2017 年河北省经济社会发展的业绩与历程。

2017 年，河北省处于重大历史机遇集中期、各种优势有效释放期、新旧动能转换紧要期和发展跨越提升有利期。河北省委、省政府认真贯彻落实国家宏观调控政策，牢牢把握河北省发展的阶段性特征，坚持以新发展理念谋篇布局，以创新、改革、开放、融合、转型为着力点，深化供给侧结构性改革，推动产业转型升级和经济结构战略性调整，经济运行呈现稳中有进、稳中向好，重大战略实施开创新局面，产业转型升级取得新进展，创新驱动发展呈现新气象，深化改革开放迈出新步伐，生态环境质量实现新改善，人民生活水平得到新提升。但发展中还存在不少困难和问题，主要是结构性矛盾依然突出、新旧动能转换不快、生态环境治理任重道远、风险隐患不容忽视、民生领域仍有短板、营商环境尚需改善。本卷对此都尽量予以全面、系统、忠实地记载。

本年鉴作为中国统计出版社出版的省级年鉴系列丛书之一，在总体结构和指标体系上，继续与国家和各省市保持规范、统一。统计资料篇的数字大部分来自年度统计报表，部分来自抽样调查。由于多种原因，其他篇的个别数字，可能与统计资料篇不相吻合，使用时应以后者为依据。读者在使用本年鉴统计资料时，如有不明之处，请参阅统计资料篇的使用说明和主要统计指标解释。

此外，2017 年，河北省积极落实京津冀协同发展重大国家战略，京津冀协同发展成效日益显现。为便于各界人士进一步了解、研究京津冀协同发展状况，本卷在 2015、2016、2017 卷基础上，继续推出了“京津冀主要指标”，以飨读者。

如有错误或不当之处，恳请读者批评指正。

《河北经济年鉴》编辑部

2018 年 12 月

《河北经济年鉴—2018》编委会、编辑人员
名　　单

徐拥政　石家庄市人民政府常务副秘书长
遇建军　承德市人民政府副秘书长
张文浩　张家口市人民政府副秘书长
张建江　秦皇岛市人民政府副秘书长
任艾泉　唐山市人民政府副秘书长
李清涛　廊坊市人民政府副秘书长
张　娓　保定市人民政府副秘书长
陈瑞龙　沧州市人民政府副秘书长
袁向前　衡水市人民政府副秘书长
邢文全　邢台市人民政府常务副秘书长
魏彦君　邯郸市人民政府常务副秘书长

主　编　吴晓华　王素君　彭建强

副主编　谢英欣　潘保海　李　军　陈　璐　杨志敏

编辑部主　任　杨志敏

编辑部副主任　王俊峰　杜荣水

编　辑　杜荣水　任玉凤　王建新　张　妍　张胜利　邹玲芳

装帧设计　黄　晨　郝　巍

特约编辑（以姓氏笔画为序）

于学芝　马金雷　马学林　王同军　王如楠　王志军　王爱民
王锦慧　甘　露　田芙菁　任树怀　刘　鹏　刘新彦　刘新霞
孙　丽　孙建立　杜胜奎　李　杰　李　卓　李永宽　李志平
李荣旭　李柏霖　李振华　杨　志　杨　旸　杨自新　杨素玲
杨淑梅　杨朝霞　汪　洋　宋建华　张丹雨　张忠义　张金花
张宝立　张紫葳　陈志杰　赵亚旗　赵建明　赵紫鹏　胡岳鹏
柳建勋　徐庆书　高立成　郭云泽　郭晓丽　姬廷祥　梁立志
梁爱红　程　伟　曾玉玲　路素英　霍河生　戴占阳

目 录

特 载

综合篇

产业篇

区域经济篇

改革开放篇

统计资料篇

各县概况

京津冀主要指标

主要统计指标解释

CONTENTS

Featured Articles

General Survey

Industries

Regional Economy

Reform and Opening to the Outside World

Statistics Data

Real Estate

Transportation, Post and Telecommunications Services

Wholesale and Retail Trades

Hotels, Catering Services and Tourism

Foreign Trade and Economic Cooperation

Explanatory Notes on Main Statistical Indicators

特载

FEATURED ARTICLES

政府工作报告

——2018年1月25日在河北省第十三届人民代表大会第一次会议上

河北省人民政府省长 许勤

各位代表：

现在，我代表省人民政府，向大会报告工作，请予审议，并请各位省政协委员和列席人员提出意见。

一、过去五年工作回顾

党的十八大以来的五年，是我国经济社会发展取得历史性成就、发生历史性变革的五年，是河北发展进程中机遇叠加、极不平凡的五年，是我省去产能、调结构、治污染付出艰辛努力、取得重大进展的五年。在习近平新时代中国特色社会主义思想指导下，在以习近平同志为核心的党中央坚强领导下，我们坚决落实总书记“四个加快”“六个扎实”“三个扎扎实实”等重要指示，认真贯彻党中央、国务院和省委的决策部署，较好完成了省十二届人大一次会议确定的目标任务，为决胜全面建成小康社会，加快建设新时代经济强省、美丽河北奠定了坚实基础。

五年来，我们落实新发展理念，综合实力大幅提升。全省生产总值从2012年的2.7万亿元增加到2017年的3.6万亿元，规模以上工业增加值从11069.6亿元增加到13002.7亿元，一般公共预算收入从2084.3亿元增加到3233.3亿元，三次产业结构由11.9∶52.9∶35.2调整到9.8∶48.4∶41.8。农业现代化稳步推进，粮食生产能力稳定在670亿斤以上，奶业振兴成效明显。基础设施建设水平全面跃升，南水北调中线、引黄入冀补淀等重大水利工程建成，石济、津秦、津保客专通车运营，高速公路通车总里程达到6531公里，石家庄地铁开通运营，张家口、承德、秦皇岛北戴河机场建成通航，港口吞吐量突破10.6亿吨，发展的支撑条件进一步增强。

五年来，我们落实京津冀协同发展重大国家战略，在对接京津、服务京津中加快发展自己。习近平总书记亲自谋划、亲自推动京津冀协同发展，开辟了河北发展新纪元。京津冀协同发展成效日益显现，承接北京非首都功能扎实推进，交通、生态环保、产业三个重点领域率先突破，公共服务共建共享步伐加快，京津冀协同发展近期目标顺利完成。党中央、国务院决定设立雄安新区，是千年大计、国家大事。新区规划建设稳扎稳打，开局起步有力有序有效。北京携手张家口成功获得2022年冬奥会、冬残奥会举办权，规划编制、场馆和基础设施建设等筹办工作进展顺利，冰雪运动和冰雪产业发展势头良好。雄安新区与北京城市副中心共同构筑首都发展的两翼，与筹办冬奥会带动张北地区发展形成我省的两翼。京津冀协同发展为河北注入了强大发展动能。

五年来，我们落实“坚决去、主动调、加快转”，在改革创新、开放合作中加快新旧动能转换。以化解钢铁产能为“牛鼻子”，“6643”工程超额完成，累计压减炼钢产能6993万吨、炼铁产能6442万吨、水泥产能7057万吨、煤炭消费量4400万吨、平板玻璃7173万重量箱；装备制造业增加值对规模以上工业增长的贡献率由18.9%提高到88.9%，服务业对经济增长的贡献率由30.9%提高到69.3%。蹄疾步稳推进758项改革，努力破除体制机制弊端，全社会发展活力明显增强，全省各类市场主体由201万户增加到470万户。落实国家税收优惠政策，累计为企业减负1400亿元。“营改增”全面推开，水资源税改革、供销社综合改革等国家级改革试点探索了可复制可推广的经验。着力培育新动能，高新技术产业增加值从1301亿元增加到2392.5亿元，科技进步贡献率由44.2%提高到53%，大众创业万众创新加快发展。主动融入“一带一路”建设，开通至欧洲和中亚4条国际班列线路，在唐山成功举办第三次中国—中东欧地方领导人会议和第十届中国—拉美企业家峰会，中美友谊示范农场落户承德，河钢塞尔维亚钢厂成为我国与中东欧合作的标志性工程。五年累计实际利用外资381.4亿美元，完成对外投资122.1亿元。

五年来，我们落实“天蓝、地绿、水秀”要求，在治理污染、修复生态中加快营造良好人居环境。以前所未有的决心和力度推进生态文明建设，深入开展蓝天、碧水、净土三大行动，超额完成大气“国十条”确定的目标任务，全省设区市PM2.5平均浓度较2013年下降39.8%。水环境质量得到改善，土壤污染治理与修复试点启动实施。能源消耗强度显著下降，预计全省单位生产总值能耗五年下降24.4%。实施重大生态保护和修复工程，地下水超采综合治理形成压采能力33.6亿立方米，新增国土绿化面积2561万亩、森林覆盖率由27%提高到33%。“牢记使命、艰苦创业、绿色发展”的塞罕坝精神，激励我们更加坚定地走好生态优先、可持续发展之路。

五年来，我们落实以人民为中心的发展思想，在脱贫攻坚、推进共享中努力提高人民生活水平。把增进民生福祉作为发展的根本目的，各项民生事业加快发展。全省城乡居民人均可支配收入达到30548元和12881元，分别增长51.1%和57.9%。坚持精准扶贫、精准脱贫，全省五年累计脱贫497万人，贫困发生率由2013年的9.84%降低到1.86%。贫困地区基础设施和公共服务持续改善，贫困群众生产生活条件发生显著变化。五年城镇新增就业376万人。教育事业全面发展，高等教育毛入学率提高17.5个百分点。养老、医疗保险实现制度全覆盖，健康河北建设全面启动，公立医院综合改革、分级诊疗等医药卫生体制改革陆续铺开，中医药事业加快发展。文化事业和文化产业迈上新台阶，现代文化公共服务体系建设深入推进，体育事业繁荣发展。建设保障性住房101.8万套。防灾减灾救灾能力不断提升。社会治理和法治建设进一步加强，社会大局和谐稳定。国防动员、双拥共建和优抚安置工作不断加强。民族宗教、新闻出版广电、外事侨务、人民防空、史志档案、气象地震、地理信息、援藏援疆、妇女儿童、老龄、残疾人等事业都取得了新进步。

过去的五年，我们坚决落实全面从严治党的战略部署，着力推进政府自身建设，“放管服”改革不断深化，省级行政许可事项由1495项减至434项、非行政许可全部取消。法治政府建设迈出坚实步伐，忠实履行宪法和法律赋予的职责，自觉接受人大法律监督、工作监督和政协民主监督，五年办理人大代表建议2946件、政协提案2914件。扎实开展群众路线教育实践活动、“三严三实”专题教育、“两学一做”学习教育，认真落实中央八项规定精神，坚持不懈纠正“四风”，加大廉政建设和反腐败工作力度。政府系统职能转变、作风建设取得显著成效。

各位代表，刚刚过去的2017年，我们把学习宣传贯彻党的十九大精神作为首要政治任务，坚决落实习近平新时代中国特色社会主义思想和总书记对河北的重要指示，树牢“四个意识”，坚定“四个自信”，全面贯彻省第九次党代会和省委九届五次、六次全会精神，牢牢把握我省发展的阶段性特征，坚持以新发展理念谋篇布局，以创新、改革、开放、融合、质量为着力点，深化供给侧结构性改革，推动产业转型升级和经济结构战略性调整，研究制定系列三年行动计划和若干配套方案，精准施策、多点发力，经济运行稳中有进、稳中向好。全省生产总值比上年增长6.7%，一般公共预算收入增长13.5%，固定资产投资增长5.3%，社会消费品零售总额增长10.7%，出口总值增长5.5%，居民消费价格上涨1.7%。

（一）重大战略实施开创新局面。按照“世界眼光、国际标准、中国特色、高点定位”要求，组织国际国内专家和一流团队，高强度、高密度编制雄安新区各项规划。深化改革创新政策研究，强化土地、房地产等管控，大力实施白洋淀及上游流域环境综合整治，新区管理机构和投融资平台组建运行。京津冀协同发展116项年度重点任务基本完成，京唐城际铁路、津石高速公路开工建设，一批产业项目建成投产。贯彻“绿色办奥、开放办奥、共享办奥、廉洁办奥”理念，高质量编制张家口赛区场馆和相关建设规划并获国家批准，43个项目开工建设，冬奥会、冬残奥会筹办工作扎实推进。

（二）产业转型升级取得新进展。在市场价格回升的形势下，我们去产能决心不变、力度不减，全年共压减炼钢产能2555万吨、炼铁2066万吨、煤炭1125万吨、水泥261万吨、平板玻璃500万重量箱、焦炭808万吨、火电68.4万千瓦，全面取缔“地条钢”。以工业设计为突破口，推动传统产业提质增效，六大高耗能行业增加值持续下降。电子信息、生物医药等战略性新兴产业快速发展，服务业对经济增长贡献率超过65%，旅游业总收入突破6000亿元、增长31.9%。农业结构不断优化，粮食总产突破700亿斤，农业产业化经营率预计达到67.5%。

（三）创新驱动发展呈现新气象。创新工作思路，完善政策体系，出台实施《加快推进科技创新的若干措施》等政策文件，加大产业核心技术攻关力度，强化高新技术企业培育，实施新一轮科技型中小企业成长计划，深入开展京津冀协同创新，打造产学研合作和创新平台，创新型河北建设扎实推进。全年新增国家级高新技术企业1079家、是上年的2.5倍，新增科技型中小企业超过1万家。新建省级重点实验室、工程实验室、工程研究中心、产业技术研究院131个，新增院士工作站54个。10项科研成果获得2017年度国家科学技术奖，燕山大学田永君教授和河北医科大学张英泽教授分别当选中国科学院、中国工程院院士。石保廊全面创新改革试验区、京南国家科技成果转移转化示范区建设取得新成效。

（四）深化改革开放迈出新步伐。认真落实中央和省委改革部署，完成年度改革任务141项。以深化“放管服”改革优化营商环境，取消行政许可、行政审批中介服务事项56项，行政审批局实现了市县全覆盖。全面实行“三十八证合一”，全年新增市场主体108万户。新增沪深交易所上市企业4家、境外上市企业3家、“新三板”挂牌企业59家。公立医院全面实行药品零差率销售。农村土地承包经营权确权任务基本完成，“三权分置”改革稳步推进。全方位扩大对外开放，实际利用外资增长9.7%，对外投资增长12.7%，进出口值增长9.7%，开发区改革发展全面提速，省级以上开发区主营业务收入增长25.7%。

（五）生态环境质量实现新改善。坚持科学治污、精准治污、铁腕治污，严格落实大气污染综合治理“1+18”政策体系，深入开展秋冬季攻坚行动，统筹压煤、降尘、控车、减排、增绿，推进气代煤、电代煤，整治

“散乱污”企业10.8万家，全省PM2.5平均浓度下降7.1%，秋冬季空气质量为五年来最好。加强水、土壤污染治理，排查整治纳污坑塘，全面建立河长制，39条城市黑臭水体得到整治。科学划定生态保护红线，推进太行山、燕山绿化攻坚，全年完成植树造林536万亩，塞罕坝林场荣获联合国环保最高荣誉“地球卫士奖”，在荒漠化治理等方面为世界贡献了中国智慧、展现了中国精神。在全国率先完成省以下环保机构监测监察执法垂直管理改革，出台生态环境保护责任规定和责任清单，实现省级环保督察全覆盖，持续开展“利剑斩污”等执法检查行动，严厉打击和震慑了环境违法犯罪行为。

（六）人民生活水平得到新提升。全省财政用于民生支出5294.2亿元、增长9.3%，十件民生实事全部完成。扎扎实实推进脱贫攻坚，完成贫困群众建档立卡“回头看”，加快产业扶贫和易地扶贫搬迁，78.8万贫困人口稳定脱贫。多渠道拓宽就业，城镇新增就业82万人，城乡居民收入均增长8.1%。养老保险待遇水平稳步提高，城乡居民基本医保制度实现统一，异地就医实现跨省直接结算。全省棚户区改造新开工20.2万套，启动农村危房改造9.3万户。教育、卫生、文化、体育等各项社会事业全面发展。石家庄、秦皇岛、邯郸、正定、迁安入选第五届全国文明城市，唐山蝉联全国文明城市称号。食品药品安全监管力度加大，集中开展安全生产隐患大排查大整治，安全生产形势总体平稳。平安河北建设扎实推进，首都政治“护城河”作用进一步发挥。

各位代表，过去五年取得的成就，是习近平新时代中国特色社会主义思想领航定向、伟大实践的结果，是以习近平同志为核心的党中央英明决策、坚强领导的结果，是总书记“四个加快”“六个扎实”“三个扎扎实实”等重要指示在河北坚决贯彻、落地生根的结果，是全省人民勠力同心、砥砺奋进的结果。在此，我代表省人民政府，向全省人民，向人大代表、政协委员，向各民主党派、工商联、无党派人士和人民团体，向驻冀人民解放军、武警官兵和政法干警，向中央各部门及驻冀单位，向所有关心支持河北改革发展的港澳台同胞、海外侨胞和国际友人，致以崇高的敬意和衷心的感谢！

各位代表，安不忘危、稳不忘忧。我们清醒认识到，我省发展不平衡不充分的问题尚未根本解决，我们的工作还存在许多不足。一是结构性矛盾依然突出。产业结构重，资源消耗大，环境代价高，发展质量和效益偏低；区域发展不平衡，城镇化率和城镇发展质量不高。二是新旧动能转换不快。科技创新能力弱，新兴产业尚未形成有效支撑，传统产业改造升级任务艰巨，改革开放亟待突破。三是生态环境治理任重道远。大气、水、土壤环境问题依然严峻，生态保护和修复任务繁重。四是风险隐患不容忽视。部分地区政府债务偏高，违法违规金融活动时有发生，安全发展面临不少挑战。五是民生领域仍有短板。脱贫攻坚任务重，就业、教育、医疗、养老等方面还不能很好满足人民群众的需要。六是营商环境尚需改善。政府部门服务质量和效率有待进一步提高，一些工作人员不担当不作为，“四风”问题和消极腐败现象不同程度存在。此外，2017年规模以上工业增加值、固定资产投资、高新技术产业增加值、研发经费支出占生产总值的比重4项指标，没有实现预期目标。

当前，我省“三期”叠加、转型升级、爬坡过坎的阶段性特征明显，许多深层次的矛盾和问题亟待破解，应予高度重视和警醒。如果高消耗、高污染、高排放产业压不下去，环境资源将难以为继；如果新兴产业顶不上来，经济增长将难以为继；如果风险隐患处理不好，稳定发展将难以为继；如果质量效益提不起来，民生保障将难以为继。我们必须解放思想、转变观念，增强忧患意识，突出问题导向，勇于攻坚克难，推动经济社会有质量、可持续健康发展。

各位代表，习近平总书记对河北知之深、爱之切，党的十八大以来六次视察河北并作出一系列重要指示，这是我们极为宝贵的精神财富，是我们富民强省的根本遵循，是我们奋勇前行的力量源泉。我们深切体会到，加快建设经济强省、美丽河北：**必须坚定不移维护以习近平同志为核心的党中央权威和集中统一领导，**树牢“四个意识”，坚定“四个自信”，坚决维护和捍卫习近平总书记在党中央和全党的核心地位，坚决在思想上政治上行动上同以习近平同志为核心的党中央保持高度一致，坚决当好首都政治“护城河”。**必须坚定不移以习近平新时代中国特色社会主义思想统领各项工作，**坚持把总书记的战略思想和对河北的重要指示，作为最根本的政治引领、最强大的思想武器、最重要的行动指南，始终坚持用习近平新时代中国特色社会主义思想武装头脑、指导实践、推动工作。**必须坚定不移践行以人民为中心的发展思想，**始终把人民群众放在心中最高位置，以人民对美好生活的向往为奋斗目标，以造福人民为最大政绩，以人民的获得感、幸福感、安全感为检验发展质量的试金石，坚决打赢精准脱贫攻坚战，让人民生活更加幸福美满。**必须坚定不移贯彻落实新发展理念，**牢牢扭住发展第一要务，坚决端正发展观念，摒弃惯性思维和路径依赖，积极践行创新、协调、绿色、开放、共享的发展理念，努力实现更高质量、更有效率、更加公平、更可持续的发展。**必须坚定不移深化供给侧结构性改革，**把提高供给体系质量作为主攻方向，坚决去、主动调、加快转，优化存量资源配置、扩大优质增量供给，加快经济结构战略性调整，推动河北制造向河北创造、河北速度向河北质量、河北产品向河北品牌转变。**必须坚定不移贯彻全面从严治党要求，**坚持党对一切工作的领导，严守政治纪律和政治规矩，自觉贯彻落实省委决策部署，自觉接受人大、政协和社会各界监督，深入推进政府系统党风廉政建设和反腐败工作，从严治政，担当尽责，扎扎实实干好工作。只要我们始终保持永不懈怠的精神状态和一往无前的奋斗姿态，就一定能够拥抱新时代、踏上新征程、创造新业绩。

二、今后五年政府工作总体思路

中国特色社会主义进入新时代，河北站在了新的历史起点上。党的十九大描绘了中华民族伟大复兴的宏伟蓝图，省委九届五次、六次全会开启了新时代经济强省、美丽河北建设的新篇章，京津冀协同发展、规划建设雄安新区、筹办冬奥会为我省提供了巨大发展势能，河北发展的前景无限光明。我们必须牢牢把握历史性窗口期，紧紧抓住战略性机遇期，乘势而上、拼搏进取，不断把河北各项事业推向前进。

今后五年政府工作的总体要求是：**全面贯彻党的十九大精神，坚持以习近平新时代中国特色社会主义思想为指导，认真落实习近平总书记“四个加快”“六个扎实”“三个扎扎实实”等重要指示，坚持稳中求进工作总基调，坚持新发展理念，紧扣我国社会主要矛盾变化，按照高质量发展的根本要求，统筹推进“五位一体”总体布局和协调推进“四个全面”战略布局，深化供给侧结构性改革，加快建设现代化经济体系，坚持创新竞进、协同融合、改革开放、转型升级、提质增效、改善民生、优化环境，促进经济社会持续健康发展，确保如期全面建成小康社会，在高质量发展中加快建设新时代经济强省、美丽河北，为社会主义现代化强国建设作出河北贡献。**

各位代表，进入新时代，我国社会主要矛盾已经转化为人民日益增长的美好生活需要和不平衡不充分的发展之间的矛盾，我国经济发展已由高速增长阶段转向高质量发展阶段。我们必须充分认识到，社会主要矛盾的变化是关系全局的历史性变化，对经济社会发展各项工作提出了新要求；高质量发展是全面建成小康社会、全面建设社会主义现代化国家的必然要求。我们必须主动适应我国社会主要矛盾的变化和高质量发展的阶段性特征，立足我省经济社会发展现实需求和长远目标，统一思想、凝聚共识，创新思路、完善举措，坚持质量第一、效益优先，加快形成推动高质量发展的指标体系、政策体系、标准体系、统计体系、绩效评价、政绩考核，创优制度环境，以高质量发展引领转型升级，以高质量发展打造竞争新优势，以高质量发展赢得未来。

（一）更加注重高质量创新发展。创新是高质量发展的第一动力，高质量是创新发展的必然结果。大力实施创新驱动发展战略，建设创新河北。构建以科技创新为核心、多领域互动、多要素联动的综合创新生态体系，建立以企业为主体、市场为导向、产学研深度融合的技术创新体系，统筹企业创新、区域创新、协同创新三大重点，构建创新能力、创新人才、创新环境三大支撑，吸引国内外创新资源加速向河北集聚。实施科教兴冀战略、人才强冀战略，培养人才、引进人才、留住人才。纵深推进重点领域和关键环节改革，不断提高劳动效率、资本效率、土地效率、资源效率、环境效率。深化供给侧结构性改革，持续抓好“三去一降一补”，加快建设制造强省、网络强省，推动经济发展质量变革、效率变革、动力变革。努力构建实体经济、科技创新、现代金融、人力资源协同发展的产业体系，不断增强经济创新力和竞争力。

（二）更加注重高质量协调发展。协调是高质量发展的内生特点，高质量是协调发展的基本要求。大力推进区域协调发展，以疏解北京非首都功能为“牛鼻子”推动京津冀协同发展，加快“三区一基地”建设。举全省之力高起点规划、高标准建设雄安新区，努力打造千秋之城、未来之城、典范之城。坚决贯彻“四个办奥”理念，确保办成一届精彩、非凡、卓越的冬奥盛会，努力交出冬奥会筹办和本地发展两份优异答卷。优化经济发展空间布局，加快发展港口经济、城市经济、县域经济，努力打造沿海经济带，培育区域新的增长极。大力推进城乡协调发展，实施乡村振兴战略，全面提升农业农村高质量发展水平，建立健全城乡融合发展体制机制和政策体系，形成工农互促、城乡互补、全面融合、共同繁荣的新型工农城乡关系。大力推进经济社会协调发展，更好地满足人民群众在经济、政治、文化、社会、生态等方面日益增长的需要，促进人的全面发展、社会全面进步。

（三）更加注重高质量绿色发展。绿色是高质量发展的普遍形态，高质量是绿色发展的内在属性。自觉践行绿水青山就是金山银山的理念，坚持生态优先、绿色发展，弘扬塞罕坝精神，实施可持续发展战略，加快建设天蓝、地绿、水秀的美丽河北。持续实施大气污染综合治理攻坚行动，打赢蓝天保卫战，增强人民群众的蓝天幸福感。加快水污染防治，强化土壤污染管控和修复。统筹山水林田湖草系统治理，实行最严格的生态环境保护制度，严守生态保护红线、永久基本农田、城镇开发边界三条控制线，提升生态系统质量和稳定性。加快形成节约资源和保护环境的空间格局、产业结构、生产方式、生活方式，促进人与自然和谐共生。

（四）更加注重高质量开放发展。开放是高质量发展的必由之路，高质量是开放发展的重要标志。实施互利共赢的开放带动战略，坚持引进来和走出去并重，加快形成新时代河北对外开放新格局。优化外贸结构，积极培育对外贸易新业态新模式，推进贸易强省建设。全面提升利用国际国内两个市场、两种资源的质量和水平，加强与发达国家和地区高端合作，拓展与新兴市场国家和发展中国家深度合作，构建京津冀协同开放共同体。建立对接国际规则的开放环境，保护外商投资合法权益，发展更高质量的开放型经济。主动融入“一带一路”建设，建立面向全球的生产、贸易、服务网络，打造国际产能合作新样板，形成参与国际分工合作的河北方阵，为构建人类命运共同体作出河北贡献。

（五）更加注重高质量共享发展。共享是高质量发展的根本目的，高质量是共享发展的不懈追求。始终把人民利益摆在至高无上的地位，让改革发展成果更多更公平惠及全省人民，不断满足人民日益增长的美好生活需要。坚持多谋民生之利、多解民生之忧，在发展中补齐民生短板，在幼有所育、学有所教、劳有所得、病有所医、老有所养、住有所居、弱有所扶上不断取得新进展。坚持精准扶贫、精准脱贫，注重扶贫同扶志、扶智相结合，重点攻克深度贫困地区脱贫任务，确保贫困人口和贫困地区同全省一道进入全面小康社会。大力培育和践行社会主义核心价值观，扎实开展群众性精神文明创建活动。完善公共文化服务体系，加快发展现代文化体育事业和产业。把握大局、守住底线，积极稳妥防范化解各类风险隐患。提高防灾减灾救灾工作制度化、规范化、现代化水平。加强和创新社会治理，规范发展社会组织，维护社会和谐稳定，推进更高质量的平安河北建设，打造更加牢固的首都政治“护城河”。

各位代表，机遇千载难逢，使命催人奋进。我们一定以时不我待、只争朝夕的精神，勇于担当、抓铁有痕的劲头，全力推动党的十九大精神和习近平新时代中国特色社会主义思想在河北落地生根，开花结果，造福人民。

三、2018年目标任务和主要工作

今年是贯彻党的十九大精神的开局之年，是改革开放40周年，是决胜全面建成小康社会、实施“十三五”规划承上启下的关键一年。我们要全面贯彻习近平新时代中国特色社会主义思想和党的十九大精神，认真落实党的十九届二中全会、中央经济工作会议、中央农村工作会议精神，按照省委九届五次、六次全会决策部署，牢牢把握社会主要矛盾的新变化和高质量发展的根本要求，细化落实“抓好三件大事、打好六场硬仗、实施八项战略、深化九项改革”基本思路，在高质量发展中着力推动创新驱动、深化改革、扩大开放、军民融合、转型升级，统筹做好稳增长、促改革、调结构、治污染、惠民生、防风险各项工作，促进经济社会持续健康发展。

贯彻落实习近平新时代中国特色社会主义经济思想，做好今年工作，要切实把握“稳、进、好、准、度”。**“稳”**就是稳增长稳运行，确保经济运行保持在合理区间，确保社会大局和谐稳定。**“进”**就是加快转方式调结构，全力深化供给侧结构性改革，推进经济结构战略性调整，加快新旧动能转换。**“好”**就是追求高质量高效益，以大质量观推动高质量发展，着力增强经济质量优势。**“准”**就是科学决策精准施策，坚持问题导向、目标导向，提高政策的针对性、实施的有效性。**“度”**就是掌握火候把握分寸，审时度势、深思熟虑、尊重规律，切实把握好工作节奏和力度。在具体工作中，我们要夯实“稳”的基础，明确“进”的方向，追求“好”的目标，落实“准”的要求，把握“度”的要领，推动经济社会发展提质增效、行稳致远。

今年经济社会发展的主要预期目标是：生产总值增长6.5%左右，一般公共预算收入增长7%，规模以上工业增加值增长5%左右，固定资产投资增长6%左右，社会消费品零售总额增长10%左右，出口总值增长5%左右；城乡居民人均可支配收入分别增长7%左右和7.5%左右；PM2.5平均浓度下降5%，化学需氧量、二氧化硫、氨氮、氮氧化物减排完成国家下达的目标任务；万元生产总值能耗下降4%；城镇登记失业率控制在4.5%以内；居民消费价格指数涨幅控制在3%左右。上述目标的确定，既与我省“十三五”规划目标相衔接，又为调整优化经济结构、实现高质量发展留出空间。

实现今年的目标任务，要抓好十个方面重点工作：

*（一）扎实推进京津冀协同发展。*按照政策精准化、措施精细化、协调机制化的要求，深入实施重大国家战略，统筹区域布局、优化要素配置，努力打造区域发展新优势。

推动协同发展向深度广度拓展。以疏解北京非首都功能为“牛鼻子”，落实好协同发展年度任务。制定新一轮重点领域三年滚动计划方案，力促在交通、生态环保、产业三个重点领域取得新突破。制定实施全省现代化综合交通体系规划，推进北京新机场、张呼铁路、津石高速公路等项目建设，开工建设石衡高速公路，力争太行山高速公路建成通车。完善区域生态信息共享和补偿机制，抓好京津冀水源涵养林、永定河综合治理等生态工程。开展高端高新产业转移对接，推进廊坊京东电子商务、保定新发地物流园二期工程等重点项目。启动北京新机场临空经济区建设，支持曹妃甸区、渤海新区、正定新区、北戴河新区、衡水工业新区、冀南新区、邢东新区等重大战略平台精准定位、错位承接。支持北京城市副中心建设，推动廊坊北三县与北京通州规划整合。深化与京津在公共服务领域的共建共享，加快公共服务均等化进程。

高起点规划高标准建设雄安新区。按照打造贯彻落实新发展理念的创新发展示范区要求，精心抓好雄安新区规划落实。依托北京新机场和天津港、黄骅港，以及高速铁路、高速公路网络，构建立体式、现代化大交通格局。适时启动一批重点项目，推进京雄城际、荣乌新线、京雄高速公路建设，高质量实施造林绿化、白洋淀及上游环境综合整治等工程。深化住房、户籍、人才等制度改革，广泛吸引国内外优秀人才。制定支持政策，建立长期稳定的资金筹措机制。抓好新区及周边管控。集中承接北京非首都功能疏解，积极引进高端高新产业，促成一批医院、学校等优质公共资源入驻新区。

扎扎实实做好冬奥会筹办工作。加强组织领导和统筹协调，集各方之智，聚各界之力，确保按时优质完成各项任务。加快古杨树场馆群、云顶滑雪公园、崇礼铁路等在建场馆和配套设施建设，开工建设张家口奥运村、张家口南综合客运枢纽等项目，推进京张高铁、延崇高速等重大交通项目。力争年内张家口市林木绿化率达到50%。办好国内外重大冰雪赛事，制定实施冰雪产业发展规划，加快培养冰雪人才，推广普及冰雪运动，充分放大冬奥效应、带动张北地区发展。

调整优化区域产业布局，坚持协同融合，统筹全省生产力空间布局，推动区域协调联动发展。研究实施全省区域产业布局规划方案，支持各地发挥优势、找准定位、突出特色、错位发展。环京津地区，着力做优承接文章，大力发展电子信息、生物产业、先进制造、现代物流等高新高端产业，培育壮大创新型经济。沿海地区，加快港口功能升级和产业集聚，大力发展海洋经济，打造沿海经济带，培育壮大外向型经济。张承地区，着力建设可再生能源示范区、生态文明先行示范区和京津冀水源涵养功能区，发展绿色、低碳、环保产业，培育壮大绿色经济。冀中南地区，坚持开放和开发并举，大力发展战略性新兴产业，推动产业层次迈向中高端，努力实现开放型经济和内联式发展互促并进。支持省会现代化、国际化建设，打造区域中心城市，增强辐射带动能力。

提高新型城镇化质量。实施新一轮城市总体规划修编，推进“五级两规一导则”体系建设。深入开展“多城同创”，办好省第二届（秦皇岛）园林博览会。提升城市综合承载能力，加强精细化管理。持续开展县城建设攻坚行动，稳步推进特色小城镇建设，年内常住人口城镇化率达到56.5%左右。大力发展县域经济，制定县域经济发展规划和激励政策，统筹城镇建设与园区经济，培育壮大特色主导产业，促进产城教融合发展，加强财源建设，提升综合实力，争取更多的县进入全国百强县行列。

（二）推动经济稳中有进持续向好。切实把推动发展的着力点转到质量和效益上来，增强经济增长的内生活力和动力。以高质量投资优化供给结构。推进重点项目建设提质增效，突出抓好战略性新兴产业、现代服务业和传统产业改造等领域的投资，实施省级440项、市级3000项重点项目，年内完成投资8000亿元左右。以高质量供给扩大消费需求。实施消费促进、电子商务进农村进社区、商贸物流配送体系建设、实体商业转型升级四大专项行动，扩大升级信息消费，加快发展文化体育、健康养老等服务性消费。创建全域旅游示范省，办好第三届省旅游产业发展大会，力争旅游业总收入增长20%以上。以高质量出口带动产业升级。扶持百强出口企业和潜力较大企业，培育一批高技术、高附加值出口领军企业。打造100个以上县域特色产业外贸基地。积极申建国家跨境电商综合试验区，布局建设海外仓和河北名优商品展销中心。以高质量服务壮大实体经济。把发展经济的着力点放在实体经济上，增强金融服务实体经济能力，推动土地、技术、人才等要素资源向实体经济集聚。全面落实重点企业联系服务“五个一”机制，扶优做强骨干企业，培育壮大一批中小微企业。加快发展民营经济，放宽民间资本进入领域，释放民间投资活力。打好优化营商环境硬仗，认真落实《优化营商环境条例》，营造依法保护市场主体合法权益的法治环境、公平竞争的市场环境、鼓励创业的社会环境。企业家是财富的创造者、创新活动的实践者，要尊重、支持和爱护企业家，激发和保护企业家精神，构建亲清新型政商关系。大力支持本土企业家热爱家乡、发展家乡，真诚欢迎外埠企业家投资河北、共谋发展，使广大企业家感受到亲商、安商、富商的河北温度。

（三）加快建设创新河北。惟创新者进、惟创新者强、惟创新者胜。坚持创新竞进，切实把科技创新摆在全面创新的核心位置，深入落实《加快推进科技创新的若干措施》和科技创新三年行动计划，年内研发经费支出占生产总值比重提高到1.43%左右。加强创新平台建设。实施创新机构倍增计划，争取国家实验室、重大科技基础设施等布局河北、布局雄安新区，大力培育省级重点实验室、工程实验室、工程研究中心、技术创新中心、企业技术中心，年内新增省级以上创新平台275家。培育壮大创新主体。实施高新技术企业和科技型中小企业双倍增计划，打造产业链配套的创新型产业集群，培育壮大产业技术创新联盟，加快规模以上工业企业研发机构建设，年内新增高新技术企业1000家、科技型中小企业1万家。支持保定、廊坊创建国家创新型城市，实施县域创新驱动发展跃升工程，力争创新型县（市、区）达到35个。促进科技成果转化。聚焦战略性新兴产业和未来产业，全链条设计、一体化实施重大科技成果转化专项。推进技术转移体系建设，规划建设科技成果展示国际化平台，完善区域性行业性技术市场，加快建设石保廊全面创新改革试验区、京南国家科技成果转移转化示范区。全年技术交易额达到320亿元。全面释放“双创”活力。实施孵化器和众创空间倍增计划，建设一批创客空间、创业工场、创新创业社区，新增省级以上孵化器20家、众创空间80家以上。

（四）着力推动产业转型升级。调整产业结构势在必行、迫在眉睫，必须打好转型升级硬仗。要在“破”“立”“降”上下功夫，促进增量优质、存量优化，努力实现在破中立、在消中长。大力破除无效供给。制定实施去产能三年行动计划，坚持市场化、法治化手段，更加严格执行质量、环保、能耗、安全等法规标准，倒逼去产能行业向高端、优质、新兴产业发展，年内压减钢铁产能1000万吨以上、煤炭1062万吨、水泥100万吨、焦炭500万吨、平板玻璃500万重量箱、火电50万千瓦，钢铁“僵尸企业”全部出清。千方百计降成本。开展“降费减负”专项行动，落实“降税减证提标”三项措施，力争全年降低企业成本300亿元以上。改造提升传统产业。深入开展《中国制造2025》和“互联网+”行动，制定实施《加快推进工业转型升级建设现代化工业体系的指导意见》，滚动实施1000项重点技术改造项目，培育5个智能制造示范园区、100个省级智能工厂和数字化车间。认真落实支持工业设计发展的政策措施，打造“设计+”产业链，带动产品向高质量高附加值方向提升。促进新动能快速成长。落实战略性新兴产业发展三年行动计划，以大数据与物联网、人工智能与智能装备、高端装备制造等10个领域为主攻方向，实施高技术产业化、标准体系创建等六大工程，大力发展数字经济、共享经济、现代供应链等新业态新模式，打造新兴产业、未来产业局部强势。发展现代物流、电子商务、金融等现代服务业，推进服务业标准化，加快服务业扩规模提质量。加快军民融合发展。制定实施《加快推进军民融合发展的指导意见》，深化与涉军单位战略合作，支持军民融合关键技术研发，重点发展航空航天、先进装备制造等高新产业，加快推进光启新材料、华讯方舟太赫兹等项目，抓好27家国家级和省级军民融合产业示范园区建设，年内军民融合企业达到750家。

（五）深入推进质量强省建设。质量成就未来，没有质量就没有未来。要将质量理念固化为质量意识，内化为质量自觉，转化为质量行动。落实《开展质量提升行动加快质量强省建设的实施意见》，推动标准、质量、品牌、信誉联动提升，以高标准引领高质量、以高质量创建名品牌，以高标准、高质量、名品牌构建河北信誉。强化标准引领，着力打造经济社会全覆盖的新型标准体系，支持企业参与制定修订国际、国家、行业标准，培育一批在国内有影响力的标准领跑企业，促进新技术向新标准转化，年内主导或参与制定国家、国际标准90项以上。提高质量水平，组织开展制造业、消费品、服务业等质量提升十大专项行动，强化质量基础科研。全面实施质量管理提升“双千双百”工程，鼓励引导我省企业争创中国质量奖、中国工业大奖，培育更多“河北工匠”，增强行业和产品核心竞争力。加快品牌培育，继续推进千项新产品开发、千项品牌培育“双千”工程，创建全国知名品牌示范区，挖掘打造知名品牌和“百年老店”。完善诚信体系，整合信用信息，实现信息共享，健全守信联合激励和失信联合惩戒机制，引导市场主体以信誉赢得市场、赢得效益，增创发展新优势。

（六）加大重点领域改革力度。改革是活力之源，是破解发展难题的关键一招。认真落实中央的总体部署和顶层设计，确保改革举措落地见效。深化商事制度改革。以“照后减证”为关键推进“证照分离”改革试点，统筹推进“多证合一”改革，着力提升“双随机一公开”监管规范化、标准化水平。深化国有企业改革。继续抓好国企改革10项试点，加大混合所有制改革力度，推进省级经营性国有资产集中统一监管。深化投融资体制改革。减少政府审批核准，充分激发社会投资潜力。深化财税金融改革。全面深化绩效预算管理改革，推进省以下财政事权与支出责任划分改革，稳妥开展环保税改革。抓好农村信用社和城市商业银行改革，实施上市企业培育计划，力争更多的本土企业在沪深交易所和境外上市。深化科技体制改革。全面深化科技计划管理、科技投入机制、科技成果转化收益分配等改革，加强知识产权创造运用保护。深化农村重点领域改革。完善农村承包地“三权分置”制度，抓好定州市“三块地”改革试点和16个省级以上农村集体产权制度改革试点，全面开展农村集体资产清产核资、集体成员身份确认，推进垦区集团化、农场企业化。搞好第四次经济普查。统筹推进教育文化体育体制、“三医联动”、监察体制等领域改革。要着力增强改革系统性、整体性、协同性，压茬拓展改革的广度和深度。

（七）推动形成全面开放新格局。开放带来进步，封闭必然落后。深度融入“一带一路”建设，制定实施加快形成新时代对外开放新格局的政策措施，更多调动全球资源，跨出小天地、构建大格局。强力实施精准招商。分级制定完善产业链招商指导目录，用好达沃斯论坛、“5·18”经洽会、友好省州等平台，加强与世界500强跨国公司、大型央企和知名民企合作，下大力引进国内外龙头项目和产业链关键项目。全面实行准入前国民待遇加负面清单管理模式，大幅放宽市场准入，引导外资投向战略性新兴产业、现代服务业，力争实际利用外资增长5%以上。推进国际产能合作。依托海外产业园区和重大合作项目，促进装备、服务、技术标准走出去。突出重点国别、聚焦重点产业，支持钢铁、光伏等优势产能走出去，抓好中塞友好河北工业园等项目建设，打造更多国际产能合作样板工程。鼓励企业并购国外资源、先进技术、研发团队、营销网络，提升国际价值链分工地位。力争全年对外投资增长10%以上。加快开发区改革创新。深化开发区管理体制改革，开展中外合作产业园、省际合作产业园创建，培育一批战略性新兴产业集群，力争省级以上开发区主营业务收入增长10%以上。

（八）大力实施乡村振兴战略。按照产业兴旺、生态宜居、乡风文明、治理有效、生活富裕的总要求，把农业农村优先发展体现到要素配置优先满足、资金投入优先保障、公共服务优先安排等各个方面，为乡村振兴增添新动力。加快推动农业全面升级。实施农业供给侧结构性改革三年行动计划，大力调整农业种植结构，推进农业由增产导向向提质导向转变、规模型向质量型转变。抓好4500万亩粮食生产功能区划定和建设，粮食产能稳定在670亿斤以上。发展科技农业，围绕18个农业特色产业和产品，构建全产业链技术支撑体系；发展绿色农业，大力推广节水小麦品种和配套技术，化肥、农药使用量分别减少6万吨和1600吨，提高秸秆综合利用率和质量；发展品牌农业，年内绿色、有机和地理标志农产品认证达到1020个；发展质量农业，全面推行标准化生产，抓好农产品质量安全示范县创建，农产品质量检测整体合格率保持在98%以上。加快推动农村全面进步。持续推进美丽乡村建设，开展农村人居环境整治三年行动，以垃圾污水治理、“厕所革命”“四好农村路”、村容村貌整治为重点，改善农村生产生活条件。实施平安乡村创建行动，创新乡村治理体系。加快推动农民全面发展。实施强村富民行动，加大对农民合作社、龙头企业等新型农业经营主体的培育力度，发展股份合作制等新型农村集体经济，支持农民创业就业，发展畜牧、蔬菜、果品等特色高效农业和农产品加工业，抓好休闲农业、乡村旅游、农村电商等新产业新业态，多渠道促进农民增收。抓好新型职业农民培育，加强农村思想道德建设，推动农村移风易俗，培育文明乡风、良好家风、淳朴民风。

（九）坚决打好三大攻坚战。打好防范化解重大风险、精准脱贫、污染防治攻坚战，事关实现全面建成小康社会目标。要加大工作力度，实化政策措施，扎实向前推进。

打好防范化解重大风险攻坚战。有效防控金融风险，全面排查金融风险隐患，严厉打击非法集资、违规融资担保行为，坚决守住不发生系统性、区域性金融风险底线。有效防控政府债务风险，全口径摸清各类债务底数，明晰责任、规范举债方式，合理确定新增政府债务规模，抓好债务存量化解和增量控制。强化内控机制和监管措施，确保社保基金运行安全。有效防控安全生产风险，深入开展安全生产隐患大排查大整治攻坚行动，加强煤矿及非煤矿山、危险化学品、道路交通、油气管网、消防等重点行业领域专项整治，严防重特大事故发生。有效防控社会风险，完善社会治安防控体系，构建新型矛

盾排查化解常态化机制，深入开展扫黑除恶专项斗争，严厉打击涉枪涉爆、电信诈骗、涉众型经济犯罪等违法犯罪行为，妥善处置各类突发事件，保障人民群众生命财产安全。

打好精准脱贫攻坚战。把提高脱贫质量放在首位，确保年内50万贫困人口稳定脱贫、20个贫困县摘帽。向深度贫困地区聚焦发力，落实“三个新增”要求，继续实施基础设施和基本公共服务提升工程，加快改善贫困地区交通、水利等生产生活条件。开展产业就业扶贫攻坚行动，推进产业项目“十百千”示范、职教精准扶贫等工程，推广“互联网＋扶贫”新模式，年内实现贫困人口产业项目全覆盖。加快易地扶贫搬迁，推进集中安置区与产业园区“两区同建”，确保完成国家下达计划9万贫困人口安置任务、启动剩余5.2万贫困人口搬迁。开展健康扶贫，完善贫困家庭学生救助机制，提升政策兜底保障水平。做好京津对口帮扶、中直单位定点扶贫、驻村工作队帮扶和省内对口帮扶工作，实施民营企业“千企帮千村”行动。深入开展扶贫领域腐败和作风问题专项治理，强化项目资金监管，严格追责问责。严把贫困人口退出关口，决不能搞虚假脱贫、数字脱贫，确保脱真贫、真脱贫。

打好污染防治攻坚战。落实国家关于打好污染防治攻坚战方案，着力解决突出环境问题。加强大气污染综合治理，编制实施蓝天保卫战三年作战计划和冬季清洁取暖三年规划，全面推进传输通道城市“保底线、退后十”集中攻坚。大力开展工业企业全面达标排放行动，彻底整治“散乱污”企业，推进散煤和燃煤锅炉治理，全年压减煤炭消费500万吨。推行扬尘面源精细化管控。开展车船油路专项整治，年内推广新能源标准车3万辆。加快调整运输结构，减少公路货运，增加铁路货运量。差别化实施错峰生产、运输和应急响应。开展水污染集中治理攻坚，全面落实河长制、推行湖长制，加强出入境河流断面监测，制定全省水资源保护利用综合规划，狠抓饮用水源安全保障，强化重污染河流、纳污坑塘、城市黑臭水体等综合治理，年内全省地表水Ⅲ类及以上断面比例达到44.6%以上。编制实施土壤污染治理与修复规划，加强农业面源污染防治，建立固体危险废物全过程监管制度。启动生态保护红线区域勘界定标，加强海洋、湿地保护和自然保护区管理。开展国土绿化三年行动，年内营造林917万亩，治理水土流失面积2000平方公里以上。开展新一轮省级环保督察，加强执法监管，严厉打击环境违法违规行为。

（十）提高保障和改善民生水平。坚持把人民群众的小事当成自己的大事，针对人民群众关心的新老问题精准施策，持续加大民生投入，尽力而为、量力而行，坚决打好补齐民生短板硬仗，让人民群众得到更多看得见、摸得着的实惠。优先发展教育事业。着力解决中小学生课外负担重、“择校热”“大班额”等突出问题，促进城乡义务教育一体化发展。实施高中阶段教育普及攻坚计划，支持特殊教育发展。瞄准经济社会发展需求，优化调整职业教育结构，高质量、开放式加快发展职业教育。加快高等教育内涵式发展，加大一流大学和一流学科建设力度，支持10所本科高校应用转型发展试点。抓好就业创业。深入实施高校毕业生就业创业促进计划和基层成长计划，推进技能强省振兴工程和创业带动就业倍增工程，做好去产能分流职工、就业困难人员等重点群体就业工作，年内新增城镇就业82万人。健全多层次社会保障体系。完善城镇职工基本养老保险和城乡居民基本养老制度，新增企业职工养老保险参保人数40万人。完善最低生活保障和社会救助制度，健全农村留守儿童、妇女、老年人关爱服务体系。拓宽养老渠道、丰富养老模式，加快老龄事业和产业发展。城乡居民年低保标准分别提高到6600元、3600元。增强医疗保障服务能力。提高城乡居民基本医保财政补助标准。推进医联体建设和分级诊疗，扩大家庭医生签约服务范围，提升农村医疗服务水平。大力发展中医药事业。继续做好计划生育工作。保障群众基本住房需求。坚持房子是用来住的、不是用来炒的定位，建立健全多主体供给、多渠道保障、租购并举的住房制度。以低保、低收入住房困难家庭为重点，加大公租房保障力度。加快城中村改造和老旧小区改善。推进文化体育强省建设。实施文化惠民工程，加强文化产业示范园区和示范基地建设，推进大运河文化带建设，抓好文物保护利用和文化遗产保护传承。支持主流媒体深度融合发展。着力提高竞技体育水平，广泛开展全民健身活动，推进县级全民健身活动中心、乡村农民体育健身、城市社区15分钟健身圈等工程建设，提升广大群众的参与度和感受度。

加强全民国防教育、国防动员和后备力量建设，大力支持驻冀部队推进新时代强军事业，着力解决随军家属就业和子女入学问题，做好军队退役人员安置和管理服务工作，巩固军政军民团结的好局面。充分发挥工会、共青团、妇联等人民团体桥梁纽带作用。继续做好民族宗教、新闻出版广电、外事侨务、人民防空、史志档案、气象地震、地理信息、援藏援疆、妇女儿童、老龄、残疾人等工作。

各位代表，民有所呼，必有所应。保障和改善民生要一件事情接着一件事情办、一年接着一年干，今年我们将着力实施20项民心工程。（1）棚户区改造工程。实施新的三年棚户区改造计划，年内新开工建设23万套住房。（2）农村危房改造工程。全部启动四类重点对象农村危房改造，完成9.3万户，力争开工3.79万户。（3）住房制度改革工程。在土地供应、开发建设、房屋租赁等方面积极探索，纳入国家计划的政府投资公租房分配率达到90%。（4）冬季清洁取暖工程。大力发展集中供热，实施电代煤、气代煤改造，开展光热、光伏、风电、地热等供暖试点，确保群众清洁温暖过冬。（5）城乡特困人员救助工程。提高特困人员救助供养基本生活标准，城市特困人员每年不低于8580元，农村特困人员每年不低于4680元。（6）社区和居家养老工程。鼓励社会资本兴办养老机构，社区和居家养老服务设施覆盖80%的城市街道。（7）学前教育普及工程。年内学前三年毛入园率达到84%。（8）中小学校舍提升工程。新建、改扩建

贫困地区中小学校舍100万平方米，进一步改善办学条件。(9)职业教育和就业培训工程。培训各级各类人员40万人次，培训职业农民2.5万人。(10)公用设施建设工程。改造设区市建成区老旧供水管网、燃气管网、供热管网各100公里，推进设区市供水水质公开、供热智能化及燃气服务标准化建设。(11)垃圾无害化处理工程。城市生活垃圾无害化处理率达到96.6%以上，县城达到92.3%以上。(12)污水集中处理工程。城市污水处理率达到94%、县城达到88%，全面完成县城污泥处理项目提标改造。(13)城乡厕所改造工程。新增城区标准公共厕所1700座以上，推进农村厕所改造，新建、改扩建旅游厕所1000座以上。(14)交通建设工程。新开工建设铁路1030公里、城市轨道交通44公里；建成高速公路580公里、干线公路600公里，新改建农村公路5500公里。(15)交通秩序整治工程。持续开展道路交通秩序整治，年内主干公路机动车交通守法率达到85%以上。(16)便民市场建设工程。改造或新建生鲜超市、菜市场、农贸市场200个，进一步方便居民生活。(17)公园绿地建设工程。支持创建园林城市、园林县城，全省新增城市绿地3000公顷。(18)公共文化服务工程。培训基层文化骨干1万人次以上，开展各级各类进企业、进农村、进机关、进校园、进社区、进网站、进军营活动演出1万场以上。(19)公立医院改革工程。全面落实药品采购“两票制”，严格控制医疗费用不合理增长；推进26家公立医院现代管理制度建设试点。(20)食品药品安全工程。实施“食药安全，诚信河北”三年行动计划，开展食品安全示范城市创建活动，确保人民群众舌尖上的安全。实施民心工程意义重大，我们一定强化政策保障，狠抓工作落实，确保高质量、高标准按时完成。

四、努力建设人民满意政府

新时代要有新气象，更要有新作为。我们必须深入学习宣传贯彻党的十九大精神，旗帜鲜明讲政治，坚决落实党中央和省委决策部署，忠诚履职、勤勉尽责，加快建设服务型政府、法治政府、效能政府和廉洁政府。

牢固树立“四个意识”，坚定正确政治方向。认真落实新时代党的建设总要求，一以贯之推进党的建设新的伟大工程。坚决做到信念过硬，坚定理想信念、筑牢信仰之基。坚决做到政治过硬，把维护以习近平同志为核心的党中央权威和集中统一领导作为最高政治原则和根本政治规矩，始终在政治立场、政治方向、政治原则、政治道路上同党中央保持高度一致。推进“两学一做”学习教育常态化制度化，扎实开展“不忘初心、牢记使命”主题教育，坚定不移以习近平新时代中国特色社会主义思想武装头脑、指导实践、推动工作。

加快转变政府职能，提高服务质量和效率。践行为民宗旨，一切工作必须以人民群众根本利益为最高标准，当好人民的勤务员。深入开展解放思想大讨论，切实强化“四个意识”、质量第一、改革开放、市场意识、生态文明、人民至上的观念。推动“放管服”改革向纵深发展，进一步简政放权，全面实施市场准入负面清单，清理整顿行业协会商会特别是“红顶中介”。开展以创新创业、服务发展服务民生为主要内容的“双创双服”活动，扎实推进“互联网+政务服务”，加快政府审批便民系统互联互通，增强市场主体创新力和创造力。

全面推进依法行政，提升政府工作法治化水平。自觉尊法、学法、守法、用法，深入落实法治政府建设实施纲要，把依法行政、依法办事的要求贯穿于政府决策、执行、落实的全过程。推行行政执法三项制度，严格规范公正文明执法，推动综合执法改革，加大关系人民群众利益的重点领域的执法力度。自觉接受人大法律监督、工作监督和政协民主监督，广泛听取民主党派、工商联、无党派人士、人民团体意见，让人民监督权力，让权力在阳光下运行。

驰而不息转变作风，强化督查推动工作落实。坚决做到作风过硬，严格落实中央八项规定和实施细则精神，深入开展纠正“四风”和作风纪律专项整治，持之以恒克服形式主义、官僚主义，久久为功祛除享乐主义、奢靡之风。坚决做到能力过硬，开展大学习、大调研，提高新时代推动高质量发展的能力和本领。坚决做到责任过硬，强化目标绩效管理考核，以钉钉子精神担当尽责、狠抓落实。深入开展重点工作大督查，健全督查考核问责机制，对不担当、不作为、懒政怠政的行为坚决问责追责。

持之以恒正风肃纪，推动干部清正政府清廉政治清明。以永远在路上的韧劲和执着，加强政府系统廉政建设和反腐败工作。加大力度整治发生在群众身边的“微腐败”，凡是群众反映强烈的问题都要认真对待、加以解决，凡是损害群众利益的行为都要坚决纠正、严肃追究。把践行“三严三实”贯穿于全部工作生活中，不断向廉洁自律的高标准看齐，做到心有所戒、行有所止、守住底线，努力建设一支信念坚定、为民服务、勤政务实、敢于担当、清正廉洁的公务员队伍。

各位代表，新思想引领新时代，新使命开启新征程。让我们紧密团结在以习近平同志为核心的党中央周围，在省委的坚强领导下，高举习近平新时代中国特色社会主义思想伟大旗帜，深入贯彻落实党的十九大精神，不忘初心、牢记使命，锐意进取、埋头苦干，为决胜全面建成小康社会，开创新时代全面建设经济强省、美丽河北新局面而不懈奋斗！

关于河北省2017年预算执行情况和2018年预算草案的报告（书面）

——2018年1月25日在河北省第十三届人民代表大会第一次会议上

河北省财政厅副厅长　高云霄

各位代表：

受省人民政府委托，我向大会报告2017年预算执行情况和2018年预算草案，请予审议，并请省政协委员和列席会议的同志提出意见。

一、2017年预算执行情况

2017年，全省各级各部门把学习宣传贯彻党的十九大精神作为首要政治任务，坚决落实习近平新时代中国特色社会主义思想和总书记对河北的重要指示，全面贯彻省第九次党代会和省委九届五次、六次全会精神，认真执行省人大各项决议，牢固树立新发展理念，坚持稳中求进工作总基调，以推进供给侧结构性改革为主线，完善优化财政政策，依法加强收支管理，着力深化财税改革，有效防控财政风险，较好地完成了省十二届人大五次会议确定的目标任务，全省财政运行总体平稳、稳中有进。

（一）一般公共预算完成情况。据快报统计（下同），全省收入3233.3亿元，完成预算的106%，比上年增长（以下简称增长）13.5%，可比增长9.2%（剔除沿海高速公路收费权转让一次性收入101亿元、新增建设用地土地有偿使用费由基金转列一般公共预算19.3亿元因素，下同）。其中：税收收入2199亿元，完成预算的104.4%，增长10.2%；非税收入1034.3亿元，完成预算的109.6%，增长21.2%（可比增长7.1%）。全省支出6615.2亿元，占预算的96.9%，增长9.1%。

省本级收入768.9亿元，完成预算的114.8%，增长44.2%，可比增长21.6%。其中，税收收入528.6亿元，完成预算的119.8%，增长26.6%；非税收入240.3亿元，完成预算的105.1%，可比增长3.5%。支出完成1036.2亿元，占预算的95.2%，增长25.3%。

省本级一般公共预算收入，加上地方政府债券收入、中央税收返还和转移支付补助、市县上解收入、调入资金等3169.2亿元，省级收入总计3938.1亿元。省本级一般公共预算支出，加上地方政府债券对下转贷支出、上解中央支出、对下税收返还和转移支付、债券还本支出等2850.1亿元，省级支出总计3886.3亿元。收支相抵，结转51.8亿元。

（二）政府性基金预算完成情况。全省收入2418.3亿元，完成预算的154.6%，增长52.9%（主要是国有土地使用权出让收入增长59.8%）；支出完成2496.3亿元，占预算的85.5%，增长44.2%。

省本级收入206.8亿元，完成预算的126.9%，增长6.1%；支出完成168.8亿元，占预算的94.4%，增长12.1%。

（三）国有资本经营预算完成情况。全省收入13.3亿元，完成预算的213%，增长32.2%；支出24.1亿元，占预算的94.8%，下降49.5%（主要是中央国有资本经营预算转移支付减少）。

省本级收入5.1亿元，完成预算的128.6%，下降20.9%（主要是上年一次性收入较多）；支出完成21.2亿元，占预算的99.2%，下降49.2%（主要是中央国有资本经营预算转移支付减少）。

（四）社会保险基金预算完成情况。全省收入2218.9亿元（含企业职工基本养老保险、失业保险、城镇职工基本医疗保险、工伤保险、生育保险、城乡居民基本养老保险、机关事业单位基本养老保险、城乡居民基本医疗保险，下同），完成预算的74.4%；支出完成2005.2亿元，占预算的65.1%（主要是按国家要求，2017年机关事业单位基本养老保险基金预算，按2014年10月至2017年12月共39个月编制，而我省各级从2017年7月起陆续启动参保登记、缴费等核心业务，实际执行不足6个月，前33个月的基金尚未清算）。根据相关法规，社保基金相互独立，不能调剂使用，按照收支平衡原则，企业职工基本养老保险基金等动用历年结余24.9亿元，其他社保基金年终新增结余238.5亿元。

省本级收入506.7亿元，完成预算的88%，增长20.7%；支出420.5亿元，占预算的79.8%，下降11.5%（主要是2017年2月份省政府进一步完善了企业职工基本养老保险基金统筹制度，市县缴费及财政补助增加，省对下调剂金补助支出相应减少）。社保基金年终

新增结余86.2亿元。

回顾过去一年，我们在省委的正确领导和省人大常委会的监督支持下，积极完善财政政策措施，有效强化财政支持和引导作用，着力破解经济社会发展难题，各项工作取得新的进展：

——资金筹措成效显著。一是大力争取中央支持。中央下达我省一般公共预算转移支付2508.5亿元，同口径比上年增加183亿元，增长7.7%。其中，均衡性转移支付增幅、中央政法转移支付增量均居全国第二；争取石家庄等5市入围北方地区冬季清洁取暖试点，入围数量及申报入围率均为全国第一，三年将获资金81亿元。争取政府债务新增限额776亿元，增长44.2%，全年成功发行地方政府债券11批次1527.7亿元。二是积极引导社会投入。规范推进PPP运作，成功入围国内首批PPP资产交易试点省，两次在上海推介PPP项目114个、投资额1635亿元，当年新增落地项目75个、848亿元。落实股权投资基金业发展奖励政策，引导5支基金投资47.8亿元支持绿色矿山、教育园区、新能源汽车等产业发展。三是着力撬动金融资本。完善财政助推金融创新政策体系，促进企业直接融资400多亿元。完善农业保险政策，拨付保费补贴资金19亿元，为农户提供风险保障833亿元；农业信贷担保业务在81个县落地，拉动金融等资本投入农业发展近10亿元。开展省级国库资金运作1360亿元，实现利息收益5.6亿元。

——助推发展亮点纷呈。一是全面落实减税降费政策。主动公开减税降费政策清单，落实增值税简并税率、小微企业税收优惠、科技创新企业加计扣除等减免税政策，省立涉企行政事业性收费仅余1项，全年减免税费近360亿元，有效降低了企业制度性成本。二是积极助力两翼发展。积极筹措资金支持雄安新区规划建设和冬奥会筹办，研究确定新区财政管理体制，主动对接财政部研究制定支持新区政策体系，支持白洋淀及周边流域水污染治理、垃圾处理；推进冬奥会场馆和基础设施建设，争取张家口市增列进入国家森林质量精准提升范围，促进冬奥会绿化工作开展。三是着力支持转型升级。争取去产能奖补政策，促进“6643”工程圆满收官，5万多职工得到妥善安置；统筹整合省级资金15.2亿元，支持新材料、现代服务业和智能制造、两化融合，培育经济增长新动能；争取国家补助8亿元，支持沿海经济带加快发展；深化农业供给侧结构性改革，建立绿色生态导向的农业补贴制度，推动农村产业融合发展。四是大力推进创新驱动。完善财政支持科技创新政策体系，筹集近5亿元支持科技型中小企业技术创新；推进人才兴冀工程、“百人计划”，设立全国首支省级博士后创业基金，支持引进一批优秀人才。

——民生福祉保障有力。全省财政民生支出完成5294.2亿元，占一般公共预算支出的80%，比上年增长9.3%。一是全力支持脱贫攻坚。省级扶贫专项投入在上年翻番的基础上又增长74.7%、总量达37.9亿元；研究制定10项支持深度贫困县财政政策，推动62个贫困县统筹整合涉农资金141亿元，筹措“薄改”资金48.4亿元推进教育扶贫，全省78.8万贫困人口实现稳定脱贫。二是稳步提高社会保障水平。城乡低保、医保、养老、基本公共卫生服务等提标政策全部兑现；建立企业职工基本养老保险省市县基金缺口分担机制，全省征缴收入760亿元，同比增长18.9%；及时调度库款56.5亿元，并补助国定贫困县支出8.7亿元，有效保障军队退役人员政策落实。三是积极促进社会事业发展。统一城乡义务教育公用经费标准，实现“教育经费可携带”，落实省以上资金100.1亿元，惠及学生865万人；改进高校经费管理，投入5亿元支持省属12所高校54个学科开展“双一流”建设。建立公立医院改革政府投入绩效补偿机制，我省所有公立医院在全国提前实行取消药品加成。筹集资金11.8亿元，改善基层公共文化体育设施条件，支持提升贫困地区公共文化服务能力，推动保护和传承优秀传统文化。

——生态治理持续加力。一是强力推动大气污染治理。多方筹集省以上资金85.3亿元，保障大气污染治理“1+18”方案资金需求，其中争取中央大气污染防治资金57.7亿元、增长44%，占全国资金总规模的36.1%；健全财政支持大气污染综合治理政策体系，及时拨付农村“双代”补助资金73.4亿元，有效保障了253.7万户群众温暖过冬和基本生活需要。二是圆满完成地下水超采治理试点任务。试点范围扩大到9市115个县，实现7大地下水漏斗区全覆盖，进一步推进用水管水机制改革，完善地下水管控体系，加快重点工程项目实施，累计形成压采能力33.6亿立方米，探索形成可复制可推广模式，经第三方评估确认实现试点预期目标。三是积极推进生态环境综合治理。统筹省以上资金20.8亿元、协调天津市生态补偿资金1亿元，支持实施重点流域污染治理、官厅水库水环境改善等。筹集资金3.6亿元，支持张承地区三个规模化林场、张家口冬奥会造林绿化、京津保过渡带生态建设。

——财税改革纵深推进。一是巩固深化预算改革。下大力深化绩效预算管理改革，优化职责活动和绩效目标指标体系，在全省开展改革示范创建活动，精心培育20个示范县，引领带动市县改革落地。稳步推进清理规范重点挂钩事项、支出经济分类科目改革，预算管理更加科学规范。加大预算公开力度，开展全省专项检查，省级专项转移支付全部实行“管理办法、预算安排、分配结果”三公开，在国务院办公厅政务公开第三方评估中获得第三名。二是扎实推进税制改革。圆满完成全国唯一的水资源税改革试点，构建起规范的征管模式和完善的配套机制，形成了可复制经验，已扩围推广至9省份；扎实做好环保税开征准备，制定我省环保税税额标准方案，实施三类区域三档税额标准，2018年1月1日正式开征。三是稳步深化财政体制改革。组织推进省财政直管县改革落实，完善省对市县农业转移人口市民化奖励资金分配机制，进一步理顺省以下财政管理体制。同时，积极推进司法体制改革，省以下法检两院财物统管改革在邯郸市先行试点。

——风险防控稳妥有效。一是科学完善债务管控机制。创新组织实施政府债务绩效考核，成为财政部在全国推开绩效考核的样本经验；推进分类处置存量债务，开展规范政府债务管理专项督查，核查清理项目1168个、3500亿元；置换政府高息债务793亿元，每年减少利息成本26亿元。二是有效保障基层平稳运行。对县级财政运行进行全面全程监控，自动评估运行风险等级；下达县级财力补助304.9亿元，对22个特殊困难县给予特殊财力救助22.7亿元，保障了基层财政平稳健康运行。三是全面强化财政监督检查。组织对生态治理、科技创新等12方面专项资金开展绩效评价，对62个贫困县扶贫资金进行专项检查，指导做好国家审计扶贫资金发现问题和中纪委暗访扶贫领域发现问题整改；牵头开展全省设立“小金库”等违反财经纪律问题专项清理，查纠解决了一批突出问题。

各位代表，刚刚过去的2017年，是本届政府任期的最后一年。省十二届人大一次会议以来的五年里，面对我国经济发展进入新常态的深刻变化，面对我省稳增长、去产能、调结构、促转型、治污染的巨大挑战，面对艰巨繁重的财政改革发展任务和较大的预算平衡压力，全省上下认真贯彻党中央、国务院和省委决策部署，迎难而上，抢抓机遇，锐意改革，开拓创新，财政事业实现跨越式发展，在经济强省、美丽河北建设进程中发挥了积极作用。

这五年，我们着力破解资金瓶颈制约，积极拓展筹资思路、全面强化收支管理，开创多渠道筹措资金新局面，为全省加快发展提供了强有力的支撑。全省一般公共预算收入年均增长9.2%，连年超额完成目标任务，2017年跨上3000亿元台阶，累计完成13474亿元，是上个五年的1.9倍；全省一般公共预算支出年均增长10.2%，相继突破5000亿元、6000亿元大关，累计完成27384亿元，是上个五年的1.9倍。争取中央转移支付年均增长7%，累计突破1万亿元、达10978亿元，其中争取国家试点31项、资金近400亿元。累计发行政府债券融资5545.4亿元，其中发行置换债券3761.8亿元、累计节约融资成本176亿元。全省签约落地PPP项目117个、投资额2484亿元；入选财政部示范项目46个，总投资2675亿元，投资额居全国第一。省市县各级政府设立引导基金82支，撬动社会资本675亿元合作成立127支子基金。利用世行、亚行、外国政府贷款14.3亿美元，争取清洁发展委托机制基金贷款10.6亿元。2016年入围全国国库现金管理试点以来，共运作资金2240亿元，实现利息收益8.5亿元。

这五年，我们主动适应把握经济发展新常态，全面落实积极的财政政策，积极推进政策创新应用，促进全省经济发展质量效益持续提升。全面落实各类税收优惠政策300余项，停征、取消、免征涉企收费48项，降低收费标准34项，建立健全防范乱收费长效机制，累计减轻企业负担1400多亿元。累计安排省级产业发展资金222.9亿元，支持16类重点产业加快发展；筹措省以上资金331亿元，支持蓝天、碧水、净土行动和农村环境整治，生态环境质量明显改善；主动谋划在环首都3市29县区推进山水林田湖保护修复试点，总投资额达280亿元；筹集省以上资金69.8亿元，促进“6643”工程超额完成任务。先后组织制定支持“双创”财政政策5项、支持科技型中小企业创新发展10条、资助众创空间发展实施细则、促进社会投资13条、财政助推金融创新支持经济发展15条、支持外贸稳增长相关意见、协同发展产业转移对接企业税收分享办法落实细则等系列政策，全面下放科研经费管理权限。建立财政和国有企业成本分担机制，落实省以上补助资金61.7亿元，推动省属国有企业“三供一业”分离移交取得实质性进展。政府购买服务推广到所有适宜领域，累计购买规模超过380亿元。

这五年，我们牢固树立以人民为中心的发展理念，坚持尽力而为、量力而行，精准完善民生政策、稳步提高保障水平，人民群众的获得感、幸福感不断增强。全省民生支出累计完成21921亿元，占一般公共预算支出的80%。其中，教育、社保、医疗卫生、文化投入分别完成5154.8亿元、3712.1亿元、2515.2亿元、433.5亿元，分别比上个五年增长82%、103%、127%、110%。企业职工养老保险待遇连续13年提高，月人均标准由1874元提高到2500元左右；城乡居民基础养老金标准由每人每月55元提高到90元；城乡居民基本医保制度实现统一，基本公共卫生服务经费、城乡居民基本医保政府补助标准由每人每年30元、280元分别提高到50元、450元；农村低保标准由2500元提高到3300元，农村特困人员集中供养、分散供养补助标准分别由年人均3921元、2709元提高到6800元左右、5000元左右；失业保险金发放标准由每人每月720元提高到1010元。机关事业单位职工收入水平得到较快增长，全省在职人员基本工资月人均净增650元，市县津贴补贴标准年人均增加约8000元。同时，对全省村支书、村主任报酬按每月1000元的标准给予托底保障。

这五年，我们坚持改革统揽、绩效导向，以攻坚克难的精神开拓创新，以久久为功的韧劲持续推动，财税体制改革走在全国前列。先后以省委省政府文件印发改革专件34件，省财政厅出台配套文件143项，绩效预算、政府债务、国库支付电子化、水资源费改税、政府和社会资本合作（PPP）、政府购买服务、预算公开、基层财政建设等10项改革走在全国前列；绩效预算管理改革全面实施，并在省市县全面推开，荣获全国预算绩效管理考核一等奖；改革财政资金使用管理，形成“1+16”文件体系，省级专项转移支付由281项减并为96项；在全国率先出台省以下财政事权与支出责任划分方案，制定改革省对下财力性转移支付的意见，深化省财政直管县改革，理顺省以下财政管理体制，并率先制定推行全国唯一的县乡财政（预算）业务管理“两个规程”；全国唯一水资源费改税试点和地下水超采治理试点任务圆满完成，相关工作获中央领导批示肯定；全国唯一差旅电子凭证网上报销改革试点进展顺利。我省财政改革整体做法得到上级肯定，相关经验多次在全国性会议上作典型发言。

这五年，我们扎实推进依法规范理财，科学建立多

道运行风险“防火线”，有效强化财政监督管理，确保了各级财政平稳健康运行。累计推动修订政府规章4部、列入政府立法计划2部，制定出台661件财政规范性文件，编紧织密依法理财制度“笼子”。先后制定地方政府债务管理制度23项，建立健全覆盖限额管理、预算管理、风险预警、应急处置、监督管理等各个环节的“闭环”管理体系，扎实开展违法违规举债融资清理整改，地方政府债务管理日趋规范。筑牢收支缺口补助、民生事项兜底、阶段性救助“三道保障线”，累计下达财力性补助1446亿元，并对县级“三保”支出预算实施集中汇审，保障基层财政健康平稳运行。财政监督向合规性与绩效性审查并重转变，认真组织全省“三公”经费、“小金库”“吃空饷”“乱收费乱摊派”“滞留截留套取挪用财政专项资金”等专项整治；先后开展省级涉农、科技、化解过剩产能等200多项财政政策或专项资金绩效评价，涉及资金1700多亿元，财政资金使用绩效明显提升。

五年来的成绩来之不易，这是省委科学决策、坚强领导的结果，是人大依法监督和政协民主监督的结果，也是各级各部门团结一心、共同努力的结果。在总结成绩的同时，我们也清醒地认识到，当前面临的困难和挑战依然较多，主要有：一是收入增长基础不稳固，去年主要是受房地产拉动、钢铁行业价格回升带动，房地产调控效应正在逐步显现，钢铁、煤炭等价格走势也不明确，收入增长受到制约；二是有的专项资金由于项目前期准备不充分，导致支出较慢、进度不均衡；三是大部分县域经济基础薄弱，收入规模小，70%的县标准收支存在缺口，需要靠上级转移支付维持运转；四是全省地方政府债务风险总体可控，但也存在结构性风险，个别地方债务率高；五是违反财经纪律的现象仍时有发生，部门预算管理主体责任意识还需增强。对此，我们高度重视，将进一步强化问题导向，深化预算改革，加强收支管理，规范资金使用，防控运行风险。

二、2018年预算安排情况

今年是贯彻党的十九大精神的开局之年，是改革开放40周年，是决胜全面建成小康社会、实施“十三五”规划承上启下的关键一年。做好全年财政经济工作，既面临严峻挑战，也面临重大机遇。一方面，我省发展不平衡不充分的问题仍很突出，转型升级、结构优化、质量提升的任务非常艰巨，财政收入稳定增长的基础不牢固，支持京津冀协同发展、推进大气污染防治、加快脱贫攻坚、民生政策提标扩面等刚性支出需求大幅增长，各级收支矛盾更加尖锐；另一方面，我省正处于历史性窗口期和战略性机遇期，经济发展长期向好的基本面没有变，新区建设、协同发展、结构调整等经济发展积极因素不断积累。我们将迎难而上、紧抓机遇，坚决履行好财政服务全省高质量发展的使命，科学合理安排2018年预算，更好地统筹资金保障全省重点工作，推动全省经济社会平稳健康发展。

（一）2018年预算安排指导思想和基本原则

党的十九大对深化财政改革作出总体部署，明确要求：加快建立现代财政制度，建立权责清晰、财力协调、区域均衡的中央和地方财政关系；建立全面规范透明、标准科学、约束有力的预算制度，全面实施绩效管理。同时，贯彻新发展理念，深化供给侧结构性改革，推进创新驱动，加快乡村振兴，扩大对外开放，繁荣社会主义文化，提高保障和改善民生水平，加强和创新社会治理，推进绿色发展，加大生态保护力度等等，也都需要进一步完善财政政策、调整支出结构、改进支出方式，更好地发挥财政调控和保障作用。

去年12月份国务院印发的《关于编制2018年中央和地方预算的通知》，明确了2018年预算编制的总体要求：收入预算要实事求是、积极稳妥，与经济社会发展水平相适应，充分考虑落实减税降费政策等因素影响。支出预算要统筹兼顾、突出重点，着力支持国家重大发展战略和重点领域改革，特别是支持防范化解重大风险、精准脱贫、污染防治。注重财政支出绩效，坚持精打细算、勤俭节约、效益优先，努力盘活存量、用好增量，加强资金统筹，强化项目审核，全面提高财政资源配置效率。增强财政可持续性，突出财政公共性和普惠性，按照量力而行的原则合理确定财政支出标准，严格控制非急需、非刚性支出，加强跨年度预算平衡。防范化解财政风险，积极稳妥化解累积的地方政府债务风险，有效规范地方政府举债融资，坚决遏制隐性债务增量。

省委省政府《关于全面推动高质量发展的决定》也对深化财税体制改革提出要求：按照中央统一部署，合理划分省以下财政事权与支出责任。研究制定省对市县财政激励约束办法，有效调动市县发展经济、增加收入的积极性。深化预算管理制度改革，围绕促进高质量发展和保障民生优化支出结构，加大预算信息公开力度，逐步使绩效管理覆盖所有财政资金。改进财政投入方式，规范PPP（政府与社会资本合作）项目管理，着力发挥财政资金引导和放大作用。完善水资源税征收方式，2018年开征环保税。

根据党中央国务院、省委省政府要求和财经运行形势，今年预算编制的指导思想是：全面贯彻党的十九大精神，坚持以习近平新时代中国特色社会主义思想为统领，全面落实习近平总书记对河北提出的“四个加快”“六个扎实”“三个扎扎实实”一系列重要指示，按照中央经济工作会议、中央农村工作会议和省委九届五次、六次全会决策部署，坚持稳中求进工作总基调，牢固树立新发展理念，紧扣社会主要矛盾变化，按照高质量发展的根本要求，以供给侧结构性改革为主线，继续落实积极的财政政策，进一步深化财税改革，优化财政配置，调整支出结构，完善支持政策，创新支出方式，统筹推进稳增长、促改革、调结构、治污染、惠民生、防风险，突出支持创新竞进、协同融合、改革开放、转型升级、提质增效、改善民生、优化环境，为决胜全面建成小康社会，加快新时代经济强省、美丽河北建设提供有力的政策和资金支撑。

围绕上述指导思想，预算编制坚持以下原则：一是深化改革。全面贯彻中央和省委省政府改革部署，加快建立全面规范透明、标准科学、约束有力的预算制度；进一步改进财政投入方式，强化引导放大作用。二是突出重点。紧紧围绕省委省政府决策部署，突出支持高质量发展，重点投向提升经济质量、脱贫攻坚、生态治理、乡村振兴、民生改善、文化发展、社会治理、基础设施等重点领域，更好发挥财政调控保障作用。三是调整结构。强化整合统筹，盘活存量，用好增量，集中财力办大事；大力调整专项资金投向，改进使用方式，增加资金有效供给。四是统筹兼顾。立足全省，着眼大局，统筹考虑省市县各级财力和支出需求，强化对困难地区的补助救助，保障各级财政平稳运行；量力而行、尽力而为，综合考虑民生政策、事业发展的长远目标，合理确定保障范围和政策力度，确保财政可持续。五是讲求绩效。全面深化绩效预算管理改革，强化绩效理念，部门事业发展所需支出，根据项目绩效，区分轻重缓急，合理确定安排顺序；将绩效评价结果与预算安排挂钩，提高资金使用效益。全员厉行节约，坚持勤俭办事，严格控制一般性支出，项目支出从紧安排。

（二）2018年全省预算草案

1. 一般公共预算。收入安排3460亿元，增长7%。这一安排是在经济发展预期6.5%左右的基础上，综合分析我省财经形势、收入结构、增减收因素后提出的，既充分考虑我省协同发展、雄安新区建设、冬奥会筹办等重大机遇叠加共振的经济形势，又考虑了国务院继续实施减税降费政策，以及房地产调控效应逐步显现、钢铁煤炭价格走势不明确等因素，也考虑到保障省委省政府重大部署落实，满足各项民生刚性支出需要，是积极稳妥的。

全省当年一般公共预算收入，加上中央税收返还、中央提前下达转移支付、调入资金等2945.4亿元，收入总计6405.4亿元。全省一般公共预算支出安排6241.9亿元，增长15.2%。当年一般公共预算支出，加上上解中央支出、债务还本支出等163.5亿元，支出总计6405.4亿元，收支安排是平衡的。

2. 政府性基金预算。收入预算安排2462.2亿元，增长1.8%；加上中央提前下达补助收入14亿元，收入总计2476.2亿元。支出预算安排2290.3亿元，增长54.7%；加上调入一般公共预算、债务还本支出等185.9亿元，支出总计2476.2亿元。

3. 国有资本经营预算。收入安排8.7亿元，下降34.8%（主要是上年有一次性增收因素）；加上中央提前下达补助收入6.8亿元，收入总计15.5亿元。支出安排11.1亿元，增长117.4%（主要是今年中央提前下达转移支付）；加上调入一般公共预算4.4亿元，支出总计15.5亿元。

4. 社会保险基金预算。收入安排2570.8亿元，增长15.9%，主要包括：参保人员缴纳的保险费收入1628.4亿元、中央和省级财政养老保险补贴收入879.6亿元、保险金存款利息等其他收入62.8亿元；加上动用结余165.5亿元，收入总计2736.3亿元。支出安排2559.4亿元，下降15%（主要是按国家要求，2017年机关事业单位基本养老保险基金预算按2014年10月—2017年12月39个月编制）；加上年终新增结余176.9亿元，支出总计2736.3亿元。

以上收支计划安排是省级代编的，待各级预算经同级人大批准后，我们将及时汇总，报省人大常委会备案。

（三）2018年省级预算草案

1. 一般公共预算。省级一般公共预算收入总计3242.3亿元，包括：①省本级收入预算安排743亿元，下降3.4%（主要是去年沿海高速公路收费权转让一次性收入101亿元影响）。其中：税收收入572.7亿元，增长8.3%；非税收入170.3亿元，下降29.1%。②中央税收返还收入383.7亿元。③中央转移支付收入1961.5亿元。④市县上解收入50亿元。⑤调入资金104.1亿元（其中调入预算稳定调节基金100亿元；调入国有资本经营预算收入4.1亿元）。

省级一般公共预算支出总计3242.3亿元，包括：①省本级支出预算1250.8亿元，增长25.2%；②上解中央支出62.1亿元；③对市县税收返还支出363.1亿元；④对市县转移支付1566亿元；⑤外债还本支出0.3亿元。

需要说明的是，2018年省级财政专户收入预计52.2亿元，主要是省属高中以上学校收费收入；部门其他来源收入265.1亿元，主要是省属医院医疗收入、省属院校事业收入等，已按综合预算原则，全部编入相关部门收支预算。此外，拟使用地方政府一般债券安排支出90亿元，用于落实中央和省委重点工作部署，为加快实施，省级已提前做好项目准备，待国务院下达我省具体债券额度后，按规定向省人大常委会报送预算调整方案。

2. 政府性基金预算。收入预算安排188.2亿元，增长15.7%，包括：车辆通行费165.6亿元、彩票公益金收入11.8亿元、彩票发行机构和彩票销售机构的业务费用4.1亿元、国有土地使用权出让收入4亿元、农业土地开发资金收入1.5亿元、小型水库移民扶助基金收入0.9亿元、国家电影事业发展专项资金收入0.3亿元。省本级预算收入加上中央补助收入14亿元，收入总计202.2亿元。

根据收支平衡原则，支出预算安排189.4亿元，加上补助市县支出12.8亿元，支出总计202.2亿元。此外，拟使用地方政府专项债券20亿元，用于延崇高速公路建设，待国务院下达我省具体债券额度后，按规定向省人大常委会报送预算调整方案。

3. 国有资本经营预算。按照有关规定，2018年省国资委监管企业按税后利润的19%上缴收益，其他企业按税后利润的17%上缴收益，国有资本经营预算调入一般公共预算比例达到30%。

收入预算安排5.1亿元，与上年基本持平，加上中央补助收入6.8亿元，收入总计11.9亿元。与此对应，支出总计11.9亿元，其中："三供一业"移交补助支出7.8亿元，补充企业养老保险基金2.6亿元，按省级收入的30%调入一般公共预算1.5亿元。

4. 社会保险基金预算。收入安排529.1亿元，增长10.7%。主要包括：参保人员缴纳保险费收入225.7亿元，中央和省级财政对保险基金的补贴收入287.2亿元，保险金存款利息等其他收入16.2亿元；加上上解下拨收入12.5亿元、动用结余11.9亿元，收入总计553.5亿元。支出安排276.1亿元，下降10.5%（主要是按国家要求，2017年机关事业单位基本养老保险基金预算按2014年10月－2017年12月39个月编制）。主要包括：企业职工基本养老保险基金支出187亿元、失业保险基金支出0.1亿元、职工基本医疗保险基金支出14.4亿元、工伤保险基金支出5.8亿元、生育保险基金支出1.5亿元、机关事业单位基本养老保险基金支出67.3亿元；加上上解下拨支出273.9亿元、年终新增结余3.5亿元，支出总计553.5亿元。

（四）省级重点支出和重大投资项目预算安排情况

为保障各方面合理支出特别是省委省政府决策部署的落实，我们认真研究改革要求、支出政策、增支需求，着力盘活存量，积极调整部门项目支出结构、专项资金投向和使用方式，统筹相关资金消化部分增支需求。通过上述措施，各类支出得到了较好保障。一是人员支出足额安排，并预留资金用于提高干部职工收入水平。二是民生支出有力保障，国家明确要求的提标扩面资金、省委省政府确定的民生政策支出全部安排。三是省委省政府决策部署全面落实，科技创新、深化改革、对外开放、融合发展、质量提升、脱贫攻坚、转型升级、污染治理等重点事项、重点领域所需资金均落实到位。四是国家配套逐项配齐，逐项梳理中央政策资金，有配套要求的逐项落实，并预留资金以备执行中新增配套，为争取中央支持创造条件。五是改革性经费全部保障，中央和省委省政府改革部署有资金需求的，如监察体制改革、法检上划试点、环保部门垂管、事业单位改革、公立医院改革等，均根据改革部署和工作进展予以保障。六是部门事业支出合理保障，事业发展延续性的必需支出继续安排。重点支出和重大项目预算安排如下：

1. 促进高质量发展。围绕实现更高质量、更有效率、更加公平、更可持续的发展要求，深化供给侧结构性改革，共安排188.8亿元，包括：①支持创新驱动安排27.1亿元，增长11.8%。推进以科技创新为重点的全面创新，加快创新型省份建设，突出支持创新能力、企业创新、协同创新、区域创新、创新人才支撑、创新环境建设，促进科技成果转化和推广应用。②支持深化改革安排29.1亿元，增长14%。深化“放管服”改革，实施市场准入负面清单制度，支持营商环境优化提升；规范税款征收，落实税收优惠政策，进一步减轻企业负担；推进环保监察等相关领域改革，增强服务市场主体的能力。③支持扩大开放安排32亿元，可比增长14.8%。主要是，沿海发展10亿元，支持培育沿海经济增长极；开发区建设10亿元，突出产业特色，打造开放平台；对外交流合作5.1亿元，精准开展招商引资，完善商贸流通体系，促进企业“引进来”“走出去”；冬奥会筹办7亿元，推进奥运项目建设。④支持促进融合安排18.9亿元，增长11.8%。主要是，雄安规划建设16.4亿元，注入雄安建投集团资本金，高质量编制相关规划；雄安专项补助2亿元，支持新区基础设施和项目建设；军民产业融合0.5亿元，推进军民融合深度发展。⑤支持加快转型安排60.1亿元，可比增长5.3%。包括：产业升级32.2亿元，用于推进新兴产业加快发展和传统产业优化升级，支持发展工业设计，促进特色农业产业，推动全域旅游发展；国企改革3.3亿元，主要用于省属国有企业“三供一业”分离移交补助；投资引导17.5亿元，支持金融创新，增强金融服务实体经济能力，鼓励引导社会投入；化解产能7.1亿元，用于化解钢铁及煤炭产能。⑥支持质量提升安排11. 6亿元，可比增长10.1%。用于落实质量提升行动、加强质量强省建设相关项目支出以及食品药品监管。⑦促进高质量发展资金10亿元，用于落实省委省政府正在研究的相关政策事项。

2. 推进脱贫攻坚。安排43.6亿元，增长15%。包括：①深度贫困县脱贫攻坚10亿元；②京津对口帮扶省级配套4.2亿元；③206个深度贫困村基础设施和公共服务提升4.5亿元；④贫困地区美丽乡村建设2.5亿元；⑤易地扶贫搬迁贴息5.5亿元；⑥扶贫发展补助16.9亿元。此外，落实好低保、医疗保障救助、“三免一补”等政策，兜住贫困群众脱贫底线。

3. 强化生态治理。安排103亿元，增长43.1%。包括：①大气污染防治49.3亿元，支持打赢蓝天保卫战，持续加力落实好“1+18”政策体系；②水污染防治4亿元，统筹流域治理，加强入河排污监管和河流断面监测；③土壤污染防治0.5亿元，开展土壤污染状况详查，促进土壤污染治理和修复；④地下水超采综合治理12亿元，巩固拓展治理成果，推进地下水采补平衡；⑤造林绿化8.4亿元，大力推动冬奥会绿化，支持太行山绿化，加快推进规模化林场建设；⑥国土海洋生态修复28.9亿元，加大生态系统保护力度，实施生态修复工程，推进绿色发展。

4. 助推乡村振兴。安排53.8亿元，增长4.5%。包括：①美丽乡村建设16.9亿元（不含用于贫困地区支出的2.5亿元）；②农村综合改革10亿元；③农业供给侧改革17亿元，用于支持加快发展现代农业，全面落实农业供给侧结构性改革三年行动计划，大力发展质量农业、科技农业、绿色农业、品牌农业和设施农业，推进农业综合开发，抓好现代农业园区建设，促进农村一二三产融合发展；④水利建设7.6亿元；⑤农村饮水安全2.3亿元，用于实施饮水安全灾后重建和巩固提升工程，改善农民生活条件。

5. 保障改善民生。安排323.8亿元，围绕实施民生工程，推进社保就业、教育事业、医疗卫生提质量、上水平，促进基本公共服务均等化。①提升社保就业水平安排184.4亿元，增长27.7%。提高城乡居民基本医疗保险、城乡居民养老保险基础养老金、城乡最低生活保障、贫困残疾人生活和重度残疾人护理补贴、优抚对象抚恤补助标准，支持养老服务体系建设，推进城市棚户区、农村危房、国有垦区危房改造，促进就业再就业。②优先发展教育事业安排102.3亿元，增长5.3%。统筹各级各类教育事业发展，落实学前教育三年行动计划，推进县域内城乡义务教育均衡发展，加快改善薄弱学校办学条件，推动普及高中阶段教育，促进职业教育发展，实施高等教育强省战略，加强教师队伍建设。③健全卫生服务体系安排23.1亿元，增长8.8%。全面推进健康河北建设，落实医疗卫生投入政策，继续提高基本公共卫生服务补助标准，巩固扩大公立医院改革成效，提升重大疾病防控和公共卫生服务能力。④提高县级津补贴水平安排14亿元，将处于最低档的县人均津补贴水平适当提高，由省级给予托低补助。

6. 促进文化发展。安排17.8亿元，增长16.2%。包括：①文化宣传7.3亿元，用于培育践行核心价值观，支持加强思想阵地建设，促进文化产业发展；②公共文化9.2亿元，用于完善公共文化服务体系，保障公民基本公共文化需求，改善基层公共文化体育设施条件，推进文化体育强省建设，提高公共文化服务水平；③文物保护1.3亿元，用于加强文物保护利用。

7. 加强社会治理。安排42.6亿元，可比增长6.1%。包括：①公检法司37亿元，用于完善社会治安防控体系，提升社会治安综合治理能力，做好重大活动安保，妥善处理各类突发事件，打造更高标准、更加牢固的首都政治和安全"护城河"；②部队武警3.5亿元；③安全生产1.7亿元，用于加强安全生产监管，落实127项安全生产监管责任清单，维护社会稳定，保障公共安全；④防震减灾0.2亿元；⑤物资储备0.3亿元。

8. 改善基础设施。安排140.9亿元，可比增长4.7%。包括：①交通建设116.5亿元，用于支持公路、铁路、轨道交通等重点交通建设项目；②预内基建20亿元，用于推动实施预算内基本建设项目；③城镇建设0.6亿元；④南水北调1.8亿元；⑤秦皇岛园博会补助1亿元；⑥北戴河暑期服务基础设施建设补助1亿元。

此外，预备费安排10亿元。需要说明的是，今年"三公"经费预算有两个政策性增支因素：一是按大气污染防治要求，石家庄市从去年11月起，国Ⅰ、国Ⅱ排放标准车辆除节假日外在主城区禁行，目前省直机关有252辆公务车需更新购置，需增加公车购置费0.5亿元；二是今年邯郸法院系统财务上划省级管理，需相应将其"三公"经费0.14亿元编列到省级。统筹考虑上述因素，今年省级"三公"经费预算共拟安排4.43亿元。剔除两项因素后，比上年减少0.15亿元，下降3.9%。

（五）2018年雄安新区本级预算草案

按照省政府《关于雄安新区财政管理体制有关事项的通知》规定，2018年起雄安新区作为一级财政管理，赋予市级财政管理权限，单独编制年度预算，按照《河北省预算审查监督条例》规定，提请省人民代表大会审查批准。

1. 一般公共预算。新区本级收入预算安排4.87亿元，其中，税收收入4.76亿元，非税收入0.11亿元。按照新区现行财政体制，新区本级预算收入加上上级税收返还0.91亿元、上级转移支付22.81亿元，一般公共预算收入总计28.59亿元。

支出预算安排7.9亿元，加上上解支出0.03亿元、对托管三县税收返还支出0.91亿元、对托管三县转移支付支出19.75亿元，支出总计28.59亿元。

2. 政府性基金预算。收入预算安排0.6亿元，全部是城市基础设施配套费收入。按照收支平衡原则，支出预算安排0.6亿元，其中：安排城市公共设施支出0.3亿元、城市环境卫生支出0.3亿元。

3. 社会保险基金预算。收入预算安排1879万元，包括：保险费收入1858万元、利息收入21万元。支出预算安排105万元，其中：社会保险待遇支出90万元。收支相抵，年终结余1774万元。

三、2018年预算执行重点工作

2018年，我们将认真落实中央和省委、省人大决策部署及工作要求，牢固树立新发展理念，牢牢把握高质量发展这一根本要求，坚持稳中求进工作总基调，围绕上述预算安排，扎实做好各项重点工作，确保完成全年预算任务。

*（一）着力推进依法规范理财。*结合贯彻新《预算法实施条例》，适时出台《河北省预算管理规定》和《河北省专项资金管理办法》，用政府规章形式将改革成果固定下来，提升我省预算管理的法制化水平。严格执行预算法、河北省预算审查监督条例等各项规定，依法行使行政决策权和财政管理权，自觉接受人大和社会各界监督。强化财政监督，重点关注扶贫、养老、重大科技等财政资金管理使用情况，坚决查处各种扰乱财经秩序的行为，进一步严肃财经纪律。加大预算信息公开力度，细化预算公开内容，进一步提高财政工作透明度。

*（二）着力加强财政收支管理。*强化财政运行监测，发挥综合治税功能，依法加强税费征管，努力实现全年收入预期目标；进一步完善收入监控体系，坚决防止和纠正收取"过头税"、乱收费以及采取空转方式虚增财政收入的行为，促进收入质量提高。以绩效为导向，严格支出管理，加快支出进度，确保早投入、早见效；牢固树立"过紧日子"思想，大力压缩一般性支出；加大财政资金统筹力度，进一步盘活财政存量资金，结余资金以及连续两年未用完的结转资金按规定收回财政统筹使用；健全基本支出定额标准体系，加快项目支出定额标准体系建设，充分发挥支出标准在预算编制和管理中的基础支撑作用。

*（三）着力落实积极财政政策。*紧紧围绕高质量发展，积极优化财政政策，创新资金使用方式，大力推进供给侧结构性改革，集中财力支持战略性新兴产业、科技创新、军民融合等领域，促进新动能快速成长，推动现代化经济体系加快建立。落实京津冀协同发展相关规划要求，高起点高标准规划建设雄安新区，大力支持冬奥会筹办。加大筹融资力度，争取中央在转移支付、债券额度、改革试点等方面加大对我省支持，规范运用PPP、股权基金等模式，支持我省重点领域加快发展。全面落实税收优惠政策，省立涉企行政事业性收费实现清零，确保减税降费等各项政策效应充分释放，促进实体经济发展。认真贯彻实施乡村振兴战略，完善农业支持

保护制度，探索建立涉农资金统筹长效机制，推进全省农业信贷担保体系建设，推动现代农业加快发展，深化农村综合改革。

（四）着力持续保障改善民生。落实资金投入要求，提高支出精准度，聚焦深度贫困地区推进脱贫攻坚，确保年内50万贫困人口稳定脱贫。坚守底线，突出重点，既尽力而为、又量力而行，围绕“七个有所”领域稳步提升民生保障水平，倾力支持20项民心工程实施。大力支持教育发展，落实城乡统一、重在农村的义务教育经费保障机制，支持贫困地区义务教育薄弱学校基本办学条件改善，推进高校“双一流”建设。深化医药卫生体制改革，扩大公立医院改革成效，持续推进基本公共卫生服务均等化。坚持问题导向，围绕环境整治和生态建设的重点领域、关键环节，做好资金保障，推进生态环境质量持续改善。

（五）着力深化财税体制改革。认真贯彻加快建立现代财政制度的要求，保持改革工作力度和连续性，提高改革工作质量，促进政府治理能力提升。巩固绩效预算管理改革成果，进一步优化全过程绩效预算管理机制，改进绩效评价方式方法，强化评价结果应用，不断提高改革成效；抓好市县改革对标验收，推动改革全面落地。密切关注中央税制改革动向，扎实落实各项改革部署，着力完善地方财政收入体系；进一步总结完善水资源税改革试点经验，做好个人所得税税制改革准备。按照中央部署，推进省以下财政事权和支出责任划分改革，进一步完善省以下收入划分体制，完善省对县市财政激励约束机制，激发各级发展活力。

（六）着力防控财政运行风险。健全政府债务常态化管控机制，摸清底数，明晰责任，合理确定新增政府债务规模；规范运用新型融资模式，严禁违法违规融资担保，严禁以政府投资基金、PPP、政府购买服务等名义变相举债；完善重点监控机制，督导高风险地区落实风险化解规划，推动市县积极稳妥开展分类处置，逐步降低债务风险。持续关注基层财政的结构性困难，完善县级基本财力保障机制，督促县级政府全面落实保障责任，支持基层做好“三保”工作。强化养老保险基金收支管理，确保养老金按时足额发放。

各位代表，做好今年的财政工作，责任重大、使命光荣。我们将坚持以习近平新时代中国特色社会主义思想为统领，紧紧围绕党中央、国务院和省委的决策部署，认真落实省十三届人大一次会议的决议和要求，锐意进取，开拓创新，努力完成各项目标任务，为开创新时代全面建设经济强省、美丽河北新局面，决胜全面建成小康社会作出新的更大贡献！

中共中央、国务院决定设立河北雄安新区

2017年4月1日，中共中央、国务院印发通知，决定设立河北雄安新区。这是以习近平同志为核心的党中央作出的一项重大的历史性战略选择，是继深圳经济特区和上海浦东新区之后又一具有全国意义的新区，是千年大计、国家大事。

雄安新区规划范围涉及河北省雄县、容城、安新3县及周边部分区域，地处北京、天津、保定腹地，区位优势明显、交通便捷通畅、生态环境优良、资源环境承载能力较强，现有开发程度较低，发展空间充裕，具备高起点高标准开发建设的基本条件。雄安新区规划建设以特定区域为起步区先行开发，起步区面积约100平方公里，中期发展区面积约200平方公里，远期控制区面积约2000平方公里。

设立雄安新区，是以习近平同志为核心的党中央深入推进京津冀协同发展作出的一项重大决策部署，对于集中疏解北京非首都功能，探索人口经济密集地区优化开发新模式，调整优化京津冀城市布局和空间结构，培育创新驱动发展新引擎，具有重大现实意义和深远历史意义。

党的十八大以来，中共中央总书记、国家主席、中央军委主席习近平多次深入北京、天津、河北考察调研，多次主持召开中央政治局常委会会议、中央政治局会议，研究决定和部署实施京津冀协同发展战略。习近平明确指示，要重点打造北京非首都功能疏解集中承载地，在河北适合地段规划建设一座以新发展理念引领的现代新型城区。今年2月23日，习近平专程到河北省安新县进行实地考察，主持召开河北雄安新区规划建设工作座谈会。习近平强调，规划建设雄安新区，要在党中央领导下，坚持稳中求进工作总基调，牢固树立和贯彻落实新发展理念，适应把握引领经济发展新常态，以推进供给侧结构性改革为主线，坚持世界眼光、国际标准、中国特色、高点定位，坚持生态优先、绿色发展，坚持以人民为中心、注重保障和改善民生，坚持保护弘扬中华优秀传统文化、延续历史文脉，建设绿色生态宜居新城区、创新驱动发展引领区、协调发展示范区、开放发展先行区，努力打造贯彻落实新发展理念的创新发展示范区。

习近平指出，规划建设雄安新区要突出七个方面的重点任务：一是建设绿色智慧新城，建成国际一流、绿色、现代、智慧城市。二是打造优美生态环境，构建蓝绿交织、清新明亮、水城共融的生态城市。三是发展高端高新产业，积极吸纳和集聚创新要素资源，培育新动能。四是提供优质公共服务，建设优质公共设施，创建城市管理新样板。五是构建快捷高效交通网，打造绿色交通体系。六是推进体制机制改革，发挥市场在资源配置中的决定性作用和更好发挥政府作用，激发市场活力。七是扩大全方位对外开放，打造扩大开放新高地和对外合作新平台。

党中央、国务院通知要求，各地区各部门要认真落实习近平重要指示，按照党中央、国务院决策部署，统一思想、提高认识，切实增强“四个意识”，共同推进雄安新区规划建设发展各项工作。河北省要积极主动作为，加强组织领导，履行主体责任。坚持先谋后动、规划引领，用最先进的理念和国际一流的水准进行城市设计，建设标杆工程，打造城市建设的典范。要保持历史耐心，尊重城市建设规律，合理把握开发节奏。要加强对雄安新区与周边区域的统一规划管控，避免城市规模过度扩张，促进与周边城市融合发展。各有关方面要按照职能分工，密切合作，勇于创新，扎实工作，共同推进雄安新区规划建设，为实现“两个一百年”奋斗目标和中华民族伟大复兴的中国梦作出新的更大贡献。

千年大计、国家大事

——以习近平同志为核心的党中央决策河北雄安新区规划建设纪实

4月初的白洋淀，绿柳婆娑，碧波荡漾，放眼水鸟嬉戏，听闻蛙声一片。

襟带崇墉分淀泊，阑干依斗望京华——

河北安新县白洋淀凉亭上的这副楹联，在这个春天里，与位于东北方向100多公里的首都北京，有了不同寻常的关联。

2017年4月1日，新华通讯社受权发布：中共中央、国务院决定设立河北雄安新区。消息一出，犹如平地春雷，响彻大江南北。

涉及河北省雄县、容城、安新3县及周边部分区域的雄安新区，迅速成为海内外高度关注的焦点。

设立雄安新区是以习近平同志为核心的党中央作出的一项重大的历史性战略选择。这是继深圳经济特区和上海浦东新区之后又一具有全国意义的新区，是千年大计、国家大事。

党的十八大以来，以习近平同志为核心的党中央高瞻远瞩、深谋远虑，着眼党和国家发展全局，立足大历史观，深入推进京津冀协同发展战略，以规划建设河北雄安新区为重要突破口，探索人口经济密集地区优化开发的新模式，谋求区域发展的新路子，打造经济社会发展新的增长极。

燕赵大地上，春潮涌动，正奏响开创历史、引领发展的澎湃乐章……

把握时代大趋势的历史性举措

——设立雄安新区是以习近平同志为核心的党中央深入推进京津冀协同发展作出的重大选择

“这是党的十八大后中央抓的一个新区建设。雄安新区是党中央批准的首都功能拓展区，同上海浦东、广东深圳那样具有全国意义，这个定位一定要把握好。”——2016年5月27日，习近平总书记主持召开中共中央政治局会议。

华北平原，雪后初霁，万物润泽。

2017年2月23日上午，习近平总书记从中南海出发，驱车100多公里，专程到河北省安新县实地察看规划新区核心区概貌。

在大王镇小王营村，总书记走进一片开阔地，极目远眺。这里就是规划中的雄安新区起步区的核心地块。

在展开的一张规划图前，习近平仔细察看区位、规划状况，详细了解人口搬迁安置、区域内的地质水文条件等情况。

“这地方老百姓生活得怎么样？人口密度有多大？拆迁人口有多少？”习近平总书记向河北省委书记赵克志询问。他叮嘱：设立雄安新区，一定要让老百姓得到更多的实惠，要有实实在在的获得感。

当天中午，习近平在安新县主持召开了一场小型座谈会。他强调指出，规划建设雄安新区是具有重大历史意义的战略选择，是疏解北京非首都功能、推进京津冀协同发展的历史性工程。

大发展需要大战略，大战略需要大手笔。

37年前，位于华南的深圳经济特区，从昔日小渔村起步，发展成繁华都市，引领着珠三角经济增长极崛起，成为中国开启国门走向开放的重要标志。

25年前，位于华东的上海浦东新区，从一片旷野地蝶变成汇聚财富的金融中心，辐射带动长三角跻身世界六大城市群，成为中国改革开放再出发的新象征。

位于华北的京津冀大地，坐落着北京、天津、石家庄等北方重要城市，但多年来地区间发展不平衡：一面是京津两极“肥胖”，人口膨胀、交通拥堵等“大城市病”突出，一面是周边地区过于“瘦弱”，呈现显著差距。

实现京津冀协同发展，正是今天中国作为世界第二大经济体、经济发展步入新常态的大时代背景下爬坡过坎的必然选择，也是在中国北方打造新增长极的迫切需要。

着眼全局，运筹帷幄——

党的十八大以来，从谋划京津冀协同发展战略，到提出选择一个疏解北京非首都功能集中承载地，再到部署雄安新区建设，以习近平同志为核心的党中央以高超的政治智慧、宏阔的战略格局、强烈的使命担当，筹划部署、把脉导向。习近平总书记多次深入京津冀三省市考察调研，多次主持召开会议研究和部署实施，作出一系列重要指示批示，倾注了大量心血。

2013年5月，习近平总书记在天津调研时指出，要谱写新时期社会主义现代化的京津“双城记”。同年8月，在北戴河主持研究河北发展问题时，他强调要推动京津冀协同发展。2014年2月，他考察北京市并主持召开座谈会，明确提出京津冀协同发展的重大战略。

在推进实施京津冀协同发展大战略中，疏解北京非首都功能任务是重中之重。而选择一个疏解北京非首都功能集中承载地的构想也逐渐浮出水面。

对首都北京，作为“老北京”的习近平感情至深——“凸”字型的格局，“九经九纬”“左祖右社”的考究……拥有3000多年建城史和860多年建都史的北京，承载着古人的智慧和先进的理念，体现着中华风格、首都气派。

然而，21世纪的北京，虽前所未有繁华，却面临“大城市病”的种种困扰。

如何在时代的演进中焕发出千年古城的历史底蕴？正在快速迈向民族复兴的中国要建设一个什么样的首都？怎样破解城市规划建设中的难题从而推动协同发展？一系列时代追问，萦绕在习近平总书记的心头。

“建设和管理好首都，是国家治理体系和治理能力现代化的重要内容。”“要坚持和强化首都核心功能，调整和弱化不适宜首都的功能，把一些功能转移到河北、天津去，这就是大禹治水的道理。”习近平总书记在考察北京时的讲话高屋建瓴。

宜疏不宜堵，构建大格局。

2014年10月17日，习近平总书记对《京津冀协同发展规划总体思路框架》批示指出：“目前京津冀三地发展差距较大，不能搞齐步走、平面推进，也不能继续扩大差距，应从实际出发，选择有条件的区域率先推进，通过试点示范带动其他地区发展”。

经过不断思考，在2014年年底召开的中央经济工作会议上，习近平总书记强调，京津冀协同发展的核心问题是疏解北京非首都功能，降低北京人口密度，促进经济社会发展与人口资源环境相适应。

方向愈加清晰，思路更加明确，在京外设立一座新城的战略构想逐渐成熟。

2015年2月10日，中央财经领导小组第九次会议审议研究京津冀协同发展规划纲要。习近平总书记在讲话中提出“多点一城、老城重组”的思路。“一城”就是要研究思考在北京之外建设新城问题。

2015年4月2日和4月30日，习近平先后主持召开中共中央政治局常委会会议和中央政治局会议研究《京津冀协同发展规划纲要》。他再次强调，要深入研究论证新城问题，可考虑在河北合适的地方进行规划，建设一座以新发展理念引领的现代新城。

2015年6月印发的《京津冀协同发展规划纲要》充分体现了习近平总书记的战略构想，明确提出：“深入研究、科学论证，规划建设具有相当规模、与疏解地发展环境相当的集中承载地。”

在相当一段时间里，“集中承载地”成为了“新区”的代名词。

这个新区选在哪里？以何种定位出现？

根据习近平总书记的重要指示，京津冀协同发展领导小组多次组织国务院有关部门、河北省、京津冀协同发展专家咨询委员会等有关方面，召开专题会议和小范围会议，综合考虑区位、交通、土地、水资源和能源保障、环境能力、人口及经济社会发展状况等因素，经过多轮对比、反复论证新区选址。

2016年3月24日，习近平主持召开中共中央政治局常委会会议，听取北京市行政副中心和疏解北京非首都功能集中承载地有关情况的汇报并作了重要讲话。

习近平指出：从国际经验看，解决“大城市病”问题基本都用“跳出去”建新城的办法；从我国经验看，改革开放以来，我们通过建设深圳经济特区和上海浦东新区，有力推动了珠三角、长三角的发展。

习近平强调：北京正面临一次历史性抉择，从摊大饼转向在北京中心城区之外，规划建设北京城市副中心和集中承载地，将形成北京新的“两翼”，也是京津冀区域新的增长极。

一次次重要讲话、一场场科学论证、一步步深入推进……从思考到谋划，从批示到规划，从要求到部署，从宏观到微观，习近平总书记对设立新区的战略思考不断深入，构想逐渐变为现实。

2016年5月27日，这是研究设立河北雄安新区的一个大日子——

这天上午，中共中央政治局会议在中南海怀仁堂召开，审议《关于规划建设北京城市副中心和研究设立河北雄安新区的有关情况的汇报》，“雄安新区”首次出现在汇报稿的标题之中。

习近平强调：在现代化建设和城镇化加快推进阶段，北京又面临着一次历史性的空间格局调整。无论是从它的健康发展和解决问题，都要做出选择，最后做了这个选择。

顶层设计，志在千年。

公元1153年，金建都于燕京，拉开了北京城860多年的建都史。

公元2017年，河北雄安新区的规划设立，又将揭开北京城发展的崭新一页。

“这件事确实是千年大计、国家大事。”习近平强调，北京城市副中心和雄安新区的规划建设，要能够经得起千年历史检验，这也是我们这一代中国共产党人留给子孙后代的历史遗产。

把准历史大方位，着眼时代新特征，续写北京千年古都建设、谋划华夏大地发展的新篇章。

“80年代看深圳，90年代看浦东，21世纪看雄安”——今天流行的这句新话并非豪言壮语，它是时代的选择，更是历史的承诺。

“深圳和浦东的今天，就是我们希望看到的雄安的明天。雄安新区发展的机遇和挑战都是前所未有的。”京津冀协同发展专家咨询委员会副组长邬贺铨院士说，千年大计，正是表达着中央推行这个战略的决心和定力。

俯瞰中国地图，深圳、浦东和雄安呈梯度而上，分别占据全国南、中、北三个维度，这将合力推动中国实现全局均衡发展，改变经济发展“南强北弱”的状况。

英国《金融时报》网站文章如此评价：雄安新区这片经济活力带将寻求催生出京津冀地区甚至更大范围内的发展活力。

“水乡花县今新邑，北地江南古渥城。”雄安新区这片具有数千年悠久历史和当代光荣革命传统的大地，将成为

大时代背景下中国开拓发展的新支点，必将创造时代发展的新传奇。

回答实践新要求的战略决策

——科学论证选址，优化京津冀城市布局和空间结构，形成北京发展的新翼，打造创新驱动的高地

“具体到哪里建，这是一个科学论证的问题。一旦定下来，京津冀三地和有关部门都要统一思想，提高认识，用大历史观看待这件大事。”——2016 年 3 月 24 日，习近平总书记主持召开中共中央政治局常委会会议。

雄韬伟略，长治久安。

“雄安”——未来之城的名字，取自“雄县、安新县”各一字，朗朗上口、声名远扬，既尊重历史，又寓意吉祥。

“雄”字意味宏伟、阳刚、英雄；“安”字包含稳定、牢固、安康，体现了地域特色，符合中华传统文化，契合国家实现“两个一百年”奋斗目标、实现中华民族伟大复兴的中国梦的内在要求。

大任何以降雄安？

2015 年 2 月 10 日，习近平总书记主持召开中央财经领导小组第九次会议明确提出，研究考虑在北京之外建新城的思路；此后，在不同场合他多次提出在河北合适地方建设一座新城。由此，选择一个疏解北京非首都功能的集中承载地就成为现实要求。习近平总书记的重要讲话，为雄安新区的最终设立提供了战略指引。

按照习近平总书记的要求，京津冀协同发展领导小组牵头组织研究论证设立集中承载地有关工作。2015 年 2 月，选址工作启动，各有关方面展开了紧锣密鼓的科学论证：

——本着认真、谨慎、科学、民主的原则，新区选址综合考虑区位、交通、土地、水资源和能源保障、环境能力、人口及经济社会发展状况等因素；

——京津冀协同发展领导小组对集中承载地规划选址进行多地点多方案比选，经过反复调研论证，多个回合讨论研究；

——由 16 位顶尖级专家组成的京津冀协同发展专家咨询委员会，对多个选址进行实地考察调研，召开 10 多次会议听取河北省及规划组的汇报；

——河北省组织省内多个部门，持续进行多轮研究，谋划提交多个选址方案；

——初步方案经过京津冀协同发展领导小组讨论，意见反馈给河北省。河北省对方案进行相应调整，专家咨询委员会再次实地考察，并听取河北省及中国城市规划设计研究院等方面意见。方案经修订，再次上报京津冀协同发展领导小组开会讨论；

——2016 年 2 月 29 日，国务院举行专题会议研究集中承载地的相关问题；

——2016 年 3 月和 5 月，最终选址方案呈报中共中央政治局常委会会议和中央政治局会议审议。

规划建设新区的选址事关发展全局，是涉及首都的历史性工程，要经得起历史检验。

每一次调研都细致严谨，每一次讨论都充分热烈。“雄县—容城—安新”这一方案在几个方案比选中逐步得到确认，最终脱颖而出。

选择集中承载北京非首都功能的新区，这个地方不能太远，也不能太近。太近容易连成一片，达不到疏解目的；太远则难以接受北京的辐射和带动，不能更好地承接和转移非首都功能。

雄安新区地处保定。保定之名取“保卫大都，安定天下”之意，自古就是“京畿重地”要冲之塞。

距离北京约 40 分钟高铁车程的保定东站广场，矗立着“京畿之门”的高大建筑，提醒熙来攘往的人们这座城市的特殊地位。从保定东站向东北沿高速公路，半个多小时即可到达雄安新区。

新区位于京津保腹地，各方优势明显，土地水利环境地质支撑条件优良，发展空间充裕，正是集中承接北京非首都功能疏解的首选之地：

——区位优势。地处华北平原，一马平川。雄安新区与北京、天津构成一个等边三角形，距离北京、天津、石家庄和保定市分别约 105 公里、105 公里、155 公里、30 公里。

——交通便捷。雄安新区东至大广高速、京九铁路，南至保沧高速，西至京港澳高速、京广客专，北至荣乌高速、津保铁路等交通干线。基本形成与北京、天津、石家庄、保定的半小时通勤圈。同时具备空港优势，距离北京新机场约 55 公里，完全可以满足高端高新产业的发展需要。

——生态良好。拥有华北平原最大的淡水湖白洋淀，漕河、南瀑河、萍河、南拒马河等多条河流在区域内交汇。九河下梢，汇集成淀，星罗棋布的苇田，摇船入淀，但见浩渺烟波，苍苍芦苇，悠悠小舟，岸上人家，宛若“华北江南”。

——开发度低。雄安新区范围内人口密度低，建筑少，拆迁量不大。核心区所辖人口尚不到 10 万人，仅相当于北京的一个社区。可开发建设的土地较充裕且可塑性强，具备一定的城市基础条件。

2016 年 3 月 24 日，习近平主持召开中共中央政治局常委会会议，审议并原则同意《关于北京市行政副中心和疏解北京非首都功能集中承载地有关情况的汇报》，确定了新区规划选址，同意定名为“雄安新区”。

“具体到哪里建，这是一个科学论证的问题，不能拍脑袋说在雄安。”习近平总书记在这次会议讲话中强调，现在经过反复论证，并和北京市、河北省共同研究形成这个结果，一旦定下来，京津冀三地和有关部门都要统一思想、提高认识，用大历史观看待这件大事。

根据这次常委会会议精神，京津冀协同发展领导小组召开小范围会议对规划方案进行了修改完善。2016 年 5 月 27 日，习近平主持召开中共中央政治局会议，听取了关于规划建设北京城市副中心和研究设立河北雄安新区有关情况的汇报。

习近平在讲话中指出：“建设北京城市副中心和雄安新区两个新城，形成北京新的‘两翼’。这是我们城市发展的一种新选择”“在新的历史阶段，集中建设这两个新城，

形成北京发展新的骨架，是千年大计、国家大事”。

为精益求精，在京津冀协同发展领导小组组织下，京津冀协同发展领导小组办公室和专家咨询委员会对《设立河北雄安新区的实施方案》进行研究完善。

2016 年 7 月 31 日至 8 月 6 日，专家咨询委员会进行一周的封闭研究，请国家发展改革委、河北省、中国城市规划设计研究院等有关方面负责同志和专家学者共同进一步完善新区实施方案。

“可以说，新区选址是经过了各方反复深入论证才定的，最后制定了这个实施方案。”经历选址全过程、三赴雄安实地调研的京津冀协同发展专家咨询委员会组长、中国工程院主席团名誉主席徐匡迪院士说。

习近平总书记到规划中的雄安新区考察时，对这里的区位、人口密度、自然条件等表示满意。他说，这个地方选得好，在这里建新城，不会过多打扰当地人的生活，涉及搬迁量少，能快速起步见到效果。

大好河山，坐标已定。

雄安新区规划建设以特定区域为起步区先行开发，起步区面积约 100 平方公里，中期发展区面积约 200 平方公里，远期控制区面积约 2000 平方公里——这座担当着新时代发展使命的未来之城将跃然而出。

新区之“新”在于“以新破局”，构建起京津冀协同发展的“新格局”，也为中国实现区域协同发展提供可复制可推广的经验。

从国际上看，很多国家探索解决“大城市病”问题，都是用跳出去的办法，迄今看也是有效的、成功的。

在世界一些知名大城市，旁边也有伴城。例如美国纽约之外有新泽西，旧金山附近有圣荷西等；以色列的特拉维夫之外，有创新之城海法；日本东京 50 公里之外，则有高新产业集聚地的科学城筑波。

大鹏展翅九万里——

从首都区位看，北京城市副中心、雄安新区作为两翼分列北京中心城区的东侧和西南，定位清晰、错位发展，拱卫首都实现新腾跃；

从河北区位看，雄安新区和以 2022 年北京冬奥会为契机推进建设的张北地区，呈现一南一北，同样是带动燕赵大地腾飞的两翼。

全局上谋势，关键处落子。

雄安新区，这里将高标准高起点起步，立足当前、着眼长远，成为创新驱动发展、改革开放的高地。

习近平总书记强调：雄安新区不同于一般意义上的新区，其定位首先是疏解北京非首都功能集中承载地，重点承接北京疏解出的行政事业单位、总部企业、金融机构、高等院校、科研院所等，不符合条件的坚决不能要。

雄安新区绝非传统工业和房地产主导的集聚区，创新驱动将是雄安新区发展基点，进行制度、科技、创业环境的改革创新，吸引高端高新技术企业集聚，建设集技术研发和转移交易、成果孵化转化、产城融合的创新发展示范区。

设立雄安新区的消息在海内外引起强烈反响。

有海外媒体指出，“如果只注意到非首都功能疏解的集中承载地，而忽视这里是新发展理念的创新发展示范区，就看不到雄安新区设计初衷的根本所在。”

雄安新区的定位也引来诸多国内科研单位、央企总部、产业巨头的呼应。中国科学院、中船重工、航天科技集团、国家开发投资公司、中国交建、中石化等纷纷表示坚决拥护党中央决策部署，主动对接雄安新区建设，有的央企已明确表示将拿出“迁企”的实际行动。

在新的历史阶段，雄安新区的设立，按下了推进新一轮改革发展的启动键，推开了一扇崭新的转型发展之门。

落实新发展理念的重大实践

——坚持世界眼光、国际标准、中国特色、高点定位，打造世界级城市群的中国样本

“建设雄安新区是一项历史性工程，一定要保持历史耐心，有‘功成不必在我’的精神境界。”——2017 年 2 月 23 日，习近平总书记到河北雄安新区考察并主持召开座谈会。

九河下梢，北地西湖。雄安新区囊括白洋淀整个水域。

2 月 23 日，习近平总书记在实地考察雄安新区建设规划时专程前往白洋淀。这是习近平第一次来到白洋淀。他说：“小时候读小兵张嘎的故事，就对这里十分神往。我曾在河北正定工作，但也一直没有机会来。”

走过安新县郊野公园的白洋淀大堤，沿着长长木栈道，习近平步入淀区深处。水面波光粼粼，芦苇荡还没有返青，阳光照射下金灿耀眼。他登上一座木制观景台，环视开阔的白洋淀。

习近平曾在宁德、福州、杭州等南方城市工作，对山清水秀的生态之美感触至深。

总书记在考察中强调，建设雄安新区，一定要把白洋淀修复好、保护好。将来城市距离白洋淀这么近，应该留有保护地带。要有严格的管理办法，绝对不允许往里面排污水，绝对不允许人为破坏。

高起点，新梦想。雄安新区将坚持生态优先，建设一座绿色生态之城——

习近平反复强调：“要坚持生态优先、绿色发展，划定开发边界和生态红线，实现两线合一，着力建设绿色、森林、智慧、水城一体的新区。”

天人合一、道法自然……雄安新区将构建蓝绿交织、清新明亮、水城共融、多组团集约紧凑发展的生态城市。

“水会九流，堪拟碧波浮范艇。荷开十里，无劳魂梦到苏堤。”在未来规划建设中，白洋淀的景色只会变得更美、淀水更加清澈，湖面更加开阔。

高标准，新理念。雄安新区将坚持规划先行，筑造一座标杆之城——

谋定后动，规划引领。2014 年 2 月和 2017 年 2 月，习近平总书记两次考察北京市。他对城市规划引领经济社会发展的作用格外重视，强调指出：“考察一个城市首先看规划，规划科学是最大的效益，规划失误是最大的浪费，规划折腾是最大的忌讳。”“城市规划建设做得好不好，最终要用人民群众满意度来衡量。”

在谋划设立雄安新区的数次重要会议上，习近平反复强调“把每一寸土地都规划得清清楚楚再开始建设”“精心推进不留历史遗憾”。

在安新县召开座谈会时，总书记郑重告诫：雄安新区将是我们留给子孙后代的历史遗产，必须坚持“世界眼光、国际标准、中国特色、高点定位”理念，努力打造贯彻新发展理念的创新发展示范区。“要坚持用最先进的理念和国际一流水准规划设计建设，经得起历史检验。”

人口密度低、开发程度低、发展空间充裕……一张白纸能够画出最美的图画。

按照习近平总书记要求，目前京津冀协同发展领导小组正会同专家咨询委员会、国家发展改革委等有关部门、河北省委省政府等抓紧组织编制雄安新区总体规划、起步区控制性规划、启动区控制性详细规划及白洋淀生态环境治理和保护规划等。

新区将借鉴国际经验，组织国内国际一流规划人才进行城市设计，细致严谨地做好单体建筑设计，特别是细节设计，建成标杆工程，成为今后城市建设的典范。

“规划上要达到国际一流城市的水平，同时在建筑上要充分体现中华文化的元素，在建设过程当中要精雕细琢，以工匠精神打造百年建筑，留下千年传承。”国家发展改革委主任何立峰说。

高水平，新家园。雄安新区将坚持以人民为中心的思想，成为一座现代宜居之城——

如果说此前，中国的大部分现代化城市建设都是向外借鉴学习，那么在多年积累的基础上，雄安新区将构建一个蓬勃内生、发扬传统、自信开放的现代化城市，从而达到“从跟跑到并跑再到领跑世界”。

雄安新区不会简单复制深圳和浦东，而是要开创国家新区和城市发展的全新模式。

“要坚持以人民为中心，从市民需要出发，做到疏密有度、绿色低碳、返璞归真，提供宜居的环境、优质的公共服务，有效吸引北京人口和功能疏解转移。”新区规划一开始，习近平总书记就如此强调。

人往高处走，水往低处流。按照规划，新区远期将承载200万至250万人口。新区的建设，将紧紧围绕“人”这个核心谋篇布局，充分提高基本公共服务水平，发展社会事业，配套优质教育医疗等资源，提高对疏解北京非首都功能高端人才的吸引力。

水城共融犹如江南水乡，大量管廊地下藏，地底通道汽车穿梭忙，行人休闲走在马路上，街道两边传统特色建筑分外亮堂，河水穿城流淌，森林公园空气清新舒畅，被绿树隔离带包围的白洋淀碧波荡漾……徐匡迪院士这样描述未来雄安新区美丽如画的模样，崭新的生产、生活、生态三大发展空间让人无限向往。

高要求，新机制。雄安新区将坚持体制机制改革，打造一座创新发展之城——

早在一年多前召开的中共中央政治局常委会会议上，习近平总书记就指出，要防止炒作土地等问题出现，要切实采取有效措施。

从2016年6月开始，雄安新区规划区域内，已逐步实行房屋等不动产、规划、土地、项目、户籍的冻结，为筹建新区做准备。

雄安新区将制定全新的住房政策，严禁大规模开发房地产。专家咨询委员会专家表示，国家将在这里探索全新的房地产改革道路，控制房地产价格，保障民众住房需求。

户籍改革、医疗改革、公共服务改革、深化行政管理体制改革、实行大部门制和负面清单管理、探索投融资体制改革、加强对外合作促进贸易便利化、建立与国际接轨的城市管理规则和体系……体制机制改革将是新区发展的制度保障。

在全面深化改革的大棋局中，雄安将争当“改革先锋”，一些改革举措在这里先行先试，在“深水区”中趟出一条可复制、可推广的新路子。

引领时代发展，打造改革高地，人们也将从这里读懂未来中国。

“白洋淀，风光好，英雄多，到处都有嘎子哥。”从白洋淀码头坐船出发，半个小时水程来到赵庄子村——电影原型“小兵张嘎”的故乡。

忆往昔，这里是见证峥嵘岁月的革命老区；

看今朝，这里是肩负历史使命的发展新区。

“我们这代人做什么梦的都有，就是没有做过这样的梦。”赵庄子村党支部书记赵文祥说，“这几天乡亲们茶余饭后都在讨论新区建设，畅想家乡未来。”

“规划定了就要严格执行，确保‘一张蓝图干到底’。”

“要尊重城市开发建设规律，合理把握开发节奏，稳扎稳打，一茬接着一茬干。”

“这件事是不可逆的工作，所以必须发扬工匠精神，精心推进。”

……

在以习近平同志为核心的党中央领导下，从中央到地方，从国家部委到河北省各部门，新区建设工作正在紧张有序地展开，雄安新区筹委会已经成立……

放眼未来，美好前景催人奋进——

3年后的2020年，一个新城的雏形将初步显现。雄安新区骨干交通路网基本建成，起步区基础设施建设和产业布局框架基本形成；

5年后的2022年，在北京冬奥会成功举办时与京津冀主要城市联系进一步紧密，与北京中心城区错位发展，起步区基础设施全部建设完成，新区核心区基本建成；

13年后的2030年，一座绿色低碳、信息智能、宜居宜业的现代化新城显露活力，成为具有较强竞争力和影响力、人与自然和谐共处、闻名遐迩的城市新星。

雄安新区，必将绽放出璀璨夺目的光芒！

（记者：霍小光、张旭东、王敏、曹国厂、李亚红）

新华社北京2017年4月13日电

河北省安全生产条例

（2017年1月12日河北省第十二届人民代表大会第五次会议通过）

第一章　总则

第一条　为了加强安全生产工作，防止和减少生产安全事故，保障人民群众生命和财产安全，促进经济社会持续健康发展，根据《中华人民共和国安全生产法》等有关法律、行政法规的规定，结合本省实际，制定本条例。

第二条　在本省行政区域内从事生产经营活动的单位（以下统称生产经营单位）和重点行业的安全生产及其监督管理，适用本条例。

有关法律、行政法规对消防安全、道路交通安全、铁路交通安全、水上交通安全、民用航空安全以及核与辐射安全、特种设备安全另有规定的，适用其规定。

第三条　安全生产工作应当以人为本，坚持安全发展，坚持安全第一、预防为主、综合治理的方针；坚持分级负责、属地管理，遵循管行业、管业务、管生产经营必须管安全和谁主管谁负责的原则；建立生产经营单位负责、职工参与、政府监管、行业自律和社会监督的机制。

第四条　县级以上人民政府应当将安全生产纳入本地区国民经济和社会发展规划，制定实施安全生产规划。安全生产规划应当与城乡规划相衔接。

县级以上人民政府应当将安全生产监督管理经费列入同级财政预算，确保安全生产监督管理工作的正常开展；健全安全投入保障制度，加大安全生产基础设施建设资金的投入；对国家安排的安全生产专项资金严格监督管理，保证专款专用。

第五条　生产经营单位是安全生产的责任主体，对本单位安全生产工作全面负责。生产经营单位应当保障安全生产投入，改善安全生产条件，推进安全生产标准化建设，加强风险因素辨识管控和隐患排查，强化安全生产基础建设，落实安全生产措施，提高安全生产水平，确保安全生产。

生产经营单位的主要负责人是本单位安全生产第一责任人；分管安全生产工作的负责人承担安全生产综合管理领导责任；其他负责人对其分管工作范围内的安全生产承担直接领导责任。

第六条　各级人民政府应当加强对安全生产工作的领导，明确责任范围，支持、督促各有关部门依法履行安全生产监督管理职责。

各级人民政府应当成立安全生产委员会，负责统筹协调本行政区域内安全生产重大事项。县级以上人民政府安全生产委员会办公室设在本级人民政府安全生产监督管理部门，承担安全生产委员会日常工作。

县级以上人民政府安全生产监督管理部门依法对本行政区域内的安全生产工作实施综合监督管理，指导协调、监督检查、巡查考核本级人民政府有关部门和下级人民政府履行安全生产监督管理职责。

负有安全生产监督管理职责的部门，依照有关法律、法规的规定，制定相关行业规范和地方标准，并在各自的职责范围内对有关的安全生产工作实施监督管理。

其他行业领域主管部门应当履行安全生产管理职责，将安全生产纳入行业领域管理内容，指导督促生产经营单位加强安全生产管理。

第七条　工会依法对安全生产工作进行监督。

生产经营单位的工会依法组织职工参加本单位安全生产工作的民主管理和民主监督，监督各项安全生产制度的落实，督促改善安全生产条件，参与安全生产检查、事故调查处理，维护职工的合法权益。生产经营单位制定或者修改有关安全生产的规章制度，应当听取工会意见。

第八条　各级人民政府及其有关部门应当鼓励和扶持安全生产科学技术研究与创新，促进安全生产信息化建设与应用，加强专业技术和技能人才的培养与引进，加快成果转化，支持先进适用安全技术、装备、工艺的推广应用，提高安全生产科学技术保障能力和水平。

第九条　各级人民政府及其有关部门和新闻、出版、广播、电影、电视、互联网等单位应当开展安全生产公益宣传教育，推进安全文化建设，加强舆论监督，提高全社会的安全意识。

县级以上人民政府及其有关部门应当对在改善安全生产条件、防止生产安全事故、参加抢险救援、报告重

人事故隐患、举报生产安全非法违法行为、研究安全生产理论和创新科学技术应用等方面作出突出贡献以及在安全生产考核中成绩优秀的单位和个人，给予表彰奖励。

第二章 生产经营单位安全生产规定

第十条 生产经营单位应当具备法律、法规和国家标准、行业标准或者地方标准规定的安全生产条件；不具备安全生产条件的，不得从事生产经营活动。

生产经营单位应当严格遵守前款规定的各项标准以及本单位安全生产规章制度和安全操作规程，不得违章指挥、违章操作、违反劳动纪律和强令职工冒险作业。

第十一条 生产经营单位应当建立健全全员安全生产责任制度，明确各岗位的责任人员、责任范围、考核要求等内容。完善监督考核机制，强化部门安全生产职责，形成包括主要负责人、其他负责人、中层部门及其负责人、班组和班组长、具体岗位及其从业人员以及各类专项工作负责部门及其从业人员的安全生产责任体系。

第十二条 生产经营单位的主要负责人对本单位安全生产工作负有下列职责：

（一）建立、健全本单位安全生产责任制；

（二）组织制定本单位安全生产规章制度和操作规程；

（三）保证本单位安全生产投入的有效实施；

（四）督促、检查本单位的安全生产工作，及时消除生产安全事故隐患；

（五）组织制定并实施本单位的生产安全事故应急救援预案；

（六）及时、如实报告生产安全事故；

（七）组织制定并实施本单位安全生产教育和培训计划。

第十三条 生产经营单位的主要负责人除履行法律、行政法规规定的安全生产职责外，应当落实下列安全生产事项：

（一）定期主持召开安全生产例会，听取工作汇报，协调解决重大问题，形成会议纪要；

（二）每季度至少组织一次安全生产全面检查，研究分析安全生产存在的问题；

（三）每年至少组织并参与一次生产安全事故应急救援演练；

（四）发生生产安全事故时迅速组织抢救，做好善后处理工作，配合调查处理；

（五）每年向职工大会或者职工代表大会报告安全生产工作和个人履行安全生产管理职责的情况。

生产经营单位下属部门、单位的主要负责人应当履行落实前款规定的有关职责和事项。

第十四条 生产经营单位的决策机构、主要负责人或者个人经营的投资人应当保证安全生产条件所必需的资金投入，并对由于安全生产所必需的资金投入不足导致的后果承担责任。安全生产资金投入应当专项用于下列事项：

（一）安全技术措施工程建设以及安全设备、设施、器具的更新、改造、维护、检验检测和校验；

（二）安全生产宣传、教育、培训以及技术研究、成果推广和应用；

（三）安全生产风险因素辨识管控和事故隐患排查治理；

（四）劳动防护用品配备、更换和安全生产津贴、奖金发放；

（五）重大危险源监测监控；

（六）安全生产应急管理、事故救援演练以及救援队伍建设；

（七）安全生产评价、评估和标准化建设；

（八）其他保障安全生产的事项。

矿山、金属冶炼、建筑施工、道路运输、机械制造单位和危险物品生产、储存等单位应当根据国家或者本省确定的标准自行提取和使用安全生产费用，专户储存，专项用于安全生产。安全生产费用在成本中据实列支。县级以上人民政府财政部门会同安全生产监督管理部门对生产经营单位安全生产费用提取管理使用制度执行情况进行监督。

第十五条 生产经营单位应当开展安全生产标准化建设，实现安全管理、操作行为、设备设施、作业环境的标准化，提高安全生产水平和事故防范能力，并落实下列要求：

（一）制定标准化建设规划，明确标准化建设管理部门，将标准化工作情况列入考核内容；

（二）组织创建标准化完成后应当安排不少于六个月的试运行；

（三）每年向职工大会或者职工代表大会报告标准化建设及其运行情况；

（四）将标准化建设内容纳入班组、车间、厂级定期教育培训内容；

（五）建立标准化运行质量与效果年度自评估制度，并将评估结果经内部公示后通报相应评审组织单位。

微小企业的操作岗位和安全生产事故隐患排查治理方面的安全生产标准化内容，由省人民政府制定。

第十六条 生产经营单位应当制定和实施下列安全生产规章制度：

（一）安全生产责任制及其监督考核机制，安全生产标准化、管理台账、档案制度以及会议机制；

（二）安全生产检查、风险因素辨识管控、隐患排查治理和重大危险源管理制度；

（三）安全生产资金投入保障制度；

（四）设备、设施检查维修制度；

（五）安全生产教育培训考核管理制度；

（六）具有较大危险、危害因素的生产经营场所、设备和设施的安全管理制度、危险作业管理制度；

（七）职业健康保障制度和劳动防护用品配备、使用管理制度；

（八）生产安全事故应急救援预案、重大危险源应急预案制定、修订与演练制度、事故报告以及调查处理制度；

（九）建设项目安全管理和外来进场施工队伍管理制度；

（十）安全生产规章制度、管理机制执行效果评估以及修订制度；

（十一）其他有关安全生产制度。

第十七条 生产经营单位应当加强班组建设，强化以岗位为核心的安全生产管理：

（一）建立班组和岗位人员交接班安全交底、班前会提示讲解、班后会评点分析等安全管理制度；

（二）设立班组不脱产安全员，并明确其职责；

（三）支持班组安全文化建设；

（四）当次生产活动结束后，班组各岗位人员应当对负责的设备、作业场地、安全防护设施、物品存放等进行安全检查。

在矿山、金属冶炼、建筑施工单位，危险物品生产、经营、储存、运输、装卸单位等高危行业以及其他行业的危险岗位，建立并实施班组内部安全互联互保、班组岗位描述、岗位风险辨识、管理人员对班组风险审核、岗位操作前手指口述、作业现场操作前风险确认等制度。

第十八条 生产经营单位的从业人员应当在每次上岗前进行岗位安全检查，确认安全后方可进行操作。岗位安全检查包括下列事项：

（一）设备设施、安全防护装置的状态；

（二）岗位安全措施、规章制度的落实情况；

（三）作业场地以及物品堆放符合安全规范；

（四）个体防护用品、用具齐全、完好，并正确佩戴和使用；

（五）正确使用设备、设施，熟练掌握操作要领、操作规程。

第十九条 生产经营单位应当建立风险因素辨识管控和事故隐患排查治理制度，针对高危工艺、设备、物品、场所和岗位实施分级管控，制定落实安全操作规程，分别建立台账，如实记录辨识的风险因素、排查出的问题、事故隐患和整改信息，并及时以适当的方式向从业人员公示或者通报。

第二十条 生产经营单位应当对发现的风险因素和事故隐患及时管控、整改。隐患整改应当制定方案，落实责任、措施、资金、时限和预案；对因限于物质、技术等条件不能及时整改的事故隐患，应当采取必要的安全防范措施。

生产经营单位对重大隐患治理情况应当向负有安全生产监督管理职责的部门和职工代表大会报告。

微小企业应当每日进行岗位检查和安全排查，查找作业岗位的危险因素，及时消除发现的问题和事故隐患；不能消除的，应当立即停止生产经营活动。

第二十一条 矿山、金属冶炼、建筑施工、道路运输单位和危险物品的生产、经营、储存单位，应当按照国家法律法规规定，设置安全生产管理机构，配备专职安全生产管理人员。

前款规定以外的其他生产经营单位的安全生产管理机构、安全生产管理人员设置、配备标准，由省人民政府制定。

第二十二条 生产经营单位不得因安全生产管理人员依法履行职责而降低其工资、福利等待遇或者解除与其订立的劳动合同。专职安全生产管理人员的待遇不得低于同级同职其他岗位管理人员，并享受国家和本省规定的有关待遇。

生产经营单位可以对在安全生产工作中做出突出贡献的单位和个人给予奖励。

第二十三条 生产经营单位的主要负责人和安全生产管理人员应当接受有关安全生产的教育和培训，具备相应的安全生产知识和管理能力。

矿山、金属冶炼、建筑施工、道路运输和危险物品的生产、经营、储存、装卸单位，其主要负责人和安全生产管理人员，自任职之日起六个月内，应当由主管的负有安全生产监督管理职责的部门对其安全生产知识和管理能力考核合格。考核不得收费。

第二十四条 生产经营单位安全生产教育培训应当遵守下列规定：

（一）安排特种作业人员按照国家有关规定进行培训，取得相应资格，并持证上岗；

（二）对新进人员、实习人员进行厂、车间、班组三级教育培训；

（三）对采用新工艺、新技术、新材料或者使用新设备的人员进行专门教育培训；

（四）对调岗或离岗六个月以上人员进行车间、班组两级教育培训，对临时转岗、换岗人员进行新岗位教育培训；

（五）协同外来施工单位对外来施工人员进行专门教育培训；

（六）与劳务派遣单位分别对劳务派遣人员进行岗位安全操作规程和技能教育培训；

（七）每年至少进行一次全员教育培训。

生产经营单位应当按照一人一档的要求建立安全生产教育培训档案，如实记录教育培训时间、内容、考核结果等。培训考核结果应当由生产经营单位负责考核的人员和从业人员本人签名。安全生产教育培训考核不合格的，不得上岗作业。

第二十五条 生产经营单位新建、改建、扩建工程项目的，安全设施应当与主体工程同时设计、同时施工、同时投入生产和使用，安全设施投资应当纳入建设项目概算，并达到下列要求：

（一）建设项目设计单位在编制项目设计文件时，应当同时编制安全设施设计文件或者在设计文件中包含安全设施设计内容。需要报经主管部门批准的建设项目，安全设施设计文件应当随项目设计文件一并审批；

（二）建设项目施工单位应当严格按照经审查批准的安全设施施工图纸和设计要求施工，不得擅自改变安全设施设计；

（三）在生产设备调试阶段，应当同时对安全设施进行调试，对其效果作出评价，形成报告。

第二十六条 生产经营单位依法将生产经营项目、

场所和设备发包或者出租给其他单位或者个人的，应当对承包、承租单位有关安全生产条件和资质进行核验，对不具备安全生产条件或者相应资质的，不得发包、出租。

生产经营单位应当对承包、承租单位或者个人的安全生产工作进行统一协调、管理，定期进行安全检查，并在专门安全生产管理协议或者承包、租赁合同中，依法对各自的安全生产管理职责以及生产安全事故报告、调查处理、应急救援、经济赔偿、事故风险金等安全生产事项作出明确约定。

第二十七条　本省推行安全生产责任保险制度。在矿山、金属冶炼、建筑施工、交通运输、危险化学品、烟花爆竹、民用爆炸物品、渔业生产等高危行业领域强制实施投保安全生产责任险；鼓励和推动其他生产经营单位投保安全生产责任险。

承保安全生产责任险的保险公司应当参与生产经营单位的风险评估管控，为投保安全生产责任险的生产经营单位提供生产安全事故预防、安全生产宣传教育培训等服务，并向省人民政府安全生产监督管理部门通报情况。

生产经营单位应当依法参加工伤保险，为从业人员缴纳保险费。从工伤保险费中提取的工伤预防费按照国家有关规定执行。

第三章　重点行业安全生产特别规定

第二十八条　生产经营单位应当落实重大危险源监测监控管理责任，并对重大危险源采取下列措施：

（一）登记、建档、申报；

（二）建立重大危险源的监测监控系统并进行经常性维护，保持正常运行；

（三）定期对设施、设备进行检验、检测；

（四）制定重大危险源应急预案，每半年至少组织一次演练；

（五）定期进行安全评估。

生产经营单位应当将重大危险源存在的危险因素和应急措施及时如实告知从业人员和相关人员，在醒目位置设置警示标志，并按照有关规定将重大危险源及其有关安全措施、应急预案报安全生产监督管理部门和有关部门备案。

第二十九条　生产经营单位应当在易燃烧、易爆炸、中毒、腐蚀、窒息、灼伤、高温、噪声、粉尘、泄漏、触电、倾覆、撞击、坠落、坠物、碾轧、滑坡、坍塌等有较大危险、危害因素的生产经营场所进出口以及关键部位和有关设施、设备上，设置明显的安全警示标志。

生产经营单位应当加强特种设备和其他危险性较大的设备的安全管理，编制设备目录，强化操作人员的安全培训考核。

第三十条　矿山、建筑施工单位以及危险化学品、烟花爆竹、民用爆炸物品生产单位应当依法向有关部门申请办理安全生产许可证。未依法取得安全生产许可证或者其他安全生产行政许可的生产经营单位，不得从事该项生产经营活动。

任何单位和个人不得为未取得安全生产许可证或者其他安全生产行政许可而非法从事该项生产经营活动的生产经营单位提供原辅材料、生产经营场所、运输、保管、仓储等条件。

第三十一条　矿山、金属冶炼和用于生产、储存、装卸危险物品的建设项目，应当依照国家有关规定进行安全评价。

矿山、金属冶炼和用于生产、储存、装卸危险物品的建设项目的安全设施设计应当报经有关部门审查，审查部门及其负责审查的人员对审查结果负责。

第三十二条　矿山、金属冶炼建设项目和用于生产、储存、装卸危险物品的建设项目竣工后，其试运行时间应当不少于三十日，但不超过一百八十日。国家另有规定的从其规定。

项目试运行完成后，建设单位必须依照有关法律、法规规定组织对安全设施进行验收，并对验收结果负责；验收合格后，方可投入生产或者使用。建设项目可能产生职业病危害的，其职业病防护设施应当与安全设施合并进行评价、审查和验收。建设单位组织验收应当接受安全生产监督管理部门的监督。

第三十三条　矿山、金属冶炼、建筑施工单位，危险物品的生产、经营、储存、使用、运输、装卸单位和建材、机械加工、电力、供热单位以及其他规模以上的生产经营单位，在结束停产、停业、停工、停止建设，恢复生产经营前，应当制定复工复产工作方案并组织论证，根据工作方案中安全生产的要求对从业人员进行专项培训，进行安全生产检查，检查合格后方可恢复生产。

第三十四条　矿山、金属冶炼单位以及危险物品的生产、储存单位，应当按照一定比例配备注册安全工程师从事安全生产管理工作；鼓励其他生产经营单位聘用注册安全工程师从事安全生产管理工作。

第三十五条　生产经营单位从事下列活动，应当严格执行有关安全技术标准和管理规范，制定作业方案和应急处置预案，设置作业现场的安全区域，落实安全防范措施，签订专门安全生产管理协议或者在承包合同中明确安全生产事项，发现事故隐患的应当及时予以消除：

（一）设置户外广告、牌匾、电子屏等；

（二）进行建筑物室外墙体、玻璃幕墙美容清洗、贴砖、粉刷、空调安装等高空作业；

（三）进行污水池（井）、化粪池、下水道、盲井等地下受限空间作业；

（四）进行易燃易爆场所动火作业；

（五）进行爆破、吊装、临近高压输电线路作业、建筑物和构筑物拆除、道路清障救援、大型检修等作业。

第三十六条　储存和堆放危险物品的港口、码头、仓库或者物流中心等场所的设计、建设应当符合国家设计规范和安全防护距离。已有建筑物不符合设计规范和安全防护距离的，不得用于储存和堆放危险物品。

储存和堆放危险物品的港口、码头、仓库或者物流中心等场所应当设置安全警示标志，载明危险物品的名称、种类、数量以及安全须知、消防要求等注意事项，并按批次将名称、种类、数量变化情况报告有关部门。进行危险物品运输、装卸作业时，应当在批准的区域范围内作业并严格遵守安全操作规程。

第三十七条 涉及易燃易爆、有毒有害的粉尘、气体或者其他物态作业场所的生产经营单位，应当按照国家规定设置监测报警装置和远程监控系统，按照国家相关防爆标准设置建筑物、构筑物、电气设备、静电释放和通风系统等设施，并按照规定落实下列措施：

（一）保持安全出口和应急疏散通道畅通；

（二）控制作业场所爆炸危险物质的储存数量；

（三）定期对危险场所电气设备和通风除尘、防静电等安全设施进行检测和维护保养；

（四）定期清理可燃爆粉尘。

涉氨涉氯等有毒有害作业场所的生产经营单位除应当符合前款规定外，还应当定期检验储存装置，在储存、使用区域设置泄露收集处理装置和事故排水系统，在操作岗位设置洗眼器、淋洗器，配备空气呼吸器、防毒面具以及相关急救药品。

第三十八条 车站、地铁站、码头、机场、歌舞厅、影剧院、体育场（馆）、宾馆、饭店、商（市）场、旅游景区、动物园、公园、游乐场所、网吧、酒吧等公众聚集的经营场所应当符合下列要求：

（一）不得擅自改变场所建筑的主体和承重结构；

（二）实际容纳的人员不得超过规定的容纳人数，设置标志明显的安全出口和符合疏散要求的疏散通道；

（三）按照规定配备应急广播和指挥系统、应急照明设施、消防器材，安装安全监控系统，并确保完好、有效；

（四）制定生产安全事故应急救援预案，配备应急救援人员，组织应急救援演练；

（五）按照国家规定定期对电梯、锅炉、客运索道、大型游乐设施、配电等重要设施设备进行检测、检验；

（六）同一经营场所或者其他建筑物由两个以上单位管理和使用的，应当明确各方的安全责任。

在上述场所举行大型集会或者活动，应当依法履行相关审批手续，制定安全工作方案，落实各项安全措施。

第三十九条 地下经营场所应当配备应急广播以及通风、防火设施和器材，设置安全出口和应急疏散通道，标示疏散位置和疏散方向，并定期检查、维修，保证正常运行和使用。地下经营场所内禁止下列行为：

（一）生产、经营、存放、携带危险化学品、烟花爆竹等有毒有害、易燃易爆物品；

（二）挤占、堵塞疏散通道、通风口、消防通道；

（三）采用液化石油气和汽油、煤油、甲醇、乙醇等易燃液体作为燃料；

（四）违规安装、使用电器产品和敷设用电线路；

（五）拆除、损毁各类安全设施和器材。

第四十条 学校、幼儿园、科研院所、医疗机构、养老机构应当加强对消防、用电、民用燃气、实（试）验药品、实（试）验室、制氧站、宿舍、病房、办公用房、建筑（装修）施工、交通工具，以及室外教学、集体活动等方面的安全管理，定期开展安全检查，排除事故隐患，制定和完善应急救援预案，并每年至少组织两次应急演练。

学校、幼儿园、科研院所、医疗机构、养老机构不得出租房屋、场地用于危险物品的生产、经营、储存、装卸活动。

学校、科研院所、医疗机构等自办工厂、公司、商场（店）、宾馆、饭店和出租或者发包场地、临街门店、食堂、超市、建设工程项目以及进行其他生产经营活动的，按照生产经营单位进行监督管理。

第四十一条 物业服务企业应当在经营范围内对服务区域的人流干道、消防通道、地下车库、窨井、化粪池、电梯等重点部位以及水暖、燃气、供电等重要设施进行日常检查，对检查中发现的事故隐患，应当立即处理，并发出警示。对存在重大事故隐患的，还应当及时报告当地街道办事处或者乡（镇）人民政府和负有安全生产监督管理职责的部门。

物业服务企业应当在经营范围内对服务区域的服务对象进行安全宣传、组织应急演练。

第四章 从业人员安全生产权利义务

第四十二条 生产经营单位的从业人员享有下列权利：

（一）了解作业场所和工作岗位存在的危险因素、防范措施以及事故应急措施；

（二）对安全生产工作提出建议，对存在的问题提出批评、检举、控告；

（三）拒绝违章指挥和强令冒险作业；

（四）发现直接危及人身安全的紧急情况时，有权停止作业或者在采取可能的应急措施后撤离作业场所；

（五）获得并使用符合国家标准或者行业标准的劳动防护用品；

（六）因生产安全事故受到损害，除依法享有工伤保险外，依照有关民事法律尚有获得赔偿的权利的，有权向本单位提出赔偿要求。

生产经营单位不得因从业人员有前款第二项、第三项、第四项的行为而降低其工资、福利等待遇或者解除与其订立的劳动合同。

第四十三条 生产经营单位应当为从业人员提供符合国家标准或者行业标准的劳动防护用品，并监督、教育从业人员按照规定佩戴、使用。不得以货币或者其他物品代替劳动防护用品。

第四十四条 生产经营单位与从业人员订立的劳动合同，应当载明有关保障从业人员劳动安全、防止职业危害以及依法为从业人员办理工伤保险的事项。

生产经营单位不得以任何形式与从业人员订立减轻或者免除其对从业人员因生产安全事故伤亡依法应承担责任的协议。

第四十五条 生产经营单位的从业人员应当履行下列义务：

（一）遵守本单位的安全生产规章制度和操作规程，服从管理；

（二）正确佩戴和使用劳动防护用品，上岗前进行岗位安全检查；

（三）接受安全生产教育和培训，掌握本职工作所需的安全生产知识，提高安全生产技能，增强事故预防和应急处理能力；

（四）发现事故隐患或者其他不安全因素时，立即向安全生产管理人员或者本单位负责人报告；

（五）发生生产安全事故紧急撤离时，服从现场统一指挥；

（六）生产安全事故发生后，配合事故调查，如实提供有关情况。

第四十六条 工会有权对建设项目的安全设施与主体工程同时设计、同时施工、同时投入生产和使用的情况进行监督，并提出意见。

工会对生产经营单位违反安全生产法律、法规，侵犯从业人员合法权益的行为，有权要求纠正；发现生产经营单位违章指挥、强令冒险作业或者发现事故隐患时，有权提出解决问题的建议，生产经营单位应当及时研究答复；发现危及从业人员生命安全的情况时，有权向生产经营单位建议组织从业人员撤离危险场所，生产经营单位应当立即处理。

工会有权依法参加事故调查，向有关部门提出处理意见，并要求追究有关人员的责任。

第五章 安全生产监督管理

第四十七条 县级以上人民政府应当每年向本级人民代表大会或者其常务委员会报告安全生产情况，依法接受监督，并向社会公开。

县级以上人民代表大会常务委员会应当采取执法检查、质询、询问、代表视察等方式，加强对安全生产工作的监督。

第四十八条 本省建立覆盖省、市、县、乡、村五级的安全生产责任体系，按照职责分工加强安全生产监督管理规范化建设，实行安全生产网格化管理。

乡（镇）人民政府、街道办事处应当明确负责安全生产监督管理的机构，各类开发（园）区应当设立专门负责安全生产监督管理的机构，配备满足工作需要的监管监察人员，提供工作必需的设施、装备和经费保障。

村（居）民委员会应当引导生产经营单位成立安全生产互查自律组织，明确安全生产信息员，对发现的重大安全隐患、非法生产经营行为等线索，应当向当地人民政府或者有关部门报告，配合各级人民政府及其部门开展工作。

第四十九条 各级人民政府应当建立健全安全生产领导责任制、安全生产巡查、生产安全事故责任追究和警示约谈等制度，科学设定安全生产考核指标，加强对本级人民政府有关部门和下级人民政府的安全生产工作的考核，实行过程考核与结果考核相结合，增加其在政府综合考核和有关部门考核中的权重。

各级人民政府及其有关部门的主要负责人对本行政区域或者本部门监督管理行业领域的安全生产工作负全面领导责任；分管负责人负综合监管领导责任；其他负责人对分管工作范围内的安全生产负直接领导责任。

县级以上人民政府主要负责人应当与有关部门和下级人民政府主要负责人签订安全生产责任书。

第五十条 各级人民政府应当每个季度至少召开一次防范重大、特大生产安全事故工作会议，研究本行政区域内安全生产工作，通报安全生产工作情况，协调、解决安全生产工作中的重大问题。

县级以上人民政府安全生产监督管理部门发现应当由其他负有安全生产监督管理职责的部门处理的事故隐患和不安全事项时，应当向其提出改正或者处理意见。其他负有安全生产监督管理职责的部门应当及时改正或者作出处理，并向安全生产监督管理部门反馈。

第五十一条 县级以上人民政府及其负有安全生产监督管理职责的部门应当建立健全重大事故隐患治理督办制度，明确督办内容、流程、时限，对整改和督办不力的纳入政府核查问责范围，情节严重的依法依规追究相关人员责任，并通过网站和其他媒体公示，接受社会监督。

第五十二条 县级以上人民政府应当制定安全生产监管监察能力建设规划，提高监督管理执法制度化、标准化、信息化水平。

县级以上人民政府应当强化安全生产执法保障，改善调查取证等执法装备，保障基层监督检查和应急救援车辆满足工作需要。监督检查用车难以保障时，可以依据国家和本省规定通过社会化、市场化的方式解决。

安全生产监督检查人员进入生产经营单位危险场所进行检查时，个体防护装备和检查、取证等设备应当符合安全要求。不符合安全要求的，不得进入危险场所进行检查。

第五十三条 县级以上人民政府及其负有安全生产监督管理职责的部门应当推动生产经营单位安全生产标准化达标创建工作，加强生产经营单位安全标准化分级考核评价，对标准化运行的质量和效果进行评估、监督。

第五十四条 县级以上人民政府负有安全生产监督管理职责的部门应当制定对生产经营单位的安全生产监督检查计划，并根据安全生产实际情况及时进行调整和完善，报同级人民政府批准后实施。

安全生产监督检查人员在进入生产经营单位进行安全生产监督检查时，应当明确记录检查的时间、场所、部位等。对检查中发现的安全生产违法行为和事故隐患应当依法予以处置。

被检查单位应当予以配合，不得拒绝、阻挠检查，不得拒不接收、拒不执行监管监察指令。

第五十五条 县级以上人民政府教育主管部门应当将安全知识普及纳入国民教育，建立完善中小学安全教育和高危行业职业安全教育体系，在幼儿园、中小学、职业院校、高等院校课堂教学和社会实践等活动中严格落实安全教育内容，推动各类学校每学期至少开展一次安全专题讲座。鼓励高等院校将安全教育纳入选修课程。

县级以上人民政府应当逐步设立安全教育实践基地，创新安全教育形式。

有关部门和单位应当将安全教育的内容纳入国家公职人员教育培训计划。

第五十六条 县级以上人民政府应当建立完善安全风险评估与论证机制，科学合理确定生产经营单位选址和基础设施建设、居民生活区空间布局，构建重大危险源信息管理体系，对重点行业、重点区域、重点企业实行风险预警控制。对位置相邻、行业相近、业态相似的区域和行业，建立完善重大安全风险联防联控机制。

县级以上人民政府城乡规划主管部门和其他有关部门不得在城镇人口密集区批准新建、改建、扩建生产和储存危险物品的工厂、仓库；不得在不符合安全距离要求的区域范围内批准建立渣土堆场、尾矿库等；对已建成的不符合安全要求的上述项目，应当采取管控措施，消除事故隐患。

在重大危险源、铁路、公路、高压输电线路和危险物品输送管道等安全距离范围内，不得批准建设建筑物、构筑物；已建成的不符合安全距离要求的建筑物、构筑物，应当依法拆除或者采取其他安全保障措施。

第五十七条 县级以上人民政府项目投资管理部门和负有安全生产监督管理职责的部门应当加强项目审批、许可等方面的管理，对高危行业建设项目的审批应当把安全生产作为前置条件。建立安全监管联合机制，定期对重大建设项目，矿山、金属冶炼和用于生产、储存、装卸危险物品等高危行业建设项目以及工业建设项目集中的开发（园）区进行联合监督检查，依法查处项目和建设施工中存在的违法或者非法行为。

第五十八条 县级以上人民政府应当将安全生产专业技术服务纳入现代服务业发展规划，建立政府购买安全生产服务制度，支持发展安全生产专业化行业组织。

有关安全生产协会组织和中介服务机构应当加强行业自律和内部管理，依照法律、法规和章程，为生产经营单位提供安全生产服务，并接受有关部门的指导和监督。

生产经营单位委托前款规定的机构提供安全生产技术、管理服务的，保证安全生产的责任仍由本单位负责。

承担安全评价、认证、检测、检验的机构应当具备国家规定的资质条件。有关机构应当对其作出的安全评价、评估、认证、检测、检验等结果负责。

第五十九条 负有安全生产监督管理职责的部门依法对存在重大事故隐患的生产经营单位作出停产停业、停止施工、停止使用相关设施或者设备的决定，生产经营单位应当依法执行，及时消除事故隐患。

生产经营单位拒不执行，有发生生产安全事故的现实危险的，在保证安全的前提下，经负有安全生产监督管理职责的部门主要负责人批准，可以采取书面通知有关单位对生产经营单位有关的场所、设备、设施、独立单元、工地停止供电、停止供应民用爆炸物品等措施，强制生产经营单位履行决定。除有危及生产安全的紧急情形外，停止供电措施提前二十四小时通知生产经营单位。

生产经营单位依法履行行政决定、采取相应措施消除事故隐患的，负有安全生产监督管理职责的部门应当及时解除前款规定的措施。

第六十条 县级以上人民政府应当建立行政执法和刑事司法衔接制度。负有安全生产监督管理职责的部门应当加强与人民法院、人民检察院、公安机关的协调配合，通报安全生产有关情况，研究安全生产领域责任的有关问题。

第六十一条 县级以上人民政府应当把生产经营单位安全生产诚信体系建设纳入社会信用体系，对生产经营单位安全生产诚信实行分级管理。对违法行为情节严重的生产经营单位及其负责人，应当降低其诚信等级或者列入失信名单并向社会公告，并通报行业主管部门、投资主管部门、国土资源主管部门、证券监督管理机构以及有关金融机构等，对列入失信名单的单位和个人从事生产经营等活动依法予以限制或者禁止。

生产经营单位及其负责人对诚信等级或者被列入失信名单有异议的，可以向县级以上人民政府申请复核。履行相关义务或者改正违法行为的，经县级以上人民政府确认，应当将其从失信名单中删除并重新评定诚信等级。

第六十二条 县级以上人民政府负有安全生产监督管理职责的部门应当公布举报电话、电子邮箱等，建立安全生产专线与社会公共管理平台统一接报、分类处置的举报机制，方便公民、法人和其他组织举报。

接到举报的部门应当及时处理，并应当对举报人的相关信息予以保密，维护举报人的合法权益。

第六章　生产安全事故应急救援与调查处理

第六十三条 县级以上人民政府应当建立完善安全生产应急救援管理工作机制，建设联动互通的应急救援指挥平台，依托公安消防、大型企业、工业园区等应急救援力量，加强应急救援基地和队伍建设。鼓励和支持生产经营单位和其他社会力量建立应急救援队伍，提高应急救援的专业化水平，实现区域应急救援资源共享。

县级以上人民政府应当组织有关部门制定本行政区域内生产安全事故应急救援预案，建立生产安全预警机制，健全应急救援体系，并定期组织演练。

生产安全事故应急救援预案经本级人民政府主要负责人签署后，报上一级人民政府备案。

第六十四条 生产经营单位应当查找本单位危险危害因素、危险源（点），制定生产安全事故应急救援预案。生产安全事故应急救援预案和重大危险源应急预案应当与所在地县级以上人民政府组织制定的生产安全事故应急救援预案相衔接，并针对应急救援预案确定的不同致灾因素定期组织演练。

第六十五条 矿山、金属冶炼、建筑施工、城市轨道交通、客运索道运营等单位和危险物品的生产、经营、储存单位应当建立应急救援组织，配备相应的应急救援器材、设备和物资，并定期进行演练；规模较小的单位，应当配备应急救援人员，并与邻近的应急救援组织签订应急救援协议。

设区的市和县（市、区）人民政府可以组织有关生产经营单位的应急救援组织以及人员定期演练，统一调配使用，并给予必要的资金支持。化工园区应当组织建立专职应急救援队伍，承担园区应急救援任务。

第六十六条 生产经营单位发生生产安全事故后，事故现场的有关人员应当立即如实报告本单位负责人。单位负责人应当及时启动应急预案，迅速采取措施组织抢救，保护事故现场，防止事故扩大，并按照国家有关规定及时如实报告当地安全生产监督管理部门和其他有关部门，不得隐瞒不报、谎报或者迟报，不得故意破坏事故现场、毁灭有关证据。

第六十七条 接到生产安全事故报告后，有关人民政府、负有安全生产监督管理职责的部门应当依法履行以下职责：

（一）按照国家有关规定及时上报事故情况，不得隐瞒不报、谎报或者迟报；

（二）生产安全事故发生地人民政府和负有安全生产监督管理职责的部门负责人应当按照生产安全事故应急救援预案要求立即赶赴事故现场，组织抢救；

（三）当地公安机关应当依法采取有效措施，保护事故现场并防止有关责任人员逃逸或者转移、隐匿财产以及毁灭相关证据；

（四）根据需要采取警戒、疏散等措施，防止事故扩大和次生灾害的发生；

（五）采取必要措施，避免或者减少对环境造成的危害。

第六十八条 县级以上人民政府应当建立事故暴露问题整改督办制度，在事故结案后一年内组织开展评估，评估结果及时向社会公开，对履职不力、整改措施不落实的，依法追究有关单位和人员责任。

生产经营单位应当建立生产安全事故评估制度。发生生产安全事故后，生产经营单位应当立即结合事故调查自行或者委托组织安全生产状况评估。发生一般生产安全事故的，应当对发生事故的单元进行安全生产状况评估；发生较大以上生产安全事故的，应当对本单位进行安全生产状况评估。

生产经营单位应当根据评估结果采取相应的防范、整改措施，并将评估结果以及采取的防范、整改措施书面报告主管的负有安全生产监督管理职责的部门。

第六十九条 县级以上人民政府应当完善生产安全事故调查处理机制，建立生产安全事故调查组组长负责制，对典型生产安全事故可以提级调查、跨地区协同调查和工作督导。

任何单位和个人不得阻挠和干涉对生产安全事故的依法调查处理。

事故发生单位应当及时全面落实整改措施，接受负有安全生产监督管理职责的部门依法作出的行政处罚，并对事故受害人及其家属承担相应的民事赔偿责任。

第七十条 县级以上人民政府负有安全生产监督管理职责的部门应当定期向社会公布安全生产信息和生产安全事故情况。

负有安全生产监督管理职责的部门应当及时公开安全生产严重违法行为和重大、特大生产安全事故信息。

第七章　法律责任

第七十一条 生产经营单位的主要负责人违反本条例规定，未履行安全生产管理职责的，责令限期改正；逾期未改正的，处二万元以上五万元以下的罚款，责令生产经营单位停产停业整顿。

生产经营单位的主要负责人有前款违法行为，导致发生生产安全事故的，给予撤职处分；构成犯罪的，依照刑法有关规定追究刑事责任。

生产经营单位的主要负责人依照前款规定受刑事处罚或者撤职处分的，自刑罚执行完毕或者受处分之日起，五年内不得担任任何生产经营单位的主要负责人；对重大、特别重大生产安全事故负有责任的，终身不得担任本行业生产经营单位的主要负责人。

第七十二条 生产经营单位的决策机构、主要负责人、个人经营的投资人未按照本条例规定保证安全生产所必需的资金投入，致使生产经营单位不具备安全生产条件的，责令限期改正，提供必需的资金；逾期未改正的，责令生产经营单位停产停业整顿。

有前款违法行为，导致发生生产安全事故的，对生产经营单位的主要负责人给予撤职处分；对个人经营的投资人处二万元以上五万元以下的罚款；情节较重的，处五万元以上十万元以下的罚款；情节严重的，处十万元以上二十万元以下的罚款；构成犯罪的，依照刑法有关规定追究刑事责任。

第七十三条 违反本条例规定，生产经营单位未按照规定进行安全检查、风险因素辨识管控、事故隐患排查的，或者对发现的事故隐患和问题未制定整改方案计划的，责令限期改正，处二万元以上五万元以下的罚款。

生产经营单位未采取措施消除事故隐患的，责令立即消除或者限期消除；生产经营单位拒不执行的，责令停产停业整顿，并处十万元以上三十万元以下的罚款；情节严重的，处三十万元以上五十万元以下的罚款。对其直接负责的主管人员和其他直接责任人员处二万元以上五万元以下的罚款。

微小企业未查找或者未消除作业岗位危险因素的，予以警告，责令改正，并处五百元以上一千元以下的罚款。

第七十四条 生产经营单位的从业人员不服从管理，违反安全生产规章制度、操作规程或者冒险作业的，由生产经营单位给予批评教育，依照有关规章制度给予处分；构成犯罪的，依照刑法有关规定追究刑事责任。

第七十五条 违反本条例规定，生产经营单位未按照规定设置安全生产管理机构或者配备安全生产管理人员的，责令限期改正，可以处五万元以下的罚款；逾期未改正的，责令停产停业整顿，并处五万元以上十万元以下的罚款，对其直接负责的主管人员和其他直接责任人员处一万元以上二万元以下的罚款。

违反本条例规定，生产经营单位开展安全生产教育培训或者教育培训档案不符合要求的，责令限期改正，可以处三万元以下的罚款；未开展安全生产教育培训或者未设立教育培训档案的，责令限期改正，可以处三万元以上五万元以下的罚款。逾期未改正的，责令停产停业整顿，并处五万元以上十万元以下的罚款，对其直接负责的主管人员和其他直接责任人员处一万元以上二万元以下的罚款。

第七十六条 违反本条例规定，矿山、金属冶炼或者用于生产、储存、装卸危险物品的建设项目竣工后，未按要求安排试运行，或者试运行到期后未进行竣工验收仍然进行生产经营活动的，责令停产停业整顿，并处五万元以上十万元以下的罚款。建设单位组织验收未按规定接受监督的，责令改正，可以处三万元以下的罚款。

第七十七条 违反本条例规定，生产经营单位有下列行为之一的，责令立即停止作业，限期改正，并可以处五万元以下的罚款，对其直接负责的主管人员和其他直接责任人员可以处一万元以下的罚款：

（一）未按照安全技术标准和管理规范要求，进行高空作业、地下受限空间作业或者易燃易爆场所动火作业的；

（二）未按照安全技术标准和管理规范要求，进行爆破、吊装、临近高压输电线路作业、建筑物和构筑物拆除、道路清障救援、大型检修作业的；

（三）发包、承包受限空间、高空作业项目，未与承包、发包单位签订专门安全生产管理协议或者未在承包合同中明确各自安全生产管理职责的。

第七十八条 违反本条例规定，生产经营单位与从业人员订立减轻或者免除其对从业人员因生产安全事故伤亡依法应承担责任协议的，该协议无效，并对生产经营单位的主要负责人、个人经营的投资人按照下列规定处以罚款：

（一）在协议中减轻其对从业人员因生产安全事故伤亡依法应承担责任的，处二万元以上五万元以下的罚款；

（二）在协议中免除其对从业人员因生产安全事故伤亡依法应承担责任的，处五万元以上十万元以下的罚款。

第七十九条 违反本条例规定，生产经营单位有下列行为之一的，责令限期改正，并处一万元以上三万元以下的罚款；对其直接负责的主管人员和其他直接责任人员可以处一万元以下的罚款：

（一）违反各项安全生产标准以及本单位规章制度和安全操作规程的；

（二）违章指挥、违章操作、违反劳动纪律和强令职工冒险作业的；

（三）未建立和落实班组安全管理制度的；

（四）发生生产安全事故未按要求组织安全生产状况评估的；

（五）以货币或者其他物品代替防护用品的；

（六）矿山、金属冶炼、建筑施工单位，危险物品的生产、经营、储存、使用、运输、装卸单位和建材、机械加工、电力、供热单位以及其他规模以上的生产经营单位未制定复工复产方案或者未组织复工复产培训和安全检查的。

第八十条 违反本条例规定，生产经营单位拒绝、阻挠负有安全生产监督管理职责的部门依法实施监督检查的，责令改正；拒不改正的，处二万元以上五万元以下的罚款；情节较重的，处五万元以上十万元以下的罚款；情节严重的，处十万元以上二十万元以下的罚款。对其直接负责的主管人员和其他直接责任人员处一万元以上二万元以下的罚款；构成犯罪的，依照刑法有关规定追究刑事责任。

第八十一条 各级人民政府和负有安全生产监督管理职责的部门的工作人员，有下列行为之一的，给予降级或者撤职的处分；构成犯罪的，依照刑法有关规定追究刑事责任。

（一）对不符合法定安全生产条件的涉及安全生产的事项予以批准或者验收通过的；

（二）发现未依法取得批准、验收的单位擅自从事有关活动或者接到举报后不予取缔或者不依法予以处理的；

（三）对已经依法取得批准的单位不履行监督管理职责，发现其不再具备安全生产条件而不撤销原批准或者发现安全生产违法行为不予查处的；

（四）在监督检查中发现重大事故隐患，不依法及时处理的；

（五）发生生产安全事故后隐瞒不报、谎报或者迟报的。

有前款规定以外的滥用职权、玩忽职守、徇私舞弊行为的，依法给予处分；构成犯罪的，依照刑法有关规定追究刑事责任。

第八十二条 本条例规定的行政处罚，由安全生产监督管理部门和其他负有安全生产监督管理职责的部门按照职责分工决定。

第八章　附　则

第八十三条 本条例下列用语的含义是：

（一）生产经营单位的主要负责人，是指有限责任公司、股份有限公司的董事长和总经理，其他生产经营单位的厂长、经理、矿长，以及对生产经营活动有决策权的实际控制人。

（二）微小企业，是指从业人员不超过十人且营业面积不超过三百平方米的非高危行业生产经营单位。

（三）负有安全生产监督管理职责的部门，是指安全生产监督管理部门和对有关行业、领域的安全生产工作实施监督管理的部门。

第八十四条 本条例自 2017 年 3 月 1 日起施行。2005 年 3 月 25 日河北省第十届人民代表大会常务委员会第十四次会议通过的《河北省安全生产条例》同时废止。

综合篇

GENERAL SURVEY

综　述

2017年，在省委、省政府正确领导下，全省各地各部门以习近平新时代中国特色社会主义思想为指导，深入贯彻党的十九大精神，全面落实省委、省政府决策部署，坚持稳中求进工作总基调，牢固树立新发展理念，以供给侧结构性改革为主线，转型升级成效明显，新动能加快成长，质量效益不断提高，民生得到显著改善，经济运行稳中有进，稳中向好。全省地区生产总值34016亿元，按可比价格计算，比上年增长6.6%。其中，第一产业增加值3130亿元，增长3.9%；第二产业增加值15846亿元，增长3.0%；第三产业增加值15040亿元，增长11.3%。

一、农业生产稳定增长，粮食产量再获丰收

主要农产品产量稳步增长。全年粮食总产量3829万吨，比上年增长1.2%。其中，夏粮产量1521万吨，增长1.9%。棉花产量24万吨，增长0.4%。油料产量129万吨，增长2.5%。蔬菜产量5059万吨，增长0.4%。水果产量1365万吨，增长2.4%。肉类总产量472万吨，与上年持平。其中，猪牛羊肉产量377.2万吨，增长0.5%。牛奶产量381万吨，增长4%。农业结构优化调整。畜牧、蔬菜、果品三大优势产业产值占农林牧渔业总产值的63.8%。产业化经营步伐加快。农业产业化经营率为66.6%，比上年提高1.9个百分点。

二、工业生产平稳运行，产业结构优化调整

全年规模以上工业增加值13002.7亿元，比上年增长3.4%。从经济类型看，国有控股企业增加值下降0.7%，集体企业下降14.8%，股份制企业增长3.8%，外商及港澳台投资企业增长2.7%。从企业规模看，大型企业增加值比上年增长0.7%，中型企业增长4.7%，小型企业增长5.1%。三大门类“两增一降”。制造业增加值增长3.8%，电力、热力、燃气及水生产和供应业增长7.2%，采矿业下降2.5%。七个主要行业“四增三降”。装备制造、食品、纺织服装、医药工业增加值分别增长12.1%、6.5%、1.2%和7.9%，钢铁、石化、建材工业分别下降0.1%、3.6%、1.3%。工业结构进一步优化。高新技术产业增加值增长11.3%，快于规模以上工业7.9个百分点；装备制造业增加值增速快于钢铁工业12.2个百分点；六大高耗能行业增加值由上年增长1.4%转为下降2.1%。规模以上工业企业产销率为98%，比上年提高0.4个百分点；实现出口交货值1579亿元，比上年增长3.3%。

三、服务业较快增长，现代服务业快速发展

全年服务业增加值增长11.3%，比上年加快1.4个百分点，快于全省生产总值4.7个百分点。其中，现代服务业增长13.6%，增速比服务业快2.3个百分点；占服务业增加值的57.1%，比上年提高0.2个百分点。在现代服务业中，信息传输、软件和信息技术服务业增长42%，金融业增长11%，现代交通运输、仓储和邮政服务业增长8.5%，现代批发零售业增长59.2%，四个行业对现代服务业增长的贡献率合计达到70.5%。全年规模以上服务业企业营业收入增长15.2%，比上年加快7.2个百分点；利润总额同比增长13.5%。

四、投资结构持续优化，商品房待售面积减少

全省固定资产投资（不含农户，下同）33012.2亿元，比上年增长5.3%。其中，国有控股投资增长2.7%，民间投资增长6.4%，比上年加快0.8个百分点；民间投资占全部投资的比重为77.5%，比上年提高0.8个百分点。分产业观察，第一、二、三产业投资分别增长7%、2.5%和8.3%，第三产业投资比重达到46.4%，比上年提高1.2个百分点。工业投资结构优化。六大高耗能行业投资下降0.3%；工业技改投资增长6.3%，快于工业投资3.9个百分点，占工业投资的比重为61.6%；装备制造业投资占工业投资比重比上年提高0.8个百分点。大项目支撑作用明显。亿元以上在建项目8589个，比上年增长25.1%，投资增长13.4%，占固定资产投资比重为66.8%。全省房地产开发投资4823.9亿元，比上年增长2.7%，其中住宅投资增长5.2%。商品房销售面积6425.9万平方米，下降3.8%，其中住宅销售面积下降5.5%。商品房销售额4628.4亿元，增长7.6%，其中住宅销售额增长5.8%。商品房待售面积1056.5万平方米，比上年下降33.2%；其中住宅待售面积703万平方米，比上年下降38%。

五、消费品市场稳中向好，消费升级态势明显

全年社会消费品零售总额15907.6亿元，比上年增长10.7%，增速比上年加快0.1个百分点。其中，限额以上企业（单位）消费品零售额4096.6亿元，增长9.2%，加快1.7个百分点。按经营单位所在地分，城镇消费品零售额12324.3亿元，增长10.6%；乡村消费品零售额3583.3亿元，增长11.4%。消费升级类商品较快增长。在限额以上批发和零售业商品零售额中，通讯器材类零售额增长44.8%，中西药品类增长18.5%，建筑及装潢材料类增长15%，体育娱乐用品类增长10.3%，比上年分别加快40.3、3.2、2.7和9.2个百分点。居民生活类商品平稳增长，粮油食品类增长14.8%，服装鞋帽针纺织品类增长5.4%，日用品类增长1.6%，饮料类增长6.9%。

六、进出口规模继续扩大，利用外资稳步增长

全年进出口总值3375.8亿元，比上年增长9.7%，扭转了连续两年下降的局面。其中，出口总值2126.2亿元，增长5.5%；进口总值1249.6亿元，增长17.5%。出口结构调整优化。机电产品出口648.6亿元，增长19%，占全省出口总值的比重为30.5%，比上年提高3.4个百分点；高新技术产品出口147.6亿元，增长18%，占全省出口总值的比重为6.9%，比上年提高0.7个百分点。对部分“一带一路”沿线国家出口增长较快。对俄罗斯、波兰、哈萨克斯坦出口分别增长32.2%、19.7%和67.2%。全年实际利用外资89.4亿美元，比上年增长

9.7%。其中，外商直接投资84.9亿美元，增长15.4%。全省新设立外资项目194个，增长19.8%；合同外资额37.1亿美元，增长10.8%。

七、居民消费价格温和上涨，工业生产者价格涨中趋稳

全年居民消费价格比上年上涨1.7%，涨幅比上年扩大0.2个百分点。其中城市上涨1.9%，农村上涨1.4%。分类别看，八大类商品及服务价格“七升一降”。食品烟酒价格下降0.7%，衣着上涨1.4%，居住上涨3.0%，生活用品及服务上涨0.8%，交通和通信上涨0.4%，教育文化和娱乐上涨1.6%，医疗保健上涨6.9%，其他用品和服务上涨10.1%。在食品烟酒价格中，粮食价格上涨1.7%，猪肉价格下降10.6%，鲜菜价格下降9.3%。全年工业生产者出厂价格比上年上涨15%，工业生产者购进价格比上年上涨14.5%。

八、居民收入稳步增长，生活消费持续改善

居民收入稳步增长。全省居民人均可支配收入21484元，比上年增长8.0%。按常住地分，城镇居民人均可支配收入为30548元，同比增加2299元，增长8.1%。其中，工资性收入增长8.1%，经营净收入增长7.9%，财产净收入增长8.4%，转移净收入增长8.2%。农村居民人均可支配收入为12881元，同比增加962元，增长8.1%。其中，工资性收入增长9.2%，经营净收入增长6.5%，财产净收入增长6.5%，转移净收入增长7.6%。居民消费稳步提高。全省居民人均消费支出15437元，比上年增长8.3%。按常住地分，城镇居民人均消费支出20600元，增长7.8%，农村居民人均消费支出10536元，增长7.5%。

九、新动能加快成长，转型升级迈出新步伐

战略性新兴产业较快增长。全年规模以上工业战略性新兴产业增加值比上年增长12.4%，比规模以上工业增加值增速快9个百分点。其中，电子元件制造增长71.8%，医疗仪器设备及器械制造增长47.3%，风力发电增长20.5%，太阳能发电增长57.5%，生物质能发电等其他电力生产增长38%。新产品快速增长。新能源汽车、工业机器人、太阳能电池和锂离子电池等新产品产量分别增长1.4倍、26.7倍、34.6%和75.7%。新主体快速增加。年末法人单位114.7万个，比上年末增加36.2万个，增长46.1%。经济结构调整优化。第三产业增加值占全省生产总值比重为44.2%，比上年提高2.1个百分点；对经济增长的贡献率为72.1%，比上年提高12.2个百分点。消费需求是经济增长主动力，对经济增长的贡献率为61.7%，高于投资需求14.4个百分点。

十、人口平稳增长，城镇化率继续提高

年末常住总人口7519.52万人，比上年末增加49.47万人，增长0.7%。全年出生人口98.93万人，人口出生率为13.2‰；死亡人口49.47万人，死亡率为6.6‰；人口自然增长率为6.6‰，比上年提高0.54个千分点。从性别结构看，男性人口3817.06万人，占50.8%；女性人口3701.86万人，占49.2%；总人口性别比为103.13（以女性为100），比上年下降0.14。从年龄构成看，15至64周岁的劳动力资源人口为5271.18万人，占总人口的比重为70.1%，比上年下降0.5个百分点；65周岁及以上老年人口845.95万人，占总人口的11.25%，比上年提高0.6个百分点。从城乡结构看，城镇常住人口4136.49万人，比上年末增加153.46万人；乡村常住人口3383.03万人，减少103.99万人；城镇常住人口占常住总人口比重为55.01%，城镇化率比上年提高1.69个百分点。

总的看，面对复杂多变的外部环境和去产能治污染的艰巨任务，全省经济运行呈现稳中有进、稳中向好的发展态势，成绩来之不易。下阶段，要以习近平新时代中国特色社会主义思想为指导，深入贯彻党的十九大精神，按照“3689”基本思路，牢牢把握“稳进好准度”工作要求，以创新、改革、开放、融合、转型为着力点，全面落实省委、省政府决策部署，加快建设新时代经济强省、美丽河北。

（河北省统计局　彭永明）

全省生产总值的生产与使用

2017年，国际形势严峻复杂，风险隐患相互叠加，经济下行压力加大。面对困难和挑战，全省各地各部门认真贯彻落实国家宏观调控政策和省委、省政府决策部署，坚持稳中求进工作总基调，牢固树立新发展理念，以供给侧结构性改革为主线，全面做好稳增长、促改革、调结构、惠民生、防风险各项工作，全省经济运行总体平稳，结构调整取得新成效。

一、全省生产总值的生产

（一）基本面总体平稳。2017年，全省经济发展平稳，实现地区生产总值34016.32亿元，比上年增长6.6%，同比回落0.2个百分点。

1. 第一产业发展稳中向好，产业化水平不断提高。2017年，全省各地坚持新发展理念，深入推进农业供给侧结构性改革，以优化供给、提质增效、农民增收为目标，着力推进农业供给侧结构性改革，调整优化农业生产结构，农林牧渔业生产总体呈现稳步增长的态势，农业产业化经营水平持续提高。全年第一产业实现增加值3129.98亿元，增长3.9%，增速同比提高0.4个百分点，占GDP比重为9.2%，对经济增长的贡献率为6.0%，同比提高0.6个百分点。其中，农业实现增加值2014.64亿元，增长4.9%，增速同比提高1.3个百分点，占第一产业的比重为64.4%，同比提高2.3个百分点；林业实现增加值114.60亿元，增长7.9%，占第一产业的比重为3.7%，同比提高0.7个百分点；畜牧业实现增加值878.66亿元，增长2.1%，占第一产业的比重为28.1%，同比回落2.9个百分点；渔业实现增加值122.08亿元，降低1.8%，占第一产业的比重为3.9%，同比持平。畜牧、蔬菜、果品三大优势产业稳定发展壮大，占全部农林牧渔业总产值比重达到63.8%，产业化水平稳步提高，全省农业产业化经营率66.6%，比上年提高1.9个百分点。

2. 第二产业发展稳中趋缓，在三次产业中占比最高。2017年，第二产业实现增加值15846.21亿元，增长3.0%，回落1.9个百分点，对经济增长的贡献率为21.9%，拉动经济增长1.4个百分点，占全省生产总值比重为46.6 %，比第三产业占比高2.4个百分点。工业实现增加值13757.84亿元，比上年增长2.6%，回落2.0个百分点，占全省生产总值的比重达40.4%，对经济增长的贡献率为16.1 %，国民经济增长的6.6个百分点中，工业拉动增长1.1个百分点。

2017年，全省建筑业实现增加值2109.03亿元，增长6.3%，占GDP比重为6.2%，提高0.2个百分点。对经济增长的贡献率为5.8%，拉动经济增长0.4个百分点。

3. 第三产业贡献率创历史最高，结构调整加快推进。2017年，第三产业发展加快，结构持续优化，第三产业占GDP比重不断提高，对全省经济的发展日趋重要。其中，交通和批零业占第三产业比重较高，新兴服务行业快速发展，活力逐步提升。2017年，全省第三产业呈加快发展态势，实现增加值15040.13亿元，增长11.3%，占GDP比重为44.2%，同比提高2.1个百分点，对经济增长贡献率为72.1%，同比提高12.2个百分点，达历史最高水平，拉动全省生产总值增长4.8个百分点。

传统服务行业占比较高，非营利性服务业加快发展。交通运输、批发零售等传统服务业仍占第三产业比重最大，两行业增加值为5330.89亿元，分别增长8.4%和10.0%，占服务业比重为35.4%，对第三产业发展的贡献程度为30.6%，拉动经济增长2.0个百分点。信息传输软件和信息技术服务业、租赁和商务服务业、居民服务修理和其他服务业、文化体育和娱乐业等营利性服务业共实现增加值2311.43亿元，增长27.2%，占第三产业比重为15.4%，同比提高1.0个百分点，对第三产业发展的贡献程度为34.2%。科学研究和技术服务业、水利环境和公共设施管理业、教育、卫生和社会工作、公共管理社会保障和社会组织等非营利性服务行业共实现增加值2972.96亿元，增长7.6%，同比提高1.8个百分点。占第三产业增加值比重为19.8%，对第三产业发展的贡献程度为13.6%。

金融、信息传输计算机服务和软件业等现代新兴服务行业实现较快发展。信息传输计算机服务和软件业快速发展，实现增加值700.37亿元，比上年同期增长27.9%，比GDP增速高21.3个百分点，比第三产业增加值增速高16.6个百分点。金融业实现增加值2053.44亿元，增长11.9%，比第三产业增加值增速高0.6个百分点，占第三产业增加值比重为13.7%，比上年同期提高0.7个百分点。房地产业实现增加值1690.31亿元，增长4.4%，占第三产业增加值比重为11.2%。

（二）收入分配结构变化明显。从收入分配角度看，固定资产折旧和营业盈余占比提高。在全省生产总值中，劳动者报酬占一半以上，比重最大，全年总量为17399.38亿元，占51.2%，同比提高1个百分点；生产税净额4060.82亿元，占11.9%，比上年同期回落0.2个百分点；固定资产折旧4898.07亿元，占14.4%，同比回落0.2个百分点；营业盈余7658.05亿元，占22.5%，同比回落0.6个百分点。

（三）经济与社会发展更趋协调

1. 经济发展质量持续提高。财政收入占地区生产总值比重发展趋势逐年提高。2017年全部财政收入完成5085.98亿元，比上年增长15.8 %，占地区生产总值比重达到15.0%，比上年提高1.1个百分点。经济平稳发展为财政收入的增长奠定了基础，整体财政实力的增强又为全省经济社会的发展提供保障。

2. 全省人均生产总值持续超4万元。2017年全省人均生产总值为45387元，比上年增加2876元，按可比价格计算，比上年增长5.9%，按人民币对美元年平均汇价折算，约合6722美元。

3. 全社会劳动生产率稳步提高。2017年全社会劳动生产率达到79191元/人，比上年增加4961元/人，比上年增长6.7%，同比提高0.2个百分点。其中，第一、二、三产业劳动生产率分别为24264元/人、108190元/人和103303元/人，分别比上年增加1083元/人、4683元/人和8624元/人，分别比上年增长4.7%、4.5%、9.1%。

（四）民营经济活力更强。民营经济总量扩大，比重提高。2017年，全省民营经济实现增加值23089.4亿元，比上年同期增长7.0%，比全省生产总值增速快0.4个百分点；占全省生产总值的比重为67.9%，同比提高0.2个百分点。

三次产业协同发展，部分行业增长较快。分产业看，第一产业民营经济增加值319.33亿元，增长3.3%；第二产业民营经济增加值13338.68亿元，增长3.9%，其中建筑业增长较快，实现民营经济增加值1826.87亿元，增长6.3%；第三产业民营经济增加值9431.42亿元，增长11.4%，同比加快2.0个百分点。其中批发零售业和住宿餐饮业增长较快，批发零售业实现民营经济增加值1945.78亿元，增长11.3%；住宿餐饮业实现民营经济增加值470.94亿元，增长11.0 %。

二、全省生产总值的使用

2017年以来，省委省政府调结构、转方式，扩大内需，着力增加消费需求，不断加大挖掘、培育消费需求新的经济增长点的力度，保持投资合理规模，呈现内需不断扩大、居民消费水平持续提高的良好局面。

（一）内需对经济贡献率逐步增强

1. 消费需求贡献加大。2017年，全省最终消费支出为16055.70亿元，增长9.1%，对经济增长贡献率为61.7%，比上年提高1.7个百分点，拉动经济增长4.1个百分点。其中，居民消费支出增长较快，为11911.34亿元，增长10.2%，比GDP增速高3.6个百分点，占全省生产总值的35.0%，同比提高1.7个百分点。农村居民消费3486.16亿元，增长8.4%，比GDP增速高1.8个百分点；城镇居民消费 8425.18 亿元，增长 11.0%，占全省生产总值的 24.8%，同比提高 1.4 个百分点。政府消费支出为 4144.36 亿元，增长 5.8%，增速同比提高 1.8 个百分点。

2. 投资需求平稳增长。2017 年，全省资本形成总额（投资需求）为 19083.16 亿元，增长 5.4%，占全省生产总值的比重为 56.1%，同比回落 2 个百分点，对经济增长贡献率为 47.3%。其中，全省固定资本形成总额为 19035.42 亿元，增长 5.4%，占全省生产总值的比重为 56.0%，对经济增长贡献率为 47.1%。

（二）居民消费水平发展较快。2017 年，居民消费水平实现较快发展。全省居民消费水平为 15893 元/人，比上年同期增加 1748 元/人，比上年增长 9.5%。其中，城镇居民消费水平为 20753 元/人，增长 6.6%；农村居民消费水平为 10149 元/人，增长 12.0%。

（河北省统计局　张永立　刘　博）

资金流量

2016 年，全省国民初次分配总收入为 31179.07 亿元，比上年增加 2175.26 亿元，增长 7.5%；可支配收入为 33515.17 亿元，增加 1933.11 亿元，增长 6.1%；总储蓄 18636.51 亿元，增加 1284.69 亿元，增长 1284.69 亿元，总储蓄率为。

一、资金流量运行基本情况

（一）非金融企业部门是初始流量贡献最大的部门。各机构部门创造的增加值作为资金的初始流量，是整个社会资金流动的起点和源泉。2016 年，全省生产总值为 32070.45 亿元，比上年增长 6.8%。从各机构部门增加值构成情况看，非金融企业部门为 18640.49 亿元，占初始流量总额的 58.1%；金融机构部门为 1731.23 亿元，占 5.4%；政府部门为 2638.01 亿元，占 8.2%；住户部门为 9060.72 亿元，占 28.3%。显然，在收入分配的初始流量当中，非金融企业部门比重最大，非金融企业部门成为初始流量中贡献最大的部门。

（二）初次分配总收入住户部门占据主导。在初始流量的基础上，通过劳动者报酬对劳动因素、财产收入对资本因素的分配，以及生产者因生产活动与政府发生的生产税和补贴的转移，形成了各机构部门的初次分配总收入。

2016 年，全省国民初次分配总收入为 31179.07 亿元，比上年增加 2175.26 亿元，增长 7.5%。其中，非金融企业部门的初次分配总收入为 7683.26 亿元，占国民初次分配总收入的 24.6%；金融机构部门的初次分配总收入为 1414.42 亿元，比重为 4.5%；政府部门的初次分配的总收入为 3971.82 亿元，比重为 12.7%；住户部门的初次分配总收入为 18109.57 亿元，比重为 58.1%。可以看出，在初次收入分配环节，住户部门通过获得其他部门分配支付的劳动者报酬，财产收入等净额共 9048.85 亿元，其比重也由初始流量的 28.3%上升至初次分配总收入的 58.1%，占国民初次分配总收入二分之一强的份额，占据了主导地位。

（三）可支配总收入向政府部门倾斜。可支配收入分配环节是在初次分配的基础上，通过经常转移的支付和获得，形成新的收入分配格局的过程，也称作国民收入再分配过程。这一过程的主要项目是经常转移，含收入税、社会保险缴款、社会保险福利、社会补助、其他经常转移等指标。

2016 年，全省可支配收入为 33515.17 亿元，增加 1933.11 亿元，增长 6.1%。其中非金融企业部门的可支配总收入为 7212.48 亿元，占全省可支配总收入的 21.5%；金融机构部门的可支配总收入为 818.23 亿元。比重为 2.4%；政府部门的可支配总收入为 6392.36 亿元，比重为 19.1%；住户部门的可支配总收入为 19092.10 亿元，比重为 57.0%。在收入再分配环节，政府部门获得其他机构部门和省外部门（中央补助收入）分配支付来的经常转移净额共 2420.54 亿元，其比重由初次分配总收入的 12.7%上升至可支配总收入的 19.1%，上升了 6.4 个百分点，是收入在分配环节比重上升幅度最大的一个部门。

（四）最终消费保持稳定增长。在可支配收入形成后，就进入了最终使用环节，最终消费包括居民消费和政府消费，政府消费主要是政府部门为全社会提供公共服务的消费支出；居民消费主要指居民个人消费支出。

2016 年，全省最终消费 14536.13 亿元，比上年增加 1338.35 亿元，增长 10.1%，最终消费率 45.3%。其中居民消费 10670.77 亿元，占最终消费的比重为 73.4%；政府消费 3865.36 亿元，比重为 26.6%。

（五）总储蓄率增速回落。在可支配总收入中扣除消费后剩余部分为总储蓄，储蓄主要用于投资，以增加社会财富和生产能力，构成建设资金的供给。2016 年，全省总储蓄为 18636.51 亿元，增加 1284.69 亿元，增长 7.4%，总储蓄率为 58.1%。

二、各机构部门资金流量特点

（一）非金融企业部门资金净融入量增幅显著提高。2016 年，全省非金融企业部门初次分配总收入 7683.26 亿元，比上年增加 348.03 亿元，增长 4.7%；可支配总收入 7212.48 亿元，增加 325.98 亿元，增长 4.7%；资金净融入量为 6004.31 亿元，增长 9.9%。企业部门为了技术创新、扩大再生产，资金需求往往大于自身储蓄，是最大的资金不足部门，需要从其他部门筹集资金。

（二）住户部门是资金盈余最多的部门。2016 年，全省住户部门初次分配总收入达到 18109.57 亿元，比上年增加 1351.51 亿元，增长 8.1%；可支配总收入达到 19092.10 亿元，增加 1439.71 亿元，增长 8.2%；居民消费 10670.77 亿元，增加 1171.66 亿元，增长 12.3%；扣除居民消费后总储蓄为 8421.33 亿元，增加 268.05 亿元，增长 3.3%，在总储蓄中扣除资本形成总额后的净金融投资为5352.45亿元，成为资金盈余最多的部门。

（河北省统计局　崔伟谦）

城市经济

2017年，全省各地各部门认真贯彻落实省委、省政府的决策部署，深入推进新型城镇化建设，统筹城乡发展，城镇化发展取得积极成效，城市综合实力进一步提升，城市承载能力增强，社会各项事业全面推进。

一、城镇化进程加快推进

2017年，全省城镇化率为55.01%，比上年提高1.69个百分点。11个设区市中，有6个设区市城镇化率超过全省平均水平，与上年持平。石家庄城镇率达到62.30%，比上年提高1.66个百分点。县级市和县城镇化率进一步提高，在20个县级市中，城镇化率全部超过42%，其中，2个市超过60%，12个市在50—60%之间，6个市在40—50%之间。在101个县中，有61个县城镇化率超过40%，其中15个县超过50%。

二、城市综合实力稳步提升

城市经济平稳较快发展，支撑作用继续增强。2017年，11个设区城市完成生产总值14095.3亿元，占全省生产总值的41.4%，与上年持平；公共财政预算收入完成1253.3元，占全省的38.8%，比上年回落3.4个百分点。以调结构、转方式为主线，加快城市经济转型升级，产业结构优化调整。三次产业增加值比例为5：46.2：48.8，第一产业比重下降0.6个百分点，第二产业比重下降0.2个百分点，第三产业比重提高0.8个百分点；设区城市非农产业比重为95%，比全省平均水平高4.2个百分点，第三产业比重比全省高4.6个百分点。

三、城市承载能力继续增强

2017年，11个设区城市市辖区总人口达到2278.8万人，比上年增加17.1万人。城市人口规模不断扩大，承载能力进一步增强。2017年，在11个设区市市辖区中，市区人口超过300万人的城市有4个，分别是石家庄、唐山、邯郸和保定；100万—200万人的有2个城市，分别是秦皇岛和张家口，50万—100万人的有5个城市，分别是衡水、邢台、廊坊、沧州和承德。

四、城市建设步伐积极推进

2017年，全省城市基础设施完成投资8232.7亿元，比上年增长15.3%。市政基础设施和公共服务设施保障能力提高。交通状况明显改善，城市人均道路面积15.49平方米，9个设区城市达到10平方米以上。污染物排放治理和城市绿化工作取得积极成效。城市排水管道长度18332.2公里，比上年增加477.8公里；污水处理率为97.79%，比上年提高1.42个百分点；生活垃圾无害化处理率为99.78%，提高1.76个百分点。全省城市公园绿地面积26833.1公顷，比上年增加1672.7公顷；公园面积达20413.9公顷，比上年增加1391.4公顷。

五、居民生活水平平稳提高

2017年，城镇居民人均可支配收入30548元，比上年增长8.1%。城镇居民人均消费性支出19106元，增长8.6%。城镇居民人均拥有住房面积37.46平方米，增长2.1%。在城市建设中，积极引入多元消费模式和大型商业 中心，为扩大消费创造便利条件。2017年，11个设区城市实现社会消费品零售额7084.6亿元，增长11.9%，占全省社会消费品零售总额比重为44.5%，比上年提高0.4个百分点。

六、社会各项事业全面发展

科技教育平稳发展。2017年，全省全社会研究与试验发展（R&D）经费内部支出452.03亿元，比上年增长17.9%，增速同比加快9个百分点；R&D经费内部支出占全省生产总值的比重为1.33%，比上年提高0.13个百分点。科研活动成果丰硕，全省专利申请受理量61303件，授权量35348件，分别比上年增长11.8%和11.1%。就业形势稳定，年末城镇登记失业率为3.68%，与上年末持平。社会保障水平提高。全省城乡居民社会养老保险参保人数3474.14万人，比上年末增加28.03万人；参加失业保险的人数529.72万人，增加13.84万人；参加工伤保险的人数860.66万人，增加20.62万人；参加生育保险的人数737.82万人，增加27.48万人。

（河北省统计局　周亚飞）

民营经济

2017年，河北省各级各部门认真贯彻省委、省政府加快民营经济发展的各项决策部署，优化民营经济发展环境，充分激发民营经济活力。全省民营经济克服了大气污染等不利因素的影响，整体实力不断增强，发展领域不断拓展，自身素质和管理水平日益提高，已成为推动建设经济强省、美丽河北的重要动力。

一、发展概况

（一）总体规模不断扩大。民营经济主体增长迅速，总体规模不断扩大。截止2017年底，全省民营经济单位个数达到355.4万个，同比增长1.2%。其中，民营企业法人单位29.9万个，个体经济单位325.6万个。全省民营经济增加值达到23089.4亿元，增速7.0%，比全省生产总值年均增速高0.3个百分点；占全省生产总值的比重达到67.9%，超过三分之二；全省民营经济营业收入达到105157.2亿元，利润达到7843.4亿元，工资总额达到5777.9亿元。

（二）经济结构持续优化。从产业结构看，一产、二产比重回落，三产比重提高。第一产业民营经济增加值占全省民营经济增加值的比重为1.4%，同比下降0.1个百分点；第二产业所占比重为57.8%，同比下降0.5个百分点；第三产业所占比重为 40.8%，同比提高 0.6 个百分点。

（三）第三产业速度最快。分产业看，第三产业民营经济发展速度最快。第一产业民营经济增加值 319.3 亿元，增长 3.3%；第二产业民营经济增加值 13338.7 亿元，增长 3.9%；第三产业民营经济增加值 9431.4 亿元，增长 11.4% 。

（四）民营经济发展活力增强，贡献增大。民营经济总量占地区生产总值比重持续提高，成为推动全省经济发展最强劲、最活跃因素，对全省经济的平稳增长起到了重要支撑。2017 年，全省民营经济对全省生产总值增长的贡献率为 71.4%。

全省民营经济实缴税金达到 3125.9 亿元，同比增长 17.2%，所有类型民营经济实缴税金均呈现增长态势。

全省民营经济实现出口总额 266.2 亿美元，同比增长 1.6%；占全省出口总值的比重达 84.9%。

（五）县域民营经济发展壮大。2017 年，省委、省政府采取一系列有效措施，大力发展县域民营经济，推进县域经济发展增比进位，优化发展环境，保障民营企业合法权益，县域民营经济逐步发展壮大，形成了多个区域品牌，县域民营经济产业集群支撑作用明显增强。2017 年，全省 121 个县（市）上缴税金 1466.9 亿元，占全省民营经济的比重达到 46.9%。

（六）区域发展不均衡。以民营经济占地区生产总值的比重为例，11 个设区市中最高的与最低的相差 13.6 个百分点。2017 年该比重从高到低分别为：廊坊市 72.8%，衡水市 70.9%，沧州市 70.7%，唐山市 68.8%，保定市 68.3%，秦皇岛市 67.1%，邢台市 66.6%，石家庄市 65.7%，邯郸市 65.6%，承德市 65.1%，张家口市 59.2%。超过全省平均水平的有唐山市、保定市、沧州市、廊坊市、衡水市五个市。

（七）存在的问题。1. 融资难问题依然突出。民营企业多数规模较小，信用等级低，尤其小微企业多数没有土地证和房产证，无法获得有效的抵押融资，导致民营企业融资成本高、融资难度大。2. 大型品牌企业数量偏少。在中国民营企业服务业 100 强榜单中，2017 年全省上榜企业仅 2 家；2017 年《胡润品牌榜》的“最具价值中国民营品牌企业总部排名”榜单中，全省上榜企业数量仅为 2 家；2017 年《中国民营 500 强企业榜单》中，全省上榜企业数量 19 个。3. 转型升级难度大。一是产业结构制约。全省经济以资源型传统产业为主，大多民营企业特别是中小企业过度依赖资源能源，难以摆脱高污染、低技术的路径依赖，面临着“不会转”的尴尬。二是组织制度制约。大部分民营企业经营理念陈旧，管理方式粗放，缺乏做大做强的目光和气魄，普遍存在“不想转”的心态。三是资金技术制约。多数民营中小企业自身资金和技术力量单薄，对市场的判断和把握发展时机能力偏弱，面临着“不敢转”的挑战。

（河北省统计局　崔伟谦）

二、管理与服务

（一）优化发展环境。着力完善政策措施。省十二届人大常委会第三十三次会议审议通过《河北省优化营商环境条例》，省委办公厅、省政府办公厅出台《关于构建亲清新型政商关系的意见》等政策文件，大力激发了民营经济发展活力和创造力。着力加强顶层设计。省委、省政府在全省范围内开展营商环境集中整治行动，推动民营经济发展环境向纵深发展。省民营办印发工作要点，为全省民营经济发展谋篇布局。着力推进商事改革。省工商局深入实施“先照后证”“多证合一”改革，工商设立登记前置审批事项减少到 33 项，在全国率先实行全省范围的“八证合一”，9 月 30 日实行“二十三证合一”，12 月 25 日实行“三十八证合一”。着力维护公平市场环境。省政府出台《关于全面推行跨部门联合“双随机”抽查监管的实施意见》，“双随机一公开”监管实现省域全覆盖，共开展随机抽查 5.4 万次，跨部门联合抽查 253 次。大力推进信用监管，全省共有 15.7 万户企业被列入经营异常名录，其中 5.06 万户受到失信惩戒后主动纠正错误并申请移出。着力减轻企业负担。动态调整涉企行政事业性收费、政府定价经营服务性收费和中介服务收费标准目录清单，取消涉企收费 58 项，放开 30 项，降低收费标准 8 项，重点对行业协会、商会、电子政务平台等领域开展涉企收费专项检查，积极落实国家降税减负政策，全年降低企业负担 85.38 亿元。着力营造舆论氛围。省民营办利用报纸、电视、电台、网络等新闻媒体，通过开辟专题专栏、微信 H5 页面等形式，全方位、多角度开展民营经济宣传。省发展改革委、省工业和信息化厅还分别组织开展“双创活动周”、首个“中小微企业日”等系列活动。

（二）推动创业创新。不断强化双创载体建设。着力推进中小企业创业辅导基地升级换代，大力培育省级“双创”示范基地和小微“双创”示范基地，新增科技企业孵化器、众创空间分别达 25 家、76 家，总数分别为 113 家、156 家。全力实施品牌培育战略。组织开展特色产业名县、名镇和中小企业名牌产品培育认定工作。大力引导和支持民营企业注册商标，全年新增驰名商标 21 件，总数达到 311 件。推动科技型中小企业成长。省财政安排 4.99 亿元科技型中小企业发展专项资金给予支持，全年新增高新技术企业、科技型中小企业达 1079 家、1.34 万家，总数分别达到 3174 家、5.5 万家，已成为引领产业转型升级的重要生力军。深入推进转型发展。组织开展产业集群区域品牌和智慧集群试点建设，推进互联网技术与产业集群融合发展。加大“专精特新”中小企业培育力度，组织召开专场对接活动，引导中小企业“专精特新”发展。指导大厂县开展民营经济综合改革试点，辅导民营企业建立现代企业制度试点。组织小微企业和创客参加“创客中国”创业创新大赛，唐山晶玉科技公司获得全国创客大赛三等奖。

（三）破解融资难题。落实小微企业信贷政策。推动银行业机构切实提高小微企业不良贷款容忍度，落实小微企业授信尽职免责政策，引导信贷资源更多流向小微企业。全省小微企业贷款余额达 10213.46 亿元，占全部企业贷款余额的 41.72%，较年初增加 1550.51 亿元。创新金融产品形式。发展短期融资券、中期票据融资、定向债券等债务融资工具，民营企业债务融资工具发行额达171亿元，较去年增长69.3%。省金融办、河北银监局持续引导推动各银行业机构创新无还本续贷类产品，解决小微企业贷款到期后周转困难问题。开展“政银企保”对接。组织开展“京津冀金融支持产业升级高端论坛”、产融合作银企对接唐山站、沧州站等92场活动，与23家金融机构签署合作协议，全年完成中小微企业融资12076亿元，超额完成19.2%。加强担保增信分险。着力做大省级、做强市级、做实县级担保机构，全年为1.4万家中小微企业累计提供融资担保1183亿元。开展融资担保机构风险补偿，共给予符合条件的融资担保机构补偿1020万元。推动省再担保公司开展政银担风险分担试点工作，为小微企业融资担保提供风险保障。积极拉动民间投资。大力推广PPP模式，截至2017年底，省市县三级项目库储备PPP项目632个，投资额超万亿元。

（四）服务企业发展。健全公共服务体系。优化提升平台网络服务功能，为中小企业提供“找的着、用得起、有保证”的线上线下服务。完善小微企业名录系统，搭建跨部门、跨领域、多功能的小微企业服务平台，已公示扶持政策523件、服务信息271条。深入开展入企服务。组织开展“订单式”服务、“金色阳光”法律服务、“专家学者企业行”等活动39场，服务企业4700多家。省民营办组织发改、科技、税务、商务、工商等10个部门人员成立政策宣讲组，举办线上线下宣讲活动32场次，参训人员近万人。支持企业开拓国内市场。举办廊坊经洽会、深圳高交会“大智移云”展等展洽对接活动，组织企业参加中博会、西博会、工博会、软博会等国内大型展会，达成各类贸易成交协议和意向金额270多亿元。鼓励企业“走出去”发展。实施境内外百展计划，组织德国科隆国际家具展、澳大利亚建材展等境外展览会，共有1600多家企业参展。成功举办第二届世界冀商大会，现场签约重点项目18个，总投资额约1314亿元。支持沧州中欧产业园成功申报中国中东欧（沧州）中小企业合作区。

（五）强化人才支撑。实施重点人才培养工程。依托清华大学、上海交通大学等知名高校优势资源，举办中小企业经营管理领军人才、民营企业家工商管理等高级研修班和高层管理者短期培训班，培训企业管理人员800余名。以提升小微企业经营管理者素质为重点，举办名家讲坛、“互联网+”制造业等巡讲活动，培训企业管理者近6400名。以企业法律法规、工业设计等为主题，组织6期业务培训班，受训企业人员400人次。实施实用人才聚集工程。组织开展民营企业招聘周、京津冀招才引智大会、沿海经济隆起带高级人才洽谈会、中国河北海内外高层次人才洽谈会等活动，引进2万多人到中小微企业就业。充分发挥民营经济人才培训基地、高技能人才培养基地、技能大师工作室等作用，为民营企业输送各类人才超万人。实施全员素质提升工程。大力开展技能大赛、劳动竞赛等职业技能培训活动，在民营企业中新建省级高技能人才培训基地1个、技能大师工作室5个，新增博士后创新实践基地21家。依托时代光华在线学习平台等优质教学资源，扶助中小微企业开展网络培训等，全年完成各级各类培训超过200万人次（含企业自主培训）。

（六）小型微型企业创业创新示范基地。为进一步优化创业创新环境，构建创新与创业相结合、线上与线下相结合、孵化与产业化相结合的“双创”生态系统，培育一批基础设施完备、综合服务规范、创新能力突出、示范带动作用强的小微企业创业创新示范基地，省工业和信息化厅印发了《河北省小型微型企业创业创新示范基地建设管理办法》（冀工信企业〔2017〕242号）。经基地资源申报、县（市、区）材料初审、市局评审推荐、专家集中评审、现场实地核查和媒体公示，确定了河北力天科技股份有限公司、石家庄市科技创新服务中心、力亿科技园等24家基地为河北省第一批小型微型企业创业创新示范基地。按照工业和信息化部办公厅印发《关于推荐第三批国家小型微型企业创业创新示范基地的通知》要求，组织推荐了5家基地申报国家第三批小微双创示范基地，其中武安工业园区创业服务中心、沧州高新农发投资有限公司、邯郸高新技术创业服务中心、秦皇岛北岛博智科技孵化器有限公司等4家基地通过评审。

（七）中小企业公共服务示范平台。按照工业和信息化部《推荐2017年度国家中小企业公共服务示范平台的通知》（工企业函〔2017〕398号）和《国家中小企业公共服务示范平台认定管理办法》（工信部企业〔2017〕156号）要求，经各市推荐、材料初审、专家评审、组织推荐以及工信部评审公示，河北清华发展研究院、唐山成联电子商务有限公司、石家庄市科技创新服务中心、河北省多基复合材料产业技术研究院有限公司、中国电子科技集团公司第五十四研究所、河北省电子信息产品监督检验院6家单位被评为2017年度“国家中小企业公共服务示范平台”称号。根据《河北省中小企业公共服务示范平台认定管理办法》，省工业和信息化厅组织开展了省级中小企业公共服务示范平台申报、评审和复核工作，确定河北恒正企业管理咨询有限公司、河北冠卓检测科技有限公司等25家省中小企业公共服务示范平台，清河县华源羊绒制品市场开发有限公司、河北省沙河玻璃研究院等19家2010年度省级平台，承德龙志达智能仪器仪表科技有限公司、恒润复合材料技术研究所等13家2013年度省级平台复核合格。

（八）中小企业公共服务平台网络。围绕着“市场化运作、可持续运营”主题，积极探索差异化管理推动平台网络有序运营，目前省平台已经建立了法律、人才培训与开发、市场开拓三个运营中心，将“专业事交给专业的人”。邀请专家对平台网络建设和运营中存在问题进行诊断分析，围绕技术和运营功能提升问题，对平台网络进行了运营功能的优化升级，通过对平台网络线上系统、线下运营、线上线下融合等方面功能的提升，形成了形象统一、资源共享、服务协同、覆盖广泛的一体化、开放式的运营管理体系。完善平台网络运营监管机制。研究制定了《河北省中小企业公共服务平台网络运营管理办法》、《河北省中小企业公共服务平台网络绩效考核实施细则》、《河北省中小企业公共服务平台网络规范管理实施细则》，建立并不断完善服务标准、服务流程和服务考核办法，逐步建立起服务绩效评价机制，明确统一规范的服务制度、服务标准、收费标准等，对服务流程、服务功能、服务收费和服务绩效进行公开。2017年平台网络开展各类服务活动3791场（次），服务企业33864家，带动服务资源2585家，利用微信服务平台累计推送政策信息4239条。

（九）“订单式”服务活动。“订单式”服务是以精准、实用、有效、持续帮扶为出发点，整合社会服务资源，为企业量身打造、个性订制的特色服务活动。通过“订单式”服务，实现了服务企业由原来“等待－回应”的被动应付模式向现在“贴近－解答”的主动对接模式转变。活动前期，省工业和信息化厅组织有关专家和学者成立调研小组，赴15个县（市、区）产业集群企业通过座谈交流、实地走访、微信问卷等方式开展需求调研，根据需求精准制定服务活动实施方案。2017年，分别在沧州献县、邢台沙河、衡水饶阳、邯郸曲周、石家庄晋州、保定唐县、张家口张北等15个县（市、区）开展活动，服务企业达2300多家。

（十）“金色阳光”法律服务行动。“金色阳光”法律服务除了为中小企业提供法律咨询外，还不断创新工作方式，实践“走出去、沉下去、贴上去”理念，由单一到多样、由线下到线上、由宣传到引导拓展服务，打造了在全省中小企业中有长期影响力的工作品牌。2017年6月，召开全省中小企业法律服务对接会议，34家中小企业法律服务基地、各市工信部门主管领导参加。随后，分别赴定州市、晋州市、辛集市、磁县、昌黎县、卢龙县、任县、宁晋县举办8场“金色阳光”法律服务行动，为2000余家中小微企业提供法律服务。

（十一）中小企业发展“名家讲坛”活动。“河北中小企业发展名家讲坛”是省工业和信息化厅与清华大学共同打造的针对全省民营企业和民营企业家的一项培训项目，旨在通过活动将名校名家的精品课程送到基层企业和千家万户，起到传授知识、启迪思想、增强智慧、助力发展的作用。自2007年开展以来，先后在全省各地举办了近百场，培训中小微企业经营管理者4万多人，已成为河北省中小企业培训的品牌项目之一。2017年，分别在沧州泊头、衡水武强、保定高阳、张家口怀来等县（市、区）举办了9场活动，邀请知名专家学者就管理创新、转型升级等方面进行培训讲解，参训人员达5000余人。

（十二）民营经济政策宣讲活动。针对调研中发现的部分民营企业对政策“雾里看花、水中望月”，一些基层部门工作人员对政策“接不住、用不好”，政策效力难以很好发挥，省工业和信息化厅会同发改、科技、商务、人社等10个部门在全省开展民营经济政策宣讲活动，制定了翔实细致的实施方案，编制了近500页的《民营经济政策解读与实务》，录制了授课视频，采取面对面集中宣讲与点对点视频讲授结合，在沧州献县、邢台清河、廊坊大城等30个县市开展宣讲活动，参训人员近万人，引起社会强烈反响。

（十三）“专精特新”中小企业。根据工业和信息化部《关于促进中小企业“专精特新”发展的指导意见》（工信部企业〔2013〕264号）和《河北省“专精特新”中小企业认定管理办法》（冀工信企业〔2015〕425号）等文件要求，经企业申报、市县推荐、专家评审和现场考察，研究确定了石家庄市京华电子实业有限公司、承德华净活性炭有限公司、张家口中业科技股份有限公司、秦皇岛星箭特种玻璃有限公司、唐山市东方雨虹防水技术有限责任公司等219家企业为河北省第二批“专精特新”中小企业。组织有关服务机构及两批324家“专精特新”中小企业召开专场对接活动，推出34个金融产品、26项服务项目，现场达成合作意向60个，为“专精特新”中小企业做优做专提供了有力支撑。

（十四）产业集群区域品牌建设试点示范。按照工业和信息化部办公厅《关于开展2017年产业集群区域品牌建设试点申报工作的通知》（工信厅科函〔2017〕433号）要求，经过各地申报、择优推荐和工信部评审公示后，有4家单位被列入第四批国家产业集群区域品牌建设试点。本次入选的4家实施单位及主导产业分别为：石家庄高新技术产业开发区管理委员会组织实施的生物医药产业、平乡高新技术产业开发区组织实施的童车产业、丰润经济开发区管理委员会组织实施的轨道交通装备产业、临西轴承工业园区管理委员会实施的轴承产业。

（十五）中小企业名牌产品。为贯彻落实省委、省政府《关于大力推进民营经济加快发展的若干意见》要求，不断提升河北省工业企业品牌价值和河北制造整体形象，引导企业增强以质量和信誉为核心的品牌意识，提高市场竞争力，根据《河北省中小企业名牌产品管理办法》（冀工信科〔2016〕211号）有关规定，在企业自愿申报基础上，经各市局推荐，第三方专业机构初审，专家评审和公示后，石家庄金太阳生物有机肥有限公司生产的“生物有机肥”等188项产品获得2017年度“河北省中小企业名牌产品”称号，有效期三年。

（十六）智慧产业集群试点。为贯彻落实《国务院关于积极推进“互联网＋”行动的指导意见》（国发〔2015〕40号）、工业和信息化部《关于进一步促进产业集群发展的指导意见》（工信部企业〔2015〕236号）、省政府办公厅《关于加快推进“互联网＋”产业集群建设的实施意见》（冀政办字〔2016〕37号）精神，加快推动互联网技术与产业集群融合发展，促进产业集群转型升级，省工业和信息化厅印发《关于征集第二批智慧集群建设试点单位的通知》（冀工信企业函〔2017〕832号）。经自愿申报、各市推荐、专家集中评审、现场考察，拟确定定州汽车及零部件产业集群、沙河玻璃产业集群、临西轴承产业集群为第二批河北省智慧集群建设试点。

（十七）中小企业示范产业集群。为贯彻落实省委、省政府《关于做强产业集群促进县域工业发展的实施意见》（冀发〔2013〕16号）、工业和信息化部《关于进一步促进产业集群发展的指导意见》（工信部企业〔2015〕

236号）精神，大力实施产业集群示范工程，推进全省产业集群又好又快发展，依据《河北省中小企业示范产业集群管理办法》，经各市组织推荐、专家评审和网上公示，确定滦县装备制造产业集群、任县橡塑制品产业集群、平乡县童车产业集群、宁晋县电线电缆等14个产业集群为河北省中小企业示范产业集群。

（十八）特色产业名县名镇。为贯彻落实省委、省政府《关于做强产业集群促进县域工业发展的实施意见》（冀发〔2013〕16号）、工业和信息化部《关于进一步促进产业集群发展的指导意见》（工信部企业〔2015〕236号），做强产业集群区域品牌，提升区域经济竞争力，省工业和信息化厅组织开展了2017年河北省特色产业名县名镇创建活动，经各地推荐、专家评审并网上公示，确定宁晋县、临西县、宣化区、高阳县、安国市等14个地区为产业名县（市、区）、宁晋县贾家口镇、巨鹿县王虎寨镇、武强县周窝镇、大城县南赵扶镇、清河县王官庄镇等15镇为产业名镇。

（十九）民营企业建立现代企业制度试点。为进一步提升企业管理能力和水平，为全省民营企业现代企业制度建设提供可复制、可推广的经验，经企业自愿申报、各县市局初审推荐、省厅组织专家评审、现场考察，确定河北益康功能材料有限公司、河北兴柏药业集团有限公司、石家庄阀门一厂股份有限公司等13家企业为民营企业建立现代企业制度试点企业。省工业和信息化厅通过招标，优选了2家服务机构，通过政府购买服务的方式，对试点企业进行免费培育，取得阶段性成效。

（河北省工信厅　马金雷）

固定资产投资

2017年，面对复杂的外部环境和繁重的发展任务，省委、省政府把扩大合理有效投资作为推进供给侧结构性改革、促进经济平稳健康发展、提升中长期发展潜力的重要抓手，多措并举、多点发力，着力促进固定资产投资持续稳定增长，着力强化高质量发展的有效支撑，投资和项目建设成效显著，在促进经济社会协调发展中发挥了关键作用。但投资增长的内生动力仍然不足、新开工项目持续减少、战略新兴产业投资基础薄弱等问题应予关注。

一、投资增长小幅回升

2017年，全省固定资产投资完成33012.2亿元，同比增长5.3%，比1—11月份加快0.1个百分点。2017年以来，全省投资增速整体呈现持续回落后筑底企稳回升的运行态势，年初至8月份连续7个月回落，从10.1%下滑至4.8%，9月份止跌回升到5.1%，10、11、12月份逐步趋稳，全年实现小幅回升。其中，建设项目完成投资28188.3亿元，比上年同期增长5.8%，增速比1—11月份加快0.2个百分点；房地产开发投资完成4823.9亿元，比上年同期增长2.7%。

二、工业投资和工业技改投资增速、比重双回升

2017年，全省工业投资完成16166.7亿元，比上年同期增长2.4%，分别比上半年和1—11月份加快1.6和0.6个百分点，工业投资从8月份以来止降回升，保持平稳增长；占全省固定资产投资比重为49%，分别比上半年和1—11月份提高1.2和0.1个百分点。工业技改投资完成9964.8亿元，比上年同期增长6.3%，分别比上半年和1—11月份加快7.6和1.3个百分点；占工业投资比重为61.6%，分别比上半年和1—11月份提高5.9和0.4个百分点。其中，装备制造业投资和技改投资增长较快，分别比上年同期增长4.9%和6.9%；占全省工业投资比重分别为34.1%和21.5%，比上年同期提高0.8和0.9个百分点。工业和工业技改投资增长的回升企稳，为全省工业供给侧结构性改革深入推动提供了重要保障。

三、基础设施投资支撑作用强

2017年，全省基础设施投资完成8232.7亿元，比上年同期增长15.3%，比1—11月份加快0.2个百分点，高于全省投资增速10个百分点，拉动全省投资增长3.5个百分点。2017年以来，全省不断加大城市建设力度，城市市政公用事业投资完成4022.6亿元，比上年同期增长34.1%，拉动基础设施投资增长14.4个百分点。生态保护和环境治理业投资完成124.2亿元，比上年同期增长18.4%。基础设施投资的较快增长，对补短板增后劲、打基础利长远形成有力支撑，为投资稳步增长、改善民生发挥了积极作用。

四、现代服务业投资势头良好

2017年，全省现代服务业完成投资13087.8亿元，比上年同期增长10.8%，高于全省服务业投资2.5个百分点；占全省服务业投资比重为86.1%，拉动全省服务业投资增长9个百分点。其中，商务服务业（同比增长11.7%）、科技推广和应用服务业（同比增长19.7%）、公共设施管理业（同比增长36%）以及娱乐业（同比增长37.5%）增速较快，合计比上年同期增长31.1%，占全部服务业投资比重为32%，比上年同期提高5个百分点。服务业内部结构进一步优化，现代商贸业、电子商务、信息服务、娱乐业等行业发展较快，占服务业比重不断提升。现代服务业持续较快发展，对全省结构调整、转型升级提供了强有力的支撑。

五、民间投资增长平稳

2017年，全省民间投资完成25577.0亿元，比上年同期增长6.4%，高于全省投资1.1个百分点。2017年以来，民间投资活力强劲，增速一直高于全省投资增长，占全部投资比重为77.5%，拉动全省投资增长4.9个百分点，是全省投资增长的主要力量。其中，私营企业完成投资16225.8亿元，比上年同期增长20.2%；占全省民间投资比重为63.4%，对全省民间投资的贡献率为92.2%。民间投资的持续平稳增长，为经济平稳健康发展提供了动力源泉。

六、亿元项目增长强劲

2017年，全省亿元以上在建项目8589个，比上年同期增加1722个，增长25.1%；完成投资22048.9亿元，比上年同期增长13.4%，高于全省投资8.1个百分点；占全省投资比重为66.8%，拉动投资增长8.2个百分点。一大批超百亿元的大项目开工建设，如：首钢京唐公司钢铁厂、沧州明珠服饰文化产业有限公司服饰加工、新建张家口至唐山铁路、北京新机场等项目总投资均超400亿元。分行业看，增长较快的亿元项目主要集中在农业，金属制品业，通用设备制造业，电力、热力的生产和供应业，仓储业，公共设施管理业，商务服务业等7个行业，共计项目2847个，比上年同期增长649个，占全省亿元以上项目增加个数的37.7%；计划总投资同比增长26.2%，完成投资同比增长17.3%，增速分别高于全省亿元以上项目3.3和3.9个百分点。

当前，全省投资面临着新开工项目持续减少、战略新兴产业投资低位运行等突出问题，投资增长的持续动力依然不稳固。

一、新开工项目持续减少

2017年，新开工项目共计17887个，比上年同期减少1347个，下降7%；完成投资16846.9亿元，同比下降2.7%，下拉全省投资1.5个百分点，远低于2016年拉动全省投资增长10.9个百分点的水平，对投资增速影响较大。主要是制造业新开工项目减少较多，制造业新开工项目9757个，比上年同期减少780个，同比下降7.4%。新开工项目减少主要集中在纺织业、皮革毛皮羽毛（绒）及其制品业、化学原料及化学制品制造业、黑色金属冶炼和压延加工业、有色金属冶炼和压延加工业等5个行业，共减少项目485个，占制造业减少项目总数的62.2%。这些行业绝大部分都是河北省的传统产业和污染产业，随着转型升级步伐加快，这些行业仍将不断收缩。同时，战略新兴产业、文化产业和商务服务业新开工项目共减少104个。可见，河北省投资结构在传统产业减少的过程中，新兴行业不敢投、很难投的问题突出，新兴产业不能及时得到补充和提升。如果没有新开工项目的支撑，投资将失去后续的增长储备。

二、战略新兴产业投资基础薄弱

2017年，全省战略新兴产业投资完成11989亿元，比上年同期仅增长0.4%，低于全省投资4.9个百分点。其中，生物产业、高端装备制造业、新能源、新材料比上年同期均呈下降态势，合计下降4.1%，下拉战略新兴产业投资2.1个百分点，占工业投资比重为36.6%，比上年同期降低2.5个百分点。大多数企业创新能力较弱、知识产权少，多数只是代理外国产品，自行研发产品处于高科技行业的中低端，产品附加值不高，形成知名品牌的更少。说明河北省产业结构仍处于深度调整中，由传统制造业转向新兴产业发展任重而道远。

三、要素制约明显

资金供应总体偏紧。全年实际到位资金仅增长3.4%，低于投资增速2.6个百分点；资金到位率95.6%，同比下降1.8个百分点。主要是自筹资金增速低，自筹资金占全部到位资金的八成左右，但2017年以来，增速始终在个位数徘徊，全年仅增长1.2%。土地供应难以满足项目建设需求。用地指标特别是占补平衡指标非常有限，加之京冀交界地区规划管控，建设用地紧张的问题突出。资金、土地等要素影响了项目建设进度，也对全省投资发展后劲形成较大制约。

（河北省统计局　周云）

国有资产监管

2017年，面对去产能、治污染、调结构、防风险的艰巨任务，面对国有企业改革进入攻坚期的关键阶段，河北省国资委深入学习贯彻党的十九大精神和省委九届五次、六次全会精神，以习近平新时代中国特色社会主义思想为统领，全面贯彻落实中央、省委省政府关于国资国企改革的一系列决策部署，以供给侧结构性改革为主线，坚持稳中求进工作总基调，坚持新发展理念，着力推进稳健增长、改革攻坚、转型升级、动能转换、提质增效、风险防控、科学监管、党建保障等八项重点工作，截至2017年12月底，委监管企业资产总额、净资产、营业收入、利润总额分别为9967.3亿元、3045.9亿元、7806亿元、111.6亿元，同比分别增长4.8%、7.2%、2.8%、26.2%，企业运行呈现稳中向好、稳中有进、稳中提质的良好态势。

一、多措并举狠抓落实，国企改革不断向纵深推进。突出改革的系统性、整体性、协同性，一手抓改革方案的统筹谋划、一手抓改革举措的落地实施，全省国有企业改革呈现出积极稳妥、试点突破、全面推进、成效初显的态势。一是制度框架基本搭建完成。参照中央“1+N”国企改革政策体系，结合全省国企实际，制定出台了《中共河北省委 河北省人民政府关于深化地方国有企业改革的实施意见》及相关配套改革文件，形成了“1+22”的国企改革政策体系，明晰了全省国企改革的总体目标、主要任务和时间表、路线图。二是十项改革试点梯次展开。坚持试点先行，以点带面，稳妥有序开展了落实董事会职权、改组组建国有资本投资运营公司、企业负责人薪酬制度、混合所有制企业员工持股、市场化选聘经营者和推行职业经理人制度等一系列改革试点工作，积极探索可借鉴、可复制、可推广的改革经验。三是重要改革深入推进。省属国有企业功能界定与分类基本完成。公司制股份制改革积极推进，监管企业已全部完成公司制改革，3家企业在集团层面完成了混合所有制改革，二级及以下企业混改面已达59%；上市公司10家，秦港股份回归A股。内部三项制度改革不断深化，企业经营机制进一步转换。规范企业董事会建设，建立了第一批50名外部董事人才库，为河钢集团等9家企业遴选了9名外部董事。四是加快剥离国有企业办社会职能实现突破。

整体谋划、落实责任、完善措施、加大力度、强化督导，2017年，省属企业共签订“三供一业”分离移交正式协议107个，占全部分离移交任务的90.82%，超额完成2017年度任务。

二、深入贯彻新发展理念，供给侧结构性改革取得明显成效。坚持以新发展理念为引领，激活存量、引导增量、主动减量，企业的市场竞争力得到增强。一是坚定不移去产能去杠杆。2017年，省国资委监管企业共压减炼铁产能104万吨、炼钢产能336万吨；退出煤矿25处、压减煤炭产能977万吨；压减焦炭产能271万吨；关停煤电148MW，已全部提前完成2017年省政府下达的去产能目标任务。引导企业开展市场化债转股工作，截至2017年底，监管企业资产负债率同比降低0.7个百分点。二是强化科技创新。支持企业搭建创新技术研发平台、加大研发投入力度、整合科技资源，共建科技创新联盟，2017年监管企业研发投入59亿元，同比增长17.7%。三是实施绿色发展。积极推进低碳化、循环化和集约化生产，认真落实国有企业节能减排责任，重点发展循环经济，建设绿色工厂，扎实推动绿色建筑与装配式建筑发展，完成环保投入40亿元。

三、加快新旧动能转换，转型升级取得新进展。大力实施创新驱动战略，加快调整优化产业、产品结构，突破发展瓶颈、拓展产业空间、延伸价值链条，企业发展后劲不断增强。一是传统产业技术改造提升力度不断加大。以新技术、新工艺、新材料推动产品升级、提高附加值为抓手，大力推动传统产业升级改造，企业核心竞争力和盈利水平不断增强。河钢集团高附加值品种钢比例进一步提高，已成为全国最大的家电板和第二大汽车用钢供应商。唐山三友大力做精高端产品，粘胶短纤维、有机硅、糊树脂等高附加值新产品销售收入占总销售收入的45%以上，其中粘胶短纤维产量世界第一、出口总量持续保持国内第一。省国资委监管企业全年新产品产值201.9亿元，同比增长22.1%。二是发展壮大新兴产业和现代服务业。积极培育以新能源、节能环保、生物医药等为重点的前瞻性战略性新兴产业，大力发展以医疗健康、金融服务、休闲旅游、商贸物流等为重点的现代服务业，新的经济效益增长极正在逐步形成。开滦集团甲醇汽油和醇基燃料销售收入同比提高200%。河北建投张家口坝上风能发电并网运行、乐亭菩提岛海上风电场等项目加快建设。集“医、健、康、养、游”为一体的华北医疗健康产业集团组建运营。二是开放合作取得新的成效。积极参与“一带一路”建设和国际产能合作，推动河钢、开滦等企业“走出去”，充分利用国际人才、管理、技术资源和市场优势，增强参与全球资源配置的能力。河钢塞钢在2016年实现扭亏的基础上实现较大幅度的盈利。开滦集团向国外输出矿井设计、勘探等一体化服务，做强做大生产服务业，现已合作19个煤矿，输出劳务和技术管理人员1000余人。深入推进京津冀协同发展重大项目，河北建投京唐、京霸铁路开工建设，张呼客专联调联试，石济客专投入运行。

四、加快推进职能转变，国资监管效能进一步提升。准确把握出资人职责定位，以管资本为主加快省国资委职能转变，科学界定监管边界，创新监管方式，国资监管针对性有效性不断增强。一是优化整合内设机构，监管职能进一步转变。省国资委党委对委机关监管职能和工作事项进行全面梳理，研究制定出资人监管责任清单，优化调整内设机构，共压缩处室5个，精简人员编制29名。在此基础上，根据国务院部署和省政府要求，研究起草了《河北省国资委以管资本为主推进职能转变方案》。二是强化出资人监督，严防国有资产流失。加大监事会、纪委、审计、巡察监督协同力度，全年共召开大监督格局联席会议23次，实现了监督信息共享，提高了监督效能。积极探索发挥外派监事会作用的有效途径，不断完善领导决策、协调处置、监督报告“三个平台”，实行“一事一报”专项报告制度，强化对企业重大决策、风险隐患、突发事件等方面的快速反应，全年揭示问题和风险267项。三是发挥专业化优势，稳妥推进集中统一监管。在充分调研和借鉴其他先进省市经验的基础上，会同省财政厅联合印发实施了《河北省省级经营性国有资产集中统一监管实施意见》。2017年，基于先易后难、稳步推进的原则，完成了省工信厅、省委政策研究室等5个首批改革试点部门和省盐务局共19户企业改革实施方案审核并上报省政府。四是积极应对处置，企业风险得到有效防控。稳妥处置融投引发的金融风险，目前融投风险总体可控。加强与各大银行总部的对接，妥善解决了个别企业的现金流断裂风险。积极处置个别企业因历史上整合小煤矿形成的欠薪欠保及去产能中的职工稳定风险。未发生较大以上安全生产责任事故，安全生产形势总体保持稳定。

五、全面从严治党，国有企业党的建设得到新加强。一是坚定理想信念，“四个意识”更加增强。以习近平新时代中国特色社会主义思想为指导，深入学习宣传贯彻党的十九大精神，认真学习党章党纪党规，牢固树立了“四个意识”，切实增强了坚决维护以习近平同志为核心的党中央权威和集中统一领导的思想自觉、政治自觉和行动自觉。省国资委分三期举办了委系统学习贯彻党的十九大精神专题研讨班，举办了省国资委系统企业学习宣传贯彻党的十九大精神暨“党委书记活动日”，在全委系统组织开展十九大精神宣讲活动41场，集中学习130余次，着力在学懂弄通做实党的十九大精神上下功夫。二是建立党建工作责任制，管党治党责任体系进一步健全。认真贯彻落实全国、全省国有企业党的建设工作会议精神，研究制定了《省属企业党建工作责任制实施办法》，省国资委监管企业全部实现了董事长、党委书记“一肩挑”，18家监管企业已全部完成党建工作总体要求进章程。三是坚持正确用人导向，着力加强人才队伍建设。从严选拔管理企业领导人员，班子建设进一步加强，实施国有企业领导人员素质提升工程，建立了监管企业后备干部与中长期培养对象人才库。四是筑牢战斗堡垒，基础基层工作进一步夯实。开展党组织书记讲党课，持续深入开展“四创”和党委书记活动日，大力推行党员先锋指数管理经验做法，全面推广“党建工作项目化管

理”“党建双对标”等成功经验，推动了党建工作与生产经营深度融合。五是压紧压实“两个责任”，国资国企腐败易发多发势头得到有效遏制。细化责任、明确到人，签订“两个责任”承诺书，实施廉政约谈，加大压力传导力度。严格落实中央八项规定精神，坚决纠正“四风”，实践运用监督执纪“四种形态”，突出对企业关键少数的监督制约，加强对企业重点领域和关键环节的全流程监控，保持惩治腐败的高压态势。六是大力开展巡视整改、企业巡察，国资国企系统政治生态持续好转。全面落实省委巡视组对国资委提出的整改要求，对照整改清单，明确责任分工，不断强化督导，确保整改措施、责任落实、时间节点“三个到位”；坚持巡视巡察上下联动，督导企业进行巡视整改回头看，认真开展“一问责八清理”行动，组织开展了违规招投标专项清理活动，优化净化了政治生态，堵塞了国资流失漏洞。

（河北省国资委　胡岳鹏）

重点项目建设

2017年，河北省各地各部门认真贯彻省委、省政府决策部署，以重点项目建设为重要抓手，抓有质量的投资，上结构优化的项目，为加快形成全省优质增量、活跃带动全局发挥了重要作用。全省组织实施重点项目转型升级年“337”工程，出台促进投资和项目建设的“2+8”政策体系，建机制，保要素，抓服务，促进度，在全省投资增速放缓的背景下，重点项目建设仍保持了稳中有进、进中向好的态势。省市重点项目共3229项，年计划投资7782.4亿元，1—12月完成投资9384亿元，占年度计划的120.6%；实现项目开工1182项，开工率98.4%。其中：省重点项目333项（因规划管控等影响，经省政府批准，原340项取消7项），年计划投资2271.9亿元，1—12月完成投资2489.9亿元，占年度计划的109.6%，113项计划开工项目已全部开工。

一、精心谋划，开展“转型升级年”活动。在前两年开展重大项目“攻坚年”、“提升年”活动基础上，2017年组织开展重点项目“转型升级年”活动，研究制定并以省政府名义印发《河北省重点项目建设转型升级年活动实施方案》。科学编制年度计划，安排省重点项目340项（调整前），其中计划开工、续建保投产项目各120项，前期项目100项；战略新兴产业项目占49.1%，现代服务业项目占28.5%，协同发展项目占53.5%。华夏幸福第6代AMOLED、香河3D打印产业孵化器等一批高端新兴产业项目顺利实施。

二、精准施策，建立支持政策体系。自年初以来，省政府领导对重点项目建设工作高度重视，许勤省长先后9次对重点项目建设工作重要批示，从加强组织领导、完善推进机制、优化服务环境等方面提出了全面要求，召开全省投资和项目建设工作会议，制定了“2+8”系列政策文件，省委、省政府出台了《关于关于加快推进项目建设精准扩大有效投资的意见》和《关于精准施策推进项目建设坚定信心扩大有效投资的意见》，省政府制定了省市县三级领导亲自协调机制、投资和项目建设通报约谈机制、省领导分包12个产业支撑项目方案等3个专项文件，协调督促省有关部门出台支持项目建设的多规合一、土地保障、金融支持、环境管理等4个专项文件，建立问题协调系统平台，形成了相配套、可操作、成体系的政策“组合拳”。

三、加强调度，搭建“看比学”平台。一是强力推进项目建设。9月6日，召开全省投资和项目推进工作会议，许勤省长对全省投资和重点项目工作进行全面部署，提出了“有质量的投资和项目建设”的总要求，研究制定了一系列破解投资和项目建设瓶颈制约的政策性文件。8月、9月在邢台、衡水召开2次全省投资和项目观摩调度会议，袁桐利常务副省长带队现场观摩项目建设，调度各市投资和项目建设情况，动员各级各部门把主要精力聚焦到项目建设上来。11月14日，召开全省投资和项目建设工作推进电视电话会议，袁桐利常务副省长再次部署，要求深入查找问题和短板，集中力量攻坚，推动项目建设提速提质提效。二是建立简报通报制度。按照省政府部署，共编发重点项目建设简报13期，及时反映重点项目建设中的典型经验、存在问题、进展情况，做到不断通报、检查、评价、督办，得到省领导充分肯定。每月通报全省固定资产投资和项目建设情况，对各市投资完成、高新技术产业投资、重点项目开工率和投资完成率、省重点项目土地保障数量等情况进行排名通报，省市共实施通报41次，启动约谈机制8次，约谈人数28人，形成争优争先浓厚氛围。三是开展现场督导检查。一方面，开展日常督导协调。5月和7月2次组成督导组，赴各市现场对省重点项目开工情况、投资进度及存在问题等进行督导协调。另一方面，开展专项督查。3月下旬和10月中旬，会同省政府督查室2次对全省投资和重点项目建设进行专项督导检查，重点对全省90项计划开工项目实地督查，发现问题、分析原因、提出对策，有力促进了项目落地。

四、落实责任，逐级协调解决问题。按照省领导“集中有限要素，筛选少数对全省转型升级、绿色发展、跨越提升有影响的项目，由省领导挂帅，省里组织协调”的指示，研究制定省政府领导联系督导12个产业支撑项目方案，由省政府领导亲自挂帅、重点推进。省政府领导通过现场调研、召开专题会议等多种形式对联系督导项目协调调度；省发改委10月份逐项调度12个项目，就项目进展情况、急需协调解决的问题及推进建议报省政府。出台省重点项目实施省市县三级领导亲自协调机制，实施“六个一”工作机制，各级政府领导亲自抓重点项目，606个省市重点项目由市级领导分包推进。实行项目问题清单管理制，建立省重点项目省市县三级问题协调系统，绑定用户4727个，协调解决问题54项，实现了“网上报送、网上协调、网上督办”。

五、破解瓶颈，着力加强要素保障。报请省政府协调推进有关部门出台系列保障措施。**一是**省政府出台了《关于保障土地供给促进固定资产投资意见》，明确省重点项目用地指标由市级先行保障，批后省级奖励；省委、省政府确定的重大急需建设项目和各市确实无法落实占补平衡的省重点项目，从省级补充耕地调剂指标库中调剂配置，市、县要优先满足省重点建设项目占补平衡需要。**二是**省环保厅出台了《关于支持省重点投资项目建设的实施意见》，在重污染天气预警环境应急管理中，对省重点建没项目实施差别化管理实施差别化管理，不搞“一刀切”，经所在市政府批准，允许正常建设。**三是**省金融办出台了《关于金融支持全省重点项目建设的若干措施》，拓宽项目融资渠道，加强与各金融机构合作对接，积极推进银团贷款等融资，为62个省重点项目对接资金缺口786亿元。**四是**省住建厅出台《关于促进城市（乡）总体规划和土地利用总体规划合一加快重点项目落地的指导意见》，建立多规信息共享联动平台，完善部门间会商机制，逐步形成一本规划、一张蓝图，避免一批立省立市的好项目因规划不一致无法落地。

六、统筹协调，组织推进前期跑办。两会期间，围绕大气污染防治、雄安新区建设、冬奥项目、北京新机场临空经济区建设等重大事项和项目，提请省主要领导与国家发改委、中广核、国开行等国家部委和央企举行7场高层对接活动，与国开行签署《支持清洁能源利用及大气污染防治开发性金融合作协议》、《支持河北省非首都功能集中承载地、冬奥项目等重大专项建设开发性金融合作备忘录》等5项合作协议，落实资金7261亿元，包括国开行总授信5000亿元、国网公司投资2100亿元等，一批重大项目前期工作取得突破性进展。为争取国家发改委对雄安新区建设的指导和支持，4月27日，克志书记、许勤省长、桐利常务副省长等专程拜访国家发改委，何立峰主任表示将全力支持雄安新区又好又快发展，对新区规划、土地、项目等方面提出了具体指导意见。6月6日，国家发改委就河北省提出的4个方面诉求给予正式答复。

（河北省重点办　张奕）

对外经济贸易

在国际经济形势向好、外需回暖，国内及全省经济稳中有进、产业结构优化升级等因素的共同作用下，2017年，河北对外贸易扭转了连续两年的降势，企稳回升，全省进出口总值3375.8亿元，同比增长9.7%。其中，出口2126.2亿元，增长5.5%；进口1249.6亿元，增长17.5%。

一、进出口平稳增长，出口结构不断优化

（一）一般贸易为主，新型贸易方式呈现快速增长。一般贸易出口1874.0亿元，增长2.2%，占全省出口总值的88.1%，同比回落3.0个百分点。加工贸易出口163.6亿元，增长7.4%，快于一般贸易出口增长5.2个百分点；占全省出口总值的7.7%，同比提高0.1个百分点。对外承包工程货物出口较快增长，出口32.8亿元，增长50.6%，占全省出口的1.5%，同比提高0.4个百分点。海关特殊监管方式等出口新业态成倍增长，占全省出口总值的比重均有所提高。海关特殊监管方式出口15.2亿元，增长2.9倍，占全省出口总值的0.7%，同比提高0.5个百分点。其中，以保税监管场所进出境货物方式出口6.0亿元，增长9.6倍。

（二）民营企业出口居首位，国有企业出口增长迅速。民营企业、国有企业出口保持较快增长，所占比重进一步提高。其中，民营企业出口1420.8亿元，增长7.1%，快于全省出口增速1.6个百分点；占全省出口的66.8%，同比提高0.9个百分点，规模居出口首位。国有企业出口322.1亿元，增长11.5%，快于全省出口增速6.0个百分点；占全省出口的15.1%，同比提高0.8个百分点。而外商投资企业出口383.2亿元，下降3.9%；占全省出口的18.0%，同比降低1.8个百分点。

（三）机电及高新技术产品、传统大宗商品出口快速增长，出口商品结构不断优化。全省出口总值居前10位的大类出口商品依次是机电产品，钢材，服装及衣着附件，高新技术产品，纺织纱线、织物及制品，农产品，医药品，家具及类似容器，陶瓷产品，煤及褐煤，累计出口1899.3亿元，占全省出口总值的89.3%。十大类出口商品中，除钢材出口下降外，其他9类出口商品均呈现增长。其中，机电产品和高新技术产品出口增长较快，机电产品出口648.6亿元，增长19.0%，占全省出口总值的30.5%，同比提高3.4个百分点；高新技术产品出口147.6亿元，增长18.0%，占全省出口的6.9%，同比提高0.7个百分点。传统大宗出口商品中，服装及衣着附件出口282.5亿元，增长16.4%，比重为13.3%；纺织纱线、织物及制品出口128.5亿元，增长16.4%，比重为6.0%。而钢材出口延续2015年全年出现的下降态势，出口386.5亿元，下降27.7%，比重为18.2%，同比降低8.3个百分点。

（四）欧盟市场居出口首位，对“一带一路”部分沿线国家出口较快增长。全省出口规模居前10位的国家（地区）依次是欧盟、美国、东盟、俄罗斯联邦、韩国、日本、印度、香港、台湾、加拿大，共出口1529.5亿元，占全省出口总值的71.9%，同比提高0.6个百分点。十大出口市场中有7个出口增速快于全省出口平均水平。其中，对第一出口市场欧盟出口317.4亿元，增长9.6%，占全省出口总值的14.9%，同比提高0.5个百分点；对第二出口市场美国出口296.2亿元，增长12.6%，比重为13.9%，同比提高0.8个百分点。对“一带一路”部分沿线国家出口较快增长，对俄罗斯联邦出口209.0亿元，增长32.2%；对印度出口80.8亿元，增长11.9%；对波兰出口12.8亿元，增长19.7%；对哈萨克斯坦出口8.6亿元，增长67.2%。

（五）受原材料和农产品带动，进口快速增长。在原材料和农产品进口的带动下，全省进口1249.6亿元，增长17.5%，增速快于出口12.0个百分点。全省主要进口商品中，铁矿砂及其精矿为第一大进口商品，进口525.3亿元，增长3.8%，占全省进口的42.0%；农产品进口高速增长，进口235.7亿元，增长45.0%，占全省进口的18.9%；煤及褐煤进口成倍增长，进口47.6亿元，增长1.3倍，占全省进口的3.8%；初级形状的塑料进口31.9亿元，增长28.5%，占全省进口的2.6%。

（六）澳大利亚、巴西、欧盟等是主要进口市场，对部分“一带一路”沿线国家市场进口呈现增长。全省进口规模居前10位的国家（地区）依次是澳大利亚、巴西、欧盟、美国、韩国、日本、东盟、南非、印度、阿联酋，共进口1110.2亿元，占全省进口的88.8%。其中，澳大利亚为第一进口市场，进口额为407.7亿元，增长9.8%，占全省进口的32.6%；巴西、欧盟分别为第二和第三进口市场，从巴西进口188.8亿元，增长34.0%，占全省进口的15.1%；从欧盟进口148.7亿元，增长8.4%，占全省进口的11.9%。从“一带一路”部分沿线国家进口呈现增长，其中，从东南亚11国进口39.9亿元，增长30.2%；从印度进口32.4亿元，增长35.8%；从阿联酋进口24.0亿元，增长2.6倍；从俄罗斯联邦进口20.3亿元，增长1.4倍。

二、实际利用外资较快增长，合同外资结构优化

（一）实际利用外资保持较快增长。2017年，全省实际利用外资89.4亿美元，比上年同期增长9.7%，完成全年目标任务的104.4%。其中，外商直接投资84.9亿美元，增长15.4%；对外借款3.6亿美元，下降3.8%；外商其他投资0.8亿美元，下降79.7%。

（二）外商投资来源地相对集中。香港、英属维尔京群岛、美国、日本、英国是河北省外商直接投资排在前五位的国家（地区）。其中，来自香港的外商直接投资47.2亿美元，增长37.6%，占全省外商直接投资的55.6%；英属维尔京群岛为15.3亿美元，增长69.0%，占18.0%；美国为4.9亿美元，增长24.6%，占5.8%；日本为3.0亿美元，增长23.2%，占3.6%；英国为2.1亿美元，增长29.5%，占2.4%。五个国家（地区）合计占全省外商直接投资的85.4%。

（三）合同外资保持增长。全省新设外资项目194个，增长19.8%；合同外资额37.1亿美元，增长10.8%。主要受新设大项目带动。新设合同外资额1000万美元以上项目48个，增长29.7%，占全省新设外资项目的24.7%；合同外资额34.4亿美元，增长9.4%，占全省合同外资额的92.8%。有8个项目合同外资额超过1亿美元，其中，恒丰燃气（河北）有限公司、巧鑫（河北）车辆有限公司、河北春瑞农业科技有限公司和河北郦克丹农业科技有限公司4个项目合同外资额均超过2亿美元。

（四）合同外资结构不断优化。一是服务业比重提高。新设服务业外资项目104个，合同外资额22.9亿美元，增长1.5倍；占全省合同外资额的61.7%，同比提高33.8个百分点。主要受5个行业的带动：科学研究和技术服务业合同外资额8.6亿美元，增长8.3倍；农业服务业和仓储业合同外资额均为2.7亿美元，分别增长1.1倍和1.4倍，房地产开发业合同外资额3.2亿美元，增长11.2倍；软件信息技术服务业合同外资额1.6亿美元，增长54.5倍；五个行业合计占全省合同外资额的50.9%。二是装备制造业成为合同外资增长亮点。新设装备制造业外资项目33个，合同外资额8.0亿美元，增长2.7倍，占全省合同外资额的21.6%，同比提高14.5个百分点。三是六大高耗能行业合同外资额下降。六大高耗能行业新设外资项目18个，合同外资额2.0亿美元，下降57.6%，占全省合同外资额的5.4%，同比降低8.6个百分点。

（五）独资成为外商的主要投资方式。新设独资项目105个，增长22.1%，占全省新设项目的54.1%；合同外资额26.0亿美元，增长33.1%，占全省合同外资额的70.2%，同比提高11.8个百分点。新设合资项目85个，合同外资额5.7亿美元，下降58.9%，占全省合同外资额的15.3%。新设合作项目3个，合同外资额5.1亿美元，增长95.1倍，占全省合同外资额的13.7%。

（河北省统计局　张少芬　杨喜进）

财　政

2017年，面对严峻复杂的财经形势和河北省去产能、调结构、治污染的特殊压力，全省各级财政财政部门认真贯彻落实省委省政府决策部署，紧紧围绕服务全省大局，迎难而上、主动作为，改革创新、事争一流，圆满完成全年各项工作任务，很多方面取得新的突破。

一、拓宽筹资渠道，切实增强财政支撑保障能力。着眼破解收支矛盾这一难题，不断强化创新思维、系统思维和市场思维，千方百计筹措资金，全力做大做优财政蛋糕。一是狠抓预算收入组织。加强日常分析监控，强化组织调度，开展收入质量检查，完善综合治税和非税管理举措，深入市县综合督导，推动开门红、双过半和全年任务顺利完成。全年全省一般公共预算收入完成3233.3亿元，增长13.5%，扭转了收入逐年放缓的态势，为五年来最高。二是大力争取中央支持。坚持主动谋划，全力跑办，全年中央下达河北省一般公共预算转移支付2508.5亿元，比上年增加183亿元，增长7.7%。其中，均衡性转移支付增幅、中央政法转移支付增量均居全国第二；争取石家庄等5市入围北方地区冬季清洁取暖试点，入围数量及申报入围率均为全国第一，三年将获资金81亿元。争取政府债务新增限额776亿元，增长44.2%。三是积极引导撬动社会和金融资本。规范推进PPP模式，当年新增落地项目75个、848亿元。加快股权基金运作，全省各级累计设立股权投资引导基金86支，吸引社会资本693亿元。完善财政助推金融创新政策体系，促进企业直接融资400多亿元。争取河北省成为全国首批农业大灾保险试点省份，完善农业保险政策，为农户和居民提供风险保障1000多亿元。推动农业信贷担保业务在81个县落地。冀财公共事业投资公司完成协议融资储备1220亿元。省级国库资金运作实现收益5.6亿元。

二、统筹政策资金，全力支持经济高质量发展。充分发挥财政职能，打好政策资金运用“组合拳”，积极落实国家重大部署，推进供给侧结构性改革，促进经济健康平稳发展。一是全力支持“两翼发展”。主动对接财政部研究制定支持雄安新区政策，形成涵盖16个方面的财税支持政策体系，得到省委省政府主要领导充分肯定；深入研究论证，科学确定新区财政管理体制；积极开展支持新区创新投融资政策措施研究，形成1＋N政策体系，并落实雄投集团资本金15亿元。积极筹措省以上相关资金107亿元支持冬奥会筹办。二是落实积极财政政策。认真组织落实减税降费政策，全年为各行业减免税费360亿元，省立行政事业性涉企收费目前已实现清零，有效降低了企业制度性成本。全年成功发行政府债券11批次1527.7亿元，其中新增债券支持了协同发展、易地扶贫搬迁等3000多个公益性项目建设，置换债券置换政府高息债务793亿元、每年减少利息成本26亿元。稳妥推进政府购买服务工作，金额达152亿元、增长44%。加强地产品采购组织，全省地产品采购比例达到68%。三是积极助推转型升级。争取中央去产能奖补资金和特殊支持政策，建立去产能指标交易机制，5万多职工得到妥善安置。筹集资金21亿元，支持新材料、现代服务业和智能制造等战略性新兴产业发展和传统优势产业升级，加快新旧动能转换。争取国家补助8亿元，支持沿海经济带加快发展。深化农业供给侧结构性改革，建立绿色生态导向的农业补贴制度。全年支持新建高标准农田56.7万亩，积极扶持新型经营主体，并组织开展田园综合体和创新园区试点。四是大力推进创新驱动。完善财政支持科技创新政策体系，筹集近5亿元支持科技型中小企业技术创新；创新人才引进与培养制度体系，设立高层次人才专项资金和省级博士后创业基金，支持引进一批优秀人才；在石家庄、保定、廊坊等6市，首创开展财政资助大学生科技创新创业试点。集中支持18个开发区示范试点，着力打造创新发展新高地。

三、坚持倾心为民，精准保障和改善民生。牢固树立以人民为中心的发展思想，坚持雪中送炭、尽力而为，扎实办好利民实事，各项惠民政策得到较好落实。全省财政民生支出完成5294.2亿元，占到一般公共预算支出的80%。一是全力支持脱贫攻坚。强化政策资金扶持，省级扶贫专项投入在上年翻番的基础上又增长74.7%、总量达37.9亿元，研究制定10项支持深度贫困县财政政策，推动全省统筹整合财政涉农资金150.3亿元，筹措“薄改”资金48.4亿元，并制定资产收益扶贫和易地扶贫搬迁支持政策，开展扶持村集体经济发展试点，扎实做好“五包一”帮扶工作，助推全省78.8万人口稳定脱贫。二是稳步提高社会保障水平。多方筹措资金，城乡低保、医保、养老、基本公共卫生服务等各项指标政策全部兑现。改革企业职工基本养老保险省级统筹制度，建立省市县基金缺口分担机制，全省征缴收入760亿元，较年初预算增加120亿元。及时调度资金并补助国定贫困县缺口，有效保障了军队退役人员政策落实。在全国率先建立贫困人口医疗保障救助提高机制，200多万人受益，有效解决因病致贫问题，河北省做法得到汪洋同志肯定批示。持续推进津补贴政策落实，省直干部职工收入实现新的增长。三是积极促进社会事业发展。统一城乡义务教育公用经费标准，实现“教育经费可携带”，惠及学生897万人；改进高校经费管理，支持省属12所高校54个学科开展“双一流”建设。建立公立医院改革政府投入绩效补偿机制，河北省所有公立医院在全国提前实行取消药品加成。改善基层公共文化体育设施条件，大力推行省会文化惠民卡，引起社会较好反响。

四、注重绿色发展，全力支持生态环境改善。认真落实“天蓝、地绿、水秀”要求，围绕建设京津冀生态环境支撑区，着力解决突出问题，强化重点领域投入，努力营造良好人居环境。一是强力推动大气污染治理。多方筹集省以上资金85.3亿元，大气污染治理“1＋18”方案资金需求全部足额保障，其中争取中央大气污染防治资金57.7亿元、增长44%，占全国资金总规模的36.1%；健全财政支持大气污染综合治理政策体系，及时拨付农村“双代”补助资金73.4亿元，有效保障了253.7万户群众温暖过冬和基本生活需要。同时，成功申报亚行转贷5亿美元大气污染防治项目。二是圆满完成地下水超采治理试点任务。试点范围扩大到9市115个县，实现7大地下水漏斗区全覆盖，进一步推进用水管水机制改革，完善地下水管控体系，加快重点工程项目实施，累计形成压采能力33.6亿立方米，探索形成可复制可推广模式，经第三方评估确认实现试点预期目标，得到汪洋同志批示肯定。三是积极推进生态环境综合治理。积极支持张承地区三个规模化林场、张家口冬奥会造林绿化和京津保过渡带生态建设。扎实推进国家山水林田湖生态保护修复试点，纳入试点的张家口、承德、保定3市、29个县区生态功能支撑和水源涵养能力得到改善。统筹省以上资金20.8亿元、协调天津市生态补偿资金1亿元，支持实施重点流域污染治理和官厅水库水环境改善。

五、勇于攻坚克难，扎实推进财税体制改革。坚持问题导向，强化责任担当，认真落实中央和省委改革部署，河北省多项财税改革走在全国前列，整体情况得到李克强总理批示。一是预算管理改革取得决定性进展。深化绩效预算管理改革，优化职责活动和绩效目标指标体系，开展改革示范创建活动，引领带动市县改革落地，河北省经验专题呈报财政部党组会参阅，并在全国财政工作会上第一个作典型发言。稳步推进清理规范重点挂钩事项、支出经济分类科目改革，预算管理更加科学规范。加大预算公开力度，省级专项转移支付全部实行“管理办法、预算安排、分配结果”三公开，在国务院办公厅政务公开第三方评估中获得第三名。二是税制改革稳步推进。加大组织推进力度，圆满完成全国唯一的水资源税改革试点，构建起规范的征管模式和完善的配套机制，形成了可复制经验，向9省份推广。扎实做好环保税开征准备，制定河北省环保税税额标准方案，在全国首创按地域实施三档税额、差异化征收，2018年1月1日正式开征。三是体制改革不断深化。组织推进省财政直管县改革落实，核定22个新增直管县财政体制基数，完善省对市县农业转移人口市民化奖励资金分配机制，进一步理顺省以下财政管理体制。此外，省以下法检两院财物统管改革在邯郸市率先试点，助推河北省改革跻身全国第一梯队；扎实推进省级经营性国有资产集中统一监管改革和国有企业“三供一业”分离移交，取得实质性进展。

六、加强风险防控，确保各级财政健康平稳运行。把防风险摆在财政工作突出位置，树立底线思维，密切关注财政经济运行形势，提前预判应对，努力做到防患于未然。一是大力防控政府债务风险。在全国率先制定债务风险应急处置预案，债务风险防控体系进一步完善。创新组织实施政府债务绩效考核，成为财政部在全国推开绩效考核的样本经验。推进分类处置存量债务，开展规范政府债务管理专项督查，核查清理项目1168个、3500亿元。二是积极防控市县运行风险。对县级财政运行进行全面全程监控，自动评估运行风险等级；深化县级“三保”支出预算审核，下达县级财力补助304.9亿元，对22个特殊困难县给予特殊财力救助22.7亿元，保障了基层财政平稳健康运行。完善省对下财力性转移支付激励约束机制，财政缺口县减少5个、缺口额下降5.6亿元。三是全面防控资金使用风险。组织对扶贫、大气污染防治等专项资金进行监督检查，发现问题资金51.27亿元，处理处罚责任人176人，严肃了财经纪律；牵头开展全省设立“小金库”等违反财经纪律问题专项清理，共清理问题1.87万件，涉及资金23.32亿元，并针对扶贫领域资金使用发现问题，部署开展扶贫领域设立“小金库”问题专项清理，建立财政扶贫资金经常性监督检查机制，制定财政扶贫资金支付“四方联签联审”制度，促进了资金规范高效使用。同时，对生态治理、科技创新等12个方面专项资金开展绩效评价，涉及财政资金742亿元，将评价结果与下年度预算挂钩，促进了相关政策完善。

七、坚持久久为功，着力夯实财政管理基础。树立功成不必在我的思想，把打基础利长远融入财政工作各个方面，不断强化制度、机制、技术等支撑，推动财政事业行稳致远。一是加强财政财务管理。全面加强支出管理，大力实施财政支付责任管理改革，强化督导调度，全省一般公共预算支出进度达到96.9%，创历史新高。扎实推进国库集中支付电子化管理，在全国率先实现省市县乡四级全覆盖；创建实施工资统发标准化流程管理，结束了15年来单位跑办工资的历史；组织实施全国唯一差旅电子凭证网上报销改革，得到财政部和省政府领导表扬。加强会计领军人才培养，入选全国会计领军人才数量，在全国各省区市再次名列第一；全面推行初中级会计资格无纸化考试，全省12.7万人次顺利参加考试。二是加强机关运行管理。完善办公自动化系统，优化工作流程，全厅运转效率得到提升。完善督办机制，创建督办平台，省委省政府及厅内交办的350项重点任务均按时办结。健全完善工作台账和财政政策库，服务领导决策的质量和效率进一步提高。完善财务管理制度，形成由21项制度组成的内部财务管理体系。深化标准化绩效管理，研究制定7项管理制度，有效促进了各项工作落实。三是加强信息技术支撑。升级改造财政一体化核心业务系统，扩展升级财政“云管端”体系，圆满完成非税云缴费平台、财政监督平台等系统建设，全面完成基层财政信息系统一体化建设，信息技术对财政业务的支撑作用进一步增强。创新干部人事档案管理，在全省第一家建设完成数字化档案、实现网络远程调阅和智能化库房管理。

八、严格依法理财，积极推进财政法治建设。树牢法治意识，不断增强运用法治思维、法治方式推进工作的能力，全面提升依法行政、依法理财水平。一是加强法治学习培训。认真组织学习《预算法》《会计法》《政府采购法》等财经法律法规，切实掌握相关要求。创新学习形式和载体，坚持以考促学，组织法律知识测试近千人次；先后举办专题培训班8期、培训人员7000余人次，实现法治培训全省全覆盖。首次举行“12·4”宪法宣誓，组织党规法规“双赛”活动，覆盖2.13万人，尊法学法守法用法的氛围进一步浓厚。二是健全依法理财制度机制。开展行政执法三项制度试点，建立“1＋18”制度体系，形成执法标准流程。加强规范性文件管理，严格履行文件合法性审查和备案程序，探索建立公平竞争审查机制，对存量的1282件政策文件进行全面清理，并把审查机制嵌入办公系统，打造标准化审查流程。同时，建立与人大代表、政协委员定期联系机制，270件省人大建议和政协提案，全部按时高质完成。改进信访接待和办理机制，全年受理各类群众来信来访72件次，全部妥善处理。三是推进财政“放管服”改革。制定改革方案，按照“简政放权、放管结合、优化服务”的要求，稳步推进行政审批制度改革，简化办理流程，提高办理效率，清理行政权力66项，将行政许可项目压缩42%。顺利实现全省政府采购网上商城构建，组织94个省财政直管县变更政府采购审批权，政府采购效率和规范性得到新一步提高。推进法治财政示范点建设，省厅及三个市县入选全国示范点，优选19个市县建设省级示范点，发挥典型引路作用，推进全省财政法治化进程。

（河北省财政厅　李志平）

金　融

2017年，河北省银行业总体保持运行稳健、风险稳定可控的态势，主业更为突出、经营更为精细、结构更为优化，为河北省经济社会发展贡献出了新的动能。

一、金融运行。金融运行总体平稳。贷款较快增长，信贷结构进一步优化。截至2017年末，河北省银行业各项贷款余额43315.28亿元，比年初增加5569.43亿元，比上年同期增长14.76%。从期限看，贷款长期化趋势有所缓解。短期贷款新增1419.37亿元，同比多增1015.92亿元，比上年同期增长11.60%。中长期贷款新增4234.51亿元，比上年同期增长19.04%。从行业投向看，金融服务供给质量进一步提高。制造业贷款增速加快，对制造业支持力度加大。截至2017年末，制造业贷款余额7758.97亿元，比年初增加417.12亿元，同比多增309.17亿元。截至2017年末，河北省新增个人住房贷款2099亿元，同比少增496亿元，有效抑制了投资投机性需求。个人住房按揭贷款增速回落，推动房地产市场回归理性增长。个人住房按揭贷款余额9795.24亿元，比年初增加2078.89亿元，比上年同期增长26.94%。基础设施行业贷款较快增长，成为稳定河北省经济增长的"压舱石"。基础设施行业贷款余额8389.05亿元，比年初增加1023.63亿元，比上年同期增长13.90%。农业贷款转降为增，为乡村振兴奠定基础。农林牧渔业新增贷款104.16亿元，比上年同期增长11.83%。从结构看，对经济增长新旧动能转换的引导和支持作用增强。"两高一剩"贷款趋于稳定，为"去产能"提供了良好资金环境。新兴产业贷款较快增长，有效支持了经济增长新动能的培育壮大。七大战略新兴产业贷款比年初增长36.48%。个人经营性贷款增速加快，有力推动"双众双创"发展。个人经营性贷款余额比年初增加397.89亿元，比上年同期增长12.88%。小微涉农整体考核目标完成，薄弱领域金融服务增强。截至2017年末，河北省小微企业贷款较上年同期增长16.84%，小微企业贷款户数413110户，较上年同期增加17708户；小微企业申贷获得率94.95%，较上年同期增加1.38个百分点。涉农贷款余额14196.12亿元，比年初增加1723.15亿元，实现持续增长目标。河北省服务业贷款余额突破1.5万亿元，在全部行业贷款中的占比达到57.3%，明显高于行业增加值占比。支持办理小额票据贴现274亿元，同比多增74亿元。加大对协同发展、雄安新区、冬奥会的支持力度。完善金融支持工作机制，成立金融支持雄安新区前方工作组和研究小组；支持推动融资工具发行，推动雄安首只债券注册成功，雄安建投获批200亿元永续票据发行额度。截至2017年末，河北省支持京津冀协同发展项目授信余额1.16万亿元，较年初增加1031亿元；环首都的廊坊、保定贷款增速分别达19.7%和19.2%；作为冬奥会重点区域的张家口贷款增速达到18.5%。支持全国首单京津冀协同发展债务融资工具成功发行，协同发展的融资渠道进一步拓宽。房地产贷款投放更加理性，银行信贷资产质量保持稳定。存款增速增量双双放缓。截至2017年末，河北省银行业金融机构各项存款余额60451.27亿元，比年初增加4522.40亿元，比上年同期增长8.09%。从结构看，个人存款和单位存款增速均放缓。个人存款比年初增加2809.43亿元，比上年同期增长8.55%。单位存款新增1486.24亿元，比上年同期增长7.08%。从期限看，活期存款增速下降幅度大于定期类存款。活期存款比年初增加1674.28亿元，比上年同期增长7.82%。定期类存款比年初增加2081.37亿元，比上年同期增长6.86%。经营效益稳中有升。2017年，河北省银行业累计实现净利润641.02亿元，增长14.04%。资产利润率0.90 %，同比上升0.02个百分点。成本收入比34.34%，同比下降1.76个百分点。其中，增盈比较多的机构是股份制银行、农合机构、城商行。截至2017年末，河北省银行业不良贷款率2.29 %，比年初上升0.09个百分点。社会融资规模增量突破八千亿。2017年，河北省社会融资规模增量高达8346亿元，同比多增2019亿元，创历史最高水平。

二、金融服务。人民银行多措并举加大金融服务力度。组织辖内县（市）支行依法行政专项检查，督促整改相关问题。完善法律顾问咨询服务机制，优化法律事务工作流程，法律服务水平进一步提升。指导辖内县（市）支行处理涉诉案件，稳妥处置各类行政复议、诉讼案件。妥善处理金融消费者咨询和投诉，积极开展金融知识宣传普及，组织金融消费权益保护监督检查，持续推动预防、打击利用离岸公司和地下钱庄转移赃款专项行动。金融统计和研究工作取得新成果。有效推动金融精准扶贫贷款、两权抵押贷款等重点专项统计制度落地实施，得到总行通报表扬。加强钢铁重点行业、曹妃甸重点领域、环京房地产、雄安新区及周边地区金融统计，统计监测维度不断拓宽。支付结算管理不断加强。扎实开展银行结算账户、银行卡收单业务、无证机构清理等专项活动，规范支付服务市场秩序。持续改善河北省农村支付环境，助农取款服务点覆盖河北省9.2万个行政村，占比96%，贫困地区覆盖率达95%。推动交易风险事件管理平台顺利运行，实现涉案账户的紧急止付和快速冻结，继续推动防范电信网络新型违法犯罪相关工作。科技服务管理能力不断提升。全面构建河北省数据中心安全运维体系，切实维护金融基础设施安全稳定运行。桌面云系统成功上线，终端安全得到集中管控，信息化采购成本大幅度降低。河北省金融IC卡非接使用环境改造圆满收官，金融IC卡非接交易比例达88%，消费者支付体验得到显著提升。经理国库水平有效提升。持续加强国库业务信息化建设，扎实开展二代TIPS系统上线准备工作，成功研发税收电子退更免审核资料影像传递系统并在邢台上线运行，积极推进唐山市实拨资金电子化试点取得成效。2017年河北省国库收入9906.27亿元，同比增长16.7%。其中，公共预算收入5477.54亿元，同比增长19.2%；基金预算收入2455.56亿元，同比增长51.3%。国库支出11269.69亿元，同比增长10.5%。其中，公共预算支出8001.46亿元，同比增长11.6%；基金预算支出2297.99亿元，同比增长39.5%。12月当月，河北省国库收入881.15亿元，同比增长22.0%，增速较上月回落5.7个百分点。其中，公共预算收入365.40亿元，同比增长5.7%；基金预算收入434.55亿元，同比增长41.8%。国库支出1691.80亿元，同比增长8.1%，增速较上月回落22.6个百分点。其中，公共预算支出1113.06亿元，同比增长1.7%；基金预算支出468.41亿元，同比增长42.8%。征信管理和服务持续加强。有效整合小微企业和农户信用信息，大力推广应收账款融资服务平台，有效缓解企业融资难题。进一步扩大征信系统覆盖面，首次将证券、消费金融、融资租赁等业务接入征信系统。持续提升征信对外服务水平，河北省范围部署征信查询前置系统，大幅增加自助查询设备。组织对6家驻石征信系统接入机构开展现场检查，对违规机构及相关责任人进行经济处罚。人民银行积极搭建合作平台，联合河北省消协、河北银监局、河北证监局、河北保监局、河北省保险业协会走进石家庄万达社区，举办“河北省消费教育大讲堂进社区”活动，重点面向老年人宣传普及消费维权、金融维权知识。人民银行调研组深入雄安新区核心区，实地察看核心区概貌，召开座谈会，听取保定市中心支行及雄县、容城、安新县支行履职情况汇报，共同研究雄安新区经济金融形势、房地产市场管控、维护金融稳定、服务新区建设等重点工作。人民银行推动河北省银行间债券市场持续、健康、快速发展，并取得积极成效。融资规模迅猛增长。在全国银行间市场债务融资工具发行规模同比下降23.9%的形势下，河北省企业发行规模逆势上升，同比增长34.1%，首次突破千亿大关，达到1163亿元，全国排名由上年第16位大幅升至第8位，创历史最好成绩。创新品种不断推出。实现四个债券品种的全国首创，分别是雄安新区首支债券注册成功，全国首单非银行绿色金融债券成功发行，全国首单PPP项下资产支持票据落户河北以及全国首单京津冀协同发展债务融资工具成功发行。稳步推进河北省银行间债券市场风险处置机制建设，信用风险得到有效控制，年内未发生债务融资工具兑付风险事件，维护了河北省金融生态环境。为不断拓宽企业融资渠道，更好地引导金融资源支持河北省实体经济发展，中国人民银行多措并举，扎实开展工作。协调联动，构建多层级合作机制。推动中国银行间市场交易商协会与京津冀三地人民银行、金融工作局（办公室）签署《借助银行间市场助推京津冀协同发展战略合作协议》，为债券市场发展奠定坚实基础。积极跑办，增强市场对河北省企业信心。精准发力，支持重点地区率先发展。针对雄安新区建设中遇到的前期资金问题，促成交易商协会领导赴雄安新区进行专题调研，并召开“债务融资工具支持雄安新区发展座谈会”，引导资金向雄安新区汇聚。会同京津两地人民银行，与唐山市人民政府签署《金融支持唐山（曹妃甸区）协同发展共同构建开放型经济新体制合作备忘录》。河北省金融机构持续加大信贷投入，全力助推贫困地区经济发展和农户精准脱贫。多家银行机构推出“科技创业贷”“科贷通”“创融贷”等，逐步形成多层次、广覆盖的科技金融产品体系。2017年，河北省银行累计发放科技型中小企业贷款1121.79亿元、创新型企业信贷75.34亿元。增加贫困地区信贷资金投入。引导信贷资源向贫困县域倾斜，加大对贫困地区贫困人口的信贷支持。截至2017年末，河北省62个贫困县各项贷款余额4729.96亿元，比年初增长16.97%。加大对深度贫困地区支持力度。引导辖内银行业机构支持深度贫困地区经济建设，重点支持农民专业合作社、种养大户、家庭农场等新型经营主体，带动贫困人口增收致富。截至2017年末，河北省10个深度贫困县银行业机构各项贷款余额804.32亿元，比年初增加122.04亿元，增长17.89%。河北省10个深度贫困县已实现农村地区行政村基础金融服务全覆盖。

三、金融改革与创新。金融机构积极布局雄安新区，机构种类、数量双提升。截至2017年末，雄安新区银行、保险机构共有网点147个，从业人员2187人，比上年增加14个和115人，其中，银行机构网点125个，从业人员1531人，比上年增加14个和6人；保险机构网点22家，从业人员656人，比上年增加109人。四大国有商业银行计划筹建分行级分支机构，光大银行拟成立一级分行；国开、农发、华夏、邮储、河北银行成立筹备组，积极与新区管委会对接，提供金融服务方案；浦发、沧州银行等也积极选址筹建。股份制商业银行的进驻，将改变新区没有股份制商业银行的局面，丰富金融机构种类。中国人民养老保险有限公司在雄安新区完成工商注册工作，成为首家在新区注册成立的总部型金融机构；阳光保险计划在雄安新区设立分公司，或成为首家在新区设立分公司的保险机构。根据雄安“绿色生态宜居新城区”的功能定位，金融机构积极筹划，着手绿色金融，助力新区建设发展。截至2017年末，金融机构在雄安新区及周边县市投放的绿色项目贷款余额10.9亿元，占全部项目贷款余额的10%以上。金融机构积极与雄安新区管委会和雄安建设投资集团对接，拟通过设立绿色基金、加大授信额度等形式，支持新区建设发展。农业银行与中国雄安建设投资集团合作，谋划设立“雄安新区建设绿色发展基金”，同时，计划对雄安建投集团授信1500亿元，其中500亿元用于支持新区前期建设、棚户区改造项目等；国开、农发、中行、浦发、邮储等银行也纷纷发力，合计授信额度达4820亿元，用于支持新区建设发展。随着雄安新区建设的稳步推进，央企、国企等机构落户新区，重点区域建设项目同步跟进。2017年末，雄安新区项目建设贷款余额136.2亿元，同比增长48.0%，其中，重大交通基础设施贷款余额40.8亿元，生态环境保护项目贷款余额15.1亿元，产业转移项目贷款余额36.6亿元，其他重要项目贷款余额43.7亿元。带动域外金融机构发力支持新区发展。金融机构主要依托雄安新区毗邻的白沟、高碑店等支行网点辐射作用，对新区企业进行授信，信贷投向主要对加工制造等中小企业。截至2017年末，雄安新区产业园区内中小企业贷款余额24.2亿元，同比增长20.4%，比年初增加4.1亿元，同比多增1.9亿元。全面深化金融脱贫主力军改革工作。引导金融脱贫主力军如农发行、农行成立扶贫事业部，邮储银行成立三农金融部，国开行以“扶智建制”为切入点，向9个有扶贫任务的地市派驻了9名扶贫金融专员。督促农信社补足自身短板，加快推进银行化改革步伐。截至2017年末，河北省125家县级联社完成或启动组建农商银行，其中已组建60家。深入推进“分片包干责任制”落实。充分发挥责任行协调作用，进一步推进建档农户信用评定，坚持扶贫小额信贷资金投放精准到户。提高基础金融服务覆盖率。以开展金融服务“村村通”工程为契机，引导银行业机构加大对贫困地区资源倾斜，延伸服务半径，截至2017年末，河北省62个贫困县有行政村布设了金融服务机具，覆盖率达97.16%，比年初提高0.35个百分点。企业在银行间市场融资创历史最好成绩，绿色金融服务取得新突破。2017年，在全国发行规模同比下降23.9%的形势下，河北省非金融企业债务融资工具发行规模逆势增长34.1%，首次突破千亿大关，达1163亿元，排名从2016年的16位升至第8位，创历史最好成绩。支持河北省金融租赁有限公司成功发行全国首单非银行绿色金融债券；积极协调总行批准河北银行发行50亿元绿色金融债券；引导金融机构绿色金融业务创新，推广典型经验，助推河北省绿色发展。

（中国人民银行石家庄中心支行　曾玉玲）

劳动工资

习近平总书记在党的十九大报告中指出：“就业是最大的民生。要坚持就业优先战略和积极就业政策，实现更高质量和更充分就业。大规模开展职业技能培训，注重解决结构性就业矛盾，鼓励创业带动就业。提供全方位公共就业服务，促进高校毕业生等青年群体、农民工多渠道就业创业。坚持按劳分配原则，促进收入分配更合理、更有序。”2017年，全省认真贯彻落实习近平总书记关于做好就业工作的一系列论断，不断出台并积极落实有关增加就业、保障就业的政策措施，统筹做好就业困难人员、军人、高校毕业生等重点群体就业安置工作；同时，不断完善养老、医疗、工伤、生育等保障措施，有效地缓解了劳动力总量扩大、压减产能和环境污染治理等对就业形势带来的压力。

一、就业人员总量下降

2017年，全省就业人员共4206.7万人，比上年减少17.3万人，下降0.4%，其中城镇就业人员1294.0万人，比上年减少15.2万人，下降1.2%；乡村就业人员2912.7万人，比上年减少2.1万人，下降0.1%。城镇就业人员中，单位就业535.3万人，比上年减少104.3万人，下降16.3%；私营个体就业537.1万人，比上年增加68.3万人，增长14.6%；灵活及其他就业221.6万人，比上年增加20.8万人，增长10.4%。

三次产业中，第一、二产业就业人员所占比重继续下降，第三产业比重上升。2017年底，全省第一产业就业人员1366.9万人，比上年减少13.4万人，占全部就业人员的比重为32.5%，下降0.2个百分点；第二产业就业人员1396.6万人，比上年减少43.2万人，所占比重为33.2%，下降0.9个百分点；第三产业就业人员1443.2万人，比上年增加39.3万人，所占比重为34.3%，上升1.1个百分点。

19个国民经济行业门类中，教育，批发和零售业，住宿和餐饮业，电力、热力、燃气及水生产和供应业，信息传输、软件和信息技术服务业，金融业，水利、环境和公共设施管理业，居民服务、修理和其他服务业，卫生和社会工作，文化、体育和娱乐业，公共管理、社会保障和社会组织等11个就业人员均有不同程度的增加，其中教育、住宿和餐饮业、金融业增幅较高，分别增长12.9%、8.4%、6.8%。房地产业，科学研究、技术服务业，建筑业，交通运输、仓储和邮政业，采矿业，制造业，租赁和商务服务业，农、林、牧、渔业等8个就业人员均有不同程度的减少，其中房地产业，科学研究、技术服务业，建筑业，交通运输、仓储和邮政业，采矿业下降较多，分别下降24.8%、12.1%、8.3%、4.5%、3.8%。

二、城镇非私营单位就业人员工资增长较高

2017年，全省继续实施企业工资指导线制度，实现了企业职工平均工资与实现利税同步增长，机关公车补贴首次纳入工资总额统计，全省城镇非私营单位就业人员年平均工资继续提高。全省城镇非私营单位就业人员年平均工资为63036元，与2016年的55334元相比，增加了7702元，增长13.9%。其中，在岗职工平均工资65266元，比上年增加8279元，增长14.5%。扣除物价因素，全省城镇非私营单位就业人员年平均工资实际增长11.8%。

分企事业机关看，企业单位就业人员年平均工资增长快于机关、事业单位。全省城镇非私营企业单位就业人员年平均工资为61444元，比上年增加8337元，增长15.7%。机关单位为62914元，比上年增加5999元，增长10.5%；事业单位为65958元，同比提高5887元，增长9.8%。企业单位就业人员年平均工资增速分别比机关、事业单位快5.2个和5.9个百分点。

分设区市看，全省有5个市年平均工资超过全省平均水平，分别是廊坊77298元、秦皇岛67361元、石家庄（含辛集市）66512元、唐山64627元、沧州64026元。就业人员平均工资排在第6位到第11位的分别是保定（含定州市）61159元、张家口59142元、邢台57440元、承德56945元、衡水56599元、邯郸56226元。其中，石家庄（不含辛集市）67180元，保定市（不含定州）61545元。定州市和辛集市城镇非私营单位就业人员平均工资分别为54056元和51511元。

分国民经济行业门类看，2017年高于全省平均工资水平的行业共有7个。年平均工资最高的三个行业中，电力、热力、燃气及水的生产和供应业84590元，是全省平均水平的1.34倍；信息传输、软件和信息技术服务业84317元，是全省平均水平的1.34倍；科学研究、技术服务业81947元，是全省平均水平的1.30倍。年平均工资最低的三个行业中，农、林、牧、渔业23327元，为全

省平均水平的37.0%；居民服务、修理和其他服务业36813元，为全省平均水平的58.4%；住宿和餐饮业38465元，为全省平均水平的61.0%。最高与最低行业平均工资之比是3.6：1，比2016年的5：1差距有所缩小。

分登记注册类型看，国有单位年平均工资最高，为64522元，其次是其他所有制单位，为62276元；第三位是集体单位，为46587元。

从全国分地区看，在全国31个省（区、市）中，河北城镇非私营单位就业人员年平均工资居全国第25位，居全国位次前移3位，与全国平均水平相比低11282元，差距比上年缩小953元。其中在岗职工平均工资水平居全国第25位，比上年前移3位，比全国平均水平低10855元，差距比上年缩小1151元。

三、城镇私营单位就业人员工资增长偏低

2017年，全省城镇私营单位就业人员年平均工资为38136元，与2016年的36507元相比，增加了1629元，增长4.5%，扣除物价因素，实际增长2.8%。

分设区市看，高于全省平均水平的有4个市，分别是廊坊47531元、唐山41234元、石家庄（不含辛集市）38756元、秦皇岛市38692元，低于全省平均水平的7个市分别是沧州市37218元、承德市36795元、保定市（不含定州市）36717元、衡水市36212元、邯郸市35274元、邢台市34755元、和张家口市33536元。定州市和辛集市城镇私营单位就业人员年平均工资分别为36452元和38672元。

在全国30个省（区、市）（不含西藏）中，河北城镇私营单位就业人员年平均工资居第19位，位次比上年后移1位，与全国平均水平相比低7625元，差距比上年扩大1299元。

四、企业就业人员年平均工资平稳增长

2017年，全部规模以上企业就业人员年平均工资为49798元，与2016年的46633元相比，增加了3165元，增长6.8%。其中，中层及以上管理人员95353元，专业技术人员60812元，办事人员和有关人员47413元，社会生产服务和生活服务人员40259元，生产制造及有关人员44592元。中层及以上管理人员平均工资最高，是全部就业人员平均水平的1.9倍；社会生产服务和生活服务人员平均工资最低，是全部就业人员平均水平的80.8%。岗位平均工资最高与最低之比为2.4：1。

（河北省统计局　康玉林）

安全生产

一、综述

2017年，河北省共发生各类生产安全事故1406起、死亡1160人，同比减少224起、61人，下降13.7%、5.0%。发生较大事故21起、死亡93人，同比减少2起、2人，下降8.7%、2.1%。发生重大事故2起、死亡26人。

（一）农林牧渔业。发生农业机械事故7起、死亡1人，同比减少7起、3人，下降50.0%、75.0%。

（二）采矿业。共发生事故19起、死亡34人，同比增加4起、18人，上升26.7%、112.5%。其中，较大事故3起、死亡16人。具体情况是：

1. 煤矿事故7起、死亡10人，同比增加1起、4人，上升16.7%、66.7%。其中，较大事故1起、死亡4人，去年同期未发生较大事故。

2. 金属非金属矿山事故12起、死亡24人，同比增加3起、14人，上升33.3%、140.0%。其中，较大事故2起、死亡12人，去年同期未发生较大事故。

（三）商贸制造业。共发生事故43起、死亡67人（含消防火灾2起7人），同比减少20起、34人，下降31.7%、33.7%。其中，较大事故4起、死亡20人，同比减少5起、23人，下降55.6%、53.5%。具体情况是：

1. 化工事故6起、死亡10人，同比减少3起、16人，下降33.3%、61.5%。

2. 烟花爆竹事故1起、死亡2人，同比减少2起、12人，下降66.7%、85.7%。

3. 冶金机械八行业事故31起、死亡50人（含消防火灾1起6人），同比减少13起、3人，下降29.5%、5.7%。其中，较大事故4起、死亡20人，同比增加2起、11人，上升100.0%、122.2%。

4. 其他商贸制造业事故5起、死亡5人（含消防火灾1起1人），同比减少2起、3人、下降28.6%、37.5%。

（四）建筑业。共发生事故37起（含消防火灾1起1人），同比增加8起、上升27.6%；死亡44人，同比减少3人、下降6.4%。其中，较大事故1起、死亡3人，同比减少5起、19人，下降83.3%、86.4%。具体情况是：

1. 房屋建筑及市政工程事故15起、死亡19人（含消防火灾1起1人），同比增加4起、1人，上升36.4%、5.6%。其中，较大事故1起、死亡3人，同比减少1起、6人，下降50.0%、66.7%。

2. 交通建设工程事故5起、死亡7人，去年同期未发生事故。

3. 其他建筑业事故17起、死亡18人，同比减少1起、11人，下降5.6%、37.9%。

（五）交通运输和仓储业。共发生事故1281起、死亡994人，同比减少214起、44人，下降14.3%、4.2%。其中，较大事故13起、死亡54人，同比增加5起、24人，上升62.5%、80.0%。重大事故2起、死亡26人，去年同期未发生重大事故。具体情况是：

1. 铁路运输业事故85起、死亡68人，同比增加2起、7人，上升2.4%、11.5%。

2. 道路运输业事故1195起、死亡925人，同比减少212起、44人，下降15.1%、4.5%。其中，较大事故13起、死亡54人，同比增加6起、27人，上升85.7%、

100.0%。重大事故2起、死亡26人，去年同期未发生重大事故。

3. 其他交通运输和仓储业事故1起、死亡1人，同比减少4起、7人，下降80.0%、87.5%。

（六）其他行业。发生事故19起、死亡20人（含消防火灾3起3人），同比增加5起、5人，上升35.7%、33.3%。

二、安全生产重点工作

（一）严格落实安全生产责任。省委、省政府和省安委会先后出台了《关于推进安全生产领域改革发展的实施意见》《河北省安全生产“十三五”规划》《河北省安全生产工作职责分工规定》等重要文件和安全生产“整改令”“黑名单”等重要制度，省委常委会、省政府常务会定期听取安全生产汇报，研究安全生产工作。省领导带头落实《河北省安全生产“党政同责、一岗双责”暂行规定》，带头检查安全生产工作，带头协调解决安全生产重大问题。各级党委、政府坚持把安全生产纳入经济社会发展总体规划，纳入全省综合考核评价指标体系，对安全生产工作的重视程度空前提高。进一步加大安全生产考核力度，提高了安全生产在省委综合考核中的权重；省安委会分两轮对各市安全生产工作进行了巡查，促进了安全生产责任的有效落实。

（二）扎实推进安全生产领域改革发展。以安全生产领域改革发展的《实施意见》为抓手，着眼找差距、补短板、强基础，制定了一系列改革措施。省政府印发了《河北省安全生产监管责任清单》，进一步明确了各部门的安全生产监管责任；省安委办出台了《关于加强和改进企业安全生产诚信管理工作的意见》，河北省企业安全生产诚信公告系统注册企业1.43万家，发布诚信等级企业1.01万家，44家企业被列入不良记录“黑名单”。省、市、县级安监部门列入了政府行政执法机构，功能区及乡镇安监机构相关问题正在着手解决。省安监局出台了40多项顶层设计和改革举措。

（三）坚决防范和遏制重特大事故。在治标方面，开展了多层次、高强度的安全生产督导检查、巡查、暗查暗访等活动，省安委会派出6个巡查组，分两批对全省13个市进行了安全生产巡查；全省组织各类督查组、暗访组1.7万个，参加检查人员25.3万人次，直接检查企业16.5万家次，累计排查整改问题隐患75.8万条，惩处各类违法违规行为1.06万起；在全省范围内开展了事故隐患大排查大整治攻坚行动，截止年底，全省共排查般隐患9.7万项，排查重大隐患94项，未整改的61项重大隐患全部建立了整治清单，关闭取缔非法企业359家。在治本方面，严格落实安全准入制度，不符合安全生产条件的项目全部停止建设，明确了开发区、工业园区、港区等功能园区的规划、设计和建设红线，源头管控更加扎实。出台了《关于推进安全预防控制体系建设的意见》，在煤矿、非煤矿山、危险化学品等行业领域开展了安全风险辨识管控企业试点，制定风险辨识及分级标准。推行了“双清单”管理模式，督促和指导企业制定了安全风险和事故隐患“两个清单”，在矿山、危险化学品等12个行业领域选择104家企业开展了试点工作。

（四）强力开展重点行业领域安全专项整治。扎实开展煤矿瓦斯、水、火等灾害治理，对70处矿井进行了全面“体检”，全年共关闭矿井28处，退出产能1140万吨。河北省《煤矿安全生产标准化动态达标管理的实施意见》被国家总局转发，16处煤矿通过了一级标准化考核。全面启动煤矿从业人员素质提升工程，组织编制了20个工种、93个岗位的培训教材。袁桐利常务副省长在全国会议上介绍了河北省的做法。深入开展非煤矿山综合治理，委托20家技术服务单位对2262家非煤矿山企业进行了“专家会诊”式排查，共排查隐患1.8万条，责令停产企业8家；全年共关闭尾矿库139座，治理“头顶库”49座，复垦绿化213座，治理完成采空区34处，关闭石膏矿8座（共9座）；河北省非煤矿山企业复产复工安全验收的做法得到了国家安监总局的充分肯定。扎实推进危险化学品安全综合治理，实施危化生产企业分类监管，组织开展了合法性审查和专项集中整治，全面加强危化建设项目试生产和竣工验收安全监管，全年共取缔关闭企业642家，责令停产停业整顿企业400家，吊销暂扣证照企业46家。职业危害治理取得新突破，完成了192家陶瓷和耐火材料、375家汽车和蓄电池企业专项治理，对易发生群体性事件的30个县域经济进行了全方位综合治理，全年涉及治理企业8000多家，投入整改资金6亿多元。冶金建材行业以堵塞企业在设计建造中形成的大量先天隐患为中心，大力实施生产线机械防护、能源隔离改造，事故明显减少，作为经验在全国推广。涉氨液氯、涉爆粉尘、有限空间等行业领域的也开展了安全生产专项整治。

（五）持续加强安全生产法治建设。省人大通过《河北省安全生产条例》后，全省上下进行了声势浩大的学条例、用条例活动；起草了《河北省生产经营单位安全生产隐患排查治理规定》《河北省有限空间作业安全生产监督管理办法》等政府规章草案。认真开展“双随机一公开”监管工作，扎实推进行政执法三项制度改革试点，在全国座谈会上作了典型发言。建立了行政执法质量通报机制，出台了《河北省安全生产监管监察系统提高行政执法质量通报办法》。所有的检查、督导都同时进行了执法，做到了检查必执法、执法必处罚。围绕全国“两会”“一带一路”高峰论坛、暑期、汛期、中秋、国庆、党的十九大召开等重要时期，集中开展了专项执法检查，全省安监系统共执法检查企业7.82万家，查处各类隐患23.8万项，责令停工停产222家，关闭取缔1413家，有力保障了全省重要敏感时段的安全稳定。

（六）不断夯实安全生产基层基础。深入推进企业安全标准化建设，全省达标企业1.89万家，煤矿等重点行业企业已基本达标。深入开展安全生产大培训活动，分别对市县主管领导、安监局长、乡镇安监站长进行了业务培训，共培训特种作业人员、安全管理人员11万人次，督促企业培训农民工176万人次；积极构建宣传教育大格局，充分利用各类媒体广泛宣传安全生产法律法规、政策措施和先进工作经验，2017年度全省宣传报道总得分

3.8万多分（38111），位列全国第一名；深入开展增光添彩活动，全年共完成增光添彩项目54项，比上年增长45.9%，不少工作得到了总局和省领导的肯定。会同省人社厅开展了危化品生产企业班组长培训，共组织53期、培训5000余人。省安全生产应急救援指挥中心建成使用，立足河北、辐射京津的应急救援体系基本形成；全年共开展各类应急演练9700余场，参演人数达68.6万人次；成功举办了“河北省第三届矿山、危化、冶金（焦化）行业救援技术竞赛”，组队参加第十一届全国矿山救援技术竞赛取得多个第一的好成绩；对保乌高速“9·30”隧道坍塌事故实施成功救援，9名被困人员安全脱险，受到了省政府表彰。全面加强科技兴安工作，组织筹建河北省安全生产科技研发联盟，河北省推荐的11项重特大事故防治关键技术科技项目通过了国家安监总局的评审论证；职业病危害工程防治技术中心等技术支撑平台列入安全生产“十三五”规划；高危行业企业持续开展“机械化换人、自动化减人”技术改造，重点煤矿“千人矿井”科技减人工作取得实质进展，企业本质安全水平明显提高。

（河北省安监局　强少辉）

物　价

2017年，河北省价格系统紧紧围绕省委、省政府中心工作，坚持以服务供给侧改革为主线，不断深化重点领域价格改革。大幅放开竞争性领域和环节价格，市场决定价格机制基本建立。降低用电用气价格，清理涉企收费，降成本成效更加显著。执行最严格的差别价格政策，价格杠杆作用进一步强化。围绕市场营商环境建设，价格调控监管和服务能力持续增强。2017年，河北省的修订定价目录、道路客运价格改革、差别电价、成本调查等多项工作得到国家发改委的肯定和表扬；农业水价改革、网络听证、医疗服务价格改革、公平竞争审查等多项工作在全国会上做了典型发言。监测中心、成本局被评为全国先进，价格认定多次得到中纪委专案组和省纪委的肯定。

一、市场决定价格机制基本建立。围绕落实价格机制改革意见，瞄准“竞争性领域和环节价格基本放开”的目标，各项改革取得突破性进展。一是完成了新一轮定价目录修订。定价项目由2015年版的52项缩减为32项，减少38%，市场调节价比重达到97.9%。60%的项目授权市、县管理，授权雄安新区达到80%以上。二是输配电价机制基本建立。首个监管期输配电价标准1月1日正式实施，实现了“准许成本加合理收益”的监管新模式。积极推进区域电网输电价格改革。三是深化天然气价格改革。出台了省内短途管输价格管理办法和成本监审办法，将转供代输纳入价格管理。四是推进农业水价改革。改革实施范围扩大到9个市118个县，改革面积累计达到1300万亩，实现节水10.6亿立方，进度在全国领先。7月份全国农业水价综合改革现场经验交流会在河北省邯郸市召开，河北省探索建立的“定额管理、超用加价”、“一提一补、按亩返还”和“斗口计量、按时收费”三种价格模式得到国家发改委充分肯定并介绍了经验。五是建立健全水价动态调整机制。配合水资源税改革和引江水切换，按照“一次完成调整程序、三年落实到位”的原则，在南水北调受水区9个市92个县实施了城市水价调整。六是全面实施医疗服务价格改革。在前期试点基础上，启动了省直和石家庄、保定等5个市49家医院的改革，实现了河北省医疗服务价格改革全覆盖。病种收费改革进展顺利，国家要求的100个病种收费标准全部完成。七是推进教育收费改革。放开非营利性本科以下民办教育收费，将学分制收费改革试点范围扩大到10所高校。八是推进道路旅客运输等价格改革，放开部分客运价格和汽车客运站服务收费。11个市出台了机动车停放服务收费改革方案。将省管旅游景点价权全部下放到各市管理。

二、降成本成效更加显著。全年总计降低企业负担85.4亿元。清费方面，动态调整了涉企行政事业性收费、政府定价经营服务性收费和中介服务收费标准3个目录清单；取消涉企收费项目58项，放开30项，降低收费标准8项；重点对行业协会商会、建设、电子政务平台等领域开展了涉企收费专项检查。合计减轻企业收费39.14亿元。用电方面，通过两次降低工商业用电价格、输配电价改革等，减轻企业负担36.5亿元。用气方面，通过规范降低天然气输配价格、非居民用气销售价格等，降低企业成本7.9亿元。物流方面，通过取消铁路自备车管理费、降低地方铁路货物运价等，降低成本1.84亿元。

三、价格杠杆调结构作用进一步增强。继续执行最严格的差别电价和惩罚性电价政策。进一步加大钢铁行业差别电价实施力度。一方面，实施高于国家规定的差别电价加价标准。1月1日起，将淘汰类、限制类生产装置用电在国家规定加价标准的基础上再加价0.1元。另一方面，执行更加严格的能耗限额标准。对执行差别电价以外的其他钢铁生产用电，按省粗钢生产耗能限额实行阶梯电价。对水泥和钢铁行业生产用电实行阶梯价格。全年收取差别电价收入1亿多元，执行差别电价和惩罚性电价的企业由351家减少到66家。积极支持清洁和可再生能源发展。围绕省委、省政府强力推进大气污染防治的重大部署，积极研究探索清洁供暖价格政策，出台了符合河北省实际的11条政策措施。研究制定支持张家口可再生能源示范区建设的价格政策。调整陆上风电和光伏发电上网标杆电价，对达到超低排放的燃煤发电机组给予电价补偿的比例达到99.3%。

四、政府定价机制进一步完善。进一步规范政府定价行为。严格履行价格调查、成本监审、听取社会意见、合法性审查、集体审议等政府定价程序。围绕提高价格决策科学化、规范化水平，在全国率先出台了《政府制定价格行为规则实施细则》。健全成本监审制度，出台了

旅游门票、供热、污水处理等5个成本监审办法。创新价格决策方式和管理机制。在全国首次探索开展了网络价格听证试点。7月3日，通过“河北物价网”听证平台，对燕山大学等7所高校的学分制改革进行实时听证。将互联网技术应用到价格管理和听证工作，实现了由“闭门听证”到“开门听证”，为进一步健全价格听证制度、创新价格管理走出了新路，积累了经验，得到了社会各界和新闻媒体的广泛关注和好评。在全国价格工作典型经验总结推广电视电话会议上，河北省作为4个“创新价格工作”典型之一做了发言。

五、价格调控监管水平进一步提升。强化价格形势分析。在全省价格系统建立了价格形势分析报告制度，充分发挥部门定期会商机制作用，深入研究经济、价格运行新情况、新问题，准确把握价格走势，形成有针对性的政策建议。一季度、上半年价格形势分析受到省领导肯定。健全应对价格异常波动处理机制。根据市场价格变化情况，7月份在邯郸、邢台及时启动小麦最低收购价预案。针对前期液化天然气价格异常波动情况，密切跟踪价格变化，召开了价格提醒告诫会，开展了价格巡查，依法打击囤积居奇、哄抬价格等违法行为。完善价格监管机制。积极推进行政执法三项制度建设，建立健全“双随机一公开”工作机制。强化市场价格监管，出台了餐饮行业价格行为规则，组织开展了电力、环保电价和商品房价格等专项检查。建立了公平竞争审查联席会议制度。11个市均出台了落实意见，建立了工作协调机制，国务院督查组给予充分肯定。积极推进反垄断执法。依法调查处理3起涉嫌行政垄断案件。全年查处违法案件1961件，实施经济制裁2362万元。

六、价格公共服务能力持续增强。一是积极推进成本监审工作定位转型。全省完成205项成本监审任务，核减不应计入定价成本费用27.8亿元。二是创新价格信息服务渠道。联合北京、天津开通了《价格早报》微信平台。每周向省政府上报监测信息。三是积极做好涉纪涉案涉税财物的价格认定。围绕重大项目建设、征地拆迁补偿、重大突发事件开展价格纠纷调解工作，全年办理价格认定2.21万件，标的金额72.7亿元。四是充分发挥12358价格监管服务平台的作用。全年受理价格咨询举报投诉1.4万件，实施经济制裁3300万元，退还用户3292万元。

七、市场价格保持基本稳定。居民消费价格CPI呈温和上涨态势。全年累计上涨1.7%，完成全年3%的预期调控目标。从全国的排位看，高于全国0.1个百分点，在全国由高到低排序列第7位。从各月走势看，1—9月上涨1.5%，除1月因春节因素增长2.3%，其他月份均在2%以下低位运行。后3个月受节日、天气因素影响反弹较多，10月、11月均上涨2.4%，12月份上涨2.1%。从影响因素看，服务项目价格成为主要涨价因素，全年上涨3.2%，拉动CPI上涨1.2个百分点，影响度达71%。其中医疗保健价格上涨6.9%，拉动CPI上涨0.7个百分点，影响度41%。食品烟酒类价格继续低位运行，成为抑制CPI上涨的主要因素，全年累计下降0.7%，拉动CPI下降0.2个百分点，影响度11.8%。工业生产者价格PPI高位运行。受去产能、环保治理等因素共同作用，钢铁、煤炭、化工、有色金属等行业市场供需形势发生转变，绝对价格大幅回升。河北省PPI和IPI自2016年8、9月份由负转正以来，一直高位运行，全年同比分别上涨15%和14.5%，其中生产资料价格同比上涨17.8%，钢材、煤炭涨幅较大，主要品种平均涨幅50.4%和37.4%，成为推动PPI上涨的主要因素。

（河北省物价局协调处　李伟刚）

消费品市场

2017年，全省各地各部门认真贯彻省委、省政府稳增长、促消费的决策部署，牢固树立新发展理念，积极推进供给侧结构性改革，着力扩大消费需求，加快推动消费转型升级，城乡市场共同发展，消费结构不断优化，消费品市场总体呈现平稳运行、稳中向好的良好态势。

一、市场总体运行平稳，消费需求对经济增长拉动作用持续增强

全省消费品市场平稳增长，一季度实现良好开局，社会消费品零售总额增长9.7%，同比加快0.2个百分点。上半年继续发力，增长10.6%，增速比一季度加快0.9个百分点。前三季度增长10.8%，同比加快0.7个百分点，比上半年加快0.2个百分点。2017年全省社会消费品零售总额实现15907.6亿元，增长10.7%，增速同比加快0.1个百分点。其中，限额以上企业（单位）消费品零售额实现4096.6亿元，增长9.2%，增速同比加快1.7个百分点，拉动全省社会消费品零售总额增长2.7个百分点。

消费已成为经济增长主要驱动力。近年来，随着扩大内需政策的有效落实，居民消费潜力有序释放，消费升级势能持续增强，消费日渐成为经济增长的主要推动力，对经济发展的基础性作用更加稳固。从三大需求对经济增长的拉动情况看，消费需求对经济增长贡献率2016年达到60.1%，首次超过投资需求。2017年，消费需求对经济增长贡献率增强，消费需求贡献率达到61.9%，拉动经济增长4.1个百分点，高于投资需求0.9个百分点，消费需求继续保持第一拉动地位。

二、城乡市场协调发展，乡村增速高于城镇

随着各项惠农政策的有效落实，农村地区交通、物流、通讯等基础设施不断改善，加上农村电商的快速发展，农民收入稳步提高，消费环境得到有效改善，乡村消费市场不断发展壮大。城乡消费市场相对差距不断缩小，呈现同步快速发展的态势。2017年，全省乡村市场实现零售额3583.3亿元，同比增长11.4%，增速与上年同期持平，比城镇市场快0.8个百分点；占全省社会消费品零售总额比重为22.5%，同比提高0.4个百分点。全省城镇市场实现零售额12324.3亿元，同比增长10.6%，增速同比加快0.3个百分点；占全省社会消费品零售总额比重为77.5%，依然处于消费品市场的主导地位。

三、批发和零售业增长平稳，对经济增长拉动增强

分行业看，批发、零售、住宿、餐饮业均保持稳步增长。2017年，全省批发业实现销售额24521.0亿元，增长13.5%，增速同比加快1.9个百分点；零售业实现销售额15906.0亿元，增长13.3%，增速同比加快0.3个百分点；住宿业实现营业额425.7亿元，增长13.7%，增速同比回落0.2个百分点；餐饮业实现营业额2313.7亿元，增长16.8%，增速同比回落0.8个百分点。批发和零售业增加值增长9.6%，对经济增长的贡献率为11.2%，同比提高5.6个百分点，对经济增长拉动作用进一步增强。

四、传统实体零售总体增速回升，购物中心和超市零售较快增长

2017年，包括超市、百货店、专业店、专卖店、购物中心等在内的限额以上企业（单位）实体零售业态零售额实现3501.4亿元，同比增长8.6%，增速比上年同期加快0.2个百分点，比2015年加快2.5个百分点，占限额以上企业（单位）消费品零售额比重为85.5%。其中，购物中心、专业店、超市、大型超市和百货店零售额分别增长26.8%、14.2%、13.8%、6.7%和6.4%，增速同比加快17.2、2.0、5.4、6.5和4.0个百分点；食杂店、便利店和专卖店分别增长24.1%、17.3%和5.8%，增速同比回落0.6、2.2和2.3个百分点。

五、消费结构持续优化，休闲旅游服务消费不断壮大

限额以上企业（单位）中，部分消费升级类商品销售态势良好，推动消费结构进一步优化。2017年，汽车类商品同比增长6.4%，拉动限额以上消费品零售额增长2.3个百分点，贡献率为24.6%。受成品油价格调控等因素影响，石油及制品类商品零售增长平稳，增长20.0%，同比加快16.2个百分点，拉动限额以上消费品零售额增长2.3个百分点，贡献率为24.6%。健康类商品增势良好，拉动作用不断增强。中西药品类商品零售额同比增长18.5%，拉动限额以上零售额增长1.2个百分点。随着第四代移动通讯技术（4G）快速发展，信息消费需求旺盛，以智能手机为代表的通讯器材升级换代步伐加快。通讯器材类商品零售额同比增长44.8%，拉动限额以上零售额增长0.5个百分点。电子出版物及音像制品类同比增长29.3%，体育娱乐用品类同比增长10.3%，金银珠宝类同比增长7.2%，化妆品类同比增长7.4%，家用电器和音像器材类同比增长6.2%。

随着居民收入水平的持续提高以及消费观念的转变，消费结构不断改善，人们对服务性消费的需求不断释放，休闲旅游等服务性消费成为新的消费热点。据省旅游局统计，2017年，全省实现旅游总收入6140.9亿元，同比增长31.9%，接待总人数57234.1万人次，同比增长22.6%。其中，国内旅游接待人数57073.9万人次，实现国内旅游收入6089.6亿元。

六、生活类商品平稳增长，部分居住类商品增长较快

居民生活类商品消费增长稳定。2017年，限额以上企业（单位）粮油食品类零售额同比增长14.8%，饮料类同比增长6.9%，烟酒类同比增长7.6%，服装鞋帽针纺织品类同比增长5.4%，日用品类同比增长1.6%。这5类商品共拉动限额以上消费品零售额增长2.0个百分点，贡献率为22.2%。部分居住类商品增速增长较快，建筑及装潢材料类零售额增长15.0%。

七、居民消费能力不断增强，消费环境持续优化

居民收支平稳增长，居民购买力和消费能力不断增强，消费价格温和上涨，消费金融快速发展，消费环境持续优化，促进消费品市场不断增长。

居民收入稳步增长，生活消费持续改善。据住户一体化调查资料显示，2017年，全省居民人均可支配收入21484元，同比名义增长8.9%。城镇居民人均可支配收入30548元，同比增长8.1%，农村居民人均可支配收入12881元，同比增长8.1%。居民人均生活消费支出15437元，同比增长8.3%，居民消费水平继续提高。

物价形势稳定，居民消费价格总水平温和上涨。2017年居民消费价格比上年上涨1.7%，各月累计涨幅在1.2%—2.3%之间，为消费品市场平稳运行提供了良好环境。

居民存款保持稳定，消费信贷迅速发展。12月末，金融机构人民币住户存款余额35573.3亿元，同比增长8.8%，其中，活期存款10721.2亿元，同比增长6.6%。月末住户贷款余额14789.9亿元，同比增长24.9%，其中，短期贷款中消费贷款871.1亿元，同比增长44.8%；中长期贷款中消费贷款10405.4亿元，同比增长27.9%。消费金融快速发展，为消费增长提供金融支持，为促进消费增长提供推动力。

（河北省统计局　田朴）

居民消费价格

2017年河北居民消费价格（CPI）累计上涨1.7%，涨幅较上年扩大0.2个百分点，总体呈温和上行，运行平稳态势。其中，食品价格由升转降累计下降1.3%，非食品价格累计上涨2.5%；工业品价格累计上涨2.3%，服务项目价格累计上涨3.2%。

一、CPI运行主要特征

（一）年度涨幅温和，持续低位运行

2017年河北CPI累计上涨1.7%，涨幅比2016年扩大0.2个百分点，连续四年处于“2”以下，保持了温和上涨，低位运行态势。

（二）月度同比、环比指数均波幅不大

分月看，月度同比、环比指数涨跌幅差均在1.7%之内，波幅不大，运行平稳。

1. 月度环比：前低后高

从月环比指数看，除 1 月份因春节因素影响 CPI 环比上涨 1.2%，涨幅相对较高外，2—6 月 CPI 环比均呈下降态势，7 月份后，伴随着食品价格企稳、服务价格上涨，CPI 环比价格指数回升，涨幅保持在 0—0.8%之间。

2. 月度同比：两头高中间低

从月同比指数看，1 月份受节日集中消费需求拉动以及春节错月对比基数相对较低影响，CPI 同比上涨 2.3%；2、3 月份随着节日因素消失，加之受上年价格基数较高影响，同比涨幅均回落到年内最低点 0.7%；4—8 月份受私房房租上涨及翘尾因素增强影响同比涨幅逐步走高，分别上涨 1.2%、1.7%、1.8%、1.7%、1.9%；9—12 月份受城市公立医院改革和燃煤价格上涨影响，涨幅从 1.9%上升至 2.4%。

（三）八大类商品及服务价格“七升一降”

从调查类别看，所调查的八大类商品及服务价格呈“七升一降”，与 2016 年相比，上涨类别出现变化。食品烟酒类由升转降，衣着类涨幅回落，其他用品和服务、医疗保健、居住等主要类别同比涨幅出现不同程度的扩大。

（四）构成结构出现明显变化

从构成来看，CPI 构成结构出现明显变化。一是食品价格由升转降，这是食品价格近 15 年来首次出现下降。对 CPI 的贡献由上年的拉动上升转为影响下降，一改食品价格上涨主导 CPI 上行的格局；二是非食品类价格涨幅明显升高，比 2016 年扩大 1.4 个百分点；三是消费品价格涨幅收窄，而服务类价格涨幅扩大，全年服务价格涨幅达 3.2%，在近 6 年中最高。

（五）翘尾因素影响大于新涨价因素

据测算，2017 年 CPI 同比累计 1.7%的涨幅中，新涨价因素约占 0.64 个百分点，翘尾因素约占 1.06 个百分点，翘尾影响为 62.4%，大于新涨价因素影响。

（六）涨幅高于全国平均水平

2017 年全国 CPI 同比累计上涨 1.6%，河北 CPI 比全国高 0.1 个百分点，在全国 31 个省、市、区由高到低的排序中，与江苏、上海、内蒙古并列第 7 位。与周边省市相比，低于天津（同比上涨 2.1%，下同）、北京（1.9%），高于山东（1.5%）、河南（1.4%）、辽宁（1.4%）、山西（1.1%）。

分类别看，其他用品和服务、医疗保健、居住、衣着四大类分别比全国平均水平高 7.7、0.9、0.4、0.1 个百分点；其他四大类均低于全国平均水平。

二、影响 CPI 变动主要因素分析

（一）食品价格由升转降直接拉低 CPI

食品价格始终是影响 CPI 的第一大因素，2017 年河北食品价格由升转降，累计下降 1.3%，是自 2003 年以来同期最低值，对 CPI 上涨的“贡献”也由正变负，影响 CPI 下降 0.28 个百分点，其中鲜菜和猪肉价格下跌，是食品价格走低、CPI 低位运行的主因。

1. 鲜菜价格波动较大。2017 年鲜菜价格累计下降 9.3%，影响 CPI 下降 0.23 个百分点，鲜菜价格下跌主要是 2017 年以来气候稳定，气温偏暖，灾害性天气较少，利于蔬菜生长，市场供应充足，以及 2016 年价格对比基数较高所致。分月看，鲜菜价格的变化受节日、季节性因素影响明显。1 月受双节影响上涨 8.5%，6—8 月因高热天气不利于本地蔬菜生产，同时外地菜运输、保鲜成本较高，致使价格上涨，涨幅分别为 17.3%、12.5%、5.6%；其余月份均为降势，其中 2、3、4、12 月份同比降幅在 17.5%—30.6%之间。

2. 猪肉价格明显下滑。2017 年以来因生猪市场供应充足，生猪价格持续下跌影响，猪肉价格也随之由升转降，2017 年猪肉价格累计下降 10.6%，与 2016 年上涨 19.2%相比涨跌幅差 29.8 个百分点，影响 CPI 下降 0.25 个百分点。分月看，除 1 月份受双节需求增加影响，价格同比上涨 5.9%，其余月份同比均为降势。

（二）服务项目价格走高拉升 CPI 作用明显

2017 年河北服务价格累计上涨 3.2%，涨幅比 2016 年扩大 1.6 个百分点，拉动 CPI 上涨 1.18 个百分点，是拉动 CPI 上涨的主要力量。服务项目价格涨幅扩大主要有两个推动力：一是需求和成本推动。一方面随着人民生活水平的提高，对家政、旅游、文化、健康、教育培训等服务类需求日益增多，服务领域消费活跃；另一方面人工成本居高不下，两方面共同发力带动了部分服务项目价格的上涨。如学前教育、高中中职教育、电影票、衣着洗涤保养分别上涨 7.2%、4.6%、4.6%、4.4%。二是医疗服务价格改革的推动。2017 年河北省城市公立医院综合改革实现了全覆盖，对医疗服务价格进行了系统调整，医疗服务价格累计上涨 5.7%，拉动 CPI 上涨 0.32 个百分点，调查的 13 个医疗服务基本分类中，除影像学诊断价格下降 0.8%外，其余均为上涨，其中涨幅较大的有护理、中医治疗、一般医疗服务分别上涨 29.4%、11.3%、14.1%。

（三）工业品价格回暖助推 CPI 上行

随着供给侧改革的不断深化，环保政策执行力度的不断提高，河北省钢铁、煤炭、石化等上游产品价格回升，助推工业生产者价格指数总体高位运行，成本传导压力加大，推升工业品价格上涨。2017 年河北工业品价格累计上涨 2.3%，涨幅比 2016 年扩大 1.8 个百分点。其中，以居民用煤为主的其他燃料价格上涨 15.1%、西药价格上涨 11.6%、柴油价格上涨 10.2%、汽油价格上涨 9.2%，四者合计拉动 CPI 上涨 0.61 个百分点。

（国家统计局河北调查总队　郄兰霞）

工业生产者价格

随着“三去一降一补”任务的全面落实，“6643”工程的完美“收官”，河北省提质增效、产业升级取得了新

进展、新成果。2017年在继续深化供给侧结构改革的过程中，在环保限产政策的不断推进下，钢铁、煤炭等工业品价格上涨幅度较大，河北省工业生产者价格指数总体上延续了去年以来的高位运行态势。根据国家统计局河北调查总队对近3000家工业企业的调查显示：2017年1—12月，全省工业生产者出厂价格累计同比指数（PPI）增长15.0%，工业生产者购进价格累计同比指数（IPI）增长14.5%，年内工业生产者价格指数增长明显。

一、工业生产者价格运行特点

（一）出厂价格（PPI）持续处于高位。出厂价格同比涨幅呈“M”型走势变化，环比小范围波动。河北省工业生产者价格同比指数自2016年11月开始同比指数持续升高，至2017年2月上涨幅度达到最高点为19.7%，在3—5月份涨幅逐步回落，三季度再度逐月走高，分别上涨了14.4%、16.2%和16.8%，四季度逐步回落，PPI总体呈“M”型走势变化；2017年全省工业生产者出厂价格环比小幅度波动，1—3月环比逐月上升，4月环比涨幅回调至最低点，—2.2%，5—8月环比逐步回升，8月份达到2017年以来环比指数最高涨幅，2.8%，10月环比涨幅下降至0.3%，随后逐步上升。

（二）生产资料和重工业推高出厂价格。2017年1—12月，河北省生产资料出厂价格同比累计上涨17.8%，比生活资料出厂价格同比累计涨幅高出16.9个百分点，占总涨价因素的99.2%。生产资料中，采掘类、原料类和加工类生产资料价格同比累计涨幅分别为18.9%、19.6%和16.9%；生活资料同比累计仅上涨0.9%，仅占总涨价因素的1.0%。

分轻重工业看，1—12月全省重工业产品出厂价格同比累计上涨18.5%，占总涨价因素的98.6%。轻工业产品出厂价格同比累计上涨1.2%，仅占总涨幅的1.4%。

（三）出厂价格明显受传统行业带动影响。2017年1—12月，受供给侧结构性改革效果显现及环保限产措施不断加强影响，钢铁、炼焦、煤炭、化工等河北省传统行业同比上涨最为明显，是拉涨出厂价格总水平的主要行业。其中，黑色金属冶炼和压延加工业对于出厂价格总水平的影响达到了68.1%，是影响河北省工业生产者出厂价格最主要的因素。

在主要产品中，对于工业生产者价格总指数影响居前的产品分别为：线材（盘条）、钢筋、棒材、焊接钢管、通用硅酸盐水泥、大型型钢等。

（四）购进价格主要受燃料动力、黑色金属材料产品影响。2017年1—12月，全省九大类原材料购进价格累计同比八升一降，其中：燃料动力类和黑色金属材料类价格累计同比分别上涨23.1%和18.5%，对工业生产者购进总指数的影响占比分别为40.9%和34.5%，是影响购进价格的主要原材料种类。

从工业生产者价格购进中类看，按对购进总指数影响居前4位的分别是烟煤和无烟煤开采洗选、铁矿采选、钢压延加工和石油开采。

二、主要行业出厂价格运行特点

（一）黑色金属冶炼及压延加工业持续高位运行。因化解过剩产能工作的持续推进，环保限产政策的执行和期货炒作等原因共同作用，黑色金属冶炼及压延加工业产品价格自2016年中旬开始上涨，于2017年2月达到最高，为54.8%。受成本支撑因素减弱、市场需求回落原因影响，二季度价格有所波动。随着成本进一步提高和环保错峰、限产政策影响，市场供给预期趋紧，三季度价格稳步回升并处于高位运行。1—12月黑色金属冶炼及压延加工业产品累计同比增长36.2%，主要产品中，钢筋、棒材、线材价格同比累计分别上涨49.7%，34.7%和51.4%。通过历史数据比较，粗钢价格已回升至2012年年均水平。

（二）铁矿石采选业价格年末呈下滑态势。受钢铁价格增长影响，铁矿石价格在2016年11月受钢铁价格走高支撑开始持续攀升，在2017年3月达到同比涨幅最高为32.3%，随后铁矿石价格在二季度开始走低，三季度价格有所回升，之后持续走低，12月同比涨幅下降至—1.4%。铁矿石价格下行主要是受外矿价格冲击影响，并随着冬季限产和环保政策的执行，铁矿石的需求面明显减少，后期市场需求力度预期偏弱，价格缺乏足够的增长动力。

（三）煤炭价格同比指数走势呈“倒V”字形。煤炭开采和洗选业产品随着供给侧改革的不断深入，产能过剩情况持续好转，钢材市场持续回温也带动了煤炭价格的增长。自2016年下半年开始，煤炭开采和洗选业出厂价格持续上涨，至2017年8月份达到价格回升以来最高点，同比涨幅50.5%。9月份开始由于环保政策、煤改气和冬季限产等影响，煤炭产品需求面有所减少，同比涨势明显回落，12月同比涨幅下降至13%。从环比指数走势看，煤炭价格在2016年下半年开始快速增长后，在2017年开始价格变化相对平稳，没有明显下行趋势。

（四）原油价格大幅波动，相关产品跟涨跟跌。受国际原油价格走势影响，原油出厂价格自2016年年底止降后迅速攀升，2017年2月同比涨幅达到最高，达到115.1%。3月起涨幅逐月回落，7月份达到2017年最低点（3.2%），随后略有回升，12月同比涨幅22.8%。受其影响，石油加工产品价格也随之波动，主要产品价格1—12月累计同比涨幅均超10%，其中：汽油上涨10.5%，柴油上涨13.4%，燃料油上涨23.8%。

（五）水泥制造推动非金属矿物制品业价格上扬。2017年1—12月，非金属矿物制品业出厂价格累计同比上涨15.5%，其中水泥制造业累计同比上涨32.5%，对非金属矿物制品业的影响占比为72.9%，水泥制造业是推动非金属矿物制品业产品价格上扬的主要动力。随着环保执行力度的不断加强，围绕水泥企业的错峰生产和限产政策频繁出台，水泥等产品市场供给出现明显短缺现象，企业多使用库存份额，水泥制造业涨势明显。

三、河北省工业生产价格指数排名情况

河北省由于钢铁、煤炭、石化等传统行业比重较大，受政策和市场供求影响，从2016年年中开始上述行业价格持续高位运行且波动较大，致使河北省出厂和购进指数皆高于全国水平，但价格指数波动趋势与全国基本保持一致。1 12月河北省工业生产者出厂价格同比累计上涨15.0%，高于全国平均水平8.7个百分点，在全国排名中位于第3位。和周边地区相比，高于北京14.3个百分点、山东9.5个百分点、河南8.2个百分点、辽宁6.9个百分点、天津6.7个百分点、内蒙古4.4个百分点，低于山西4.4个百分点。工业生产者购进价格同比累计上涨14.5%，高于全国平均水平6.4个百分点，在全国排名中居于第3位，和周边地区相比，高于北京10.1个百分点、内蒙古8.2个百分点、河南7.3个百分点、山东7.2个百分点、辽宁6.5个百分点、天津3.4个百分点，低于甘肃1.0个百分点、山西0.7个百分点。

（国家统计局河北调查总队　王晨旭）

农产品生产者价格

2017年，河北农产品生产者价格仍延续2015年以来的下跌态势，但后期价格止跌回升。

一、总体走势

2017年河北农产品生产者价格总体呈现下跌态势，比上年下跌3.81%。从分季走势看呈前跌后涨态势，一、二、三季度均呈跌势，分别比上年同期下跌了4.7%、5.7%和2.2%，第四季度价格止跌回升，同比上涨了0.9%；分行业看，呈现“两跌两涨”态势。其中种植业和畜牧业分别比上年下降了1.2%和9.4%；而林业和渔业则呈现上涨态势，涨幅分别为9.5%和3.2%。

（一）种植业产品生产价格下跌

种植业产品生产者价格总体呈跌势，同比下跌了1.21%。所调查的八类产品中，价格涨跌各半。其中豆类、水果及坚果、谷物、薯类价格呈上涨之势，较上年分别上涨了4.07%、3.06%、1.8%和1.32%；而油料、香料原料、蔬菜食用菌、棉花价格则呈下跌态势，较上年分别下跌11.7%、8.34%、7.89%和2.25%。

从四季度看：种植业产品同比呈现上涨态势，上涨了1.46%。其中八类产品呈现“三涨五跌”态势。其中谷物、豆类、水果及坚果类产品价格分别上涨了5.17%、10.87%和14.56%；而油料、棉花、香料原料、蔬菜及食用菌和薯类则分别下跌了16.29%、12.91%、10.4%、2.83%和0.87%。

（二）牧业产品生产价格下跌

畜牧业产品生产者价格跌幅较大，同比下跌了9.37%。构成畜牧业产品的三类产品价格均呈跌势，畜禽产品、活家禽和活牲畜分别比上年下跌了13.09%、12.6%和6.0%。

从四季度看：畜牧业产品生产者价格同比下跌了1.61%。主要品种中生猪、活鸡、活牛三个品种呈现下跌态势，分别比上年同期下跌了14.73%、3.9%和1.77%；而绵羊毛、活羊、鸡蛋和牛奶则分别比上年同期上涨了33.33%、14.5%、6.86%和0.96%。

（三）林业产品生产价格上涨

2017年，河北林业产品生产价格总体呈上涨态势，同比上涨了9.5%，四季度较去年同期上涨了8.21%。上涨原因主要是雄安新区的设立，拉动了当地植保类树苗的销量，致使松树苗价格上涨。

（四）渔业产品生产价格上涨

渔业产品生产者价格小幅上涨，比上年上涨了3.19%，四季度上涨了7.93%。上涨原因其主要是由于淡水鱼价格上涨所至。

二、主要品种价格变动情况分析

（一）小麦价格持续上涨

2017年河北小麦生产者价格平均为每公斤2.42元，同比上涨3.42%，从分季走势看，一至四季度均保持上涨态势，分别比上年同期上涨了7.11%、2.65%、2.21%和1.63%。小麦生产者价格上涨原因，主要是由于地下水超采综合治理使小麦种植面积减少，再加上小麦的刚性需求特点，导致价格上涨。

（二）玉米价格止跌回升

2017年河北玉米生产者价格平均为每公斤1.61元，比上年上涨0.63%。从分季走势看，一季度仍延续前6个季度的跌势，比上年同期下跌5.56%，二、四季度呈现上涨态势，同比分别上涨了1.28%和7.38%，三季度持平。据调查玉米价格上涨原因：一是近两年来种植结构调整力度加大，各地积极推进“粮改饲”面积，调减籽粒玉米，产量减少，促使价格上涨。二是玉米价格自2015年10月份价格大幅跳水之后，跌落低点，且持续低位运行了近两年时间，下跌市场因素已充分释放，受生产成本的推动，玉米价格自2017年2季度开始小幅回升。

（三）花生价格大幅下跌

2017年河北花生生产者价格为每公斤5.42元，比上年下跌了11.7%。四季度花生生产者价格平均为每公斤5.24元，比三季度的4.96元上涨了0.28元，但与上年同期相比，仍然下跌了16.29%。主要原因受一是受国际形势影响，外贸出口量锐减。二是本地内需市场疲软，本省多家大型油厂企业收购意愿不强。

（四）棉花价格明显下跌

2017年河北棉花生产者价格为每公斤6.67元，比上年下跌了2.25%。四季度价格平均为每公斤6.41元，同比下跌22.91%。主要原因是河北棉花品质差，市场需求量不足，加之国际市场价格偏低，导致棉花价格持续低位运行。

（五）蔬菜价格跌多涨少

2017年蔬菜价格总体呈现下跌趋势，同比下跌了8.05%。调查的八类蔬菜呈现“两涨六跌”。其中：豆类和白菜两类价格上涨，涨幅分别为10.43%和1.19%；而甘蓝类、叶菜类、葱蒜类、茄果类、瓜菜类、根茎类六个类别蔬菜价格呈现下跌态势，分别比上年下跌了28.88%、18.76%、12.51%、7.22%、4.84%和4.64%。

四季度蔬菜及食用菌生产者价格总指数为97.17，同比下跌了2.83%。蔬菜类价格呈现“五跌三涨”态势，

其中下降的五类蔬菜分别是：甘蓝类下降了42.48%，白菜类下降了17.24%，葱蒜类下降了7.37%，食用菌下降了6.96%，茄果类下降了5.91%，叶菜类下降了4.5%；而同比呈现上涨的三个类别分别是豆类、根茎类和瓜菜类，同比分别上涨了44.51%、18.92%和9.12%。

四季度蔬菜变动主要是受季节性因素影响，价格属于正常波动。而全年呈现下降态势，则是2017年气候条件适宜，蔬菜产量增加，导致价格整体呈现下降态势。

（六）水果价格小幅上涨

2017年水果类生产者价格同比上涨了2.82%，其中苹果、梨分别上涨了6.61%和2.22%。

从四季度看，水果类生产者价格同比上涨了16.29%，其中雪花梨和红富士苹果的生产者价格分别为每公斤1.61元和3.45元，分别比上年同期上涨了34.17%和5.83%。主要原因是前几年水果行情不好，效益降低，部分果农自行淘汰老果园，导致整体产量有所减少，加之去年水较多，挂果率低，导致价格有所上升。

（七）活猪价格大幅下跌

2017年河北活猪价格平均每公斤14.74元，比上年下跌了16.86%。其中四季度活猪价格为每公斤14.13元，虽然比三季度13.92元的价格有所回升，但与上年同期相对较高的价格相比，仍然下跌了14.73%。主要原因是由于基期价格高，2016年活猪价格为历史最高点，价格走高促使养殖户扩大养殖规模，导致2017年市场供应较为宽松，生产者价格回落。

（八）活牛价格涨势明显

2017年河北活牛生产者价格为24.23元/公斤，比上年上涨6.46%。其中四季度价格为每公斤26.03元，比三季度的23.64元，每公斤上涨了2.39元，但与上年周期相比，仍然下跌了1.77%。主要原因是：随着人们生活水平的逐步提高，健康饮食观念日趋深入人心，牛肉消费增加，拉动了市场需求量的提升，促使价格上涨。

（九）活羊价格大幅上涨

2017年活羊生产者价格每公斤19.53元，比上年上涨了20.85%。其中四季度价格为每公斤22.58元，比三季度的19.64元，每公斤上涨了2.94元；与上年同期相比上涨了14.5%。主要原因是由于自2014年三季度开始连续两年处于低谷，挫伤了养殖户的积极性，使养殖规模减少，价格上涨，四季度价格涨至每公斤22.58元，已接近2014年24.49元的历史最高价。

（十）禽蛋价格大幅波动

2017年禽蛋生产者价格总体呈下跌态势，平均每公斤价格为6.87元/公斤，同比下跌了17.77%。主要原因是2017年春季以来河北各地受H9N7的影响较大，夏季蛋价跌至近10年来的冰点，平均价格仅为每公斤6.1元，虽然四季度价格已恢复到近两年来的最高点每公斤8.26元，同比上涨6.86%，但由于一、二、三季度价格偏低，全年价格指数依然下降较多。

（河北省统计局　李文奎）

全省居民生活

2017年河北坚持稳中求进总基调，经济呈现稳中向好、稳中有进、稳中提质的发展态势，全省居民收支实现同步稳定增长。据国家统计局河北调查总队住户一体化调查资料显示：2017年全省居民人均可支配收入为21484元，同比增长8.9%。全省居民人均生活消费支出为15437元，同比增长8.3%。居民收支实现“两个好于”，即好于GDP增速，好于全年预期目标；“三个同步”，即与全国增速基本同步，城乡增速同步，收入消费同步。

一、居民收入特征

（一）收入全面增长，政策性增资仍是居民增收主动力。

2017年全省居民各项收入全面增长。其中，居民人均工资性收入为13004元，同比增长9.4%；人均经营净收入3211元，同比增长6.3%；人均财产净收入1467元，同比增长9.9%；人均转移净收入3803元，同比增长9.2%。

政策性增资仍是居民增收的主动力。2017年河北省各地陆续出台多项增资政策，如发放2016年绩效工资和精神文明奖，提高最低工资标准、生活保障标准和企业工资指导线，部分市出台相关文件发放了物业补贴，行政事业单位提高通讯补贴标准和综合考核奖等，工资性收入明显增长。仅工资性收入、养老金或退休金收入对全省居民收入增长的贡献率就达到80.2%，拉动可支配收入增长7.2个百分点。

（二）城乡同步发展，居民收入增速步入平稳增长区间。

2017年城镇居民人均可支配收入为30548元，农村居民人均可支配收入为12881元，增速均为8.1%，呈现收入水平提高，增速稳中有进，城乡同步发展态势。

2011—2017年城镇居民人均可支配收入分别为：12.5%、12.3%、9.9%、8.6%、8.3%、8.0%和8.1%；农村居民人均可支配收入分别为：19.5%、13.5%、12.6%、10.9%、8.5%、7.9%和8.1%。观察近几年城乡居民收入增速情况，相对于2011—2015年增速快速回落的态势，自2016年以来，全省城乡居民收入以8.0%为轴线上下小幅波动，增速步入平稳增长区间。

（三）城镇居民收入全面提高，人均可支配收入突破3万元。

2017年城镇居民人均可支配收入30548元，同比增长8.1%。其中人均工资性收入为19496元，同比增长8.1%；人均经营净收入2139元，同比增长7.9%；人均财产净收入2724元，同比增长8.4%；人均转移净收入6188元，同比增长8.2%。

2017 年城镇居民人均可支配收入跨上新台阶。2006 年城镇居民收入突破万元，2012 年突破 2 万元，2017 年突破 3 万元，12 年时间实现了城镇居民收入增长的三大跨越。

（四）农村居民收入结构优化，工资性收入占据“半壁江山”。

2017 年农村居民人均可支配收入 12881 元，同比增长 8.1%。其中人均工资性收入为 6841 元，同比增长 9.2%；人均经营净收入 4228 元，同比增长 6.5%；人均财产净收入 274 元，同比增长 6.5%；人均转移净收入 1538 元，同比增长 7.6%。

2017 年农村居民人均工资性收入较上年快 1.4 个百分点，拉动收入增长 4.8 个百分点，对可支配收入增长的贡献率达到 60.0%。自 2015 年以来，农村居民人均工资性收入占可支配收入的比重分别为 52.6%、52.5% 和 53.1%，工资性收入成为农村居民收入的“半壁江山”，是农村居民增收的首要基础和第一支撑因素。

（五）与全国收入增长基本同步，京津冀收入倍差逐年缩小。

2017 年全省居民人均可支配收入为 21484 元，比全国低 4490 元，增速比全国低 0.1 个百分点，在全国居第 17 位，较上年上升 2 位。其中城镇居民人均可支配收入为 30548 元，比全国低 5848 元，增速比全国低 0.2 个百分点，在全国居第 22 位；农村居民人均可支配收入为 12881 元，比全国低 551 元，增速比全国低 0.5 个百分点，在全国居第 15 位。

2017 年北京市居民人均可支配收入为 57230 元，高于河北 35746 元；天津市居民人均可支配收入为 37022 元，高于河北 15538 元。从 2013—2017 年的数据来看，京冀收入倍差（北京比河北）分别为 2.69、2.67、2.67、2.66 和 2.66，津冀收入倍差（天津比河北）分别为 1.74、1.73、1.73、1.73 和 1.72，与京津收入倍差呈逐年缩小趋势。

二、生活消费特征

（一）居民生活消费水平继续提高，城镇消费支出增速快于农村。

2017 年全省居民人均生活消费支出为 15437 元，同比增长 8.3%。按常住地分，城镇居民人均生活消费支出为 20600 元，同比增长 7.8%；农村居民人均生活消费支出为 10536 元，同比增长 7.5 %。

从分项看，城镇居民人均消费支出增速中，居住、教育文化娱乐和其他用品及服务高于农村，分别高 4.9、2.7 和 2.7 个百分点；食品烟酒、衣着、用品及服务、交通通信和医疗保健生活低于农村，分别低 1.1、0.6、2.0、2.1 和 3.5 个百分点。

（二）各类生活消费支出全面增长，医疗保险支出增长最快。

从各项支出的增速看，全省居民医疗保健支出 1396 元，增长 13.9%，增速最快。其他各项依次为：居住支出 3679 元，增长 11.6%；生活用品及服务支出 1066 元，增长 11.3%；交通通信支出 2290 元，增长 11.1%；教育文化娱乐支出 1578 元，增长 8.9%；衣着支出 1174 元，增长 5.6%；其他用品和服务支出 340 元，增长 3.7%；食品烟酒支出 3913 元，增长 2.5%。

（三）网购进入千家万户，线上交易次数与金额大幅上涨。

在 2017 年全省居民消费中，通过互联网购买的商品和服务增长迅速，网购笔数同比增长 57.8%，网购总金额同比增长 46.9%。其中城镇居民网购笔数和总金额同比分别增长 51.3%和 44.7%，农村居民网购笔数和总金额同比分别增长 85.7%和 58.4%。随着互联网的普及，无论城镇还是农村，人民生活越来越离不开网络，通过互联网购买商品和服务的消费模式已经被越来越多的人所接受和应用，人们步入互联网消费的新时代。

（四）发展享受型消费支出增长较快，服务类消费增长迅速。

2017 年全省居民人均生活消费支出中发展和享受性消费支出即生活用品服务、交通通信、教育文化娱乐和医疗保健消费支出共计 6331 元，增长 11.2%，比生存型消费支出增速快 4.6 个百分点。服务类消费支出增长迅速，其中居民饮食服务支出增长 16.0%，家庭服务支出增长 9.3%，医疗服务支出增长 17.4%，其他服务支出增长 10.9%。

（五）河北居民人均消费支出低于全国，增速快于全国。

2017 年全省居民人均生活消费支出 15437 元，比全国平均水平低 2885 元。其中，城镇居民人均生活消费支出 20600 元，比全国低 3845 元；农村居民人均生活消费支出 10536 元，比全国低 419 元。2017 年全省居民人均生活消费支出同比增长 8.3%，比全国高 1.2 个百分点。按常住地分，城镇居民人均生活消费支出增长 7.8%，比全国高 1.9 个百分点；农村居民人均生活消费支出增长 7.5%，比全国低 0.6 个百分点。

（国家统计局河北调查总队　张坤）

城镇居民生活

2017 年，河北省以供给侧结构性改革为主线，新动能加快壮大，质量效益持续提高，宏观经济运行出现积极变化，呈现稳中有进、稳中向好的良好态势，城镇居民收支保持同步增长。据住户一体化抽样调查资料显示：2017 年河北城镇居民人均可支配收入突破三万元大关，为 30548 元，同比增长 8.1%；人均消费性支出突破两万元大关，为 20600 元，同比增长 7.8%。

一、居民收入特征

2017 年城镇居民人均可支配收入为 30548 元。2006 年城镇居民收入突破万元，2012 年突破 2 万元，2017 年突破 3 万元，11 年时间实现了城镇居民收入增长的两大跨越。

（一）城镇居民收入增速稳中向好

河北城镇居民收入增速从2012年开始呈现逐年下滑的态势，2012－2016年城镇居民增速从最高的12.5%下降到8.0%。2017年河北城镇居民人均可支配收入同比增长8.1%，增速较上年同期上涨0.1个百分点。虽然增速依旧在8.0%徘徊，但是近6年来河北城镇居民收入增速首次回升。

从年内各季度增速看，季度间变化幅度不大。2017年1季度、上半年、前三季度增速分别为8.1%、8.0%和8.2%，全年增速为8.1%，高于上年增速0.1个百分点。随着全省经济转型成绩初显，从第三季度开始城镇居民收入增速均高于上年同期，呈现稳中向好的态势。

（二）城镇居民可支配收入全面增长

1. 工资性收入稳步增长。2017年，城镇居民人均工资性收入为19496元，增长8.1%。在城镇居民可支配收入构成中，工资性收入所占比重最高为63.8%，对可支配收入增长的贡献率达到63.7%，拉动可支配收入增长5.2个百分点。作为城镇居民收入第一大来源的工资性收入稳定增长，对支撑城镇居民收入保持稳定增长起到决定性作用。

2. 转移净收入持续增长。以离退休金、养老金为主的转移净收入为6188元，增长8.2%，占总体比重的20.3%。对于可支配收入的贡献率达到20.3%，拉动可支配收入增长1.7个百分点。

3. 经营净收入平稳增长。随着全省经济形势回暖，经营净收入保持稳定增长，经营净收入为2139元，增长7.9%，增速与上年同期基本持平。对于可支配收入增长的贡献率为4.8%。第二、三产业净收入均呈现增长态势，其中第二产业经营净收入同比上涨4.6%，第三产业经营净收入同比上涨9.1%，第三产业经营净收入的快速增长，体现了全省经济结构转型的成果。

4. 财产净收入较快增长。2017年初全省多地房地产市场依旧活跃，住房价格节节攀升，受此影响财产净收入增长较快，人均财产净收入为2724元，涨幅8.4%，与上年基本持平。财产净收入在可支配收入中所占比重为8.9%，对可支配收入的贡献率达到9.2%。

（三）收入水平与全国差距拉大

1. 城镇居民可支配收入水平与全国差距拉大。2017年全国城镇居民人均可支配收入为36396元，同比增长8.3%；河北省城镇居民人均可支配收入为30548元，增长8.1%，增速比全国慢0.2个百分点。收入水平差距由2016年的5367元扩大到5848元，扩大了482元。

2. 城镇居民可支配收入水平与“京津”差距拉大。2017年“京津”城镇居民人均可支配收入分别为62406元和40278元，同比增长9.0%和8.5%。分别比河北省城镇居民人均可支配收入增速快0.9和0.4个百分点，三地城镇居民收入差距进一步拉大。河北与北京城镇居民收入水平差距由29026元扩大到31859元，扩大了2832元。河北与天津城镇居民收入水平差距由8860元扩大到9730元，扩大了870元。

3. 城镇居民可支配收入增速与周边省份基本一致。与周边省份相比，2017年山西、内蒙古、辽宁、山东和河南城镇居民可支配收入增速分别为6.5%、8.2%、6.4%、8.2和8.5%，河北城镇居民可支配收入分别快于山西和辽宁1.6和1.7个百分点，慢于内蒙古、山东、河南0.1、0.1和0.4个百分点。

（四）城乡居民收入同步增长

2017年全省城镇居民人均可支配收入为30548元，增速为8.1%；农村居民人均可支配收入为12881元，增速为8.1%。2017年城乡居民收入倍差为2.37：1（农村为1）与上年保持一致。城乡居民收入水平差距有所扩大，城乡居民收入差距从上年同期的16331元扩大到2017年的17667元，扩大1336元。

（五）11个设区市收入水平差距缩小

1. 部分地区收入增速快于上年。全省11个设区市城镇居民可支配收入增速由高到低排列分别为衡水、邢台、张家口、承德、沧州、保定、廊坊、邯郸、石家庄、秦皇岛、唐山，增速分别为10.1%、9.5%、9.4%、8.8%、8.5%、8.5%、8.2%、8.2%、8.1%、8.1和8.0%。其中唐山、秦皇岛、邯郸、邢台、承德和衡水增速快于上年，分别快于上年0.1、0.3、0.2、0.3、0.2和0.1个百分点。

2. 收入水平位次与上年基本保持一致。全省11个设区市城镇居民可支配收入水平由高到低排列分别为廊坊、唐山、石家庄、秦皇岛、沧州、邯郸、张家口、保定、承德、衡水、邢台，收入分别为37474元、36415元、32929元、32795元、31044元、28774元、28512元、27859元、27042元、26195元和26179元。其中廊坊、唐山、石家庄、秦皇岛、沧州五市收入水平高于全省平均水平。

3. 11个设区市收入水平差距缩小。2016年城镇居民收入水平最高的廊坊市和收入最低的衡水市城镇居民可支配收入倍差为1：1.456（衡水市为1）。2017年收入水平最高的廊坊市和收入最低的邢台市城镇居民可支配收入倍差为1：1.431（邢台市为1），收入倍差的缩小表明全省区域间城镇居民收入差距有所缩小。

二、居民消费支出特征

2017年，河北城镇居民人均消费性支出突破两万元大关为20600元，同比增加1494元，增长7.8%，增速与可支配收入增速基本吻合。

（一）八大类消费支出全面增长

2017年，八大类消费支出呈现全面增长态势。上涨最快的是居住类支出5048元，增长12.6%，其他消费大类按增速排列依次为医疗保健支出1737元，增长12.1%；生活用品及服务支出1485元，增长9.9%；交通通信消费支出2923元，增长9.7%；教育文化娱乐2173元，增长9.1%；衣着1689元增长4.6%；其他用品和服务478元，增长3.9%；食品烟酒5067元，增长1.5%。

（二）消费增速快于全国及部分周边地区

2017年全国城镇居民人均消费性支出为24445元，

增长5.9%。与全国比，全省城镇居民消费支出增速比全国快2.1个百分点，相对差距略有缩小，由上年同期的1∶1.21缩小到1∶1.19（河北为1)。

与“京津”相比，河北城镇居民人均消费性支出增速分别高于京津两个直辖市2.3和1.0个百分点。与周边省比，河北城镇居民人均消费支出增速高于内蒙、辽宁、山东和河南4省，分别高3.9、6.3、0.5和0.4个百分点；低于山西0.5个百分点。

（三）网上购物渐成消费时尚

2017年全省城镇居民消费中网购消费涉及范围越来越广，覆盖了消费构成的所有分类。通过互联网购买的商品和服务增长迅速，网购消费额同比上涨44.7%，网购笔数同比上涨51.3%。在所有网购行为中，衣着、生活用品、食品和教育文娱网络消费次数最多，分别占到网购数量32.3%、24.8%、20.1%和10.0%；网购金额最多是衣着、生活用品、交通通信和教育文娱消费，分别占到网购总金额的36.1%、26.6%、12.5%和11.0%。随着互联网的普及，城镇居民生活越来越离不开网络，通过互联网购买商品和服务的消费模式已经被越来越多的城镇居民所接受和应用。

（四）生存型消费向发展型享受型消费转变

2017年城镇居民消费支出构成中衣食住所组成的生存型消费在消费支出构成中的比重从58.0%下降到57.3%，下降了0.7个百分点。相对生存型消费比重的下降，发展型、享受型消费比重有所上涨。

发展型消费是人们为了寻求更好、更高地发展而产生的消费需求，包括交通通信、教育支出和医疗保健支出。2017年发展型消费支出所占比重为28.3%，同比上涨0.6个百分点。享受型消费是人们为了追求更好的生活品质而产生的消费需求，包括文化娱乐、生活用品和服务，其他用品和服务。2017年享受型消费支出所占比重为14.4%，同比上涨0.1个百分点。发展和享受型消费支出比重的上升标志着城镇居民对生活品质有更高的追求，消费层次有一定提升。

（五）消费热点发生变化

2017年城镇居民居住类是增速最快的消费大类，增速为12.6%，这是由2017年初全省繁荣的房地产市场带动的。一季度、上半年、前三季度城镇居民居住类消费增速分别为17.6%、13.7%和12.5%。可见随着调控政策的铺开，城镇居民居住类支出增速趋缓。

2017年食品价格累计下降了1.3%，这是15年来食品价格首次下降。受此影响食品烟酒消费支出成为城镇居民消费支出结构中增速最慢的大类，全年增速仅为1.5%。受到价格影响的还有医疗保健消费支出，2017年医疗保健价格支出为八大类中上涨最快的，同比上涨6.9%，使得城镇居民医疗保健消费支出同比上涨12.1%，成为仅次于居住类消费上涨幅度最大的支出大类。

（河北省统计局　李澍）

农村居民生活

2017年是“十三五”规划的重要一年，是供给侧结构性改革的深化之年，也是党的十九大召开之年。河北省委省政府深入贯彻习近平同志系列重要讲话精神，全面做好稳增长、促改革、调结构、惠民生各项工作，国民经济稳中有进、稳中向好，人民生活持续改善，提前3年实现农村居民可支配收入翻番目标。据城乡住户一体化抽样调查资料显示，2017年，河北农村居民人均可支配收入12881元，比上年同期增长8.1%；人均消费支出10536元，增长7.5%，实现同步稳定增长。

一、农村居民人均可支配收入增长特征

（一）近6年增速首次回升，翻番目标提前3年实现

2017年，河北农村居民人均可支配收入12881元，较上年同期增加962元，增长8.1%。

1. 四项收入稳定增长，工资性收入增长最快。从四项构成看：工资性收入、经营净收入、财产净收入和转移净收入分别为6841元、4228元、274元和1538元，分别比上年同期增长9.2%、6.5%、6.5%和7.6%，实现平稳增长。

2. 收入增长8.1%，近6年增速首次回升。自2011年以来同比增速连续下滑，2016年增速降至近6年最低。2017年增速有所回升，较上年同期加快0.2个百分点。

3. 收入首超12000元，提前3年实现翻番目标。根据河北省人民政府《关于促进居民收入增长的意见》（冀政〔2013〕80号，以下统称《意见》)，2020年全省城乡居民人均收入比2010年翻一番，农村居民人均可支配收入达到12000元以上。2017年农村居民人均收入为12881元，是2010年的2.14倍，提前3年完成翻番目标。

（二）三大因素支撑农民增收，工资性收入仍居首位

1. 工资性收入有力拉动。2017年，河北农村居民工资性收入6841元，比上年增加578元，增长9.2%；占可支配收入的比重达53.1%，对可支配收入增加额的贡献率为60.0%，拉动收入增长4.8个百分点。这主要得利于最低工资标准的提高、农民工总量的增加和农民工务工收入的增长。

2. 经营净收入稳定支撑。2017年，经营净收入4228元，同比增加259元，增长6.5%，对可支配收入增加额的贡献率为26.8%，拉动收入增长2.2个百分点，是农民增收的稳定来源。一是出售农产品收入的拉动。经测算，2017年因出售农产品数量增加拉动收入增长0.2个百分点。二是非农产业有力拉动。二三产业经营净收入同比增长15.7%，拉动可支配收入增长2.4个百分点。

3. 转移净收入继续提高。2017年转移净收入1538元，增加109元，增长7.6%，对可支配收入增加额的贡献率为11.4%，拉动收入增长0.9个百分点。一是新型

农村养老保险标准提高；二是扶贫力度加大，农村低保补贴标准提高；三是家庭外出从业人员寄回带回收入同比增长16.0%，比上年提高5.5个百分点。

二、生活消费支出增长特征

2017年，河北农村居民人均生活消费支出10536元，比上年同期增加734元，增长7.5%，实现稳定较快增长。

（一）医疗保健支出增速居消费“八大类”之首

按消费构成看，“八大类”支出全面增长。其中医疗保健支出1073元，同比增长15.6%，位居首位；其后依次为生活用品及服务支出668元，增长11.9%；交通通信支出1689元，增长11.8%；居住支出2381元，增长7.7%；教育文化娱乐支出1014元，增长6.4%；衣着支出684元，增长5.3%；食品消费支出2817元，增长2.6%；其他商品和服务支出209元，增长1.2%。

（二）消费支出增速慢于同期可支配收入和城镇支出

2017年农村居民生活消费支出增速有所放缓，一季度、上半年和前三季度分别增长6.4%、6.2%和6.1%，全年虽有所回升，增长7.5%，但比城镇慢0.3个百分点，比同期可支配收入增速慢0.6个百分点。

（三）居民恩格尔系数4年下降3.2个百分点

十八大以来，随着河北农村居民收入的较快增长和生活消费观念的快速转变，生活质量得到持续改善，食品烟酒消费支出占消费支出比重（恩格尔系数）下降。2013—2017年，恩格尔系数分别为29.9%、29.4%、28.6%、28.0%和26.7%，4年下降3.2个百分点。

（四）发展和享受型消费支出的增长快于生存性支出

农村居民生活消费支出中发展和享受性消费快速增长。生活用品服务、交通通信、教育文化娱乐和医疗保健消费为4445元，比上年期增加450元，增长11.4%，比生活消费支出增速7.5%快3.9个百分点，比生存型消费支出快6.4个百分点。

三、面临的问题

（一）农业经营面临增收后劲不足的问题

近两年，第一产业净收入减收明显，二三产业收入比重偏低，农业经营收入缺乏增长后劲。受农产品价格影响，2016年农业净收入为1799元，比上年减少106元，下降5.6%；2017年农业净收入为1757元，比上年减少42元，下降2.3%。直接导致第一产业净收入连续两年下降，严重影响农民生产积极性。

（二）财产净收入对农民增收的贡献率不足

2017年农村居民财产净收入增长6.5%，比可支配收入增速8.1%低1.6个百分点，对农村居民可支配收入增加的贡献作用明显不足。2017年农村居民人均财产净收入为274元，比全国低29元，比城镇低2450元，仅是城镇居民财产净收入的十分之一，相差极为悬殊。农村居民财产净收入占可支配收入的比重仅为2.1%，比城镇低6.6个百分点；对增收的贡献率仅为1.7%，比城镇低7.5个百分点。主要是城乡二元经济结构、农村家庭收入不高、投资理财渠道不宽和过于依赖地租收入所致。

（三）城乡居民收入差距继续拉大

2017年河北农村居民人均可支配收入12881元，城镇居民人均可支配收入30548元，农村仅为城镇居民的42.2%，城乡收入比达2.37：1（农村为1），两项值均与上年基本持平；城乡居民收入差值达17667元，比上年增加1337元。

（四）20%的高低收入户收入差距悬殊

从收入五等份分组看：高低收入户收入水平差距巨大，如何有效、稳步解决高低收入群体收入不平衡问题，进而实现全省全面建成小康社会的压力依然艰巨。2017年，农村20%的低收入户人均可支配收入为4089元，20%中低收入户为8697元，20%中等收入户为11762元，20%中高收入户为15508元，20%高收入组为26891元。高收入户收入是低收入户的6.58倍，比2016年扩大0.8；高低收入户收入差值达22802元，比上年增加3050元；20%低收入户收入占20%高收入农户的15.2%，比上年下降2.1个百分点。

（国家统计局河北调查总队　张力）

人　口

2017年是国家实施“全面两孩”生育政策的第二年，这一政策促进城镇与乡村人口生育的平衡发展；4月中央设立国家级新区——雄安新区，预示河北城市群建设出现一个新的增长极。2017年全省坚持新的发展理念，完善人口政策，优化人口结构，统筹推进城乡一体和新型城镇化建设，着力提升城镇化发展质量，推动农村人口向城镇转移，努力实现人口与经济、社会、资源、环境协调可持续发展。

一、常住人口稳定增长，“全面二孩”效应再次显现

2017年末，全省常住总人口达到7519.52万人，较上年同期增加49.47万人，增速为0.66%，继续保持稳定低速增长。2017年，全省人口密度为401人/平方公里，比上年增加3人/平方公里；人口自然增长率为6.6‰，比上年提高0.54个千分点。

2017年全省人口出生率为13.2‰，比上年提高0.78个千分点，出生人口98.93万人，同比增加6.43万人，在2016年同比增幅10.07%的基础上，2017年同比增幅达到6.95%。在出生人口中一孩占38.7%，二孩占55.0%，多孩占6.3%，“全面二孩”政策效应再次显现。

2017年全省人口死亡率为6.6‰，比上年提高0.24个千分点，死亡人口49.47万人，死亡水平基本保持平稳。

二、总人口性别比在合理区间，人口区域分布不均衡

2017年末，分性别结构看，全省男性人口为3817.66万人，女性人口为3701.86万人，男性人口略多于女性人

口，总人口性别比为103.13（以女性为100）。国际公认的总人口性别比合理区间为95—105，多年来，河北总人口性别比一直处于合理区间。

分区域结构看，人口最多的设区市为保定市（不含定州市），常住人口1046.92万人；人口最少的设区市为秦皇岛市，常住人口311.08万人。其余各市依次为石家庄市（不含辛集市）1024.33万人，邯郸市951.11万人，唐山市789.7万人，沧州市755.49万人，邢台市735.16万人，廊坊市474.09万人，衡水市446.04万人，张家口市443.31万人，承德市356.5万人。各设区市人口分布不均衡。省直管县（市）中，定州市常住人口122.13万人，辛集市63.66万人。

各设区市中，人口密度最高的为邯郸市，达到789人/平方公里；人口密度最低的为承德市，仅有90人/平方公里；其余各设区市依次为廊坊市737人/平方公里，石家庄市（不含辛集市）688人/平方公里，邢台市589人/平方公里，唐山市586人/平方公里，保定市（不含定州市）542人/平方公里，沧州市538人/平方公里，衡水市506人/平方公里，秦皇岛市414人/平方公里，张家口市120人/平方公里。省直管县（市）中，定州市人口密度高，达到951人/平方公里，辛集市人口密度也高于全省平均水平，达到669人/平方公里。河北省北部山区较多、人口密度小，南部平原较多、人口密度大。各地区人口密度差异大，从地域上反映了人口分布不均衡。

三、城镇化水平快速提高，在全国各省位次保持不变

截至2017年底，河北省设区市11个，市辖区47个，县级市20个，建制镇1128个，常住人口城镇化率达到55.01%，同比提高1.69个百分点。2017年末，全省城镇人口4136.49万人，比上年增加153.46万人。

2017年河北省城镇化率在全国31个省（直辖市、自治区）中居第19位，位次与上年持平。自2015年常住人口城镇化率突破50%以后，2016年—2017年处在快速增长阶段，增速在全国居前。长期以来，河北省常住人口城镇化率低于全国平均水平，2017年低于全国3.51个百分点，但差距较上年缩小0.52个百分点。

四、劳动力资源人口下降，人口抚养比上升

2017年，全省少年儿童人口比重同比基本持平，劳动力资源人口继续下降，老年人口比重继续上升。全省0—14岁少年儿童人口为1402.39万人，占常住人口的比重为18.65%，比上年下降0.07个百分点，基本持平；15－64岁劳动力资源为5271.18万人，占常住人口的70.1%，比上年下降0.49个百分点；65岁及以上老年人口为845.95万人，占常住人口的11.25%，比上年提高0.56个百分点，老龄化程度进一步加深。2010年以来，全省劳动力资源比重在波动中逐渐下降，已从2010年的74.93%下降至2017年的70.1%。2017年全省60岁及以上老年人口1332.46万人，占常住人口比重为17.72%，较上年提高0.73个百分点。60岁及以上老年人口比重超过10%，标志着人口进入老龄化社会。自1999年以来，河北省老年人口迅速增长，人口老龄化程度逐步加深。

人口抚养比是指未参加劳动人口与劳动年龄人口之比，用来衡量人口年龄结构对社会经济发展影响程度。2017年末，全省人口总抚养比为42.65%，同比上升0.99个百分点；其中，少年儿童抚养比为26.6%，同比上升0.09个百分点；老年人口抚养比为16.05%，同比上升0.9个百分点。随着劳动力资源比重下降，老年人口比重上升，全省人口总抚养比呈上升趋势，但仍低于50%，河北省尚处于“人口红利”期。

五、家庭户规模小型化，婚姻状况保持稳定

2017年末，全省家庭户达到2346.54万户，平均家庭户规模为3.16人/户，同比减少0.06人/户，家庭户规模趋向小型化。从家庭成员数量上看，一人户占10.4%，二人户占28.8%，三人户占23.3%，四人户占20.1%，五人及以上户占17.0%，二人户和三人户占主流。同上年相比，一人户占比持平，二人户和四人户占比分别上升1.6个和0.4个百分点，三人户和五人及以上户占比分别下降1.1个和0.9个百分点。从家庭代际关系上看，一代户占35.2%，二代户占44.5%，三代户占19.5%，四代户占0.8%，一代户和两代户占主流，三代及四代户较少。同上年相比，一代户占比上升1.6个百分点，二代户、三代户、四代户占比分别下降0.8个、0.6个和0.2个百分点，家庭户趋向简单化。

2017年全省15岁及以上人口中，未婚人口占14.76%，有配偶人口占78.19%，离婚人口占1.59%，丧偶人口5.46%。与2016年相比，未婚人口比例上升1.28个百分点，有配偶人口比例下降1.18个百分点，离婚人口比例上升0.16个百分点，丧偶人口比例下降0.26个百分点，全省婚姻状况保持稳定。

六、受教育程度状况改善，人口文盲率下降

2017年，全省6岁及以上人口中，未上过学人口占4.1%，比上年提高0.2个百分点；小学文化程度人口占23.4%，比上年降低0.8个百分点；初中文化程度人口占45.3%，比上年降低0.5个百分点；高中文化程度人口占17.2%，比上年提高1.0个百分点；大专及以上文化程度人口占10.0%，与上年持平。6岁及以上人口平均受教育年限为9.09年，与上年基本持平，其中15岁及以上人口平均受教育年限为9.46年，均比2015年1%人口抽样调查时有所提高，分别提高0.05年和0.1年。小学和初中人口比例降低、高中人口比例上升、大专及以上人口比例持平，表明全省人口受教育状况逐渐改善、受教育水平逐步提高，而平均受教育年限持平是在一定程度上受年龄结构影响。

2017年，全省15岁及以上人口文盲率为3.5%，比2015年下降0.4个百分点，平均每年下降0.2个百分点，全省扫盲工作取得明显成效，也反映人口受教育状况逐渐改善。

（河北省统计局　张成）

能源与节能降耗

2017年全省深入贯彻节能降耗和防治大气污染等重大要求，实施能耗总量与强度双重控制，进一步加大清洁能源的利用，调整工业产业结构、不断优化生产工艺、淘汰落后生产设备，节能降耗取得了积极进展。

一、能源生产保持平稳运行

2017年，全省一次能源生产总量为6778.5万吨标准煤，比上年增长0.4%。从结构看，原煤比重继续下降，原煤生产比重为67.31%，比上年降低5.4个百分点；原油生产所占比重分别为11.36%，比上年下降0.2个百分点；天然气和一次电力及其他能源的生产比重分别为2.98%和18.34%，比上年分别上升1.5和4.1个百分点。

从实物量看，原煤、洗精煤、焦炭等传统能源生产持续下降。2017年全省原煤产量6010.8万吨，同比下降6.4%；洗精煤（用于炼焦）3705.5万吨，下降35.1%；焦炭产量4813.8万吨，下降7.2%。新能源开发利用保持良好发展势头。风力发电快速增长。2017年全省规模以上风力发电企业65家，比2016年增加7家，风力发电量252.1亿千瓦时，同比增长16.8%。太阳能发电迅猛发展。2017年，全省规模以上太阳能发电企业54家，比2016年增加26家，全省太阳能发电量37.4亿千瓦时，增长40.2%。积极开发利用生物质能。2017年全省生物质发电19.0亿千瓦时，增长6.3%。

二、能源消费品种结构不断优化

2017年，全省全社会能源消费总量3.04亿吨标准煤（等价值），比上年增长2.0%。煤炭、石油、天然气、一次电力及其他所占比重分别为83.71%、7.97%、4.23%和4.09%。能源消费品种结构逐步改善，与上年相比，煤炭、石油所占比重分别降低1.3和0.7个百分点；天然气、一次电力及其他能源分别提高1.1和0.9个百分点。

规模以上工业中，传统能源消费明显减少，能源品种更趋多元化、清洁化和低碳化。煤炭、焦炭等传统能源消费减少。各地强力实施“6643工程”，淘汰改造燃煤锅炉，推进煤改气、煤改电，煤炭削减进度加快，焦炭消费明显下降。2017年，全省规模以上工业煤炭消费下降2.7%，焦炭下降4.2%。天然气消费快速增长。以天然气为代表的清洁能源消费大幅增长，促进了全省能源消费的清洁化和多元化。2017年全省规模以上工业天然气消费41.4亿立方米，增长40.7%；城市生活垃圾（用于燃料）267.9万吨，增长24.4%；生物燃料（用于燃料）125.7万吨标准煤，增长30.9%。

三、节能降耗完成较好

2017年全省单位GDP能耗0.876吨标准煤/万元，同比下降6.45%，降幅超过全国平均水平2.8个百分点，超过全省年度节能目标2.5个百分点。

四、工业节能成效明显

（一）工业能耗持续低位运行。随着化解过剩产能、大气污染治理持续推进，环保督查力度加大，倒逼产业结构转型升级，工业生产呈现平稳运行趋势，能源消费需求明显减弱。2017年，全省15062家规模以上工业企业能耗20292.1万吨标准煤，同比下降2.5%。从2017年以来各月累计速度看，除2月份能耗持平外，其余月份均平稳下降，已连续10个月下降，降幅在2%左右小幅波动，延续了2016年以来能耗低位运行态势。

（二）单位工业增加值能耗保持下降。全省加快传统产业升级改造，着力培育新动能，各地加强重点行业能效管理，有力推动了节能工作深入开展，工业节能对全省节能的支撑作用进一步增强。2017年，全省单位工业增加值能耗同比下降5.7%，超过年度工业节能目标1.7个百分点。

（三）高耗能行业得到有效控制。全省进一步化解钢铁、水泥、焦炭等过剩产能，部分高排放行业实施秋冬季错峰生产，高耗能行业生产回落，能耗明显下降。2017年，全省39个工业行业大类中，有23个行业能耗下降，下降面达59.0%。六大高耗能行业呈现“四降两增”的特点。其中，煤炭开采和洗选业，石油加工、炼焦和核燃料加工业，化学原料和化学制品制造业，黑色金属冶炼和压延加工业分别下降10.4%、6.5%、3.6%和3.4%，降幅分别超过规模以上工业平均水平7.9、4.0、1.1和0.9个百分点。

（四）多数单位产品能耗指标下降。全省304家重点耗能工业企业统计的48个单耗指标中20个指标同比下降。从六大高耗能行业看，23个指标中10个指标同比下降，其中，石油加工、炼焦行业中，原油加工单位耗电下降3.9%；非金属矿物制品业中，吨水泥综合能耗下降3.3%；黑色金属冶炼及压延加工业中，吨钢综合能耗下降1.5%，转炉炼钢综合工序单位能耗下降4.2%；电力热力的生产和供应业中，电厂火力供电标准煤耗下降1.1%。

（五）余热余能回收利用率提高。能源回收利用率较高的行业主要集中在黑色金属冶炼和压延加工业和非金属矿物制品业。全省工业回收利用水平不断较高，成为工业企业能源高效利用的重要节能手段和补充。2017年全省规模以上工业能源回收利用3306.2万吨标准煤，能源回收利用率8.1%，比上年提高0.2个百分点。其中，回收利用高炉煤气2268.8亿立方米、回收转炉煤气137.0亿立方米、回收余热余压9883.8万百万千焦。

为深入推进节能降耗工作，改善环境质量，全省上下应重点在以下三个方面着力：

一是提高思想认识，力促生态质量提升。以党的十九大精神为指引，突出生态优先、绿色发展，增强对提高绿色低碳循环发展质量重要性的认识，充分认识生态质量提升的紧迫性和长期性，克服松懈麻痹思想，坚持节能、削煤、降碳与调结构、治污染、惠民生相结合，与去产能、降成本、补短板相促进，统筹推进、同步谋划。落实能源革命战略思想，坚持节约、清洁、安全战略方针，抢抓机遇、改革创新，围绕保供应、调结构、转方式、强支撑，着力增强有效供给，着力推进清洁替代，着力提高利用质量。

二是调整优化产业结构，全面推动高质量发展。优化产业结构，大力发展低耗能、低污染的第三产业，提高产业发展质量，积极推进全省工业质量提升，增强全省经济活力，加快产业结构转型升级步伐。一是主动减量，推动化解产能过剩矛盾，着力推进结构性改革，降低钢铁、焦化、建材等传统高耗能行业比重，着力培育新动能，加大政策引导力度，完善企业退出机制，为先进生产力腾出发展空间。二是深入实施创新驱动发展战略，培育壮大新产业新业态新经济发展模式，加快发展节能环保产业和循环经济，打造新的绿色经济增长点，加快装备制造业、战略性新兴产业等低能耗、低排放行业发展。

三是大力发展新能源，提高清洁能源保障能力。积极发展新能源产业，加大可再生能源及清洁能源利用水平，提高清洁能源保障供应能力，积极争取国家政策扶持，协调配合、加快建设陕京四线等气源干线，推进LNG（液化天然气）接卸站建设，扩大接卸能力，完善天然气输配管网建设。积极开发风力、太阳能和生物质能发电，合理优化布局，扩大装机规模。加快优化火电，大力实施淘汰落后、改造提升、置换替代、退城进郊等“四个一批”工程，构建布局合理、清洁高效、保障有力的火电系统。

（河北省统计局　左　熠）

扶贫开发

2017年，河北省委、省政府深入学习贯彻习近平扶贫思想和对河北工作的重要指示，把脱贫攻坚作为重大政治任务和第一民生工程来抓，完善政策措施，加大工作力度，推动脱贫攻坚工作取得阶段性成效。全省78.8万贫困人口脱贫，贫困发生率由3.23%下降到1.86%，海兴、南皮、望都等3县脱贫摘帽。贫困地区农村居民人均收入同比增长11.0%，高于全省农村平均水平2.9个百分点。一是着力抓实精准扶贫脱贫工作基础。结合贫困人口动态调整，集中时间、集中人力、物力，在全省开展全面彻底的建档立卡“回头看”，建立完善动态管理机制，精准扶贫工作基础进一步夯实。二是聚焦发力“坚中之坚”。综合考虑贫困发生率、贫困人口规模、人均可支配收入和基础设施状况等因素，在张承坝上地区和深山区确定了康保、阜平等10个深度贫困县、206个深度贫困村，出台倾斜政策，在全国率先启动了深度贫困地区脱贫攻坚工作。三是扎实推进精准施策。下大力抓产业就业扶贫，坚持分类施策，突出群众参与，增强贫困户的造血功能和内生动力，涞水县旅游扶贫、威县资产收益扶贫典型案例在中央政治局第39次集体学习会上印发；稳步推进易地扶贫搬迁，坚持因地制宜，认真负责抓好扶贫搬迁，确保群众搬得出、留得住、能致富，截至12月底建档立卡贫困人口13994人实现搬迁入住；强化社保兜底促脱贫，坚持完善政策与优化服务同步推进，下大力抓好义务教育、基本医疗、住房安全政策落地生效，不断提高贫困群众的获得感和满意度。河北省健康扶贫、教育扶贫做法得到汪洋、刘延东同志的肯定性批示。四是凝聚攻坚合力。坚持全面发动，强化组织协调，做好中直单位定点帮扶，加强京津对口帮扶，组织开展省内结对帮扶，加强驻村帮扶；夯实脱贫攻坚的组织保障，推广“脱贫攻坚党旗红”经验，着力建强班子队伍，提升能力素质，形成抓党建促脱贫的良好局面。五是开展专项治理狠抓问题整改。认真学习贯彻习近平总书记关于张家口扶贫领域腐败和作风问题重要指示精神，深入开展扶贫领域腐败和作风问题专项治理，全面推进国家考核、巡查反馈问题整改，以作风攻坚保障脱贫攻坚。汪洋同志在河北省上报党中央、国务院的《2017年脱贫攻坚工作情况报告》上作出批示：“河北省认真落实党中央国务院脱贫攻坚决策部署，进一步压实市县脱贫攻坚责任，提高产业就业扶贫的覆盖面和精准度，扶贫工作取得积极进展。”

一、扶贫资金投入

2017年各级共安排财政专项扶贫资金792351.9万元，其中：中央财政专项扶贫资金264644万元；省级安排财政专项扶贫资金379000万元（包括易地扶贫搬迁项目资本金195000万元、易地扶贫搬迁省级贴息资金22876万元、扶贫发展资金79532万元、扶贫开发投资公司资金49000万元等）；市县两级配套资金达到148707.9万元。

二、扶贫资金管理

制定《河北省财政专项扶贫资金管理办法》（冀财农〔2017〕96号），指导规范各地扶贫资金使用，对资金安排、资金使用、资金拨付、资金管理、监督管理提出要求，明确财政专项扶贫资金不得用于行政事业基本支出、交通工具及通讯设备、弥补企业亏损等9个方面的负面清单。制定《河北省财政专项扶贫资金绩效评价办法》（冀财农〔2017〕148号），明确市县绩效评价的指标体系、数据来源、评分标准和结果使用，引导各地强化资金管理，提高资金使用效益。扶贫资金的分配、使用一律实行公告、公示和报账制，保证扶贫资金分配、管理、使用的各个环节公开透明，省市县扶贫部门借助媒体（报刊、广播、电视）、网站及告示等形式向社会进行全面的公告或公示，共进行7875批（次）。

三、基础设施建设

全省农村公路建设完成投资38.3亿元，建设完成3195公里。专项安排扶贫攻坚用地指标3.7万亩。安排贫困县高标准农田建设任务137.95万亩。安排62个贫困县地下水超采治理资金23.2亿元。向贫困地区安排资金19.99亿元，完成造林绿化206万亩。向贫困地区安排生态补偿类资金4亿元。完成张承、坝上等10个深度贫困县所有行政村通达光纤宽带和覆盖4G信号工作。

四、易地扶贫搬迁

牢固树立“搬迁是手段、脱贫是目的”的工作理念，严格按照“理顺机制、明晰目标、守住底线、精准脱贫”的原则，统筹谋划、精准发力，快速推动易地扶贫搬迁工作。省自筹项目资本金19.5亿元已拨付省平台公司，省平台公司已拨付各县平台公司70亿元用于搬迁安置工程。启动10万贫困人口搬迁，截至12月底，交付使用集中安置项目49个，建档立卡贫困人口13994人实现搬迁入住，其中集中安置7430人，分散安置6564人。启动的建档立卡搬迁人口全部谋划了后续帮扶措施，在集中安置区大力发展特色农业、光伏、旅游、电商、家庭手工业等扶贫产业，带动建档立卡搬迁贫困户就业增收。

五、产业扶贫

大力发展土地、资金、资产、农宅等多种形式的股份合作，带动贫困农户贫困地区创建现代农业产业园；每个产业安排一个工作团队和一支专家团队，实现了贫困县和扶贫产业科技专家全覆盖。大力发展特色产业，按照“一县一业、一园一牌”的发展思路，每个贫困县确定了3—5个特色扶贫产业，初步形成了燕太山区林果、食用菌、中药材、休闲旅游等特色产业带，黑龙港流域精品瓜菜和特色养殖产业带，环京津地区菜篮子产品集中供应和采摘、观光基地，涌现出了魏县扶贫“微工厂”、武邑县“京东跑步鸡”等一批产业扶贫模式。全省新增产业扶贫项目1.14万个，带动35.79万贫困户、84.11万贫困人口实现增收。

六、贫困人口建档立卡

扎实推进贫困人口建档立卡工作。8—10月份，组织22.5万名干部，在全省有农村户籍人口的168个县（市、区），开展了全面彻底的建档立卡“回头看”。严格执行政策，设立政策咨询组答疑解惑，派出11个督导组驻市巡回督导，先后5次进行调度，对重要数据“三堂会审”，识别结果逐级把关签字。全省共识别贫困人口184.3万人，与国家统计局监测规模（188万）基本一致。干部群众普遍反映，这是一次认真、彻底、真实的建档立卡。

七、雨露计划

继续实施“雨露计划”，继续做好职业教育助学补助工作，截至2017年底全年共计补助15359人，补助资金3432.5万元。积极开展贫困劳动力转移就业培训，共举办贫困劳动力转移就业培训326期，培训31070人次，投入培训资金2191.2万元。加强扶贫产业致富带头人培训，全省共确定致富带头人8979名，培训20404人次，举办培训班124期，投入培训资金1684.7万元。不断做好贫困群众职业技能及实用技术培训，全省共举办各类型培训班828期，培训贫困群众10.5万人次，投入培训资金2578.28万元。

八、金融扶贫

把金融扶贫作为打赢脱贫攻坚战的战略性举措，按照定向、精准、特惠、创新的原则，充分发挥银行业、保险业、证券业金融扶贫主力军作用。坚持以“政银企户保”模式，强力推动扶贫小额信贷，2017年内新增扶贫小额信贷26.7亿元，历年累计贷款量位居全国第三。坚持发挥保险业优势资源和力量，积极探索开展了“政保联办”保险扶贫、防贫保险、商业医疗补偿保险等可复制、可推广、可持续的保险扶贫新路径。坚持以“金融扶贫板”，引导资本市场壮大扶贫产业，指导石家庄股权交易所创建了全国首个“金融扶贫板”。

九、完善社会保障制度

全面落实“基本医保＋大病保险＋医疗救助”三保障制度，全省资助包括建档立卡贫困户、低保对象、特困人员等困难群体参加居民医疗保险人数达到388万人，全年医疗救助累计支出资金达到13.3亿元。开展教育扶贫，落实“三免一助”政策，2017年共资助贫困学生5.59万人，贫困地区学生营养餐改善计划实现45个国定贫困县全覆盖，新增受益学生63万名。推进农村危房改造，省统筹中央补助资金和省级补助资金，确定省以上补助标准。2017—2018年度，全省安排农村危房改造93118户，已完成改造任务。深化低保制度与扶贫政策有效衔接，与建档立卡“回头看”同步开展低保对象精准核查，做到应扶尽扶、应保尽保。建立农村低保线动态调整机制，保持全省农村低保标准始终高于当年扶贫标准。2017年全省农村低保标准提高到每人每年3300元以上，人均月补差最低标准175元。

十、定点扶贫

2017年，32个中直单位定点帮扶河北省40个国定贫困县。各单位全面落实党中央、国务院决策部署，倾心、倾情、倾力开展工作。据统计，共向贫困地区派出挂职扶贫干部100人，赴定点县考察1090人次，其中部级领导69人次，直接向贫困地区投入帮扶款物29320万元。帮助贫困地区引进各类资金52.8亿元、项目279个，资助贫困学生2511人，举办各类培训班210期。加强驻村帮扶工作，全省共选派7366个驻村工作队，驻村干部22164人，实现了贫困村帮扶全覆盖，直接投入帮扶资金19.84亿元，引进项目4736个，帮助成立各类合作社3814个，举办培训班21765期，带动就业19.8万人。加强村级后备队伍和党员队伍建设，帮助贫困村新发展党员2412人，培养村级后备干部10459人。

十一、东西部扶贫协作

积极对接推进东西部扶贫协作。北京市11个区帮扶张家口市张北县、康保县、沽源县、尚义县、涿鹿县、赤城县、崇礼区、怀来县（非贫困县），承德市滦平县、丰宁满族自治县，保定市阜平县、唐县、易县、顺平县、涞水县、涞源县；天津市5个区对口帮扶承德市承德县、平泉县、隆化县、围场满族蒙古族自治县、兴隆县。安排帮扶资金17.4亿元，实施帮扶项目278个，项目共覆盖1300多个贫困村，占20个县贫困村总数48.7%。通过健全制度机制、产业协作、携手奔小康行动等系列帮扶措施，形成了多层次、精准化、全方位的扶贫协作格局，为全省贫困地区加快发展、后发赶超、同步小康注入了新的动力。

十二、军队和武警部队扶贫

驻冀部队坚决贯彻习主席关于“部队要积极支持脱贫攻坚工作”的重要指示，积极开展相关工作。坚持把帮建村党支部作为首要任务，安排团以上领导干部与帮扶村党支部书记、副书记结成帮带对子，选派130余名机关干部指导帮扶村完善支部议事规则、落实组织生活制度，组织“两委”成员到先进地区学习新农村建设经验，增强带领群众致富本领。指导成立近20个农业合作社，产业项目涉及林果种植、花卉培育、特色养殖、果品加工等10多个类型。省军区协调驻军367个团级以上单位共帮扶20个项目。助推社会事业，采取团以上干部一帮一，团以下干部二帮一的方式帮扶贫困学生。

十三、企业和社会各界扶贫

广泛动员全省社会力量参与扶贫攻坚的积极性，大力开展扶贫济困、爱心公益事业活动，社会各界爱心企业和人士积极履行社会责任，响应国家“精准扶贫、精准脱贫”号召，发挥自身优势，奉献爱心、贡献力量，开展产业、就业、捐赠、教育、健康、对结对帮扶等多种形式的专项扶贫活动，持续加大对贫困地区扶持投入力度。投入定向捐赠款物达4000多万元，帮扶建档立卡贫困村104个，受益贫困户达到5.5万余人。开展“千企帮千村”行动，全省1183个民营企业与1416个贫困村开展村企共建，实施帮扶项目2019个，投入帮扶资金11.17亿元，受益贫困人口19万人。

十四、扶贫宣传

组织脱贫攻坚系列访谈，协调组织省“一报一台”新闻记者，深入张承坝上及深山区10个深度贫困县开展脱贫攻坚系列访谈活动，对康保、沽源、尚义等10位县委书记（县长）进行专题采访。组织“扶贫重点县记者行”和“脱贫攻坚一线行”行动，邀请省内外十几家媒体记者，深入到全省20多个贫困县开展系列报道，挖掘河北省脱贫攻坚中“沾泥土”“带露珠”的感人故事。组织中央驻冀新闻媒体记者赴脱贫攻坚一线采访报道，先后深入石家庄、承德、保定、邯郸等市30多个贫困村采访。据不完全统计，2017年以来，中央主流媒体共刊发播报河北省扶贫领域宣传稿件600余篇（次），编发《扶贫开发简报》45期，召开新闻发布会4场。

（河北省扶贫开发办公室　张亚楠）

产业篇

INDUSTRIES

农 业

【“三农”工作概述】 2017年，河北省农业厅、省农工办认真贯彻落实党中央、国务院和省委、省政府关于“三农”工作的决策部署，坚持以习近平新时代中国特色社会主义思想为指导，以实施乡村振兴战略为总抓手，以推进农业供给侧结构性改革为主线，牢牢把握农业稳定发展、农民持续增收、农村和谐稳定目标不动摇，大力发展现代农业，不断深化农村改革，持续推进美丽乡村建设，全省农业农村呈现稳中有进、持续向好的发展态势，为新时代全面建设经济强省、美丽河北提供了有力支撑。一是强化顶层设计。以省委省政府名义印发了《关于深入推进农业供给侧结构性改革，加快培育农业农村发展新动能的实施意见》，明确了坚持把推进农业供给侧结构性改革作为“三农”工作的主线，加快培育农业农村发展新动能的举措；出台了农业供给侧结构性改革三年行动、农村人居环境整治三年行动、加快农村改革、推进农村集体产权制度改革、畜禽养殖废弃物资源化利用、支持返乡下乡人员创业创新等10多个政策性文件，对农业农村重点领域和关键环节作出了制度性安排，为做好“三农”工作发挥了重要的指导作用。二是加大投入力度。2017年全省农牧渔业（不包含农户）完成固定资产投资1796.2亿元，比上年增长6.5%。争取中央农业财政项目资金136.73亿元，与上年同口径相比增加5.95亿元。集中实施了新增千亿斤粮食工程、大中型沼气、农产品质检体系、基层动物防疫体系、奶牛规模化养殖、良种工程等一批重大项目。三是抓好督导落实。及时把省委1号文件分解为189项重点任务，落实到63个相关部门。在省农村工作领导小组的有力领导下，推动召开质量兴农、产权制度改革、农垦改革、金融支农等一系列专题会议，对农业农村重点工作开展综合协调和集中督导，有力推动了省委、省政府“三农”工作部署的落实。

【主要农产品供给】 认真落实粮食安全省长责任制，实施藏粮于地、藏粮于技战略，大力推进4500万亩粮食生产功能区划定和建设工作，开展粮食绿色高产高效创建，走出一条依靠科技、提升单产的内涵式发展路子。在实施200万亩季节性休耕、播种面积减少的情况下，2017年河北省粮食总产首次登上700亿斤台阶，达到701.6亿斤、比上年增加9.5亿斤，亩产达到377.77公斤、增加13.19公斤，均创历史新高。“菜篮子”产品生产供应充裕、提档升级，蔬菜总产8877.5万吨，肉类463.7万吨，禽蛋376.9万吨，牛奶458.1万吨，果品1571万吨，均居全国前5位。河北省蔬菜在北京市场占有率53%、牛肉78.6%、羊肉70.9%、鸡肉48.4%。

【结构调整】 按照“一环四区一带”总体布局，大力发展现代都市型农业和特色高效农业，累计调减非优势产区籽粒玉米417万亩，建成高端设施蔬菜506.2万亩，发展中药材、马铃薯、食用菌等特色产业590.9万亩，青贮玉米、苜蓿等饲草饲料作物250万亩，全省粮经饲比调整到60∶37∶3。实施奶业振兴行动，标准化改造和完善奶牛养殖场（小区）89个，奶牛养殖场（小区）信息化管理比例达到43%，乳制品和液体乳产量连续四年位居全国第一，君乐宝婴幼儿乳粉通过“同线同标同质”认证，实现内地、香港、澳门同步上市销售。

【农产品质量安全】 推进农业标准化生产和农产品质量安全示范县创建，标准化生产覆盖率达到50%，新增国家级、省级农产品质量安全县43个，累计达到101个，唐山市整市创建。认证“三品一标”农产品2437个。强化产品监测和质量追溯，构建产地准出和市场准入无缝衔接监管机制，全省蔬菜、畜产品、水产品抽检总体合格率为98.9%，连续九年未发生重大农产品质量安全事件。以国际农产品标准为导向，大力实施外向型农产品生产示范区（基地）质量提升三年行动计划，建成国际标准农产品生产示范区（基地）、出口食品农产品质量安全示范区100个，取得境外农产品商标注册或国际认证的农业企业（产品）200个。

【农业科技】 发挥11个产业技术体系创新团队和6个省级农业科技创新联盟作用，构建协同发展科技创新平台，开展新品种、新技术示范和推广，主要农作物良种覆盖率达到98%，主推技术到位率稳定在95%以上，农业科技进步贡献率达到57.5%。实施新型职业农民培育工程，培训职业农民3万人，累计培训近10万人。实施“互联网+”现代农业行动，建成农业物联网、农产品质量安全等管理平台，逐步实现远程指导、质量控制、动态监测。实施信息进村入户工程，建设益农信息社4614个，开展公益、便民、电商、培训四类农业信息服务。全省耕种收综合机械化水平达到77.2%，玉米机收率达到80%以上，率先在全国开发建成智慧农机决策管理信息平台，实现了农机深松智能监测全覆盖和农机作业精准调度。

【品牌农业】 实施“冀产农产品品牌计划”，新认定省级区域公用品牌20个，迁西板栗等9个区域公用品牌入选中国最受消费者喜爱区域品牌，全省中国驰名商标达到68个，省著名商标、省名牌产品达到813个。承办中国马铃薯大会，连续两年举办京津冀蔬菜产销对接大会、全省中药材产业发展大会、食用菌产业发展大会，签约金额达104亿元。深入开展进社区、进企业、进学校等“六进行动”，108个合作社与北京30多家超市建立了稳定合作关系，建设社区连锁直营店115个。

【农业绿色发展】 大力发展节水农业，推广节水小麦2200万亩，落实季节性休耕200万亩，探索出冬休夏种、冬肥夏种和冬休春夏种三种绿色休耕模式，形成农业地下水压采能力27.88亿立方米。实施化肥、农药减量增效推进行动，测土配方施肥9130万亩，小麦、玉米等主要农作物专业化统防统治覆盖率达到38%以上，主要农作物绿色防控技术覆盖率达到27%以上，化肥、农药使用量连续两年负增长。推进农业废弃物资源化利用，畜禽规模养殖场粪污处理设施装备配套率达到84.63%；持续推进农作物秸秆高质量、高效益综合利用，利用率保持在95%以上；严格实施草原禁牧休牧轮牧，建设万亩以上草原生态保护区28个，草原综合植被盖度达到71.2%。

【产业融合】 按照“一县一业、一园一牌”的发展思路，依托县域优势特色产业，聚集土地、资金、科技、人才等要素，创建国家现代农业产业园1家，新认定省级现代农业园区67家，累计达到187家。大力实施农产品加工业产值倍增计划，省级农业产业化龙头企业发展到720家，打造了粮油、乳品、肉类等12大产业链，建成102个省级示范农业产业化联合体，农产品加工业产值达1.1万亿元，产业化经营率达到67.7%。加快发展休闲农业与乡村旅游，旅游收入超过65亿元，入选农业部休闲农业精品线路52条，是北方最多的省份。

【美丽乡村建设】 按照环境美、产业美、精神美、生态美“四美”要求，持续推进美丽乡村建设，全省重点扶持了1.7万个村庄开展美丽乡村建设，累计建设37个省级重点片区，1800多个省级美丽乡村。指导相关市县修订完善片区规划，秦皇岛市“京东山海·康养乐土”片区作为全省第二届旅发大会举办地，形成山海城一体化全域旅游的美丽乡村建设格局。全面开展“两改一清一拆”行动，深入实施村内道路硬化、厕所改造、民居改造等专项行动，全年共清理垃圾杂物2211.1万立方米，清理残垣断壁24.5万处，拆除违章建筑730.7万平米，完成特色民居改造10.7万户，硬化道路4448万平米，推广清洁燃烧炉具17.9万户，排查整治农村设施安全隐患606万处。深入实施“三区”同建，新启动3个示范县、138个示范点，示范点全部完成规划编制，绝大多数示范点已经开工建设。

【农村改革】 深入推进农村土地制度改革，土地确权8302.2万亩，确权完成率98.6%，基本完成确权登记任务，流转面积2801.8万亩，流转率达到33%，家庭农场发展到3万家，农民合作社11.6万家，多种形式适度规模经营格局初步形成。稳步推进农村集体产权制度改革，指导承德双滦区有序推进各项改革试点任务，顺利通过国家验收；在16个县、991个村开展经营性资产股份制改革，大力发展土地、资金、农宅等多种形式股份合作，全省各类农村股份合作制经济组织达到2.56万家，带动农户300多万户，辐射全省73%行政村，成为农村改革发展最活跃的生力军。加快推进农垦改革，农场办社会职能改革完成97%，全面启动国有农场土地确权发证，国营中捷友谊农场、沽源牧场、御道口牧场、廊坊农垦组建区域性集团或产业公司。积极推进农村金融创新，设立农业产业化增信基金，全面推广“政府＋银行＋企业＋农户＋保险”（政银企户保）模式，开展“双基”共建农村信用工程，引导撬动更多金融资本和社会资本投向农业农村。

【产业扶贫】 牵头编制《河北省“十三五”产业扶贫规划》，聚焦资源、集中力量支持贫困县做大做强特色扶贫产业，2017年安排项目资金55.9亿元，增幅达42.6%。大力推广“政府＋龙头企业＋金融机构＋科研机构＋合作社＋农户”六位一体股份合作扶贫模式，贫困县培育农业产业化龙头企业达到2370家，农民合作社、家庭农场近5万家，股份合作制经济组织发展到9700家，带动贫困户70多万户。全力推进环京津贫困地区发展特色农业扶贫共同行动，派28名干部与农业部挂职干部一起，启动实施万名农技人员“进山上坝”等“八大行动”。总结可复制、可推广的产业扶贫经验做法，威县“金鸡帮扶”资产收益扶贫模式、涞水县“双带四起来”旅游扶贫模式列入中央政治局第39次集体学习的精准扶贫典型案例，平泉县“三零模式”入选产业扶贫全国十大典型范例。贫困地区农民人均可支配收入增长11.3%，高于全省平均水平3.2个百分点。

（河北省农业厅　刘润海）

【粮食生产】 2017年，河北省认真落实惠农政策，实行粮食生产安全行政首长负责制，加强农田基础建设，以农业供给侧结构性改革为主线，优化种植布局，调整种植结构，坚持把节水、节肥、节药作为粮食绿色生产发展的重点，扎实推进化肥减量增效、农药减量控害，大力推广优良品种及配套技术，小麦、玉米等粮食作物优良品种覆盖率稳定在98%以上，主推技术覆盖率达到95%以上。克服春季干旱、局部病虫害严重发生等不利因素，粮食实现面积减、单产增、总产增的“一减双增”历史新突破。全年粮食播种面积9286.12万亩，比上年减少205万亩，总产达到701.6亿斤，比上年增产9.5亿斤，再创历史新高；平均亩产达377.77公斤，比上年增加13.19公斤。其中，夏粮播种面积3496.86万亩，比上年减少21.81万亩，总产147.47亿公斤，比上年增加2.6亿公斤；平均亩产421.72公斤，比上年增加10.01公斤。2017年3月23日，全国春季农业生产暨现代农业产业园建设工作会议在河北省召开，时任国务院副总理汪洋出席会议并讲话，指出“近些年河北始终把‘三农’工作放在重中之重，粮食生产核心区建设取得很大进展，粮食产能稳步提高，为保障国家粮食安全做出了重要贡献”。

【蔬菜产业】 着力做好强基地、建设优势聚集区，抓对接、搭建产销平台，延链条、促进产后加工，育品牌、树立高端形象促融合、丰富园区功能，严管理、确保产品质量等重点工作，蔬菜种植面积稳定在2020万亩，与去年同期基本持平，总产8877.5万吨，同比增长0.8%，蔬菜生产供应充足。以建设环首都、环省会蔬菜保障基地建设为重点，支持永清、丰宁、涿州等12个县建设环京津1小时蔬菜保障基地，大力发展高端设施蔬菜，全省新增高端设施蔬菜面积204.17万亩。大力推广设施结构优化、集约化穴盘育苗、有机肥替代化肥安全提质等十大技术，促进蔬菜绿色发展。在藁城、涿州、平泉、永清、青县等7县开展果菜有机肥替代化肥试点，重点推广“菜－沼－猪”“有机肥＋配方肥”“有机肥＋水肥一体化”“秸秆生物反应堆”等替代模式，建立示范区24个，

示范面积24万亩以上，取得有效突破，在全国推进落实会议上进行典型发言。

【中药材生产】 以中药材生产大县和太行山、燕山两山山区扶贫开发县为重点，以产销对接为突破口，以质量提升和品牌培育为抓手，创新财政支持方式，突出道地品种，优化区域布局，促进产销衔接，拓展中药材基地（园区）休闲养生、旅游观光功能，推动中药材产业健康发展。重点培育阜平、博野、邢台县等13个中药材大县，引导以岭药业、神威药业、邯郸制药等中药企业广泛参与中药材产业大县建设，把公司“生产车间”延伸到田间地头。全省中药材种植面积达到262万亩，同比增长10.08%，其中万亩以上的县达到38个，5万亩以上的县18个，10万亩以上的县8个。指导生产经营主体开发保健、养生药茶和代茶饮10多种，酸枣汁、山楂红酒、枸杞珍等饮品20多种，43家企业的决明子枕头、酸枣壳坐垫等200多种中药材加工品、保健品亮相京津冀首届中药材产业发展大会，深受广大消费者青睐。滦平县“燕山中药材核心示范区”、狼山顶中药材综合现代生态园、五道营子燕山药花谷，安国药博园，井陉县洞阳坡万亩连翘基地、邢台百里酸枣产业带、清河马屯山楂和石家庄以岭健康城等以中药材为主题的生态养生、休闲观光和乡村旅游示范区，成为京津冀城市居民休闲养生、观光旅游的新热点。

【棉花产业】 以提质增效为目标，进一步优化产业布局，发展现代植棉业，全面提升棉花质量、效益和竞争力。受多种不利因素影响，棉花种植面积进一步减少，全省种植面积413.99万亩，比上年减少18.87万亩，减4.36%，减幅低于去年。指导农民科学种植，防灾减灾，有效应对7月下旬到8月上旬和10月上旬两次持续阴雨天气，总产30.1万吨，比上年增0.15万吨，增0.5%；平均亩产72.64公斤，比上年提高3.35公斤；每公斤籽棉售价6.8元左右，与去年基本持平。

【食用菌产业】 以“完善设施创品牌，突出错季抓周年”为重点，深入推进食用菌产业规模化、标准化、专业化和现代化发展。全省生产面积31.9万亩，同比增长6.7%。阜平县2500亩北方设施食用菌基地项目建设完成，农业部和省委省政府相关领导多次到项目建设地点视察，对项目实施和阜平县食用菌产业发展工作给予充分肯定，其中天生桥、骆驼湾和色岭口已经成为省内外食用菌基地建设的标杆和亮点。平泉市的投资、距离、风险“三零”模式、阜平县的“六位一体、六统一分”模式、临西大光明现代化发展模式、涿州智速繁育集成技术、辛集轻简化栽培模式等新模式新技术，引领食用菌产业转型升级、提质增效。

【水果产业】 积极调整区域布局和品种结构，围绕梨和苹果两大主力水果品种，大力推广绿色优质高效栽培模式，以轻简化、机械化、矮密化和绿色生产为核心的现代化栽培模式，全省生产面积1640万亩，同比增加1.79%，其中名特果品面积达390多万亩，产量130多万吨，继续领跑全国，带动全省水果栽培管理水平迈上新台阶。以葡萄为主的设施水果面积达到19.03万亩，产量39.37万吨，成为高端设施农业的重要组成部分，饶阳县设施葡萄达到14万亩，成为全国最大的葡萄设施栽培大县。实施农业部老果园改造项目，示范面积500亩，实施整形修剪、间伐，推广生物防治技术，带动果品提质增效、果农增收致富。

【种植业结构】 持续推进农业结构调整三年行动计划和种植业结构调整、籽粒玉米调减、“粮改饲”等专项规划。在太行山、燕山山前平原优势产区，划定生产核心区，大力发展中强筋、强筋小麦，打造优质小麦生产基地，2017年全省小麦优质率达到73.1%，高于全国10.1个百分点。省农业厅与中粮贸易有限公司签署《推进优质强筋冬小麦产业化发展战略合作协议》，加强优质强筋小麦全产业链条产业化开发，订单种植面积达350万亩，中粮贸易公司在柏乡及周边地区订单收购强筋小麦5.8万吨，回收价每斤1.395元，高出国标三级小麦托市收购价0.2元，带动农民增收2300万元。以农牧交错区、山地丘陵区等非优势产区为重点，继续调减籽粒玉米种植，2017年累计达到417万亩。在太行山、燕山丘陵区，黑龙港和坝上等地区，发挥当地优势，以规模化、标准化示范县建设为抓手，因地制宜发展抗旱、高效杂粮杂豆、马铃薯、甘薯等特色优势作物，建设马铃薯示范县10个，杂粮杂豆示范县15个，进一步丰富产品种类，适应市场需求。以草食畜牧养殖大县为重点，按照“以养定种、以种促养、以养促调、合理改种”的思路，积极发展青贮玉米、苜蓿等优质饲草作物，2017年达到250万亩，实现草畜配套，资源循环利用。

【农田节水】 围绕强化组织领导，强化机制创新，强化模式创新，强化监督管理，强化科技支撑，强化宣传引导“六个强化”，全方位、多算途径开展农田节水。全面完成地下水压采治理三年试点任务，落实季节性休耕面积200万亩，涉及6个设区市51个县（市、区）1518个行政村16.7万个农户，减少农业灌溉用水3.6亿立方米，推广小麦节水品种及配套技术1700万亩，每亩节水40—60方。中国水利水电科学研究院的第三方评估认为：试点工作方向正确、方案合理、措施有效、推进有力，取得了明显成效，并形成可复制、可推广的综合治理模式，实现了试点工作的预期目标。汪洋副总理对河北省试点工作给予充分肯定，批示：“压采成效明显，而试点形成的制度成果更为可贵”。张承旱作区采取整村、整乡和3县整建制方式，推广旱作技术160多万亩，建立大规模连片地膜覆盖区，节水效果达到60%—70%。农业部在围场举办全国旱作节水农业技术培训班，参观了围场旱作节水农业示范现场，农业部领导和与会代表给予高度评价。

【化肥农药使用量零增长】 以科学施肥为统领，以机械施肥标准化、统供统施专业化、配方施肥个性化、灌溉施肥一体化和有机肥替代规模化“五化”为抓手，深化农企对接，实施个性化配方，开展差异化服务，推进施肥方式由配方施肥向施配方肥转变。2017年测土配方施肥面积9130万亩次，配方肥施用方面5308万亩，配方肥施用总量122.1万吨，机械化施肥面积5456万亩，氮肥利用率提高到37%，畜禽粪便肥料化综合利用率达到75%以上，化肥施用量继续保持零增长。以精准施药为目标，强化监测预报精准化、病虫诊断网络化、减量控害全程化、综合防控绿色化、统防统治专业化“五化”举措，组织46个国家级测报区域站、500余个基层测报点定点监控，准确掌握病虫动态，加强监测预警。针对小麦条锈病突发形势，紧急购置防治药品，组织开展统防统治，新购置植保无人机近400架，条锈病应急防控519万亩次。建立果菜病虫绿色防控基地25个，建立重点作物防控示范区40个，与省农科院联合开展熊蜂授粉、天敌治虫及绿色防控技术示范。2017年小麦、玉米等主要农作物专业化统防统治覆盖率达到38%以上，绿色防控技术覆盖率达到27%以上，农药利用率达到38.8%，农药使用量继续保持零增长。7月14日，省政府新闻办召开化肥、农药零增长新闻发布会，人民网、农业日报、河北日报等国家和省内主要媒体刊发河北省主要做法和经验。在10个县开展小麦、马铃薯、棉花、花生、苹果、黄瓜等5种作物绿色高产高效示范县创建，集成绿色生产模式，探索有效推进机制，实现亩节水50－52.5方，节肥4－10公斤、节药5%－20%，发挥了典型示范作用。

（河北省农业厅　张保军）

农　机　化

【概述】　2017年，河北省农机总动力达到7589万千瓦，提升2.3百分点；综合机械化水平达到77.2%，在高位继续提升1个百分点，主粮作物中小麦、玉米机械化水平分别达到99.6%和91%；北部地区机械化水平得到显著提高，张家口、承德、秦皇岛市综合机械化水平分别达到63%、60%和62%；全省玉米机收水平稳定在80%以上，邢台等6市机收水平达到90%以上，主产区粮食作物耕种收基本实现机械化；完成深松作业面积976万亩，完成率达到102.7%，粮食烘干、机械化植保、节水灌溉等一大批农机化技术得到广泛应用，全省马铃薯综合机械化水平达到80%以上，中药材等特色农产品关键环节机械化水平也取得明显突破。

【全程机械化示范县创建】　2017年以来，全省紧紧抓住四个关键环节，确保创建工作有序推进。顶层设计指导发展。印发《河北省主要农作物生产全程机械化示范县创建行动意见》，作为今后创建工作的总纲，明确目标任务和措施，为指导市县农机主管部门开展工作提供了重要遵循。专家团队助力发展。成立由国家和省级专家组成的创新团队，提供全程机械化解决方案，一大批以智能化和信息化为引领的重大集成技术和装备得以试验示范。典型示范带动发展。采取先试验后示范的路径，抓典型，带全面，精心打造出邢台任县和石家庄赵县两个标杆县，开展精准作业以及10项全程机械化试验示范项目，使全省其他县学有目标、干有榜样。培育主体夯实发展。将农机合作社作为全程机械化创建的实施主体加以扶持，优先承担“智慧农场”示范任务，省级专项补助资金95%由农机合作社使用。通过在16个县、50个农机合作社开展“智慧农场”主题创建，释放引导适度规模经营的重要信号，推进生产方式变革。通过一年努力，全省11家农机合作社获得国家级示范社称号，栾城等7县获得国家示范县称号，超额完成年初3个国家示范县创建任务，农民日报、新华网、河北日报等国家和省级新闻媒体多次对全省全程机械化创建工作进行了宣传报道。

【农机购置补贴】　2017年，中央分配河北省农机购置补贴资金12.07亿元，全省紧紧围绕稳定粮棉油等大宗作物生产、推动农业结构调整和促进“一控两减三基本”等绿色发展的需要，合理确定补贴范围，累计补贴各类农机具93003台（套），补贴报废更新机具828台（套）、直接受益农户44981户。与往年相比，在政策落实上，操作更加规范，制定了《机具核验流程》；制度更加健全，出台了《工作运行内部控制制度》；监督更加严格，印发了《违规经营行为处理实施细则》，在此基础上积极稳妥推进普惠制进程，从2017年下半年起实行“敞开补贴”，即纳入全省补贴范围、并在全省完成归档的产品实现应补尽补。一系列措施稳定了政策预期，确保政策廉洁高效实施。

【重要农时农机化生产】　“三夏”期间，全省精心打造“五型三夏”，即：科学调度打造信息“三夏”，堵梳结合打造绿色“三夏”，强化要求打造平安“三夏”，收种同步打造速度“三夏”，重心下移打造爱心“三夏”，不断提升调度水平和服务能力，全省140万台农机具有序流动，合理引导小麦联合收割机8.7万台，引进外省6000多台联合收割机，小麦机收自6月7日起，到6月22日大规模机收结束，圆满完成机收任务。

“三秋”期间，全省以农机合作社为依托，加强组织调度，扎实做好供需协调、技术指导，工作呈现新亮点。收秋种麦机械化水平高。完成玉米机收面积3837.9万亩，赵县等57个平原县玉米机收率达到100%。全省共投入机具200万台，为推广“两晚”技术提供了装备支撑，确保全省90%的农田实现玉米晚收和小麦晚播。玉米青贮机械化加速发展，新增机具278台，保有量达到5578台，为粮改饲后玉米饲料机械化生产提供了有力支撑。新技术稳步推广。14个全程机械化示范县开展玉米籽粒机收获筛选试验、机选型实验和烘干机技术经济试验，取得良好效果，全省新增玉米籽粒收获机63台，烘干机288套，为推动玉米生产模式变革做出有效尝试。农机深松工作有新进展。全省安装深松智能监测设备9351台套，实现作业智能监测全覆盖；推行并完善农机深松第三方质检机制，培养了一支公平公正的质检队伍，提升了质检效能。

【农机化改革】　面对新情况新问题，抓好事关农机化改革发展的几项工作。有效开展农机政策性保险补贴，

2017年，全省进行了政策性农机保险市场主体的公开招标，全省10个设区市已开始办理业务。落实农机免征收费政策，2017年全省落实工作经费126万元，迁安等22个县已实现收费免征。开展智慧农机建设，全省扎实开展二期项目建设，完成项目资金300万元，截止到目前智慧农机平台中涵盖生产、科研、决策、服务的七大子系统全部研发完毕，并顺利通过验收。做好“三员”生活补贴发放工作。全省扎实做好政策解读和信访维稳工作，指导各地进行身份认定和补贴发放，到2017年底已完成身份认定人数61990人，石家庄等五个地区已进入发放程序，完成发放人数10855人。

（河北省农机局　刘伟）

农垦经济

【概况】　河北省农垦系统的农（牧）场大部分是在五十年代国家为了巩固新生的人民政权，尽快恢复和发展经济，由转业官兵、知青以及地方抽调的干部群众，在人烟稀少的沿海滩涂、坝上高原、内陆洼淀开垦而逐步建立起来的，经过半个多世纪几代人艰苦不懈的努力，河北垦区成为全国各垦区中较大的一个垦区，全系统共有32个国营农（牧）场（23个农场，9个牧场）和1个省级农垦科学研究所，其中市属场12个，县属场20个。农（牧）场分布在全省除邯郸、衡水和秦皇岛外的8个市，最北部的沽源牧场与内蒙古自治区接壤，南至隆尧县境内，西临太行山脚下，东至渤海之滨，大部分处在环渤海、环京津经济圈内。全系统土地总面积387.61千公顷，其中耕地92.76千公顷，草场97.72千公顷，林地73.97千公顷，水面28.82千公顷，居民工矿企业占地39.68千公顷，其他面积54.66千公顷。2017年实现农垦生产总值488.91亿元，比上年增长0.43%。其中，第一产业增加值51.83亿元，减少0.65%；第二产业增加值258.55亿元，增长4.02%；第三产业增加值178.53亿元，减少4.06%。2017年人均GDP净增加10663元，达到115891元，比上年增长10.07%。人均纯收入17415元，比上年增长19.93%。2017年各农场发挥自身优势，积极调整产业结构，特色主导产业对经济发展起到了龙头拉动作用。一、二、三产业增加值在农垦生产总值中的比重分别为10.60%、52.88%、36.52%，第一产业比重比上年下降了2.1个百分点，第二产业比重比上年下降3.37个百分点，第三产业比重比上年上升了5.47个百分点。

全垦区33个农牧场中，生产总值超过1亿元的有10个。这10个农牧场共有职工6.13万人，耕地78.77千公顷。2017年实现生产总值487.19亿元，占垦区生产总值的99.65%。其中农业增加值50.29亿元，工业增加值256.25亿元，利润总额28.44亿元，销售税金33.21亿元。生产总值列前三位的是柏各庄农场、中捷农场、南大港农场，生产总值分别为130亿元、123亿元、97亿元。

2017年末全垦区拥有大中型工业企业、龙头企业25家，全年完成总产值423.37亿元，销售产值400.14亿元。完成增加值64.39亿元。年末资产总额298.90亿元，固定资产原值144.79亿元，从业人员11364人，实现利税总额21.28亿元。

截至2017年底，全垦区共有“三资”企业23家。企业投资总额约3.54亿元人民币，其中外方投资总额3.19亿元，河北方投资总额0.34亿元。

【第一产业】　2017年，垦区切实贯彻落实惠农强农政策，加快农业科技推广，加强现代农业建设，农业综合生产能力平稳增强。全年实现农林牧渔业总产值91.57亿元，比上年下降4.01%。其中：农业产值27.97亿元，与上年持平；林业产值0.75亿元，下降7.41%；牧业产值37.65亿元，减少0.86%；渔业产值25.80亿元，减少14.76%；服务业产值9.53亿元，增长5.07%。

全年农作物总播种面积为85.05千公顷，比上年减少12.22千公顷，下降12.56%。其中：粮食作物播种面积65.77千公顷，比上年减少10.67千公顷，减少13.96%，占农作物总播种面积的77.33%；棉花面积3.84千公顷，减少1.55千公顷，下降28.76%；油料面积1.41千公顷，减少0.06千公顷，减少4.08%；蔬菜、瓜类面积7.13千公顷，增加0.28千公顷，增加4.26%。其他作物6.51千公顷，减少0.51千公顷，下降7.26%。

垦区全年农作物总用种量17040吨，其中，杂交水稻5106吨，杂交玉米2474吨，棉花309吨。种子基地种子播种面积3496公顷，生产量合计16028吨；加工厂7个，加工生产能力15375吨；种子公司8个；年末从业人员330人，其中技术人员56人；种子质量检验室7个，种子检验人员20人。

2017年粮食总产量65.31万吨，比上年增加3.06万吨，增长4.92%。为国家提供商品粮56.49万吨，比上年增加11.61万吨，增长25.86%，商品率为86.51%，比上年增长20%。

畜牧业保持健康发展。2017年末大牲畜存栏19.56万头。奶牛数量达到17.44万头，增加0.25万头，比上年增加1.45%；牛奶总产量51.50万吨，减少4.42万吨，比上年减少7.90%。察北、沽源两个农场牛奶产量分别达到26.02万吨和18.53万吨，占全垦区牛奶总产量的86.50%。

水产养殖业保持平稳发展。2017年末水产品养殖面积15530公顷，比上年减少22.07%。养殖面积中淡水8018公顷，海水7512公顷。全年水产品总产量113425吨，比上年减少36912吨，减少24.55%。其中：淡水产品产量79588吨，减少30.27 %；海水产品产量33837吨，减少6.53%。对虾产量26058吨，比上年减少3.96%。

全年植树造林面积6.06千公顷，其中用材林0.06千公顷，经济林0.33千公顷，防护林4.42千公顷。年末林地面积73.97千公顷。

农业基础设施建设得到加强，农业生产机械化水平平稳提升。年末农业机械总动力104.99万千瓦，农用排灌动力机械11516台，14.84万千瓦，大中型农用拖拉机14791台，小型拖拉机16924台，播种机3075台，联合收获机764台，机动割晒机625台，机动脱粒机3369台，农用运输车辆5598辆。水稻工厂化育秧设备105套，温室560万平方米，大棚437万平方米。实际机耕面积61.34千公顷，占年末耕地面积的比重达66.13%，当年机播面积60.30千公顷，占农作物总播种面积的比重达70.89%，机械收获面积48.79千公顷，占农作物总播种面积的57.37%。

【第二产业】 2017年第二产业实现增加值258.55亿元，比上年增长4.02%，增加值占农垦生产总值的52.88%，其中工业增加值231.26亿元，比上年增长5.92%；建筑业增加值27.29亿元，比上年减少9.69%。

工业保持平稳发展。2017年工业企业总数为1169个，其中国有工业企业及规模以上的非国有工业企业207个，销售产值813.56亿元，增长4.71%。乳制品产量46.46万吨，比上年减少33%，液体乳产量39.30万吨，比上年减少37.52%。

2017年实现工业总产值861.64亿元，比上年增长2.62%。国有工业总产值132.88亿元，下降18.67%；轻工业总产值456.98亿元，下降7.90%；规模以上工业企业总产值736.77亿元，下降6.64%。主要工业产品总产值为：农副食品加工业39.02亿元，下降14.71%；食品制造业65.48亿元（主要为乳制品制造业），下降15.65%；纺织业4.35亿元，增长3.33%；纺织服装、服饰业4.08亿元，增长10.57%；家俱制造业33.64亿元，增长17.79%；化学原料及化学制品制造业36.80亿元，增长56.46%；造纸及纸制品业9.71亿元，增长9.22%；黑色金属冶炼及压延加工业114.36元，增长31.42%；金属制品业22.18亿元，增长5.67%；交通运输设备制造业99.43亿元，增长20.04%；石油加工及炼焦业266.97亿元，下降22.22%。

建筑业稳步发展。建筑企业67个，年末从业人员5267人。全年实现增加值27.29亿元，比上年减少9.70%。年末固定资产原值3亿元，全年施工房屋建筑面积89.46万平方米，房屋竣工面积23.67万平方米。

【第三产业】 交通运输业全年完成货运量76580万吨，客运854万人次；年末单位个数5994个，从业人员17659人，运输工具10774台；营业总收入24亿元，比上年增长8.25%。

批发零售业、餐饮业、服务业年末单位个数13579个，固定资产原值32.87亿元，比上年增长7.77%，营业用房面积54.29万平方米，增长1.91%；营业总收入291.25亿元，比上年增长4.05%，其中批发零售业208.72亿元，比上年增长1.68%；餐饮业21.33亿元，比上年增长1.23%；服务业61.20亿元，比上年增长14.22%；批发零售业、餐饮业、服务业营业网点数15919个，年末从业人员5.10万人。

全年出口商品总金额19.50亿元，比上年增长14.64%。其中：农产品151万元，增长208.16%；水产品2332万元，下降68.57%；工业品191412万元，增长18.20%。

【固定资产投资】 固定资产投资增速较快。固定资产投资对垦区经济持续增长起着较强推动作用。2017年全垦区完成固定资产投资总额575.73亿元，比上年增加39.16亿元，增长7.30%。国有固定资产投资32.84亿元，比上年下降32.48%；非国有固定资产投资572.89亿元，比上年增长11.26%。

二、三产业投资额增加显著。第一产业投资29.24亿元，比上年下降22.23%；第二产业投资382.93亿元，比上年增长9.02%；第三产业投资163.56亿元，比上年增长10.71%。一、二、三产业在固定资产投资中比重为5：67：28。

固定资产投资中，国家预算内资金3.07亿元，国内贷款12.58亿元，自筹资金524.60亿元，其他资金35.48亿元。当年新增固定资产281.32亿元。

当年新增生产能力主要有：喷灌面积624公顷，造林3583公顷，大中型拖拉机57台，联合收割机5台，住房1.5万平方米；公路5公里，机制纸及纸板71吨/年。

【科教、卫生】 2017年末全垦区拥有科研单位4个，其中省、地属科研单位1个，场属3个；从业人员88人，其中科技人员60人。科研经费2448万元，其中国家拨款2357万元，省地局自筹63万元，企业自筹28万元。

教育事业健康发展。2017年末全垦区拥有学校87所，教职工4075人，其中教师3723人；在校学生43429人，当年毕业生12000人。其中：成人高等学校1所，中等专业学校2所，成人中等专业学校1所，普通中学16所，职业中学2所，小学65所。

卫生服务体系建设得到加强。2017年末全垦区共有分场以上医疗单位121个，病床1694张，其中医院36个；从业人员1985人，其中医生798人。

【职工收入与社会保障】 2017年末垦区总人口42.18万人，全年出生人口5218人，出生率为12.37‰；死亡人口5410人，死亡率为12.82‰；自然增长率为0.46‰。

年末全垦区从业人员26.98万人。其中第一产业9.92万人，比上年减少11.43%；第二产业8.72万人，减少5.73%；第三产业8.34万人，增长1.21%。

职工生活水平稳步提高。2017年全垦区实现人均纯收入17407元，比上年增长19.93%。垦区危房改造工作自2011年开展以来，职工居住条件得到改善，年末职工实有住房面积1625万平方米，比上年增长2.78%，人均住房面积38.52平方米。

【绿色、有机食品、无公害农产品】 截止到2017年末，河北垦区认证了24个绿色、有机食品、无公害农产品，带动15508个农户。其中：种植业10个，含水稻6个、蔬菜2个、药材和其他各1个；已认证的绿色食品A级面积1753公顷，产量69518吨；已认证的有机食品面积388公顷，产量3783吨；已认证的无公害农产品面积388公顷，产量3783吨。渔业2个，含淡水鱼1个、海水鱼1个；已认证的无公害农产品面积1775公顷，产量1399

吨。畜牧业 10 个，其中生猪 5 个、奶牛养殖 3 个、蛋鸡 1 个、肉鸡 1 个；已认证无公害农产品数量 74 万头，产量 45278 吨；已认证的加工品类 2 个，为乳制品。

【非国有经济】 非国有经济在河北农垦经济总量中起着决定性的作用。2017 年，非国有经济全年实现农垦生产总值 338.29 亿元，与上年持平，占全社会经济总量的 69.19%。其中第一产业增加值 21.73 亿元，增长 6.36%；第二产业增加值 221.05 亿元，增长 8.36%；第三产业增加值 95.51 亿元，下降 16.18%。各产业在非国有经济农垦生产总值中所占比重分别为：6.42%、65.35%、28.23%。

年末非国有经营单位 22424 个。其中集体经济 102 个，个体企业 19666 个，私营企业 2608 个，港澳台及外商企业 23 个。从业人员 15.78 万人，其中第一产业 3.10 万人，第二产业 5.92 万人，第三产业 6.76 万人。从业人员报酬总额 45.48 亿元，人均收入 28823 元，增长 1.20%；全年共实现利税 62.15 亿元，减少 12.75%。

（河北省农垦局　张轶红）

林　业

【概述】 2017 年是河北林业影响力显著提升、林业改革发展取得显著成效的一年。全年完成造林绿化 37.18 万公顷，全省林业总产值达到 1577 亿元，同比增长 3.5%。全年果品产量 1638 万吨，同比增长 3.5%。认真贯彻“绿水青山就是金山银山”的理念，林业生态效益、经济效益和社会效益显著提升。一是果品产业提质量。着力抓好省级质量安全示范区建设，新增高标准果品基地 14.53 万公顷，果树结构调整 13.4 万公顷；完成果品监测 2156 批次，抽检合格率达 99.7%；积极组织参加国际果蔬展，河北果品知名度、外向度有了新提升。二是新兴产业扩规模。全省种苗面积达到 9.2 万公顷，新增中高档花卉种植面积 1533.33 公顷，林下经济、森林旅游产业发展势头良好，成为农民增收致富新支撑。三是生态扶贫提效益。河北省林业厅编制了《2017 年生态扶贫专项推进方案》，林业生态工程和项目向深度贫困地区倾斜，安排省级以上资金 19.99 亿元。在贫困地区扶持建设了 16 个万亩优质果品基地、31 个省级林果观光采摘示范园区，选聘护林员 2.7 万人，精准带动一批贫困人口脱贫。认真落实沽源县脱贫攻坚“五包一”牵头责任，协调各责任部门和帮扶单位，落实帮扶资金 4.43 亿元。

【林业改革】 坚持以改革促发展、以创新增活力，努力提高林业发展的质量和效益。一是圆满完成国有林场定性、定编、定经费主体改革任务。全省 143 个国有林场明确为公益性事业单位，占 97.3%。其中，公益一类林场由 2 个增加到 61 个；核定编制 7716 个，精简了 12%。二是扎实推进集体林权制度配套改革。出台了《河北省人民政府办公厅关于完善集体林权制度的实施意见》，对稳定承包关系、落实生产经营自主权提出明确要求。赞皇县国家集体林业综合改革试验示范区建设任务圆满完成，为开展集体林地“三权分置”探索积累了经验。二是加快“放管服”改革。取消下放行政审批事项 15 项，行政审批效率进一步提升。

【基础保障】 规模化林场建设、航空护林站建设等一批项目获国家立项支持，湿地保护和造林贷款贴息首次列入省财政补助范围，全年落实省级以上林业无偿投资 41 亿元。河北林业生态建设投资有限公司投资 1.6 亿元，吸引 1.7 亿元社会资本参与太行山绿化。新上林业科研和技术推广项目 60 个，推广新品种新技术 200 多项次，新建 1 个国家级、3 个省级标准化示范区，科技支撑能力得到增强。7 种特色商品林纳入政策性森林保险范围，森林投保面积达 342.2 万公顷，同比增加 32%。

【参加第九届中国花卉博览会】 9 月 1 日至 10 月 7 日，在宁夏银川市举办的第九届中国花卉博览会上，河北省荣获第九届中国花卉博览会“团体奖”银奖和“组织奖”特等奖。河北省共展出鲜切花、盆花、观叶植物、观赏苗木、盆景、插花花艺、压花、干花、植物景观、花坛花境、盆栽组合、观赏石、观赏鱼共 15 大类 496 项展品，共获奖 228 个，其中金奖 13 个，银奖 42 个，铜奖 93 个，优秀奖 80 个。河北省室内展厅和室外展园均荣获金奖。

【果品质量安全追溯系统】 2 月 10 日测试，河北省果品质量安全追溯系统面向消费者、行业管理部门、果品基地、质检机构、经销商等免费开放，消费者可以通过扫描果品二维码查询和追溯果品的产地环境、生产过程农事活动、质量检验和营销等信息，实现果品“生产有记录，信息可查询，流向可跟踪，质量有保证”的全过程质量安全追溯和监控。

【参加中国森林旅游节】 9 月 25～27 日，在上海市举办的中国森林旅游节上，河北省获得“优秀组织奖”“优秀协作奖”“优秀宣传奖”等 3 个奖项，塞罕坝国家森林公园获“优秀参加单位”、石家庄市林业局获“优秀联动单位”等奖项。

（河北省林业厅　袁媛）

畜牧业

【概况】 2017 年，河北省畜牧兽医部门深入贯彻十九大和习近平总书记系列讲话及对河北的重要指示精神，牢固树立新发展理念，紧紧围绕推进畜牧业供给侧结构性改革这条主线，以优化供给、提质增效、农民增收为目标，以绿色发展为导向，以改革创新为动力，以结构调整为重点，走“加快转型、绿色发展、跨越提升”新路，着力培育新动能、打造新业态，扶持新主体、拓宽新渠道，进一步加快现代畜牧业发展，较好地完成了全省畜牧兽医工作的主要目标任务。全省肉、蛋、奶产量463.7万吨、376.9万吨和465.4万吨，同比分别增长1.3%、下降3%和增长3.9%。

【畜禽生产】 各级畜牧部门以供给侧结构性改革为主线，以奶业振兴和粪污资源化利用为重点，以稳量、提质、增效为主攻方向，畜牧业在调整中转型，在转型中提升，生产结构和生产能力明显提升。截止2017年底，全省生猪存栏1874万头，同比增长3%；出栏生猪3571.3万头，同比增4%。牛羊生产稳定发展。2016年，出栏肉牛341.9万头，同比增长3%。。肉羊出栏有所下降，出栏肉羊2234.7万只，同比下降3%。家禽生产形势平稳。全省出栏家禽5.96亿只，同比下降2%。2017年全省奶牛存栏有所回升，存栏和牛奶产量均有所增加。奶牛存栏124.6万头，同比增长4%，牛奶产量458万吨，同比增长4%。

【畜禽标准化规模养殖】 各地扎实推进畜禽标准化规模养殖场（区）建设，养殖场户畜禽良种引进硬件设施、生产规范化管理、防疫制度建立、畜禽粪污处理等方面进一步健全和完善，奶牛规模养殖连续7年保持100%。创建农业部标准化示范场43个，对现有36个部级示范场检查确认，深入开展省级畜禽标准化示范场创建，完善粪污处理设施，推进粪污资源化利用，创建5个部级，4个省级绿色发展示范县，对全省所有蛋禽规模养殖场进行风险排查和抽检。

【奶业管理与发展】 按照省政府把“河北建成规模养殖最集中、奶站管理最规范、乳品质量最安全省份”的要求。一是加强顶层设计，明确任务目标。认真贯彻落实省政府《加快乳粉业发展意见》和省政府与四部委签署的《奶业振兴示范省战略合作协议》，起草了省政府《加快奶业示范省建设行动方案》，联合五厅局印发《河北省奶业发展规划》，出台《加快巴氏乳生产消费的指导意见》，明确发展思路和任务目标。二是推进标准化建设，提高单产水平。争取国家资金1.8亿元，完成89个奶牛养殖场标准化改造。全省1108个奶牛养殖场（区），全部实现管道式机械化挤奶，300头以上奶牛养殖场（区）存栏比例占98%，90%以上奶牛养殖场（区）完成标准化改造。全株玉米青贮饲喂比例96%，提高10个百分点，全省泌乳牛平均单产达到7.3吨，智能化牧场比例达到37%。三是加强过程监管，确保质量安全。创建启动生鲜乳收购日报告平台，建立全省生鲜乳收购数量大幅波动及质量不合格48小时调查追溯机制。开展生鲜乳质量定期分级抽检联动机制，农业部对河北生鲜乳收购站和运输车现场检查合格率100%，全省生鲜乳质量抽检合格率100%。违禁添加物抽检合格率连续10年保持零记录，规模牧场生鲜乳质量安全指标达到了发达国家水平。四是完善联结机制，保护奶农利益。针对乳品企业限收拒收生鲜乳现象，召开“生鲜乳收购协调会”，致函乳品企业稳定生鲜乳收购，蒙牛、伊利调整收购政策，对合同定量全部收购，定量以外降价收购，有效缓解“售奶难”困境。针对廊坊奶农维权事件，及时约谈乳品企业责任人，2次致函相关乳企，稳定收购价格，维护社会稳定。建立乳品企业配额收奶制度，与养殖场（区）签订三年以上长期购销合同。每季度发布全省生鲜乳收购参考价格。推动四个奶业大市启动了生鲜乳质量第三方仲裁检测。五是壮大乳品企业，创建知名品牌。引导乳品企业扩大生产规模，调整产品结构，加强品牌建设。全省婴幼儿乳粉生产能力15.5万吨，比2008年翻了一番，君乐宝婴幼儿乳粉在香港销售10万罐，销售额达到2000多万港币，销售数量快速提升。会同农业部确定崇礼奥运牧场建设地点，汇集发达国家最先进奶牛养殖加工技术，建设集蓝天白云黑白花绿草为一体的世界一流奶牛养殖加工展示窗口。

【畜禽良繁工作】 加强10个种猪、肉牛、蛋鸡、肉鸡核心育种场和扩繁场监督指导，加大深县猪、太行鸡、坝上长尾鸡等地方遗传资源保护与开发，太行鸡和坝上长尾鸡列入国家保种项目。新培育的大午褐配套系和寒泊肉羊进入中试推广阶段。在345个奶牛场，对15万头奶牛开展奶牛生产性能测定，在27家种猪场，对711头种公猪开展种猪生产性能测定。指导15家省级种猪场场开展场内测定，上传4万多头种猪测定数据，召开第14、15届种猪拍卖会。举办了河北省第二届牛人工授精大比武，选拔了一批人工授精技术能手。在全国率先出台《猪冷冻精液地方标准》和《河北省牛胚胎、卵子生产许可现场验收程序》，在全国会上作了典型发言。

【统计监测及信息服务】 河北省再次获得农业部畜牧业统计综合绩效考评总分第一名，受到通报表彰。河北省承担着农业部确定的生猪等6个主要畜禽品种66个县的生产和效益月度监测、6个规模商品猪场月度监测、30个县的价格和13个县的交易量周监测、970个规模场月度监测、1100来个生鲜乳收购站月度监测工作，全年完成统计报表2.8万张，采集数据300多万个。每季度末与国家统计局河北调查队就生产情况进行沟通，结合定点监测数据，撰写畜牧业生产形势分析报告，及时发布预警信息，服务行业生产，提供和测算各类数据250余万条，为评价畜牧业生产情况和实施各项政策提供了数据支持。利用“河北省畜牧统计监测系统”、“河北畜牧网”“河北牧业微信”平台等发布信息近300条。利用短信平台，每周向省、市、县畜牧主管领导发布京津冀畜产品及饲料价格，起到了服务市场、服务行业的作用。农业部畜牧业司在唐山市举办了“2017年全国畜牧统计综合业务现场培训班”，省畜牧兽医局畜牧业处做了典型发言，宽城、滦平、滦南三个县做了经验交流，此次培训，通过多媒体视频、展板等形式，展示了河北省畜牧统计监测工作成绩，也受到了畜牧业司和参会各省的一致好评。

【畜牧业绿色发展】 认真落实国务院《畜禽养殖废弃物资源化利用意见》。一是加强组织领导。省政府出台了《畜禽养殖废弃物资源化利用工作方案》，成立省政府粪污资源化利用领导小组，制定三年工作清单，省政府新闻办召开发布会，在河北新闻联播解读宣传。农业厅成立畜禽养殖污染防治办公室，召开全省会议部署粪污治理工作，整合国家24个项目资金，对粪污资源化利用试

点县给予倾斜，每个试点县扶持资金在1.2亿元以上。将畜禽粪污资源化利用装备纳入农机购置范围敞开补贴。2018年省财政安排5000万用于整县推进粪污治理。二是开展禁养区整治。以省水领办名义印发《畜禽养殖禁养区专项整治实施方案》，经省政府同意出台《畜禽养殖污染防治规模标准》，会同省环境保护厅印发《加快禁养区专项整治的通知》等系列文件，会同环保厅开展联合督导，全省191个县划定公布禁养区2764个，截止12底，禁养区内728个养殖场全部关停搬迁。雄安新区根据新的规划要求，关停搬迁养殖场1027个。三是提高粪污处理设施配建率和资源化利用率。全省达到规模标准的养殖场10480家，按照“一场一策一方案”要求逐一建立养殖档案，建立直连直报系统，有8871家配建了粪污处理设施，设施配建率达到84.05%，超过任务目标4.0个百分点。全省105个养殖密集区探索第三方企业运营机制。通过政府补贴、受益者付费、资源化利用产品销售，实现覆盖成本适当盈利，粪污资源资源化利用率达到65%。四是开展粪污整县推进试点。通过培训、审核、答辩、演练、汇报等方式，向国家申报的12个粪污资源化利用整县推进项目全部通过评审，是全国唯一全部通过的省份。建立了试点县县级档案，建立了月调度，季评估，年核查的工作机制，推进项目进度。推广六种治理制作养殖污染防治宣传片和宣传画册，宣传养殖污染防治成效。五是开展环境承载能力评价。建立畜禽养殖污染监测评价中心，对20个试点县开展粪污承载能力评价，对两个县提出调控养殖总量预警。

【畜产品质量安全监管】 以“违禁超限”畜产品为核心，加大对原发、复发、多发性问题的排查整治力度，重点打击使用“瘦肉精”和禁用抗菌药、非法收购屠宰病死畜禽、私屠滥宰注水等行为。据统计，全省共出动监管、执法人员38.9万人次，检查农兽药生产经营单位、各类畜禽、水产品养殖场（户）、屠宰场（点）19.2万个次，查处问题407起，责令整改386起，吊销证照企业5家，行政立案140件，移送公安部门立案处理6起，切实保障了畜牧产业健康发展，保障了畜禽产品消费安全。

【重大动物疫病防控】 继续坚持预防为主，落实强制免疫与扑杀相结合的综合防控策略，对口蹄疫、高致病性禽流感、布病、小反刍兽疫实施强制免疫，有效控制重大动物疫情发生。据统计，全省共免疫家禽5.6亿只（次），猪3535万头，牛850万头，羊2729万只，应免畜禽免疫密度基本达到100%。及时开展动物疫病及免疫抗体监测。全省全年完成高致病性禽流感、口蹄疫、小反刍兽疫免疫抗体监测分别为29.38万份、30.66万份、3.51万份，抗体合格率均在90%以上。启动实施动物疫病净化计划，采取“一地一策、一病一式、一场一案”方式，推进特定优先防治动物疫病净化。为构建动物疫病防治长效机制，一手抓重点动物疫病扑灭计划，一手抓无疫区建设和养殖场疫病净化，推动重点动物疫病从有效控制到根除转变迈出了坚实的一步。2017年7月，农业部通报表扬河北农业厅为2016年度加强重大动物疫病防控延伸绩效管理优秀单位，排名全国第4。

【兽药产业】 一是淘汰落后产能，全省兽药生产企业数量从2016年的152家，减少到142家；注销硫酸黏菌素预混剂、喹乙醇预混剂、氧氟沙星等8类产品327个兽药产品批准文号，取消发酵类硫酸黏菌素预混剂生产线2条。二是实现产品结构转型，由6家原来以生产兽用抗菌药制剂为主的生产企业，成功转型为以生产中兽药为主，兽用抗菌药年生产量减少110多吨。三是实现从内向型经济为主向外向型经济转轨，从原来的8家有产品出口业务的企业增长到42家，年实现出口创汇近4亿元。四是生产设施设备升级换代，有31家老企业改扩建生产车间71条，新增自动化兽药制剂生产线和生产设备83条。五是新兽药研发硕果累累，获得动物专用国家级二类新兽药1个，三类新兽药6个，科技投入近亿元。六是成立中兽药专业研究机构，新增以桑叶药用研究为主的中兽药研究所1家。

【病死畜禽无害化处理】 全省生猪主产区病死畜禽集中无害化处理体系基本建成，与保险联动机制初步建立，处理数量逐年增加、效果显现。一是处理体系建设任务进展顺利。2017年全省已完成并运行病死畜禽无害化处理厂（区域中心）30个，已基本建成并试运行的26个，配套建成病死畜禽收集站（点）248个，配套购置运输车辆114辆，初步形成了以养殖大县、区域中心为辐射的全省病死畜禽无害化处理与收集体系。二是无害化处理与保险联动联动机制基本建立。2017年全省243个县（次）开展了育肥保险业务，累计承保育肥猪1522.08万头，保费收入36243万元，提供风险保障金741336万元，支付赔偿金22577万元。2017年9月，农业部于康震副部长批示“此项工作做得好，成效明显，值得坚持下去，进一步完善提高”。三是加大病死猪无害化处理力度。2017年3月1日—2018年1月31日，全省共对405.68万头病死猪进行了无害化处理，涉及6.14万个养猪场、34万个养殖户。其中通过专业化无害化处理厂集中处理263.46万头，占比为64.94%。

【兽药行业监管】 一是深入开展畜禽抗生素、兽药残留超标专项整治行动，共检查兽药生产企业87家、兽用生物制品经营企业121家、规模养殖场79家、屠宰场22家，监测结果均符合国家标准。二是及时进行了禽蛋产品有毒有害物质排查。在全省范围内对兽药生产、经营企业和禽蛋养殖企业兽药产品质量安全进行专项检查，养殖环节共排查家禽养殖场6700家，兽药环节共检查兽药生产企业59家，兽药经营企业75家，养殖企业110家。对全省152家兽药生产企业、1976家兽药经营企业进行了告知，并签订了不生产经营含有氟虫腈成分药物的承诺书。三是积极推进兽药“二维码”追溯制度。完成了“河北省兽药信息监管平台”建设，组织举办了3期兽药二维码追溯经营环节入网培训班，全省有1125家兽药经营企业入网注册，占全部兽药经营企业的57%，超额完成了农业部提出不低于50%的兽药经营企业纳入兽药追溯系统”的任务目标。四是强化兽药行业监管。严把兽药许可准入关，建立了兽药GMP验收抽查制度。认真履行兽药安全生产监管职责，组织力量对全省56家高

风险企业、重点企业、问题企业进行了监督检查。企业规范程度、产品质量逐年提高，2017年兽药抽检合格率98.2%，比2016年的96.9%提高了1.3个百分点；动物产品兽药残留检测合格率达到100%。

【草原与饲料工作】 草原与饲料工作紧紧围绕种植结构调整、草原生态改善以及饲料产品质量和生产两个安全，圆满的完成了全年工作任务。一是草原生态补奖政策有效落实。2017年河北省绩效奖励资金15574万元，比2016年的14236万元增加了1338万元，增幅达9.4%。落实草原禁牧任务1747.3万亩，建设“草原生态保护示范区”28个，草原综合植被盖度达到71.2%，半牧区呈现了生产、生态、生活“三生共赢”局面。二是草原防火实现了“四个确保”目标。全省草原未发生等级以上火灾，未发生虫鼠害暴发破坏草原生态环境事件。三是粮改饲工作再创佳绩。全省共落实“粮改饲”面积203.7万亩，落实万亩示范区17个，千亩示范片214个。24个试点市、县共完成优质饲草收储面积102.2万亩，完成收贮量433.7万吨，圆满完成了国家下达河北省104万亩和312万吨约束性任务指标，在全国率先开展整市推进。河北的做法在全国“粮改饲”培训会上进行了典型经验交流。四是饲料工业平稳发展。饲料总产量完成1345万吨、总产值391亿元，分别比去年增长0.38%和0.5%，总产量全国排位第三。饲料抽检合格率稳定在了98%以上，高于全国两个百分点。全年未发生安全生产事故，实现了饲料质量、饲料生产“两个安全”。

【草原资源清查】 2017年草地资源清查历时三个月布设样点近万个，采用3S（遥感RS、地理信息GIS、全球定位GPS）技术与野外实地调查相结合，通过遥感数据以及地形图数据等进行耦合、处理、分析，得出全国草地清查方案中要求的各项指标初步数据，再经征询市、县意见，共同审核会商，专家评审最终得出了可信度较高，能够客观反映全省实际情况的草地资源数据。

【草原鼠害防治】 2017年全省完成鼠害防治295.8万亩，超额完成农业部下达河北省防治任务的18.3%。防治面积占危害面积的77.4%；占严重危害面积的140.3%，严重危害区得到全面彻底防治。其中，完成化学防治22.5万亩，占7.6%；生物防治243.3万亩（C型肉毒素治鼠110.4万亩，D型肉毒素治鼠89.8万亩，招鹰控鼠16.2万亩，野化狐狸控鼠26.9万亩），占82.3%；物理防治30.0万亩，占10.1%，减少鲜草损失8874万公斤，挽回经济损失2662.2万元。通过鼠害防治，减少了水土流失，控制了草场沙化退化程度，保护改善了草原生态环境，实现了“草原鼠害不暴发成灾，不发生鼠害严重破坏草原事件”的防治目标，保障了草原区的生态安全、粮食安全及畜产品安全。

【草原虫害防治】 2017年，全省累计出工39773人天，投入农药95.0吨，大型喷雾器100台次，中、小型喷雾器15840台次，完成草原虫害防治330.5万亩，超额完成农业部下达任务的3.3%。防治面积占危害面积的66.5%；占严重危害面积的149.9%，严重危害区得到全面彻底防治。其中，完成化学防治148.4万亩，超额完成农业部下达任务的6.0%；完成生物防治180.1万亩，超额完成农业部下达任务的0.1%，生物防治比例达到54.5%。减少鲜草损失9915万公斤，挽回直接经济损失2974.5万元，经济、社会效益显著。通过虫害防治，减少了水土流失，控制了草场沙化退化程度，保护改善了草原生态环境，实现了“飞蝗不起飞成灾，土蝗不扩散危害，入境蝗虫不迁移越境进京”的防治目标，保障了草原区的生态安全、粮食安全及畜产品安全。

（河北省畜牧兽医局　赵学凤）

渔　业

【概况】 2017年，河北全省渔业系统认真贯彻落实省委、省政府和农业部部署要求，以《农业部关于进一步加强国内渔船管控实施海洋渔业资源总量管理的通知》为指导，加快推进渔业转方式、调结构、促转型，按照年初制定实施的《河北省农业厅2017年加快推进渔业转型升级工作方案》，紧紧围绕供给侧结构性改革这一主线，以提质增效、减量增收、绿色发展、富裕渔民为目标，以健康养殖、适度捕捞、保护资源、做强产业为方向，强化政策引导、科技支撑、投入支持、法治保障，促进创新强渔、协调惠渔、绿色兴渔、共享富渔、开放助渔，提升渔业生产标准化、绿色化、产业化、组织化和可持续发展水平，提高渔业发展的质量效益和竞争力。全省渔业经济发展实现了稳中向好，质量效益同步提高，全省水产品总产量116.5万吨，同比下降2.74%。其中海洋捕捞产量23.4万吨、同比下降5.56%；海水养殖52.9万吨、同比增长3.48%；淡水捕捞4.9万吨、同比下降15.34%；淡水养殖30.4万吨、同比下降7.66%。渔业经济总产值268.8亿元，比去年增长3.67%；渔民人均收入1.51万元，同比增长8%。二三产业产值41.67亿元，同比增长21.1%，二三产业在经济总产值中占比增长2.3%。休闲渔业经济总产值7.18亿元，同比增长84.93%。远洋渔业产量4.82万吨，产值1.3亿元。

【调优捕捞业】 积极开展减船转产和渔船更新改造工作，制定实施《减船转产和渔船更新改造实施方案》《海洋捕捞渔船标准化技术要求（暂行）》等指导性文件。已减船转产渔船209艘，超额完成了176艘年度减船任务。完成更新改造渔船109艘，超过92艘的任务目标，近海捕捞产能进一步压减。远洋渔业新建3艘鱿钓渔船下水生产，远洋渔船发展到21艘，作业区域扩展到北太、南非、西非、南美等地，实现跨越式发展。出台《渔船船用终端设备建设实施方案》《渔政管理指挥系统建设指导意见》，为渔船配备北斗、AIS、短波电台、超短波电台；升级、改造13个岸台基站；建设3座沿海雷达基站；初步对省市县渔船信息系统、渔政指挥等系统进行整合，建立集渔船管理、渔港管理、监察执法与渔业安全应急救援为一体的全省渔政执法指挥系统，进一步提升渔船信息化水平。

【推进健康生态养殖】 按照农业部统一部署，全面启动养殖水域滩涂规划编制工作，对编制人员进行培训，并对各地编制工作进行专题调度，科学划定禁养区、限养区和养殖区，稳定基本养殖水域滩涂面积，保障渔业发展空间。持续开展网箱养殖清理取缔工作，潘大水库完成清理网箱将近8万个，出鱼1.7亿斤。统筹各类资金，积极支持潘家口库区渔民转产转业、渔业资源增殖、渔港等基础设施建设以及库区周边美丽渔村建设。加强水产良繁体系建设，修订《河北省水产原良种场管理办法》，明确原良种场的管理工作和建设标准。6家资质到期的省级场顺利通过现场复查。开展特色优势品种保种选育和扩繁活动，取得阶段性成效。选取了8个示范点，推广设施高效养虾技术9.6万平米、工厂化循环水高效养鱼技术3000平米、池塘节能减排及高效养殖技术1060亩。新创建农业部水产健康养殖示范场21个，圆满完成农业部20个指标任务，18家农业部水产健康养殖示范场通过复查，全省部级示范场总量达152家，辐射带动面积超过90万亩。在农业部举办的第二届全国水产技术推广职业技能大赛，全国各省市32支代表队参赛，岳强同志获第一名、一等奖，于康震副部长亲自颁奖授予全国技术能手称号，杨莉获得二等奖，河北省获团体二等奖。

【政策创新引领】 结合全省渔业发展实际，制定并印发了《河北省渔业发展十三五规划》、《2017年加快推进渔业转型升级工作方案》等政策文件，为全省渔业转型发展提供规范性指导意见和工作着力点。抓住油价补贴政策调整机遇，制定《2016年度河北省渔业油价补贴政策调整实施方案》和《关于印发河北省国内渔业油价补贴政策调整中央专项转移支付项目相关工作实施方案的通知》，争取渔业油价补助中央专项转移支付资金、落实省级一般性转移支付资金共计6.57亿元。在农业部渔业渔政管理局召开的全国渔业油价补贴政策调整培训会议上就河北渔业油价补贴政策调整实施情况做了典型发言。

【完善基础设施】 新建成并投入使用300吨级渔政船2艘、500吨级渔政船1艘、执法快艇16艘，全省水上渔政执法能力进一步强化。1艘300吨级渔业资源调查船，建成并已交付省海洋与水产科学研究院使用，省级海洋渔业资源调查研究能力进一步加强。黄骅市南排河中心渔港建设项目通过竣工验收，唐山市丰南区黑沿子、涧河、沧州黄骅市歧口等3座沿海渔港及邯郸市磁县东武仕、承德市宽城县潘家口水库等2座内陆渔港升级改造与整治维护项目通过农业部专家评审，陆续开工建设。积极争取将北戴河新香溪渔港、潘家口水库清河口渔港、迁西县大黑汀水库银洲峪渔港、唐山市迁西县潘家口水库太阳峪渔港、唐山市迁西县潘家口水库桃源渔港、唐山市迁西县大黑汀水库小黑汀渔港等6座渔港列入了《全国渔港升级改造与整治维护规划》。

【渔业资源养护】 加大增殖放流活动规模，在沿海海域及内陆湖库增殖放流各类海淡水苗种48亿尾（粒），进一步增强公众生态保护环境意识。新创建石家庄中山湖日本沼虾、黄颡鱼国家级水产种质资源保护区1个，共建立国家级水产种质资源保护区19处。海洋牧场建设快速，出台《河北省国家级海洋牧场人工鱼礁建设项目实施方案》，为规范建设项目管理提供了政策保障。新审批人工鱼礁建设单位3家、扩建单位3家，全省海洋牧场总数达到16家，海洋牧场面积达到9169公顷。争取2017年中央转移支付资金1亿元，组织实施第二批4个国家级海洋牧场示范区进行人工鱼礁建设，并新获批第三批国家级海洋牧场示范区3家，获批国家级海洋牧场示范区总数位居全国第二。严格落实涉海工程渔业资源损害补偿资机制，积极参与专题报告论证3个，反馈意见25份，签订补偿协议7份，涉及补偿资金2442.14万元；落实渔业资源修复资金3048.96万元。

【渔业行政执法】 扎实推进违规渔具清理整治，组织了全省联合执法行动和日常执法行动，省属渔政船全年累计出海368天，航行1.4万海里。共计没收、清理各类违规渔具清理、没收违规网具1767条（张），共2万余米。有效落实海洋伏季休渔制度。坚决贯彻农业部伏季休渔管理各项要求，早谋划、早部署、早行动，省政府办公厅下发《关于加强海洋伏季休渔管理工作的通知》，落实伏休管理措施，强化组织领导、落实管理责任、加大执法力度，有效震慑了各类违法行为，伏休效果好于预期。强化区域、部门间协同执法。分别与山东、辽宁、天津签订执法协作备忘录或定期召开执法协作会，与海警北海分局建立了渔政海警联合执法工作制度，多次参加了跨地域跨部门的联合执法行动，共同维护了交界水域渔业生产秩序的稳定，得到了海警部门通报表扬。全省各级渔政机构今年共出动渔政执法船艇1749艘次，检查车2666辆次，执法人员17776人次，查处违规渔船213艘，向公安机关移送涉嫌犯罪案件5起，行政处罚金额347.5万。严格贯彻落实水生野生动物保护法律规定，开展水生野生动物保护救助宣传活动，救助野生斑海豹幼崽1头，上报并通过农业部新建水生野生动物展演场馆评估审核的项目2个。认真做好国家一级水生野生动物特许利用审批下放衔接和船网工具控制指标审批指导监督工作。严格按照“四零”服务承诺要求，印制《行政审批指南》及《办事服务指南》，做到高效、便民，按时办结各类行政许可事项113项，群众满意度达100%。

【新兴渔业业态】 加大“互联网+”渔业建设支持力度，召开现场会进行专门部署。黄骅渔业电商创业园，已有互联网及传统企业50家入驻，并开通渤海电商网和微信公众号，浏览量已超10万人次，举办5期渔业电商培训班，培训渔民500余人次。乐亭县渔业电商公共服务中心，已有京东、阿里、雅购等电商企业入驻，已建电商服务站50余家，引入菜鸟物流开展水产品物流快递业务。进一步提升智慧渔业发展水平，任丘等8个县（市）试点配备精准生产网络监控系统，对养殖环境水质、气象等实时监测，通过智能远程控制精准调节水质和自动投喂。积极争取中央数字渔业试点资金1000万元，为智慧渔业发展树立典型示范。加快提高休闲渔业发展档次和服务水平，积极落实农业部《关于促进休闲渔业持续健康发展的指导意见》和河北省《关于促进休闲渔业可持续发展的实施意见》，利用渔业油价补贴政策调整资金支持休闲渔业发展，安排资金扶持建设25个省级休闲渔业示范基地和21个美丽渔村。加大休闲渔业宣传力度，各地积极开展垂钓比赛、渔事体验、科普教育等多形式休闲渔业活动，深挖渔业文化资源。组织全省渔业系统及休闲渔业企业负责人参加农业部在福建省厦门市举办的“第二届中国休闲渔业高峰论坛暨休闲渔业品牌发布活动”，吴更雨副厅长在会上做了题为“加强政策创新 推动休闲渔业健康发展”的典型汇报，省农业厅获得休闲渔业创建工作“最佳组织奖”称号。积极组织开展休闲渔业示范创建活动，新创建全国精品休闲渔业示范基地3家、全国休闲渔业示范基地2家，累计创建国家级休闲渔业示范基地13家，省级休闲渔业示范基地11家，发挥了典型示范作用，促进了休闲渔业形成特色品牌效应，拉动了休闲旅游消费。

【渔业安全生产】 狠抓渔业安全生产管理，开展隐患排查，落实监管责任，明确应急处置工作程序和省市县相关责任。对摸排出的不符合农业部要求的异地挂靠渔船，对渔船登记地和渔船所有人户籍所在地或企业注册地不一致的渔船进行全面清理。重点加强常年在外省海域作业渔船的管理，在集中停靠地设立了服务中心，派出骨干力量，管理重心前移，保障安全服务。坚持涉外无小事的理念，始终把远海远洋渔船管理作为大事来抓，组织检查组到山东、江苏对河北渔船进行登船检查，全年未发生恶性违规事件，涉外渔业生产形势保持了基本稳定。

【水产品质量安全】 坚决保障水产品质量安全，加大疫病防控工作，专项监测对虾白斑综合征、草鱼出血病等8种重大水生动物疫病，共监测样本535个，检出阳性样品13个，检出率2.43%。积极开展贝类毒素监测预警，对秦皇岛连续两年发现贝类毒素情况及时高效处置，受到农业部领导表扬。闫建民总渔业师在5月16日召开的“2017年全国水产品质量安全监管工作会议”上作了典型发言。

【京津冀渔业协同发展】 积极配合中国水产科学研究院开展环京津水源地水域生态环境调研，为实施华北水域生态大保护和保障雄安新区建设做好准备。联合天津市、北京市召开了第二届京津冀渔业协同发展联席会议，签署《京津冀水产苗种疫病监测检验协议》，三地开展水生动物疫病监测互检、信息共享。与北京合作进行鲤鱼浮肿病流行病学调查与研究，北京病害防治专家多次到河北现场指导。举办了京津冀三地水产技能大赛、水产品质量安全监测大比武两项赛事，河北囊括两项赛事冠军。与北京天津联合编著了《京津冀休闲垂钓》（2017—2018）。多次联合北京市渔政监督管理站、天津市渔政处组织辖区渔政机构及有关单位，在蓟运河、潮白河等交界共管水域开展联合执法行动。与北京市农委联合制定了《官厅水库渔具使用管理特别规定》，统一了官厅水库的禁渔期。

【存在问题】 一是产业化程度低影响市场竞争优势的发挥。总体看，全省渔业产业化程度不高，养殖结构还未趋于合理，规模型龙头企业少，特色、品牌产品总量小；二三产业占比偏低，水产品精深加工发展滞后，一体化经营发展缓慢，在激烈的国内外市场竞争中缺乏明显优势；大宗养殖产品过剩和养殖密度过大问题根本解决好需要一段时间。水产品质量安全及质量可追溯体质尚不健全。二是资源环境对渔业可持续发展的制约。随着全省工业化、城镇化进程的加快，涉海工程、工业开发等侵占养殖水域滩涂和捕捞海域越来越多，水域污染事件时有发生、水域生态环境持续恶化，渔业自然资源衰退未能有效缓解，水产品质量提高难度不断加大，加快经济社会发展、改善生态环境对渔业生产提出了更高要求，渔业可持续发展面临严峻挑战，渔民民生问题也由此变得更加突出。三是渔业安全生产仍是短板。渔船老破小、渔港差旧少、渔业保险制度建设滞后，安全生产形势不容乐观，海上渔民死亡事故时有发生，应在深刻反思、吸取教训的基础上，努力提升渔业安全生产保障能力，加快建设平安渔业，保障渔民生命财产安全。四是渔船渔具管理现状影响着渔业更好更快发展。渔船数量众多、近海捕捞强度过大、船体安全性较差、资源压力未能缓解等问题依然突出，渔业资源总量管理和渔船“双控”制度落实阻力较大。“绝户网”、涉渔“三无”船舶，违反最小网目尺寸、禁用渔具、禁休渔制度等违法捕捞行为屡禁不止，打击力度不平衡。

（河北省农业厅　周栓林）

饲料生产

【概况】 饲料产量稳定增长。2017年完成饲料总产量1350万吨，比上年增长0.75%。其中，配合饲料、浓缩饲料和添加剂预混合饲料产量预计分别为1135万吨、198万吨和17万吨，与去年同比分别增长1.1%、—1.0%和13.3%。生产企业数量有所增长。2017年底，河北省饲料和饲料添加剂生产企业1253家，比去年同期增加了96家。其中浓缩饲料、配合饲料、精料补充料企业594家，较去年同期增加49家，单一饲料企业185家，与去年相比没有变化，饲料添加剂企业191家，添加剂预混合饲料生产企业274家，分别比去年同期增加27家、20家。产业集中度明显提高。饲料行业联合、重组、兼并步伐加快，生产经营方式转变呈现新格局。河北省594家浓缩饲料、配合饲料、精料补充料企业中，2017年产量10万吨以上的企业数量达到了30家，年产万吨以上企业比例预计达到90%以上。饲料行业“两个安全”得到有效保障。2017年，省级以上饲料监督抽检合格率98%以上，全年未发生安全生产事故，实现了饲料质量、饲料生产“两个安全”。宠物饲料产业快速发展。2017年河北省宠物饲料总产量达到45万吨，较去年增长80%，占

全国总产量的60%以上，宠物饲料由单纯的宠物干粮不断向干、湿粮为主，宠物零食、奶糕等多品种发展。南和县已成为全国最大的宠物饲料生产基地。粮改饲工作卓有成效。全省共落实“粮改饲”面积203.7万亩，落实万亩示范区21个，千亩示范片226个。各试点市、县共完成收储面积148.9万亩，完成收贮量405.6万吨，圆满完成了国家下达河北省试点面积104万亩、收贮量312万吨试点任务。草原生态补奖政策有效推进。2017年补助河北省绩效奖励资金15574万元，比2016年（14236万元）增加1338万元，增幅达9.4%。草原补奖政策绩效考核得到了认可。落实草原禁牧任务1747.3万亩，建设“草原生态保护示范区”28个，草原综合植被盖度达到71.2%。草原防火实现了“四个确保”目标，未发生虫鼠害暴发破坏草原生态环境事件。

【饲料添加剂隐患排查】 中央电视台“3.15”晚会曝光外省个别企业及养殖场（户）非法添加饲料药物添加剂，包括“人用西药”等现象后，起草印发了《河北省畜牧兽医局关于开展饲料和饲料添加剂等投入品隐患排查活动的紧急通知》，于2017年3月18日至4月30日，开展了为期40天的全省饲料、饲料添加剂等投入品隐患排查活动。据统计，本次活动中，全省共出动监督执法人员5639人次，检查生产经营企业2751个，其中饲料和饲料添加剂生产企业1016个，经营单位1739个，查处违法违规饲料和饲料添加剂生产企业6个，查处饲料和饲料添加及经营单位10个，下达责令整改通知110份、行政处罚通知2份，取缔无证照企业1家，查扣违法产品4吨，罚款金额2.362万元。有力震慑了违规生产等不法行为。

【饲料原料专项整治】 为进一步加强对饲料原料市场的规范化管理，提高产品质量，印发了“2017年河北省饲料原料专项整治实施方案”，于2017年3月15日—6月15日在全省范围内开展饲料原料专项整治行动，对单一饲料生产企业进行了拉网式检查，对饲料生产、经营企业饲料原料使用、经营情况进行了抽查，进一步净化了饲料原料市场，为确保饲料产品质量安全奠定了基础。

【饲料监督监测】 一是根据农业部印发的《2017年全国饲料产品质量安全监测计划》，结合本省实际，制订了河北省2017年饲料监测计划，对河北省饲料和饲料添加剂抽样批次、检测重点、检测项目进行了细化完善。二是开展应急监测。3.15后，对饲料中喹乙醇和磺胺喹噁啉进行检测，检测36批，其中有4批有喹乙醇检出，但结果合格。二是配合农业部饲料质量监督检验测试中心（济南）进行了霉菌毒素风险预警监测抽样。四是对群众举报的保定市唐县葛堡村饲料经营使用环节饲料存在风险隐患问题，组织保定市饲料执法人员、唐山市畜禽水产品监测中心抽样人员，对该村经营使用环节饲料进行抽检，对不合格产品进行了查处。五是配合农业部饲料质量监督检验测试中心（武汉）进行了饲料药物添加剂监督抽检。

【举办2017饲料行业峰会】 2017年3月18—19日，省局在石家庄市举办了2017河北省饲料行业发展峰会暨饲料法规培训班。各市、重点县饲料办主任、饲料生产企业负责人等800余人参加了会议和培训，会议特别邀请了李德发院士、中国饲料工业协会闫奎友处长等专家学者进行了讲座，收到了良好的效果。

【南和县举办首届宠物嘉年华】 为了推进河北省现代宠物饲料产业体系健康发展，南和县委、县政府组织举办了首届全国宠物嘉年华，省局对该项行动进行了全程指导。通过努力，首届宠物嘉年华于5月20—21日成功举办，农业部畜牧业司、全国畜牧总站有关领导出席开幕式并讲话。

【饲料行业先进评选】 为表彰在饲料战线上为河北省饲料行业发展做出突出贡献的企业和个人，在全省评选出了“河北省饲料行业年度人物”5人、“河北省饲料行业十强”10家、“河北省饲料行业先进工作者”87名，并于2017年3月份在石家庄召开的“2017河北省饲料工业发展峰会”上进行了表彰。

【粮改饲工作】 一是对粮改饲工作及早安排布置。春节过后，3月份召开了河北省粮改饲工作会，各试点县进行了典型经验交流，与会人员对2017年河北省粮改饲工作实施方案进行了讨论研究，对2017年工作进行了安排、目标进行了分解，指导各市、县提前做好2017年“粮改饲”试点申报准备工作，为顺利完成粮改饲工作打下了基础。二是举办了省全株青贮玉米收贮技术推广现场培训班。9月份在保定市对全省试点市、县有关人员进行了技术培训，观摩了玉米品种选育实验示范基地和全株青贮玉米收获现场，试点市、县进行了工作交流发言，对推进2017年“粮改饲”试点工作、确保约束性指标任务完成进行了“攻坚战”动员部署。三是做好粮改饲收贮进度信息周报报送工作。为贯彻落实国务院办公厅督查要求，掌握各市、县收贮进度，根据《农业部畜牧业司关于报送粮改饲收贮进度信息周报的通知》要求，河北省于8月14日启动粮改饲收贮进度信息周报报送工作，安排专人负责试点市、县数据的收集整理，汇总后按时上报农业部。四是完成粮改饲试点工作落实情况的督导检查。为确保河北省粮改饲试点任务全面落实，根据项目管理要求，于9月下旬至10月中旬，对全省粮改饲试点市、县粮改饲工作落实情况和收贮进度开展了交叉督导检查工作。通过交叉督导检查，有效促进了项目的落实。

【草原生态保护】 完成了对2016年“草原生态保护示范区”建设项目实施方案的批复。报经省政府同意，印发了《河北省2017—2020年草原生态保护补助奖励政策实施方案》。落实草原禁牧任务1747.3万亩，制定印发了“草原生态保护示范区”推进工作方案，多次开展了2016年草原生态补奖政策落实督导检查，督促各县加快工作进度，帮助各县区解决项目实施中遇到的一些难点问题，对个别县进行约谈。每季召开全省草原生态补奖政策调度会，总结上季度工作，安排部署下一步工作。配合农业部在滦平县圆满地完成了以“京津冀联防草原火 保安全献礼十九大”为主题的全国草原防火实战演练。层层签订防火责任书。在节日及敏感时期组织督导检查，实现了“零火警”。制定印发了《2017年河北省草原虫害防治工作实施方案》和《2017年河北省草原鼠害防治工作实施方案》，未发生鼠虫害严重破坏草原事件。在对全省草原资源数量、质量、现状进一步清查的基础上，组织专家技术人员编制了《河北省草原生态保护建设总体规划》，结束了国家审计署审计提出的河北省草原长期没有专门规划的历史。

【存在问题】 1. 监管体系建设不健全。部分县（市、区）监管、检测和执法力量比较薄弱，不能满足饲料质量安全监管工作需要。2. 监管任务重、难度大。河北省中小企业数量较多，企业人员素质参差不齐，监管任务十分艰巨。3. 生产企业主体质量安全主体责任意识还需要增强。4. 监管部门发现问题、处理问题能力还需强化提升。一些地方虽然开展风险排查了，却发现不了质量安全隐患和问题，在执法立案查处方面是空白，不能对违法行为形成有力震慑。5. 部门联动机制仍需加强，准出准入衔接机制、涉嫌犯罪线索移送及查处机制还不完善。6. 个别县（市、区）饲料质量安全管理规范工作还停留在试点阶段，没有在面上整体推开。

（河北省农业厅　郭文娟）

盐务管理

【概况】 2017年，河北盐业以保障食盐质量和供应安全为核心，以平稳推进盐业体制改革为主线，在坚持食盐专营制度基础上推进供给侧结构性改革，着力推动行业经济发展质量变革、效率变革、动力变革。全年生产原盐329.5万吨，与年初预定的280万吨目标任务相比，超额完成17.7个百分点。全年省内盐产区查处各类盐业违法案件5起，没收盐斤19.8吨，罚款4.04万元，营造规范有序、公平竞争的市场秩序，有效保障了人民群众“舌尖上的安全”。

【盐业体制改革】 推动盐改政策落地见效。自2017年1月1日起，落实国务院《盐业体制改革方案》、省政府《盐业改革实施意见》和国家发改委、工信部有关文件要求，取消食盐指令性计划和食盐准运证，放开食盐出厂、批发和零售价格，取消食盐生产企业只能销售给指定批发企业的规定，允许生产企业进入流通和销售领域，以自主品牌开展跨区域经营。改革后，市场活力得到充分发挥和释放，企业的发展动力和创造力得到有效激发，行业内产销利益逐步平衡。全省食盐供应充足，价格稳中有降，产品品种更加齐全，广大消费者得到了更多的实惠。

实施政企分开。按照盐改政策和国企改革要求，实施省盐务局与省盐业公司政企分开。对省盐业公司进行全面清产核资，拟定《河北省盐业公司集中统一监管改革总体实施方案》，经职工大会表决通过后报送省国资委。

【盐业供给侧结构性改革】 加快行业转型升级。贯彻创新驱动发展战略，探索常年制卤、常年结晶、以销定产等原盐生产管理新模式，原盐生产有效面积单产及原盐质量稳步提升。针对沿海土地资源日益紧张的现状，唐山三友盐化有限公司、沧州盐业集团有限公司利用海水淡化项目产生的浓海水资源制盐，唐山兴海制盐有限公司玉丰分公司成功实现利用地下卤水制盐，沧州临港中科保生物科技有限公司主导的5万吨/日海水淡化与浓海水综合利用示范工程项目顺利开工，为全省盐业新旧动能转换积累了新经验、开辟了新路径。先后3次组织食盐生产企业赴外省参观学习，瞄准行业先进企业进行全面对标，在设备更新、厂房改造、研发设计、环境美化等方面找差距、补短板，努力提高技术装备水平。全年有10家企业完成设备升级改造，全省食盐生产小包装生产线配置率90.9%，色选装备配置率83.3%，食盐产品质量和附加值均得到显著提升。

深化产业结构调整。引导大型制盐企业谋划发挥企业优势、符合企业实际、发展潜力较大的转型项目，木材、商服、物流、溴素、养殖等产业获得较快发展。积极推进制盐企业、食盐定点生产企业节能减排，实施生产、生活锅炉改造，采用燃气或生物质燃料，河北盐区硫排量、碳排量大幅降低。

优化产品结构。实施“增品种、提品质、创品牌”战略，推动生产企业丰富产品种类，陆续打造“冀盐”、“海跃”、“晶正”、“芦盐”等一批特色品牌和128个食盐品种，更好地满足市场多样化、差异化的消费需求。加大市场开拓力度，组织河北省绿海康信多品种食盐公司、唐山市银海食盐有限公司、黄骅通宝特种盐有限公司等企业联合向市场推出雪花盐、精制盐、自然海盐、天然海晶盐、富钾海盐、低钠盐、腌制盐等20多个系列海盐产品，河北海盐产品品牌更加多元，品种系列更加广泛，进一步占有更大份额的市场空间。

【保障食盐稳定供应】 做好供应管理。督促生产企业建立社会责任储备制度，保证合理库存量。加强食盐市场监测，掌握市场供求动态，完善食盐供应保障应急预案，全年食盐市场整体呈现平稳态势。

加强食盐产品质量安全管理。开展食盐定点生产企业食盐产品质量安全管理专项检查，听取各企业产品质量安全管理情况汇报，聘请专家到场讲解食盐产品包装、标识等专业知识，对企业原料盐的管理与质量控制、产品质量分析与控制、化验室管理与原始记录、产品包装与储存、不合格品区分与隔离等情况进行重点检查，要求企业认真落实产品质量安全管理主体责任，严格执行食盐生产工艺标准和卫生标准，健全质量安全管理制度，加强隐患排查，完善检验手段，消除质量安全风险。

规范企业管理。组织生产企业参加全国食盐企业电子防伪追溯系统建设指南宣贯会议，推进追溯系统与诚信系统建设。全省12家食盐生产企业均通过ISO9001质量管理体系认证，河北永大食盐有限公司通过ISO22000食品安全管理体系认证，河北食盐生产企业多款产品还取得了国家农业部门颁发的绿色食品标识。

全面部署防汛工作。印发《关于做好汛期安全生产工作的通知》和《关于做好2017年防汛工作的通知》，总结2016年“7.19”特大暴雨洪灾应对经验，强化气象联动，细致排查隐患，制定汛期安全生产工作预案及防汛工作预案，抓好应急值守与安全生产监控，有效降低了汛期降雨及不利天气带来的影响和损失，实现安全度汛。

【优化盐业发展环境】 规范执法程序。完善执法制度，按照“一单、两库、一细则”要求，制订《“双随机”抽查机制实施办法》和《“双随机一公开”实施细则》（试行），建立河北省盐业系统“双随机”抽查事项清单、盐产区盐业市场主体名录库和盐政执法检查人员名录库。适应改革和依法行政需要，加强盐业执法队伍建设，推进行政执法全过程记录制度建设，开展领导干部带头学法，制定《2017年度学法计划》。加强执法人员培训，组织执法人员参加执法资格考试，提高执法人员法律意识和素质，依法治盐更加公正、文明、规范。

强化市场监管。加大执法巡查和打击私盐力度，保持盐政管理高压态势。各市县盐务局与辖区盐业企业主要负责人签订区域治理责任状，形成责任目标管理网。省盐务局创新工业盐管理模式，在放开工业盐运销管制的同时，加强盐产品标识管理，指导22家工业盐生产企业建立、保存完整的生产和销售记录，明确工业盐流向和用途，防止冲销食盐市场。

开展普法宣传。实施以宪法为核心、以盐业法规政策为主题的法制宣传教育活动，会同省司法厅、省法宣办等部门在石家庄市西清法制公园联合举行以“学习贯彻党的十九大精神，维护宪法权威”为主题的宪法日法治宣传活动，现场解答群众普遍关心的盐业体制改革、食盐质量安全等问题，进一步加深群众对国家盐业政策和各类食盐产品的认知。

推进“放管服”改革。围绕简政放权，清理2项行政审批事项，合并2项行政审批事项，将原有的6项行政审批事项缩减为3项。对行政审批事项所需申报材料进行统一梳理，减少2项不必要的申报材料；向雄安新区下放8项行政处罚事项，2项行政强制事项，2项行政监督事项。围绕优化政府服务，实行“一口受理、并联审批、信息共享、限时办结”制度，积极与省政府办公厅对接，推进“互联网＋政务服务”建设。

【服务盐业企业】 加强宣传推介。组织省内8家食盐生产企业参加2017（第二届）全国盐产品、制盐设备及包装新材料展览会，推出贴近大众审美、凸显海盐特色的枕式袋、八面封立式袋、罐装等81种特色海盐产品，与外省多家企业达成多项合作意向，提升河北盐业海盐品牌知名度。积极利用省盐务局网站、省供销社网站、中国盐业协会网站等网络资源宣传河北海盐产品和行业信息，扩大河北盐业影响力。

开展盐业学术交流。召开河北省盐业协会2017年度学术论文评审会，来自省内盐业系统的10多位专家，对全省盐业系统初选论文进行了认真评审，评选出一等奖论文10篇、二等奖论文8篇。获奖论文紧密结合盐业实际，在调整经济结构、转变增长方式、发展多种经营、发展循环经济等方面，提出了许多新观点、新措施，对全省盐行业加强企业管理和推进技术进步等工作具有较高的参考价值。

（河北省盐务局　马骁）

工　　业

【综述】 2017年，在省委、省政府正确领导下，全省各级各部门认真学习贯彻党的十九大精神，深入推进供给侧结构性改革，加强工业运行调节，大力做好企业帮扶，全省工业运行稳中回升，结构调整取得积极进展。但企业停减产面仍然较高，部分行业生产放缓，出口形势不容乐观。加快新旧动能转换，力促工业转型升级，实现高质量发展是当前和今后一段时期工业领域的重要任务。

（一）工业生产稳中回升。2017年，全省15062家规模以上工业企业增加值同比增长3.4%，增速比1—11月份回升0.2个百分点，扭转了下半年以来持续回落的局面。12月份，增加值同比增长4.4%，为7月份以来的最高增幅，比11月份回升3.8个百分点，上年同月为下降6.2%。

从工业三大门类看，采矿业增加值降幅收窄；制造业，电力、热力、燃气及水的生产和供应业增速回升。2017年，采矿业增加值比上年下降2.5%，降幅比1—11月份收窄1.0个百分点；制造业增长3.8%，回升0.1个百分点；电力、热力、燃气及水的生产和供应业增长7.2%，回升0.4个百分点。

从行业大类看，六成以上行业生产好转。2017年，在全省规模以上工业统计的40个行业大类中，26个行业生产好转，共拉动规模以上工业增速回升0.5个百分点。其中，在17个增速回升的行业中，铁路、船舶、航空航天和其他运输设备制造业、黑色金属矿采选业、燃气生产和供应业等3个行业对全省增速回升贡献较大，分别增长6.7%、6.4%、27.3%，分别比1—11月份回升5.6、0.5和4.3个百分点，共拉动全省工业增速回升0.2个百分点。在7个降幅收窄的行业中，煤炭开采和洗选业，石油加工、炼焦和核燃料加工业等2个行业对全省增速回升影响明显，拉动全省工业增速回升0.1个百分点。废弃资源综合利用业、其他制造业等2个行业由降转增，分别由1—11月份下降0.8%、1.5%转为增长3.0%、11.9%。

从七大主要行业看，生产“四增三降”。2017年，规模以上工业七大主要行业生产增长3.8%，比规模以上工业高0.4个百分点，比1—11月份回升0.1个百分点，装备制造业、食品工业、纺织服装业、医药工业等4个行业保持增长，分别增长12.1%、6.5%、1.2%和7.9%，钢铁工业、石化工业、建材工业等3个行业生产下降，分别下降0.1%、3.6%和1.3%。

从企业规模看，大型、小型企业增速回升；中型企业增速回落。2017年，大型企业增加值比上年增长0.7%，比1—11月份回升0.3个百分点；小型企业增长5.1%，回升0.3个百分点；中型企业增长4.7%，回落0.3个百分点。

（二）结构调整取得积极进展。2017年，全省主动化解过剩产能，科学治污、协同治污、铁腕治污，积极推进绿色发展、高质量发展，装备制造业支撑作用持续增强，高耗能行业不断收缩，新旧动能转换加快。

装备制造业支撑作用持续增强。2017年，规模以上装备制造业增加值增速比全省平均水平高8.7个百分点，比1—11月份提高0.5个百分点，高于上年1.9个百分点，对规模以上工业的贡献率达到88.9%，比上年提高36.7个百分点，贡献率居七大主导行业之首，拉动规模以上工业增长3.0个百分点。规模以上装备制造业可比价增加值占全省规模以上工业的比重为27.0%，高于钢铁工业2.2个百分点。装备制造业8个行业增速均高于全省平均水平，除汽车制造业，铁路、船舶、航空航天和其他运输设备制造业外，其他6个行业均保持两位数增长。

新动能加快集聚。2017年，规模以上工业战略性新兴产业比上年增长12.4%，比1—11月份加快1.5个百分点，比规模以上工业增加值增速高9.0个百分点。分行业看，电子元件制造同比增长71.8%，医疗仪器设备及器械制造增长47.3%，风力发电增长20.5%，太阳能发电增长57.5%，生物质能发电等其他电力生产增长38.0%。分产品看，新能源汽车同比增长1.4倍，电子元件增长22.0%，工业机器人增长26.7倍，太阳能电池增长34.6%，锂离子电池增长75.7%。

六大高耗能行业生产下降。2017年，规模以上工业六大高耗能行业增加值比上年下降2.1%，降幅比1—11月份扩大0.1个百分点，而上年为增长1.4%。除了非金属矿物制品业，电力、热力生产和供应业等2个行业生产增长外，其余4个行业生产均下降。其中，非金属矿物制品业增长3.6%，电力、热力生产供应业增长5.8%；煤炭开采和洗选业下降28.4%，石油加工、炼焦和核燃料加工业下降8.1%，黑色金属冶炼和压延加工业下降3.0%，化学原料和化学制品制造业下降2.0%。

消费品工业较快增长。2017年，与人民生活息息相关的消费品工业生产保持较快增长，工业增加值比上年增长4.1%，高于规模以上工业0.7个百分点。在13个消费品工业行业中，除造纸和纸制品业、家具制造业、化学纤维制造业等3个行业外，其他10个行业生产均保持增长，其中，农副食品加工业增长8.0%，食品制造业同比增长5.0%，烟草制品业增长9.3%，纺织服装、服饰业增长8.9%，文教、工美、体育和娱乐用品制造业增长14.7%，医药制造业增长7.9%。

【问题及原因】 规模以上工业生产低位运行依然是当前工业经济面临的主要问题。从月度运行情况观察，各月低位运行态势明显，虽然12月份工业增速回升较快，但主要受上年12月份基数较低的影响。12月份与11月份相比，增加值总量并没有明显的变化，工业生产面临的问题依然突出。

全省工业生产持续低位运行，症结在于转型升级的阵痛加剧。在转型升级的过程中，钢铁、煤炭、水泥、平板玻璃、焦炭、火电等产能过剩行业、高污染企业加快退出，战略性新兴产业等新动能快速成长，但新动能还需要一个不断集聚的过程，其体量还不足以替代传统动能，尚未对全省工业生产增长形成强有力支撑。同时，以下三个“不足”也不可忽视。

一是市场需求不足。2017年四季度，通过对2816家企业（全部大中型和部分小型企业，下同）问卷调查显示，16.1%的企业认为本季度接到的产品订货量低于正常水平，比三季度上升1.2个百分点；仅有6.0%的企业认为本季度接到的产品订货量高于正常水平，比三季度下降0.5个百分点。从产品出口订货量看，五成以上企业无出口订单，在有出口的企业中，6.0%的企业认为出口订货量“低于正常水平”，比三季度上升0.4个百分点，1.2%的企业认为出口订货量“高于正常水平”，比三季度下降0.5个百分点。

二是企业发展后劲不足。从利润增长情况看，2017年，全省规模以上工业利润总额同比增长21%，利润增长主要依靠钢铁工业、石化工业、建材工业等3个能源原材料工业拉动，这3个行业对全省利润总额增长的贡献率为113.7%，拉动全省利润总额增长23.9个百分点，若扣除上述3个行业，全省利润总额为下降4.2%，其中，装备制造业下降6.7%，食品工业下降4.5%。从企业运行成本看，2017年，全省规模以上工业企业每百元主营业务收入中的成本为87.33元，比全国平均水平高2.41元。

三是工业增长储备不足。2017年，全省工业投资比上年增长2.4%，低于全省固定资产投资增速2.9个百分点。2017年四季度，通过对2816家企业问卷调查显示，7成以上企业没有投资，在有投资的企业中，仅有5.6%的企业投向新产品开发，7.7%的企业扩大生产规模，13.7%的企业进行设备升级改造，11.5%的企业投入节能环保，0.9%的企业进行产业转型投资。没有进行投资的主要原因是未来预期不乐观，占未投资企业数量的30.6%，资金不足占19.1%，投资收益低占9.8%，科技和人才支撑不足占7.3%。另外，仅7.8%的企业认为下季度企业固定资产投资计划比本季度增加。

【对策建议】 全省工业经济面临的形势复杂和严峻，错峰生产还会继续，部分行业、企业生产要素供应可能紧张，化解过剩产能任务仍然艰巨。同时各级各部门认真贯彻落实党的十九大、中央经济工作会议、省委九届六次全会精神，攻坚克难，科学调度，精准帮扶，力促工业经济高质量发展，工业生产有望保持平稳增长的态势。为此，要抓好以下几个方面的工作。

（一）企业帮扶更加精准。进一步落实举措，用足政策红利，在土地、资本、融资、用能、物流、国家补贴等方面改进和完善服务，全面优化企业经营环境。引导企业加大内部挖潜，合理降低运营成本，加强技术更新，提高产能利用率，有效提升管理水平，不断增强企业竞争力。

（二）项目推动更加有力。盯紧工业项目和技改项目，加快推进工业投资进度，推动已开工项目加快建设进度，对审批通过的投资项目进行有效监测，推进重大工程项目尽快投产见效。对年内拟投达产的新建项目积极创造条件追工期、促投运、保入统。对于已经投产并且达到入统标准的企业，要督促企业及时申报入统。

（三）运行调节更加有效。为确保一季度工业生产开好局、起好步，各级政府和相关部门要加大对工业运行的督导力度，认真分析形势，齐抓共管，形成合力。紧盯重点地区、重点行业和重点企业，分类指导，精准施策，力争工业大市、主要行业平稳增长。注意各项相关政策措施实施的科学性，不搞一刀切，科学关停，引导企业合法、合规经营。

（河北省统计局　韩辉　刘旭）

电子信息产业

【概况】　2017年河北省电子信息产业总体保持快速增长，以大数据、智能化、移动互联网、云计算（以下简称“大智移云”）为核心的网络信息技术产业呈现快速发展态势，成为产业发展新动力。统计显示，全行业入统企业614家，从业人员约19.9万人，累计完成主营业务收入1508.7亿元，同比增长15.7%；实现利税170.5亿元，同比增长7.9%；完成出口创汇25.6亿美元，同比增长－2.2%，完成固定资产投资57.3亿元，同比增长90.3%。全省累计83家软件企业通过CMMI（软件能力成熟度模型）认证，晶龙实业集团有限公司、东旭集团有限公司、风帆有限责任公司3家企业入围第31届中国电子信息百强。

【产业结构调整加快】　电子信息制造业完成主营业务收入1211.7亿元，同比增长16.1%，持续快速增长；累计实现利税116.8亿元，同比增长7.5%。其中，太阳能光伏产业快速增长，实现主营业务收入319.7亿元，同比增长39.9%；半导体照明产业保持较高增速，主营业务收入55.7亿元，同比增长71.4%；行业电子持续快速增长，主营业务收入387.1亿元，同比增长19.4%；新型显示产业实现收入135.6亿元，通信导航产业主营业务收入150.1亿元。

软件和信息技术服务业完成主营业务收入296.9亿元，同比增长14.2%；实现利税53.7亿元，同比增长8.8%。完成软件业务收入230.3亿元，同比增长13.5%，其中，软件产品收入30.1亿元，同比增长16.8%；信息技术服务收入191.9亿元，增速较快，同比增长14.7%；嵌入式系统软件收入8.3亿元。

【京津冀大数据综合试验区建设】　京津冀三地召开了京津冀大数据综合试验区建设联席会议联络员会议，交流了工作进展情况，研究讨论了交通、环保、健康医疗、旅游、教育5个领域大数据协同工作机制等有关问题。确定将京津冀大数据综合试验区秘书处设在河北省廊坊，与京津冀大数据综合试验区应用感知体验中心合署办公。建立了省推进京津冀大数据综合试验区建设联席会议制度，成立了联席会议组织机构，承担大数据示范区建设任务的石家庄、承德、张家口、秦皇岛、廊坊等5个市制定了建设方案。2017年5月18日，在廊坊召开了“京津冀大数据创新应用论坛”，并同期举办了“京津冀大数据应用感知体验展”，集中展示宣传综试区建设应用成果。2017年11月16日，河北省工业和信息化厅、北京市经济信息化委员会、中国互联网协会、张家口市人民政府共同举办了第二届“中国数坝”暨中国互联网大会“支撑冬奥张家口赛区”峰会。

【智能汽车和北斗导航示范应用】　工业和信息化部、北京市人民政府、河北省人民政府共同签订“基于宽带移动互联网的智能汽车与智慧交通示范应用”合作协议后，2017年5月河北省工业和信息化厅、保定市政府、长城汽车、中国电科54所分别与车载信息服务产业应用联盟签署战略合作协议，多方聚焦产业发展前沿，在自动驾驶技术测试、体验示范、商业运营及标准法规探索等方面展开合作。2017年4月6日，京津冀工信主管部门联合发布《京津冀协同推进北斗导航与位置服务产业发展行动方案（2017－2020年）》，明确产业发展重点任务，建立完善保障措施，围绕公共安全应急保障、交通与物流、养老等领域开展规模化应用。2017年11月15日召开了京津冀协同推进北斗导航与位置服务产业发展工作研讨会，确定了京津冀协同推进北斗导航与位置服务产业发展首批专家智库名单。

【无线局域网（WiFi）建设】　2017年，全面推进县级以上城市主城区公共区域WiFi建设和免费开放工作。组织编制并发布了河北省《i－hebei无线局域网建设与服务规范》地方标准，印发了《河北省无线局域网（WiFi）建设和免费开放工作评价暂行办法》。完成了爱河北（i－hebei）全省统一认证服务平台建设方案编制工作。组织开展了两次全省免费无线WiFi网络测试，极大促进了无线WiFi网络建设和免费开放工作。2017年底实现了全省县级以上城市主城区公共区域WiFi全覆盖和免费开放。

【项目建设】　省政府从战略新兴产业、工业技改、科技研发等专项基金中出资8亿元，组建100亿元的新型显示产业发展基金，有力促进华夏幸福第六代AMOLED生产线项目建设。目前，总投资1668亿元，72项投资亿元以上的重点项目正在顺利推进实施，其中华夏幸福、阿里巴巴集团、东旭集团有限公司等投资10亿元以上项目38项，将于2018－2020年先后完成项目建设，达产后年新增销售收入1500亿元。

【智慧康养应用试点示范】　工业和信息化部、民政部、国家卫生计生委联合组织开展了智慧健康养老应用试点示范工作。2017年12月19日三部委公布2017年智慧健康养老应用试点示范名单，包括智慧健康养老示范企业

52家，智慧健康养老示范街道（乡镇）82个，智慧健康养老示范基地19家。其中，河北省7家单位入选，分别为：康泰医学系统（秦皇岛）股份有限公司入选智慧健康养老示范企业，沧州市泊头市解放街道、廊坊市固安县工业区街道、固安县固安镇、固安县牛驼镇、唐山市路北区乔屯街道入选智慧健康养老示范街道（乡镇），廊坊市固安县入选智慧健康养老示范基地，河北省试点示范数量位居全国第8位。

（河北省工业和信息化厅　梁立志）

电力生产与供应

【概况】 2017年，全省电力安全稳定运行，保证了经济社会发展电力需求。整体电力需求增速持稳，全年发电量较快增长，用电小幅增长，电力供需总体保持平衡。

（1）发购电量。全省累计发电量2656.7亿千瓦时，同比增长7.3%，较去年同期增速提高－0.2个百分点。其中，南网1496.3亿千瓦时，同比增长2.24%，较去年同期增速提高－5.7个百分点；北网1160.4亿千瓦时，同比增长14.62%，较去年同期增速提高7.73个百分点。全省累计输入电量785亿千瓦时，同比增长－0.45%，其中南网累计输入电量451.3亿千瓦时，同比增长23.73%；北网累计输入电量333.7亿千瓦时，同比增长－21.27%。

（2）用电量。全社会用电量累计3441.7亿千瓦时，同比增长5.43%，较去年增速提高2.63个百分点。其中南网1947.6亿千瓦时，同比增长6.53%，较去年增速提高2.09个百分点，北网1494.1亿千瓦时，同比增长4.03%，较去年增速提高3.25个百分点。全行业用电3005.1亿千瓦时，同比增长4.73%。其中，第一、二、三产业用电量分别为107.7、2428、469.4亿千瓦时，同比分别增长10.57%、3.1%、12.52%，增速分别比去年提高11.72、2.14、0.66个百分点；城乡居民生活用电436.7亿千瓦时，同比增长10.53%，较去年增速提高4.25个百分点。

工业用电量累计2391.3亿千瓦时，同比增长3.02%，较去年增速提高2.11个百分点；制造业1743.1亿千瓦时，同比增长2.54%，较去年增速提高0.48个百分点。其中，钢铁行业766.6亿千瓦时，同比增长1.04%，较去年增速提高8.82个百分点；装备制造业340.3亿千瓦时，同比增长9.74%，较去年增速提高0.48个百分点；石化行业296.7亿千瓦时，同比增长1.04%，较去年增速提高－0.53个百分点；建材行业190.9亿千瓦时，同比增长3.35%，较去年增速提高－3.94个百分点。设区市用电量增长不均衡。定州市、张家口市、保定市累计用电量增长较快。

【电力运行特点】 （一）发电量较快增长，用电小幅增长。全省发电量较快增长，用电小幅增长，增长因素主要为三产用电、居民用电、二产用电需求增加，主要是因受产业结构政策影响，产业转型升级步伐加快，第三产业发展保持较快增长；居民生活水平提高带动了居民用电增长。

（2）电力供需总体平衡。电力受农灌、空调等季节性负荷影响，用电高峰期电力负荷创新高，其中南网最大符合达到3360万千瓦时，北网达到2159万千瓦时，均比去年同期有所增长。

（三）积极应对重污染天气。在各级政府启动重污染天气应急措施时，按照制定的《河北省重污染天气电力应急预案》，一方面协调电网公司对高耗能、高污染工业企业实施限停电措施；对煤耗高效率低的小型火电机组实施限发电负荷措施。另一方面在本区域内减少发电供给的情况下积极协调省外网间临时外购电力，最大增购临时外购电力300万千瓦，确保全省电力安全可靠运行。

【电力市场建设】 （一）稳步推进电力市场建设。河北省2017年电力直接交易采取双边协商交易为主、集中交易为辅方式，全年完成交易电量394亿千瓦时，降低用户购电成本9.8亿元。共有47家发电企业、540家电力用户进入市场参与交易，其中有68家售电公司代理309家电力用户参与了2017年电力直接交易，通过市场化交易组织，有效降低了实体企业用能成本，释放了改革红利。

（二）大力推动风电清洁供暖。为贯彻落实习近平总书记关于推进北方地区冬季清洁供暖重要讲话精神，积极落实大气污染防治行动计划，联合华北能监局联合印发了《京津唐电网张家口可再生能源示范区可再生能源市场化交易规则》，积极推动张家口地区可再生能源就地消纳。2017年10月27日张家口可再生能源电力市场化交易在冀北电力交易中心挂牌启动，挂牌交易电价0.05元/千瓦时，交易电量规模1930万千瓦，成功实现了张家口地区2017－2018年供暖季的清洁供暖市场化运作，此项交易在华北地区属首次，对推进河北省可再生能源就地消纳和清洁供暖的推广具有示范意义。

（河北省发改委　赵宁）

城乡建设与建筑业

【概述】 2017年，河北省城乡规划水平持续提升，城市（含县城）市政基础设施投资继续增长，国家园林城、省级园林城覆盖面扩大，城市环境更加宜居宜业。棚户区改造、农村危房改造年度目标任务全部完成，城乡居住条件不断改善。妥善开展冬季供暖应急处置，超额完成农村气代煤电代煤任务，建筑施工扬尘达标率达到99%以上，助力全省大气污染防治。全省房地产市场保持基本平稳，建筑业总产值持续增加，城镇绿色建筑、装配式建筑呈现规模化发展势头，依法行政水平进一步提高，为全省经济社会发展做出突出贡献。

【城乡规划】 （一）推进京津冀协同发展。河北省人民政府办公厅印发《关于加强京冀交界地区规划建设管理实施方案》（冀政办字〔2017〕26号），强化交界地区城镇布局、生态空间、基本公共服务、社会管理的衔接协调和有效管控。河北省、北京市有关部门共同委托中国城市规划设计研究院启动《通州区与廊坊北三县地区整合规划》编制工作。落实《北京新机场临空经济区规划（2016—2020年）》，河北省、北京市有关部门共同编制《临空经济区总体规划》。

（二）城乡规划编制。2017年1月25日，住房和城乡建设部函复原则同意《河北省城镇体系规划（2016—2030年）》成果，后又结合雄安新区规划建设、北京城市副中心与廊坊北三县统筹发展、冬奥会筹办等要求进一步修改完善。石家庄、张家口、秦皇岛、唐山、保定、邯郸等由国务院审批城市总体规划的城市全部启动总体规划修编工作。省级“多规合一”试点城市开展自评工作、专家评审，完成省级“多规合一”试点城市考核。核发延庆—崇礼高速公路（河北段）等4个冬奥会建设项目选址意见书。核发重大项目选址意见书69个，城乡规划编制单位乙级资质14家，丙级资质7家。

（三）开展“一区三边”违法建设集中整治专项行动。2017年8月10日，河北省委办公厅、省政府办公厅联合印发《河北省集中整治“一区三边”违法建设专项行动方案》，成立河北省集中整治“一区三边”违法建设专项行动领导小组，由主管省领导任组长，省交通、公安、国土等部门负责同志为成员，办公室设在省住房城乡建设厅，全面清查处理各市县的城市（县城）建成区和高速铁路、高速公路和国省干道沿线“一区三边”违法建设，坚决遏制违法建设增量，2018年底前实现违法建设“清零”。各市县成立党委、政府主要负责同志任组长的工作小组，并制定具体实施方案。河北省政府共组织召开专题调度会5次，印发工作简报6期。截至2017年底，全省共排查出违法建设10525万平方米，查处10483万平方米，其中，“一区三边”应拆面积5820万平方米，实际拆除5787万平方米，拆除比例99%，超额完成年度目标。省集中整治“一区三边”违法建设专项行动领导小组办公室印发《2017年集中整治“一区三边”违法建设专项行动工作年度考核验收办法》，从组织推进、台账管理、违法建设查处、拆改结合、严控新增、长效机制等方面制定评分标准，通过听取汇报、查阅资料、现场核实和综合评议，对市、县（市、区）考核验收，考核结果均为合格，其中：秦皇岛、邢台、邯郸、保定为先进市，高邑县等54个为先进县（市、区）。

（四）城乡规划督察工作。召开全省城市规划督察工作座谈会，各市（含定州、辛集市）和18个县级市、环首都5个县城乡规划主管部门、城管执法部门有关人员及省规划督察员参会，总结上一年度工作，结合新形势对城乡规划督察工作提出要求，聘请专家对卫星遥感监测图斑的现场勘查核定进行培训。2017年，规划督察员对派驻市总体规划、历史文化名城保护、风景名胜区等专项规划实施，以及城市“五线”规划管理等实施重点督察。加强违法图斑督察工作，对住房和城乡建设部交办的遥感监测涉法图斑处理进行督察。

（五）实施生态修复城市修补。张家口市入选第二批全国“城市双修”试点城市，秦皇岛市、保定市入选第三批全国“城市双修”试点城市。

（六）历史文化名城保护。住房城乡建设部和国家文物局赴蔚县就国家历史文化名城申报工作进行现场考察，蔚县申报请示由住房城乡建设部会同国家文物局报送国务院。各市有序开展历史文化街区划定，省住房和城乡建设厅向省政府请示批准公布符合要求的15个历史文化街区。按照住房城乡建设部国家文物局工作安排，开展国家历史文化名城和中国历史文化名镇名村评估检查工作。河北省5个国家级历史文化名城按照要求开展自查评估。国家历史文化名城和中国历史文化名镇名村评估检查组对正定县、井陉县、山海关历史文化名城名镇名村开展评估检查。印发《河北省历史建筑确定和保护技术规定》。

（七）新型城镇化工作有序推进。2017年，河北省常住人口城镇化率达到55.01%。3月8日，全省推进城镇化工作电视电话会议在石家庄召开，专题部署推动农村人口向城镇转移工作，副省长张古江出席会议。印发《河北省人民政府办公厅关于推动农村人口向城镇有序转移实施方案》《河北省人民政府办公厅关于推动非户籍人口在城市落户的实施意见》（冀政办字〔2017〕8号）。石家庄、定州、张北3个第一批国家新型城镇化综合试点通过国家发改委开展的试点评估检查；河北省人大、省直有关部门联合对9个国家新型城镇化综合试点和13个省级新型城镇化综合试点进行调研指导；组织开展第二批省级新型城镇化综合试点申报工作。河北省城镇化工作领导小组办公室印发《河北省关于加快推进新型城镇化建设行动的实施方案》（冀城镇化办〔2017〕17号）。5月9日，全省城市规划建设管理专题培训班在河北行政学院举办，副省长张古江出席开班式并作专题辅导。2017年12月，《2016年河北省城镇化发展报告》由河北出版传媒集团、河北人民出版社出版。

【城市建设】 （一）海绵城市建设。2017年2月22日，全省海绵城市建设调度会召开，总结2016年海绵城市建设进展，对重点对迁安国家海绵城市建设试点和省级海绵城市建设示范区有关工作进行调度，对海绵城市专项规划编制工作提出要求。

（二）地下综合管廊建设。2017年，住房和城乡建设部分配河北省63公里地下综合管廊开工建设任务，截至年底，所有项目均开工建设，开工率达到100%。

（三）黑臭水体整治。河北省住房和城乡建设厅印发《河北省城市（县城）黑臭水体整治专项行动方案》（冀建城〔2017〕13号），确定近期和远期目标，近期目标（2017年）为，石家庄市城市黑臭水体得到基本消除（消除比例达到90%以上），其他设区市（含定州、辛集市）城市黑臭水体消除比例达到60%以上；所有县城（县级市）完成黑臭水体排查工作，制定整治修复方案，并完成1条以上整治任务。远期目标（2020年）为，石家庄市黑臭水体消除比例2017年以后不低于95%，其他设区市（含定州、辛集市）2018—2020年黑臭水体消除比例分别达到80%、90%、95%以上。3月14日，全省城市（县城）黑臭水体整治工作推进会在石家庄市召开，对全省工作作出部署。分别于9月、12月开展全省城市黑臭水体治理专项督导检查工作，对城市黑臭水体整治进展情况、已完成整治工程的黑臭水体整治效果、正在开工整治的黑臭水体工程进度等进行督导检查，并印发通报。截至2017年底，列入国家考核的设区市43条黑臭水体，已有34条完成整治，其中石家庄市5条黑臭水体全部消除，其他设区市黑臭水体消除比例达到76%，完成国家考核任务。

（四）城镇排水与污水处理。截至2017年底，全省建成投运城镇（不含小城镇）污水处理厂184座，形成污水处理能力815.6万立方米/日，全部污水处理厂已达到《城镇污水处理设施污染物排放标准》一级A标准，共建成城镇排水管网总长29693.1公里，其中污水管网10994.5公里，合流制管网7550.5公里（占25%）。

加强规划编制。2017年4月，印发《河北省城镇污水及再生利用设施建设“十三五”规划》（冀发改环资〔2017〕446号），确定到2020年，全省城市污水处理率达到95%，县城污水处理率达到90%，设区市污泥无害化处理率达到90%，城市（县城）再生水利用率不低于30%；计划“十三五”期间，全省新增污水处理能力148.7万立方米/日，提标改造处理能力173.4万立方米/日，新建排水管网2351千米，改造排水管网2448.7千米，新建再生水利用规模65.7万立方米/日。石家庄、秦皇岛、廊坊、保定等市均编制市级排水与污水处理规划，并发至各县实施。

推进污泥提标改造。2017年，在完成全部污水处理厂一级A提标改造的基础上，重点推进污泥处理处置设施达标改造。截至2017年底，全省184座污水处理厂中，有164座污水处理厂的污泥处理处置符合国家现行标准要求，剩余20座污水处理厂的污泥项目需要改造改造任务。12月27日，省住房和城乡建设厅印发《河北省小城镇污水处理设施建设行动方案》（冀建村〔2017〕59号），明确2018年不具备污水处理能力的小城镇，力争全部启动污水处理项目建设，2019年小城镇实现污水设施全覆盖，污水处理率达到70%，到2020年重点镇污泥无害化处置率提高5个百分点，初步实现小城镇污泥统筹集中处置；要求各地开展科学制定建设方案、加快组织项目建设、规范运营管理三大方面重点任务。

加强顶层设计。《河北省城镇排水与污水处理管理办法》自2017年2月1日起施行，填补了河北省在排水与污水处理方面的立法空缺。5月19日，河北省住房和城乡建设厅印发《河北省城镇供水设施改造与建设“十三五”规划》《河北省城镇排水防涝设施建设“十三五”规划》。6月14日，河北省住房和城乡建设厅、河北省发展和改革委员会印发《关于命名石家庄市为“河北省节水型城市”称号的通报》（冀建城函〔2017〕79号），决定命名石家庄市为河北省节水型城市。

（五）垃圾分类。河北省发展和改革委员会、河北省住房和城乡建设厅联合印发《河北省“十三五”城镇生活垃圾无害化处理设施建设规划》，明确“十三五”期间垃圾处理总体目标、技术路线、建设项目等内容，引导各地完善垃圾分类处理体系。开展垃圾分类调研，启动生活垃圾分类操作规程编制工作。开展垃圾分类试点，确定邯郸、石家庄等10个市县区为试点地区，先行探索实践；各试点城市全部编制完成垃圾分类实施方案。

（六）供热保障。编制《河北省城镇集中供暖专项实施方案》，并作为河北省委、省政府《关于强力推进大气污染综合治理的意见》中的附件之一印发全省实施。推进全省供热规划编制，《河北省城镇供热“十三五”专项规划》印发全省实施，各市、县按照积极开展城镇供热专项规划编制、修编工作。印发《关于贯彻落实河北省城镇集中供暖专项实施方案的通知》（冀建城〔2017〕27号），将任务分解落实到各地。河北省住房和城乡建设厅印发《关于推进城镇供热智能化建设的指导意见》（冀建城〔2017〕72号），明确到2020年，全省供热企业的集中供热系统要基本建成无人值守换热站，供热面积在200万平方米以上的，要基本建成智能供热系统；有条件的要建成环保监控系统、安全保障系统、供热服务系统和供热企业管理系统。总供热面积在2000万平方米以上的城市要建成城市智慧供热监管指挥系统。

（七）城市燃气管理。河北省住房和城乡建设厅印发《关于公布河北省2016年燃气经营企业延续经营许可有效期结果的通知》（冀建城〔2017〕2号），公布全省2016年准予延续燃气经营许可有效期的265家企业名单。开展城镇燃气行业安全检查、城镇燃气安全隐患排查整治。组织开展2017年度燃气行业“安全生产月”活动，各地结合广泛开展燃气安全宣传咨询日、燃气安全知识下乡、知识竞赛等活动，增强用户安全用气意识，提升用户安全用气技能水平；开展安全教育、应急演练、隐患整治，提高企业安全生产水平。开展打非治违专项行动，重点查处非法加气站、流动液化气充装站等，保障燃气运行和使用安全。

（八）园林城创建。全年新增辛集、黄骅等国家园林城市2个，魏县、曲周等国家园林县城8个，位居全国前列。开展省级园林城创建、复查技术指导，全年新增赞皇县等5个省级园林县城。开展环首都县（市）创建国家园林城督导评估，开展2次督导1次评估，环首都14个县（市）已有6个建成国家园林县城。

（九）园林绿化。持续拓展城市绿色空间。全年全省城市植树1173.11万株，新增城市绿地3562.39公顷，绿道绿廊330.87公里，新建提升公园游园216个。加大县城园林绿化建设力度，县城植树655.71万株，增绿2166.9公顷，新增绿道绿廊216.65公里。开展“五进四创”活动（绿化“进机关、进企业、进学校、进社区、进庭院”和星级公园、园林式单位（小区、街道）创建），全年新增星级公园（游园、广场）117个，省级园林式单位77个、小区63个、街道49条。

加强园林绿化管理。《河北省绿化条例》于2017年5月26日河北省第十二届人民代表大会常务委员会第二十九次会议通过，自2017年9月1日起施行。河北省住房和城乡建设厅修订并印发《河北省园林式单位、居住区（小区）、街道评选办法和标准》（冀建城〔2017〕46号）。对2017年度河北省星级公园（游园、广场）和园林式单位（居住小区、街道）进行现场验收和综合评定，认定滦平县南山公园等3个公园为河北省五星级公园，石家庄市栾城区柴武台公园等28个公园为河北省四星级公园，石家庄市鹿泉区石柏公园等30个公园为河北省三星级公园，无极县儿童公园等3个公园为河北省二星级公园；石家庄市怡康园等41个游园为河北省三星级游园，唐山市唐山湾国际旅游岛潮河游园等2个游园为河北省二星级游园；正定县子龙广场等10个广场为河北省三星级广场；石家庄市老年养护院等77个单位为河北省园林式单位；石家庄市栾城区福美小区等63个居住小区为河北省园林式居住小区；石家庄市鹿泉区御园路（京赞线—青银高速）等49条街道为河北省园林式街道。

（十）风景名胜区管理。《河北省省级风景名胜区管理评估和监督检查办法》通过专家审查。《河北省风景名胜区体系规划》通过专家评审；5个国家级、3个省级风景名胜区总体规划获批。配合省环保厅完成生态保护红线划定，将全省42处自然类风景名胜区核心景区纳入生态保护红线范围。

（十一）自然资源和世界自然遗产保护。京津冀古树名木保护研究中心成立。完成全省二次古树名木普查工作，对691株散生古树、8个古树群实施重点保护。完成古树名木基因种植基地建设，保存49株千年以上古树基因苗。河北省住房和城乡建设厅、河北省委宣传部联合开展“十佳最美古树”推选活动，确定10株最美古树，并在河北省博物院展出。建立古树名木和风景名胜资源保护项目库，推进精准保护，提高补助资金效益。启动太行山申遗现场调研，开展价值评估。

（十二）城市管理。推进城管体制改革，秦皇岛、衡水、邢台、迁安4个全省城市管理体制改革试点城市有序推进完成试点任务，为改革全面铺开并向市县延伸积累了经验。12月5日—10日，河北省城市管理工作联席会议办公室组成4个督导组对各市、县城市管理综合执法体制改革工作开展督导。截至2017年底，全省11个设区市出台改革实施方案全省县级以上城市全部建成数字化城管平台。

全面开展“强基础、转作风、树形象”专项行动。按照2016年印发的《河北省住房和城乡建设厅关于印发河北省城市管理执法队伍“强基础、转作风、树形象”专项行动实施方案的通知》（冀建法〔2016〕24号）要求，大力开展专项行动。开展宣传活动，先后编印工作简报22期，各设区市共利用户外电子显示屏200余块，大型广告牌、路边围挡等20000余平方米，标语条幅750余条，对工作进行宣传。组织城管执法干部轮训，组织全省处级以上城管执法干部123人分期参加住房城乡建设部组织的干部轮训，组织对全省1200名城管执法科级干部分四期进行培训。各设区市按要求对科级以下干部共2万余人开展培训。开展“全省城市管理执法征文”活动，共收到征文170余篇，经专家评审，共38篇文章获奖，并在全省通报。编辑《河北省城管执法理论与实践》，由河北科学技术出版社出版发行。开展“全省城市管理执法人员业务知识竞赛”活动，共收到答题卡15530份，评出了一二三等奖和优秀奖，并对获奖情况在全省通报。

推动城管执法队伍换装工作。开展全省城市管理执法人员统一制式服装和标志标识工作调研，制定河北省城管执法制式服装和标志标识配发要求，确定全省城管执法人员胸号编号。河北省住房和城乡建设厅 河北省财政厅联合转发《住房城乡建设部 财政部关于印发城市管理执法制式服装和标志标识供应管理办法的通知》（冀建法〔2017〕9号），对全省城管执法队伍换装提出明确要求，2017年底，各市城管执法人员换装基本完成。

（十三）市政基础设施安全运行。1月、9月两次对各地供水、燃气、供热、桥梁、污水处理、建筑垃圾（渣土）、游园景区等行业安全工作开展检查，并在全国通报。加强节假日安全运行监管，对“春节”“国庆”、党的十九大召开期间等重要时期城建行业安全生产作出部署，有效遏制重大安全生产事故发生。

（十四）道路扬尘防治继续开展“洁净城市”创建活动，全面推行“以克论净”道路扬尘防控标准，构建城市道路扬尘量化防控体系，对黄骅市、南和县等23个城市创建“洁净城市”工作进行评估，对18个达标城市通报表扬。

组织开展渣土车辆整治行动，建立整治工作定期上报制度，两次开展督导检查。

（十五）建筑施工扬尘治理。出台《河北省建筑施工扬尘治理方案》和《河北省扬尘综合整治专项实施方案》，成立河北省建筑施工扬尘治理领导小组和河北省扬尘综合整治协调办公室，每月对各地重点任务完成情况排名通报。组织召开全省建筑施工扬尘治理动员部署电视电话会议、扬尘综合整治专题调度会、全省建筑施工扬尘治理观摩会。组织开展2次全省建筑施工扬尘治理督导检查和1次暗查暗访，共抽查施工现场189个，发现扬尘问题134个，下发隐患整改通知书73份，执法建议书38份。编印并发放《建筑施工扬尘治理工作手册》3万册；在重污染天气应急响应期间，全省各地共出动检查人员6000余次，对所有在建工程进行拉网式督导检查。

【村镇建设】 （一）村镇规划。完成美丽乡村建设重点村规划编制任务，组织完成16个省级重点片区总体规划编制，并经专家审查通过；县（市、区）域乡村建设规划（美丽乡村建设规划）和重点村规划编制任务完成。第四批河北省历史文化名镇名村保护规划编制工作完成，2个历史文化名镇、40个历史文化名村编制了保护规划。完成了重点培育的100个特色小城镇总体规划编制或修编工作，其中，45个特色小城镇完成控制性详细规划编制。

（二）农村危房改造。6月21日河北省住房城乡建设

厅、财政厅、扶贫开发办公室联合印发《关于加快深度贫困县建档立卡贫困户危房改造工作的实施方案》（冀建村〔2017〕30号），提高补助标准，明确重点工作和任务。8月9日，河北省住房城乡建设厅、财政厅、扶贫开发办公室联合印发《关于做好2017年农村危房改造工作的通知》，确定2017年全省农村危房改造9.3万户，按照各市上报的10个深度贫困县、15个2017年计划脱贫出列县年度计划，综合考虑其他县（市、区）建档立卡贫困户、低保户、农村分散供养特困人员和贫困残疾人家庭四类重点对象危房存量、工作任务安排、地方财力、建设能力管理等情况，明确了各地2017年农村危房改造任务。截至2017年底，全省农村危房改造9.3万户全部开工。

开展农村危房改造专项治理。河北省住房和城乡建设厅印发《河北省农村危房改造专项治理行动工作方案》，从2017年11月至2018年6月，在全省开展农村危房改造专项治理行动，重点治理2015年11月以来农村危房改造工作中存在的突出问题。11月6日，河北省住房和城乡建设厅印发《改进农村危房改造工作作风十条措施》（冀建村〔2017〕48号），严格农村危房改造的廉洁纪律、群众纪律和工作纪律，改进工作作风，解决突出问题。

（三）农村房屋及安全排查整治。按照河北省委办公厅、省政府办公厅印发的《河北省农村设施安全隐患排查整治行动实施方案》，开展了农村房屋安全隐患排查整治，全省共排查房屋214万户，发现隐患37万户，通过拆除、维修改造、设立警示标识或增加防护设施等方式进行整治，完成整治35.7万户。

（四）农村生活垃圾治理。河北省住房和城乡建设厅会同省美丽乡村领导小组办公室印发《2017年全省农村生活垃圾治理专项行动工作方案》，并组织各地深入开展农村生活垃圾治理工作。开展农村生活垃圾分类试点，确定高邑县、井陉县等38个县（市、区）为农村环境整治和垃圾治理示范县（市、区），开展垃圾分类、资源化利用，为全省农村生活垃圾治理探索可借鉴、可复制经验。其中，邱县、满城区列入住房城乡建设部第一批农村生活垃圾分类和资源化利用示范县（区、市）。开展非正规化垃圾堆放点排查，河北省住房和城乡建设厅、环保厅、省委宣传部、农业厅等部门建立全省非正规垃圾堆放点排查整治工作联席会议制度，全面开展覆盖所有市、县的排查工作，并重点排查城乡结合部、环境敏感区、交通干线、江河沿线等区域。

（五）特色小城镇。建立重点培育的100个特色小城镇项目库，2017年共235个项目入库。9月26日，全省特色小城镇培育工作现场会在邢台召开，总结交流特色小城镇培育经验，推动特色小城镇提高建设水平。开展第二批中国特色小城镇申报工作，8个镇列入第二批全国特色小城镇名单。加快小城镇污水处理设施建设，对各地小城镇污水处理设施建设督导调研，制定全省小城镇污水处理设施建设工作方案。加大对小城镇建设发展支持力度，建立金融支持小城镇项目库，引导各地充分利用金融政策，推进重点小城镇建设。

（六）农村历史文化保护。3月2日，《河北省人民政府关于公布第四批河北省历史文化名镇名村的通知》（冀政字〔2017〕9号）印发，确定大名县金滩镇等2个镇为第四批河北省历史文化名镇，井陉县小梁江村等40个村为第四批河北省历史文化名村，全省历史文化名镇名村达到90个。河北省住房和城乡建设厅、文物局联合完成第七批中国历史文化名镇名村申报工作。组织各地申报传统村落中央财政补助资金，经住房城乡建设部技术审查，71个传统村落列入2017年、2018年补助范围。组织第五批中国传统村落申报。组织中国传统建筑名匠申报推荐。组织申报全国第一批绿色村庄，经住房城乡建设部审查，837个村庄被认定为绿色村庄，数量位居全国第五位。

（七）农村地区气代煤电代煤。全省农村地区气代煤电代煤竣工253.7万户，其中气代煤完成231.1万户，电代煤完成22.6万户，超额完成180万户的任务，覆盖13个市（区）129个县（市、区）849个乡9730个村。编印《河北省农村气代煤工程实施技术导则》《河北省农村气代煤电煤消防安全管理导则》《河北省农村气代煤用户手册》，填补了国家行业标准规范不能覆盖农村的空白。

【建筑业】 根据河北省统计局数据，2017年，河北省入统建筑业企业2668家，同比增长2.34%；有工作量企业2522家，同比增加2.23%。从业人员期末人数139万人，同比增长6.56%，其中工程技术人员27万人，同比增加23.44%。全省建筑业企业签订合同总额11575亿元，同比增长20.84%。全省建筑业企业完成产值5657亿元，同比增长2.52%。省外完成产值1689亿元，同比增长5.23%。全省建筑业企业竣工产值2834亿元，同比减少1.89%。全省建筑企业房屋施工面积34540万平方米，同比减少0.22%，其中本年新开工面积12952万平方米，同比减少0.43%。

（一）建筑业改革。11月13日，河北省人民政府办公厅印发《关于促进建筑业持续健康发展的实施意见》（冀政办字〔2017〕143号），明确具体目标：一是力争到2020年，全省建筑业的总产值、增加值等主要指标有较大增长，建筑市场结构进一步优化，建筑市场监管和公共服务体系进一步健全，工程质量和施工安全管理水平显著提高，形成龙头企业引领带动，中小微企业协同发展的产业体系。二是产业规模发展壮大。全省建筑业总产值预期年均增长7.2%，到2020年达到7200亿元；建筑业增加值预期年均增长5.7%，到2020年达到2500亿元，占全省国内生产总值的比重达到6.7%以上；力争2025年建筑业总产值突破万亿元。三是企业规模效益提高。到2020年，全省特、一级建筑业企业预期达到450家，以工程总承包、施工总承包为主业的大型企业明显增加。年产值500亿元以上企业不少于2家，100亿元以上企业不少于5家，超50亿元企业不少于20家。四是人才队伍结构优化。到2020年，建筑业从业人员预期达到400万人，其中，河北省工程勘察设计大师55名以上，各类注册执业人员10万人以上，中级工20万人以上。

《实施意见》共提出6大类27小项具体推进举措。

（二）建筑市场监管与服务。初步建成建筑市场监管一体化平台，实现省市县各级数据共享，并与全国平台相衔接，优化监管方式和行政管理模式。将进冀建筑业企业纳入一体化平台统一监管，推进省内企业、省外企业无差别管理。

（三）招投标改革。推广使用新版评标规则和计算机辅助评标系统，并覆盖所有设区市。推广招标代理活动项目负责人负责制度。严格“一标一评一记录”制度和评标专家日常管理，完成对全省房屋建筑和市政基础设施工程专业7355名评标专家的考核工作。6月23日，《河北省房屋建筑和市政基础设施工程合同网上备案管理办法》印发，旨在加强招投标事后监管，提高工作效率，规范房屋建筑和市政基础设施工程合同管理工作。初步完成合同网上备案管理平台前期开发。

（四）标准立项和编制。组织完成《装配式建筑评价办法》《城市地下综合管廊施工及验收规程》《城镇污水处理厂污泥处置技术规程》《绿色建筑竣工验收标准》《既有居住建筑综合改造技术规程》《既有建筑加装电梯工程技术规程》等标准立项论证工作。完成《绿色建筑设计标准》《村镇绿色建筑评价标准》《波纹钢综合管廊工程技术规程》《钢管混凝土组合结构体系施工规程》《剪力墙结构钢筋混凝土叠合板》《预制混凝土剪力墙内墙板》《城市轨道交通节能工程施工质量验收》等30余项公益性标准和标准设计编制工作。

（五）标准实施。对石家庄、衡水、沧州、辛集四个地级市（县）在建商品住宅、保障性住房等24项在建工程执行《居住建筑75%节能标准》《公共建筑65%节能标准》情况开展监督检查。

（六）京津冀计价一体化。2017年4月，经住房城乡建设部批准，京津冀试点成为全国首个工程计价体系一体化工作试点。三地联合签订《推进京津冀工程计价体系一体化合作备忘录》，并制定《京津冀工程计价体系一体化实施方案》。三地建立了联席商榷会的共商机制，旨在打破区域管理行政和技术壁垒，推动实现统一发布造价信息、统一编制计价依据、统一制定管理政策。

（七）补充完善计价依据体系。启动修编建筑安装概算定额及其他费用定额工作，启动编制装配式钢结构工程定额及费用标准、绿色建筑工程定额。开展建筑施工扬尘治理有关费用调查。

（八）计价实施。全省共完成1055项国有投融资项目的限价审核备案。开展《建筑业营改增河北省计价依据调整办法》实施情况及营改增对建筑业企业税负的影响调研活动。进一步规范工程造价市场秩序，邢台市率先推行工程造价行业诚信体系建设，建立诚信激励、失信惩罚的市场机制。

（九）实施工程质量提升行动。组织召开全省工程质量监督管理工作暨工程质量提升行动推进会议，安排部署全年工作；组织召开全省县城建设工程质量提升活动现场观摩交流会，总结交流工作经验。印发《河北省工程质量安全提升行动方案》。开展全省工程质量巡查暗访。以工程质量终身责任制落实和常见问题专项治理为重点，全省各级开展质量巡查暗访。全年组织开展全省质量巡查2次、暗访4次、城市轨道交通工程质量检查1次，共检查工程92项，印发《建设工程质量巡查整改通知书》65份，《行政处罚建议书》18份，并约谈存在突出问题的7项工程相关责任主体；对个别存在突出问题的工程开展现场复查，不留质量隐患。

（十）绿色施工和文明施工。1月12日，河北省住房和城乡建设厅公布2016年河北省安全文明工地，河北省第四建筑工程有限公司承建的际华广场商超工程等199项建设工程项目，在施工过程中能够始终保持标准，未发生人员伤亡事故，符合申报要求，被确认为2016年河北省安全文明工地。河北省建设工程安全生产监督管理办公室分别于8月7日、12月29日印发2017年第一批、第二批河北省安全文明工地创建计划，其中，第一批共150个施工项目，第二批共291个施工项目。

（十一）勘察设计。开展“河北省优秀工程勘察设计奖”评审，从申报的455个项目中评出一等奖项目30项、二等奖项目88项、三等奖项目177项。

【建筑节能与科技】 （一）新建建筑节能工作水平稳中有升。4月21日，河北省住房和城乡建设厅印发《河北省建筑节能与绿色建筑发展“十三五”规划》（冀建科〔2017〕12号）。截至2017年底，全省城镇节能建筑累计达5.823亿平方米，占全省城镇民用建筑总面积的46.81%，超额完成年度目标任务（45%）。一是城镇新建居住建筑全面执行75%节能标准。自2017年5月1日起，全省城镇新建居住建筑全面执行75%节能标准，成为河北省建筑能效提升的重要标志。到2017年底，已实施75%节能标准项目1689个、建筑面积6465.7万平方米，其中，竣工项目220个、建筑面积570.5万平方米，在建项目1476个、建筑面积5994.3万平方米。二是被动式超低能耗绿色建筑建设进展较快。秦皇岛、保定、石家庄等10个市开展了被动式超低能耗绿色建筑建设，累计竣工建筑面积15.13万平方米，其中秦皇岛市占全省竣工面积的47.72%。被动式超低能耗绿色建筑在建面积35万多平方米，规模较大的有8.8万平方米（总建筑面积15万多平方米）的“北京（曹妃甸）现代产业发展试验区（生态城先行启动区）一期住宅”、20万平方米（总建筑面积120万平方米）的“高碑店市列车新城项目”等。《河北省被动式低能耗建筑施工及验收规程》2017年9月1日实施；《河北省被动式公共建筑节能设计标准》编制完成。三是强化新建建筑节能全过程闭合管理。完善设计审查备案、施工控制、竣工专项验收等制度，建立健全工作机制，提高了建筑节能标准执行力，促进新建建筑节能标准设计、施工执行率提升。加强日常巡查和定期抽查，采取“双随机”方式，加大市场主体建筑节能标准执行和执法主体监管检查力度，实现对全部建筑工程和工程建设各过程“全覆盖”。

（二）绿色建筑规模化发展步伐加快。自2017年5月1日起，全省城镇民用建筑全面执行绿色建筑标准。全年绿色建筑占比达37.2%，完成35%的年度目标任务。石家庄市在全省率先要求国有投资项目按二星级以上绿色建筑标准进行建设。2017年，全省执行绿色建筑标准项目1655个、建筑面积5474.5万平方米。其中，政府投资公益性建筑145个、建筑面积79.9万平方米，大型公共建筑101个、建筑面积564.3万平方米，保障性住房12个、建筑面积64.6万平方米，其他建筑项目1397个、建筑面积4765.7万平方米。162个项目获得绿色建筑评价标识，建筑面积1074.13万平方米。其中，设计标识161个、建筑面积1062.13万平方米；运行标识1个、建筑面积12万平方米。河北省住房和城乡建设厅开展《河北省绿色建筑施工图审查要点》宣贯培训，300余人参加培训。《河北省绿色建筑发展条例》列入省人大2018年立法计划。8月30日，河北省住房城乡建设厅印发《关于公布"河北省绿色建筑创新奖"评选结果的通知》（冀建科〔2017〕28号），确定8个项目获得"河北省绿色建筑创新奖"，其中一等奖1项、二等奖3项、三等奖4项。

（三）可再生能源建筑应用推广。截至2017年底，全省可再生能源建筑应用面积累计2.6亿平方米，其中2017年新增4140.17万平方米，占新增建筑面积的54.87%。因地制宜推进空气源热泵、土壤源热泵等技术建筑应用。全省13个国家级、4个省级可再生能源建筑应用示范市、县（区）积极推进示范建设任务，发挥了带头作用。

（四）既有居住建筑节能改造。截至2017年底，全省累计完成既有居住建筑供热计量及节能改造9874.77万平方米，占具备改造价值老旧住宅总量11676.85万平方米的84.56%，实现国家要求的"到2017年底，京津冀及周边地区80%的具备改造价值既有建筑完成节能改造"目标。2017年，省级财政安排建筑节能专项资金2039万元，参照国家标准补助衡水、廊坊、石家庄等市既有居住建筑节能综合改造项目38.96万平方米。保定、廊坊、石家庄、唐山、衡水5个北方地区冬季清洁取暖试点城市，继续对既改项目存量进行改造。唐山市将2017－2019年城市及县城609.94万平方米既改任务，按年度分解到各县（市）、区。石家庄"河北省建筑科学研究院2#、3#住宅楼"，利用被动式技术完成既有建筑节能改造。

（五）公共建筑节能。截至2017年底，全省已累计完成公共建筑节能改造项目570.13万平方米，其中，2017年完成50.13万平方米。省级公共建筑能耗监测平台中国家机关办公建筑和大型公共建筑能耗监测模块，已完成与10个市级平台对接，2017年底上传数据的建筑共189栋，总建筑面积336万平方米。

【人事教育】 （一）干部培训。对2017年度住房城乡建设系统干部培训作出计划安排，全年完成15个班次干部培训，市、县管理和专业技术干部共4450名参加培训。

（二）人才工作。河北省住房城乡建设厅、人力资源社会保障厅、总工会、共青团河北省委共同组织开展2017年中国技能大赛·河北省建设行业"建工杯"职业技能竞赛活动，共有265名选手、400余人参加决赛，共评选出175名获奖选手。河北省住房城乡建设厅、人力资源社会保障厅、林业厅、共青团河北省委在全省组织开展了2017年中国技能大赛·河北省园林景观设计创新竞赛和花卉园艺职业技能竞赛。建立河北省住建领域高层次人才信息库，并发至各市和雄安新区有关单位，架设市、县基层部门与业内专家沟通对接的桥梁，推动实现人才共享共用。加大对紧缺职业工种从业人员培养引进力度，组织对住建行业紧缺职业（工种）进行调查征集，梳理汇总紧缺职业（工种）69个。

（三）干部任用。河北省住房和城乡建设厅选派2名干部援疆、6名干部驻村扶贫、2名干部到河北省群众中心接访、2名处级干部分别到北京和县政府挂职，抽调53人次参加省委、省政府紧急任务，抽调11名干部支持和保障雄安新区规划建设。加强对年轻干部教育培养，协调抽借15名年轻干部参加重点工作专班，以招录的重点学院选调生为主，选派10名科级干部到基层锻炼。招录北大、天大硕士毕业生3名，协调省委组织部遴选985院校毕业的基层选调生2名，补强年轻干部力量。

（四）干部管理。坚持将干部的日常管理监督制度化和常态化。2017年因个人有关事项报告提醒8人，干部退休、辞职提醒3人，因本人在社团违规兼职和违规领取补贴、亲属在行业经商办企业等提醒2人、诫勉6人，因私出国（境）提醒5人，其他提醒1人。按照河北省委组织部统一部署，按时完成2017年领导干部报告个人有关事项填报工作。

【法规建设】 （一）立法工作。《河北省绿化条例》由2017年5月26日河北省第十二届人民代表大会常务委员会第二十九次会议通过，自2017年9月1日起施行。《河北省城镇排水与污水处理管理办法》于2016年12月23日河北省人民政府第100次常务会议讨论通过，自2017年2月1日起施行。《河北省工程建设标准化管理办法》报河北省人民政府待审，《河北省绿色建筑发展条例》《河北省住房租赁市场管理规定》按计划进入立法调研。《河北省住房公积金失信行为惩戒管理办法》等5个规范性文件印发。开展法规文件清理工作，对以河北省住房和城乡建设厅名义起草实施的12部地方性法规、27部政府规章进行全面评估，修改2部、废止1部。

（二）普法工作。组织全省住房城乡建设系统执法骨干，对《河北省城镇排水与污水处理管理办法》《河北省绿化条例》进行培训。开展《民法总则》宣贯活动。12月4日，在石家庄市西清法制公园集中组织开展"12·4"全国法制宣传日活动，为市民免费发放资料，讲解法律知识；举行"宪法宣誓"活动。

（三）执法监督。对涉及违法建设、违法预售、违规变更规划、质量安全、违反建筑节能强制性标准等8个方面的典型案件分2次曝光。河北省房地产开发建设违法行为监管平台上线运行。开展省级层面全面推行行政执法全过程记录工作试点建设，推进行政执法公示制度、执法全过程记录制度、重大执法决定法制审核制度。加强重点领域和重要环节执法监督，推进行政检查方式改革，大力推进"双随机、一公开"制度建设。

（四）"放管服"改革。取消省本级许可事项4项、市县审批事项1项，衔接向雄安新区下放权力事项清单并制定衔接措施，其中1项列入河北省人民府首批下放目录。完善清单体系，在公布《权力清单》《责任清单》基础上，相继编制发布《监管清单》《公共服务清单》《行政许可中介服务事项清单》。

（河北省住建厅　郭晓丽）

商贸流通

【实体零售创新转型】　2017年，河北省建立健全重点零售企业联系制度，北人、唐百、保百集团等10家企业列为商务部实体零售创新转型重点联系企业，占全国的十分之一。筹备举办了“2017京津冀实体零售创新转型高峰论坛”，成立了J20商业联盟，发布了《2016—2017中国城市流通竞争力排行榜》《京津冀购物中心市场白皮书》，北京王府井、天津红星、石家庄勒泰等100多家大型龙头企业参会。河北省商务厅在商务部（南京）召开的全国零售业在现场经验交流会上做了典型发言，北国人百集团介绍了经验。

【物流标准化试点】　加强对石家庄、唐山、邯郸、承德国家物流标准化试点指导和督查，四市共谋划项目106个，拉动投资13.36亿元，争取中央财政支持资金2.6亿元。截止目前，石家庄、唐山建设项目已经全部竣工验收，邯郸、承德项目建设已完成总投资的近82%。另有10家企业、1家协会列为国家物流标准化专项行动重点推进企业（协会）。搭建区域物流信息服务平台，“物流河北”和物流唐山、保定、秦皇岛、承德、邯郸等区块化信息平台搭建完成并开通试运行。加强京津冀商贸物流合作，共同研究制订了9项冷链物流储运销区域标准，启动了“京津冀重点物流设施地图服务平台”搭建工作。

【小微双创示范】　会同财政厅等部门，指导唐山搞好小微企业创业创新基地城市示范，健全工作机制，完善管理制度，推进项目建设。先后共征集双创示范项目78个，已有44个项目通过评审并启动建设；商贸聚集区发展到21个，共有11560户小微企业入驻；电子商务企业发展到700余家，小微商贸企业开展电子商务比例达32%；小微商贸企业连锁化率达30%。同时，针对中小微企业，先后前往6个市县（区）进行了7场政策解读和推介。

【绿色商场创建】　经积极争取创建，5家企业入列全国“绿色商场创建示范单位”，分别是石家庄勒泰物业服务有限公司（勒泰购物中心）、唐山百货大楼集团有限责任公司、廊坊市明珠商业企业集团有限公司、石家庄万达广场商业管理有限公司、邯郸阳光新世纪股份有限公司。同时，会同省文明办开展了内贸流通行业“提质提效文明服务”创建竞赛活动，共有652家企业获评“文明服务流动红旗单位”。

【市场开拓】　先后组织80多家企业、600余种产品，先后参加了天津“中华老字号博览会”、“哈洽会”、“食餐会”和“西博会”等重大展会，共签订投资合作项目11亿元，签订购销合同1.69亿元，现场销售1200万元。

【特种行业监管改革】　取消新设典当行指标限制，实行随报随批，简化审批手续和流程。在委托下放拍卖法人、地址、注册资本变更审核许可事项基础上，进一步将拍卖企业股权、名称变更和经营范围中有关市级公物拍卖资质指定及撤销审核许可事项下放至各市。落实《关于加快融资租批接入人民银行征信系统。

（河北省商贸厅　张丹雨）

农村供销

【综述】　2017年，在省委、省政府和全国总社的坚强领导下，河北省供销系统认真贯彻落实党的十八大和十九大精神，深入贯彻落实习近平总书记系列重要讲话精神和新时代中国特色社会主义思想，按照中央《关于深化供销合作社综合改革的决定》（中发〔2015〕11号）和省委、省政府有关供销合作社工作的总体要求，以全国改革试点为契机，以打造“服务农民生产生活的生力军和综合平台”为目标，以农业供给侧结构性改革为主线，牢固树立为农服务宗旨，着力推动“两社”融合，着力打造“供销服务＋小农户”、“供销服务＋新型农业经营主体”、“供销服务＋城乡居民”三种服务模式，着力搭建“农资供应、农产品销售、日用消费品经营、再生资源回收利用、农村产权交易、物流快递”六大平台，积极发展电子商务，稳步开展农村合作金融服务，助力脱贫攻坚，整体实力、活力、竞争力明显提升。全系统销售、资产、利润总额分别完成2454.4亿元、1220.4亿元和15.4亿元，同比分别增长31.8%、23.2%和47.5%。综合业绩考核连续五年荣获全国优胜单位一等奖，在全国供销系统综合业绩考核中的排名由2013年第8位上升到第3位。省社新合作集团连续四年入围“中国服务业500强”。省社被省委授予特色经验创新和改革工作先进单位、省级文明单位。

【推动“两社”融合】　坚持为农、务农、姓农，牢固树立为农服务根本宗旨，扎实抓好以下两手，一手抓好“两社”建设，按照强化合作、农民参与、为农服务的要求，大力推动基层社标杆社、星级农村综合服务社创建工作，进一步打牢供销合作社基层发展基础。截止2017年底，全系统创建星级农村综合服务社149家，组建新型基层社1964家，基层社中农民社员所占比例达到70%以上。同时，全系统积极领办创办农民合作社，累计达到2.59万家，比综合改革前增长了近四倍。另一手抓好“两社”融合，通过共同出资、共创品牌、共享利益、交叉兼职等方式，强力推动供销合作社与农民合作社“两社”融合发展。截止2017年底，全系统共组建市、县、乡三级农民合作社联合社1939家，为农服务的能力显著增强。

【升级供销服务】 一是着力打造“供销服务＋小农户”发展模式。目前，小农户依然是全省农业最基本最重要的经营主体，为了破解谁来种地、地怎么种等问题，省社有计划地组织推广了农业生产全程化托管的玉田模式、物联网助农发展的涿鹿模式、机械化规模服务的南高模式等一批农业社会化服务模式，为分散的小农户提供耕、种、管、收、售、烘干、储存等系列配套服务，以服务的规模化推动小农户和现代农业有机衔接。截止2017年底，全系统为小农户托管半托管土地330万亩，流转土地219.6万亩。二是着力打造“供销服务＋新型农业经营主体”发展模式。省社从全省700多家省级农业产业化龙头企业中筛选出65家，通过股权投资、农资供应、电商服务、产品销售、担保保险等多种方式，持续深化与这类新型农业经营主体之间的联合与合作，并与其中18家企业开展了股权合作，提高了精准对接服务新型农业经营主体的能力。截止2017年底，全系统开放办社企业243家，股权合作企业81家，参股的农民合作社达到1814家。三是着力打造“供销服务＋城乡居民发展模式”。2017年以来，为适应城乡居民不断升级的服务需要，全系统升级改造农产品批发市场104家，创建农村社区综合服务中心，累计达到2162家，村级综合服务社2.15万家，有8个设区市建成了农产品直采直销体系，大大提高了服务城乡居民的能力。

【深化“点线面”改革】 在“点”上，突出抓好昌黎县联合社治理机制创新专项试点改革，确保完成全国总社下达的专项试点改革任务；在“线”上，按照推动跨区域跨领域横向联合和跨层级跨成份纵向整合的要求，横向上努力搞好与各类新型农业经营主体、服务主体之间的联合合作，纵向上通过产权业务和服务等方面的连接，积极推动供销合作社上下层级间的业务联接，努力实现上下贯通；在“面”上，充分发挥三年综合改革的辐射带动作用，加大组织体系、服务体系、经营体系、农村合作金融体系、管理体制和旗帜供销“5＋1＋N”改革成果推广力度，全力打造服务农民生产生活的综合服务平台。同时，通过与农业银行、农业发展银行多次协调沟通，基本化解了银行历史债务，为下一步轻装上阵加快发展创造了有利条件。

【拓展服务领域】 一方面努力搭建好六大平台。2017年，省社谋划组建了河北省供销物流快递集团，搭建了省级供销物流平台。同时，在134个市县建立了包括11种产权交易服务的农村产权交易平台。这两大平台与农资供应、农产品销售、日用消费品销售、再生资源回收利用四个平台一起，共同构成了河北供销服务“三农”的六大骨干服务平台。另一方面，努力添好两个加号。从拓展服务领域的实际需要出发，在搭建好六大服务平台的基础上，一头添加了互联网服务平台，另一头添加上了金融保险服务平台，从而，推动形成了“六大平台两头＋”的发展模式。截至2017年底，全系统共组建市县电商服务平台113家，占县区总数的74.3%，建设村级服务站达到6130个，在严格风险管控的前提下，全系统共组建乡镇供销金融超市550家，通过整合涉农资金和放大社会资本效应，积极组织推广“政银社户保”扶贫助农服务新模式，助力推动各级政府注入风险补偿基金11.61亿元，帮助2.03万个农户申请贷款21.11亿元，累计为12.52万个农户提供贷款70.89亿元。

【强化作风建设】 坚持把深化综合改革与学习贯彻党的十九大精神有机结合起来，与持续开展“两学一做”学习教育、机关作风整顿有机结合起来，大力实施示范培训、效能提升、治庸治懒等作风建设工程；开展“走新路、上品质、求赶超”大调研大讨论活动，坚持以质量和效益为中心，对标先进，比学赶超，努力把全省供销合作社改革发展提升到一个新水平；建立完善重大投资决策、企业风险管控和党的建设等40多项规章制度，严格工作流程，强化服务意识，提升服务能力；实施“旗帜供销”工程，大力弘扬“扁担精神”和“背篓精神”，动员广大干部职工投身改革一线，无私奉献，激情工作，在深化为农服务中展现新时代供销人的良好精神风貌。

（河北省供销合作总社　夏铭玉）

粮食流通

【概况】 河北省是全国13个粮食主产省之一。2017年全省粮食播种面积619.1万公顷，比上年下降2.2%；粮食总产量3508.0万吨，增长1.4%。其中，夏粮产量1474.7万吨，增长1.8%；秋粮产量2033.3万吨，增长1.1%。主要生产小麦、玉米。正常年景粮食产需总量平衡有余，油脂油料缺口较大，主要靠省外购入和进口弥补。

【粮食安全责任制考核】 （一）圆满完成2016年度考核任务。作为考核工作组办公室单位，省粮食局对粮食安全省长责任制首次考核高度重视，统筹谋划、精心组织，会同省发改委、省农业厅等部门，对照国家考核目标任务和评分标准认真开展工作，3月完成省级自评，4月向国务院有关部门报送了自评报告和佐证材料。国家对河北省2016年度落实粮食安全省长责任制工作给予表扬（共表扬17个省，河北省省位列第10）。至6月底，顺利完成省对市、市对县考核。从实际效果看，通过层层考核，传导压力，落实责任，各级政府粮食安全责任意识进一步提高，支持粮食生产、流通的工作举措更加务实，全省粮食生产综合能力得到巩固，粮食流通能力明显增强，粮食应急保障水平切实提升，“宏观调控、监测预警、质量监管、市场监管”四大体系不断完善。

（二）有序推进2017年度考核工作。国家2017年度考核通知下发后，进一步完善了考核方案，精简内容、突出重点、调整权重、严格标准，切实发挥考核导向作用。将省考核工作组组长升格为主管副省长担任，考核

通知由17个部门联合印发调整为以省政府办公厅文件印发，务求形成以上率下示范效应，切实压实粮食安全责任。12月，召开全省粮食安全责任制考核工作组办公室主任会议，对做好2017年度考核工作进行全面部署，提出明确要求。

【粮食宏观调控】 （一）启动全省最大范围小麦托市收购预案。除张承两个非主产市外，其余11市（含定州、辛集市）全部纳入托市范围，委托收储库点共202个，比上年增加27个。截至2017年9月30日托市期结束，全省共收购托市小麦127.5万吨，占收购总量的24%，有效稳定了市场价格，直接带动农民增收6亿元以上。

（二）储备粮管理持续加强。认真组织省级储备粮油年度轮换，确保省储粮常储常新；加强出入库粮油质量检验，严禁不合格粮油流入口粮市场；规范承储企业日常管理，确保安全储粮管理规定落到实处。到2017年年底，全省地方储备粮实际到位54.6亿斤，食用植物油储备1.2亿斤。市级储备实现全覆盖，101个县建立县级储备。

（三）健全完善粮食应急体系。修订《河北省粮食应急预案》，以省政府办公厅文件印发，加强了对粮食应急工作的顶层规划和指导。全省粮食应急网点达3007个，落实成品粮储备1.3亿斤，粮食应急基础进一步夯实。

（四）推进粮食产销合作。组织召开第三次京津冀粮食行业协同发展局长联席会议，签订《京津冀地区粮食流通监督检查联合执法协作协议书》。2017年12月，三省市组成联合抽查组，对北京市储存在河北省、天津市辖区内的储备粮油进行执法检查，推动粮食行政执法协作常态化。北京市1亿多斤市级储备落户河北，标志协同发展进入新阶段。河北省与山西、宁夏、吉林、黑龙江、贵州等多个省份签订《粮食产销协作协议》，搭建合作平台，调剂品种余缺，促进供需平衡。

（五）加强粮食电子交易平台建设。省粮食交易中心积极推动政策性粮食进场交易，全年成交量达19亿斤，有效服务了粮食宏观调控。

【粮食系统安全监管】 （一）安全生产监管方面，按照国家层面统一要求，上半年部署了风险隐患排查治理专项行动，下半年开展了粮食安全隐患大排查快整治严执法集中行动。各级粮食部门突出“两个重点”、守住“四条底线”，全面排查六个方面的安全风险隐患，通过严格落实主体责任和监管责任，补齐管理短板，扎牢制度笼子，全面提高了粮食安全保障水平。其中，“大快严”集中行动共检查地方和中央直属企业323家，排查问题隐患378个，已全部整改到位。

（二）粮食质量监管方面，制定了《河北省粮食质量安全监管实施细则》，为加强监管工作提供政策依据。认真抓好收获和库存环节粮食质量安全监测，全年共采集农户新收获粮食样品1134组；粮食库存检查时，省级抽检样品298组。2017年11月底，检测工作全部完成，及时向国家粮食局和省食安办报送了监测结果。为准确确定粮食等级，保证收购活动正常开展，全年共为各类粮食市场主体检定容重器861台。省粮食局加大雄安新区新收获粮食和库存粮食监测密度，检测样本由原来的13个增加到64个，为新区粮食质量安全监管提供了科学依据。

（三）粮食库存检查方面，按照国家发展改革委、国家粮食局等四部门部署，对省内地方粮食企业存储的政策性粮食和商品粮进行全面检查。检查结果显示，各类政策性粮食数量真实、质量良好、储存安全，库贷一致，粮食补贴费用基本落实到位，承储企业执行国家粮食购销政策比较规范。对发现的问题隐患，及时督促各地落实整改措施。同时，结合行业特点和业务工作需要，还开展了省级储备粮轮换、夏秋粮收购、政策性粮食出库、统计制度执行等各类专项检查，均取得预期成效。经过持续加强监管，密集督导检查，跟踪整改问效，2017年全系统没有发生毁粮坏粮事件，没有发生重大安全生产责任事故。

【粮食产业经济】 （一）加强对全省工作的宏观指导。为贯彻落实《国务院办公厅关于加快推进农业供给侧结构性改革大力发展粮食产业经济的意见》，按照省领导要求，省粮食局开展了促进粮食产业经济发展专题调研，牵头拟定《实施意见》，先后征求27家省直厅局修改意见。2018年1月，正式印发《河北省人民政府关于加快推进农业供给侧结构性改革大力发展粮食产业经济的实施意见》。

（二）启动优质粮食工程前期工作。派出考察组赴外省学习先进经验，分“产后服务体系、粮食质检体系、好粮油行动计划”3个板块在全系统进行摸底调研，掌握建设需求和建设规模，编制了实施方案（初稿）。

（三）积极探索国有企业改革发展新模式新路径。秦皇岛市抚宁区粮食局所属骊骅粮油公司新上一条日处理稻谷240吨生产线，承担“河北军粮”60%优质大米生产任务，企业延伸了产业链条，提升了服务保障能力。张家口市以冀北粮油园区建设为平台，推动3家市直企业搬迁整合，组建张粮集团。到2017年年底，二期主体项目已经竣工，新公司筹备工作有序开展。省粮食产业集团成功收购吉林公主岭禾丰玉米收储公司51%股权，并借此正式获得大连商品交易所集团交割客户资质，为实现跨越发展创造了条件；同时，积极推进与京粮集团深度合作，组建京粮（河北）油脂实业有限公司。

【粮食行业信息化】 （一）继续完善省级粮食信息化管理平台建设。积极推进平台各项功能的使用，实现了粮情监测及时准确、数据资源充分共享、工作效率显著提升；努力做好运维与技术支持工作，根据实际需要，对相关功能进行优化，对部分表样进行更新，及时解决使用中的各种问题，保证省级平台安全、稳定、可靠运行。

（二）省级储备粮信息化管理系统二期项目进展顺利。省储备粮管理中心和56个省级储备库远程监控系统安装调试完毕，组织了项目验收和操作人员培训，系统于2017年12月1日上线试运行，省储粮库监管水平有效提升。

（三）粮库智能化升级改造项目加快实施。按照“省级平台+储备粮承储企业”总体构架和“一企一案”设计思路，突出储备粮数量、质量远程监管两个重点，全力抓好综合调研、方案设计和技术咨询等各项工作。2017年10月下旬，省粮食局与省财政厅联合下发《关于河北省粮库智能化升级改造项目集中采购有关事项的通知》。

【军粮供应】 （一）通过规范军供小麦粉集采渠道，加强军粮质量管理，强化保障服务举措，全力做好军改期间政策性供应，确保不断供、不漏供、不误供。制定了高于国家质量标准的军粮内控标准，得到国家粮食局充分肯定。京津冀三地军粮部门在围场县召开第一次联席会议，建立应急保障协同联动新机制。石家庄市军供企业继续深化部队饮食集约化保障试点工作，通过拓展业务、完善制度、改进服务，保障水平不断提高。

（二）加快推进以“河北军粮”为主脉的应急网络建设，争取省财政专项补助资金495万元，用于市级配送中心检化验设备购置和军供企业基础设施维修改造。

（三）认真组织项目实施，列入年度建设计划的49个“粮安工程”危仓老库维修改造（军粮专项）已有45个开工建设，总投资额1.5亿元。

（四）“河北军粮”各加盟店积极利用互联网平台开展营销活动，实现线上线下销售相结合，经营业绩稳步增长。

【法制建设】 （一）全面推进“双随机一公开”工作，修改完善“一单两库一细则”，省粮食局本级市场监管事项按照要求全部列入随机抽查事项清单。在省级储备粮轮换专项检查、库存检查省级复查和抽查过程中采用“双随机”方式开展抽查，成效明显。

（二）以“三项制度”改革为契机，推动执法实践升级，省粮食局按照省政府要求，修订了行政执法公示办法、行政执法全过程记录办法、重大执法决定法制审核办法，梳理编制了行政执法事项服务指南等四类文本和行政执法事项清单等五个清单，进一步规范执行行为。

（三）深化“放管服”改革，按照省委、省政府《关于深化地方国有企业改革的实施意见》和省国资委《关于河北省国有企业功能界定与分类实施意见》，指导省粮食局直属库、直属军供库整体并入省粮食产业集团有限公司。完善粮食收购市场准入制度，取消个体工商户粮食收购资格审批，进一步激发小微粮食收购主体活力；进一步完善许可条件，明确许可有效期。

（河北省粮食局　潘少阳）

烟草专卖

【概况】 2017年，河北省烟草专卖局（公司）坚持以习近平新时代中国特色社会主义思想和党的十九大精神为指引，以融入地方经济发展、贡献地方经济发展为己任，坚决执行省委省政府和国家烟草局战略部署，坚持稳中求进总基调，把握工作大局、增强信心责任、抢抓发展机遇。以市场化取向改革为抓手，坚定实施大品牌、大市场、大企业发展战略，千方百计稳销量、提结构、降库存、增税利，不断推进经济向质量更优、状态更佳、效果更好发展，努力为建设经济强省、美丽河北贡献力量。2017年，累计销售卷烟238.12万箱，同比增长1.05%，增幅排行业第12位，超额完成国家烟草局下达的目标任务；实现税利127.06亿元，同比增长5.7%，增幅排行业第10位，高于全国平均水平2.14个百分点，获得国家局颁发的“2017年省级局（公司）税利增长任务特别奖”。

【保障财政增收】 紧紧围绕省委省政府决策部署，积极抢抓京津冀协同发展、规划建设雄安新区、筹办冬奥会等战略机遇，以卷烟营销市场化取向改革和零售终端建设为抓手，把增加税利作为服务地方经济社会发展的核心举措，全力打造更具实力、活力和竞争力的经济发展格局，尽职尽责为地方经济社会发展做贡献。全年共上缴中央和地方财政各项税费94.77亿元，其中上缴中央财政71.2亿元；上缴地方财政23.57亿元，同比增长23.99%。近五年来，累计实现税利565.09亿元，年均增长8.8%，超过全国行业平均增幅3.6个百分点；累计上缴财政总额491亿元，年均增长14.23%，超过全国行业平均增幅7.34个百分点。将培育省产烟作为提高烟草工商企业总体税收贡献的关键手段，坚持“精心谋划、真心培育、诚心销售、热心服务”的工作原则，在政策框架下给予省产烟大力支持，千方百计提升省产品牌知名度、美誉度和认可度。从河北中烟调入卷烟86.81万箱，占河北中烟自销卷烟销量的97%，同比提高6.43个百分点，其中调入1—3类烟41.58万箱，占河北中烟1—3类自销卷烟销量的89.99%。调入钻石69.93万箱，占河北中烟自销钻石销量的84.16%，同比提高3.98个百分点；其中1—3类钻石38.16万箱，占河北中烟1—3类自销钻石的82.58%。销售钻石72.14万箱，占全省商业总销量的30.32%，钻石销量在全省所有在销品牌中排名第1位；销售荷花系列卷烟9568箱，同比增长30.09%，品牌发展态势良好。

【专卖管理】 在省委省政府的正确领导下，依托省政府领导、公检法烟等14个部门为成员的联合打击制售假烟违法犯罪活动领导小组大平台，不断深化“政府领导、部门联合、多方参与、密切协作”的打假打私体系，突出打击本地主犯，积极构建快送、快侦、快捕、快诉、快判的工作格局。与省邮政管理局、省海警总队、石家庄海关签定相关协作办法，拓宽专卖监管领域，提升案件经营能力和侦办质量，打击新型涉烟犯罪能力显著提高，互联网涉烟案件立案难问题取得突破性进展。大力开展市场清理专项行动，狠抓违法违规大户治理，维护良好市场秩序。积极推进管理型专卖向服务型专卖转变，精简行政许可申办程序，着力解决“办证难”和无证经营问题。共查获假私烟案件6188起，同比提高171.05%；查获假私烟6032.09件，同比提高41.7%；查获案值5万元以上涉烟案件639起，同比提高55.1%；侦破国标网络案件71起，同比增加3起，刑拘315人，

逮捕245人，判刑151人。“5·16”公安部部督案件，在十四个省市发起集群战役，共抓获犯罪嫌疑人95人，涉案总金额7.8亿元，树立了河北省数据导侦破获大要案的典型，受到公安部通令嘉奖。

【终端建设】 深刻领会并积极践行习近平总书记“坚持以人民为中心”的发展思想及把人民对美好生活的向往作为奋斗目标、依靠人民创造历史伟业的思想精髓，将加强终端建设作为破难题、促发展、创和谐的长期性和基础性工作，作为“一把手”工程，全面提升零售户盈利水平。充分利用政府现有信用体系和行业内部信息系统，深化“守信联合激励、失信联合惩戒”机制建设，加强零售户自我监管、自我规范，培养和巩固零售户“我的地盘我做主”的主体意识，引导其在自身守法经营的基础上，营造“人人争当监管员，户户争当情报员，个个争当协管员”的浓厚氛围，实现他律向自律、个体自律向共同自律的转变。全省共建立自律互助小组11293个、小组之家3439个，纳入自律互助小组的零售户达18.08万户，覆盖率为76%，“在终端着力，靠终端发力”的营销新格局初步形成。终端建设工作有力推动了税利增长和经济发展，得到国家烟草局充分肯定，在2017年全国卷烟营销网络建设现场会和2018年全国烟草工作会上，都做了典型经验介绍。

【扶贫增收】 把落实省委省政府扶贫政策作为一项政治职责，结合行业实际努力促进与烟草行业相关联群体的脱贫致富，以共生、共赢、共发展促进社会和谐稳定。加大对烟叶种植的扶持力度，全力支持烟农增收。全省六家县烟叶公司缴纳税费3500多万元，烟农收入8840万元，同比增长6.25%。持续加大烟叶基础设施建设和生产设备投入，近些年已累计投入1亿多元，其建设成果将惠及烟区大量非烟农户及几代人。不断深化“客户有困难、首先想烟草”的工作理念，以提高零售户盈利水平为核心，持续深入做好客户服务工作。建立“党员零售户红色基站”，发放“红色终端”授权牌，设立“红色”文化专区和便民服务区，党员零售户在规范经营、诚信经营方面的示范引领作用进一步发挥。大规模开展“阳光·善行”弱势群体零售户帮扶活动，持续加强为零售户办理贷记卡业务。全省共有23.8万零售户，户均年销售收入25.14万元，户均毛利率12.32%；有13.26万零售户办理贷记卡，占零售户总数的58.08%，共提供授信额度35.49亿元，年户均节约利息支出1160元，在全国行业名列前茅。大力开展精准扶贫工作，组织党员干部开展“一对一”帮扶活动。全省系统共成立125个驻村工作组，选派85名优秀干部到贫困乡村担任第一书记，投入682万元用于精准脱贫。省局机关投入近200万元，解决帮建村道路硬化、村民饮水、项目开发和村容村貌等问题。积极参加“三下乡”活动，出资10万元帮助两个贫困村解决主要路口电子监控问题。

【党建工作】 认真学习宣传贯彻习近平新时代中国特色社会主义思想和党的十九大精神，坚决执行党的政治路线，严格遵守政治纪律和政治规矩，始终在思想上政治上行动上同以习近平同志为核心的党中央保持高度一致。全面落实党建主体责任，建立基层党组织按期换届督促提醒机制，落实组织生活制度，基层党组织凝聚力、战斗力明显增强。党员电视教育片《用生命托起信仰》被国家局推荐到中组部参评，省局机关第一支部书记被授予省直机关“百名好书记”称号。严格落实党风廉政建设相关规定，强力推进“两个责任”落实。坚持以严格规范统领一切工作，全面落实办事公开民主管理要求，多年来一直是国家局严格规范的试点单位，相关工作一直处于行业领先水平。全年共实施采购项目493项，其中公开招标437项，占比88.64%；实施项目金额共3.29亿元，其中公开招标金额3.08亿元，占比93.62%；两项占比均在全国排名靠前。始终坚持正确的选人用人导门，深入宣贯以“阳光、感恩、服务、执行、创新、效率”为核心内涵的企业文化和“做人厚实、做事扎实、交友诚实、学习勤实、身体结实、心里踏实”的行为准则，不断巩固全省系统风清气正、政通人和、干事创业的大好局面。

（河北省烟草专卖局　周斌）

交通运输业

【投资建设】 2017年，河北省交通运输系统认真贯彻国家和省委、省政府决策部署，紧紧抓住京津冀协同发展等重大战略机遇，加快推进供给侧结构性改革，强力推进基础设施建设。建立省部工作机制，省政府与交通运输部签署合作协议，推进各项工作加快开展。全年争取中央车购税51.4亿元、港建费资金4.7亿元，分别是2016年的1.7倍和2.3倍；首次争取港口集疏运铁路项目资金11.3亿元，居全国第一位；取得交通运输部支持延崇、津石、承平高速承诺资金143.4亿元。争取省政府安排延崇高速70亿元债券额度，成功发行20亿元，开创了全省以发行收费公路专项债券形式为高速公路融资的先河。全省交通运输固定资产投资完成781.7亿元，是年计划的104.2%。

抓住三大机遇，推进公路建设突破发展。一是抓住雄安新区建设机遇。积极开展雄安新区综合交通运输规划建设研究，对外骨干交通路网方案基本确定，重点项目基本确定。津石高速开工建设，打响了新区重大基础设施建设的第一枪。组建京雄、荣乌（新线）、京德、津雄临时筹建处，加快推进前期工作。容易、安大等施工通道完成工可审查。二是抓住张家口冬奥会区域建设机遇。加快推进张家口冬奥会区域交通基础设施规划建设。及时合理调整延崇高速建设模式，千方百计筹措建设资金，确保了6月底如期全面开工。完成冬奥会张家口赛区综合交通规划编制，万龙至转枝莲隧道、张家口奥运物流中心改扩建项目开工建设，省道张榆线等干线公路完成工可审查。三是抓住京津冀协同发展机遇。落实京津冀协同发展交通领域率先突破要求，京秦高速京冀、冀津接线段主体建成，密涿高速万庄连接线、东湾连接线北延段、松兰公路全部完工，京蒋公路基本建成。廊坊北三县与北京通州区公路规划建设研究取得实质性进展。与北京统筹推进首都地区环线高速规划建设，疏解北京过境交通压力取得明显效果，实现三年率先突破目标任务。

2017年，全省公路建设完成固定资产投资577.4亿元，公路通车总里程达19.2万公里，比2016年增长1.7%，公路密度达102.1公里/百平方公里，比2016年提高1.7个百分点。其中，高速公路完成投资336.5亿元，通车总里程达6530.6公里，比2016年增长0.4%，高速公路唐廊唐山段等4条段、348公里开工建设，17条段、988公里续建项目顺利推进，沿海曹妃甸支线29公里建成通车；普通干线公路完成投资97.0亿元，公路里程达1.9万公里，比2016年增加430公里；农村公路完成投资77.2亿元，农村公路里程达16.6万公里，比2016年增加2803.4公里，完成新改建农村公路3200公里。

大力发展沿海经济，港口建设实现日新月异。全省港口21个建设项目进展顺利，其中唐山港曹妃甸港区通用散货三期工程、联想控股通用件杂货泊位二期工程、黄骅港综合港区钢铁物流通用散杂货码头工程等重点建设项目，提前建成并投入试运行。

2017年，全省完成沿海港口固定资产投资70.7亿元，全省码头长度达5.8万米，比2016年增长4.1%；泊位253个，增加7个，新增通过能力2192万吨。其中，万吨级泊位185个，增加9个；设计吞吐能力10.7亿吨，提高1.4%，居全国第二位，港口集装箱设计通过能力达350万标箱。分港口看，黄骅港完成固定资产投资20.3亿元，码头长度1.0万米，泊位48个；唐山港完成固定资产投资46.5亿元，码头长度3.0万米，增长6.7%，泊位113个，增加7个，其中，曹妃甸港区码头长度为2.0万米，增长10.6%，泊位71个，增加7个；秦皇岛港完成固定资产投资3.8亿元，码头长度1.7万米，泊位92个。

民航快速发展，运营能力大幅提高。“十三五”期间全省大力发展通用航空，以环首都、冬奥会区域、主要旅游景区为重点，加快通用机场建设。承德普宁机场5月31日正式通航运营，秦皇岛北戴河机场新扩建公务机机坪投入使用。全省通航运营运输机场达到6个；运营通用机场达到5个，新建成具备通航条件机场1个。干支结合的机场布局得到进一步完善，民航旅客运输保障能力和服务水平得到进一步提高。

2017年，全省民航机场完成固定资产投资48.2亿元，超额完成年度建设任务目标。机场年旅客吞吐量完成1186.2万人次、货邮吞吐量完成4.4万吨。全省定期航班航线183条，比2016年增加93条，其中，石家庄定期航班航线136条，比2016年增加65条，民航运营能力大幅提高。

城乡客运一体化建设成就显著，公共交通运行大幅增长。2017年，全省开通城市公交线路2672条，比2016年增加156条；运营线路总长度5.9万公里，增长23.6%；公交专用车道长度达159.6公里，增长4.9倍；公共汽车运营车数达3.2万辆，增长7.2%，公交客运总量达20.2亿人次；出租汽车运营车辆为7.3万辆；出租车客运总量达17.4亿人次，增长24.8%。县城20公里范围内农村客运班线公交化运行率达到46.0%，43.0%的乡镇完成农村客运班线公交化改造。完成兴隆至平谷等6条省际毗邻地区主要通道客运班线公交化改造。张家口入选国家“公交都市”建设试点城市。平泉、晋州被交通运输部确定为城乡交通运输一体化示范县。截止到2017年底，全省拥有农村客运站36924个，其中：四级站127个、五级站247个、简易站1149个、候车亭13521个、招呼站牌21880个。

大力发展“互联网＋”，智慧交通建设较快发展。2017年，全省加快推进交通运输行业“互联网＋交通网”建设，全面提升交通现代化智能化水平，编制完善了政企合作模式京津冀综合交通出行信息服务系统（河北部分）的初步设计方案，完成了与河北省重点营运车辆联网联控系统的对接，实现京津冀道路客运联网售票。京津冀交通一卡通互联互通基本完成，全省662条公交线路、1.2万部公交车实现与京、津互联互通，累计发放“一卡通”62万张。京津冀道路客运联网售票系统实现联网运行，客运联网售票系统平台已搭建完成，环京津67个客运站接入京津冀客运联网售票平台，并实现京津冀区域站际互售。

【运力情况】 从道路运力看，2017年，全省民用车辆拥有量为1741.2万辆，比2016年增长4.4%。分主要类型看，汽车1413.8万辆，比2016年增长9.5%；摩托车124.5万辆，下降26.7%；拖拉机160.5万辆，下降0.8%；挂车42.4万辆，下降5.3%。道路运力变动特点：

一是载客汽车较快增长。载客汽车1207.3万辆，比2016年增长12.1%。其中，小型载客汽车1168.0万辆，增长13.4%；大型载客汽车6.6万辆，增长5.6%；微型载客汽车30.5万辆，下降21.2%；中型载客汽车2.2万辆，下降3.7%。轿车851.3万辆，增长12.2%，二是载货汽车增速放缓。载货汽车174.3万辆，同比增长6.8%。其中，重型载货汽车61.7万辆，增长7.9%；中型载货汽车4.6万辆，下降6.4%；轻型载货汽车107.8万辆，增长7.1%；微型载货汽车2762辆，下降52.8%。三是私人汽车保持较快增长。私人汽车拥有量为1304.9万辆，增长10.0%。其中，私人小型载客汽车为1123.9万辆，增长13.8%；私人大型载客汽车为6113辆，增长1.3%。轿车为823.6万辆，增长12.6%。四是进口车迅速增长。进口车辆30.0万辆，增长14.9%。其中，摩托车1122辆，增长45.9%，增速最高。进口汽车拥有量为29.9万辆，增长14.8%。进口载货汽车1800辆，增长44.8%；进口微型载客汽车为4014辆，增长22.8%；进口小型载客汽车为29.2万辆，增长14.7%；进口轿车10.7万辆，增长14.9%。

从水上运力看，营业性民用运输机动船 1589 艘，减少 0.3%。其中，机动客船 1444 艘，与 2016 年持平；机动货船 137 艘，减少 4.9%。

从输油（气）管道运力看，输原油管道有 3 条，输油里程 417.0 公里，输油能力 480 万吨/年；输天然气管道有 1 条，输气里程 67.7 公里，输气能力 14.6 千万立方米/年。

【运输生产】 2017 年，全省交通运输业总体呈现稳中向好态势。公路、铁路、水路、管道、民航五大运输方式共完成货运量 22.9 亿吨，比 2016 年增长 8.6%，增速同比加快 2.3 个百分点；货物周转量 13383.6 亿吨公里，增长 8.5%，增速加快 5.8 个百分点。客运量 5.1 亿人，下降 1.0%，降幅同比收窄 3.6 个百分点；旅客周转量 [illegible] 亿人公里，增长 [illegible]，增速加快 [illegible] 个百分点。

公路货运增速加快。2017 年，公路货运量完成 20.7 亿吨，增长 9.2%，增速同比加快 1.1 个百分点；公路货物周转量 7897.0 亿吨公里，增长 8.3%，加快 1.4 个百分点。公路货运较快增长的主要原因：一是公路货物运输竞争优势明显。由于全省部分国道、省道收费年限逐步到期，相继停止收费，公路运输成本下降，运价的市场灵活性以及公路点到点、门到门的运输方式，使公路运输竞争力大大增强。二是公路运输货源丰富。随着电子商务、电商网购的迅猛发展，快递业务空间不断拓展，附加值和技术含量较高、体积小重量轻的日常生活用品运输需求不断增长，适合此类货物的公路运输稳步增长。三是城乡物流配送体系进一步完善。适应国家实现农村电子商务全覆盖、促进农村电商及物流发展要求，积极开展城市物流配送和农村物流配送试点示范和推广工作，部分地区推出“便捷行”城乡货物快运服务，以物流园区、汽车站为城市分拨转运中心，以各县（市）汽车站为县级配送中心，乡镇、村级代办点为末梢，实现市区到各县域间的物流运输班线化、各县（市）区域内货物配送日常化，形成覆盖市区、县、乡镇与行政村的三级城乡物流配送体系，推动公路货运加快发展。

铁路货运较快增长。铁路货物发送量从 2 月份起进入两位数增长区间，扭转了上年下降的局面。2017 年，铁路货物发送量 1.7 亿吨，同比增长 4.8%，增速同比加快 13.4 个百分点；货物周转量 4278.4 亿吨公里，增长 15.5%，同比加快 13.5 个百分点。铁路货运保持较快增长的主要原因：一是政策促动。2017 年 2 月，环保部、国家发改委、财政部、国家能源局等部门联合印发《京津冀及周边地区 2017 年大气污染防治工作方案》，要求大幅提升区域内铁路货运比例，加快推进港铁联运煤炭，充分利用张唐等铁路运力，大幅降低柴油车辆长途运输煤炭造成的大气污染。《方案》要求，9 月底前，天津、河北及环渤海所有集疏港煤炭主要由铁路运输，禁止环渤海港口接收柴油货车运输的煤炭，铁路货运需求增多。二是供给侧结构性改革红利逐步释放。铁路部门大力推进货运改革，清理规范收费，降低物流成本，取消货运受理复杂手续和中间环节，强化“门到站”“站到门”两端接取送达服务，将传统的“站到站”运输拓展为“门到门”全程物流服务，大力发展全品类物流，适应快速增长的“小、快、零”白货运输需求。铁路货运改革增加了铁路货运需求，铁路货运持续攀升。三是“一带一路”助推物流业“走出去”。2016 年 4 月，保定至白俄罗斯明斯克国际货运班列开通；6 月，渤海新区黄骅港至德国杜伊斯堡中欧集装箱国际班列开通；7 月，邢台至乌兹别克斯坦塔什干中亚国际货运班列开通。2017 年 6 月，“保定－喀什－中亚/南亚多式联运国际班列”正式开行；中欧、中亚班列的运行，扩大了全省铁路货物运输品种及辐射范围。

水路货运低速运行。2017 年，全省水路货运量完成 4413.2 万吨，下降 1.0%，同比收窄 0.9 个百分点，增速比一季度、上半年和前三季度分别回落 7.2、7.2 和 6.0 个百分点，水路货物周转量 [illegible] 亿吨公里，下降 [illegible]，同比收窄 4.0 个百分点，比一季度、上半年和前三季度分别回落 28.3、25.1 和 18.8 个百分点。

民航货运增速放缓。全省民航机场货物发运量为 2.1 万吨，下降 8.6%，降幅比 2016 年扩大 1.8 个百分点。从运行态势看，全年呈持续下降之势，货物发运量由一季度增长 2.1%缩小到上半年的下降 1.0%，三季度降幅扩大，下降 6.8%，年底下降 8.6%。

管道运输形势低迷。全年管道输送原油总量为 385.9 万吨，比 2016 年下降 3.2%，输送原油总周转量为 4.4 亿吨公里，下降 5.9%。从运行态势看，输送原油总量成低迷态势，全年负增长运行，四个季度增速比 2016 年同期分别回落 40.7、24.8、13.1 和 4.3 个百分点。

客运结构持续优化。2017 年，铁路旅客发运量和旅客周转量分别为 11526.9 万人和 14042.7 亿人公里，同比分别增长 7.0%和 5.0%，占全省客运量和旅客周转量的 22.7%和 81.3%，同比分别提高 1.7 和 1.1 个百分点；民航机场旅客吞吐量 1186.2 万人，增长 39.5%，其中，机场旅客发运量 666.8 万人，增长 40.5%，占全省客运量的 1.3%，同比提高 0.4 个百分点；而公路客运量和旅客周转量分别完成 3.8 亿人和 239.8 亿人公里，同比分别下降 3.6%和 1.8%，占全省客运量和旅客周转量的 75.9%和 18.7%，同比分别下降 2.1 和 1.0 个百分点。

铁路、民航客运增长，公路客运下降的主要原因：高铁、民航建设快速发展，私家车的日益普及，公交线路不断向乡镇延伸，公路客运量逐步被分流，铁路、民航客运量日益增多。特别是京津冀协同发展深入推进，交通领域率先突破，北京铁路局增加开行环形列车、潮汐通勤动车和县域、区域旅游列车，打造京津冀轨道“一小时交通圈”。为推进京津冀交通互联互通，首都机场向外逐步疏解支线航班，石家庄机场着眼于分流首都机场支线航班，通过一系列措施吸引了越来越多的旅客“经石进京”，提升了客流量。

港口货物吞吐量快速增长。2017 年，全省沿海港口货物吞吐量完成 10.9 亿吨，增长 14.3%，增速同比提高 10.0 个百分点。港口货物吞吐量快速增长的主要原因：一是受益于国家稳增长的宏观调控政策。为稳定煤炭价格，国家向秦皇岛港集中输送煤炭，增加秦皇岛港煤炭场存，有关部委和铁路总公司全力增加秦皇岛港方向的

进车，秦皇岛港吞吐量大幅增长，由同期下降26.2%转为增长31.2%，增速居全省三大港口之首，对港口货物吞吐量增长的贡献率为42.7%，拉动全省港口货物吞吐量增长6.1个百分点。二是煤炭及制品拉动增长。2017年10月，全国西煤东运的主要通道大秦铁路线开始检修，下游电厂需要增加采购数量，拉煤量有所增加；国家发改委煤炭库存制度出台、煤矿安检影响煤炭供给收紧，造成市场对煤价上涨的预期，一些煤炭消费企业大量采购煤炭补库存，部分电厂、水泥厂在长协煤炭数量不足的情况下，也增加了市场煤的采购。2017年，煤炭及制品吞吐量完成6.0亿吨，占全部吞吐量的55.6%，同比增长21.7%，增速同比加快22.5个百分点，拉动全省港口货物吞吐量增速上升11.3个百分点。

（河北省统计局　李岩）

【民航运输（河北机场集团）】　河北机场管理集团有限公司（简称“河北机场集团”）是由河北省人民政府批准成立、河北省国资委履行出资人职责、委托首都机场集团管理的国有独资公司，是行业性国有资产经营和大型航空运输服务保障企业。河北机场管理集团有限公司下辖石家庄正定国际机场、秦皇岛北戴河机场、张家口宁远机场、承德普宁机场。河北机场集团紧抓京津冀协同发展重大历史机遇，立足于京津冀民航协同发展大局，适应河北社会经济发展需要，以京津冀民航协同发展为契机，践行服务国家战略、服务地方发展、服务社会大众的发展理念，发挥比较优势，坚持错位发展，始终坚持安全第一、坚守三个底线，确保机场运行持续安全，加快完善省内支线航空网络、国内干线网络和国际及地区航线网络，积极打造石家庄机场为区域航空枢纽，推动河北民航发展，助推京津冀世界级机场群建设，取得了良好的社会和经济效益。在机场扩能升级、旅客吞吐量、航线拓展、提高经营品质、强化队伍建设、坚持党的领导、加强党的建设等方面扎实有效开展工作，推进品质化发展，开创发展新局面，力争实现新跨越，并取得了显著的成绩。

（一）优化布局，服务国家战略。河北机场集团始终围绕京津冀协同发展、“一带一路”建设国家战略实施和建设新时代经济强省、美丽河北，服务发展高质量开放型经济、高标准建设雄安新区以及省会现代化、国际化区域中心城市建设，不断提升安全服务水平，提高运输保障能力，大力引进航空运力，优化航线网络结构，保持了业务快速增长的良好势头。2017年，河北机场集团深化与航空公司合作，新增8家国内客运航空公司，基地航空公司驻场运力达到34架。2017年石家庄机场全年运营航线137条、同比增长31.7%，通航城市86个、同比增长21.1%，其中国内通航点75个，国际地区通航点11个。积极谋划服务雄安新区，完成雄安城市候机楼项目建设，增强机场的集聚辐射能力。

（二）联动运营，推进协同发展。2017年，石家庄机场加快培育枢纽机场，大力完善空空中转服务，统筹省内支线机场，整合省内航线资源，积极构构建以石家庄机场为中心的省内机场网，重点在石家庄机场与省内支线机场之间打造“航空快线”，增加点对点航线密度，全力开发中转联程产品，实现干支航线对接互补，带动省内支线机场快速发展，充分发挥省内机场协同效应。5月31日，承德机场正式通航，石家庄、秦皇岛、张家口、承德机场空间布局基本成型，干支结合的航线网、机场网进一步完善。通过承接首都机场支线航班、空铁联运的方式，主动承接首都机场非国际枢纽功能的航线航班，引进国内外低成本航空公司，积极开通石家庄机场至国内支线机场航线航班，打造京津冀门户机场。2017年石家庄机场陆续新增博鳌、凯里、湛江、临沂、盐城等17个支线航班，目前国内支线通航点达到39个。

（三）筑牢根基，提升保障水平。2017年，河北机场集团共完成旅客吞吐量1065.9万人次、同比增长36.7%；完成航班运输起降8.96万架次、同比增长28.5%；完成货邮吞吐量4.16万吨。整合安全目标责任书和安全生产承诺书，构建了安全生产承诺体系。修订了《安全管理手册》《机场使用手册》等六项核心管理制度，开展安全网格化和安全责任拼图建设，构建横向到边、纵向到底的安全责任体系。构建反恐防暴工作机制，贯彻落实《反恐法》要求，以控制区通行证件办理的背景审核为切入点，排查内部隐患；针对重点单位和要害部位布控反恐防暴防线。开展安全服务专项行动。认真组织开展“行业安全大检查”、“安全生产月”、“平安货运”等活动；成立了公司、部门两级专项行动工作领导小组，确立工作责任，规范工作规程，明确管控要求，有效推进“两查”，建立完善“两库”，落实“一控一补”，实现了“一确保两提升”，基本形成了“两个长效机制”。

（四）真情于心，推动服务水平。坚持“真情服务”理念、“人民航空为人民”宗旨，不断改善服务环境，提高服务水准，结合实际践行真情服务。深入推进石家庄机场空铁联运项目，多式联运稳步发展，加快拓展地面交通运输网，开通了至山东德州的旅客直通车、加密山西阳泉和沧州地区旅客直通车班次，同时设立德州和阳泉城市候机楼。2017年石家庄机场共运送空铁联运旅客73.77万人次，同比增长78.9%；异地城市候机楼达到14座，旅客直通车线路达到16条，运送旅客29.34万人次，同比增长23.5%。开展“三单合一”配载流程再造、候机楼售卡业务整治、行李安全运输专项整治等工作。增加红马甲流动服务，增设隔离区综合服务柜台和河北游客服务中心。开辟中转旅客休息区，与携程旅行网合作，开展石家庄机场中转联程产品的线上销售，开通航站楼间免费摆渡车，完善停车场无障碍车位引导标识，增强了服务体验。认真做好服务质量提升，国际机场协会开展的ASQ旅客满意度测评成绩由4.40分提升到4.65分，全球排名由第67位上升到第46位。

（五）强化管理，夯实发展基础。河北机场集团持续优化资源配置，深化挖潜，实现了效益的持续增长。严格预算管理，提高资金收益，完善资金管控，开展资金管控情况专项自查和“三类资产”清查，严格规范财务管理。完善经营计划，制定《河北机场集团经营计划管理办法》，规范年度经营计划的编制、执行与监督进一步推进薪酬福利、绩效管理、人才规划等人力资源管理，完善岗位和流程设置，加强制度建设和人才队伍建设。成立河北机场集团绩效考核委员会，修订《河北机场集团绩效考核管理办法》，明晰标准，落实责任，兑现奖惩，提升管理。深化节能减排，发布能源管理手册和程序文件，石家庄机场通过了能源管理体系资质认证，推进石家庄机场地面车辆“油改电”等项目，加强节能管理。提升非航业务，全面加强与专业公司合作，开发广告业务，挖掘商业资源，拓展贵宾服务，实现了提质增效，合作共赢。加强党建工作，全面从严治党，筑牢“四个意识”，以“四好”领导班子创建为抓手，不断加强党委班子建设，构建“两责三化”落实体系，加强基层组织建设，充分发挥党组织的领导核心和政治核心作用。

（河北机场集团　张瑾）

邮　政　业

【转型发展】　2017年，中国邮政集团公司河北省分公司步转型发展伐进一步加快。代理金融业务健康发展，转型机制持续完善；中邮证券河北分公司进入了筹备建设阶段。包裹快递业务快速发展，电商快包业务规模和市场占有率大幅提升，石家庄、邢台、廊坊、保定、邯郸等5个市分公司和望都等72个县分公司的电商快包收入实现翻番。农村电商平台建设初具规模，累计建成县级运营中心133处、邮乐购店2.84万处，上线邮乐网地方特色馆26个。成功举办了首届“邮乐9·19”电商节，打造了赞皇青皮核桃、张家口沽源原生态土豆、廊坊正张香油、承德围场马铃薯、张家口老张西瓜、石家庄章丘大葱六个农产品进城万斤项目。邮政电商助力精准扶贫工作得到了省委、省政府领导的充分肯定，《河北日报》和新华社对此项工作进行了深入报道。邮政基础业务创新发展，与腾讯公司联合举办“腾邮赢客中国行”论坛峰会；全年举办邮票首发式、品鉴会等活动150余场；报刊发行业务积极由传统报刊发行向新型综合文化服务平台转型。对外合作领域不断拓展，与省国税局、省移动公司、盐业部门、中石化河北分公司签订了战略合作协议；积极推进与公安交管部门合作，邮政企业社会影响力进一步提升。

【改革创新】　制定了河北省分公司“十三五”发展规划，提出“十三五”时期全省邮政发展思路和总体目标，明确了重点业务发展路径。稳步推进经营组织架构改革，调整优化各级分公司机构编制，设置市场经营、经营支撑和综合职能部门，促进了企业从“以产品为中心”向“以客户为中心”转型。深入推进青年员工创新实践活动，参与员工达到1200人，产生课题215个。全年通过云创平台发布创意点子2271个，列全国第6位。

【企业管理】　财务管控持续加强，全面实施零基预算管理，压缩低效业务成本投入和非生产性支出。积极开展资产盘活，启动了“三供一业”分离移交工作。人力资源管理不断优化，持续调整优化用工结构，加大人才引进力度，人工成本实现全过程管控。运营管理水平有效提升，成立全省邮政网络指挥调度中心；制定了陆运网资源整合方案，实现了对网络资源的统一整合。修订快递包裹运营标准，快递包裹平均寄递时长缩短了2.67小时。服务管理得到加强，加大服务质量监督检查工作力度，积极做好新邮政普遍服务标准贯标工作，全省邮政服务综合满意度达到89.8分。机要通信连续20年质量全红。风险防控和安全生产工作进一步强化。完善四级安防责任制度，强化合规管理系统应用。启动“平安邮政”创建活动，做好重大活动期间寄递渠道安全保障工作。

【能力建设】　基础能力建设持续推进，完成了石家庄等7个市分公司网运场地改造及设备配套工作。对62个网点进行装修改造，有效提升了服务能力。启动了省集邮大楼、秦皇岛火车站邮政枢纽楼等综合性项目的建设。寄递类业务支撑能力不断提升，加快推进“带车创业”工作，累计新增投递车辆688辆。加强自提网络建设，累计建设自提点3.8万个，邮件自提率达到了28.04%。信息化建设步伐加快，推广应用集中采购和营销积分系统；加大应用系统开发力度，完成了国税发票投递、电商平台代收费等业务系统开发。

【全面从严治党】　认真学习习近平总书记系列重要讲话精神，深入开展学习贯彻习近平新时代中国特色社会主义思想和党的十九大精神系列活动，牢固树立“四个意识”，强化“四个自信”。推进“两学一做”常态化、制度化，制定了实施方案和学习计划，从领导带头、支部引领和督查考核三个方面着力，坚持学有所得、突出合格标准，层层传导压力，积极引导广大党员做到“四个合格”。深入开展基层党组织建设和企业文化宣贯工作，通过“三三机制”和“四有四抓”，创新开展“两个示范点”建设。建成基层党支部示范点43个，企业文化建设示范点41个，涌现出沧州、邯郸市分公司等一批先进示范点。党风廉政建设进一步深化，对部分市分公司开展省内巡察工作，制定了《贯彻中国共产党问责条例实施细则》，着力推进企业管党治党责任落实。

【和谐企业建设】　建立省级职代会民主评议领导干部、工资集体协商等制度，推进了企业民主管理。继续深化“关爱工程”，扎实开展慰问劳模、困难职工和支局班组活动。召开职工小家建设现场会，推动职工小家标准化建设。河北省分公司和张家口市分公司被授予“省五一劳动奖状”，沧州市分公司被评为“全国工会职工书屋品牌建设示范单位”，唐山市分公司建设路支局、邢台市分公司火车站投递部获“省工人先锋号”，两名员工荣获“省五一劳动奖章”称号。

（中国邮政集团公司河北省分公司　程　钰）

通 信 业

【圆满完成重点工作】 （一）积极推动京津冀网络协同发展，全力支撑雄安新区及冬奥会张家口赛区规划建设。积极发挥行业网络优势、市场优势和服务优势，主动对标京津，不断优化网络架构，提升网络能力，推动京津冀区域网络互联互通更为紧密、信息交流更为通畅、融合共享更为充分，有力支撑了京津冀经济社会协同发展大局。积极对接雄安新区，优化通信网络，提升服务能力，为新区提供全方位的舆情监控和通信保障。按照“世界眼光、国际标准、中国特色、高点定位”的理念要求，积极争取政策资金和人力智力支持，积极开展雄安新区信息通信基础设施专项规划等工作，初步完成了《雄安新区信息通信基础设施专项规划纲要》。做好第24届冬奥会张家口赛区通信规划建设是立足行业、促进京津冀协同发展的重要举措。全行业加大投资力度，有序开展冬奥会张家口赛区通信规划建设，积极推进张家口赛区数字集群系统建设，全面提升张家口赛区的基础网络能力和服务能力。

（二）大力开展脱贫攻坚和通信帮扶。全行业把脱贫攻坚作为重要的政治任务，不断加强农村贫困地区信息通信基础设施建设，以信息通信助力脱贫攻坚。将普遍服务试点工作和全省脱贫攻坚任务紧密结合，积极争取政策支持，充分发挥省内各电信企业优势，强力推进农村地区光纤通达和4G覆盖工作，如期完成了全省10个深度贫困县行政村光纤通达和4G覆盖工作，提前实现了国家“十三五”规划纲要设定的目标任务（98%）。全省广大农村地区的通信能力实现了历史性跨越，为脱贫攻坚工作大局提供了扎实的网络和服务基础。

（三）圆满完成党的十九大通信保障任务。全行业将十九大通信保障作为首要政治任务，坚决贯彻省委省政府各项部署要求，以最高标准、最严组织、最实措施、最优服务和最好效果，全力以赴保障十九大网络安全和通信畅通。期间，全行业累计出动重保人员10.7万人次，投入通信作业车辆近4万台次，应急发电油机1.7万余台次，巡回一、二级干线和重要本地网线路总里程71.4万公里，在169处重点干线光缆沿线派驻专门人员进行看护，发放宣传单、公告5.1万份，圆满完成了十九大通信保障各项任务。

（四）提前完成“7.19”灾后重建工作。认真贯彻落实省委省政府关于灾后重建工作的部署和要求，积极组织基础电信企业全面投入灾后通信设施重建工作。截至2017年5月，累计投资5.53亿元，234个通信设施灾后重建项目全部提前完成，灾区通信服务功能全面恢复和提升。

【行业发展迈上新台阶】 （一）行业规模进一步扩大。电信业务总量、电信业务收入、电话用户总数和固定互联网宽带接入用户总数分别达到1095.5亿元、483.6亿元、8345.6万户和1910.1万户，分别居全国第8位、第9位、第7位和第7位。

（二）网络能力不断增强。固定资产投资159.2亿元，居全国第5位。其中，4G固定资产投资占比45.8%，居全国第2位。移动电话基站达到30万个，居全国第7位。其中，4G基站达到16.6万个，居全国第7位。光纤线路长度达到171.4万公里。固定互联网宽带接入端口达到4126.9万个，居全国第7位。互联网省际出口带宽超过1.7万G，居全国第8位。

（三）行业结构持续优化。移动数据及互联网业务收入占电信业务收入的比例明显提升，达到44%，居全国第11位。光纤宽带用户达到1785.5万户，居全国第7位，占固定宽带用户的93.5%。高速率用户加快增长，50M以上的固定宽带用户占比达到88.5%，居全国第2位。4G用户达到5199万户，居全国第7位，在移动用户中的渗透率超过68.6%。物联网终端用户数达到749.3万户，居全国第12位。三网融合业务发展进一步加快，IPTV用户数达到917.9万户，居全国第3位。

【深化行业供给侧结构性改革】 （一）持续推动市场开放，不断激发市场活力。认真落实国家关于鼓励和引导民间投资健康发展的相关要求，不断加大宽带接入市场开放力度，积极推动移动通信转售业务试点，带动相关就业岗位持续增加。2017年，共颁发省内增值许可证351个，全省增值电信企业达到1220家。其中，宽带接入网业务试点企业3家。在河北省发展用户的移动转售企业达到30家，累计发展用户超过300万，居全国第8位，同比增长57.1%。全省通信行业从业人员超过13万人。

（二）深入开展共建共享，积极推动行业发展提质增效。认真落实《工业和信息化部 国务院国有资产监督管理委员会关于2017年推进电信基础设施共建共享的实施意见》，充分挖掘行业资源的最大价值，提升供给侧质量与效益。制定了《河北省推进电信基础设施共建共享工作实施方案》，将河北长宽网络服务有限公司、国动网络通信集团河北有限公司纳入河北省电信基础设施共建共享机制。突出监管重点，进一步加强电信管道、杆路、铁塔、基站、室内分布系统、机房、光缆等设施在重点区域的共建共享和集约利用。全年共建管道超过150公里，杆路超过350公里，铁塔超过2850个，室内分布系统超过460处；共享管道超过140公里，杆路超过2400公里，铁塔超过6570个，室内分布系统超过190处。全年通过共建共享节约资金超过13亿元。

（三）强化服务供给保障，稳步提升行业服务水平。不断健全服务例会机制，深入宣贯《中华人民共和国电信条例》《电信服务规范》等有关规定，持续强化服务规范标准落实。不断加强电信服务监管队伍力量与系统支撑，完善与改进服务机制与措施，及时解决当前服务中的热点、难点问题。持续做好申诉焦点的分析与公告，让全社会对行业的服务工作进行监督。不断强化申诉受理、检查拨测和满意度测评等工作，切实保障通信服务质量。

【改革成果更多惠及百姓民生】 (一)进一步加快推进提速降费。推进“宽带河北”建设，实施宽带网络光纤化改造，基本建成了覆盖省市县乡村五级的全域光纤网络，高速用户占比快速攀升。移动流量资费和互联网宽带接入资费降幅分别达到56.2%和16.8%；中小企业互联网专线资费降幅15%以上，最高达50%；国际长途电话资费降幅达到90%。2017年9月1日，全面取消手机国内长途、漫游费，仅此一项直接惠及全省群众5.7亿元。

(二)积极开展通讯信息诈骗整治行动。强化技术手段建设，提前建设完成省际诈骗电话线上拦截系统。加强对语音专线、“400”号码、一号通等重点业务的核查，及时关停违规业务，严格落实电话、网络实名制，支持和配合公安机关对诈骗行为的线下打击。实现了发生案件数量下降、涉案金额下降和破获案件率上升、抓获嫌疑人上升的“两降两升”目标，得到了省委省政府领导的充分肯定。

(三)有效提升网络与信息安全保障能力。以宣传贯彻《网络安全法》为重点，积极推动网络和信息安全法律法规的落实。以管理考核为抓手，加强行业关键信息基础设施保护、网络安全审查，积极开展跨地区的网络安全演练，推进行业网络与信息安全整体水平的提升。以加强网络安全预警、事件监测处置为抓手，进一步净化网络与信息安全环境。

【营造良好行业发展环境】 (一)全面推进依法行政。认真贯彻“放管服”和“一问责，八清理”有关要求，认真落实《河北省电信基础设施建设和保护条例》，不断规范行政活动，提高行政效率。通过建立行政执法“三项制度”，建立权力清单与责任清单，开展“双随机一公开”工作，制定行政应诉和复议答辩规则等措施，进一步规范内部权力运行机制。在行政处罚等重要业务中加强法律审核，进一步保障具体执法活动的合法性。推进行政许可和行政处罚等信用信息公示工作，逐步强化执法结果的应用。充分利用网上办事大厅，逐步缩短增值电信业务审批许可时限，实现“一次申请、当场领证”。按照工业和信息化部关于行风建设暨纠风工作和宽带接入服务行为专项整治工作的要求，在业务宣传、服务协议、消费提醒等方面，创新开展了“四必须七禁止”工作，进一步保障广大人民群众通信权益。

(二)持续强化市级行业发展管理。市县是行业发展的重点和基础，也是行业管理的难点与薄弱环节。2017年，各市通信发展管理办公室深入贯彻落实省委省政府、工业和信息化部的政策要求，积极支撑、服务地方发展，在推进光纤到户、通信专项规划编制、通信扶贫、普遍服务、智慧城市建设、应急通信保障以及灾后重建等方面圆满的完成了各项任务，发挥了重要的作用，得到了地方政府的充分肯定。

(三)进一步加强安全生产管理。认真落实国家和河北省关于安全生产工作的相关要求，制定全行业年度安全生产工作要点，统筹规划和部署全年重点任务。加大安全生产综合监管力度，推进安全生产主体责任的落实。扎实开展安全生产大检查，有效防范重、特大事故发生，保持了全行业安全生产态势的稳定，并被省安委办评为2017年度“安全生产月”活动先进组织单位。

(四)进一步提升党政专用通信服务能力。党政专用通信服务已覆盖全省各地市和直管县主要单位领导与重要接待场馆。多次完成重要通信保障任务和省领导随行保障任务，普网电话已覆盖大部分省直单位，保密电视会议业务已成为河北省领导和相关厅局召开大型会议使用的常态化方式。实现了石家庄市地铁一号线的党政专用通信指挥调度系统信号覆盖。各项业务保障能力有了大幅度提升。

(河北省通信管理局　辛　娇)

【河北移动公司】 2017年，中国移动通信集团河北有限公司(以下简称“河北移动公司”)在省委、省政府和集团公司的正确领导下，全面贯彻落实党的十九大、省第九次党代会和省委九届五次、六次全会精神，聚焦新时代经济强省、美丽河北建设，围绕年初工作目标，解放思想，凝心聚力，真抓务实，攻坚克难，企业党建工作逐步推进，基础网络能力持续增强，关键业务指标大幅提升，经营业绩平稳增长，管理水平有效提高，圆满完成全年各项工作任务，实现经营发展水平整体提升，推动“十三五”战略规划落地实施。

(一)深化企业党建，推进全面从严治党向纵深发展。全面学习贯彻党的十九大精神，深入落实国企党建工作会议精神，不断推进“两学一做”学习教育常态化制度化。制定印发河北移动公司年度党建工作要点，对党建工作进行系统全面部署，保障全省年度党建工作重点突出、任务明确，实现工作一盘棋。推动主体责任层层落实到位。深入抓好“研究分析、工作部署、签订责任书、监督检查、党建述职、考核、约谈、问责”八个环节，制定实施《党建工作责任制》和《党建工作考核评价办法》，逐级签订党的建设主体责任书，深化和厘清各级党组织和党员领导干部的责任清单，充分发挥“以述促改，以述促建”的积极作用。把学习贯彻党的十九大精神作为首要政治任务。组织广大干部职工第一时间收看学习十九大召开盛况，及时召开中心组学习扩大会议深入开展学习研讨，研究制定《学习宣传贯彻党的十九大精神工作方案》，从6个方面明确22项措施，建立起常态化、系统性学习宣贯机制。深入落实中央八项规定精神，坚决整治四风问题。在全省范围内开展“强党性、讲责任、勇担当、重执行”专题生活会，切实加强党性锻炼，着力改进工作作风；持续推进“嵌入式”廉洁风险防控机制建设，开展防控措施的制度、流程和系统固化，加强廉洁教育，深入开展反腐倡廉教育月活动，使党建与生产经营深度融合，通过思想融合、组织融合、文化融合，使党建发挥“红色引擎”作用。

(二)落实“互联网+”战略，信息化服务能力显著提升。大力促进4G发展。加大资源投入，强化4G终端销售、2/3G客户迁移等工作，快速扩大4G客户规模，全年4G客户净增587万户，达到3064万户，4G客户渗透率达62.2%；认真落实长市漫一体化政策，2017年9月1日起全面取消了手机国内长途漫游费。深入推进流量业务普及。推出流量王、日租卡、不限量套餐等优惠资费，大力发展定向、区域、短时等流量包产品，加强内容与应用推广，丰富流量包体系，满足客户个性化需求，促进提速降费落地，流量资费降低40%。加快家庭宽带发展。强化宽带融合营销，不断扩大客户规模，全年宽带客户规模实现翻倍，达到400余万户；坚决落实提速降费要求，全面开展宽带提速工作，50M及以上宽带客户占比达到86%，全省市区全部实现宽带“当日装、当日修”，客户装机及时率、投诉处理满意度达到99%以上。增强营销服务能力。建立实体渠道集中运营体系，微厅粉丝超过2000万，手机APP月活跃客户达到600万；客户服务感知得到改善，客户满意度较上年有所提升，全面达成纠风两条红线目标。持续提升信息化服务能力。积极落实省委、省政府“大智移云”规划，发挥自身网络、数据、技术和业务优势，深入推进互联网+、物联网、大数据等应用落地，服务全省11万余家政企客户，累计政企成员近900万户，为政府、教育、医疗、交通物流、金融等各行业提供1万余套信息化解决方案；加快物联网发展，引入、研发推广先进信息化应用，先后推出智慧停车、智能路灯、井盖监控等物联网智能产品，全省物联卡连接规模大幅提升，达到近600万户；丰富互联网+产品体系，助推智慧城市建设，在2017年度“河北省‘互联网+’创新成果评选”活动中，河北移动公司获评2017年度河北省“互联网+”创新企业，“基于用户故事的敏捷看板开发管理系统”、“河北移动‘互联网+政务’省政府综合办公信息化平台”等多项成果获“互联网+”技术创新奖及应用创新奖。

（三）践行宽带中国战略，基础网络能力持续增强。加快重点网络项目建设。实施项目清单式管理，先后完成了4G四期二阶段、三阶段和五期一阶段建设，4G基站达到10余万个，构筑了全省规模最大的、覆盖市县乡村的4G精品网络；基本完成NB－IoT一期建设，实现全省市区的连续覆盖；新增光纤宽带覆盖近800万户，自建宽带覆盖达到2000多万户；传输承载能力有效增强，保持了综合业务接入区城区100%覆盖和重要乡镇的有效覆盖；快速推进省级数据中心建设，保定数据中心已建成投产，廊坊数据中心一期已主体封顶，石家庄数据中心已进场施工。持续改善网络质量。开展4G网络优化工作，全省4G网络时长驻留比98%，京广、京沪高铁及石家庄地铁网络质量已达到全国先进水平；全面提升VoLTE业务质量，全省“一低两高”小区占比大幅降低，VoLTE接通率、VoLTE呼叫建立时延等指标持续改善；开展传输整治能力提升会战、“砺刃行动”、“i家”行动等，大幅提升网络质量和家宽装维能力。

（四）响应中央决定，全力支持雄安新区建设发展。以实际行动落实党中央和集团公司要求，全力服务支持雄安新区建设发展。健全组织建设。迅速成立雄安新区工作领导小组和工作推进办公室，4月份组建雄安新区分公司，9月份完成工商注册，成为首批在新区注册的企业，及时设立临时党委和临时纪委，陆续完成机构和人员配置。高标准高起点进行网络规划。在全力保障雄安新区通信需求的基础上，不断推进新技术研发落地，相继在雄安新区完成了5G试点、千兆光宽带及NB－IoT物联网业务上线，推进NB－IoT技术试验和业务验证，完成“智慧灯杆”、“智慧井盖”等试点项目，为智慧新城注入活力。紧跟雄安新区整体规划。主动对接省委省政府、雄安新区管委会和外来入驻企业，深入践行创新、协调、绿色、开放、共享发展理念，和各行各业共同促进数字经济发展，服务雄安新区建设发展需求。

（五）履行社会责任，推进提速降费及网络扶贫工作。积极响应国家“提速降费”号召。加快建设高速率网络，在秦皇岛、唐山、保定等全省各地市设立“千兆精品”示范小区；开展“速率倍增行动”，推出七项具体举措，加快提速降费步伐，2017年9月1日全面取消手机客户国内电话长途通话费和漫游通话费；大幅下调流量资费和互联网专线资费，通过"小微宽带"等特惠产品助推中小企业市场发展。大力开展网络扶贫。向全省52个扶贫开发重点县投入资金8.4亿元，新建4G基站4664个，新增家庭宽带覆盖约105万户，夯实村民信息脱贫基础；完成张家口普遍服务和深度贫困县脱贫攻坚项目，实现800多个贫困村4G和宽带覆盖，满足了贫困地区老百姓宽带和电视的需求；强化精准扶贫工作，省市县公司共选派近千名驻村干部，承接扶贫项目约150个，实现信息扶贫百万余户。打击通讯信息诈骗，加强重点电信业务管理和技术手段建设，不断强化组织机构保障和社会宣传教育，每月拦截来自国际诈骗电话约80多万次，月均关停网内语音群呼骚扰号码360多个；开展伪基站打击专项工作，协助公安机关破获案件80余起，查获伪基站设备80余套，捣毁伪基站生产销售窝点1个。持续开展爱“心”行动，先后完成承德、沧州等七个地区的贫困先心病儿童筛查救助工作，累计共有1512名患儿接受检查，确诊可实施手术救治465例，顺利完成手术331人，手术成功率100%。

（六）提升管理水平，保持企业健康稳定运行。优化人力资源管理。在优化调整组织机构、选优配强干部队伍的基础上，有序完成全员双选，核心岗位全日制本科以上人员占比从41.1%提升到53.9%，“80后”占比从45.3%提升到58%，提高了人岗匹配程度，有效激发队伍活力。强化风险防控。推进制度流程全量梳理优化暨嵌入式廉洁风险防控机制的建设，优化发布制度709项，对223项新发布制度流程进行了IT固化。促进低成本高效运营。深化资金集中管理，加强资金预算管控；深入推进集中稽核和网络三费集中管理，持续优化采购管理，实现“阳光采购”；加大“清闲处废”力度，加强存货及仓储物资管理。加强员工关爱。持续推进“暖心工程”，完成260个乡镇营销部的装修，建成14个“暖心工程”示范点，员工办公条件得到有效改善。

（河北移动公司　南玲峰）

【河北联通公司】　2017年，河北联通下辖11个市分公司及雄安新区分公司，151个县（市）分公司。

（一）加强企业党建和党风廉洁建设。深入学习贯彻党的十九大精神，党建与经营工作深度融合，做到两手抓、两手硬。认真落实“两个责任”“一岗双责”，推进“两学一做”学习教育常态化制度化。持续加强党风廉政建设和反腐败工作，开展光改专项检查。建立廉洁风险防控制度，梳理风险点58个，该项工作被集团公司评为优秀。常态化开展巡察监督、约谈等工作。继续抓好中央八项规定精神的落实，建立廉洁风险防控制度，营造风清气正发展氛围。

（二）积极服务社会信息化。2017年，河北联通上下聚焦发展，移动业务聚焦4G，4G占比提升，移动业务保持快增长，收入市场份额提升0.1个百分点，4G渗透率提升21.4个百分点，固网业务方面，100M以上速率占比达到65%；创新业务快速增长，同比增长2.5%，云数据、产业互联网等创新业务增幅14%，北十第2。成功签约河北省旅游云、任丘智慧交通、定州教育云等一批重点项目。

（三）服务质量稳步提升。服务能力方面，以客户感知引领服务质量的改善，聚集4G、宽带的客户感知以及触点体验和投诉解决，建立客户感知主动评测、窗口触点对标体验和大服务投诉解决机制。通过传统服务向互联网化、智能化服务升级和集中化、一体化的运营支撑体系创新，打造“互联网+”客户服务体系，实现客服中心传统人工话务和成本结构性调整。推进两金压降工作，存货增幅超额完成进度，存量压降98.4%。

（四）网络能力进一步增强。贯彻雄安新区、京津冀城市群、冬奥会张家口赛区等国家战略和集团聚焦战略，投资向重点区域、重点业务倾斜，网络支撑能力进一步强壮。移网能力方面，全年建设4G宏站及室分楼宇，4G人口覆盖率达到90%。实施SDR升级改造和2G基站下网，北十省首个完成2/3G网频率重耕，4G驻留比提升至全集团第5名。完成雄安试点NB－IOT系统建设，成功验证4G+网络1.2Gbps下载速率，实现全球移动通信最高速率。固网能力方面，优化端口结构，FTTH端口占比86%，村通光纤率达到96%。FTTH自动开通率提升到90%。

（五）管理效益继续提升。围绕现金流改善管控投资及成本，运营成本占收比同比下降。完成全网SDR升级改造和2G物理基站下网。北十省首个完成2/3G网频率重耕，每年节省维护成本上亿元。推进两金压降工作，存货增幅超额完成进度，存量压降98.4%。加强物资处理，处置收益显著提升。加强物资处理，处置收益显著提升，审计、法律与风险管理等工作取得新的进展，为企业发展提供了可靠保障。

（六）体制创新向纵深推进。推进各级机关瘦身健体，省、市、县三级单位机构总数减少31%。做好各级管理人员首聘工作，省管中层总数下降5.2%，市管中层总数下降10.7%，明确市场线/支撑线/综合线机构数量与管理人员职数配备分别为4/3/1.5。推动各市分公司城区网格和农村营业部划小承包实施工作，整体进度达到96%。全面推进公司的互联网化运营转型，以“收益共享，风险共担”的激励机制为引领，健全配套机制，搭建公司内的“创业平台”，鼓励和引导员工通过内部“创业”实现个人价值，从而共同形成公司的业绩提升。

（七）构建幸福河北联通不断深化。持续开展“建家、倾听、关爱”三项行动，各级工会筹资近百万元，开展金秋助学共救助新升入大学的困难员工子女154名，连续第三年签订员工重大疾病和意外伤害保险合同，组织部分EAP专员、心理辅导员参加了集团工会的培训及项目交流，并尝试将EAP理念及相关课程导入对基层管理人员的培训之中。紧紧围绕公司规模效益发展的中心任务，按照“两个结合、三个提升”的工作思路，聚焦各专业重点和短板，确定五类竞赛项目。目前已产生河北联通技术能手20人。在集团公司智慧家庭工程师技能竞赛决赛中，三名选手获得集团技术能手称号，并获团体二等奖及三个单项奖。加强企业民主管理，大力发展和谐劳动关系。大力宣贯企业文化，组织联通“好员工”评选，发挥创新工作室作用，开展技术练兵，7人荣获“中国联通技术能手”称号。提升服务水平，扎实做好离退休人员工作。全面推进全省职工家属区“三供一业”分离移交工作。

（八）履行社会责任获得良好声誉。完成“两会”、一带一路峰会、厦门金砖会晤、十九大等重大活动网络安全及通信保障工作。落实电信普遍服务试点，提前2个月完成承德741个行政村的宽带光纤接入。完善冬奥会通信专项规划，联合北京分公司中标冬奥会官方合作伙伴，助力冬奥会通信服务建设。强化实名登记入网管理，通过集团和工信部检查，维护通信秩序，保证用户通信安全。深入参与沽源、康保两县精准脱贫规划与实施，先后两次被河北省委、省政府授予“中直单位定点扶贫工作先进集体”称号。

（河北联通公司　贾若思）

旅游业

【概述】　2017年以来，河北省旅游系统深入学习贯彻习近平新时代中国特色社会主义思想和党的十九大精神，认真贯彻落实习近平总书记关于旅游工作的重要指示精神，在省委省政府的正确领导、高位推动下，牢固树立和贯彻落实新发展理念，围绕建设旅游强省，以提高发展质量和效益为中心，以旅游供给侧结构性改革为主线，以旅游业综合改革为动力，以全域旅游示范区为载体，以旅发大会平台为抓手，以产业融合发展为路径，以基础设施和公共服务全面提升为重点，大力实施旅游产业化战略，旅游业发展规模和质量实现了全面跃升，成为实现新旧动能转换的重要产业和经济转型发展的新增长点。全年共接待海内外游客5.72亿人次，实现旅游总收入6140.9亿元，同比分别增长22.61%和31.93%，超额完成年度目标任务。

截至2017年底，河北省共有星级饭店448家，其中五星级21家，四星级136家，三星级204家，二星级85家，一星级2家。旅行社1491家，其中出境游组团社131家。A级景区403处，其中5A级景区9处，4A级景区114处，3A级景区131处，2A级景区148处，1A级景区1处。全省拥有世界文化遗产4项6处、国家级历史文化名城5座、国家级文物保护单位278处、世界地质公园2处，旅游直接和间接就业人数约400万人。

【国际旅游】 2017年河北省共接待入境游客160.25万人次，创汇7.60亿美元，同比分别增长8.57%和13.68%。其中，承德市，接待入境游客35.01万人次、创汇1.85亿美元，分别比上年增长7.85%和6.59%；秦皇岛市，接待国际游客30.65万人次、创汇2.11亿美元，分别比上年增长5.25%和0.22%；石家庄市，接待入境游客20.39万人次、创汇9430.00万美元，分别比上年增长6.28%和39.64%；保定市，接待国际游客17.27万人次、创汇6691.35万美元，分别比上年增长8.84%和30.73%；廊坊市，接待国际游客17.74万人次、创汇5741.21万美元，分别比上年增长14.37%和17.58%。河北省的万人客源国和地区达到25个。其中接待韩国游客10.54万人次；接待日本游客14.06万人次；接待香港地区游客15.13万人次；接待台湾地区游客14.16万人次；接待俄罗斯游客9.74万人次；接待美国游客5.72万人次。

【国内旅游】 2017年，河北省共接待国内游客5.71亿人次，创收6089.60亿元，分别比2016年增长22.66%和32.09%。其中，保定市，接待国内游客9490.78万人次，创收953.99亿元，分别比上年增长18.88%和26.50%；石家庄市，接待国内游客8919.11万人次，创收956.18亿元，分别比上年增长20.88%和32.55%；张家口市，接待国内游客6247.56万人次，创收694.32亿元，分别比上年增长20.55%和34.22%；邯郸市，接待国内游客5853.14万人次，创收637.10亿元，分别比上年增长23.64%和30.50%；承德市，接待国内游客5761.54万人次，创收670.96亿元，分别比上年增长25.14%和35.54%；唐山市，接待国内游客5591.31万人次，创收582.79亿元，分别比上年增长25.11%和33.96%；秦皇岛市，接待国内游客5223.50万人次，创收644.01亿元，分别比上年增长24.70%和33.75%。

【假日旅游】 假日经济对社会消费的拉动作用愈发明显，2017年假日期间全省共接待海内外游客8769.1万人次，占全年总接待量的15.5%，实现旅游收入600.1亿元，同比增长34.76%，实现了“安全、质量、秩序、效益”四统一的假日旅游工作目标，为有效扩大内需、满足人民群众多样化的旅游消费需求发挥了重要作用。

【全域旅游和项目建设】 （一）全域旅游。河北成功列入全国全域旅游示范省七个创建单位之一，17个市县被确定为国家全域旅游示范区创建单位。省委省政府在秦皇岛市召开了创建全域旅游示范省动员大会，省四大班子领导出席会议，省委省政府主要领导亲自动员部署。根据国家旅游局《全域旅游示范区创建工作导则》，在全国率先制定了《河北省全域旅游示范区创建工作指南》，编制了《河北省全国全域旅游示范省创建规划》，出台了《关于加快创建全国全域旅游示范省的意见》。邯郸、正定等23个市县确定为首批省级全域旅游示范区创建单位，形成了省市县同创的全域旅游发展格局。

（二）旅游发展大会。在全国首创省市县“1＋13＋X”统筹推进的旅发大会新模式，对全省经济社会发展综合带动效应明显。高标准组织举办第二届全省旅发大会，以不到30亿的政府投入撬动社会资本近300亿元，集中打造了2000平方公里的“秦皇山海康养旅游度假区”。各市相继召开市级旅发大会，推出了一批标杆性全域旅游片区和新业态新产品，有力带动了区域经济、社会、文化、生态和环境等多方面发展，全省上下对加快旅游业发展的认识显著提高、干劲空前高涨，形成了旅游大发展的良好势头。

（三）旅游规划。做好省“十三五”旅游规划宣贯工作，制定了《关于贯彻落实＜河北省旅游业“十三五”发展规划＞的通知》，印发了规划解读稿和图文版，并利用河北省旅游发展委员会官网、微信平台、《河北日报》等媒体进行了广泛深入宣传。充实完善了旅游规划专家智库，认定了3家丙级资质等级规划设计单位，复核了7家规划设计单位资质，截至2017年底全省旅游规划设计单位已达到34家。组织开展了旅游规划领军人才项目人选评选活动，筛选出10名旅游规划领军人才，并组织开展了系列培训交流活动。组建扩充了了河北旅游规划专家库，目前已有超过150位专家纳入规划专家库，专业涉及旅游、城建、乡村、生态、交通、文化等多个领域。支持西藏阿里地区编制相关旅游规划，组建专家团队启动《阿里暗夜公园二期旅游策划》和《那木如温泉度假村旅游策划》规划编制。

（四）项目建设。注重旅游发展质量，旅游项目结构持续优化，加快向综合型、度假型、体验型转变，旅游单体项目量质提高，全省10亿元以上规模项目335个，投资总额15360.8亿元，占项目投资总额的87.92%。旅游投资井喷式增长，全年完成旅游项目投资1012.5亿元，同比增长72.1%。

（五）投融资大会。召开了首届全省旅游投融资大会，以“为资本搭建平台、让旅游插上翅膀”为主题，搭建平台、优化环境，引入优质资本、战略投资者，编制了《河北省重点旅游项目招商册》，全面整理与创新策划了七大类重点旅游项目400多个，总投资规模超过1万亿元。发布了《河北省旅游投融资白皮书》，现场签约项目38个，投资总额2333亿元，实现旅游投资井喷式增长，

（六）旅游＋新业态创新。发挥“旅游＋”功能，旅游与农业、工业、文化、体育、航空、养生养老、研学、购物等融合发展进一步提速。以满足休闲度假需求为重点，推进业态创新，文化旅游、乡村旅游、生态旅游、康养旅游、冰雪旅游、工业旅游、特色小镇等旅游新业

态发展迅猛。联合中国旅游协会、中国工业文化发展中心、河北省工业和信息化厅、唐山市人民政府共同举办了中国工业旅游产业联合大会，成立了“中国工业旅游产业联合会”并举办了“工业旅游一工业城市的创新转型引擎”主题论坛。联合省中医药管理局和体育局分别签署了融合发展的战略合作协议，下发《关于促进中医药健康旅游发展的实施意见》，完成《河北省中医药健康旅游示范基地建设评定标准》地方标准立项工作。积极推动国家工业旅游基地和工业遗产旅游基地创建工作，唐山市开滦矿山纪念馆被评为全国工业遗产旅游基地。完成了《河北省研学旅行教育实践基地评定标准》地方标准立项工作。

（七）红色旅游。编制了《河北省红色旅游三期规划纲要》，两次联合京津举办红色旅游行大型房车巡游活动。开展了红色旅游校园行暨大学生红色旅游创意策划大赛活动，燕山大学荣获全国红色旅游创意策划大赛三等奖。会同省委宣传部、教育厅、省党史研究室共同开展“迎庆十九大，传承红色基因”红色旅游经典景区研学活动。

（八）旅游景区建设。大力推进5A级景区创建工作，广府古城、白石山两家景区成功晋升为5A级景区，山海关景区顺利复牌，截至2017年底全省5A级景区升至9家，4A级以上景区达123家。积极开展多类型景区创建申报和研究，制定印发了《关于推进特色小镇景区化建设的指导意见》，并组织专家就邯郸粮画小镇创4A进行现场专题研讨。积极推动国家生态旅游示范区创建，确定唐山南湖景区和保定白石山景区为国家生态旅游示范区创建单位。启动了首批省级旅游度假区评定工作，明确了申报程序、标准及相关要求。组织开展了国家湿地旅游区的评估和申报工作。启动全省景区体制机制改革工作，在深入调研的基础上起草了《全省旅游景区体制机制改革创新工作推进方案》，明确了工作的主要措施、完成时限及责任单位，为推进工作推进夯实了基础。

（九）旅游资产经营清查清理工作。组织召开了全省旅游资产经营清查清理动员培训会，印发了《加快推进旅游资产经营清查清理工作的通知》和《关于对全省旅游资产经营清查清理工作进行现场咨询督导的通知》，对资产清查工作提出了要求。组织成立了5个现场督导组，到各市进行问题答疑和现场指导。经过专家论证和修改完善，已完成旅游资产经营清查清理报告。

【基础设施和公共服务建设】 （一）旅游基础设施和公共服务提升年行动。把2017年确定为旅游基础设施和公共服务提升年，在全国率先编制实施《河北省旅游公共服务体系规划》。4月份组织召开了“全省旅发大会调度、旅游厕所革命、旅游环境整治暨旅游基础设施公共服务提升工作推进大会”，以省旅游工作领导小组名义印发了《2017年全省旅游基础设施与公共服务提升年工作推进方案》，王晓东副省长出席会议并就推进全省旅游基础设施公共服务体系建设发表重要讲话；6月份下发了《关于对2017年全省旅游基础设施与公共服务提升年重点任务进行督导考核的通知》，进一步明确各市游客中心、厕所、房车营地等建设任务，制定督导考核计划，确保各项工作落到实处。

（二）“厕所革命”建设。加大资金支持力度，发挥财政资金引导作用，下拨省级专项资金5000万元、争取国家旅游局厕所建设补助资金2080万元支持全省厕所革命建设。超额完成国家旅游局下达的三年1920座厕所建设任务，自我加压，三年来建设旅游厕所9000余座，厕所革命”逐步实现向景区内外、城乡一体纵深发展。拓展厕所革命深度和广度，以省旅游工作领导小组名义印发了《2017年全省旅游厕所建设管理暨农家乐厕所革命工作方案》，制定了《全省乡村农家乐厕所建设管理标准规范》，科学指导全省农家乐厕所建设，2017年新建、改建农家乐厕所1000座以上。

（三）河北“厕所革命”所获荣誉称号。在2017年全国厕所革命现场会上，保定、秦皇岛、唐山、承德荣获“2016年全国厕所革命先进市”称号，省政府副省长王晓东代表河北出席全国推进厕所革命政企对接仪式并讲话。在第四次全国厕所革命推进大会上避暑山庄及周围寺庙景区管委会、保定野三坡乡村旅游厕所开放联盟、白鹿温泉旅游度假股份有限公司分别荣获科技创新奖、管理创新奖、文明宣传奖。

（四）“厕所革命”公益宣传活动。按照国家旅游局工作部署，积极开展“河北省厕所革命公益宣传活动”，在衡水市举办“河北省厕所革命公益宣传活动启动暨授旗仪式”，正式启动全省“厕所革命”公益宣传活动，并向志愿者代表授旗；同时，制作“文明如厕公益宣传片”，每天6期、持续1个月在河北电视台公共频道投放播出。全省“厕所革命”公益宣传活动受到国家旅游局高度肯定，有关工作在《中国旅游报》刊登报道。

（五）旅游交通网建设。积极推进“快进慢游”旅游交通网建设，联合省交通厅、省发改委、国开行河北分行共同制定下发《关于促进交通运输与旅游业融合健康发展的实施意见》；同时，与省交通运输厅就《2017－2019年全省旅游交通推进提升方案》进行专题对接，就深化交通与旅游合作达成一致意见。积极推动全省旅游交通提档升级，明确了全省旅游交通重点建设提升任务，包括44段连接4A级以上景区与重点乡村旅游示范点的公路改造提升工程、22家4A级景区道路连接线提升工程，并纳入提升年重点任务。积极协调省交通厅推进秦皇岛高速公路服务区提升、京哈高速公路祖山连接线绿道建设，确保了全省第二届旅游产业发展大会成功举办。

（六）游客服务中心建设。积极推进重点交通枢纽设立“河北游客服务中心”工作，联合河北机场集团、北京铁路局、河北旅投集团、河北冀运集团、石家庄市交通枢纽等单位建立游客服务中心。截至2017年底石家庄公交枢纽游客集散中心已经建成并投入使用，石家庄国际机场“河北游客服务中心”已建设完成等待验收，石家庄火车站“河北游客服务中心”已完成选址和施工图设计。

（七）智慧智能旅游互联网建设。编制完成《河北旅游云项目建设实施方案》，印发了《关于推进河北旅游云建设的实施意见》，科学规范引导全省智慧旅游建设，明确了各市工作目标与任务。同步推进河北旅游云框架基础项目建设工作，建成运行河北旅游产业运行监测与应急指挥平台，承德、秦皇岛、保定等部分市建成旅游大数据中心或平台。

【乡村旅游和旅游扶贫】 （一）乡村旅游。大力发展乡村旅游，出台了《美丽乡村旅游示范区建设标准》，编制了108个省级乡村旅游示范村规划。成功创建一批国家级、省级乡村旅游示范点和示范县。建成了一批国家级景区带村、能人带户、企业＋农户等示范项目和乡村旅游创客示范基地，数量位居全国前列。

（二）旅游精准扶贫。强力推进旅游精准扶贫，2017年投入4000万元旅游专项资金，重点支持550个建档立卡贫困村发展乡村旅游，建设了一批旅游产业扶贫项目，探索出景区带动、项目带动、资产收益带动等旅游扶贫新模式，通过民宿餐饮、旅游产品加工、资产入股等多种途径，全省发展旅游乡村达到1660多个，经营户突破4.5万个，8万多人通过旅游实现脱贫。

（三）旅游政策扶贫。河北省委省政府出台了《关于创新乡村旅游扶贫机制的实施意见》，与财政厅、农业厅、林业厅联合签发了《河北省农业信贷担保“政银担”工作实施指导意见》。编制《河北省乡村旅游扶贫规划（2017－2020年）》，建立旅游扶贫重点村台帐，实施“一村一策”规划指引。联合省妇联组织80个旅游扶贫重点村的村官和100余人的全省巾帼乡村旅游扶贫技能培训班。联合中石油，开展游＋油扶贫公益行动，重点包销“10＋1”个深度贫困地区贫困村、建档立卡贫困户土特产品、旅游商品。

【市场监管和提升服务质量】 （一）综合监管政策。联合省高院出台《关于进一步发挥审判职能作用服务保障全省旅游产业化发展战略实施的意见》，联合省工商局出台《关于进一步发挥工商（市场监管）职能作用服务保障国家全域旅游示范省建设的实施意见》，有力推动了基层旅游巡回法庭、旅游工商（市场监管）分局建设。与省公安厅联合起草了支持设立旅游警察的指导性文件。

（二）综合监管机制。推动秦皇岛、承德、邯郸及北戴河区、安新、涞水、平山、涉县、蔚县等市县建立了包括旅游警察、工商旅游分局、旅游巡回法庭等在内的“1＋3＋N”旅游市场综合监管机制，有效提高了旅游市场综合治理效能。

（三）推进“放管服”改革。将旅行社分社和服务网点备案登记证纳入“多证合一、一照一码”登记制度改革。按照省深化机关作风整顿领导小组办公室要求，对标提升行政审批效能，优化行政许可事项，取消出境领队证核发行政许可事项，外商投资旅行社业务许可事项下放至各市和雄安新区。

（四）市场秩序专项整治行动。深入开展全省旅游市场秩序综合整治，紧盯“不合理低价游”等突出问题，以游客投诉为线索，以查办案件为目标，组织开展“春季行动”“暑期整顿”“秋冬会战”等3次全省范围的市场秩序综合整治专项行动，深查旅游市场问题隐患，坚决打击顶风组织不合理低价游、非法经营旅行社业务、强迫购物、超范围经营等违法违规行为，全省累计出动旅游质监执法人员883人次，检查旅游企业及分支机构1138家，立案17起，处罚11起。秋冬会战专项整治行动中，联合京津两市开展京津冀三地旅游质监执法部门联合检查，指导省内各市开展交叉互查，联合检查和交叉互查的做法得到了国家旅游局的肯定，在“全国旅游市场秩序整治与监管工作动态”中进行了专题报道。

（五）全省4A级以上景区对标整治行动。持续深入开展全省A级景区对标整治，聚焦景区设施安全、服务质量、旅游厕所、景区门票、环境卫生等方面的突出问题隐患，建立定期对景区对标明查暗访的监管机制，推进景区治理常态化。强化景区动态退出机制，1月份对整改验收不达标、安全隐患严重、游客投诉问题突出的21家4A级景区进行处理，其中4家景区取消资质、3家景区降级、5家景区严重警告、9家景区警告。11月份对12家景区提出通报批评。为加强景区质量动态监管和社会监督，邀请来自新闻媒体、旅游院校、政府部门和社会团体的700人作为景区社会监督员对景区质量开展社会监督，督促景区重视服务质量提升。

（六）旅游环境综合整治起草并报请省旅游工作领导小组下发开展全省旅游环境整治的指导意见，推动各地把旅游环境综合整治同全域旅游示范区创建、筹办旅发大会和文明城市创建工作有机结合，持续深入开展城镇、乡村和道路沿线旅游环境综合整治，营造整洁优美、规范有序、文明和谐的旅游环境。

（七）旅游市场安全监管。针对全省旅游活动特点，做好重点时段的旅游安全监管工作。组织开展全省旅游安全生产月活动，指导各地开展事故警示防范和安全培训。组织开展出境游安全提升、景区流量控制治理、高风险项目安全规范和旅游包车等四大专项安全整治行动。坚持属地管理与行业督导相结合、企业自查与部门督导相结合、全面排查与重点整治相结合，全年共组织年初两会期间、暑季、汛期、十一双节期间和秋冬季等5次专项安全大检查，治理安全生产事故隐患，确保了全省旅游市场平稳有序，全年未发生重大旅游安全责任事故。

（八）文明旅游和志愿服务。持续开展“提质提效、文明服务”为主题的全省旅游行业“三比三看”创建竞赛活动，推选石家庄金圆大酒店等27家单位为全省旅游行业首批文明服务流动红旗单位，把文明旅游与文明城市创建工作有机结合，发挥先进典型示范带头作用，引导旅游企业和从业人员自觉成为文明旅游的践行者和传播者。联合省文明办、团省委、省总工会共同启动全省文明旅游志愿服务，成立13家以设区市为单位的旅游志愿者总队，推动旅游志愿服务和文明旅游的有机结合，充分发挥旅游志愿服务在文明引导、游览讲解、质量监督等方面的积极作用。组织开展国家级和省级“好游客，好导游”“青年文明号”“工人先锋号”创建活动，组织全行业深入开展形式多样、内容丰富的文明旅游宣传活动。联合京津旅游部门共同开展京津冀共促文明旅游健步走主题宣传日活动，推动京津冀三地共促文明旅游。

（九）质量标准建设。围绕落实质量强省战略，坚持质量第一、效益优先，将质量标准作为重要引领，融入旅游发展各个方面和全过程。制定《河北旅游质量提升行动计划（2018—2020）》，着力实施旅游产品供给质量、旅游新业态质量、旅游公共服务质量、旅游行业管理质量等提升行动，推动河北旅游迈入质量时代。组建旅游标准化专家委员会，制定《河北省旅游标准化工作管理办法》、《河北省旅游质量标杆单位管理办法》、《河北省旅游标准化试点单位管理办法》，建立旅游质量推进长效机制。修订《河北省工农业旅游示范点评定标准》和《河北省乡村旅游服务质量标准》两项地方标准。指导秦皇岛、张家口蔚县、邯郸涉县等三个市县创建第4批国家级旅游标准化试点单位。

（十）旅游法制化建设。抓好“三项制度”试点工作，制定出台包括三个办法、四类文本、五个清单在内的130余项行政执法制度文件，并汇编成《河北省旅游发展委员会行政执法工作手册》。完善依法行政制度体系建设，修订了《河北省旅游局规范性文件制定及监督管理办法》，强化程序管理，严把立项、起草、审查、发布、备案等关口，确保了规范性文件的权威性和有效性。

（十一）普法宣传。省旅游执法总队在河北旅游政务网开辟“执法投诉”专栏，公布投诉程序，分析典型案例。自2017年8月起，联合河北广播电视台推出省内首个旅游维权方面的系列访谈节目—“旅游维权大讲堂”，邀请旅游质监执法部门负责人和业内专家围绕旅游热点事件、常见旅游误区和群众关心的旅游话题展开访谈和讨论。通过“以案释法”，有效提高了旅游者辨别旅游误区，规避旅游风险，减少旅游纠纷，解决旅游难题的能力。“旅游维权大讲堂”入围2017年度全省“十大法治事件”前20名，并被国家旅游局《旅游质监执法工作动态》第3期作为典型事例加以推广。联合石家庄市旅游发展委在西清公园联合举行了“12·4”集中法治宣传和宪法宣誓活动。

（十二）信息公开。自觉落实信息公开制度，整合提升河北旅游资讯网、河北旅游资政务网、“中国河北”、河北旅游官方微博微信等业务应用系统，全年发布各类公开信息数万条。其中，河北省旅游发展委员会官方微博发布微博5474条，粉丝数量690万，全国省级旅游官方微博排名第2位，荣获“2017金足迹旅游峰会全国省级旅游局官博影响力TOP10”；河北省旅游发展委员会官方微信发布文章1226篇，粉丝数量201564，省内综合排名第3名，荣获河北省互联网办公室颁发的“十九大期间河北发布厅信息发布先进公众号”称号。

（十三）旅游培训。结合学习宣传贯彻党的十九大精神和习近平新时代中国特色社会主义思想，全年组织开展委党组理论学习中心组学习20次。邀请业内专家、相关领导开展专题辅导12次。监督管理处和省旅游执法总队面向全省旅游经营者和从业者开展送教上门，组织4次旅游质监执法业务技能培训，参训人员达1600余人次。加强景区创建培训，组织“景区管理与服务提升讲习班”，为提升景区在开发、建设、管理、服务等方面，提供了交流平台和学习机会。联合省委组织部、省行政学院成功举办全省全域旅游发展专题培训班，全省旅游系统共计100余人参加了专题学习培训，切实提升了全省旅游系统干部的思想认识和业务水平。

【市场营销和区域协同发展】 （一）旅游品牌建设。面向全球重奖征集推出“京畿福地·乐享河北”旅游品牌，重点打造蓝色海滨、绿色山水、红色经典、金色文化、银色冰雪、彩色民俗六个特色品牌，推出锦绣长城、壮美太行、坝上草原、美丽乡村等一批品牌主题线路。。通过开展系列品牌营销活动，河北旅游资源和形象得以广泛宣传，有效提升了河北旅游的知名度和美誉度。

（二）旅游热点营销。紧紧抓住河北省经济、社会、对外交流重大活动，依托政治生活热点，各类特色节日节庆，推介会等进行旅游宣传，在全省两会期间组织编制了《河北旅游画册》《河北旅游指南》《河北旅游商品手册》《河北旅游杂志专刊》《河北旅游地图》等旅游宣传资料，得到代表和委员的一直好评。围绕第二届省旅发大会的筹备和举办，广泛开展营销宣传，据不完全统计，中央及省内媒体共刊发稿件4560篇，制作专题98个，网络相关报道达到142万余篇（条），实现河北旅游宣传报道的“震撼”目标。

（三）主流媒体营销。加大在央视《朝闻天下》等栏目旅游广告投放力度，播出时长同比增长10%。加强与《中国旅游报》、河北电视台、新华网、凤凰河北、河北新闻网、长城网等重点媒体合作。同时，瞄准高铁车站、列车集中发力，进行“乘高铁游河北”旅游形象宣传。充分借助展会平台，组织参加2017亚太旅游协会探险旅游大会及交易会2017世界医疗健康旅游产业博览会、第十三届海峡旅游博览会等一系列会议会展，有力提升河北旅游品牌在各区域的知名度和影响力。

（四）旅游活动营销。开展特色宣传推广活动，举办“不得不”系列评选活动，评选出了不得不游的十大风景名胜、不得不享的十大休闲体验、不得不购的十大旅游商品、不得不品的十大特色美食、不得不访的十大美丽乡村共五大类的50个精品，树立和宣传了全省旅游产品品牌标杆，充分展示了河北旅游产业发展的新业态、新体验、新成就。与河北航空合作打造“乐享河北”旅游飞机，与北京铁路局合作开通了“河北旅游”号列车。与中央电视台合作，拍摄制作32集河北《红色故乡》红色旅游宣传片。与省委宣传部在全省旅游行业共同开展了2017“美丽河北·最美旅游人”推选展示活动。

（五）国内旅游市场拓展。深耕京津冀旅游市场，联合京津两地旅游委举办了2017河北新春旅游推介会，整合推出了全省冬季旅游旅游线路产品和春节特色活动，引起了社会的广泛关注。开展中国旅游日惠民活动，在唐山湾国际旅游岛启动了“中国旅游日河北分会场活动”，期间全省举办各类活动共65场，优惠活动措施近100多条。与省商务厅联合举办第十届“幸福河北欢乐购”金秋季消费促进活动启动仪式，全省旅游企业共推出124条惠民措施，策划举办148项特色旅游节庆活动，在整合旅游资源，促进旅游消费，拉动休闲产业发展等方面成效显著。

（六）入境旅游市场拓展。充分利用香港及境外旅游推广中心和孔子学院平台展示河北旅游资源产品，根据国家“一带一路”战略和适用144小时免签政策国家范围开展宣传促销活动，进一步拓展境外客源市场。与省文化厅在台湾共同承办2017年“欢乐春节”系列活动，与省冬奥办在哈萨克斯坦阿斯塔纳世博会河北省活动周期间共同举办“河北—中亚国家旅游暨2022冬奥会推介会”。组织参加了2017俄罗斯莫斯科国际旅游交易会，赴法国、西班牙、阿联酋、马来西亚、新加坡开展“美丽中国—冰雪之旅”联合推广活动，对扩大相关国家和地区来冀旅游市场起到了有力促进作用。2017年全省万人客源国和地区增至25个。

（七）京津冀协同发展。着力打造京津冀旅游圈，联合京津两地深入推进旅游协调机制、市场营销、管理服务、规划布局“四个一体化”，在5.18旅游推介活动期间，联合北京市旅游委、天津市旅游局共同主办了京津冀旅游合作项目发布暨旅游产品推介会，推出的130个招商项目和六大主题16条路线，受到媒体广泛关注。发起成立了“京津冀旅游合作推广联盟”，期间还举办了“京津冀旅游协同发展高峰论坛”。策划推出京津冀区域特色精品旅游线路，编辑发行《行走京津冀旅游路书》，加快提升区域基础设施和公共服务，互设旅游交通标识标牌，开通更多京津至河北旅游专列和直通车，区域旅游整体效益凸显。扎实推进旅游协同发展示范区建设，建立“通武廊旅游发展联盟”，联合召开“通武廊旅游产业发展大会”，形成旅游协同发展新平台。

（八）大运河文化休闲旅游带建设。开展大运河文化休闲旅游专题研究。联合河北师范大学对省内大运河文化休闲旅游发展情况开展专题调研，配合天津市旅游委开展大运河旅游相关规划的编制，在沧州和廊坊市大运河沿线开展专题调研，规划好、建设好大运河文化带河北段，统筹规划、科学布局流域内旅游产业发展。

【党风廉政建设】　（一）学习贯彻党的十九大精神。深入学习宣传贯彻党的十九大精神，牢固树立和践行“四个意识”，坚定政治立场、提高政治站位。把习近平新时代中国特色社会主义思想和治国理政新理念新思想与十八大以来中央系列路线、方针、政策作为全体党员理论学习的基本内容，全年组织开展委党组理论学习中心组学习20次，邀请业内专家、相关领导开展专题辅导12次。组织党员干部赴西柏坡开展“学习贯彻十九大精神党日活动”，深入承德市围场县庙子沟村、红葫芦村两个深度贫村开展主题党日活动。

（二）“一问责八清理”专项行动。严格开展“一问责八清理”专项行动暨基层“微腐败”专项整治活动，对干部选拔任用、超职数配备干部、违规进人问题，违规公费出国公款旅游问题，乱收费乱摊派问题，领导干部经商办企业及其亲属利用职务影响谋取不正当利益问题，招标投标不规范问题以及懒政怠政、不作为、不在状态等问题深入开展自查自纠，认真清查问题。深入开展全省扶贫领域监督执纪问责行动，按照旅游资金流向脉络，委托第三方专业机构，采取账目审计和实地检查相结合的方式，开展了三次专项审计检查，审查资金69052.51万元，项目2117个，发现17个方面的问题，提出16条整改建议。始终把纪律和规矩挺在前面。制定完善了省旅游委党建、人事和机关管理的一系列制度，实现科学化、规范化、制度化管理。

（三）党风廉政建设。严格履行“一岗双责”，深入推进全面从严治党，把党风廉政建设和反腐倡廉工作渗透到旅游业发展全过程。制定《2017年党风廉政建设责任分工》，签署领导干部《2017年党风廉政建设责任状》，所有干部职工签订了《廉洁自律和遵规守纪承诺书》，进一步明确主体责任、监督责任和领导责任。严格执行民主集中制、党内组织生活、请示报告等党的组织制度，坚持和完善“三重一大”集体议事决策规则，建立完善了机关单位绩效考核制度。组织召开全委党风廉政建设暨党员警示教育大会，使党员干部时刻绷紧党风廉政建设和防腐拒变这根弦。

（河北省旅游发展委员会　孙丽）

金融业

【中国人民银行石家庄中心支行】　2017年，中国人民银行石家庄中心支行坚持以习近平新时代中国特色社会主义思想为统领，认真学习贯彻党的十九大精神，按照中央和总、分行工作部署和要求，紧紧围绕“六服务、六满意”履职目标定位，深入推进全面从严治党，坚持用党建凝聚力量、激发活力，指导和促进各项业务工作扎实有效开展，取得新的成效，为地方经济持续健康发展提供了有力支撑。

（一）金融调控。认真落实“有扶有控、有保有压”信贷政策，推动金融机构盘活存量，用好增量，将更多的金融资源重点用于满足供给侧结构性改革、战略性新兴产业、京津冀协同发展、“一带一路”、雄安新区建设、冬奥经济等重点领域的金融需求。金融支持京津冀协同发展持续推进，三地实现金融稳定监测数据共享，区域风险防范合力不断增强。引导金融机构主动对接重点领域和重点项目，加大信贷投放。成立金融支持雄安新区前方工作组，全力以赴开展对接和支持工作。综合施策推动金融机构支持钢铁行业去产能和转型升级，持续加大对小微企业、扶贫开发等薄弱环节的信贷支持。河北省首笔常备借贷便利券款对付（DVP）结算业务操作完成，标志着货币政策工具运用进入到网络时代新纪元。至此，常备借贷便利业务实现了从申请审批、债券质押、资金清算、会计记账等全流程的线上无纸化操作，不仅极大地提高了央行资金发放效率，为金融机构开辟了流动性支持“绿色通道”，有效防范了资金业务操作风险，为货币政策精准发力提供了有力的支撑。因城施策做好房地产信贷调控，全省个人住房贷款余额9778.41亿元。资金供给稳定充足。多形式、多渠道向地方政府和金融机构传递稳健货币政策预期，最大限度避免对货币政策的非理性博弈和扰动。充分发挥宏观审慎评估逆周期调节、货币政策工具引导、窗口指导等手段作用，合理调控信贷规模，引导资金和资本流向实体经济。进一步畅通多元化融资渠道，做大做强全省直接融资规模。在全国银行间市场债券发行规模同比下降26.12%的形势下，全省企业债务融资工具发行规模逆势上涨，同比增长38.34%。成功推动全国首单非银行金融机构绿色金融债券和京津冀协同发展债务融资工具落地河北，顺利推进河北银行绿色金融债申请工作。金融风险严密防控。对于没有在公众面前暴露的机构风险，坚持“在线修复、动态处置”，密切关注重点领域、重点行业、重点机构风险，切实加强金融风险分析监测排查和评估预警工作，全省金融稳定形势报告和去杠杆情况报告得到省长批示肯定，摸底天铁集团债务风险情况得到省长重视。存款保险评级数据采集系统被总行表彰并推广，保费收缴实现“零差错”，存款保险早期纠正作用有效发挥。组织对全省银行业金融机构执行人民银行金融管理政策情况进行综合评价，扎实推进“两管理、两综合”工作。对于已经暴露的风险比如挤兑风险，坚持“杀鸡用牛刀、快刀斩乱麻”的工作思路，统筹考虑、及时处置、果断出手，防范风险扩散蔓延。重大事项报告主体范围拓宽至全省所有金融机构，“早发现，早报告，早处置”的报告要求得到进一步落实。妥善处置个别农信社网点集中取款事件，指导个别城商行做好风险化解工作。稳步推进金融稳定再贷款的损失认定工作。对于不属于人民银行主要职责的风险事件，坚持“全力配合、主动作为”，积极协助地方政府及有关部门做好金融风险防范及处置。持续防范和打击遏制电信网络新型违法犯罪，积极配合地方政府开展互联网金融风险专项整治、滨海大宗风险防范和打击非法集资工作，妥善处置金融机构个人信用信息泄露事件。稳步推进全国首批小微企业和农村信用体系建设，联合有关部门对重点企业实施联合惩戒，持续加强金融生态环境建设。

（二）外汇管理和跨境人民币改革。深入推进外汇改革创新，建立河北省跨境资金流动本外币一体化管理协调机制，探索外汇管理政策与跨境人民币管理政策、货币信贷政策的有机结合；推动全口径跨境融资宏观审慎管理新政落地实施，2017年，全省共办理企业全口径跨境融资业务86笔，累计签约额22.5亿美元。11家地方法人银行中，10家完成资格备案，超额完成年初设定的一半以上地方法人银行完成资格备案的预期目标。2017年，深化跨国公司外汇资金集中运营管理改革，全省8家试点企业累计可集中外债额度和对外放款额度分别为48.4亿美元和72.1亿美元，实现资金流入7.1亿美元，流出13.4亿美元。积极推进白沟箱包市场采购贸易方式试点工作，优化外汇业务办理流程，提高跨境贸易便利化水平。2017年，河北白沟箱包市场采购贸易完成出口5.0亿美元。指导符合条件的企业用足用好境内外汇贷款结汇、内保外贷项下资金调回等便利化政策扩大外汇资金流入，全省具有货物贸易出口背景的企业办理境内外汇贷款结汇3256万美元。保障和支持真实合规的“鼓励类”对外投资，支持华夏幸福、河北钢铁、德龙钢铁等企业汇出资金3.1亿美元。加强事中事后监管，强化个人购付汇管理。顺利完成银行卡境外交易外汇管理系统上线，全省正式上线法人金融机构207家，居全国首位。高压打击外汇违法违规行为，查处违法违规案件，有效维护了外汇市场秩序。进一步完善与海关、商务、税务、发展改革委等政府部门的联合监管和沟通协作机制，共同维护健康有序的外汇生态环境。全省外汇形势总体平稳，河北省涉外收付款和银行结售汇继续保持“双顺差”。其中，涉外收付款顺差78.1亿美元，较上年同期缩小10.7%，银行结售汇顺差72.1亿美元，较上年同期增长1.6%。积极拓宽人民币流入渠道，支持企业开展全口径跨境人民币融资，省内中资企业全口径跨境人民币融资实现零的突破；建立现场与非现场、检查与监测相结合的多层次风险防范体系，做好异常资金流动及违规交易排查，及时提示苗头性、趋势性风险。

（三）金融服务。金融法治建设和金融消费权益保护工作扎实推进。组织辖内县（市）支行依法行政专项检查，督促整改相关问题。完善法律顾问咨询服务机制，优化法律事务工作流程，法律服务水平进一步提升。指导辖内县（市）支行处理涉诉案件，稳妥处置各类行政复议、诉讼案件。妥善处理金融消费者咨询和投诉，2017年，受理金融消费者咨询8537件、投诉205件，办结率均为100%。积极开展金融知识宣传普及，组织金融消费权益保护监督检查，持续推动预防、打击利用离岸公司和地下钱庄转移赃款专项行动。金融统计和研究工作取得新成果。有效推动金融精准扶贫贷款、两权抵押贷款等重点专项统计制度落地实施。加强钢铁重点行业、曹妃甸重点领域、环京房地产、雄安新区及周边地区金融统计，统计监测维度不断拓宽。雄安新区金融统计制度被总行刊发，数据挖掘、数文化建设与统计管理工作在总行专业会上作经验交流。深入开展冬奥、绿色信贷、钢铁去产能等热点问题和雄安新区、曹妃甸等热点区域的调查研究，《河北金融运行报告》《深圳特区、上海浦东新区开发开放历史对雄安新区建设的启示》得到省长批示肯定。《资管市场发展、债券收益率波动与新型货币政策调控关系研究》和《基于演化博弈模型的去产能产业政策效果研究》在总行青年课题评选中分获一、二等奖，《京津冀金融协同发展研究》获得省社会科学发展研究课题优秀奖，《去产能背景下钢铁产业转型升级》被立项为省社会科学发展研究重点课题并出版发行。“金融科技系列讲座”及“河北省金融学会微信公众号”被纳入河北省社科联拓展社团组织服务功能资助项目。完善《河北金融》刊物管理机制，推动编辑质量及稿件水平显著提高。支付结算管理不断加强。扎实开展银行结算账户、银行卡收单业务、无证机构清理等专项活动，规范支付服务市场秩序。持续改善全省农村支付环境，助农取款服务点覆盖全省9.2万个行政村，占比96%，贫困地区覆盖率达95%。推动交易风险事件管理平台顺利运行，实现涉案账户的紧急止付和快速冻结，继续推动防范电信网络新型违法犯罪相关工作。科技服务管理能力不断提升。全面构建全省数据中心安全运维体系，切实维护金融基础设施安全稳定运行。桌面云系统成功上线，终端安全得到集中管控，信息化采购成本大幅度降低。全省金融IC卡非接使用环境改造圆满收官，金融IC卡非接交易比例达88%，消费者支付体验得到显著提升。货币发行管理切实加强。全面推进货币金银业务转型，推动人民币冠字号信息管理系统和大额取现业务备案管理系统业务试点，探索库房管理模式改革，扎实推进现金非现场监管，相关做法在总行专业会上作经验介绍。扎实创建反假货币示范区，强化反假货币工作联席会议工作机制，联合省公安厅开展打击整治假币违法犯罪专项行动，不断增强反假货币工作合力。经理国库水平有效提升。持续加强国库业务信息化建设，扎实开展二代TIPS系统上线准备工作，成功研发税收电子退更免审核资料影像传递系统并在邢台上线运行，积极推进唐山市实拨资金电子化试点取得成效；跨省异地税款电子缴库试点取得突破，得到省领导肯定批示。不断深化地方国库现金管理，为地方财政体制改革提供了有力支持。开展金融机构代理国库业务全省专项检查，规范国库事后监督系统应用，持续推进国库监管工作。征信管理和服务持续加强。印发《关于加快社会信用体系建设的实施意见》，协调推进全省社会信用体系建设。有效整合小微企业和农户信用信息，大力推广应收账款融资服务平台，有效缓解企业融资难题。进一步扩大征信系统覆盖面，首次将证券、消费金融、融资租赁等业务接入征信系统。持续提升征信对外服务水平，全省范围部署征信查询前置系统，大幅增加自助查询设备。组织对6家驻石征信系统接入机构开展现场检查，对违规机构及相关责任人进行经济处罚。反洗钱工作有序推进。组织对全省100家机构开展反洗钱现场检查，并对发现的违规问题实施处罚，促进各机构扎实履行反洗钱义务。制定《河北省银行业金融机构客户身份识别工作指引（试行稿）》，规范金融机构有效识别客户，建立以风险为本的客户身份识别管理机制。加强反洗钱调查，对54份可疑交易线索进行反洗钱调查，向公安机关报案31起。积极配合纪检部门做好打击贪污腐败犯罪反洗钱协查。

（四）党风廉政建设和队伍建设。牢牢把握党建工作要求，扎实推进党建和业务融合发展。全面从严治党纵深发展。中心支行党委牢固树立抓好党建就是最大政绩的理念，切实履行主体责任，做到守土有责、守土负责、守土尽责、失职追责，班子成员认真落实“一岗双责”，将全面从严治党要求贯穿落实到日常履职和监督管理的全过程。充分发挥党建工作领导小组作用，健全完善工作机制，定期召开工作会议，进一步强化党委抓党建、层层抓落实，职能部门各负其责、齐抓共管的党建工作格局，推动党建与业务工作实现有机融合、良性互动。党的十九大召开后，中心支行党委迅速组织召开学习宣传贯彻党的十九大精神动员部署大会，党委书记、行长陈建华为全行干部职工作十九大精神专题党课辅导。通过开辟十九大精神学习专栏、中心组集中学习、各党支部自学、开展十九大精神联学联赛活动等多种形式，深入学习贯彻党的十九大精神，用习近平新时代中国特色社会主义思想武装头脑、指导工作。加强党对意识形态工作的领导，成立意识形态工作督导领导小组，制定《意识形态工作责任清单》，建立意识形态领域突发事件应急处置机制，把意识形态工作触角延伸落实到党建、宣传、内部管理和业务工作各个方面。认真贯彻落实中央八项规定精神，进一步纠正“四风”，持续加强作风建设。推动改文风转作风，通过构建多维度、立体化的“1＋6＋3”工作体系，着力提高公文质量，带动了干部职工精神风貌和工作作风焕然一新，实现了改文风与转作风、促履职相融共进。制定《2017年深化作风整顿推进方案》，扎实推进作风整顿各项工作。党风廉政建设深入推进。深入推进党风廉政建设，督促各单位、各部门建立主体责任清单，规范廉政谈话和纪检监察信访举报处理流程，探索党风廉政、党建工作和业务工作紧密结合的有效途径。不断强化监督执纪问责，切实发挥风险管理系统基础监督作用，持续做好权力规范运行和风险防控，积极实践监督执纪“四种形态”，持续推动党风廉政建设向纵深发展。加强党内监督，建立党支部纪检委员联络制度，在机关各党支部设立纪检委员。全力支持和配合总行党委巡视三组对中心支行开展巡视工作，将此次巡视作为全面检查工作成效、整体提升工作质量、进一步强化“两个责任”落实的重要契机，对巡视组指出的问题即知即改、立行立改，不能立即整改的做出整改方案和计划，待总行巡视三组正式反馈巡视意见后，认真组织抓好问题整改，确保件件有着落、条条有整改、事事有回音。继续组织对辖内6家县（市）支行开展政治巡视，针对发现的问题，进行约谈提醒，督促整改，较好发挥了巡视利剑作用，推动了各项制度有效落实。干部队伍管理持续加强。严格规范干部选拔任用工作，配齐配强县（市）支行领导班子，推进干部交流轮岗，强化干部管理考核，抓好重点培训项目，促进干部素质提升，调动了工作积极性。落实从严监督管理干部要求，做好领导干部个人事项报告工作，从严从实开展干部人事档案专项审核，做好出国境管理，严肃机关劳动纪律。持续推进基层党组织和党员队伍建设，认真做好各级党代会代表候选人推选等相关工作，组织全辖党支部召开专题组织生活会、开展民主评议党员活动，积极配合地方政府做好驻村扶贫工作。深入推进“两学一做”常态化制度化，制定印发实施意见，定期报送情况简报，切实将学习教育融入日常、抓在经常。建立机关副处级以上领导干部、辖内县（市）领导班子成员176人和科级干部148人的廉洁档案，强化对干部的监督。制定中心支行廉政谈话、信访举报处理实施细则，以及问题线索移交办法，加强对员工八小时以外的行为监督。

（五）内部管理。紧紧围绕内部管理要求，有效做好履职保障。风控体系不断完善。进一步规范化、精细化“主审人报告制”，打造形成全国品牌。创新审计项目组织方式，以“授权＋督导”的方式组织全省开展预算管理审计，得到总行肯定。召开全省人民银行系统审计监督整改工作座谈会，加大对全省审计监督整改工作的统筹协调和组织指导。围绕外部监督重点和内部风险点，全年开展审计项目33个，覆盖6个地市中支、16个机关部门和8个辖内县（市）支行，对发现的问题及时督促进行了整改。构建事前、事中、事后连为一体的事后监督体系，有效增强了会计核算业务风险防范效果。财经纪律严格执行。针对以前年度审计检查和巡视中发现的问题，在全省范围内对会计、财务、固定资产、集中采购、基建等工作展自查，严格整改检查中发现的问题。持续建设全面从严管理的制度体系，严格规范业务操作，切实防范财务风险，科学分配预算资源，继续向基层行倾斜；加强预算执行管理，确保财务支出科学、均衡、合规、合理；统筹安排资金，保障重点项目；合理规划县支行维修改造，稳步改善基层央行办公环境。制定印发会计财务工作转型实施细则，稳步提升会计财务管理科学化水平。重点部位和关键环节安全管理进一步加强。稳步推进安全保卫管理系统“四级联网”上线工作，持续加强全省安全保卫信息化建设。组织开展重要业务系统、机房、网络、枪弹等专项检查，确保安全无事故。严格保密责任落实，突出要害部门、关键岗位、重要载体保密管理，组织全省人民银行系统开展保密自查自评，中心支行连续两年被省保密局评为“优秀”。积极加强与国家保密局测评中心及河北分中心的联系沟通，圆满完成办公网分级保护测评工作。建立突发事件信息报送内部协调机制，加强和规范突发事件信息报送工作。深化守押体制改革，建立发行基金调运联动工作机制，实现了押运业务的省内全覆盖。稳步推进县域金融机构综合执法，综合服务大厅工作效能有效提升。文化建设不断结出硕果。坚持以文化引领思想，继续依托文化讲堂这一重要平台，持续推进基层央行文化建设，为实现“六服务、六满意”履职目标，提供了强大精神动力和有力文化支撑。2017年，通过开通“央行冀语”文化建设微平台，开展文化建设主题征文活动、文化讲堂两周年纪念活动、“传承经典、诗意央行”主题活动，在全行营造了浓厚的学习氛围。坚持用党的理论武装头脑，持续提升领导干部理论政策水平，与北京营管部、天津分行三地人民银行党委中心组以及与总行反洗钱中心党委中心组等联组学习，取得较好效果。制定机关文明集体评选方案，继续深化精神文明创建活动，引导干部职工把爱家和爱国、爱行统一起来。开展“砥砺奋进的五年”宣传展示活动和“身边的榜样”事迹报告会，推动社会主义核心价值观与央行文化、工作理念的有机融合。民主管理和青年工作持续深化。胜利召开中心支行机关第二届三次职工代表大会，进一步畅通职工民主管理渠道，保障了干部职工的知情权、参与权和监督权。大力推进美丽央行品牌建设，进一步扩大“心丝带”职工心理援助在全国人行系统的影响力，努力搭建“键对键”网上分享和“面对面”互动体验平台，全面增强全省人行系统工会合力。开展“五四”青年文化节系列活动，启动京津冀金融系统青年交流发展论坛，组织“点赞雷锋 善行燕赵”志愿活动，发挥青年在课题研究、央行文化建设中的生力军作用，有效激发了青年职工干事创业热情。

（中国人民银行石家庄中心支行　曾玉玲）

【河北银监局】　中国银行业监督管理委员会河北监管局（简称“河北银监局”，下同），是中国银行业监督管理委员会（简称“中国银监会”，下同）的省级派出机构，2003年10月16日设立，主要职责是在中国银监会的直接领导下，在河北省履行中国银监会赋予的相关职能。具体职责包括：根据中国银监会的授权，制定有关监管法规、制度方面的实施细则和规定；负责对有关银行业金融机构及其分支机构的设立、变更、终止和业务活动的监督管理；依法对金融违法、违规行为进行查处；审查和批准高级管理人员任职资格；统计有关数据和信息；负责辖内党的建设、纪检和干部管理工作。

河北银监局下设张家口、承德、秦皇岛、唐山、廊坊、保定、沧州、衡水、邢台、邯郸共10个银监分局及133个监管办事处，另代管中国银监会北戴河干部培训中心。银监分局主要职责是根据中国银监会和河北银监局授权，负责对有关银行业金融机构及其分支机构的设立、变更、终止和业务活动的监督管理；依法对金融违法、违规行为进行查处；审查和批准高级管理人员任职资格；负责未设监管办事处的县（市）的城市信用社和农村信用社及联社的监管工作，统计有关数据和信息；负责分局机关和系统党的建设、纪检和干部管理工作。监管办事处主要根据银监局或银监分局的授权，负责所在县（市）的银行业金融机构的监管工作，收集所在县（市）有关金融风险的信息并向上级机构报告。

截至2017年末，河北银监局系统人员总数1060人。其中：省局机关169人，辖内分局397人，监管办事处486人，北戴河培训中心8人。

（一）2017年河北省银行业基本运行情况

2017年，全省银行业回归本源趋势显现，逐步从高速增长向高质量发展转变。

各项贷款增速较快。截至2017年末，全省银行业总资产74030.67亿元，较年初增长8.21%，同比下降8.2个百分点；各项贷款余额43315.28亿元，较年初增长14.76%，增速居全国第6位，同比上升3位。银行业对实体经济投入加大，资金“脱实向虚”势头得到初步遏制，银行体系内部的杠杆率持续降低。

各项存款增速放缓。截至2017年末，全省银行业各项存款余额60451.27亿元，比年初增加4522.40亿元，增长8.09%，同比放缓6.22个百分点，其中，非金融企业存款较年初仅增长3.28%，同比放缓18.69个百分点。一是经济下行压力持续，企业富余资金不足。二是经过严厉整治，机构以贷转存、存贷挂钩等违规虚增存款行为大幅减少。

不良贷款总体“双升”，部分地区仍保持下降趋势。截至2017年末，全省银行业不良贷款余额996.86亿元，比年初增加163.97亿元；不良贷款率2.29%，比年初上升0.09个百分点。11个地市中有8个不良率均在3%以下，其中，石家庄、保定、廊坊等地市不良率实现连续五个季度下降。

经营效益同比好转，风险抵补能力总体稳定。2017年，全省银行业累计实现净利润641.02亿元，同比多盈78.92亿元，增长14.04%。法人银行业金融机构各项减值准备合计698.43亿元，比年初增加139.22亿元；整体拨备覆盖率152.84%，整体资本充足率13.28%。

组织体系不断完善，机构布局日趋合理。4家大型银行雄安分行获准筹建，全年新开业股份制银行二级分行7家，城商行异地分行7家。全省已开业农商行43家，筹建中17家；村镇银行已开业96家，筹建中7家。全省科技支行已达18家，实现了设区市全覆盖；小微企业专营机构、支行达935家，全年增加89家。东旭集团财务公司、河北幸福消费金融公司先后开业，非银机构增至4类11家。

（二）2017年河北银监局工作业绩

2017年以来，在省委省政府、银监会的正确领导下，河北银监局认真学习贯彻党的十九大精神和全国金融工作会议、中央经济工作会议精神，坚持稳中求进工作总基调，坚持供给侧结构性改革为主线，制定并实践“去杠杆、治乱象、回本源、强服务、防风险”的监管路线图，牢牢守住了不发生系统性金融风险的底线，有力支持了河北省经济社会平稳健康发展。

坚持回归本源，积极服务重大战略、重点项目。全省银行业围绕河北“三区一基地”功能定位，加大对交通一体化和北京非首都功能疏解等重点项目支持力度。截至2017年末，全省银行业支持京津冀协同发展项目授信余额11552.24亿元，比年初增长9.80%。积极参与“重大项目建设转型升级年”活动，对全省重大工程项目授信余额达到6854.07亿元，较年初增长34.67%。着力提升雄安新区金融服务水平，积极推动大型银行在雄安新区增设机构，2017年末，批准四家大型银行河北雄安分行筹建。建立雄安新区专项经济金融数据统计制度，为推动金融服务工作奠定基础。积极对接冬奥场馆、基础设施、配套服务设施建设。引导银行业围绕“四个办奥”方针创新金融服务，加大支持力度。

坚持新发展理念，持续深化供给侧结构性改革。一是支持产业转型升级、新旧动能转换力度加大。截至2017年末，全省银行业“两高一剩”行业贷款余额3627.09亿元，较年初仅增长0.35%，低于各项贷款14.41个百分点；七大战略新兴产业贷款比年初增长36.48%，高于各项贷款同期增速21.72个百分点。二是坚持发展绿色金融，支持环境污染治理。全年银行业累计发放绿色信贷12761.84亿元，节能减排重点工程贷款129.48亿元。三是积极支持实体经济去杠杆、降成本。交行、建行先后与河北省重点企业签署了总规模500亿元的债转股框架协议；辖内银行业积极参与地方政府债务置换，每年节约地方政府融资成本约45亿元。

发展普惠金融，提升薄弱领域金融服务水平。推动《创建阜平县普惠金融示范县方案》落地，辖内五家大型银行设立了普惠金融事业部，邮储银行设立了三农金融事业部。截至2017年末，全省小微企业贷款余额13146.79亿元，同比增长16.84%，高于各项贷款平均增速；小微企业贷款户数413110户，增加17708户；小微企业申贷获得率94.95%，提高1.38个百分点，全年实现“三个不低于”目标。涉农贷款余额14196.12亿元，比年初增加1723.15亿元，实现持续增长目标。全省62个贫困县的862个乡镇均落实了扶贫包干银行，建档立卡贫困户小额信用贷款余额达到34.51亿元，惠及7.04万户，省级以上扶贫开发项目贷款余额91.73亿元。

持续强化金融消费者权益保护。在全国率先制定《关于推动银行业金融机构消费者宣传教育长效机制建设的意见》，拟通过3至5年时间，推动银行业初步建立起宣教政策、宣教渠道、宣教队伍、宣教知识、宣教责任、宣教考评等六大体系，实现金融知识宣传教育的制度化、常态化。

积极防控和化解重点领域风险。一是以全省银行业“护城河”行动为抓手，深入开展市场乱象整治和“三三四十”专项治理，聚焦风险问题比较集中的票据、同业、理财、投资等业务，区别不同业务种类和不同机构类型，进行针对性研究，分类采取叫停、压缩、限制等疏堵结合的措施，从源头上推动银行业“去杠杆”“降风险”。截至2017年末，全省银行业投资业务增速较年初下降61.87个百分点，同业资产业务余额较年初下降11.43%，委托贷款业务增速较年初下降14.82个百分点，推动银行业去杠杆、回本源取得明显成效。二是有序推动信用风险分类化解，充分发挥债权人委员会在防风险、解困境方面的作用。引导银行业机构严格落实各项房地产市场调控政策，完善风险监测和压力测试机制，防范房地产信贷风险积累。三是不断强化流动性风险管控能力，积极优化法人机构流动性风险管理架构，逐步在城商行、农合机构、村镇银行中推行金融市场板块业务“总行行长”负责制，由行长承担最终审批责任，增强防范和控制风险的内生动力。

大力提升监管工作质效。一是增强监管引领能力，进一步强化回归本源、专注主业的监管导向，引领银行业找准市场定位、优化信贷结构，提升金融服务覆盖面、可得性和满意度。二是增强依法监管能力，坚持纠罚并举、罚没并行、双罚并重，加大处罚力度。三是增强机制构建能力，建立了银行业风险外部专家工作机制，按季度、分主题召开银行业机构风险专家例会，巧借提升风险分析研判和预警提示水平的横向外力。四是增强科技运用能力，通过夯实数据质量、强化业务培训、举办劳动竞赛等方式，有效推广EAST系统应用，发挥其提升检查精度、打牢问责基础。五是增强监管发声能力，以“践行绿色发展理念，助推河北经济转型升级”为主题，举行银监会第114场银行业例行新闻发布会，中央级媒体给予集中宣传报道。

（河北银监局　李卓）

【国家开发银行河北省分行】　2017年，国家开发银行河

北省分行深入贯彻落实中央各项决策部署，坚持党建统领、牢固树立“四个意识”，以服务供给侧结构性改革为主线，以开行深化改革“三步走”战略成功实现为契机，主动作为，发挥开发性金融在重点领域、薄弱环节、关键时期的功能和作用，助力建设经济强省、美丽河北。截至2017年末，管理资产余额达3611亿元，表内贷款余额2851亿元，全年投放贷款807亿元，同比增长31.2%，均创历史新高。人民币中长期占比95.4%、人民币非个人中长期贷款余额2570亿元、保障房贷款余额1047亿元、外汇贷款余额24亿美元等4项指标继续位居省内同业首位，切实发挥中长期贷款主力银行作用。

（一）高水平、高起点支持雄安新区建设。一是高层对接达成共识，全年促成总行与省政府开展4次高层对接，成为唯一一家与省政府签署《合作备忘录》的金融机构，为双方合作奠定良好基础。二是规划先行融“智”。向省委省政府报送《关于雄安新区投融资规划总体思路的报告》等5篇融智报告，为新区规划建设提供重要参考。三是改革创新融“制”。参与谋划新区整体融资方案和起步区项目贷款模式，协助完善新区平台公司组建方案，牵头组建新区资本流闭环及投融资创新工作营，做好顶层设计。四是市场运作融资。累计完成雄安集团多产品授信2042亿元，实现新区首笔起步区征拆安置1774亿元中长期预授信、率先注册全国首单雄安新区200亿元永续债券，为新区建设及时提供融资支持。

（二）精准施策助力打赢脱贫攻坚战。遵循“易地扶贫搬迁到省、基础设施到县、产业发展到村、教育资助到人”的“四到”总思路，精准施策、靶向发力，截至2017年末，累计承诺精准扶贫贷款1445亿元，当年发放219亿元，业务范围涉及全省57个扶贫开发重点县，惠及140余万建档立卡贫困人口。一是易地扶贫搬迁解危济困，从根本上改善贫困人口生存和发展环境。全年发放易地扶贫搬迁贷款18亿元，有力支持7市15县（区）4.86万人顺利搬迁。二是基础设施建设夯实农村发展基础，好环境引来“金凤凰”。全年投放基础设施贷款180亿元，有效惠及9市44县（区）逾100万建档立卡贫困人口。三是产业扶贫由输血转向造血，真正激发农户脱贫致富内生动力。全年发放特色产业扶贫贷款19亿元，精准带动2213名建档立卡贫困人口脱贫致富。四是助学贷款帮助学子圆梦大学，教育扶贫阻断贫困代际传递。由去年支持2个县扩展至今年9市48个县（区），发放助学贷款共计1.6亿元，资助2.04万名贫困学子圆梦大学。

（三）加快推进棚户区改造建设。国家开发银行河北省分行按照克强总理关于棚改工作重要批示精神，充分发挥棚改助力改善民生作用，与各级政府加强银政合作，共同抢抓棚改政策机遇，推动全省棚改进入总体推进的“快车道”。2017年棚改贷款余额首破1000亿大关，全年发放棚改贷款406亿元，同比增长40.8%，占全省棚改贷款发放额度的87.1%，惠及棚改居民14万户，帮助居民出棚进楼。

（四）全力支持京津冀协同发展。一是强化顶层设计。2017年，促成总行与河北省委省政府举办高层联席会议2次，围绕雄安新区建设、大气污染防治、冬奥项目筹办、非首都功能集中承载地建设等签署专项备忘录3项，合作额度共计9000亿。二是支持交通一体化。全年发放公路行业贷款80亿元，铁路贷款12亿元，牵头筹组河北省规模最大的PPP项目——太行山高速北包294亿元银团贷款项目。三是支持产业转移升级。全年投放资金174亿元重点支持了河北钢铁“走出去”、新材料制造、光伏等项目建设，为河北钢铁、开滦集团、省建投新能源等重点企业提供融资支持。四是支持生态环保领域。大力支持承德两河水系、廊坊广阳区气代煤、风电等各类生态环保项目40余亿元，解决生态环保项目建设资金短缺问题。

（五）积极支持优势产能国际合作。一是资金支持，推进国际产能与装备制造合作。服务战略，抢抓机遇，为支持省内企业“走出去”提供融资服务，有力推动了河钢集团等企业跨海扬帆，赴南非等国进行投资，全年发放外汇贷款14亿美元，外汇贷款余额24亿美元，连续7年位居省内同业首位。二是优质服务，全方位助力省内企业发展。深化与省商务厅、国资委、发改委、中信保的信息共享和合作机制，签署《战略合作协议》《关于搭建融入“一带一路”建设支持河北企业“走出去”合作机制框架协议》，在国情咨询、信息共享、金融产品等方面提供丰富、优质服务。总行蔡东副行长访秘期间，提出发起建立“中国—拉美开发性金融机构合作机制”倡议，秘鲁开发金融公司初步确定加入，未来该机制将更加便利优质中资企业赴拉美投资。

（六）“投贷债租证”助力河北发展。一是发挥直接融资效率优势。作为主承销商，参与了河北省总额353亿元定向发行政府债券的承销工作，承销份额112亿元，有效缓解了地方政府偿债压力。成功注册全国首单PPP项目收益票据——唐山南湖世园会2.90亿元ABN、“京津冀”大气污染治理绿色债券——石家庄市国控10亿元“煤改气”项目中期票据，丰富河北省直接融资工具。二是发挥牵组银团规模优势。作为牵头行，筹组石家庄轨道交通1、3号线二期工程、承德双峰寺水库等8个重大银团贷款项目，规模达318亿元，不断扩大同业合作范围，积极引领同业资金共同支持河北省重大项目建设。三是发挥协同联动配合优势。发挥全牌照优势，综合服务经济发展，协同国开证券设立秦皇岛等地棚改项目资管计划，协同国银租赁开展沧州渤海新区等项目市政资产售后回租业务，会同子公司多次赴雄安新区开展业务宣介，全力确保省重点项目资金供给。

（七）积极维护金融生态安全。在近年来经济下行压力加大、金融行业风险积聚的大环境下，国家开发银行河北省分行不断加强风险管控和不良化解力度，2017年继续守住不发生重大风险事件底线。一是推动英利集团重组工作。与意向投资者签署重组框架协议，如期兑付中期票据，努力争取银监会及省市政府支持，确保英利资产质量不转劣，为重组工作赢得时间。二是消除开滦集团债务违约风险。发挥开行集团框架优势，当年实现发放22亿元，债券承销10亿元，租赁3.80亿元，支持企业渡过难关，有效化解系统性风险。三是完成重难点风险项目化解。顺利完成国家开发银行河北省分行最大不良贷款项目——中钢滨海项目债务重组工作，成功打包转让河北一达、宣化冶金两项目，实现年内整体核销。四是防范化解专项基金风险。严格遵守基金相关规章制度，完成工商变更登记207个，全面监督规范专项基金使用，切实防范投资风险。

（国家开发银行河北省分行　李荣旭）

【中国农业发展银行河北省分行】　2017年，中国农业发展银行河北省分行作为全省唯一一家农业政策性金融机构，在省委省政府和总行党委的正确领导下，在人民银行、银监局、财政专员办、新闻媒体等有关部门的大力支持下，认真学习宣传贯彻党的十九大精神，围绕“服务实体经济、防控金融风险、深化金融改革”三大任务，扎实履行政策性银行职能，切实加大对全省经济社会发展重点领域和薄弱环节的支持力度，为服务全省脱贫攻坚、支持农业供给侧结构性改革、促进城乡一体化发展、推动京津冀协同发展和建设美丽河北做出了积极贡献。

——贷款规模稳步扩大。全年累放贷款288亿元，年末贷款余额1048.2亿元，较年初增加24.6亿元，日均贷款余额较年初增加130亿元，稳住千亿规模的同时实现稳步增长。其中，政策性贷款1039.11亿元，比年初增加32.85亿元，占比99.13%；自营性贷款9.09亿元，比年初减少8.24亿元，占比0.87%，政策性银行职能作用不断凸显。

——日均存款余额持续上升。各项存款日均余额536亿元，同比增加59亿元，贷大于存509亿元，有效引导了社会资金回流“三农”领域。

——经营绩效大幅提升。在经济下行压力较大，利差持续收窄的情况下，实现账面利润8.86亿元，实现账面利润8.86亿元，较去年增加3.6亿元，增幅达68%。

——不良贷款实现“双降”。有效化解风险贷款18.9亿元，收回风险贷款5.9亿元；不良贷款余额和占比分别比年初下降1.98亿元和0.23个百分点，实现“双降”。

（一）全力以赴谋发展。召开省市县三级行全体员工参加的推进业务发展工作会议，深入分析面临形势，定目标、明思路，着力强化发展意识，抢抓业务发展窗口期和机遇期，不断发挥支农作用。全力保障国家粮食安全，为经济发展和社会稳定托住底。坚持把支持粮棉油收储作为业务工作的重中之重，积极落实国家粮食宏观调控政策，以最低收购价为依托全力支持夏粮收购，扎实做好粮棉油信贷资金的供应和管理工作，全年发放粮棉油收储贷款77亿元，切实保护农民利益。累计向三河汇福粮油、金沙河面业、宏润新型面料、骊骅淀粉、晨光色素等农业产业化龙头企业投放贷款15亿元，通过对龙头企业的支持带动全省农业全产业链发展和农业供给侧结构优化。全力支持脱贫攻坚，为全面建成小康社会补短板。组建了省市县三级行扶贫专业机构，坚持“造血”和“输血”相结合，调动各种资源、各方力量向脱贫攻坚聚合，全力构建多层次、全方位的金融扶贫格局。2017年，累放精准扶贫贷款100亿元，带动和服务建档立卡贫困人口240万人。年末精准扶贫贷款达336亿元，其中，产业精准扶贫贷款125.57亿元，项目精准扶贫贷款210.21亿元，支持脱贫攻坚主力银行作用不断凸显。全力支持城乡一体化建设，为经济发展添动能。围绕棚户区改造、美丽乡村建设、水利建设、农村路网建设等城乡一体化发展重点领域，大力支持农业农村基础设施建设。2017年，累计向张家口冬奥会土地整治、各地美丽乡村建设等115个地方党政关注、社会效益显著的重大基础设施民生项目投放贷款149亿元，年末中长期项目贷款余额达到612亿元。突出加大对棚户区改造项目的支持力度，棚改贷款余额137亿元，比年初增加60亿元。积极助力建设美丽河北，围绕国储林基地、太行山绿化、森林质量精准提升、新区生态绿化等战略工程，发放林业贷款16亿元，树立了绿色金融品牌。创新工作思路，向全国农发行系统首个工矿废弃用地复垦项目—河间土地复垦项目投放贷款1亿元，探索支持农业现代化发展新路径。全力支持雄安新区建设，为国家战略强支撑。雄安新区设立后，总行第一时间研究部署支持新区建设工作，组建雄安分行筹备组。农发行河北分行积极对接新区建设规划和融资需求，围绕“地”金融、“水”金融、“绿”金融，大力支持征地拆迁、生态绿化、水环境治理，完成了800亿元征拆安置项目贷款和9亿元林业贷款审批，有效发挥了政策性银行对国家战略的支撑作用。

（二）清防并举强攻坚。坚持清存量不良和控新增风险“两手”抓，7月份开始，组织开展信贷风险清收化解处置“攻坚战”，把信贷风险的防控化解和存量不良贷款的清收处置作为各项工作的重中之重。一是摸清底数，化解风险。在上半年组织风险排查的基础上，再次开展更加深入的风险排查“回头看”，确保全面真实反映资产质量。全年成功化解22户企业风险贷款18.85亿元，收回风险贷款5.91亿元，全行风险基本见底。二是一线指挥，强力督导。成立“攻坚战”领导小组，省分行班子成员包片督导，带领各处室组成督导小组，每月调度一次，每半月深入重点市县行实地督导。对重大风险处置和大额不良贷款清收，省分行班子成员亲临一线，抓细抓实。三是压实责任，多措并举。按照“攻坚战”要求，重新核定了全年任务目标，逐行逐企业制定清收方案，明确时间表、责任人。对于存量不良贷款，严格落实市县行行长第一责任，省分行条线负责人指导责任，省分行包行行领导督导责任。按照“一企一策”原则，进一步细化清收处置预案，挂图作战，倒排日期，综合运用各种清收手段和方式，千方百计清收处置。全年累计现金清收不良贷款1.71亿元、批量转让不良贷款1.83亿元、呆账核销1.92亿元。

（三）夯实基础增效益。加强基础管理，树立核算意识，强化合规观念，为全行实现可持续发展筑牢根基。一是多措并举，提升经营效益。强化存款增效意识，认真组织开展“稳存增存”活动，积极探索稳存增存新路径。研究制定了《利率定价管理实施细则》，对每笔贷款实行成本加成的精细化定价。针对全省29个县支行亏损，

亏损面达19%的问题，要求各县支行从盈亏平衡角度出发，确定自身起码的业务规模，找项目、增存款，采取多种方式全力扭亏减亏。全面加强财务收息管理，在当年利息应收尽收基础上，强力清收以前年度欠息。积极拓展国际业务和中间业务，累计完成国际结算量5.16亿美元，完成总行下达任务的102%；实现中间业务收入1237.73万元。二是以案明纪，强化合规意识。召开典型案件通报暨警示教育大会，用好身边的“活教材”，在全行上下大兴“遵纪守法、廉洁从业、合规履职”之风。集中开展为期一个多月的警示教育活动，组织员工参观廉政教育基地，着力在学习和执行制度上下功夫，严格各项规章制度落实，不断强化干部员工遵章守纪观念和合规经营意识。全力配合做好整治金融乱象等系列专项治理活动检查和其他各项内外部检查工作。对于检查发现的问题，逐项建立整改台账，明确整改责任，制定整改措施，坚决制止屡查屡犯继续发生。2017年，整理金融乱象等内外部检查共发现问题673个，已全部完成整改。三是夯实基础，提升管理水平。深入开展信贷队伍建设年活动，以提升信贷队伍素质为主线，以信贷全流程标准化为抓手，加强制度建设，强化培训教育，切实把信贷制度执行落到实处，推动信贷管理上水平。深入挖掘信贷数据资源，建立“信用审批数据库”“区域财力与债务数据库”“中长期贷款行业监测分析数据库”“企业风险度数据库”四个数据库，构建跨部门的大数据监测预警体系，提高风险预警能力。实施财会管理“典型引领、提质增效”专题活动，宣传正面典型，挖掘反面案例，精准实施财会问题“靶向治疗”，全面提升财会管理水平。

（四）加强党的建设和班子队伍建设。坚持以党建统领全局，先后召开省分行党建工作会议、市级分行党建工作汇报会等会议，专题谋划部署党建工作。制定印发《关于推进“两学一做”学习教育常态化制度化工作计划》，编印《基层党务工作手册》，在市县分支行配备兼职组织员和党务专员的基础上，建立党建工作巡查督导制度，促进基层党建工作制度化、规范化。认真做好十九大精神的学习宣传贯彻落实，举办省市县三级行党支部书记培训班，党委书记李钧同志以《我党在河北的初心和使命》为题带头讲了党课。与平山县政府（西柏坡管理局）签订了《推动乡村振兴战略暨党建共建合作协议》，探索党建业务融合新模式。制定印发《省分行机关改进工作作风 加强内部管理推进方案》并建立完善实施13项制度办法，加强队伍管理，改进工作作风。严格落实“严管厚爱”要求，对违法违规违纪行为“零容忍”，全年对222人次给予行为积分、经济处罚、纪律处分等问责，其中保定重大信贷风险事件47名责任人全部问责到位并通报全辖。利用省分行机关办公楼回迁契机，精心设计建设党建之家、文化展厅、健身中心等场所，展现新面貌，汇聚正能量。积极开展合唱比赛、书画比赛、巡回宣讲等文体活动，活跃气氛，凝聚人心。

（中国农业发展银行河北省分行　王如楠）

【工行河北省分行】　2017年，中国工商银行河北省分行（简称“工行河北分行”）认真贯彻落实省委省政府、工总行各项决策部署和金融监管要求，紧紧围绕建设“经济强省、美丽河北”中心任务，积极履行金融服务实体经济职能，加大信贷投放，优化资源配置，提升服务能力，严守风险底线，履行社会责任，全力支持河北经济社会发展。截至年末，本外币全部存款余额6，274.9亿元，较年初增加195.73亿元；人民币各项贷款余额5，381.96亿元，较年初增加549.75亿元，余额和增量双居全省国有银行首位；全年累计新发放贷款2，141.11亿元，连续3年保持在2000亿元以上，较好地发挥了国有大型银行支持经济建设主力军和排头兵的作用。

（一）聚焦重大战略推进，服务经济强省建设。主动对接服务京津冀协同发展、雄安新区建设、冬奥会筹办三大机遇，发挥金融支持重大战略落地的主体责任，加强与工总行沟通汇报，争取信贷政策和资金规模倾斜，全年多争取信贷规模220亿元。一是全力支持雄安新区建设。党中央、国务院作出设立河北雄安新区的重大战略部署后，第一时间在省行层面成立服务雄安新区建设领导小组，派出专业团队赴新区开展工作，主动对接雄安新区管委会、雄安建投及入区企业金融服务需求，开辟“绿色通道”，确保服务质量和效率。整合三县原有机构，稳步推进雄安分行筹建工作，进一步在资源配置等方面给予重点支持。二是全力支持立省强省重点项目。组建省行大客户服务中心，与省国资委、省供销社等多家机构签订全面战略合作协议，围绕石家庄、廊坊、保定、唐山、张家口、沧州6大重点区域，做优京津冀协同发展、冬奥会、供给侧结构性改革3大重点领域，做强公路、铁路、电力、基础设施4个传统市场，全年向重点项目投放贷款328亿元，连续两年项目贷款投放超过300亿元，重点支持了太行山高速、保阜高速、京蔚高速、石家庄轨道交通、曹妃甸港、黄骅港、承德临空经济区建设等一批重点项目。三是全力做好地方债承销。积极争取总行政策支持和资源倾斜，及时按照约定投标比例做好申购，优先以行内优质的贷款资源进行置换，起到河北省地方债成功发行“保险箱”和债券成交利率“稳定器”作用。全年中标公开发行地方债份额和承销定向地方债份额均居同业首位。四是全力做好各级机关单位服务。积极为财政、社保、公积金、驻冀部队做好资金增值、资金清算等综合金融服务。与省工商局合作，同业首家开通工商企业通业务，实现企业注册全程电子化操作，助推电子政务加快发展。

（二）聚焦产业转型升级，服务实体经济发展。坚定扎根实体经济，将回归本源、聚焦主业作为安身立命之本，全力支持河北经济转型升级。一是积极支持产业迈向中高端。积极对接河北“重大项目提升年”、重点项目“326”工程和“大智移云”引领计划，积极服务央企驻冀单位、省属国企和民营龙头企业，围绕战略性新兴、先进制造、现代服务、文化等重点产业加大融资支持，全年投放贷款248亿元，实现唐山湾国际旅游岛、廊坊市安次区煤改气、保定市第一中心医院、河北广电网络全省基础网络完善等一批重点项目投放。二是积极服务供给侧结构性改革。重点围绕“三去”聚焦发力，坚持“区别对待、有扶有控”，优先支持生产技术先进、产品竞争力较强的大型企业，并通过债转股、债务重组等方式帮助企业降低财务杠杆、减轻财务负担。三是大力发展绿色信贷。积极参与“蓝天行动”“净土行动”“碧水行动”，坚决落实环保一票否决制，环境友好与环保合格企业贷款占比达到100%，全方位支持河北节能减排和大气污染治理。持续为塞罕坝机械林场提供资金支持，在前期办理融资的基础上，向其提供授信支持。四是持续优化融资结构。统筹做好信贷与非信贷、融资业务与多元化金融服务，通过投资银行、资产管理、融资租赁等非信贷融资方式，满足企业多元化融资和低成本融资需求。

（三）聚焦普惠金融发展，支持民生领域需求。深化对发展普惠金融重要性的认识，把更多资源配置到小微企业、三农、扶贫开发等薄弱环节，更好地促进河北省经济社会发展的“活”与“稳”。一是更加注重服务小微经济。落实银监会“六项机制”和专营机构建设要求，在省行层面成立普惠金融事业部，统筹保定、廊坊、石家庄等9个地市小微中心和55家小微重点支行建设，创新推出“蔬果贷”“医保贷”等产品，小微企业贷款较年初增加82.47亿元，完成监管目标任务。二是更加注重金融助推扶贫攻坚。强化金融扶贫工作组织推动，召开全行金融扶贫工作会议，明确金融扶贫、精准扶贫、产业扶贫三条主线全力推动，落实金融机构与贫困县“一帮一”结对帮扶要求，重点支持全省贫困县基础设施建设和特色产业，金融扶贫贷款余额94.28亿元，较年初增加66.31亿元，增幅达237%，帮扶建档立卡贫困人口21.39万人次。落实省委精准脱贫工作要求，全省选派95名干部，派驻到37个帮扶村开展驻村帮扶工作。其中，省行工作组到丰宁满族自治县万胜永乡下洼子村和外沟门乡大营子村开展驻村帮扶工作，对丰宁县投放光伏项目贷款4000万元，完成两村希望小学、村民房屋改造、村主路修缮、自来水管道铺设、移动基站建设等基础设施建设项目，两村514户贫困户下降至292户，降幅超过46%，全面完成省委下达的年度“五包一”各项任务。突出融e购电商平台对三农领域和扶贫攻坚的服务支持作用，开创“互联网+扶贫”的新模式，全年引进45家贫困县企业入驻平台销售，实现销售额2424万元。三是更加注重支持消费升级。通过个人贷款、信用卡分期等方式，加大对居民住房、家装、购车、旅游等消费需求的支持力度，个人贷款余额达到2665.08亿元，较年初增加494.55亿元，余额、增量继续保持同业双首位。四是更加注重服务供给优化。深入开展服务提升六大工程和“新服务、心满意”“喜迎十九大服务护航行动”活动，通过环境治理、温馨大堂等一系列改进措施，提升客户服务体验。石家庄胜利支行营业室获评中国银行业协会文明规范服务百佳示范单位，沧州车站支行营业室等4家网点获评省文明办等单位发起的“创建文明城市·河北金融业在行动”文明服务网点。积极推进网点转型和业态创新，优化物理网点59家、装修改造97家，智能化设备实现全省网点全覆盖。推动工总行e－ICBC3.0智慧银行战略在河北省落地，组织开展“互联网金融生态圈建设深化年”活动，在网银系统上线与省人社厅合作推出网银查询缴纳社保费功能、与河北交投合作推出高速公路信息查询服务、与新奥燃气合作推出燃气缴费服务等项目。

（四）聚焦系统风险防控，维护金融安全稳定。把信贷资产质量管控和内控案防管理作为重中之重，认真落实监管要求，实现了安全稳健运营。一是加强资产质量管控。全力推进资产质量解困攻坚，突出做好“两防控、两清转”，统筹常规手段和投行、银政企合作等创新手段加快不良贷款清转。二是严格内控案防管理。开展内控合规“执行强化年”主题活动，组织合规文化及新时期“十大禁令”宣导百日行，巡回宣讲11场、参听近2万人次。开展严防案件、严防重大风险事件“两个严防”专项活动，召开全员警示教育大会和直达基层的案防形势分析会，组织新一轮“十大重点领域和关键环节”专项治理，切实增强员工制度意识和案防意识。围绕监管部门“三违反”“三套利”专项检查和“四不当”“市场乱象”专项治理，推进重点治理执行落地。落实反洗钱工作要求，加强可疑和涉敏信息甄别。三是强化安全生产管理。落实各级机构主体责任，扎实做好信息科技安全、业务运营安全、消防安全等重点工作，成功防范外部欺诈风险事件197起，避免经济损失6146万元，实现了连续19年无重大安全责任事故。四是做好信访稳定工作。突出抓好重点人群、重点地区、重点时段的信访维稳工作，认真落实河北银监局“护城河专项行动”有关要求，进一步完善应急预案、快速反应、妥善应对，圆满完成了党的十九大、“一带一路”峰会等重大敏感时期信访维稳任务。

（五）聚焦党建工作引领，践行大行社会责任。坚持把党建作为凝心聚力、攻坚致胜的法宝，扎实开展“两学一做”学习教育常态化制度化，把学习宣传贯彻党的十九大精神作为重大政治任务，省行党委班子成员带头到各地市分支机构和党建联系点开展宣讲，在全辖掀起学习宣传贯彻十九大精神的热潮。按照全省深化机关作风整顿活动的统一安排，在全行开展深化作风整顿活动，制定活动方案，坚持“一季一专题、整顿不断档”，推进作风建设常态化长效化。省行机关、各地市分行相继开展员工值守大堂服务体验活动，全行上下重服务、讲效率、抓落实的意识进一步增强。组织“工商银行杯”全国大学生金融创意设计大赛（华北赛区），持续开展大学生课外实习项目，接受2000余名在校大学生到工行实习。组织校园定向招聘，为32位贫困大学生提供工作岗位。加强金融消费者权益保护，推出“工银智能卫士”账户安全服务，组织各级机构开展消费者权益保护日、金融知识进万家、防范和打击非法集资集中宣传月、创城志愿者服务、“爱心日”等活动，践行国有大行社会责任。

（工行河北省分行　刘鹏）

【农行河北省分行】 2017年，农行河北省分行紧紧围绕供给侧结构性改革要求，积极落实省委、省政府各项决策部署，积极助推全省经济走加快转型、绿色发展、跨越提升新路，发挥自身优势，主动担当，突出支持重大战略、服务实体经济、脱贫攻坚、去产能等重点领域，加大信贷投放，拓宽企业融资渠道，创新金融服务，助力建设“经济强省、美丽河北”战略实施。全年新增贷款447.6亿元，创历史新高；投资河北省政府债券248.8亿元，余额达到737.7亿元；运用产业基金、债券承销等各类融资手段为省内企业融资77.8亿元；县域贷款、涉农贷款增长连续9年完成监管目标。

（一）突出重点项目，助力重大战略实施。全面落实京津冀协同发展、雄安新区建设、筹办冬奥会等重大决策部署，以重点项目为抓手，拓宽融资渠道，提供全方位资金支持和金融服务。一是服务京津冀协同发展取得新突破。重点推动高层对接，加大对交通基础设施、生态环保、产业转移三大领域的资金支持。截至年末，对京津冀协同发展领域客户授信4851亿元，较年初增加2231亿元；贷款余额1145亿元，较年初增加174亿元；全年新投放贷款347亿元，同比多增76亿元。推动农总行与河北省政府、承德市政府、省建投签署了服务京津冀协同发展合作协议，在信贷政策、规模、技术、服务效率、人才引进和资源配置上，给予优先支持。二是服务雄安新区建设取得新进展。积极筹备设立河北雄安分行，选派精干人员开展前期工作，新设机构已获总行和省银监局批复。与起步区建设主要信贷服务方一国开行签署全面合作协议，优势互补，代理信贷资金结算，共同做好雄安新区建设服务工作。将雄安建投认定为总行级核心客户，授信1500亿元。加快研发上线农村集体“三资”管理平台，集中力量尽快建好雄安农村集体资产管理平台。逐户对接已进驻央企。优化雄安新区服务渠道建设，聚合支付、刷脸取款等业内领先技术和产品在雄安新区辖内机构率先上线。三是服务筹办冬奥会取得新成效。围绕比赛场馆建设、重大交通基础设施、冰雪旅游产业等领域，重点支持了蓝张铁路、京张铁路、奥运光伏廊道、云顶滑雪场等项目，与张家口冬奥会场馆主要提供商一密苑（张家口）旅游胜地有限公司签署了战略合作协议，成为其独家合作金融机构。截至年末，冬奥贷款余额57.4亿元。四是服务手段更加多元化。通过设立产业基金、债务融资工具等金融市场和投行产品，帮助企业拓宽融资渠道、优化融资结构、降低负债率。全年通过产业基金、债券承销、理财融资等投行和资产管理产品为客户融资77.8亿元，年末余额达到189.8亿元。

（二）深化“三农”服务，大力支持县域经济发展。落实省委省政府“三农”工作总体部署，不断探索有效路径和模式，全力支持县域经济发展，“三农”和县域贷款投放持续增长。全年县域贷款增速14.5%，高于全行平均水平1.2个百分点；涉农贷款余额较年初增加161亿元，全面完成监管指标；县域余额贷存比较年初提升3.2个百分点，增量贷存比100.6%，同比提升56.1个百分点。一是持续强化重点领域金融服务。围绕农业供给侧结构性改革，突出现代农业、新型农业经营主体、县城基础设施、农村公路、美丽乡村、县域旅游和水利设施建设等领域，加大信贷支持力度。截至年末，城镇化贷款较年初增加86.1亿元，增幅29.8%，高于全行平均水平16.4个百分点。全年支持农业产业化龙头企业134户、贷款余额70.4亿元，对国家级、省级龙头企业服务覆盖率分别达到93.5%、69%；支持家庭农场（专业大户）6423户、8亿元。大力支持县域旅游产业，县域旅游贷款余额22.2亿元，4A级及以上县域旅游景区金融服务覆盖率接近50%，水利贷款当年增幅达到46%。二是增信合作支农工作取得进一步成效。与省农业信贷担保公司签署了全面战略合作协议，已在农户贷款发放上开展合作。辖属承德分行依托农业产业化增信基金发放龙头企业贷款3亿元，并以此带动对农户的信贷支持。积极打造多方合作辅助增信模式，重点与保险公司、供销系统开展合作，对接供销社下设的新合作担保公司，政府增信项下农户贷款达到1.1万户、余额9.7亿元。三是推进互联网金融服务“三农”。将“互联网＋三农”作为2017年全行“一号工程”，推动服务“三农”水平上台阶。加快推进农村网络支付结算等基础金融服务，对“惠农通”服务点互联网化升级改造，打造成综合金融服务站点，全年累计对1.9万个“惠农通”服务点实现升级改造。大力推动农村电商金融服务，重点围绕农村商超、龙头企业、县域商品流通市场客户推广应用，“惠农e商”商户净增3.4万户，当年交易额35.4亿元。积极推进“互联网＋三农”融资服务，共向5628户农户提供授信，贷款余额2.1亿元。

（三）创新推广模式，全力服务脱贫攻坚。突出信贷投放、精准扶贫和扶贫重点县推动，加快推进金融扶贫工作。截至年末，金融扶贫（贫困县）贷款较年初增长86.4亿元，增速高于全行平均水平8.4个百分点，精准扶贫贷款较年初增加36.6亿元，支持带动服务111.1万建档立卡贫困人口，较年初增加33.4万人。金融扶贫工作被新华社、人民日报、中央电视台等多家主流媒体报道。一是助推贫困地区公共服务水平提升。重点支持了贯穿西部贫困山区的太行山高速，穿越多个贫困县的张承、曲港、西阜等高速公路等，累计投放20多亿元，进一步便利了贫困地区农产品外销、农民务工出行以及城市居民乡村旅游，提升了当地群众致富能力。年末，贫困县城镇化贷款余额49.4亿元，增速22.3%，高于全行平均水平9个百分点。先后投放贷款4.3亿元，支持13个贫困县学校、医院建设。二是助力贫困地区富民产业发展。围绕农业产业化龙头企业，积极支持特色种养殖、温室大棚、奶业加工等产业，带动贫困户脱贫增收。共支持贫困县70家龙头企业、贷款余额13.2亿元，分别较年初增加9家、1.7亿元。三是创新产品推进精准脱贫。创新“脱贫贷”“小康贷”“光伏扶贫贷”等一系列精准扶贫金融产品，创新“龙头辐射”“产业带动”“就业安置”“让利反哺”等多种模式，满足不同贫困群体金融需求。通过各类产品支持建档立卡贫困户2.9万人、10.7亿元，分别较年初增加5259人、5.3亿元。四是切实履行好康保县“五包一”帮扶职责。建立省、市、县、村四级联系机制，制定帮扶方案，强力推动实施。组成工作组先后8次与当地政府座谈、沟通。创新专属产品“合作光伏贷”“合作风电贷”，对6家风电企业、龙头企业授信22.9亿元，投放贷款4.9亿元，通过企业安置就业、分红等方式补助贫困户脱贫。五是突出做好深度贫困县金融扶贫。全年共在10家深度贫困县投放贷款57.5亿元，同比多投6.6亿元。

（四）加快结构调整，助力产业转型升级。一是积极支持新兴产业发展。紧密围绕国家《战略性新兴产业“十三五”规划》中的“五大领域”“八大产业”，大力支持新一代信息技术、生物医药与新医药、高端装备制造、新材料、新能源与节能环保等领域的的客户。战略性新兴产业贷款较年初增加3.8亿元，贷款增速16.4%，超过全行实体贷款平均增速13.4个百分点。二是平稳健康发展房地产信贷业务。坚持房子是用来住的、不是用来炒的定位，落实调控政策要求，对省内各区域分类指导、分类施策。积极支持列入地方政府重点支持的政府购买类棚改贷款项目，全年累放贷款37.8亿元，完成了雄安新区起步区（60个村）的棚户区改造贷款500亿元等重点项目的审批。助力房地产去库存，稳妥发展个人住房贷款业务，个人住房贷款较年初增加392亿元；其中特色产品“农民安家贷”全年投放189亿元，支持9万余户农民进城买房安家。三是因户施策助推企业渡过难关。坚决贯彻河北省去产能、调结构有关要求，助力钢铁、煤炭等行业结构优化调整，对完成产能化解任务、环保达标、技术装备先进的重点企业不抽贷、不压贷，尽可能给予信用支持。2017年，实施风险化解34户、55亿元。四是加快创新支持小微企业发展。进一步加大银政合作共建力度，以“数据网贷”为重点产品推动互联网融资业务发展，推广实施“单位账户在线开户系统”，有效缓解中小微企业“开户难、用时长”的问题，全力支持小微企业发展。截至年末，小微企业贷款较年初增加50.8亿元，贷款增速16.36%，高于全行各项贷款增速3.02个百分点；信贷客户数3.48万户，较年初增加1928户；申贷获得率94.85%，较年初提高0.04个百分点，全面完成“三个不低于”监管要求。

（中国农业银行河北省分行　刘新彦）

【中国银行河北省分行】　2017年，中国银行河北省分行本外币各项存款、贷款分别新增170亿元和296亿元，利息收入和非息收入分别增长3.1%和1.3%，拨备前利润实现近百亿元。主动树立价值导向，科学摆布信贷投放；坚持以客户为中心，打通个金条线存款与非存资产，非存金融资产总量650亿元，增幅28%；“超常规”发展线上业务，手机银行交易客户达167万户，同比增长59%。开创“1+N”批量拓展模式，利用“来聚财”抓商贸客户、通过中信保抓出口型企业、借助中烟新商盟抓烟草行业、开发“光伏贷”抓农村市场，主动挖掘新增长点。用抓项目的方法抓战略，当年投放京津冀协同发展项目128个、金额389亿元。主动运用系统和工具，全年投放智能柜台1037台，实现机构网点全覆盖；自主开发系统48个，有效提升了工作效率。先后争揽河北省职业年金归集账户、省建投企业年金账户、解放军66172部队保障专户，多个领域实现重点突破。公司基础客户达9.4万户，个人有效客户达1425万户，客户总量全面提升。成功承办廊坊“5.18洽谈会”，跨境撮合服务得到省委、省政府主要领导高度认可，银政关系进一步巩固提升。

（一）服务雄安。中国银行河北省分行全面认识京津冀协同发展战略，将服务雄安新区建设作为头等大事，4月5日成立雄安新区分行临时党委及筹备组，率先发力、多点推进。率先提交服务方案，首家获得融资支持许可；率先批复220亿元授信，批复总量达到620亿元；重点聚焦土地拆迁，成为首笔补偿款发放独家代理银行，争揽农户2300户；上下联动抢抓入区企业，营销覆盖全部35家工商注册客户，达成开户意向23家，开立账户14个，开户量居同业之首。不断完善“雄安布局”，新建安新支行，实现雄安新区县域机构全覆盖，加快推动雄安分行筹建，增配各类人才52名，内部架构和工作机制已初步成型。利用助农业务延伸服务渠道，在保定、廊坊地区新签约助农点1065家，为争揽后续拆迁补偿、农民养老金等业务奠定了基础。主动对接“数字雄安”，运用区块链技术参与土地拆迁补偿、“智慧森林”供应链融资等核心业务，创新提出并推动“金融实验区”建设，逐步形成传统业务与科技手段“双轮驱动”的发展局势。

（二）风险防范。2017年末，中国银行河北省分行不良余额83亿元，不良率2.13%；关注类贷款减少19亿元，对公非不良逾期减少49户21亿元，不良管控的效果在逐步显现。积极稳妥处理张宝军案件，大局稳定、风险可控。重塑风险体系，创新提出“风险先行”理念，确定12个重点行业信贷原则，让政策走在业务前面；整合建立信用风险监测系统，让风险可量化、可识别；建立授信退出激励机制，明确压退名单，主动退出授信13.5亿元；调整逾期授信管理职能，制作贷后管理“明白纸”，有效遏制了新增不良。全力清收化解，实事求是摸清家底，现金清收、呆账核销和打包转让同步推进。建立不良重点行督导制度和后评价机制，成立清收中心，发起清收处置大会战，累计清收化解不良资产56.2亿元，守住了风险底线。强化内控管理，认真开展银监会系列治理活动、内控案防专项治理活动，充分运用“G－MAP”系统和“速查令”机制，检查过程不交换底稿，检查通报一律点名。狠抓基层网点风险管控“127条”贯彻落实，创新开展“护网行动”，持续推动平安中行建设，全面增强声誉风险防控能力，认真处理信访和网上投诉，全年未发生失泄密、群体上访等事件。

（三）机制改革。中国银行河北省分行改革主体框架基本确立，重点体系和关键环节改革取得突破性进展。优化考核评价体系，探索实施聘期考核，建立当期与长期相结合的全面考核激励体系；调整优化绩效考核，积极运用九宫格等新型评价工具；健全员工考核激励体系，强化正负激励，建立荣誉体系，让考核评价更加客观公正。健全人才培养体系，修订职位聘任管理办法，出台

“管理序列、专业序列、操作序列”三支队伍建设方案，制定人才梯队建设实施意见和人才双向交流培养实施意见，形成纵横结合的人才发展体系。制定稳健薪酬管理实施细则，健全教育培训体系，修订基层经营管理人员转岗指导意见，使人才管理更具系统性、科学性和实用性。完善机构管理体系，制定机构等级动态管理办法，动态评定机构等级，激励机构争先进位。将“三河、香河、大厂”三家支行由廊坊调整至燕郊管理，结合区域特点调整17家机构布局，提高资源配置效率。明确营业部经营和管理定位，探索集中上收业务操作中心模式，各项改革措施压茬推进。

（四）从严治党。中国银行河北省分行把全面从严治党作为政治责任，以最好党建引领最好银行建设。落实党建主体责任，持续推进“两学一做”学习教育常态化制度化，全面推进党的十九大精神学习宣传贯彻工作，严格落实党支部七项组织生活制度，有效增强了“四个意识”。深化政治巡视，指导二级分行探索开展政治巡察，实现了机构全覆盖。创新开展党建工作，推动基层党组织与137家单位签订党建共建协议，真正将党建融入业务。入驻张家口沽源县开展现场帮扶，建设公共浴室，修建55盏路灯，组织251名管理人员与337户贫困户建立结对帮扶，精准扶贫获得好评。狠抓机关作风整顿，开发“作风整顿意见栏”系统，采用匿名方式收集各类建议500多条并狠抓整改，有效解决了一些员工关心的热点问题，推动作风建设向纵深发展。

（中行河北省分行　李非非）

【建行河北省分行】 2017年，中国建设银行股份有限公司河北省分行（简称“建行河北省分行”）认真学习宣传贯彻党的十九大会议精神，深入推进“两学一做”学习教育常态化制度化，坚决贯彻落实上级党委重大决策部署，围绕“党建引领、价值创造、转型发展、创新驱动、合规保障”20字工作方针，扎实开展“双基”工程（抓基础和强基层），一手抓发展，一手抓管理，深化全面从严治党，聚焦服务实体经济和供给侧结构性改革，实事求是、真抓实干，在服务实体经济中实现了自身改革发展再上新台阶。主营业务稳健发展。至年末，一般性存款日均新增651.31亿元，系统第六、同业第二，机构业务存款日均新增在全部对公存款新增占比达42.6%。本外币各项贷款新增476.79亿元，系统第六、同业第二。其中，本外币对公贷款余额、非贴贷款余额、非贴贷款新增均居同业第一。重点业务亮点纷呈。消费金融快速发展，个人贷款（不含卡透支）新增334.94亿元，系统第七；信用卡贷款余额282亿元，新增82.52亿元，均居系统第二、同业第一。OBU新增绑定量保持同业第一。党费云商户数量、活动商户数量和累计交易笔数等三项指标均居系统第一。通过资管投行等提供非信贷融资589.52亿元，与河钢集团、冀中能源集团签署总规模400亿的债转股业务合作协议。非金融企业债券承销240.50亿元，系统第五、同业第一。积极服务雄安新区建设，深化母子公司业务联动，建行雄安分行获省银监局机构设立批复。客户基础持续夯实。单位人民币结算账户和基本结算账户的总量、新增均居同业第一。经营效益稳健提升。实现中间业务净收入45.64亿元，系统第十、同业第一，市场占比30.9%。实现账面利润77.83亿元，保持系统第十；实现拨备前利润146.15亿元，同业第一。资产质量优于同业平均水平。在河北日报组织的“直通3.15金融服务最佳机构公众推选活动”中，荣获“2016年度最具核心竞争力银行”“2016年度金融服务最佳银行”“2016年度支持京津冀协同发展最佳银行”三项大奖，被评为2016年度金融扶贫工作考核优秀单位，荣获“河北省劳动保障守法诚信优秀等级企业”称号。

（一）党建引领，持续推进全面从严治党。将学习宣传贯彻党的十九大精神作为当前和今后一个时期的首要政治任务，成立各级学习宣传贯彻十九大精神领导小组，突出特色制定深入推进学习宣传贯彻十九大精神实施方案，“请进来”和“走出去”相结合，课内课外、线上线下多种平台，推动了十九大精神在各层面、全员落地见效。以加强党的政治建设为统领，统筹加强党的思想建设、基层组织建设、党风廉政建设、制度建设和干部队伍建设，党建基础持续夯实。

（二）履职尽责，坚决贯彻落实上级重大决策部署。设立服务雄安新区建设实施小组，精准对接业务需求，在依法合规前提下特事特办、创新产品服务，全力满足新区各项需求。与子公司联合制定雄安新区综合金融服务方案，发行雄安新区首笔征迁安置款专享金融产品，提供全方位“融资＋融智”服务；依托建信信托牌照优势和资金池优势，成立千亿级雄安新区基金群，提供“股权＋债权”融资服务；为重点企业授信特设绿色通道，满足融资需求；同业首创专项融资产品——“雄安新区支持贷”，满足新区首期征拆融资需求；雄安分行获得省银监局机构设立批复。认真落实房地产调控相关政策，住房按揭贷款优先满足居民自住需求，严格限制投资投机性购房；同时积极发展住房租赁金融服务，努力促进租购并举的多层次住房体系建立。积极发展普惠金融，圆满完成小微企业“三个不低于”监管要求，年末普惠金融贷款余额196.60亿元。认真完成新一代主体工程在河北的圆满收官，全力做好“新一代”核心系统推广应用。将脱贫攻坚作为“一把手”工程，积极向建总行争取专项规模，根据贫困地区特点持续加大涉农贷款投放力度，扎实推进金融精准扶贫，有效推进定点扶贫，确保了中央、建总行和地方政府扶贫工作部署落到实处。实施“电商＋龙头企业＋合作社＋农户”精准扶贫策略，对贫困商户开辟绿色通道，实施费率优惠。年末，涉农贷款完成持续增长的监管要求，承担的32个定点扶贫村脱贫户数和脱贫人数占比均达到73.2%。

（三）抢抓机遇，深入服务实体经济。统筹发展综合融资，一方面发挥基建领域优势，持续完善分行京津冀重点项目库，积极为铁路、港口、电力、水利、新能源、高端装备制造等领域，以及财政实力较强地域的PPP项目、棚改项目等提供信贷支持；积极推进“两全三化”战略，支持企业“走出去”，全年国际业务本外币累计信贷投放近407亿元。另一方面，加快发展资管投行业务，与省国控达成意向共同组建300亿规模的国改基金，有序推进市场化债转股。积极抢抓全量资金，高度重视存款业务的基础性地位，拓展资金承接源头，打造资金闭环，统筹推进个人存款和对公存款增长，资金实力不断增强。

（四）突出重点，纵深推进改革发展。围绕居民消费升级需求，以信用卡分期、商户、年轻客群拓展、龙支付等为重点，积极发展消费金融。积极推动乡镇地区普惠金融特色支行、轻银行、供销金融超市建设，调整优化助农点布局，推出“裕农通”助农金融服务，做好客户营销维护，年末助农点总量达13291个，其中裕农通助农点4420个，基本实现全省有机构乡镇全覆盖和31%行政村的覆盖。深入传导“网点兴则分行兴，网点强则分行强”的理念，制定全面推进渠道转型工作实施方案，加大渠道建设规划管理力度，探索实施网点等级分类管理，年内26个新设机构、37个普惠金融特色网点顺利取得监管部门的筹建批准，47个升格机构全部完成升格目标。推进智慧柜员机推广应用，年末STM设备总量、网均台数均位居系统第二，智慧柜员机产品服务迁移率91.89%、位居系统第三。持续优化调整网点劳动组合，推进网点物理环境“亮化”工作，客户问题处理效率和质量不断提升。加强数据管理转型，加快产品创新和创意转化，为改革发展提供了有力支撑。

（五）固本强基，全面加强基础管理。严格执行“风险管理职责进党委”要求，加强信贷文化建设，全面构建风险责任体系，以“五位一体”（以责任到位为前提，贷后到位为关键，监督制衡到位为保障，考核到位为手段，人员到位为基础）推进全面风险管控，重点做实信贷风险管控，严把准入关口、加强贷中贷后管理，强化责任认定，“量、质、效”并举做好不良处置经营，资产质量保持了同业领先。始终保持案件风险防控高压态势，召开万人案件风险防控大会，加大案例通报和警示教育力度，妥善处置突发事件，有效提升了案件风险防控能力。健全现场检查、非现场检查、稽核监测“三位一体”的风控体系，开展柜面专项整治，柜面风险管控能力不断提升。扎实推进“平安建行”创建，加强安全风险防控和信息安全管理。加强消费者权益保护，做好“一区双录”，提高客户问题处理效率，有效防范了声誉风险。逐级落实保密责任制，未发生失泄密事件。深入落实全省“护城河”安全稳定专项行动要求，持续完善工作联系、应急处置、信息报告“三位一体”信访维稳工作机制，注重源头防范、强化矛盾防控，认真做好了“两节”“两会”“十九大”等敏感时期及节假日期间的信访安全稳定工作，营造了安全运营的良好环境。全面开展“双基”工程，通过抓基础和强基层，从业务基础、管理基础和队伍基础三方面发力，重点关注基层网点、基层员工和基层负责人。通过实施资源倾斜、切实服务基层一线、组织开展“三深入”活动、关心关爱员工、选树先进典型、加强思想政治工作做好谈心谈话等，营造了积极向上的良好氛围。2017年，通过调整员工工作地点和“一小时工程”，实现了335人就近上班和一小时结束营业下班回家；救助621人，救助金额69.71万元。

（建行河北省分行　赵亚旗）

【交通银行河北省分行】　2017年，面对河北省内产业结构“去产能、去杠杆”调整、环境治理要求愈加严格、各类风险问题不断暴露的严峻形势，交行河北省分行领导班子在总行党委的正确领导下，团结协作，恪尽职守，带领全体干部员工紧紧围绕落实总行“三大任务、三大重点、三大目标”要求以及省分行“九大攻坚战”部署，攻坚克难，积极进取，各项工作取得明显进展，“2017年翻身仗”基本实现既定目标。2017年末，分行本外币资产规模1444.87亿元，较年初增加141.24亿元，增幅10.83%；人民币各项存款余额1263.20亿元，较年初增长92.64亿元，增幅7.91%；其中，对公存款846.85亿元，较年初增长55.62亿元，增幅7.03%；储蓄存款416.35亿元，较年初增长37.02亿元，增幅9.76%。人民币同业存款余额116.09亿元，较年初增长48.50亿元，增幅71.74%。人民币各项贷款余额823.49亿元，较年初增长35.57亿元，增幅4.51%。实现非息收入8.02亿元，同比增幅25.28%。不良占比1.69%，同比下降0.27个百分点。实现经营利润20.07亿元，同比增幅13.23%。实现经济利润4.05亿元，同比增幅98.57%。

（一）积极服务国家战略和实体经济。新增投放于京津冀协同发展和民生保障领域中的贷款余额较年初新增43.29亿元。倾力服务“三农”，扶持小微企业，涉农贷款投放实现了“两个不低于”监管考核目标要求；小微企业贷款余额达125.15亿元，小微客户数3030户，申贷获得率97.55%，全部达成“三个不低于”。加强金融扶贫支持力度，全年扶贫贷款余额达到3.56亿元，其中为省分行定点扶贫村所在张北县龙头企业提供授信额度1.1亿元。积极介入棚户区改造等国家民生工程，先后为邢台、秦皇岛等地棚改项目融资20亿元。支持地方经济建设，全行共发行债券21支，金额201.3亿元，租赁市场投放42.1亿元。紧跟“供给侧改革”等政策导向，实施名单制管理，采取有保有压、区别对待的授信策略。钢铁、煤炭等产能过剩行业融资余额较年初减少1.5亿元，占比下降0.47个百分点。积极跟进“雄安新区建设”，在总行领导悉心指导下，省分行班子多次带队实地对接，积极谋划业务合作。成立雄安新区机构建设推进小组和保定容城支行筹备组两个工作组，加快雄安新区机构的筹建推进，新区第一家机构——容城支行预计近期可以试营业。

（二）客户拓展。全省对公有效户达到3261户，较上年增长264户，新开对公优质客户2036户，两项指标全部超额完成总行任务。“系统掘金”行动初见成效，28个重点系统覆盖率为25.32%，先后完成省级财政直接支付工资统发、邯郸市国库集中支付、党费管家、房产资金监管、烟草微信支付等系统的开发上线，机构开户量继续保持增长。机构有效户已达112户，大大超出总行计划。托管规模和客户指标持续增长，重点产品和理财销售实现突破，达成年初既定目标。全省手机银行新增动

户215637户，计划完成率139%，系统内排名第3位。新增信用卡活户46233户，计划完成率96.7%，系统内排名第7位。

（三）负债业务。2017年，省分行负债业务再上两个新台阶。一是全行日均存款余额突破1200亿元。二是全行对公存款日均余额规模突破800亿元，系统排名第12，实现争先进位目标。低成本负债提升显著，全口径低成本负债日均余额964.9亿元，较年初增加122.84亿元，其中纯活期存款日均余额475.6亿元，较年初增加64.43亿元。同业负债达到历史最好水平，平均余额121.77亿元，较年初增加58.2亿元，计划完成率582.1%，同业存款为2017年河北省分行流动性做出重要贡献。

（四）风险防控。省分行不良率在河北省当地29家金融同业和五大行中，排名分别是第14和第1，较上年分别上升5位和2位。在系统内排名第18位，较上年末排名提升6位。全年不断强化清收化解措施，成果显著。共处置和化解风险资产12.6亿元、收回存量欠息3407万元。分别通过现金清收方式和担保买断方式成功收回唐山、邯郸两笔金额为7000万、4100万元大额不良贷款。强化减值拨备管理，年末不良贷款减值拨备余额6.34亿元，综合拨备利率较年初提高9.7%。

（五）消保服务。在银监局消费者权益保护综合考评中，省分行在本地国有银行中排名第一位。秦皇岛分行营业部获评中银协“百佳”、7家支行获评“星级网点”。一线员工标准化、规范化服务水平表现突出，三大岗位员工录像检查成绩总行系统内排名第二。全年共开展“春夏秋冬客户关怀”活动近千次，达标覆盖率100%，特色化服务深受欢迎。

（六）渠道布局。截至2017年末，存量网点经营面积三年累计压降数实际达到1.72万平方米，进度完成率达到207%，提前两年完成总行五年压降任务。营运人员压降24人，高柜压降62个，任务完成率分别为171.43%、326.32%。电子渠道方面，全省柜面业务替代率84.3%，较上年增长4.32%，任务完成率245.45%。

（七）管理质效。不断强化条线管理，提高管理效率和水平。在2017年条线评价中，资负、授信、审计、私银中心进入条线排名系统前十。不断加强办文精细化管理，强化监督考核，实现办文效率连续9个月全系统第一的历史最好成绩。

（交通银行河北省分行　张紫葳）

【民生银行石家庄分行】　2017年，在省委、省政府和总行正确领导下，中国民生银行石家庄分行认真贯彻执行国家金融政策和总行经营思想，以强烈的社会责任感支持区域经济发展，切实把服务实体经济作为金融服务的出发点和落脚点，积极主动融入地方经济转型发展实践，走出了一条特色化、差异化的发展道路。截至2017年末，中国民生银行石家庄分行已在石家庄、邯郸、沧州、衡水、秦皇岛、唐山、张家口、保定八个地市设有分支机构72家、社区支行102家，各项存款669.74亿元，各项贷款533.97亿元，资产总额达到742.62亿元。

（一）落实省委省政府部署，积极支持省内重点领域发展。民生银行石家庄分行认真落实省委省政府支持实体经济、培育支柱产业的要求，将信贷投放向政府平台、省内央企、大型国企以及关系国计民生的水、电、燃气、公共交通、医药、节能环保等行业倾斜。同时，积极利用投行、金融市场及私人银行业务，通过资产证券化、发债、定向募集等资本业务代替传统贷款方式解决信贷额度问题，为河北省重点企业重点项目信贷需求腾挪空间。截至2017年末中国民生银行石家庄分行向河北重点企业、京津冀项目授信余额近370亿元，当年新增授信约187亿元，95%以上面向“三优一特”客户，有力支持了地方经济的转型升级和省内重点领域的发展。

（二）聚焦民营经济，积极支持民营企业发展壮大。为有效解决广大中小企业融资难题，切实服务实体经济转型升级，2017年民生银行总行宣布启动实施“中小企业民生工程”，通过一系列的产品创新、服务创新为不同阶段、不同需求的民营中小企业提供贴心服务。在总行引领下，石家庄分行不断拓宽与民营企业合作领域和合作深度，努力打造多维度、多层次的民营中小企业金融服务体系，为众多的民营中小客户提供结算、授信、交易银行、投资银行等综合金融服务，让民营企业客户在民生银行综合服务平台上茁壮成长。2017年以来，中国民生银行石家庄分行向民营企业累计提供资金支持超过330亿元，有力助推了河北民营企业发展。

（三）落实小微战略、积极提升小微金融服务水平。作为最早制定和实施小微战略的商业银行，民生银行石家庄分行紧跟总行战略部署，在小微金融服务领域全心投入并且不断创新，在信贷新增资源有限的情况下，全力保障对小微信贷的投入，并根据小微企业需求进一步扩大服务范围，运用大数据分析、移动互联网技术打造特色金融服务，坚定地支持着广大的小微企业。尤其是2017年，通过“互联网＋”大力创新和升级小微金融商业模式，积极提升小微企业及农村金融服务，通过民生“小微宝”、小微云账户、微信申贷、“小微之家”等为小微客户提供在线办理与企业经营相关的“存、贷、汇、投”全方位金融产品及金融服务，让小微客户着实体验到了民生银行“金融＋互联网”的魅力和吸引力。截至2017年末，中国民生银行石家庄分行服务小微客户20万余户、其中小微企业客户达到4.6万户，当年累计发放小微贷款超过200亿元，小微贷款余额150亿元。

（四）倾情社区金融，打造“好邻居”式专业服务。近年来，民生银行石家庄分行积极践行“普惠金融”理念，率先铺开小区金融布局及社区网点建设工作，遍布石家庄、邯郸、沧州、衡水、秦皇岛、唐山、张家口、保定超过200家（含自助网点）的服务网点打造了民生银行小区金融的金字招牌，为众多社区居民送上近在家门口的综合财富管理服务。一是持续优化网点布局、打造专业的财富管理团队、全面整合产品资源和业务平台，通过系列客户关怀和回馈活动，积极探索实践，逐渐形成了贴近社区居民的“好邻居”式金融业态；二是将社区支行打造成普及金融知识的前沿阵地，通过开展“金融知识进社区”“网络安全宣传周”“用卡安全讲座”“网络金融安全宣传”等社区宣传活动，2017年中国民生银行石家庄分行累计组织各类金融知识专题宣传活动500余次，有效普及了金融知识，提升了社区居民们的金融风险意识。截至年末，民生银行在全省服务社区客户接近30万户，管理客户金融资产近86亿元，积极践行了“普惠金融”的发展要求。

（五）投身金融扶贫，积极履行社会责任。在积极支持地方经济发展的同时，民生银行石家庄分行秉承“为民而生 与民共生”的企业使命，不断增强金融扶贫工作的责任感、使命感和紧迫感，成立了扶贫工作组，强化了扶贫工作的组织力量和人员保障，对河北省贫困县赞皇县和张北县进行了定点扶贫，努力实现扶贫的精准性和实效性。一是积极发挥自身优势，针对赞皇县和张北县地域特点，牵线搭桥，为当地做好脱贫项目引进工作，提出生猪代养模式和藜麦试种项目协助脱贫；二是创新金融产品及服务，加大对贫困地区金融支持，与赞皇政府积极沟通，拟建立政银保合作项下的风险补偿金，目前所在地银行已发放扶贫小额贷款118万元。此外，中国民生银行石家庄分行积极推进农村金融建设，大力发展农村金融，截至年末，已设立助农取款点签约102家，开惠农卡6600张，向社会展现了民生银行积极发展普惠金融、提升农村金融服务良好形象。

（中国民生银行石家庄分行　白　亮）

【光大银行石家庄分行】　中国光大银行石家庄分行成立于1999年3月18日，是中国光大银行在河北省设立的一级分行，截至2017年12月，在唐山、邯郸、廊坊、沧州、保定、张家口六地拥有六家二级分行，在全省共拥有58家营业网点（其中社区银行14家），员工1200余人。截止到2017年末，资产总额达808亿元，一般存款达691亿元，各项贷款达660亿元，实现净营业收入30.74亿元，实现风险调整后利润6.29亿元。凭借卓越服务能力、创新能力和出色的业绩表现，石家庄分行连续三年监管评级被评为2A级，成为河北省股份制银行中唯一一个评级为2A的银行，高于全省其他所有股份制银行；四次荣获河北省政府颁发的“金融贡献奖”，两次荣获“金融创新奖”；三次荣获“河北网民最信赖银行品牌”，并被河北新闻网评选为“河北省最佳创新银行奖”，被河北省网信办和腾讯网评选为“年度区域品牌价值奖”，分行社会影响力与日俱增。

2017年，中国光大银行股份有限公司石家庄分行继续坚持“稳中求进、创新发展、以人为本、持续发展”的指导思想，按照年初和年中工作会议部署，积极服务实体经济，妥善应对风险挑战，全面对标省内同业，较好完成了各项任务，在存贷规模、重点业务发展、产业结构调整、机构建设等方面实现了持续增长，整体经营呈现稳中有进、稳中向好的局面，党建、风险防控、内控合规等方面工作也得到全面加强。

（一）2017年主要经营指标完成情况

存款规模：截至2017年末，该行一般存款时点余额691.37亿元（银监口径），比上年末增加64.99亿元，在当地8+1可比同业中排名第1。其中对公存款时点余额512.91亿元，比上年末增加47.48亿元；对私存款178.46亿元，比上年末增加17.51亿元。一般存款日均余额657.29亿元，较上年末增加44.64亿元，增幅7.29%。

贷款规模：截至2017年末，该行各项贷款时点余额660.63亿元，较上年末增加91.54亿元，增幅16.09%，在当地8+1可比同业中排名第1。各项贷款日均630.00亿元，较上年末增加110.01亿元，增幅21.15%。其中对公贷款日均增加32.46亿元，达到369.66亿；对私贷款日均增加77.54亿元，达到260.35亿元，系统内增量排名第1。

资产规模及利润完成情况：截至2017年末，该行资产总额808.08亿元，较上年增加55.93亿元，增幅7.44%；实现账面税后利润9.04亿元，较上年增加8.99亿元。

资产质量情况：截止到2017年末，该行不良贷款额9.60亿元（其中对公6.50亿元，对私1.70亿元，信用卡1.39亿元）较年初增加了2.79亿元，不良率1.25%、较年初增加0.19%；关注类贷款余额31.96亿元（其中对公28.78亿元，对私2.49亿元，信用卡0.7亿元），较年初减少6.52亿元，关注率4.16%，比年初减少1.85%，还原不良关注率5.99%，较还原不良关注率起扣点5.27%超出0.73%；逾期欠息类贷款余额19.14亿元（其中对公13.72亿元，对私2.68亿元，信用卡2.74亿元），较年初增加了4.96亿元，全口径逾期欠息增量比率1.23%、超出还原逾期欠息贷款增量比率1.03%。该行资产质量基本实现了稳定可控。

（二）重点工作开展情况

扎实有效地推进大项目发展。2017年，该行积极支持国家战略实施和服务实体经济发展，不断加快业务转型和结构调整，多个大项目扎实推进，取得较好成绩。一是依托河北发展历史机遇积极开展各项业务。主动将服务京津冀协同发展作为一项长期发展战略，充分运用光大银行的传统表内外信贷，以及投行、资管、同业等优势资源，有效整合信托、证券、保险、金融租赁等光大集团内其他品牌资源，多渠道、多产品支持京津冀协同发展，对冀中能源集团、河北钢铁集团、河北省高管局、保定长城汽车、庞大汽贸等特大型企业集团、石安高速等重点项目给予了重点信贷支持。全年支持京津冀产业转移、功能疏解项目5笔共8.82亿元；支持京津冀交通体系建设15笔共计106.72亿元；支持京津冀生态环境建设治理6笔共17.46亿元；支持张家口冬奥会共2笔42亿元，投放项目余额合计28笔、175亿元。二是不断提升服务实体经济质效。2017年，该行积极争取授信额度和相关政策支持，结合河北钢铁、煤炭产业链结构特点，充分利用票据池、保兑仓、商通赢、高资质理财等新产品，对河北年产量达300万吨以上、“技术先进、市场欢迎、节能减排措施到位”的钢铁冶炼企业，技术附加值高、具有一定规模优势和技术优势的钢压延加工和

金属制品企业进行授信支持，并努力强化风险缓释措施，提高综合收益，总体通过滚动重检工作管理，实现了对钢铁、煤炭等产能过剩行业企业的分类管理、有保有控。此外，通过发债、同业持有到期、理财资金、融资租赁等创新方式为相关企事业单位提供资金支持315亿元。三是抢抓发展机遇推动大资产业务发展。主动契合项目建设，努力推动业务营销，支持大资产业务发展，有力地支持了全行业务的发展。截至到12月末，该行大资产业务余额1359亿元，较年初增加247亿元，增幅22.21%，余额和增量在总行排名均为第五名。四是创新业务模式发掘新的业务增长点。2017年以来，金融板块突破原有业务模式，积极尝试创新产品，取得可喜成绩：重点发展了保理、保函、国际结算产品，实现中收平稳增长，增幅达10%；实现了“首笔分离式保函业务”、“首笔中长期基础设施类保理投放”、“首笔出口项下外币流动资金贷款投放”等五项“首笔”投放业务；成功实现系统内首笔保险债权投资计划投放，实现了分行首笔DFI储架发行、股票结构化和债券持有到期业务投放，实现了分行首笔私募股权托管和保险中介注册资本托管；在京东金融托管业务、资产支持票据和永续票据等创新业务方面取得实质进展。

零售业务呈现良好发展态势。2017年该行零售条线制定了以零售客户及AUM为发展主线，以规模增长支撑盈利，以结构调整提升盈利，深化管理、优化服务，以实现“稳中求进、变中求胜”的经营目标，对私存款、9项资产、零售客户、中收等主要指标呈现良好的发展态势：截止2017年12月末，对私存款时点178.46亿元，较年初新增17.51亿元，增幅10.88%，对私存款日均166.40亿元，较年初新增11.05亿元，增幅7.11%，核心存款时点87.56亿元，较年初－6.69亿元，增幅－7.1%，核心存款日均83.55亿元，较年初新增7.44亿元，增幅9.78%；截止11月末，全辖AUM财富管理总量492.69亿元，较年初新增117.65亿元，增幅31.37%；截止到2017年9月末，该行零售中收实现12932万元，较2016年同期增长1257万元，超过去年全年中收完成值；零售客户总规模达151.9万户，引入新客户25.7万户。中高端客户稳步提升，尤其是优质及以上客户达3.28万户，年增9803户，年增量全行排名第二。自2017年4月份起至12月份在总行零售三位一体综合考评中，连续9个月获得分组及全行排名第一的成绩。

持续不断加强全行不良贷款的清收化解工作。2017年以来，该行在摸清重点行业、重点客户风险状况的基础上，不断加强风险预警管理、夯实贷后管理基础、严把放款审核关、整章建制，多措并举管住增量、化解存量，努力实现资产质量的管控目标。截至2017年12月末，累计处置、化解不良资产9.82亿元，超额完成总行任务，其中不良资产打包出账4.99亿元，现金清收1.92亿元，不良贷款核销3亿元。经信用风险排查后，主动下调了“天铁系”、中太等客户5.74亿元风险分类至不良，为下一步打包、核销处置储备条件。

扎实推进党建工作。严格按照集团和总行的要求，从思想觉悟上切实提高对党建工作的认识，把党建工作和经营管理工作、员工队伍建设有效结合，共促进、谋发展，使党建和中心工作深度融合。自觉践行“三严三实”要求，坚持“两学一做”理论联系实际，认真贯彻执行中央八项规定。切实落实党风廉政建设，坚持“三重一大”集体决策，强化对权力运行的监督和制约。2017年该行党委共组织党委中心组学习12次，其中开展学习研讨两次，通过邀请专家专题辅导、组织全行干部职工学习研讨等形式深入学习了党的十九大精神。

稳步推进机构建设。2017年以来，该行新建了张家口分行以及沧州开元支行、石家庄胜利北街支行、石家庄市庄路支行、沧州千童支行等4家支行。截止2017年12月，该行在唐山、邯郸、廊坊、沧州、保定、张家口六地已经开设六家二级分行，在全省共拥有58家营业网点（包括社区银行14家），共有员工1200余人，分行的网点布局更趋合理，网点服务设置更加完善，整体服务形象得到有效提升。

强化全员合规教育，严格执纪监督问责。坚持“从严治行”理念，不断强化全行党员干部的责任与担当。按照监管部门及总行要求，在全行范围内认真组织开展了“三违反”、“四不当”、“市场乱象”、“监管短板”等市场乱象专项排查整治工作，对发现的问题全部整改完毕。该行将2017年定为“内控合规提升年”，围绕这一主题组织开展了系列活动，有效提升了内控管理水平。将执纪、监督、问责工作列为年度重点工作，突出对不良贷款、信访举报、监管机构检查发现问题、员工行为失范和违规操作等事项加大问责力度，实施限时问责，以零容忍态度严肃查处违法违规违纪案件，全年共问责违规员工128人次。

2017年以来，该行共获得“人民银行石家庄中心支行金融统计特等奖”、“年度区域品牌价值奖”、“最具核心竞争力银行”等系统内外荣誉称号30余项。在河北银监局2016年度的监管统计工作综合考核评比中，该行监管评级被评为2A级，连续第三年成为河北省股份制银行中唯一一个评级为2A的银行，高于全省其他所有股份制银行，分行社会影响力与日俱增。

（光大银行石家庄分行　贾晶）

【河北省农村信用社联合社】　2017年，河北省农信社各级机构坚持稳中求进、砥砺前行，业务经营稳健高效，服务实体经济能力明显增强，股份制改革纵深推进，全辖保持了稳定和谐发展的良好局面。截至2017年底，各项贷款余额8047亿元，年度净增额达1061.36亿元。各项存款余额12455.62亿元，比年初净增1455.52亿元。业务规模和资金实力继续位居全省银行业之首。其中，涉农贷款余额4493.9亿元，小微企业贷款余额4882.6亿元。拨备前利润达到293.51亿元，创历史最好水平。全年缴纳各类税款总额68.33亿元，有力支持了地方社会和经济发展。电子银行业务发展迅速，信通卡存量达到6045.73万张，卡内存款余额1317.84亿元。建设农信金融便民店2.11万个，“农信村村通”提升率59.21%。

（一）围绕“一条主线”。全省农信社全力推进改制农村商业银行工作，2017年全省新启动53家县级机构改制工作，成为改制工作以来启动数量最多的一年，其中廊坊、唐山、邢台、衡水等四市辖内县级机构全部启动。截止2017年底，全省已经完成改制挂牌开业的农商银行累计达到42家。推进“小银行＋大平台”建设，认真推动权力清单和责任清单制度实施。

（二）突出“三大重点”。统筹推进“双基”共建、小贷中心、流程银行建设。一是突出“双基”共建，打造支农扶贫新品牌。省联社把“双基”共建农村信用工程作为金融扶贫的有效载体，全面推动共建工作向纵深开展。截至2017年底，全省农信社农户建档比例达73.47%，较年初提高49.27个百分点；评级比例达到100%，较年初提高10.3个百分点。通过开办“农村金融夜校”“金融大集”，上线运行“掌上通”等，全力打造“双基”共建知名度和影响力。推广“致富宝”“幸福宝”等特色扶贫信贷产品，借助“政银企户保”扶贫模式，不断加大对扶贫小额贷款的投放力度，并把富民产业作为信贷投放重点。落实省委要求，认真组织做好“五包一”“三包一”定点帮扶和“一对一”驻村帮扶工作。二是突出小贷中心建设，提升服务质效。制订小贷业务管理制度，出台“农信小贷”产品管理办法，试行小微企业贷款授信尽职免责办法，开发小贷管理系统。全省已有11家机构建立了相对独立核算的新型小贷中心，并累放小额贷款1.5万笔、69.3亿元。三是突出流程银行建设，提高合规管理水平。新增流程银行试点机构11家，共有42家县级以上法人行社启动流程银行建设。制定流程银行建设及评价标准示范手册，着力打造流程银行建设试点标杆。组织开展“四个一”合规促进活动，成功举办了全省范围的法律法规知识竞赛。创建案防合规文化建设机制，组织编写员工合规手册，重新修订员工管理办法和员工违规失职行为处理办法等基本管理制度，对员工行为起到了重要的规范作用。

（三）着力“四个加强”。加强科技创新、绩效考核、风险管控和员工培训四项基础工作，着力提升工作水平。一是加强科技创新，打造核心竞争力。新一代客服中心、银行卡制卡中心陆续建成并正式投入使用。试点开办信用卡业务，相继推出“随e汇”“农信e购”“金融e管家”等e系列产品，推出新一代手机银行。加强电子银行和中间业务整合，拓宽在线服务渠道，研发“移动金融生活服务平台”，精心打造金融便民店并荣获“全国十佳金融服务案例奖”。组织召开全国性业务分享会推介“农信e购”聚合扫码支付业务。与北京农商银行合作开办个人跨境收结汇业务，在全国农信系统率先推出“农汇通”。加强信息科技基础建设，建设完成管理会计系统、股金管理系统等项目，初步建成“河北农信大数据云”。完成生产中心机房系统迁移、设备搬迁及扩建工作，正式开工建设廊坊灾备中心。二是加强绩效考核，激发员工工作动力。完善市县级机构绩效考核评价体系，进一步加大绩效考核的推广力度，推动89家机构深度改进绩效考核方案。丰富绩效管理系统功能，实现绩效管理系统法人机构全覆盖。推广内部资金转移定价管理系统，为进一步提升绩效管理水平打下良好基础。在省联社机关建立员工绩效考核评价体系并试行全员绩效考核。三是加强风险管控，坚守风险底线。有序推进监管部门布署的“三违反”“三套利”“四不当”“十乱象”等专项治理工作，清理规范和整治顶冒名贷款，专项清查票据业务风险，建成商品房预售资金监管系统、涉案账户资金网络查控系统、反洗钱业务管理系统和电信诈骗风险交易事件管理平台二期项目，完成24家机构事后监督系统、107家机构电子验印系统推广工作。专项清理“小金库”，开展法人机构综合业务审计和利润分配专项审计。试点推进监控联网工作，完成第三轮安全保卫达标升级考核评定，建设全系统监控中心。集中开展信访积案化解、“护城河”、信访百日攻坚暨苗头隐患排查整治等专项行动。全面完成全系统档案目标管理三年规划。四是加强员工培训，补钙壮骨提升能力。统筹制定年度培训方案，丰富和创新培训方式，建成在线培训考试系统平台，制订在线培训考试管理制度，推进培训主体层次化、培训内容多元化、培训频率常态化，实现培训领域全覆盖，员工培训人次和各级机构领导干部培训人次为历年最高。

（四）强化“两个建设”。强化党的建设和企业文化建设，为改革发展稳定提供政治保证、组织保证、纪律保证和内生动力。强化“四个意识”，学习宣传贯彻党的十九大精神。推动各级机构把党建工作要求写入企业章程。推进全面从严治党，研发建成纪检监察业务管理系统。扎实推进新一轮星级网点创建活动和“新五小建设”，组织“文明服务”流动红旗评比。举办全系统首届“职工篮球赛”，上下联动开展“万名员工健步走”活动。先后举办新闻发布会、记者通气会和记者座谈会等，多形式多渠道展现河北农信形象。

（河北省农村信用社联合社　荆志）

【河北银行】　河北银行股份有限公司（以下简称“河北银行”）成立于1996年5月28日，是全国首批五家城市合作银行试点之一，也是目前河北省成立最早、规模最大的城市商业银行。2012年7月，河北省委、省政府为做大做强地方金融产业，正式将河北银行纳入省级管理，河北银行成为河北省纳入省级管理的唯一一家地方法人银行。2017年，河北银行紧紧围绕年初工作安排，不断深化转型发展，持续加大服务实体经济力度，积极防范和化解经营风险，进一步提高了业务转型、风险管控和精细化管理能力。截至2017年末，河北银行资产总额3367.63亿元，较年初增加263.35亿元，增长8.48%。存款余额2108.32亿元，较年初增加156.79亿元，增长8.03%。贷款余额1658.46亿元，较年初增加360.19亿元，增长27.74%。全年实现净利润27.17亿元，缴纳各类税费13.92亿元。完成2017年10亿股增资扩股工作，股本总额增加至60亿股。按英国《银行家》公布的“2017年全球1000家大银行”排名，居367位。联合资信评估有限公司将其主体长期信用等级由AA＋上调至AAA。荣获2016年度“河北省文明单位”称号，并继续保持“全国文明单位”称号。

（一）坚持服务地方，积极支持全省实体经济发展。2017年，河北银行积极推动落实省政府《支持河北银行做强做大实施方案》，围绕京津冀协同发展、冬奥会、雄安新区建设和河北省产业结构转型升级等战略要求，不断拓宽客户融资渠道，加快产品服务创新，加大资金投放力度，努力提升服务实体经济能力。一是积极支持全省产业结构调整。大力支持传统产业转型升级，扶持培育新兴产业壮大及绿色产业发展。到2017年末，在先进装备制造、生物医药、新能源、现代服务业及传统产业转型升级等领域贷款余额达220.33亿元。获准发行50亿元绿色金融债券。二是积极服务重点领域项目建设。围绕京津冀协同发展，向交通一体化、产业转移和生态环境治理三大重点领域贷款余额达107.62亿元；为冬奥会交通基础设施及雪场建设融资6.7亿元。三是大力支持全省基础设施及民生领域建设。主动与各设区市政府对接，与省内11个市分别签订了战略合作协议。并参与了大量政府购买服务项目，为张家口、邯郸、邢台等地区棚户区改造及基础设施建设授信129.6亿元。四是积极发展普惠金融。到2017年末，小微和涉农贷款余额达到548.88亿元和389.72亿元，分别占全部贷款的36.49%和25.91%。坚持网点下伸、服务下沉，推动设立助农取款服务点573家。五是认真落实精准脱贫政策。先后向保定、承德等贫困区域发放扶贫项目贷款2.9亿元，为全省1350户建档立卡贫困户发放扶贫贷款5亿元。作为阜平县“五包一”金融单位，还派驻工作组驻村帮扶，设立阜平支行，成立冀银公益基金会，多渠道、多形式开展帮扶脱贫。

（二）坚持差异化、特色化发展道路，扎实推进转型发展。2017年，河北银行通过创新金融服务、深化产品和渠道融合等措施，加快转型发展步伐。一是稳步发展投行业务。理财直融工具、债权融资计划等投行业务实现较快发展，成功发行全国首批绿色金融理财直融工具。此外还开展了一批并购贷款、PPP项目融资、投贷联动等绿色投行业务。全年投行业务发生额231.98亿元，承销非金融企业债务融资工具总额158.4亿元。二是突出小微业务特色化。持续完善小微专营机构管理机制，提升小微金融和科技金融专业能力。根据小微客户融资特点，不断优化快速贷、年审贷等拳头产品，创新研发十年贷、专卖贷等特色产品，塑造了“高效、实惠”的小微贷款市场形象。其中，快速贷被评为“河北省十佳金融产品”。三是推动零售业务向多产品、多渠道转变。创新研发个人如意宝等新型储蓄产品，探索开展彩虹融、彩虹如意贷业务，手机银行、微信银行、直销银行功能不断优化完善。四是强化金融市场业务创新和投研能力。坚持以风险合规为前提，深入分析研判市场波动趋势，持续提升投资、交易和资产管理能力，进一步夯实业务发展基础。

（三）坚持稳健经营，不断提升风险防控能力。2017年，河北银行继续贯彻“稳健、审慎”的风险偏好，进一步完善全面风险管理体系，积极防范化解经营风险。一是加强信用风险管控。加强全行统一授信管理，扩大统一授信管理机构和业务范围；加大贷前调查、贷后管理和不良清收处置力度。二是加强流动性风险管控。将同业业务、投资业务、理财业务等纳入流动性风险监测，制定合理的流动性限额和管理方案，并根据形势和政策变化，动态调整资产负债总量、结构和期限，实现流动性总体平稳。三是加强信息科技风险管控。组织开展核心系统主机更新升级和信息系统切换演练等工作，进一步提升信息科技风险防控能力。四是加强案件风险管控。健全员工违规处理、违规积分管理等案防制度，有序开展重点业务、关键岗位及员工日常行为排查。对发现的违纪违规行为，严肃问责追究。

（四）坚持以党的建设为引领，持续提升内部管理水平。河北银行党委坚决贯彻落实党要管党、从严治党的要求，充分发挥行党委在把方向、管大局、保落实上的领导核心作用。一是加强政治建设。坚持和加强党的全面领导，将党建工作纳入公司章程，明确了党委研究讨论是董事会、高级管理层决策重大问题的前置程序，使党委发挥领导核心作用更加组织化、制度化、具体化。二是加强组织建设。组织召开了全行党代会，选举产生了新一届党委、纪委班子，从根本上健全完善了党委组织架构。在分支机构设立时，同步规划建立基层党组织，夯实党建基石，到2017年末全行共有146个党支部、1627名党员。三是加强作风纪律建设。高度重视党风廉政建设，深入推进“两个责任”落实，聚焦监督执纪问责，驰而不息纠正“四风”，持续推进廉政文化教育和廉政制度建设，为全行健康稳定发展提供坚强的纪律保障。四是强化内部管理。推动完成了全行组织架构及岗位薪酬体系优化工作，包括在总行设立旅游健康金融部、交易银行部和财富管理部等部室，突出支行网点小微和零售服务功能等，进一步提升专业金融服务能力。

（河北银行　姜鸿博）

保　险　业

【概况】　2017年，河北保监局认真贯彻全国金融工作会议和原保监会“1+4”系列文件精神，坚持“保险业姓保，监管姓监”，不断加大监管力度，河北保险市场保持平稳健康发展，风险处于可控范围，消费者利益得到有效保护，服务实体经济能力进一步增强，为全省经济社会发展做出积极贡献。

（一）推动业务结构优化调整，服务经济社会发展成效明显。2017年，河北保险业保费收入1714.5亿元，居全国第8位，增长14.7%，增速回落13.9个百分点，低于全国平均水平3.5个百分点，其中人身险业务保费收入同比增长16.5%，增速同比回落21.4个百分点，万能险、中短存续期产品大幅降温，保障型业务加快发展。

赔款和给付支出 547.5 亿元，同比下降 0.1%。截至 12 月末，保险公司资产总额 3317.8 亿元，较年初增长 10.7%。全省共有保险公司总公司 1 家，省级分公司 68 家，省级以下分支机构 5021 家；保险专业中介法人机构 119 家、分支机构 1515 家，保险中介服务集团 2 家，保险兼业代理机构 11856 家。

（1）为增加税收和就业作出贡献。2017 年，河北保险业缴纳及代收代缴税费 79.8 亿元，占全省地方一般公共预算收入的 2.5%。截至 12 月底，全省保险业从业人员 64.3 万人，比 2016 年增加 13.9 万人。

（2）推动经济转型升级。截至 12 月底，全省保险资金运用余额 1091.4 亿元，主要通过协议存款、债券、股票、债权计划、信托计划等形式投入河北省。2017 年，短期出口信用保险支持全省外贸出口规模 128.6 亿美元，6900 多家企业受惠。其中，支持小微企业出口 47.0 亿美元。帮助河北省企业获得信用保险保单项下贸易融资 33.3 亿元人民币。全省信用保证保险累计提供风险保障 1221.7 亿元，支付赔款 7.0 亿元。小额贷款保证保险支持河北省小微企业和个人获得贷款 35.7 亿元，支付赔款 1 亿元。保险业为河北省支柱行业和新兴产业，以及铁路、高速公路、港口、轨道交通等重点工程项目的建设提供了全方位的保险保障。2017 年，全省工程险、企业财产险提供风险保障金额 2.3 万亿元，赔付支出 7.8 亿元。

（3）服务农业保障体系建设。2017 年，全省农业保险参保农户 1157.6 万户（次），承保玉米、小麦、蔬菜、林果等种植业 17837.6 万亩、养殖业 1771.3 万头（只），为全省农户提供风险保障金额 815.3 亿元，支付赔款 11.8 亿元，受益农户 218.9 万户（次）。全省农房保险覆盖面进一步扩大，为全省 829.7 户农户提供农房风险保障 2464.3 亿元，支付赔款 2431.1 万元。

（4）积极参与社会管理。一是大力推进大病保险。大病保险已实现全省全覆盖。2017 年，承办保险机构支付大病保险赔款 13.0 亿元，受益人次 51.7 万人（次）。二是努力拓展责任保险服务领域。环境污染、医疗、食品安全、安全生产、校园安全、产品质量等责任保险业务得到进一步发展。2017 年，责任保险为各类责任事故提供风险保障金额 3.7 万亿元，支付赔款 5.4 亿元。三是大力发展治安保险。治安保险已覆盖全省 129 个县（市），2017 年，共为 645 万户农户提供风险保障金额 1092.3 亿元，赔付支出 2307.4 万元。四是保证全省道路交通畅通。2017 年，保险业为全省 1895 余万辆机动车提供风险保障，支付赔款 190.9 亿元。五是发挥补充医疗和养老保险作用。2017 年，除大病保险以外的各类基本医疗补充保险为河北省 6700 万人（次）提供风险保障。累计为河北省各类企业管理企业年金 206 亿元。

（二）积极推进保险业改革发展，推动保险业服务实体经济。

（1）推进京津冀协同发展和雄安新区建设。开展跨京津冀区域经营备案试点。鼓励保险公司和保险专业代理机构合理布局分支机构，优先在河北开设分支机构，目前已完成备案 4 家。建立京津冀车险反欺诈合作机制。1 名厅级干部借调到雄安新区金融工作组任副组长。促成多家保险公司总公司、资产管理公司与雄安新区沟通，为新区建设争取资金支持。

（2）积极推动农业保险发展。在部分市、县开展农业大灾保险试点。进一步扩大农房保险覆盖面和提升保障水平。

（3）推进大病保险发展。2017 年，共承保 5733.8 万人，保费收入 22.1 亿元，赔付 51.7 万人次，赔付金额 13.0 亿元，最高赔付金额 40 万元，参保城乡居民保障水平普遍提高 15 个百分点。实现出院即报“一站式”结算服务，平均报案支付周期不到 3 天。

（4）推动保险扶贫工作。一是推动大病保险扶贫，对河北省 310 万建档立卡贫困人口，取消起付线，提高最高赔付金额至 50 万元。二是与省卫计委等六部门联合印发《河北省健康扶贫工程“三个一批”行动计划实施方案的通知》，将健康扶贫落实到人，精准到病。三是鼓励保险资金向贫困地区基础设施和民生工程倾斜，推动中国保险投资基金在阜平设立扶贫投资基金，推动人保集团“政融保”项目率先在阜平落地，安排 1 亿元专项额度。四是鼓励保险机构开发面向贫困人口小额人身保险，为 178.7 万贫困人口提供 1302 亿元风险保障。五是引导保险机构将资源向贫困地区和贫困人群倾斜，仅人保财险河北省分公司建设三农保险服务部 370 多家。六是积极参与河北省驻村扶贫工作，派出 1 名处级干部和 2 名科级干部脱产驻村，局领导带队走访贫困户，与 58 户贫困群众结对帮扶。

（5）推动个人税优健康保险政策落地。2017 年 7 月 1 日起，在全省范围开展税优健康保险，截至 2017 年底，累计承保人数突破 1.5 万人，保费收入突破 3000 万元，赔付金额突破 100 万元。联合财政、税务成立河北省商业健康保险个人所得税优惠政策试点工作领导小组，组织业务推动会，搭建潜在参保企业与保险公司沟通联系桥梁。

（6）推动地震巨灾保险发展。张家口市城乡居民住宅地震巨灾保险正式签约承保。张家口市成为全国首个在中国地震巨灾保险共同体框架下实现该险种区域统保的城市。城市居民住宅保额 5 万元/每户，县（区）及以下农村居民住宅保额 2 万元/每户。全市共统保居民 1342684 户，累计提供风险保障 481.97 亿元。

（三）加强和改进保险监管，守住了不发生系统性和区域性风险底线。

（1）加强保险市场监管，守住不发生系统性区域性风险底线。一是规范保险市场秩序。以保护保险消费者合法权益为出发点和落脚点，以抓理赔服务为重点，实施农业保险承保理赔专项治理整顿、车险市场专项检查、大病保险专项检查、人身保险风险防范和业务合规检查、消费者保护“亮剑行动”、保险兼业代理经营合规性检查、投诉举报现场检查等检查任务。推动实施商业车险费率第二次调整，河北辖区内车险理论最低折扣率进一步下调至 0.3825。全年依法对 12 家机构和 19 名责任人

给予处罚，其中，对机构和个人罚款323万元，责令停止接受新业务5家次。二是防范保险市场风险。完善规章制度，开展窗口指导，重点防范满期给付与集中退保、销售非保险金融产品、非法集资跨行业传递等风险。积极稳妥处置投资型存续业务风险。组织全行业开展风险排查，落实保险中介防范化解风险措施。加强案件风险管理工作。对辖区60多家保险公司开展偿付能力风险分类评价。开展安宁“2017”反欺诈专项行动。对4家公司开展反洗钱检查。对3748家机构的24万人开展涉嫌非法集资风险专项排查。

（2）加强保险服务监管，保护保险消费者合法权益。一是做好消费者投诉工作，2017年，河北保监局各类信访投诉件近5万件次，办结保险消费投诉事项6860件，维护消费者经济利益677万元。二是设立“公众服务中心”与“保险消费者权益保护中心”联合办公，接待来访群众。三是制定河北省保险公司重要服务创新评分标准，开展服务评价工作。四是推进合同纠纷调处及诉调对接，全年诉调对接案件2049件，调解成功1881件。五是开展投诉举报现场检查，严厉打击损害保险消费者合法权益的违法违规行为。

（河北保监局办公室）

【中国人保财险河北省分公司】 中国人民财产保险股份有限公司河北省分公司（以下简称：人保财险河北省分公司），紧紧围绕河北省委提出的建设经济强省、美丽河北宏伟目标，恪守“人民保险，服务人民”的神圣使命，把“做人民满意的保险公司”作为不懈的事业追求，以改革创新为动力，创新公共服务方式，积极参与河北地方经济建设，主动承担社会责任，努力为全省经济持续健康快速发展和人民群众高品质生活保驾护航。2017年，人保财险河北省分公司为社会提供17.87万多亿元风险保障；支付赔款167万多件，赔款金额104亿多元，有效发挥了“经济助推器”和“社会稳定器”的职能，充分彰显了社会责任，有效发挥行业主渠道作用，为全省经济社会持续健康发展做出了积极贡献。荣获“河北网民最信赖的金融品牌”、“河北省服务名牌”、“河北企业社会责任杰出企业”称号。

（一）全力支持保障省内实体经济创新发展。人保财险河北省分公司充分发挥人才、机构、网络和技术优势，为河北省经济发展、社会进步、民生改善和社会治理提供全方位的保险保障。先后承保了一系列国家和省市重点建设项目，对关系国计民生的钢铁、电力、石油化工、制药等行业和交通建设、港口建设、临港工业区建设、工程建设等重点项目提供了全方位的保险保障服务。大力发展首台（套）重大技术装备保险，为全省装备制造企业的重大技术装备提供风险保障。大力发展小额贷款保证保险，创新开展“政融保”、“政银保”模式，破解中小企业及个人融资难题，全力支持小微企业和城乡创业者的发展。大力发展出口信用保险、投资保险和航运保险，积极对接河北省外贸基地、外贸聚集区，为河北省外贸企业提供风险保障，支持河北省外贸稳定增长，增强河北省出口企业竞争力。积极推动保险资金直接参与京津冀协同发展及河北省重点项目建设。

（二）落实健康中国战略，全面融入多层次的社保医疗保障体系。人保财险河北省分公司协助政府初步建立了河北省基本医疗保险＋大病保险（补充医疗保险）＋长期护理保险＋医疗救助的多层次保障体系。一是积极承办城乡居民大病保险。利用机构优势和专业优势承办城乡居民大病保险，有效提升了河北省基本医保基金的使用效率和城乡居民的医疗保障水平。二是创新开办长期护理保险、城乡居民意外补充、城镇职工补充、贫困救助等保险业务，提高医疗保险保障水平，进一步拓宽了社保业务服务领域，开创了长期护理保险“巨鹿模式”，在全国范围形成了一定的示范效应。三是创新开展政府扶贫救助保险，为贫困人口提供各类救助保障，有效解决了贫困群众“因病致贫、因病返贫”的问题。创新开展“政府扶贫救助保险”，协助政府解决精准扶贫对象面临的潜在的致贫返贫的各类风险，为贫困人口提供风险保障。

（三）坚持“金融扶贫、保险先行”，全力助推河北省脱贫攻坚。一是建立形成一套与政府密切互动的助推脱贫工作机制。密切对接各级政府，深入贫困地区，广泛了解贫困人口核心诉求，与扶贫办签订战略合作协议，将自身工作全面融入各级政府扶贫开发大局。二是探索形成“金融扶贫 保险先行”的扶贫开发模式。按照“金融扶贫、保险先行”的思路，通过三农保险“联办共保”、扶贫贷款“风险共担”的制度设计，以及通过“成本保险”、“政融保”支农融资等方式，建立脱贫致富的风险兜底机制，激发了当地群众以农业产业化发展促进脱贫致富的内生动力，走出了一条助推脱贫攻坚的新路子。三是打造形成“立体化、多层次”的扶贫保障服务网络。服务网络上，在基层乡镇，设立三农营销服务部、三农保险服务站、三农保险服务点，为基层群众提供家门口、一站式的保险服务。特色农业上，积极承办中央政策补贴型农业保险，开发了一批包括产品成本价格损失保险、天气指数保险、价格指数保险等创新型保险产品，积极拓展特色农业保险险种，为河北省贫困地区农业生产提供了全方位的保障。民生保障上，开展农村住房保险、综合治安保险、精神病监护人责任险、“一元民生”、政府综合责任、地震巨灾等保险，启动贫困子女助学金保险项目，创新开展贫困子女升学保险，提高了贫困地区抵御自然灾害和意外事故的能力。四是创新形成一批精准滴灌的扶贫保险专属产品。创新开展“精准扶贫100”项目，配合省扶贫办推动“扶贫特惠保险”，为全省建档立卡贫困户专门设计综合保障方案，全力助推河北省打赢脱贫攻坚战。

（四）支持社会治理体系现代化建设，全力保障社会和谐稳定。人保财险河北省分公司牢固树立政治意识、大局意识和责任意识，充分发挥保险社会管理功能和保障作用。一是深入推进各级政府高度关注的环境污染责任险、安全生产责任险、食品安全责任险、医疗责任险和精神病监护人责任险等重要领域、重点行业责任保险业务的发展，有效分担了政府财政和事务负担。二是大力推广治安保险，积极发展“一元民生保险”，助力平安社会建设、维护首都和河北和谐稳定。同时，丰富完善了综合治安防控体系，为创建河北和谐社会、维护社会安全稳定起到积极的作用。三是积极推进巨灾保险试点，广泛开展民生服务类保险业务。在张家口市开办巨灾保险，为全市城镇和农村居民提供风险保障。大力发展与百姓生活息息相关的车辆保险、财产保险、意外险和医疗保险，持续探索涉及人民生命安全的校园安全、产品责任保险、产品质量保证保险等业务，为服务区域经济发展、社会进步、民生改善和社会治理提供全方位的保险保障。四是发挥经济补偿行业主力军作用，协助政府做好灾害预报、风险排查、灾害救援和灾后补偿等工作，充分发挥了保险“经济补偿和社会风险管理”职能，有力支持了灾后重建工作，为减轻民众损失、维护社会稳定做出了积极的贡献。五是创新开展直升机救援项目，提升河北省空中应急救援能力，通过整合金汇通航直升机救援和协作医院的专业力量，着力打造“地空结合、多方联动”的立体救援网络，助力河北省空中应急救援体系建设。通过发挥保险的经济补偿与社会风险管理职能，实现商业化救援和社会公共救援的有机结合，完善河北省立体救援体系，增强了社会力量参与全省防灾减灾救灾的能力。

（五）紧跟国家战略在冀落地步伐，全力服务京津冀协同发展和雄安新区建设。加强对京津冀协同发展政策研究，在支持疏解北京非首都功能、京津冀交通一体化、产业升级转移、公共服务一体化和生态建设等方面充分发挥保险保障作用，积极服务京津冀协同发展各项政策落地，助力京津冀协同发展；及时跟踪冬奥会场馆、高速铁路、高速公路、生态环境改善工程以及水、电、气、通讯等基础设施建设项目，积极对接做好保险服务。创新保险产品和机制，为服务京津冀协同发展和雄安新区建设提供全方位的风险保障。积极服务参与雄安新区建设，协助政府做好社会管理和公共服务职能，加快保险产品与服务的转型升级，目前，已签出雄安新区建设第一单，签订雄安新区政府救助责任保险，首次将雄安新区前期建设的拆迁责任风险纳入保险保障范围，为新区建设顺利开展提供有力支持。签订雄安新区首单雇主责任险，为入驻雄安新区的国企提供保险保障，为雄安新区建设保驾护航。

（六）大力发展农村保险，全力支持和保障农业农村经济建设。人保财险河北省分公司深入贯彻中央一号文件和国家“强农惠农”政策，主动承担社会责任，把大力发展农业保险，作为关注民生、服务“三农”的重大战略举措，通过提供综合性保险产品和多元化的农村保险服务，不断完善河北省农村保险服务保障机制，扩农业保险保障覆盖面，提升河北省对农业重大自然灾害的补偿能力和灾后恢复能力，为河北省农村经济发展提供了有力的保险保障。目前，人保财险河北省分公司开办的政策性农业保险产品涉及政策性种植业保险、养殖业保险、森林保险以及商业性险种植业保险、养殖业保险等，加快产品创新，满足广大农民更多的保险需求。。同时，着力提升三农保险服务水平，形成了县、乡（镇）、村全覆盖的三级农村保险服务网络，为广大农户就近咨询、参保和索赔提供极大方便，实现农村保险就地零距离服务。

（七）积极抗灾救灾，积极为政府分忧、群众解难。人保财险河北分公司凭借完善的灾害防范和救助体系，在自然灾害和安全事故面前，全力保障人民生命和财产安全，有效发挥了保险的防灾减灾、灾害救助、经济补偿和社会稳定职能，有力支持了灾后重建和生产恢复，最大限度地为政府分忧、为群众解难。2017 年 7 月下旬，河北省部分地区发生暴雨灾害，灾情发生后，人保财险河北分公司紧急启动应急预案，开通绿色通道，优化理赔工作流程，减免理赔手续，保证理赔时效，确保第一时间将赔款送到保户手中，充分彰显了社会责任，得到了各级政府和社会各界的高度评价。

（八）立足社会大局，提升服务品质。在提升服务方面，人保财险河北分公司始终秉承“人民保险，服务人民”的宗旨，以做人民满意的保险公司为愿景，勇担社会责任，更好地服务社会经济发展、服务广大消费者，为全省城乡百姓提供更加优质便利的保险保障服务。一是加强服务标准化建设。在营业厅服务方面，颁布服务标准化手册，设置专职大堂经理，提升服务水平。在电话服务方面，持续提升队伍素质、提高科技服务能力，持续推出便民服务举措；二是加强增值服务。立足行业优势、整合社会资源，积极开展便民惠民主题活动，推出了车主秘书、协办检车、酒后代驾、预约挂号、故障救援等特色服务项目，构建了完备的增值服务体系，初步形成了行业领先、品质一流的“人保之友”客户俱乐部服务品牌。三是加强理赔服务。打造“心服务·芯理赔”服务品牌。持续推行遇事故或故障主动停车处理的“巡街服务”；重大节日如春节、国庆期间在全省最繁忙高速公路、收费站、服务区设立“心服务”站点，为客户出行提供安全保障；提供直升机救援、地面救援车和查勘车相结合的空地一体化保驾护航，让服务有温度。借助移动互联平台，提高理赔效率。通过中国人保 APP，河北人保 APP、微信、河北交警在线－事故 E 处理和高速事故云处理、移动终端等工具，在线集中处理赔案。推行无纸化理赔工程，全部实现电子化处理。建立差异化服务体系。进一步提升服务理念和服务技能，给予客户“暖心”、“舒心”、“放心”、“热心”和“真心”的优质服务体验。

（中国人保财险河北省分公司　张忠义）

【中国人寿河北省分公司】　2017 年，中国人寿保险股份有限公司河北省分公司以党的十九大精神为指引，紧紧围绕省委、省政府的决策部署，严格执行省金融办、保监局的各项要求和规定，认真贯彻落实上级公司的既定方针，遵循“五四三二一”总思路，不断夯实队伍基础、基层基础和制度基础，圆满完成了总公司下达的预算目标和工作任务，各项工作都取得了新的成绩和进步。

（一）预算指标达成良好，实现了业务结构的有效调整，为推进河北省保险业健康稳定发展作出了应有贡献

（1）预算指标达成良好。全年总保费达到307亿元（未经审计，下同），同比增长14%，成为河北首家保费收入破300亿的保险公司。首年标保实现34亿元，同比增长34%，预算达成96.7%；首年期交实现70.5亿元，同比增长26%，预算达成104%；10年期及以上首年期交实现46.8亿元，同比增长32%，预算达成110.5%；短期险（不含大病保险）实现16.9亿元，同比增长22.6%，预算达成114.7%；保障型产品实现13.2亿元，同比增长110%，预算达成140.7%。

（2）业务结构持续优化。续期保费在总保费中占比[illegible]%，同比提升[illegible]个百分点；首年期交在长险新单中占比65.7%，同比提升13.7个百分点；10年期在首年期交中占比66.5%，同比提升2.37个百分点。

（3）继续保持了全国系统先进地位和区域寿险市场的主导地位。主要业务指标保持了全国系统的先进位次，总保费位居全国第5位。截至2017年底，总体市场份额26%，市场排名首位。

（4）发挥河北省保险学会会长单位带头作用。认真履行理论研究、学术交流、行业宣传等职能，在宣传河北保险形象、扩大河北保险业影响方面起到了带头作用。

（二）积极探索服务经济强省、美丽河北建设新路径，在社会保障体系建设等方面发挥更大作用

（1）积极发挥保险保障功能。2017年赔付给付支出总额为113.07亿元，较上年同比减少15.09%。其中赔付21.74亿元，同比增长8.63%。

（2）认真履行企业社会责任。一是积极提供就业岗位。截至2017年底，分公司总从业人员（含员工）超过20万人。公司2017年缴纳税款共计61385万元。其中，企业所得税11926万元，增值税金及附加8703万元，其他税费1377万元。代扣代缴各项税费共计39379万元。三是对外捐赠119.93万元，其中省公司捐赠张家口芦家营乡旅游项目15万元，唐山分公司捐建兴寨旺中学、石人沟小学运动场13.2万元，其他91.73万元为各地市分公司扶贫帮扶款支出。

（3）积极推进年金类业务发展、完善养老保障体系。充分发挥公司机构网络、人才队伍、专业技术等方面的优势，大力提供企业年金基金管理和养老保障资金管理服务。截至2017年底，河北分公司累计管理企业年金基金合计规模59.63亿元，其中受托资金累计规模27.96亿元，投资资金累计规模28.77亿元，账户管理户数2.89万户；河北分公司养老保障业务新增管理资产规模29.07亿元；服务企业144家，为近23万多企业职工和个人提供企业年金和养老保障管理服务。

（4）积极参与全省脱贫攻坚战。率先与河北省扶贫办签署了保险扶贫合作协议，充分发挥保险优势，进一步增加保险扶贫供给，努力开拓各类政策性保险业务，全面推进大病保险服务效能建设，助推河北省打好精准脱贫攻坚战。截至2017年底，为全省2万名建档立卡贫困妇女捐赠保障额度2亿元的“两癌保险”，向国家级扶贫重点县平山县捐赠550万元保险保障，向张家口康保县等扶贫重点地区派出扶贫干部75人，投入资金超过110万元。

（5）加大服务“三农”力度。2017年，分公司通过业务拓展、服务延伸，不断提高农民保险保障水平，让保险服务千家万户，帮助各级政府分忧解难，为促进社会稳定、建设新农村、构建和谐社会作出了积极贡献。

一是农村小额保险稳健推进，实现广覆盖多保障。2017年是河北开展农村小额保险试点工作的第九个年度。分公司在以往试点基础上，进一步细化工作、优化服务、加快发展，有效扩大覆盖，向“让每一个农民都拥有保险保障”的目标积极迈进。该险种保费低廉、保障适度，且主要保障意外风险，与新型农村合作医疗互为补充，受到了广大农民的充分肯定和热烈欢迎。截至2017年底，承保农村小额保险客户446.01万人，共向参保客户提供491.05亿元保障，共向出险客户提供保险保障8449.43万元。

二是积极参与城乡居民和城镇职工大病保险服务项目，提高参保居民和职工的保险保障水平。2017年，分公司累计承办石家庄、唐山、邢台、张家口、承德、衡水等地城乡居民和城镇职工大病保险项目。从业务规模来看，覆盖城乡居民和城镇职工1383万人，提供风险保障42408.12亿元。全年累计支付补偿款6.41亿元，补偿人次30.4万人次，为参保人群提供了优质快捷服务。

三是农村营销网点实现大发展，为农民提供全面保险服务。农村营销服务部是分公司植根在“两乡”的最基层机构，是公司优质服务的承载平台。截至2017年底，分公司共有农村营销服务部1122个，均在保险监管部门备案，乡镇覆盖率达60%，基本能够实现对市场的全覆盖。全省共有5.07万名农村营销员服务、工作在农村一线市场，为广大农民客户提供着完备的保险服务。

四是积极开展“三下乡”工作。派驻“三下乡”工作组到张家口市康保县芦家营乡吴家地村，改造村民活动中心院落，并给予22.05万元帮扶支持。到围场县开展“三下乡”集中现场服务活动，并给予3万元专项费用支持。通过驻点支持和集中活动，服务美丽乡村建设。

（6）积极参与社会管理。2017年，中国人寿河北系统各级公司受地方政府的委托，为全省6个地市1380万城乡居民提供大病保险保障，为110个县（区）近3000万城乡居民提供意外风险保障，为全省农村居民提供保额5275亿的农村小额保险。分公司充分利用1484个网点机构遍布城乡、165个客户服务柜面覆盖全省的优势，累计为全省超过5000万客户提供了各种人身保险服务，风险保额高达1.19万亿元。除此之外，分公司还将保险渗透入社会生活的方方面面，让保险更好地发挥稳定器和助推器作用。

（7）积极提升服务质量。一是提升保单服务质量。2017年，分公司办理保单借款35.29万件，借款金额65.36亿元，以解客户燃眉之急；处理理赔案件36.68万件，平均结案时效1.58天，5日内结案率达到98.29%；推出了全国通赔通付服务，全年共受理外省保单索赔案

件1171件，处理异地受理保单索赔案件6610件，涉及31个省市，服务客户5514人次。2017年，河北分公司全面启动微信理赔及智能理赔系统。截至年底，11家市分公司通过微信理赔进行索赔申请22.71万件，通过智能理赔系统处理案件22.73万件，智能理赔使用率达98.43%。微信理赔及智能理赔系统的推广、应用，提升了理赔服务感知及理赔作业品质，进一步提高了理赔理算的自动化、正确性，推进了河北省理赔电子化服务进程。二是提升客户服务能力。以精细化管理推动工作提质提效，以方便快捷、周到细致的服务优化客户感知，有效提高客户满意度。2017年，分公司95519电话中心客户满意度自助测评好评率达到99.945%，比2016年提升0.01个百分点。全年发送客户服务短信2475万人次，电子邮件571万封，微信推送190万人次，e宝推送507万人次，使广大客户更加便捷地获得公司通知和电话服务。三是提升客户服务体验。2017年，全省共举办各类活动0033场，参与客户近810万人。其中，客户节期间服务客户约103.4万人次。VIP服务方面，河北省通过国际SOS为全省3.4万客户提供了全球紧急救援服务。

（8）积极推动集团公司与省政府签署的《全面战略合作协议》落地。按照2015年5月26日中国人寿集团公司与省政府在石家庄签署的全面战略合作协议，分公司积极推动双方战略合作落地。截至2017年底，集团公司在河北保险资金运用余额共计176.61亿元，涉及金融产品和债权投资，其中定期存款59.41亿元、债权投资等直接投资业务117.02亿元。

（中国人寿河北省分公司　郭云泽）

【平安人寿河北分公司】　2017年，平安人寿河北分公司创新销售模式，注重业务品质管理，保持价值经营，扎实基础建设，严抓风险防范，不断推动业务稳步增长。2017年各项保费收入显著提升，其中长险新单累计保费收入42.80亿元，同比增长42.0%；长险续期累计保费收入62.31亿元，同比增长31.7%，成为拉动保费增长的主要力量。个人代理业务开展良好，保费同比增长40.7%；意外险、健康险保费收入增幅明显，分别为51.8%和45.1%。2017年，平安人寿河北分公司全年总保费收入109.69亿元，同比增长36.2%；累计赔款支出0.59亿元，同比增长37.5%；给付合计16.37亿元，同比增长35.0%。

2017年，平安人寿河北分公司累计保费收入109.69亿元，较2016年同期增加了29.15亿元，同比增长36.2%。其中，个人代理业务保费累计收入107.02亿元，占总保费收入的97.6%，保费较2016年同期增加31.0亿元，同比增长40.7%。

从保费收入结构上看，公司人寿保险总保费累计收入78.29亿元，较2016年同期增加19.26亿元，同比增长32.6%；健康险累计总保费收入27.12亿元，较2016年增加8.43亿元，同比增长45.1%；意外伤害险累计保费收入4.28亿元，较2016年增加1.46亿元，同比增长51.8%。

从新单、续期业务情况上看，长险新单累计总保费收入42.80亿元，占总保费的39.0%，保费较2016年增加12.67亿元，同比增长42.0%；长险续期累计62.31亿元，占总保费的56.8%，保费较2016年同期增加14.99亿万元，同比增长31.7%。

2017年末，平安人寿河北分公司累计赔款支出0.59亿元，同比增长37.5%；给付合计16.37亿元，同比增长35.0%，其中满期给付8.04亿元，同比增长36.1%；年金给付1.40亿元，同比增长42.6%；死伤医疗给付6.93亿元，同比增长32.4%。

2017年，平安人寿河北分公司勇于担当企业的社会责任，相继开展了精准扶贫驻村帮扶、希望小学爱心支教、“幕天捐书”等公益活动，持续提升公司品牌美誉度。2017年，公司积极落实河北省委省政府工作部署，选拔三位骨干员工进驻承德市兴隆县雾灵山乡陶家台村开展精准脱贫驻村帮扶工作，扎实开展了建档立卡“回头看”、田间作业路建设工程、村庄垃圾清理工程、村庄绿化美化等工程。公司驻陶家台村工作队被中共河北省委组织部评为2017年“全省扶贫脱贫先进驻村工作队”。2018年，中国平安还将正式启动总公益投入为100亿元的“三村建设工程”，面向“村官、村医、村教”三个方向，实施产业扶贫、健康扶贫、教育扶贫。10月份，平安人寿河北分公司平安希望小学支教行动在邯郸涉县井店镇三街村平安希望小学顺利举行，仪式当天，分公司百余名业务精英为希望小学捐赠了5万元文体用品，用于改善学校办学环境，提升教学水平。截止2017年，平安人寿河北分公司已连续11年开展平安希望小学支教行动。

2017年，平安人寿河北分公司持续开展“新生活运动”主题活动，活动基于平安金管家APP，进一步丰富和优化内容模块，用游戏化、趣味化的方式不断提升客户体验，同时，线上线下通过推动“平安大满贯”、“平安有约健康行”旗舰活动，号召员工、客户以及社会大众养成健康的生活习惯。分公司组织跑团参与了“康保草原国际马拉松”、“秦皇岛国际马拉松”等多个具有国际影响力的体育赛事，除参加专业赛事外，公司还举办了“平安一家亲10公里健步跑”、“植物园10公里健步跑”等内勤健康行活动，在营造健康生活氛围的同时增强了公司凝聚力。

2017年全年，平安人寿河北分公司持续搭建外勤队伍晋升体系，使外勤在规划中健康晋升，全年共举办两期“巅峰系列”特训营，共有348位准经理、准课长及196位新经理、新课长完成培训。通过特训营培训，引导外勤坚定持续发展目标，不断学习提升经营管理技能。培训后，公司定期追踪学员各项绩效指标，树立3A榜样，引导新经理、新课长向3A营业部目标迈进，促进队伍向高绩效团队转型。

（平安人寿河北分公司　杜成高）

【太平洋产险河北分公司】　2017年，中国太平洋财产保险股份有限公司河北分公司（以下简称“太平洋产险河北分公司"）认真贯彻落实全省金融工作有关会议和文件精神，紧紧围绕中国太保集团战略转型部署和中国太保产险总公司"控品质、强基础、增后劲"的工作方针，坚定不移地推进有品质的发展策略，持续实施业务结构优化和品质管控，深入推进转型创新，全年公司经营取得了良好成果，服务当地经济社会发展的能力得到进一步提升。截至2017年末，该单位实现保费收入31.86亿元，同比增长22.52%；为全省提供保险保障额度2.09万亿元，同比增长35.96%；累计赔款金额14.51亿元，缴纳各类税费3.55亿元。

（一）发挥保险保障功能作用，服务实体经济发展。2017年，太平洋产险河北分公司，遵循"保险姓保"的基本原则，紧跟国家发展战略，服从服务于经济社会发展，努力构筑起围绕实体经济的全方位风险保障体系，采取一系列举措，深入推进"保险服务实体经济"的贯彻落实。

一是积极发展工程险、企财险、货运险等险种，为实体经济稳定运行提供风险保障。2017年，该单位累计实现工程险、企财险、货运险保费收入1.14亿元，提供相应风险保障2979.09亿元，为石家庄地铁1号、3号二期工程、延崇高速公路、津石高速公路、石家庄机场、秦皇岛港口、沧州港务等一批省重点交通项目和重点工程提供了全面的风险保障。

二是围绕新的经济发展领域，积极捕捉和把握社会需求，持续加大产品创新，扩大承保覆盖面。2017年，该单位开发推广科技保险相关产品，促进企业创新和科技成果产业化，积极推广首台（套）重大技术装备保险，全年完成首台套承保15件，累计提供风险保障6.33亿元；积极服务河北省企业"走出去"，为广大中小微企业扩大出口提供风险保障，全年承保各类中小微企业出口信用保险489笔，累计提供出口信用保险保额5.69亿元；积极拓展诉讼保全责任险，共为4756笔案件提供120.2亿保全保障。

三是深化商业车险二次费改，在品质管控方面，进一步强化风险选择，提升车险定价能力；在资源配置方面，持续优化核心渠道、重点客户、重点区域的资源配套，提升投入产出比；在理赔管控方面，继续优化关键环节管理、加强理赔反欺诈、工具升级，推进车险理赔减损，改善综合赔付率，提升服务时效和理赔质量；在业务发展方面，围绕"车＋服务"打造客户服务生态圈，提升新客户的获取能力，推动车险可持续健康发展，进一步提升公司承保的广大车险客户的获得感。

（二）凸显责任险化解矛盾纠纷功能，发挥辅助社会治理作用。太平洋产险河北分公司大力推动与公众利益关系密切的校园安全、交通安全、食品安全、医疗责任及环境保护等领域的责任保险业务发展，积极发挥辅助社会治理作用。2017年，该单位涉及公众安全的责任险保费收入1.06亿元，同比增长9.9%，提供风险保障1643.1亿元。其中，全省客运承运人责任险保费收入2453万元，为全省7005辆客运车辆提供风险保障860亿元；全省统保的中小学校方责任险实现保费收入1187万元，提供风险保障381亿元；危险货物责任保险共承保危险货物运输车辆2699辆，累计提供风险保障63.6亿元；公众责任险实现保费收入290万元，提供风险保障14.8亿元；医疗机构责任险实现保费收入1380万元，提供风险保障2.2亿元；承保14家企业安全生产责任保险，提供风险保障近亿元；承保环境污染责任险7家、食品安全责任险6家。

（三）持续扩大大病险覆盖面，参与社会保障体系建设。太平洋产险河北分公司积极推动实施城乡居民大病保险，按照"收支平衡、保本微利"的经营原则，建立经营风险调解机制，逐步提高大病保险保障水平，积极服务城乡居民保险保障体系建设。2017年，该单位共为全省117.10万城乡居民提供风险保障，保费收入1.10亿元。承保的邢台、邯郸、石家庄部分县区的城乡居民意外住院医疗保险项目，已支付赔款6434.52万元，赔付1.32万人次；承保的衡水、沧州、唐山部分县区的城镇职工团体高额补充医疗保险项目，已支付赔款621.34万元，赔付148人次；承保的唐山滦南团体女性生育医疗险，已支付赔款118万元，赔付2360人次；承保的石家庄辛集城乡居民大病医疗保险，已支付赔款668.75万元，赔付1658人次。

（四）大力推动农险发展，持续助力现代农业发展。太平洋产险河北分公司通过持续加强农险队伍建设，强化组织推动，完善基础管理，农险承保覆盖面得到快速扩大，服务"三农"发展取得新进展。2017年，该单位农险业务保费收入3.93亿，同比增长101.51%，为169.28万户农户提供风险保障140.48亿元，其中种植保险保费收入27521.57万元，承保主要农作物1218.32万亩；林业保费收入2651.56万元，承保面积1149.52万亩；养殖业保费收入9103.06万元，承保头数201.39万头。同时，该单位积极推动林木保险，扩大森林保险覆盖面，全年共实现保费收入2668万元，提供风险保障70.34亿元 。

为更好的服务"三农"，2017年，该单位通过创建农险基层服务网络体系，配备专业农险服务人员，加强e农险运用，确保为农户提供高效优质的承保理赔服务，不断提高风险保障水平，有效增强了农民的抗风险能力。目前，该单位已建立三农服务站207个，面向"三农"的营销服务网络进一步完善。

（五）立足保险专业定位，支持协同发展和新区建设。2017年，太平洋产险河北分公司积极贯彻落实《河北省人民政府关于加快发展现代保险服务业助力京津冀协同发展的实施意见》，在集团、总公司统一部署下，与系统内北京、天津分公司，强化资源整合和共享，加强对雄安新区保险对接工作的支持力度，有效推进京津冀协同发展工作，三家分公司派员组成现场创新工作组，进驻雄安开展现场工作；立足高站位、高格局，以服务为牵引，在雄安新区推进"太平洋产险雄安保险服务中心"建设，依托总公司重要客户部，积极向进驻雄安的总对总合作项目和企业提供风险保障服务，并为所有意向参与雄安新区建设的客户和政府主导项目提供保险咨询服务。

（六）持续推进保险扶贫，助力脱贫攻坚战略。太平洋产险河北分公司积极贯彻落实国家精准扶贫政策，以“定向”、“精准”、“特惠”、“创新”原则，强化各级机构开展脱贫攻坚工作的意识和理念，突出重点，聚焦扶贫工作在各地的“生根开花”。

2017年，该单位以脱贫攻坚重点人群和重点任务为核心，精准对接建档立卡贫困人口的保险需求，持续在全省范围推广“政银企户保”五位一体金融扶贫项目经验和模式。截至2017年末在7个地市15个县，累计为12.87亿元扶贫贷款提供风险保障，直接受益农户及涉农企业7045户，带动配套社会资本金超过50亿元，覆盖贫困户超过3.2万户。因其显著的创新成效，“" 政银企户保" 金融精准扶贫”项目入选中国保险行业2017年第二期“保险扶贫先锋榜”。

在抓好精准扶贫精准脱贫、减少贫困存量的同时，该单位重点关注处于贫困边缘的农村低收入户和人均收入不高不稳的脱贫户两类临贫易贫特殊人群，抓住因病、因学、因灾等致贫返贫关键因素，在精准扶贫精准脱贫工作上进行创新，建立精准防贫机制，开创新的“保险防贫”模式。2017年，该单位与邯郸市魏县就“精准防贫保险”项目签署了合作框架协议，为魏县地区的近80万人口提供了防贫保险保障服务，年保费规模400万元，向147个因病致贫救助对象支付赔款约89万元。

（七）持续创新完善服务体系，不断强化理赔提质增效。2017年，太平洋产险河北分公司围绕理赔管理水平和服务能力提升，以客户需求为导向，加强新技术应用，持续创新完善服务体系，不断强化理赔提质增效，提升客户体验。

一是持续推广应用“太好赔”服务品牌，借助移动互联技术和线上线下流程整合，理赔服务时效大幅提升，截至2017年末，客户平均索赔周期较去年缩短7.1天。其中，车险万元以下案均报案支付周期较上一年缩短2.7天；人伤案件索赔周期较上一年缩短20天。河北财产保险行业自2017年9月份执行新的理赔服务指标考核评价以来，太平洋产险河北分公司理赔服务当年连续4次被评为河北省财产保险公司理赔服务指标测评第一名。同时，2017年该单位继续积极落地总公司“太好赔”2.0升级版——“一声召唤，全程包办”，对人伤、车损、女性客户出险推出全程包办服务，如一旦出险发生车损，车主一交钥匙即可享受“金钥匙”服务管家包办修车索赔事宜，让客户享受不断升级的“太好赔”，客户“极速、极易、极暖”的体验得到不断强化。

二是推出以主题为“从心定义 如你所愿”首届客户服务节，进一步强化“以客户需求为导向”的服务意识。根据总公司统一安排部署，结合河北实际，该单位以“牵手、感恩、回馈”为主线，推出了服务相遇、好礼相送、时光相连、互动相知、评价相处、发布相约等一系列丰富多彩的活动。全辖11家中心支公司结合当地特色和客户喜闻乐见的形式同步开展线下互动活动，包括门店参观、客户答谢、自驾游等活动，并结合绘画、相声、戏曲和剪纸等主题开展互动交流活动。活动受到多家省级媒体的持续关注，有效扩大了活动的社会影响力，受到客户的广泛好评

（太平洋产险河北分公司　张景府）

房地产业

【概况】 据河北省统计局数据，2017年1—12月，全省房地产开发完成投资4823.9亿元，同比增长2.7%，其中商品住房完成投资3657.0亿元，同比增长5.2%；房地产新开工面积8417.2万平方米，同比增长3.1%，其中商品住宅新开工面积6568.0万平方米，同比增长6.1%；房地产施工面积30318.3万平方米，同比下降0.5%，其中商品住宅施工面积23200.0万平方米，同比下降0.9%；房地产竣工面积3416.0万平方米，同比下降20.3%，其中商品住宅竣工面积2730.1万平方米，同比下降18.6%；商品房销售面积6425.9万平方米，同比下降3.8%，其中商品住宅销售面积5577.0万平方米，同比下降5.5%；商品房平均销售价格7203元/平方米，同比增长11.9%，商品住宅平均销售价格7039元/平方米，同比增长11.9%；商品房待售面积1056.5万平方米，同比下降33.2%，其中商品住宅待售面积703.0万平方米，同比下降38.0%。

【房地产市场调控】 加大对雄安新区及环新区、环首都地区、热点城市房地产管控力度，4月5日，河北省住房和城乡建设厅、中国人民银行石家庄中心支行、河北省银监局联合印发《关于加强雄安新区周边地区房地产市场管控的指导意见》。5月4日，河北省人民政府办公厅印发《关于进一步促进全省房地产市场平稳健康发展的实施意见》，进一步加强房地产市场分类调控，抑制房地产市场泡沫。全省9个设区市、26个热点县（市）陆续出台限购、限贷等具体配套措施，形成协调一致、上下联动的管控体系。石家庄市于9月23日升级管控措施，进一步提高外地人住房“限购”门槛，实行住房“限售”政策。

【规范房地产市场秩序】 河北省住房和城乡建设厅会同河北省工商、物价、司法、公安等部门联合开展全省房地产中介专项整治，重点对无证经营、发布虚假房源信息、炒卖房号等18项违法违规行为进行查处。全年对全省5000余家房地产中介机构开展拉网式排查，对498家违法违规企业公开曝光。

【房地产市场监测】 将环首都和环雄安新区房地产市场情况纳入房地产市场监测范围，每天对房价波动情况进行分析，及时发布预警提示，针对新情况、新问题及时研究解决措施和办法。积极引导社会舆论，及时发布权威消息、解答房地产热点问题，稳定市场预期。

【物业管理】 河北省住房和城乡建设厅组织开展了优秀

物业服务住宅小区（大厦、工业区）创建工作，石家庄市东胜紫御府住宅小区、石家庄市悦景园住宅小区等44个项目分别达到全省物业服务优秀住宅小区（大厦、工业区）标准，被命名为2017年度全省物业服务优秀住宅小区（大厦、工业区）。

【住房保障】 2017年，国家下达河北省任务目标是开工棚户区改造住房20万套，基本建成棚改和公租房10万套，2013年及以前政府投资公租房分配率达到90%、2014年政府投资公租房分配率达到85%。截至12月底，河北省棚户区改造新开工20.2万套，完成全年目标任务的101%；基本建成棚改和公租房16.2万套，完成全年目标任务的162%。全省2013年及以前政府投资公租房共计开工27.7万套，累计分配20.4万套，分配率达到95.4%；2014年政府投资公租房共计开工2.4万套，累计分配2.3万套，分配率达到94.8%。各项工作均超额完成国家下达的年度目标任务。

政策制定。河北省保障性住房管理中心出台《关于建立住房保障信用管理制度的指导意见（试行）》（冀建保中心〔2017〕8号），以住房保障相关个人和单位为信用主体，界定失信行为，加强信用记录和信用信息归集共享，引导相关主体诚实守信、遵规守矩，营造“守信光荣、失信可耻”的良好信用环境。该《指导意见》为国内首个省级层面住房保障信用管理制度。河北省保障性住房管理中心制发《关于进一步加强公共租赁住房管理工作的指导意见》（冀建保中心〔2017〕6号），提出“政府主导、市场运作，科学管理、便民服务，文化引领、共建共享，立足当前、放眼长远”的基本原则，在完善公租房运营管理机制、规范公租房监督管理、加强公租房管理信息化建设、推进公租房小区人性化服务等方面，提出具体指导意见，切实提高公租房配置效率和管理水平。

住房保障督查。在各地派驻住房保障督察员，开展4次住房保障督查员培训。全年共实地核查项目1699个、55万余套，下发整改通知书53份，印发督查专报5期，有效推动保障性安居工程年度任务目标完成。规范公租房建设和使用管理，历时一个月对全省已入住公租房使用情况及配建公租房项目建设分配情况开展专项检查，掌握全省各地公租房建设管理总体情况和典型做法、存在问题及成因，提出下一步工作安排和建议。分类处置和盘活园区配建公租房、县城和乡镇公租房、长期停建的公租房3万套。对申请中央财政配套专项资金公租房项目，实行挂账督办，通过定期通报排名、下发督办函等形式跟踪督导建设进度，确保年底前全部达到交付使用条件。

【公积金管理】 缴存方面：按同口径与2016年比较，2017年全年新开户单位4918家，实缴单位55772家，净增单位2162家；新开户职工43.37万人，实缴职工477.99万人，净增职工9.63万人；缴存额545.88亿元，同比增长10.66%。2017年末，缴存总额3854.02亿元，同比增长16.5%；缴存余额1778.1亿元，同比增长15.15%。提取方面，2017年，提取额311.99亿元，同比增长3.13%；占当年缴存额的57.15%，比上年减少4.18个百分点。2017年末，提取总额2075.92亿元，同比增长17.69%。个人住房贷款方面：全年发放个人住房贷款6.68万笔222.31亿元，同比下降39.46%、39.75%；回收个人住房贷款131.02亿元。2017年末，累计发放个人住房贷款92.60万笔2065.30亿元，贷款余额1338.12亿元，同比分别增长7.78%、12.06%、7.32%。个人住房贷款余额占缴存余额的75.26%，比上年减少5.49个百分点。

河北省住房和城乡建设厅印发《河北省住房公积金失信行为惩戒管理办法》，明确适用范围和住房公积金管理、决策和监督部门的职责，界定住房公积金失信行为的范围，规范了管理中心对失信行为认定程序和失信行为黑名单信息的内容，设定了对失信行为的惩戒措施和信用修复条件。该《办法》是全国率先出台的省级住房公积金失信行为惩戒制度。在全省统一的业务管理信息系统基础上，2017年全面完成异地转移接续平台建设工作，住房公积金在全国范围内实现“账随人走，钱随账走”。各地建立住房公积金客服中心，开通“12329”住房公积金服务热线，设立12329热线和短信推送服务，开设微信公共账号，向缴存职工提供政策咨询、数据查询等服务，缴存单位和职工足不出户可在网上办理住房公积金业务。

（河北省住建厅　郭晓丽）

税　务

【国税概况】 2017年，河北国税系统保质保量完成收入任务，收入规模达到2801.5亿元，为经济社会发展提供有力财力保障。尽职尽责服务发展大局，有力支持国家战略点、区域发展点、税收权益争议点和领导关注点。创先创优加强法治建设，打造“阳光税务”“规范税务”“法治税务”，促进法治工作不断创新竞进。抓实抓准强化税收征管，继续落实《深化国税地税征管体制改革方案》，选准切入点、着力点和突破点提高征管水平。全心全意优化纳税服务，在纳税人满意度调查中名列全国第7，省会城市和其他县区局分列第2名、第5名。向上向善带好干部队伍，使干部同心同向、把队伍带稳带活。从严从紧加强党的建设，深入学习贯彻党的十九大精神，扎实推进“两学一做”学习教育常态化制度化，不断推动全面从严治党向纵深发展。

2017年，全省国税收入（税务总局口径）完成2801.47亿元，同比增收678.58亿元，增长32.0%，收入规模排名全国各省区市第10位；全省国税收入（省政府口径）完成2615.08亿元，同比增收645.34亿元，增长32.8%。分税种看，增值税完成1788.00亿元，同比增收503.06亿元，增长39.2%；消费税完成304.02亿元，同比增收20.23亿元，增长7.1%；企业所得完成528.70亿元，同比增收122.86亿元，增长30.3%；车辆购置税完成180.75亿元，同比增收32.43亿元，增长21.9%。分级次看，中央级收入完成1701.55亿元，同比增长22.4%；省本级收入391.65亿元，同比增长49.4%；市及市以下收入完成708.27亿元，同比增长50.4%；一般公共预算收入增速提升较快。分地区看，石家庄、唐山、沧州、廊坊、保定排名前五位，分别完成556.58亿元、447.46亿元、335.28亿元、328.05亿元、288.57亿元；邯郸、张家口、邢台、秦皇岛、承德、衡水六市国税收入均超过百亿元；定州完成23.23亿元，辛集完成16.68亿元。

【国税收入特点】 一是收入总量创新高，税收增速超全国，2017年全省国税收入首次突破2800亿元大关，增速比全国国税系统平均增速高11.2个百分点。二是收入质量再提升，对维护经济税收健康发展，提升纳税服务质效、改善营商环境起到积极促进作用。三是防控风险堵漏洞，征管稽查促增收，通过风险应对入库税款83.8亿元，稽查查补收入34.4亿元。四是落实优惠促增长，优化环境增活力，全省新办税务登记纳税人51.7万户，同比增长24.1%。五是十大行业八增长，钢铁房产贡献大，分别增收140.4亿元和117.6亿元，占全部增收额的38%。六是增值税规模超六成，增收贡献超七成，收入规模、增收额和增速均居各税种之首。七是各市增速均达两位数，其中承德增长53.4%、唐山增长52.5%。

【服务经济社会发展】 围绕供给侧结构性改革、产业结构优化升级等国家战略点，通过精准提醒、自动校验、快捷办理、跟踪督查等措施，不折不扣落实"六项减税"等优惠政策，办理减免退抵税617.06亿元。围绕京津冀协同发展、雄安新区规划建设、冬奥会筹办等区域发展点，向上争取政策，对外加强协作，通过专题培训、业务优化、工作创新等及时跟进，特别是在雄安新区率先推进国地税深度合作。围绕下花园电厂、陡河电厂等税收权益争议点，积极汇报，努力协调，实现税收属地入库，维护河北税收利益。围绕科技创新、产能过剩化解、外向型经济发展等领导关注点，用税收数据深入分析，从税收视角科学建议，着眼大局发展的以税咨政工作得到各方认可。

【税收法治】 推进行政执法三项制度，着眼规范建立《执法公示办法》等制度，着眼操作制定《执法全过程记录工作指引》等规程，着眼提速研发"执法公示信息采集平台"等系统，实现执法项目全公示、执法过程可留痕、重大执法决定必审核，税务总局召开现场会予以推介。推动法治基地创建，着力完善评价标准、深入实地核查验收、切实强化跟踪指导，命名省级法治窗口60个、法治基地18家，晋冀鲁豫边区税务总局旧址被确定为"全国普法教育基地"。有力推出日常督察、重点督察、执法大督察等行动，查纠税收执法问题，实现全方位、多领域的执法规范。

【纳税服务】 着眼宣传辅导促明白办税，通过办好纳税人学堂、制作专题动漫、大企业高层对话、营改增"政策大辅导"、重点户一对一培训等方式，帮助纳税人熟知政策、用好政策。着眼优化流程促简便办税，整合缩减优化业务事项130项，使纳税人表单填报量压缩近九成，办税时间节省三成以上。着眼创新方式促快捷办税，出台《"互联网+政务服务"实施方案》，统一全省叫号机软件，开发"预约办税系统"，设立24小时自助办税厅，推开国地税"一窗一人一机单系统"办税模式，特别是"智慧云办税厅"的上线运行，实现130个事项在线办理、227个事项无纸化操作、109个事项全省通办、2406张表单电子化处理。着眼信用管理促优质办税，对高信用等级纳税人提供更好服务，并开发信用信息归集共享软件和税银互动支持系统，扩大签约银行范围和企业受惠群体，助力发放信用贷款91.79亿元。

【税收征管】 以转变方式为统领，制发《分类分级管理实施办法》，细化优化岗责流程和《操作指引》，试点建立征管新模式。以风险管理为导向，成立专门机构，理顺横向联动机制、纵向工作流程和全链条管理环节，着力在自动扫描、专题分析、扎口管理、分级应对上下功夫，不断提高风险分析的精准度、风险应对的有效性，聚焦新办走逃、无票收入、进销背离等风险点，补税83.8亿元。以信息技术为支撑，升级金税三期和税源管理平台，开发"预缴税收政策风险提示服务"等软件，拓展"车购税辅助申报"等系统功能，深化"增值税进销数据分析监控"等软件运行，持续提升信息应用和运维水平，为强化基础征管和税种管理提供有力支撑。

【干部队伍建设】 坚持育人才多措并举，抓精初任培训，抓细业务培训，抓实领导培训，抓好高端人才培训，并持续推进练兵比武活动。坚持选干部多方受益，省局遴选工作人员42名，选拔处级领导干部5名、配备处级非领导职务12名，推选担任1名巡视员、1名副巡视员、2名副厅级领导干部。坚持强基层多线并行，出台"新形势下加强基层建设落实意见"，统筹抓好重基层打基础的各项工作，并积极推进经费增拨、乡镇补贴，做到真心为基层着想、条件为基层创造。坚持创品牌多点着力，大力加强文化建设和精神文明创建，积极评选推荐"模范老税工""中国好税官"、青年文明号等先进典型，6个单位被评为全国文明单位，134个单位被评为全省文明单位，全国"三八"红旗集体、全国巾帼文明岗等荣誉实现历史性突破。

【全面从严治党】 在贯彻"纵合横通强党建"要求、层层落实管党治党责任的基础上，严抓作风建设，及时学习传达中央八项规定实施细则精神，紧盯重要时点提醒监督，紧抓重点问题明察暗访，坚决纠正"四风"问题。严格权力监督，对干部选任提出"党风廉政意见"，对领导婚丧喜庆报告进行检查，对风险管理中"不作为、乱作为"开展专项核查，并加大内控机制建设力度，成功上线试运行内控平台。严促问题整改，在市县两级巡察全覆盖的同时，自觉接受、主动配合总局巡视、经济责任审计、北京特派办督察审计和审计署京津冀特派办审计，对发现问题专题研究、压实责任、限时整改。严肃执纪问责，对案件线索归口管理，对税收违法“一案双查”，对重要问题直查督办，实践“四种形态”对204人给予纪律处分或组织处理。

（河北省国家税务局　戴占阳）

【地税收入】　2017年，河北省地税局坚持狠抓收入不放松，坚决依法收好税，坚决不收过头税，主动应对复杂多变的经济税收形势，努力克服经济低位运行、企业效益下滑、减税政策连续出台等不利影响，税费收入保持持续稳定增长，为促进全省经济社会发展提供了坚实保障。全年累计组织各项收入2350亿元，可比增收402亿元，增长20.6%。其中，税收收入1442亿元，可比增长[illegible]，圆满超额完成省政府下达的目标任务，非税收入785亿元，同比增长16.5%，教育费附加等其他收入完成123.9亿元，同比增收12.44亿元，增长11.16%。

一是强化分析调度。认真落实省委、省政府关于组织收入工作的要求，坚持组织收入原则，科学下达收入计划，实地开展调研督导，多次召开全省收入形势分析调度会议，研究制定抓收入的具体举措，加强收入分析预测和督导调度，牢牢把握组织收入主动权。

二是强化税收管理。大力开展土地增值税清算，开发全省统一的“土地增值税清算管理系统”，编写《房地产企业土地增值税清算手册》，明确清算操作流程，统一了政策执行口径。严格开展企业所得税汇算清缴，同比增收52亿元。加强重点行业、高收入自然人、股权转让税收监管，增加个人所得税收入35亿元。规范和加强非居民税收管理，大力推进反避税和境外税收管理。做好千户集团税收风险应对，组织开展本地大企业风险分析检查和常态化走访，入库税款9.8亿元。

三是强化税务稽查。认真组织开展省、市两级直查和专项检查，大力推行“双随机、一公开”，深入落实“黑名单”制度，不断完善税警协作机制。全年累计检查纳税人2078户，查处百万元以上大案要案269件，查补总额36亿元。

四是强化规费管理。针对费源紧张的不利形势，盯紧目标任务，突出抓好重点费源管理，实地开展督导调研，协调解决基层困难，督导各地应收尽收。加强社保费收入通报和分析，对收入构成及增减因素进行分析测算，准确掌握费源状况。积极推广网上和手机缴费模式，金税三期社保费系统在7个市成功上线运行。

【落实税收政策】　河北省地税局认真落实习近平总书记对河北的重要指示精神，紧紧围绕供给侧结构性改革，全面落实税收政策，服务全省经济社会发展。

一是认真落实减税政策。围绕“三去一降一补”重点任务，加大对化解过剩产能、培育新型产业、发展现代服务业等税收政策支持力度，认真落实扶持小微企业、鼓励“双创”等方面税收优惠，对符合高新技术企业、文化事业单位转制、固定资产加速折旧、研发费加计扣除等政策条件的纳税人，减免企业所得税13亿元。认真落实国务院6项减税政策，省局组成督导组，对各市、县局政策落实情况开展督导检查，确保税收优惠政策落实到位。一年来，累计为企业减免各项税收近100亿元。

二是大力服务雄安新区建设。认真学习总书记2.23讲话精神，省局成立课题组，深入雄安新区实地调研，赴深圳特区、上海浦东新区等地学习先进经验。深入了解新迁入企业的政策需求，认真研究税收支持政策，提出政策性建议，积极向税务总局汇报沟通，请求政策支持。组建新区地税工作组，明确专人负责。加强省局、保定市局及新区三个县局间的沟通协调，充分发挥税收的职能作用。组织雄安新区国地税干部开展业务培训，为推动新区税收工作提供队伍保障。

三是积极服务京津冀协同发展。对接服务北京新机场建设等重大项目，进一步优化税收管理服务，制定《京津冀一体化集贸市场税收管理办法》，积极开展京津冀间外管证开具和报验登记信息化共享，为跨区域经营活动提供便利。

【税收改革】　河北省地税局认真落实《河北省深化国税地税征管体制改革实施方案》，印发《关于加快地税改革发展的实施意见》，充分发挥领导核心作用，科学谋划、注重集成，制定推进措施，狠抓改革试点，开展实地督导，各项改革任务落实落地，多次得到省委、省政府和国家税务总局领导的批示肯定。

一是征管方式转变扎实推进。按照总局部署要求，在总结试点经验基础上，制定《关于转变税收征管方式提高税收征管效能的实施意见》《纳税人分类分级管理实施办法》，召开全省地税系统转变税收征管方式推进会。组织人员编制《转变税收征管方式试点单位岗位职责清单》，明确岗位职责，优化工作流程67项，将转变征管方式试点范围扩大到全省所有市内区局。

二是水资源税改革成效显著。完善水资源税征管模式，联合财政、水利部门制定全省农业用水、工业生活取用水量核定办法，积极推广在线监测信息联网技术，初步构建了以“税收共治”为主要特点的税收征管模式。全年累计入库水资源税21亿元，引导全社会节约用水的效应更加明显，得到中央和省委、省政府、国家税务总局领导的充分肯定，为水资源税全国扩围提供了可复制、可借鉴的做法。

三是环保税开征准备基本就绪。省局党组高度重视环保税改革工作，认真落实环保税改革方案，与财政、环保等部门多次召开联席会议，研究部署环保税改革准备工作。研究制定征管办法和征缴流程，与环保部门密切协作配合，联合开展税源调查、档案资料交接、软件测试开发、政策辅导培训宣传等各项准备工作，联合召开了全省环保税开征动员大会和新闻发布会。认真开展排污费存量数据移交和纳税人识别工作，全省共入户识别排污单位2.1万户，初步认定环保税纳税人1.7万户，为环保税顺利开征打下了坚实基础。

【依法治税】　河北地税局牢固树立法治理念，坚决做到尊法学法守法用法，坚持在法治轨道上开展税收工作、推进税收现代化建设。

一是学法用法水平明显提升。省局领导班子成员带头学好、用好法律法规，制定领导干部年度学法计划，选聘授课（讲座）专家，全年共组织中心组集体学法 4 次，省局机关全体干部学法 4 次，增强了运用法治思维和法治方式解决问题、推进发展的意识和能力。省局党组加强对依法行政工作的组织领导，认真落实例会制度，制定《省局依法行政工作领导小组会议议事规则》，全年组织会议 4 次，促进了工作有效落实。全面总结“六五”普法工作，组织开展“12·4”宪法日等活动。开展全国税收普法示范基地申报，邯郸涉县局局被命名为全国普法教育基地。

二是税收法治基础更加夯实。积极承担依法行政“三项制度”改革试点任务，经过充分调研论证，制定了《税务行政执法公示办法》《税收执法全过程记录实施办法》及《重大行政执法决定法制审核办法》三项文件，召开了全系统试点推进会，督促指导制度落实，行政执法规范化水平得到提升。联合省国税局修订《河北省税务行政处罚裁量权基准》，广泛征求意见建议，细化了行政处罚裁量权。认真落实省政府《关于开展规章和规范性文件清理工作的通知》要求，全面开展税收规范性文件清理，夯实了执法基础。

三是税收执法行为更加规范。完善“大数据督察”模式，各级地税部门共组织开展税收执法大督察和日常税收执法督察 500 余次，通过执法督察入库税款及加收滞纳金、罚款共计 1.6 亿元。按照总局安排，对内部控制监督平台的功能、性能和指标等进行了全面测试，基本实现了地域、人员、操作系统全覆盖。深化法治基地建设成果，举办法治基地创建现场会，总局法规司和省政府法制办对河北地税法治建设工作给予了充分肯定。

【优化税收营商环境】 河北省地税局认真落实省委、省政府决策部署，深入推进放管服改革，努力为纳税人提供更加优质便捷的服务举措，进一步优化了税收营商环境。

一是“放管服”改革深入推进。制定《河北省地方税务局关于进一步深化税务系统“放管服”改革 优化税收环境的实施方案》，拓展办税方式，优化审批流程，减轻纳税人负担。深化商事制度改革，全面推广“多证合一、一照一码”，积极推进个体工商户“两证整合”，实现了工商与税务登记信息的实时共享，为新增市场主体办理涉税业务 22 万笔。制定《“放管服”改革不到位问题专项清理工作方案》，对 8 个方面、32 项政策措施落实情况开展自查。省局组成三个督导组，对各市局“放管服”改革督导检查，确保“放管服”工作落实到位。

二是便民服务举措持续优化。深入开展“便民办税春风行动”，开展纳税人需求调查和纳税人满意度调查，全面推广办税事项同城通办、省内通办，12366 热线服务功能更加完善。制定办税事项“最多跑一次”清单。认真开展纳税信用等级评定，加强纳税信用管理，为 7087 户纳税信用 B 级以上企业提供贷款 32.2 亿元，对“黑名单”纳税人进行了联合惩戒，有效促进了纳税遵从。

三是国地税合作全面深化。认真落实《国地税合作工作规范》，不断整合管理和服务资源，扎实开展国地税合作示范区创建工作，示范区的带动引领作用得到有效发挥。积极推广“一窗一人一机”联合办税模式，5 大类 100 余项业务实现国地税通办。围绕“抓重点、补短板、强弱项”，实施国地税联合督导检查，推动 51 项合作事项落地，提升了国地税合作水平。

四是“互联网＋税务”行动加速实施。积极推进网上办税、手机办税，优化金税三期系统流程，拓展电子税务局功能，简化网上办税流程，实现了涉税事项全程网上办理。加强网络安全监测预警，推广 360 终端安全管理系统，保障了信息网络的安全。

【干部队伍建设】 河北地税始终将干部队伍建设摆在重要位置，坚持抓班子、带队伍、提素质，努力打造一支过硬的干部队伍，为做好税收工作提供了坚强保障。

一是加强领导班子建设。抓好各级领导班子建设，选优配强市、县局领导班子，不断提升领导水平，带领广大地税干部履职尽责、干事创业。认真贯彻民主集中制，严格遵守党组议事规则，对“三重一大”事项，坚持集体研究、民主决策，提高了科学决策水平。严肃党内政治生活，严格落实“三会一课”制度，高质量召开了民主生活会，主动开展批评和自我批评，增强了领导班子的凝聚力、战斗力。

二是加强干部队伍管理。省局党组坚持党管干部原则，认真贯彻《干部任用条例》，树立了正确选人用人导向。加强干部管理监督，积极与人社、编办等部门沟通协调，新招录公务员 395 名，新组建 5 个开发区地税机构。印发《设区市内人员调配办法》，完成了 11 个设区市局、1082 人的调动审批，解决了一批历史遗留问题。加强绩效管理，优化绩效指标设置，完善督考合一工作机制，开展专项督查，促进了工作落实。省局 2017 年度绩效考评获得总局优秀等次。

三是提升干部队伍素质。加强在职和初任公务员教育培训，省、市局共组织各类培训 381 期，累计培训人员 17740 人次；大力推行网络在线培训，组织开展纳税服务岗位业务大比武活动，在总局决赛中取得团体优秀奖，受到总局通报表彰。

【党风廉政建设】 河北地税局高度重视党风廉政建设，认真落实主体责任，严格落实各项廉政纪律，坚持挺纪在前、抓早抓小，党风廉政建设常抓不懈。

一是全面履行党风廉政建设主体责任。出台《全省地税系统落实全面从严治党主体责任和监督责任实施办法（试行）》《关于进一步加强全省地税系统全面从严治党的实施意见》等制度，明确了职责分工，建立各负其责、共同推进的工作机制。严格执行《准则》《条例》等党内法规，认真落实廉政谈话、诫勉谈话、函询等制度。积极支持驻省局纪检组开展监督执纪问责。2017 年，全系统立案 84 件，处分 64 人，其中党纪处分 21 人，政纪处分 43 人。

二是严格落实中央八项规定精神。省局制定落实中央八项规定精神实施细则，组织开展落实中央八项规定精神、纠正“四风”专项检查，加强监督检查和明查暗访，确保中央、省委和规定和要求落到实处。严格落实

财经纪律，强化预算管理，加强财务管理和审计监督，经费保障能力不断提高。

三是机关作风整顿和专项整治行动成效显著。按照省委部署，制定机关作风整顿方案，深入查摆问题、分析原因，促进整改提升。深入开展“一问责八清理”和基层“微腐败”专项整治行动，对“放管服”改革不到位、设立“小金库”等问题进行专项清理，坚决纠正不作为、慢作为、乱作为现象，及时跟踪了解基层单位“微腐败”整治情况，专项行动取得明显成效。

（河北省地税局　刘新霞）

科学技术

【概述】　2017年，省委、省政府把科技创新摆在发展的突出位置，作出一系列新决策新部署。省科技厅紧贴大局、紧扣中心、狠抓落实。全省高新技术企业新增超千家，增量之大前所未有；科技型中小企业持续新增超万家，增势之强前所未有；万人发明专利拥有量增长超过1/3，增速之快前所未有；技术交易额增长超60%，增幅之高前所未有。全省规模以上高新技术产业增加值达到2392.5亿元，增速为11.3%，占工业增加值的18.4%。国务院在第四次大督查中，对河北省建立全链条服务体系扶持科技型中小企业成长的典型经验全国通报表扬。河北省10个项目获得国家科学技术奖，其中石家庄铁道大学杨绍普教授主持完成的项目荣获国家自然科学二等奖，是时隔7年后河北省主持项目在基础研究领域取得的又一重大突破。共评出省级科学技术奖获奖项目275项和5名科技专家，其中科学技术突出贡献奖1人，自然科学奖19项，技术发明奖24项，科技进步奖232项，国际科学技术合作奖4人。

【京津冀协同创新】　一是和京津两市科技部门进行专题对接，研究起草《协同共建工作机制实施办法》，形成了常态化工作交流机制。二是聚焦雄安新区创新驱动发展引领区的战略定位，积极主动参与新区产业发展专题组、政策研究专题组工作，开展科技创新规划研究、政策制定、疏解目录编制等，形成了《吸引北京创新要素工作推进方案》《科技支持雄安新区规划建设政策研究成果报告》等一批成果，配合科技部战略院完成了《雄安新区科技创新发展规划研究》报告，纳入新区规划体系。研究起草《支持雄安新区科技创新改革实施方案》，从集聚重大创新资源、打造技术转移体系、完善科技金融机制等方面提出了13项重大政策举措。三是谋划推进科技冬奥工作。联合省冬奥办针对河北省确定的76个赛区场馆和配套基础设施建设项目，多项研发建议列入国家科技冬奥重点专项实施方案。强化政策引导，研究编制河北行动计划。围绕河北冬奥筹办、冰雪产业发展、区域综合发展等方面充分发挥科技创新引领和支撑作用，统筹制定各部门各领域重点任务。四是抓举措创新，统筹推进科技成果转移转化。积极开展成果转化专题研究，形成了《北京科技成果转化到我省指标分析报告》《京津科技成果来冀转化孵化调研报告》等多篇研究报告。在此基础上研究谋划制定《河北省促进科技成果转移转化工作方案》。京南示范区建设扎实起步。研究制定《河北·京南国家科技成果转移转化示范区建设实施方案》，启动了规模2000万元的京南示范区建设专项，支持了22项重点科技成果在示范区落地转化。统筹支持重大科技成果转化，聚焦重大需求、提高项目质量、加大支持力度，将专项总规模增加到近1亿元。科技部与京冀建立环首都现代农业科技示范带“1+3”共建共享共赢机制，建设农业科技小巨人企业104家。新建技术转移机构40家，总数达94家；与京津共建科技园区基地41个、创新平台49个、产业技术创新联盟26个；吸纳京津技术交易额164亿元，同比增长55.7%。“京津研发、河北转化”的创新链条加快形成。支持重大项目51项，特别对促进产业转型和民生改善具有示范引领作用的大项目、好项目给予200—500万元集中支持。启动技术成果推送发布，发布3期171项技术成果，有力推进了先进适用技术的集成应用。与中关村管委会、天津市科委联合印发《发挥中关村节能环保技术优势推进京津冀传统产业转型升级工作方案》。三地共同组建专家委员会并定期召开工作推进会和新闻发布会。河北省向专委会推送了8名环保专家，84项技术需求。深入推进石保廊全面创新改革试验区建设。梳理需要重点推进的协同创新发展任务和先行先试改革举措，凝练28项重点工作，加快推动落实落地。五是加强基础研究领域沟通，实现三地专家资源共享。成功举办第四届京津冀青年科学家论坛，邀请包括两院院士、长江学者、“973”“863”计划首席科学家、国家杰出青年科学基金获得者在内的20多位国内知名专家就15个研讨主题进行了25场学术专题报告，京津冀三地300余名优秀青年学者参加。

【培育企业创新主体】　一是着力加强高新技术企业后备培育，实行“一企一策”精准服务，全省高新技术企业新增1079家，增幅达上年的2.5倍多，总数达到3174家，超额完成了省委省政府确定的“新增600家、力争800家”任务目标。1613家企业通过国家高企资质审核批复。高新技术研发成效明显。明确了河北省大数据、机器人、北斗导航、新型显示、石墨烯、汽车零部件等重点高新技术领域的基础优势和主攻方向。加强与国家科技重大专项的对接，争取一批重大项目在河北落地，全年49个高新项目列入国家科技计划，争取资金5.3亿元。全省规模以上工业高新技术产业实现增加值2392.5亿元，占同期工业比重18.4%，同比增长11.3%，比工业增速高7.9个百分点。二是实施科技型中小企业成长计划，分类指导、梯次培育、差异扶持，科技型中小企业新增1.34万家，在国务院第四次大督查中，对河北省建立全链条服务体系扶持科技型中小企业成长的典型经验全国通报表扬。成功举办河北省第五届创新创业大赛暨第六届中国创新创业大赛（河北赛区）。三是技先企业发展扎实起步。技术先进型服务企业（简称技先企业）认定是国家为提升外向型服务企业创新能力而制定的税收优惠政策。学习服务外包示范城市先进经验，以科技、财政、商务、国税、地税、发改六部门会签的形式印发了河北省技先企业认定管理办法。

【平台载体建设】 一是打造基础创新平台，提高服务水平。依托优势产业、骨干企业、高校、科研院所推进产学研合作，积极推动重点实验室、工程技术研究中心、产业技术研究院三类创新平台建设。“省部共建电工装备可靠性与智能化国家重点实验室”获得科技部和省政府批准建设。布局全省的国家重点实验室达到10家，其中学科类1家、企业类8家、省部共建类1家。“创新方法及其实施工具国家工程技术研究中心”通过建设任务验收。布局河北省的国家级工程技术研究中心达到5家。新建省级研发平台52家。其中重点实验室5家、工程技术研究中心41家，产业技术研究院6家。至此，省级以上三类研发平台总数达到462家，其中省级以上重点实验室116家（国家级10家、省级106家），省级以上工程技术研究中心300家（国家级5家、省级295家），省级产业技术研究院45家。二是高新区建设稳步推进。组织实施高新区提档升级工程，促进高新区由要素驱动向创新驱动转变。保定高新区、唐山高新区、衡水高新区列入2017年开发区示范试点，省财政连续支持两年，每家高新区支持资金1亿元。完善高新区月排名、年考核制度，激励效果明显。五是农业创新主体和平台载体加快建设，全省国家级农业科技园区达到14家，居全国第4位。新认定省级园区24家，省级以上农业科技园区达到130家。

【“双创”工作】 一是众创空间实力不断增强。双创聚集区建设初具规模，启迪之星、蜂巢、大唐、黑马会、车库咖啡等知名众创空间在河北省落地生根。全年新增省级众创空间70家，总数达到156家；新增国家备案众创空间12家，总数达到86家。全省众创空间一年内新注册企业3700家，吸纳就业63600人。二是孵化器发展水平显著提升。通过调研，梳理出全省“投资机构联办、骨干企业领办、地产公司创办、大学院所兴办、政府部门主办”的五大孵化器发展模式，提出提升服务水平的四大措施。在对孵化器从业人员进行大规模培训的同时，组织高级管理人员赴上海、杭州、深圳、苏州等地交流学习，开展美国波士顿游学考察等系列活动，全省孵化器发展水平有了大的提升。全年新增省级孵化器25家，总数达到110家；新增国家级孵化器4家，总数达到22家。三是加强农业众创空间—星创天地创建。建设省级以上星创天地258个，其中国家级60个，居全国第四位。农业产业技术创新联盟新增2家，全省农业领域产业技术创新联盟达到21家。四是创新型城市建设稳步推进。认真做好全省创新型城市建设工作。石家庄、秦皇岛、唐山市已经通过国家创新型试点城市评估工作。积极推动县域创新驱动发展。全省已启动两批共27个创新型县（市、区）、20个科技小镇试点建设，涌现出玉田等一批县域创新驱动发展的典型，形成了一批可借鉴、可复制、可推广的经验。

【科技服务民生】 一是加强水污染和大气污染防治研究。编制印发《关于加强水污染防治科技创新的实施意见》。重点解决在水污染防治技术系统化不强，创新体系不完善的问题，对构建完善的水污染防治和水环境质量改善技术创新体系明确了工作思路、原则、目标和主要任务。编制印发技术指导目录。组织全省重点单位和相关力量，多次征集市场需求高、成本低的先进适用性技术，并在此基础上不断丰富完善有关案例，最终经专家论证，确定6类52项技术，形成《河北省大气污染防治技术指导目录》《河北省水污染防治技术指导目录》并印发。二是重点围绕资源环境、生物医药、医疗卫生技术、海洋科技、公共安全、食品安全等领域，安排资金4000万元，组织实施一批科技专项，“光触媒复合填料与高效污水处理装置的集成研发与工程化”等93个项目进展顺利，提升了节能环保产业和大健康产业科技支撑能力，一批民生科技成果惠及百姓。三是科技服务三农，实施农业农村领域科技专项取得新突破。深入实施农业关键共性技术攻关、现代农业科技奖励性后补助、环首都现代农业科技示范带及农业科技园区、科技特派员创新创业4大专项。共研发农业新技术、新产品、新工艺等420余项，建立各类示范基地230多个，申请专利200余项，制定标准80多项；将农作物种质资源创制及育种技术创新工作摆在突出位置。全年共创新优异种质资源568个，参加区试新品种209个，审（认）定新品种67个，获得新品种权保护25个，获得专利77项。小麦、谷子、棉花、花生、杂粮等创新水平在全国居领先地位，部分技术成果引领全国研究方向；渤海粮仓科技示范工程取得成效。全年共研发示范推广改土增粮、微咸水补灌、雨养旱作等8大技术模式和5大服务体系，形成了100余人的研发团队，获得专利52项，制定地方标准26项。《河北省渤海粮仓科技示范工程行动方案（2014－2017年）》，获得河北省社科一等奖；启动了面向“十三五”新一轮粮丰工程项目，形成了节水降耗、地力培育、抗逆减灾、简化高效四个创新方向。围绕“一田三区”（超高产攻关田，1万亩高产核心区、100万亩示范区、1000万亩辐射区）建设，技术推广示范面积达到1000万亩，预计全年实现增粮15.57亿公斤、节水10亿立方米；肥料利用率提高10%，灌溉水利用率提高20%；农业科技扶贫力度加大。选派1000名科技特派员开展科技扶贫，实现了全省62个贫困县、10个深度贫困县和206个深度贫困村全覆盖，选派数量在中东部省份居第2位。在全省启动了科技扶贫“百千万”（全国在贫困地区建设100个平台载体，建立1000个科技扶贫帮扶结对，实现10000个贫困村科技特派员全覆盖）工程，编印了《河北省科技特派员科技扶贫“三区”科技人员专项计划派遣情况总览（2017年度）》。

【科技开放与合作】 建立部省会商、厅市会商工作机制。9月12日，科技部、河北省政府2017年部省工作会商会议在雄安新区举行，会商深入贯彻习近平总书记系列重要讲话和对河北的重要指示，以雄安新区规划建设、构建京津冀协同创新共同体为重点，共同推进落实《国家创新驱动发展战略纲要》和《“十三五”国家科技创新规划》，加快完善河北科技创新体系，提升河北科技创新能力。2017年12月，省科技厅与保定市政府举行厅市工作会商会议并签署科技创新战略合作协议，标志着厅市会商机制落实落地。加强和改进对市县科技工作的指导，推动省委、省政府科技改革与发展重点任务落实，建立了厅领导联系地方工作制度。加快构建河北省国际科技合作平台体系，开展了国际科技合作基地的培育、认定和评估工作。2017年新建省级国合基地15家，评估省级国合基地32家。至此，河北省国家级国际科技合作基地24家、省级国合基地93家。推动与中国工程院深度合作。8月18日，中国工程院与河北省人民政府在承德市举行了全面战略合作签约仪式。协议坚持“突出重点、服务大局、合作共赢”原则，依托中国工程院国家高端智库和院士队伍多学科、跨部门、跨行业的综合优势，聚焦河北转型升级、改革创新、脱贫攻坚，在服务国家重大战略、搭建院士合作平台、重大决策咨询、联合推进科技创新工程等方面展开全方位深度合作。

【创新环境建设】 一是创新政策密集出台。纳入改革任务的政策、法规文件出台12个，包括新修订了专利条例颁布实施，印发了天使投资引导基金实施细则、科研机构创新绩效评价办法、科技政策落实评估工作指引等，政策体系不断健全。以省委、省政府两办名义印发实施《关于落实以增加知识价值为导向分配政策的实施意见》，32个政策亮点引起社会各界重点关注。二是推进落实企业研发费用税前加计扣除政策。全省加计扣除的企业达964家，加计扣除额56.87亿元，免税14.22亿元，分别比上年增加48.9%、22.7%、22.6 %。三是突出院士智力引进、创新创业两大特色，科技创新人才队伍持续壮大。培育组建了54家院士工作站，全省院士工作站总数达到272家，长期合作院士达到390多名，与院士合作承担国家级科技项目超过120项。按照“三突出、三注重”（突出支持企业主体、战略性新兴产业、创新方式引才，注重向高层次人才、京津人才、青年人才倾斜），修订评价指标体系，完善评审流程，研究确定了2018年计划立项支持的28个团队、276名科技型中小企业创新英才。

【科技金融创新】 科技金融融合进一步深化。一是创业投资和科技成果转化引导基金规模不断壮大。省引导基金规模由2016年的6.75亿元扩大到8.15亿元，共参股设立创业投资了基金16支，科技金融专营机构2家。已设立子基金和科技金融专营机构总规模45.7亿元，其中，河北科技引导基金承诺出资8.01亿元，吸引中央财政出资3.8亿元，募集社会资金34.89亿元，引导和带动社会资金投向高新技术产业领域的比例达到1∶5.7，培育和扶持了一批拥有自主知识产权和竞争力的高新技术企业。二是天使投资引导基金高效运作。天使投资引导基金规模已扩大至1亿元。出台《河北省天使投资引导基金管理实施细则（暂行）》，成立河北省天使投资引导基金领导小组，进一步规范省天使基金运作。举办河北省天使投资引导基金启动会暨科技创业投资引导基金推进会，首批家口宣科双创、秦皇岛赢创、阜平科裕二支子基金正式揭牌。三是贷款风险补偿业务稳步推进。2017年新增贷款风险补偿金4000万元，总规模达9700万元。推进与金融机构战略合作，合作银行达到10家，已为省内超3000家科技型中小企业发放贷款超过400亿元。四是京津冀创新券互用互通步伐加快。基本达成京津冀三地创新券互用互通合作意向，即遴选的实验室互认，确定的实验室依托单位互认，各自审核技术合同和收支凭证等兑现依据，支持企业跨区域使用创新券，拟正式签约。

【知识产权】 2017年，全省专利申请量61303件，较2016年增长11.8%；专利授权量35348件，较2016年增长11.1%，其中体现创新发展重要指标的发明专利授权4927件，较2016年增长16%；万人发明专利拥有量2.88件，较2016年底增加了0.76件。国家级知识产权试点城市达到3个，国家知识产权强县达到13个；知识产权贯标验收合格企业达到300家，通过国家第三方认证企业近60家；国家级知识产权优势示范企业达到42家；国家知识产权品牌服务机构达到4家；全国中小学教育试点学校达到3家。专利质押融资21.4亿元，融资额在全国各省市排第12名。入选国家级知识产权保护规范化培育市场8家，荣获第十九届中国专利优秀奖6项，通过全国专利代理人资格考试为102人，年度通过人数首次突破100名。

（河北省科技厅　路素英）

气　象

【概况】 2017年，河北省气象部门深入学习党的十九大精神，坚决贯彻落实省委、省政府和中国气象局党组的各项决策部署，各项工作取得新进展。“落实总书记‘两个坚持 三个转变’新思想 构建河北省气象灾害防御新体系”被中国气象局评为年度创新工作，在第六届全国天气预报职业技能竞赛中获团体第四名，在第11届全国气象影视竞赛中获团体三等奖，多项工作取得历史性突破。

河北省气象局设有9个内设机构和党组纪检组，13个直属事业单位，2个直属企业；设有11个设区市气象局和135个县（市、区）气象局，其中定州、辛集市气象局为省气象局直管县气象局，曹妃甸区、曹妃甸工业区、渤海新区3个气象局为副处级气象局。全省气象部门在编职工2189人。

【气候基本概况】 2017年河北省气温显著偏高，降水和日照略偏少。天气气候特点为：全省年平均气温13.0℃，较常年偏高1.2℃，为历史最高，四季气温均偏高，春季异常偏高；全省年平均降水量484.2毫米，较常年偏少3.8%，冬季降水偏多，春季降水偏少，夏、秋两季接近常年；全省年平均日照时数2474.3小时，接近常年但为2006年以来最多。

气温　2017全省年平均气温13.0℃，较常年偏高1.2℃，比2016年偏高0.4℃，属显著偏高年份，与2014年并列历史第一高温年。全省年平均气温在3.1～15.5℃之间，长城以北在12℃以下，坝上地区低于8℃，衡水、邢台、邯郸、石家庄、沧州大部分地区在14℃以上，正定、邯郸和峰峰15.5℃，为全省最高。与常年相比，仅承德北部以及张家口和保定等地局部气温接近常年；其他大部分地区气温偏高，63%的县（市、区）偏高1℃以上，26%的县（市、区）偏高超过1.5℃，属于异常偏高区域，新乐、乐亭偏高超过2℃，乐亭偏高最多，为2.1℃。冬季全省平均气温－1.0℃，较常年偏高1.7℃，为历史第三高值年，属显著偏高年份；春季全省平均气温15.0℃，较常年偏高2.0℃，属异常偏高年份，为历史第二高值年（仅低于2014年）；夏季全省平均气温25.5℃，较常年偏高0.6℃，比2016年偏高0.1℃，属偏高年份；秋季全省平均气温12.5℃，较常年偏高0.4℃，属正常年份。

降水　2017年河北省年降水量接近常年，时空分布不均，10月降水异常偏多。全省年平均降水量484.2毫米，较常年偏少3.8%，属正常年份，为近10年第二少雨年。各地年降水量在283.6～734.1毫米之间，时空分布不均，多雨中心主要位于东部和中部地区，秦皇岛北部、承德西南部、廊坊北部、沧州西部等地区超过600毫米，青龙达734.1毫米；张家口西部和北部、邯郸东北部等地降水不足400毫米，肥乡仅283.6毫米。与常年相比，全省大部分地区降水接近常年，张家口中东部、保定东部、沧州西部等地偏多，个别站点偏多超过3成；邯郸大部、唐山中部等地降水偏少，邯郸部分地区偏少超过3成。冬季降水偏多，春季降水偏少，夏、秋两季接近常年。冬季全省平均降水量14.4毫米，较常年偏多35.8%，属于偏多年份；春季全省平均降水量52.2毫米，较常年偏少28.1%，属偏少年份；夏季全省平均降水量326.1毫米，较常年同期偏少2.4%，属于正常年份；秋季全省平均降水量96.7毫米，较常年同期偏多12.3%，属正常年份。

日照　2017年河北省年日照时数为2006年以来最多，呈现北高南低分布特征。全年平均日照2474.3小时，较常年偏少12.9小时，属正常年份，但为2006年以来最多。各地年日照在1703.5～3124.5小时之间，张家口大部、承德西部超过2800小时，怀来最多；邢台中部、保定和石家庄两市局部日照少于2000小时，保定市区最少。与常年相比，保定中部、石家庄南部、邢台大部、邯郸东部等地区日照偏少，保定中部、石家庄西部、邢台中部等地区偏少200小时以上，局部偏少超过300小时；衡水西北部、沧州北部、张家口中北部、廊坊北部和南部、秦皇岛西北部、唐山南部等地区日照偏多，局部偏多超过300小时。冬季日照时数偏少，春季偏多，夏、秋季接近常年。

【主要气象灾害】　2017年河北省气象灾害种类多，但损失程度偏轻。总体而言，全年气象灾害损失程度低于20世纪90年代以来的平均水平，属于“偏轻”年份。

全年气象灾害特点：春末夏初和秋季出现阶段性气象干旱，东北部旱情较重。暴雨日数显著偏少，部分地区强度大、极端性强，10月出现历史同期罕见强降雨过程，过程强度大、持续时间长。高温日数显著偏多，高温天气出现早，过程频发，持续时间长，影响范围大。大雾天气为近10年第二多，年初出现罕见的持续时间长、影响范围广的大雾天气过程。霾天气主要出现在冬季，日数为近4年最少。风雹天气频发，大风日数为2006年以来最多，局地风雹灾害损失重。沙尘日数近8年最多，5月出现近10年最大范围沙尘天气过程。冷空气过程较多，但达到寒潮等级的天气过程偏少。干热风和连阴雨天气偏多，降雪日数显著偏少。

干旱　2017年全省气象干旱以阶段性为主，主要发生在春末夏初和秋季，其中春末夏初旱情影响较大。全年因旱受灾人口208.6万人；农作物累计受灾面积254.8千公顷，绝收10.62千公顷；直接经济损失8.82亿元。入春后，降水偏少，气温偏高，3月初气象干旱范围不断扩大。4月份，中北部气象干旱再次发展，唐山、秦皇岛、承德、廊坊、沧州等地区出现重特旱。6月上中旬，全省降水偏少，且分布不均，致使中北旱情持续发展，张家口西部、沧州东北部、承德东南部、保定等地区出现重、特旱。9月1日～10月6日，气温偏高，降水显著偏少，全省平均无降水日数31.7天，为历史同期第二多，东北部和中南部旱情持续发展，54个县（市、区）出现中旱、8个县（市、区）出现重旱。

强降水　2017年全省暴雨日数显著偏少，部分地区强度大、极端性强。全年共出现暴雨139站次，较常年偏少30.7%，不足2016年5成。暴雨日数偏多1天以上的地区集中在廊坊北部。强降水过程主要出现在6月21～24日，7月5～7日、14～16日、21～22日、26～29日，8月2～3日、12～13日、16～19日、27～28日和10月7～10日，其中10月7～10日的过程影响较大，过程降水量为2017年最大。10月7～10日，河北省出现历史同期罕见降水过程，过程平均降水量为70.9毫米，较常年10月降水量（25.3毫米）偏多1.8倍，为历史同期（10月）第三多，过程降水量为2017年最多。保定东南部、沧州西南部、衡水北部、石家庄中南部、邢台北部降水超过100毫米，藁城过程降水量最大，为179.8毫米。藁城、井陉、安国等20个县（市、区）过程降水量突破历史10月降水量的极大值。9日单日暴雨出现范围为2004年以来同期（10月）最大，藁城、平山、涞源等8个县（市、区）日最大降水量为1969年以来同期（10月）最大。

高温　2017年河北省高温日数显著偏多，高温天气出现早，过程持续时间长、影响范围大。全年平均高温日数21.6天，较常年偏多1.1倍，为1971年以来第三多年。4月29日，平山出现首个高温天气（≥35℃），为近10年来高温天气出现最早年份。年内极端最高温度为41.6℃，出现在藁城。与常年相比，仅张家口、保定、邢台局部偏少；中南大部偏多超过10天，冀中大部偏多超过15天，局部偏多超过20天，无极偏多24.9天。无极、藁城、正定等16个县（市、区）高温日数突破历史极值。高温天气主要出现在5月27～28日，6月8～9日、14～21日，6月27日～7月3日，7月7～14日、19～20日，8月3～6日、10～11日，其中6月14～21日东北部出现极端高温事件、7月7～14日高温影响范围最广。6月14～21日，高温过程影响范围涉及130个县（市、区），高温覆盖全省大部地区。6月15日，全省100个县（市、区）出现高温天气，26个县（市、区）气温超过38℃，抚宁、迁安、秦皇岛超过40℃；11个县（市、区）出现极端高温事件，其中抚宁、迁安等5个县（市、区）15日的最高气温突破历史极大值。

雾和霾　2017年全省平均大雾日27天，较常年偏多5天，为2008年以来第二多，仅低于2016年的35天。张家口、承德和秦皇岛三市大部、唐山东部以及太行山部分地区在20天以下，张家口大部、承德北部以及邯郸局部地区不足10天，崇礼、隆化、涿鹿全年未出现大雾天气；其他大部分地区在20天以上，部分地区超过40天，魏县达82天。与常年相比，属于偏多年份。季节分布上，冬、春、秋三季大雾日数较常年偏多，夏季偏少，其中冬季偏多1.3倍，为历史同期第二多。1月大雾日数偏多近2倍，10月偏多1.5倍。全年大雾影响范围达到50个县（市、区）以上的雾日数有24天，1月1～9日连续9天出现范围在60个县（市、区）以上，期间全省共119个县（市、区）遭受大雾天气影响，其中6天超过100个县（市、区），为2017年最重的一次过程。霾天气主要出现在冬季，日数为近4年最少。2017年全省平均霾日37天，比上年偏少17天，为近4年最少。张家口北部和东部、承德中北大部、秦皇岛东北部等地区霾日数在10天以下，沽源、隆化、滦南、唐山、乐亭全年没有出现霾天气；中南大部分地区在20天以上，石家庄、保定、邯郸三市大部分地区超过50天。全年霾日主要出现在3月底之前和11月份以后。霾影响较大的时段主要集中在1月下旬到2月中旬，2月3日108个县（市、区）出现霾，是2017年影响范围最大的一天。

大风与冰雹　全年共出现大风1087站次，较常年偏少15.8%，但为2006年以来最多。全年共有27天单日大风影响范围超过10个县（市、区），12天超过20个县（市、区）。大风天气主要出现在4～7月，占全年的59.7%。全年累计出现6次影响范围超过30个县（市、区）的大风过程，分别为1月19日、3月1日、5月5日、6月21日、7月9日和14日。大风灾害较重的时段有：5月5～6日和7月8～11日两次过程。其中5月5～6日，康保、尚义等78个县（市、区）出现大风天气，大风范围涉及全省11个地市。5日影响范围最广，达78个县（市、区）。期间，康保极大风速最大为30.3米/秒，大风天气带来大量沙尘。全年出现冰雹35站次，较常年偏少74.9%。冰雹天气主要出现在5月下旬至7月上旬，占全年的80%，7月8～11日冰雹过程影响最大。2017年风雹灾害较为突出，全年受灾人口332.6万人，死亡4人；农作物累计受灾面积303.42千公顷，绝收18.33千公顷；倒塌房屋163间；直接经济损失14.1亿元，占全年经济损失的39.2%。

沙尘　2017年全省出现沙尘448站次，较常年偏少56.1%，较2016年偏多1.7倍，为近8年最多。全年出现扬沙245站次，较常年偏少69.0%，较2016年偏多65.5%，为近6年最多；浮尘271站次，较常年偏少14.7%，较2016年偏多11.3倍，为近10年最多。年内未出现沙尘暴天气。沙尘主要出现在春季，影响范围涉及全省135个县（市、区），其中11个县（市、区）的沙尘日数超过4天。沙尘影响范围超过100个县（市、区）的有2天，为5月4日和5日。5月4～5日，全省自北向南共有135个县（市、区）出现沙尘，沙尘天气主要以扬沙和浮尘为主，其影响范围为近10年来最大。其中5日沙尘单日影响范围最广，达130个县（市、区），为1981年以来范围最大，86个县（市、区）出现扬沙天气。

寒潮降温　2017年影响河北省的冷空气过程共27次，较常年偏多2次，但达到寒潮等级的降温过程较少。全年出现寒潮589站次，较常年偏少24.5%，其中强寒潮以上等级115站次，较常年偏少47.1%。影响范围超过30个县（市）的寒潮降温过程4次，分别为1月29～30日、2月20～23日、3月12～14日和11月10～11日，11月10～11日寒潮影响范围最广、降温幅度最大。11月10～11日，受冷空气影响，河北省出现2017年最强寒潮降温天气。11月11日，全省64个县（市、区）出现寒潮天气，涉及全省11个地市，其中强寒潮13个县（市、区），康保出现特强寒潮，寒潮发生范围为2017年最广，单日寒潮发生范围为2005年以来同期（11月中旬）最大。受降温天气影响，11日张承北部地区最低气温在－10℃以下，康保降至－18.9℃。

降雪　2017年全省年平均降雪日数为6天，较常年偏少7天（54.2%），为1971年以来第三少雪年。较强降雪主要出现在1月5～9日、15～19日，2月21～22日和12月13～15日。1月降雪频次多，主要发生在上旬和中旬，1月7日降雪范围最广，达46个县（市、区），为2011年以来同旬范围最大的一次降雪过程。19日42个县（市、区）出现降雪，唐山市曹妃甸区降雪量最大14.1毫米，受此次降雪、路面结冰影响，秦皇岛、唐山、承德南部高速全部关闭，给2017年春运造成很大影响。2月21～22日全省各地均出现降雪，平均降雪量5.4毫米，有70个县（市、区）雪量达到或超过5毫米，藁城达12.4毫米，58个县（市、区）最大积雪深度超过5厘米，涿鹿达10厘米。受全境范围降雪天气影响，部分列车、高客出现晚点，8个航班取消，部分高速封闭。

连阴雨　全年共出现连阴雨590站次，较常年偏多20.7%，比2016年偏多9.9%。仅平泉市未出现连阴雨天气，其他大部分地区连阴雨日数在10天以上，冀西南以及沧州部分地区在20天以上，邢台和邯郸两市局部超过30天，沙河年连阴雨日数36天，为历史第二多。连阴雨天气主要出现在3月、6～8月和10月。3月出现连阴雨102站次，较常年偏多4.6倍；6月出现79站次，较常年偏多37.4%；7月出现136站次，偏多17.9%；8月出现106站次，偏多7.6%；10月出现159站次，偏多

2.9倍。较大范围连阴雨天气过程分别出现在3月22～27日和10月7～12日。3月22～27日，连阴雨天气影响范围达102个县（市、区），为历史同期（3月）最大。

干热风　2017年全省共出现干热风827站次，较常年偏多44.9%，比2016年偏多2.2倍，为1984年以来第三多年。主要出现在5月11日～6月20日。年内仅崇礼、尚义和沽源三个地区未出现干热风天气。全省大部分地区干热风日数在5天以上，10个县（市、区）超过10天，黄骅、海兴达12天，为全省最多。6月17日，干热风范围达105个县（市、区），单日影响范围为2002年以来第二大，83个县（市、区）出现重度干热风。

【气候对相关行业的影响】　年内极端天气和气候变化对林业、畜牧业、交通运输业等产生较大影响。

林业　2017年暴雨、风雹、高温、连阴雨等灾害性天气对林果产业造成了较大损失。风雹灾害主要集中在5月11日到6月27日，7月20日到9月4日两个时段。因大风、冰雹等极端天气的频发，部分地区农作物受损严重，大量林果受损减产、部分农业设施受损程度较高，造成较为严重经济损失。高温干旱对处于果实迅速膨大时期的苹果、梨等有一定不利影响，主要表现在果实膨大缓慢或停止生长，严重抑制叶片光合作用，甚至导致落果、缩果，加重白粉病、叶螨、潜叶蛾等病虫危害，对果树产量有明显影响。10月上旬，省内部分地区持续出现降水天气，并伴有4～5级大风，局地风力达到6～7级，连续阴雨、大风导致果树受灾严重，出现大量落果烂果现象，成熟的果实腐烂开裂，林果业损失严重。

森林火灾　春季气温异常偏高、降水偏少，3月中旬开始气象干旱范围不断扩大。进入4月后，气象干旱呈加重态势，东部地区出现中等以上气象干旱，森林火险等级持续高位运行，此期森林火灾集中爆发。年内全省共发生森林火灾38起，过火面积1156.7公顷，受害森林面积319.22公顷。与上年相比火灾次数减少4起，同比下降9.5%；过火面积增加584.52公顷，同比上升102.2%；受害森林面积增加185.21公顷，同比上升138.2%。

畜牧业　全年对畜牧业造成影响的因素主要是夏季高温和干旱，尤其对坝上地区影响较大。因春季气温异常偏高、降水偏少，气象干旱不断发展。干旱造成天然牧草的正常返青和人工栽培牧草的播种、出苗时间推迟，导致青草期缩短，牧草生长受到限制，影响牧草品质及产量。1.4万头大牲畜因旱出现临时性饮水困难。另外，干旱导致家畜的能量转化受到抑制，影响畜产品产量和质量，特别是在坝上地区，危及逐水草而居的自然放牧群众和家畜的生存。夏季出现多次大范围持续高温天气，造成牲畜采食量减少，饲料报酬降低，生产性能下降，严重的甚至导致死亡。另外，高温使得牲畜整体免疫力低下，引起一些细菌性疾病、部分病毒性疾病和某些寄生虫病的发生与流行，造成家禽等死亡增加、产蛋下降。

地质灾害　2017年全省平均降水量484.2毫米，全省累计出现暴雨139站次，较常年偏少31%，不足2016年的5成。汛期部分地区降水强度大、极端性强，10月7～10日出现历史同期罕见降水过程，过程平均降水量为70.9毫米，较常年10月降水量（25.3毫米）偏多1.8倍，为历史同期（10月）第三多，过程降水量为2017年最多。年内共发生各类小型地质灾害灾情10起，其中崩塌7起、滑坡1起、泥石流1起、地面塌陷1起，共造成3人死亡，直接经济损失188.7万元。与上年同期相比，地质灾害发生数量减少66.7%，直接经济损失减少2.5%。全年因降雨诱发地质灾害9起，占总数的90%。

盐业　2017年全省年平均气温13.0℃，显著偏高，降水接近常年。盐区全年累计蒸发量2054毫米，较上年同期增加256毫米，较历年同期增加140毫米；累计降水量571毫米，较上年同期减少40毫米，较历年同期增加18毫米，降雨量略高于常年同期水平。盐区气象条件总体有利于原盐生产。1至6月中旬，盐区干旱少雨，蒸发量持续加大，尤其是春晒旺季，蒸发量极高，连晴大风天多，日平均蒸发量12.5毫米以上，为历史同期记载最高值。天气条件对原盐生产和产品质量提升十分有利。9月初至12月下旬天气持续晴好，为原盐秋晒和扒盐工作创造了有利条件。对盐业生产不利影响主要有强降水影响。6月下旬、7月、8月受副高低涡影响，降雨过程多，局部强度大，降雨集中，对原盐生产造成了不利影响。

交通　2017年全省平均交通运营不利天气（10毫米以上降水、雪、雨凇、雾、扬沙、沙尘暴、大风）日数为51.8天，较常年偏少6.0天，为2007年以来第二多。各地交通不利天气日数在25～119天，张家口北部、承德西部、保定东部、沧州西部、衡水北部、石家庄南部、邢台北部、邯郸东南部以及廊坊部分地区在60天以上，局部超过70天。与常年相比，承德西部、邯郸东南部以及廊坊、沧州等地局部地区偏多，部分地区偏多超过20天；其他地区接近常年或偏少。年内影响交通运输的天气主要以雾、大风、降雪等天气为主，全年高速公路通行受阻达46320站次（收费站），其中因气象因素造成的封闭管制有9634站次（其中因雾7522站次），占比达20.8%，较过去五年同期下降10%。全年有125天出现因雾造成高速公路封闭的情况，路面结冰和积雪有49天，分别较2016年下降20天。

空气质量　2017年全省大气环境承载力（表征一定区域大气自我净化的能力）为332.8吨/（年·平方公里），较近5年（2012～2016年）偏高3%，其中57%台站偏大，石家庄和饶阳为显著偏大。与近5年同期相比，冬、春季偏低，分别偏低12.2%和2.5%；夏、秋季偏高，分别为4.5%和5.5%。2017年全省11个地市平均优良日数202天（占比55.8%），同比减少5天，其中1～2月优良日数减少12天，后期11～12月增加7天。优良日数增加较多的有衡水、承德；邯郸、邢台、石家庄、沧州、秦皇岛减少较多，分别减少47天、25天、21天、17天、13天。全省平均重污染日数29天（占比8.0%），同比减少4天，其中1～2月重污染日数同比增加10天，后期11～12月同比减少14天。重污染日数减少较多的有石家庄、衡水；秦皇岛、张家口重污染日数分别增加3天、1天。

【国家重大战略气象服务】 高标准开展雄安新区规划建设服务。受省协同办委托，组织开展雄安新区气候安全评估和通风廊道构建气象专题研究；推动气象灾害监测预报预警和智慧气象服务保障工程融入白洋淀生态环境治理和保护专项规划；向新区规划部门提供了暴雨强度公式、历史气象灾情分析等大量研究成果。高标准做好冬奥会气象服务保障。组建河北赛区气象服务中心及核心团队，完成赛事核心区25个自动气象观测站建设，冀西北飞机增雨基地和康保雷达等一批重点项目进展顺利；启动冬奥预报业务系统建设及预报技术研发。联合北京气象局超前完成场地气象条件分析报告和赛区雪务工作分析。气象保障乡村振兴和精准脱贫能力显著提升。联合供销、农业等部门开展面向现代农业园区和新型农业经营主体的气象服务；建立了62个贫困县精细化的太阳能资源数据集，完成10个深度贫困县气象精准扶贫研究报告；“三农”服务专项实现国家级贫困县全覆盖。

【新型气象灾害防御体系】 组织和责任体系更加健全。新增气象灾害防御中心13个，新公布灾害防御重点单位983个，乡镇、街道气象信息服务站实现全覆盖。法规标准体系不断发展。省政府全国首家印发气象灾害普查办法，推动县级以上政府和重点单位完成气象灾害应急预案制修订工作。科技支撑体系更加强化。开展山洪灾害、城市内涝、设施农业风灾等风险预报预警，与水利部门共享“降水信息一张图”；突发预警信息发布平台与省应急办、公安、国土、环保、水利、安监、林业、旅游、地震、海洋、广电、食药监、农业、工信、武警等15个部门对接，实现预警信息村屯全覆盖。风险管理体系更加完备。省政府连续6年实施气象防灾减灾专项绩效管理。气候可行性论证纳入投资项目报建审批流程。各级气象灾害防御指挥部召开气象灾害防御工作会议108次，发布防御通知403次，因气象灾害造成的人员伤亡和直接经济损失为近10年来最低。

【生态文明建设气象保障】 科学支撑精准治霾取得新进展。与环保厅联合发布重污染预警8次，开展重污染天气削峰降速定量效果评估，源排放清单反演技术取得重要突破，主观订正AQI预报评分达85.1分。人工影响天气工作取得新成效。石家庄飞机人工增雨和科学实验基地基础设施基本完工；圆满完成卢龙、阜平森林火灾扑救和全运会气象保障任务；全年飞行59架次，地面作业1171点次，全年累计增水约27.6亿立方米。气候和气候变化适应工作取得新拓展。首次开展石油化工产业气候可行性论证和生态旅游气候资源评价，构建了京津冀地区历史数据集和气候变化预估数据集。

【气象信息化和预测预报水平】 数据采集能力不断增强。15个局站分离的台站实现无人值守，142个国家级台站完成了降水现象仪、综合集成硬件控制器的安装和业务试运行，并对71套称重式降水传感器进行了升级改造。全省运行各类气象监测设备6900余套，站网空间分辨率达5.2公里。数据应用和共享能力全面提升。完成信息化设备设施资源池一期建设，布设服务器23台，存储裸容量近150TB，累计为各单位提供100余台虚拟主机作为应用支撑；完成集约化气象数据环境二期建设并投入业务运行，建成综合观测数据、数值预报产品、业务服务产品三大数据库，产品达3类190种，2017年省级数据环境接口访问量1.3亿次；省市县集约化综合业务平台一期投入试运行，用户访问11万次；完成广域网升级改造，局域网带宽达到主干万兆、桌面千兆。预报预测水平稳定提高。建立0—10天智能网格预报业务，完善了主、客观融合的预报业务流程，实现格点/定点/落区预报一体化，形成全省智能网格预报“一张网”；初步建立了气象影响预报和气象灾害风险预报预警业务。天气预报产品分辨率达3公里1小时，强对流预警提前量达到44分钟，全年24小时城镇预报、气候预测均为正技巧，晴雨（雪）预报准确率达91.5%，汛期强降水和冬季强降温过程预测准确率达60%以上。

【公共气象服务】 深化民生气象服务。公众气象服务云平台和专业气象服务智能化平台建设加快推进；建立了“病种分类、数据融合”的健康气象专业数据库；气象频道全年新闻上传量稳居全国第一，微信、微博关注量保持高速增长；河北省环境气象智能评估系统在全国首届气象服务创新大赛上获三等奖；普惠性服务产品达60多种，公众气象服务满意度稳居85分以上。强化决策气象服务。畅通面向党政一把手的重大气象灾害服务直通渠道，省领导30余次批示肯定，为近年来最多，决策气象服务满意度达92.5分。拓展专业气象服务。高速公路气象服务覆盖京津冀，50千米以上尺度“有无雾”预报准确率达100%，为三大电网公司、150余家光伏电站、60多个风电场等提供精细化预报预测服务，预测合格率和准确率分别提升到94%、92%以上。加大了科普宣传力度。出版面向各级党政领导干部和中小学生的气象科普书籍，制作9类35集气象灾害防御科普动画。组织全省领导干部防灾减灾救灾专题培训140余人次，联合省科协、教育厅、科技厅开展气象科普进校园活动，受众4万余人次。

【科技创新和人才支撑能力】 出台鼓励科技创新和科技成果转化的政策。新增交通气象、环境气象、精细化预报、暴雨洪涝灾害防御4支省级创新团队。与中科院大气所联合举办第二届全国气象与生态环境论坛。组建了11个特色省级农业气象分中心。联合高校和科研院所开展增雨防雹、大气污染、冬奥气象等关键技术研究。省气象与生态环境重点实验室再次评为优秀，中国气象局邢台大气环境野外科学试验基地成功获批。争取科研经费1195万元，获省科技进步二、三等奖各1项，取得著作权登记15项、实用新型专利1项、发表专著3部，核心期刊及以上级别论文48篇，其中SCI、EI收录4篇。实施“五类人才”工程，新增8名正高、14人入选省三三三人才工程、1人获省人才培养工程资助。

（河北省气象局　毛翠辉）

防震减灾

【服务京津冀协同发展】 省地震局会同北京市地震局、天津市地震局联合编制了《京津冀防震减灾“十三五”规划》，中国地震局在此基础上印发《京津冀协同发展防震减灾“十三五”专项规划》，按照规划安排，2017年加强了京津冀地震监测台网更新改造，更新47个台站的78套观测仪器，购置备机14套，监测台网运行率提高约1.3个百分点，进一步提升了河北省及京津冀地区地震监测能力和地震安全保障水平。

【支持雄安新区建设】 2017年4月党中央宣布设立雄安新区后，省地震局迅速行动、主动谋划，积极向中国地震局和省委省政府汇报，牵头组织中国地震局物探中心、地质所、地球所以及清华大学、北京师范大学、中国城市规划设计研究院等10家单位开展了雄安新区活动断层探察，形成了《雄安新区地震安全分析及抗震专题研究工作成果报告》，于2017年6月22日正式上报省政府和中国地震局。该成果报告于2017年8月2日通过中咨公司组织的评审，为雄安新区综合防灾规划和总体规划提供了及时可靠的技术支持。专题研究结束后，又继续组织技术人员反复论证关键技术，多次参加雄安新区综合防灾规划集中编制，推动研究成果应用和雄安新区“韧性城乡”建设。此项工作中，保定市地震局和保定中心台提供了大力支持。

【夯实监测预报基础】 一是狠抓观测资料质量。2017年在全国地震监测预报工作质量评比中，河北省参评项优秀率98.8%，共获得学科综合评比和单项评比前三名41项，获奖数位于各省局前列。二是优化监测台网布局。结合“中国地震科学台阵—华北地区中部项目”应用，加强了晋冀蒙虚拟观测台网的运行与产出，目前台阵一期40个台站、二期26个台站基建工作已全部完成，实现正常运行。沧州西地震台利用现有的土地资源，通过近年来升级改造，建设成为具有宣传、教育等功能的综合性地震台。三是加强外协合作。2017年与北京大学共同开展多分量地震监测系统工作，在张家口、唐山地区建成28个多分量观测系统。与中国地质科学院地质力学研究所合作，在红山基准台开展深井地应力测量与实时监测。四是完善基层地震速报系统。各市地震局、中心台与省局同时进行地震速报结果自动推送，应急处置和社会服务能力显著提升。五是加强重点地区震情跟踪。围绕地震重点地区，制定了《2017年度河北省震情跟踪工作方案》并认真组织实施。

【增强震灾预防能力】 一是加强抗震设防技术指导。唐山市会同住建部门联合组织开展农村建筑工匠培训，2017年举办7场，培训工匠近2500人次。二是全省加大减隔震技术的宣传引导、技术咨询和推广普及。唐山市印发了《关于在房屋建筑工程中推广应用减隔震技术的通知》，廊坊市地震局召开了地震高烈度区建筑减隔震技术应用培训会，衡水丰泽工程橡胶科技开发股份有限公司成立了河北省减隔震工程技术研究中心。三是加强活断层探测成果推广应用与地震安全城乡创建工作。组织编写了《河北省城市活断层探测与地震危险性评价成果应用指导意见》，省级活断层探测成果应用平台开始试运行，项目成果逐步被应用于国土、规划、建设和防灾减灾等领域。廊坊市地震局深入推进“地震安全城乡”创建工作，市政府印发《2017年度创建地震安全城乡任务分解》。廊坊三河市活断层探测项目，已完成部分分项目验收。四是推进地震巨灾保险。省金融办、省地震局等6部门联合印发了《河北省张家口市城乡居民住宅地震巨灾保险实施方案》。2017年张家口市城乡居民住宅地震巨灾保险项目正式签约落地，使张家口市成为全国首个在地震巨灾保险共同体框架下，由政府全额出资实现该险种区域统保的城市。

【提高应急救援水平】 一是妥善处置地震事件。省地震局和张家口、邢台、廊坊等市地震局妥善处置1月2日怀安3.3级地震、1月3日隆尧3.1级地震、3月24日渤海3.9级地震、4月28日大城2.9级地震、9月4日临城3.7级地震等省内地震。8月8日四川九寨沟7.0级地震发生后，省局迅速选派专家组成现场工作组赴现场协助开展工作，得到许勤省长批示肯定。9月4日邢台临城3.7级地震发生后，省局会同邢台市地震局、红山基准台开展了中小地震震例总结，得到中国地震局领导的充分肯定。二是开展了重点地区地震灾害损失风险评估。在张家口地区开展地理、人口、经济、居民房屋以及应急准备情况实地调查，进行科学分析研究，并向当地政府提出了针对性意见和建议。三是进一步完善地震应急预案。制定印发了《地震部门应对省内外突发事件的落实措施预案》，更新了《河北省地震应急预案应用手册》《河北省抗震救灾指挥部应用手册》。石家庄、承德、张家口、秦皇岛、唐山、保定、邢台等市也相应修订完善了地震应急预案，制定了抗震救灾专项行动方案。四是加强地震应急队伍建设。成立了省地震局地震应急专家团队，举办了全省地震现场队应急工作培训班，进一步提升了现场工作队伍的能力和水平。会同省交通厅、民航局等编制了《河北省地震应急快速投送管理办法（试行）》，进一步完善了震后应急救援力量的快速投送机制。五是进一步强化地震应急演练。7月3日—4日，省政府、省地震局、张家口市政府及市县地震部门积极参与和保障了“震安—2017”华北地区地震应急演练的圆满完成。

【开展防震减灾宣传教育】 一是在5.12防灾减灾日、7.28防震减灾宣传周以及国际减灾日、12.4宪法日等重点时段广泛开展防震减灾宣传活动，集中开展线上线下宣传，覆盖社会公众达100万人次。其中在长城网开展的《阳光理政》，在廊坊、承德等地开展的“平安中国”防灾宣导系列公益活动等活动规格高、受众广，省直9个部门共同参与，取得了很好的宣传效果。二是大力开展示

范创建。修订印发了《河北省地震安全示范社区管理暂行办法》《河北省防震减灾科普教育基地认定管理办法》《河北省防震减灾科普示范学校认定管理办法》，2017 年中国地震局认定河北省国家级地震安全示范社区 3 个，国家级防震减灾科普教育基地 1 个，国家级防震减灾科普教育示范学校 4 所。2 个设区市和 8 个县区被评为国家级防震减灾先进单位。“中国·唐山防震减灾示范中心”将作为国家级防震减灾示范项目落户唐山。唐山地震遗址纪念公园申报了“全国中小学生研学实践教育基地”。

（河北省地震局　李　杨）

【地震活动】　（一）2017 年河北省及京津地区地震活动概况。据河北省数字遥测台网测定，2017 年河北省及京津地区共发生地震 3497 次，M1.0 级以下地震 3281 次，M1.0－1.9 级地震 177 次，M2.0－2.9 级地震 33 次，M3.0－3.9 级地震 6 次，无 M4.0 级以上地震发生（见图 1）。最大地震为 2017 年 3 月 24 日 11 点 03 分渤海 M3.9 级地震以及 2017 年 9 月 4 日 03 点 05 分河北临城 M3.9 级地震。相较于往年，2017 年河北省及京津地区地震活动强度有所下降。

（二）2017 年河北省及京津冀地区地震活动特征。第一，2017 年共发生地震 3497 次，与往年相比，小震频度有所下降。第二，本年度河北省及京津地区 M≥3.0 地震活动频次是 6 次，河北南部区域地震较多，分别为 2017 年 3 月 24 日渤海 M3.9 级地震，2017 年 9 月 4 日河北临城 M3.9 级地震，2017 年 1 月 2 日河北怀安 M3.6 级地震，2017 年 1 月 3 日河北隆尧 M3.2 级地震，2017 年 4 月 28 日河北大城 M3.0 级地震以及 2017 年 9 月 15 日河北宁晋 M3.0 级地震。第三，2017 年 9 月 4 日河北临城地区发生 M3.9 级地震，主震震前共发生地震 13 次，最大为 9 月 3 日 M1.7 级地震，主震后截至 9 月 16 日，余震共发生 416 次，其中可定位小震 232 次，其中 M1.0 级以下地震 223 次，M1.0－1.9 级地震 8 次，M2.0－2.9 级地震 1 次。最大的余震为 9 月 4 日 03 点 05 分 23 秒的 M2.0 级地震。第四，河北小震活动仍主要集中在唐山、邢台、张家口三个地震活跃部位，且唐山地区地震活动性有所降低。第五，与去年相比，京津唐张地区地震频度与强度均有所下降。

（河北省地震局　王莉婵）

社会科学

【省社科院工作】　河北省社会科学院（河北省邓小平理论、“三个代表”重要思想和科学发展观研究中心，中共河北省委讲师团，河北省社会科学界联合会）是省委省政府直属事业单位，是省级社会科学综合研究机构、理论宣讲机构和社团机构。其前身是始建于 1963 年的河北省哲学社会科学研究所，1981 年改建为河北省社会科学院，2009 年 2 月省委省政府决定将省委讲师团、省社会科学界联合会并入省社会科学院。2017 年，省社科院主要开展了以下工作。

一是加强政治建设和思想建设，马克思主义和意识形态阵地建设得到新加强，理论武装的优势和作用得到充分发挥。1. 加强政治和思想引领，坚决维护党中央权威和集中统一领导，以习近平新时代中国特色社会主义思想武装头脑、凝心聚魂。院党组将政治建设放在首位，旗帜鲜明讲政治。制定了《关于坚决维护党中央集中统一领导的规定》等。修订了《院党组议事规则》，每半年专题分析研究全院运用马克思主义立场、观点和方法指导哲学社会科学研究方面的问题，确保正确的政治方向和科研导向。全年召开 14 次院党组理论中心组学习（扩大）会。2. 坚定理想信念，坚持学用结合，深入开展“两学一做”学习教育和“四个意识”专题教育。3. 深入研究阐释中国特色社会主义理论体系，推动党的理论创新成果的通俗化、大众化。发挥理论优势和人才优势，围绕党的十九大的重大贡献和重要思想、重要观点、重大判断、重大举措、重要部署，组织专家学者进行理论阐释，召开了全省社科理论界学习十九大精神座谈会。4. 以“迎接十九大宣讲十九大”为主基调，整合宣讲力量，形成大宣讲格局，持续开展重大主题宣讲和专题宣讲。

二是加快哲学社会科学创新，深化体制机制改革，推动省社科院的发展环境进一步优化。1. 坚持向高标准看齐搞好全局谋划，加强合作，争取支持，为构建符合新时代要求的哲学社会科学创新体系打好基础。认真贯彻落实中央和省委关于加快构建中国特色哲学社会科学和新型智库建设的重大部署，结合社科院“河北中心智库”的目标定位，做好全局谋划。院领导多次带队赴中国社会科学院和山东、广东、四川等地方社科院，就开展哲学社会科学创新工程、加强地方新型特色智库建设、推进社科院体制机制改革等问题专题调研。省社科院与光明日报、经济日报等单位签订了战略合作协议。2. 强化问题导向，落实新时代要求，对全院各项制度进行全面系统修订完善。全面推进全院制度的修订完善工作，对全院 81 项制度进行保留、修订、新订及废止。3. 强化责任担当，落实中央和省委关于群团改革的工作部署，全面深化社科联改革。按照省委全面深化改革领导小组的要求，深入基层调研，听取基层专家和社科工作者的意见建议，借鉴省内外经验，结合河北省实际，制定出省社科联改革方案，《方案》经省委全面深化改革领导小组第三十二次会议通过后印发。

三是围绕中心、服务大局，发挥智库作用，主动精准有效服务，省社科院的决策影响力、学术影响力、社会影响力得到进一步提升。2017 年，全院共完成科研成果 598 项，其中 95 项得到中央和省领导批示。1. 充分发挥智库作用，积极开展应用对策研究，决策影响力得到进一步提升。2017 年确定了 32 项重大课题，其中，省领导向社科院提出或圈选 7 项重大课题；围绕省委确立的

“聚焦三大任务、推动两翼发展”的重大战略，针对张家口（冀北）和雄安新区河北两翼发展的现实需要，省社科院和光明日报理论部组成调研组赴雄安新区调研，经过与雄安新区管委会协商，三方达成了初步合作意向。与张家口市委市政府合作，围绕习近平总书记对张家口提出的建设首都水资源涵养功能区和生态环境支撑区的重要批示开展调研，最终确定了13项院重大委托课题。一年中，上报《智库成果专报》《决策参考》53期，总计56篇研究报告，有33期获省领导肯定性批示。全年有多位专家受邀参与了规划建设雄安新区专项咨询研究等工作，为雄安新区建设和河北省经济社会发展出谋划策。组织编纂的《河北发展蓝皮书》影响不断扩大，《河北发展蓝皮书》共公开出版9本，包括6个单卷本。通过《舆情直报件》等渠道，上报中宣部90余篇舆情报告，省委办公厅70余篇舆情报告。有4篇得到习近平总书记批示；3篇被中央办公厅采用，26篇被中宣部采用，发挥了舆情咨政建言的作用。2. 加强基础理论研究，积极开展学术交流，学术影响力得到进一步提升。2017年，省社科院专家在中央和省级重要报刊发表理论文章30余篇，公开出版专著13部，编著有40部，公开发表论文293篇。同驻院纪检组与中国社会科学院廉政研究中心、河北省纪检监察学会一起联合举办了“中国社会科学院第十届廉政研究论坛”。以京津冀协同发展、城市群与雄安新区建设为主题，举办了“河北省国际智库论坛·2017”。积极组织申报各级各类课题，立项国家社科基金项目1项，省社科基金项目21项，省软科学项目9项等。3. 加强社科管理，打造学术品牌，社会影响力得到进一步提升。以“坚定走好新路、建设经济强省美丽河北、迎接党的十九大胜利召开”为主题，举办了河北省第二十届社会科学普及宣传周活动。组织河北省社科普及基地评选工作，增加正定图书馆等20个单位为2017年河北省社科普及基地。在全国第十九次社会科学普及工作经验交流会上得到表彰。继续开展集中调研献策活动和课题立项工作。共收到调研献策成果70余篇，《智库的建言2017》和《优秀成果专报》呈报有关领导和厅局提供决策参考。完成河北省社会科学发展课题立项评审工作，共立项课题544项。组织完成省民生调研课题立项评审工作，立项和委托课题310项。组织评选第十二届河北省社会科学优秀青年专家，共有9人当选本届社会科学优秀青年专家。加强了社科研究基地建设与管理工作。完成了2017年社科重要学术著作出版资助项目评审。举办了“第十届河北省社会科学博士论坛”，举办了河北省第十二届社会科学学术年会。

（河北省社会科学院　汪洋）

【省社科联工作】　河北省社会科学界联合会（以下简称“省社科联”）积极发挥职能作用，以习近平新时代中国特色社会主义思想为统领，组织引领全省社科界深入学习宣传贯彻党的十九大和省委九届五次、六次全会精神，全面落实习近平总书记对河北工作的一系列重要指示，全面落实省委、省政府决策部署，围绕中心、服务大局，在强化理论武装、服务决策、推动社科繁荣、加强社科普及、组健全织体系建设等方面取得了新进展，为新时代建设经济强省、美丽河北建设提供了有力的理论支撑和智力支持。

（一）坚定哲学社会科学研究的正确方向。邀请省委党校哲学教研部教授为省社科联全体党员干部做学习马克思《关于费尔巴哈的提纲》的专题辅导讲座。组织全省社科联系统，学会、研究会，各哲学社会科学研究基地，哲学社会科学普及基地等200人参加了全省社科骨干专题培训。

（二）开展年度集中调研与献策活动。以省社科联政治建设与社会管理创新、经济发展与生态文明建设和文化建设三个专业委员会委员为主在全省社科界开展“2017年集中调研和献策”活动。收到调研报告70余篇，评审出52篇成果编辑《智库的建言2017》一书，并从中遴选出14篇优秀成果编辑成《优秀成果专报》报省领导并送有关部门参阅。

（三）各设区市实施新型智库建设工程。在各设区市社科联实施新型智库建设工程，共有20余项成果被省级以上媒体发表，240余项成果被市级以上媒体发表，160篇成果被市级以上领导批示或被有关部门采用。

（四）依法开展哲学社会科学普及工作。全面贯彻《河北省社会科学普及规定》的要求，依法开展社科普及工作。河北省第十二届社会科学普及周紧紧围绕“坚定走好新路，建设经济强省美丽河北，迎接党的十九大胜利召开”主题，确定了30项重点活动。省、市社科联和全省社科团体300多个会员单位的6000余名专家学者与实际工作者参与。推进河北省社会科学普及基地建设。2017年正定县图书等20个单位为2017年河北省社会科学普及基地。开展社科普及读物出版资助工作，最终确定《邯郸史话》等9部书稿为社科普及出版资助读物项目。

（五）组织开展“大型民生调研活动”。立项课题共310项（含重点课题44项），其中1项课题获国家领导李克强、张高丽等同志批示，11项课题成果获得省领导宋太平、许勤、袁桐利、徐建培、卢晓光等同志批示，28项成果获省直厅局、市级领导批示或被省、市有关部门应用采纳。

（六）组织评审社会科学发展研究课题。社科发展课题立项544项，著作形式结项课题24项，4项成果获省领导的批示，4项成果得到了市级主要领导批示，1项成果在人民日报刊登，1项课题在河北日报和天津日报刊登。在核心期刊（CSSCI和北大中文核心）发表83篇，60多项成果被相关部门或企业采用。

（七）加强哲学社会科学研究基地建设。25个哲学社会科学研究基地以“11245”加“双十”工作目标为抓手，发挥学科特色和人才优势，整合资源，已成为河北省新型智库体系中的重要组成部分。2017年，25个研究基地在《人民日报》等大报大刊发表文章30余篇，出版著作50余部，开展学术交流活动50余次，得到市级以上领导批示70余项，获国家级课题、省级立项课题分别达到10余项和近400项，发表论文近400篇，发表涉及本学科的马克思主义理论文章70余篇等，成学科发展报告10篇，本行业行业竞争力报告21篇。

（八）组织社会科学优秀青年专家评奖工作。完成第十二届河北省社会科学优秀青年专家评奖工作，共推选出9名社科优秀青年专家，审定通过了20名评委会特别提名奖，平均年龄比上届小4岁，评选结果得到专家和社会的认可，实现了发现人才、树立榜样和正确引导青年社科工作者科研方向的目标。

（九）完成社科重要学术著作出版资助评审。组织完成2017年社科重要学术著作出版资助项目评审工作。针对本次申报者中青年作者占比较高的实际情况，在评审中要求评审专家既要指出书稿的优点，更要点评缺点，提出具体修改意见与作者进行面对面沟通指导，通过评审资助实现对青年学者的培育，本次评审共评出社科重要学术资助出版著作20项。

（十）进一步加强和完善社科联组织建设。基层社科联机构的覆盖面不断扩大，在县（市区）社科联建设上实现新突破。2017年，石家庄、张家口、承德、唐山秦皇岛等9个设区市的近80个县（市、区）建立了社科联，约占全省172个县（市、区）的42%。

（十一）不断加强学会管理和服务能力提升。实施学会服务能力提升计划，最终确定省马克思主义学会、省金融学会、成人教育协会等16个学会的17个项目作为提升计划实施的内容。加强学会管理，对学会举办的大型学术活动，严格执行重大事项报告制度，先后指导参与了河北省钱币学会、河北省书画艺术研究会等学术活动。加强所属社团党建工作。省社科联所属社团又有36个学会规范健全了党组织。组织完成近60人参加的所属社团党组织负责人第八期培训班暨党风廉政建设工作推进会。编辑印发《走中国特色的社会组织发展之路》学习资料汇编，撰写完成《关于社科类社会组织党组织发挥政治核心作用的思考》调研报告。

（十二）完成起草《河北省社科联改革方案》。按照中央和省委群团工作会议要求，深入各设区市、学会、研究会调研，召开座谈会，听取基层社科工作者的意见建议按照省委要求高质量完成了《河北省社科联改革方案》的起草工作，并经省委全面深化改革领导小组第三十二次会议审议并原则通过。

（十三）打造哲学社会科学的河北品牌。《社会科学论坛》在拓展办刊思路、提升学术品质，关注重大理论与现实问题，在增强省社科联学术话语权、扩大学术影响力方面发挥了重要作用，全年刊登文章300余篇，被《新华文摘》《光明日报》《人大复印报刊资料》等近20种报刊转载文章多篇。组织编写《河北社会科学发展报告2017》，通过河北社会科学年度发展概况、科研热点、社会科学活动综述、前瞻预测四个部分反映河北社会科学年度发展全貌，提出了一些新的观点和建议。编写《河北社会科学年鉴（2017卷）》，客观全面记录河北社会科学事业发展的进程，以河北社会科学研究的最新学术观点、成果、动态、资料奉献读者，为社会发展和科学决策提供参考，为社科研究和学术交流提供了资料和渠道。河北社会科学网全年发稿近800篇，原创稿件300余篇，点击量10多万人次，被中国社科网、光明网、新华网等中央和省内外知名网站转发200多篇。

（十四）开展丰富多彩的学术交流活动。举办2017年燕赵文化学术研讨会，为河北文化繁荣兴盛建言献策。举办第十届河北省社会科学博士论坛，收到论文86篇，遴选部分优秀成果，新华网、中新网、人民网、河北新闻网等媒体对活动进行了报道，优秀成果编印成《成果专报》报送省领导和部门作决策参考，获得省领导肯定性批示，编辑出版《第十届河北省社会科学博士论坛论文集》。围绕各学科理论前沿问与河北发展的现实问题，组织召开河北省十二届社会科学学术年会。组织参加全国社科联联席会议，并在大会进行了发言。组织省内专家学者参加“智库专家东西部扶贫协作高峰论坛”。组织完成或参加华北社科联工作会、全国社科联第十八次学会工作会议、全国第十九次社会科学普及工作经验交流会等。

（河北省社科联　杨自新　刘雪伟）

水利管理

【概况】 2017年全省平均降水量478.8毫米，比上年减少117.1毫米，比多年平均值少52.9毫米，属偏枯年份。全省地表水资源量59.95亿立方米，地下水资源量116.34亿立方米，扣除地表水和地下水资源的重复计算量，全省水资源总量138.34亿立方米，比上年减少69.97亿立方米，比多年平均值减少66.35亿立方米。人均及亩均水资源量分别为185.19立方米和141.44立方米。全省总供水量181.46亿立方米，其中地表水工程供水量59.37亿立方米，地下水开采量115.92亿立方米，其他水源供水量为6.17亿立方米。全省总用水量为181.46亿立方米，其中农业用水量114.28亿立方米，林牧渔畜用水量11.78亿立方米，工业用水量20.33亿立方米，城镇公共用水量5.22亿立方米，居民生活用水量21.71亿立方米，生态环境用水量8.14亿立方米。分别占总用水量的63.0%、6.5%、11.2%、2.9%、11.9%、4.5%。总用水量的耗水量133.53亿立方米，耗水率73.1%。全省人均用水量243立方米。

2017年，河北省水利系统深入学习贯彻党的十九大精神，以习近平新时代中国特色社会主义思想为指导，全面落实中央和本省治水兴水重大决策部署，为建设经济强省、美丽河北提供了水安全保障：水利基础设施网络不断完善，南水北调中线配套工程完工，受水区全面切换长江水；引黄入冀补淀工程建成并试通水，开辟了白洋淀引水新通道。水生态修复力度加大，地下水超采综合治理试点圆满收官，超采问题得到初步遏制，作为长期举措进行持续推进；潘家口、大黑汀水库网箱养鱼全部取缔，引滦入津入唐水质明显好转。防汛抗旱能力全面提升，建立了山洪灾害气象预警发布机制，实现汛期零死亡。水利改革不断深化，水资源税征管机制全面建立并稳定施行，改革经验推向全国；省市县乡四级河长制全面建立。服务国家重大战略，为雄安新区规划建设提供水利技术支撑，向白洋淀进行生态补水，开展淀区及上游河道清洁行动；在贫困地区建设一批农村饮水和扶贫产业水利配套工程。

【规划计划】 （一）规划。编制了《河北省重点区域防洪规划》《滹沱河防洪整治工程规划（机场路至献县枢纽段）》《河北省京津冀协同发展水利专项规划实施意见》等一系列规划。编制《永定河综合治理与生态修复实施方案》，配合开展南水北调东线二期工程补充规划、大运河文化带建设规划、滦河河口综合治理规划、漳河干流岳城水库至徐万仓治理规划等一大批规划编制工作。

（二）计划。圆满完成了水利部确定的年度建设目标任务，到2017年底中央水利投资计划完成率86.5%，其中重大项目完成率90.9%，面上项目完成率85.1%。完成全社会水利投资304.4亿元。制定出台了《河北省财政水利发展资金使用管理实施细则》。

（三）项目前期。完成了乌拉哈达水利枢纽工程立项工作，组织完成南水北调中线防洪影响处理工程邯石段前期工作，完成多项江河主要支流治理项目立项审批，对50多项中小河流治理、小型病险水库除险加固的初步设计进行审批。

【雄安新区水安全保障】 坚决贯彻落实党中央国务院设立河北雄安新区的重大历史性战略决策，高标准、高质量、高水平开展雄安新区水利相关规划和专题研究工作，形成多项成果，为雄安新区总体规划提供了坚实的水利技术支撑。为确保雄安新区安全度汛，编制了雄安新区起步区应急度汛方案，专门召开雄安新区起步区安全度汛会议，组织开展了部队现场察勘和堤防应急抢护演练，确保了新区安全度汛。开展白洋淀及上游河道清洁、入河排污口专项整治，对各类垃圾堆积物进行清理，取缔关闭入河排污口，有效削减了入白洋淀污染物负荷。与有关单位签订了《引黄入冀（补淀）供水协议》，落实了白洋淀生态补水措施。在雄安新区周边区域开展地下水超采综合治理，加强新区上游水土流失治理。

【水政】 （一）立法与政务服务。《河北省农田水利管理办法》完成初稿报省政府，开展《河北省节约用水条例》立法前期调研。制定出台了《河北省水利厅规范性文件管理办法》，集中清理全省水利规范性文件。制定出台了《河北省水利厅行政审批管理办法》《河北省水利厅权责清单动态调整管理办法》，推进“互联网+政务服务”网络平台建设，23项水利政务事项全部实现网上办理。

（二）执法。制定《河北省水利厅水行政执法公示实施办法》《河北省水利厅水行政执法全过程记录实施办法》《河北省水利厅重大水行政执法决定法制审核实施办法》，拍摄了水行政执法示范片。编制完成了全国首个河道采砂安全生产省级地方标准——《河北省河道采砂安全生产技术规范》，与省公安厅联合开展打击非法采砂的“飓风行动”，开展了全省河道沙坑安全隐患排查整治行动。将水利重点部位信息监控纳入省综治办“雪亮工程”监控网络，被评为全省综治维稳平安建设优秀单位。

【水资源】 （一）水资源管理。2016年度最严格水资源管理制度考核名次大幅提升，被评为全国水资源管理先进集体。印发了《河北省水资源消耗总量和强度双控实施方案（2016－2020年）》。积极配合海委开展跨省江河水量分配工作，同时启动了省内跨界河流水量分配工作。重新划定全省平原区地下水超采区和禁采区、限采区范围。规范取水许可延续工作，大型灌区和5万亩以上重点中型灌区全部办理了取水许可。

（二）水资源保护。编制完成全省《入河排污口规范化建设方案》，并完成了227个入河排污口的综合整治。将240个年排放废污水10万吨以上和部分重点入河排污口全部纳入监测范围，组织开展重要饮用水水源地安全达标建设实施方案编制工作。积极推进水生态文明建设，邯郸、邢台两个试点城市通过水利部和省政府的验收。

（三）节约用水。制定印发了《河北省县域节水型社会达标建设工作实施方案》，完成了省级37家节水型企业、29家节水型居民小区的评定工作，命名了58家省级机关节水型单位。完成了全省107家钢铁企业取水定额的核定工作，补充修订了医药、电力生产、钢铁、电镀等四行业用水定额。

（四）水资源税改革。对“河北省水资源税取用水信息管理系统”进行了优化升级，持续完善水资源税征管机制，累计征收水资源税30亿元，较税改前同期水资源费增收1倍以上，税收的经济杠杆作用逐步体现，全社会节水意识普遍提高，水源结构得到优化，水资源管理能力显著提升。开展农业水资源税征收工作，确定了农业生产单位用水限额，公布了以电折水系数成果，完成了农业水资源税纳税人认定工作。

（五）潘大水库网箱养鱼清理。为切实改善潘家口、大黑汀水库水质，2016年底实施了潘大水库网箱养鱼清理工作。截至2017年5月底，清网清鱼工作全面完成，共清理网箱79575个、库鱼1.73亿斤。网箱养鱼清理后，潘大水库水质逐步好转，水生态明显改善。

【工程建设管理】 （一）重点工程建设。引黄入冀补淀工程完工，10月26日，完成通水验收，11月16日开始试通水。双峰寺水库完成扫尾，具备挡水条件。23条（段）中小河流治理、3条主要支流治理和22座小型病险水库除险加固工程扎实推进。

（二）水利工程建设管理。依托“河北省水利工程质量监督管理平台”，实现了全域全项目全要素覆盖；制定了《河北省水利工程建设质量预警办法》，对全省水利建设质量进行年度考核。出台了《河北水利厅省级水利稽察管理办法（试行）》，稽察项目60个。开展了全省水利工程招标投标不规范问题专项清理和水利工程建设领域保证金清理工作。

（三）水利工程运行管理。调整全省大型水库大坝安

全责任人，实施大中型水库库容曲线修测和特征值修正，制定出台了《河北省水库大坝安全鉴定督导管理办法》。完成迁安市河湖管护体制机制创新试点工作。新增国家级水利风景区1处、省级水利风景区3处。

【南水北调】 （一）配套工程建设。水厂以上2056公里输水管线全线贯通，具备了年消纳30.4亿立方米规划分水量的能力；新建地表水厂112座，加上原有16座地表水厂共计128座，现状年供水能力20.7亿立方米，与受水区当前城镇生活和工业用水量基本匹配。配套工程累计完成投资近600亿元。附属设施加快推进。全长2455公里的通讯光缆已铺设完成2060公里，851台（套）监测、检测设备已安装完成773台（套），187座现地站、管理处（所）等已建成97座（其中完成自动化系统的86座）。研究论证雄安新区供水规划方案，组织编制了《南水北调中线保障雄安新区供水工程方案》，对口门设置、线路布设、输水方式、备用水源等提出了工程方案，形成了保障新区近期和中远期供水的初步成果。开展廊坊市北三县供水工程和廊涿干渠固安支线前期工作，北三县供水工程可研报告正在编制；固安支线可研报告已经省发改委批复，正抓紧开展初步设计和开工前的准备工作。开展东线一期应急供水和东线二期规划论证研究。

（二）用水管理。认真落实省政府《关于建立健全水价调整补偿机制的意见》和《推进南水北调配套工程建设和江水利用实施方案》，督促受水区市、县政府认真履行三年过渡期供水协议；会同省住房城乡建设厅开展江水切换攻坚行动，128座地表水厂中126座实现了稳定供水。按供水年度（2016年11月1日至2017年10月31日）计，实际利用江水7.32亿立方米，比2015—2016供水年度（利用江水3.57亿立方米）翻了一番，超额完成了水利部下达的6.48亿立方米用水计划。按自然年度计，2017年全省利用江水10亿立方米，顺利完成了省政府确定的全年引用江水9亿立方米以上的目标任务。探索江水直供模式、投资渠道和水价政策，筛选了一批用水大户，并在邢台市率先试点，年内完成了3个直供工程建设任务。在黑龙港流域9县开展城乡供水一体化试点，实现农村生活饮用江水，替代高氟水、苦咸水。新增配套工程分水口门12个，完善退水通道18个。

（三）保障供水安全。组织完成了中线总干渠饮用水水源保护区划定和完善工作，颁布了《南水北调中线一期工程总干渠河北段饮用水水源保护区划定和完善方案》。配合水利部、中线建管局开展总干渠工程保护范围划定，沿线35个县（市、区）全部完成了政府公告和警示标志设立。经省政府同意印发了《河北省南水北调中线干线生态带建设规划》，协调落实补助资金，推动规划实施。建立安全供水保障体系，以省南水北调工程建设委员会名义印发了《关于进一步加强南水北调水质保障和工程设施保护工作的通知》，会同公安、环保、交通等部门印发了《河北省南水北调工程供水安全管理公告》。

【河长制】 2017年6月底，省市县乡河长制工作方案全部出台。共设立省市县乡四级河长1.5万名，初步建立了河湖全覆盖的河长组织体系，各级河长名单全部通过媒体向社会公告，4.1万块河长信息公示牌全部竖立，河长会议、信息共享、信息报送、工作督查、考核问责与激励和验收六项制度全部出台，并结合实际创新出台多项制度。省水利厅会同省环保厅为每位省级河长配备1名技术参谋，组织编制了《省级河长工作手册》，完成省级河湖“一河（湖）一策”方案初稿编制，搭建河湖信息资源共享平台。全省各级河长累计巡河、调研6.4万人次。

【防汛抗旱】 （一）组织部署。年初召开了全省防汛抗旱工作视频会议，省政府在汛前召开了全省防汛抗旱暨“三夏”生产工作电视电话会议，主汛期前又组织召开了主汛期再动员视频会议，对全年和阶段性防汛抗旱工作进行统筹安排和重点部署。省、市、县三级及时调整了防汛抗旱指挥机构，落实了行政首长分包重点防洪工程和抗旱工作责任制。

（二）工程措施。“7·19”洪水灾后重建水利项目全部如期完工，山洪灾害防治项目建设进展顺利，112个护村护地坝、水库闸门维修等应急度汛项目完成投资的80%。在全省组织开展了河道清障工作。

（三）非工程措施。汛前对66个山区县山洪灾害监测预警平台逐一进行了检测调试和维修养护。全省雨量监测数据更新时间由1小时缩短为5分钟，卫星云图、雷达拼图更新时间由1小时缩短为30分钟。建立了山洪灾害气象预警发布机制。全省大中型水库全部落实了卫星电话、超短波电台、移动电话、固定电话等四种通信手段。

（四）预案与备汛。重新修订了《河北省防汛抗旱应急预案》，细化完善了《蓄滞洪区运用预案》，全省防汛物资储备总额达到3.11亿元，全面落实军民联防联训机制，组建防汛专业抢险队伍156支、1.2万人。对新上岗的123名市县级防汛指挥长进行了培训。共组织各类应急演练200多期、约2.8万人次。

（五）指挥调度。先后5次启动省级防汛Ⅳ级应急响应，向预报雨情较重的市先后派出25批次工作组，对县级防办、小水库防汛值班值守情况进行检查。各山区县利用山洪灾害防治监测预警系统累计发送预警广播257次，向乡、村级责任人发送预警信息2.8万余条，紧急转移群众8000人。

（六）抗旱。引调黄河和岳城水库水量4.2亿立方米，紧急下达省级以上抗旱资金4500万元。抗旱高峰时，日投入抗旱人员330多万人，累计抗旱浇地9700万亩次，为农业增产增收提供了保障。

【农村水利】 （一）节水灌溉工程。编制了《河北省“十三五”新增1000万亩高效节水灌溉面积实施方案》，2017年度发展高效节水灌溉面积223.8万亩，超额完成国家下达任务目标。其中地下水超采综合治理水利项目总投资45.3亿元，整治河渠1495千米，防渗渠道990千米，清淤整治坑塘90座，新建扬水站点882处，改造灌溉面积266万亩。

（二）灌区续建配套与节水改造。向8处大型灌区下达投资计划5.1亿元，计划新增、恢复灌溉面积10.55万亩，改善灌溉面积113.39万亩，年内完成投资4.7亿元，投资完成率91%。实施了2016和2017两个年度的中型灌区节水配套改造项目，2016年项目基本完成，2017年项目投资完成率达到87%。

（三）农村饮水安全巩固提升。中央预算内农村饮水安全巩固提升投资1.47亿元，全部用于饮水问题突出、群众反映迫切的贫困村，共涉及22个县，年内完成投资1.36亿元，受益人口23.21万。同时，通过“7·19”特大洪水灾害农村饮水工程重建项目、地下水超采综合治理农村饮用水水源置换项目、美丽乡村建设等项目，全年农村饮水安全巩固提升受益人口205.92万，其中贫困村人口61.95万，建档立卡贫困人口14.35万。

（四）农田水利设施管护和机井管理。通过中国水权交易所、河北省农村产权交易中心和河北环境能源交易所等平台开展农业水权交易。新增水价改革面积450多万亩，累计达到1300万亩。6个农田水利设施产权制度改革和创新运行管护机制试点县改革任务全部完成。全省共排查整治存在安全隐患的取水井15万多处。

【水土保持】 省政府印发了《河北省水土保持规划（2016—2030年）》，计划到2020年新增水土流失治理面积11000平方公里，到2030年新增水土流失治理面积32500平方公里。2017年，依托国家水土保持重点治理工程，鼓励和吸引民间资本投入水土流失治理，全社会各行业各部门加强生态环境建设，全年共治理水土流失面积2198平方公里。其中，通过国家水土保持重点建设工程、坡耕地水土流失综合治理工程和京津风沙源治理工程治理水土流失面积630平方公里；与北京市在密云水库上游的滦平、丰宁、兴隆、赤城、沽源5县合作建设生态清洁小流域，2017年完成建设任务250平方公里。省级共审批大中型生产建设项目水土保持方案27个，验收生产建设项目水土保持设施48个。

【水利扶贫】 将水利投资向贫困地区倾斜，2017年向62个贫困县下达省级以上水利资金37.3亿元。印发《深度贫困地区水利设施改造提升专项推进方案》，着力提升10个深度贫困县饮水安全保障能力和农业生产水利设施服务水平。省水利厅选派综合素质好、工作能力强的45名干部组成15个工作组，对10个深度贫困县的15个村进行驻村帮扶。对62个贫困县水利局长进行培训。

【移民管理】 2017年共安排移民后扶资金11亿元，除直补外，统筹推进库区和移民安置区基础设施、产业开发、环境治理和美丽家园建设。联合省财政厅印发了《河北省大中型水库移民后期扶持基金项目资金管理实施细则》，印发《河北省水库移民工作廉政风险防控措施（试行）》，修改了后期扶持项目管理办法和省级后扶资金管理办法。配合水利部对双峰寺水库移民工作进行稽察，对发现的问题进行了全面整改。全面落实省联席办印发的《关于进一步加强潘大桃水库移民信访稳定的工作意见》，将水库移民信访稳定工作纳入省市县信访联席会议工作范围，妥善化解处置移民信访问题。

【农村水电】 2017年全省新增农村水电站装机容量140千瓦，年底全省水电站拥有量250处，装机容量39.61万千瓦，全年发电量6.1亿千瓦时。对7座农村水电站进行增效扩容改造。

【水利科技与国际交流】 在河北水利电力学院举办了2017年度河北省水利科技周活动，组织参加了到围场县“三下乡”科技服务活动。批准66个水利科研项目立项，先后组织完成了11个项目的验收工作。完成了河道采砂安全生产技术规范等13个地方标准的审定工作。接待了比利时东佛兰德省和荷兰南荷兰省两个省长代表团的访问，并组织召开了中荷合作十周年水安全保障与未来城市建设高峰论坛，先后组织2批次人员到荷兰、比利时进行水利技术交流。

（河北省水利厅　孔更辉）

环境保护

【概况】 2017年，在省委、省政府的坚强领导下，河北省环保系统紧紧围绕打好污染防治攻坚战，以改善环境质量为核心，大力推进大气、水、土壤污染治理和生态修复，深入开展环境保护体制机制改革，全面强化环保督察和执法检查，推动全省环境质量持续改善，圆满完成各项目标任务。在工作谋划上，省委、省政府召开全省大气污染综合治理大会，制定《关于强力推进大气污染综合治理的意见》和18个专项实施方案、《河北省2017—2018年秋冬季大气污染综合治理攻坚行动方案》及专项督察、执法检查、量化问责、信息公开、宣传报道等5个专项方案，印发《河北省“净土行动”土壤污染防治工作方案》，出台《河北省生态环境保护“十三五”规划》，明确当前及今后一个时期生态环境保护工作的时间表、路线图和施工单。在责任落实上，出台《河北省生态环境保护责任规定》和《河北省职能部门生态环境保护责任清单》，明确各级党委政府及其55个部门的248项生态环境保护责任和26个省直监管部门的151项职责，进一步完善了环境保护责任体系和问责机制，将环境保护目标任务分解落实到各级党委、政府和省直相关职能部门，层层签订责任状，形成一级抓一级、层层抓落实的工作机制。在推动落实上，成立了省委书记、省长为双主任的省生态环境保护委员会，省委常委会、省深改会、省政府常务会多次专题研究生态环境保护工作，省人大组织开展专项执法检查，省政协将“推进清洁取暖”列为1号提案，省纪委把大气污染综合治理列为“一问责八清理”重要内容。各级各部门协调联动、狠抓落实，社会各界大力支持、踊跃参与，全省上下形成了全面发力、群策群力、决战决胜的攻坚态势。2017年，全省$PM_{2.5}$平均浓度65微克/立方米，较2016年下降7.1%，较2013年下降39.8%，超额完成年初省人代会确定的较2016年下降6%和国家“大气十条”确定的较2013年下降25%的目标任务，其中10月1日至12月31日全省$PM_{2.5}$平均浓度67微克/立方米，与上年同比下降

37.4%，秋冬季空气质量为五年来最好。74 个国考地表水断面中，达到或好于Ⅲ类比例为 45.9%，较 2016 年提高 5.4 个百分点；劣Ⅴ类比例为 33.8%，较 2016 年下降 8.1 个百分点。二氧化硫、氮氧化物、化学需氧量、氨氮四项主要污染物均超额完成国家下达的减排任务。

【大气污染综合治理】 省委、省政府召开全省大气污染综合治理大会，出台《关于强力推进大气污染综合治理的意见》和 18 个专项实施方案，制定《河北省 2017—2018 年秋冬季大气污染综合治理攻坚行动方案》及专项督察、执法检查、量化问责、信息公开、宣传报道等 5 个专项方案，强力推进农村清洁供暖集中攻坚和燃煤小锅炉、“散乱污”企业、劣质煤流通、不达标车辆、扬尘污染、露天矿山集中整治十个专项行动，深入实施秋冬季大气污染综合治理攻坚。狠抓散煤污染治理，大力推进冬季清洁取暖，完成“气代煤”“电代煤”改造 253.7 万户，“禁煤区”基本实现散煤“清零”，淘汰燃煤锅炉 3.97 万台 5.8 万蒸吨，提标改造燃煤锅炉 311 台 2.1 万蒸吨。强力开展劣质散煤监管和煤炭市场治理，抽检散煤 8083 个批次，取消散煤销售网点 4828 户，取缔无照经营网点 2962 户。深化工业企业污染治理，压减炼钢产能 2555 万吨、炼铁 2066 万吨、煤炭 1125 万吨、水泥 261 万吨、平板玻璃 500 万重量箱、焦炭 808 万吨、火电 68.4 万千瓦，搬迁改造主城区重污染企业 46 家，完成重点行业企业 VOCs 治理 1737 家，排查整治“散乱污”企业 10.84 万家，其中关停取缔 68747 家、整合搬迁 898 家、整改提升 38785 家。严控机动车污染，坚持“车、油、路”一体化治理，全省港口停止接收公路运输集疏港煤炭，集中开展成品油市场和重型柴油车专项整治，传输通道城市加油站（点）全部供应国六车用汽柴油，淘汰老旧车 9 万辆，推广新能源汽车 4.3 万辆。强化扬尘污染管控，开展扬尘污染和露天矿山集中整治行动，治理建筑工地 5170 个、达标率 99.98%，设区市道路机扫率达到 78.3%，县城道路机扫率达到 73.6%，完成责任主体灭失矿山迹地修复绿化 255 处。严密监控和打击秸秆焚烧行为，组织开展秸秆禁烧和综合利用情况执法大检查，实行县乡分包责任制，因秸秆焚烧火点问题约谈通报 21 个县（市），处罚问责 371 人。科学有效应对重污染天气，出台《河北省重污染天气应急预案修订指导意见》，8 个传输通道城市均完成应急预案修订，对 5254 家企业实施错峰生产，有效实现削峰降速，秋冬季各市均未出现“爆表”现象。圆满完成党的十九大、“一带一路”国际合作高峰论坛等重点时段的空气质量保障任务。

【水污染防治】 优先保障水源安全，实施集中式饮用水水源地安全防护，清理整治违规项目，在岗黄水库、陡河水库等 5 个大型湖库型水源地一级保护区启动隔离防护试点建设，全面取缔潘家口、大黑汀水库网箱养鱼，共清理网箱 79575 个，处理库鱼 1.73 亿斤。深入开展重污染河流治理攻坚，强力推进入河排污口整治、城市黑臭水体治理、“十大”重点行业清洁化改造，161 家工业园区（开发区）完成污水集中处理设施建设，28 座城镇污水处理厂完成提标改造，37 个不达标水体全部完成达标方案编制，排查黑臭水体 43 条、完成整治 34 条，列入清洁化改造计划的 147 家企业全部完成改造任务。完善跨界河流生态补偿机制，增加考核因子，收严考核标准，加大奖优罚劣力度，扣缴省内跨界河流生态补偿金 1.99 亿元。全面排查整治纳污坑塘，对排查出的 6287 个坑塘，逐一建档立卡，制定整治方案，完成整治（管控）5558 个。推进近岸海域综合整治，开展秦皇岛海岸整治修复、七里海潟湖湿地生态修复和海洋生态环境监控三项重点工程，对全省海岸线进行拉网式排查，对非法排污口实施封堵，对 47 条入海河流全部实施水质监测。大力实施农村环境综合整治和畜禽养殖污染防治，3085 个村庄完成整治任务，规模畜禽养殖场（小区）配套建设废弃物处理设施比例达到 84.6%，禁养区中 700 个养殖场（小区）全部完成关闭或搬迁任务。实施预警惩戒机制，建立“单次通报、两次约谈、三次限批并实施问责”机制，每月以“一市一单”形式通报各市，对区域水环境质量恶化、水污染防治工作进展滞后的有关市政府进行约谈，对未通过水污染防治目标考核、近岸海域水质退化严重的市以及应建未建污水集中处理设施的 6 家工业园区，实施区域限批和预警。

【土壤污染防治】 省政府出台《河北省“净土行动”土壤污染防治工作方案》，成立由省长任组长的土壤污染防治工作领导小组和 15 位国家、省级专家组成的省土壤污染防治专家咨询委员会，与各市签订土壤污染防治目标责任书。启动全省土壤污染状况详查，制定详查工作方案、实施方案，对近 3 万个农用地详查点位进行核实，确定农用地土壤表层样品采样点位 22520 个，深层样品协同采样点位 176 个，农产品协同采样点位 7110 个，雄安新区率先完成农用地和重点行业企业用地土壤详查。雄安新区被列为国家级土壤污染综合防治先行区，石家庄市栾城区、辛集市被确定为省级土壤污染综合防治先行区。组织编制《河北省土壤污染治理与修复规划》和土壤污染综合防治先行区建设方案。在石家庄市栾城区、保定市清苑区等 11 个县（区）实施 13 个、近 1 万亩耕地污染治理修复试点项目。对搬迁关闭企业再开发利用场地进行排查，建立疑似污染地块名单，进行重点监控。先行从全省化工、焦化、制革等 10 个重点行业中筛选确定 296 家土壤环境重点监管企业，初步建立全省涉重金属企业清单。组织开展打击非法倾倒处置危险废物违法犯罪“雷霆行动”，抽查涉危企业 1972 家，查处各类环境隐患和违法违规问题 1831 个。开展打击非法入境洋垃圾专项行动，收回 29 家企业进口许可证，取消进口计划 13.88 万吨。实施皮革行业固体废物污染专项治理，组织开展制革行业固体废物资源化利用研究。建成固体废物动态信息管理平台，启动涉危企业安装环境管理智能视频监控体系建设。

【自然生态保护】 扎实做好生态保护红线划定工作，成立由省政府分管副省长为组长的河北省生态保护红线划定和管理改革专题组，出台《关于划定并严守生态保护红线的实施意见》，按照应划尽划、应保尽保的原则，与市、县、乡、村反复沟通，逐级审核确认，划定全省生

态保护红线总面积4.05万平方公里，占全省国土面积20.7%。严格自然保护区监管，深入开展“绿盾2017”专项行动，严厉查处全省自然保护区各类违法违规行为。塞罕坝绿色发展模式得到习近平总书记批示肯定，成为全国生态文明建设生动范例，被联合国授予2017年“地球卫士奖”。

【雄安新区生态环境治理】 省政府与环保部签署《推进雄安新区生态环境保护工作战略合作协议》，建立省部合作机制。省环保厅全力支持雄安新区规划建设，成立支持雄安新区生态环境保护工作领导小组和工作专班。组织编制雄安新区生态环境保护规划，制定《雄安新区及白洋淀流域水环境集中整治攻坚行动方案》《雄安新区及白洋淀流域水环境综合整治工作方案》和红线划定、土壤详查、纳污坑塘整治等8个配套工作方案。制定唐河污水库环境整治修复方案，对河道垃圾、排污口、污水处理厂等进行全面排查整治。争取中央和省水污染防治专项资金7亿元，集中实施“洗脸工程”，大力开展纳污坑塘、畜禽养殖、河道垃圾、黑臭水体、“散乱污”企业专项整治，白洋淀湖心区水质由上年的Ⅳ－Ⅴ类提升到Ⅳ类水质，雄安新区环境状况初步改观。

【环境执法监管】 积极推动修订《河北省水污染防治条例》，联合省公安厅、省法院、省检察院出台《关于加强环境保护行政执法与刑事司法衔接工作的实施意见》，进一步完善协调联动机制。织开展“利剑斩污”、大气污染防治强化督查、打击非法倾倒处置危险废物等一系列专项行动，集中查处了一批环境污染违法犯罪案件。统筹省市县三级监测监察执法力量，组织开展四轮大气污染综合治理专项督察和执法检查，采取混合编组、异地执法、交叉执法、巡回执法、夜查暗访等方式，检查企业（点位）7.4万个，查处涉气问题1.89万个，查办违法案件2215起。2017年，全省共立案处罚环境违法案件22060个、处罚金额11.09亿元，分别位于全国第3位和第2位，省本级环境违法处罚案件和处罚金额同比分别增长30倍和66倍，《环境保护法》四个配套办法执行情况首次实现了县（市、区）级全覆盖。严把建设项目环评审批关，2017年全省共审批项目环评17473个，涉及投资11403.5亿元，其中省级审批项目环评46个，涉及投资1401.3亿元。修订《建设项目环境影响评价文件审批程序规定》，建立“放管服”环评审批服务机制，组织开展环保违规项目清理整顿工作“回头看”，完成省级审批项目“三同时”验收清零。强化辐射安全监管，举行2017“核平－冀安”辐射事故综合应急演习，开展放射源安全检查专项行动，对全省5922枚放射源进行2轮全面检查，对1208枚省管高风险放射源进行4轮全面检查，查处问题隐患950个，收贮闲置废弃放射源438枚，建立全省放射源安全监管数据库。全面开展大气、水、危险废物、辐射、自然保护区等领域环境风险隐患专项排查整治，逐一建档立卡，逐一制定问题清单、责任清单、整改清单、效果清单，实施精准管控。联合京津开展环境隐患排查和突发环境事件应急演练，妥善处置辛集欧赛皮革硫化氢致人死亡事件、无极危化品倾倒致人死亡案件、张北危化品倾倒事件等多起突发事件。

【生态环境保护体制改革】 率先完成省以下环保机构监测监察执法垂直管理改革，上收干部管理、环境监察和环境质量监测事权，各市环保局实行以省环保厅为主的双重管理，县（市、区）级环保局调整为市级环保局的派出分局，跨区域设立六个环境监察专员办公室，设立省驻市环境监测机构，成立省环境综合执法局，各市县成立环境执法支队、环境执法大队，条块结合、各司其职、权责明确、保障有力、权威高效的环境保护管理新体制初步建立。完成对石家庄、张家口、承德、邢台、邯郸、唐山、保定和辛集市等8市的督察任务，实现省级环保督察全覆盖。出台《河北省生态环境保护责任规定》和《河北省职能部门生态环境保护责任清单》，明确各级党委政府及其55个部门的248项生态环境保护责任和26个省直监管部门的151项职责，进一步完善了环境保护责任体系和问责机制，将环境保护目标任务分解落实到各级党委、政府和省直相关职能部门。深化环境管理制度改革，在威县等6个县区开展建设项目环评文件备案制试点，出台《河北省控制污染物排放许可制实施细则》，完成火电、造纸、钢铁、水泥等15个行业排污许可证核发及证后现场核查工作，开发排污许可证后监管系统。积极推进排污权有偿使用和交易，完成排污权交易2259笔，出让金收入2.01亿元。建立重点污染企业名录，发布实施《河北省企业环境信用评价管理办法（试行）》，初步构建起“守信激励”和“失信惩戒”机制。

【环境保护能力建设】 出台《河北省生态环境保护“十三五”规划》，制定重点工作部门分工方案。持续加大资金投入，2017年中央财政支持河北环保专项资金81.93亿元、较2016年增加13.77亿元，省级财政安排环保专项资金26.17亿元、较2016年增加14.62亿元。石家庄、唐山、廊坊、保定、衡水等五市纳入北方地区冬季清洁取暖试点。着力强化环境科技支撑，制定医疗废物焚烧污染控制、生活垃圾填埋场恶臭污染物排放等地方环保标准、技术规范，编制大清河水系（含白洋淀）、子牙河水系、黑龙港及运东水系水污染物排放标准，成功举办环保产业展和大气污染治理技术对接交流会。新建194个县级空气质量监测站，实现每县两个监测站。1075个乡镇建成空气质量监测站，石家庄、廊坊、沧州、衡水、邢台、邯郸和定州、辛集市实现乡镇空气监测站建设全覆盖。持续加强环保队伍建设，深入开展机关作风整顿，组织开展“不思进取、不接地气、不抓落实、不敢担当”自查自纠专项整治，制定《优化营商环境十项承诺》《工作人员行为规范》等制度措施，出台《党员干部“八小时以外”监督管理实施意见》，严格落实中央八项规定要求。组织开展环境执法大练兵活动，通过评比先进、树立典型，营造“比学赶帮超”浓厚氛围，有效提升环境执法能力。举办20余期专题业务培训班，集中培训近千人次，进一步提高干部业务素质和综合本领。

【环境宣传教育】 集中开展大气污染综合治理“1＋18”文件宣讲培训，组织开展“美丽河北·最美蓝天卫士”推选活动，策划举办环保公众开放日、网友见面会等

“六·五”世界环境日主题宣传活动，引导公众有序参与环境保护工作。在河北日报、河北电视台、长城网、河北新闻网、省环保厅官网设立“大气环境突出问题举报平台”和“大气环境问题曝光台”，公开曝光一批典型环境违法案件。组织开展“守护蓝天记者行”、“治霾·京津冀在行动”、大气污染综合治理专项督察跟踪采访、“打赢蓝天保卫战”主题采访等活动，召开新闻发布会、媒体通气会11场，中央和省级主要新闻媒体刊发稿件1600多篇（条），全方位、多角度对河北环境保护工作进行宣传报道，在全社会营造了良好的舆论氛围。

（河北省环境保护厅　王锦慧）

国土资源监管

【概况】 截止到2017年12月31日，河北省土地调查总面积28288.71万亩，比2016年末增加0.26万亩，是唐山市零米线调整增加建设用地造成的。与2017年初数据比较，农用地由19603.84万亩减至19596.56万亩，净减少7.28万亩；建设用地由3328.28万亩增至3362.47万亩，净增加34.19万亩；未利用地由5356.32万亩减至5329.67万亩，净减少26.65万亩。以上地类分别占河北省土地总面积的69.27％、11.89％、18.84％。

按土地利用现状分类一级地类统计，耕地由9780.68万亩减至9778.29万亩，净减少2.39万亩；园地由1251.56万亩减至1248.38万亩，净减少3.19万亩；林地由6898.45万亩减至6894.53万亩，净减少3.92万亩；草地由4138.86万亩减至4127.52万亩，净减少11.35万亩；城镇村及工矿用地由2877.04万亩增至2906.97万亩，净增加29.93万亩；交通运输用地由646.65万亩增至650.66万亩，净增加4.01万亩；水域及水利设施用地由1273.93万亩减至1267.21万亩，净减少6.73万亩；其他土地由1421.27万亩减至1415.16万亩，净减少6.11万亩。

根据城镇地籍更新汇总数据，截止到2016年底，河北省城市和建制镇土地总面积381398.28公顷，其中，城市160202.51公顷，建制镇221195.77公顷。城市用地中，商服用地12583.25公顷，工矿仓储用地44533.14公顷，住宅用地53235.04公顷，公共管理与公共服务用地20141.18公顷，特殊用地3285.11公顷，交通运输用地21454.93公顷，水域及水利设施1762.12公顷，其他土地3207.74公顷；建制镇用地中，商服用地17746.02公顷，工矿仓储用地55866.92公顷，住宅用地89399.12公顷，公共管理与公共服务用地19283.75公顷，特殊用地1210.32公顷，交通运输用地29001.23公顷，水域及水利设施2331.88公顷，其他土地6356.53公顷。（注：因城镇地籍更新汇总工作需要利用年度土地变更调查数据，鉴于2017年度土地变更调查数据刚刚确定，城镇地籍更新汇总工作正在进行中，所以只能提供国土资源部确认的2016年数据）

河北省矿产资源丰富，截至2017年底，河北省已发现矿产130种，按亚矿种计算为158种。具有查明资源储量的矿产104种，按亚矿种计算为132种。列入《河北省矿产资源储量表》的矿产72种，按亚矿种计算为92种。上表矿产地1503处，较上年新增20处，按矿产大类划分：能源矿产166处，金属矿产880处，非金属矿产457处。煤、铁、金、钼、水泥用灰岩等河北省优势（竞争力较强的）矿产保有资源储量情况如下：煤炭229.92亿吨，居全国第12位；铁矿94.72亿吨，居全国第3位；金矿（金属量）261.34吨，居全国第17位；钼矿（金属量）82.88万吨，居全国第10位；水泥用灰岩55.83亿吨，居全国第12位。2017年河北省生产铁矿石1.516亿吨，原煤产量完成5657.43万吨，金年产矿石量277.4万吨。现有非油气矿山企业3066家，从业人数18.81万人，年开采矿石总量3.166亿吨，工业总产值达549.57亿元，形成了以冶金、煤炭、建材为主的矿业经济体系。地质灾害主要有崩塌、滑坡、泥石流、地面塌陷、地裂缝、海水入侵等。

河北省海岸线长487公里，管辖海域面积7200多平方公里。有海岛13个，海岛面积36.30平方公里。河北省沿海地区处于环渤海经济圈的中心地带，海洋生物、港口、原盐、石油、旅游等海洋资源丰富，气候环境适宜，海洋灾害少，是发展海水养殖、盐和盐化工、港口运输、滨海旅游等产业的优良地带，适合进行各种形式的综合开发，具有发展海洋经济的巨大潜力。目前主要海洋产业有滨海旅游业、海洋交通运输业、海洋渔业、海洋化工业以及海洋盐业等。

【服务京津冀协同发展】 支持雄安新区规划建设迈出新步伐。中央公布设立雄安新区后，迅速设立了厅工作专班，开辟雄安通道，由厅长牵头、一名副厅长负责，统一处理新区所有事务。研究梳理需国家支持的重点事项和支持政策，积极跑部对接，争取到一系列支持政策，国家核减了新区耕地保有量和基本农田保护面积，增加了新区建设用地规模。研究制定新区及周边土地管控措施，加大土地执法力度，维护土地管理秩序。开展新区土地利用总体规划编制工作和新区创新土地开发模式专题研究，与国土资源部有效对接并得到肯定。开展新区基础地质调查工作，为新区规划建设提供了翔实的地质调查数据。

助推重点领域率先突破。多次组织召开调度会，对未批先建的铁路、公路违法占地项目进行调度，加快用地组卷报批；实施差别化海域供给政策，严格限制高耗能、高污染、高排放项目用海，为京津产业转移和功能疏解提供承载空间；做好京津冀协同发展重大项目，特别是疏解北京非首都功能项目的用地用海保障工作。

积极支持张家口冬奥筹办。专项安排支持崇礼冬奥及其相关项目用地指标，做好崇礼铁路等重点项目的用地预审、矿山关停和生态治理等工作，在奥运交通走廊及赛场周边开展了矿山地质环境恢复治理示范工程。

【助力脱贫攻坚】 支持政策发挥显著作用。以土地政策助力脱贫攻坚，对全省46个国定贫困县（含涿鹿县赵家蓬区）继续实施并进一步深化了占补平衡等政策措施，在增减挂钩节余指标流转使用上，允许全省17个省级扶贫开发工作重点县享受国定贫困县同等政策。年内，共安排脱贫攻坚用地指标3.7万亩，贫困地区增减挂钩项目共产生节余指标3923亩，建成高标准农田165.53万亩，新增耕地8.22万亩；贫困县转让补充耕地指标3.38万亩，获得收益50.84亿元。

帮扶丰宁县年度任务目标圆满完成。细化厅扶贫工作领导小组分工，制定帮扶工作方案，加大用地支持力度，开辟行政审批绿色通道，落实“五包一”牵头责任部门职责，建立联席会议制度，主动分解并协调推动有关部门落实帮扶任务，全力助推丰宁脱贫攻坚，得到袁桐利常务副省长的充分肯定。

驻村帮扶工作取得初步成效。安排三个工作组进驻丰宁县头道沟村、喇嘛波罗村和大下营村工作，开展了两次一帮一慰问，谋划开展了4500余万元的土地整理项目，解决资金来源、养殖模式、销售渠道等难题，“杜泊羊”养殖初具规模，因地制宜规划实施了光伏发电、地热开发、农家乐等项目。

【资源保障】 全力保障资源要素供给。国家下达河北省2017年新增建设用地计划指标27.10万亩，全年共批准建设用地转用征收25.7万亩，供应建设用地38.43万亩，批准项目用海2000亩。研究制定了《关于保障土地供给促进固定资产投资的意见》《河北省重点项目用地指标奖励试行办法》，保障全省固定资产投资落地。

土地利用总体规划调整完善基本完成。省级和6大城市规划指标分解方案已经国务院批准，10个设区市级、156个县级调整方案获得省政府批准，用地空间布局进一步优化，建设用地空间和生态用地空间进一步拓展，土地供给质量和效率进一步提高。

改进地质找矿工作。加强综合地质调查评价，增加找矿信息储备。优选地质找矿选区，创新找矿技术方法，适度推进矿产勘查。积极推进绿色勘查，加大洁净能源、新能源、“三稀”及战略性新兴矿产的勘查力度，今年新增14个探矿权全部为地热探矿权，地热采矿权由2013年的57个增加到目前的402个。

【耕地保护】 耕地保护目标责任落实。坚持耕地数量质量生态“三位一体”管护，完善耕地保护责任目标考核办法，建立“党委领导、政府负责、部门协同、公众参与、上下联动”的共同责任机制，各级人民政府逐级签订了2017年耕地保护责任书。

永久基本农田划定。自国家部署开展永久基本农田划定工作以来，认真贯彻有关政策要求和技术标准，积极开展了“落地块、明责任、设标志、建表册、入图库”五项任务，2017年完成了永久基本农田上图入库、落地到户等工作，进一步优化了全省永久基本农田空间布局。永久基本农田数据库全部通过国家质检复核。全省共划定永久基本农田7770.30万亩，比国家下达河北省的保护目标多出45.30万亩，成果质量和工作进展均处在全国先进行列。划定后，全省纯耕地率由92.20%提高到96.93%，耕地质量等别由10.85提高到10.74。

耕地占补平衡。按照国家对加强耕地保护和改进占补平衡的精神要求，结合全省耕地后备资源不足、资源禀赋差、建设占用需求量大等实际，采取积极措施落实占补平衡、占优补优。经省政府同意，以省厅名义印发了《关于将有关部门和群众自行开垦的耕地用于占补平衡的的意见》（冀国土资规〔2017〕4号），在破解占补平衡难题上实现了突破。年内，全省占补平衡项目立项725个，预计产生新增耕地28.17万亩；验收项目586个，实现新增耕地20.87万亩，与2016年同期相比增长了15%，超额完成20万亩补充耕地任务。

高标准基本农田建设。根据《河北省高标准农田建设总体规划（2015－2020年）》，综合考虑各地“十二五”期间建设任务、实有耕地和永久基本农田面积、脱贫攻坚等因素，印发了《河北省国土资源厅关于下达“十三五”高标准农田建设任务的通知》（冀国土资发〔2017〕52号），下达各市以土地整治方式建设高标准农田任务1298万亩。为加快全省高标准农田建设，建立了专项督导机制，2017年全省立项高标准农田建设项目51个，预计建成高标准农田90万亩；验收项目249个，建成高标准农田面积705.9万亩。

土地复垦监督管理。为强化国土资源管理部门对土地复垦义务人复垦工作的监督管理，督促生产（建设）单位积极履行土地复垦义务，对2010－2017年生产建设项目土地复垦履行情况进行了督导检查。落实土地复垦方案审查工作，年内省级共完成52个项目土地复垦方案的审批。

耕地质量等别年度更新与监测评价。建立省、市、县三级联动工作机制，明确各级目标任务、工作要求、时间节点，制定工作方案，落实工作经费，组织技术培训，开展全省耕地质量等别年度更新与检测评价工作。在2016年度耕地质量等别更新成果的基础上，完成耕地质量等别年度监测评价试点工作，探索监测评价的指标、方法、程序，完成耕地质量等别年度监测评价试点研究报告，向国家提交了更新评价数据库、图件等相关资料。

【海域管理】 严格围填海和海岸线管理。全面贯彻落实《围填海管控办法》《海域无居民海岛有偿使用意见》和《海岸线保护与利用管理办法》，研究起草了《关于＜海岸线保护与利用管理办法＞的实施意见》，严格控制围填海规模。组织开展了未确权填海造地历史遗留问题数据核查、海底电缆管道数据收集。开展海域海岸线动态监视监测工作，对4个涉及危化品的用海项目进行了督导检查，全部整改到位；开展海岸线调查统计工作，印发《河北省海岸线调查统计工作实施方案》，年底前完成外业调查和报告编写，调查成果通过了专家评审。

扎实做好海域海岛海岸带整治修复和海岛管理。围绕建设“美丽海洋”总目标，加快推进蓝色海湾项目和石河南岛项目实施，协调曹妃甸龙岛西段保护与开发利用示范项目、河北省石河南岛生态保护与修复项目调整了实施方案，对北戴河近岸海域环境综合整治部分项目

进行了验收，蓝色海湾行动取得了较好成效，得到了中央领导的充分肯定。10月20日，按照国家海洋局要求，北海分局和省、唐山市、乐亭县海洋部门组成联合查验组，对8个疑似灭失海岛开展了现场查验，经现场拍照、测量及遥感图分析，查验报告提交国家海洋局审核。11月6日，国家海洋局在上海召开专家审查会，确认河北省5个海岛为自然灭失，3个海岛岛体形态发生变化，海岛属性仍然存在。

认真做好海洋经济运行监测。扎实开展海洋经济运行与监测工作，按时完成海洋经济统计数据年报、季报和重点涉海企业月度直报。根据国家海洋局开展市级海洋生产总值核算的要求，印发《河北省市级海洋生产总值核算工作方案》，确定了核算范围、采取基础数据、确定核算方法，形成了初步核算成果。根据国家发改委、国家海洋局《关于促进海洋经济发展示范区建设发展的指导意见》和《关于开展海洋经济发展示范区建设有关工作的通知》要求，选定沧州临港经济技术开发区、唐山南堡经济开发区和秦皇岛北戴河新区3家，向国家递交了申报材料。扎实开展全省第一次全国海洋经济调查工作，印发《河北省第一次全国海洋经济调查实施方案》，集中开展了海洋经济调查人员业务培训，召开全省海洋经济调查动员部署视频会。5月，国家海洋局对省本级和廊坊市、三河市海洋经济调查工作进行督导检查，给予了充分肯定。《中国海洋报》《河北日报》、河北新闻网、河北电视台等新闻媒体对全省第一次全国海洋经济调查工作进行了宣传报道。

【节约集约用地】 开展土地节约利用考核工作。6月下旬至7月初，省考核领导小组办公室组织相关单位组成五个考核组，对各市（含定州和辛集市）2016年度土地节约利用情况进行了考核。考核综合成绩前五名的市分别为：衡水市、廊坊市、沧州市、石家庄市、邯郸市。省管县第一名为辛集市。土地节约良好的市有9个（包括辛集市、定州市），土地节约考核全部合格以上。

积极处置批而未用土地。下发《河北省国土资源厅关于加快处置2014节约集约专项督察闲置土地的通知》（冀国土资传〔2017〕11号），明确处置范围、处置标准和处置要求，实行闲置土地处置整改月报制度，督促各地加大工作力度，尽快完成整改。结合2017年度国家土地督察北京局例行督察发现问题整改，督促各地采取有效措施处置批而未供和闲置土地，年内各地处置监测监管系统疑似闲置土地1.3万余亩。

加强土地利用开发监测监管。依托部监测监管系统和预警—督办反馈机制，及时处置各类预警督办信息，规范出让行为。按季度通报各地供地率、闲置土地、土地利用动态巡查等情况，并将相关情况抄送各设区市人民政府。

开展城市建设用地节约集约利用评价。根据国土资源部土地利用管理司《关于汇交城市建设用地节约集约利用评价成果（中心城区初始评价部分）的通知》要求，组织省规划院对参评城市中心城区建设用地集约利用潜力初始评价成果进行汇交。安排部署国家级开发区开展评价更新，13个国家级开发区土地集约利用更新评价成果上报中国勘测规划院。

推进全省城镇低效用地再开发。召开全省城镇低效用地再开发研讨会，研究讨论专项规划编制细则，指导相关市县按照国土资源部明确的范围和要求编制专项规划，组织相关处室共同核定了定州市、辛集市城镇低效用地再开发专项规划。

房地产用地调控。加强土地市场及地价监测分析。按季度组织指导编写2017年河北省土地市场动态监测分析报告和河北省城市地价动态监测报告，准确把握市场形势。严格落实部房地产用地分类调控政策，按要求上报了全省“五类”调控名单。

合理编制国有建设用地供应计划。督促各地编制并调整2017年度国有建设用地供应计划，并在门户网站向社会公示。要求各地根据当地库存实际情况对住房用地供应计划进行调整。对棚户区改造用地落实情况实行月调度，落实棚改用地，充分满足全省棚改任务用地需求。

【生态文明建设】 推进土地资源节约利用。年内全省挖潜利用供应存量建设用地8.82万亩，处置批而未用土地1.4万亩，2012－2016年5年全省平均供地率提升至67.49%。完成了对各市2016年度土地节约利用工作的考核，全省单位国内生产总值建设用地使用面积下降了5%。完成了31个城市建设用地和13个国家级开发区土地节约集约利用评价更新工作，省内两个节地典型案例在全国推广。

开展露天矿山污染深度整治专项行动。采取强化指导、督导、通报、约谈等综合措施强力推进，完成修复绿化矿山300处、1.33万亩，提前超额完成年度任务；停产整治1170个有证露天矿山，经整治环保达标61个、关闭85个，1024个因环保仍不达标矿山继续实施停产整治。矿山环境治理走在全国前列。

改进矿政管理措施。坚守生态保护红线，强化资源管理对自然生态的源头保护作用，实施严格保护优先制度，把绿色发展贯穿于矿产资源勘查开发的全过程，矿业权实施减量化管理，严格矿业权出让，严控协议出让，继续暂停露天采矿权新设、扩界审批，新设采矿权数量继去年继续呈现下降态势，矿山数量进一步减少，矿产资源开发利用结构进一步优化。截至年底，全省采矿权总数量为3104个，采矿权总数量比去年年底下降18.7%。探矿权数量737个，探矿权总数量比去年增长2.58%，增长部分均为地热、矿泉水探矿权。全年共办理探矿权审批手续79宗。坚决支持淘汰过剩落后产能煤矿，对长期停工停产，安全程度保障程度低、风险大的32处煤矿（井）及时注销关闭煤矿采矿许可证，停止煤矿划定矿区范围审批。不再安排露天开采矿产勘查，不再在生态环境脆弱地区安排勘查项目，勘查工程全面退出自然保护区。对自然保护区内的矿业权进行全面摸底调查、分类梳理，对位于国家级自然保护区内的12宗矿业权，提出了分类处置的意见。做好地质灾害防治工作，加大核查排查力度，加强群测群防和预警预报等措施，最大限度减少和避免地质灾害损失，连续四年实现“无重大人员伤亡，无重大财产损失”。

加强海洋环境保护。全面推进生态用海，全面暂停受理、审核围填海项目。加大北戴河近岸海域综合整治修复力度，开展了北戴河海域海洋环境专项执法行动和暑期办公执法行动，北戴河重点浴场海水符合一类水质标准天数比去年同期平均提高了11.5%，赤潮发生较去年同期下降33%。北戴河近岸海域环境改善得到中央领导好评，省暑办致函感谢。

【国土执法】 开展清理违法占地专项行动。省委书记亲自研究、亲自推动，省委省政府印发工作方案，省政府召开清理违法占地专项行动推进会，各地书记挂帅、党政同责，强力推进拆除和用地手续补办工作，全省违法占用耕地整改成效明显。

配合做好两项国家督察工作。省政府高度重视国家对河北省开展的土地督察和海洋督察，许勤省长、袁桐利常务副省长出席了分别召开的推进会和动员会，省市县一级联动，全力推进督察发现问题整改。土地督察，共整改问题9545个，补发征地补偿款18.85亿元，追缴土地出让金、违约金2405万元；查处整改违法用地面积50.45万亩，收缴罚款2.31亿元。海洋督察，全省共向督察组提供相关文件、会议纪要、各类规划等档案材料4200多份，海域使用审批、海洋执法等卷宗200多份，督察组指出的8个方面问题整改结果得到国家海洋督察组充分肯定，省政府向国家海洋局反馈了海洋督察意见书修改意见。

持之以恒狠抓日常执法。认真开展“强化日常执法年”活动，徐水构建“党政同责、镇村主体、网格监管”网格化执法监管体系的经验做法被国土资源部总结推广。年内，对27宗重大典型违法占地案件和6宗重大典型违法采矿案件挂牌督办，开展“海盾2017”、“碧海2017”专项执法行动，立案查处海洋违法案件18宗、处罚6.87亿元。

此外，开展了全覆盖排查整治“问题地图”专项行动，制定了《河北省地图管理办法》，发布了河北省第一次地理国情普查成果，数字城市和智慧城市建设稳步推进。

【国土资源领域改革】 改进占补平衡工作成效显著。加大供给侧结构性改革力度，补齐耕地占补平衡短板，保障发展用地。研究起草了《关于加强耕地保护和改进占补平衡的实施意见》《关于将有关部门和群众自行开垦的耕地用于占补平衡的意见》等文件，构建多渠道落实补充耕地任务，以补改结合落实占一补一、占优补优的新机制。年内，全省共补充耕地约21万亩，其中自行开垦耕地5.1万亩，占年度补充耕地的24%；以“算大帐”方式审批占用耕地2.1万亩，占全年批准占用耕地面积的14.3%。

定州土地制度改革试点稳步推进。在实行新的征地工作程序、给予被征地农民长期多元补偿、土地增值收益分配以及农村集体经营性建设用地入市等多个方面，有侧重、有针对性地进行实践探索，累计批复征地4914亩，集体经营性建设用地入市3宗、46亩。定州市改革经验做法得到中央深改办、国土资源部充分肯定。

不动产统一登记不断完善规范。全省共设立登记经办机构147个，一般登记业务办理时限全部压缩至20个工作日以内，共颁发新版产权证书110.8万本、登记证明82.4万份。168个县（市、区）完成存量数据整合汇交，全省所有县（市、区）全部完成纸质资料和电子资料移交，全省所有市县全部接入国家级信息平台，共上传登记信息126.2万条。

石家庄国有土地二级市场试点进展顺利。会同省财政厅、省农业厅等有关部门和石家庄市政府，制定了完善建设用地使用权转让、出租、抵押二级市场试点实施方案，指导石家庄市有序开展工作。11月28日，石家庄市二级交易中心正式挂牌运行。

【党风廉政建设】 扎实学习贯彻党的十九大精神。把学懂、弄通、做实党的十九大精神作为首要政治任务，切实用十九大精神统一思想和认识。一是同步进行。十九大召开期间，及时认真收听收看大会盛况，聆听习近平总书记所作的重要报告，并根据十九大会议进展不断跟进学习。二是持续推进。制定了学习计划，认真组织开展学习活动，特别是对涉及的国土资源有关论述，做到先学一步、多学一点。三是全面展开。印发了《关于开展“迎接十九大，宣传十九大，贯彻十九大”主题系列活动方案》，建立支部微信群共享学习资料和成果，聘请专家学者辅导授课，举办三期培训班。四是领导带头。由厅领导带队的8个宣讲组深入基层宣讲，党组理论学习中心组两次召开专题学习会深入学习。把学习党的十九大精神与学习《习近平谈治国理政》第一卷、第二卷和《习近平：新时代的领路人》长篇通讯结合起来，推动学习贯彻党的十九大精神系列活动不断向深入发展。

全面从严治党主体责任和监督责任落实有力。一是坚持巡察全覆盖。年初成立三个巡察组，完成了对13个市局、12事业单位的巡察，及时发现问题，督促整改纠正，促进工作开展。巡察工作实现了三个“提升”：由重点巡察提升到全覆盖巡察，由针对廉政纪律和作风建设的巡察提升到以政治巡察为引领的多方位巡察，由针对领导班子的巡察提升到对整支队伍特别是对制度、体制、机制建设的巡察。二是坚持监督全天候。制定了《行政执法公示规定》《行政监督检查全过程记录规定》《督促检查工作规定》等10余项规定，强化工作检查督导，强化权力风险防控。三是坚持反腐零容忍。锲而不舍落实中央八项规定，严查严惩“四风”、作风纪律和“微腐败”问题，开展“一问责八清理”专项行动，全面从严治党向纵深推进、向基层延伸，政治生态进一步优化，干部队伍形象进一步提升。

（河北省国土资源厅　杨淑梅）

地理信息

【概况】 2017年，河北省测绘地理信息行业单位完成测

绘服务总值37.43亿元。省地理信息局在2017年度全国省级测绘地理信息主管部门绩效考核中名列全国第六，被国家测绘地理信息局评为优秀单位。

主动服务雄安新区建设，完成雄县、安新、容城及周边地区1：1000数字正射影像图560平方千米，1：2000数字正射影像图2905平方千米、1：1000比例尺地形图185平方千米、1：2000比例尺地形图280平方千米，提供467幅1：1万地形图数据和39幅区域行政图。成立雄安新区建设地理信息保障工作领导小组及工作机构，抽调业务骨干50人常驻雄安新区开展航飞和测绘工作。经国家测绘地理信息局批准，成立京津冀地理信息科技创新联盟，举办“智慧雄安时空大数据助力雄安新区建设高端论坛”。

落实《河北省地理信息事业发展“十三五”规划》，完成2018年1.01亿元财政预算项目立项、评审及入库工作，完成6000多幅1：10000数字线划图地物要素更新、13万平方千米1：10000数字地面模型采集，编制完成《国家应急测绘保障能力建设项目河北单项工程实施方案》。全省13个市（含定州、辛集市）和139个县（市、区）启动数字城市建设工作，其中11个设区市和27个县（市、区）竣工验收；40个县（市、区）通过市级预验收。

认真贯彻新修订的《中华人民共和国测绘法》，制定印发通知和实施方案，利用专题汇报、工作报告等形式，向省委省政府及有关部门进行报告、宣讲，举办全省县级以上管理部门和行业甲乙级单位新《测绘法》培训班。《河北省地图管理办法》经省政府颁布实施。

探索新型基础测绘体系建设，科学制定航空航天遥感影像获取年度计划，全年获取高分二号卫星影像一次、获取了资源三号卫星影像4次、申请并完成石家庄市地区2300平方千米0.1米分辨率国家基础航空摄影。不断探索利用多源数据缩短1：10000基础地理信息数据更新周期，常态化开展利用大比例尺地形图更新1：10000DLG全要素信息工作，完成利用地理国情普查成果更新全省1：10000DLG地物要素信息工作，开展利用高精度数字地面模型更新1：10000DLG地形要素信息工作。

省政府召开新闻发布会，公布河北省第一次地理国情普查公报。围绕雄安新区建设、资源环境及生态管理、重大自然灾害防治等开展地理国情专题监测。开展禁种铲毒监测，夏秋季秸秆禁烧、纳污坑塘应急监测，地理信息工作纳入河北省防灾减灾救灾体制机制改革范畴。

【法制建设与市场监管】 省地理信息局制定印发《关于学习宣传贯彻新修订的＜测绘法＞的通知》和《学习宣传贯彻新＜测绘法＞工作实施方案》学习宣传贯彻新《测绘法》，先后举办全省测绘地理信息管理干部和行业甲、乙级单位新《测绘法》培训班，培训人员350多人，指导各地市举办测绘法培训班。省政府颁布实施《河北省地图管理办法》，加快《河北省实施＜中华人民共和国测绘法＞办法》修订进程。制定出台《关于进一步加强测绘资质和信用管理有关工作的通知》《关于加强测绘地理信息行业信用管理健全信用征集发布工作机制的通知》等规范性文件。

省地理信息局印发《2017年河北省地理信息普法依法治理工作要点》，部署2017年普法依法治理工作。印发《关于开展2017年测绘法宣传日活动的通知》，对宣传日活动进行部署，8月29日，省国土资源厅、省地理信息局、石家庄市国土资源局领导现场参加主会场活动，活动期间全省各地共设立宣传站点400多个，悬挂横幅标语1200多条，制作宣传展板1000多块，发放宣传品8多万张。

省地理信息局开展“五位一体”综合执法检查，完成16家甲级单位、57家乙级单位的检查工作，并向21家测绘单位发出整改通知书，责令限期整改。据不完全统计，全省2017年开展重大专项执法行动7次，累计开展执法检查603起，查处各类违法案件150起。据新《测绘法》修订的内容，推进“放管服”改革，对行政权力清单、罚没事项清单和市场主体行政审批后续监管清单进行清理，确立71项行政权力事项、36项罚没事项以及7项行政审批后续监管事项。制定印发《关于进一步贯彻实施行政执法全过程记录制度的通知》《河北省地理信息局重大执法决定审核制度》《河北省地理信息局行政执法公示制度》《河北省地理信息局实施查封扣押行为规范》，初步建立三项行政执法制度框架体系。推动测绘地理信息行业信用管理平台与河北省公共信用信息共享平台的对接。

【基础测绘】 省地理信息局建成河北省北斗导航定位网，实现京津冀地区卫星导航定位基准站数据资源共享和定位导航服务系统的协同服务，形成区域协同服务机制。省级测绘地理信息成果全部完成2000国家大地坐标系转换并通过国家测绘地理信息局的质量检验。探索利用多源数据缩短1：10000基础地理信息数据更新周期，完成全省3525幅1：10000数字线划图专题要素更新；更新省级基础地理信息数据库；开展多尺度基础地理信息数据联动更新试验。与国家测绘地理信息局卫星测绘应用中心签订卫星影像获取合作协议，河北省卫星影像二米级数据每季度一推送，亚米级数据一年一推送，实现资源三号等测绘卫星影像数据的高效利用，完成全省范围高分二号数据的获取、3期资三数据获取。

全省11个设区市和141个县（市、区）全部立项启动数字城市建设，11个设区市和40个县（市）完成建设任务并竣工验收，59个县（市）正在建设，成果在政府决策、应急救援、防灾减灾、部门管理、百姓生活等多个领域得到应用。市级数字城市建设完成110个部门应用系统的对接，县级数字城市建设完成386个部门应用系统的对接。省地理信息局印发《关于推进数字城市向智慧城市转型升级的通知》，石家庄市获国家测绘地理信息局批准成为全国智慧城市时空信息云平台建设试点城市，落实经费5958万元。

【地理国情普查监督】 9月19日，省政府召开第一次地理国情普查第二次领导小组会议，审议通过全省第一次全国地理国情普查工作情况报告和第一次全国地理国情普查公报；9月29日，召开河北省第一次全国地理国情普查成果新闻发布会，各类新闻媒体进行报道，引起社会普遍关注。“建立地理国情常态化监测体系”列入《河北省基础测绘“十三五”规划》，计划每两年开展一次基础性地理国情监测，每年开展专题性地理国情监测任务。根据国家测绘地理信息局下达的“2017年国家地理国情监测项目生产计划”，完成石家庄、沧州、衡水、邢台、邯郸、辛集共计61547.17平方千米的基础性地理国情监测工作。按照河北省省政府安排，开展夏秋季秸秆禁焚监测、禁毒铲毒监测、纳污坑塘监测等专题性监测任务。

【地图管理与地理信息成果应用】 省地理信息局联合14个相关部门开展全覆盖排查整治“问题地图”专项行动，省政府办公厅印发《河北省全覆盖排查整治“问题地图”专项行动工作方案》，成立省全覆盖排查整治“问题地图”专项行动领导小组，累计共排查789家政府网站，其中有13家存在不规范使用地图的现象，全部责令限期整改。对12家出版社、318家报刊社进行排查，未发现错标、损害国家主权、领土完整、刊登敏感信息、涉密信息等问题。整改171起在实地检查中发现的不规范使用地图的“问题地图”展牌、宣传品等，共检定静态图片72820张，判定为非地图图片70623张；搜索网站989个，并及时查处违法违规行为并按时上报监管信息，实现全省排查整治“问题地图”全覆盖。

省地理信息局全年共主动为省委省政府领导决策提供各类用图，累计超过150多次，图件超过1000幅，包括雄安新区雄县、容城、安新县域地图、京津冀行政区划图、京津冀综合交通图等代表性用图。

推进“天地图”建设与应用，完成与雄安新区、省安监局、省公安厅三个“天地图·河北”前置系统的集成部署。到河北工程大学、河北经贸大学、省铁道职业技术学院等高校开展“天地图·河北”走进大学校园专题宣传活动，与省安监局、省工信厅、石家庄市公安局等部门深入交流天地图的数据情况。加强测绘资质单位成果汇交管理，全年汇交530套地理信息成果副本，利用测绘资料档案管理系统，定期向社会发布；受理测绘成果使用申请292项。投资近500万元建设完成河北省基础地理涉密信息系统。

【科技创新与国际合作】 省地理信息局出台《关于加强地理信息科技创新的意见》和《河北省地理信息科技发展“十三五”规划》。牵头成立由京津冀三地测绘地理信息主管部门、科研机构和企业19家单位联合组建的“京津冀地理信息科技创新联盟”，举办“智慧雄安时空大数据助力雄安新区建设高端论坛”，国内测绘地理信息主管部门以及行业代表400多人参加论坛。与河北经贸大学、河北中色测绘科技有限公司成立河北省经济社会发展地理信息大数据工程技术研究中心，经河北省编办批准成立河北省空间地理大数据中心，全面推进全省时空大数据的挖掘、分析和应用。

加强测绘地理信息标准化工作，编制地方标准《1∶500 1∶1000 1∶2000基础地理信息地形要素数据规范》，报送省标准委审批。推进对外合作与交流，安排人员随国家测绘地理信息局代表团赴芬兰赫尔辛基参加国际测量师联合会（FIG）大会2017年第79届工作周会议。落实《河北省地理信息人才发展“十三五”规划》，1名同志评为国务院特贴专家，全省共有注册测绘师576名，已完成审核注册527人。联合省人力资源和社会保障厅举办第五届全省测绘地理信息行业职业技能竞赛。

（河北省地理信息局 王军国）

工商行政管理

【概况】 2017年，河北省工商局全系统以党的十九大精神和习近平总书记系列重要讲话精神为指针，以商事制度改革为主线，以“四个专项行动”为抓手，全面贯彻落实省委、省政府和国家工商总局的决策部署，扎实推进各项工作开展，取得明显成效。省局被省委、省政府领导批示表扬10余次，在省委、省政府和总局召开的会议上作典型发言17次，省级以上媒体宣传报道248篇（次）。

党的十八大以来，经过持续不断、逐步深化改革，全省商事制度发生了根本性变革，极大激发了市场活力和创造力，为市场主体繁荣发展提供了制度性保障。省政府制发相关政策性文件11个，组织召开了全省推进“多证合一”改革现场会，省局加强对各地的支持指导，联合省直13个部门对各市进行全面督查，并以省委改革办名义通报全省，推进“多证合一”改革向纵深拓展。并完善企业名称网上办理系统，向石家庄、保定市下放冠“河北”企业名称预先核准权，进一步提高了企业名称登记效率。全面推广企业登记全程电子化，共核发电子营业执照8393张。推进实施企业简易注销改革和个体工商户简易注销试点改革，共办理简易注销登记近9000户。加强窗口建设，认真落实“四零”服务承诺制，在全系统开展“提质提效、文明服务”创建竞赛活动，省局注册大厅被省直工委评为“十佳窗口”。结合各地成立行政审批局的实际，加强支持指导，鼓励推行并联审批、证照联办、证照同办等方式，推进市场准入便利化。同时事中事后监管开创新局面。

2017年是全系统开展“四个专项行动”的第三年，各级坚持上下协调联动、强力推进，品牌效应更加显现。市场主体大幅增长。凭借商事制度改革的强大动力，充分运用“四个专项行动”有力东风，极大促进了市场主体大幅增长和繁荣发展。每年市场主体新增95万户以上。进一步完善建设小微企业名录系统，公示小微企业扶持政策等各类信息624条，系统访问量达54万余人次。积极采取动产抵押、商标专用权质押、股权出质登记等措施，帮助1万余家市场主体融资3000余亿元。制度机制不断完善，行政执法扎实开展。消费维权迈上新台阶。消费者至上的理念进一步树立，消费维权法律制度进一

步完善，社会共治的消费维权新格局进一步形成。

【法制建设】 加大干部教育培训力度。省局举办“河北工商讲堂”12期、各类培训班43期，培训人员1.4万余人次。坚持以法治思维和法治方式推进工作，建立完善“三项制度”清单、流程图，开展执法检查和法治评价，促进了规范文明执法，被省政府考核为优秀单位，在全省依法行政暨推行“三项制度”试点工作电视电话会议上，省局做了典型发言。

【市场主体数量】 2017年，全省新设立市场主体107.63万户，平均每天新设立2949户，是改革前的2.82倍。总量达到470余万户，居全国第7位，同比增长15.83%；其中企业总量达到124.87万户，增长22.11%，增速居全国前列。万人拥有市场主体数量达630户，比2016年底增长86户。

【“多证合一”改革】 2017年全省在“六证合一”基础上，先后实施“八证合一”“十二证合一”“十五证合一”“二十三证合一”，12月25日，全省全面实施了“三十八证合一”，走在了全国前列。全省共发放“多证合一”营业执照207万张。同时，积极推进“证照分离”改革，起草了河北省“证照分离”改革方案，报省政府批准将试点实施。

【“双随机、一公开”监管】 “双随机、一公开”监管实现全覆盖。充分发挥牵头作用，督促各级各有关部门全部建立了“一单两库一细则”。省政府编制公布了《河北省随机抽查事项清单》，制定了《关于全面推行跨部门联合“双随机”抽查监管的实施意见》，开发了“双随机、一公开”监管信息化系统，不断健全评价办法，联合省政府督查室进行专项督查，有力推进工作。2017年全省共开展随机抽查5.4万次，跨部门联合抽查253次；省局组织全系统开展“双随机”抽查3次，抽查企业4.7万户，占企业总数的4.6%，抽查结果全部向社会公开。国务院办公厅《政务情况交流》第31期对河北省加快推行“双随机、一公开”监管工作情况进行了刊载，李克强总理做出重要批示，许勤省长批示印发省政府各部门、各单位学习贯彻。在全国工商和市场监管工作座谈会上，省局做了典型发言。

【市场主体年报信息公示】 认真抓好市场主体信息公示工作。各级注重宣传培训，强化督导落实，2016年度市场主体年报公示率达到85.32%，其中企业93.48%、个体工商户82.51%、农民专业合作社80.76%，行政处罚公示率达到100%。

【竞争执法案件查处】 认真落实国务院《“十三五”市场监管规划》，制定了《河北省“十三五”市场监管规划》。加强反垄断执法体系建设，制定了反垄断执法工作指导意见；建立省网络市场监管厅际联席会议制度，形成了线上线下一体化监管合力；积极推进广告监管信息化，推行广告发布登记电子和纸质“双档案”管理。突出重点地区、重点领域、重点时段，开展专项执法行动10余次，开展行政约谈6235次、行政指导8454次，查处案件3.3024万件，其中查处不正当竞争案件2155件、网络违法案件716件、商标侵权和假冒案件2457件、虚假违法广告案件1061件，案件数量和质量均比上年有较大提升，竞争执法案件数量在全国名列前茅。

【打击传销活动】 捣毁传销窝点1442个，清查传销人员1.1455万人次，全省“无传销城市”达到90%，打击传销工作进入全国先进行列。

【12315护民生】 一是推动《河北省消费者权益保护条例》施行。新修订的《河北省消费者权益保护条例》经省人大常委会第三十一次会议审议通过，并于2017年11月1日施行。二是加强消费维权体系建设。制定完善了《关于切实加强12315消费者权益保护工作的意见》，积极推进总局消费投诉信息公示试点工作，大力加强12315体系建设。共受理消费者投诉5万余件、举报1.4万余件、咨询20万余件，办结率99.4%，为消费者挽回经济损失近5000余万元。三是加大消费领域执法力度。大力开展“红盾质量维权行动”，强化流通领域商品质量线上线下一体化监管，抽检流通领域商品1.7589万组，其中网络商品461组，查处侵权案件1016件。四是深入开展放心消费创建和放心消费进景区活动。深入实施“5588”工程，全省1.7万家企业、经营者参与创建活动。放心消费进景区基本实现4A级以上全覆盖，106个景区建立了消费维权服务站。在总局召开的放心消费创建经验交流会上，省局作了典型发言。开展维修行业星级服务创建活动，全省三星级以上示范店达到969家。五是充分发挥消协组织作用。各级消协组织积极开展消费投诉调解、消费教育引导、消费评议调查、典型案例点评、金融消费进校园、老年消费进农村、社区等活动，组织开展“3.15”宣传活动900余场次，发布消费警示提示2800余条，收到良好社会效果。

【大气污染防治】 落实省委、省政府大气污染防治工作部署和“1+18”文件要求，坚持科学治霾、协同治霾、铁腕治霾，牵头开展劣质散煤管控工作，积极做好成品油市场整治。先后12次召开联席会、调度会、推进会，积极有效推动工作，制订全省劣质散煤管控实施方案，建立联席会议制度，开展红盾治污、劣质散煤管控“百日会战”和秋冬季成品油专项整治。省局两次致信各市政府市长，形成大气污染防治强大合力。省局先后派出10个督导组，由局领导带队，对全省劣质散煤管控和成品油市场监管进行督导检查，确保工作实效。全省共抽检散煤8083个批次，覆盖率达100%，取缔无照经营网点2962户，停业整顿224户，立案1309起，没收劣质散煤9600多吨。抽检成品油2.4万批次，查处案件1582件，没收劣质油品869吨。《中国工商报》头版头条进行了报道。

【服务京津冀协同发展】 主动支持雄安新区规划建设，积极争取总局政策支持，代工商总局起草的《关于支持河北雄安新区规划建设的若干意见》正式印发实施，许勤省长两次做出重要批示。积极跑办、大力支持雄安新区投融资平台建设，加强驻区注册窗口人员培训，搞好入区企业登记注册服务。围绕注册登记、竞争执法、打击传销、信息化建设等重点，与京津两地开展深度协作。签署了企业登记注册、竞争执法等备忘录、合作协议，建立了打击传销协作机制，召开了三次执法协作会议和第二届广告监管协作会议，进一步完善了监管执法协作机制。签订了消费维权一体化平台战略合作协议，确定在定州建设消费维权一体化平台，统一12315号码，统一接收、分转和办理投诉举报，推动京津冀消费维权工作向更高水平、更深层次、更宽领域发展。

【“全国一张网”建设】 加强“全国一张网”建设运用。健全制度机制，加强协调联动，59个省直部门实现了数据共享、互联互通，公示系统顺利通过总局验收。目前该系统公示市场主体登记备案信息3700余万条，累计访问量84亿人次，日均访问量达600余万人次。

【联合惩戒机制建设】 加强失信联合惩戒工作。与相关部门建立了失信联合惩戒机制，15.7万户企业被列入经营异常名录，其中5万余户受到失信惩戒后主动纠错并申请移出，协助法院实施“老赖”任职限制2.31万人次。

【培育高知名度商标】 全年新增注册商标7万件、驰名商标21件、地理标志商标19件，总数分别达37万件、311件、69件。宽城板栗获选“全国十大商标富农和运用地理标志精准扶贫典型事例”，省政府领导给予批示表扬。

【非公党建工作】 全省各级建立个体私营企业党委160个，非公企业党组织发展到5.6279万个，覆盖面达91.6%。

（河北省工商局 赵紫鹏）

质量技术监督

【质量管理】 2017年，河北省质监系统在省委省政府和国家质检总局的正确领导下，扎实推进质量强省战略实施，质量发展环境持续优化，大力实施质量提升行动，产品质量水平稳中有升，严格落实事中事后监管，质量安全底线得到巩固，积极融入全省中心工作，推动全省质量呈现良好发展势头，工业产品国家监督抽查合格率达到92.8%，连续3年高于全国平均水平。质量安全形势平稳，未发生系统性、行业性、区域性重大质量安全事故。

推动开展全国“质量强市示范城市”和“知名品牌示范区”创建工作，秦皇岛、沧州、廊坊、衡水以及正定、定兴、迁安、黄骅8个市县获批创建“全国质量强市示范城市”，秦皇岛市已通过验收；31个园区申报“全国知名品牌创建示范区”，已获批筹建15个，3个园区获命名。自2014年开展“河北省知名品牌示范区”创建工作以来，已批筹33个，两个示范园区获命名。

完成2016年省政府质量奖等奖项评审工作，16家单位和10名个人被授予2016年“河北省政府质量奖”，20家单位和9名个人被授予2016年“河北省政府质量奖提名奖”。截至目前，有效期内省政府质量奖组织奖59家、个人奖47名，提名奖32家单位、个人17名。165个服务品牌和73家企业获得2016年河北省服务名牌和省质量效益型企业。

加大名优品牌培育力度，2017年共有621项产品申报省名牌产品，通过形式审查555项，经严格评审，初步认定424项名牌产品，比例为76%；295个品牌申报省服务名牌，通过形式审查290个，初步认定222个省服务名牌。2017年申报的496项优质产品，涉及装备制造、电子信息、冶金、化工、轻工、食品等13个行业，387项产品通过初选，连同131项未通过名牌产品认定但符合优质产品条件，共计518项。

【标准化工作】 加快完善标准化工作机制。经省标委会领导批准，将省金融办等6个部门补充为省标委会成员单位，省标准化委员会成员扩充到32个。成立了太阳能光伏、中药材、仪器仪表5个省级标准化专业技术委员会，总数达到18个。

2017年，全省主持或参与制修订国际标准4项，国家标准95项，行业标准123项。共批准发布河北省地方标准247项，其中：工业类65项、农业类104项、服务业类26项、节能环保和生态类22项、社会管理和公共服务类30项。

完成了企业标准备案制度改革，自2017年1月1日起，企业标准自我声明公开制度全面施行，截止目前，河北省已有5947家企业的20283项企业标准在网上进行自我声明公开。

【计量工作】 论证确定了“数显大气采样器检定规程”“食品添加剂快速检查仪校准规范”等制修订项目38个。审定发布了河北省地方计量技术规范10项。全省受理各类计量标准考核817项，新建社会公用计量标准124项。目前，全省各级社会公用计量标准已达3784项。

能源计量在线采集工作实现与发改委联合发文共同推进，全年在线采集数据平台从钢铁、水泥、玻璃等行业新接入重点用能单位125家，目前共接入573家，居全国领先地位。

组织实施了2017年定量包装商品净含量国家计量监督随机抽查，共抽查88家生产企业，138个批次的定量包装商品，其中净含量检验合格批次123个，合格率89%，标注合格批次133个，合格率96%。

【认证认可工作】 2017年，全年办理资质认定行政审批事项1589件，其中许可1236件（含首次申请274件），不予许可80件，终止办理273件；各类变更事项477件；注销机构27家。

经国家认监委批准，邯郸肥乡区、承德滦平县已被列入了“2017年度国家有机产品认证示范创建区”，河北省有机产品认证创建示范区达到5家。

【检验检测工作】 开展资质认定检验检测机构的监督检查，对食品、机动车、煤炭、环境、职业卫生、交通等历年检查问题多的6个领域检测机构的153家机构进行了监督检查，同时分别与京津两局、省安监局联合对其中的3家食品检验检测机构和7家职业卫生检验检测机构进行了监督检查。视严重程度撤销2家机构资质，暂停机动车机构12家和其他领域机构18家资质，缩减变更能力机构2家。

开展强制性认证活动的“双随机”监督检查，随机抽取了85家经销商经销的100批次；配合中国质量认证中心完成对电线电缆企业的排查与监管，检查359家企业，涉及证书1294张，最终暂停证书22张，撤销证书8张；开展了货车改装3C认证企业的监督检查，共检查51家企业，查处8家未获证企业。

开展自愿性认证活动的“双随机”监督检查，在全省系统努力下随机抽取了22个质量管理体系认证结果、11个环境管理体系认证结果和55个有机产品认证结果，对其涉及的认证活动进行了监督检查；组织完成了国家认监委下达的监督检查任务，对25个质量管理体系和2个能源管理体系认证结果涉及的认证活动进行了监督检查。

【监督抽查工作】 2017年组织对93种工业产品开展省级监督抽查，共涉及4469家企业生产的4875批次产品。经检验，4266家企业生产的4672批次产品合格，监督抽查合格率为95.8%；检出203批次产品不合格，不合格产品检出率为4.2%，针对发现的不合格企业，督促指导相关市局按照有关法律法规进行了后处理，维护了消费者的合法权益。

组织对儿童玩具、生态板、空气净化用活性炭等工业产品开展了产品质量安全风险监测，重点对婴幼儿纸尿裤、童车、儿童及婴幼儿服装、羊绒羊毛制品、毛巾、学生用品等7种产品开展了电子商务产品风险监测，在京东、淘宝、天猫等电商平台抽取样品164批次，通过完善风险信息管理、风险评估、风险处置等环节的流程，提高了风险监测的科学性和操作性，做到了早发现、早预警、早处置。

组织对11种食品相关产品开展了省级监督抽查，共涉及365家企业433批次产品，抽查合格率为98.4%；对7种300批次产品开展了风险监测及专题分析；组织了对食品相关产品生产企业的实地检查，有力推动了企业主体责任的落实。

【特种设备安全工作】 截止到2017年12月31日，在册特种设备总数：588681台，比2016年底增加42780台，增长比率7.8%。其中锅炉20907台，压力容器188047台，电梯245791部，起重机械112057台，厂内机动车辆20722辆，游乐设施1061台，客运索道96条。此外，还有在用油气输送管道（长输管道）长度约5857公里，工业管道长约22.44万公里，气瓶约301万只。

开展了全省特种设备安全大检查。共现场监督检查使用单位场所13164个，发现一般隐患2449条、重大隐患131条，已整改一般隐患2196条、重大隐患122条，责令整改666家、停产41家，关闭非法企业11家，经济处罚127.7万元。

开展油气管道整治。全省完成全面检验的管道约947公里，完成安装监检的管道约283公里；在检验有效期内的管道长度约5703公里，检验覆盖率95.5%，超额完成了质检总局下达的2017年底力争实现检验有效期内的油气管道检验覆盖率不低于90%的目标任务，在全国油气管道监管工作座谈会上介绍了经验。

开展燃煤锅炉综合治理。全面摸清了锅炉底数，为省委省政府及相关部门制定燃煤锅炉淘汰方案等政策提供可靠依据；积极配合相关部门开展对燃煤锅炉的淘汰工作，及时办理注销手续，全年锅炉减少8580台；全面完成锅炉能效普查，今年共对578台锅炉进行了能效测试，发现不符合要求的锅炉68台，全部移交发改部门督促进行节能改造。

【执法打假工作】 组织全省开展以消费品、农资、建材、汽车及其配件和油品为重点的“质检利剑”和“双打”专项行动，2017年，全省质监系统共出动执法人员近45000人次，检查企业近14600家，围绕建材、农资、特种设备等重点产品，查处违法案件1922起，查获涉案产品货值近3440万元，查办大案要案20起，移送司法机关17起。

有效开展缺陷产品召回，年共完成童车购检55批次，儿童服装购检30批次；共组织对全省40家消费品生产企业开展缺陷调查，督促27家企业实施缺陷产品召回33批次，涉及儿童玩具、童车、儿童安全座椅产品共计2.15万件；先后组织219家汽车经销企业和4S店进行了召回监督，监督召回涉及的汽车达1.2万辆。

做好12365业务处置工作，全省12365系统共受理业务咨询、质量投诉、打假举报案件共计25393件，其中：业务咨询24302人次、质量投诉323件、打假举报768件。

（河北省质量技术监督局　邢志菲）

食品药品监管

【概况】 2017年，河北省食品药品监管系统紧紧围绕省委、省政府和国家食品药品监管总局的决策部署，团结和带领全系统广大干部职工，认真学习党的十九大精神和新时代习近平中国特色社会主义思想，特别是认真贯彻习近平总书记关于食品药品安全的重要指示批示精神和党中央、国务院及省委、省政府有关决策部署，强化“四个意识”，落实“四个最严”，较好地完成了食品药品安全监管各项目标任务，有力保障了人民群众饮食用药安全。

2017年，河北省食品药品监管系统共有行政编制21341人，事业编制4964人。其中，省级行政编制125人、市级行政编制（设区市）1012人、县级行政编制20204人、县级事业编制3379人；全省系统“四品一械”（即：食品、药品、保健食品、化妆品和医疗器械）行政编制9019人，实有监管人数10260人；河北省食品药品监督管理局有领导班子成员10名，有内设处室16个、直属事业单位8个。

2017年，全省共有“四品一械”获证生产经营企业（单位）46万余家。其中，食品生产企业5604家，流通企业24.3万余家，餐饮单位9.1万余家；药品生产经营使用企业（单位）10.23万家，其中药品生产企业346家，药品流通企业1.8万余家，医疗机构（含村卫生室）8.4万家；保健食品生产经营企业1.3万家；医疗器械生产经营企业5700余家。另有未获证的食品小作坊、小餐饮、小摊贩等28万余家。

【食品药品安全监管】 2017年，河北省食品药品监督管理局紧紧围绕食品药品监管工作目标，不断深化完善体系建设，切实加强重点工作开展，有力保障了广大人民群众饮食用药安全。全年全省食品药品安全形势持续稳中向好，未发生大的食品药品安全事件。群众对食品药品安全的满意度由2016年的76.77%提升到2017年的80.22%。

建立完善食品药品安全监管体系。深刻领会新时期党中央、国务院和省委、省政府对食品药品安全工作的新定位和新要求，确定了“四四六六”的基本遵循和工作思路。把握“四个遵循”，即遵循党的十八届三中全会把食品安全纳入“公共安全体系”的全新定位，遵循建立覆盖全过程监管制度的全新要求，遵循“使市场起决定性作用”和“更好发挥政府作用”的全新启示，遵循推进“治理体系和治理能力”现代化的全新任务；坚持“四个最严”，即习近平总书记提出的最严谨的标准、最严格的监管、最严厉的处罚、最严肃的问责；秉持“六大理念”，即以人为本理念、预防为主理念、风险管理理念、全程控制理念、社会共治理念、干事创业理念；构建“六大体系”，即食品药品安全组织保障体系、法规制度体系、科技支撑体系、质量追溯体系、监管责任体系和社会共治体系，着力提升全省食品药品安全工作水平。经过近几年的不懈努力，河北省食品药品安全治理“六大体系”基本健全。

实施食品药品安全“十项工程”。实施国家食品安全示范城市创建工程，参与国家首批创建的石家庄、张家口、唐山市被授予“国家食品安全示范城市”称号。实施食品集中生产区整治提升工程，14个集中生产区完成整治提升任务。实施餐饮服务单位“明厨亮灶”工程，7万多家持证单位实现“明厨亮灶”。实施食用农产品集中交易市场食品安全“双提升”工程，打造了113个样板市场。实施食品“三小”整治工程，将28万多家小餐饮、小摊点、小作坊纳入有效监管。实施食品生产经营监管公示工程，34万余家持证企业100%悬挂公示牌。实施药品GMP、GSP认证工程，330家生产企业和2万多家批发零售企业通过认证。实施检验检测能力提升工程，省、市两级检验检测能力大幅提升，县级常规检验能力和乡级快检能力明显增强。实施“智慧食药监”工程，8大业务平台、47个子系统基本建成。实施网格化监管工程，建立县、乡、村级网格分别达201个、2523个和52626个，入网协管员58184人。

开展系列食品药品安全专项整治。会同省有关部门相继开展了农村食品安全、乳制品、畜禽水产品、“地沟油”、校园及周边、虚假广告、“两超一非”、网络订餐、药品流通领域违法经营、安国中药材市场等专项整治行动，严厉打击违法犯罪行为。全年全系统立案查处违法违规案件2.11万件，移送司法机关案件99件，捣毁制假售假窝点27个。

【法制建设】 2017年，河北省食品药品监督管理局认真落实国家有关法律法规，深入推进依法行政，不断加强法治食药监建设。一是推进实施“三项制度”改革试点。印发了行政执法公示实施办法、行政执法全过程记录实施办法、重大行政执法决定法制审核制度，编制了行政执法事项清单、行政执法音像记录事项清单、重大行政执法决定法制审核流程图、行政执法流程图、行政执法文书规范，着力推进“三项制度”改革试点工作深入开展，不断提高行政执法工作的公平性、透明度。二是加强执法监督，规范执法行为。组织开展了行政执法监督检查和“一问责八清理”专项行动暨基层“微腐败”专项整治，针对“放管服”改革不到位问题进行了专项治理。制发了“双随机”抽查规范和加强事中事后监管实施方案，开展了专项督查，省市两级市场监管事项100%纳入“双随机”抽查范围，其他执法事项做到应纳尽纳，实现了“双随机一公开”监管全覆盖。三是深入开展法治宣传。按照“谁主管谁负责”“谁执法谁普法”“执什么法普什么法”的要求，深入开展《食品安全法》等普法宣传教育，基本实现了执法人员、企业普法全覆盖。四是积极推进政府信息公开。将食品药品监管、行政许可、监督检查、抽检抽验、行政处罚等信息积极向社会公开，实现了监管重点信息即时公开、科普信息每天公开、抽检信息“周周公开”、辟谣信息第一时间公开，震慑了违法者、保护了消费者、约束了执法者，提高了政府公信力。全年局政务网站、政务微信等累计主动发布各类信息7994条次，网站总点击量达285.7万次，依申请公开信息115件。政府信息公开工作受到了国务院办公厅的表扬。

【监管能力建设】 2017年，提请省政府出台了食品药品安全“十三五”规划、食品安全突发事件应急预案、药品医疗器械审评审批制度改革、仿制药质量和疗效一致性评价、“地沟油”治理等实施意见，全力推动党中央、国务院决策部署落实。积极推进制度立、改、废工作，先后制定实施了数十项基础性、关键性监管制度，进一步完善监管清单、权力清单、责任清单，现场检查标准化、信息公开常态化、基层监管网格化、执法办案精准化、风险交流立体化的监管模式基本形成。加大财政投入，持续强化对市县的资金支持。全年省财政安排4113万元，为94个县（市、区）购置了监督执法用车，为有大型农产品批发市场的县和841个乡镇配备了必要的设备，一定程度上弥补了基层基础薄弱这一短板。

【食品药品安全宣传】 2017年，全省食药监系统以“双安双创”为契机，以“食品安全宣传周”“安全用药月”为抓手，持续加大食品药品安全宣传力度，不断提升宣传品位，大力营造有利于食品药品安全工作开展的良好舆论氛围。一是打响“药安食美 诚信河北”品牌。精心打造全国“双安双创”成果展河北展位，首次拍摄完成省局主题宣传片《征途》，组织召开新闻发布会8场，认真做好“药安食美 诚信河北”主题宣传，并取得了显著成效。二是打造“食安药美 诚信河北”微信公众号。瞄准建设全国系统领先公众号目标，及时编发信息。2017年，微信公众号粉丝增长10倍，总阅读量达到129万人次，影响力位居全国系统第二位，省直厅局前20名。三是加强新闻发布工作。召开新闻发布会8次，组织新华网、人民网等专访3场，参加阳光理政、阳光热线2场，定期发布食品药品抽检监测信息、投诉举报情况，通报食品药品典型案件。发布的信息被多家全国知名媒体转载、转发。四是组织开展系列大型宣传活动。组织全系统开展“12331投诉举报主题宣传”“食品安全宣传周”“药品安全宣传月”三大主题宣传活动。活动期间，共出动监管人员、专家学者、社会志愿者、基层网格协管员等各类宣传人员10万人次，直接参与群众达80万人次，接受宣传的群众近1000万人次。五是开展“开启药安食美新征程”主题宣传。结合宣传贯彻党的十九大精神，组织省市县三级同步在火车站、汽车站、公交车站、高速公路口等公共场所统一发布新设计修改的宣传海报与大幅广告，实现了24小时全天候、全覆盖传播，进一步提升了广大人民群众对食品药品安全的关注度。

【社会共治】 2017年，河北省食品药品监督管理局提请河北省委、省政府出台了《关于落实食品安全党政同责的意见》，全面强化党委、政府、部门责任，贯彻了食品安全“党政同责”要求。积极履行食安办统筹规划、综合协调、监督指导职责，每季度召开食安委成员单位风险防控联席会议，每季度向社会发布食品安全状况和典型案件，强化全程链接监管。与省农业厅合力推进“双安双创”，引领提升整体保障水平；履行食用农产品全程监管合作协议，进一步健全产地准出与市场准入衔接机制。与公检法机关完善行刑衔接实施意见，推进行政执法与刑事司法有机衔接。与教育、商务、住建、农牧、旅游、交通等部门密切合作，建立健全了校园食品安全、集中交易市场整治提升、餐厨废弃物处置、病死畜禽无害化处理、旅游景区和高速公路服务区餐饮食品安全等协作机制，形成了强大的监管合力。建立了食品药品安全严重失信行为惩戒制度，将行政许可、监督抽检、行政处罚等数据与信用河北、信用中国平台实时对接。组织开展食品安全宣传周、安全用药月等大型科普宣传活动，广泛普及食品药品安全知识。创新宣传模式，“三网两刊一微”（食药监局官网、食品药品科普网、食品药品安全诚信网、河北食药杂志、河北食品安全杂志、药安食美诚信河北微信公众号）不断完善，着力营造强大的舆论氛围。完善全省统一的12331投诉举报受理平台，畅通投诉举报渠道，连续3年兑现单项10万元以上的奖励，积极引导群众参与监督，全社会协同共治氛围更加浓厚。

【食品医药产业发展】 2017年河北省施行了一系列改革举措，助推食品药品产业持续健康发展。完成了食品生产领域2证合一、食品流通领域3证合一；出台29条措施，倾力支持北戴河生命健康产业创新示范区建设，全力助推京津企业入冀。全年，全省规模以上食品工业实现总产值4587.05亿元，同比增长8.78%，占全部工业总产值的8.56%，居全国第12位；全省规模以上食品工业企业1405家（较2016年底增加30家），实现主营业务收入4386.93亿元，同比增长8.8%，占全省工业主营业务收入的8.45%，居全国第11位；实现利润总额229.77亿元，同比下降4.5%，占全省工业利润总额的7.37%。全省规模以上医药工业实现总产值1063.74亿元，同比增长15.73%，居全国第8位；全省规模以上药品工业企业287家，实现主营业务收入1069.05亿元，同比增长10.3%，增速较上年同期提高6个百分点，实现利润总额108.38亿元，同比增长23.3%，增速较上年同期提高9.4个百分点，利润率为10.14%，高于全省工业整体水平4.13个百分点。

【党风廉政建设】 2017年，河北省食品药品监督管理局党组以开展“两学一做”专题教育活动为契机，紧紧按照“一岗双责”要求，把党风廉政建设工作摆在突出位置，做到与食品药品监管工作有效融合、统筹部署，“两手抓，两手硬”，较好地落实了“一岗双责”，有效杜绝了腐败现象和不正之风。一是坚持把从严管党治党抓在经常、严在日常。局党组多次召开专题会议，研究部署党风廉政建设工作，做到了与业务工作同考虑、同部署、同落实、同考核。制定了《党风廉政建设责任制考核和责任追究办法》《关于落实党风廉政建设党组主体责任和纪检组监督责任的实施意见》等，辑印了《河北省食品药品监管干部廉洁从政手册》，逐级签订了党风廉政建设责任书，实施干部任前廉政谈话、廉政考试和个人事项审核制度，着力构建不想腐、不敢腐、不能腐的党风廉政建设工作机制。二是支持驻局纪检组履行监督职责，强化执纪监督问责。驻局纪检组制修订了《落实党风廉政建设监督责任实施办法》《党员领导干部日常谈心谈话工作制度（试行）》，每半年向班子成员发放一次落实党风廉政建设责任的“提示函”，每季度向各处室单位主要负责人发放一次“一岗双责提示函”，及时向有关处室发放“廉政风险提示函”；与98名处级干部谈心谈话，建立廉政档案；落实“一案双查”，既查违规违纪的人和事，又追究领导责任。2017年共处置问题线索8件，初核5件，立案2件，函询3件，给予党纪处分4人，组织调整1人，诫勉谈话1人，提醒谈话1人。二是深入组织开展纠正“四风”和作风纪律专项整治。制定了《关于进一步加强纪律和作风建设的若干规定》《工作人员八条禁令》，以过硬措施整治形式主义、官僚主义的新表现、旧顽疾。对违反中央八项规定精神以及“开会不到、有事不请假、上班炒股、网购”等现象开展经常性、不定期明查暗访，并在后台关闭炒股购物网站，进一步严格工作纪律；紧盯“五一”“两节”等重要节点，围绕公款吃喝、收受节礼等“四风”问题进行提醒、警示和检查，坚决防止“四风”反弹。坚持正风肃纪与正向激励相结合，以真情感召人、事业凝聚人，树立夙兴夜寐、激情工作、只争朝夕、事争一流导向，聚正风、正气、正能量，着力打造秉持正义、精通业务、恪尽职守、服务人民的监管队伍。

（河北省食品药品监督管理局　王清法）

统　计

【概述】　2017年，河北省统计系统紧紧围绕省委、省政府中心工作，以深化统计管理体制改革为契机，以提高统计数据真实性为核心，以提升统计服务水平为目标，研究确立“改革、创新、管理、服务”的工作思路，精心开辟“四大战场”，全力打好“十六大战役”，各项工作高效有序推进，得到省委、省政府和国家统计局领导充分肯定。在国家统计局2017年度各专业业务工作考核中，13项工作被评为优秀等次、8项工作被评为良好等次，比去年增加2项优秀、1项良好。

【统计管理体制改革】　全面贯彻落实中央《关于深化统计管理体制改革提高统计数据真实性的意见》精神，提高政治站位、强化责任担当，以对党、对统计事业高度负责的态度，认真研究起草河北省贯彻落实意见，先后两次征求16个部门和国家统计局修改意见，积极向省委、省政府领导汇报请示，及时提请省政府常务会议研究、省委深改组会议审议，河北省关于深化统计管理体制改革提高统计数据真实性的实施意见于2017年10月18日由省委办公厅、省政府办公厅印发。随后，省统计局印发了《河北省统计机构负责人防范和惩治统计造假弄虚作假责任制实施办法》《河北省统计执法监督检查责任及过错追究暂行办法》《河北省统计局统计违法举报实施办法》《河北省统计局统计行政执法责任制实施方案》等10个配套文件，成立了河北省统计执法监督大队。会同省委改革办高质量完成中央改革办对中央《意见》贯彻落实情况专项督察工作，得到中央改革办充分肯定，王东峰书记作出重要批示。

【重点领域统计改革】　认真学习贯彻国家统计局地区生产总值统一核算改革决策部署，加强核算数据质量审核评估，促进省市县三级核算数据更好衔接。研究制定研发支出计入地区GDP核算方法，测算调整了全省及各市县核算数据。扎实推进自然资源资产负债表编制工作，分别在秦皇岛市和邯郸涉县组织开展了市县两级试点。继续推动现代服务业统计改革，按季度开展现代服务业统计调查与核算，首次核算出省市县三级现代服务业增加值并开展分析研究。制定特色小镇统计监测制度，搭建省级统计监测平台，如期顺利开展特色小镇统计监测工作。建立规上工业战略性新兴产业月度调查制度，在全国第一个按月进行战略性新兴产业调查。精心组织开展国家投资统计制度改革试点，狠抓项目单位比对、试点数据分析评估等重点环节，为国家统计局研究确定下一步投资统计改革方向提供了重要参考。研究制定绿色发展指标体系和报表制度，圆满完成各市绿色发展评价工作。制定“三新”统计监测制度和工作方案，推进“三新”统计监测落地生效。扎实开展利用“五证合一”部门共享信息更新名录库国家试点，为全国提供了可复制、可推广的经验。修订完善省市县全面建成小康社会统计监测指标体系，高质量完成全面小康统计监测工作。建成全省社情民意调查手机网络平台，社情民意调查体系更加完善。自主开展劳动工资统计抽样调查试点，在国家统计局专业会议上作典型发言。

【统计数据质量管理】　一是组织开展一套表调查单位审核质量核查活动。省市县三级联动，全面核查35349家调查单位，随机抽查3701家调查单位，重点检查调查单位是否真实存在、是否符合标准，确保了调查单位名录库的质量。二是组织开展“统计普法全覆盖”和“统计诚信承诺”活动。结合年定报部署工作，以专业为主体，加强统计普法宣传教育和统计诚信建设，教育引导广大统计人员遵守统计法律法规、恪守统计职业操守，坚持实事求是、应统尽统，夯实了数据质量思想基础。三是将数据质量纳入绩效目标管理。以依法统计、依法治统为抓手，把统计数据质量分解到专业、细化到人员，每季度考核一次，对发生数据质量问题的在年终总结时“一票否决”。四是加强数据质量审核评估。围绕“稳增长、促改革、调结构、惠民生、防风险”，充分发挥“大统计”职能作用，把政府综合统计与部门统计紧密结合起来，相互印证、查找问题，确保统计数据客观真实反映全省经济社会发展实际。

【统计服务】　一是紧盯中心任务服好务。密切跟踪监测经济运行态势，精准分析形势、科学研判走势、努力把握大势，当好全省经济运行的“定盘星”。第一时间上报主要指标数据和统计信息，每季度汇报经济运行状况。一季度提出的“经济运行稳中向好，转型升级步伐加快，质量效益继续提高”、上半年提出的“总体平稳、稳中向好、动力增强”、前三季度提出的“整体经济稳中有进、稳中向好”等重大判断和政策建议被省委省政府吸收采纳，较好发挥了“晴雨表”“智囊团”作用。二是聚焦热点重点服好务。紧扣党中央、国务院和省委、省政府重大决策部署，围绕迎接党的十九大胜利召开，组织开展党的十八大以来河北发展成就系列分析。紧扣经济社会发展中的重点热点问题深入开展研究，打造了一系列前瞻性强、参考价值高的研究精品，撰写了35篇重点课题和专题分析报告。许勤省长在《动能转换多维度测度分析及启示建议》上批示：“省统计局撰写了一系列分析报告，很有参考价值。”三是突出目标导向服好务。着眼党政领导重点需求，提供点对点决策咨询和数据服务，高质量完成省委、省政府主要领导交办的任务，将全年《统计专报》按季度辑印成册，首次编印《咨询手册》《新时代：转型升级突破口》《服务业统计手册》等统计新产品。四是突出舆论导向服好务。每月公开主要指标数据，每季度召开经济形势新闻发布会，编辑开发40多种统计产品，印发1万余册。全年共撰写报送统计专报

147篇，是2016年的1.6倍；省领导批示162篇次，批示数量是去年的3倍；其中，省委主要领导批示8篇次，省政府主要领导批示56篇次。向省委专题会、省政府常务会、省长办公会、省人大财经委汇报经济形势28次，得到省领导充分肯定，许勤省长指出“省统计局写的汇报材料很好，有深度。”上报统计信息552篇，在省委、省政府办公厅信息评比中位列省直部门前列。

【科学组织统计调查】 一是认真组织第三次农业普查。紧紧围绕“全、准、真、严”的目标要求，分片包干、进村入户，严格标准、规范方法，科学组织实施现场登记调查、数据审核处理、事后质量抽查、普查数据处理、普查公报发布等工作。积极配合国务院农普办开展事后质量抽查，普查对象差错率、综合指标差异程度均符合国家要求，受到国务院农普办肯定。二是扎实开展常规统计调查。严格按照统计制度和业务规范，认真组织实施农业、工业、建筑业、批发和零售业、住宿和餐饮业、房地产业、重点服务业等行业，以及能源、投资、消费、人口、劳动、文化、科技、资源、环境等领域各项常规统计调查，获取了大量真实准确的统计数据。

【统计法治建设】 一是加快统计地方立法进程。与省政府法制办密切合作，将修订《河北省统计条例》列入2018年立法计划。二是推进统计执法规范化。积极推进行政执法“三项制度”改革，编制统计行政执法“三项制度”以及执法清单、服务指南、示范文本，形成覆盖统计部门的“三项制度”体系。三是建立健全防范和惩治统计造假弄虚作假长效机制。明确政府统计机构防范和惩治统计造假弄虚作假责任，修订完善统计行政执法责任制实施方案，制定统计执法过错追究暂行办法，进一步强化统计执法检查责任。四是加强统计普法宣传。在省政府常务会议上宣讲《统计法实施条例》，利用“9·20”统计开放日、“12·4”国家宪法日和“12·8”统计法颁布日等时机集中开展普法宣传。五是强化统计执法队伍建设。省统计局6人参加全国统计执法人员资格考试且全部通过，首次组织举办全省统计执法资格业务培训和考试，及时充实统计执法人才库，全省统计执法能力得到有效提升。六是加强统计执法检查。认真落实“双随机、一公开”抽查制度，强化统计监管措施，依法依规开展统计执法检查，积极配合国家统计执法监督局开展执法检查。全年统计执法检查单位15597个，立案查处257起，其中，给予警告处分157起，通报批评28起，罚款12起。

【统计信息化建设】 一是加强核心应用系统建设。对联网直报系统和存储设备进行升级改造，实现平台系统性能整体提升。建立数据备份系统，提升一套表平台数据安全保障能力。二是加强基础设施建设。着力打造“互联网+统计”，完成网络机房改造，开通协同办公系统，提高了工作规范化标准化水平。三是加强数据资源建设。加快统计基础数据库建设，巩固服务业统计共享平台建设成果，及时为30多个相关部门提供服务业统计数据和统计信息。四是加强网络安全建设。加强网络安全检查，开展安全等级保护测评，定期开展软件正版化检查工作，提高了网络防控能力。

【部门统计工作】 各部门认真贯彻省委办公厅、省政府办公厅《关于深化统计管理体制改革提高统计数据真实性的实施意见》和省政府办公厅《关于加强和完善部门统计工作的实施意见》精神，依法申报统计调查项目，依法组织统计调查，部门统计工作质量和数据质量进一步提高。省工商局已实现向基本单位名录库推送共享信息，省编委办、省民政厅、省人社厅、省国税局、省地税局等部门积极推进名录库信息共享。省财政厅、省工信厅、省交通厅、省工商局、省国税局、省地税局、省邮政局、人民银行石家庄中心支行等单位及时提供GDP核算所需基础数据和部门资料。省国土厅、省环保厅、省水利厅、省农业厅、省林业厅等部门积极组织协调本系统完成了自然资源资产负债表编制试点工作。省发展改革委、省环保厅、省水利厅、省农业厅等部门积极配合做好绿色发展指数计算工作。省金融办、人民银行石家庄中心支行、省保监局、省证监局等部门全力支持现代服务业统计工作。省教育厅、省卫计委等部门加强县级统计数据管控，服务业统计数据质量不断提高。省委组织部、省编委办、省人社厅在统计管理体制改革、统计执法监督大队组建，省通信管理局在第三次农业普查、社情民意调查等工作中提供了大力支持。

【统计系统党的建设】 把旗帜鲜明讲政治摆在首位，深入学习贯彻习近平新时代中国特色社会主义思想和党的十九大精神，认真学习贯彻党中央、国务院关于统计工作决策部署和省委、省政府指示要求，扎实推进“两学一做”学习教育常态化制度化，省局党组理论学习中心组集中学习19次。以坚定理想信念为目标，着力加强思想政治建设，教育引导党员干部树牢“四个意识”、坚定“四个自信”，坚定不移维护以习近平同志为核心的党中央权威和集中统一领导。坚持“三级书记抓党建”，严肃党内政治生活，强化党内监督，认真履行主体责任，狠抓巡视问题整改，扎实开展机关作风整顿和“一问责八清理”专项整治，坚决防止“四风”问题新表现。组织开展“最美统计人”评选、“三星”评选、“金点子”征集等主题活动，激发自豪感、凝聚正能量，形成“我为统计做贡献”的浓厚氛围。《河北机关党建》杂志和网站介绍了省局党建工作经验，《自觉践行“四个意识”扎扎实实干出样子》在省直工委重点课题研究评比中荣获一等奖，《用心体会总书记讲话 以行动体现责任担当》被收录进省委宣传部编印的《把学习向信仰扎根》一书。积极依托党建云平台开展党建工作，党组织活跃度位居省直部门第一，得到省直工委充分肯定。

【统计队伍建设】 强化统计队伍教育培训，组织举办全省新任统计局长培训班，选派17名干部到省委党校、行政学院学习。认真开展统计人员岗位知识培训，组织行政执法人员参加在线培训，人均超过35个学时。拓宽干部自主学习途径，省局干部网络选学工作走在省直前列，得到省委组织部充分肯定。加大干部锻炼培养力度，选派9名干部驻村精准扶贫、9名干部到县直部门和乡镇锻炼、2名干部到县政府挂职、1名干部进藏对口帮助工作。扎实推进事业单位清理规范工作，成立了统计执法监督大队、统计资料管理中心。周密组织全国统计系统先进集体、先进工作者和先进个人推荐评选工作，2个单位荣获全国先进集体、1名同志荣获全国先进工作者、6名同志荣获全国先进个人。

（河北省统计局　李爱民）

审　计

【概况】　2017年，河北省审计机关认真贯彻落实党的十八大、十八届历次全会和党的十九大精神，坚持围绕中心、服务大局，提升审计干部素养，创新审计模式和方法，依法履行审计职责，审计促改革促发展作用得到有力发挥。一年来，全省审计机关共完成审计和专项审计调查项目2736个，出具审计报告和专项审计调查报告3250多篇。全省有2个项目被审计署表彰为地方表彰项目。

【重大政策落实跟踪审计】　全省审计机关突出对精准扶贫、重大建设项目推进、“三去一降一补”、防范地方债务和金融风险等重大政策落实情况进行跟踪审计。2017年，全省共投入审计人员6195人次，抽审单位5191个、项目3683个，抽审资金总量7925亿元，促进各类项目加快实施305个，促进出台、完善配套政策和建立健全规章制度82项。一是全省加大“三去一降一补”政策跟踪审计力度，共抽查1057个单位866个项目，涉及资金82.47亿元，推动去产能专项资金发挥效益4.9亿元，淘汰燃煤锅炉3097台，关停企业、矿井1537户；二是省委、省政府两办印发了《关于深化地方国有企业和国有资本审计监督的实施意见》，进一步明确了加大国有企业和国有资本审计监督力度，建立审计发现问题整改机制；三是组织对全省253.74万户的“电代煤、气代煤”工程进行跟踪审计，出具阶段性审计报告164份；四是关注简政放权，促进取消、合并行政审批事项862项，下放行政审批事项1213项，减少审批前置条件、审批环节456项，促进落实税收优惠政策为企业减负5亿元。五是加大扶贫审计力度，河北省审计厅组织11个市审计局，投入审计力量750人次，对37个国定扶贫县扶贫政策落实、扶贫资金管理及项目绩效等情况进行了审计，向省政府报送审计专报7个，推动扶贫资金发挥效益2.6亿元。

【财政审计】　以促进财政做大增量、盘活存量、优化结构、提高绩效为目标，以大数据分析技术为创新驱动力，从制度建设、组织方式、技术方法、质量控制等多维度对财政审计全覆盖进行积极探索，全省预算执行和财政决算审计项目1511个，延伸审计项目1240个。一是预算执行审计形成了重点单位与非重点单位统筹安排、财政审计与部门审计统筹安排、全面审计与重点事项核查相结合、审计调查与审计座谈相结合、数据分析与现场核实相结合的“两统筹三结合”工作机制，“集中分析、分散核查、区别用力、统一调度、统一审理”的预算执行审计组织方式，涵盖预算管理、重点事项、辅助分析、问题线索、税收管理等5个方面37个模型的大数据分析体系，实现了有深度、有成效的预算执行审计全覆盖。代省政府向省人大常委会作的省本级预算执行及其他财政收支审计工作报告，得到充分肯定；审计查出问题整改报告，省人大常委会满意度测评高达98%。二是财政收支审计利用数据分析和广泛座谈，提前圈定审计重点和疑点，审计核查模式由现场对部分单位全面摸查变为问题清单式核查，实现了由面到点，精准发力；对发现的问题反向应用大数据查找同类项，实现了由点及面，提升审计成效。三是着力促进防范化解重大风险隐患。在财政预算执行和财政收支审计中，重点关注地方政府性债务规模及增减变化情况，对部分市地方政府性债务举借、投向和管理使用情况和政府债务偿还能力、风险防范情况进行分析，揭示财政管理运行体制机制存在的问题，提出影响财政收入结构、质量和防范隐性债务风险的对策及建议。

【经济责任审计】　全省共对725个单位775名领导干部进行了经济责任审计。其中，河北省审计厅组织全省审计机关对82家单位95名省管领导干部进行了经济责任审计。一是创新组织方式，在试点审计基础上，授权各市审计局按照“五统一”原则，异地交叉集中开展41名县区委书记和23所高校的36名书记、校长的经济责任审计；二是创新推行“三个清单”式审计方法，最大程度地实现了经济责任审计与领导干部履职尽责情况的“四个高度一致”，提高了审计效率，保证了审计质量，为开展地方党政领导干部经济责任审计积累了经验，闯出了路子，带出了队伍，使河北省经济责任审计工作进入了一个新阶段。

【资源环保审计】　根据审计署《2017年地方审计机关开展领导干部自然资源资产离任审计试点工作的指导方案》和省委办公厅、省政府办公厅印发的《开展领导干部自然资源资产审计试点工作方案》，2017年，河北省审计厅组织承德市审计局、保定市审计局对兴隆县、曲阳县进行了试点审计。其中，省厅直接对衡水市进行了审计试点。针对审计发现的问题，相关市、县政府已组织相关部门和单位进行了整改和完善制度政策，审计成效显著。

【金融审计】　持续重点关注并揭示风险，促进了地方金融机构加强管理，规范经营，防范和化解金融风险。省委主要领导和相关市委、市政府主要领导高度重视，及时采取了一系列重大措施，充分发挥了金融审计的预警作用，推动了地方金融机构稳健发展。

【社保审计】　连续第5年开展了保障性安居工程跟踪审计，审计资金总量648.04亿元，相关县政府和部门根据审计建议新制定或修订保障房分配、农村危房改造、经济适用住房分配出售等与民生紧密相关的制度规定14项。

【投资审计】　全省审计机关审计项目投资额1474.1亿元，核减投资额112.4亿元，为各级政府节约了大量建设

资金，促进了政府建设资金的使用。张家口冬奥会建设项目工程跟踪审计项目45个，涉及财政资金47.6亿元

【外资审计】 2017年，审计署授权河北省11个利用外资审计项目的审计工作已全部完成。其中贷款项目8个，赠款项目3个，涉及城镇基础建设、林业、水利、能源、环境治理等行业。对外出具了无保留意见的中英文审计报告7份、保留意见的中英文审计报告1份，其中世行贷款项目5个、亚行贷款项目3个。在审计中，将外资项目公证审计同效益审计有机地结合起来，注意揭露有无严重损失浪费，项目效益能否保证等问题，促使外资项目达到设计的目标，产生更大的社会及经济效益。

【机关建设】 在党风廉政建设方面，认真落实全面从严治党总要求，强化理论武装，扎实推进“两学一做”学习教育常态化制度化，举办了落实全面从严治党“两个责任”培训班；制定了《河北省审计厅重大事项报告及廉政提示和跟踪监督制度》，并且加大在重要时间节点、婚丧等敏感事项的监督力度，强化纪律和规矩意识，提升了党建工作质效。

【法制化建设】 全省各级审计机关出台或完善了近百项审计业务管理的规章制度。河北省审计厅出台了《河北省审计厅关于实行审计结果通报会的暂行办法》《河北省审计厅关于加强审计结果运用强化审计整改落实的办法（试行）》《关于规范审计业务会议决定文书格式的通知》等10余项审计业务制度规范。

【信息化建设】 在金审三期建设、数据分析工作、信息系统审计、安全保密建设等方面取得了显著进步。省厅政务信息系统整合力度大，实现了统一登录认证、统一资源调用、统一批示、统一消息，在省本级信息系统整合共享中走在了前列。在全省政务信息系统整合共享推进会上，省厅介绍了经验；审计署对省厅信息化建设工作给予充分肯定，赞扬移动办公有特色，数据分析做得实；省厅《主动创新作为，加大工作力度，充分运用大数据审计方法提高审计能力》一文入选审计署评审的全国审计系统大数据分析交流材料。各市审计局在基础设施、网络建设、视频会议、移动办公等方面进行了重点建设，一些市局开展了预算执行审计数据采集报送和数据分析工作，拓展了审计覆盖面。

（河北省审计厅　刘颖）

教　育

【概述】 2017年，以党的十九大召开为契机，在习近平新时代中国特色社会主义思想特别是习近平教育思想的指导下，全省教育系统深入贯彻落实党的十八大和十八届三中、四中、五中、六中全会精神，坚决贯彻省委、省政府决策部署，坚持社会主义办学方向，深入推进教育领域综合改革，积极回应人民群众教育关切，各项教育工作取得显著成就。

2017年，教育经费总投入1593.85亿元，比上年增长12.2%。省本级专项经费预算98.87亿元，比上年增长19.1%，是2012年以来增长最多的一年。争取中央财政教育专项资金157.03亿元，创历史新高。

【完善教育保障机制】 出台调整省管幼儿园保教费收费标准，坚持同城同价、完善成本补偿、实行优质优价原则，对省管幼儿园收费进行规范和调整。完善城乡义务教育经费保障机制，统一城乡免除学杂费、免费提供教科书政策，对家庭经济困难寄宿生补助生活费，在落实生均公用经费（小学685元、初中885元，含取暖费85元）的基础上，对寄宿制学校（含民办学校）按照寄宿生年生均200元标准增加公用经费补助。优先落实好农村地区不足100人的规模较小学校按100人核定公用经费，特殊教育学校按照生均6000元落实公用经费等政策。大力增加高职高专院校生均经费投入，不断提高高职高专院校生均拨款水平，共筹集高职高专院校生均经费16.40亿元，生均拨款达到1.20万元。继续稳定普通本科高校生均拨款水平，筹措中央和省级本科高校生均拨款36.38亿元，用于提高本科高校综合水平。保障特殊群体的受教育权利，建立以居住证为主要依据的随迁子女入学制度，目前全省城市（含县镇）中小学接受进城务工人员随迁子女入学总人数达40.70万人，在公办学校就读的有36万人，占88.3%。着力支持特殊教育，出台《河北省第二期特殊教育提升计划实施方案（2017－2020年）》，按照一人一案原则开展残疾儿童少年义务教育招生入学工作，共招新生4121人。加大对农村留守儿童的关爱保护力度，积极开展农村留守儿童“合理监护、相伴成长”关爱保护专项行动，配合民政等部门积极开展辍学留守儿童劝返复学行动。与省财政厅、省统计局印发2016年全省教育经费执行情况统计公告。将各市、县教育经费法定增长情况，向社会公开，接受社会监督。

【改善贫困地区办学条件】 一是加大对深度贫困县的支持力度。单独支持10个深度贫困县1.10亿元，支持范围从学前到中职。推进深度贫困村幼儿园建设，共下达2017、2018年103所幼儿园建设资金2448万元，出台《河北省教育厅关于推进深度贫困村幼儿园建设的通知》，确定2017－2019年120所深度贫困村幼儿园建设项目。二是全面改善贫困地区义务教育薄弱学校基本办学条件。2017年下达中央和省级“全面改薄”和校舍安全专项资金41.45亿元，当年竣工项目学校1822所，竣工校舍建筑面积258.81万平方米，累计竣工766.97万平方米，完成规划建设面积的87.8%。超额完成省政府重点工作要求的年底前完成建设面积110万平方米的目标。2017年集中连片特困县和国贫县全部完成国家规定的校舍开工率和设备采购完成率“两个100%”目标。突出抓好山区教育扶贫工程，省政府将“在37个贫困山区县建设义务教育阶段寄宿制学校163所”确定为“十件民生实事”之一，提前下达资金1.33亿元。三是改善贫困地区普通高中办学条件。安排资金1.96亿元，支持国贫县、省贫县和10个深度贫困县改善普通高中办学条件。全年改扩建

校舍6万平方米、体育场6.50万平方米，购置图书80万册、教学仪器8700台（套）。

【做好各类学生资助】 全年安排各类资助资金58.20亿元，资助各级各类学校家庭经济困难学生205.50万人，建档立卡贫困学生资助范围和内容均超过国家要求，受到刘延东副总理充分肯定。学前教育：安排资助资金9000万元，资助学生14.90万人，资助比例为在园幼儿的10%左右，平均资助标准为每人500－1000元，主要用于减免家庭经济困难幼儿保教费和补助伙食费。义务教育：继续实行城乡义务教育学生免学费政策，免费向城乡义务教育阶段学生提供教科书，继续补助贫困寄宿学生生活费。补助城乡义务教育阶段贫困寄宿生生活费5.79亿元，资助学生50.37万人，资助标准为小学生每生每年1000元，初中生每生每年1250元。中等职业教育：加大中等职业教育学生资助力度，安排资金9.25亿元，享受免学费人数57万人，安排资金2.22亿元，享受国家助学金人数为11.40万人，安排资金2300万元，资助中职建档立卡学生1.03万人。普通高中教育：不断提高普通高中教育资助比例，安排国家助学金资金4.71亿元，资助学生25.02万人，资助比例为全部高中在校学生人数的20%，补助标准每生每年2000元。安排资金9700万元，资助高中建档立卡学生4.68万人。高等教育：国家助学贷款共发放3.98亿元，惠及学生5.61万人。普通本专科学生国家奖学金1129万元，获奖学生1411人，国家励志奖学金1.80亿元，获奖学生3.50万人，国家助学金7.80亿元，资助学生25.70万人，资助比例为22%。研究生国家奖学金1895万元，获奖学生904人。研究生助学金2.60亿元，资助研究生4万人。完善高校建档立卡经济困难家庭学生资助，安排资金7300万元，资助建档立卡贫困家庭学生约1.04万名。

【加强教师队伍建设】 一是做好教师培养补充和管理。实施省属师范院校师范生免费教育、农村小学全科教师免费培养工作。积极探索服务基础教育的人才培养模式，努力培养“具有教师职业信念，素质全面，实践与创新能力突出”的新型教师。实施特岗计划，优先补充紧缺薄弱学科教师，为52个县招收6000名特岗教师。加强服务期满特岗教师入编管理。做好全省教师信息化建设工作，建立并维护好“一师一号”教师电子档案，实现基础信息管理、业务管理与教师工作的深度融合。二是加强教师校长培训交流。实施“省级培训”，投入经费2534万元开展中小学骨干教师、名师等16个项目培训，培训8120名教师。实施“国培计划”，中央支持中小学和幼儿园教师培训经费1.43亿元，开展农村骨干教师培训和幼儿园教师培训20个项目，培训教师6万人。继续实施中小学校长培训计划，在全国率先实施“集中培训＋远程培训＋返岗指导”三段式培训方式，全年培训中小学（幼儿园）校长287人。实施“河北省教育家型校长培养工程”，首期培训校长29人。实施“河北省中小学骨干校长培养工程”，分三期完成260人次省骨干校长培训工作。委托北京师范大学举办“雄安新区中小学校长领导力提升北师大高级研修班”，为雄安新区培训中小学校长100人。组织实施优秀教师校长赴京跟岗培训，分春秋两批次选派中小学骨干教师校长200人赴北京市优质学校进行为期三周的跟岗学习。三是深入实施乡村教师支持计划。继续实施“河北省边远困难地区乡村学校校长素养提升工程”，分7期为边远困难地区培训乡村学校校长350人。委托北京师范大学举办“河北省贫困地区中学校长高级研修班”，对保定、承德、张家口地区的10个深度贫困县的75名中学校长进行高端培训。提高乡村教师待遇，全面落实乡镇工作补贴，投入资金11.30亿元，受益乡村教师28.70万人。扩大乡村教师生活补助政策实施范围，省级安排资金1.83亿元，在国家和省级扶贫开发重点县中的12个山区县和22个集中连片特困县实施农村义务教育阶段乡、村学校和教学点教师生活补助政策，补助标准为人均每年3000元，受益乡村教师6.3万余名。为乡村教师提供免费体检18.30万人次，新建成周转宿舍3800余套，乡村教师新评高级教师3668人，占新评总数的65%，四是正式启动优秀退休教师乡村支教计划，每市有百名退休特级教师、高级教师奔赴受援学校担任导师或教师。

【提升基础教育】 一是促进学前教育普惠健康发展。出台并实施《河北省第三期学前教育行动计划（2017－2020年）》，通过发展公办幼儿园、建设农村幼儿园、加强城镇居住小区配套幼儿园建设、积极鼓励社会力量举办幼儿园等手段扩大学前教育资源。广泛宣传游戏对幼儿童年生活的重要价值，有效扭转重知识技能学习，影响幼儿身心健康的“小学化”“成人化”倾向。二是统筹推进义务教育均衡发展。印发《河北省人民政府关于统筹推进县域内城乡义务教育一体化改革发展的实施意见》，推动城乡学校建设、教师编制、生均公用经费基准定额、两免一补政策和基本装备配置统一。启动实施消除“大班额”计划，制定《河北省消除义务教育学校大班额专项规划》。召开全省义务教育均衡发展现场推进会，规范招生行为，落实免试就近入学、划片招生、阳光招生等政策，有效遏制择校之风。修订《河北省义务教育阶段学生学籍管理办法实施细则》。三是推动普通高中多样化发展。贯彻落实《高中阶段教育普及攻坚计划（2017－2020）》，起草高中阶段教育三年普及攻坚计划。研制河北省普通高中学生综合素质评价电子平台，并投入使用。出台《关于2017年中小学招生工作有关问题的补充通知》，规范普通高中招生行为，确保普通高中学校招生行为规范有序。修订《河北省普通高中学生学籍管理办法实施细则》。

【发展现代职业教育】 深入实施中等职业教育质量提升工程。建立动态管理机制，对120所项目建设学校开展绩效评价工作，加强对质量提升工程的统筹管理和动态监管。完成49所国家中职示范校创建工作，数量居全国第五。扎实推进高等职业教育创新发展行动计划，建立省级推进工作运行机制，外聘专家对全省高职院校391个行动计划建设项目开展绩效评价和中期调整，引导和推动全省高等职业教育错位发展、内涵发展、特色发展、创新发展。进一步完善中高职衔接工作，指导6所中职学校

“3+4”毕业生顺利完成首次转段测试，进一步规范“五年一贯制”和中高职“3+2”分段培养办学行为。积极开展国家试点工作，抓好2017年度现代学徒制试点工作，完成第一批现代学徒制工作进展情况的平台填报和年检工作。加强面向农村的职业教育，持续推进新型职业农民培养试点工作，全省共制作课件242个，微课214个，出版或编辑校本教材72个，初步形成一批新型职业农民培养课程资源。稳步推进职教园区建设，以省委办公厅、省政府办公厅名义印发《关于建设职教园区的指导意见》。石家庄市职教园区一期工程竣工，学校陆续入驻，二期工程已经全面动工。唐山曹妃甸国际职教城开始投入使用。经省政府批准并报教育部备案同意，设立曹妃甸职业技术学院，并实现顺利招生。邢台市职教园区已有三所学校进驻。

【促进高等教育内涵式发展】 完成河北省“双一流”信息管理平台建设，与省财政厅联合出台《“双一流”建设资金管理办法》，继续加强重点大学和重点学科建设，分层次推进强势特色学科、重点学科、重点发展学科建设，为不同学校搭建发展平台。有序推进本科高校转型发展试点工作，成立河北省应用技术大学研究会，为推进全省本科高校转型发展、加快应用型学校建设提供重要平台。进一步调整优化高校布局和学科专业结构，编制完成《河北省高等学校设置“十三五”规划》。主动适应本省经济社会发展和加快转变经济发展方式的战略需要，加大学科专业布局和科类结构调整力度，上报教育部新增备案的本科专业113个、教育部审批本科专业20个。推进成人高等教育改革发展，出台《河北省教育厅关于进一步优化高职高专院校成人高等教育函授站点布局增强服务经济社会发展能力的通知》，进一步提升高职高专院校举办成人高等教育函授站、教学点的办学能力和管理水平。出台《河北省高等学历继续教育专业检查与评估管理办法》，加强高等学历继续教育专业内涵建设。实施河北省农民工学历与能力提升行动计划——“求学圆梦行动”计划，提升农民工学历层次和技术技能。积极推进科技平台共建共享，加强国家级创新平台建设，依托河北工业大学省部共建的电工装备可靠性与智能化国家重点实验室通过科技部建设论证。依托河北工业大学建设的国家技术创新方法与实施工具工程技术研究中心通过科技部验收。强化军民融合，积极与省国防科工局谋划共建河北大学、河北工业大学等7所高校的科技创新平台。努力推动应用型本科院校和高职高专院校科技创新平台建设工作，18个河北省高校应用技术研发中心通过专家验收。深入实施哲学社会繁荣计划，深入推进全省高校新型智库建设，进一步提升高校服务党和政府科学民主依法决策的能力。

【推进京津冀教育协同发展】 发布《“十三五”时期京津冀教育协同发展专项工作计划》，强化统筹规划设计，确定京津冀三地“十大合作项目”。发布《京津冀教育对口帮扶项目计划》，高品质配置北京城市副中心教育资源。与清华大学合作建设清华大学研究生培养基地和研究生社会实践基地。持续推进职业教育协同发展，先后建立京津冀职业教育协同发展研究中心、教学联盟、互联网+职教集团等，京津冀职业教育联合招生1.09万人，举办各种对接活动422场次。紧紧围绕京津冀协同发展中的重大需求，继续推进本省高校与63家京津高校、科研院所的优势创新资源深度协同合作，组织高校针对京津冀协同发展中的重大问题进行协同攻关。

【雄安新区教育规划建设】 坚持世界眼光、国际标准、中国特色、高点定位，坚持规划优先、存量优化、政策优惠、发展优质的思路，科学规划雄安新区教育体系，制订《关于雄安新区教育规划建设的意见》。引进北京优质基础教育入驻雄安，北京“数字学校”云课堂向河北开放，起草《提高雄安新区教育基本公共服务水平的意见》，指导新区三县分别制定“千年大计、教育先行”3年提升计划，并配合雄安新区管委会组织实施。

【深化国际交流合作】 完善因公临时出国（境）管理，简化出访请假程序，派出260多批团组600多人次赴国（境）外交流访问。完成32批重要教育团组来访交流接待和合作洽谈工作，出色承办3.19“河北之夜”省委、省政府主要领导同志在北京钓鱼台国宾馆会见3名诺贝尔奖经济学家和3名世界知名学者等重大外事活动。加强出国留学工作，共选派4673人出国留学，另有154人被国家公派出国留学项目录取。为本省自费留学生争取奖学金近4000万元。推动中外合作办学，遴选确定4个河北省示范性中外合作办学项目，累计建设2个非独立法人中外合作办学机构和48个专科及以上层次中外合作办学项目，在校生达7877人。着力吸引外籍教师和专家来河北省工作，河北工业大学等4所高校聘请的4名外籍专家入选河北省首批“外专百人计划”，被授予“省级特聘专家”称号。举办河北省区域经济发展研讨会，诺贝尔奖获得者克里斯托弗·皮萨里德斯应邀出席并与河北大学签约筹备河北省区域经济发展研究院。开展“世界名校课堂进河北”活动，教育部“春晖计划”美国专家工作团与河北大学签署教育及科研合作项目协议30余份。加大汉语国际推广力度，累计在13个国家建立12所孔子学院、18所孔子课堂，选派259名汉语教师和志愿者赴国外教授汉语、传播中华文化。深化与“一带一路”沿线国家合作，启动“一带一路”沿线国家高校“国际手拉手”活动。印发《河北省教育厅关于加强全省来华留学工作的意见》，推动更多学校开展来华留学工作，招收来自100多个国家的近6000名外国留学生来河北学习。加强国别和区域研究中心建设，教育部批准河北建立11个国别和区域研究中心。

【强化高校创新创业教育】 支持国家级大学生创新创业训练计划项目416项，支持省级大学生创新创业训练计划项目2119项。认定省级深化创新创业教育改革示范高校13所，教育部认定本省国家级深化创新创业教育改革示范高校5所，全国高校创新创业总结宣传典型经验高校1所。组建由232名专家组成的河北省优秀创新创业导师人才库，93名专家入选教育部万名优秀创新创业导师人才库。注重应用型人才培养，大力推进专业学位研究生教育改革。加大资金投入，资助经费2020万元，推进省级校企联合培养基地建设，已建成省级校企研究生联合培养实践基地104个，初步形成省级、校级、院级实践基地协调发展的专业学位研究生实践能力培养体系。

【高层次人才引进与培养】 积极实施国家“千人计划”“万人计划”“长江学者奖励计划”和省“巨人计划”“高端人才支持计划”“百人计划”等重大人才项目，鼓励高校采取年薪制、协议工资制等绩效工资分配方式，为高校吸引、集聚、培养高层次人才。本省高校新增中国工程院院士1人、中国科学院院士1人，全职引进中国科学院院士1人，柔性引进外籍院士2人。全职引进国家“千人计划”人选3人（其中青年千人计划人选1人）。新增教育部“长江学者特聘教授”2人、国家“万人计划”教师名师1人，河北省“百人计划”人选11人、河北省“三三三人才工程”一层次人选5人、二层次人选26人、河北省“政府特殊津贴专家”48人。选派60名高校有发展潜力的青年骨干教师到国内知名大学作访问学者，有效提升教师的教学能力、科研水平、学术素养和创新能力。

【加强教育科研】 培训教研员300人、培训名师150人；各学科参加新教材国家级业务培训，完成道德与法治、语文、历史三科统编教材省级培训。组织和实施全省14个县国家义务教育质量监测工作，被教育部基础教育质量监测中心授予“省级优秀组织单位”荣誉称号。把握“互联网＋教育”的特点，建立教科研管理与服务教育决策的数字化共享平台，制定河北省基础教育教研平台的板块升级设计方案，形成利用网络开展教研活动的成功模式。启动教育改革与发展专项资金研究项目，推进全省教学研究工作的转型升级。完成《河北教育年鉴》2009年卷至2014年卷的校审和出版工作。

【对口援疆援藏】 开展与新疆学校手拉手活动，11个设区市近50个学校与新疆学校开展“千校手拉手”活动。开展赴新疆顶岗实习支教，组织河北师范大学两批大学生共60余人到新疆巴州进行顶岗实习支教。做好西藏阿里地区骨干教师培训任务，2017年暑假承接西藏阿里地区选派的10名骨干教师培训工作，研修期为一年。做好新疆内派管理服务教师接收安置工作，新疆自治区教育厅选派的49名内派管理服务教师，分配到45所省内高校，圆满完成工作任务。

（河北省教育厅　许九奎）

卫生和计划生育

【健康河北建设】 在全国率先成立健康河北领导小组，制定出台贯彻“健康中国2030”规划纲要的重点任务分工方案。省市县编制“十三五”卫生与健康专项规划192个，1＋4＋X“十三五”卫生与健康规划体系基本搭建。出台《河北省国民营养计划（2017－2030年）实施方案》，全省所有县（市、区）全部启动“三减三健”全民健康生活方式行动。健康城市、健康村镇建设试点扎实推进，辛集市、双滦区通过国家健康促进县（区）验收，黄骅市被命名为国家卫生城市，南和等4县被命名为国家级卫生县城。全年改造无害化卫生厕所近17万座。“基本医保＋大病保险＋医疗救助”三重保障实现农村贫困人口全覆盖，62个贫困县实现远程医疗服务。争取中央资金10.8亿元、医疗卫生服务体系项目41个。5个疑难病症诊治项目纳入国家储备项目库，中央预算内投资总额达7.5亿元。北戴河区成功入选首批国家健康旅游示范基地。

【医院综合改革】 全面推开公立医院综合改革，全面取消药品加成，同步实施配套改革，新旧运行机制实现平稳转换，医疗服务价格实现结构性调整。全省县级公立医院综合改革示范创建工作成效明显。馆陶县在国家考核中名列第一。河北作为非试点省全国综合排名第六，获得国家1024万元奖励。唐山市、巨鹿县分别被纳入公立医院综合改革首批国家示范城市和第二批国家级示范县。11个设区市全部启动国家级分级诊疗试点。探索建立城市医疗集团、县域医共体、专科联盟、远程医疗协作网等医联体。出台《家庭医生签约服务包指导意见》，建档立卡贫困人口签约服务基本覆盖。县级以上及城市社区公立医疗机构在药品采购中全部实行“两票制”。出台《加强卫生计生综合监督行政执法工作实施意见》，五级综合监督网络初步形成。加强事中事后监管，双随机监督抽查管理相对人9330家，实现行政执法监管事项全覆盖。

【京津冀协同发展】 成功举办2017年京津冀医疗卫生协同发展论坛，中国医学科学院阜外医院等10所国家卫生计生委委属（管）医院分别同河北医科大学第二医院等12所河北省对口医院集中签署合作框架协议。环首都5市全部与北京签订合作协议，合作领域由整个京津冀向京冀保、通武廊、京东等局部地区延伸，合作范围从全面合作向口腔、老年健康服务等专业领域拓展。全省320家医院与京津医院开展合作，26家医疗机构与京津实现检验结果互认，45家实现医学影像检查资料共享。吸引北京专家1000余人到河北开展诊疗活动，服务群众7万多人次。三地联合启动医用耗材联合采购试点，卫生应急、疾病防控、妇幼保健、食品安全、综合监督、人才建设、中医药等领域合作日益广泛深入。推动委省对接，引导优质医疗卫生服务资源助力雄安新区规划建设。北戴河新区成功入选全国首批健康旅游示范基地。

【健康扶贫工程】 全面实施农村建档立卡贫困人口县域内住院先诊疗后付费和“一站式”结算服务，全省有20余万贫困患者在1926家定点医疗机构受益；分批集中救治核准罹患7种大病的12827名农村贫困患者，救治率达95.9%；着力推进贫困人口家庭医生签约服务，全省共签约1836195人，签约率99%，基本实现贫困人口签约服务全覆盖、慢病贫困人口“应签尽签”目标；加大37所三级医院对口帮扶62个贫困县82家县级医院力度，重点调整10个深度贫困县帮扶力量，提升贫困县县级医院诊疗水平；开展基层医疗卫生人才培训和适宜技术推广，加强公共卫生服务保障、改水改厕工程和健康教育，基层医疗卫生服务能力和贫困人口健康防病素养进一步提升。

【医疗卫生服务】 基本公共卫生服务项目扩展到14类55项。重大疾病防控力度进一步加大，艾滋病疫情保持低流行态势。全面实施预防接种异常反应保险补偿。推出进一步改善医疗服务10项措施。实施心脑血管疾病救治绿色工程和医疗惠民工程，2837名贫困患者享受费用减免209万元。加强临床重点专科建设，推进优质护理服务。“河北健康云”工程顺利实施，省、市、县三级全民健康信息平台实现互联互通。组织无偿献血70.33万人次。有效应对人感染H7N9疫情，全力做好鼠疫等突发急性传染病防控工作。第一时间组织医疗专家，紧急驰援沧州氯气泄漏、张石高速公路车辆燃爆等多起突发事件处置，有效减少了人员伤亡。食品安全风险监测工作深入推进，企业标准备案实现全程网上办理。基层卫生计生服务能力持续提升，10家基层医疗机构被授予“全国百强”。2022冬奥会医疗卫生保障工作有序推进。

【分级诊疗】 新增3个国家分级诊疗试点城市，实现国家级试点城市全覆盖。重点推广乳腺癌、甲状腺癌、慢性阻塞性肺疾病、冠状动脉粥样硬化性心脏病、脑血管疾病等分级诊疗技术方案，以及儿科、妇科、产科等部分专科常见病种入出院参考标准和转诊指导原则，双向转诊机制初步建立。2017年，全省基层医疗机构共上转患者12.1万人次，二级以上医疗机构下转患者4.59万人次，同比分别增长7.1%和11.87%。

【医联体建设】 以省政府办公厅名义出台《关于推进医疗联合体建设和发展的实施意见》，联合省中医药管理局制发《关于进一步加强医联体建设工作的通知》，初步构建医联体建设的政策制度框架。遴选唐山、邯郸和邢台3个市，以及石家庄赞皇、承德隆化等11个县，开展省级医疗集团和县域医共体建设试点。各设区市选取1个城区和1个县（市、区）开展市级试点工作。全省共建立各种模式医联体168个，其中医疗集团62个，县域医共体55个，专科联盟35个，远程医疗协作网16个。全省所有的三级医院、77%的二级医院、49%的一级机构和16%的社会办医疗机构参与医联体建设。62个贫困县和雄安新区县级医院全部纳入医联体建设。

【医疗管理】 稳步推进医院评审和大型医院巡查工作，完成2所三级专科医院的评审和5所省直、20所市属三级医院的巡查。开展第一阶段县级医院能力提升评估，以及全省二级以上医院院长、医务管理人员培训和儿科医师转岗、县级医院骨干医师培训项目。制发《河北省医疗质量管理与控制中心管理办法（试行）》《河北省三级综合医院护理质量敏感性指标（试行）》，建立健全质控中心动态管理机制和护理质控体系。组织对45家三级综合医院妇科、儿科、心内介入等8个专业病历进行病历质量和诊疗合理性评价，丙级病历率下降11.13%，心血管介入诊疗合理率达到91.22%。

【疾病防控体系和卫生应急能力建设】 联合省编办、省财政厅制发疾病预防控制中心机构编制标准，省级疾病预防控制机构的人员编制按照不高于0.1/万的比例核定，设区市级和县级疾病预防控制中心的人员编制分别按照0.3/万、1.35/万的比例核定。国家卫生应急移动医疗处置中心项目和突发急性传染病防控队伍建设项目进入实质建设阶段。调整充实13支省级医疗卫生救援队，培训人员近2700人次。卫生应急技能竞赛取得圆满成功，河北在全国大赛上荣获团体三等奖及优秀组织奖，5人分获个人二、三等奖。

【妇幼保障】 争取中央投资2.36亿，对22所妇幼保健院实施改扩建项目。创建国家级妇幼健康优质服务示范县5个，省级优质示范县10个，省级儿童早期发展示范基地5所，唐山市妇幼保健院获评国家级儿童早期发展示范基地。在全省启动实施免费唐氏筛查项目，共筛查24万名孕妇，筛查率为69.29%。孕前优生健康检查78万人，目标人群覆盖率达89.08%。孕产妇健康管理率达到90.79%，3岁以下儿童健康管理率达到89.16%，孕产妇住院分娩率达到99.8%。妇女儿童健康水平稳步提高，全省孕产妇死亡率下降到13.11/10万，较2012年下降了39.08%；婴儿和5岁以下儿童死亡率分别下降到5.22‰和7.06‰，较2012年下降了47.0%和41.22%，妇幼健康核心指标均优于国家平均水平。

【计生服务管理改革】 积极稳妥实施全面两孩政策，全年出生人口98.9万，同比增加6.9%，二孩出生占比57%，人口发展保持平稳态势。推进计划生育“多证合一”改革，得到国家卫计委推广。在全国首创计生特殊家庭三级联系人帮扶制度，启动流动人口健康促进与教育动车组。保持打击“两非”高压态势，出生人口性别比稳步下降。深度整合妇幼保健与计生技术服务机构资源，建立三级危重孕产妇、新生儿救治中心和覆盖全省的产前筛查、产前诊断网络。加强出生缺陷综合防治，生育全程医疗保健服务得到优化。计生协工作取得新进展，2次在国家会议上作典型发言。

【医养结合工作】 初步探索出“四结合一突出”（即政府保障与引入社会资本相结合、居家养老与机构养老相结合、县乡村相结合、中西医相结合，突出失能、失智和计生特殊家庭老人等重点人群）医养结合工作模式。截至2017年12月底，全省1478家养老机构中有1332家能够以不同形式为入住老年人提供医疗卫生服务，比例达到90.12%，全省72612家医疗机构中有66265家为老年人提供就医便利服务，开设绿色通道比例达到91.26%，65岁及以上老年人健康管理率为73.81%，全省医养结合机构床位总数达到43820张，推进医养结合以来累计拉动社会资本投入130.83亿元。

【医学科技创新】 2017年登记国家科技成果301项，全省医学科研成果获得省级科学技术进步一等奖6项，二等奖10项，三等奖21项，数量和质量均居全省各行业之首。加强干细胞临床研究备案与监管，支持河北医科大学第一医院作为全省首家备案机构开展“自体骨髓‘间充质干细胞心梗注射液’移植治疗急性心梗的随机、双盲、安慰剂对照、多中心临床试验”项目，将河北省人民医院、河北医科大学第二医院、秦皇岛市第一医院备案为国家第二批干细胞临床研究备案机构。

【医学教育改革】 以省政府办公厅名义出台《关于深化医教协同进一步推进医学教育改革与发展的实施意见》。加强培训基地动态管理，新增华北理工大学附属医院、邯郸市第一医院、唐山工人医院、保定市第一中心医院、邢台市人民医院等5家国家级培训基地。争取1000万省级财政资金，对社会人员和全科专业学员进行补助，2017年省级财政补助资金追加到2000万。加强医教协同，住院医师规培、助理全科医生培养纳入医改考核。出台《住院医师规范化培训学员人事管理若干意见（试行）》，截至2017年底，共招录住院医师11448名，住培录取率始终保持在95%以上。加强全科医生培养，全年共培训骨干师资2300名，全科师资750名，招录助理全科医师452人。实施农村订单定向医学生免费培养，落实每人每年2500元的财政配套经费支持。启动京津冀三地卫生技术培训标准化建设和认证示范区合作，推动卫生人员技术能力持续提高。

【中医药强省建设】 在全国率先修订出台《河北省中医药条例》。启动中医药强县创建工作，实施基层中医药服务能力提升工程，新建国医堂150个。争取中央资金3.5亿元支持12所县级中医院改扩建。中医药健康信息平台与446家国医堂实现联网，进度居全国前列。与省旅游发展委签订中医药健康旅游战略合作协议。安国成功申报国家中医药健康旅游示范区。

【各项工作统筹推进】 深化“放管服”改革，行政许可事项由39项精简到25项，并全部实现网上办理；开展减证便民专项行动，清理相关证明事项20项；出台9项改革措施，医疗领域投资活力得到激发。医疗机构、医师护士电子化注册改革管理工作居全国领先水平。支持社会办医，中外合资合作医疗机构实现零突破。行政执法“三项制度”试点工作得到省政府法制办充分肯定。加强宣传引导，打造“最美医生”品牌。援外医疗工作受到受援国表彰。安全稳定百日攻坚行动持续加力，全系统形势稳定向好。认真履行管党治党主体责任，深入推进“两学一做”学习教育常态化制度化。深入学习宣传党的十九大精神，切实加强廉政教育，强力部署纠正“四风”作风纪律专项整治，保持反腐败高压态势。加强行风治理，深入开展大型医院巡查，强化项目监管、绩效评价和审计监督，畅通“阳光热线”、群众来信来电来访等监督渠道，全年受理群众咨询投诉599件，及时回应办理。与此同时，人事管理、财务管理、干部保健、提案建议承办、离退休干部等工作有力有序有效推进。

（河北省卫生和计划生育委员会 尹文晶、蔡涛、李玲 、连双强）

文化产业

【优化发展环境】 2017年，河北省文化厅文化产业处在厅党组正确领导下，认真贯彻落实省委、省政府、文化部、省委宣传部的要求部署，深入学习贯彻党的十九大精神，积极发挥服务、协调、促进作用，推动文化产业工作取得新进展新成效。

（一）在全省开展了文化产业大调研活动。为掌握全省文化产业发展现状，进一步摸清家底、找准短板，更好促进河北省文化产业与相关产业融合发展，加快文化产业结构优化、转型升级，省文化厅在全省范围组织开展了文化产业大调研活动，重点调研数字文化产业、文化产业与农业农村融合、京津冀文化产业协同发展、文化文物单位文创产品开发等方面，并形成了各专题调研报告。

（二）重点谋划调研大运河文化产业带建设。为贯彻习近平总书记关于建设大运河文化带的重要批示和省委、省政府总体部署，省文化厅专题调研了大运河沿线邯郸、邢台、衡水、沧州、廊坊5市12县的相关情况，撰写了《关于河北省大运河文化带建设的调研报告》。该报告详细调查了介绍了大运河河北段基本情况，指出河北省建设大运河文化带面临的问题和困难，提出了建设大运河文化带的建议。

（三）印发了《河北省文化厅关于加强特色小镇文化建设的指导意见》。根据《中共河北省委河北省人民政府关于建设特色小镇的指导意见》要求，为充分挖掘特色小镇文化内涵，深入推动文化与科技、旅游、工业、农业等相关产业融合发展，培育特色小镇独特文化，扩大特色小镇文化品牌效应，优化特色小镇文化生态环境，促进特色小镇主导产业创新升级，制定印发了《河北省文化厅关于加强特色小镇文化建设的指导意见》，明确了特色小镇文化建设的重要意义、总体要求、主要任务及保障措施。

（四）印发了《关于加强各类文化产品电商服务平台建设的通知》。为适应互联网及移动支付技术的发展与社交媒体在商务领域的应用，推动河北省传统文化产业转型升级，省文化厅制定印发了《关于加强各类文化产品电商服务平台建设的通知》，明确了建设文化产品电商服务平台的重要意义、基本思路和具体措施。通过引导推动，河北文化产业大数据平台、石家庄文化消费网、河北特色文化产品网、河北乐聪云创文化创意大数据平台等一批电商服务平台建设正在有序推进。

【促进文化消费】 （一）指导石家庄市、廊坊市做好全国扩大文化消费城市试点工作。指导石家庄市制定了《石家庄市文化消费试点工作方案》，并以石家庄市政府名义印发实施。配合该方案实施，石家庄已开展了“盛世欢歌”等系列大型文化活动，发放“省会文化惠民卡

一文化一卡通”2万张，并将洪顺曲艺社等活动纳入文化惠民卡范畴，有效激活了文化消费市场，促进了文化市场繁荣。指导廊坊市组织开展了十大文化体验小镇创建工作，依托第二十七届全国图书交易博览会引领文化消费理念，并由廊坊市财政安排了800万元专项工作经费，着手组织廊坊市文化消费场所联盟，启动廊坊市创新型文化消费品奖补等工作。

（二）指导河北博物院等文化文物单位开展文化创意产品开发试点工作。根据《国务院办公厅转发文化部等部门关于推动文化文物单位文化创意产品开发若干意见的通知》要求，经专家评审，河北博物院、河北省图书馆、河北美术馆入选国家文化创意产品开发试点单位。其中河北博物院获得10万元奖励扶持。作为国家文化创意产品开发试点单位，河北博物院、河北省图书馆基于馆藏资源，精心设计开发出一系列融古典传统与现代时尚元素相结合，既具艺术性、又具实用性的现代生活文创产品。截止目前，河北博物院开发了文物复仿等8类700余种文创产品。河北省图书馆已试开发出冀图诗笺、冀图书笺系列等151种文创产品。

【京津冀协同发展】 （一）配合文化部参与京津冀文化产业协同发展规划纲要的编制工作。为落实国家京津冀协同发展战略，文化部牵头编制《京津冀文化产业协同发展规划纲要》。文化部部领导率考察组先后到河北省廊坊、唐山地区就京津冀文化产业协同发展情况进行调研，并召开座谈会听取意见建议。省文化厅就河北主动对接京津、融入京津，承接京津文化产业转移，借势借力助推文化产业又好又快发展，打破行政区划壁垒，努力在改进文化市场管理、加强文化法治环境建设、加大知识产权保护力度、人才培养等方面内容对规划纲要初稿进行了反馈。

（二）举办京津冀特色文化产业发展研讨会和项目推介会。一是举行了京津冀特色文化产业发展研讨会。文化部文化产业司巡视员高政莅临现场并致辞，同时见证了京津冀三地文化部门签署《京津冀文化产业协同发展行动计划》。文化部文化产业专家委员会主任范周、国家行政学院社会和文化教研部主任祁述裕、河北大学文化创意产业研究中心主任杜浩等京津冀专家学者、企业负责人和业界精英200余人，围绕“新时代”京津冀文化产业当前面临的重大问题、发展趋势及未来前景等话题，在总体布局、特色资源、企业实战三个方面展开深入的研讨，取得了丰硕的成果。二是举办了京津冀特色文化产业项目推介会。来自京津冀三地文化部门的文化产业处处长、金融机构和投融资机构代表、特色文化产业项目负责人、文化企业家、媒体记者等200多人共襄盛会，共商文化金融发展大计。此次推介会共路演京津冀三地10个（北京2个、天津2个、河北6个）文化产业项目，各项目普遍具有文化内涵深厚、建设要素齐全、市场前景看好、示范带动性强、预期效益大等特点。

【加强园区基地建设】 （一）组织申报国家级文化产业示范园区创建资格。根据《文化部关于加强文化产业园区基地管理、促进文化产业健康发展的通知》要求，组织指导各地市争创国家级文化产业示范园区。经过文化部多次评审和实地查验，承德市21世纪承德避暑山庄文化旅游产业园获得国家级文化产业示范园区创建资格，创建时间为3年。至此，河北省拥有国家级文化产业示范园区创建单位1家，拥有国家级文化产业试验园区1家（中国曲阳雕塑文化产业园）。

（二）开展了省文化产业示范基地命名工作及省级文化产业示范园区创建资格认定工作。为培育文化市场主体，推动河北省文化产业又好又快的发展，组织开展了河北省第五批文化产业示范基地评选命名工作和省级文化产业示范园区创建工作。经各市文广新局推荐、专家评审、厅党组会研究、社会公示，命名河北省话剧院演艺有限公司等26家企业为河北省第五批文化产业示范基地，公布廊坊大厂影视产业园等5家园区为河北省文化产业示范园区创建单位，创建主体为当地县（区）政府，创建时间为3年。

【搭建文化服务平台】 （一）组织申报国家文化产业发展专项资金。根据文化部办公厅《关于做好2017年度中央财政文化产业发展专项资金重大项目申报工作的通知》和财政部办公厅《关于申报2017年度文化产业发展专项资金的通知》要求，省文化厅组织开展了2017年度中央文化产业发展专项资金重大项目征集申报工作，共有“文化金融扶持计划”、“支持特色文化产业发展”的4个项目及20个基层优秀院团共获得中央资金支持1120万元。

（二）组织参加文博展会活动。参加文博会是推动河北文化“走出去”的重要手段，2017年，省文化厅先后参加了北京文博会、天津滨海文交会、中国义乌展交会，均取得圆满成功。参加北京文博会，京津冀三地文化厅局设立了京津冀文化协同展区，河北展区现场销售额超过18万元，意向订单额达35.5万元，同时河北省还发布了55个文化产业招商项目。组织参加天津滨海文交会，借助高端平台“走出去”，开阔了视野，增强“走出去”的信心和决心。首次组织河北省代表团参加了义乌文交会，河北省文化厅获组委会“优秀组织奖”，保定俩个半石匠公司等4家企业参展作品获组委会金、铜奖，参展企业签订订单170万元。举办了第六届河北省特色文化产品博览交易会，参展商家共500余家，共设标准展位300个，特装展25个，展览面积超过25000平米。与往届相比，本届特博会参展范围更广、创意元素更多、京津冀文化产业协同发展更加深、文化产业与相关产业融合更加广泛。

（三）公布了第三届河北省文化创意设计大赛获奖名单。大赛以“创意融入生活 设计提升产业”为主题，按照创新性、可行性、可推广性的原则，在工艺美术、文博创意、数字创意和文化空间等类别，最终评选出金奖10名、银奖20名、铜奖30名，优秀奖20名。这些获奖产品，不仅特色鲜明、贴近生活，而且大部分构思巧妙、工艺精湛，具有商业开发、产业化生产和市场推广价值。

（河北省文化厅　马运飞）

新闻出版·版权

【新闻出版】 截至2017年底，河北省新闻报纸机构58家，新闻期刊机构12家，出版物印刷企业282家。2017年度，全省报纸出版量约13亿份，期刊出版量约0.48亿册，图书出版量约2.1亿册。

（一）出版领域舆论引导力稳步提升。扎实做好党的十九大文件和学习辅导材料的出版印制发行工作，推出了《十八大以来全面深化改革纪事》等一批主题出版物，为迎接、宣传、贯彻党的十九大精神提供了重要保障、营造了浓厚氛围。

（二）主题出版工作有序推进。大力实施“冀版精品出版工程”，全省2种选题入选中宣部、国家新闻出版广电总局2017年度主题出版重点选题目录，3种图书被国家新闻出版广电总局列入2017年中国文艺原创精品出版工程（二期）项目名单，7种出版物入选第四届中国出版政府奖获奖名单。在全国征集的200余部原创作品中评选出《前街后街》等八部优秀作品予以资助出版。大力实施《燕赵文库》重大出版工程，正式出版了《畿辅通志》《河北经济史》《张岱年集》等首批51册图书。

（三）圆满举办第27届全国图书交易博览会。举全系统之力，与廊坊、石家庄、保定市委市政府通力合作，第27届全国图书交易博览会于2017年5月31日—6月3日在廊坊市成功举办。以“办好书博会、迎接十九大”为主线，以“承燕赵文脉、启盛世书香”为主题，廊坊主会场共有45个代表团、960家出版发行单位参展，参会代表7980余人，参展商超过4万人，总展位数2700个，展场面积5.2万平方米，展出各类图书25万种，其中新书15万种，迎接十九大题材的近万种。实现图书订货码洋42.3亿元，现场销售码洋达4100万元；拉动举办城市交通、餐饮、住宿、旅游、衍生品等各行业GDP近60亿元。

本届书博会同时在唐山会场设立全国少儿类出版物展览，在西柏坡设立优秀党建读物专题展区和红色文学经典专题展区，邀请17位部级领导出席，17位文化名人参加展会活动。广大人民群众参与本届书博会的热情空前高涨，入场参观人数达81万人，“书博大篷车·美丽河北行”行程1.6万公里，遍及全省117个市、县、乡、社区、学校等地，直接参与群众达50万余人次。

书博会营造了“喜迎十九大”的浓厚氛围，展示了河北改革发展成果和深厚文化底蕴，提升了河北德美誉度和影响力，树立了“书香河北”的良好形象。中宣部副部长、国家新闻出版广电总局局长聂辰席给予了“主旋律高昂、正能量充沛”的充分肯定。

【版权】 （一）版权保护力度持续加大。不断完善了跨地区、部门间执法协作，加强事前引导、事中协调和事后督查，突出了大案要案的查处和重点行业的专项保护。深入开展了2017年度“双打”工作和“剑网行动”，强化了对重点作品、重点领域版权专项整治。集中查处了一批侵权盗版大案要案，规范了全省出版行业的版权秩序。

（二）软件正版化工作扎实开展。在全省开展了版权正版化督查“回头看”，督促软件使用单位着手从建立软件正版化责任人数据库、完善软件资产管理制度、制定软件正版化工作考核办法等方面改进提高，并顺利验收了500余家政府机关及100余家企事业单位软件正版化工作。逐步推广《正版软件管理工作指南》，对完善和健全软件正版化工作流程提供了实践基础。

（三）版权宣传培训工作不断加强。开展知识产权宣传周系列活动，继续做好版权主题宣传和日常宣传，不断强化版权执法、著作权登记及相关人员培训，逐步提升公众的版权意识和版权认知度。

（四）版权示范单位的创建工作步伐加快。继续贯彻落实《河北省版权示范单位和示范园区（基地）认定办法》，积极开展版权示范创建工作，廊坊市获得全国版权示范城市创建资格，为不断提升全省版权创造、运用、保护和管理水平，规范版权示范单位和园区（基地）评定工作提供了实践经验。

【事业和产业】 （一）文化惠民工程成效明显。一是以“迎书博·读好书”为统领，策划组织了“书博大篷车·美丽河北行”等八项大型主题活动1000余项子活动。结合世界读书日等重要时间节点，密集举办各类主题活动600余场，参与活动人次达520余万次。其中河北省青少年“阅·知·行”读书活动已连续举办六届，参与师生累计已达1800万人次。二是继续开展出版物补充更新工作，全年共补充更新图书371万册、报刊9.7万余份。深化农家书屋延伸服务，逐步形成以行政村书屋为核心、示范书屋为引领、基层图书馆为补充、文化中心户和各类阅读网点为延伸的便民阅读服务网络。依托农家书屋组织开展了“我的书屋·我的梦”农村少年儿童阅读实践活动、“农家书屋大讲堂”等文化惠民活动。

（二）文艺精品出版工程积极实施。一是创新选题来源渠道，开展面向社会公开征集选题活动。通过多种形式、多种层次、多种媒体进行宣传发动和跟踪报道。二是继续执行《冀版优秀原创文艺作品评选办法》，积极推进征集作品的评选活动。三是建立健全了文艺精品出版工程选题（书稿）库、作者库和评审专家库，为持续推动精品生产打下良好基础。

（三）中国出版影视融合发展基地项目筹建工作取得重要突破。国家新闻出版广电总局于2017年9月20日正式批复同意河北省开展中国出版影视融合发展基地筹建前期准备工作。经与省发展和改革委积极沟通会商，明确了工作思路、目标定位，对基地选址、项目投资、实施主体等重要问题进行了多次调研论证，并向省政府提交了报告，提出了工作建议，许勤省长两次作出重要批示。

（四）印装产业园区和河北版权交易中心项目、河北文化艺术品国际版权交易中心项目建设进一步推进。研

究制定了省级印装产业园区管理办法，重点培育廊坊国家印装产业园区、肃宁县“千亩印刷产业园”、武邑县“北方印谷”、故城县“数字出版印刷文化产业园”等项目。河北版权交易中心项目、河北文化艺术品国际版权交易中心项目审批工作进入实施阶段，为更好地承接京津地区产业转移项目，促进全省版权产业发展提供了有力保障。

（五）智慧新闻出版战略积极实施。鼓励互联网、大数据、人工智能与新闻出版有机融合，加快推进图书和音像电子等新闻出版企业数字化转型升级，促进网络出版等数字新兴产业持续快速发展，积极探索以新零售等为代表的新业态，大力培育数字印刷、印刷电子商务、印刷融合创新等新的经济增长点。

【管理】 （一）在新闻报刊管理方面，在全省范围内开展了对中央新闻单位驻河北省机构及人员清理整顿工作和报刊发行秩序专项整治活动，通过查处虚假新闻、及时纠正有害信息、堵塞错误舆论传播渠道等方式，坚决制止了新闻报刊舆论中的违法违规行为。2017年度共查处了7家违规报刊，注销了283个记者证和45家连续性内资，进一步规范了全省报刊发行秩序。（二）在出版管理方面，加强对书号实名申领工作的管理力度；审核关口前移，认真做好对每月补报选题的审核把关；依托专门机构开展出版物质量专项检查活动，对不合格图书按照规定给予严肃处理。（三）在印刷发行管理方面，先后多次对全省11个设区市及部分县级印刷发行企业产品质量进行了督导检查，对检查中发现的问题进行了及时处理，达到了对违规违纪现象有效震慑的目的。（四）在版权管理方面，推进“剑网2017”专项行动深入开展，多次召开案件协调会议，对重大版权案件进行协调督办。全年全省办理侵权盗版案件立案11起。（五）在“扫黄打非”管理方面，在全省范围内组织开展了“地毯式”清查，2017年度共查处各类“扫黄打非”案件500余起，收缴各类非法出版物34万件，关闭非法网站118家，删除网上有害信息4万余条。

（河北省新闻出版广电局　田旭）

广播影视

【概况】 截至2017年底，河北省共有广播电视台153座；中波发射台31座，发射机82部661千瓦；调频电视转播发射台421座，调频发射机323部356.101千瓦，电视发射机622部606.625千瓦。全省共有数字微波实有站32座，微波传送线路长度1612.50公里；有线广播电视传输干线网总长204286.12公里，有线电视用户850.99万户，数字电视用户628.42万户。全省广播综合覆盖率达到99.35%，电视综合覆盖率达到99.28%。

全省全年共开播广播节目153套、电视节目180套。全年共播出广播节目761106小时53分，播出电视节目849356小时47分；共制作广播节目387834小时05分，制作电视节目200025小时25分。全年制作完成电视剧27部328集，动画电视311小时26分，进口电视节目104小时。

截至2017年底，全省广播影视系统从业人员47707人，总收入达到107.81亿元，拥有固定资产96.1亿元，实现创收72.22亿元。

【新闻宣传】 十九大宣传报道成规模、显特色。围绕十九大前、十九大期间、十九大后三个阶段，开展了全方位、多层次、多角度的宣传报道。十九大前，河北广播电视台和长城新媒体集团开设了专栏报道，为喜迎十九大，聚焦十九大营造了浓厚的舆论氛围。组织十九大期间，河北广播电视台和长城新媒体集团持续开展“砥砺奋进的五年”主题宣传，开设了《学习贯彻党的十九大精神》等一批专题专栏，推出了大型直播访谈节目和特别节目，做到了专题报道有创新，深度报道立意高，网络报道重互动，形成了舆论强势。会后，河北广播电视台和长城新媒体集团集中开展了“学习贯彻十九大，燕赵大地气象新”大型主题采访活动，开辟了《学习贯彻十九大精神》等专栏、专题，集中反映了全省各地和社会各界对党的十九大的热烈反响和积极评价，集中报道了全省各地部门学习贯彻落实党的十九大精神采取的新举措、取得的新成效，持续营造了学习贯彻落实党的十九大精神的良好舆论氛围。

主题宣传报道力度大、效果好。河北广播电视台和长城新媒体集团扎实做好了第十二届全国人民代表大会和省委九届五次及六次全会、省“两会”等重要会议的宣传报道，精心组织开展了“经济强省、美丽河北”“西柏坡精神”“塞罕坝精神”等重大主题宣传活动，做到了导向正确、特色鲜明、效果显著。成功举办了全省广播电视公益广告创作大赛，多部作品在国家新闻出版广电总局评选中获奖，获奖数量、覆盖层级均居全国前列。全省全年广播电视台公益广告播出时长达到24191小时，同比增长15%，彰显了媒体社会责任。

文艺繁荣打造新亮点。广播电视节目方面，继续贯彻执行《关于进一步加强精品创作生产的实施意见》，精品创作指导委员会加大了协调、规划引导、支持保障力度。《中华好诗词》《非常帮助》《京津冀大头条》等一批创新创优栏目，得到国家新闻出版广电总局、省委宣传部等部门的好评和肯定。影视作品方面，制定了《2017年重点广播影视剧精品项目责任分解推进表》，对重点项目创作生产实施月报制度和动态管理。推动影视剧创作“河北现象”影响力持续增强。作为建党96周年献礼剧目的电视剧《海棠依旧》《太行山上》、电影《血战湘江》、广播剧《太行山上的新愚公》荣获中宣部“五个一”工程奖，社会反响热烈，收视率屡刷新高，创历史最好水平。纪录片方面，深入贯彻《纪录片专项扶持资金管理办法》，对评选出河北广播电视台、乐亭广播电视台等单位创作的12部纪录片予以重点扶持。网络文艺方面，组织开展了2017年“弘扬社会主义核心价值观 共筑中国梦”主题原创网络视听节目创作征集评审活动，共评选音频类优秀作品5部，视频类优秀作品15部。

对外宣传取得新成果。全省广播和电视节目在中央台主要新闻媒体发稿分为3333条和4386条，较上年分别增加了383条和189条。交互式网络电视（IPTV）发展迅猛，2017年底全省实现1119.59万户，较上年增加了427.32万户。河北网络电视台“冀事儿”客户端和“冀事儿”直播平台、河北交通频率微信平台、石家庄广播电视台“全媒体运营指挥中心”平台、承德广播电视台承德手机台和“智慧承德”微信平台等新媒体运行平稳。截至2017年底，全省广播电视移动客户端达到775个，发布信息量2214万条；微信公众号达到424个，发布信息量33万条；微博帐号达到105个，发布信息量12万条；广播电视相关网站达到80个，发布信息量271万条；实现了全方位、动态化、多渠道宣传“河北声音”。

【事业和产业】 技术改造持续推进。一是实施智慧广播中视战略，推动互联网、大数据、人工智能与广播电视有机融合，打造全媒体全功能服务；二是制定了《关于推进广播电视媒体与新兴媒体融合发展的实施意见》，深入推进媒体融合发展，加大科技创新力度；三是积极研究和谋划全省《应急广播体系建设实施方案》，加快应急广播体系建设；四是积极开展有线无线网络融合和下一代广播电视无线网试点建设；五是稳步推进市级广播电视台高清制播能力建设。

公共文化服务体系建设成效明显。一是农村电影放映工作不断深化，推进农村电影放映标准化，规范放映人员、设备、场地、影片、操作规程，全年放映58万余场，圆满完成了一行政村一个月放映一场电影的目标任务；二是直播卫星户户通工程全面推进，截至2017年底，全省开通户数近36万户。该工程的顺利开展将有效地改善偏远农村地区群众看电视难、听广播难的问题；三是中央广播电视节目无线数字化覆盖工作基本完成，该数字化覆盖工程分布于全省114个县，播出中央台12套节目及省台、市台、县台部分广播和电视节目，有效保障了群众收听收看广播电视权益；四是微波备用信号员系统同步基本建设完成。

驻村精准扶贫工作硕果累累。一是全力做好围场县基础设施建设，主要是统筹县、乡规划，整合对口帮扶、社会帮扶、行业帮扶、志愿帮扶等筹集相关项目建设资金，对道路、活动场所、人饮灌溉和电力新建扩容方面进一步加强；二是全力搞好产业带动，以“产业牵引、稳步发展，杠杆撬动、市场对接，生态持续、自我壮大”为统揽，分步实施种植、养殖、家庭手工、物流、旅游及文化传播战略；三是补助资金约600万元，为围场县150个村配置应急广播器材，支持该县发射台站设备更新改造；四是全力抓好队伍建设开展党建扶贫，通过抓党建、带班子加强两村脱贫攻坚骨干队伍建设，为百姓留下一支不走的脱贫致富工作队。

着力推进改革发展，事业产业不断壮大。一是河北广电市县联盟建设取得积极进展，全省各市台和102个市县区广播电视台加入区域性联盟，有效巩固了基层宣传思想文化主阵地，实现了抱团取暖、创新发展的预期目标；二是河北影视集团按照公司法进一步建立完善了法人治理结构，内部运营机制建设取得新成效；三是着力推进保定涿州影视基地等重点园区（基地）建设；四是IPTV业务飞速发展，目前全省用户已超1000万户，增长速度在全国名列前茅；五是全省电影市场保持持续快速发展，全年实现票房收入10.4亿元，观影人次达3879万次，较上年同期均有不同程度地增长。

【管理】 宣传管理方面，继续贯彻落实《关于进一步加强广播电视宣传管理工作的办法》，进一步规范广播电视制作播出秩序，定期召开宣传例会，加强对港澳台及外籍艺人、新上节目和大型活动的管理，确保了全省播出导向和内容的规范。行业管理方面，开展广播电视及互联网视听节目播出和传输秩序专项整治行动，打击取缔“黑广播”窝点22个，停播停传违规电视频道18个；开展医疗养生类节目及违规医疗广告、涉性广告集中整治，停播违规医疗养生类节目15个，停播各类虚假违规广告300余条；组织开展电影市场专项整治，对4家违规影院予以停业整顿处理，有效治理了偷漏瞒报电影票房等电影市场乱象；规范IPTV运营秩序，对违规单位进行警示约谈，停播12个违规频道。技术管理方面，严格执行《广播电视安全播出管理规定》，全天24小时监听监看广播电视信号，保证了春节、全国“两会”、汛期等重要保障期的广播电视安全播出。在全省组织开展了整顿无线调频广播发射台播出秩序活动，严肃查处了擅自变更呼号、开办频率/频道、扩大发射功率等违法违规问题；成立联合工作组对播出单位进行明察暗访，对安全播出隐患进行了督导并提出整改意见，进一步规范了全省广播电视播出秩序。

（河北省新闻出版广电局　田旭）

文物工作

【重点文物保护】 （一）雄安新区文物保护。河北省文物局按照中央领导、省委、省政府和国家文物局的要求，落实好国家文物局对新区文物保护与考古工作提出的总体安排，编制雄安新区2017年调查工作方案、南阳遗址考古勘探、发掘工作方案；成立了河北雄安新区文物保护与考古工作站，全面启动了新区文物调查、勘探以及南阳遗址考古、新区境内燕长城遗址的调查和保护工作。已完成起步区200平方公里调查任务，编制了新区文物保护利用规划纲要，主要围绕三个片区、两条线、六个点开展保护利用，推动将文物保护规划纳入到雄安新区总体规划。系统收集反映新区历史和新区建设工作的实物资料，为下一步展览展示工作做好充分准备。国家文物局领导多次来雄安新区调研和指导工作，对新区的文物保护工作给予了肯定。

（二）大运河文化带建设。习近平总书记对建设大运河文化带做出重要批示后，河北省局结合大运河河北段实际，提出了《关于河北省积极参与“大运河文化带”建设的工作建议》，按照“以人民为中心，推动运河活起来，让生活更美好”的思路，提出工作目标及重要保障措施。开展了河北段大运河保护规划实施情况调研；组织召开专家研讨会，研究区段保护利用体系。

（三）积极做好长城保护工作。根据《长城保护条例》要求，逐步完善责任体系。研究探索正确的长城保护理念，按照“原状保护、局部加固、重点修缮”的原则，建立了长城保护项目库，研究制定有效措施，切实把保护长城的价值作为核心任务，有序推进重要点、段长城保护维修工程。

（四）涉冬奥文物保护进展顺利。围绕京津冀协同发展、筹办冬奥会等重大机遇，重点抓好长城、崇礼太子城遗址、京张铁路及沿线文物的保护工作。目前完成了张家口堡保护利用工程方案编制；开展太子城遗址勘察工作，完成整体普探与6000平方米考古发掘，为下一步保护和整体规划提供了依据；推进万里茶道申遗工作。

（五）河北省实施的文物保护项目规模大、范围广，不少项目事关大局、民生，如正定古城、避暑山庄、清东陵、清西陵、张家口涉冬奥会文物保护等。河北结合项目实际，协调落实管理责任，加强对工程进行检查指导和监管力度。不断加大修缮后文物保护单位的开放管理，使文物成为促进协调可持续发展的“金色名片”。

【文物安防与执法】 强化主体责任，加强协同配合，完善安保措施，堵住监管漏洞，严打文物犯罪，对失职渎职行为严肃问责，切实把老祖宗留下的宝贵遗产管理好、守护好。

对全省150余项国保单位安全防护项目进行建设或升级改造，有效提升文物安全防护技术整体水平；启动了推进文物安全防护工程建设，编制了《全省文物安全技术防护工程建设总体工作方案》，选定141个文物消防安防项目，分两年进行实施。

加大文物执法督查力度，依法督查处理文物安全、行政违法等文物案件，文物安全形势有所好转。配合公安机关开展了为期四个月的打击文物犯罪专项行动，破获文物犯罪案件31起，抓捕犯罪嫌疑人76名，有力震慑了文物犯罪。根据国务院部署和国家文物局安排，在全省开展了文物安全状况大排查行动。全省共排查出安全隐患413个，已经整改233个，整改率为56.4%，国家文物局督察组对河北省文物安全状况大排查行动给予了肯定。

积极推动把文物保护纳入行政考核范围，坚持谁主管谁负责，推动地方政府切实履行文物保护的主体责任。努力做好“放管服”，提升审批、许可效能，拓宽强化监管的途径。做好社会服务工作，积极指导非国有博物馆设立，定期开展民间收藏鉴赏服务活动。

完成河北省第一次全国可移动文物普查工作，全省360家国有单位共收藏可移动文物1402448件，其中珍贵文物80689件。通过普查，摸清了河北省可移动文物资源总体情况，夯实河北省文物基础工作。

【文物事业发展】 河北省文物资源分布范围广、情况复杂、各地经济和社会发展水平差异较大，存在投入不足、事业发展不平衡、人员紧缺、文物保护责任落实不充分、保护机构不健全、队伍不充实，文物安全形势依然严峻等普遍性问题。河北努力统筹目标、以问题为导向，努力破解文物事业发展不平衡不充分问题。

深刻汲取清东陵在半年多时间连续两次发生文物被盗案件的教训，按照中央和省委、省政府领导的批示，举一反三，针对安全防范问题与现状，研究“大、智、移、云”等新科技手段在安全防范领域的运用，开展联防联控，探索“云端职守”途径，启动文物安全防范技术设施建设，不断增强文物安全预警和抗风险能力。

规范民间收藏及文物市场流通秩序，加强正面引导，支持非国有博物馆发展。以满足公众基本文物收藏鉴赏需求为导向，以解决文物市场服务不规范为突破口，鼓励民间合法收藏，规范文物市场流通秩序，探索适合河北省民间收藏和流通的机制，陆续面向社会开展了系列收藏鉴赏咨询活动。对非国有博物馆发展，明确鼓励方向，指导培育完善、加强监管力度。《博物馆条例》颁布实施后，河北省非国有博物馆进入了快速增长期，在公共文化服务体系中的作用更加凸显，目前省内依法设立的非国有博物馆已增至27座。

回应社会关切，针对长城维修项目中社会关注问题，及时叫停部分正在实施项目，要求有关单位正确理解和把握最小干预的原则，修订实施方案，立行整改，保护好长城价值。在通过工程手段保证长城稳定安全的同时，在秦皇岛、涿鹿等地实施长城保养工作，探索加强养护的有效途径、实施模式。

积极争取省委、省政府支持，加强与相关部门和单位协调。2017年省委、省政府主要领导多次调研文物工作，明确加大对全省文物保护资金投入，积极与党史部门沟通协调，加强革命文物研究，科学推进相关保护工作；动员社会力量参与文化遗产保护，发起“蔚县古堡拯救行动”。

（河北省文物局　张丽）

档案工作

【档案馆基础设施建设】 省档案方志馆新馆建设正在进行可研和初步设计等有关工作。唐山市档案馆年内建成并投入使用；张家口市档案馆新馆主体完工；其他各设区市新馆建设项目进展顺利。同时，省局积极督导县级综合馆建设，积极帮助争取中央资金和政策支持，全省列入中西部地区县级综合档案馆建设规划的140个县（市、区），已有68个县获得中央支持资金，共计1.2495亿元。

【档案文化建设】 依托丰富馆藏，以专题片、纪录片、档案文献展、编研精品著作等多种形式推出档案文化精品。其中，60集专题片《世说新语 档案百年》于2017年10月1日起在《你早京津冀》栏目播出。电视专题片《档案话“长芦”》和纪录片《先辈们的1938——纪念冀东抗日大暴动八十周年》正在紧张拍摄中。2017年6月29日，“铁肩担道义——中国共产党主要创始人之一李大钊档案文献展”隆重开展，此次展览得到了省领导的高度重视，省委常委、省委宣传部长田向利等省领导出席开幕式、现场观展，省内外40余家新闻媒体进行了采访报道，65家省直单位组织党员干部集体参观、开展党日活动，观展人数突破16万人。坚持把档案编研做为档案文化建设的重头戏，先后编辑完成了《西柏坡档案》、《河北省档案馆民国名人墨迹典藏》、《河北抗日战争档案文献图片集》等多项编研成果；目前，多部档案编研作品正全力推进，《不忘初心 继续前进—中国共产党主要创始人之一李大钊档案文献精粹》、《河北地区干部南下档案选编》、《河北红色档案文库·察哈尔卷》、《抗日战争档案汇编．河北省档案馆卷》等已进入档案资料复选、审核和编辑阶段，按项目进度完成后序出版工作。

列入省政府重点工作：《河北省志·档案志》约53万字已完成初稿，通过初审，正按照初审意见修改，年底前完成编辑出版。

【档案基础业务】 推进河北省国家重点档案目录体系建设，开展国家重点档案文件级目录中心（明清档案目录中心、革命历史目录中心、民国档案目录中心）三个目录中心建设。印发了《河北省“十三五”国家重点档案目录基础体系建设工作计划》，目前，按国家局要求已完成革命历史档案、民国档案目录采集24.7万条。完成2018年全省国家重点档案目录基础体系建设项目申报工作。

完成全省国家重点档案保护与开发专项资金预算汇总上报工作，向14家任务单位下发了年度国家重点档案专项资金任务预算额度相关通知，2017年，河北省有包括档案目录基础体系建设在内的7个项目获批中央补助资金528万元，比2016年增长近一倍。完成2018年国家重点档案保护与开发项目申报工作，全省共申报9项，申请资金638.52万元。

开展革命历史档案鉴定划控工作，完成7899件档案的初步鉴定，对利用平台上1.6万件革命历史档案重新进行划控和鉴定，其中开放1.4万条。

【档案信息化】 坚持把档案信息化建设作为提升档案现代化管理水平的重要抓手，完成两个省内试点（省检察院和邯郸市档案局）的指导和电子政务内网的联通工作。继续开展省馆传统载体档案数字化工作，已完成档案扫描137万画幅，质检7万画幅。档案修复和仿真复制档案8625页，比去年翻了一番。

提高档案室档案利用服务网络水平，推进省直各系统建立省、市、县三级档案利用服务网络平台，其中，全省检察院、国土资源、无线电管理、农村信用联社等4个系统的档案利用服务网络平台建设实现部分区域接通。

【档案资源建设】 创新档案资源建设模式，注重民生档案利用服务，在11个设区市建立“民生档案查阅中心”试点，年底前完成挂牌开放利用。加强对省监管企业、省重点建设项目档案工作的监督指导，起草下发了《关于做好2017年省管重点建设项目档案管理登记工作的函》，对石家庄市地铁工程1号线、3号线等重点项目档案工作进行业务指导。以档案工作目标管理认定为抓手，大力推进机关团体及企事业单位档案室工作的规范化建设，目前，已对70多个单位进行了现场指导，通过目标管理认定认定6A 1家，5A 8家。

积极做好农村土地确权、精准扶贫档案工作，制定印发了《河北省精准扶贫档案管理实施办法》，与农业厅联合制定了农村土地承包经营权验收方案，已对5个县的农村土地确权档案进行了验收。联合举办两期农村承包地确权登记颁证培训班，共培训400余人

大力推进雄安新区档案工作，印发《关于做好雄安新区建设前期档案工作的通知》，把雄安新区档案工作做为一号工程来抓。组织雄安新区档案工作汇报会，由局领导带队分别到雄县、安新、容城档案局馆就建设前期档案工作进行了督导调研。6月份，与雄安新区筹委会进行档案工作对接，组成雄安新区档案工作专题组，赴深圳、浦东新区和苏州市就雄安新区档案工作进行专门调研学习，为雄安新区档案工作机制等提出意见建议。与雄安新区设立同步谋划实施“雄安记忆”工程，加强各阶段档案资料收集归档、保管利用，取得了阶段性成果。目前，通过开展影像活动等方式形成影像资料档案2.1万多画幅。

【依法治档】 推进档案行政执法“三项制度”相关工作，制定印发了《河北省档案局行政执法公示实施办法》、《河北省档案局行政执法全过程记录制度》、《河北省档案局重大行政执法决定法制审核规定》，编制了清单、服务指南、流程图，将三项制度、四类文本、五个清单、39个法律文书辑印成执法工作手册印发全省。开展行政审批事项清理，按照国家和省政府要求，取消两项行政许可事项（其中一项转为内部审批），取消一项行政强制，完成向雄安新区下放行政权利有关工作。

以约谈等强有力举措解决部分市县档案机构上的问题。8月份，分管省领导江波同志就石家庄市存在的机构、经费方面的突出问题约谈了石家庄市。石家庄市政府高度重视，印发《专题会议纪要》和《关于我市档案工作有关问题的通报》，要求各县（市）、区加大经费投入力度，落实每卷2元标准的档案馆日常维护费；加快推进市县新馆建设项目。目前，平山、正定恢复档案局，其他县（市）、区政府办公室加挂档案局牌子，实行一套人员两块牌子。

【档案宣传与科研】 加强档案宣传取得较好社会效果。结合6.9国际档案日、《档案法》颁布30周年等重大节点，在全省开展一系列内容丰富、形式多样的社会化和媒体宣传活动，引起社会各界强烈反响，取得了良好社会效果。开展“公众开放日”活动，160多家档案馆同步向公众开放，让群众零距离走进档案馆。到地铁站口、

公园等群众集散地进行档案宣传，向市民免费发放宣传海报、宣传册及宣传资料160多套，2000多份。在《中国档案报》《中国档案》等国家行业报刊刊发文章40多篇，对河北多项档案工作进行了宣传报道；在“河北档案网”、“冀小兰”微信公众号、“中国河北”网站合计更新近400条，在开通微信公众号基础上，又开通腾讯内容开放平台、联通“今日头条”，形成档案宣传合力。

守牢档案安全底线，进一步健全和落实档案安全相关制度，建立健全档案安全事故预防、报告及处理机制，重新修订《河北省档案局（馆）突发事件应急预案》，在全省范围印发开展档案安全隐患排查治理通知，7月中旬由局领导带队对全省档案安全工作进行检查，督导各市县档案馆彻底排查、消除存在的各种安全隐患，确保档案安全事故“零发生”，馆藏档案绝对安全。

印发档案科研立项指南，指导并组织全省科研立项和国家局立项工作，2017年，全省档案科研立项17项，国家局立项2项。截止目前，组织完成6项课题的评审鉴定工作，国家局课题结题1项。组织完成《河北省档案信息利用中心系统》项目的验收工作。

加强档案行业专家人才选拔和培养，完成了河北省档案专家的组织申报和推荐工作，共向国家局推荐10名专家，涉及6个档案工作领域。

积极承办全国档案行业会议，2017年中国档案学会“档案事业发展论坛暨理事大会”、档案新产品新技术展示会、电子会计档案管理研讨会、绿色档案馆建设研讨会等多个全国档案行业会议由河北省承办，在石家庄举行，国家局领导、各省局负责同志、相关行业专家学者近400人参加会议、参观了新技术展示。

（河北省档案局　王琳）

体　育

【概述】 2017年，河北省体育系统深入学习贯彻习近平总书记关于体育工作的重要指示批示精神，认真贯彻河北省委、省政府和国家体育总局的部署要求，牢牢把握历史机遇，坚定不移改革创新，在建设体育强省和冰雪运动强省上迈出了坚实步伐。

（一）推进冰雪运动普及发展。按照习近平总书记恶补短板、加快发展的指示精神，以冬奥夺金为目标，以河北省政府与国家体育总局《合作发展冰雪运动框架协议》实施为契机，全省冰雪运动发展取得了阶段性成效。一是积极推进崇礼国家综合训练基地建设，建成4条专业雪道，5支国家滑雪队在此训练。与体育总局冬运中心联合组建了自由式滑雪坡面障碍技巧国家队，河北省入选5名队员；二是组建了13支冰雪专业运动队，全国注册运动员达572人（比2016年增加300人）。上个雪季共获得10金14银8铜，本雪季已获得16金10银15铜。特别是河北省雪车运动员李纯键代表国家参加平昌冬奥会，成为河北参加冬奥会的第一人；三是坚持“请进来，走出去”发展战略，聘请了3名国际顶级教练员执教，组织重点冰雪专业运动队赴新西兰、加拿大、黑龙江等国内外发达地区强化训练；四是组织开展了欢乐冰雪、四季冰雪等大众性冰雪品牌系列活动，推动冰雪活动由冬春两季向四季拓展，活动数量达217项；五是强化冰雪运动健身指导，培育发展冰雪运动健身指导员3300名，并试行推广国内首个大众滑雪等级标准—《河北省大众滑雪等级标准》；六是冰雪人才培养有序推进，河北体育学院继续做好冰雪运动系350人招录计划，与张家口职教中心、崇礼区职教中心以及哈尔滨体院、东北师范大学联合培养冰雪人才。为加强冬季项目后备人才培养引进工作，出台了《冬季项目后备人才培养扶持管理办法（试行）》等；七是组织编写了中小学《冰雪运动》普及读物第一至四册，为冰雪运动进校园填补国内同类教材出版空白；八是积极承办国内外顶级赛事积累经验、经受锻炼，本雪季组织承办6项国际级和6项国家级高水平冰雪赛事。

（二）竞技体育打赢翻身仗。一是举全省之力备战参赛天津全运会，扎实做好系统化训练、复合型团队保障等工作，在天津全运会上共获得20金20银25铜，超1项世界纪录、破2项亚洲纪录的优异成绩，金牌、奖牌总数均创河北历届全运会最好成绩，打了一个漂亮的翻身仗；二是积极举办、参加国内外高水平赛事取得优异成绩，组织承办了全国女子拳击锦标赛、全国公路自行车锦标赛等12项次赛事，在国际大赛中斩获4金3银1铜，巩立姣荣获伦敦田径世锦赛金牌，带领我国女子铅球时隔24年重回世界之巅，李冰洁参加匈牙利布达佩斯游泳世锦赛获得2银1铜，惊艳国际泳坛；三是拓宽选拔高水平后备人才的途径，积极探索省内青少年多站式赛制模式，为苗子运动员增加锻炼机会，为新周期全运会备战奠定人才基础，全年举办青少年比赛70余项次；四是大力支持职业足球发展，共有河北华夏幸福、石家庄永昌、保定容大、河北精英，以及华夏幸福女子足球队等5支队伍征战全国职业足球赛场，成为全国同时拥有所有级别职业联赛队伍的省份。不断完善足球竞赛体系，继续组织开展冀超、冀甲社会足球联赛和“冀萌杯”青少年足球赛；五是强化青少年三级训练网络建设，推动13所体校被体育总局命名为“国家高水平体育后备人才基地”，评定省级优秀传统体校40所、省级俱乐部15家，认定82个业训扶持点。

（三）积极构建全民健身公共服务体系。2017年4月份，河北省体育局在全国群众体育工作电视电话会议上，作为全国首个代表作了典型发言，受到体育总局领导的充分肯定。一是积极争取体育总局的支持，谋划在雄安新区创建高端公共体育服务体系示范区、打造健身休闲产业先行示范区、打造顶级体育赛事聚集区、建立体育用品研发技术中心等；二是加大全民健身工作资金投入，河北省本级投入19964万元（比去年8895万元增长124.44%）和中央转移支付6083万元，统筹推进场地设施建设、全民健身活动开展等各项工作，不断增强群众的获得感和幸福感；三是谋划实施了以石家庄市、固安县、崇礼区为试点的全民健身公共服务体系示范区和张家口“冬奥惠民”工程建设，投入5500万元重点扶持推进群众身边的场地设施、健身组织、健身指导、赛事活动等，努力为广大群众提供更多更优质的健身服务供给；四是坚持把组织健身活动作为吸引群众参与全民健身的重要途径，共组织开展了邯郸国际太极拳运动大会、保定国际空竹艺术节等大中型群体活动150多项；五是不断提升科学健身指导服务水平，共培训公益性社会体育指导员5000人，全省社会体育指导员达8.2万人；六是经积极争取，12月16日在河北奥体中心承办了第四届“全国大众冰雪季”启动仪式，中共中央政治局委员、国务院副总理刘延东出席，进一步激发了全省人民参与冰雪运动的热情。

（四）体育产业加快发展。一是争取中央专项资金18087万元，主要用于支持全民健身活动、场馆设施建设和免费低收费开放等方面；二是为切实调动社会资本投资体育产业的积极性，在设立“体育产业引导股权投资基金”的基础上，已确定与河北国控、北京凯兴、河北富勤、河北建融等开展合作；三是出台了扶持冰雪场地设施建设的优惠政策，河北省建成滑雪场36家、滑冰场32家；四是河北奥体中心体育场和体育馆综合体已正式运营，借鉴深圳大运中心等场馆运营经验，经省政府批准拟采取PPP模式，借助国内外专业运营商的资源优势开展运营，目前资产评估程序已基本完成；五是成立了河北省体育产业协会，以及全国首家体育智库——河北体育智库，为体育产业加快发展提供智力人才支撑；六是与省旅发委签署了《战略合作框架协议》，携手打造一批具有重要影响力的体育旅游目的地、示范基地和精品线路；七是全省体育彩票年销量连续两年突破百亿，2017年销售101.03亿元，在全国排名第7位，筹集公益金约26.51亿元；八是与省质监局共同出台了《滑雪场安全管理规范》地方标准，组织开展了3次拉网式大检查，最大限度地保障参与群众的人身安全；九是强力打造体育产业基地，推动安达旅游开发有限公司获批“国家体育产业示范单位”；28家单位被评为省级体育产业基地(示范单位)，全省已达41家。

（五）体育改革不断深化。一是改革创新冰雪运动发展机制，河北省政府办公厅印发了《关于创新冰雪运动发展体制机制的意见》，获批全国首个创新发展试点。同时大力推进跨项跨界选材，出台了《河北省冬季项目运动员跨项跨界选材实施办法（试行）》，共选拔出96名运动员转项从事冬季项目，其中24人入选国家集训队或国青集训队；二是改革创新竞技体育社会化发展机制，与企业、高校等联办了8支专业运动队，天津全运会20枚金牌有13枚是联办队获得的。同时还联办了12支冬季项目专业运动队；三是改革创新全民健身多元供给机制，以河北省政府办公厅名义出台了《河北省全民健身与全民健康深度融合实施意见》，建成30家集体质检测、运动处方、健身指导等于一体的健康促进服务中心，获批“健身与健康融合中心”全国试点；四是构建赛事活动多元承办机制，起草了《河北省省级体育类社会组织资助管理办法（试行）》，鼓励体育公司、社团、组织和社会力量以市场化的方式提供专业化服务；五是稳步推进足球改革，经报省编委办审核批准，撤销了足球运动管理中心。推动省钓鱼协会、省定向运动协会、省王其和太极拳协会等3个单项协会完成脱钩工作，放手让体育社团组织承办更多的赛事活动。

【冰雪产业发展】 冰雪经济不断壮大。河北省委、省政府高度重视冰雪产业发展，河北省体育局把发展冰雪产业作为促进经济转型升级的有力抓手，“以2022年冬奥会张家口崇礼赛区为核心、以石家庄冰雪运动产业聚集区和承德冰上运动产业聚集区为两翼、以京张冰雪体育休闲旅游带京东冰雪健身休闲带和冀中南冰雪健身休闲带为支撑”的冰雪产业发展框架基本形成。2016－2017年雪季，河北省体育局组织开展了“健康河北、欢乐冰雪”系列活动，全省参与冰雪运动人次达650余万，同比增长46%；组织大众冰雪体验活动70项，参与65.95万人次，拉动消费增长422.5亿元；大力培育冰雪品牌，张家口市崇礼区被评为“国家体育产业示范基地”，中国·崇礼国际滑雪节荣获“中国体育旅游十佳精品赛事”，崇礼冰雪运动线路评为“中国体育旅游十佳精品线路”，崇礼万龙、云顶、长城岭滑雪场被评为“中国体育旅游十佳精品景区”。

冰雪场馆建设步伐加快。河北省体育局会同河北省住房和城乡建设厅、河北省国土资源厅正在制定《关于编制公共体育设施布局规划的指导意见》，依法将冰雪场馆纳入各类城乡规划，实现城乡公共体育设施合理布局、均衡发展，满足城乡居民多层次的体育设施需求提供保障。积极引导社会资金积极投资冰雪场地建设，支持各市至少建设1个61m×30m冰面的标准滑冰馆，鼓励各地建设可拆装冰雪场地、仿真冰雪场地设施，并结合住宅开发和商业设施规划建设一批室内冰雪场地。目前，已经建成张家口密苑云顶、万龙、多乐美地、长城岭、太舞，石家庄清凉山、秦皇古道、西部长青，承德元宝山，保定狼牙山，唐山玉龙湾，邯郸四季、七步沟等40个户外人工滑雪场和三个室内滑雪场。在张家口、承德、廊坊、保定、石家庄等地，建设季节性滑冰场28个和室内滑冰场3个，总面积24万平方米。

完成《河北省人民政府办公厅关于支持冰雪运动和冰雪产业的实施意见》编制工作。《意见》首次提出“将河北省打造成为冰雪运动强省和冰雪产业大省”的新目标、构建“一核、两区、三带”发展新格局、“2022年参加北京冬奥会夺得1－2枚金牌”的硬任务和建设“冰雪特色小镇”的新举措，通过构建冰雪场馆服务网络平台、体育资源交易平台等公共服务平台，创新发展新路径。《意见》的编制过程中，充分征求了16个省直机关和各地市、各相关处室的意见，进行了多次认真修改。7月30日，在庆祝北京－张家口申奥成功两周年的启动仪式上，以河北省人民政府的名义正式发布。

举办2017京津冀冰雪运动休闲体验季。河北省体育局举办了第一届京津冀冰雪运动休闲体验季，以参与体验为主要形式，以“冰雪运动＋旅游”的深度跨界融合模式，普及冰雪文化、体验冰雪旅游。活动持续时间120余天，走进了省内20多个不同冰雪场地，借助媒体力量对河北省10余个城市、20多个冰雪运动场地进行深度推介，形成“京津冀冰雪运动旅游体验季”话题，微博话题关注阅读量达到了5400万＋，讨论量达到了7000＋，百度关键词搜索近16万＋，整体媒体曝光量超过亿次。前后带动20多万人的参与。系列活动助推了燕赵冰雪IP的形成，使各大雪场在这个冬季的客流量络绎不绝，这将为“燕赵人、冬奥梦、冰雪情”的理想更近一步。据不完全统计，2016－2017年雪季，河北省各雪场的总客流人次达到了156.72万，比去年增加了23.32万，增幅达到17.5%。

制定印发《河北省冰雪运动场地设施扶持方案》。为贯彻落实习近平总书记关于“到2022年3亿人上冰雪”的总要求，河北省体育局制定了《河北省冰雪运动场地设施发展扶持方案》，《方案》采取建设支持、开放支持、政策支持等方式对省内各类冰雪运动场地建设和开放进行资金扶持和政策扶持，对符合条件的冰雪场馆建设一次性给予600万元资金扶持，对免费低收费场馆给予3－50万元的开放补助扶持，进一步推动河北冰雪场地设施建设，促进冰雪运动和冰雪产业快速发展。

【京津冀体育产业协同发展】 举办2017京津冀运动休闲体验季。为贯彻落实京津冀一体化协同发展战略规划，促进三地体育、休闲旅游产业共同发展，营造喜迎第十三届全运会的良好氛围，河北省体育局与省旅发委、京津体育局共同举办的2017京津冀运动休闲体验季活动，第一站于2017年6月30日在天津蓟县正式启动，先后在蓟县、万全、沽源、涞源、卢龙、鹿泉、邢台举办了七站，活动吸引数万人参与，在社会上引起强烈反响。中央、省、市、县四级共160余家媒体对活动进行了广泛的宣传报道，发布各类新闻稿件350余篇，微博话题浏览量达到2482.5万，整体媒体曝光量超过2亿次，使京津冀运动休闲体验季的影响力和社会各界的关注度不断攀升。

搭建体育产业资源交易平台。河北省体育局依托北交所这一全国领先的产权交易机构，构建体育产业资源交易平台——河北频道，专门服务于河北体育资源交易，推动体育产业资源纳入公共资源交易平台流转。自平台正式启动后，两批共上线19个大项目，促进区域内体育资源整合与交易流转。

2017年京津冀国际体育产业发展大会。12月7－8日，2017京津冀国际体育产业发展大会在京召开，本次大会由京津冀三地体育局联合主办，以“开放、合作、共享”为主题，不仅对京津冀协同发展、冰雪产业、体育小镇、体育休闲、体育旅游、青少年培训、大健康产业、体育竞赛表演及职业体育俱乐部等体育产业发展的焦点问题进行探讨，还搭建了政府与企业、企业与企业沟通交流平台，有利于促进京津冀体育产业健康、可持续发展。

【体育＋融合发展】 参与筹办第二届省旅发大会。2017年9月16－18日，第二届省旅发大会在秦皇岛圆满召开。按照省委省政府要求，在第二届旅发大会的筹办工作中，河北省体育局在旅发大会举办期间，举办全国帆板俱乐部联赛暨2017秦皇岛国际帆船赛，比赛共有100条帆板、大帆船50艘、小帆船50艘参赛，满足了大会要求，效果显著，受到各方面好评。2017年初，河北省体育局与河北省旅发委签订《省旅发委与省体育局战略合作框架协议书》，做到体育与旅游相关项目的同时设计、同步安排；和省旅发委一起组织申报“国家体育旅游示范基地”，最终河北省第什里风筝小镇获评国家体育旅游示范基地。

推动健身休闲产业发展。落实国务院办公厅印发的《关于加快发展健身休闲产业的指导意见》（国办发〔2016〕77号）文件精神，2017年6月16日河北省人民政府办公厅印发了《关于加快发展健身休闲产业的实施意见》（冀政办字〔2017〕71号），从完善产业体系、培育市场主体、优化产业结构和布局、加强设施建设、提升器材装备研发制造能力、改善消费环境等六个方面推动健身休闲产业发展。河北省体育局印发了《河北省体育彩票公益金专项补助资金扶持体育场地设施及健身休闲发展的指导意见》，规范资金的使用，从而更好地推动体育场地设施建设和健身休闲产业发展。

成立河北省体育产业协会。为更好地服务河北体育行业组织，推动体育产业开放、共享、协调和持续的发展。2017年9月9日经省民政厅正式批复成立，9月21日上午，在石家庄举行了河北省体育产业协会成立大会暨第一次会员代表大会。

推进大型体育场馆免费低收费对外开放。截止到2017年底，河北现有大型体育场馆28个，河北省体育局不断加强对大型场馆免费低收费情况的督查力度，确保开放时间，完善开放条件，提高开放水平。加强对开放补助资金的审计检查，严禁扩大开支范围、违规使用资金，提高了资金使用效益。河北省大型体育场馆全部实现全年330天以上对外开放，每周对外开放时间在56小时以上。

（河北省体育局　成锁柱）

人力资源和社会保障

【就业】 2017年，河北省城镇新增就业82.1万人，完成全年任务的107.3%；失业人员再就业26.9万人，完成全年任务的122%；困难人员实现再就业10.9万人，完成全年任务的136.4%；零就业家庭动态为零。高校毕业生就业率达到95.34%。农村劳动力转移就业人数新增78.8万人，完成全年任务的157.6%。城镇登记失业率保持在3.68%的较低水平。

（一）圆满完成去产能职工安置任务。出台《关于进一步做好去产能职工安置工作的若干意见》，明确延长企业内退年限、加大援企稳岗力度、公益岗位兜底安置等8条具体措施。从就业专项补助资金安排1亿元对有去产能任务的县（市、区）给予重点支持。2017年钢铁煤炭等6个行业96家去产能企业涉及分流职工54857人全部得到妥善安置，安置率达100％。

（二）突出做好高校毕业生就业工作。深入实施就业创业促进计划，加强离校前与离校后信息衔接与资源共享，精准锁定服务对象，实施“一对一”帮扶指导。出台《进一步引导和鼓励高校毕业生到基层就业的实施意见》，“三支一扶”比2016年增加100名招募指标。推动高校毕业生就业见习工作，开发就业见习岗位3.7万个，有效提高企业见习后留用率。大中专毕业生就业服务网络系统覆盖全省所有县（市、区），网络核发毕业生就业报到证31.8万份，办理毕业生就业手续16.2万人次。

（三）促进创业带动就业。实施创业三年行动计划（2016—2018年），省级设立1亿元创业扶持资金和8000万元高校毕业生创业引导基金；发放创业担保贷款9.7亿元，扶持1.2万人创业，带动3.0万人就业。组织350名创业孵化工作人员参加清华大学高端培训和省级政策业务培训，建设各类创业孵化基地（园区）410家，吸纳就业9.3万人。

（四）大力开展职业培训。加大就业资金对技能培训支持力度，面向贫困家庭子女、未就业大学毕业生、农民工、退役军人等重点群体，开展订单式、定岗式和定向式职业技能培训，实施企业新型学徒制试点，新建5个国家级、10个省级高技能人才培训基地。

（五）全面提升就业服务水平。构建互联网＋就业服务信息化格局，实现信息共享；组织就业援助月、春风行动、民营企业招聘周等就业服务系列活动，帮助1.2万名困难群众、31.6万名农村劳动力、4.8万名高校毕业生等群体实现就业。就近就地转移培训工程培训农村劳动力2万人，与京津鲁签订劳务对接协议28项，成功输送4388人。人力资源服务机构数量超过1200家，市场促进就业和配置人力资源的能力日益增强。

（六）深入实施就业脱贫工程。制定就业创业精准扶贫工程实施方案，建立“农村贫困劳动力就业信息平台”，实现与扶贫开发信息系统对接，摸清贫困劳动力基础信息。落实产业就业脱贫行动，通过开发岗位、劳务协作、技能培训、就业服务、权益维护等措施，帮助未就业贫困劳动力转移就业、自主创业和稳定就业。落实职业培训和创业担保贷款等就业创业扶持政策，鼓励贫困劳动力自主创业。对全省建档立卡贫困劳动力提供就业援助29.6万人次，培训20万人，实现就业35.5万人。

【社会保障】 2017年，全省参加基本养老保险、基本医疗保险、失业保险、工伤保险、生育保险人数分别达到4963.4万人、6883.2万人、529.7万人、860.7万人、737.8万人。

（一）养老保险政策体系日益完善。一是改革完善企业养老保险省级统筹制度。制定出台《关于改革完善企业职工基本养老保险省级统筹制度的意见》，建立基金缺口省市县三级政府分担机制，纳入市县党政领导班子和领导干部综合考核指标体系；深入实施全民参保登记计划，全省参保人员信息数据实现省集中（含省外参保人员）。二是加快推进机关事业单位养老保险制度改革。初步建成机关事业单位养老保险制度框架，政策体系不断完善。三是顺利完成养老金调整工作。2017年河北省企业离退休人员月平均养老金为2533元，其中退休人员2516元。城乡居民养老保险基础养老金人均提高10元，达到90元。

（二）医疗保障服务水平稳步提高。一是全面实施城乡居民医保制度。在全国率先完成制度整合，实现覆盖范围、筹资政策、保障待遇、医保目录、定点管理、基金管理“六统一”，药品目录由1346种扩大到3112种，报销比例平均提高10个百分点。二是下力解决因病致贫返贫问题。“基本医保＋大病保险＋医疗救助”三重保障已形成正常的运行机制，“一站式”报销结算全面实现，对建档立卡贫困人口参保个人缴费实行全额资助。省市二级医院住院合规费用报销比例可达90％以上，县医院及乡镇卫生院可达95％以上。三是全面推开异地就医直接结算制度。全省参保职工和城乡居民全部纳入国家跨省异地就医直接结算系统，符合条件的参保人均可享受异地住院直接结算便利。四是深化医保支付方式改革。研究起草《关于深化基本医疗保险支付方式改革的实施意见》，全面推行以按病种付费为主的多元复合付费方式。在邢台、唐山市启动按病种分值付费、按疾病诊断相关分组付费（DRGs）试点。推进承德市长期护理保险制度、邯郸市合并实施生育和医疗保险制度两项国家试点建设。

（三）失业保险援企稳岗作用明显。全年征收失业保险费24.4亿元，超额完成全年任务。为13.9万符合条件的失业人员发放失业保险金和缴纳医疗保险费12.1亿元。落实援企稳岗政策，集中资金保障去产能重点企业，拨付稳岗补贴资金13.6亿元，惠及593家企业，职工44.1万人。

（四）工伤保险工作成效明显。积极推动工伤保险省级统筹，制度建设取得突破性进展，实现了企业、事业、机关等所有人群的制度全覆盖。进一步提升工伤保险管办水平，实现全部业务全程信息化管理，认定、鉴定、经办协调联动，服务更加方便快捷，职工满意度明显提升。调整工伤保险浮动费率，将降费范围由钢铁、煤炭2个行业扩大到水泥、玻璃、焦炭、火电6个行业，已降费1543家，为企业减负1.6亿元。

（五）社会保险基金监督不断加强。加强社会保险基金监督制度建设，出台《河北省职业年金基金管理实施办法（试行）》，研究起草《河北省社会保险基金监督办法》。开展城乡居民养老保险内部控制制度检查、社会保险基金内部审计、社会保险基金安全评估、社会保险基金监督检查专项行动等监督检查。依托社会保险大数据平台，开发社会保险基金智能监控系统，推动社会保险大数据资源运用，对全省养老保险死亡冒领、重复领取、提前退休和一次性补缴等四项指标进行核查。

【人才体制机制改革】 深入实施人才兴冀战略，聚天下英才而用之，加快推进人才发展体制机制改革，增强人才引领创新发展的内生动力。

（一）创新人才政策。深入实施人才兴冀工程，创新人才培养、引进、评价、使用、流动等机制，出台《河北省关于深化职称制度改革的实施意见》《关于加强新形势下引进外国人才工作的实施意见》《河北省关于外专“百人计划”的实施办法》《关于提升技能人才地位的若干意见》《河北省支持和鼓励事业单位专业技术人员创新创业实施办法》《河北省关于鼓励柔性引才暂行办法》等文件，进一步激发了人才创新创造活力。

（二）积极搭建创新创业平台。在廊坊固安建设全国首家“中国（河北）博士后成果转化基地”，入驻博士后企业75家，吸引投资50亿元。协调华夏幸福股份有限公司，共建全国第一个“河北博士后创业基金”，首期规模1亿元。新批建国家高技能人才培养基地5个，省级高技能人才培养基地10个，国家级技能大师工作室5个，省级技能大师工作室10个。依托河北轨道运输职业技术学院，建设“河北省公共实训基地”，2018年初建成投入使用，年培训能力1.5万人次。与河北省委组织部联合实施“名校英才入冀”计划，定向招聘北大、清华等重点高校和科研院所优秀毕业生来冀工作。

（三）加快高层次、高技能人才选拔培养。2017年，评选河北省政府特殊津贴专家240名，“三三三人才工程”一二层次人选110人，优秀专家出国培训人选81人；评选“河北省突出贡献技师”100名，开展全省机关事业单位技师评审工作，评审通过1.7万人；积极参加世界技能大赛，第44届世界技能大赛河北省获得1枚铜牌，实现奖牌“零”的突破。

（四）加强外国人才智力引进工作。启动实施外专百人计划，首批10名诺贝尔奖获得者、院士、首席科学家等外国专家入选，给予1000万元支持。成功举办5·18廊坊“国外高端人才项目引进暨对接洽谈会”，106名高端外国专家参会，签约金额77.5亿元。全省已引进诺贝尔奖高端专家5名，首席科学家4名，外国院士16名，华裔科学家28名。启动实施外国人来华工作许可制度，推动国家外国专家局与河北省政府签署《引进外国人才智力支持雄安新区建设和冬奥会举办合作框架协议》，在秦皇岛市北戴河新区设立河北省首家“外国院士工作站”。

【人事制度改革】 坚持从入口管理、考核激励、流动配置等关键环节入手，规范管理、创新制度，调动各级干部干事创业热情。

（一）公务员考录和遴选工作顺利开展。落实“两个80%”要求，完成省市县乡公务员招录“四级联考”，95%以上招录计划安排到基层。指导各设区市和省直机关加强公开遴选制度建设，组织开展2017年省直机关公开遴选。完善事业单位公开招聘制度，规范公开招聘面试程序。2017年，全省组织公务员招录、专业技术资格、事业单位招聘等各类人事考试61.9万人次，考试安全顺利。

（二）积极推动重点改革任务落实。积极推动开发区人事和薪酬制度改革，大力推行全员聘任制、绩效工资制。首批承担改革任务的开发区已按新机制入轨运行，提前完成改革任务。完成河北省公安厅、石家庄市公安局及下辖两区两县公安局6个试点单位的人民警察职务套改。县以下机关公务员职务与职级并行制度步入常态化管理，全省共有11.1万人晋升职级，占同口径公务员总数的45%。

（三）公务员教育管理进一步加强。2017年，全省行政机关开展各级各类培训共计110期，培训3.5万人次。圆满完成2016年度全省各级行政机关人员考核工作。认真贯彻落实《河北省机关事业单位干部调配办法》，推进人员合理流动和干部资源合理配置。积极做好援疆、援藏干部选拔考核和面向新疆、西藏籍毕业生定向招聘工作。

（四）扎实做好军队转业干部安置和随军家属就业工作。实行阳光安置政策，较好做到部队、军转干部、用人单位“三满意”，圆满完成军转干部安置任务。创新自主择业军转干部管理服务，实施就业创业“路桥工程”，举办首届全省自主择业军转干部“双创”成果展示与项目人才交流大会，就业创业率在85%以上。积极推动随军家属就业安置工作，将随军家属纳入各地职业培训计划，提供全方位就业服务。深入开展军队退役人员政策落实集中攻坚行动，全省企业军转干部总体稳定。

【收入分配制度】 按照“托底、提中、稳高”的原则，统筹各群体利益关系，完善分配机制，加强指导调控，推动干部职工工资收入稳步提高。

（一）推动提高机关事业单位工资收入水平。出台《关于完善收入分配政策提高基层机关事业单位工作人员待遇水平的实施办法》，为提高基层工作人员待遇水平提供了政策保障。完善奖励性补贴政策，推动落实平安建设奖、应休未休年休假工资报酬，提高目标绩效考核奖标准，干部职工获得感明显增强。

（二）深化重点领域薪酬制度改革。公立医院薪酬制度改革试点工作进展顺利，印发《关于开展公立医院薪酬制度改革试点工作的实施意见》，唐山市试点工作初见成效。法官、检察官工资制度改革全面完成。公安机关执法勤务警员和警务技术职务序列改革配套工资政策顺利落实。调整提高人民警察法定工作日之外加班补贴和执勤岗位津贴。建立政法委机关工作津贴。

（三）完善企业工资收入分配机制。科学测算2016年度年薪基本基数，印发通知确定2016年度省属国有企业负责人基本年薪基数。安排部署2016年度省属国有企业负责人薪酬清算兑现工作，提高企业工资协商质量，深入推进工资集体协商制度建设。发布2017年企业工资指导线，高、中、低线分别12%、8%、3%。开展企业薪酬调查，发布363个职业（工种）工资指导价位，合理引导企业提高职工工资待遇。印发《关于调整夏季高温津贴试行标准的通告》，提高从事室外露天作业劳动者补贴标准。

【劳动关系】 深入贯彻《关于构建和谐劳动关系的实施

意见》，健全劳动关系三方协调机制，加大源头治理和检查执法力度，妥善化解劳动矛盾纠纷，维护社会和谐稳定。

（一）扎实推进构建和谐劳动关系工作。颁布实施《河北省构建和谐劳动关系评定标准》（河北省地方标准），开展人力资源服务机构诚信服务主题创建活动，优化人力资源服务、劳动派遣行政许可流程，积极营造人力资源市场营商环境，推进劳动用工备案工作，加强企业职工档案管理（工作），在全省推广应用“流动人员人事档案公共服务管理信息系统”。印发《河北省女职工劳动保护特别规定》和《河北省企业集体协商条例》。

（二）依法解决各类信访问题。落实领导包案接访、带案下访、主动约访等制度，开展“清积案、消重案、化新案”集中攻坚行动，有效控制信访增量，减少信访存量，信访总量呈逐年下降趋势，全年受理信访1.5万件，涉及2.2万人次，同比下降21%。全国“两会”、党的十九大等政治敏感期，信访形势保持稳定。全年受理劳动人事争议案件2.5万件，结案率达到97%，涉及劳动者2.9万人。

（三）保障农民工工资支付工作成效显著。狠抓“三金三机制一入罪”制度落实，全面治理欠薪问题，组织各设区市和省直有关部门深入开展欠薪隐患排查和保障农民工工资支付情况专项检查。强化敏感时期应急值守，实行逐日报告制度，对双代领域欠薪问题开展集中调研，督办解决欠薪问题。全省共处理拖欠工资类案件9125件，为13.9万名农民工等劳动者追发工资待遇11.6亿元。

【公共服务】 坚持以推动公共服务均等化为目标，持之以恒抓基层、打基础，提高公共服务能力和水平。

（一）覆盖城乡的公共服务体系进一步健全。加大乡镇（街道）公共服务平台建设力度，截至2017年12月，共支持全省2277个乡镇（街道）开展标准化建设，“以奖代补”资金累计达到2.4亿元，乡镇（街道）公共服务平台建设基本实现全覆盖，张家口、承德、保定地区10个深度贫县实现了村级公共服务平台建设全覆盖。全省认定100个省级充分就业社区，7家国家级充分就业社区。

（二）信息化支撑能力明显增强。以“互联网+”为主线，以“一体化”“省集中”“一卡通”为重点，积极推广应用云计算、大数据、移动互联等新技术，在全国第一批出台“互联网+人社”行动实施方案，建成全省统一的人力资源社会保障基础信息库，入库单位达100多万个。开发一体化业务协同平台，制定人力资源社会保障各业务信息系统对接一体化业务协同平台接口标准，加快一体化业务信息系统建设，省集中人力资源社会保障信息系统达12个。加强社保卡发行应用，共发放社会保障卡5827万张，2017年新增发卡972万张，完成全年任务的150%。

（三）“放管服”改革持续深化。全面开展“放管服”改革不到位专项清理，进一步完善各项清单制度，研究制定72项省级政务服务事项目录清单和实施清单。加强事中事后监管，印发《河北省人力资源和社会保障厅“双随机、一公开”工作实施细则》。清理规范职业资格，衔接落实国务院取消的434项职业资格，取消省本级自行设立的27项职业资格事项，调整28项职业资格由就业准入类为水平评价类。

【京津冀协同发展】 主动服务雄安新区规划建设，加强政策研究储备。主动服务2022年北京冬奥会，配合做好征迁群众安置、冰雪运动人才培养引进、医疗保障等工作。加快推进京津冀人力资源社会保障协同发展，挂牌成立京冀（曹妃甸）人力资源社会保障服务中心，联合制定《京津冀人力资源服务地方标准》。组织召开“京津冀鲁劳务协作对接会”，去产能重点市、雄安新区、深度贫困县与三地签订劳务协作框架协议28个，举办联合招聘会34场，实现就业1.8万人。认证京冀家政服务输出基地30多家，年内输送合格家政服务员8000名以上。

【机关自身建设】 落实全面从严治党要求，严格执行准则、条例，弛而不息抓好机关思想、作风、制度和廉政建设，激发干事创业热情，推动改革发展。以制度建设推动政治建设、思想建设、组织建设、作风建设、纪律建设，织密扎牢制度之网。以目标绩效考核保障党建工作任务落实，党建及作风整顿纳入目标绩效管理，进行月调度、季通报，通过党建云平台实现无纸化考核评价。加强业务培训、绩效管理和实践锻炼，健全干部考核体系，积极开展干部挂职交流。坚持把纪律和规矩挺在前面，严格落实“两个责任”和“一岗双责”，加强中央八项规定执行监督检查，坚持抓早抓小，落实廉政谈话制度，开展警示教育，廉政建设取得明显成效。

（河北省人力资源和社会保障厅　程伟）

民　政

【行政区划】 截至2017年底，河北省辖石家庄、唐山、秦皇岛、邯郸、邢台、保定、张家口、承德、沧州、廊坊、衡水11个地级市，47个市辖区、20个县级市、95个县、6个自治县，308个街道办事处、1127个镇、771个乡、47个民族乡。河北省人民政府驻石家庄市长安区裕华东路113号。

（河北省民政厅　阮超）

【农村基层民主建设】 （一）出台加强乡镇政府服务能力建设的《实施意见》。2017年2月8日，中共中央办公厅、国务院办公厅印发了《关于加强乡镇政府服务能力建设的意见》（中办发〔2017〕11号）。9月29日，省委全面深化改革领导小组第三十三次会议审议并原则通过《关于加强乡镇政府服务能力建设的实施意见》。11月15日，以省委办公厅、省政府办公厅名义印发。11月17日，河北日报要闻版全文刊登。此文件为当前和今后一段时期加强基层政府服务能力建设提供了政策保障。

（二）做好村（社区）换届前期准备工作。一是加大打击黑恶势力力度。2017 年 4 月，会同省纪委、省委组织部、省检察院、省公安厅联合印发《关于集中整治“村霸”和宗族恶势力问题的通知》，提出主要工作任务和方法步骤，对打击农村干部涉黑涉恶和黑恶势力干扰破坏换届选举进行了周密部署。10 月份，会同省纪委、省委组织部、省公安厅公开通报了 3 起典型“村霸”案例，在社会上产生了积极反响。二是指导雄安新区先行开展换届试点。8 月份原则同意雄安新区在起步区和安置区先行开展第十一届村委会换届试点工作。10 月，雄安新区上报《关于雄安新区村“两委”换届试点工作的情况报告》，换届试点工作基本完成。三是做好全省新一届村居换届准备工作。按照省村（社区）“两委”换届工作筹备会议部署，河北省城市社区“两委”换届与村“两委”换届同步进行。起草了城市社区居委会选举工作规程，并积极配合省委组织部起草《换届意见》及“1＋9”相关配套文件，做好换届各项准备工作。

（三）探索开展村委会改居委会工作。按照《关于加快推进村委会改为居委会工作的指导意见（试行）》和《加快推进村委会改为居委会工作方案》，对全省“村改居”工作进行全面部署，深入基层调查研究，督导各地严格按照文件规定的基本条件和操作程序，积极稳妥地推进工作。截至 2017 年底，全省完成改制的有 210 个村。这些完成改制的村全部完成了村委会撤销、居委会设立审批工作。

（河北省民政厅　王立柱　杜劲松　梁爱华　王琳）

【社会救助】　（一）完成改革任务。一是按照省委、省政府和省委深改组要求，按时完成《关于深化农村低保精准认定精准核查机制改革的指导意见》的起草、调研、评估、论证、征求意见等程序，省委主要领导审签后，由省两办印发。时任省委书记赵克志对此给予充分肯定，认为解决了困扰各级党委、政府在脱贫攻坚中的突出问题。民政部黄树贤部长、宫蒲光副部长都对此件作出重要批示，认为这个《指导意见》既坚持改革创新，又具有可操作性，以参阅文件形式在全国推介。二是按时完成省委深改组督办的《加快推行政府购买服务 加强基层社会救助经办服务能力的实施意见》的起草、论证、评估、发文工作任务，以省民政厅、省编办、省财政厅、省人社厅名义联合印发。三是按时完成特困供养服务机构社会化改革试点工作，转发滦平、新乐、魏县改革经验，推荐滦平经验做法在全国政府购买服务培训会上进行了工作交流。四是出台《关于建立全省低保标准动态调整机制的工作方案》，建立低保特困标准动态调整机制，明确从 2018 年起至 2020 年，城乡低保特困标准年均增长 10％以上目标。以上重要政策文件的出台，有效推动了社会救助领域的改革发展，进一步完善了河北省的社会救助制度框架体系。

（二）开展农村低保特困“回头看”，净化基层社救环境。在省扶贫脱贫领导小组统一领导下，主动将社会救助工作融入脱贫攻坚之中，特别是将农村低保对象、特困人员核查工作纳入全省“回头看”大盘子之中，将部门工作上升为各地党委政府的重要工作，有效保证了农村低保对象、特困人员的精准核查、精准认定质量，很好落实了农村低保制度与扶贫开发政策有效衔接要求。同时，借助审计、纪检等职能部门力量，有效纠正了基层的“人情保、政策保、骗保、漏保”等问题，维护了社会公平正义。

（三）推进加强基层民政服务能力建设。推动全省基层民政服务能力建设，参与省政府办公厅《关于加强基层民政服务能力建设的通知》制发，多次实地指导完善推介曲阳经验，参与省政府全省加强基层民政服务能力建设现场会筹备工作，起草《全省加强基层民政服务能力建设工作督导方案》，编辑 2 期河北民政专刊，制发 3 期督导通报，指导各地推动加强基层民政服务能力建设，取得良好工作效果，这项工作得到民政部肯定。

（四）最低生活保障水平大幅提升。强化规范管理，抓好政策落实，提高保障标准，继续保持全省城乡低保标准与全国平均水平同步增长，建立农村低保标准动态调整机制，农村低保标准保持始终高于扶贫标准。截止 2017 年 12 月底，全省共保障城乡低保对象 196 万人，城乡平均低保标准分别达到每人每月 544 元和每人每年 3829 元，较中央脱贫攻坚会议召开的 2015 年分别提高了 25％和 48％；城乡低保补差标准达到每人每月 320 元和每人每月 191 元，较 2015 年分别提高了 26％和 53％，有效保障了城乡困难群众基本生活。

（五）特困人员供养服务能力显著加强。健全管理制度，提高供养标准，提升特困人员整体供养水平。截止 2017 年 12 月底，全省农村特困人员 23.2 万，农村特困人员集中和分散供养标准分别达到 6712 元/年和 5503 元/年，较 2015 年分别提高了 23％和 53％。

（六）医疗救助保障能力稳步提高。出台一系列指导性政策，提高医疗救助水平，有效解决困难群众医疗费用刚性支出过大难题。2017 年，全省直接医疗救助（门诊和住院）44.2 万人次，支出医疗救助资金 7.8 亿元。推荐承德市医疗保障救助“三重保障线”经验做法在全国社会救助会上作工作交流。

（七）临时救助水平稳步提升。全省各市、县（市、区）临时救助对象范围、标准、方式、受理和审核审批程序进一步规范，依托乡镇民政和社会事务服务中心，健全了“一门受理、协同办理”工作机制，临时救助备用金下放到乡镇审批，进一步强化了保障措施和救助实效。截止 2017 年底，全省为 42 万人次发生临时生活困难的群众发放救助金 4.1 亿元，未发生冲击社会道德和心理底线事件。

（八）保障资金投入大幅提高。积极争取中央财政社会救助资金，确保城乡困难家庭的基本生活水平随着经济社会发展而不断提高。2017 年，与财政厅一道积极争取中央财政资金支持，下拨河北省困难群众基本生活救助补助资金 57.3 亿元；城乡医疗救助资金 6.3 亿元，合计 63.6 亿元，较 2016 年增加了 7％。

（九）强化业务培训。为提升各级政策执行能力，2017 年以来，先后两次召开了社会救助工作部署和调度会议，及时部署和调整各阶段社会救助工作目标和方向，确保民政部、省委、省政府和厅党组指示精神落地；针对2017年社会救助信息录入任务加大和政策调整较快等阶段性工作，有针对性地及时组织举办了两期低保信息系统和居民经济状况核对系统培训班和社会救助兜底脱贫政策业务培训班，共计培训1000余人次，对提高社会救助工作人员政策业务水平起到了良好效果。

（河北省民政厅　胡玺）

【救灾工作】　（一）灾害情况。2017年，全省部分地区遭受了较为严重的风雹、洪涝、干旱、台风、低温冷冻、生物灾害、森林火灾等自然灾害。据统计，全省因灾造成农作物累计受灾面积816.6千公顷，绝收面积38.2千公顷；受灾人口750.85万人次，紧急转移安置9507人，死亡（失踪）6人；倒塌房屋476间、损坏12979间，部分交通、电力、通信及水利设施遭受不同程度破坏，因灾造成直接经济损失46.34亿元。综合分析，2017年为10年来最轻灾害年份。与近10年灾害数据的平均值比较，受灾面积、绝收面积、受灾人口、因灾死亡（失踪）人口、倒塌房屋间数、直接经济损失等灾情指标分别下降54%、84%、60%、86%、97%、72%。

在各类自然灾害中，2017年河北省北部张承秦等地及中西部太行山区旱灾最为严重，强对流过程多，造成风雹灾害经济损失较为突出。经济损失指标中，全年风雹灾害造成经济损失18.18亿元、洪涝灾害造成经济损失14.1亿元、干旱灾害造成经济损失8.82亿元、台风灾害造成经济损失4.05亿元。分别占全年经济损失的39.2%、30.4%、19.0%、8.7%。受灾较重的区域主要集中在承德、张家口、沧州、保定、秦皇岛等五个市。

2017年，因自然灾害造成的死亡（失踪）人口主要发生在张家口、石家庄、秦皇岛、保定、沧州等五市。张家口市因灾死亡（失踪）2人，石家庄、秦皇岛、保定、沧州等市死亡（失踪）各1人。出现因灾死亡的灾害种类中，风雹灾害死亡4人，洪涝灾害死亡2人。在死亡原因中，因溺水死亡4人，建筑物倒塌死亡2人。

（二）全省自然灾害救助工作情况。

2017年，全省部分地区遭受了较为严重的自然灾害，给部分受灾群众的生产生活造成了较大困难和影响。在省委、省政府和地方各级党委、政府的领导下，在财政等各有关部门大力支持下，各级民政部门认真履行职责，积极快速应对各类自然灾害，切实保障群众基本生活，重点围绕防灾减灾救灾机制体制改革、防灾减灾救灾政策体系完善、综合防灾减灾能力建设、防灾减灾宣传演练、灾后恢复重建、加强应急值守、冬春救助、农房保险等方面开展了卓有成效的工作，取得了较好成绩。

1. 深入推进防灾减灾救灾体制机制改革。以省委、省政府名义在全国率先出台《关于推进防灾减灾救灾体制机制改革的实施意见》，在充分总结“7·19”抗洪抢险救灾经验和教训基础上，针对河北省防灾减灾体制机制改革提出了一系列改革举措，民政部全文印发全国民政系统参阅学习。廊坊市、唐山市、承德市、邢台市、张家口市、秦皇岛市、邯郸市等地也都出台了本地防灾减灾救灾体制机制改革实施意见。根据减灾救灾体制机制改革要求，省减灾委员会增加了省政府应急办、省旅游委、省海事局等6个省减灾委成员单位，增加了社会力量参与救灾内容，对灾情评估的权限进行了分级。经省政府批准，在原来省救灾捐赠中心（省救灾物资储备库）基础上调整成立省减灾中心，增加了全省减灾救灾工作的数据信息管理、灾害风险评估、减灾科技应用等工作职责，为做好全省灾情管理工作打下了坚实基础。

2. 不断完善防灾减灾救灾政策体系。一是加快推进灾害救助制度建设。《河北省自然灾害救助实施办法》列入2017年省政府立法计划，已经法制办审核通过。实施办法在细化国务院《自然灾害救助条例》条款的同时，增加了部门信息共享、应急保障能力、资金管理等方面内容。制定出台《河北省自然灾害救助指导标准》，明确了应急期生活救助、过渡期生活救助、旱灾救助、冬春生活困难救助、农村住房恢复重建救助等各项灾害救助标准。二是编制实施综合防灾减灾规划。明确了全省“十三五”期间防灾减灾的10项工作目标、10项主要任务和四大重点建设项目。石家庄市、承德市、秦皇岛市、邢台市、邯郸市、廊坊市等地都出台了本区域综合防灾减灾规划，京津冀三地正在联合编制《京津冀防灾减灾救灾协同发展规划（2016－2020年）》。三是修订完善救助应急预案。对《河北省自然灾害救助应急预案》、《河北省民政厅救灾应急工作预案》进行了重新修订，进一步明确了职责任务、成员分工、工作程序等方面内容。

3. 全面提升综合防灾减灾救灾能力建设。一是救灾物资储备设施日趋完善。近年来，新建了石家庄、邢台、丰宁、易县、遵化等一大批规模较大、配置较高、设施齐全的救灾物资储备库。全省共建有正式救灾储备库43处，临时库126处，基本覆盖全省。“十三五”期间全省又有30个救灾物资储备库建设纳入到中央财政资金支持项目。二是救灾物资储备不断加强。2017年完成了1200万元的省级物资采购，集中采购6类近14万件救灾物资，省物资储备库储备救灾物资达到20多类60多万件，全省储备主要救灾物资达到120万件，能够满足启动省级自然灾害救助Ⅲ级以上应急响应的物资需求。三是加快推进应急避难场所建设。全省目前已建成规模不等、配置不同的各类应急避难场所858处，“十三五”期间，全省又规划创建示范性应急避难场所60处。其中2017年计划创建22处，目前已基本创建完成。四是积极创建全国综合减灾示范社区。自2008年全国启动综合减灾示范社区创建活动以来，至2016年底，全省共创建全国综合减灾示范社区356个，2017年向民政部申报全国综合减灾示范社区82个。五是灾害信息员队伍不断壮大。组织、督导各地完成了省、市、县、乡、村五级共计47736名灾害信息员的电子注册工作，摸清了全省专业队伍底数。培训市、县及基层骨干灾害信息员2200余人，全面提升了全省基层救灾专业队伍业务水平。六是规范引导社会力量参与救灾。省民政厅搭建全省社会力量服务平台，在摸清全省有救灾职能的社会组织和志愿者队伍底数的基础上，制订全省社会力量参与防灾减灾救灾全过程的工作路线图以及评估和监管体系，确保社会力量有序有力参与防灾减灾救灾工作。

4. 持续深入开展防灾减灾宣传演练。全省各地充分利用“5·12”防灾减灾日等重要时间节点，组织宣传活动2600余场，组织演练活动1300余场，悬挂张贴标语20余万条，发放宣传资料290多万份，发送公益短信5000余万条，10余万人参加了基本技能公众体验活动。省民政厅下拨专项补助经费200万元，在全省范围内组织开展了救灾演练20场次。通过开展防灾减灾系列活动，全省各界对防灾减灾工作更加关注，社会公众的防灾减灾意识和自救互救技能进一步提高，全省综合防灾减灾能力进一步增强。

5. 圆满完成“7.19”灾后倒损民房恢复重建。在省委、省政府的坚强领导下，省民政厅联合省住建、省财政、省重建办等部门建立起了联动推进机制，加强协调沟通，统一行动，各负其责，合力推动农房恢复重建工作。通过现场督导、会议调度、下发通知等方式，加快推进农房恢复重建进度，确保工程质量。至8月底，B级维修农房17840户、C级修缮加固农房13370户、D级原址重建农房8552户、D级异地迁建农房692户已全部提前竣工。省以上安排的灾后农房重建资金38411.3万元，已全部拨付到市、县（市、区）。

6. 多措并举提高灾害救助水平。为有效应对各类自然灾害，确保受灾群众基本生活，全省民政系统加强值守，确保信息畅通，坚持做到灾害信息管理人员汛期24小时在岗在位，平时24小时专人值班，保证灾害信息传递全天候、无断档。

为全面做好冬春期间救灾工作，妥善安排好受灾群众生活，确保灾区社会稳定，深入细致做好冬春期间受灾人员的基本生活救助工作。一是细致排查，摸清底数。9至10月份，在全省统一安排下，组织专门力量，进村入户，对灾区群众生产生活情况进行了全面细致的调查摸底，详细掌握受灾群众生活困难底数。根据受灾程度及家庭生活状况，分别对有自救能力户、有部分自救能力户和无自救能力户分类登记造册，设立台帐，建立“三无户”（无钱、无粮、无自救能力）档案。河北省民政厅于10月上中旬组成3个工作组，对全省33个灾情较重县的冬春需救助情况进行了抽查，深入群众家中了解生活状况和需求，查阅档案检查冬春安排，帮助地方解决工作中存在的问题和困难。二是结合实际，制订冬春救助方案。10月份以来，在调查核实的基础上，各级民政部门会同同级财政部门按照分类救助的原则制定了本地区冬春期间受灾人员救助方案。三是积极落实救灾资金，开展有效救助。10月中旬，省财政厅、省民政厅已下拨省本级救灾资金1670万元，对灾害损失较重的县（市）给予支持。12月下旬，省民政厅、省财政厅下拨了中央和省级冬春救助资金3.085亿元，省民政厅下拨棉被、棉衣等冬春救灾物资9万余件，确保全省冬春救助工作的正常开展，保障受灾群众温暖、安全过冬。

7. 农房保险基本覆盖全省多灾易灾地区。河北省民政厅联合省财政厅、省保监局制定印发了《关于创新财政支持方式 切实做好2017年政策性农村住房灾害保险工作的通知》，确定参保农户每户每年保额不低于3万元，山区、坝上地区及其他多灾易灾地区省财政每户每年补助7元、县级财政补助2元、个人自筹2元；其他地区省财政每户每年补助5元，县级财政补助2元，个人自筹2元。2017年全省开展农房保险的县（市、区）已达到105个，有779.71万农户参保，每户每年保额达到3万元，省级财政预算安排补贴资金4500万元，全省预计缴纳保费7700万元，可为群众住房提供灾害风险保障金额2300多亿元，基本覆盖了全省所有多灾易灾地区。

（河北省民政厅　艾军）

【双拥优抚安置】　（一）双拥优抚。1. 全力推动双拥工作深入发展。一是为进一步深入贯彻《中共中央、国务院、中央军委关于加强新形势下优抚安置工作的意见》（中发〔2016〕24号）精神，5月份印发了《中共河北省委、河北省人民政府、河北省军区关于加强新形势下优抚安置工作的实施意见》，是在全国出台实施意见较早的省份之一，为做好新形势下的优抚安置工作提供了政策遵循。二是开展了双拥模范城（县）命名表彰活动。修订完善了《河北省＜双拥模范城（县）创建命名管理办法＞实施细则》和《河北省双拥模范城（县）考评标准》；中共河北省委、河北省人民政府、河北省军区印发了《关于表彰河北省双拥工作先进单位和先进个人的决定》（冀字〔2017〕20号）、《关于命名河北省双拥模范城（县）的决定》（冀字〔2017〕22号）。三是在北京召开的全国双拥办主任学习贯彻新时代中国特色社会主义思想和党的十九大精神专题会议上，河北省作了典型发言。四是省民政厅与省委宣传部等部门联合组织开展了纪念建军90周年“不忘初心、共铸国防”文艺演出和“赞颂辉煌成就、赓续红色基因、支持改革强军”书画摄影作品展，得到了省委领导的肯定；与省粮食局、河北日报报业集团、省军区政治工作局共同开展了“最美双拥人物”推选展示活动，评选出了10名最美双拥人物，20名优秀双拥人物，进一步激发了全社会拥军热情，营造了“军爱民，民拥军”的良好氛围；与省委宣传部一起在全省评选出了刘玲玲等10名“美丽河北·最美军嫂”，进一步营造了关心国防建设，为让军人成为全社会尊崇的职业营造了浓厚氛围。五是进一步丰富双拥活动内容。在全省持续开展“助力强军·服务国防”关爱基层官兵万里行活动；成功举办了河北省第二届“双拥杯”乒乓球军地友谊赛。六是广泛开展走访慰问活动。春节期间，以省委、省政府名义向驻冀部队和广大优抚对象发放慰问信赠送春联。由省领导带队走访慰问驻冀部队及重点优抚对象，根据基层部队建设需求，对13个基层连队进行精准慰问，共赠送慰问金135万元。特别是结合落实军队退役人员政策和权益保障工作，在全省开展了普遍走访、重点慰问、困难帮扶为主要内容的大走访、大慰问活动。共走访优抚对象39万户，赠送慰问金（品）8700余万元，为25.7万户优抚对象家庭新挂上了光荣牌；与省电视台共同举办了“致敬最可爱的人——新春团圆饭送革命功臣”大型公益活动，为100户优抚对象家庭分别赠送了价值800元的团圆饭，受到优抚对象家庭的欢迎和社会各界的称赞。

2. 大幅提升优抚对象保障水平。一是积极协调财政部门下拨优抚对象抚恤和医疗补助金27亿元，保障了优抚对象医疗和生活待遇的落实。为152所光荣院发放冬季取暖补贴1520万元。二是在争取省委省政府领导支持的同时，积极协调省财政于5月5日出台了提高部分优抚对象生活补助标准的政策（冀民〔2017〕35号），为优抚对象每人每月提高60到100元。每年全省各级财政增加投入2.24亿元，仅省级财政就每年投入1.42亿元。这是改革开放以来河北省地方财政投入最多的一次。三是指导各地认真落实义务兵家庭优待金政策，确保了河北省大学生义务兵（包括符合条件的高校往届毕业生、应届毕业生、大学在校生和刚被录取的新生）家庭优待金，由河北省年平均最低工资标准的110%提高到150%，进藏和到新疆艰苦地区服役的大学生义务兵家庭优待金，由河北省年平均最低工资标准的165%提高到200%。全省发放义务兵家庭优待金9亿多元，仅省级财政就下拨义务兵家庭优待金4.98亿元。

3. 加强优抚事业单位建设。一是积极争取中央财政支持河北省优抚事业单位建设发展资金5020万元，比2016年增加676万元，比上年度增加13.5%，支持了7所光荣院，7所优抚医院，一个国家级烈士纪念设施、2个全国重点军供站的项目建设。二是烈士纪念设施管理水平进一步提升。通过严格筛选，认真评审，经省政府批准，公布了深泽县等20处烈士陵园为第四批省级烈士纪念设施。三是积极组织筹划“9·30”烈士公祭活动，在华北军区烈士陵园成功举行了省四大班子领导、驻军首长、官兵代表和省会各界群众、学生代表、烈属和老战士代表1100多人参加的烈士纪念日一向华北军区烈士敬献花篮仪式，得到了省领导的赞扬。

（二）退伍安置工作。1. 退役士兵接收安置工作稳步推进。一是印发接收安置工作通知。根据《中华人民共和国兵役法》《退役士兵安置条例》和国务院、中央军委关于2017年士兵退出现役工作的有关要求，印发《河北省人民政府关于2017年退役士兵接收安置工作的通知》（冀政发［2017］16号），明确河北省2017年秋季、冬季退役士兵的接收时间、接收对象范围和接收条件，重点从依法保障符合政府安排工作条件退役士兵的安置就业、积极扶持自主就业退役士兵就业创业等四个方面明确具体要求。二是做好符合政府安排工作条件退役士兵档案集中接收审核工作。6月12日，根据《民政部中央军委政治工作部关于做好2017年由政府安排工作退役士兵移交安置工作的通知》（民函［2017］78号），明确2016年冬季符合政府安排工作条件退役士官集中移交工作，从2016年3月16日开始至6月8日结束，共下达河北省2017年集中移交河北省符合政府安排工作条件退役士官计划2512人，实际接收档案2430份。经审核，符合条件的共计2403人，不符合接收条件的27人。档案的接收、审核工作在河北省军区招待所开展。三是完成易地安置退役士兵审核工作。8月11日，依据《退役士兵安置条例》第11条关于易地安置的规定，完成了对2017年度各地上报申请易地安置的62名退役士兵档案审查认定工作。批准4名符合易地安排工作条件退役士兵易地安置，58名自主就业退役士兵易地落户。四是做好伤病残人员接收安置工作。6月26日，根据《民政部办公厅关于下发2017年度计划移交残疾士兵和军队院校残疾学员名单的通知》（民办函［2017］158号）精神，下发《关于下发2017年度计划移交残疾士兵和军队院校残疾学员名单的通知》（冀退办［2017］3号），及时将2017年度部队计划退役移交河北省的1级至4级残疾义务兵、患精神病5级至6级残疾义务兵、初级士官和军队院校残疾学员名单（共50人）分解下发各级安置部门，并要求做好档案审查、签订协议、接收安置、落实待遇等各项工作。五是做好复员干部接收安置工作。根据民政部、中央军委政治工作部《关于下达2017年军队复员干部安置计划的通知》（民发［2017］181号）精神，下发《河北省人民政府复员退伍军人安置办公室》（冀安办［2017］3号），将审档合格的54名军队复员干部安置计划和档案分解下达各市。六是做好符合政府安排工作条件退役士兵计划安排工作。2017年河北省共接收符合政府安排工作条件退役士兵2704人，其中，转业士官2457人，占总人数的90.9%；符合政府安排工作条件的城镇退役士兵247人，占总人数的9.1%。符合政府安排工作条件退役士兵选择办理自谋职业119人，占总人数的4.4%，选择安排工作2585人，占总人数的95.6%。指导各地认真落实民政部总参谋部《符合政府安排工作条件退役士兵服役表现量化评分办法（试行）》（民发〔2015〕195号）要求，坚持公开、公平、公正的原则，通过积分排序、按序选岗的“阳光安置”办法，确保服役时间长、贡献大的退役士兵得到优先安置。将安置政策、安置对象、安置计划以及量化评分、选岗过程、安置结果主动向社会公开，主动接受群众监督。2017年，全省13个市（含定州、辛集市）全部施行“阳光安置”。其中，石家庄、承德、唐山3个市实行“档案考核、文化考试”的“双考”办法进行“阳光安置”，张家口、秦皇岛、廊坊、保定、沧州、衡水、邢台、邯郸、定州、辛集10个市实行“档案考核”的“单考”办法进行“阳光安置”，得到广大退役士兵的充分肯定，社会反响良好。2017年省、市、县三级共下达安置计划3006人，超出符合政府安排工作条件退役士兵302人，为广大退役士兵提供了更多的岗位，有了更多的选择余地，大幅提高了安置质量。

2. 成功举办就业招聘会。为贯彻落实京津冀协同发展重大战略部署和《京津冀民政事业协同发展合作框架协议》有关要求，进一步做好京津冀三地退役士兵就业创业服务工作，分别于4月、11月在河北人才大厦举办2017年度京津冀退役士兵就业招聘会。长城汽车、保利地产、卓达地产、滴滴快车、超越健身、长青集团、诚实实业集团等近350家京津冀用人单位报名参会，为广大退役士兵提供近万个就业岗位。京津冀三地近年来接收的自主就业（自谋职业）退役士兵持退伍证均可免费参加。提供就业岗位涉及市场营销、企业管理、IT电子、生物制药、汽车驾驶等多个专业。两次招聘会吸引了约1.3万名京津冀三地近年来接收的自主就业（自谋职业）退役士兵前来求职应聘，约9600人（次）达成就业意向。招聘会设立了政策咨询处，为求职应聘者提供政策咨询，并指定专人为退役士兵详细讲解退役士兵劳动保障、促进就业等方面的优惠政策，免费发放退役士兵创业就业宣传材料4万余份，极大方便了退役士兵求职创业。

3. 积极争取保障经费。一是协调省财政厅下发《河北省财政厅关于下达退役安置补助（伤残士兵建房）经费的通知》（冀财社［2017］13号），为秦皇岛市等地陆续接收2016年度部队计划退役移交河北省的1级至4级残疾义务兵（共4人）下拨购（建）房补助费72万元。二是协调省财政厅下发《河北省财政厅关于下达2017年退役安置补助经费的通知》（冀财社［2017］20号）对已提前预拨2017年度退役士兵自谋职业、自主就业一次性经济补助资金4.7661亿元剩余的4829万元进行调整下达各地。其中，2017年度退役士兵自谋职业经济补助调增3017万元。三是9月1日，协调省财政厅下发《河北省财政厅关于下达2017年中央财政退役安置补助经费（第一批）的通知》（冀财社［2017］82号），下达退役士兵职业教育和技能培训资金5537万元，转业士官待分配期间管理教育补助经费100万元，合计5637万元。

4. 协助做好退役士兵相关信息核查。根据省教育厅来函，及时组织各级安置部门，对退伍后参加2017年河北省普通高校专科接本科教育选拔考试的高校大学生士兵，开展信息核实工作。经核查，2017年参加河北省专接本考试的242名退伍大学生士兵，经核实情况均属实，并将核查结果及时反馈省教育厅。6月5日，根据《河北省招生委员会等10部门关于做好河北省普通高校招生优惠加分考生资格审查和公示工作的通知》（冀招委普［2015］4号）精神，对2017年度参加普通高考的烈士子女考生、自主就业退役士兵考生和在服役期间荣立二等功（含）以上或被大军区（含）以上单位授予荣誉称号的191名退役军人考生信息进行资格审查。经核查170人情况属实，按照冀招委普［2015］4号的要求，于6月5日至6月16日在《河北省民政网》通知公告栏予以公示。

（三）军休安置工作。1. 认真组织军队退休干部和退休士官的接收安置工作。坚决执行民政部优安局“随交随审、随审随接”的原则，全年共审定退休安置于河北的军休人员档案372份，其中325人通过审定；按照已通过审定人员的本人意愿，全年实际接收284人。接收过程中，只要通过审定、符合条件的，当场下达安置计划，实行“一站式”服务，最大限度地节省军地移交时间。1月3日，中部战区空军政治部干部处赠送“情系蓝天、情系苍鹰”锦旗一面。

2. 认真组织无军籍职工的接收安置工作。5月31日至6月6日，集中利用一周时间对2014年10月1日前军队和武警系统无军籍退休退职职工，开展了移交安置去向审定工作。按照民政部下达计划，河北省共需审定军队无军籍退休退职职工114人、武警无军籍退休退职职工110人，共计224人。为了做好这次安置审定工作，省民政厅与河北省军区后勤部直工处进行联合会审，最终199人通过审定。10月15日至11月30日，根据民政部通知要求，省民政厅再次组织全省各市、县（市、区）开展具体移交工作，全年实际接收无军籍职工112人。未移交人员的主要原因是部队尚未做通无军籍职工本人工作。

3. 及时准确下拨各项军休资金。全年共计3次下拨资金262209万元。其中军休人员安置补助经费244038万元，军休管理机构补助经费6297万元，军休干部及家属遗属医疗生活补助资金4500万，无军籍职工津补贴资金4500万，军休机构用房项目经费2874万元，全面落实了河北省军休干部、无军籍职工及其家属、遗属的各项生活待遇。

4. 周密部署安排2017年度军休干部夏季疗养活动。为提高河北省军休干部的生活质量，根据年度工作安排和往年惯例，省民政厅从7月1日至8月30日，在省厅军休四所（北戴河）安排了全省各市军休干部疗养。共分10个批次进行，累计安排1800人次，休干普遍反映较好。

5. 积极参加民政部组织的庆祝建军90周年和京津冀三地共同举办的系列文化活动。在民政部组织的“全国军休干部庆祝建军90周年、喜迎党的十九大”演讲朗诵、书画摄影等系列比赛活动中，河北省认真组织、积极参赛，共获得4个三等奖。9月底，在全省范围内组织选拔10名荣立一等功以上奖励的军休干部，赴云南昆明疗养；10月中旬，北京市军休办牵头举办京津冀科级干部培训班，河北省认真选派10名科级干部参训，省直军休二所邓鹏松获得结业比赛第二名的好成绩。

（河北省民政厅　赵亚锟　窦　悦）

【社会福利工作】　（一）养老院服务质量建设取得明显成效。遵照习总书记重要指示，按照国家统一部署，组织开展了全省养老院服务质量专项行动。全省确定的2017年实现养老院服务质量明显改善，各项服务质量基础进一步夯实；初步建立养老院等级评定标准、评估办法，完善养老院以服务质量为依据的奖补政策；50%以上的养老院能够以不同形式为入住老年人提供医疗卫生服务；培树一批质量有保证、服务有标准、人员有专长的专业化养老院等四项目标圆满完成。安全隐患得到较好整治。全省共投入各类整治资金2.7亿元，问题养老院整治率100%，整治合格率达到83%。管理服务制度基本健全。全省养老院建立完善了投诉事件处理、门卫等制度，制定出台《养老机构星级评定管理办法》、《养老机构星级评定细则》。服务队伍素质明显提升。全省共组织培训12000余人次，专业技术人员占工作人员比例提高到21%，持证养老护理员比例提高到58%。医养结合工作扎实推进。医保定点机构360家，能够以多种形式提供医疗服务的机构增至1331家，基本满足入住老年人的医疗服务需求。争先创优氛围已经形成。全省评选出样板机构25家、优秀养老院院长26名，明星护理员25名。河北日报、长城网等媒体对河北省先进典型进行广泛宣传报道。

（二）养老服务业“放管服”改革取得积极进展。认真贯彻落实国务院部署和省委省政府指示，以“放管服”改革为突破口，推动养老服务业市场全面放开。起草完成了省政府“十三五”养老服务设施建设规划、全面放开养老服务市场提升养老服务质量的实施意见、加快推进养老服务业放管服改革发展二十条措施等重要文件，制定下发了《关于深化财政支持养老服务体系建设改革的实施意见》，完善了全省养老服务业发展的政策体系，破除一些多年来影响养老服务市场良性发展的制度性障碍。以秦皇岛、廊坊养老服务业综合改革试点，保定、邢台、邯郸、石家庄市医养结合试点和石家庄市居家和社区改革试点为抓手，努力推动养老服务改革创新，总结形成了10个可推广、可改制的典型案例，被国家发展改革委、民政部选取3个在全国推广，与卫计委联合在全国成都医养结合推进会上介绍了经验做法。积极争取亚行1亿美元贷款养老项目资金支持，11月份6个养老项目正式落地，建成后将惠及93万老年人。经反复沟通，河北省与京津在原有3个养老合作试点基础上，在张家口、沧州、廊坊又新增6个试点，提前超额完成了省委深改领导小组确定的年度全面深化改革重点事项，得到深改组的充分肯定和表扬。

（三）残疾人福利工作稳步落实。牢固树立为残疾人服务思想，狠抓制度建设，严格规范发放程序，严格督促两项补贴资金及时足额发放，上访投诉量大幅减少，河北的做法在全国南京会议上作了经验介绍，截止12月底，全省符合条件的残疾人达到93万多人，发放补贴资金4.45亿元。石家庄、唐山、保定、衡水市四所精神卫生福利机构项目建设进展顺利。经省政府同意制发了《关于加快发展康复辅助器具产业的若干意见》，经过积极跑办争取，在全国仅有12个名额情况下，石家庄、秦皇岛成功入选国家康复辅助器具产业综合创新试点，许勤省长批示给予充分肯定。

（四）慈善工作进一步加强。积极开展《慈善法》宣传，参与京津冀慈善展，与中国移动慈善基金会、天津泰达医院、省慈善总会开展了“爱心行动——特困先心病儿童救助活动，”先后赴承德、沧州、石家庄、保定、张家口5市进行免费筛查，累计筛查儿童数量1069人，符合手术救治条件的达336人。积极推选8个项目申报第十届中华慈善奖。

（河北省民政厅　成浩）

【社会行政管理】　（一）儿童福利工作。组织各地摸底排查、更新信息台账，进一步核准了全省农村留守儿童、困境儿童信息数据等基本情况，摸清了底数，为精准落实关爱保护政策奠定了基础；在全省开展农村留守儿童“合力监护·相伴成长”关爱保护专项行动，推动各地落实农村留守儿童关爱保护政策；在村（居）委会设立儿童福利督导员，制定《儿童福利督导员工作手册》，刊登互联网供儿童福利督导员学习；下拨2017年中央和省级财政资金1.1亿元，保障全省1.6万名孤儿的基本生活；持续推进“孤残儿童手术康复明天计划”。扩大救治范围，由手术救治向医疗救治扩展；拓展覆盖对象，将福利机构内儿童的非手术类救治和康复医疗纳入“孤残儿童手术康复明天计划”资助范围，将社会散居残疾孤儿纳入“孤残儿童手术康复明天计划”对象范围。

（二）收养登记工作。全年共依法办理涉外收养27例，审核上报收养材料37份；转发《民政部办公厅关于做好停征婚姻和收养登记费有关工作的通知》（民办函〔2017〕92号），按照规定的时间节点停止对收养登记收费；转发《民政部关于进一步规范儿童福利机构接受捐赠有关工作的通知》，进一步规范儿童福利机构接受捐赠工作，严禁将捐赠与收养挂钩，严格管理和依规使用捐赠财产。

（三）婚姻登记工作。全年共依规办结国内结婚520235对，离婚193001对，涉外和涉港澳台、出国人员、华侨结婚063对，离婚83对；督促各地做好停征婚姻和收养登记费有关工作，要求各级民政部门安排好工作经费，确保婚姻登记工作的连续性和规范性；加快推进河北省婚姻登记信息化建设，实现省部婚姻登记信息互联互通，增加了全国婚姻登记数据库信息的及时性、有效性、完整性；下发《关于加快推进婚姻登记信息化建设的通知》，督促各地做好婚姻登记历史数据补录工作，要求各级民政部门加快补录进度，年底前完成1980年以来历史信息补录工作；积极推动京津冀婚姻登记协同发展，三方就京津冀婚姻登记信息共享、核查等工作达成共识；增加资金投入，积极提升河北省婚姻登记管理信息系统软硬件水平和质量，为实现全国婚姻登记信息联网审查和跨区异地办理打下坚实基础。（撰稿人：

（四）殡葬工作。2017年全年共批复同意2个经营性公墓变更地址或法人、4个筹备建设、2个开工建设、1个开始营业；印发了《关于做好清明节文明祭扫工作的通知》，实现了“平安清明、绿色清明”；按照民政部印发的《全国殡葬综合改革试点方案》要求，认真调研，仔细筛选，成功申报张家口市、高邑县、滦南县为全国殡葬综合改革试点；2017年11月1日，河北省殡葬信息管理系统正式上线运行，河北省殡葬工作信息化管理水平进一步提升；完成全省殡仪馆火化炉尾气处理机安装情况摸底，全面启动河北省殡仪馆火化设备环保改造提升工作，不断提升殡仪馆火化和焚烧设备环保水平，促进生态文明建设。

（五）救助管理工作。加强未成年人保护工作，推进未成年人社会保护试点建设，指导张家口市、承德市、邯郸市魏县扎实推进未成年人社会保护试点工作，全面提升未成年人保护能力；全面加强流浪乞讨人员救助管理工作，要求各地建立街面巡查机制，加大巡查力度，实行文明救助、人道救助、依法救助，切实维护流浪乞讨人员合法权益；贯彻落实民政部对救助和托养机构进行检查整改的工作部署，及时下发《关于对救助和托养机构进行检查整改的通知》，要求各地开展自查、省市进行抽查，全面提升河北省救助管理工作水平，并形成报告分别报省政府和民政部事务司；积极落实省委常委会扩大会议精神，牵头七部门制发《关于进一步加强流浪乞讨人员救助工作的通知》，扎实做好“寒冬送温暖”专项救助和救助管理机构风险防控。“寒冬送温暖”专项行动期间，累计救助流浪乞讨人员21822人次、发放御寒衣物9925件，未发生一起流浪乞讨人员冻伤、冻死等冲击道德底线的极端事件，及时把党和政府的温暖送到生活无着人员心中。

（河北省民政厅　王瑞利　尹　颖　何文羽　张志贤　王鹏飞）

【城乡社区建设】　（一）出台城乡治理文件。2017年4月，中共中央、国务院印发《关于加强和完善城乡社区治理的意见》（中发〔2017〕13号）。河北省高度重视，将制定《实施意见》作为重点工作任务抓紧抓实。省民政厅采取有力措施：一是加强学习研究，准确掌握文件内容和精神。二是积极与民政部沟通联系，了解掌握中央最新要求和民政部的工作思路。三是深入基层调研，组织业务骨干先后到石家庄、保定、邢台、邯郸等地，与乡镇、街道和社区工作人员进行座谈，听取基层人员意见建议。四是学习外省市先进经验，与雄安新区建设相结合，赴北京、上海、湖北、广东等省市学习社区治理先进经验。在此基础上，研究起草了河北省《关于加强和完善城乡社区治理的实施意见》，征求民政部和相关省直部门的意见，进一步修改完善。9月29日，省委全面深化改革领导小组第三十三次会议审议并原则通过。11月29日《中共河北省委 河北省人民政府关于加强和完善城乡社区治理的实施意见》（冀发〔2017〕32号）正式印发，为当前和今后一段时期加强河北省城乡社区治理提供了政策保障。

（二）扎实推进城乡社区协商。指导各地深入开展城乡社区协商示范点创建工作，通过遴选和抽查相结合的方法，对创建工作突出、效果明显的30个单位命名为“全省城乡社区协商示范点”，有效推进了协商的规范化、制度化建设。积极推广河北省城乡社区协商特色做法，民政部《乡镇论坛》2017年第9期和第11期分别刊载了河北省四个社区（村）的协商经验做法。

（三）协同制定城乡社区服务体系规划。为贯彻落实民政部等16个部委《关于印发＜城乡社区服务体系建设规划（2016－2020年）＞的通知》精神，统筹推进城乡社区服务体系建设，编制了《河北省城乡社区服务体系建设规划（2016—2020年）》。征求了各市民政局和相关部门意见，进一步修改后，以省民政厅、省委组织部等16个部门的名义正式印发。

（四）协同推进雄安新区社会管理改革。为推动雄安新区社会管理改革，省民政厅分别赴北京、广州、深圳、武汉、上海浦东学习社区建设先进经验，多次向国家民政部请示，会同有关部门就雄安新区建设高标准社区、推进社会管理改革提出意见建议。

（五）积极推进农村社区建设示范创建活动。根据民政部《关于开展全国农村社区建设示范创建活动的通知》（民函〔2016〕245号）精神，全省有11个单位向省厅申报了创建材料。按照创建程序的要求，3月，邀请全国城乡社区建设专家委员会成员对申报单位进行了现场基础评价，提议推荐名单，4月11日，在河北民政网上进行了公示。公示期结束后，向民政部推荐上报。9月，民政部组织全国城乡社区建设专家委员会成员对申报单位进行了实地检查验收。12月22日，民政部网站公示首批全国农村幸福社区建设示范单位的公告，河北省石家庄市正定县正定镇塔元庄村、邯郸市馆陶县寿山寺乡寿东社区、邢台市威县梨园屯镇西河口村、保定市莲池区杨庄乡西高庄村被列入公示名单。根据民政部《关于开展全国农村社区治理实验区的通知》精神，8月24日，向民政部报送关于申报全国农村社区治理实验区的请示及承德市双滦区的申报材料。12月27日，民政部印发《关于同意将北京市房山区等48个单位确认为全国农村社区治理实验区的通知》（民函〔2017〕277号），承德市双滦区被确认为首批全国农村社区治理实验区。

（河北省民政厅　王立柱　杜劲松　梁爱华　王　琳）

【老龄工作】　（一）认真贯彻落实党的十九大精神和习总书记关于老龄工作重要指示，各级领导对老龄工作重视程度不断提高。原省委书记赵克志和省长许勤在省老龄办向省委、省政府及省老龄委报送关于深入学习习近平总书记重要指示的报告上作出重要批示，提出明确要求。组织召开学习贯彻党的十九大精神会议专题学习班。全国老龄办呈送国务院领导的简报先后3次登载河北省的做法。

（二）重点任务求创新突破，老龄法规政策体系建设不断完善。一是制定出台《河北省“十三五”老龄事业发展和养老体系建设规划》。推进已有石家庄、秦皇岛等8市制定出台地方“十三五”规划。二是制定出台河北省《关于老年人照顾服务项目的实施意见》。已经省政府办公厅正式印发。三是积极推动《河北省老年人权益保障条例》立法工作。推动《条例》正式列入2018年省政府、省人大立法计划，完成《条例》（送审稿）起草工作。

（三）老年维权和优待政策得到有效落实。一是建立老年法律维权工作联席会议制度。二是老年优待政策不断丰富完善，优待力度不断加大，全省享受高龄津贴人数129万、年发放资金6亿元。三是协调推进老年宜居环境建设，使老年人更多享受改革发展的成果。

（四）常规老龄品牌项目持续推进，敬老社会环境不断优化。一是打造“敬老文明号”品牌。河北省37个单位获得“全国敬老文明号”、80名个人获得“全国敬老爱老助老先进模范”。秦三梅、刘文福2位同志被评选为“全国老有所为先进典型人物”，王其彰等16位同志被评为省级先进典型人物，省老龄办获全国优秀组织奖。二是打造“敬老月”活动品牌。以老龄委名义发出“致全省老年人的一封信”，发送敬老公益短信100多万条。1000余支志愿者队伍，组成服务小分队，为近百万老年人提供各种形式的爱心服务。各级走访慰问高龄、特困、空巢、失能等老年人9000多人次，走访慰问了575所敬老院、社区日间照料站等，发放慰问金、慰问品合计518.3万元。三是打造“爱心护理工程”品牌。扎实推进工程建设，全省已建有全国“爱心护理工程”建设基地106家，全国示范基地11家，共拥有床位数1.8万余张，年收住失能半失能老人9000余人。四是打造“助老安康工程”品牌。全省老年人投保意外伤害保险人数240多万，保险覆盖率超过20%，赔付金额4600万元，为全省老年人撑起一道更加安全的民生保障网。五是打造河北省中老年才艺风采大赛、健康之星评比两个活动品牌。参与老年人超过10万人，举办了河北省第二届老年春晚。

（五）老龄工作基础全面夯实。一是推进示范性基层老年协会建设，提高为老服务能力和水平。二是圆满完成第四次中国城乡老年人生活状况监测调查工作，为政府和涉老部门制定老龄政策法规提供科学依据。三是做好专项调研工作。开展老龄政策理论专题调研，有7篇政策调研成果在全国获奖。

（河北省民政厅　王爱民）

【2017年命名的革命烈士】 1. 郭振起，男，1916年6月28日出生，邱县古城营乡枣坡村人，生前为该村青年抗日先锋队模范班长。1944年春天，驻守邱县潘坡村（当时为广曲县管辖）的八路军被百余名日伪军包围，部分突围战士被敌人追击到枣坡村。危急关头，郭振起将八路军战士隐藏到自家南屋，躲过了日伪军的搜查。但正在日伪军准备离开时，因一名八路军战士的枪走火，惊动日伪军包围了郭振起家。经过激战，十几名八路军战士和郭振起同志壮烈牺牲。

2. 赵磊，男，汉族，1983年8月出生，中共党员，身份证号码130105198308211211，2000年12月入伍，2002年11月退伍，生前系中航通飞华北公司飞行教员、机长。2016年9月15日，赵磊同志执行石家庄航空展飞行大会指定任务。15点57分，他驾驶B－9246号飞机第4次起飞时，出现故障。由于高度过低，赵磊同志只能果断地选择最合适的迫降场地进行紧急迫降。为避开参观展会的退场观众和衡井路上密集的车辆和人流，在生死抉择的关键时刻，赵磊同志毅然选择了继续保持高度、飞越公路。然而失去动力的飞机，速度减小太快，就在飞越公路上空的同时，飞机突然向右滚转，失速坠毁，赵磊同志献出了自己年轻而宝贵的生命。

3. 刘风亮，男，1975年12月出生，中共党员，邯郸市邱县人，1997年10月参加工作，生前任邱县香城固信用社会计。2005年4月25日13时许，邱县香城固信用社职工王艳军在午休时间，打电话约时任会计兼负责白天管理枪柜钥匙的刘风亮至金库，后夺取枪柜钥匙，又取出一支五六式自动步枪，将刘风亮枪击致死，抢走金库内的10万元人民币。期间，刘风亮与王艳军进行了英勇的搏斗，其双上切牙折断，口腔黏膜和舌左侧组织挫碎，左侧下颌骨粉碎性骨折，后受枪击死亡。

4. 范天赐，男，2001年7月15日出生，定州市李亲顾镇韩家庄村人，在李亲顾镇中学读初中。2015年7月4日，范天赐与同村伙伴彭浩在定州市西城乡东湖村村西沙坑（沙坑内有存水，上边有沙土做的围墙，高度在80公分左右）玩耍时，看到东湖村学生史子浩落水，随即下水进行施救，在其他同伴的共同帮助下，史子浩得救。范天赐因不习水性、体力不支溺亡。

5. 马桂明，男，1920年出生，承德市平泉市梓椤树镇马杖子村人，时任原高杖子区公所马杖子村党支部书记。1947年5月，马桂明带人斗争了地主杨延林。杨怀恨在心，买通了梓椤树镇伪乡长郑玉华，由其带领找到土匪头目张其昌，伺机报复。11月，张其昌带领土匪将马桂明和许占春杀害于下营坊南河套。

6. 孙树格，男，1974年4月出生，中共党员，邢台市桥西区人，1997年12月参加工作，生前系邢台市公安交警支队桥西区二大队科员。2006年4月27日，孙树格于邢台市区钢铁路北口依法执行查纠违章任务，赵军旗无证驾驶未经年检车辆，为逃避检查，高速逆行，强闯第一道警岗，直接威胁群众的生命财产安全。面对突发情况，孙树格果断上前拦截制止。该车不予理会，继续闯关，致使孙树格被正面撞击当即昏迷，后经多家医院会诊治疗，孙树格始终呈植物人状态，于2013年11月29日去世。

7. 李玉丰，男，1900年6月出生于唐山市曹妃甸区九农场邱家铺村。1931年“九·一八”事变后，李玉丰秘密参加了中国共产党领导的抗日队伍，并担任东北抗日联军第四军独立营营长。1934年冬，李玉丰到唐山一带执行任务时在邱家铺家中住宿，由于汉奸出卖，被驻扎在南堡镇杨岭村的日伪军包围。李玉丰手持双枪与日伪军战斗，终因寡不敌众被捕，数日后在杨岭村村东被日伪军杀害。

（河北省民政厅　赵亚锟）

（“民政”部分总统稿　张金花）

残疾人工作

【残疾人康复服务】 2017年，342781名残疾儿童及持证残疾人得到基本康复服务，其中包括0－6岁残疾儿童5115人。得到康复服务的持证残疾人中，有视力残疾人30048名、听力残疾人13120名、言语残疾人186名、肢体残疾人240847名、智力残疾人17549名、精神残疾人27095名、多重残疾人12703名。

截至2017年底，全省已有残疾人康复机构439个，其中，提供视力残疾康复服务的机构40个，提供听力言语残疾康复服务的机构102个，提供肢体残疾康复服务的机构189个，提供智力残疾康复服务的机构152个，提供精神残疾康复服务的机构92个，提供孤独症儿童康复服务的机构67个，提供辅助器具服务的机构70个。康复机构在岗人员达13071人，其中，管理人员1744人，专业技术人员 8900 人，其他人员 2427 人。

【残疾人社会保障】 截至 2017 年底，城乡残疾居民参加城乡社会养老保险人数达到 1463301 名，269009 名 60 岁以下的重度残疾人参保，其中 265660 名得到了政府的参保扶助，代缴养老保险费比例达到 98.8%。有 249539 名非重度残疾人也享受了全额或部分代缴养老保险费的优惠政策。452954 人领取养老金。

经省政府批准，省财政厅、省民政厅、省残联联合发文，从 2018 年开始，将困难残疾人生活补贴标准和重度残疾人护理补贴标准由每人每月 55 元、50 元分别调高到每人每月 66 元、60 元，有力促进残疾人生活改善。

【残疾人就业创业】 截至 2017 年底，全省城乡持证残疾人就业人数为 618633 人，其中按比例就业 16656 人，其中本年新增 717 人；集中就业 7440 人，本年新增 155 人；个体就业 18902 人，本年新增 481 人；社区就业 2126 人，本年新增 40 人；公益性岗位就业 1434 人，本年新增 32 人；辅助性就业 3403 人，本年新增 85 人；居家就业 70897 人，本年新增 681 人；从事农业种养加 437864 人，本年新增 8070 人；灵活就业 59811 人，本年新增 2550 人。

全年共培训盲人保健按摩人员 1117 名、盲人医疗按摩人员 573 名；保健按摩机构达到 531 个，医疗按摩机构达到 67 个；在专业技术职务资格评审中，有 104 人通过医疗按摩人员初级职称评审。

【残疾人权益维护】 2017 年，制定或修改保障残疾人权益的规范性文件省级 2 个、地市级 2 个、县级 7 个。县级以上人大开展《中华人民共和国残疾人保障法》执法检查和专题调研 17 次；政协开展视察和专题调研 18 次。开展省级普法宣传教育活动 2 次，2000 人参加。

截至 2017 年底，成立残疾人法律救助工作协调机构 152 个，建立残疾人法律救助工作站 151 个。建立“12385 残疾人服务热线”。残疾人通过热线咨询范围涉及残疾人办证、残疾人政策、心理疏导以及投诉、求助和建议等多个方面内容，省残联建立了督办反馈机制。截至 2017 年底，共接服务热线 7 千多人次，经过各级残联共同努力，残疾人的合理需求均得到了很好的解决，热线拉近了省残联与残疾人距离。

残疾人参政议政工作稳步开展，各地残联协助人大代表、政协委员提出议案、建议、提案 34 件，办理议案、建议、提案 19 件。

【残疾人扶贫工作】 会同省委组织部等 24 个部门和单位联合出台《河北省贫困残疾人脱贫攻坚行动计划（2017—2020 年）》，明确部门职责，通过实施九个一批、开展残疾人扶贫十项专项重点行动，精准帮扶每一名贫困残疾人脱贫。出台《河北省建档立卡贫困村残疾人辅助器具适配方案》，为 3000 多人提供了辅助器具服务。

2017 年，贫困残疾人得到有效扶持，其中 35862 人通过扶贫开发实际脱贫；接受实用技术培训的残疾人达到 42463 人次。

康复扶贫贴息贷款扶持 235 名农村残疾人。截止 2017 年底，全省残疾人扶贫基地达到 248 个，安置 4481 名残疾人就业，扶持带动 12343 名残疾人户。

完成 3536 户农村贫困残疾人家庭危房改造，各地投入危房改造资金 49275666 元。

【残疾人托养服务】 残疾人托养服务工作稳步推进。残疾人托养服务机构达到 233 个，其中寄宿制托养服务机构 111 个，日间照料机构 37 个，综合性托养服务机构 85 个，为 10848 名残疾人提供了托养服务。接受居家服务的残疾人达到 8563 人。全年 358 名托养服务管理和服务人员接受了各级各类专业培训。

【残疾人组织】 2017 年，市县乡共建立残联 2481 个，各市已建残联 11 个，县（市、区）残联已建 170 个，乡镇（街道）残联已建 2300 个；已建社区（村）残协 51492 个。

省市县乡残联实有人员达 5676 人，乡镇（街道）、村（社区）选聘残疾人专职委员总计 53463 名。市级残联配备了残疾人领导干部 10 人，县级残联配备了残疾人干部 174 人。

共建立省级及以下各类残疾人专门协会 896 个，其中省级专门协会已建 5 个，市级专门协会已建 55 个，县级专门协会已建 836 个。全省各级助残社会组织共有 29 个。

【无障碍建设】 无障碍建设法规、标准进一步完善。系统开展无障碍建设市、县、区 180 个；开展无障碍建设检查 48 次，无障碍培训 175 人次。

【综合服务设施建设】 截至 2017 年底，已竣工并投入使用的各级残疾人综合服务设施 138 个，总建设规模 139942 平方米，总投资 26739 万元；已竣工并投入使用的各级残疾人康复设施 8 个，总建设规模 39607 平方米，总投资 9750 万元；已竣工并投入使用的各级残疾人托养服务设施 16 个，总建设规模 61719 平方米，总投资 12952 万元。

【残疾人教育】 实施残疾人事业专项彩票公益金助学项目，为 1000 人次家庭经济困难的残疾儿童享受普惠性学前教育提供资助。主动协调省财政厅、省教育厅将当年考上高等院校研究生专业和本科专业的贫困残疾学生资助（一次性补助）标准由 3000 元分别提高为 6000 元、5000 元，有效缓解了贫困残疾学生上学压力，有力保障了困难残疾学生受教育权利，残疾人受教育权得到了更好保障。

全省共有特殊教育普通高中班（部）10 个，在校生 518 人，其中聋生 358 人，盲生 160 人。残疾人中等职业学校（班）4 个，在校生 315 人，毕业生 149 人，其中 35 人获得职业资格证书。有 343 名残疾人被普通高等院校录取。

继续实施《“十三五”残疾青壮年文盲扫盲行动方案》，948 名残疾青壮年文盲接受了扫盲教育。

【残疾人体育】 全省残疾人康复体育关爱家庭服务 10200 户，建设残疾人体育健身示范点 253 个，培养健身指导员 4055 名。举办残疾人群众体育健身活动 14 次，2431 人次参加了残疾人群众体育健身活动。举办第二届“冰雪河北 快乐你我”省残疾人冰雪运动季活动，带动近 9 万人次残疾人参与冰雪运动。

认真做好冬季项目运动员后备人才的选拔、培养、试训、输送，目前，省级注册冬季项目运动员共计191人（全国占比34%），省级冬季项目在训运动员136人，输送中国残联训练营参训118人，入选国家队运动员52人。2017年度，组队参加了5项全国冬季项目锦标赛，共获得33金23银20铜，并在平昌冬残奥会等国际比赛中实现成绩突破，为备战2022年冬残奥会奠定了坚实的基础。

组织参加了12项全国夏季项目锦标赛，共取得87金、42银、30铜的好成绩。组队参加了2017年11项国际赛事，获得41枚金牌、9枚银牌、8枚铜牌、破2项世界纪录的好成绩。在第二十三届听障奥运会上，河北省运动员王萌一人夺三金，刷新了河北省最好成绩，为国家和家乡赢得了荣誉。

【残疾人文化宣传】 截至2017年底，共有省级残疾人专题广播节目1个；市级残疾人专题广播节目8个、电视手语栏目10个。

组织开展了“美丽河北 最美残疾人”推选展示活动，140多万/人次关注并投票，推选出9名最美残疾人和20名优秀残疾人。

截至2017年底，省市县三级公共图书馆共设立盲文及盲文有声读物阅览室26个，共开展残疾人文化周活动314场次；省市两级残联共举办残疾人文化艺术类的比赛及展览33次，共有各类残疾人艺术团8个。

邀请中国国际广播电台采访河北省残疾人事业发展成就，通过环球资讯、国际在线等7家客户端推出报道10余篇，4篇新闻通稿在全台通过65种语言播发，受到省领导和中国残联高度肯定。连续6年举办“我是你的眼带你去旅行”大型盲人百城联游公益活动。

（河北省残疾人联合会　刘焕瑞　曹如宣）

区域经济篇

REGIONAL EOONOMY

石家庄市

2017年，在市委、市政府的坚强领导下，全市各级各部门认真学习贯彻党的十九大精神，以习近平新时代中国特色社会主义思想为指导，坚持稳中求进工作总基调，贯彻新发展理念，以供给侧结构性改革为主线，围绕建设现代省会、经济强市总目标，统筹推进稳增长、促改革、调结构、惠民生、防风险等各项工作，全市经济稳中有进，稳中向好，经济社会保持了平稳健康发展。

一、综合

全年全市生产总值6177.0亿元，比上年增长7.2%。其中：第一产业增加值394.6亿元，比上年增长2.3%，占生产总值的比重为6.4%；第二产业增加值2714.3亿元，增长3.6%，占生产总值的比重为43.9%；第三产业增加值3068.1亿元，增长11.3%，占生产总值的比重为49.7%。人均生产总值57024元，增长6.4%。

年末常住人口1087.99万人，比上年末增加9.53万人。人口出生率为13.40‰，比上年提高0.78个千分点；死亡率为5.57‰，比上年下降0.73个千分点；人口自然增长率为7.83‰，比上年提高1.51个千分点。常住人口城镇化率为61.64%，比上年提高1.68个百分点。

全年民营经济增加值4131.7亿元，比上年增长7.2%，占全市生产总值的比重为66.8%。民营经济实缴税金540.2亿元，增长12.9%，占全部财政收入的比重为57.0%，比上年提高0.6个百分点。民营经济出口总值68.2亿美元，增长9.8%。

全年居民消费价格比上年上涨1.4%。其中，食品烟酒价格下降1.2%，衣着上涨1.2%，居住上涨2.8%，生活用品及服务下降0.4%，交通和通信上涨1.7%，教育文化和娱乐上涨1.5%，医疗保健上涨7.4%，其他用品和服务上涨2.5%。全年工业生产者出厂价格比上年上涨8.1%，工业生产者购进价格比上年上涨8.2%。

全年全市城镇新增就业18.7万人，失业人员再就业4.4万人，困难人员实现再就业1.7万人。年末城镇登记失业率为3.33%，比上年回落0.1个百分点。

二、农业

全年粮食播种面积77.7万公顷，比上年减少0.6万公顷，下降0.8%。粮食总产量511.2万吨，增长1.0%。其中，夏粮增长1.4%；秋粮增长0.6%。

全年蔬菜播种面积6.6万公顷，比上年下降0.5%；总产量580.7万吨，增长0.1%。

全年肉类总产量65.3万吨，比上年增长1.5%。其中，猪牛羊肉产量51.6万吨。年末生猪存栏277.0万头，下降0.5%；生猪出栏538.8万头，增长0.4%。禽蛋产量87.6万吨，增长2.0%。牛奶产量71.3万吨，下降1.9%。

全年畜牧业、蔬菜、果品三大优势产业产值665.2亿元，占农林牧渔业总产值比重为75.5%，比上年回落1.0个百分点。

全年农业产业化经营率67.5%，比上年提高0.7个百分点。

农业机械总动力1300.4万千瓦（不包括农业运输车），比上年增长1.5%。实际机耕面积54.3万公顷，占农作物播种面积的比重达54.3%，比上年提高3.5个百分点；当年机械播种面积72.8万公顷，占72.9%，提高2.2个百分点；机械收获面积70.5万公顷，占70.6%，提高4.4个百分点。农村用电量77.7亿千瓦小时，下降1.4%。

三、工业和建筑业

全年全市规模以上工业增加值同比增长3.6%。从经济类型看，国有企业增长3.0%，集体企业增长1.8%，股份制企业增长3.2%，外商及港澳台商企业增长11.0%。从三大门类看，采矿业增加值同比下降58.6%，制造业增长4.8%，电力、热力、燃气及水生产和供应业增长4.3%。

分轻重工业看，全年轻工业增加值比上年增长8.7%；重工业增加值下降1.1%。

分行业看，全年七大主导产业增加值比上年增长4.0%。其中，装备制造业增长11.5%，纺织服装业增长5.7%，食品工业增长10.7%，钢铁工业下降3.9%，建材工业下降2.0%，医药工业增长5.4%，石化工业下降4.6%。六大高耗能行业增加值下降5.7%，低于规模以上工业增加值增速9.3个百分点。高新技术产业增加值增长14.1%，高于规模以上工业增加值增速10.5个百分点。其中，电子信息、高端装备制造和新材料三个领域增加值分别增长18.8%、23.9%和3.1%。

全年规模以上工业利润867.6亿元，比上年增长8.2%。

规模以上工业企业主营业务利润率8.4%，每百元主营业务收入中的成本为83.6元，资产负债率为47.7%。

全社会建筑业增加值328.6亿元，比上年增长6.8%。资质等级以上建筑业企业房屋施工面积6777.6万平方米，下降4.0%；房屋竣工面积1493.8万平方米，增长0.5%。

四、固定资产投资

全年全社会固定资产投资6353.2亿元，比上年增长6.6%。其中，固定资产投资（不含农户）6310.1亿元，增长6.7%。

在固定资产投资中，第一产业投资312.0亿元，增长13.0%；第二产业投资2563.6亿元，下降3.8%；第三产业投资3434.6亿元，增长15.4%。城市基础设施投资1352.9亿元，比上年增长21.3%，占固定资产投资的比重为21.4%。

民间固定资产投资4919.8亿元，比上年增长9.9%，占固定资产投资的比重为78.0%。高新技术产业投资679.7亿元，比上年增长0.3%，占固定资产投资的比重为10.8%。六大高耗能行业投资730.1亿元，比上年增长1.7%，占固定资产投资的比重为11.6%。

房地产开发投资1243.6亿元，比上年增长20.0%。房屋新开工面积1601.3万平方米，增长41.7%。商品房销售面积1091.9万平方米，增长27.6%。商品房销售额1073.2亿元，增长57.0%。

五、国内贸易

全年社会消费品零售总额3296.0亿元，比上年增长10.8%。按经营地统计，城镇2777.7亿元，增长10.8%；乡村518.4亿元，增长10.4%。

在限额以上批发和零售企业（单位）商品零售额中，粮油食品类增长11.1%；饮料类增长16.3%；烟酒类增长24.3%；服装鞋帽针纺织品类增长5.5%；化妆品类增长14.6%；金银珠宝类增长6.1%；日用品类增长9.2%；家用电器及音像器材类增长7.0%；中西药品类增长17.5%；建筑及装潢材料类增长10.2%；石油及制品类增长23.6%；汽车类增长5.1%。

六、对外经济

全年进出口贸易总额127.3亿美元，比上年增长12.3%。其中，出口78.4亿美元，增长14.8%；进口48.9亿美元，增长8.6%。

全年实际利用外资13.9亿美元，比上年增长14.2%。其中，外商直接投资12.8亿美元，增长9.9%。

七、交通、邮电和旅游

全年货物运输总量为4.6亿吨，比上年增长12.6%。货物运输周转量为2158.3亿吨公里，增长9.1%。旅客运输总量为0.4亿人次，下降16.4%。旅客运输周转量为27.5亿人公里，下降19.1%。

全市年末民用汽车保有量256.0万辆，比上年末增长13.7%，其中私人汽车保有量227.8万辆，增长12.4%。民用轿车保有量230.2万辆，增长13.2%，其中私人轿车217.1万辆，增长12.6%。

年末公共汽车营运线路226条，比上年增加1条；营运线路长度3822公里，增加115公里；营运车辆5730辆，增加848辆；客运总量4.2亿人次，减少1.26亿人次。

全年邮政行业业务收入（不包括邮政储蓄银行直接营业收入）完成50.92亿元，同比增长27.76%；业务总量完成80.48亿元，同比增长37.5%。邮政函件业务完成1980.67万件，同比下降17.18%；包裹业务完成42.99万件，同比增长6.02%；报纸业务累计完成12213.45万份，同比下降5.89%；杂志业务累计完成484.22万份，同比下降14.48%；汇兑业务累计完成15.57万笔，同比增长10.11%。全市快递服务企业业务量累计完成35959.45万件，同比增长30.09%；业务收入累计完成39.55亿元，同比增长29.56%。

全年电信业务总量201.42亿元，比上年增长84.67%。电信业务收入86.98亿元，增长0.3%。年末互联网宽带接入用户数318.0万户，增加30.8万户。其中，城市互联网宽带接入用户数238.2万户，增加29.0万户；农村互联网宽带接入用户数89.9万户，增加11.9万户。移动电话用户数1265.4万户，增加94.9万户；固定电话用户数131.5万户，减少5.7万户。

全年接待国际游客20.5万人次，比上年增长6.3%；旅游创汇收入9460.1万美元，增长39.6%。接待国内游客9216.4万人次，增长20.8%；旅游收入988.1亿元，增长32.5%。旅游总收入994.4亿元，增长32.5%。

八、财政、金融

全年全部财政收入947.3亿元，比上年增长11.8%。其中，一般公共预算收入475.5亿元，增长12.2%。

全年一般公共预算支出847.4亿元，比上年增长8.1%。其中，一般公共服务支出83.7亿元，增长16.3%；公共安全支出50.6亿元，增长6.3%；教育支出167.7亿元，增长5.3%；科学技术支出10.1亿元，下降17.7%；社会保障和就业支出88.1亿元，增长21.2%；医疗卫生支出78.0亿元，增长7.6%；节能环保支出59.7亿元，增长34.9%；城乡社区事务支出63.2亿元，与全年持平；农林水事务支出75.6亿元，增长2.2%。

年末全市金融机构（人民币）各项存款余额11703.0亿元，比年初增加625.1亿元。其中，住户存款余额5641.6亿元，增加293.3亿元。金融机构（人民币）各项贷款余额8925.0亿元，增加1749.1亿元。

全年保险公司原保险保费收入395.5亿元，比上年增长14.6%。其中，财产险业务原保险保费收入105.8亿元，寿险业务原保险保费收入235.7亿元，健康险和意外伤害险业务原保险保费收入54.0亿元。

九、教育、科学技术和文化体育

年末普通高等学校44所，在校生45.4万人。普通中学411所，在校生51.5万人。中等职业学校143所，在校生17.7万人。技工学校40所，在校生1.3万人。小学1418所，在校生84.4万人。特殊教育学校24所，在校生2156人。幼儿园1596所，在园人数31.5万人。九年义务教育巩固率为98.53%，高中阶段毛入学率为94.0%。

全年新增专利申请12966件，新增专利授权7501件，有效发明专利5781件，万人发明专利拥有量5.3件。

年末全市共有产品检测实验室335个，市级及以上检测中心52个。全年完成强制性产品认证企业519个。法定计量技术机构16个，全年强制检定计量器具65.8万台(件)。制定、修订省级地方标准36项。

年末全市共有艺术表演团体20个，艺术表演场馆14个，文化馆24个，博物馆9个，公共图书馆24个，公共图书馆图书总藏量3696.5千册。广播电视台19个。广播节目综合人口覆盖率99.40%，电视节目综合人口覆盖率99.39%。

全年在省级以上比赛中共获金牌246枚，银牌251枚，铜牌200枚。

十、卫生和社会服务

年末全市共有医疗卫生机构（含诊所）7317个。其中，医院235个，疾病预防控制中心（防疫站）24个，妇幼保健院（所、站）25个，社区卫生服务中心（站）189个，村卫生室4003个，乡镇卫生院222个。卫生机构实有床位5.22万张。拥有卫生技术人员7.66万人。其中，执业（助理）医师 3.45 万人，注册护士 3.03 万人。

年末全市各类提供住宿的收留抚养类机构 186 个，床位 29838 张。其中，农村养老服务机构 90 个，床位 16860 张。各类社区服务机构 3846 个，其中，社区服务中心 154 个，社区服务站 141 个。

十一、资源和环境

全年完成造林面积 5.0 万公顷。其中，人工造林 2.9 万公顷。森林覆盖率为 39.5%。

全年市区二级以上优良天气 151 天。

全市规模以上单位工业增加值能耗同比下降 8.44%。

十二、人民生活和社会保障

全年全市居民人均可支配收入 24651 元，比上年增长 8.8%。城镇居民人均可支配收入 32929 元，增长 8.1%；农村居民人均可支配收入 13345 元，增长 8.1%。全市居民人均消费支出 15299 元，增长 6.9%。城镇居民人均消费支出 20339 元，增长 6.0%；农村居民人均消费支出 8417 元，增长 6.6%。恩格尔系数 24.4%，回落 0.9 个百分点。其中，城镇 23.7%，农村 26.9%。

年末全市城乡居民参加养老保险人数 406.3 万人，比上年末增加 2.6 万人。城镇职工参加基本养老保险人数 238.8 万人，比上年末增加 9.1 万人，其中在岗职工参保人数为 179.7 万人，离退休人员参保人数为 59.3 万人。参加基本医疗保险人数 926.9 万人，比上年末增加 16.4 万人。其中参加城镇职工基本医疗保险人数 149.2 万人，比上年末增加 3.5 万人；参加城乡居民基本医疗保险人数 777.8 万人，比上年末增加 12.9 万人。参加失业保险的人数 93.9 万人，增加 1.9 万人。参加工伤保险的人数 155.4 万人，增加 3.5 万人。其中参加工伤保险农民工 45.2 万人，增加 0.3 万人。生育保险人数为 145.3 万人，增加 4.4 万人。

年末享受居民最低生活保障 12.96 万人。其中，城镇居民 1.84 万人，农村居民 11.12 万人。

（*石家庄市统计局　杨君玲*）

承　德　市

2017 年，面对外部宏观经济环境变化和自身结构性矛盾的多重困难，承德市各级各部门认真贯彻落实中央和省委决策部署，紧紧围绕市委市政府确定的“12345”总体目标，坚持稳中求进，落实新发展理念，推进供给侧结构性改革，经济增长高于全省、快于去年、好于预期，呈现增速稳定提高、结构持续优化、新动能不断增强的态势。

一、稳增长，主要经济指标稳中有进

全市生产总值 1465.45 亿元，比上年增长 7.1%，比上年高 0.2 个百分点。其中：第一产业增加值 234.97 亿元，增长 6.1%；第二产业增加值 610.17 亿元，增长 4.5%；第三产业增加值 620.31 亿元，增长 11.0%。实现全部财政收入 177.1 亿元，增长 20.5%，比上年高 30.6 个百分点。其中，公共财政预算收入 89.2 亿元，增长 8.6%，高 24.2 个百分点。据抽样调查，居民消费价格比上年上涨 2.0%。其中，食品烟酒类下降 0.4%，衣着类上涨 1.8%，居住类上涨 5.1%，生活用品及服务类上涨 1.8%，交通和通信类下降 0.1%，教育文化和娱乐类上涨 0.1%，医疗保健类上涨 10.0%。

二、调结构，产业转型积极推进

2017 年全市三次产业占 GDP 的比重为 16.0：41.7：42.3，三次产业分别拉动 GDP 增长 1.0 个、2.1 个和 4.0 个百分点。

第三产业成为经济增长的第一支撑力。第三产业对 GDP 增长的贡献率达到 56.6%，比上年提升 6.1 个百分点。现代服务业增长 14.2%，占三产的 62.5%，对三产贡献率为 79.9%，拉动第三产业增长 8.8 个百分点。

工业转型势头向好。黑色金属矿采选业和黑色金属冶炼压延业增加值比上年增长 3.3%，占规上工业增加值的 63.5%，分别比一、二、三季度末低 2.3 个、2.1 个、1.8 个百分点。重点培育的高新技术产业、装备制造业、农副食品加工业、食品制造业增加值分别增长 17.9%、14.9%、25.0%、13.4%。

现代农业快速发展。干鲜果品、中药材和食用菌产业产值占农林牧渔业总产值的 33.3%，比上年高 0.7 个百分点。

三、强基础，需求结构不断调整

全市实现社会消费品零售总额 603.4 亿元，增长 11.1%，创近两年新高，比上年高 0.4 个百分点。一是乡村消费快于城镇。城镇零售额 450.6 亿元，增长 10.7%。乡村零售额 152.8 亿元，增长 12.1%。二是升级类商品消费继续向好。在限额以上批发和零售商品大类中，汽车类、金银珠宝类、通讯器材类、石油及制品类零售额分别增长 21.4%、14.0%、24.1%、17.8%。三是新兴业态增长快。限额以上单位网上销售额 139.1 亿元，增长 108.8%。

投资结构不断调整。全市固定资产投资 1751.0 亿元，增长 7.2%，其中城乡建设项目投资 1478.9 亿元，增长 6.8%。从产业看，第一产业投资增长 22.7%。第二产业投资增长 10.7%。工业投资增长 10.7%，其中工业技改项目增长较快，341 个工业技改项目完成投资增长 30.0%。第三产业投资增长 1.3%。大项目支撑作用明显，亿元以上项目 563 个，增长 21.3%，完成投资增长 14.4%；民间投资完成增长 25.5%，比固定资产投资增速快 18.3 个百分点，占投资额的 73.2%。

四、重实体，发展环境不断改善

市场需求继续向好，工业生产者出厂价格增长 26.6%。金融运行总体平稳。年末金融机构人民币各项存款余额 2505.2 亿元，增长 13.3%，比上年回落 1.1 个百分点。各项贷款余额 1916.5 亿元，增长 16.2%，比上年提升 5.4 个百分点。用电量回升。全社会用电量同比增长 9.2%，比上年高 7.9 个百分点。其中工业用电量增长 9.5%，高 10.7 个百分点。

供给侧结构性改革扎实推进。去库存成效显著，商品房待售面积122.5万平方米，下降7.5%。其中，住宅待售面积53.5万平方米，下降28.0%。去产能加速，粗钢、钢材产量分别下降3.1%、3.3%。去杠杆降低债务风险，规模以上工业企业资产负债率69.6%，比上年低0.9个百分点。降成本减轻企业负担，规模以上工业企业百元主营业务收入中的成本为87.93元，比上年少0.77元。

新动能持续增加。规模以上工业战略性新兴产业增加值增长23.2%，比全省快10.8个百分点。风力和太阳能发电分别为68.24和4.99亿千瓦时，分别增长25.68%和27.66%，分别比火力发电高22.83个和24.81个百分点。

五、提质量，民生福祉持续增进

财政收入质量提高。税收收入完成66.4亿元，增长8.5%；税收占公共财政收入比重为74.4%，分别比一、二、三季度末提高7.8个，11.7个，4.7个百分点。企业效益保持高增长。规模以上工业企业实现利润总额增长98.8%，单位工业增加值能耗下降7.9%。居民获得感增强。财政用于医疗卫生与计划生育、社会保障和就业、教育、公共安全支出分别增长30.5%、21.9%、12.3%、12.2%，均高于公共财政预算支出8.0%的增速。城镇居民人均可支配收入27042元，增长8.8%；农村居民人均可支配收入9682元，增长10.8%。

2017年，全市经济平稳增长，但经济增长基础不够牢固，经济增长活力有待增强。传统产业仍是经济增长的主要支撑，重点培育的产业尚未形成有效拉动，发展仍将持续承压。

（承德统计局　杨旸）

张家口市

2017年，在市委、市政府的正确领导下，全市各级各部门坚持以习近平新时代中国特色社会主义思想为统领，深入贯彻落实党的十九大和习近平总书记视察张家口重要讲话精神，全面落实市委十一届三次全会部署要求，牢固树立新发展理念，以供给侧结构性改革为主线，坚持稳中求进工作总基调，统筹做好抓发展、促改革、保稳定、惠民生各项工作，全市经济运行呈现总体平稳、稳中向好态势，各项社会事业取得新进步。

一、综合

2017年实现生产总值1427.0亿元，比上年增长6.7%。其中，第一产业实现增加值200.6亿元，比上年增长5.3%；第二产业实现增加值511.1亿元，比上年增长2.4%；第三产业实现增加值715.4亿元，比上年增长10.6%。人均生产总值达32219元，比上年增长6.5%。三次产业增加值占全市地区生产总值的比重分别为14.1%、35.8%和50.1%。

全年全市拥有人力资源服务机构50家；全市城镇新增就业人数7.2万人；失业人员再就业人数1.6万人；年末城镇登记失业率3.45%；全市农村劳动力向非农产业转移3.7万人。

全年CPI累计上涨1.9%，涨幅比全省平均水平高0.2个百分点，比全国平均水平高0.3个百分点。调查的八大类商品及服务价格五升三降。衣着、居住、生活用品及服务、医疗保健、其他用品和服务五类商品及服务价格与上年同期相比有所上涨，涨幅分别为3.1%、2.9%、0.6%、14.8%、和0.1%；食品烟酒、交通和通信、教育文化和娱乐三类价格较上年同期分别下降0.9%、0.5%、0.1%。

二、农业

全年全市实现农林牧渔总产值现价363.7亿元，比上年增长6.3%。粮食作物播种面积71.8万公顷，比上年增长4.0%。粮食总产量达178.0万吨，增长0.9%。粮食单产227.0公斤/亩，下降3.0%。蔬菜播种面积6.9万公顷，下降2.3%。蔬菜总产量达239.2万吨，下降1.1%。畜牧业生产良好。生猪、牛、羊出栏达到107.8万头、44.28万头和152.1万只，分别比上年增长24.9%、9.4%和1.9%。牛奶总产量84.6万吨，禽蛋总产量20.6万吨。全年人工造林126453公顷，新封山育林5332公顷。苗木产量73341万株。全市林木覆盖面积2373万亩，林木覆盖率达到43%。

三、工业和建筑业

全年全市488家规模以上工业企业实现工业增加值比上年增长2.4%。其中，国有控股企业增长6.5%，集体控股企业增长8.2%，私人控股企业下降5.4%，港澳台商控股企业增长32.2%；轻工业增长3.1%，重工业增长2.2%。分企业类型看，大型企业累计完成工业增加值增长2.5%；中型企业累计完成工业增加值增长7.3%；小型企业累计完成工业增加值下降0.8%；微型企业累计完成工业增加值增长6.0%。

全年全市拥有资质等级以上建筑业企业123家，从业人员达3.5万人。全年资质等级以上建筑企业实现总产值180.1亿元，比上年下降10.1%。

四、固定资产投资

全年固定资产投资累计完成1655.3亿元，比上年增长0.5%。其中城乡建设项目完成投资1305.3亿元，下降4.4%；房地产投资390.8亿元，增长19.9%。分产业看，第一产业投资下降17.3%；第二产业投资下降31.1%；第三产业投资增长23.5%。全年全市投资项目1096个。其中亿元项目376个，增加30个，完成投资1030.2亿元，增长5.6%。新开工项目个数788个。其中亿元以上新开工项目207个，增加20个，完成投资488.6亿元，下降4.6%。从行业分布看，主要集中在房地产业、水利环境及公共设施管理业、电力热力及燃气供应业、农林牧渔业、制造业、交通运输及仓储邮政业。

五、国内贸易

全年全市实现社会消费品零售总额752.5亿元，比上年增长10.2%。分地区看，城镇零售额实现556.1亿元，增长10.0%；乡村零售额实现196.5亿元，增长10.7%。限额以上批发和零售业商品零售额136.9亿元，比上年增长0.4%。其中粮食、食品类下降2.5%，烟酒类下降10.5%，家用电器和音像器材类增长6.2%，中西药品类增长41.8%，石油及制品类增长48.8%。

六、对外经济

全年全市实际利用外资4.10亿美元，比上年下降11.0%。其中外商直接投资3.99亿美元，下降3.2%。新批外商投资项目4个。当年新注册外商投资企业4个，投资总额3236万美元，增长1.1倍。

全年实现进出口贸易总额5.1亿美元，比上年下降3.7%。其中出口额实现3.3亿美元，下降9.7%。

七、交通、邮电和旅游业

全年全市交通运输、仓储和邮政业实现增加值111.3亿元，比上年增长9.1%。年末全市境内公路总里程21372公里，比上年末增加197公里。其中等级公路总里程19936公里。全市公路客运量1663万人；客运周转量15.66亿人公里。

全市邮政业务总量6.1亿元，增长38.1%；全年邮政函件72.4万件，比上年下降45.8%。快递2454.8万件，比上年增长81.1%。年末固定电话用户26.8万户。移动电话用户达455.1万户。互联网用户达96.6万户。

全年全市接待游客6259.8万人次，总收入696.5亿元，分别增长20.5%和34.1%。其中，接待国际游客12.3万人次，创汇3176.2万美元，比上年分别增长9.5%和8.7%。全市共有64家A级景区，其中4A级景点12个。星级宾馆49家，其中四星级宾馆17家；旅行社92家。

八、财政、金融和保险业

全年全市全部财政收入完成256.6亿元，比上年增长7.1%。公共财政预算收入完成135.8亿元，下降4.2%。公共财政预算支出472.6亿元，增长13.7%。

全年全市银行业金融机构人民币存款余额3461.8亿元，比上年增长20.1%，比年初新增578.9亿元。人民币各项贷款余额2401.1亿元，比上年增长18.5%，比年初新增374.7亿元，比上年增加28亿元。

全年全市共有各类保险公司40家，比上年增加1家。其中财险公司22家，寿险公司18家。全市保费收入达到68.6亿元，比上年增长17.2%。赔款及给付28.3亿元，比上年增长17.1%。

九、人民生活和社会保障

全年全市居民人均可支配收入19585元，比上年增长11.4%。城镇居民人均可支配收入28512元，比上年增长9.4%；农村居民人均可支配收入10293元，比上年增长11.4%。

全年全市城乡居民养老保险实际参保203.2万人，城镇职工基本医疗保险参保66.5万人，生育保险参保32.1万人，工伤保险参保56.1万人，失业保险参保39.2万人，社保卡完成发卡351万张。年末城市居民享受最低生活保障人数为7万人，农村居民享受最低生活保障人数为41.5万人。

十、科学技术和教育

全年全市申报高新技术企业49家，其中46家企业通过省科技厅审查，全市高新技术企业达到88家，比上年增长66%。全市科技小巨人企业达到47家，比上年增长21%。新建成2家省级工程技术研究中心、5家市级工程技术研究中心，市级以上研发平台累计达到26家，比上年增长37%。新建成3家省级众创空间，1家省级科技企业孵化器，申报3家国家级科技企业孵化器。市创新创业孵化中心一期工程基本完成，二期工程开工建设。科技冬奥共征集到可再生能源利用、安全办赛等方面科技冬奥项目300多项。全市专利申请量1251件，授权量达到604件，万人发明专利拥有量达到0.987件。

全年全市有幼儿园637所、小学631所、初中130所、普通高中34所、中等职业学校43所、特殊教育学校13所、普通高校5所。全市现有在校生幼儿园9.61万人、小学30.03万人、初中13.57万人、普通高中7.50万人、中等职业学校学生4.37万人、特殊教育学校0.09万人、普通高校5.40万人。全市专任教师小学1.94万人、初中1.06万人、普通高中0.70万人、中等职业教育0.32万人、普通高校0.30万人。

十一、文化、卫生和体育

全市共有企事业性艺术表演团体73个、文化系统艺术表演场所3个、公共图书馆15个。市级群众艺术馆1个，县区文化馆14个，209个乡镇全部建成了乡镇文化站210个。联合国级非遗项目1项，国家级非遗项目5项，非遗传承人7人；省级非遗项目42项，非遗传承人40人。全国重点文物保护单位49处（包括长城），省级文物保护单位81处。电视人口覆盖率及广播人口覆盖率均达到99.7%。

全市共有各级各类医疗卫生计生机构5691个，其中医院100所，卫生机构床位2.5万张，执业医师（助理）9401人，平均每千人口拥有床位5.5张、执业医师（助理）2.12人、每百万人口拥有三级医院0.7家。

全年全市在2016—2017年冰雪季，承办了国际级和国家级冰雪体育赛事11项。举办了第二届“大好河山·激情张家口”冰雪季，共承办举办89项赛事、活动。建6所青少年冰雪运动训练基地，开展9个雪上项目、2个冰上项目训练。有在训冰雪运动员400名，注册207人，并有25名张家口籍运动员分别调入国家和省集训队。完成了城市社区工程13个、美丽乡村体育设施建设247个、中心示范村农民体育健身工程50个、民族村工程建设30个，乡镇示范工程2个。全年共派出12个项目440人（次）参加省级以上比赛，获得金牌21枚、银牌13枚、铜牌10枚、总分990分。全年共输送运动员40人，其中省体校20人、大中专院校20人。

十二、资源和环境保护

全市土地总面积5519.48万亩（3.7万平方公里）。全年全市土地供应总量554宗，面积3.8万亩，出让金共计143.89亿元。主城区土地供应总量71宗，面积2509亩，出让金37.98亿元。全市完成补充耕地立项项目43个，新增耕地1.53万亩；完成验收项目33个，新增耕地

1.06万亩。

全年全市中心城区环境空气质量达标天数286天，达标率为78.8%，环境空气综合质量指数为4.18，在全省排名第一。全市主要流域水质监测断面功能区达标率为100%，地表水Ⅰ—Ⅲ类水质断面比例占90%，水质为优。

（张家口市统计局　张占兵）

秦皇岛市

2017年，秦皇岛市全面贯彻落实国家、省和市重大决策部署，坚持新发展理念，以供给侧结构性改革为主线，加强预期引导，深化创新驱动，着力推动结构优化、动力转换和质量提升，经济运行稳中有进、稳中向好、稳中提质，人民生活持续改善，社会事业稳步发展，向市委十二次党代会提出的发展目标迈出了坚实步伐。

一、综合

年末全市常住人口311.08万人。出生人口3.43万人，人口出生率为11.02‰；死亡人口2.18万人，人口死亡率为7.01‰；人口自然增长率为4.01‰。常住人口城镇化率为57.88%，比上年提高1.75个百分点。

全市生产总值实现1500.34亿元，比上年增长7.3%。其中，第一产业实现增加值193.02亿元，增长2.8%；第二产业实现增加值512.71亿元，增长5.4%；第三产业实现增加值794.61亿元，增长9.8%。全市人均生产总值为48356元，增长6.6%。

全年居民消费价格比上年上涨1.7%，其中，城市上涨1.8%，农村上涨1.3%。工业生产者出厂价格比上年上涨9.8%；固定资产投资价格上涨6.7%。年末城镇新增就业5.89万人，城镇登记失业率为2.88%。

全年财政收入完成230.49亿元，其中一般公共预算收入118.55亿元。财政支出342.98亿元，增长12.2%，其中一般公共预算支出262.70亿元，增长6.9%。

二、农业

全年粮食作物播种面积12.90万公顷，比上年下降10.3%；粮食总产量75.66万吨，下降9.0%。油料总产量8.32万吨，增长15.2%。蔬菜总产量239.15万吨，下降5.1%。食用菌总产量2.86万吨，增长49.8%。园林水果总产量89.96万吨，增长3.1%。肉类总产量30.00万吨，增长4.1%；禽蛋产量8.24万吨，下降4.1%。水产品总产量38.00万吨，增长4.8%。畜牧、蔬菜、果品三大优势产业产值占农林牧渔业总产值的65.3%。农业产业化经营率达到71.0%。

三、工业和建筑业

全部工业增加值414.83亿元，比上年增长5.3%。规模以上工业增加值增长5.8%。规模以上工业中，国有及国有控股企业增加值增长2.7%，集体企业增长3.8%，股份制企业增长5.2%，外商及港澳台投资企业增长6.3%。规模以上工业中，装备制造业增加值增长8.0%；食品加工业增加值下降3.5%；非金属矿物制品业增加值增长7.9%；金属冶炼业增加值增长1.6%。高新技术产业增加值增长11.9%。规模以上工业企业实现利润93.30亿元，增长1.27倍。

全社会建筑业增加值102.58亿元，比上年增长5.7%。资质等级以上建筑业企业房屋施工面积992.34万平方米，增长2.9%；房屋竣工面积355.72万平方米，下降15.8%。

四、固定资产投资

固定资产投资（不含农户）873.39亿元，建设项目投资622.97亿元，比上年增长13.4%。在固定资产投资（不含农户）中，第一产业投资下降32.9%；第二产业完成投资增长10.6%；第三产业完成投资下降0.1%。工业投资增长10.7%，其中技改投资增长20.8%。民间投资下降4.1%。高新技术产业增长21.9%，其中，高端技术装备制造、电子信息产业投资均实现较大幅度增长，增速分别为2.22倍和6.05倍。

城市基础设施投资比上年增长39.1%。房地产开发投资166.95亿元，下降33.7%。其中，住宅投资135.67亿元，下降26.4%；办公楼投资1.29亿元，下降75.8%；商业营业用房投资10.22亿元，下降72.8%。

五、国内贸易

社会消费品零售总额实现775.18亿元，比上年增长10.8%。按经营单位所在地统计，城镇消费品零售额完成658.29亿元，增长10.8%；乡村消费品零售额完成116.89亿元，增长10.7%。限额以上批发和零售业商品零售额中，粮油食品类、饮料类、金银珠宝类分别增长36.1%、36.9%、15.7%，中西药品、石油及制品类分别增长16.8%、19.8%，汽车类增长7.4%；而服装、鞋帽、针纺织类下降5.2%，化妆品类下降14.9%。

六、对外经济

全年进出口贸易总额49.93亿美元，比上年增长16.7%。其中，出口31.81亿美元，增长10.7%；进口18.20亿美元，增长29.2%。机电产品出口占全市出口总值的比重为56.3%。

实际利用外资10.22亿美元，比上年增长13.0%，其中，外商直接投资10.14亿美元，增长53.9%。全市新批准外资合同项目11个，增长1.2倍；新批合同外资额1.75亿美元，增长4.04倍。

七、交通、邮电和旅游

交通运输、仓储和邮政业实现增加值150.94亿元，比上年增长16.7%。公路货运量6684万吨，增长6.1%；公路客运量1442万人，增长1.4%。水上货运量1623万吨，客运量1.67万人。铁路货运量616万吨，客运量1104万人。港口货物吞吐量24523万吨，增长31.2%；集装箱吞吐量55.93万箱，增长8.5%。航空货运量506吨，客运量32.85万人，分别增长18.8%和42.1%。年末实有公共汽（电）车营运车辆1576辆，增长5.5%；全年公共汽（电）车客运总量11898万人次；年末实有出租车4660辆，私人汽车拥有量达到62.10万辆。

邮政业务收入7.16亿元，比上年增长23.4%，其中，快递业务收入3.99亿元，增长26.5%。电信业务收入23.98亿元，下降2.0%。函件总数224万件，累计订阅报刊杂志4607万份。年末固定电话用户42.06万户，移动电话用户401.41万户。固定互联网宽带接入用户达到95.85万户。

全年接待海外游客30.65万人次，比上年增长5.3%；旅游外汇收入2.11亿美元，增长0.2%。接待国内游客5223.50万人次，增长24.7%；旅游总收入658.29亿元，增长32.9%。

八、金融和保险业

年末全部金融机构本外币各项存款余额2884.35亿元，比年初增加262.54亿元，其中，住户存款余额1930.07亿元，比年初增加173.95亿元。金融机构本外币各项贷款余额1720.30亿元，比年初增加163.60亿元。年末实有保险公司43家，保险公司保费收入78.33亿元，比上年增长8.8%，支付各类赔款给付27.32亿元，下降6.1%。

九、人民生活和社会保障

全年城镇居民人均可支配收入32795元，比上年增长8.1%；农村居民人均可支配收入12563元，增长8.1%。城镇居民人均消费支出22700元，增长8.6%；农村居民人均消费支出10316元，增长8.4%。城镇居民家庭恩格尔系数（即居民家庭食品消费支出占家庭消费支出的比重）为24.4%，农村居民家庭恩格尔系数为26.4%。

年末全市城乡居民养老保险参保人数127.13万人，其中，城镇职工基本养老保险参保人数85.31万人。城乡居民基本医疗保险参保人数209.47万人，其中，城镇职工基本医疗保险参保64.96万人。失业保险参保人数36.11万人，工伤保险参保人数47.71万人，生育保险参保人数45.98万人。

十、教育、科学技术和文化

年末共有各类幼儿园396所，在园儿童7.99万人。小学419所，在校生20.22万人。普通中学156所，在校生13.24万人。特殊教育学校5所，在校生552人。中等职业教育学校38所，在校生2.82万人。普通高等院校7所，在校生8.68万人。

全年组织实施科技计划项目651项；成交技术合同236项，成交额0.96亿元。全市高新技术企业134家，科技小巨人企业112家，经认定的科技型中小企业1968家。专利申请量、授权量分别为4833件和3021件。

年末共有艺术表演团体4个，公共图书馆8个，剧场、影剧院13个。群众艺术馆、文化馆8个，文化站106个，完善提升村、社区文化广场（文化活动场所）2252个。县级以上广播电台5座，对国内广播节目11套。县级以上电视台5座，电视转播台5座。年末广播节目综合人口覆盖率、电视节目综合人口覆盖率全部达到100%。

十一、卫生、体育和社会服务

年末全市共有医疗卫生机构3502个（含村卫生室），其中，医院71个，社区卫生服务中心（站）111个，乡镇卫生院75个，妇幼保健院（所、站）8个。年末卫生机构实有床位18529张，拥有卫生技术人员21335人，其中，执业（助理）医师9448人，注册护士8847人。

全年全市运动员在省级以上各类比赛中获金牌73枚，银牌52枚，铜牌75枚。

年末城市社区综合服务设施覆盖率达到93%。全市5.32万人享受城乡居民最低生活保障，其中，城镇居民最低生活保障人数1.60万人，农村居民最低生活保障人数3.72万人。

十二、资源、环境和安全生产

全市完成营造林面积34904公顷，其中，人工造林面积27443公顷。新封山育林面积6377公顷，退化林修复面积1045公顷，森林抚育面积8652公顷，完成林业重点工程三北工程12199公顷，沿海防护林工程9618公顷。全市森林覆盖率达到51%。

全市环境空气质量监测总天数365天，二级以上达标天数268天，达标率为73.4%。全年能源消费总量1072.19万吨标准煤，单位地区生产总值能耗0.7473吨标准煤/万元，比上年下降4.9%。全社会用电量147.49亿千瓦时，增长6.9%。单位地区生产总值电耗下降0.3%。

全年发生各类生产安全伤亡事故6起，造成7人死亡，直接经济损失665万元。发生道路交通事故215起，造成148人死亡；交通事故损失额97万元。发生火灾事故71起，造成1人死亡，火灾事故损失额397万元。

（秦皇岛市统计局　徐庆书　肖贵奇）

唐山市

2017年，是唐山发展进程中不寻常的一年，全市上下以迎接十九大、贯彻十九大精神为主线，全面落实习近平总书记对唐山工作的重要指示和省委对唐山发展的目标要求，全力推进供给侧结构性改革，经济发展呈现稳中向好、稳中提质新格局，步入加速转型升级、迈向高质量发展的良性轨道，民生事业持续进步，经济社会保持平稳健康发展，为率先全面建成高质量小康社会和现代化沿海强市奠定了坚实基础。

一、综合

全年地区生产总值6530.15亿元，比上年增长6.3%。其中，第一产业增加值465.7亿元，增长3.1%；第二产业增加值3640.6亿元，增长3.6%；第三产业增加值2423.7亿元，增长10.9%。三次产业增加值结构为7.1∶55.8∶37.1。按常住人口计算，全年人均地区生产总值82972元（按年平均汇率折合12289美元），增长5.7%。

全年城市居民消费价格比上年上涨1.6%。分类别看，衣着上涨1.2%，居住上涨0.8%，生活用品及服务上涨1.5%，教育文化和娱乐上涨0.9%，医疗保健上涨

5.0%，其他用品和服务上涨37.5%，食品烟酒价格下降1.0%，交通和通信下降0.5%。城市商品零售价格上涨1.1%。工业生产者出厂价格上涨26.0%，其中，生产资料价格上涨27.3%，生活资料价格上涨0.6%。

二、农业

全年粮食播种面积48.0万公顷，比上年下降0.6%。粮食产量288.8万吨，比上年增长2.7%。其中，夏收粮食65.6万吨，秋收粮食223.2万吨。粮食亩产401公斤，增长3.3%。棉花播种面积1.3万公顷，产量1.4万吨，增长6.9%。油料播种面积8.0万公顷，产量33.2万吨，增长3.7%。蔬菜播种面积11.3万公顷，产量917.6万吨，增长2.5%，其中设施蔬菜（含食用菌）产量287.2万吨，增长2.3%。全年水产品产量50.0万吨，比上年下降6.0%。

三、工业和建筑业

全年全部工业增加值3331.6亿元，比上年增长3.8%，其中规模以上工业增加值4.7%。在规模以上工业中，国有控股企业增加值增长0.4%，股份制企业增长7.1%，外商及港澳台商投资企业下降1.4%，私营企业增长9.4%。钢铁行业增加值增长0.5%，装备制造业增长16.3%，能源行业增长1.6%，建材行业增长17.6%，化工行业下降3.3%。装备制造业增加值占规模以上工业的比重为19.3%。战略性新兴产业增加值增长19.8%，占规模以上工业的比重为11.8%。高新技术产业增加值增长17.2%，占规模以上工业的比重为7.5%。

全年规模以上工业主营业务收入完成9478.8亿元，比上年下降7.0%。实现利润560.2亿元，增长27.8%。其中，装备制造业利润54.7亿元，增长9.9%；能源行业亏损9.9亿元，同比减亏1.3亿元；化工行业利润53.8亿元，增长153.3%，钢铁行业利润428.1亿元，增长211.3%；建材行业利润11.3亿元，增长30.6%。

全年全社会建筑业增加值309.9亿元，比上年增长1.0%。

四、固定资产投资

全年全社会固定资产投资5365.3亿元，比上年增长6.5%，其中固定资产投资（不含农户）5305.4亿元，增长6.6%。沿海增长极投资1277.6亿元，增长5.9%；中心城市投资1502.3亿元，增长2.0%；县域经济投资2525.5亿元，增长10.0%。

在固定资产投资中，第一产业投资291.6亿元，增长4.6%；第二产业投资2914.4亿元，增长12.7%；第三产业投资2099.4亿元，下降0.5%。工业投资2922.9亿元，增长12.1%，其中工业技术改造投资1866.9亿元，增长12.7%，占工业投资的63.9%。高新技术产业投资690.3亿元，增长20.0%；装备制造业投资904.4亿元，增长16.1%；城市基础设施投资1341.0亿元，增长8.6%。民间投资4210.9亿元，增长14.1%，其中私营企业投资增长27.8%。

全年固定资产投资施工项目3688个，其中本年新开工项目2850个，比上年增长26.6%。在施工项目中，总投资亿元以上项目1521个，完成投资4132.8亿元，分别增长34.0%和11.3%，其中本年新开工项目1007个，完成投资2554.4亿元，分别增长45.7%和22.2%。

全年房地产开发投资357.7亿元，比上年下降22.1%。其中，商品住宅投资272.5亿元，下降15.4%；办公楼投资13.2亿元，增长17.5%。

五、国内贸易

全年社会消费品零售总额2617.2亿元，比上年增长10.4%。按经营地统计，城镇消费品零售额2145.3亿元，增长10.2%；乡村消费品零售额471.9亿元，增长11.0%。分行业统计，批发业零售额418.4亿元，增长11.0%；零售业零售额1997.2亿元，增长9.9%；住宿业零售额18.3亿元，增长12.0%；餐饮业零售额183.3亿元，增长13.6%。

年末限额以上批发和零售企业447家。在限额以上企业商品零售额中，粮油食品类下降2.1%，服装鞋帽纺织品类下降5.4%，日用品类下降10.1%，家用电器和音像器材类下降0.7%，家具类下降12.1%，金银珠宝类增长13.5%，汽车类增长9.1%，中西药类增长11.0%，石油及制品类增长19.0%。

六、对外开放

全年进出口总额99.14亿美元，比上年下降4.7%。其中，出口额54.7亿元，下降20.4%；进口额44.5亿元，增长25.8%。

在出口额中，钢材产品出口26.5亿美元，下降44.6%；机电产品出口9.7亿美元，增长29.6%；陶瓷产品出口5.6亿美元，增长3.1%；农产品出口0.9亿美元，增长6.9%。对亚洲出口下降36.9%，对北美洲出口增长21.4%，对欧洲出口增长0.1%。在进口额中，铁矿砂进口31.7亿美元，增长17.4%；煤炭进口5.3亿美元，增长108.4%；机电产品进口2.5亿美元，下降3.7%。

全年实际利用外资16.1亿美元，比上年增长8.3%，其中外商直接投资15.8亿美元，增长10.0%。在外商直接投资中，第一产业下降53.3%，第二产业增长1.9%，第三产业增长54.9%。全年新批准外商投资合同33项，合同外资额3.7亿美元，下降22.6%。年末实有三资企业402家，其中已投产企业180家。

七、交通、邮电和旅游

年末公路通车里程1.8万公里，其中高速公路638公里。唐曹公路改建工程通车。农村公路通车里程1.6万公里，全年改造农村公路538公里。迁曹高速一期工程实现通车，南湖高速口正式开通。全年公路货物运输量4.1亿吨，比上年增长6.1%；货物运输周转量1049.1亿吨公里，增长8.5%。公路旅客运输量2887.0万人次，增长6.5%；旅客运输周转量25.8亿人公里，增长5.0%。全市拥有客运班线738条，班线客车1499辆，全年新增新型节能环保客车71辆。

年末民用汽车保有量185.0万辆（包括三轮汽车和低速货车1.8万辆），比上年末增长7.5%，其中私人汽车保有量173.0万辆，增长7.5%。民用轿车保有量115.4万辆，增长9.2%，其中私人轿车111.8万辆，增

长9.4%。

全年唐山港货物吞吐量5.7亿吨，比上年增长10.1%；集装箱吞吐量253.0万标箱，增长30.7%。三女河机场旅客吞吐量51.9万人次，增长115.4%；货（邮）行吞吐量3876吨，增长82.0%；已开通航线16条，通达21个城市。

全年邮电业务总收入70.5亿元，比上年增长5.7%。其中，邮政业务收入15.4亿元（含快递业务收入），增长27.8%；电信业务收入55.1亿元，增长0.9%。年末移动电话用户953.7万户，比上年末减少1.6万户；互联网宽带接入用户193.5万户，增加25.2万户。年末全市许可备案的快递企业及其分支机构320家，完成快递业务量（收件量）8990.1万件，增长38.6%，实现业务收入8.0亿元，增长46.6%。

全年接待国内外游客5603.0万人次，比上年增长25.1%，旅游总收入587.3亿元，增长34.1%。其中，接待国际游客11.7万人次，增长8.6%，旅游外汇收入6698.9万美元，增长53.9%；接待国内游客5591.3万人次，增长25.1%，国内旅游收入582.8亿元，增长34.0%。成功举办唐山市首届旅游发展大会，中国工业旅游产业发展联合大会。

八、财政和金融

全年全部财政收入733.0亿元，比上年增长20.6%，其中一般公共预算收入380.3亿元，增长7.1%。一般公共预算支出662.6亿元，增长3.1%。其中，教育支出增长14.6%，社会保障和就业支出增长2.3%，节能环保支出增长11.6%。

年末金融机构人民币各项存款余额8748.4亿元，比年初增加468.5亿元，其中住户存款余额5276.1亿元，比年初增加382.8亿元。金融机构人民币各项贷款余额5212.9亿元，比年初增加237.9亿元。

全年保险业实现原保险保费收入232.6亿元，比上年增长7.4%。其中，财产险业务保费收入62.25亿元，人身险业务保费收入170.32亿元。保险业赔款与给付支出84.0亿元，增长0.2%。其中，财产险赔款与给付支出34.8亿元，人身险赔款与给付支出49.2亿元。

九、城市建设与管理

年末城市道路总长度1841.8公里，人均城市道路面积16.56平方米。市区集中供热面积5903万平方米，新增236万平方米。天然气管线总里程2022公里，增加375公里，扩供用户1.22万户。城市日供水能力111.8万立方米。年末城市排水管道2594.8公里，城市污水处理厂日处理能力89.5万立方米，污水集中处理率达到97.6%，城市生活垃圾无害化处理率达到100%。年末建成区绿化覆盖面积10156.0公顷，绿化覆盖率40.79%；建成区绿地面积9345.0公顷，建成区绿地率37.53%；城市公园绿地面积3150.5公顷，人均公园绿地面积15.91平方米。

年末主城区公交运营车辆2130部，其中新能源和清洁能源公交车1943部；公交运营线路141条，新增3条。年末运营载客出租车7451辆。年内完成银河路上跨京哈铁路桥改造工程，学院路、岳各庄110KV变电站出线隧道主体完工，首条地下综合管廊工程开工建设。

十、教育、科技、文化和体育

年末拥有普通高等学校11所，在校生12.0万人，其中研究生2994人；本年新招生3.6万人，其中研究生1083人。中等职业学校在校生5.9万人，增长8.3%。普通中学在校生35.6万人，增长5.1%。小学在校生50.9万人，增长0.5%。幼儿园在园幼儿22.5万人，下降1.1%。九年义务教育巩固率97.89%，高中阶段教育毛入学率93.9%。发放各类困难学生生活费、助学金、奖学金2.1亿元，惠及各类学生10.9万人。西南交大唐山研究生院正式挂牌，曹妃甸职业技术学院挂牌招生，唐山师范学院、唐山学院被确定为硕士学位授予立项建设单位。

年末拥有市级以上工程技术研究中心179家，其中省级以上33家；市级以上重点实验室46家，其中省级7家；市级以上产业技术研究院8家，其中省级3家。省级院士工作站26家，进站院士49名。省大型科研仪器设备资源开放共享服务平台入网仪器设备512台套。全年申请专利6712项，比上年增长19.5%；授权专利3677项，增长12.0%。截至年底，有效专利1.44万件，有效发明专利2590件，每万人口发明专利拥有量3.28件。技术合同成交总额50.3亿元。全年组织开展重大、重点科技项目36项，其中省级项目24项。取得科学技术奖励122项，其中省级42项。

年末拥有艺术表演团体9个，影剧院39个，文化馆、群艺馆15个，博物馆、纪念馆18个，公共图书馆13个。有线广播电视覆盖率100%。公开出版报纸、期刊19种。不可移动文物点1300余处，可移动文物1.4万余件，世界文化遗产1处，市级以上文物保护单位95处。成功举办第27届全国图书博览交易会唐山会场暨第9届河北省书博会。

年末拥有体育场地799个，体育馆153座，标准游泳池（馆）26个，公共健身器材8742套，人均体育场地面积1.93平方米。全年获得全国冠军5个，省年度比赛夺得金牌105枚。成功举办"一带一路杯"（唐山）国际沙滩足球邀请赛、第二届中拉沙滩足球锦标赛、第二届唐山国际马拉松赛、第二届中国（唐山）国际体育健身休闲产业博览会、全国公路自行车锦标赛等一系列国际国内大型赛事活动。

十一、卫生、社会保障和公共服务

年末全市拥有各类卫生机构9093个。其中，医院173个，乡镇卫生院189个，社区卫生机构151个，农村卫生室6416个。全市卫生机构拥有床位4.3万张。其中，医院、乡镇卫生院4.0万张。每千人口医疗卫生机构床位数5.90张。卫生技术人员4.7万人。其中，执业（助理）医师2.0万人，注册护士2.0万人。每千人口执业（助理）医师2.53人。全年门诊量3836.84万人次，医院次均门诊费用243.9元，比上年下降0.1%。

年末全市城镇职工基本养老保险覆盖人数223.4万人，其中，参保职工157.9万人，参保离退休人员65.5

万人。城乡居民养老保险覆盖人数334.9万人，增加0.7万人，其中农村居民参保人数326.3万人。城乡基本医疗保险覆盖人数702.0万人。其中，城镇职工参保159.6万人，居民参保542.5万人。失业保险覆盖人数86.2万人，增加3.5万人。工伤保险覆盖人数110.0万人，其中参加工伤保险的农民工37.7万人。生育保险覆盖人数107.2万人。

全年发放城乡最低生活保障金4.4亿元，保障居民11.8万人，其中，城市居民2.2万人，农民9.6万人。城市低保标准每人每月550元，农村低保标准每人每年3912元。

十二、人民生活

全年全市居民人均可支配收入27786元，比上年增长8.8%。按常住地分，城镇居民人均可支配收入36415元，比上年增长8.0%；农村居民人均可支配收入16229元，比上年增长8.0%。居民人均消费支出18132元，增长9.1%。按常住地分，城镇居民人均消费支出22758元，增长8.3%；农村居民人均消费支出11938元，增长8.6%。

十三、环境保护

全年能源消费总量8722.3万吨标准煤，比上年增长6.8%。规模以上工业煤炭消费量7336.4万吨，比上年减少232.2万吨。万元生产总值能耗1.2572吨标准煤，上升0.34%；万元工业增加值能耗下降4.35%。

全年环境空气质量二级及优于二级天数205天，比上年增加5天；重度污染以上天数30天，减少7天；细颗粒物（PM2.5）浓度年均值下降10.8%，可吸入颗粒物（PM10）浓度年均值下降6.3%。化学需氧量、氨氮、二氧化硫、氮氧化物排放总量分别为4.45万吨、0.99万吨、15.92万吨和20.38万吨，化学需氧量和氨氮2017年较2015年分别减少4.6%和5.0%，二氧化硫和氮氧化物2017年较2016年分别减少8.0%和13.2%。

（唐山市统计局　翟淑霞）

廊　坊　市

2017年，面对复杂的外部环境和艰巨的改革任务，市委、市政府团结带领全市上下，坚持以习近平新时代中国特色社会主义思想为统领，全面贯彻落实党的十九大精神和省、市委决策部署，牢固树立新发展理念，统筹推进稳增长、促改革、调结构、惠民生、防风险等各项工作，全市经济运行总体平稳，社会事业全面进步。

一、综合

全市生产总值完成2881.0亿元，同比增长6.9%。其中，第一产业实现增加值190.1亿元，同比下降1.1%；第二产业实现增加值1258.5亿元，同比增长3.1%；第三产业增加值1432.5亿元，同比增长11.5%。产业结构继续优化，三次产业结构为6.6∶43.7∶49.7，服务业增加值占全市生产总值比重比上年提高1.2个百分点。全市人均生产总值为61586元，同比增长4.8%。

居民消费价格指数比上年上涨2.7%，同比提高0.6个百分点。其中，食品烟酒下降0.4%，衣着上涨2.1%，居住上涨8.3%，生活用品及服务上涨0.8%，交通和通信下降0.2%，教育文化和娱乐上涨0.6%，医疗保健上涨10.3%。商品零售价格上涨0.7%，与上年持平；农业生产资料价格上涨1.6%，同比提高5.8个百分点；工业生产者出厂价格上涨10.4%，同比提高9.5个百分点。

年末户籍人口474.1万人，比年初增加4.2万人。全年出生人口8.5万人，出生率1.8%；死亡人口6.5万人，死亡率1.4%；自然增长率0.4%。常住人口城镇化率58.50%，比上年提高1.7个百分点。下岗再就业人数0.86万人。年末城镇登记失业率1.9%。

二、农业

粮食播种面积30.7万公顷，同比下降1.4%；粮食总产量157.4万吨，同比增长1.4%。其中，冬小麦播种面积增长3.2%，产量增长3.4%；玉米播种面积下降3.6%，产量与上年持平。

蔬菜及食用菌播种面积8.1万公顷，同比下降0.7%；产量505.5万吨，同比下降2.5%。棉花播种面积0.9万公顷，同比下降26.6%；产量1.0万吨，同比下降25.6%。油料播种面积22.71.2万公顷，同比下降1.8%；产量3.1万吨，同比增长0.4%。

肉类总产量19.3万吨，同比下降1.6%。其中，猪牛羊肉产量16.3万吨，增长0.7%。牛奶产量12.1万吨，同比增长5.2%。禽蛋产量12.6万吨，同比增长5.2%。

水产品总产量2.5万吨，同比下降3.8%。

三、工业和建筑业

全部工业增加值1057.1亿元，同比增长2.0%。其中，规模以上工业增加值增长2.6%。在规模以上工业中，分经济类型看，国有及国有控股企业增加值增长2.6%，集体企业下降12.2%，股份制企业增长7.6%，外商及港澳台企业下降10.5%；分轻重工业看，轻工业下降2.2%，重工业增长4.5%。

规模以上工业行业中，计算机通信及其他电子设备制造业、农副食品加工业、电力热力生产和供应业三个行业支撑作用较强，共拉动全市规模以上工业增加值增长3.0个百分点；规模以上高新技术产业实现增加值215.3亿元，同比增长9.9%，增速高于规模以上工业7.3个百分点，占规模以上工业比重达到26.2%。

建筑业实现增加值201.5亿元，增长8.6%。房屋施工面积2733.2万平方米，同比增长76.0%；房屋竣工面积482.3万平方米，同比下降52.6%。

四、固定资产投资

全社会固定资产投资完成2663.9亿元，同比增长6.9%。其中，固定资产投资（不含农户）完成2631.8亿元，增长7.0%；农户投资32.1亿元，下降0.7%。

在固定资产投资（不含农户）中，第一产业投资33.3亿元，同比下降5.3%；第二产业投资1271.7亿元，同比下降1.5%；第三产业投资1326.8亿元，同比增长17.2%。第二产业投资中，工业投资1271.2亿元，下降1.5%。其中，工业技改投资772.4亿元，下降2.8%。民间投资2175.3亿元，同比增长3.6%；高耗能行业完成投资274.8亿元，同比下降17.7%；城市基础设施投资321.6亿元，同比增长43.1%。

亿元以上建设项目562个，同比增加89个，完成投资1369.5亿元，同比增长25.8%。其中，十亿元以上项目101个，增加16个，完成投资588.9亿元，增长52.8%；新开工建设项目1249个，同比减少35个，完成投资1096.3亿元，同比下降2.2%。

房地产开发投资758.0亿元，同比增长7.7%。其中，商品住宅投资505.0亿元，增长5.7%，办公楼投资20.2亿元，下降32.2%；商业营业用房投资94.7亿元，增长39.8%。

五、国内贸易

社会消费品零售总额实现980.4亿元，增长11.2%。其中，限额以上企业（单位）消费品零售额328.3亿元，增长14.3%。分城乡看，城镇市场发展快于乡村市场，城镇市场实现零售额532.2亿元，同比增长13.0%；乡村市场实现零售额448.1亿元，同比增长9.1%，城镇市场高于乡村市场3.9个百分点。

在限额以上消费品零售额中，汽车类商品实现零售额138.6亿元，同比增长14.8%；石油及制品类商品实现零售额42.1亿元，同比增长23.3%；中西药品类商品实现零售额8.2亿元，同比增长72.1%。零售业占限额以上消费品零售额的比重为85.5%，是占比最大的行业，同比增长13.7%，比上年提高2.8个百分点。大企业拉动作用明显，全市累计零售额超亿元的企业有64家，共实现零售额263.2亿元，占限额以上消费品零售额的比重达80.2%，拉动限额以上消费品零售额增长15.6个百分点。

六、对外经济

实际利用外资达到9.88亿美元，同比增长23.2%。全市入统项目59个，外商直接投资9.68亿美元，同比增长23.7%。其中，资金到位项目34个，到位外资5.92亿美元；留存收益项目29个，利用外资3.76亿美元。

从批准、注册情况看，新批项目22个，同比减少6个；项目总投资31.96亿，合同外资额11.62亿，同比分别增长1.6倍和1.5倍。新注册项目26个，同比增加2个，注册资本8.41亿美元，外方注册资本8.30亿美元，同比分别增长1.8倍和1.9倍。

全市进出口贸易总额完成53.45亿美元，同比增长11.4%。其中，出口22.56亿美元，同比增长5.6%；进口30.88亿美元，同比增长16.3%。

七、交通、邮电和旅游

全年公路货物运输总量10937.4万吨，同比增长5.3%；货物运输周转量264.8亿吨公里，同比增长7.8%。旅客运输总量2424.4万人，同比下降20.9%；旅客周转量8.3亿人公里，同比下降9.8%。公路通车里程10994.5公里，按行政等级分，国道817.7公里，省道341.5公里，县道744.2公里，乡道1752.6公里，村道7070.5公里，专用公路268.2公里；按技术等级分，高速384.6公里，一级路583.6公里，二级路1062.4公里，三级路1076.7公里，四级路7887.2公里。干线公路大中修完成项目13项，完成里程297.5公里，投资39590万元。市区公交运营线路总长度878公里，线路车辆数739辆。

全年邮政行业业务收入（不包括邮政储蓄银行直接营业收入）累计完成21.0亿元，同比增长34.6%；业务总量累计完成29.1亿元，同比增长34.5%。年末固定电话用户47.2万户，移动电话用户564.0万户，互联网宽带接入用户132.4万户，互联网宽带接入端口306.5万个。

全年共接待游客3379.5万人次，同比增长25.4%，实现旅游收入372.7亿元，同比增长33.2%。其中，接待国际游客17.7万人次，增长14.4%，创汇5741.2万美元，增长17.6%；接待国内游客3361.7万人次，增长25.4%，创收368.8亿元，增长33.3%。

八、财政和金融

全部财政收入累计完成673.1亿元，同比增长13.0%。其中，一般公共预算收入331.5亿元，同比下降2.1%，可比增长9.8%。一般公共预算支出582.7亿元，增长14.2%。

全市本外币各项存款余额6170.6亿元，比年初减少9.2亿元，下降0.2%。其中，城乡居民储蓄存款余额3107.7亿元，比年初增加247.1亿元，增长8.6%。各项贷款余额5869.3亿元，比年初增加964.0亿元，增长19.7%。其中，中长期贷款余额4421.8亿元，比年初增加819.2亿元，增长22.7%。

九、教育和科学技术

全市各类中等职业教育学校30所，招生1.1万人，在校生3.0万人；普通高中34所，招生2.4万人，在校生7.1万人；初中153所，招生5.7万人，在校生15.5万人；小学798所，招生8.7万人，在校生46.3万人；各类幼儿园654所，在园幼儿14.0万人；特殊教育学校10所，在校生1157人；小学附设学前班512所，在校生4.1万人。高中阶段毛入学率92.8%。

全市高新技术企业318个。全市共登记科技成果82项。其中，国际先进1项，国内领先41项，国内先进19项。全年获得省级科学技术奖19项，市级科技进步奖74项。全年申请专利6292项、授权3493项。全市认定技术合同1093项，成交额4.2亿元，同比增长32%。技术合同成交总额24亿元，同比增长13.8%。

十、文化、卫生和体育

全市共有公有制艺术表演团体9个，艺术表演场所（公有制）6个，群众艺术馆2个，文化馆9个，公共图书馆11个，博物馆4个。

全市共有医疗卫生机构6115个。其中，医院153个，乡镇卫生院90个，社区卫生服务中心（站）66个，疾病预防控制中心11个，妇幼保健院（所、站）10个。医疗卫生机构共有床位2.25万张。其中，医院、乡镇卫生院拥有 2.13 万张。全市拥有卫生技术人员 2.70 万人。其中，执业医师及执业助理医师 1.19 万人，注册护士 9399 人。

农村和城市社区健身设施覆盖率分别达到 80%以上和 95%以上。市、县两级共举办各类全民健身活动 200 余次，参加活动 30 余万人。举办社会体育指导员培训班 10 余期，培训 1000 余人。组织参加省青少年组比赛 23 项、社会组比赛 30 项；举办全市青少年组比赛 5 项。全市体育人口 175 万人，占总人口的 38%。

十一、人民生活和社会保障

全年财政用于民生支出达到 470.6 亿元，同比增长 11.9%。

城镇居民人均可支配收入 37474 元，同比增长 8.2%；农村居民人均可支配收入 15487 元，同比增长 8.4%。城镇居民人均消费性支出 24389 元，同比增长 6.3%；农村居民人均消费性支出 12203 元，同比增长 0.6%。

全市共有城乡低保对象 3.74 万人，比上年减少 2.12 万人。其中，城镇低保对象 4604 人，比上年减少 2821 人；农村低保对象 3.28 万人，比上年减少 1.84 万人。2017 年，全市低保标准由城市 532 元、农村 354 元，统一提升至每人每月 600 元，提前 3 年达到省 2020 年目标。

城镇职工基本养老保险参保人数 96.4 万人。其中，在岗职工 82.1 万人；离退休人员 14.2 万人。企业和机关事业单位养老保险金社会发放率和足额发放率均达到 100%。医疗保险参保人数 410.8 万人，新增 14.7 万人。职工失业保险参保人数 30.5 万人，新增 8.4 万人。城乡居民基本养老保险参保人数 218.2 万人，新增 2.0 万人。

十二、城市建设和环境保护

全市建成区绿化覆盖率为 46.2%，绿地率 42.9%，人均公共绿地面积 14.2 平方米。年末城市道路总长度 506.5 公里，道路总面积 997.2 万平方米。排水管道长度 637.4 公里。天然气管道总长度 1377.4 公里。供热管道总长度 1326 公里，城市集中供热面积 2987.5 万平方米。现有水厂 5 座，日产水能力 31.9 万立方米，管线总长度 367.9 公里，全年供水量为 4813.0 万立方米。

全年市区空气质量综合指数 6.61。空气质量二级以上天数 214 天。其中，一级天数 37 天。城市空气质量达标率为 59.3%，比上年提高 2.5 个百分点。河流断面水质达标率为 71.4%。全市共划定县级自然保护区（含风景名胜区、森林公园）面积达 474.8 平方公里，覆盖率达 7.4%。

（廊坊市统计局　李　柳）

保　定　市

2017 年，在市委、市政府的坚强领导下，全市上下以习近平新时代中国特色社会主义思想为指导，坚持新发展理念，抓住京津冀协同发展和设立雄安新区的重大历史机遇，以供给侧结构性改革为主线，深入实施“协同发展、创新驱动、环境支撑”三大主体战略，全市经济运行总体平稳、稳中有升，人民生活持续改善，社会事业健康发展。

一、综合

21017 年全市生产总值完成 3449.7 亿元，比上年增长 6.1%。其中，第一产业增加值 389.9 亿元，增长 3.2%；第二产业增加值 1584.9 亿元，增长 2.7%；第三产业增加值 1475.0 亿元，增长 11.1%。三次产业结构为 11.3∶45.9∶42.8。全市人均生产总值 29580 元，比上年增长 5.5%。

全市民营经济增加值完成 2139.5 亿元，比上年增长 6.1%，占全市生产总值的比重为 62.0%；实缴税金 338.6 亿元，增长 17.3%，占全部财政收入的比重为 71.1%，提高 0.6 个百分点。

全市居民消费价格比上年上涨 2.0%。工业生产者出厂价格上涨 3.6%。

全市城镇新增就业 10.4 万人，比上年增加 0.6 万人。年末城镇登记失业率为 3.97%，控制在 4.5%的预期目标以内。

二、农业

全市农林牧渔业总产值完成 657.9 亿元，比上年增长 3.3%。其中，农业产值 381.3 亿元，增长 9.6%；林业产值 23.6 亿元，增长 2.2%；牧业产值 217.3 亿元，下降 9.0%；渔业产值 5.4 亿元，增长 27.6%；农林牧渔服务业产值 30.3 亿元，增长 44.9%。

全年粮食播种面积 111.2 万公顷，粮食总产量 565.7 万吨。其中，夏粮总产量比上年下降 2.4%；秋粮总产量增长 1.2%。

蔬菜播种面积 8.7 万公顷，总产量 564.5 万吨，比上年增长 0.7%。

肉类总产量 62.6 万吨，比上年增长 8.8%。其中，猪牛羊肉产量 55.5 万吨。年末生猪存栏 338.8 万头，下降 1.2%；生猪出栏 606.5 万头，增长 4.0%。禽蛋产量 35.9 万吨，下降 2.5%。

畜牧、蔬菜、果品三大优势产业产值占农林牧渔业总产值的比重为 70.4%。农业产业化经营率达到 68.8%，比上年提高 1.0 个百分点。

三、工业和建筑业

全部工业增加值比上年增长 1.6%，其中规模以上工业增加值增长 1.8%。

规模以上工业中，汽车、新能源、纺织、食品和建材等五大主导行业增加值占规模以上工业的比重为 61.3%。其中，汽车及零部件业占比 32.9%，新能源及输变电业占比 3.2%，纺织服装业占比 13.9%，食品业增加值占比 8.2%，建材业占比 4.5%。

规模以上工业中，装备制造业增加值占规模以上工业的比重为 42.6%。高新技术产业增加值增长 4.1%，占规模以上工业的比重为 44.5%。

全市资质等级以上建筑业企业 267 家，建筑业总产值

完成1383.1亿元，比上年下降5.0%；房屋施工面积10505.9万平方米，增长14.1%；房屋竣工面积2932.1万平方米，下降16.2%。

四、固定资产投资

全市全社会固定资产投资完成2939.5亿元，比上年下降1.7%。固定资产投资（不含农户）2890.9亿元，下降1.5%。

在固定资产投资（不含农户）中，工业投资占固定资产投资的比重为38.7%，比上年提高2.0个百分点。基础设施投资占固定资产投资的比重为27.0%。高新技术产业投资占固定资产投资的比重为15.0%，提高1.0个百分点。

在固定资产投资（不含农户）项目中，总投资亿元以上施工项目654个，完成投资1859.8亿元，占固定资产投资的比重为64.3%。

全市房地产开发企业421家，完成投资629.2亿元，其中住宅投资506.5亿元。

五、国内贸易

全市社会消费品零售总额完成2026.0亿元，比上年增长10.8%。其中，限额以上企业（单位）消费品零售额451.8亿元，增长7.8%。

按经营单位所在地统计，城镇消费品零售总额完成1541.5亿元，比上年增长9.8%；乡村消费品零售总额完成484.5亿元，增长14.0%。

在限额以上批发和零售企业（单位）商品零售额中，建筑及装潢材料类比上年增长49.4%，文化办公用品类增长36.9%，中西药品类增长34.3%，粮油、食品类增长27.1%，家具类增长21.0%，通讯器材类增长12.7%，饮料类增长9.7%，汽车类增长6.1%，家用电器和音像器材类增长5.2%，烟酒类增长4.9%，石油及制品类3.5%，日用品类增长3.2%。

六、对外经济

全市进出口贸易总额49.9亿美元，比上年增长24.2%。其中，出口总额38.2亿美元，增长32.7%；进口总值11.7亿美元，增长3.5%。

全市实际利用外资7.3亿美元，比上年增长8.7%，其中外商直接投资6.4亿美元，增长0.1%。

七、交通、邮电和旅游

全市交通运输、仓储和邮政业增加值完成153.3亿元，比上年增长8.7%。

全市货物运输总量1.1亿吨，比上年增长7.6%；货物运输周转量359.7亿吨公里，增长7.8%。旅客运输总量0.7亿人；旅客运输周转量28.4亿人公里。全市公路通车里程（包括乡村）2.1万公里，增长0.7%。其中，高速公路945.9公里，农村公路1.7万公里。全市拥有货、客车17.3万辆。其中，货车16.85万辆，客车0.45万辆。

全市邮电业务收入72.6亿元，比上年增长3.7%。其中，邮政业务收入8.5亿元，增长12.5%；电信业务收入64.1亿元，增长2.6%。年末拥有固定电话用户103.2万户。年末拥有移动电话用户1079.3万户，比上年增加45.8万户，其中4G移动电话用户662.4万户，增加139.4万户。固定互联网接入用户达238.2万户，增加13.0万户。

全市有A级旅游景区40个，其中4A级以上景区15个。星级饭店49家。接待国内游客9490.8万人次，比上年增长18.9%；创收954.0亿元，增长26.5%。国际游客17.3万人次，增长8.8%；外汇收入0.7亿美元，增长30.7%。

八、财政、金融和保险业

全市一般公共预算收入278.4亿元，增长7.4%，其中税收收入增长6.6%。一般公共预算支出718.0亿元，增长9.4%。

年末全市金融机构本外币各项存款余额6424.6亿元，比年初增长9.6%。金融机构本外币各项贷款余额3406.6亿元，比年初增长18.7%。存贷比为53.0%，比上年提高4.0个百分点。

年末全市有保险公司56家。其中，财产险27家，人身险29家。保险业保费收入242.1亿元。其中，财产险69.4亿元，人身险172.7亿元。支付各类赔款及给付71.1亿元。其中，财产险30.1亿元，人身险41.0亿元。

九、教育、科技、文化和体育

全市有中等职业教育学校76所，专任教师0.7万人，在校学生7.8万人。普通中学464所，专任教师4.4万人，在校学生61.9万人。小学2144所，专任教师5.0万人，在校学生98.1万人。

全市有产业创新联盟33家，院士工作站27家（其中：院士49人）。省级及以上重点实验室20家。其中，国家级2家，省级18家。省级及以上工程技术研究中心36家。其中，国家级1家，省级35家。众创空间81家，孵化器23家，农业科技园区69个，国际合作基地15家。本年申请专利8511项，授权专利5055项；年末技术合同成交额15.4亿元。有44个项目获科学技术奖励。其中，国家级1项，省级43项，包括省级科技进步奖30项，省级自然科学奖9项，省级技术发明奖4项。

全市有公共图书馆22个，总藏书量218.3万册；博物馆、纪念馆18个；文化馆23个；乡镇（街道）文化站293个。村（社区）综合性文化服务中心5565个。年末电视节目综合人口覆盖率98.3%，广播节目综合人口覆盖率98.6%。

全年全市共获省级以上奖牌331枚。其中，金牌102枚，银牌108枚，铜牌121枚。

十、卫生和社会服务

全市共有医疗卫生机构11878个。其中，医院365个，妇幼保健院（所、站）26个，疾病控制中心26个。卫生技术人员6.2万人。其中，执业医师和执业助理医师2.8万人。卫生机构床位5.8万张。其中，医院、卫生院4.9万张。农村有卫生室的村数占总村数的94.0%。

全市享受社会救济的人员有40.9万人，其中城乡居民享受最低生活保障的分别有2.5万人和15.5万人。农村居民得到五保救济人数2.9万人。国家抚恤、补助优抚人数8.4万人。年末全市各种社会福利收养性单位91个，床位2.1万张，收养各类人员0.9万人。城市社区综合服务设施覆盖率100%。

全市有提供住宿的各类社会服务机构107个，床位20048张。其中，养老服务机构99个，床位19534张。各类社区服务机构4034个。

十一、人口、人民生活和社会保障

年末全市常住人口1169.052万人，其中，城镇人口595.82万人，城镇化率50.97%。出生率13.35‰，死亡率6.68‰，自然增长率6.67‰。

全市居民人均可支配收入19641元，比上年增长10.3%。其中，城镇居民人均可支配收入27859元，增长8.5%；农村居民人均可支配收入12779元，增长10.0%。

全市参加城乡基本养老保险人数701.87万人，其中，参保城镇企业职工（含离退休人员）141.1万人，参保城乡居民560.7万人。

参加基本医疗保险人数1057.4万人，其中，参保城镇职工119.4万人，参保城乡居民938.0万人。参加失业保险人数53.5万人。参加工伤保险人数88.0万人。参加生育保险人数78.3万人。

十二、资源、环境和安全生产

全市共发现77种矿产资源，已探明储量59种，开发利用45种，主要矿种有：煤、铁、金、铜、铅、锌、花岗岩、大理石、石灰石、白云岩、辉绿岩、陶瓷原料、地热、矿泉水等金属及非金属矿产。

全市森林覆盖率30.8%，比上年提高2.6个百分点。

全市单位GDP能耗0.560吨标准煤/万元，比上年降低6.09%。单位工业增加值能耗0.468吨标准煤/万元，比上年降低8.12%。

全市全年工矿商贸企业事故死亡22人。发生交通事故476起，比上年减少44起，造成死亡249人，直接财产损失181.2万元。发生火灾事故216起，比上年减少90起，直接财产损失2278.1万元。

（保定市统计局　冀彩莲）

沧　州　市

2017年，在市委、市政府的坚强领导下，全市各级各部门认真学习贯彻党的十九大精神，以习近平新时代中国特色社会主义思想为指导，坚持稳中求进工作总基调，坚定不移贯彻新发展理念，以供给侧结构性改革为主线，全力推进稳增长、促改革、调结构、惠民生、防风险等各项工作，全市经济平稳增长、质量提升，转型升级步伐加快，新动能支撑增强，人民生活持续改善，社会事业全面进步。

一、综合

2017年全市地区生产总值完成3643.4亿元，比上年增长6.7%。其中，第一产业增加值完成263.2亿元，下降1.6%；第二产业增加值完成1775.5亿元，增长4.3%；第三产业增加值完成1604.7亿元，增长11.5%。三次产业结构为7.2∶48.7∶44.1，第三产业对整体经济增长的贡献率66.5%。

全市城镇新增就业9.37万人，失业人员再就业3.08万人，困难人员就业1.1万人。农村劳动力转移就业7.2万人，消除零就业家庭222户，城镇登记失业率控制在3.12%以下。

一般公共预算收入239.5亿元，同比增长9.0%。一般公共预算支出550.5亿元，同比增长9.4%。国税收入同比增长18.2%；地税收入同比增长18.9%。

年末金融机构存款余额4640.8亿元，比年初增加342.1亿元。其中，住户存款3200.6亿元，比年初增加241.1亿元。金融机构贷款余额2798.54亿元，比年初增加323.8亿元。其中，住户贷款973.79亿元，比年初增加178.39亿元。存贷比60.16%，比上年提高2.6个百分点。

沧州市区居民消费价格上涨1.9%，涨幅较上年扩大0.3个百分点。分类别看，八大类商品及服务价格“七升一降”。其中，食品烟酒上涨1.0%，衣着上涨1.4%，居住上涨1.6%，生活用品及服务上涨0.5%，教育文化和娱乐上涨1.5%，医疗保健上涨11.3%，其他用品和服务上涨0.9%，交通和通信下降0.3%。

二、农业

农林牧渔业总产值完成540.9亿元，比上年增长2.3%。其中农业完成产值236.4亿元，增长0.3%；林业完成产值11.4亿元，增长59.0%；牧业完成产值124.7亿元，下降10.6%；渔业完成产值42.3亿元，下降1.0%；农林牧渔服务业完成产值127.0亿元，增长22.2%。

全年粮食播种面积102.48万公顷，比上年减少1.71%，总产量447.68万吨，增长1.17%；棉花播种面积1.97万公顷，下降16.52%，总产量2.17万吨，下降12.40%；油料播种面积1.67万公顷，下降12.63%，总产量5.05万吨，下降12.37%；蔬菜播种面积4.87万公顷，下降3.1%，总产量347.61万吨，下降2.7%；肉类产量38.54万吨，增长4.88%；禽蛋产量25.44万吨，增长0.03%；水产品产量13.87万吨，下降15.98%；牛奶产量7.24万吨，增长1.93%。

三、工业和建筑业

全部工业完成增加值1576.44亿元，比上年增长4.6%。规模以上工业企业实现增加值比上年增长5.1%。

规模以上工业中，轻工业完成增加值增长19.1%；重工业增长4.6%。外商及港澳台投资企业增长16.4%；股份制企业增长3.7%。

规模以上石油化工、管道装备及冶金、机械制造、纺织服装、食品加工等主导行业共完成工业占全市规上工业的84.7%，增长5%。石油化工业增长2.5%；机械制造业增长8.7%；管道装备制造及冶金业下降3.9%；纺织服装业和食品加工业分别增长6.8%和8.4%。石油化工、机械制造、管道装备及冶金、纺织服装、食品加工在规模以上工业增加值中所占比重分别为 30.3%、26.5%、19.9%、4.6%和 3.5%。

规模以上工业企业实现主营业务收入 5087.42 亿元，比上年增长 8.9%。主营业务收入超十亿元企业 61 家，超百亿元企业 6 家。实现利润总额比上年增长 19.1%。

建筑业完成增加值 200.90 亿元，比上年增长 2.7%。资质等级以上建筑业企业完成总产值 462.6 亿元，同比增长 2.4%，房屋建筑施工面积 1853.13 万平方米，增长 2.1%，房屋建筑竣工面积 780.97 万平方米，下降 10.9%。

四、固定资产投资

固定资产投资完成 3759.05 亿元，比上年增长 6.6%。其中，建设项目投资完成 3197.71 亿元，增长 8.1%；房地产开发投资完成 253.44 亿元，下降 10.56%。

在固定资产投资中，第一产业投资完成同比增长 105.74%；第二产业投资增长 7.34%；第三产业投资下降 3.24%。工业技改投资完成 1723.42 亿元，增长 12.03%，占工业投资的比重为 65.0%。高新技术产业投资 710.1 亿元，增长 5.5%。民间投资 3097.8 亿元，增长 3.1%。城市基础设施投资 503.2 亿元，增长 46.1%。

全年固定资产投资施工项目 3726 个，其中本年新开工项目 3057 个。在施工项目中，总投资亿元以上项目 1061 个，完成投资 2259.1 亿元，增长 23.2%。

五、国内贸易

全市实现社会消费品零售总额 1355.2 亿元，比上年增长 10.4%。城镇实现零售额 991.45 亿元，增长 10.0%；乡村实现零售额 363.72 亿元，增长 11.5%。全市限额以上批发零售企业商品零售额 343.72 亿元，增长 3%。其中，粮油食品类零售额 16.01 亿元，增长 14.7%；服装、鞋帽、针纺织品类商品零售额 40.78 亿元，增长 11.3%；日用品类零售额 7.85 亿元，增长 18.9%；中草药及中成药类零售额 3.72 亿元，增长 2.2%；书报杂志类零售额 4.37 亿元，下降 13%；化妆品类零售额 4.1 亿元，增长 8.9%；石油及制品类零售额 37.06 亿元，增长 4.7%；建筑及装潢材料类零售额 0.44 亿元，增长 6.3%；汽车类零售额 148.86 亿元，下降 4.5%。

六、对外经济

实际利用外资 6.24 亿美元，同比增长 10.4%。新批“三资”企业合同总金额 15.02 亿美元，同比下降 10.5%，新批“三资”企业合同外资额 4.14 亿美元，同比下降 23.9%。

进出贸易总额 36.48 亿美元，同比增长 31.8%。其中，出口总额 23.90 亿美元，同比增长 17.29%；进口总额 12.58 亿美元，同比增长 72.55%。

七、交通、邮电和旅游

全市交通运输、仓储和邮政业增加值完成 284.56 亿元，比上年增长 10.7%。

全市货物运输总量 2.41 亿吨，比上年增长 10.92%；货物运输周转量 1159 亿吨公里，增长 7.59%。旅客运输总量 4794.38 万人；旅客运输周转量 28.46 亿人公里。黄骅港完成吞吐量 2.7 亿吨，增长 10.4%；集装箱吞吐量 65.4 万标箱，增长 8.7%。全市公路通车里程（包括农村）1.64 万公里，其中，高速公路 630 公里；农村公路 1.4 万公里。

全市邮政业务总收入 6.12 亿元，增长 12.21%；函件量完成 160.82 万件，同比下降 62.61%；订阅报刊累计完成 6108 万份，下降 8.61%；快递业务量完成 746.57 万件，增长 145.93%。电信业务总收入（移动、联通、电信公司）43.8 亿元，比上年增长 4.1%。移动电话年末用户数 787.43 万户，比上年增长 5.5%；互联网宽带接入用户 155.76 万户，比上年增长 24.1%。

全市 A 级旅游景区 30 个，其中，4A 级以上景区 2 个。星级饭店 21 家。接待国内游客 1829.07 万人次，比上年增长 24.13%，创收 162.38 亿元，增长 31.94%；国际游客 3.32 万人次，增长 5.77%，外汇收入 1158.72 万美元。

八、教育、科技和文化体育

全市现有小学、初中学校 1585 所，标准化学校 1308 所，中小学标准化率达到 84%，九年制义务教育阶段在校生 97.45 万人。现有普通高中学校 51 所，在校生 11.37 万人，中等职业学校 42 所，在校生 8.57 万人。普通高等学校 8 所，在校生 6.1 万人。沧州师院顺利通过教育部高等院校本科教学工作合格评估。

2017 年取得科技成果 160 项，其中 2 项科研成果获省科技进步奖；100 项获市科技进步奖。申报各项专利 5016 项，授权 3041 项。新增 4 家省级院士工作站，总数达到 19 家；新增省级工程技术研究中心 5 家，总数达到 17 家。

全市拥有群众艺术馆 1 个，县（市、区）文化馆 17 个，乡镇（街道）综合文化站 193 个。全市共有公共图书馆 15 个，总藏书量 174.56 万册，其中市级图书馆 1 个，藏书量 89 万册。全市广播电视播出机构 15 家，电视综合人口覆盖率、广播综合人口覆盖率均为 100%。

全市体育场馆 27 个。全市拥有国家二级裁判 294 人，国家二级运动员 1920 人。全年共获省级以上奖牌 372 枚，其中，金牌 149 枚，银牌 99 枚，铜牌 124 枚。

九、卫生和社会保障

全市共有医疗卫生机构 9213 个，其中医院 154 个，妇幼保健院（所、站）19 个，疾病预防控制中心 20 个，卫生院 170 个，社区卫生服务中心（站）101 个。卫生技术人员 41539 人，医疗卫生机构床位 38790 张，其中医院、卫生院 36990 张。

全市企业基本养老保险参保 82.50 万人，新增 4.08 万人；机关事业养老保险参保 24.25 万人；城镇基本医疗保险参保 679.46 万人，新增 27.9 万人；生育保险参保 50.62 万人，新增 7.45 万人；工伤保险参保 58.92 万人，新增 2.47 万人；失业保险参保 37.31 万人，新增 0.72 万人。

十、人口和居民生活

全市年末户籍人口 777.83 万人。其中，男性 400.89

万人，女性376.93万人。全市年末常住总人口755.49万人，比上年末增加4.94万人。出生率13.35‰，死亡率6.61‰，人口自然增长率为6.74‰。

全市居民人均可支配收入21349元，同比增长9.4%。其中城镇居民人均可支配收入31044元，同比增长8.5%；农村居民人均可支配收入12363元，同比增长9.0%。

十一、资源、环境和安全生产

全年完成造林面积31423公顷。林业重点工程完成造林面积5901公顷，占全部造林面积的18.8%。全民义务植树1110万株。全市森林覆盖率为30.2%。

环境空气质量二级及优于二级天数190天，比上年减少17天；重度及以上污染天数25天，比上年减少2天。全年空气质量综合指数6.84，同比下降4%；PM2.5平均浓度66微克/立方米，同比下降4.3%。

全市规模以上单位工业增加值能耗同比下降7.12%。

全年各类生产安全事故70起，死亡73人，受伤80人，直接经济损失1649.99万元。

（沧州市统计局　顾少华）

衡　水　市

2017年，在市委、市政府的正确领导下，全市上下坚持以习近平新时代中国特色社会主义思想为指导，以新发展理念统领全局，紧紧围绕“一三五七”总体部署，坚持稳中求进工作总基调，统筹做好稳增长、促改革、调结构、惠民生、防风险的各项政策措施，全市经济稳中有进、稳中向好，发展质量效益进一步提升，社会事业取得全面进步。

一、综合

全市实现生产总值1523.2亿元，比上年增长7.2%。其中，第一产业增加值187.6亿元，增长3.3%；第二产业增加值690.9亿元，增长4.5%；第三产业增加值644.7亿元，增长11.4%。全市人均地区生产总值为34177元，比上年增长6.9%。

三次产业增加值占全市生产总值的比重分别为12.3%、45.9%和42.3%。

全年城市居民消费价格比上年上涨1.6%。其中医疗保健、教育文化和娱乐类价格上涨较快，分别上涨12.5%和4.9%；受鲜菜、猪肉、鸡蛋等价格下降影响，食品类价格下降0.8%。工业生产者出厂价格上涨8.4%，其中生产资料价格上涨10.8%，生活资料价格上涨0.7%。

年末全市城镇登记失业率为3.38%。

全年民营经济实现增加值1079.7亿元，比上年增长7.3%；占全市生产总值的比重为70.9%。民营经济实缴税金121.2亿元，占全部财政收入的比重为63.3%。

二、农业

全年粮食播种面积71.9万公顷，粮食总产量429.0万吨，增长0.1%。其中：夏粮下降1.1%，秋粮增长1.2%。

棉花播种面积5.5万公顷，比上年下降1.1%；棉花总产量5.8万吨，增长0.4%。油料作物播种面积2.8万公顷，比上年下降1.9%；油料总产量11.0万吨，下降1.0%。

蔬菜播种面积6.5万公顷，比上年增长0.8%；蔬菜总产量290.5万吨，下降1.7%。瓜果播种面积24.7万亩，下降1.9%；瓜果总产量99.9万吨，下降1.1%。园林水果总产量172.4万吨，增长3.6%。

肉类总产量31.6万吨，比上年增长0.4%；禽蛋产量23.1万吨，增长0.6%；牛奶产量8.6万吨，增长6.4%。

畜牧、蔬菜、果品三大优势产业产值占农林牧渔业总产值比重为65.4%，比上年降低1.3个百分点。农业产业化经营率达到69.7%，提高0.9个百分点。

三、工业和建筑业

全部工业增加值616.95亿元，比上年增长4.5%，其中规模以上工业增加值增长5.0%。分轻重工业看，轻工业增长0.9%；重工业增长6.9%。在规模以上工业中，前十大行业比上年增长6.6%。装备制造业增加值比上年增长15.5%，占全市总量的31.7%，占比较上年提升1.3个百分点；战略性新兴产业增加值增长14.7%，占全市总量的16.9%，较上年提升3.1个百分点；高新技术产业增加值增长8.7%，占规模以上工业的比重为19.6%，较上年提升1.8个百分点。

规模以上工业主营业务收入1700.9亿元，比上年增长4.6%；实现利润下降0.5%。

全市具有资质等级的总承包和专业承包建筑业企业168家，签订合同额235.7亿元，比上年增长17.7%，其中，本年新签合同额154.5亿元，增长19.6%。建筑业总产值完成160.0亿元，增长5.4%。其中，建筑工程产值完成129.7亿元，增长4.6%；安装工程产值完成15.7亿元，增长2.2%；其他产值完成10.6亿元，增长23.2%。全年建筑业竣工产值达到118.3亿元，增长7.2%。

四、固定资产投资

全年全社会固定资产投资完成1322.7亿元，比上年增长5.4%。其中固定资产投资（不含农户）1300.3亿元，增长5.6%。

在固定资产投资中，第一产业投资55.9亿元，比上年增长18.0%；第二产业投资819.9亿元，增长3.5%；第三产业投资424.5亿元，增长8.5%。工业技术改造投资528.0亿元，增长4.2%，占工业投资的64.4%。基础设施投资193.9亿元，同比增长23.7%。民间投资1122.8亿元，增长5.1%。

房地产开发投资199.1亿元，比上年增长4.8%。其中，商品住宅投资164.0亿元，增长6.3%；商业营业用房投资24.5亿元，增长16.9%。

全市施工建设项目1018个，其中新开工建设项目672个。亿元以上建设项目395个，比上年增加42个。亿元建设项目完成投资900.9亿元，增长1.8%。

五、国内贸易

全年社会消费品零售总额751.5亿元，比上年增长11.3%。按销售单位所在地统计，城镇消费品零售额548.0亿元，增长11.4%；乡村消费品零售额203.4亿元，增长10.9%。

在限额以上批发和零售企业（单位）商品零售额中，文化办公用品类增长35.4%，石油及制品类增长26.9%，通讯器材类增长24.1%，家具类增长20.6%，粮油食品类增长15.8%。

六、对外经济

全年进出口总值198.1亿元，比上年增长12.9%。其中：出口182.1亿元（含一达通1.45亿元），增长12.3%；进口17.4亿元，增长20.2%。

从主导行业出口情况看：皮毛行业出口100.4亿元，比上年增长15.8%；化工行业出口27.1亿元，增长15.4%；丝网行业出口15.6亿元，下降1.4%；机械制造行业出口12.2亿元，增长4.7%；纺织品及服装行业出口7.8亿元，下降5.2%。

全年实际利用外资26131万美元，比上年增长10.0%；其中外商直接投资25327万美元，增长15.9%。在外商直接投资中，来自亚洲16327万美元，来自欧洲3091万美元，来自北美洲5909万美元。

全年新注册“三资”企业11家，“三资”企业注册资本5724万美元。

七、交通和旅游

全年公路货物运输量5262.2万吨，比上年增长10.3%，货物运输周转量255.4亿吨公里，增长7.1%；公路旅客运输量1230.8万人，下降11.3%，旅客运输周转量10.5亿人公里，下降1.5%。年末载客汽车892辆，载货汽车68229辆。

全市接待国内外游客1733.2万人次，实现旅游总收入134.7亿元，分别比上年增长26.6%和32.4%。其中接待国内游客1731.2万人次，实现收入134.4亿元，分别增长26.7 %和32.4%；接待入境游客19392人次，创汇416.2万美元，分别增长19.3%和15.7%。

八、财政、金融和保险业

全年全部财政收入191.4亿元，比上年增长10.5%，其中一般公共预算收入103.5亿元，增长8.1%。公共财政预算支出298.3亿元，下降1.5%。民生支出保障有力，用于科学技术、节能环保、社会保障和就业、教育、医疗卫生与计划生育等支出分别增长83.1%、39.5%、35.5%、12.1%、10.9%。

年末金融机构各项存款余额2800.98亿元，比年初增加234.43亿元，其中住户存款余额2047.88亿元，增加123.23亿元。各项贷款余额1708.65亿元，增加249.85亿元，金融机构人民币存量存贷比为61.00%，比上年提高4.16个百分点。

年末全市共有保险公司40家，其中财产险16家，人寿险24家。保险公司保险保费收入79.7亿元，比上年增长10.5%。其中，财产险业务原保险保费收入21.5亿元，增长11.7%；寿险业务原保险保费收入58.3亿元，增长10.1%。支付各类赔款及给付23.9亿元，增长8.7%。其中，财产险业务赔款8.8亿元，增长14.0%；寿险业务给付15.2亿元，增长5.8%。

九、科学技术和教育

全年共批准省级科技成果55项，市级科技成果51项，其中在国家科技成果登记系统登记成果55项。获省级科技进步奖励3项。全年共认定、登记技术合同91份，技术合同成交额4600多万元。专利申请3074件，增长5.2%，专利授权2069件，增长24.5%。

全市拥有中等职业教育学校34所、普通中学171所、小学746所、幼儿园968所、特教学校9所，分别拥有专任教师2613人、21545人、19706人、6329人和184人，在校学生分别达到3.3万人、31.1万人、35.7万人、12.2万人和544人。在各类教育机构中，民办教育机构数量达到535所，拥有教职工16003人，其中专任教师12414人，在校学生25.4万名。

十、文化、体育和卫生

年末全市共有艺术表演团体8个，文化馆（群艺馆）12个，公共图书馆12个，博物馆（纪念馆、展览馆）8个。不可移动文物点1193处，世界文化遗产点1处，国家级文物保护单位10处，省级文物保护单位26处，市级文物保护单位17处。

成功举办2017衡水湖国际马拉松赛暨全国马拉松锦标赛（第3站），世界20多个国家和国内20多个省、市、自治区的非专业运动员，国内5个省、市、自治区的锦标赛运动员，以及衡水市群众运动员，共计1.6万余人参加比赛。在2018年1月25日举行的上海中国马拉松年会上，衡水湖国际马拉松赛被评为金牌赛事。这是衡水连续举办六届马拉松赛以来，第五次蝉联金牌赛事荣誉称号。

年末全市医疗卫生机构6221个，其中医院126个，乡镇卫生院114个，社区卫生服务中心（站）46个，妇幼保健院（所、站）15个，卫生监督所（中心）11个，疾病预防控制中心12个。卫生技术人员22685人，其中执业医师及执业助理医师11010人，注册护士7504人。医疗卫生机构实有床位20530张，其中医院15941张，乡镇卫生院3621张。

十一、人口、人民生活和社会保障

年末全市户籍人口453.6万人，比上年末减少1.3万人，其中城镇人口156.5万人，户籍人口城镇化率34.51%，比上年提高1.06个百分点。全年出生人口6.2万人，死亡人口6.9万人。

年末全市常住人口446.04万人，其中城镇人口225.71万人，常住人口城镇化率为50.60%，比上年提高1.71个百分点。

全年全市居民人均可支配收入18004元，比上年增长10.5%。其中，城镇居民人均可支配收入26195元，增长10.1%；农村居民人均可支配收入11194元，增长 11.2%。

年末城镇参加基本养老保险人数为 52.5 万人，比上年末增加 0.9 万人。其中参保在职职工 36.8 万人，参保离退休人员 15.8 万人。

参加城乡居民基本医疗保险 369.3 万人，参加城镇职工基本医疗保险人数为 35.6 万人。

参加失业保险的人数为 18.7 万人。参加工伤保险的人数 31.8 万人，其中参加工伤保险农民工 12.2 万人。参加生育保险的人数 23.0 万人。

十二、节能和环境保护

全年万元生产总值能耗比上年下降 2.58%，万元生产总值电耗增长 0.32%，规模以上工业万元增加值能耗增长 6.59%。高耗能行业综合能源消费量 253.63 万吨标准煤，增长 16.66%。

全年城市环境空气质量二级及好于二级天数为 165 天，比上年增加 35 天，细颗粒物（PM2.5）平均浓度比上年下降 11.5%，可吸入颗粒物（PM10）平均浓度下降 5.6%。全市拥有污水处理厂 24 个，设计日污水处理能力 55.3 万立方米。

（衡水市统计局　郭金雷）

邢　台　市

2017 年，在市委、市政府坚强领导下，全市上下深入学习贯彻党的十九大精神，深入学习贯彻习近平新时代中国特色社会主义思想和对河北工作的系列重要指示精神，牢固树立“四个意识”、坚定“四个自信”，坚持稳中求进工作总基调，坚持新发展理念，以供给侧结构性改革为主线，坚持质量第一、效益优先，全市经济呈现稳中向好、稳中有进、稳中提质的发展态势，转型升级成效明显，人民生活日益改善，社会事业全面发展。

一、整体经济平稳增长，物价涨幅低位稳定

全市实现地区生产总值 2090.62 亿元，比上年增长 7.1%。其中，第一产业增加值 247.86 亿元，增长 5.0%；第二产业增加值 953.31 亿元，增长 5.0%；第三产业增加值 889.46 亿元，增长 10.1%。全市人均生产总值 28499 元，比上年增长 6.7%。三次产业结构比重由上年的 11.9：47.9：40.2 调整为 11.8：45.6：42.6。三次产业贡献率分别为 9.6%、31.8%和 58.6%，分别拉动经济增长 0.6、2.3 和 4.2 个百分点。

全市居民消费价格比上年上涨 2.0%。八大类商品及服务价格呈现“六升两降”，其中，其他用品和服务类、医疗保健类、教育文化娱乐类上涨较多，分别上涨 20.4%、11.0%、4.1%；居住类、生活用品及服务类和交通和通信类分别上涨 1.8%、1.1%、0.1%；食品烟酒类和衣着类分别下降 0.8%和 0.9%。工业生产者出厂价格比上年上涨 17.1%。其中，轻工业价格上涨 0.7%，重工业价格上涨 22.9%。生产资料价格上涨 20.8%，生活资料价格下降 0.5%。

城镇登记失业率 3.45%，比上年末下降 0.1 个百分点。

民营经济全年完成增加值 1392.5 亿元，比上年增长 7.2%，总量占全市生产总值的比重为 66.6%；实缴税金 147.3 亿元，比上年增长 14.7%，占全部财政收入比重为 63.4%，比上年下降 2.7 个百分点。

二、农业生产稳定增长，粮食产量再获丰收

农林牧渔业总产值 428.9 亿元，比上年增长 4.31%。其中，农业产值 288.4 亿元，增长 4.3%；林业产值 9.6 亿元，下降 6.6%；牧业产值 107.3 亿元，增长 4.19%；渔业产值 0.8 亿元，增长 15.17%；农林牧渔服务业产值 22.89 亿元，增长 9.29%。畜牧、蔬菜、果品三大支柱产业产值占农林牧渔业总产值比重为 56.4%。农业产业化经营率为 70.3%，比上年提高 1.3 个百分点。

粮食播种面积 99.97 万公顷，比上年增长 0.2%；总产量 182.6 万吨，增长 3.0%。其中，夏粮产量增长 5.9%；秋粮产量增长 1.9%。

棉花播种面积 8.07 万公顷，比上年下降 14.0%；棉花产量 8.7 万吨，下降 12.1%。油料播种面积 3.72 万公顷，增长 0.1%；油料产量 12.9 万吨，增长 2.3%。

蔬菜播种面积 4.85 万公顷，比上年增长 1.51%；总产量 274.9 万吨，增长 3.43%。

肉类总产量 28.3 万吨，比上年增长 5.1%。其中，猪牛羊肉产量 20.79 万吨；生猪年末存栏 19.5 万头，增长 5.0%，出栏 210.1 万头，增长 4.0%。牛奶产量 19.0 万吨，增长 2.3%。禽蛋总产量 42.4 万吨，增长 2.0%。

农业机械总动力 837.6 万千瓦（不包括农业运输车），比上年增长 1.9%。实际机耕面积 62.9 万公顷，占农作物播种面积的比重达 61.7%，比上年提高 2.3 个百分点；当年机械播种面积 95.2 万公顷，占 93.2%，提高 3.6 个百分点；机械收获面积 69.7 万公顷，占 68.3%，提高 2.6 个百分点。农村用电量 37.2 亿千瓦小时，增长 1.7%。

三、工业平稳增长，建筑业较快发展

全市全部工业增加值完成 854.8 亿元，比上年增长 5.2%。其中规模以上工业增加值比上年增长 6.4%。在规模以上工业中，分经济类型看，国有及国有控股企业下降 0.7%；集体企业下降 0.9%；股份制企业增长 5.8%；外商及港澳台企业增长 13.7%。分轻重工业看，轻工业增长 8.2%，重工业增长 5.4%。分行业看，钢铁深加工、煤化工、装备制造业、食品医药、纺织服装、新型建材和新能源七大优势产业完成增加值占全市规模以上工业增加值的比重为 69.1%。工业产品产销率为 97.9%。

规模以上工业企业实现利润总额增长 30.8%。规模以上工业企业单位（1372 个）中有 131 个亏损企业，亏损企业亏损总额比上年下降 29.3%。

全社会建筑业总产值完成 159.6 亿元，比上年增长 3.2%，完成增加值 98.6 亿元，比上年增长 3.7%。资质等级以上建筑业企业房屋建筑施工面积 1343.3 万平方米，比上年下降8.2%；房屋竣工面积399.6万平方米，比上年下降20.8%。

四、固定资产投资平稳增长，大项目支撑作用明显

全市固定资产投资完成2169.6亿元，比上年增长5.3%。其中，城乡建设项目投资完成1834.4亿元，增长5.6%；房地产开发投资完成196.8亿元，增长2.8%。

从投资结构看，第一产业完成投资下降6.0%；第二产业增长0.6%；第三产业增长16.5%。全市亿元以上施工项目717个，比上年增加133个。工业技术改造项目1175个，比上年增加58个，占工业项目的70.6%。

城市基础设施建设保持增长。全市城市基础设施投资完成421.8亿元，同比增长36.1%。其中城市市政公用事业投资完成254.2亿元，同比增长68.1%。

全市高新技术产业完成投资299.9亿元，比上年下降12.4%。其中，新能源投资完成36.5亿元，下降58.7%；高端技术装备制造投资完成86.9亿元，下降3.2%；生物技术投资完成45.6亿元，增长4.5%。

全市房地产开发投资196.8亿元，比上年增长2.8%。商品房销售面积437.8万平方米，增长23.7%；其中，住宅销售面积386.8万平方米，增长15.6%。商品房销售额190.7亿元，增长36.4%；其中，住宅销售额168.8亿元，增长28.6%。

五、消费品市场繁荣稳定，对外经济较快增长

全市社会消费品零售总额实现1076.2亿元，比上年增长11.0%。其中，城镇零售额851.3亿元，增长10.9%；乡村零售额224.9亿元，增长11.1%。城镇零售额占全社会消费品零售总额的比重达79.1%。限额以上企业（单位）消费品零售额完成277.5亿元，增长11.7%。在限额以上企业商品零售额中，建筑及装潢材料类、通讯器材类和体育、娱乐用品类增长较快，分别增长236.1%、47.8%和40.7%。

年末全市亿元商品市场14个，实现市场成交额251.9亿元，比上年增长4.7%。亿元专业市场12个，实现成交额224.3亿元，增长11.1%，成交额占全部亿元市场成交额的89.0%。

全年进出口总值143.6亿元，比上年增长21.2%。其中，出口总值110.5亿元，增长24.3%。出口按企业性质分，国有企业3.2亿元，增长17.2%；外商投资企业31.3亿元，增长30.3%；集体企业0.7亿元，增长50.0%；私营企业74.9亿元，增长22.8%；其他企业0.8亿元，增长17.9%。出口按贸易方式分，一般贸易94.2亿元，增长25.2%；来料加工装配贸易3.1亿元，下降3.1%；进料加工贸易13.5亿元，增长32.0%。

全年实际利用外资6.03亿美元，增长10.9%。其中，外商直接投资5.80亿美元，增长14.7%。新批三资企业合同项目数13个，比上年增加2个；其中，合资企业项目数10个，增长66.7%，独资企业项目数3个，下降40.0%。合同外资额3.35亿美元，增长3.4倍；其中，合资企业增长7.6倍，独资企业下降28.7%。

六、交通事业稳定发展，旅游业较快增长

交通运输、仓储和邮政业实现增加值95.57亿元，比上年增长9.0%。全年公路货物周转量857.9亿吨公里，比上年增长7.61%；营业性旅客周转量25.11亿人公里，比上年增长0.62%。全市公路通车里程19636公里，增长1.6%，其中，高速公路567公里。

年末民用汽车保有量118.63万辆（包括三轮汽车和低速货车）。其中，私人汽车保有量107.43万辆。民用轿车保有量85.33万辆。其中，私人轿车82.48万辆；私人轿车保有量占民用轿车保有量的96.65%。

全年国内旅游接待人数2631.61万人次，比上年增长24.8%；创收金额239.36亿元，增长31.8%；人均花费910元/人次，比上年增加49元/人次；国际旅游接待人数3.05万人次，增长13.6 %；创汇金额784.81万美元，增长0.3%。

七、财政收支较快增长，金融、保险稳定发展

全年全部财政收入完成232.4亿元，比上年增长19.5%。其中，公共财政预算收入完成126.7亿元，增长13.7%。全市公共财政预算支出为418.5亿元，增长2.3%。其中，一般公共服务支出44.2亿元，增长9.8%；教育支出89.0亿元，增长9.9%；医疗卫生支出51.2亿元，增长9.3%；社会保障和就业支出48.7亿元，增长5.3%；交通运输支出21.1亿元，增长22.6%。

全市金融机构人民币各项存款余额3746.27亿元，比年初增加411.02亿元，增长12.3%。其中，住户存款余额2629.79亿元，比年初增长9.5%。金融机构人民币各项贷款余额2324.84亿元，比年初增加328.94亿元，增长16.5%。金融机构人民币存贷比为62.1%，比上年提升2.3个百分点。

全年保费收入完成96亿元，比上年增长10.1%。其中，财产险保费收入40.01亿元，增长10.4%；寿险保费收入55.99亿元（其中健康意外伤害险保费收入7.76亿元），增长9.9%。各项赔款和给付支出34.56亿元，增长1.0%，其中，财产险赔付18.65亿元，增长10.8%；寿险赔付15.91亿元（其中死伤医疗赔付1.4亿元），下降8.5%。

八、科教事业全面发展，文体卫全面推进

普通高等学校4所，招生人数1.81万人，在校学生数5.03万人；普通中学277所，在校生数38.48万人；小学1107所，在校生数67.64万人。学龄儿童入学率达99.9%，九年义务教育完成率达99.32%。幼儿园在园幼儿数26.83万人。

全年共取得科技成果218项，比上年增加9项。专利申请量4815件，专利授权量2927件。发明申请644件，比上年减少252件，授权156件，比上年增加15件。

年末全市共有艺术表演团体11个，文化馆20个，公共图书馆20个，广播电视台18座。

第十三届全运会上邢台市运动员取得了1金2银2铜的优异成绩，实现了历史性突破。邢台市组队参加各类省级以上赛事20余项次，在省级单项比赛中共获47金31银38铜的好成绩。成功举办了2017“望美杯”中国邢台绿色太行国际公路自行车赛，经国际自行车联盟和国家体育总局批准，赛事级别为UCI2.2级，共有来自14

个国家的 18 支高水平运动队参与角逐，参与群众近 10 万人，是近年来省内举办的规模最大、级别最高、最具影响力的自行车赛事，在国内同等级别赛事中排名前五。

全市共有卫生机构 8717 个，其中，医院、卫生院 350 个；卫生技术人员 3.61 万人，其中，医生 1.75 万人，护师、护士 1.21 万人；床位 3.51 万张，其中，医院、卫生院 3.4 万张。拥有卫生防疫、防治机构 20 个，卫生技术人员 391 人，乡镇卫生院 173 个，床位 7016 张，卫生技术人员 4758 人，乡村医生和卫生员 8373 人。社区卫生服务中心（站）158 个，床位 485 张，卫生技术人员 1175 人。

九、居民生活进一步提高，社会保障体系不断完善

年末全市户籍总人口 789.92 万人，比上年末增加 1.53 万人，户籍人口城镇化率为 36.79%，比上年提高 0.94 个百分点。常住人口 735.16 万人，增加 3.17 万人；常住人口出生率为 14.86‰，比上年提高 1.00 个千分点；常住人口死亡率为 7.01‰，比上年提高 0.43 个千分点；常住人口自然增长率为 7.85‰，提高 0.58 个千分点。常住人口城镇化率为 51.57%，比上年提高 1.74 个百分点。

城乡居民人均可支配收入达到 18050 元，比上年增长 10.6%。其中，城镇居民人均可支配收入达到 26179 元，增长 9.5%；农村居民人均可支配收入达到 10999 元，增长 9.9%。农村居民收入增速快于城镇居民 0.4 个百分点。

年末参加基本医疗保险人数 707.7 万人。参加失业保险人数为 35.76 万人，比上年增加 0.73 万人。参加企业养老保险人数为 66.14 万人，比上年增加 2.79 万人；参加机关事业养老保险（试点）人数为 6.39 万人；参加机关事业养老保险（新制度）人数为 17.23 万人。企业养老金社会化发放率达到 100%。

全年全市享受居民最低生活保障 21.7 万人。其中，城市居民 4.7 万人，农村居民 17.0 万人。

年末全市各类收养性社会福利单位床位达 1.02 万张，比上年增加 600 张；收养各类人员 4700 人。全市社区 558 个，增加 38 个。其中城镇社区 194 个，与上年持平；农村社区 364 个，增加 38 个。全年筹集社会福利资金 21.3 亿元，增加 1.5 亿元；直接接收社会捐赠款 100 万元。

十、节能环保不断加强，安全生产形势稳定

全年完成人工造林面积 2.21 万公顷，减少 14.0%。零星四旁植树 1230.46 万株，增长 1.0%；育苗面积 5081 公顷，增长 2.0%；苗木产量 11244.3 万株，增长 2.0%。全市森林覆盖率为 30.6%，比上年提高 1.2 个百分点。

全年 PM2.5 平均浓度下降 8.25%，空气质量综合指数下降 3.169%，空气质量达到及好于二级天数 148 天，城市集中饮用水源地水质达标率为 100%。

全市单位 GDP 能耗比上年下降 4.83%。规模以上工业煤炭消费量为 1751.25 万吨，比上年减少 95.19 万吨。规模以上工业企业综合能源消费量 1135.44 万吨标准煤（当量值），下降 2.38%；单位工业增加值能耗 1.3210 吨标准煤/万元，下降 8.25%。

全年各类生产安全事故 61 起，比上年减少 22 起，下降 26.5%；死亡人数为 65 人，比上年减少 20 人，下降 23.5%。全年共发生生产经营性道路交通事故 57 起，比上年下降 24%；造成 63 人死亡，下降 18.2%；受伤人数 24 人，下降 50%；经济损失 85.44 万元，下降 40.0%。

（邢台市统计局　梁爱红）

邯　郸　市

2017 年，在市委、市政府的坚强领导下，全市上下深入学习贯彻党的十九大精神，以习近平新时代中国特色社会主义思想为统领，坚持稳中求进工作总基调，坚持新发展理念，以供给侧结构性改革为主线，统筹做好稳增长、调结构、促改革、治污治、惠民生、防风险等各项工作，全市经济运行基础进一步巩固，转型升级取得新成效，动能转换迈出新步伐，人民生活持续改善，社会事业全面发展。

一、综合

（一）经济总量：全市生产总值 3379.5 亿元，比上年增长 7.0%。其中：第一产业增加值 306.9 亿元，增长 3.8%；第二产业增加值 1619.5 亿元，增长 3.7%；第三产业增加值 1453.2 亿元，增长 11.1%。人均生产总值 35567 元，比上年增长 6.6%。三次产业结构由 2016 年的 12.4∶47.6∶40.0 变化为 9.1∶47.9∶43.0，第三产业比重提高 3 个百分点。

（二）人口：年末全市常住总人口 951.11 万人，比上年末增加 1.83 万人。其中：城镇常住人口 526.1 万人，比上年末增加 18 万人；占总人口比重（常住人口城镇化率）为 55.31%，比上年末提高 1.78 个百分点。户籍人口城镇化率为 43.61%，比上年末提高 1.78 个百分点。人口出生率为 14.41‰；人口死亡率为 7.05‰；人口自然增长率为 7.36‰。

（三）财政收支：全市全部财政收入 368.0 亿元，比上年增长 12.9%。其中：一般公共预算收入 220.1 亿元，增长 7.6%。一般公共预算支出 547.0 亿元，增长 2.9%。

（四）物价：全市居民消费价格总指数（CPI）比上年上涨 1.4%。其中：城市上涨 1.4%，农村上涨 1.5%。分类别看，食品烟酒类价格下降 0.6%，衣着类上涨 3.1%，居住类上涨 2.6%，生活用品及服务类上涨 1.6%，交通和通迅类上涨 0.2%，教育文化和娱乐类上涨 0.7%，医疗保健类上涨 5.7%，其他用品和服务类上涨 1.1%。

（五）民营经济：全市民营经济增加值完成 2215.7 亿元，比上年增长 7.3%，占全市生产总值的 65.6%，比重比上年提高 0.5 个百分点；实缴税金 233.3 亿元，增长 21.6%，占全部财政收入的 63.5%，比重提高 4.6 个百分点。

二、农业

全年粮食播种面积100.8万公顷，下降2.2%；粮食总产量563.8万吨，增长1.9%。其中：夏粮产量261.3万吨，增长3.7%；秋粮产量302.4万吨，增长0.3%。

棉花播种面积4.1万公顷，比上年下降5.7%；总产量4.8万吨，增长0.9%。油料播种面积3.3万公顷，下降0.5%；总产量12.6万吨，增长1.7%。

蔬菜播种面积8.3万公顷，比上年增长2.3%；总产量487.3万吨，增长4.6%。其中：设施蔬菜产量130.7力吨，增长1.1%。

肉类总产量57.5万吨。其中：猪肉产量35.4万吨，增长10.1%；牛肉产量3.9万吨，增长22%；羊肉产量5.2万吨，增长42.[illegible]%。年末生猪存栏[illegible]万头，增长6.4%；牛存栏25.1万头，增长24.2%；羊存栏215.5万头，增长39.5%；禽蛋产量89.6万吨，增长25%；奶类总产量15.4万吨，下降32.4%；干果产量3.4万吨，增长1.4%；水果产量56.9万吨，增长13.6%。

水产品产量2.4万吨，比上年增长0.1%。其中：养殖水产品产量1.7万吨，增长0.6%；捕捞水产品产量0.7万吨，下降1.1%。农业产业化经营率68.3%，比上年提高1.3个百分点。

三、工业和建筑业

全部工业增加值1783.7亿元，比上年增长4.4%。规模以上工业增加值增长5.0%。在规模以上工业中，分经济类型看，国有企业增加值下降11.0%，集体企业增长23.0%，股份制企业增长7.5%，外商及港澳台投资企业下降7.5%。

规模以上工业中，装备制造业增加值增长45.3%，占规模以上工业的17.8%，比重比上年提高3.1个百分点；钢铁工业增加值下降13.1%，占规模以上工业的38.4%，比重比上年降低1.4个百分点；建材工业增长11.9%；食品工业增长16.2%；纺织服装业增长9.4%。六大高耗能行业增加值占规模以上工业的61.7%，比重降低1.6个百分点；下降6.4%。其中：煤炭开采和洗选业下降10.3%，石油加工、炼焦及核燃料加工业下降8.0%，黑色金属冶炼及压延加工业下降12.5%，化学原料及化学制品制造业增长20.3%，非金属矿物制品业增长13%，电力、热力的生产和供应业增长5.0%。高新技术产业增加值增长30.9%，占规模以上工业的15.3%，比重提高0.8个百分点。其中：高端技术装备制造、新能源、新材料领域增加值分别增长48.8%、43.3%和31.1%。

全市规模以上工业实现利润276.1亿元，比上年增长15.3%。其中：国有企业1.3亿元，增长0.3%；集体企业0.7亿元，下降23.5%；股份制企业223.6亿元，增长43.4%；外商及港澳台商投资企业58.3亿元，增长136.2%；私营企业141.6亿元，增长59.4%。

全市建筑业实现总产值481.6亿元，比上年增长1.3%；实现增加值213.12亿元，增长11.98%。资质等级以上建筑业企业房屋施工面积3641.1万平方米，下降3.1%；房屋竣工面积1184.6万平方米，下降5.7%。

四、固定资产投资

全社会固定资产投资完成4029.1亿元，比上年增长5.5%。其中：固定资产投资（不含农户）3977.9亿元，增长5.6%。

在固定资产投资中（不含农户），第一产业投资152.9亿元，比上年增长9.9%；第二产业投资2188.9亿元，增长3.2%；第三产业投资1636.2亿元，增长8.8%。工业技改投资1116.8亿元，占工业投资比重为28.1%。民间投资3124.7亿元，增长5.3%。高新技术产业投资522.9亿元，增长13.4%，占固定资产投资比重为23.9%。其中环保产业、新能源、新材料和高端技术装备制造业投资分别增长78.0%、41.1%、37.5%和17.[illegible]%。

全市房地产开发投资475.2亿元，比上年增长24.5%。房屋施工面积2946.6万平方米，增长6.9%。其中：本年新开工面积682.7万平方米，增长19.8%；房屋竣工面积162.6万平方米，下降28.7%；商品房销售面积516.8万平方米，增长20.6%。

五、国内贸易

全市实现社会消费品零售总额1674.2亿元，比上年增长11.0%。其中：城镇消费品零售额1271.9亿元，增长10.2%；乡村消费品零售额402.3亿元，增长13.4%。在限额以上批发和零售企业（单位）商品零售额中，粮油食品类增长19.0%，服装、鞋帽、针纺织品类增长10.2%，化妆品类增长12.6%，金银珠宝类增长6.3%，日用品类增长13.5%，家用电器和音像器材类增长14.3%，中西药品类增长8.4%，文化办公用品类增长9.8%，家具类增长10.6%，通讯器材类增长2.2%，石油及制品类增长33.9%，汽车类增长5.9%，建筑及装潢材料类增长11.8%。

六、对外经济

全市进出口贸易总额21.7亿美元，比上年下降10.9%。其中：出口13.5亿美元，下降11.5%。全市实际利用外资10.9亿美元，比上年增长6.9%，其中：外商直接投资10.7亿美元，增长10.6%。

七、交通、邮电和旅游

全年公路货物运输总量20867.1万吨，比上年增长11.3%；旅客运输总量5515.0万人，增长3.2%；铁路货物运输总量1700.98万吨，增长0.54%。民航货物运输总量703吨，增长36.5%；旅客运输总量68.4万人，增长48%。

主城区共有公共汽车运营车辆2648辆，客运出租车运营车辆4261辆。全年公共交通共运送乘客1.32亿人次，出租汽车客运总量3500万人次。

年末全市民用汽车保有量达到132.76万辆，比上年末增长10.03%。其中：轿车75.91万辆，增长14.32%。在全市汽车总量中，私人汽车121.27万辆，增长11.67%。

全年邮政业务收入10.6亿元，比上年增长22.9%；完成业务总量11.3亿元，增长27.0%。其中：快递业务收入4.9亿元，增长36.3%；业务总量3728.1万件，增长28.9%。邮政函件67.18万件，下降64.4%；报纸7560万份，下降8.9%；杂志316.1万份，下降15.8%。

全年电信业务收入46.0亿元，比上年增长1.2%；完成业务总量112.0亿元，增长83.7%。固定电话用户年末为56.8万户，下降4.8%；移动电话用户年末867.3万户，增长1.4%；互联网用户190.3万户，增长28.4%。

全年接待海外游客6.7万人次，比上年增长14.4%；旅游收入2139.1万美元，增长1.0%。全年接待国内旅游者5853.1万人次，增长23.6%；旅游收入637.1亿元，增长30.5%。全市共有星级饭店24家，旅行社85家。

八、金融和保险

12月末，全市金融机构存款余额5039.9亿元，比年初增加418.8亿元，增长9.1%；各项贷款余额3385.0亿元，新增贷款255.8亿元，比年初增长8.2%。存贷比达67.2%。

全年保费收入154.21亿元，比上年增长15.9%。其中：财产险保费收入50.0亿元，增长14.7%；寿险保费收入104.21亿元，增长16.5%。全年各类保险理赔给付支出80.7亿元，增长3.3%。

九、人民生活和社会保障

（一）人民生活：城乡居民收入稳定增加，生活质量进一步提高。城镇居民人均可支配收入28774元，比上年增长8.2%；农村居民人均可支配收入13151元，增长8.2%。

（二）社会保障：全市城镇新增就业16.9万人，下岗失业人员再就业4.38万人，其中就业困难对象再就业1.52万人，分别完成目标任务的161%、147.5%和158.3%。城镇登记失业率3.54%，在省控指标4.5%之内；农村劳动力转移就业总规模达到265.06万人，比上年新增13.35万人；农村富余劳动力向非农产业转移新增7.23万人。

十、教育和科学技术

（一）教育：全市小学招生18.53万人，初中招生15.07万人，高中招生5.88万人。现有幼儿园2284所，在园幼儿37.30万人，专任教师18960人；小学1651所，在校学生104.17万人，专任教师51784人；普通中学397所，在校学生59.0万人，专任教师44137人；中等职业学校67所，在校学生8.34万人，专任教师5567人。九年义务教育巩固率96.10%，高中阶段毛入学率93.20%。

（二）科学技术：获得2017年度国家科学技术奖4项。省科学技术奖12项，其中：科学技术进步二等奖6项、三等奖5项；技术发明三等奖1项。市科技进步奖80项，其中：一等奖16项，二等奖24项，三等奖40项。全市专利申请量4896项，专利申请授权量2435项，发明授权量345项。

十一、文化、卫生和体育

（一）文化：年末全市共有公共图书馆19个，总藏书201.4万册。家庭宽带用户165.3万户，增长23.6%。广播、电视综合覆盖率分别达到99.99%和98.90%。

（二）卫生：年末全市共有卫生机构8837个，其中：医院214个，乡镇卫生院213个。医疗卫生机构共有床位5.11万张，其中：医院、卫生院4.8万张。全市卫生技术人员4.6万人，其中：执业（助理）医师2.1万人，注册护士1.7万人。

（三）体育：全年先后组织1400名运动员参加了省级以上比赛，获得省级以上金牌70枚。全市拥有体育场5个，室内游泳池12个，运动场30个。

十二、资源、环境与节能降耗

（一）资源：全市继续严格土地管理，加大闲置土地的收回力度，土地供应在得到控制的前提下，满足了经济社会发展的需要。全年土地供应总量2770.6公顷，其中：公共管理与公共设施用地1384.9公顷，占全年供地总量的49.98%；普通商品房用地524.2公顷，占全年供地总量的18.92%。

（二）气象：2017年全市平均气温14.7℃，比常年值13.5℃偏高1.2℃。市区年平均气温为15.5℃，比常年值14.3℃偏高1.2℃。极端最高气温为40.4℃，极端最低气温为零下13.4℃。

全市年平均降水量为393.7毫米，与多年平均值510.5毫米相比偏少22.9%。全市各地年降水量在283.6—539.6毫米之间，其中，市区降水量为318.2毫米，比常年501.9毫米偏少183.7毫米。

（三）节能降耗：2017年，全市规模以上工业能耗3287.2万吨，比上年下降6.6%；单位工业增加值能耗下降11.07%。全市单位生产总值能耗下降4.41%。

（邯郸市统计局　李振华）

定　州　市

2017年，在市委、市政府的正确领导下，全市深入学习贯彻十九大精神，以习近平新时代中国特色社会主义思想为统领，全面贯彻落实省委九届五次、六次全会精神，坚持稳中求进工作总基调，坚持新发展理念，深入实施“12339”战略，全市经济运行基础进一步巩固，转型升级取得新突破，动能转换迈出新步伐，人民生活持续改善，社会事业全面发展。

一、综合

2017年全市完成生产总值317.31亿元，比上年增长7.3%。其中，第一产业完成增加值58.48亿元，比上年增长2.8%；第二产业完成增加值162.75亿元，比上年增长5.7%；第三产业完成增加值96.09亿元，比上年增长13.2%。第一产业增加值占全市生产总值的比重为18.4%，第二产业增加值比重为51.3%，第三产业增加值比重为30.3%。全市人均地区生产总值26110元。

全市年末总户数36万户，户籍总人口123.3万人，比上年减少1.6万人。其中男性人口62.2万人，女性

61.1万人。全年出生人口16137人，出生率为13.05‰；死亡22074人，死亡率为5.90‰。全市常住人口为122.13万人，其中城镇人口63.15万人，常住人口城镇化率达到51.71%。

全年城镇新增就业人员6685人，下岗失业人员实现再就业2828人，城镇登记失业人数6532人，城镇登记失业率3.51%。

全年居民消费价格比上年上涨0.8%。

全市民营经济完成增加值205.6亿元，比上年增长7.4%；占全市生产总值的比重为64.8%，比上年提高1.01个百分点。民营经济实缴税金22.1亿元，比上年增长19.55%；占全部财政收入的比重为58.23%，比上年提高3.06个百分点。民营经济从业人员35.4万人，比上年增长0.41%；占全社会二、三产业从业人员的比重为59.18%，比上年下降0.82个百分点。

二、农业

全年农林牧渔业实现总产值98.84亿元，比上年增长2.88%。其中农业实现产值56.22亿元，比上年增长5.7%；林业实现产值6.89亿元，比上年增长2.5%；畜牧业实现产值32.86亿元，比上年下降3.0%；渔业实现产值72万元，比上年下降15.2%；农林牧渔服务业实现产值2.85亿元，比上年增长8.8%。

粮食播种面积15.66万公顷，比上年增长0.23%；油料播种面积0.54万公顷，比上年下降3.58%；蔬菜播种面积1.51万公顷，比上年下降0.06%。

粮食总产量80.26万吨，比上年增长1.62%。其中：夏粮增长1.84%；秋粮增长1.36%。

肉类总产量9.20吨，比上年增长2.61%；其中猪牛羊肉产量8.07万吨；牛奶产量14.78万吨，比上年增长2.79%；禽蛋产量6.78万吨，比上年增长0.68%。

年末猪存栏50.8万头，比上年增长2.71%；牛存栏5.29万头，比上年增长3.51%；羊存栏15.13万只，比上年增长5.74%。生猪出栏95.84万头，比上年增长2.6%；牛出栏5万头，比上年增长2.78%；羊出栏26.80万只，比上年增长2.57%。

全年造林面积1447公顷，森林抚育面积6510公顷，全年四旁植树135万株，育苗面积12400公顷，比上年增长5%，苗木产量7.76亿株，比上年增长5%。

三、工业和建筑业

全市规模以上工业企业253家，规模以上工业增加值比上年增长6.7%。

分行业看：电力、热力生产和供应业完成增加值比上年增长4.4%；汽车制造业完成增加值比上年增长20.3%；石油加工、炼焦和核燃料加工业完成增加值比上年下降6.1%；食品制造业完成增加值比上年下降4.0%；金属制品业完成增加值比上年下降6.4%。

全年规模以上工业企业高新技术产业完成增加值比上年增长23.03%。

建筑业增加值53.97亿元，比上年增长5.6%。资质等级以上建筑业企业房屋施工面积1174万平方米，增长21.2%；房屋竣工面积620.3万平方米，增长29.8%。

四、固定资产投资

全社会固定资产投资完成313.2亿元，比上年增长6.98%。其中，固定资产投资（不含农户）309亿元，增长7.0%。

在固定资产投资（不含农户）中，第一产业投资4.2亿元，比上年下降36.9%；第二产业投资66.9亿元，增长30.2%；第三产业投资237.9亿元，增长3.1%。工业技改投资16.3亿元，增长61.2%，占工业投资的比重为24.4%。基础设施投资39.8亿元，下降32.5%，占固定资产投资（不含农户）的比重为12.9%。民间固定资产投资233.1亿元，增长3.0%。高新技术产业投资13.3亿元，下降4.1%，占固定资产投资（不含农户）的比重为4.3%。其中，生物技术投资增长160.0%，环保产业投资增长72.2%，新能源投资下降71.6%。

在固定资产投资（不含农户）项目中，总投资亿元以上项目53个，比上年增加22个。

房地产开发投资112.2亿元，比上年下降3.8%。其中，商品住宅投资97.9亿元，增长14.2%；办公楼投资1.4亿元，下降51.0%；商业营业用房投资12.4亿元，下降52.7%。房屋新开工面积95.1万平方米，下降47.5%，其中住宅新开工面积91.4万平方米，下降38.9%。商品房销售面积144.1万平方米，增长53.3%，其中住宅销售面积下降73.5%。商品房销售额60.9亿元，增长44.8%，其中住宅销售额增长120.9%。

五、国内贸易和对外经济

全年社会消费品零售总额完成176.8亿元，比上年增长11.3%，其中，限上单位消费品零售额39.3亿元，比上年增长16.3%。按销售单位所在地分，城镇社会消费品零售总额完成135.1亿元，比上年增长11.1%；乡村社会消费品零售总额完成41.7亿元，比上年增长12.0%。分消费形态看，餐饮收入零售额完成19.9亿元，比上年增长10.1%；商品零售零售额完成156.9亿元，比上年增长11.5%。

全年实现进出口总值人民币13.7亿元，比上年下降2.2%。

实际利用外资完成5000万美元，比上年增长68.4%。

六、交通、邮电和旅游业

全年交通运输、仓储和邮政业实现增加值比上年增长12%。

邮电通信业平稳增长，固定电话年末用户7.39万户；移动电话108.6万户，互联网接入22.3万户。

全市共有文物保护单位190个，星级饭店1个，星级饭店客房总数206间。有国内旅行社6家，旅行社分社12家。年接待游客267.58万人次，旅游总收入13.16亿元。

七、财政、金融

全部财政收入完成38.01亿元，比上年增长13.3%，其中，一般公共预算收入完成20.03亿元，比上年增长10.5%。一般公共预算支出56.11亿元，比上年增长3%。

年末全市金融机构人民币各项存款余额502.55亿元，比上年增长7.1%，其中住户存款余额399.52亿元，比上年增长7.9%。金融机构各项贷款余额275.69亿元，比上年增长25.6%。

八、教育、科学、文化和卫生

全市普通中学40所，在校学生75038人，专任教师4827人；小学260所，在校生94377人，专任教师4573人；中等职业教育学校5所，在校学生10033人，专任教师481人。

2017年，全市拥有众创空间3家，高新技术企业33家，省级科技型中小企业332家，科技小巨人企业13家。全年申请专利955项，授权专利496项，其中发明专利授权数12项，促进专利转化项目450项。

全市共有体育场馆1个，剧场、影剧院4个，公共图书馆图书总藏量16万册。图书馆1座，博物馆1座，文化馆1座，文化站29座。

年末拥有医疗机构787个，其中医院38个，卫生院22个，诊所、卫生所218个。医疗卫生机构床位数达到5564张，医疗卫生机构技术人员5388人，其中执业（助理）医师2650人。新生儿死亡率0.84‰。参加城乡居民医疗保险参保人数达到103.34万人。

九、人民生活和社会保障

全市居民人均可支配收入20846元，比上年增长10.9%；城镇居民人均可支配收入27777元，比上年增长9.4%；农村居民人均可支配收入完成14748元，比上年增长10.9%。

年末全市基本养老保险参保人数64.61万人人，城乡基本医疗保险参保人数109.81万人，其中：城乡居民基本医疗保险参保人数103.34万人，城镇职工基本医疗保险参保人数6.47万人。参加失业保险人数3.41万人，参加新型农村社会养老保险人数54.34万人。

十、能源、环保

2017年单位GDP能耗上升2.13%，规上工业企业单位工业增加值能耗降低率为5.85%。全年全社会用电量40.42亿千瓦时，比上年增长8.01%。其中，工业用电量27.78亿千瓦时，比上年增长6.91%。

年末全市污水处理厂2座，污水处理厂集中处理率88.32%，生活垃圾无害化处理率100%，工业废水排放达标率100%，工业烟尘排放量达标率100%。全年四种主要污染物排放量：化学需氧量2.16万吨、氨氮排放量0.15万吨、二氧化硫0.68万吨、氮氧化物1.48万吨。人均公园绿地面积9.28平方米，全年空气质量优良以上天数188天。

（定州市统计局　白雪）

辛集市

2017，全市人民在省委、省政府和市委的正确领导下，坚持以习近平新时代中国特色社会主义思想为统领，不忘初心、牢记使命，锐意进取、扎实苦干，较好完成了市九届人大一次会议确定的各项目标任务，谱写出新时代全面建设繁荣美丽幸福辛集的新篇章。

一、综合实力显著提升

地区生产总值完成456.2亿元，同比增长7.2%；一般公共财政预算收入14.6亿元，增长19.2%；固定资产投资255.1亿元，增长7.01%；社会消费品零售总额312.7亿元，增长10.8%；城镇居民人均可支配收入31907元，增长9.5%，农村居民人均可支配收入15761元，增长8.7%。被评为全国综合实力百强市、全国绿色发展百强市、全国科技创新百强市、全国投资潜力百强市、全国新型城镇化质量百强市。

二、项目建设势头良好

实施市级以上重点项目66个，总投资333亿元，其中投资100亿元以上项目1个，10亿元以上项目7个，亿元以上项目26个；新兴产业和现代服务业项目占比达到53%，产业结构有了新变化。3D打印、石墨烯、红外触摸屏、LED照明、环境监测、光纤传感等一批高科技项目相继落户。辛集在外人才纷纷回乡创业，汇聚形成了“凤还巢”的强大声势。深入开展全员创新、全民创业“双创”活动，新增市场主体6709个，万人市场主体达到609个，位居全省前列。

三、结构调整扎实推进

完成工业固定资产投资172.1亿元，其中技改投资135.8亿元，是近年来传统产业改造投入最多的一年。9个项目列入省千项技改、制造业与互联网融合发展项目。产学研合作深入实施，与清华、北大等8所高校建立战略合作关系，成功举办环保皮革院士专家辛集行等行业高端会议；全市院士工作站达到3家，新增省市工程技术研究中心12个、高新技术企业8家、科技型中小企业116家，11名高层次人才入住“博士楼”。精密互感器、聚氨酯高铁材料、空气悬浮轴承等20个全国性产业研发生产示范基地建设成效明显，在业内的话语权、定标权、定价权不断提升。辛集经济开发区管理体制进一步理顺，主要指标在全省150家省级经济开发区中名列第15位，出口总额名列第6位，被评为省高新技术产业发展先进开发区。

四、城乡面貌日新月异

举全市之力开展大拆违、大整治、大提升，拆除各类违法占地2100宗、腾退土地1.5万亩；新建公园11个，城区绿地率达到35.3%，绿化覆盖率达到39.6%，人均公园绿地面积达到11.4平方米；启动实施了澳森大街、工业路改造、高铁客运枢纽等一批重大工程，完成了8个便民市场、17条断头路和一批公共文体设施建设，南水北调地表水厂建成投用；深入推进环卫一体化改革，城市容貌和管理水平显著提升，被评为国家园林城市，圆了辛集30年的“创城梦”。城乡交通更加便利，规划公交线路7条，新增新能源汽车129台，投放摩拜共享单车1940辆；石济客专建成通车，辛集正式融入京津冀“矩形”高铁环形网。大力开展农村“四清”整治，造林绿

化1.2万亩，乡村面貌焕然一新。

五、生态环境明显改善

牢固树立“绿水青山就是金山银山”的理念，全市上下推进环保治理的决心之大、力度之大、成效之大前所未有。全年淘汰燃煤锅炉659台、1236蒸吨，压减炼铁产能66万吨，关停取缔“散乱污”企业381家，气代煤验收通气6010户。圆满完成制革铬污染过程控制技术等两个国家“863计划”项目。创新成立空气质量监测指挥中心，形成了覆盖城乡的监测、分析和快速处置网络。深入开展工程减排、结构减排和管理减排，邵村排干渠大李桥断面COD、氨氮年均浓度每升59.3毫克、11.2毫克，分别同比下降80.2%、67.6%；全市$PM_{2.5}$年均浓度每立方米87微克，同比下降21.6%，下降幅度全省第一。

六、农业经济稳步壮大

全市粮食总产65.9万吨；节水小麦年育种2.5万吨。梨果总产51.5万吨，在全国率先打入南美市场。无公害畜产品产地认定企业达到20家。实施农业产业化重点项目8个，省级农业产业化龙头企业达到13家，农业产业化经营率达到77.8%。被确定为国家级绿色养殖示范市、国家首批畜禽养殖废弃物资源化利用试点市。322个村开展土地承包经营权确权登记颁证工作，完善家庭承包合同11万份，流转农村土地21.6万亩，实现规模经营面积5.1万亩。

七、改革创新步伐加快

全面深化行政管理体制改革，建立大审批、大监管、大环保、大城管、大督查机制。扎实推进“放管服”改革，高标准组建行政审批局和市场监管局，将18个部门的315项审批职能集中划转，实现了“多证合一、百证联办”和“双随机、一公开”监管方式全覆盖。全面深化金融体制改革，农村信用社改制为农商银行；设立了科技担保贷款、创业投资基金和天使基金。全面推进文化领域体制改革，建立大文化、大旅游、大宣传机制，成功举办首届旅游产业发展大会，被评为中国最佳运动休闲旅游城市。组建市融媒体中心，“辛集发布”在全省政务媒体影响力排名第一。

八、民生保障更加有力

集中财力向民生领域倾斜，市财政民生支出20亿元，增长8.1%。大力开展结对帮扶和产业扶贫、教育扶贫、医疗扶贫、危房改造扶贫，5566名贫困人口实现脱贫。社保基金扩面征缴稳步推进，保障了企业退休职工的待遇发放。新增城镇就业岗位4610个，转移农村劳动力5715人，城镇登记失业率控制在2.8%。扎实推进卫生计生工作，高标准通过省政府教育综合督导评估和义务教育基本均衡复查，被评为国家健康促进市、全国妇幼健康优质服务示范市、省教育工作先进市。办理人大代表建议100件、政协提案163件，按时办复率100%。审计、统计工作规范化、制度化水平显著提升。反腐倡廉力度不断加大。金融保险、粮食物价、邮政通信、支油援铁、国防动员、双拥共建、民族宗教、外事侨务、气象地震、史志档案、妇女儿童、老龄、残疾人等各项事业都取得了新成就。

（辛集市统计局　王小平）

改革开放篇

REFORM AND OPENING TO THE OUTSIDE WORLD

经济体制改革

【落实三去一降一补五大任务】 2017年，河北省完善政府支持下的过剩产能市场化退出机制，深入推动六大行业去产能，钢铁煤炭去产能工作受到国务院通报表彰。全部超额完成国家下达任务，“6643”工程圆满收官。环首都部分市钢铁企业整体退出取得重大突破，保定市钢铁产能全部退出，廊坊市4家钢铁企业关停3家。僵尸企业处置稳步推进，出清4家钢铁僵尸企业。全国率先开展煤炭产能置换指标公开竞价交易。研究解决房地产开发遗留问题，开展集中整治“一区三边”违法建设，着力推进长效机制建设。出台积极稳妥降低企业杠杆率实施意见，防控和化解地方政府债务风险。健全降成本工作调度推进机制，制定在关键领域和薄弱环节加大补短板工作力度实施意见。建立支持大智移云、旅游产业融合发展体制机制，开展服务业综合改革试点示范，电子信息、生物医药等战略性新兴产业快速发展，服务业对经济增长贡献率超过65%。

【深化优化营商环境改革】 颁布河北省优化营商环境条例。在全国率先实行全省范围的“八证合一”，9月30日实现“二十三证合一”，12月25日实现“三十八证合一”。有序推进企业简易注销改革，企业注册登记实现全程电子化。全省新增市场主体107.63万户，市场主体总量达到470.04万户。修订省市场主体行政审批后续监管清单，公布河北省随机抽查事项清单，全面推行跨部门联合双随机抽查监管机制。深入推进简政放权，分6批衔接落实国务院取消行政许可等事项160项，取消行政许可、行政审批中介服务事项56项，公布河北省行政许可事项通用目录，健全完善“综合清单＋专项监管责任清单”的清单管理体系。行政审批局实现市县全覆盖。全面推进设区市机关内设机构改革和精简人员编制工作。清理规范涉企收费，动态调整涉企收费目录，省层面行政许可中介服务收费减为105项，收费标准全部实行市场调节；省政府定价涉企经营服务性收费减为6项；涉企行政事业性收费减为20项，省定项目仅1项；政府性基金19项。出台加强政务、电子商务领域和个人诚信体系建设实施意见，省市信用信息平台纵向全部贯通，“信用中国（河北）”网站被国家授予全国信用信息共享平台和信用门户网站一体化建设特色性平台网站称号。河北省社会信用信息条例自2018年1月1日起施行，是全国第4个社会信用立法的省份。建设完成电子招投标平台系统，全省公共资源交易平台实现互联互通。

【深化财税金融改革】 全面深化绩效预算管理改革，扎实推进清理规范重点挂钩事项、支出经济分类科目改革，预算信息公开机制更加完善，全国唯一的差旅电子凭证网上报销试点进展顺利。在全国率先出台置换债券管理办法和债务管理绩效评价办法，清理整改违法违规举债融资。争取政府债务新增限额776亿元，全国排名第6位；组织发行政府债券1527.69亿元，置换存量政府债务792.8亿元，节约利息负担26亿元。水资源税改革圆满完成，经验向试点扩围省份推广。出台促进创业投资持续健康发展实施意见，推动技术、资本、人才、管理等创新要素与创业企业有效结合。深化农村信用社改革，已开业农商行40家、筹建14家、启动22家。规范发展区域性股权市场，印发构建绿色金融体系实施意见。全面推广政银保等金融扶贫模式。推动发展直接融资，改善间接融资结构，全部金融机构人民币各项贷款余额42891.2亿元，比年初增加5538.9亿元。在全国率先颁布河北省地方金融监督管理条例。

【深化投融资价格改革】 修订出台省政府核准的投资项目目录（2017年本），省级保留的核准事项减少到48项。清理规范投资项目报建审批事项，优化投资建设项目审批流程。推进张家口赛区冬奥会、北京新机场及临空经济区建设项目投资审批试点。出台进一步激发社会领域投资活力实施意见，继续大力推行政府和社会资本合作模式，邢台市被列为全国重大市政工程领域PPP创新工作重点城市。公共服务领域示范项目总投资达2675亿元，居财政部示范项目第一；印发河北省传统基础设施领域政府和社会资本合作项目操作指南（试行），筛选储备投资额5000万元以上的PPP项目308个，总投资4700亿元。推进PPP项目资产证券化，华夏幸福固安工业园区新型城镇化PPP项目供热收费收益权资产支持专项计划成功发行，发行规模7.06亿元，是全国首批落地的4个PPP资产证券化产品之一。探索企业投资项目承诺制改革试点。推进重点领域价格改革，修订河北省定价目录。出台省级电网2017－2019年输配电价，初步建立独立的输配电价机制。制定天然气短途管道运输价格管理办法、运输定价成本监审办法和管道燃气配气价格定价成本监审办法，初步建立天然气输配价格监管机制。纵深推进农业水价综合改革，改革实施范围扩大到9市115个县，7月全国农业水价综合改革现场经验交流会在河北省召开。在南水北调受水区9个市92个县成功实施城市水价调整。在全国率先探索开展网络价格听证，实现了由“闭门听证”到“开门听证”。

【深化国有企业和重点行业改革】 出台支持工业设计发展若干政策措施，推动冀深工业设计创新合作。制定并实施进一步完善国有企业法人治理结构的实施意见。推进产业相近、主业相同的企业实施重组整合，冀中能源集团整合重组煤炭工业石家庄设计研究院、河钢集团整合重组省机械院工作全面完成，省国控公司对开滦、三友、冀中能源所属民爆企业整合重组后的省级民爆集团挂牌成立。稳妥推进省级经营性国有资产集中统一监管改革，首批选择省工信厅、省委政策研究室等5个省直部门（21户企业）开展试点。深入推进河北建投、国控国有资本投资运营公司、落实董事会职权等十项改革试点。“三供一业”分离移交工作取得重要进展。推进盐业体制改革，完善食盐专营、储备制度，加强综合管理。深入开展售电侧改革，电力市场建设成效显现，电力交易规模不断扩大。

【深化科技创新改革】 出台河北省关于落实以增加知识价值为导向分配政策的实施意见，明确科技人员增加收入报酬的32条政策举措。出台加快推进科技创新的若干措施，形成了推进科技改革与发展的一套新“组合拳”。新增国家级高新技术企业1079家、科技型中小企业超过1万家，建设省级及以上企业技术中心547家、工程技术研究中心300家、重点实验室116家。出台创新管理优化服务加快新旧动能持续转换的实施意见，着力培育新动能，产业结构调整取得新成效。完善大众创业万众创新引导机制，保定国家高新技术产业开发区、河北农业大学获批为第二批国家级双创示范基地，公布首批14个省级双创示范基地。制定河北省天使投资引导基金管理实施细则（暂行），扩大科技创新券使用范围和规模，与京津实现科技创新券互通互认。出台省级基础研究专项资金管理办法，推进扩大高校、院所科技经费使用自主权，修订河北省专利条例，知识产权运用保护制度进一步完善。

【加快构建开放型经济新体制】 出台对接京津服务京津促进京津冀协同发展若干意见。推进雄安新区规划编制，4个报批规划、22个专项规划和32个专题规划体系初步形成。印发石保廊全面创新改革试验区重点改革试点方案、河北·京南国家科技成果转移转化示范区建设实施方案（2017－2020年），持续推进京津冀大数据综合试验区、张家口可再生能源示范区、北戴河健康产业发展示范区建设。石保廊全面创新改革3条经验举措向全国推广。加快推进公共服务均等化，积极承接北京非首都功能疏解。出台河北省高新技术企业跨区域整体搬迁资质认定实施细则，吸引一批京津及省外高企落地河北。北京新机场临空经济区总体规划和产业发展专项规划编制基本完成。主动融入“一带一路”建设，积极复制推广自贸区可复制经验。落实国务院扩大对外开放积极利用外资若干措施的意见，实际利用外资89.4亿美元，比上年增长9.7%，全省新设立外商投资企业（项目）194个，增长19.8%。白沟箱包市场采购贸易方式试点稳步推进。开发区改革发展全面提速，开发区机构编制管理、人事和薪酬制度、行政审批制度、投资融资平台建设改革完成年度目标任务。

【深化社会事业改革】 出台深化职称制度改革、机关事业单位职业年金、全面放开养老服务市场提升养老服务质量等实施意见。制定激发重点群体活力带动城乡居民增收政策措施，河北省获批国家城乡居民增收综合配套政策试点，全省居民人均可支配收入21484元，比上年增长8.9%。多渠道拓宽就业，城镇新增就业82万人。统筹推进县域内城乡义务教育一体化改革发展。推进高等教育领域简政放权放管结合优化服务改革，改进高校教师职称评审机制，出台加快推进大学园建设和建设职教园区的意见。扩大高校学分制收费改革试点范围，新增7所高校实行学分制收费改革。公立医院综合改革实现全覆盖。印发城市公立医院医疗服务价格改革方案，8月26日零时起在全省所有城市公立医院实现取消药品加成政策全覆盖。跨省异地就医直接结算启动运行。出台推进医疗联合体建设和发展实施意见，建立各种模式的医联体168个。印发进一步改革完善药品生产流通使用政策实施意见，全省县级以上及城市社区公立医疗机构药品采购全部实行“两票制”。食品药品和安全生产监管体制进一步健全。

（河北省发改委 田芙菁）

对外开放

【概况】 2017年，在省委、省政府的坚强领导下，河北省商务系统全面贯彻新发展理念，强力实施对外开放行动计划，着力推动内贸流通创新发展，河北省商务发展稳中有进，顺利完成各项目标任务。利用外资实现较快增长，1—12月，河北省实际利用外资89.4亿美元，同比增长9.7%，超额完成增长5%的目标任务。对外贸易持续回稳向好，1－12月河北省外贸进出口完成3375.8亿元，同比增长9.7%，扭转了过去两年连续下滑的局面。其中，出口2126.2亿元，增长5.5%；进口1249.6亿元，增长17.5%。与全国相比，进出口、出口、进口增幅分别低4.5、5.3和1.2个百分点。服务贸易规模持续扩大，累计完成570亿元，同比增长10%。对外投资稳步有序发展，1－12月河北省备案（核准）对外投资企业98家，中方对外投资额37.8亿美元，同比增长12.7%。对“一带一路”沿线国家投资增势明显，完成投资额20亿美元，同比增长2倍，占河北省中方对外投资额的52.9%。开发区改革发展实现新突破，主要经济指标增幅领跑河北省。电子商务保持较快增长势头，全年电子商务交易额和网上零售额分别完成22250亿元和2360亿元，同比分别增长22.8%和29.5%。

【外贸增速逐季趋缓】 2017年，月度出口峰值出现在8月份，出口190.3亿元；出口最低值出现在2月份，出口132.4亿元。进口峰值出现在3月份，进口114.8亿元；进口最低值出现在12月份，进口91.1亿元。从季度情况看，第一季度进出口、出口、进口分别增长22.8%、12.7%、43.0%；第二季度进出口、出口、进口分别增长9.9%、4.2%、21.4%；第三季度进出口、出口、进口分别增长9.7%、3.8%、21.5%；第四季度出口增长2.7%，进出口、进口分别下降0.6%和6.1%。

【七大类商品出口】 2017年，七大类出口商品中，矿产品出口43.6亿元，增长61.9%；机电产品出口648.6亿元，增长19.0%；医药化工出口243.2亿元，增长18.8%；纺织服装出口411.0亿元，增长16.4%；轻工产品出口310.1亿元，增长16.2%；分别高于河北省出口平均增幅56.4、13.5、13.3、10.9和10.7个百分点。农产品出口101.6亿元，增长1.9%；低于河北省出口平均增幅3.6个百分点。钢材（剔除机电部分，下同）出口356.4亿元，下降30.2%。高新技术产品出口147.6亿元，增长18.0%，高于全国同类产品出口增幅4.8个百分点，占河北省出口总值的6.9%（比全国低22.2个百分点）。机电、纺织服装、轻工、医药化工、矿产品出口占比分别为30.5%、19.3%、14.6%、11.4%和2.0%，分别扩大3.4、1.8、1.5、1.2、0.7个百分点；钢材、农产品出口占比分别减少8.5、0.1个百分点。

2017年，机电产品出口648.6亿元，增长19.0%，高于全国同类产品出口增幅6.8个百分点，净增103.3亿元。其中，运输工具出口160.8亿元，增长30.4%，净增37.4亿元；电器及电子产品出口121.3亿元，增长21.1%，净增21.1亿元；金属制品出口165.1亿元，增长13.5%，净增19.6亿元；机械设备出口159.7亿元，增长13.6%，净增19.1亿元；仪器仪表出口18.7亿元，增长12.0%，净增2.0亿元。机电产品出口占河北省出口总值的30.5%（比全国低27.9个百分点），是河北省第一大出口商品。

2017年，河北省钢材（含机电部分，下同）出口数量1017.0万吨，下降54.5%；出口金额386.5亿元，下降27.7%；出口均价3800.6元/吨（据中钢协统计，国内钢材市场平均单价约为4693元/吨），增长58.8%。钢材出口数量减少是影响河北省钢材出口金额下降的主要因素，2017年，钢材出口金额净减少148.2亿元。钢材出口均价上涨一定程度上弥补了出口数量下降对出口金额的影响，价升因素拉动河北省出口增速7.1个百分点。

2017年，河北省钢材（剔除机电部分，下同）占河北省出口总值的16.8%，占比减少8.5个百分点，净减少154.1亿元，拖累河北省出口增速7.7个百分点。其中，对东盟出口净减少79.4亿元，占钢材净减少的51.5%；对沙特出口净减少18.5亿元，占钢材净减少的12.0%；对土耳其出口净减少9.9亿元，占钢材净减少的6.4%；对埃及出口净减少9.7亿元，占钢材净减少的6.3%。

【十大出口市场】 2017年，河北省对十大市场出口1529.5亿元，增长5.6%，占河北省出口总值的71.9%。其中，对俄罗斯、加拿大、香港、美国、印度、日本、欧盟等7个市场出口分别增长32.2%、30.0%、12.8%、12.6%、11.9%、9.9%、9.6%，分别高于河北省出口平均增幅26.7、24.5、7.3、7.1、6.4、4.4、4.1个百分点。对韩国出口增长4.4%，对台湾省、东盟分别下降4.6%和17.4%；对巴西、俄罗斯、印度、南非等金砖国家出口341.3亿元，增长23.6%。对“一带一路”沿线国家出口829.9亿元，下降2.1%，占河北省出口总值的39.0%；对28个新兴市场出口839.1亿元，增长1.7%，占河北省出口总值的39.5%。对欧盟、美国、俄罗斯、日本、印度、香港出口占比分别扩大0.5、0.8、2.0、0.2、0.2和0.1个百分点；对东盟、韩国、台湾省出口占比分别减少3.3、0.1、0.2个百分点。欧盟、美国和东盟位居河北省出口市场前三位。

河北省对东盟国家和“一带一路”沿线国家出口下降，主要因素是钢材出口下降。据统计，1—12月份，对东盟市场出口净减少53.9亿元。其中，钢材出口净减少79.4亿元，占对东盟出口净减少的147.3%；而对其他六大类商品出口均为增长，其中，纺织服装出口净增加8.3亿元，机电产品出口净增7.9亿元，医药化工出口净增6.9亿元。对“一带一路”沿线国家出口净减少18.0亿元。其中，钢材出口净减少133.6亿元，占对“一带一路”沿线国家出口净减少的6.44倍；而对其他六大类商品出口均为增长，其中，纺织服装出口净增加63.8亿元，机电产品出口净增25.1亿元，医药化工出口净增13.8亿元，轻工产品出口净增8.3亿元。河北省开始扭转对东盟、“一带一路”出口“一钢独大”的局面，出口商品结构进一步优化。

【大宗商品进口】 2017年，大宗进口商品中，铁矿石进口10644.5万吨，下降21.3%；进口金额525.3亿元，增长3.8%；进口均价493.5元/吨，增长33.0%。铁矿石进口占河北省进口总值的42.0%，占比减少了5.4个百分点。大豆进口571.4万吨，增长43.6%；进口金额163.1亿元，增长50.0%；进口均价2854.6元/吨，增长4.4%。大豆进口占河北省进口总值的13.1%，占比扩大2.8个百分点。煤炭进口516.1万吨，增长27.3%；进口金额47.6亿元，增长125.5%；进口均价922.5元/吨，增长77.2%。煤炭进口占河北省进口总值的3.8%，占比扩大1.8个百分点。机电产品进口增长1.3%，高新技术产品进口下降5.1%，占比分别减少了2.6和1.3个百分点。

2017年，铁矿石、大豆、煤炭进口价格因素拉动河北省进口增长14.5个百分点。

【民营企业进出口】 2017年，民营企业进出口、出口、进口分别增长12.3%、7.1%和27.3%，高于河北省平均增幅2.6、1.6和9.8个百分点；占比分别为59.7%、66.8%和47.5%，扩大1.4、0.9和3.5个百分点。国有企业进出口、出口、进口分别增长18.2%、11.5%和25.6%，高于河北省平均增幅8.5、6.0和8.1个百分点；占比分别为19.1%、15.1%和25.9%，扩大1.4、0.8和1.8个百分点。外商投资企业进出口、出口、进口分别下降2.9%、3.9%和1.7%，分别低于河北省平均增幅12.6、9.4和19.2个百分点；进出口、出口、进口占比分别为21.2%、18.0%和26.6%，减少2.8、1.8和5.3个百分点。外商投资企业出口净减少15.6亿元，拉低河北省出口增速0.8个百分点。出口排河北省前三位的企业是唐钢出口68.3亿元，增长20.4%；中信戴卡54.6亿元，增长8.4%；一达通出口33.9亿元，增长99.3%。

【对外承包工程货物出口】 2017年，河北省一般贸易进出口增长6.8%，占比89.2%，减少了2.4个百分点。其中，出口增长2.2%，占比88.1%，减少了3.0个百分点；进口增长15.4%，占比91.1%，减少了1.6个百分点。加工贸易进出口增长10.7%，占比7.0%，持平。其中，出口增长7.4%，占比7.7%，减少0.1个百分点；进口增长18.8%，占比5.9%，扩大0.1个百分点。其他贸易方式出口88.5亿元，增长2.2倍。其中，对外承包工程货物出口32.8亿元，增长50.6%；以海关特殊监管方式进出口58.0亿元，增长2.7倍，出口21.2亿元，增长3.7倍，进口36.8亿元，增长2.3倍。

【各设区市进出口】 2017年，沧州、保定、辛集、邢台、秦皇岛、衡水、石家庄、廊坊进出口分别增长31.7%、27.3%、24.6%、21.2%、16.7%、12.9%、11.7%、10.1%，增幅均好于河北省平均水平；定州、承德、唐山、张家口和邯郸进出口分别下降2.2%、4.3%、4.7%、6.6%和10.9%。其中，辛集、保定、邢台、沧州、石家庄、衡水、秦皇岛出口分别增长41.0%、36.1%、24.3%、17.3%、12.5%、12.3%、10.7%，增幅均好于河北省平均水平；廊坊出口增长2.8%；承德、定州、邯郸、张家口和唐山出口分别下降0.3%、1.9%、11.5%、15.8%和20.4%。沧州、秦皇岛、唐山和衡水进口分别增长72.1%、29.2%、25.8%和20.2%，增幅均好于河北省平均水平；张家口、廊坊、邢台、石家庄和保定进口分别增长16.3%、16.3%、12.1%、10.0%和6.0%；邯郸、定州、辛集和承德进口分别下降9.9%、11.3%、13.8%和50.2%。

从各地完成出口预期目标情况看，邢台、承德、保定、衡水、沧州、秦皇岛、廊坊、石家庄和辛集9个市完成全年出口预期目标，分别完成年度出口预期目标的132.1%、130.8%、124.1%、120.6%、118.6%、111.4%、105.6%、104.6%和100.1%。

从各地完成出口攻坚目标情况看，保定、邢台、沧州、衡水、辛集5个市完成全年出口攻坚目标，分别完成出口攻坚目标的110.1%、108.6%、102.8%、100.7%和100.1%。

从各地出口增量看，保定、石家庄、沧州、邢台、秦皇岛、辛集、衡水市对河北省出口增量贡献较大，分别贡献河北省出口增量的58.18%、42.67%、21.39%、19.32%、18.62%、18.56%、17.67%。从各地出口增速看，辛集、保定、邢台、沧州、石家庄、衡水、秦皇岛增长10%以上，唐山、邯郸、张家口、定州、承德出口下降，分别净减少95.3亿元、11.9亿元、4.2亿元、0.2亿元和0.1亿元。

【市场主体队伍不断壮大】 截止到2017年底，河北省对外贸易经营者备案登记企业达到36915家，其中，当年新备案企业10007家；2017年，河北省有进出口实绩的企业12359家，较上年增加1068家，外贸零突破企业2945家。出口百强企业中，77家企业出口实现正增长。

【鼓励创新商业模式】 在跨境电商发展方面：4月和7月分两批发布示范企业91家、平台18个、园区10个和公共海外仓20个，启动跨境电子商务示范主体第三批认定工作；举办跨境电商系列免费培训11场，参训人员超过2500人；组织召开校政企跨境电子商务专题座谈会；邀请中建材国际贸易有限公司、马来西亚—东盟海外仓分别在唐山、安平、白沟、高阳等外贸基地举办跨境电商海外仓业务培训暨对接活动；支持石家庄、唐山市依托海关特殊监管区设立国家跨境电子商务综合试验区，经省政府同意并向国务院上报了石家庄、唐山跨境电商综试区实施方案。在市场采购贸易发展方面：积极推动白沟开展对接、招商、贸促等活动，出台了政策、制度、监管办法等40多个配套文件。7月21日在北京召开2017中国·白沟国际箱包博览会暨“一带一路”国际市场的合作（白沟）峰会新闻发布会；12月27日省政府新闻办召开白沟箱包市场采购贸易方式试点新闻发布会，通报试点一年来的进展情况。截至12月31日，市场采购贸易方式联网信息平台各市场主体备案企业商户1572家，出口总计4963票单，出口额33.37亿元。在外贸综合服务企业发展方面：加大对河北一达通、沧州新丝路、廊坊佳佳供应链等外贸综合服务企业的服务力度，组织出口信保、金融机构和监管部门一对一帮扶，切实解决风控、融资等实际问题。截止11月底，河北省纳入业务统计的10家综服企业，出口45.93亿元，服务企业3662家，为企业融资8.2亿元。

【外贸政策业务联合培训】 会同海关、检验检疫、外汇、国税、中信保、电子口岸公司、河北“一达通”、白沟箱包市场等9个涉外部门和单位结合各自职能，开展河北省外贸政策业务免费联合培训，宣讲最新政策和举措，助力企业用足用好外贸回稳向好的各项政策措施。开展精准培训，包括解读跨境电商政策，介绍农食、危化等产品安全管理办法及检验检疫政策、白沟市场采购贸易政策、国际贸易“单一窗口”、海关特殊监管区、京津冀机电产品进出口企业专题培训等，全年共举办培训会35场，参训总人数12500余人。同时，积极探索搭建河北省外贸公共网络培训平台，满足参训人员多元化、个性化的需求，降低培训成本。

【支持企业开拓国际市场】 充分利用广交会、亚欧博览会、北京食品展、上海汽配展等境内展会平台，促进河北省外贸企业扩大出口规模。加强与省农业厅、省林业厅、省贸促会和河北出入境检验检疫局的协调和沟通，组织河北省企业积极参加2017年境外国际展会。

【培育出口新增长点】 一是做好第三批省级外贸转型升级示范基地认定工作，推动贸易与产业融合发展。二是做好第三批外贸品牌优势企业认定工作，鼓励企业树立国际品牌意识，支持企业逐步扩大自主品牌出口规模和市场占有率，扩大河北省外贸品牌的知名度。三是按照京、冀共同规划、共同建设北京新机场综保区的原则，由北京市人民政府、河北省人民政府共同向国务院申请设立北京新机场综合保税区。京冀两地商务部门牵头组织各有关单位，共同配合咨询机构，按照《北京新机场综保区规划工作推进时间安排》，把握好重要工作节点，加快推进确定新机场综保区申报址界、址点，储备入区项目。

【保持出口信保扶持政策稳定】 认真研究和提出保持信保扶持政策稳定性的建议，省政府安排财政专项资金，对农产品出口企业、小微企业（年出口额300万美元以下）、高新技术和装备制造出口企业等保费予以扶持。2017年河北省承保出口规模100.94亿美元，增长8.4%；河北省出口渗透率达到32.2%，较上年提高2.3个百分点；承保企业达到3987家，增长17.1%；支付赔款金额

3.9亿元人民币，增长137.1%；帮助企业获得保单项下贸易融资29.3亿元，增长36.8%。与中国信保河北分公司联合召开河北省“以国际市场需求为引领提高外贸竞争新优势”研讨会。充分发挥中信保海外客户信息资源和渠道，利用国别及行业进出口大数据，创建了重点市场、重点行业、国际采购商数据库，形成了《34个重点国家进口分析报告》《全球六大行业贸易分析报告》，为企业提供采购商资信调查和境外买家信息等增值服务。

【对外投资健康规范发展】 2017年，河北省认真贯彻落实党中央、国务院和省委、省政府决策部署，牢固树立新发展理念，积极适应经济发展新常态，主动融入“一带一路”建设，稳步推进国际产能合作和装备制造“走出去”，加强规范引导、推进业务创新、强化监管服务、加大政策支持、营造良好环境、有效防范风险，对外投资合作实现健康规范发展，非理性对外投资得到切实有效遏制。河北省备案（核准）对外投资企业98家，对外协议投资总额40.5亿美元，同比增长11.7%；中方对外协议投资额37.8亿美元，同比增长12.7%。境外投资企业主要分布在中国香港、澳大利亚、塞尔维亚、美国、卢森堡、俄罗斯、印度尼西亚、吉尔吉斯斯坦、加拿大、智利等国家和地区。

【对外承包工程和劳务合作】 2017年，河北省对外承包工程新签合同额实现58.5亿美元，同比增长25.1%；完成营业额29.4亿美元，同比增长14.1%。按新签合同额排序居全国第8位。石油化工、一般建筑和工业建设类项目是河北省对外承包工程的优势业务。河北省21家有对外承包工程业绩的企业中，河北地方企业9家，占43%；新签合同额2.81亿美元，完成营业额2.43亿美元，分别占总量的5%和8%；秦冶重工公司承建越南年产480万吨钢厂建设项目、河北建工集团承建乌兹别克斯坦水利设施建设项目、廊坊华元机电公司总包承建香港国际机场扩建项目等进展顺利。对外劳务合作发展态势良好，对外劳务合作新签合同工资总额和实际收入分别增长13.7%和75.6%，期末在外人员12269人，增长29.1%。对外承包工程对设备原材料出口和对外劳务输出带动作用明显，对外承包工程项下原材料和机械设备出口4.8亿美元，河北省工程项下在外务工人员6122人。

【对外经济技术援助】 共承担了19项针对非洲、东南亚和中东欧发展中国家的对外物资援助和援外培训项目，主要涉及工程建设、人道救灾和人才培训。其中，积极向商务部申请以援外方式对河钢塞钢项目培训给予支持，河钢塞钢三项培训项目列入商务部2017年援外培训计划，培训总人数达1400人。

【国际产能合作】 2017年，河北省备案（核准）对外投资企业98个，其中，生产性企业35个，同比增长13%；对外投资总额23亿美元，同比增长4倍；中方投资额21.5亿美元，同比增长3倍。主要涉及河北省优势产业的太阳能电池组件生产、电力设备及电缆的生产、汽车及零部件生产、钢铁冶炼及生产加工、黑色金属及金属矿开采、医药产品生产等领域。国际产能合作重点项目取得新进展。河钢集团收购塞尔维亚斯梅代雷沃220万吨钢厂项目运营良好，预计2017年钢产量达150多万吨，工业产值累计7.5亿美元以上，全年实现利润2亿元人民币；石家庄宝冠管道配件有限公司坦桑尼亚20万吨钢厂项目2017年4月实现试生产；河北建投收购土耳其气电和投资澳大利亚风电、晶澳公司越南光伏组件、德路通增持德国GILUPI公司股权等项目加快推进。迁安市九江线材有限责任公司在澳大利亚从事黑色金属及金属矿开采、保定市立中车轮制造有限公司在泰国从事生产铝合金汽车轮毂、晨光生物科技集团股份有限公司在印度从事万寿菊颗粒加工、秦皇岛博硕光电设备股份有限公司在美国从事太阳能电池组件生产、河北常山生化药业股份有限公司在德国从事生产肝素钠注射液等项目的相继实施，显示河北省一批传统优势产能正有序向境外转移，通过开展国际产能合作延伸产业链，延长产业周期，有效规避贸易壁垒，获得稳定的能源与原材料供给，拓展了市场空间。

【“一带一路”建设】 2017年，河北省对“一带一路”沿线国家备案（核准）投资企业24家，投资总额21.1亿美元，占河北省对外投资总额52.1%，同比增长2倍；中方投资额20亿美元，占河北省中方对外投资额的52.9%，同比增长2倍。河北省企业对马来西亚投资额由2016年的1900万美元跃升至今年的1.06亿美元，同比增长近5倍；对吉尔吉斯斯坦投资由2016年的960万美元增长至今年的2亿美元，同比增长21倍。秦皇岛通联新材料科技开发有限公司在老挝投资9500万美元从事农业种植、养殖及深加工项目、鹏渤房地产开发有限公司在柬埔寨投资6000万美元从事现代特色农牧业种养殖等项目成为河北省对“一带一路”沿线国家投资新亮点。目前，河北省对“一带一路”沿线国家和地区投资主要分布在亚洲周边、中东欧、独联体等31个国家（地区），涵盖制造业、批发零售业、商务服务业、采矿业、农林牧渔业、房地产业等国民经济主要行业。随着国家及河北省不断出台完善企业走出去的促进政策和便利化措施，政策引导及河北省推动力度逐步加大，将给河北省企业对“一带一路”沿线国家的投资合作带来更多新机遇、新市场。2017年，河北省在“一带一路”沿线25个国家实施对外承包工程业务，新签合同91份，合同额47.4亿美元，同比增长40%，占河北省新签合同额总量的81%。中大型项目持续增加，合同额500万美元以上的项目中，有“一带一路”沿线17个国家的42个大项目，合计43.6亿美元，同比增长80%；合同额5000万美元以上项目中，有“一带一路”沿线10个国家18个大项目，合计39.8亿美元，比2016年净增11.8亿美元，增长42%。企业间通过总分包合作、投融建合作，以及“借船出海”、“抱团出海”、建营一体化等多种渠道和方式，借力国家“一带一路”战略和“走出去”支持政策，以大项目带动重点市场开发成效显著。

【对外经济合作】 2017年，河北省对外投资合作工作着眼于深度融入“一带一路”建设，突出国际产能合作和并购国际高端要素“两大任务”，积极实施精准服务，切实规范企业海外经营行为，着力抓好五个方面的对接：

一是着力推进省部对接。用好省部国际产能合作工作机制，就河钢宣工重组四联（香港）公司股权、邢台德龙投资建设印尼钢铁项目、河钢塞钢援外培训项目等，加强跟踪服务和跑办，得到了商务部的大力支持。积极支持河北省符合条件企业承担国家援外任务，2017 年河北省企业（单位）顺利完成援外物资供应任务 10 批，援外培训项目 9 个，培训来自非洲、亚洲、中东欧学员 1565 人。二是着力推进项目对接。面向东南亚、非洲、拉美等重点国家，充分利用省领导出访、“5·18”、中蒙博览会等合作平台，先后组织参加了“中国（河北）—阿根廷投资贸易合作推介会”等十余场国际产能合作推介活动；加强与央企的合作，积极会同中土集团、中工国际等央企，务实开展与中非莱基自贸区、中白工业园等境外园区对接，取得了较好成效。三是着力推进银企对接。省商务厅与口行、开行等金融机构启动了“政银信合作机制”，先后向金融机构推送 50 多个重点融资项目，积极协调帮助河北安装、秦冶重工等企业解决融资、保函等实际困难。会同中信保成功举办了“河北省企业融入‘一带一路’建设高端研讨暨项目合作对接会”，与省发改委、中信保河北分公司、国开行河北省分行、口行河北省分行建立支持河北企业“走出去”融入“一带一路”建设合作机制，河北省 200 余家企业参加活动，得到了晓东副省长的批示肯定。四是着力推进服务对接。完善信息服务网络平台，加大政策解读和实务培训力度，精心组织编印了《“走出去”金钥匙——河北省对外投资合作政策实务读本》，积极为河北省企业“走出去”提供公共服务；加强与第三方机构合作，先后组织 50 余家企业参加了“2017 中国企业走出去风险发布会”，增强企业风险管控能力。五是着力推进政策对接。落实国务院《关于进一步引导和规范境外投资方向指导意见》，完善了部门定期会商制度，面向河北省对外投资企业，编印了《对外投资企业设立及变更办理指引》。加强“走出去”研究工作，会同有关部门开展了联合调研，起草了“河北省推进国际产能合作三年行动计划”。精心部署开展全面排查外派劳务市场秩序工作，妥善处置涉外纠纷事宜，在商务部组织的外派劳务市场秩序专项督查行动中，河北省的工作得到了充分肯定。

【华夏幸福印尼卡拉旺产业园】 2015 年，华夏幸福基业股份有限公司积极响应国家建设“一带一路”和推进国际产能合作的倡议，立足海外产业新城和产业园区建设，打造国际产能合作平台，助推河北省企业“抱团式”、“集群式”走出去。目前，华夏幸福已经在印度尼西亚、印度、越南、埃及、文莱等 5 个国家签订 6 个产业新城项目。其中，印尼卡拉旺产业园于 2017 年 7 月正式开始建设。项目一期规划面积 205 万平米，总投资约 2.75 亿美元，定位于印尼重要的制造业枢纽和先进技术创新中心，谋划发展都市绿色建材产业园、都市食品产业园、消费电子产业港、现代物流产业园和中小企业创新园的“4+1”产业集群。目前，该项目已完成区域环评审批，正在进行土方平整和园区道路、管网建设，预计 2018 年 9 月可达到七通一平交付标准。在园区规划建设过程中，华夏幸福同步搭建产业服务体系，在北京、苏州、杭州、广州、深圳和厦门分别设立产能合作服务中心，并在新加坡设立国际产业服务中心（下属美国、德国、日本、韩国、新加坡、英国等全球产业服务站点），全力服务中国企业和跨国公司落户卡拉旺产业园。截至 2017 年 12 月底，已有 5 家建材、食品、物流类企业签约。华夏幸福依托国家“一带一路”战略，以东南亚、南亚为重点，兼顾非洲、中东欧等地区，整合全球资源，强化区域合作，既实现企业主体国际化战略的有序推进，也为省内企业尤其是民营企业“抱团出海”，降低国际化经营风险，促进关联产业协同发展搭建了平台。

（河北省商务厅　张丹雨）

石家庄海关

【概述】 2017 年，石家庄海关坚持以习近平新时代中国特色社会主义思想为统领，深入贯彻落实习近平总书记视察河北系列重要讲话和指示精神，不断强化“身在河北、建设河北”的主人翁意识，认真执行党中央、国务院促进外贸稳增长、调结构的决策部署，努力为河北外贸回稳向好想新招、出实招，推动全省外贸稳中有进，实现新的发展。全年，税收入库 383.09 亿元，同比（下同）增长 27.8%；监管进出口货运量 3.71 亿吨，下降 4%；监管进出口货值 421.98 亿美元，增长 19.2%；进出口报关单 10.3 万份，增长 7.9%；监管运输工具 1.1 万辆（艘），下降 15.7%；监管集装箱 20.08 万箱次，增长 1.5%；监管进出境人员 48.55 万人次，增长 27.1%。加工贸易电子化手册设立 789 份，下降 12.5%；加工贸易电子化手册备案金额 5.78 亿美元，下降 24%。立案刑事案件 14 起，增长 55.6%，案值 18932 万元，增长 61.6%%；结案刑事案件 18 起，增长 260%；立案调查行政案件 225 起，增长 102.7%，案值 41122.3 万元，增长 55.9%；结案行政案件 215 起，增长 95.5%，案值 16807.3 万元，增长 11.1%；罚没入库 664.4 万元，增长 108.3%。

【提高对外开放水平】 支持河北省环渤海口岸发展。对全省口岸发展情况进行梳理和研究，提出了利用区域优势推动口岸加快发展的建议。密切关注各地市承接京津转移项目和重点外贸项目动态，及时研究提出海关支持服务工作措施，以办理减免税业务为切入点，主动对接第 6 代 AMOLED 面板项目建设。积极支持河北省环渤海港口多元化发展，推动唐山港整车进口口岸建设，京唐港、曹妃甸港整车口岸全部顺利通过验收。支持市场采购贸易等新兴业态发展。赴白沟实地调研了解市场采购贸易业务发展缓慢的原因并予以解决，收效明显。特别是 9 月下旬以来，单周出口货值均突破 2000 万美元，较 3 月份前的周均出口不足百万美元大幅增长。2017 年白沟市场采购贸易出口 9.96 万吨、货值 5.07 亿美元，拉动

保定市外贸出口增加5.6倍，在产业转型升级方面发挥了良好示范效应。认真做好外贸统计分析。加强对全省外贸运行基本状况、主要特点和发展趋势的研究分析，定期向省委省政府提供翔实准确的外贸统计分析报告，及时反映进出口动态变化情况和政策实施效果，并从海关角度提出对策建议，为省领导决策提供辅助参考。全年共报送海关专报22篇，各类专项分析文章150余篇，其中4篇专报获得省领导批示。

【支持雄安新区规划建设】 政策研究取得阶段性成果。认真落实海关总署党组书记倪岳峰同志在雄安新区调研时的讲话精神和河北省关于雄安新区规划建设的有关要求，主动对接，积极开展政策研究，形成了财税政策、对外开放、设立自贸区3个方面13项政策措施，9月份围绕“1+N”政策体系又提出了2个方面10项政策措施。推动签署署省合作备忘录。围绕雄安新区规划建设和河北省扩大开放需求，石家庄海关积极联系署省有关部门，推动签署新的署省合作备忘录。目前，署省合作备忘录文本已经海关总署和省委省政府领导审定批准，具体签署事宜正在联系协调中。下一步，石家庄海关将在新的署省合作备忘录框架下，研究制定一系列细化措施，更加精准地服务全省扩大开放，促进外贸发展。

【优化营商环境】 认真落实全省深化机关作风整顿工作部署，深入推进“放管服”改革，不断提高进出口企业和人民群众的“获得感”。充分对接，精准服务。全面落实省领导对海关工作的指示和要求，与各地市党政领导和企业经营者会谈，深入了解需要海关给予的具体支持，将其列入年度重点工作任务推动落实，主要负责同志带队赴各地市调研外贸工作25次。试点实行企业协调员制度。在部分高资信企业和省市两级重点项目企业实行企业协调员制度，安排专人为企业提供信息查询、问题咨询、政策推送、协调解决通关疑难问题、指导网上业务办理等服务。进一步清理涉企收费。取消了预录入服务费和技术服务费2项正面清单涉企收费，完成了进出口环节经营服务性收费项目的全部退出。积极推动“免除查验没有问题外贸企业吊装移位仓储费用”政策的落实，每月将相关数据报送给各市财政部门，协调为企业减免相关费用。全省共免除查验没有问题集装箱吊装移位仓储费用55.76万元。积极推进企业信用管理和信用评价工作，对新申请AEO认证的企业进行一对一帮助指导，为57家高级认证企业进行重新认证。开展重点项目对口帮扶。支持扩大先进技术设备、关键零部件进口，2017年共为全省企业办理征免税证明1412份，减免税款5.32亿元，同比增长45.83%。

【提高贸易便利化水平】 顺利实施全国通关一体化改革，大幅提高通关效率。7月1日，全国通关一体化全面铺开，通关一体化在河北关全面落地，不断释放海关改革给企业带来的红利。采取多项措施优化通关作业流程，大力推进通关环节“减繁琐”，平均进口货物海关通关时间29.8小时，平均出口货物海关通关时间1.2小时，较去年同期大幅缩短三分之一以上。积极推广国际贸易“单一窗口”标准版。目前已覆盖省内所有地区，顺利实现通关放行，单周报关覆盖率已突破40%，大大提升了企业通关便利程度。大力推进“互联网+海关”建设。选取企业和群众常见常办常用的21个项目上线并大力推广，并根据收集到的反馈意见，对系统进行改进，不断完善优化功能，实现让数据多跑路企业少跑路。加强区域通关协作。就深入贯彻落实“京津冀协同发展”战略与天津海关协商签署口岸合作备忘录，进一步提高河北企业在区域办理进出口业务便利化水平。

【推动海关特殊监管区域建设】 专门针对全省海关特殊监管区域发展进行研究，就充分发挥开放平台作用提出建议。针对黄骅港综合保税区项目落地情况，先后两次到总署汇报有关情况，推动黄骅港综保区申报工作取得新的进展。支持廊坊出口加工区整合升级为综合保税区，协助引入16万平方米的“京东跨境电商保税区北方中央仓”大型项目；秦皇岛出口加工区二期由于土地审批手续问题申请延期，石家庄海关已将相关材料报告海关总署待批复。海关特殊监管场所建设也取得新进展，邯郸武安保税物流中心（B型）已封关运作，唐山京唐港区保税物流中心（B型）通过正式验收。大力推动跨境电子商务进口，并以此为突破口，推动省内海关特殊监管区域（场所）扩大贸易规模。石家庄综合保税区、曹妃甸综合保税区顺利开展进口跨境电商业务，实现了河北省跨境电子商务“零”的突破。做好已复制推广的23项制度的督导工作，不断提高海关特殊监管区域通关便利化水平，2017年共为企业节省运输成本680万元。

【加强监管】 针对河北省京畿重地的特殊地理区位，深入贯彻落实总体国家安全观，以安全准入为重点着力加强实际监管，发挥好“首都护城河”职责。加强固体废物监管，严厉打击“洋垃圾”走私。开展打击固体废物走私“蓝天”行动，严格落实“三个100%”查验要求，共查发涉嫌走私固体废物案件4起，查证涉案废塑料、废五金约2万吨，查扣禁止进境废矿渣1.4万余吨，退运固体废物2400余吨。同时，从后续监管环节入手，开展专项稽查，共查发9起涉嫌擅自倒卖转让进口固体废物情事，其中移交缉私部门处理1起，移交省环保厅处理8起。严控涉朝商品进口。严格执行海关总署和商务部12号和40号公告，在公告要求的时限之前为符合条件朝鲜煤炭及铁矿石全部办结了通关放行手续。自公告规定之日起，全面禁止联合国2371号决议明确的朝鲜6类商品进口，积极维护我国负责任大国形象。保持打击走私高压态势。全年刑事立案14起，同比增长55.6%，行政立案225起，增长102.7%，刑事立案案值及涉税额、行政案件立案及结案起数等多项指标刷新历史记录，其中3起案件被总署列为一级挂牌督办案件。破获了“走私汽车系列案件”，目前已查证涉案车辆327辆，案值3.23亿元，是河北省历史上破获的最大案值汽车走私案件。开展“国门勇士2017”缉枪专项行动，共查扣疑似气动力枪支26支、仿真枪1支，BB弹、钢珠弹等12000余发，枪支配件若干，有力维护了河北省社会安全稳定，为河北省当好首都“护城河”做出了应有的贡献。

（石家庄海关　崔国强）

出入境检验检疫

【概况】 2017年，河北出入境检验检疫局全力建设沿海强局，积极服务美丽河北，以更大力度、更强举措，深入推动沿海强局建设三年行动计划“全面提升年”各项任务目标落实，各项工作取得了良好成效。深入贯彻落实《中共中央 国务院关于开展质量提升行动的指导意见》和中国质量（上海）大会精神，制定了《河北检验检疫局质量提升行动实施方案》，全面启动了质量提升“433”优质工程；推进审单放行，提高工作效率，全力压缩通关流程时长，8月—12月平均进口、出口时长较1月—7月分别缩减60.33%、71.20%，取得显著成效；主动对接国家战略，积极服务雄安新区规划建设，形成了“四新”工作思路及七条支持措施，指导河北省首个集中查验场地无极进境皮张集中监管区建设完成，实现了口岸功能向内陆的延伸；全力推动政策惠企，支持君乐宝婴幼儿配方乳粉首次开拓了澳门市场，实现中国鲜梨首次出口智利、秘鲁，成功帮扶河北首家化妆品企业出口备案；深入推进内通外联，成功上线智慧卫生检疫监管服务系统、无纸化报检、公共事务管理等业务信息化系统，单一窗口使用率在全国系统名列前茅，打通了省局与省工商等50多个政府部门信息互换共享数据通道。文明创建、缺陷消费品召回等工作均实现了历史性突破，首次创建2家全国文明单位，首次推动缺陷进口消费品实现召回，机关党建、数字化实验室、促进鲜梨出口等工作作为典型经验获得交流推广，煤炭检测技能比武、法治微视频、科普宣传、动植检法知识竞赛等活动获得了表彰，赢得了荣誉。

【确保国门安全】 强化口岸传染病疫情防控、突发事件应对，全国首次在进境冷藏集装箱中截获输入性苏里南蔗蠊，认真组织开展了突发涉恐事件应急处置盲式演练，妥善处置船员外伤等突发事件20余次，应急处置能力得到提升；积极推进卫生检疫监管模式改革，建立国际航行船舶联合登临检查工作机制，积极推行电讯检疫，构建了效率优先、兼顾安全的科学有效防控传染病疫情的卫生检疫监管新模式。深入开展“绿蕾3”等专项行动，狠抓动植物疫病疫情防控，截获检疫性有害生物种次同比增加66.22%，全国首次截获检疫性有害生物南美果树象甲，检出疫病阳性牛71头，与林业厅共同启动了“林安行动”，成功举办进境重大动物疫情应急处置演练。完善“检疫官－CT/X光机－检疫犬”三位一体综合查验模式，全国首创开展了CT/X光机与检疫犬的对抗赛，提升了旅检口岸一线检疫查验能力。加强口岸动植检规范化建设，向质检总局推荐唐山港曹妃甸港区，唐山港京唐港区和黄骅港口岸的粮食口岸为口岸动植检建设达标口岸。围绕供港澳、进口食用植物油食品安全、出口禽蛋及制品等敏感领域开展专项检查和风险排查，确保舌尖上的安全。强化监督抽查，紧盯公众普遍关心的进口目录外消费品，检出不合格批次同比增加72.1%。加强对大宗资源性商品检验监管，上报印度、俄罗斯煤炭质量信息，得到国办重视采用。全国首创出口危险货物包装“末端抽查”监管，联合口岸检验检疫机构建立了出口危化品查验结果互通机制，实现出口危化品闭环监管。对辖区国内收货人进口情况开展了调查监管专项行动，核查进口固废流向45万余吨。截获冒充铁精粉矿渣0.25万吨，防止了“洋垃圾”入境。认真做好国门安全风险隐患排查和专项整治，构建了华北五局业务督察协作机制，业务风险防控能力不断提升。

【推动质量提升】 着眼“质量高差”，完善“三同”长效机制，推进逐一帮扶行动计划，为300家企业建立帮扶台账，共有102家出口食品备案企业成功登陆认监委“同线同标同质”公共信息服务平台。深入开展质量管理体系认证结果专项监督检查，有力维护了认证市场秩序。强化技术性贸易措施应对，完成了对全省7大外贸行业的156家外贸企业抽样调查和15家企业的重点专项调查工作，指导帮扶相关产业合理应对国外技术性贸易措施。探索创建了河北局首个工业品区域质量安全示范区，成功创建河北省首个生态原产地产品保护示范区，推动省政府建立出口食品农产品示范区联席会议制度，出台《河北省出口食品农产品质量安全示范区管理办法》，新增国家级出口产品质量安全示范区3家，出口食品农产品质量安全示范区已累计创建国内国际知名品牌约300个。帮扶君乐宝乳业等重点龙头企业建立完善了全过程质量管理体系，建立2千余份中小微企业电子服务档案和产品数据库，深入开展“科技委专家企业行”。着力完善大质量工作机制，主动配合《中共河北省委河北省人民政府关于开展质量提升行动加强质量强省建设的实施意见》出台，参与完成了国务院对河北省政府质量工作迎检考核及市级政府质量工作考核。强化质量诚信，新增21家检验检疫信用管理AA级企业。

【服务河北发展】 深化京津冀检验检疫业务模式改革，共同打造“五协同”政策体系支持京津冀协同发展。深化全国检验检疫一体化应用，出口直放批次、货值同比分别增加12.20%和17.22%。开展口岸“天平行动”成效突出，对外索赔额达3030.8万美元，位列全国第一。强化执法打假，完成各类行政处罚案件69起，涉及产品总货值1721.7万元，通过两法衔接，对2起涉刑案件进行了司法移交。全力服务河北省首个汽车整车进口口岸通过验收，推动黄骅港进口粮食指定口岸通过验收，进口大豆达52批次，74万余吨，保障黄骅进境肉牛项目投入使用，支持曹妃甸进口原木检疫处理区技术改造项目通过验收，指导曹妃甸港进口肉类指定口岸建设方案获质检总局批准，推动秦皇岛口岸恢复水果进口，开通菲律宾直航航线，拓展了口岸功能。实施了2017年河北局“原产地助力优进优出百企帮扶计划”，帮助企业享受关税减免2.98亿美元。以“一带一路”沿线国家为重点，向10个国家（地区）推荐了23家企业对外注册。推动检

验监管模式创新，支持白沟市场采购贸易模式出口商品达5亿美元，同比增长360%，得到王晓东副省长充分肯定，助力石家庄综保区、曹妃甸综保区跨境电商业务开展。

【加强自身建设】 深化放管服改革，“双随机”“一单、两库、一细则”已全部建立完成，率先开展了国境口岸储存场地“双随机”检查。出台重大行政决策程序规定，建立健全科学、民主、依法决策机制。积极推进“三项制度”改革试点工作，实现行政处罚案件信息通过门户网站向社会公开。深入开展了依法行政工作风险排查“八查八找”与专项整治行动，实现法制巡讲“全覆盖”。认真组织开展质检总局“一审双查”问题整改，整改成效明显。强化项目管理，省科技厅科研项目立项数量和经费额度、科技进步奖获奖项目数量及等级均创历史新高。推进实验室建设，重点及区域中心实验室批筹、重点实验室验收均有新突破；技术机构承办国际国内能力验证活动频次创历史新高，棉花实验室成为全国第二家获得国际棉花协会认证的实验室，实验室信息化管理系统上线应用。打造了“一网一刊一视窗一园地”为新高地的文化建设平台，机关职工书屋被全国总工会命名为“职工书屋示范点”。推动群团组织建设，新增1个全国青年文明号。科学调整机构布局和设置，顺利开展全局系统养老保险参保和退休人员待遇发放。积极发挥“两个阵地”作用，成为国管局支持老干部活动站建设修缮的质检系统首家京外垂管单位。加强基础设施建设，各基建项目按工期有序推进。加强制度建设，开展了财务风险排查、涉企收费专项督查。以绩效管理推动工作、衡量业绩的效果更加凸显，利用微博、微信等新媒体扩大检验检疫部门影响的作用进一步发挥。

【从严管检治检】 及时部署党的十九大精神宣贯，围绕习近平同志治国理政新理念新思想新战略特别是关于质量方面重要论述，组织党组中心组学习10次，分期对全体厅处级干部开展了党的十九大精神集中轮训，充分发挥了领导班子和领导干部的领学、送学、帮学、促学作用。大力加强理论研究，党建研究论文获中央国家机关2016年度党建课题研究成果一等奖1篇，研究成果在获奖等次和数量上均创历史新高。组织开展了增强“四个意识”专题教育组织生活会，持续深化省级机关作风整顿，工作成效得到了《河北机关党建》《河北日报》的宣传推广。从严管理，切实加强领导班子和干部队伍建设。真诚配合、积极保障质检总局巡视组完成了对省局的“政治体检”，针对巡视组反馈的3方面9个问题照单全收，深查细照，认真整改，进一步压实了各级党组织“主体责任”。大力推动党风廉政建设责任制落实，持续推进“54321”工作机制，突出主责主业，在全局系统实行了纪检组分片派驻制。深入实践监督执纪“四种形态”。部署开展了“一问责八清理”专项行动暨基层“微腐败”专项整治工作，优化了营商环境。发挥审计监督作用，对6个单位主要负责人开展审计。

（河北出入境检验检疫局 杨朝晖）

外事、侨务及港澳事务

【概况】 2017年，全省外事工作在省委省政府的正确领导下，在中央外办、外交部、中联部、国侨办、国港办和全国对外友协的关心支持下，深入贯彻落实党的十九大精神和习近平总书记外交思想，切实增强政治意识、大局意识、核心意识、看齐意识，自觉服从服务于党和国家外交大局，牢牢把握河北重大战略机遇，积极融入“一带一路”建设，推动雄安新区对外交流合作，加强筹办冬奥国际交流合作，大力推进新一轮对外开放，重点对外工作取得新突破，全省外事工作迈上了一个新台阶。

省委对外事工作的领导得到新加强。省委坚决贯彻党的十九大精神和习近平总书记外交思想，切实加强对全省外事工作的集中统一领导，认真落实中央加强党对地方外事工作领导体制改革部署的实施意见等决策部署。全面落实党委对外事工作的主体责任，东峰书记到河北工作后不久，就多次召开省委常委会会议研究外事工作，并对外事工作作出重要批示指示；许勤省长多次调度指导外事工作，提出“三个服务、四个转变”的要求，党对外事工作的领导得到进一步加强。

与外国政府交往不断活跃。许勤省长、王晓东副省长等省领导分别会见了瑞典首相、芬兰总理等4位国宾，接待了法国奥罗阿大区主席等27位外国省州级官员及美国、塞尔维亚等30国驻华大使来访，与外国政府交往不断活跃，推动了政府间友好关系和多领域务实合作。组织省人大常务副主任范照兵率团出访瑞士和塞尔维亚，陈刚副省长率团出访斯洛文尼亚和法国，副省长王晓东率团出访哈萨克斯坦、阿联酋、尼日利亚、印度等省级干部出访15批15人次，厅级干部出访446人次，广泛推动了与国外在农业、教育、医疗、城市规划建设、水利、环保及冬奥产业等领域务实合作。

对美合作不断深化。继续深化河北省与美国艾奥瓦州的友好关系，“中美友谊示范农场”项目进展顺利，时任省委书记赵克志、省长许勤等省领导，会见两次访问河北的美国驻华大使布兰斯塔德，出席“中美友谊示范农场”项目启动仪式。省委书记王东峰、省长许勤等省领导会见第三次访问河北的大使先生，进行了深入交流，河北省与美国艾奥瓦州务实合作迈向新阶段。许勤省长等省领导会见加州、艾奥瓦州、密西根州及密苏里州4位州长，推进了河北省与美国各州在科技创新、装备制造、清洁能源等领域的合作。省人大副主任范照兵出席第二届中美地方立法机关论坛，为发展中美关系做出了积极贡献。

努力把塞尔维亚打造成“一带一路”战略支点。许勤省长会见参加北京“一带一路”国际合作高峰论坛的塞尔维亚总统武契奇，深化了双方在经贸、基础设施、

互联互通等领域的合作。当天下午，习近平主席、李克强总理在京会见武契奇总统时，充分肯定了河北省为中塞合作所作的工作。

充分发挥友城在对外交往中的重要平台作用。省外办研究制定了《河北省友城工作“十三五”发展规划》，为河北省在更大范围、更广领域、更高层次上开展友城交流进行统筹指导，为推进友城工作快速发展奠定了良好基础。

进一步加强涉外管理。牢固树立总体国家安全观，切实加强企业和公民海外领事保护，认真做好外国人来冀服务和管理工作，办理外国人来冀邀请531人次、留学生邀请2136人、外国人居留登记504个。坚持外事为民理念，及时稳妥处置涉外案（事）件34起，海外领事保护案件24起，全省涉外管理工作总体态势平稳。

进一步规范因公出国审核审批工作。进一步简化国有企业和高校科研人员出访程序，企业和教学科研人员出访活跃，全省全年因公出访4914人次，出访人数同比上升25%。其中党政人员出国下降0.5%、教学科研人员出访上升88%、企业人员出访上升20.9%。

扎实推动与海外华侨华人的务实合作。一是积极邀请海外华侨华人来访，推动侨务多领域交流合作，共接待7批496人次的华侨华人团组考察洽谈。二是成功举办了第二届北戴河新区侨商产业发展大会。活动共吸引了20多个国家和地区的200多名科技创新人才、海外博士和侨商参加。国侨办主任裘援平出席活动并为“国际人才港”和“中美创新中心”揭牌。北京、天津、上海三市侨办和侨商会代表团参加了活动，多家金融机构代表、媒体代表也应邀参加了活动。认真受理归侨侨眷信访和海外侨胞投诉。维护归侨侨眷和海外侨胞的合法权益，热心受理侨界来信15件次，来访30人次，来电388余次，完成“四侨”考生认证出证79份。

积极推动冀港、冀澳合作。进一步加强与香港、澳门特区政府，与驻香港、澳门中联办、与外交部驻香港、澳门特派员公署的工作联系。组织了第27届内地高校优秀澳门学生访问团一行32人参观访问河北省。香港、澳门“健康快车2017自驾车光明行”河北段活动在河北省唐山市和秦皇岛市成功举办。会同有关部门推动河北与香港、澳门特区在经济、科技、文化等领域的交流合作。

【承办2017年全国地方外办主任会议】 12月26日至27日，全国地方外办主任会议在石家庄召开。27日上午，外交部部长王毅作国际形势及外交外事工作报告。省委书记王东峰主持报告会，省委副书记、省长许勤，省政协主席付志方，外交部部长助理李惠来等出席。

王毅高度概括了党的十八大以来在以习近平同志为核心的党中央坚强领导下，中国特色大国外交取得的历史性成就。围绕学习贯彻党的十九大精神和习近平新时代中国特色社会主义思想，就做好新时代外交外事工作进行部署，强调要深刻理解十九大的国际影响和世界意义，准确把握十九大提出的新使命新目标新要求，切实贯彻十九大作出的对外战略部署，以更高远的政治站位、更积极的主动作为、更广阔的国际视野、更强烈的责任担当，努力开创地方外事工作新局面。王毅指出，全国地方外办主任会议在河北召开，就是外交工作贯彻落实党的十九大决策部署，以实际行动服务京津冀协同发展、雄安新区规划建设和2022年冬奥会筹办。

王东峰在主持报告会时说，王毅部长的报告内容丰富、内涵深刻，系统解读了习近平总书记外交思想，深刻阐释了新时代中国特色大国外交格局，重点讲解了大国之间和周边国家之间的关系，对进一步做好地方外事工作提出了明确要求，使我们对中央关于当前国际形势的科学判断有了更为准确的理解，对当前面临的机遇和挑战有了更为清晰的认识。地方外事工作对全局发展具有重要意义，要以这次会议为契机，深入学习贯彻习近平总书记外交思想和党的十九大精神，按照王毅部长提出的工作要求，不断开创河北省外事工作新局面。要切实增强“四个意识”，自觉在以习近平同志为核心的党中央坚强领导下做好地方外事工作。要坚决服务大局，始终以维护和发展国家利益为最高准则，自觉服从和服务于国家外交大局，切实发挥好首都政治“护城河”作用。要密切国际合作，紧紧抓住“一带一路”、京津冀协同发展、雄安新区规划建设等重大机遇，全面扩大对外开放。要深入贯彻习近平总书记关于筹办冬奥会的一系列重要指示精神，认真落实张高丽、刘延东副总理在张家口调研座谈时的讲话要求，坚持绿色、共享、开放、廉洁的办奥方针，努力筹办一届精彩、非凡、卓越的体育盛会，为推进新时代中国特色大国外交作出新的贡献，为加快建设经济强省、美丽河北提供有力支撑。

【中美友谊示范农场项目启动】 9月23日上午，中美友谊示范农场项目启动仪式在河北省承德市滦平县虎什哈镇五道河村举行。这是贯彻落实习近平总书记系列重要讲话精神，借鉴美国农场模式、加强中美技术交流、推动地方务实合作的重要举措。美国驻华大使特里·布兰斯塔德，省委书记、省人大常委会主任赵克志出席并致辞。副省长王晓东主持活动，农业部副部长屈冬玉代表农业部向项目启动表示祝贺，美方项目代表瑞克·金伯利表达了通过农业交流合作推进中美关系发展的美好愿望。外交部、全国对外友协有关负责人出席活动。参加项目启动活动的领导和嘉宾共同观摩了艾奥瓦州现代农业技术演示。

出席此次活动的还有，美国艾奥瓦州政府、企业及友好人士代表，省直各有关部门、承德市、滦平县负责人，河北省农业企业代表，承德市、滦平县各界群众代表等。

【接待外国政要、使团来访】 7月16日，美国驻华大使率团访问河北省，时任河北省委书记赵克志和省长许勤分别在石家庄会见了大使一行。河北省成为布兰斯塔德大使上任来访问的第一个省份，布兰斯塔德大使表示，将继续致力于推动美中友好关系向前发展，促进两国之间开展更加广泛深入的交流与合作，特别是将一如既往为加深河北省与艾奥瓦州在可再生能源和清洁能源等多方面的务实合作贡献力量。省委秘书长童建明、石家庄市委书记邢国辉、省政府秘书长朱浩文、省外办主任刘

晓军等参加会见。

9月23日，美国驻华大使布兰斯塔德访问河北，并出席在承德市举办的中美友谊示范农场项目。时任省委书记赵克志会见布兰斯塔德大使及外交部陈延军参赞等嘉宾。布兰斯塔德大使表示，将继续致力于推动美中友好关系向前发展，促进两国之间开展更加广泛深入的交流，继续关心关注河北，推动美国与河北在农业、科技、文化、贸易等各个领域开展务实合作。副省长王晓东、省外办主任刘晓军等参加活动。

5月16日，前来我国参加“一带一路”国际合作高峰论坛的塞尔维亚总理、当选总统武契奇一行访问河北省。5月16日上午，武契奇总理一行参观了河钢集团唐山钢厂，考察了污水处理中心、3200立方米炼钢高炉和冷轧镀锌板生产线，观看了河钢集团形象介绍片《钢铁报国》。王晓东副省长、河钢集团于勇董事长陪同参观并介绍有关情况。参观结束后，许勤省长在唐山南湖迎宾馆会见并宴请了武契奇总理一行。我驻塞尔维亚大使李满长，省委常委、唐山市委书记焦彦龙，王晓东副省长及省直有关部门和唐山市政府负责人参加了会见宴请活动。

许勤省长应邀出席了在大连举办的2017年夏季达沃斯论坛开幕式，并在6月27日上午和下午分别会见了瑞典首相勒文、芬兰总理西比莱。进一步推动了河北省与瑞典、芬兰在雄安新区建设、冬奥会、高端制造业、清洁技术和新能源、旅游业等方面的务实交流与合作。

4月26日至28日，乌拉圭罗恰省省长海克尔·佩雷拉率代表团一行4人赴河北省访问。许勤省长会见了佩雷拉省长一行。双方就两省建立友好省关系、推动两省在经贸、旅游、教育、文化、体育、港口物流等方面务实合作达成共识，表示今后要加强两省互访，为两省人民的幸福和企业的发展共同努力。省政府秘书长朱浩文、省外办主任刘晓军等参加会见。27日下午，王晓东副省长与佩雷拉省长出席了两省交流合作说明会，省发改委、省教育厅、省农业厅、省商务厅、省旅游委、省贸促会、省港口集团分别与罗恰省方面进行了交流对接。

6月6日，许勤省长在北京会见了来访的美国加利福尼亚州州长杰瑞·布朗一行。双方探讨了在雄安新区规划建设领域的合作，在清洁能源技术及应用、应对气候变化坚持绿色发展、建设清洁环保交通体系和加强两省州未来合作等方面达成了共识。省政府秘书长朱浩文、省外办主任刘晓军等参加会见。

6月7日至8日，荷兰南荷兰省省长雅普·斯密特率南荷兰省政府企业代表团25人来河北省访问。许勤省长会见了代表团，并与斯密特省长共同见证两省农业部门签订农业合作协议的签署。河北省还举办了纪念两省结好十周年图片展剪彩仪式及“水安全保障与未来城市建设高层论坛”、“两省农业企业合作项目洽谈会”。

8月1日，省长许勤在北京会见了密西根州州长里克·斯奈德一行，共同签署了《中华人民共和国河北省和美利坚合众国密西根州经贸合作备忘录》。两省州以此次签署合作备忘录为契机，积极落实习近平主席与特朗普总统关于发展中美关系的重要共识，加强沟通对接，推动中美地方经贸、文化等领域合作不断深化，在科技创新、装备制造、绿色发展、农业，以及雄安新区规划建设等领域开展务实合作，形成更多实质性合作项目。省政府秘书长朱浩文、省外办主任刘晓军等参加会见。

10月29日至11月1日，日本长野县知事阿部守一率长野县代表团一行55人访问河北。10月29日，许勤省长在太行国宾馆会见了阿部守一知事一行。许勤省长表示，当前河北站在新时代的历史起点上，全省上下正在深入学习宣传贯彻十九大精神，以习近平新时代中国特色社会主义思想为指引，深入实施京津冀协同发展、规划建设雄安新区、筹办冬奥会等重大国家战略，河北愿与长野县一起分享发展机遇，深化务实合作。阿部守一表示，长野县愿与河北分享成功办奥经验，大力支持2022年北京携手张家口冬奥会筹办工作，在青少年运动员和赛事负责人培训、发展教育旅行、培育冰雪产业等方面提供全方位支持，共同打造东亚地区冰雪运动品牌、传播奥林匹克精神。

11月28日至29日，哈萨克斯坦阿克莫林州州长穆尔扎林·马利克一行15人访问了河北省，许勤省长会见了代表团一行。许勤表示，今年是中哈建交20周年，河北愿与阿克莫林州一道，认真落实两国元首达成的共识，不断加强和深化两省州在基础设施建设、产业园区、农业、畜牧业、冰雪运动、旅游、教育等领域的务实合作，共同推动建立两省州友好关系。穆尔扎林·马利克州长表示，希望分享河北在高新技术园区、经济适用房建设等方面的成功经验，愿与河北在农产品深加工、旅游业、冰雪运动、教育和基础设施建设等领域加强合作，尽快缔结友好省州关系，促进双方合作不断深化。

12月6日至8日，韩国江原道知事崔文洵一行53人访问了河北省。许勤省长会见了代表团一行。他说，河北省和江原道因冬奥会而结缘，河北省愿与江原道在奥运领域开展全方位合作，将派代表团赴平昌学习举办冬奥会的经验，同时加强在冰雪运动员培养、发展冰雪产业、环保、教育、旅游、文化等领域的合作。崔文洵知事诚挚邀请许勤省长在明年平昌冬奥会期间访问江原道。他表示将积极介绍办奥经验，为河北代表团访问平昌提供便利和支持。希望双方继续加强联系、增进友谊，在教育、旅游文化等方面开展更加务实高效的合作。12月7日上午，王晓东副省长和崔文洵知事共同出席了河北省江原道冬奥宣传说明会，并分别致辞。

2017年4月，斯洛伐克方向党主席团成员、前议长帕沃尔·帕什卡率执政联盟干部考察团来访。代表团考察了沧州中捷斯友谊农场，参观了河钢和经济技术开发区。河北省委副书记李干杰会见了代表团一行，双方就在经贸、人文、党建等方面加强交流合作进行了洽谈。

2月15日至16日，法国奥弗涅－罗纳－阿尔卑斯大区（以下简称奥罗阿大区）主席洛朗·沃基耶率政府企业代表团59人访问了河北省张家口。访问期间，王晓东副省长会见了洛朗·沃基耶主席一行，双方签署了河北省与奥罗阿大区建立友好合作关系意向书，并就在滑雪领域专业人才的培训、旅游业的发展、优秀竞技体育运动员的培养、滑雪场的设备和景区开发及滑雪运动配套产业等方面开展合作达成了共识。

3月17日，乌拉圭驻华大使费尔南多·卢格里斯一行4人访问了河北。王晓东副省长在石家庄会见了大使，双方在扩大投资经贸规模、深化国际产能合作、深入足球合作、加强地方政府间友好交往等方面达成共识。省外办副主任叶长青、省发改委副巡视员乔晓林等参加会见。17日下午，省外办组织省发改委、省商务厅、省农业厅、省体育局、河北外国语学院及相关企业、学校与大使一行举行了工作会谈，就相关合作事宜进行了深入探讨，卢格里斯大使表示将高度关注和支持河北省对乌拉圭交流合作工作。

为更好地服务国家总体外交，加强对外交往，省外办举办了“外交官走进河北”系列活动，旨在通过邀请“一带一路”沿线国家和国际产能合作重点国家的驻华大使走进河北各地市和品牌企业，介绍国外投资环境、优惠政策、亟需的企业和与河北省企业合作意向，就有关合作事宜加强对接。“外交官走进河北”的首次活动，省外办邀请了越南驻华大使邓明魁先生。3月28日，王晓东副省长会见了邓明魁大使一行。王晓东副省长充分肯定了河北省与越南在经贸合作中取得的积极结果，希望双方在农业科技、深加工等领域开展深入合作。28日下午，省外办和越南驻华使馆共同举办了“2017越南—中国（河北）经贸投资推介会”，河北省钢铁、水泥、太阳能光伏 、建材、汽车制造等行业的近40家企业参加。

4月18日至20日，比利时东弗兰德省副省长格尔特·韦斯内克一行8人访问了河北省。王晓东副省长会见了代表团，双方探讨了在经贸、水利、林业领域的交流合作，商讨了河北省拟应邀作为主宾省参加9月份在比利时东省举办的弗拉芒国际贸易博览会有关事宜。

5月10日至11日，加拿大新不伦瑞克省副省长霍斯曼率政府企业代表团一行12人访问了河北省。王晓东副省长在石家庄与霍斯曼副省长举行两省政府工作会谈，并签署《中华人民共和国河北省人民政府加拿大新不伦瑞克省政府关于发展友好省关系的意向书》。省外办主任刘晓军、省发改委副巡视员乔晓林、省商务厅副厅长奚献军、省教育厅副厅长王廷山、省工信厅副厅长段润保、省冬奥办副主任白龙、省外办副主任叶长青参加会谈。

5月18日，南摩州副州长玛拉·塔塔娜率代表团参加了5.18中国·廊坊国际经贸洽谈会，王晓东副省长会见了代表团。代表团在来河北访问之前，陪同捷克总统泽曼在京参加了“一带一路”国际合作高峰论坛。在泽曼总统见证下，河北荣盛集团与南摩州签署了《南摩拉维亚州与荣盛康旅投资有限集团合作协议》，河北荣盛集团将赴南摩州投资，在酒店及旅游业，房地产业等领域开展合作。

2017年是河北省与阿根廷布宜诺斯艾利斯省结好25周年，5月18日至20日，布省政府秘书长法比安·佩雷乔德尼克一行2人对河北省进行了友好访问，并出席了廊坊国际经济贸易洽谈会。王晓东副省长在廊坊市会见了来访的佩雷乔德尼克秘书长一行。双方就加强地方政府间交往并组派代表团互访，积极推动两省在农业、物流、产业园区、足球、教育等领域开展合作达成共识。省外办副主任王占明、省政府办公厅副秘书长郝杰成等参加会见。

为推动河北省与非洲地区国家的国际产能合作，我驻尼日利亚大使馆周平剑大使推荐河北省、尼日利亚卡杜纳州、中土集团作为“友好省州＋央企”机制的试点。5月21日，尼日利亚卡杜纳州埃尔鲁法伊州长一行在中土集团总经理赵佃龙陪同下访问河北省，王晓东副省长与埃尔鲁法伊州长及赵佃龙总经理签署了《中华人民共和国河北省人民政府、尼日利亚联邦共和国卡杜纳州政府、中国土木工程集团有限公司进一步加强交流合作备忘录》。为致力于实现繁荣发展和互利共赢，三方共同举办了“河北—卡杜纳州国际产能合作推介会”，河北省基础设施建设、钢铁、水泥、农业、农业机械、矿业、能源、装备制造、航空等行业的40多家企业参加。

为推动中国与哈萨克斯坦关系全面快速发展，深化双方务实合作，我驻哈萨克斯坦大使馆组织哈萨克斯坦“光明道路”党企业家代表团一行15人于12月10日至19日访华。期间，12月17日至18日访问了河北省，王晓东副省长会见了代表团一行。王晓东副省长表示河北愿与哈萨克斯坦各界朋友一道，认真落实两国元首达成的重要共识，进一步加强双方在优势产能和装备制造、国际贸易、冰雪运动等领域的务实合作，为推动两地经济社会发展作出积极贡献。代表团团长、“光明道路”党副主席巴尔雷巴耶夫表示，希望河北省和哈萨克斯坦进一步促进多领域深层次合作，增进了解、深化友谊、实现双赢。12月18日，代表团一行还出席了在世纪酒店举办的中哈企业对接洽谈会。

【省领导出访】 省人大常务副主任范照兵率河北省代表团于7月份赴塞尔维亚和瑞士访问。在塞尔维亚，代表团圆满完成了配合张德江委员长视察河钢塞尔维亚公司的任务，范照兵常务副主任还出席了出席了河钢集团与塞尔维亚经济部关于《中塞友好（河北）工业园区谅解议定书》的签约仪式。在瑞士，瓦莱州副州长会见了代表团，双方就冬奥赛事运行、冰雪旅游产业及大众滑雪赛事组织方面开展合作的进行了洽谈。在范照兵常务副主任见证下，张家口市与瑞士埃克斯－科技公司签订了《张家口市国际冰雪产业发展有限公司与瑞士埃克斯－科技公司建立友好合作关系备忘录》。

陈刚副省长率代表团实地考察了斯洛文尼亚卢布尔雅那和布莱德市的城市规划、建筑风貌、文化设施、城市森林建设、水环境以及法国巴黎市的城市规划建设、地下空间、塞纳河两岸城市规划和特色建筑、拉德芳斯商务区的立体交通和智能城市设计等，为更好地编制雄安新区规划提供了许多有益借鉴，受益匪浅。代表团出访的总结报告得到了张高丽副总理的肯定。

为深度融入“一带一路”战略，促进对外交流合作，7月12日至21日，王晓东副省长率团访问哈萨克斯坦、阿联酋、尼日利亚三国。在哈萨克斯坦访问期间，成功举办了阿斯塔纳世博会河北活动周。利用世博会平台融入“一带一路”，推动对哈全面合作。在阿联酋，突出发展新型贸易方式，就“跨境电商＋海外仓”模式开展合作达成协议。在尼日利亚，着力探索推动河北省企业通过“友好省州＋央企”模式，与卡杜纳州签署了《中华人民共和国河北省人民政府、尼日利亚联邦共和国卡杜纳州政府关于发展友好省州关系的意向书》。代表团还与中土集团进行了深入洽谈，省发改委与中土集团尼日利亚莱基自贸区开发公司签署了《建设尼日利亚莱基自贸区河北产业园合作意向书》。

11月8月至12日，王晓东副省长率河北省代表团出席了在印度卡纳塔克邦班加罗尔市举办的第六届中印论坛。在开幕式上，王晓东副省长应邀发表了主旨演讲，全面介绍了河北省学习贯彻落实党的十九大精神，抢抓历史机遇，加快建设经济强省、美丽河北情况，重点推介河北省钢铁、建材、装备制造、食品加工、化工医药等优势产业，与印度共建产业园区合作模式，表明了河北与印度具有巨大的合作潜力。访问期间，王晓东副省长与印度商工部负责投资开放的副部长辛格、负责对外贸易的副部长乔亚，哈里亚纳邦（环绕首都德里的邦）首席部长拉尔，卡纳塔克邦（班加罗尔所在邦）工业部长马亚，马哈拉施特拉邦（孟买所在邦）工业部长德赛，哈里亚纳邦古尔冈市市长辛格等官员进行了多场工作会谈。

9月中旬，协助组织省人大副主任王雪峰率团访问了河北省的友好省——比利时东弗兰德省和荷兰南荷兰省。河北省作为主宾省参加了比利时弗拉芒国际贸易博览会，举行了河北省与东省建立友好关系25周年系列庆祝活动，河北省与东省还签订了水利、林业、国土资源领域的一系列合作协议。河北省作为主宾省出席了由全国友协和荷中友协举办的“中荷友好省市大会”。中国欧盟协会主席乌云其木格等也出席了大会。王雪峰副主席代表河北省，向大会介绍了与南荷兰省十年友好合作的成功经验。代表团出席了河北省——南荷兰省建立友好关系十周年庆典活动，出席了“两省友好交流成果图片展”开幕式，两省还签订了水利合作协议。

【河北省侨商会成立】 2月27日，河北省侨商会成立大会暨第一届理事会在石家庄举行，国务院侨务办公室副主任王晓萍、河北省人民政府副省长王晓东、河北省政协副主席曹素华、中国侨商会秘书长于晓、河北省侨务办公室主任刘晓军及北京市、天津市、山东省、常州市等兄弟省市侨办、侨商会代表、部分省直部门、各设区市代表、来自美国、英国、澳大利亚、法国等15个国家和地区的近百位侨商侨领及港澳同胞等有关方面168人参会。河北省侨商会的成立，是河北省侨港资企业不断发展壮大和广大侨商加强交流合作愿望的集中体现，对于进一步整合侨企资源，加强侨企与政府的联系，更好地服务侨企、服务河北经济社会发展将起到积极而重要的作用。

【成功举行第二届侨商产业发展大会】 5月20日，科创委员和海外博士走进河北“侨梦苑”暨第二届北戴河新区侨商产业发展大会在河北秦皇岛北戴河新区开幕，20多个国家和地区的200多名科技创新人才、海外博士和侨商参加活动。

5月19日，河北省委副书记李干杰在秦皇岛北戴河新区会见国务院侨务办公室主任裘援平 行。5月20日上午，国务院侨务办公室主任裘援平、省委副书记李干杰、秦皇岛市张瑞书市长出席开幕式并致辞。5月20日下午，河北“侨梦苑”开发建设工作座谈会在北戴河新区举行。国务院侨办主任裘援平出席座谈会，王晓东副省长主持会议。

【海外侨商代表团访问河北】 10月14日—15日，来自加拿大、美国、澳大利亚等海外侨商代表30人访问河北省。10月15日，王晓东副省长在石家庄会见了海外侨商代表团。双方讨论建立常态化沟通协调机制，增进彼此了解，加强洽谈对接，务实推进有关合作项目落地，共享发展机遇，实现互利共赢。河北将为海外企业家和高端人才提供多方面的服务，努力为其创业发展创造良好的营商环境。代表团在冀期间，赴平山参观了西柏坡纪念馆、参加了平山县举办的推介活动，还出席了由河北省侨商会主办的“石家庄市引进高雅艺术系列演出活动——想象国际之夜中国三大男高音石家庄交响音乐会”。

【华侨·华人·港澳同胞】 河北省籍华侨、华人、港澳同胞40余万人。分布在5大洲的78个国家和地区，主要居住在亚洲、美洲、欧洲，以东南亚、日本、蒙古、法国、美国、加拿大最为集中。其特点是：一是热爱家乡。十一届三中全会以来，广大华侨华人积极回乡投资兴业，为家乡建设做出了贡献。二是文化素质较高，重视实业。科技界的有：世界著名的美籍生物学家牛满江、美籍世界知名植物遗传学家梁学礼，美籍农业专家耿旭、法国科学院研究导师宋守信、原香港大学校长王赓武、美籍生物遗传学家翟振纲。实业界的有：欧洲共同体经济顾问、法籍华人钱法仁，美国旧金山工业电子国际分行董事长刘融淳，香港义生实业有限公司董事长沈炳枢等。还有不少人步入当地政界的发展，如：美国蒙特利尔公园市市长陈李婉若等。三是有强烈的认同感、归属感，建有河北省籍人士或与邻省籍人士联合的同乡会和商会等社团，如法国巴黎河北同乡会，英国河北同乡会，香港冀鲁旅港同乡会，日本留日华侨河北省同乡联合会，日本河北省同乡会，加拿大河北协会，美国大华府地区河北同乡会，美国北加州河北同乡会，纽约河北同乡会，巴西冀鲁同乡总会，澳大利亚河北同乡会商会，泰国河北商会，阿联酋河北同乡会，阿联酋中国河北商会，香港河北联谊会和美国加州河北商会等。

河北省华侨早年出国定居，主要有三种情况：一是由于生活所迫，张家口地区的人移居蒙古。二是众多的杂技艺人出国卖艺，在国外定居。三是赴法勤工俭学，20世纪初中国赴法勤工俭学的创始人是高阳县的李石曾。

目前，全省共有归国华侨、侨眷、港澳同胞眷属50余万人。据最新统计，归国华侨共3701人。主要来自东南亚各国、蒙古、日本、朝鲜等23个国家和地区。全省有阳原、高阳、吴桥3个侨乡县。河北省华侨回国定居起始于1910年，当时主要是输出南非的契约华工。第一次世界大战后又有赴法、赴俄的契约华工陆续回国。上世纪50年代，大批爱国华侨青年回国参加社会主义建设，以旅蒙古、朝鲜和东南亚的归侨居多。60年代至1984年，河北省按国家政策，安排了大批朝蒙归侨，仅1983年至1984年，河北省就安置朝蒙归侨近2000人。1989年后，国家对华侨回国定居政策进行了调整，不再采取“包下来”的政策。

河北省树立“大侨务”观念，积极面向海外几千万华侨华人开展联络联谊，努力培养和壮大河北省在海外侨务资源。多年来，华侨华人、港澳同胞、归侨侨眷在推动河北对外开放进程中发挥了重要作用。截至2017年，与100多个侨商组织和专业人士社团建立了联系，创建了3000多人的海外华侨华人高层次人才、知名人士数据库。从河北省对外开放的进程看，改革开放初期，在外资观望徘徊的情况下，是海外侨胞和港澳同胞率先回乡投资兴业，为河北省带来了急需的资金、技术、人才和先进管理经验。河北省各地第一家外资企业，大都是海外侨胞和港澳同胞投资兴办的。改革开放以来，河北省许多出国团组，都是华侨华人帮助联络安排出访活动的；河北省许多对外交往渠道、对外合作事项，都是海外侨胞帮助联络开拓的。在改革开放这一伟大历史进程中，广大海外侨胞和归侨侨眷始终与祖国同呼吸、共命运，积极参与和支持河北省经济建设和社会发展，积极促进河北人民同世界各国人民的友好交往，为提升河北省经济实力、促进社会发展发挥了独特作用，作出了突出贡献，广大海外侨胞和归侨侨眷已成为推动河北省对外开放进程的重要力量。

华侨华人、港澳同胞、归侨、侨眷在提升河北省对外开放水平上发挥了重要作用。2017年2月27日，河北省成立了河北省侨商会。河北省侨商会是由在河北省投资创业或有意到河北省投资创业的华侨华人、归侨侨眷和港澳同胞组成的非营利性社会团体。该会现有会员190余名，多为在河北省有一定影响的侨资企业家。在成立大会上，澳大利亚籍侨商李辉先生当选为首任会长，京津冀侨商会签署了《共同推进京津冀协同发展战略合作协议》，京津冀“侨梦苑”签署了《共同推进京津冀协同发展战略合作协议》。从对外开放的效果看，截止目前，华侨华人、港澳同胞在河北省投资企业数、合同外资额均占全省外资企业数和外商投资额的60%以上。多年来，河北省引进的海外高层次人才主体也是海外侨胞。广大海外侨胞发扬热心公益慈善事业的优良传统，积极捐资助学、捐建医院、捐建村道，为河北省文化教育、医疗卫生和社会福利等事业做出了重要贡献。众多华侨华人致力于促进居住国与河北省的友好合作，促成了越来越多的外国地方政府同河北缔结为友好省（州）、友好城市关系，为促进河北省对外开放发挥了重要作用。

华侨华人、港澳同胞、归侨、侨眷在提升河北国际影响力上发挥了重要作用。他们中每一位都是河北品牌的海外代言人，通过他们把河北的省情民情、独特的区位优势、良好的投资环境、经济社会建设新成就及对外合作需求等信息传播到国外。河北省新闻媒体，广泛借助华侨华人牵线搭桥，通过报刊、广播电视积极开展与国外媒体的交流合作推介河北，吸引了更多的海外民众和媒体关注河北、了解河北，提升了河北的国际知名度。

华侨华人、港澳同胞、归侨侨眷在传承中华文化和增强民族凝聚力上发挥了重要作用。海外华侨华人既熟悉中国文化，又了解驻在国文化，能够成为两种文化交流沟通的桥梁。多年来，通过华侨侨人渠道，河北省在国外举办了河北文化活动周、文艺演出、文化产业项目推介洽谈、系列图片展览等活动，举办中国“寻根之旅”夏（冬）令营和文化大乐园活动，推动了中华文化的海外传播。积极推动华文教育的发展，河北省学校广泛开展与国外华文学校交流合作和对外汉语教学，选派教师到国外华校工作。对外教育和文化交流，对凝侨心、聚侨力产生了很强的向心力，对增进中外相互理解和互利合作、吸收人类优秀文明成果、在更高的起点上弘扬河北文化起到了积极作用。

（河北省人民政府外事办公室　董洁）

区域经济技术合作

【概况】 2017年，全省经合系统认真贯彻全省经济工作会议和全省发展改革会议精神，紧扣国家京津冀协同发展和“一带一路”战略推进节奏，依托各类平台，谋划和推进河北省与知名民企、知名院所校、异地冀商的合作，同时强化与环渤海地区其他省区的合作，全省经济技术合作各项工作取得新成效。全省全年引进省外资金6323.15亿元，其中，从京津引进资金3961.07亿元，占全省引资数的62.64%。

【与知名民企、知名院校的合作】 为贯彻国家对雄安新区产业发展定位，吸纳高端高新产业，集聚创新要素资源，培育新动能，对接了阿里巴巴、京东集团、深圳华讯方舟集团、深圳华强集团、神州数码股份有限公司、深圳联合飞机等一批技术水平领先、投资力量雄厚的大型民营企业；为引进京津高端智力、人才，着重加强了与京津知名院校的合作，先后与清华大学、北京大学、中国人民大学、中科院、北京理工大学等院校进行深入沟通，共商合作事项，其中《中国科学院河北省人民政府关于支持雄安新区规划建设和全面深化合作协议》已于6月23日签署，与中国人民大学、北京理工大学等院校的合作协议基本成熟，报省政府择机签署。

【以项目为载体推动合作】 根据河北省产业转型升级与承接产业转移需要，围绕战略性新兴产业、现代服务业、传统产业转型升级、现代农业产业化等领域，谋划内资招商项目285项，项目总投资额5911亿元，拟引进资金4775亿元。对谋划的合作项目，在省发改委互联网网站、经济技术合作中心网站向社会发布，同时通过5.18廊坊经洽会、其他省展会平台、异地河北商会等途径对外广泛发布。

组织省国土厅、省住建厅等单位分别与苏宁公司和菜鸟物流集团进行沟通对接，协调项目进展中出现的问题，加快推进廊坊苏宁广场和菜鸟物流永清物流基地建设。积极推动阿里巴巴集团与省建投集团签署战略合作协议，双方约定在电力供应、推进新型智慧城市及雄安新区智慧基础设施建设、互联网信用及小贷金融创新、精准扶贫等方面开展合作。

【以大型活动为平台狠抓合作】 廊坊5.18经贸洽谈会期间，全省共签约亿元以上经济技术合作项目171项，总投资3020.8亿元，协议利用省外资金2837.4亿元。总投资同比增幅12.8%，协议利用省外资金同比增幅8.1%。借丝博会之机，于6月1日、2日，在西安市分别举办了河北省经济技术合作恳谈会、河北－西安高校科技合作项目对接洽谈会，河北省6市32家园区60余家企业与陕西省30多家企业进行了对接，与西安交通大学、西北工业大学、西安电子科技大学、西北大学等9所高校35名专家教授进行了交流，两次对接活动共达成38项合作意向。兰洽会期间，在兰州市举办了河北省企业与甘肃省知名民企合作恳谈会。12月7日，在石家庄召开了河北省与省外院校科技合作对接洽谈会，邀请了中国科学院、清华大学、西安交通大学等十几所知名院校主管科技合作的负责人、专家教授共60多人，与河北省企业进行对接，会上签署26项合作协议。

【加大冀商返乡创业工作力度】 一是强化研究谋划。按照省领导部署，研究起草了《推进冀商创业创新三年行动计划》；对全国29个省（市、区）河北商会会员企业现状及返乡投资意愿进行了调研，形成了《全国冀商发展现状调研报告》。二是组织召开了异地冀商代表座谈会暨河北省推进冀商创业创新工作领导小组第一次会议。来自京津、东南沿海、西部重点省区的22家省级河北商会会长、副会长参加了会议，大家在会上交流了异地冀商投身河北经济社会发展、热心家乡公益事业和促进河北与国内外交流合作的经验、做法。晓东副省长在会上讲话并为异地冀商返乡创业创新项目签约仪式证签。三是加强项目对接。与冀商万汇部分成员单位、10多家异地河北商会会长秘书长座谈，沟通了冀商万汇在“一带一路”沿线国家发展情况，在保定市、张家口市项目进展情况，以及回省会石家庄市建设总部情况。通过四川省河北商会组织20多家商会会员企业，于9月底赴保定市考察对接。

【贯彻“一带一路”战略和环渤海地区合作】 为统筹推进河北省参与“一带一路”战略，根据省委省政府统一部署，协调推动河北省推进“一带一路”建设工作领导小组成立。积极落实地方推进“一带一路”建设工作会议精神，总结河北省推进“一带一路”建设情况，研究提出下一步工作建议。调度梳理当前河北省与环渤海省区市合作的总体情况及存在问题，推动建立环渤海地区合作发展协调机制。参加蒙晋冀（乌大张）长城金三角合作区第四届联席会议，推进长城“金三角”合作区建设。

【推进经合基础性工作】 为进一步规范全省经济技术合作统计工作，保证统计资料真实性、准确性和时效性，结合全省经合工作实际，在充分征求各市意见基础上，研究制定了《河北省经济技术合作统计工作管理办法》。同时为提高统计工作制度化、规范化和科学化水平，实时掌握全省引进省外资金项目情况，研究制作全省经济技术合作统计软件，5月份组织全省经济技术合作统计工作培训会，对全省经合系统工作人员进行专门业务培训。

【有序做好对口支援】 印发《河北省“十三五”对口支援新疆巴州和兵团二师经济社会发展规划主要任务、事项和项目责任分工》、《河北省“十三五”对口支援西藏经济社会发展规划主要任务、事项和项目责任分工》，使对口支援计划落实程序化、规范化。围绕完善受援地住房、教育、医疗、文化等基础设施建设、移民小区帮扶谋划援建项目，提升当地居民生活质量，丰富当地居民生活。2017年，援助新疆巴州和二师建设资金4.4752亿元，实施援助项目77个；援助西藏建设资金1.4994亿元，实施援建项目34个。根据中央要求，在援疆援藏项目中，安排了94个项目专门帮助受援地实施扶贫脱贫工作，项目资金5.2796亿元，占援助资金总数的88.37%。河北省发展改革委与新疆自治区发展改革委签署疆电入冀合作会谈纪要，商定新疆向河北省输送电力12亿度，实际消纳2－3亿度；与西藏自治区协商了藏电入冀事宜。援助三峡库区丰都县建设资金1036亿元，实施援助项目8个。着力推进“河北一巴州产业合作示范区”建设，不断推动河北企业与巴州、二师的合作。今年7月，在乌鲁木齐市举办河北省与巴州、二师合作项目集中签约仪式，河北省企业分别与库尔勒市、铁门关市、和静县、轮台县、焉耆县、和硕县政府、园区和企业达成14项合作成果，项目涉及装备制造、现代农业、食品、服装等多个领域，总投资91.36亿元。为贯彻落实第六次全国对口支援新疆工作会议，河北省省委、省政府主要领导率河北省党政代表团赴新疆自治区访问考察；河北省人民政府副省长王晓东赴藏参加深化对口援藏扶贫工作会议并赴阿里调研考察；巴州和二师领导也多次来河北考察交流。援受双方高层次互访密切了交流、交往与交融。

（河北省发改委　赵旭东）

物流业

【概况】 2017年，河北省物流业运行延续了良好发展态势，物流需求增长基本平稳，物流运行质量进一步提高，需求结构持续优化，转型升级结构调整加快，呈现出稳中向好的发展态势。物流业在国民经济中的基础性、战略性地位进一步提升。

（一）物流运行平稳，运行效率与质量不断提升。当前，河北省物流业正处于以转型升级为主线的发展新阶段，物流企业逐步向效率提升、创新驱动转变。2017年物流业增加值为2851亿元，同比增长8.14%，增速比去年同期提高1.74个百分点。物流实物量增长较快，社会物流总费用增速明显。社会物流总费用为6197.2亿元，同比增长7.92%，增速比上年同期提高4.42个百分点。在多式联运、甩挂运输等相关举措推动下，运输物流效率进一步提升，物流成本有所回落，社会物流总费用占GDP的比率为17.23，比上年同期降低0.81个百分点。

（二）物流需求持续增长。2017年河北省社会物流总额为96698.9亿元，同比增长7.2%，增速比去年同期提高0.7个百分点。其中，工业制造业物流仍然是物流需求的主要来源，工业品物流总额为56316.7亿元，同比增长3.6%，工业品物流总额占社会物流总额的比重为58.2%；消费带动相关物流需求保持较快增长，消费依然是物流需求增长的重要推动力，与消费相关的单位与居民物品物流总额为137.2亿元，同比增长30.9%；省外流入物品物流总额为33657.5亿元，同比增长13.1%；进口物流需求量增长显著，进口货物物流总额为1219.4亿元，同比增长15%，增速比去年同期提高23个百分点。

【现代商贸物流重要基地建设】　（一）京津冀合作逐步推展。京津冀三省市印发《关于加强京津冀产业转移承接重点平台建设的意见》，着力增强北京新的“两翼”高端产业吸引力，集中力量打造四大战略合作功能区，合理打造一批高水平协同创新平台，协力共建一批专业化产业合作平台。京津冀三地口岸主管部门签署《京津冀口岸深化合作框架协议》，口岸通关业务一体化步伐加快。召开了第三次京津冀粮食行业协同发展局长联席会议，签订了《京津冀地区粮食流通监督检查联合执法协作协议书》，北京市1亿多斤市级储备落户河北。

（二）建立项目对接机制。河北省与京津建立了京津冀经（工）信部门项目对接机制，建立了京津冀产业转移项目库。入库项目达625个，总投资约8499亿元。在项目对接机制下，河北省与京津联合进行了产业协同发展项目库、数据库、资料库建设，做实做细基础性工作，及时通报发布产业转移和项目进展情况，实现项目“一对一”精准对接服务。在京津冀产业转移项目库中，已建成投产项目126个，总投资约1397亿元；在建项目299个，总投资约4223亿元；前期项目200个，总投资约2879亿元。

（三）推进一批承接北京非首都功能转移项目建设。配合国家发改委推进京津冀农产品流通创新体系建设，筛选河北省优秀农产品流通企业争列国家农产品流通创新示范企业。沧州渤海新区管委会、天津港集团、河北港口集团三方正式签署框架协议，共同加快推进黄骅港集装箱发展。会同有关部门协调推进河北新发地农副产品物流园、亿博基业冀中南公铁联运智能港等项目建设。北京新发地盐山县农副产品批发市场暨冷链物流园项目”落户沧州盐山县，是继北京新发地落户高碑店之后，河北省承接非首都功能转移的又一个大型农产品批发市场。

【国际物流通道建设】　（一）港口发展实现新突破。2017年河北省港口吞吐量首次突破10亿吨大关，比去年增加1亿吨，同比增长10.5%，港口吞吐能力也达到10.6亿吨，同比增长3.9%，港口吞吐量、吞吐能力双双跨越10亿吨，分别居全国第五位、第二位。河北省初步形成以唐山港为龙头，秦皇岛港、黄骅港为两翼，以煤炭、铁矿石等大型专业化码头为主，集装箱、杂货、液体化工为补充的综合性港口群。三大港口全部跻身2亿吨大港俱乐部，其中秦皇岛港完成2.4亿吨，黄骅港完成2.6亿吨，唐山港完成5.5亿吨，居全国沿海港口第3位。

（二）通关效率不断提升。《海关总署关于简化海关税费电子支付作业流程的公告》（第44号公告）和《海关总署关于优化汇总征税制度的公告》（第45号公告）正式实施后，进一步提升了河北省进出口企业的通关效率。44号公告简化海关税费电子支付作业流程，取消现场海关通过打印税款缴款书触发税款实扣的操作，将打印税单与货物放行解绑，使进口货物通关时间压缩一半以上，平均每单通关时间可控制在3小时之内。河北省享有办理汇总征税资格的企业由原来的572家扩大到29815家。

（三）港口功能日益完善。国家质检总局公布的2017年进境粮食指定口岸及查验点名单，河北省3个港口4个码头上榜，分别是：唐山港口岸的京唐港杂货码头（A，即水运散装）、秦皇岛口岸的秦皇岛港杂货码头（A）和秦皇岛港新港湾集装箱码头（B，即水运集装箱）、黄骅港口岸的河北冀海港务有限公司码头（A）。这4个进境粮食指定码头成功获批，对进一步优化河北省口岸功能、丰富货物种类、整合并有效发挥口岸检验检疫资源优势。唐山曹妃甸品质宝国际物流有限公司进口的葡萄酒以跨境电子商务网购保税模式在曹妃甸综合保税区顺利通关出区。这样既减少了货物流转中间环节，降低了企业运输成本，又能缩短商品到达消费者手中的时间。唐山港区整车进口口岸通过验收，成为河北省第一个汽车整车进口口岸，填补了河北省这一领域的空白。将进一步完善河北省港口功能，带动区域汽车进口贸易发展，提升港口集装箱业务规模和港口综合业务水平。

2017年河北省新设立保税仓库和出口监管仓库共8家，截止到12月31日，正式运营保税仓库22家，出口监管仓库4家。保税仓库和出口监管仓库的税收政策有助于进出口企业减少资金占用压力，降低企业物流成本。石家庄综合保税区通过正式验收，标志着河北省继曹妃甸综合保税区后，第二家综合保税区即将封关运行。

（四）国际物流班列及航线开通。开通了好望角号中亚国际货运班列，为京津冀地区首列直通中亚地区的货运列车，起点为中国邢台，终点为乌兹别克斯坦首都塔什干，并设立哈萨克斯坦（阿拉木图）海外仓。泰通国际运输有限公司运营的“保定－喀什－中亚/南亚多式联运国际班列”和“深圳－喀什－中亚/南亚多式联运国际（援疆）班列开通运行。成功开通了河北省首条东南亚－秦皇岛港直航航线，依托此航线，从菲律宾、越南、柬埔寨进口高品质的热带新鲜水果，同时把秦唐周边的钢

材、建材等出口到东南亚地区。

【物流基础设施建设】 交通物流深化融合发展。2017年交通重点建设实现新突破，全省高速公路总里程达到6531公里，交通运输固定资产投资完成781.7亿元，超额完成年度计划任务。（天）津石（家庄）高速开工建设，延（庆）崇（礼）高速全面开工，（北）京秦（皇岛）高速京冀、冀津接线段主体建成。全省交通运输货运枢纽（物流园区）项目总投资21.9亿元，完成投资26.8亿元，完成年计划的122.1%，同比增长6.8%。物流园区逐步互联互通，物流基础设施网络建设得到加强，枢纽经济放大物流社会经济效应，其中河北瑞川物流园区一期工程和深国际石家庄综合物流港一期工程投入运营，冀中南公铁联运智能港和唐山公路港一期工程稳步推进。

【物流市场主体壮大】 （一）国企进一步做大做强。截至到2017年底，省国资委监管企业涉及物流业总资产达1819.4亿元，同比增加22%；净资产572.6亿元，同比增长23%；完成营业收入3288.1亿元，同比增长0.15%；利润23.1亿元，同比降低15.8%。

（二）一批综合实力强的标杆型企业引领行业发展。冀中能源国际物流集团有限公司荣获2017中国物流企业50强第三名、港口集团开展块煤集装箱化运输，申报了多式联运示范工程。河钢曹妃甸和黄骅港港口项目进展顺利，全年完成1950万吨，同比增长14.4%；全年完成7600万元，同比增长110%。开滦煤炭专业物流板块全年煤炭购销量1080万吨，实现收入66亿元。国和公司稳步扩大煤炭贸易规模，形成了以黄骅港为主体的煤炭交易平台，并同中国华电煤业集团、神华集团和广西北部湾港务集团等建立了合作关系，打通了南北煤炭大通道。邯郸国际陆港全力推进业务扩张和园区建设，年内累计从黄骅港输运矿石120余万吨，从邯郸发运钢材10余万吨，成功中标美的国内两条运输干线。

（三）物流创新取得新成绩。石家庄润华国际物流股份有限公司与传化智联杭州众成供应链管理有限公司合资成立河北传化供应链管理有限公司，共同运营正定国际物流园项目。河钢集团物流服务平台完成了承德汽运平台功能开发，实现运输计划管理、车辆管理、在途跟踪、运费结算等功能全部上线；河钢承钢上线试运行；物流服务平台铁路部分也在积极建设之中。开滦集团唐山湾炼焦煤储配基地建设完成了1#—4#堆场简易硬化工程、道路及汽车衡基础等堆场功能的完善工程。开滦集团曹妃甸数字化煤炭储配基地建设主煤流通道（来煤系统、储煤系统、配煤系统）及对接工程土建部分完成了90%。

河钢集团、中国五矿、曹妃甸港集团、首钢集团、中国远洋海运集团共同签署合作协议，五方将以增资扩股方式，共同参与由中国五矿在曹妃甸港牵头建设的涵盖保税、仓储、配矿、保值、融资、现货、期货交割库等功能的新型绿色环保、智能高效、功能齐全的亿吨级国际矿石交易中心项目。

圆通速递华北区域管理总部和华北航空枢纽建设、中通快递华北电商快递产业园、顺丰电商供应链产业园等重大项目已取得实质性进展。“邯郸快递产业园暨河北省快递产业试验园区”作为全省首个挂牌成立的快递产业试验园区正式揭牌成立，实现了全省零的突破。苏宁石家庄物流基地“开仓”，该项目采用信息化、机械化的立体仓储系统的集成方案，承担苏宁在石家庄地区销售商品的采购结算、调拨配送、售后服务等职能。

【物流标准化】 （一）完善物流标准体系。为解决冷链物流、商务诚信、外卖送餐、电商物流等方面无标可依的现状，2017年省质量技术监督局新立项多个物流业地方标准项目，已完成前期编写工作，正在按计划有序推进。京津冀联合制定的《畜禽肉冷链物流操作规程》等8项京津冀协同地方标准，已完成前期的编写。

（二）推进标准化试点建设。河北省先后有石家庄、唐山、邯郸、承德列为国家物流标准化试点城市，共谋划建设项目105个，总投资12.76亿元，获得中央财政支持资金2.6亿元。

【物流信息化】 （一）专业领域信息化水平不断提高。河北省交通运输物流公共信息平台在完成与国家交通运输物流公共信息平台的对接的基础上，在邢台好望角物流园区正式上线发布。该平台是河北省唯一的交通运输物流公共信息基础平台，也是国家交通运输物流公共信息平台“1+32+nX”建设框架的重要组成部分。河北省启用“大件运输许可平台”，标志着河北省大件运输许可实现了网上一站式并联审批，一地办证、全国通行。河北省会同京津着手搭建京津冀商贸物流信息服务平台。目前，京津冀重点物流设施地图服务平台和物流京津冀信息服务平台已搭建完成，正在抓紧进行联通对接。省农业厅开发建设了农产品质量安全监管信息平台，拥有质量追溯、检验检测、行政执法、行政监管、“三品一标”、应急管理、信息发布与查询等8个子系统。通过该信息平台，建成了贯穿省、市、县、乡和农产品生产企业与合作社的质量追溯通道，引导农产品生产企业与合作社开展质量追溯，目前，全省已有400余个单位开展了质量追溯。

（二）物流企业信息化建设加快。河钢云商电商平台应用逐渐深入，全年创效2510万元。港口集团积极整合既有的现货交易、信息咨询和金融服务等电子商务系统，通过增加交易、物流、结算、支付、融资等基础服务功能，集成构建面向整个沿海市场的煤炭电子商务服务体系。唐山成联电子商务有限公司开发建设的全国标准化智慧物流服务平台—中国物流官网，是推进信息化与经济融合发展国家级示范项目，已成功与包括河北、辽宁、山东、广东等多个省份在内的二十余个城市，实现了物流资源信息互联互通，实现线上车、货、托盘等各类物流资源的在线交易与支付交易。石家庄的必康润祥医药河北有限公司的网络平台已入驻“京东商城”实现了上、下游企业、客户端联通，信息共享。

【物流试点】 万合物流股份有限公司等10家企业成为交通运输部无车承运人试点单位。截至2017年底，入选10家企业已完成无车承运人信息平台建设并上线投入使用。同时建设了河北省无车承运人运行监测平台，现10家试

点企业均已接入省监测平台，并与部平台完成联调联试开始正常上传数据，并开始对试点企业上传的主要信息进行监测。兴隆县汇丰物流配送有限公司公路甩挂运输试点项目工程通过验收。开展了京津冀城际公路快速货运网络化甩挂运输试点工作。唐山港集团多式联运项目的基础设施建设任务基本过半。长久物流商品车公铁水联运示范工程成功入选国家第二批多式联运示范工程项目。

【物流业运行环境】 （一）物流相关政策相继出台。2017年，党中央、国务院和省委、省政府重视物流业发展，先后出台了物流业降本增效、现代供应链创新应用、冷链物流等一系列重要文件。各部门从自身职能定位出发，出台支持物流业发展的多个物流相关政策，支持物流业发展的政策环境得到进一步优化。

（二）物流车辆道路通行更安全便利。对运送生活必需品、药品、鲜活农产品和冷藏保鲜产品的民生保障车辆一方面开辟绿色通道，保证城市物资供给和百姓日常生活，另一方面重污染大气限行期间不限制，确保民众日常生活不受限行措施影响。加强快递车辆管理，下发了《关于进一步加强快递机动车辆管理的通知》，明确快递机动车辆属民生保障车辆范围，并在道路通行证办理、临时停车管理、轻微交通事故应急处理等方面予以保障。根据国家有关部委要求开展了货车非法改装专项整治行动，启动新一轮超限超载治理。

（三）行业诚信工作进展顺利。省工商局积极依托国家企业信用信息公示系统（河北）和河北省法人库，向有关部门推送企业登记备案、经营异常名录和严重违法失信企业名单等信息。省现代物流协会按照中物联《物流企业信用信息管理办法》和《物流企业信用评级管理办法》，在行业内积极组织开展了物流企业信用评价工作，2017年河北省物流诚信企业总数已达11家。通过开展A级信用企业评价工作，对提高河北省物流企业品牌竞争力，约束和规范企业经营行为，营造公平竞争、诚信经营的市场环境起到了积极的作用。省商务厅制定了《河北商务诚信公共服务平台建设方案》

（四）切实减轻物流企业税收。省工商局全力做好企业“多证合一”改革和个体工商户“两证整合”实施工作，落实《河北省进一步放宽市场主体住所（经营场所）登记条件的规定》要求，进一步放宽住所登记条件，实行住所信息申报制，积极推进企业登记电子化工作。截止2017年底，河北省物流企业大宗商品仓储设施用地减免城镇土地使用税，共涉及142户企业享受该项政策，减免税款达6878.57万元。

（五）物流业用地得到保障。省国土资源厅要求各地在编制国有建设用地供应计划过程中，要结合京津冀协同发展，优化土地供应结构，重点保障物流、仓储等产业发展用地，属于国家和省重点项目的要优先安排。以各市、县土地利用总体规划调整完善为契机，积极做好物流园区用地同土地利用总体规划相衔接，优化园区用地布局，保障了物流产业园区的发展空间。

（河北省发改委　潘溪）

证券期货业

【资本市场概况】 （一）辖区上市、挂牌公司。截至2017年12月31日，河北辖区上市公司家数为56家，全国占比为1.61%，居全国第14位。其中沪市22家，深市34家；主板36家，中小板10家，创业板10家。2017年，辖区新增上市公司4家，分别为惠达卫浴、科林电气、三孚股份、秦港股份。截至2017年12月31日，河北辖区上市公司总市值8308.05亿元，居全国第14位，总市值较年初增长1.25%。

截至2017年12月31日，河北辖区全国中小企业股份转让系统挂牌公司241家，占全国挂牌家数的2.07%，较年初增加23.59%。

截至2017年12月31日，石家庄股权交易所挂牌企业510家，较年初增加38.21%。

2017年，辖区直接融资总额为627.47亿元，其中IPO融资29.54亿元；上市公司股权再融资218.69亿元；新三板股权融资21.82亿元；石家庄股交所挂牌企业股权融资1.62亿元；上市公司债券融资30亿元；非上市公司债券融资209亿元；资产证券化融资113.56亿元；石家庄股交所挂牌企业债券融资3.24亿元。

（二）辖区证券经营机构。截至2017年12月31日，河北辖区共有证券公司1家，证券公司分支机构共计281家，其中分公司26家，证券营业部255家，分别较年初增加6家，31家。

（三）辖区期货经营机构。截至2017年12月31日，河北辖区共有期货公司1家，分支机构共计37家，其中分公司1家，期货营业部36家，分别较年初增加1家，2家。

（四）辖区私募机构。截至2017年12月31日，河北辖区已登记私募基金管理人128家，较年初增加20家，同比增长18.5%；已备案私募基金242只，较年初增加89支，同比增长58.2%；管理基金规模365亿元，同比增长142.7%。

截至2017年12月31日，河北辖区已登记私募股权、创业投资基金管理人95家，私募证券投资基金管理人25家，其他类私募投资基金管理人2家，未注明类型私募基金管理人6家。

（五）辖区证券投资咨询。截至2017年12月31日，河北辖区证券投资咨询机构1家，为河北源达证券投资顾问股份有限公司。

【证券期货监管】 2017年，在证监会党委和省委省政府的坚强领导下，河北证监局不断增强“四个意识”，牢固树立新发展理念，坚持稳中求进工作总基调，立足监管本位，践行依法全面从严监管理念，切实提升资本市场服务实体经济功能，保持了多层次资本市场健康发展，为河北省经济社会发展做出了应有的贡献。

（一）认真学习贯彻党的十九大精神。按照中央、省委和证监会党委统一部署，深入学习宣传贯彻党的十九大精神，综合运用专家辅导、主题研讨、调查研究、参观学习等方式，带着问题深入思考学，带着使命结合实际学，带着责任扎实反复学，准确领会、深刻把握党的十九大精神的思想精髓、核心要义，把思想统一到党的十九大精神上来，把力量凝聚到实现党的十九大确定的各项任务上来，不断兴起学习宣传贯彻党的十九大精神热潮。以落实全面从严治党要求为主线，持续推进“两学一做”学习教育常态化制度化，持之以恒正风肃纪。党员干部“四个意识”明显增强，纪律规矩意识得到提升，党性观念和思想觉悟得到提升，党的组织生活逐步严格规范，基层党建工作基础得到夯实、薄弱环节得到加强。

（二）健全多层次资本市场体系。不断加强市场培育，积极支持符合条件的辖区企业首发上市，推动更多中小微企业到全国股转系统挂牌融资，指导石家庄股权交易所有序发展。截至2017年末，河北共有上市公司56家，其中主板公司36家，中小板公司10家，创业板公司10家，总市值为8308.05亿元。全国股转系统挂牌公司241家，比2016年底增加46家；石家庄股权交易所挂牌公司510家，比2016年底增加141家。证券、期货、咨询法人机构各1家，证券分支机构281家，期货分支机构37家，私募基金管理人128家，证券期货基金机构核心竞争力和服务能力不断提升。河北省错位发展、协同互补的多层次资本市场体系已经形成并日趋完善。

（三）扩大直接融资规模。深化资本市场功能，把直接融资放在突出位置。2017年，河北企业通过资本市场实现直接融资627.47亿元，其中6家企业通过IPO审核，4家企业首发筹资29.54亿元，上市公司增发筹资218.69亿元，上市公司发行债券筹资30亿；非上市企业发行债券筹资209亿元；新三板公司定向发行筹资21.82亿元；各类企业资产证券化融资113.56亿元；石家庄股权交易挂牌企业股权融资1.62亿元、债券融资3.24亿元，为实体经济发展提供了“源头活水”。

（四）有效防控区域性金融风险。通过依法全面从严监管，强化监管本位，守住风险底线，稳步提升市场主体质量，全面整肃市场环境，确保不发生区域性金融风险。全面加强风险监测，及时掌握涉及辖区各类市场主体的公告、媒体报道等信息。以问题和风险为导向，持续对辖区各市场主体风险事项进行拉网式排查，建立并动态调整风险台账，做到“摸得准、说得清”。完善应急机制和处置机制，对症下药、综合施策，全年实施现场检查69家次，独立查办案件7起，对违规行为采取行政监管措施18件，推动问题整改，妥善化解风险。2017年，辖区资本市场运行平稳，未发生群体和恶性事件。

（五）配合地方政府开展清理整顿交易场所工作。积极协助省政府处置滨海大宗风险。向国家清整联办汇报风险状况情况，向证监会打非局上报处置工作进展报告6期。协助地方政府进行现场检查，制定风险处置预案，咨询政策，对违规行为进行性质认定。全力支持地方政府做好清理整顿交易场所“回头看”。先后两次面向全省各地市清整工作人员组织专项培训，并编制清整工作指引。组织动员31家证券期货经营机构派员参加清整工作现场检查。派员参加河北省互联网金融风险专项整治活动工作领导小组，全力做好互联网金融风险专项整治工作。

（六）全力支持雄安新区规划建设。选派专人参加雄安新区金融工作组。组织召开辖区上市公司、证券期货经营机构座谈会议，围绕资本市场服务于雄安新区建设大局深入研讨。坚决落实省委提出的“坚决防范炒股等投机行为”要求，召开上市公司座谈会，要求加强舆情监测，及时澄清不实报道，严防“雄安概念”炒作。支持市场主体参与新区建设，履行社会责任，目前上市公司华讯方舟已将注册地迁至雄安新区，安信证券设立雄安分公司。深入研究中央对雄安新区建设的有关政策，积极向省有关部门建言献策，多次向证监会请示报告争取支持。

（七）深化资本市场扶贫攻坚。协调8家证券公司与辖区8个贫困县结对帮扶，引资引智。引导合作社资本金投资上市公司关联企业，通过股份投资收益实现贫困人口收入增长的持续性、稳定性。联合省金融办先后在张家口和保定举办“全省资本市场服务脱贫攻坚工作培训对接会”，不断发挥资本市场促进普惠金融体系发展和扶贫工作的作用。组织期货机构与贫困县农作物种植专业合作社开展“保险/期权＋期货”，积极拓展资本市场服务“三农”的渠道和机制。支持张家口、承德、保定等地深度贫困县利用证监会绿色通道支持政策，积极引入外地拟上市挂牌企业迁入贫困县，带动当地经济发展。

（八）切实强化投资者保护。2017年办理各类信访投诉举报事项924件次，确保件件有着落，事事有回音。主动对接河北省高级人民法院和河北地区试点法院，通过签订合作备忘录、加强沟通交流和信息共享等形式，进一步推进完善多元化解辖区证券期货纠纷机制。按照证监会和地方政府有关部门工作安排，组织行业机构开展“投资者保护明规则、识风险”系列专题教育活动、实施《证券期货投资者适当性管理办法》、打击非法集资宣传月和金融知识进社区及2017年“3.15”消费者权益保护日、“5.15”经侦日、“12.4”国家宪法日等宣传活动，组织培训宣讲1950余场，张贴海报近5万份，发送短信10万余条，持续推动投资者教育工作不断深入，推动建立投资者教育和保护工作的长效机制。

（河北证监局　崔征）

统计资料篇

STATISTICAL DATA

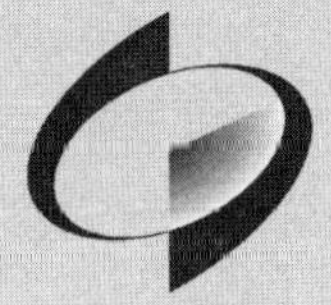

统 计 资 料 使 用 说 明

一、统计资料内容说明

1.《河北经济年鉴—2018》的统计资料篇收录了全省2017年及历史重要年份经济和社会发展方面的统计数据、各市、县（区）2017年经济和社会发展的主要统计数据以及京津冀主要指标，全面反映河北省经济和社会发展情况。本篇内容分为24部分：综合，国民经济核算，人口、就业及工资，固定资产投资，能源，财政、金融、保险，物价，人民生活，农村经济，工业，建筑业，房地产，运输和邮电，批发和零售业，住宿、餐饮业和旅游，对外经济贸易，教育，科技和专利，文化、体育及卫生，公共管理及其他，城市概况，各市概况，各县（市、区）主要指标，京津冀主要指标。

2. 本年鉴统计资料大部分来自年度统计报表，部分来自抽样调查。

3. 本年鉴统计资料所使用的度量衡单位均采用国际统一标准计量单位。

4. 本年鉴部分数据合计数或相对数由于单位取舍不同而产生的计算误差均未作机械调整。

5. 本年鉴中所涉及到的历史数据，均以最新出版的本年鉴数据为准。

6. 为方便读者使用，篇末附有主要统计指标解释，对指标的概念、统计方法、统计口径、统计范围以及历史变动情况作了简要概述。

7. “城市概况”中各市数据为市区数，不含所辖县。

8. “各市概况”中有些指标是由各市统计部门计算的，在方法上与全省有不一致的地方，故分市之和不等于全省，这些指标是：地区生产总值、农业总产值、农业中间消耗和农业增加值等；除特别注明外，石家庄市数据包含辛集市，保定市数据包含定州市。

二、符号说明

1. “…”，表示数据不足本表最小单位数；

2. “空格”，表示该项统计指标数据不详或无该项统计指标数据；

3. “#”，表示其中的主要项；

4. “①”，表示本表下有注解。

行政区划基本情况（2017年底）
Basic Statistics of Administrative Divisions (End of 2017)

单位：个 (unit)

市	City	县级区划数 Number of Regions at County Level	市辖区 Districts under the Jurisdiction of Cities	县级市 Cities at County Level	县 County	乡镇级区划数 Number of Regions at Townships Level	街道办事处 Street Communities	乡 Townships	镇 Towns	居民委员会 Community Neighborhood Committee	村民委员会 Villagers' Committee
全　省	**Total**	**168**	**47**	**20**	**101**	**2255**	**308**	**818**	**1128**	**4415**	**48671**
石家庄市	Shijiazhuang	22	8	3	11	276	60	89	127	667	4353
承德市	Chengde	11	3	1	7	218	14	101	103	179	2458
张家口市	Zhangjiakou	16	6		10	233	23	110	99	295	4175
秦皇岛市	Qinhuangdao	7	4		3	98	23	25	50	226	2265
唐山市	Tangshan	14	7	2	5	231	54	45	132	688	5403
廊坊市	Langfang	10	2	2	6	107	17	22	68	266	3201
保定市	Baoding	24	5	4	15	340	31	137	172	451	6185
沧州市	Cangzhou	16	2	4	10	194	26	83	85	364	5680
衡水市	Hengshui	11	2	1	8	118	4	43	71	105	4993
邢台市	Xingtai	19	2	2	15	198	26	68	104	512	4882
邯郸市	Handan	18	6	1	11	242	30	95	117	662	5076

自然状况和资源
Natural Condition and Resources

项　　目	Item	2010	2015	2016	2017
自然状况	**Natural Condition**				
地表总面积(平方公里)	Total Land Area (sq.km)	187693	187693	187693	187693
地表总面积构成(%)	Percentage to Total Area (%)				
山　　地	Mountains	37.40	37.40	37.40	37.40
坝上高原	Plateaus	12.97	12.97	12.97	12.97
丘　　陵	Hills	4.83	4.83	4.83	4.83
平　　原	Plains	30.49	30.49	30.49	30.49
盆　　地	Basins	12.10	12.10	12.10	12.10
湖泊洼淀	Lakes and Depression	2.21	2.21	2.21	2.21
大陆海岸线长度(公里)	Mainland Shore (km)	487	487	487	487
土地资源	**Land Resources**				
耕地面积(千公顷)	Area of Cultivated Land (1000 hectares)	6551.42	6525.50	6520.45	6518.86
#有效灌溉面积	Irrigated Area	4520.87	4447.98	4457.64	4474.67
草原面积(千公顷)	Area of Grassland (1000 hectares)	3692.85	2774.35	2846.35	2844.00
气候(主要城市)	**Climate (Major Cities)**				
年降水总量(毫米)	Annual Total Precipitation (millimeters)	416.9-620.3	506.00	608.9	484.2
年平均气温(摄氏度)	Annual Average Temperature (°C)	7.4-14.3	12.60	12.6	13.0
森林资源	**Forest Resources**				
森林面积(千公顷)	Forest Area (1000 hectares)	4875	5800	6000	6133
林木蓄积量(万立方米)	Stock Volume of the Forest (10000 cu.m)	12145	13975	14900	15300
森林覆盖率(%)	Forest-coverage Rate (%)	26	31	32	33
水利资源	**Water Resources**				
水能资源可开发量(万千瓦)	Developable Resources (10000 kw)	120.6	120.6	120.6	
海水养殖面积(公顷)	Cultivated Area (hectare)	123810	117533	115416	107583

各市、县(市、区)名称（2017年）
Name of Administrative Area (2017)

市 City	所辖县(市、区)名称 Name of County or City, Districts under Administrative							
石家庄市 Shijiazhuang	长安区 Changan	桥西区 Qiaoxi	新华区 Xinhua	井陉矿区 Jingxingkuangqu		裕华区 Yuhua	藁城区 Gaocheng	鹿泉区 Luquan
	栾城区 Luancheng	井陉县 Jingxing	正定县 Zhengding	行唐县 Xingtang	灵寿县 Lingshou	高邑县 Gaoyi	深泽县 Shenze	赞皇县 Zanhuang
	无极县 Wuji	平山县 Pingshan	元氏县 Yuanshi	赵　县 Zhaoxian	辛集市 Xinji	晋州市 Jinzhou	新乐市 Xinle	
承 德 市 Chengde	双桥区 Shuangqiao	双滦区 Shuangluan	鹰手营子矿区 Yingshouyingzi		承德县 Chengde	兴隆县 Xinglong	滦平县 Luanping	隆化县 Longhua
	丰宁满族自治县 Fengning		宽城满族自治县 Kuancheng		围场满族蒙古族自治县 Weichang		平泉市 Pingquan	
张家口市 Zhangjiakou	桥东区 Qiaodong	桥西区 Qiaoxi	宣化区 Xuanhua	下花园区 Xiahuayuan	万全区 Wanquan	崇礼区 Chongli	张北县 Zhangbei	康保县 Kangbao
	沽源县 Guyuan	尚义县 Shangyi	蔚　县 Yuxian	阳原县 Yangyuan	怀安县 Huaian	怀来县 Huailai	涿鹿县 Zhuolu	赤城县 Chicheng
秦皇岛市 Qinhuangdao	海港区 Haigang	山海关区 Shanhaiguan	北戴河区 Beidaihe	抚宁区 Funing	青龙满族自治县 Qinglong		昌黎县 Changli	卢龙县 Lulong
唐 山 市 Tangshan	路南区 Lunan	路北区 Lubei	古冶区 Guye	开平区 Kaiping	丰南区 Fengnan	丰润区 Fengrun	曹妃甸区 Caofeidian	滦　县 Luanxian
	滦南县 Luannan	乐亭县 Leting	迁西县 Qianxi	玉田县 Yutian	遵化市 Zunhua	迁安市 Qianan		
廊 坊 市 Langfang	安次区 Anci	广阳区 Guangyang	固安县 Guan	永清县 Yongqing	香河县 Xianghe	大城县 Dacheng	文安县 Wenan	
	大厂回族自治县 Dachang		霸州市 Bazhou	三河市 Sanhe				
保 定 市 Baoding	竞秀区 Jingxiu	莲池区 Lianchi	满城区 Mancheng	清苑区 Qingyuan	徐水区 Xushui	涞水县 Laishui	阜平县 Fuping	定兴县 Dingxing
	唐　县 Tangxian	高阳县 Gaoyang	容城县 Rongcheng	涞源县 Laiyuan	望都县 Wangdu	安新县 Anxin	易　县 Yixian	曲阳县 Quyang
	蠡　县 Lixian	顺平县 Shunping	博野县 Boye	雄　县 Xiongxian	涿州市 Zhuozhou	定州市 Dingzhou	安国市 Anguo	高碑店市 Gaobeidian
沧 州 市 Cangzhou	新华区 Xinhua	运河区 Yunhe	沧　县 Cangxian	青　县 Qingxian	东光县 Dongguang	海兴县 Haixing	盐山县 Yanshan	肃宁县 Suning
	南皮县 Nanpi	吴桥县 Wuqiao	献　县 Xianxian	孟村回族自治县 Mengcun		泊头市 Botou	任丘市 Renqiu	黄骅市 Huanghua
	河间市 Hejian							
衡 水 市 Hengshui	桃城区 Taocheng	冀州区 Jizhou	枣强县 Zaoqiang	武邑县 Wuyi	武强县 Wuqiang	饶阳县 Raoyang	安平县 Anping	故城县 Gucheng
	景　县 Jingxian	阜城县 Fucheng	深州市 Shenzhou					
邢 台 市 Xingtai	桥东区 Qiaodong	桥西区 Qiaoxi	邢台县 Xingtai	临城县 Lincheng	内丘县 Neiqiu	柏乡县 Baixiang	隆尧县 Longyao	任　县 Renxian
	南和县 Nanhe	宁晋县 Ningjin	巨鹿县 Julu	新河县 Xinhe	广宗县 Guangzong	平乡县 Pingxiang	威　县 Weixian	清河县 Qinghe
	临西县 Linxi	南宫市 Nangong	沙河市 Shahe					
邯 郸 市 Handan	邯山区 Hanshan	丛台区 Congtai	复兴区 Fuxing	峰峰矿区 Fengfeng	肥乡区 Feixiang	永年区 Yongnian	临漳县 Linzhang	成安县 Chengan
	大名县 Daming	涉　县 Shexian	磁　县 Cixian	邱　县 Qiuxian	鸡泽县 Jize	广平县 Guangping	馆陶县 Guantao	魏　县 Weixian
	曲周县 Quzhou	武安市 Wuan						

国民经济和社会发展总量与速度指标

指　　标	Item	总量指标	
		1978	2000
人　口	**Population**		
年底总人口(万人)	Population at Year-end (10000 persons)	5057	6674
男性人口	Male	2595	3397
女性人口	Female	2462	3277
城镇人口	Urban		1741
乡村人口	Rural		4933
就业及工资	**Employment and Wages**		
就业人员数(万人)	Employment (10000 persons)	2109.39	3385.71
#城镇非私营单位职工人数	Staff and Workers in Urban Non Private Units	445.10	621.95
城镇登记失业人员数(万人)	Registration Unemployment in Urban Areas (10000 persons)	32.10	17.40
城镇登记失业率(%)	Registration Unemployment Rate in Urban Areas (%)	6.7	2.8
职工工资总额(亿元)	Total Wages (100 million yuan)	25.65	427.18
职工平均工资(元/人)	Average Wage of Staff and Workers (yuan/person)	592	7781
国民核算	**National Accounting**		
地区生产总值(亿元)	Gross Domestic Product (100 million yuan)	183.06	5043.96
第一产业	Primary Industry	52.20	824.55
第二产业	Secondary Industry	92.38	2514.96
第三产业	Tertiary Industry	38.48	1704.45
固定资产投资	**Investment in Fixed Assets**		
全社会固定资产投资总额(亿元)	Total Investment in Fixed Assets (100 million yuan)	37.05	1847.23
#房地产开发	Real Estate Development		108.39
#住宅	Residential Buildings		
全社会施工房屋建筑面积(万平方米)	Floor Space of Buildings under Construction (10000 sq.m)		13473.63
全社会竣工房屋建筑面积(万平方米)	Floor Space of Buildings Completed (10000 sq.m)		10512.58
财　政	**Government Finance**		
一般公共预算收入(亿元)	General Public Budgetary Revenue (100 million yuan)		248.76
一般公共预算支出(亿元)	General Public Budgetary Expenditures (100 million yuan)	32.4	415.54
能源生产与消费(万吨标准煤)	**Production and Consumption of Energy (10000 tons of SCE)**		
能源生产总量	Total Energy Production		5639.26
能源消费总量	Total Energy Consumption		11195.71
人民生活	**People's Livelihood**		
城镇人均住房建筑面积(平方米)	Per Capita Construction Floor Space of Rural Residents (sq.m)	5.61	15.42
农村人均居住面积(平方米)	Per Capita Net Floor Space of Rural Residents (sq.m)	8.82	22.87
城镇居民人均可支配收入(元)	Per Capita Annual Disposable Income of Urban Households (yuan)	276	5661
农村居民人均可支配收入(元)	Per Capita Annual Disposable Income of Rural Residents (yuan)	114	2479
城乡储蓄存款余额(亿元)	Outstanding Amount of Saving Deposits in Urban and Rural (100 million yuan)	11.17	3957.06
结婚登记数(对)	Register Number of Marriages (couple)		47.53
离婚登记数(对)	Number of Divorces (couple)		1.72
农　业	**Agriculture**		
乡村从业人员(万人)	Employed Persons of Agriculture, Forestry, Animal Husbandry and Fishery (10000 persons)	1726	2707.1
农林牧渔业总产值(亿元)	Gross Output Value of Agriculture, Forestry, Animal Husbandry and Fishery (100 million yuan)	68.56	1544.65

Principal Aggregate Indicators on National Economic and Social Development and Growth Rates

Aggregate Data		速度指标 Indices and Growth Rates (%)				
		指数 Index（2017为以下各年）(2017 as Percentage of the Following Years)			平均增长速度 Average Annual Growth Rate	
2016	2017	1978	2000	2016	1979-2017	2001-2017
7470	7520	148.7	112.7	100.7	1.0	0.7
3795	3818	147.1	112.4	100.6	1.0	0.7
3675	3702	150.4	113.0	100.7	1.1	0.7
3983	4136		237.6	103.9		5.2
3487	3383		68.6	97.0		-2.2
4223.95	4206.66	199.4	124.2	99.6	1.8	1.3
639.62	535.32	120.3	86.1	83.7	0.5	-0.9
39.73	40.00	124.6	229.9	100.7	0.6	5.0
3.68	3.68					
3518.75	3356.25	13084.8	785.7	95.4	13.3	12.9
55334	63036	10648.0	810.1	113.9	12.7	13.1
31660.15	34016.32	4487.5	506.6	106.6	10.2	10.0
3492.81	3129.98	642.1	209.3	103.9	4.9	4.4
15256.93	15846.21	5919.7	542.3	103.0	11.1	10.5
13320.71	15040.13	9054.3	609.1	111.3	12.2	11.2
31750.02	33406.80	90166.8	1808.5	105.2	19.8	20.3
4695.63	4823.91		4450.5	102.7		28.7
3475.48	3657.0			105.2		
49121.09	45080.13		334.6	91.8		7.4
16221.34	12105.26		115.2	74.6		0.8
2849.87	3233.83		1300.0	113.5		16.3
6049.53	6639.18	102.9	1597.7	109.7	14.6	17.7
6752.93	6778.54		120.2	100.4		1.1
29794.40	30385.88		271.4	102.0		6.0
33.45	33.68	600.4	218.4	100.7	4.7	4.7
38.00	38.26	433.8	167.3	100.7	3.8	3.1
28249	30548	11068.0	539.6	108.1	12.8	10.4
11919	12881	11299.1	519.6	108.1	12.9	10.2
32870.97	35719.15	319777.5	902.7	108.7	23.0	13.8
56.23	50.49		106.2	89.8		0.4
18.19	19.23		1118.0	105.7		15.3
3063.8	3061.7	177.4	113.1	99.9	1.5	0.7
5299.66	5373.38		211.3	104.0	11.8	4.5

国民经济和社会发展总量与速度指标(续一)

指　　标	Item	总量指标	
		1978	2000
主要农产品产量（万吨）	Output of Major Farm Products (10000 tons)		
粮　食	Grain	1687.90	2551.07
棉　花	Cotton	11.71	30.01
油　料	Oil-bearing Crops	24.50	146.97
蔬　菜	Vegetables	550.70	4453.97
园林水果	Garden Fruit	79.51	677.31
肉　类	Meat		342.36
奶　类	Milk	2.46	96.21
水产品	Aquatic Products	13.90	80.95
工　业	**Industry**		
规模以上工业企业主要指标（亿元）	Principal Indicators of Industrial Enterprises above Designated Size (100 million yuan)		
资产总计	Original Value of Fixed Assets	155.8	5199.74
主营业务收入	Revenue from Principal Business	184.7	3425.08
利润总额	Total Profits	27.4	184.94
主要工业产品产量	Output of Major Industrial Products		
纱(万吨)	Yarn (10000 tons)	19.10	43.70
布(亿米)	Cloth(100 million m)	8.21	15.60
化学纤维(万吨)	Chemical Fiber (10000 tons)	1.10	10.24
机制纸及纸板(万吨)	Machine-made Paper and Paperboards (10000 tons)	23.10	216.34
原　煤(万吨)	Coal (10000 tons)		5781.21
原　油(万吨)	Crude Oil (10000 tons)		518.26
发电量(亿千瓦小时)	Electricity (100 million kwh)		844.42
粗　钢(万吨)	Crude Steel (10000 tons)	145.49	1230.10
钢　材(万吨)	Rolled Steel (10000 tons)	94.19	1306.52
生　铁(万吨)	Pig Iron (10000 tons)	222.52	1709.23
水　泥(万吨)	Cement (10000 tons)	463.50	4694.59
平板玻璃(万重量箱)	Plate Glass (10000 weight cases)	330.96	2083.30
农用化肥(折纯量)(万吨)	Chemical Fertilizer (10000 tons)	80.11	195.23
建筑业	**Construction**		
建筑业企业从业人员(万人)	Number of Employed Persons (10000 persons)		87.6
建筑业总产值(亿元)	Gross Output Value (100 million yuan)		492.10
施工房屋面积(万平方米)	Floor Space of Buildings under Construction (10000 sq.m)		6260.10
房屋建筑竣工面积(万平方米)	Floor Space of Buildings Completed (10000 sq.m)		3481.42
交通运输邮电	**Transportation, Postal and Telecommunication Services**		
全社会客运量(万人)	Total Passenger Traffic (10000 persons)	9563	65255
全社会货运量(万吨)	Total Freight Traffic (10000 tons)	26961	76808
沿海港口货物吞吐量(万吨)	Volume of Freight Handled at Major Coastal Ports (10000 tons)	2219	10771
邮电业务总量(亿元)	Business Volume of Postal and Telecommunication Services (100 million yuan)	0.59	191.04
旅客周转量(亿人公里)	Passenger Traffic (100 million passenger-km)		782.87
铁　路	Railways		377.24
公　路	Highways		405.63
函　件(万件)	Number of Letters Delivered (10000 pieces)		26302

Principal Aggregate Indicators on National Economic and Social Development and Growth Rates

Aggregate Data		速度指标 Indices and Growth Rates (%)				
		指数 Index（2017为以下各年）(2017 as Percentage of the Following Years)			平均增长速度 Average Annual Growth Rate	
2016	2017	1978	2000	2016	1979-2017	2001-2017
3782.99	3829.25	226.9	150.1	101.2	2.1	2.4
23.90	24.00	205.0	80.0	100.4	1.9	-1.3
126.20	129.40	528.2	88.0	102.5	4.4	-0.7
5038.89	5058.53	918.6	113.6	100.4	5.9	0.8
942.85	969.94	1219.9	143.2	102.9	6.6	2.1
472.13	472.31		138.0	100.0		1.9
448.04	387.75	15762.2			13.9	6.8
119.40	116.50	838.0	143.9	97.6	5.6	2.2
44562.88	45213.57	29020.3	869.5		15.7	13.6
47318.60	41949.97	22712.5	1224.8		14.9	15.9
2815.11	2712.87	9901.0	1466.9		12.9	17.1
222.15	235.72	1234.2	539.4	104.7	6.7	10.4
70.96	62.66	763.2	401.7	89.9	5.3	8.5
61.79	67.37	6124.5	657.9	109.5	11.1	11.7
345.04	372.11	1610.9	172.0	108.0	7.4	3.2
6484.32	6010.84		104.0	93.6		0.2
545.96	539.11		104.0	98.7		0.2
2616.75	2777.28		328.9	103.7		7.3
19259.97	19121.47	13142.8	1554.5	99.0	13.3	17.5
26150.42	24551.08	26065.5	1879.1	97.3	15.3	18.8
18398.37	17997.27	8087.9	1052.9	96.6	11.9	14.9
9861.22	8963.45	1933.9	190.9	91.5	7.9	3.9
10383.27	10648.00	3217.3	541.1	102.5	9.3	10.1
226.23	213.78	266.9	109.5	95.5	2.5	0.5
145.3	150.8		172.2	103.8		3.2
5517.69	5655.96		1149.4	102.5		15.4
11145.40	9835.92		282.5	88.3		6.3
51176	50688	530.0	77.7	99.0	4.4	-1.5
210994	229211	850.2	298.4	108.6	5.6	6.6
95207	108868	4906.2	1010.8	114.3	10.5	14.6
1545.19						
1238.1	1282.7		163.8	103.6		2.9
993.6	1042.7		276.4	104.9		6.2
244.2	239.8		59.1	98.2		-3.0
7006	5483		20.8	78.3		-8.8

国民经济和社会发展总量与速度指标(续二)

指标	Item	总量指标	
		1978	2000
社会消费品零售总额(亿元)	**Total Retail Sales of Consumer Goods (100 million yuan)**	**60.3**	**1613.9**
外贸、实际利用外资和旅游	**Foreign Trade, Utilization of Foreign Capital and International Tourism**		
海关进出口总额(亿美元)	Total Value of Exports and Imports (USD 100 million)	2.99	52.35
出口总额	Exports	2.76	37.07
进口总额	Imports	0.22	15.28
实际利用外资(万美元)	Total Amount of Foreign Direct Investments (USD 10000)		139378
#外商直接投资	Foreign Direct Investments		102376
外国人旅游人数(人)	Number of Tourists (Overnight Visitors) (person)		345494
国际旅游收入(万美元)	Foreign Exchange Earnings from International Tourism (USD 10000)		13035
金融、保险	**Banking and Insurance**		
金融机构存款余额(亿元)	Deposits of National Banking System (100 million yuan)		5543.49
金融机构贷款余额(亿元)	Loans of National Banking System (100 million yuan)		4632.96
保费收入(亿元)	Premium (100 million yuan)		56.60
保险金额(亿元)	Amount Insured (100 million yuan)		6625
赔款给付(亿元)	Settled Claim (100 million yuan)		16.57
教育、文化	**Education and Culture**		
财政用于教育支出(亿元)	Government Expenditures on Education (100 million yuan)		73.65
在校学生数(万人)	Students Enrollment (10000 persons)		
#普通高等学校	Institutions of Higher Education	2.90	24.38
普通中学	Secondary Schools	384.95	481.75
普通小学	Primary Schools	746.32	813.73
报纸出版数量(亿份)	Number of Newspapers Published (100 million copies)		9.00
杂志出版数量(亿册)	Number of Magazines Published (100 million copies)		0.52
图书出版数量(亿册)	Number of Books Published (100 million copies)		3.10
科　技	**Science and Technology**		
研究与发展经费支出(亿元)	Expenditures on Research and Development (100 million yuan)		26.27
技术合同成交额(亿元)	Volume of Transaction in technology contract (100 million yuan)		9.41
卫　生	**Health Care**		
卫生机构病床数(万张)	Number of Beds in Health Institutions (10000 units)	8.90	16.89
卫生技术人员(万人)	Medical Technical Personnel (10000 persons)	10.7	20.12
#医　生	Doctors	5.46	9.17
环　境	**Environment**		
废水中化学需氧量排放量(万吨)	COD Discharge of Waste Water (10000 tons)		
废气中二氧化硫排放量(万吨)	Sulphur Dioxide Emission of Waste Gas (10000 tons)		

注：1.城镇非私营单位职工人数2017年以前年份为职工人数。

2.规模以上工业企业统计范围1998年至2006年为全部国有及年主营业务收入在500万元及以上非国有工业企业；2007年至2010年为年主营业务收入在500万元及以上的工业企业；2011年起为年主营业务收入在2000万元及以上的工业企业。

3.2011年起，固定资产投资除房地产投资、农村个人投资外，统计起点由50万元提高至500万元，城镇固定资产投资数据发布口径改为固定资产投资(不含农户)，即原口径的城镇固定资产投资加上农村企事业组织的项目投资。

4.农村居民人均可支配收入2013年以前为农民人均纯收入。

5.2002年及以后建筑业统计范围为具有资质等级的建筑业企业。

Principal Aggregate Indicators on National Economic and Social Development and Growth Rates

Aggregate Data		速度指标 Indices and Growth Rates (%)				
2016	2017	指数 Index（2017为以下各年）(2017 as Percentage of the Following Years)			平均增长速度 Average Annual Growth Rate	
		1978	2000	2016	1979-2017	2001-2017
14364.7	**15907.6**	**26380.8**	**985.7**	**110.7**	**15.4**	**14.4**
466.23	498.10	951.5	951.5	106.7	14.0	14.2
305.77	313.59	845.9	845.9	102.6	12.9	13.4
160.46	184.51	1207.5	1207.5	114.6	18.8	15.8
814697	893587		641.1	109.7		11.5
735388	848951		829.2	115.4		13.3
1169471	1234408		357.3	105.6		7.8
66862	76012		583.1	113.7		10.9
55928.87	60451.27		1090.5	108.1	18.6	15.1
37745.85	43315.28		934.9	114.8	17.1	14.1
1495.27	1714.90		3029.9	114.7		22.2
423356	535252		8079.3	126.4		29.5
548.22	547.55		3304.5	99.9		22.8
1134.89	1276.55		1733.2	112.5		18.3
121.61	126.89	4375.5	520.5	104.3	10.3	10.2
364.91	389.21	101.1	80.8	106.7	…	-1.2
620.55	637.22	85.4	78.3	102.7	-0.4	-1.4
12.82	11.65		129.4	90.9		1.5
0.47	0.42		80.8	89.1		-1.2
2.69	2.94		94.8	109.4		-0.3
383.43	452.03		1720.7	117.9		18.2
59.60	93.26		991.1	156.5		14.4
36.10	39.53	441.2	234.0	109.5	3.9	5.1
39.36	42.51	397.2	211.3	108.0	3.6	4.5
17.74	19.19	351.5	209.3	108.2	3.3	4.4
41.12						
78.94						

a) Staff and workers in urban non private units was staff and workers before 2017.

b) Industrial enterprises above designated size are all state-owned enterprises and non-state owned enterprises with annual revenue from principal business over 5 million yuan from 1998 to 2006, and are industrial enterprise with annual revenue from principal business over 5 million yuan from 2007 to 2010, and are industrial enterprise with annual revenue from principal business over 20 million yuan since 2011.

c) Since 2011, the cut-off point of projects of investment has changed from 500 000 yuan to 5 million yuan, published coverage of investment in fixed assets in urban area changed into investment in fixed assets (excluding rural households) which included investment in urban area and investment in rural enterprises(units).

d) Per capita disposable income of rural households was per capita net income of rural households before 2013 in this table.

e) Data since 2002 included all general construction contractors and professional contractors which possess qualification grades.

国民经济和社会发展结构指标
Structural Indicators on National Economic and Social Development

指　　标	Item	2000	2005	2010	2015	2016	2017
人　口	**Population**						
性别	Sexual Composition						
男	Male	50.9	50.2	50.7	50.5	53.3	50.8
女	Female	49.1	49.8	49.3	49.5	46.7	49.2
城乡	Urban and Rural Composition						
城镇	Urban	26.3	37.7	44.5	51.3	53.3	55.0
乡村	Rural	73.7	62.3	55.5	48.7	46.7	45.0
就业人员	**Employment**						
第一产业	Primary Industry	49.6	43.8	37.9	33.0	32.7	32.5
第二产业	Secondary Industry	26.2	29.2	32.4	34.1	34.1	33.2
第三产业	Tertiary Industry	24.2	26.9	29.8	32.9	33.2	34.3
国民经济核算	**National Accounting**						
地区生产总值(生产法)	Gross Domestic Product (Production Approach)						
第一产业	Primary Industry	16.3	13.9	12.5	10.4	9.7	9.2
第二产业	Secondary Industry	49.9	52.8	52.6	49.1	48.2	46.6
第三产业	Tertiary Industry	33.8	33.3	34.9	40.5	42.1	44.2
地区生产总值(支出法)	Gross Domestic Product (Expenditure Approach)						
最终消费支出	Final Consumption	44.4	42.5	40.6	43.9	45.3	47.2
居民消费	Household Consumption	33.4	29.0	28.0	31.6	33.3	35.0
政府消费	Government Consumption	11.0	13.5	12.6	12.3	12.1	12.2
资本形成总额	Gross Capital Formation	44.5	47.4	54.4	58.6	58.1	56.1
固定资本形成总额	Gross Fixed Capital Formation	36.6	43.4	53.2	58.4	58.0	56.0
存货增加	Change in Inventories	7.9	4.0	1.2	0.2	0.1	0.1
净出口	Net Outflow of Goods and Services	11.0	10.1	5.0	-2.5	-3.4	-3.3
全社会固定资产投资	**Total Investment in Fixed Assets**						
第一产业	Primary Industry	4.8	5.3	3.7	5.1	5.1	5.2
第二产业	Secondary Industry	42.5	46.8	44.0	49.7	49.7	48.4
第三产业	Tertiary Industry	52.7	47.8	52.3	45.2	45.2	46.4
财　政	**Government Finance**						
税收收入占一般公共预算收入比重	Tax Revenue Percentange to General Public			80.6	73.0	70.0	68.0
一般公共预算支出结构	Composition of General Public Budget Revenue						
#教　育	Capital Construction	17.7	17.4	18.2	18.5	18.8	19.2
利用外资	**Utilization of Foreign Capital**						
实际利用外资结构	Composition of Foreign Capital Actually Utilized						
对外借款	Loans from Abroad	20.7	7.8	1.7	1.0	4.6	4.0
外商直接投资	Foreign Direct Investment	76.4	83.9	87.7	83.8	90.3	95.0
外商其他投资	Other Foreign Investment	2.9	8.3	10.6	15.2	5.1	1.0
能　源	**Energy**						
能源生产总量结构	Composition of Total Energy Production						
原煤	Coal	85.5	87.1	84.0	77.4	72.7	67.3
原油	Crude Oil	13.1	11.3	10.6	11.7	11.6	11.4
天然气	Natural Gas	1.1	1.3	2.1	2.0	1.5	3.0
一次电力	Primary Electricity	0.3	0.3	3.3	9.0	14.2	18.3
能源消费总量结构	Composition of Total Energy Consumption						
原煤	Coal	90.9	91.8	89.7	86.6	85.0	83.7
石油	Crude Oil	8.2	7.5	7.8	8.0	8.6	8.0
天然气	Natural Gas	0.8	0.6	1.5	3.3	3.1	4.2
一次电力	Primary Electricity	0.1	0.1	1.0	2.2	3.2	4.1

国民经济和社会发展结构指标（续）
Structural Indicators on National Economic and Social Development

指　　标	Item	2000	2005	2010	2015	2016	2017
农　业	**Agriculture**						
农林牧渔业产值结构	Composition of Gross Output Value of Agriculture						
农　业	Farming	54.8	52.9	57.3	53.3	52.3	53.0
林　业	Forestry	1.6	1.7	1.2	2.5	2.8	3.3
牧　业	Animal Husbandry	39.7	37.0	33.5	34.8	34.8	32.3
渔　业	Fishery	3.8	3.3	3.3	3.4	3.6	3.6
农林牧渔服务业	Service for Farming, Forestry, Animal Husbandry and Fishery		5.1	4.7	5.9	6.5	7.0
工　业	**Industry**						
规模以上工业增加值	Value-added of Industry Enterprises above Designated Size						
#轻工业	Light Industry		21.2	19.9	24.8	25.1	23.0
重工业	Heavy Industrial		78.8	80.1	75.2	74.9	77.0
#国有控股工业	State-owned and State-holding Enterprises		44.1	35.5	21.1	19.8	19.4
非国有工业	Non-state Industrial Enterprises		55.9	64.5	78.9	80.2	80.6
#装备制造业	Equipment manufacturing industry		12.3	17.2	24.6	26.0	25.1
钢铁工业	Steel Industry		31.2	34.7	26.0	25.5	27.2
#高新技术产业	High and New Technology Industry		7.5	9.8	16.0	18.4	18.4
运输业	**Transportation**						
货运量结构	Composition of Freight Traffic						
铁　路	Railways	16.3	20.9	21.4	9.0	7.7	7.5
公　路	Highways	81.1	75.2	76.7	88.2	90.0	90.4
水　运	Waterways	0.7	2.8	1.2	2.3	2.1	1.9
管　道	Pipelines	1.8	1.2	0.7	0.6	0.2	0.2
社会消费品零售总额	**Total Retail Sales of Consumer Goods**						
城　镇	Urban	46.4	46.8	76.3	77.9	77.9	77.5
乡　村	Rural	53.6	53.2	23.7	22.1	22.1	22.5
国际旅游	**International Tourism**						
来华旅游人数结构	Composition of Tourists Visiting China						
外国人	Foreigners	86.3	91.6	87.3	78.4	79.2	77.0
港澳台同胞	Hong Kong, Macao and Taiwan Compatriots	13.7	8.4	12.7	21.6	20.8	23.0
教　育	**Education**						
在校学生结构	Composition of Student Enrollment in Regular Schools						
大学生	College and University Students	1.8	6.3	10.8	10.8	10.8	10.8
中学生	Secondary School Students	39.8	50.8	39.1	34.5	34.4	35.2
小学生	Primary School Students	58.5	42.9	50.1	54.7	54.9	54.1
科　技	**Science and Technology**						
R&D经费内部支出	Intramural Expenditure on R&D						
#基础研究	Basic Research		3.9	3.4	1.9	2.1	2.3
应用研究	Applied Research		25.2	14.9	8.8	8.7	8.4
试验发展	Experimental Development		67.7	81.8	89.3	89.2	89.3
人民生活	**People's Living Conditions**						
城镇居民消费结构	Consumption Composition of Urban Residents						
食品类	Food	34.9	34.6	32.3	26.0	26.1	24.6
衣着类	Clothing	12.3	11.8	11.9	8.8	8.4	8.2
居　住	Residence	9.6	11.4	13.0	23.4	23.5	24.5
用品及其他	Articles for Daily Use and Others	43.2	42.3	42.8	41.8	42.0	42.7
农村居民消费结构	Consumption Composition of Rural Residents						
食品类	Food	39.5	41.0	35.1	28.6	28.0	26.7
衣着类	Clothing	7.7	7.2	6.5	6.9	6.6	6.5
居　住	Residence	23.6	18.4	21.8	22.3	22.5	22.6
用品及其他	Articles for Daily Use and Others	29.2	33.4	36.6	42.2	42.8	44.2

按三次产业和行业分法人单位数

单位：个

行　业	Sector	2005	2006
全省总计	**Total**	**227105**	**244450**
按三次产业分	**Grouped by Three Strata of Industry**		
第一产业	Primary Industry	1766	2276
第二产业	Secondary Industry	76074	84408
第三产业	Tertiary Industry	149265	157766
按行业分	**Grouped by Sector**		
农、林、牧、渔业	Agriculture, Forestry, Animal Husbandry and Fishery	1766	2276
采矿业	Mining	7061	7705
制造业	Manufacturing	64459	71343
电力、热力、燃气及水的生产和供应业	Production and Supply of Electricity, Heat, Gas and Water	691	794
建筑业	Construction	3863	4566
批发和零售业	Wholesale and Retail Trades	29354	34883
交通运输、仓储和邮政业	Traffic, Transport, Storage and Post	2799	3237
住宿和餐饮业	Hotels and Catering Services	3047	3315
信息传输、软件和信息技术服务业	Information Transmission, Software and Information Services	1660	2064
金融业	Financial Intermediation	1344	1402
房地产业	Real Estate	3207	3997
租赁和商务服务业	Leasing and Business Services	4753	5659
科学研究、技术服务业	Scientific Research and Technical Services	2860	3165
水利、环境和公共设施管理业	Management of Water Conservancy, Environment and Public Facilities	1058	1129
居民服务、修理和其他服务业	Services to Households, Repair and Other Services	1606	1935
教　育	Education	17620	17487
卫生和社会工作	Health and Social Service	6770	6748
文化、体育和娱乐业	Culture, Sports and Entertainment	1670	1763
公共管理、社会保障和社会组织	Public Management, Social Security and Social Organization	71517	70982

Number of Institutional Units by Three Strata of Industry and Sector

(unit)

2007	2008	2009	2010	2011	2012	2013	2014	2015	2016	2017
255875	**285586**	**323869**	**345822**	**361028**	**387093**	**463436**	**530949**	**630396**	**785258**	**1147414**
2759	7017	9116	11797	13822	17922	27382	34108	47100	62413	90060
88215	92174	103134	107121	109035	115236	115360	135976	158300	198382	290629
164901	186395	211619	226904	238171	253885	320694	360865	424996	524463	766725
2759	7017	9116	11797	13822	17972	36934	44777	58872	73766	105376
8102	7794	8415	8616	8318	8200	6588	7081	6529	6332	6864
74277	78240	86824	89208	89874	94883	93579	110020	126673	151620	211185
868	977	1205	1343	1463	1591	1839	2140	2739	3601	5496
4968	5163	6690	7954	9380	10562	14024	17487	23224	37800	68466
38820	46879	63166	72731	81073	91157	111227	131451	165655	219537	337783
3658	4967	5950	6529	7234	7754	9592	11511	14274	18660	27649
3507	3947	4216	4184	4069	4233	4458	5101	6003	8228	12922
2397	3993	4692	4876	4699	5106	4211	5233	8143	13945	30164
1367	880	1425	1671	2230	2597	1238	4580	4691	4847	5793
4677	5523	7073	9084	10546	11472	13782	15593	18420	25580	40640
6203	7816	9756	11440	13359	15638	24379	29344	40024	56215	94383
3359	4140	4971	5434	5877	6478	13650	15365	19371	26096	44418
1203	1514	1758	1877	2018	2315	3243	3707	4271	5537	9604
2205	2814	3766	4335	4732	5088	6292	7695	10432	14020	19771
17463	18885	19029	19005	18168	17885	19794	20277	20760	21537	22583
6611	7105	7226	7170	6654	6554	9432	9762	9913	7049	7912
1838	1982	2184	2272	2322	2675	7388	7901	8599	10845	16824
71593	75950	76407	76296	75190	74933	81786	81924	81803	80043	79581

按机构类型和登记注册类型分法人单位数

Number of Corporate Units by Type of Institutions and Registered Categories

单位：个 (unit)

项目	Item	2015	2016	2017
全省总计	**Total**	**630396**	**785258**	**1147414**
按机构类型分	**Grouped by Type of Institutions**			
企业法人	Business Entity	488195	611097	954105
事业法人	Institution Entity	35038	32495	31631
机关法人	Government Entity	12435	12105	11803
社会团体法人	Social Organization	8595	8218	8284
民办非企业单位	Private Non Enterprise Units	8441	7141	7949
其他法人	Others	77692	114202	133642
按登记注册类型分	**Grouped by Registered Categories**			
内资	Domestic Funded Enterprises	627999	782843	1144521
国有	State-owned Enterprises	51067	48275	47108
集体	Collective-owned Enterprises	9995	7709	8842
股份合作	Cooperative Enterprises	2333	2425	1552
联营	Joint Ownership Enterprises	507	470	308
国有联营	State Joint	73	64	52
集体联营	Collective Joint	235	207	141
国有与集体联营	State-owned and Collective-owned Joint	33	32	27
其他联营	Others	166	167	88
有限责任公司	Limited Liability Corporations	107112	136099	85927
国有独资公司	State Sole Funded Corporations	932	1192	1839
其他有限责任公司	Other Limited Liability Corporations	106180	134907	84088
股份有限公司	Share-holding Corporations Ltd.	7271	8934	4531
私营	Private Enterprises	308238	419979	826964
私营独资	Private-funded Enterprises	80656	105609	114214
私营合伙	Private Partnership Enterprises Corporations	12248	13503	11826
私营有限责任公司	Private Limited Liability	205378	289154	695280
私营股份有限公司	Private Share-holding Corporations Ltd.	9956	11713	5644
其他内资	Others	141476	158952	169289
港澳台商投资	Enterprises with Funds from Hong Kong, Macao and Taiwan	824	869	970
与港澳台商合资经营	Joint-venture Enterprises	385	406	443
与港澳台商合作经营	Cooperative Enterprises	49	54	38
港澳台商独资	Enterprises with Sole Fund	353	365	464
港澳台商投资股份有限公司	Share-holding Corporations Ltd.	24	21	16
其他港、澳、台商投资	Others	13	23	9
外商投资	Foreign Funded Enterprises	1573	1546	1923
中外合资经营	Joint-venture Enterprises	752	730	733
中外合作经营	Cooperation Enterprises	71	66	75
外资企业	Enterprises with Sole Fund	638	631	1078
外商投资股份有限公司	Share-holding Corporations Ltd.	61	60	23
其他外商投资	Others	51	59	14

按登记注册类型分企业法人单位数
Number of Business Entity by Registered Categories

单位：个 (unit)

项目	Item	2015	2016	2017
全省总计	**Total**	**488195**	**611097**	**954105**
按登记注册类型分	**Grouped by Registered Categories**			
内资企业	Domestic Funded Enterprises	485804	608688	951217
国有企业	State-owned Enterprises	4593	4274	4442
集体企业	Collective-owned Enterprises	6127	5140	6341
股份合作企业	Cooperative Enterprises	2226	2324	1454
联营企业	Joint Ownership Enterprises	392	367	212
国有联营企业	State Joint	50	38	27
集体联营企业	Collective Joint	191	172	110
国有与集体联营企业	State-owned and Collective-owned Joint	25	24	18
其他联营企业	Others	126	133	57
有限责任公司	Limited Liability Corporations	106948	135881	85662
国有独资公司	State Sole Funded Corporations	927	1187	1835
其他有限责任公司	Other Limited Liability Corporations	106021	134694	83827
股份有限公司	Share-holding Corporations Ltd.	7249	8912	4510
私营企业	Private Enterprises	305356	417039	823964
私营独资企业	Private-funded Enterprises	78510	103577	112269
私营合伙企业	Private Partnership Enterprises	11767	12984	11356
私营有限责任公司	Private Limited Liability Corporations	205150	288794	694729
私营股份有限公司	Private Share-holding Corporations Ltd.	9929	11684	5610
其他企业	Others	52913	34751	24632
港、澳、台商投资企业	Enterprises with Funds from Hong Kong, Macao and Taiwan	823	867	968
外商投资企业	Foreign Funded Enterprises	1568	1542	1920

人均主要工农业产品产量
Per Capita Output of Major Industrial and Major Agricultural

年份 Year	粮食(千克) Grain (kg)	棉花(千克) Cotton (kg)	油料(千克) Oil-bearing Crops (kg)	园林水果(千克) Garden Fruits (kg)	猪牛羊肉(千克) Pork, Beef and Mutton (kg)	水产品(千克) Aquatic Products (kg)	蔬菜(千克) Vegetables (kg)	纱(千克) Yarn (kg)
1978	335.72	2.32	4.87	15.81	8.29	2.76	108.38	3.80
1980	296.42	4.81	8.79	15.60	13.45	1.90	103.50	4.00
1985	356.43	11.39	15.75	29.03	14.84	2.31	166.96	4.22
1990	378.23	9.48	12.44	29.15	20.13	3.64	192.19	5.57
1995	427.17	5.78	17.13	67.37	40.36	6.18	335.05	6.08
2000	383.97	4.52	22.12	101.94	40.64	12.18	670.38	6.58
2005	380.48	8.45	22.36	134.48	46.00	14.49	946.97	10.04
2006	404.49	10.19	19.46	140.89	47.06	12.68	918.55	12.57
2007	418.65	10.45	19.54	140.36	44.72	13.10	565.87	13.43
2008	429.94	10.52	21.04	138.94	47.84	13.87	584.03	13.73
2009	430.35	8.33	19.24	138.78	48.96	14.32	584.81	14.99
2010	438.71	6.01	18.20	131.15	47.93	14.95	605.33	17.42
2011	463.48	6.26	17.51	132.70	47.12	14.79	624.62	20.45
2012	473.93	5.67	17.52	134.22	49.06	13.74	647.44	23.00
2013	490.40	5.30	18.10	127.47	49.62	14.50	659.88	27.11
2014	485.04	5.03	17.11	127.89	52.14	14.91	674.78	29.19
2015	486.50	3.23	17.02	128.12	51.52	15.25	678.28	27.58
2016	507.95	3.21	16.95	126.60	50.39	15.39	676.59	29.83
2017	510.92	3.20	17.27	129.42	50.32	14.90	674.94	31.45

年份 Year	布(米) Cloth (m)	原煤(吨) Coal (ton)	原油(吨) Crude Oil (ton)	发电量(千瓦小时) Electricity (kwh)	粗钢(千克) Crude Steel (kg)	钢材(千克) Rolled Steel (kg)	生铁(千克) Pig Iron (kg)	水泥(千克) Cement (kg)
1978	16.33	1.14	0.34	335.50	28.94	18.73	44.26	92.18
1980	17.52	1.04	0.31	370.93	37.07	24.12	48.98	107.05
1985	18.07	1.09	0.19	474.76	45.15	34.70	51.52	170.84
1990	21.08	1.04	0.09	612.91	63.74	46.72	86.59	217.63
1995	27.62	1.26	0.08	946.93	123.71	120.25	189.41	492.00
2000	23.48	0.87	0.08	1270.95	185.51	196.65	257.26	706.60
2005	34.22	1.16	0.08	1959.93	1081.46	946.57	990.57	1295.76
2006	41.06	1.16	0.09	2125.25	1323.19	1231.67	1200.11	1233.93
2007	37.89	1.21	0.10	2371.01	1542.01	1508.66	1509.91	1347.85
2008	51.41	1.14	0.09	2387.10	1663.71	1661.18	1630.16	1285.24
2009	54.31	1.21	0.09	2484.30	1930.50	2158.50	1866.10	1513.40
2010	77.06	1.43	0.08	2800.91	2032.44	2355.53	1926.54	1770.35
2011	84.31	1.46	0.08	3184.24	2279.63	2668.46	2139.80	1952.78
2012	90.40	1.62	0.08	3263.73	2484.55	2890.21	2250.78	1763.40
2013	86.69	1.00	0.08	3402.98	2578.59	3127.41	2329.33	1734.08
2014	83.17	1.00	0.08	3387.79	2518.33	3261.02	2301.19	1444.04
2015	94.08	1.00	0.08	3359.07	2543.51	3409.53	2347.72	1225.39
2016	95.27	0.87	0.07	3513.60	2586.10	3511.31	2470.41	1324.10
2017	83.60	0.80	0.07	3705.62	2551.30	3275.76	2401.31	1195.96

民营经济主要指标
Major Indicators of Private Economies

指　　标	Item	2015	2016	2017
增加值(亿元)	Value-added (100 million yuan)	20296.6	21709.5	23089.4
增加值占全省生产总值比重(%)	Percentage of Value-added to the Provincial Total Output Value (%)	67.6	67.7	67.9
营业(业务)收入(亿元)	Revenue (100 million yuan)	98811.4	105050.3	105157.2
利润总额(亿元)	Pretax Profit (100 million yuan)	7274.9	7653.0	7843.4
劳动者报酬(亿元)	Payment to Employees (100 million yuan)	5201.9	5470.9	5777.9
从业人员(万人)	Employment (10000 person)	2155.0	2177.0	2180.6
出口总额(亿美元)	Export (USD 10000)	278.7	261.9	266.2
出口总额占全省出口总值比重(%)	Ratio of Export of Private Economies to Total Export (%)	84.6	85.7	84.9
实缴税金(亿元)	Tax Paid (100 million yuan)	2409.4	2666.2	3125.9
国　税	National Tax	1231.9	1449.3	1954.4
地　税	Local Tax	1177.5	1217.0	1171.5
实缴税金占全部财政收入比重(%)	Ratio of Tax Paid by Private Economy to Provincial Fiscal Revenue (%)	59.5	60.7	61.5

生态环境状况
Ecological Environment

指　　标	Item	2015年	2016年	2017年
达到或优于Ⅱ级的优良天数(天)	Days of Air Quality Equal to or Above Grade II	190	207	202
可吸入颗粒物($PM_{2.5}$)浓度(微克/立方米)	Annual Average Concentration of $PM_{2.5}$ ($\mu g/m^3$)	77	70	65
可吸入颗粒物(PM_{10})浓度(微克/立方米)	Annual Average Concentration of PM_{10} ($\mu g/m^3$)	136	123	117
二氧化硫浓度(微克/立方米)	Annual Average Concentration of SO_2 ($\mu g/m^3$)	41	34	27
二氧化氮浓度(微克/立方米)	Annual Average Concentration of NO_2 ($\mu g/m^3$)	46	49	47
二氧化硫排放量(万吨)	Volume of Sulphur Dioxide Emission (10000 tons)	110.8	78.9	60.2
氮氧化物排放量(万吨)	Volume of Nitrogen Oxide Emission (10000 tons)	135.1	112.7	105.6
化学需氧量(COD)排放量(万吨)	Volume of Ammonia Nitrogen Discharged (10000 tons)	120.8	41.1	48.7
#工业和生活	Industrial and Living	37.3	34.2	45.7
农业源	Agriculturial	82.9	6.5	3.0
氨氮排放量(万吨)	Ammonia Nitrogen (10000 tons)	9.73	6.15	7.10
#工业和生活	Industrial and Living	5.78	6.04	7.06
农业源	Agriculturial	3.91	0.09	0.04
一般工业固体废物产生量(亿吨)	Common Industrial Solid Wastes Produced (100 million tons)	3.5	3.3	3.3
一般工业固体废物处置量(亿吨)	Common Industrial Solid Wastes Disposed (100 million tons)	1.5	1.4	1.2
一般工业固体废物综合利用量(亿吨)	Common Industrial Solid Wastes Comprehensively Utilized (100 million tons)	2.0	1.8	1.9

地区生产总值
Gross Domestic Product

单位：亿元 (100 million yuan)

年份 Year	地区收入总值 Gross National Income	地区生产总值 Gross Domestic Product	第一产业 Primary Industry	第二产业 Secondary Industry	第三产业 Tertiary Industry	#工业 Industry	#建筑业 Construction	人均地区生产总值（元） Per Capita GDP (yuan)
1978	183.06	183.06	52.20	92.38	38.48	83.19	9.19	364
1979	203.22	203.22	61.11	101.76	40.35	89.69	12.07	400
1980	219.24	219.24	68.09	105.88	45.27	94.08	11.80	427
1981	222.54	222.54	71.03	103.15	48.36	92.34	10.81	427
1982	251.45	251.45	85.59	107.83	58.03	95.33	12.50	474
1983	283.21	283.21	102.10	114.89	66.22	101.95	12.94	526
1984	332.22	332.22	111.46	145.84	74.92	129.83	16.01	609
1985	396.75	396.75	120.34	184.26	92.15	164.27	19.99	719
1986	436.65	436.65	123.45	207.28	105.92	185.48	21.80	782
1987	521.98	521.92	137.66	255.97	128.29	231.43	24.54	921
1988	701.40	701.33	162.31	323.40	215.62	289.22	34.18	1219
1989	822.89	822.83	196.35	374.92	251.56	338.79	36.13	1409
1990	896.41	896.33	227.89	387.52	280.92	354.26	33.26	1465
1991	1073.09	1072.07	236.89	459.91	375.27	417.17	42.74	1727
1992	1279.55	1278.50	257.08	573.15	448.27	517.75	55.40	2040
1993	1694.78	1690.84	301.68	847.92	541.24	758.10	89.82	2682
1994	2192.67	2187.49	451.91	1053.12	682.46	926.36	126.76	3439
1995	2853.02	2849.52	631.34	1322.77	895.41	1150.49	172.28	4444
1996	3468.24	3452.97	700.94	1664.61	1087.42	1463.18	201.43	5345
1997	3970.06	3953.78	761.76	1934.38	1257.64	1701.42	232.96	6079
1998	4271.79	4256.01	790.60	2084.33	1381.08	1822.05	262.28	6501
1999	4530.95	4514.19	805.97	2188.59	1519.63	1895.21	293.38	6849
2000	5062.69	5043.96	824.55	2514.96	1704.45	2201.73	313.23	7592
2001	5536.14	5516.76	913.82	2696.63	1906.31	2378.04	318.59	8251
2002	6039.42	6018.28	956.84	2911.69	2149.75	2580.90	330.80	8960
2003	6944.21	6921.29	1064.05	3417.56	2439.68	3009.92	407.64	10251
2004	8530.48	8503.61	1370.43	4322.66	2810.52	3832.79	489.87	12526
2005	10078.41	10047.10	1400.00	5299.75	3347.35	4731.85	567.90	14711
2006	11550.39	11513.60	1461.81	6147.47	3904.32	5522.20	625.27	16749
2007	13705.36	13662.32	1804.72	7246.17	4611.43	6558.65	687.52	19742
2008	16127.82	16079.97	2034.59	8756.10	5289.28	7945.11	810.99	23083
2009	17369.60	17319.48	2207.34	9027.48	6084.66	8050.04	977.44	24701
2010	20549.05	20494.19	2562.81	10783.82	7147.56	9627.91	1155.91	28808
2011	24614.02	24543.87	2802.47	13232.66	8508.74	11873.88	1358.78	34008
2012	26641.42	26568.79	3021.33	14134.09	9413.37	12639.84	1494.25	36576
2013	28463.22	28387.44	3141.85	14936.67	10308.92	13347.21	1602.67	38833
2014	29421.34	29341.22	3164.71	15183.93	10992.58	13499.52	1706.12	39876
2015	29773.41	29686.16	3100.54	14566.92	12018.70	12806.50	1780.49	40093
2016	31752.95	31660.15	3082.51	15256.93	13320.71	13387.46	1885.27	42511
2017	34115.22	34016.32	3129.98	15846.21	15040.13	13757.84	2109.03	45387

注：1.本表按当年价格计算。 2.第三次农业普查后，对2011-2016年数据作了修订。(以下相关表同)

a) Data in this table are calculated at current prices. b) According to the results of the Third National Agricultural Census, data of GDP of 2011-2016 are adjusted systematically. The same applies to the relevant tables following.

地区生产总值构成
Composition of Gross Domestic Product

单位：% (%)

年 份 Year	地区生产总值 Gross Domestic Product	第一产业 Primary Industry	第二产业 Secondary Industry	第三产业 Tertiary Industry	#工 业 Industry	#建筑业 Construction
1978	100.0	28.52	50.46	21.02	45.44	5.02
1979	100.0	30.07	50.07	19.86	44.13	5.94
1980	100.0	31.06	48.29	20.65	42.91	5.38
1981	100.0	31.92	46.35	21.73	41.49	4.86
1982	100.0	34.04	42.88	23.08	37.91	4.97
1983	100.0	36.05	40.57	23.38	36.00	4.57
1984	100.0	33.55	43.90	22.55	39.08	4.82
1985	100.0	30.33	46.44	23.23	41.40	5.04
1986	100.0	28.27	47.47	24.26	42.48	4.99
1987	100.0	26.38	49.04	24.58	44.34	4.70
1988	100.0	23.14	46.11	30.75	41.24	4.87
1989	100.0	23.85	45.56	30.57	41.17	4.39
1990	100.0	25.43	43.23	31.34	39.52	3.71
1991	100.0	22.10	42.90	35.00	38.91	3.99
1992	100.0	20.11	44.83	35.06	40.50	4.33
1993	100.0	17.84	50.15	32.01	44.84	5.31
1994	100.0	20.66	48.14	31.20	42.35	5.79
1995	100.0	22.16	46.42	31.42	40.37	6.05
1996	100.0	20.30	48.21	31.49	42.37	5.84
1997	100.0	19.27	48.92	31.81	43.03	5.89
1998	100.0	18.58	48.97	32.45	42.81	6.16
1999	100.0	17.86	48.48	33.66	41.98	6.50
2000	100.0	16.35	49.86	33.79	43.65	6.21
2001	100.0	16.56	48.88	34.56	43.11	5.77
2002	100.0	15.90	48.38	35.72	42.88	5.50
2003	100.0	15.37	49.38	35.25	43.49	5.89
2004	100.0	16.12	50.83	33.05	45.07	5.76
2005	100.0	13.93	52.75	33.32	47.10	5.65
2006	100.0	12.70	53.39	33.91	47.96	5.43
2007	100.0	13.21	53.04	33.75	48.01	5.03
2008	100.0	12.65	54.45	32.89	49.41	5.04
2009	100.0	12.74	52.12	35.13	46.48	5.64
2010	100.0	12.51	52.62	34.88	46.98	5.64
2011	100.0	11.42	53.91	34.67	48.38	5.54
2012	100.0	11.37	53.20	35.43	47.57	5.62
2013	100.0	11.07	52.62	36.32	47.02	5.65
2014	100.0	10.79	51.75	37.46	46.01	5.81
2015	100.0	10.44	49.07	40.49	43.14	6.00
2016	100.0	9.74	48.19	42.07	42.28	5.95
2017	100.0	9.21	46.58	44.21	40.44	6.20

地区生产总值指数（上年=100）

Indices of Gross Domestic Product (Preceding Year =100)

年 份 Year	地区收入总值 Gross National Income	地区生产总值 Gross Domestic Product	第一产业 Primary Industry	第二产业 Secondary Industry	第三产业 Tertiary Industry	#工 业 Industry	#建筑业 Construction	人均地区生产总值 Per Capita GDP
1978	114.5	114.5	110.4	118.0	112.0	118.9	111.2	112.9
1979	106.2	106.2	104.2	107.8	104.9	105.2	131.3	105.1
1980	103.2	103.2	97.4	102.4	112.5	103.0	97.7	102.1
1981	101.0	101.0	105.3	96.5	105.0	98.1	84.1	99.5
1982	111.8	111.8	119.5	103.2	118.7	102.8	106.7	109.7
1983	111.5	111.5	118.7	105.3	112.2	105.7	101.0	109.7
1984	114.4	114.4	108.0	122.8	110.0	123.2	119.3	113.0
1985	112.5	112.5	[illegible]	[illegible]	[illegible]	[illegible]	[illegible]	[illegible]
1986	105.1	105.1	97.4	108.0	109.8	108.7	101.9	103.8
1987	111.6	111.6	101.6	114.9	117.3	116.4	100.2	110.0
1988	113.5	113.5	101.1	116.9	120.1	116.7	119.4	111.9
1989	106.0	106.1	103.7	105.4	109.7	106.8	88.2	104.5
1990	105.8	105.8	105.7	104.0	109.0	104.6	95.7	100.9
1991	111.1	111.0	102.5	110.0	120.8	109.3	117.0	109.4
1992	115.6	115.6	99.4	120.7	121.4	122.1	106.9	114.6
1993	117.8	117.7	104.4	124.6	116.6	124.3	128.4	117.0
1994	114.9	114.9	111.8	116.9	113.7	116.2	124.3	113.9
1995	113.8	113.9	108.6	115.4	114.6	115.0	119.5	113.0
1996	114.2	113.5	105.5	116.6	113.0	116.9	113.4	112.7
1997	112.5	112.5	105.4	114.9	112.5	115.1	112.2	111.7
1998	110.7	110.7	106.2	112.2	110.6	112.1	113.3	110.0
1999	109.1	109.1	104.3	110.6	109.0	110.5	111.7	108.4
2000	109.5	109.5	105.1	110.1	110.4	110.8	103.3	108.7
2001	108.7	108.7	105.3	108.3	111.0	108.9	104.0	108.2
2002	109.6	109.6	105.4	110.6	110.2	111.0	107.1	108.9
2003	111.6	111.6	106.1	114.3	110.0	113.9	117.2	111.0
2004	112.9	112.9	106.7	114.8	112.6	115.1	112.7	112.3
2005	113.4	113.4	106.2	115.5	113.2	115.8	113.5	112.8
2006	113.4	113.4	105.0	115.1	114.3	115.9	108.4	112.7
2007	112.8	112.8	104.0	114.1	114.1	115.1	104.3	112.0
2008	110.1	110.1	104.9	110.6	111.1	111.3	103.6	109.4
2009	110.0	110.1	103.3	110.6	111.5	109.7	120.6	109.4
2010	112.2	112.2	103.5	113.3	113.2	113.4	112.5	110.6
2011	111.3	111.3	104.2	113.5	110.5	114.2	108.0	109.7
2012	109.7	109.7	104.0	111.6	108.6	111.9	108.8	108.9
2013	108.2	108.2	103.3	109.0	108.4	109.4	105.2	107.5
2014	106.5	106.5	103.7	105.1	109.7	105.0	105.3	105.8
2015	106.8	106.8	102.6	104.7	111.2	104.4	108.2	106.2
2016	106.8	106.8	103.5	104.9	109.9	104.6	106.5	106.2
2017	106.6	106.6	103.9	103.0	111.3	102.6	106.3	105.9

注：本表按不变价格计算(下表同)。

a) Data in this table are calculated at constant prices, same as following tables.

地区生产总值指数（1978年=100）
Indices of Gross Domestic Product (1978=100)

年 份 Year	地 区 收入总值 Gross National Income	地 区 生产总值 Gross Domestic Product	第一产业 Primary Industry	第二产业 Secondary Industry	第三产业 Tertiary Industry	#工 业 Industry	#建筑业 Construction	人均地区 生产总值 Per Capita GDP
1978	100.0	100.0	100.0	100.0	100.0	100.0	100.0	100.0
1979	106.2	106.2	104.2	107.8	104.9	105.2	131.3	105.1
1980	109.6	109.6	101.5	110.4	118.0	108.4	128.3	107.3
1981	110.7	110.7	106.9	106.5	123.9	106.3	107.9	106.8
1982	123.8	123.8	127.7	110.0	147.1	109.3	115.1	117.1
1983	138.0	138.0	151.6	115.8	165.0	115.6	116.3	128.5
1984	157.9	157.9	163.7	142.2	181.4	142.4	138.7	145.2
1985	177.6	177.6	167.4	168.1	213.2	168.0	166.9	161.6
1986	186.6	186.6	163.1	181.6	234.2	182.6	170.1	167.7
1987	208.3	208.3	165.7	208.7	274.6	212.6	170.4	184.5
1988	236.4	236.4	167.5	244.0	329.8	248.1	203.4	206.5
1989	250.6	250.8	173.6	257.1	361.7	265.0	179.5	215.8
1990	265.1	265.4	183.6	267.4	394.3	277.3	171.8	217.7
1991	294.6	294.6	188.2	294.2	476.4	303.1	201.0	238.2
1992	340.5	340.5	187.0	355.0	578.5	370.0	214.9	272.9
1993	401.1	400.8	195.3	442.4	674.6	459.9	275.9	319.3
1994	460.9	460.5	218.3	517.2	766.7	534.5	342.9	363.7
1995	524.5	524.5	237.1	596.8	879.0	614.6	409.8	411.0
1996	599.0	595.4	250.1	695.9	993.3	718.5	464.7	463.2
1997	673.9	669.8	263.6	799.5	1117.4	827.0	521.4	517.4
1998	746.0	741.4	280.0	897.1	1235.9	927.1	590.7	569.1
1999	813.9	808.9	292.0	992.2	1347.1	1024.4	659.8	617.0
2000	891.2	885.8	306.9	1092.4	1487.2	1135.0	681.6	670.6
2001	968.7	962.8	323.2	1183.1	1650.8	1236.1	708.9	725.6
2002	1061.7	1055.3	340.6	1308.2	1819.9	1372.5	759.0	790.2
2003	1184.9	1177.7	361.5	1495.4	2002.2	1563.9	889.4	877.1
2004	1337.7	1329.6	385.7	1716.7	2254.3	1800.1	1002.4	985.0
2005	1516.9	1507.8	409.6	1982.8	2551.8	2084.5	1137.7	1111.1
2006	1720.2	1709.8	430.1	2282.2	2916.7	2415.9	1233.3	1252.2
2007	1940.4	1928.7	447.3	2604.0	3328.0	2780.7	1286.3	1402.4
2008	2136.4	2123.4	469.2	2880.0	3697.4	3094.9	1332.6	1534.3
2009	2350.0	2337.9	484.7	3185.3	4122.6	3395.1	1607.1	1678.5
2010	2636.7	2623.1	501.7	3608.9	4666.8	3850.1	1808.0	1856.4
2011	2934.7	2919.6	522.7	4096.1	5156.8	4396.8	1952.7	2036.5
2012	3219.3	3202.8	543.7	4571.3	5600.3	4920.0	2124.5	2217.7
2013	3483.3	3465.4	561.6	4982.7	6070.7	5382.5	2235.0	2384.1
2014	3709.8	3690.6	582.4	5236.8	6659.6	5651.6	2353.4	2522.4
2015	3962.0	3941.6	597.5	5483.0	7405.5	5900.3	2546.4	2678.7
2016	4231.4	4209.6	618.4	5751.6	8138.6	6171.7	2711.9	2844.8
2017	4510.7	4487.5	642.5	5924.2	9058.3	6332.1	2882.8	3012.7

分行业增加值
Value-added by Sector

单位：亿元 (100 million yuan)

行业	Sector	2013	2014	2015	2016	2017
国内生产总值	**Gross Domestic Product**	**28387.44**	**29341.22**	**29686.16**	**31660.15**	**34016.32**
农林牧渔业	Agriculture, Forestry, Animal Husbandry and Fishery	3260.29	3293.72	3239.75	3234.52	3297.76
采矿业	Mining	3204.76	1982.71	974.37	1369.58	906.66
制造业	Manufacturing	9389.07	10615.34	10878.32	11137.23	11724.43
电力、热力、燃气及水生产和供应业	Production and Supply of Electricity, Heat, Gas and Water	753.37	901.48	953.81	880.63	1126.73
建筑业	Construction	1602.67	1706.12	1780.49	1885.27	2109.03
批发和零售业	Wholesale and Retail Trades	2148.95	2255.13	2381.23	2536.85	2833.01
交通运输、仓储和邮政业	Transport, Storage and Post	2345.10	2396.40	2359.09	2369.27	2497.88
住宿和餐饮业	Hotels and Catering Services	377.82	399.86	404.43	440.39	492.66
信息传输、软件和信息技术服务业	Information Transmission, Software and Information Technology	360.17	376.62	444.63	580.77	700.37
金融业	Financial Intermediation	1137.72	1347.58	1480.92	1731.23	2053.44
房地产业	Real Estate	1063.09	1119.78	1313.62	1488.42	1690.31
租赁和商务服务业	Leasing and Business Services	225.13	213.76	243.48	347.62	493.65
科学研究和技术服务业	Scientific Research & Technical Services	335.06	353.73	385.69	404.16	460.28
水利、环境和公共	Management of Water Conservancy,	64.50	84.76	142.38	160.56	199.98
设施管理业	Environment and Public Facilities	34.78	49.36	97.50	105.67	136.95
居民服务、修理和其他服务业	Service to Households, Repair and Other Services	448.76	531.71	622.88	858.88	969.97
教育	Education	517.39	518.76	533.95	567.19	648.81
卫生和社会工作	Health and Social Service	402.09	450.16	542.75	581.26	637.31
文化、体育和娱乐业	Culture, Sports and Entertainment	80.88	91.21	106.41	135.28	147.44
公共管理、社会保障和社会组织	Public Management, Social Security and Social Organization	670.61	702.39	897.96	951.02	1026.58

注：本表按当年价格计算。
a) Data in this table are calculated at current prices.

三次产业贡献率

Share of the Contributions of the Three Strata of Industry to the Increase of the GDP

单位：% (%)

年 份 Year	地区生产总值 Gross Domestic Product	第一产业 Primary Industry	第二产业 Secondary Industry	第三产业 Tertiary Industry	#工 业 Industry
1990	100.0	22.9	34.1	43.0	36.5
1991	100.0	6.2	40.8	53.0	34.7
1992	100.0	-1.0	59.1	41.9	57.2
1993	100.0	5.3	64.6	30.1	58.6
1994	100.0	15.1	55.8	29.1	49.0
1995	100.0	11.5	55.5	33.0	49.2
1996	100.0	7.2	62.3	30.5	57.6
1997	100.0	6.0	62.4	31.6	57.7
1998	100.0	7.6	61.0	31.4	55.2
1999	100.0	5.4	63.3	31.3	57.1
2000	100.0	6.1	59.1	34.8	57.4
2001	100.0	8.4	48.1	43.5	45.2
2002	100.0	6.6	55.8	37.6	51.3
2003	100.0	6.6	62.9	30.5	54.2
2004	100.0	6.5	59.7	33.8	53.6
2005	100.0	6.5	60.3	33.2	54.2
2006	100.0	5.1	59.4	35.5	55.9
2007	100.0	4.0	59.0	37.0	57.2
2008	100.0	5.8	56.8	37.4	55.0
2009	100.0	3.7	57.3	39.0	47.7
2010	100.0	3.1	59.6	37.3	54.4
2011	100.0	4.6	63.0	32.4	59.0
2012	100.0	4.8	64.3	30.9	59.3
2013	100.0	4.4	60.2	36.0	57.0
2014	100.0	5.8	42.6	51.6	38.3
2015	100.0	3.7	37.6	58.7	31.4
2016	100.0	5.4	34.7	59.9	28.7
2017	100.0	6.0	21.9	72.1	16.1

注：1. 本表按不变价格计算。 2. 三次产业贡献率指各产业增加值增量与GDP增量之比。

a) Data in this table are calculated at constant prices. b) Share of the contributions of the three strata of industry to the increase of the GDP refers to the proportion of the increment of the value-added of each industry to the increment of GDP.

三次产业对生产总值增长的拉动
Contribution of the Three Strata of Industry to GDP Growth

单位：百分点 (percentage points)

年份 Year	地区生产总值 Gross Domestic Product	第一产业 Primary Industry	第二产业 Secondary Industry	第三产业 Tertiary Industry	#工业 Industry
1990	5.8	1.3	2.0	2.5	2.1
1991	11.0	0.7	4.5	5.8	3.8
1992	15.6	-0.1	9.2	6.5	8.9
1993	17.7	1.0	11.4	5.3	10.4
1994	14.9	2.3	8.3	4.3	7.3
1995	[illegible]	[illegible]	[illegible]	4.8	6.8
1996	13.5	1.0	8.4	4.1	7.8
1997	12.5	0.8	7.8	3.9	7.2
1998	10.7	0.8	6.5	3.4	5.9
1999	9.1	0.5	5.8	2.8	5.2
2000	9.5	0.6	5.6	3.3	5.4
2001	8.7	0.7	4.2	3.8	3.9
2002	9.6	0.6	5.4	3.6	4.9
2003	11.6	0.8	7.3	3.5	6.3
2004	12.9	0.8	7.7	4.4	6.9
2005	13.4	0.9	8.1	4.4	7.3
2006	13.4	0.7	8.0	4.7	7.5
2007	12.8	0.5	7.6	4.7	7.3
2008	10.1	0.6	5.7	3.8	5.6
2009	10.1	0.4	5.8	3.9	4.8
2010	12.2	0.4	7.2	4.6	6.6
2011	11.3	0.5	7.1	3.7	6.7
2012	9.7	0.5	6.2	3.0	5.7
2013	8.2	0.4	4.9	2.9	4.7
2014	6.5	0.4	2.8	3.3	2.5
2015	6.8	0.3	2.5	4.0	2.1
2016	6.8	0.4	2.3	4.1	2.0
2017	6.6	0.4	1.4	4.8	1.1

注：1. 本表按不变价计算。 2. 三次产业拉动指GDP增长速度与各产业贡献率之乘积。

a) Data in this table are calculated at constant prices. b) Contribution of the three strata of industry to GDP growth refers to the growth rate of GDP multiplied by the contribution share of every industry.

支出法地区生产总值

Gross Domestic Product by Expenditure Approach

年　份 Year	地　区 生产总值 (亿元) Gross Regional Product by Expenditure Approach (100 million yuan)	最终消费 Final Consumption Expenditures	资本形成总额 Gross Capital Formation	货物和服务 净　流　出 Net Outflow of Goods and Services	最终消费率 (消费率) (%) Final Consumption Rate (%)	资本形成率 (投资率) (%) Capital Formation Rate (%)
1978	183.06	93.28	64.26	25.52	51.0	35.1
1979	203.22	104.43	68.95	29.84	51.4	33.9
1980	219.24	114.68	63.84	40.72	52.3	29.1
1981	222.54	129.06	50.73	42.75	58.0	22.8
1982	251.45	140.19	73.96	37.30	55.8	29.4
1983	283.21	156.34	90.10	36.77	55.2	31.8
1984	332.22	186.56	114.66	31.00	56.2	34.5
1985	396.75	229.73	156.90	10.12	57.9	39.5
1986	436.65	262.33	162.79	11.53	60.1	37.3
1987	521.92	318.27	176.58	27.07	61.0	33.8
1988	701.33	434.25	242.39	24.69	61.9	34.6
1989	822.83	480.95	295.30	46.58	58.5	35.9
1990	896.33	518.86	334.66	42.81	57.9	37.3
1991	1072.07	634.73	384.84	52.50	59.2	35.9
1992	1278.50	712.19	475.18	91.13	55.7	37.2
1993	1690.84	870.45	679.12	141.27	51.5	40.2
1994	2187.49	1059.29	884.46	243.74	48.4	40.4
1995	2849.52	1348.75	1226.07	274.70	47.3	43.0
1996	3452.97	1553.79	1547.80	351.38	45.0	44.8
1997	3953.78	1740.18	1838.54	375.06	44.0	46.5
1998	4256.01	1848.19	2030.17	377.65	43.4	47.7
1999	4514.19	1978.25	2152.02	383.92	43.8	47.7
2000	5043.96	2240.68	2246.67	556.61	44.4	44.5
2001	5516.76	2490.38	2325.61	700.77	45.1	42.2
2002	6018.28	2838.41	2429.90	749.97	47.2	40.4
2003	6921.29	3029.25	2860.73	1031.31	43.8	41.3
2004	8503.63	3676.73	3686.34	1140.56	43.2	43.4
2005	10047.11	4273.11	4763.16	1010.84	42.5	47.4
2006	11513.60	4965.60	5529.96	1018.04	43.1	48.0
2007	13662.32	5870.11	6766.87	1025.34	43.0	49.5
2008	16079.97	6693.14	8347.67	1039.16	41.6	51.9
2009	17319.48	7217.83	9351.77	749.88	41.7	54.0
2010	20494.19	8323.02	11140.31	1030.86	40.6	54.4
2011	24543.87	9589.68	13966.77	987.42	39.1	56.9
2012	26568.79	11006.01	15315.04	247.74	41.4	57.6
2013	28387.44	11837.65	16521.41	28.38	41.7	58.2
2014	29341.22	12413.88	17402.95	-475.61	42.3	59.3
2015	29686.16	13036.95	17384.56	-735.35	43.9	58.6
2016	31660.15	14350.16	18398.09	-1088.10	45.3	58.1
2017	34016.32	16055.70	19083.16	-1122.54	47.2	56.1

注：本表按当年价格计算。

a) Data in this table are calculated at current prices.

三大需求对全省生产总值增长的贡献率

Contribution Share of the Three Components of GDP to the Growth of GDP

年 份 Year	最终消费支出 贡献率 (%) Contribution Share of Final Consumption Expenditure	资本形成总额 贡献率 (%) Contribution Share of Gross Capital Formation	货物和服务净出口 贡献率 (%) Contribution Share of Net Exports of Goods and Services
1990	81.3	32.6	-13.9
1991	63.9	32.8	3.3
1992	39.1	33.4	27.5
1993	45.2	50.1	4.7
1994	42.3	41.7	16.0
1995	38.5	57.6	3.9
1996	28.6	67.5	3.9
1997	35.1	60.5	4.4
1998	26.2	67.0	6.8
1999	64.4	50.4	-14.8
2000	43.8	28.5	27.7
2001	51.9	17.1	31.0
2002	51.0	19.9	29.1
2003	32.9	40.6	26.5
2004	42.8	45.4	11.8
2005	41.2	58.5	0.2
2006	46.5	53.1	0.4
2007	47.1	52.7	0.2
2008	46.5	53.4	0.1
2009	42.9	59.1	-2.0
2010	44.4	57.5	-1.9
2011	42.5	60.3	-2.8
2012	45.6	60.4	-6.0
2013	45.9	59.8	-5.6
2014	48.3	57.1	-5.4
2015	48.8	55.0	-3.9
2016	60.0	49.9	-9.9
2017	61.7	47.3	-9.0

注：1.本表按可比价格计算。2.三大需求指支出法地区生产总值的三大构成项目、即最终消费支出、资本形成总额、货物和服务净出口。3.贡献率指三大需求增量与支出法国内生产总值增量之比。

a) Data in this table are calculated at constant prices. b) Three components of GDP by expenditure approach are final consumption expenditure, gross capital formation and net exports of goods and services. c) Contribution share of the three components to the increase of the GDP refers to the proportionof the increment of the each component of GDP by expenditure approach to the increment of GDP.

居民消费水平
Household Consumption

年 份 Year	全省居民 (元) All Households (yuan)	农村居民 Rural Households	城镇居民 Urban Households	城乡消费水平对比(农村居民=100) Urban/Rural Consumption Ratio (Urban Households =100)	指 数(上年=100) Index (Preceding Year=100) 全省居民 All Households	农村居民 Rural Households	城镇居民 Urban Households	指 数(1978年=100) Index (1978=100) 全省居民 All Households	农村居民 Rural Households	城镇居民 Urban Households
1978	165	137	402	293.4	103.7	104.9	90.9	100.0	100.0	100.0
1979	183	153	423	276.5	99.4	106.3	93.4	99.4	106.3	93.4
1980	199	164	460	280.5	119.9	120.6	119.5	119.2	128.2	111.6
1981	223	187	481	257.2	111.1	113.4	103.7	132.4	145.4	115.7
1982	236	198	507	256.1	104.5	104.8	104.0	138.4	152.4	120.4
1983	258	221	513	232.1	110.8	112.8	100.6	153.3	171.9	121.1
1984	301	261	569	218.0	116.8	118.2	111.0	179.1	203.1	134.4
1985	366	319	672	210.7	117.1	118.1	112.8	209.7	239.9	151.6
1986	413	356	773	217.1	104.8	104.6	104.8	219.8	250.9	158.9
1987	494	423	917	216.8	105.2	105.3	104.3	231.2	264.2	165.7
1988	664	557	1300	233.4	112.9	110.4	118.3	261.0	291.7	196.1
1989	722	583	1557	267.1	94.7	93.3	98.9	247.2	272.2	193.9
1990	783	605	1592	263.1	103.9	102.6	107.0	256.8	279.2	207.5
1991	847	675	1839	272.4	107.0	105.6	108.5	274.8	294.9	225.1
1992	950	729	2182	299.3	108.6	107.0	109.6	298.4	315.5	246.7
1993	1089	831	2496	300.4	111.9	110.2	114.3	333.9	347.7	282.0
1994	1320	1001	3009	300.6	109.5	107.8	110.8	365.7	374.8	312.5
1995	1686	1306	3397	260.2	110.6	110.0	106.8	404.4	412.3	333.7
1996	1925	1554	3499	225.2	106.8	110.7	104.9	431.9	456.4	350.1
1997	2151	1711	3765	220.1	108.8	105.2	104.5	469.9	480.2	365.8
1998	2207	1731	3833	221.5	102.2	101.9	101.2	480.3	489.3	370.2
1999	2327	1803	3950	219.0	112.7	108.8	100.4	541.3	532.3	371.7
2000	2533	1848	4523	244.8	106.6	109.0	100.8	577.0	580.3	374.7
2001	2749	1912	4991	261.0	107.4	103.2	108.3	619.7	598.8	405.8
2002	3081	1987	5776	290.7	107.9	102.2	109.5	668.6	612.0	444.3
2003	3271	2042	6063	297.0	106.7	105.4	104.0	713.4	645.1	462.1
2004	3758	2167	7096	327.5	111.9	104.9	113.5	798.3	676.7	524.4
2005	4270	2426	7851	323.6	110.2	109.8	106.8	879.7	743.0	560.1
2006	4924	2714	8971	330.6	113.5	111.1	111.9	998.5	825.5	626.7
2007	5667	3067	10031	327.1	111.6	108.3	109.2	1114.3	894.0	684.4
2008	6498	3515	10835	308.3	111.0	110.3	104.9	1236.9	986.1	717.9
2009	7193	3606	12195	338.2	110.7	103.7	112.0	1369.2	1022.6	804.0
2010	8057	3867	13619	352.2	110.6	105.3	110.4	1514.3	1076.8	887.8
2011	9510	4872	15266	313.3	113.7	120.5	108.3	1722.5	1297.6	961.8
2012	10683	5730	16452	287.1	108.1	112.1	104.1	1862.3	1455.0	1001.5
2013	11513	6436	17133	266.2	110.8	115.7	107.0	2063.0	1683.6	1071.3
2014	12055	6956	17421	250.5	109.4	113.2	106.2	2257.0	1905.8	1137.7
2015	12684	7580	17721	233.8	109.7	114.0	105.9	2475.9	2172.6	1204.8
2016	14145	8783	19029	216.7	110.7	114.5	106.8	2741.3	2488.2	1287.1
2017	15893	10149	20753	204.5	109.5	112.0	106.6	3001.8	2786.7	1372.0

资金流量表(收入分配)(2016年)

单位：亿元

机构部门 交易项目	Sectors Items	非金融企业部门 Non-financial Corporations 使用 Uses	非金融企业部门 Non-financial Corporations 来源 Sources	金融机构部门 Financial Institutions 使用 Uses	金融机构部门 Financial Institutions 来源 Sources
净出口	Net Exports				
增加值	Value Added		18640.49		1731.23
劳动者报酬	Compensation of Laborers	6256.93		522.36	
工资及工资性收入	Wages and Salaries	4186.87		349.54	
单位社会保险付款	Employers' Social Contributions	2070.06		172.82	
生产税净额	Taxes on Production, Net	3447.42		197.44	
生产税	Taxes on Products	3519.81		197.44	
生产补贴	Subsidies on Production		72.39		
财产收入	Income from Properties	1834.81	581.94	2378.14	2781.13
利息	Interest	1778.42	533.50	2378.01	2773.06
红利	Distributed Income of Corporations	56.39	48.40		8.07
土地租金	Rent on Land Use				
其他	Others		0.04	0.12	
初次分配总收入	Total Income from Primary Distribution		7683.26		1414.42
经常转移	Current Transfer	608.35	137.57	602.66	6.47
收入税	Taxes on Income	552.91		103.21	
社会保险缴款	Social Insurance Contributions				
社会保险福利	Social Insurance Benefits				
社会补助	Allowances				
其他经常转移	Other Current Transfers	55.45	137.57	499.45	6.47
可支配总收入	Total Disposable Income		7212.48		818.23
最终消费	Final Consumption Expenditure				
居民消费	Household Consumption				
政府消费	Government Consumption				
总储蓄	Savings		7212.48		818.23
资本转移	Capital Transfers		21.15		
投资性补助	Investment Allowances		21.15		
其他	Other				
资本形成总额	Gross Capital Formation	13216.79		24.72	
固定资本形成总额	Gross Fixed Capital Formation	13118.63		24.72	
存货增加	Changes in Inventories	98.16			
其他非金融资产获得减处置	Acquisitions Less Disposals of Other Non-financial Assets				
净金融投资	Net Financial Investment	-5983.17		793.51	

Funds Flow of Funds Table (2016)

(100 million yuan)

政府部门 General Governments		住户部门 Households		省内部门合计 Regional Sum		国内省外 Outside Province		国外 The Rest of the World	
使用 Uses	来源 Sources	使用 Uses	来源 Sources	使用 Uses	来源 Sources	使用 Uses	来源 Sources	使用 Uses	来源 Sources
							2067.39		-965.20
	2638.01		9060.72		32070.45				
1778.12		7735.90	16293.31	16293.31	16293.31				
1778.12		7735.90	14050.43	14050.43	14050.43				
			2242.88	2242.88	2242.88				
32.27	2920.60	157.48		3834.61	2920.60	333.48	1247.49		
32.27	3088.11	252.60		4002.12	3088.11	333.48	1247.49		
167.51			95.12	167.51	167.51				
20.11	243.71	332.71	981.63	4565.77	4588.41	60.48	37.84		
20.11	242.03	332.71	960.67	4509.26	4509.26				
	1.68		20.87	56.39	79.02	60.48	37.84		
			0.09	0.12	0.12				
	3971.82		18109.57		31179.07				
3046.27	5466.81	2429.36	3411.89	6686.64	9022.74	2370.61	52.34	82.22	64.39
	834.92	178.80		834.92	834.92				
	2242.88	2242.88		2242.88	2242.88				
2212.68			2212.68	2212.68	2212.68				
763.68		4.91	768.58	768.58	768.58				
69.92	2389.02	2.78	430.63	627.59	2963.69	2370.61	52.34	82.22	64.39
	6392.36		19092.10		33515.17				
3865.36		10670.77		14536.13					
		10670.77		10670.77					
3865.36				3865.36					
	2527.00		8421.33		18979.04		640.50		-983.03
176.40	155.25			176.40	176.40				
176.40	155.25			176.40	176.40				
1827.23		3571.97		18640.71					
1804.33		3652.21		18599.89					
22.90		-80.24		40.82					
678.63		4849.36		338.33		640.50		-983.03	

人口基本情况
Basic Statistics of Population

指　　标	Indicator	2000	2010	2015	2016	2017
年末总人口(万人)	**Total Population of Year-end (10000 persons)**	**6674**	**7193.60**	**7424.92**	**7470.05**	**7519.52**
按城乡分	by Residence					
城镇	Urban	1741	3201.15	3811.21	3983.03	4136.49
乡村	Rural	4933	3992.45	3613.71	3487.02	3383.03
按性别分	by Sex					
男性	Male	3397	3647.18	3757.23	3795.17	3817.66
女性	Female	3277	3546.42	3667.69	3674.88	3701.86
出生率(‰)	Birth Rate (‰)	11.30	13.22	11.35	12.42	13.2
死亡率(‰)	Death Rate (‰)	6.21	6.41	5.79	6.36	6.6
自然增长率(‰)	Natural Growth Rate (‰)	5.09	6.81	5.56	6.06	6.6
人口密度(人/平方公里)	Density of Population (person/sq.km)	356	384	396	398	401
家庭户数(万户)	Households (10000 units)	1795	2039.51	2269.85	2293.59	2346.54
人口结构(%)	**Composition (%)**					
按城乡分	by Residence					
城镇	Urban	26.3	44.50	51.33	53.32	55.01
乡村	Rural	73.7	55.50	48.67	46.68	44.99
按性别分	by Sex					
男性	Male	50.9	50.7	50.6	50.8	50.8
女性	Female	49.1	49.3	49.4	49.2	49.2
按年龄段分	by Age Group (%)					
0—14岁	0-14	22.8	16.83	17.63	18.72	18.65
15—64岁	15-64	70.3	74.93	72.18	70.59	70.10
65岁以上	65 and Over	6.9	8.24	10.19	10.69	11.25
按文化程度分	by Education Attainments (%)					
未上学	Uneducational	8.7	3.26	4.19	3.91	4.14
小学文化程度	Primary School	35.7	26.79	25.78	24.17	23.42
初中文化程度	Junior Secondary Schools	41.3	48.23	43.92	45.76	45.27
高中文化程度	Senior Secondary Schools	11.3	13.80	15.91	16.15	17.18
大专以上文化程度	College and Higher Level	2.9	7.93	10.20	10.01	9.99

注：未上学人口2005年以前为不识字或识字很少的人口。

a) Before the year of 2005, the number of unschooled people referred to those who were lack of literacy.

总人口及人口自然变动
Total Population and Natural Changes of Population

年 份 Year	总 人 口 (万人) Total Population (10000 persons)	#男 Male	出 生 率 (‰) Birth Rate (‰)	死 亡 率 (‰) Death Rate (‰)	自然增长率 (‰) Natural Growth Rate (‰)
1978	5057	2595	20.88	6.49	14.39
1979	5105	2620	19.86	6.36	13.50
1980	5168	2651	20.47	6.46	14.01
1981	5256	2692	23.99	6.05	17.94
1982	5356	2742	19.35	5.94	13.41
1983	5420	2777	17.91	6.60	11.31
1984	5487	2815	16.73	5.41	11.32
1985	5548	2852	17.10	5.30	11.80
1986	5627	2893	20.42	6.12	14.30
1987	5710	2936	22.50	6.00	16.50
1988	5795	2978	20.35	5.50	14.85
1989	5881	3021	20.19	5.44	14.75
1990	6159	3147	20.46	6.82	13.64
1991	6220	3167	16.61	6.75	9.86
1992	6275	3212	15.33	6.43	8.90
1993	6334	3227	15.43	6.11	9.32
1994	6388	3264	14.93	6.50	8.43
1995	6437	3266	13.93	6.32	7.61
1996	6484	3309	13.85	6.55	7.30
1997	6525	3327	13.11	6.82	6.29
1998	6569	3343	13.01	6.18	6.83
1999	6614	3357	12.99	6.26	6.73
2000	6674	3397	11.30	6.21	5.09
2001	6699	3384	11.16	6.18	4.98
2002	6735	3420	11.53	6.25	5.28
2003	6769	3454	11.43	6.27	5.16
2004	6809	3480	11.98	6.19	5.79
2005	6851	3441	12.84	6.75	6.09
2006	6898	3486	12.82	6.59	6.23
2007	6943	3529	13.33	6.78	6.55
2008	6989	3562	13.04	6.49	6.55
2009	7034	3582	12.93	6.43	6.50
2010	7194	3647	13.22	6.41	6.81
2011	7241	3743	13.02	6.52	6.50
2012	7288	3694	12.88	6.41	6.47
2013	7333	3724	13.04	6.87	6.17
2014	7384	3751	13.18	6.23	6.95
2015	7425	3757	11.35	5.79	5.56
2016	7470	3795	12.42	6.36	6.06
2017	7520	3818	13.20	6.60	6.60

六次人口普查基本情况

Basic Statistics on Population Census in 1953, 1964, 1982, 1990, 2000 and 2010

项　　目	Item	第一次人口普查 The First (1953.7.1)	第二次人口普查 The Second (1964.7.1)	第三次人口普查 The Third (1982.7.1)	第四次人口普查 The Fourth (1990.7.1)	第五次人口普查 The Fifth (2000.11.1)	第六次人口普查 The Sixth (2010.11.1)
总人口(万人)	**Total Population(10000 Persons)**	**3563.46**	**4568.77**	**5300.55**	**6108.28**	**6668.44**	**7185.42**
男	Male	1794.83	2338.17	2712.56	3121.01	3393.63	3643.03
女	Female	1768.63	2230.60	2587.99	2987.27	3274.81	3542.39
总户数(万户)	**Total Household (10000 households)**	**820.12**	**1017.15**	**1237.70**	**1536.61**	**1830.27**	**2081.35**
家庭户	Household			1231.72	1530.21	1793.30	2039.31
平均家庭户规模	Average Household Size	4.39	4.49	4.14	3.89	3.59	3.36
民　族	**Nationalities**						
民族个数(个)	The Number of Nationalities	11	30	41	55	56	56
汉族人口(万人)	Total Population of Han Nationality (10000 persons)	3527.83	4494.98	5215.14	5867.37	6378.16	6886.13
各少数民族人口(万人)	Total Population of Minority Nationalities (10000 persons)	35.63	73.75	85.34	240.91	290.28	299.29
市镇总人口(万人)	**Total Population of City and Town (10000 persons)**	**419.53**	**644.79**	**725.89**	**1173.39**	**1756.01**	**3157.53**
各种文化程度人口(万人)	**Population by Education (10000 persons)**						
大　　学	University and Above		18.08	23.43	58.25	178.11	524.25
高　　中	Senior Secondary Schools		56.87	399.86	455.47	716.36	913.17
初　　中	Junior Secondary Schools		234.91	1020.08	1509.42	2609.93	3190.30
小　　学	Primary Schools		1400.54	1930.58	2249.16	2213.51	1771.97
文盲、半文盲(15周岁及以上)	**Illiterate or Semiliterate Persons (Age 15 and Over)**			**1193.54**	**1023.52**	**513.81**	**187.74**
在业人口(万人)	**Economically Active Population (10000 persons)**			**2759.90**	**3410.11**	**3836.27**	**4089.22**
不在业人口(万人)	**Economically Inactive Population (10000 persons)**			**908.76**	**924.47**	**1313.09**	**1810.22**

注：在业人口、不在业人口六普为16周岁及以上,其他为15周岁及以上。

a) In the 6th population census, economically active population and economically inactive population exclude population below 16 years old. evertheless, in the previous censuses, they do not include population below 15 years old.

分行业全社会就业人员（2017年底）
Number of Employed Persons by Sector (End of 2017)

单位：万人　　　　(10000 persons)

项　目	Item	就业人员 Employed Persons	城镇 就业人员 Employed Persons of Urban Areas	单位就业人员 Urban Units	私营个体就业人员 Private and Individuals	灵活就业及其他就业人员 Others	乡村 就业人员 Employed Persons of Rural Areas
全省总计	**Total**	**4206.66**	**1294.00**	**535.32**	**537.06**	**221.62**	**2912.66**
农、林、牧、渔业	Agriculture, Forestry, Animal Husbandry and Fishery	1366.90	17.39	3.46	4.83	9.10	1349.51
采矿业	Mining	83.46	38.93	19.81	15.27	3.85	44.53
制造业	Manufacturing	858.10	287.29	102.55	170.04	14.70	570.81
电力、热力、燃气及水生产和供应业	Production and Distribution of Electricity, Thermal, Gas and Water	39.97	24.00	17.86	1.55	4.59	15.97
建筑业	Construction	415.05	95.35	38.28	38.23	18.84	319.70
批发和零售业	Wholesale and Retail Trades	406.44	197.37	17.77	138.05	41.55	209.07
交通运输、仓储和邮政业	Traffic, Transport, Storage and Post	193.05	61.27	24.27	27.31	9.69	131.78
住宿和餐饮业	Hotels and Catering Services	195.01	117.57	3.36	91.59	22.62	77.44
信息传输、软件和信息技术服务业	Information Transmission, Software and Information Technology Services	28.18	15.88	7.53	3.22	5.13	12.30
金融业	Financial Intermediation	42.76	35.96	34.64		1.32	6.80
房地产业	Real Estate	15.27	11.00	6.35	1.61	3.04	4.27
租赁和商务服务业	Leasing and Business Services	42.80	25.09	9.76	6.45	8.88	17.71
科学研究和技术服务业	Scientific Research and Technical Service	16.93	14.93	14.11		0.82	2.00
水利、环境和公共设施管理业	Management of Water Conservancy, Environment and Public Facilities	20.43	15.37	12.25		3.12	5.06
居民服务、修理和其他服务业	Services to Households, Repair and Other Services	142.43	71.48	2.25	37.52	31.71	70.95
教　育	Education	140.79	114.56	88.17		26.39	26.23
卫生和社会工作	Health and Social Work	65.96	47.76	39.21		8.55	18.20
文化、体育和娱乐业	Culture, Sports and Entertainment	20.21	9.52	5.00	1.39	3.13	10.69
公共管理、社会保障和社会组织	Public Management, Social Security and Social Organization	112.92	93.28	88.69		4.59	19.64

注：本表就业人员不包括离开本单位仍保留劳动关系的职工。

a) The employed persons exclude those staff and workers who still keep their relation with their units, but have left their working post at there.

按三次产业分的就业人员及构成（年底数）
Number of Employed Persons by Type of Industry and Composition (End of Year)

年 份 Year	就业人员(万人) Employed Persons (10000 persons)				构 成(以就业人员为100) Composition in Percentage (Total Employment=100)		
		第一产业 Primary Industry	第二产业 Secondary Industry	第三产业 Tertiary Industry	第一产业 Primary Industry	第二产业 Secondary Industry	第三产业 Tertiary Industry
1978	2109.39	1621.61	292.83	194.95	76.88	13.88	9.24
1980	2182.80	1637.42	321.01	224.37	75.01	14.71	10.28
1985	2555.43	1603.36	557.49	394.58	62.74	21.82	15.44
1986	2626.41	1602.21	607.42	416.78	61.00	23.13	15.87
1987	2725.75	1615.62	653.23	456.90	59.27	23.97	16.76
1988	2808.33	1659.62	690.33	458.38	59.10	24.58	16.32
1989	2857.92	1739.11	674.31	444.50	60.85	23.60	15.55
1990	2955.47	1820.51	680.14	454.82	61.60	23.01	15.39
1991	3040.30	1905.27	690.04	444.99	62.67	22.70	14.63
1992	3106.28	1874.64	722.61	509.03	60.35	23.26	16.39
1993	3171.37	1857.14	778.68	535.55	58.56	24.55	16.89
1994	3210.37	1780.48	832.60	597.29	55.46	25.93	18.61
1995	3252.01	1729.29	879.08	643.64	53.18	27.03	19.79
1996	3300.16	1635.17	942.08	722.91	49.55	28.55	21.90
1997	3324.23	1634.03	940.24	749.96	49.16	28.28	22.56
1998	3367.18	1650.22	932.60	784.36	49.01	27.70	23.29
1999	3322.30	1653.25	879.69	789.36	49.76	26.48	23.76
2000	3385.71	1678.12	886.99	820.60	49.56	26.20	24.24
2001	3409.16	1676.34	899.68	833.14	49.17	26.39	24.44
2002	3435.00	1662.59	929.12	843.29	48.40	27.05	24.55
2003	3470.23	1672.26	942.84	855.13	48.19	27.17	24.64
2004	3516.71	1612.85	992.74	911.12	45.86	28.23	25.91
2005	3568.97	1564.72	1043.56	960.69	43.84	29.24	26.92
2006	3609.99	1524.89	1082.66	1002.44	42.24	29.99	27.77
2007	3664.97	1481.52	1134.51	1048.94	40.42	30.96	28.62
2008	3725.66	1481.37	1170.06	1074.23	39.76	31.41	28.83
2009	3792.49	1479.22	1203.36	1109.91	39.00	31.73	29.27
2010	3865.14	1464.21	1250.85	1150.08	37.88	32.36	29.76
2011	3962.42	1439.63	1319.83	1202.96	36.33	33.31	30.36
2012	4085.74	1426.27	1400.79	1258.68	34.91	34.28	30.81
2013	4183.93	1404.49	1438.07	1341.37	33.57	34.37	32.06
2014	4202.66	1398.88	1437.79	1365.99	33.29	34.21	32.50
2015	4212.50	1387.83	1437.43	1387.24	32.95	34.12	32.93
2016	4223.95	1380.33	1439.74	1403.88	32.68	34.08	33.24
2017	4206.66	1366.90	1396.58	1443.18	32.49	33.20	34.31

注：1999年起资料不包括离开本单位仍保留劳动关系职工人数。

a) Since 1999, the date exclude those staff and workers who still keep their relation with their units, but have left their working post at there.

城镇非私营单位职工人数（年底数）
Number of Staff and Workers in Urban Non Private Units (End of Year)

单位：万人 (10000 persons)

年份 Year	职工人数 Number of Staff and Workers	#国有经济 State-Owned	#城镇集体经济 Urban Collective-Owned	女职工人数 Female	#国有经济 State-Owned	#城镇集体经济 Urban Collective-Owned
1978	445.10	369.83	75.27	122.55	94.78	27.77
1980	476.83	394.27	82.56	146.84	109.95	36.80
1985	555.15	424.26	130.16	177.64	123.99	53.32
1986	581.22	445.04	135.23	187.70	131.99	55.28
1987	609.79	465.65	143.07	199.39	140.36	58.54
1988	631.33	482.29	146.98	208.70	147.93	59.76
1989	638.95	488.27	147.47	216.00	152.76	61.57
1990	652.71	497.19	151.61	223.90	158.66	63.61
1991	673.75	512.60	155.50	231.10	164.24	64.20
1992	688.45	527.79	154.71	236.95	171.79	62.35
1993	703.72	538.67	151.41	246.63	179.95	60.47
1994	699.25	533.24	141.41	249.44	181.87	57.32
1995	698.02	535.14	132.79	252.84	185.42	54.43
1996	696.16	538.42	126.78	255.56	190.91	51.02
1997	676.74	531.51	112.13	252.52	191.88	45.98
1998	657.00	502.35	93.57	221.41	168.77	30.94
1999	639.62	488.88	84.27	220.62	168.49	27.38
2000	621.95	474.88	75.52	212.13	162.79	23.28
2001	603.86	459.13	69.53	205.47	159.35	20.56
2002	589.14	441.13	62.29	196.89	150.35	17.61
2003	576.57	427.40	57.41	193.58	147.08	15.85
2004	562.67	409.48	52.81	191.15	142.72	14.44
2005	557.83	390.46	48.90	191.86	139.26	13.59
2006	554.56	381.36	46.28	193.98	139.00	13.25
2007	544.43	370.82	41.50	193.10	137.69	11.94
2008	520.01	352.18	35.02	191.41	133.75	10.11
2009	514.42	341.08	32.83	190.94	132.63	9.64
2010	518.89	334.84	30.79	195.70	132.65	9.31
2011	537.85	317.71	26.59	206.32	133.16	8.54
2012	619.95	332.41	21.14	223.39	138.31	7.38
2013	653.36	298.94	18.00	232.66	130.09	6.44
2014	656.18	293.49	15.58	236.77	128.82	5.88
2015	643.65	288.22	14.39	236.08	129.14	5.60
2016	639.62	286.36	13.96	237.37	129.64	5.44
2017	535.32	282.69	13.75	215.62	131.26	5.18

注：1.1998年女职工人数为在岗女职工人数,1999年起为女性单位就业人数。2.2012年起为就业人员。

a) Female in 1998 are on-post staff and workers figures, since 1999 are persons employed in various units.

b) The data since 2012 are persons employed.

分登记注册类型和行业城镇非私营单位就业人数（2017年底）
Number of Staff and Workers in Urban Non Private Units by Registration Status and Sector (End of 2017)

单位：万人 (10000 persons)

行业	Sector	合计 Total	国有经济 State-Owned	城镇集体经济 Urban Collective-Owned	其他经济类型 Others
全省总计	**Total**	**535.32**	**282.69**	**13.75**	**238.88**
按企、事业和机关分组	**Grouped by Enterprises, Institutions and Agencies**				
企业	Business	294.15	46.23	10.81	237.11
事业	Institutions	165.10	160.99	2.87	1.24
机关	Agencies & Organizations	75.49	75.43	0.05	0.02
民间非盈利组织	Non Profit Organization	0.27	0.04		0.23
其他	Others	0.31		0.02	0.28
按国民经济行业分组	**Grouped by Sector**				
农、林、牧、渔业	Agriculture, Forestry, Animal Husbandry and Fishery	3.46	3.28	0.07	0.11
采矿业	Mining	19.81	0.34	0.52	18.94
制造业	Manufacturing	102.55	2.47	2.12	97.96
电力、热力、燃气及水生产和供应业	Production and Distribution of Electricity, Thermal, Gas and Water	17.86	9.01	0.02	8.83
建筑业	Construction	38.28	5.59	2.02	30.67
批发和零售业	Wholesale and Retail Trades	17.77	2.80	1.58	13.40
交通运输、仓储和邮政业	Traffic, Transport, Storage and Post	24.27	15.36	0.49	8.42
住宿和餐饮业	Hotels and Catering Services	3.36	1.56	0.10	1.70
信息传输、软件和信息技术服务业	Information Transmission, Software and Information Technology Services	7.53	0.88	0.04	6.62
金融业	Financial Intermediation	34.64	3.04	2.47	29.12
房地产业	Real Estate	6.35	0.80	0.13	5.42
租赁和商务服务业	Leasing and Business Services	9.77	3.62	1.03	5.12
科学研究和技术服务业	Scientific Research and Technical Service	14.11	8.16	0.08	5.86
水利、环境和公共设施管理业	Management of Water Conservancy, Environment and Public Facilities	12.25	10.20	0.20	1.85
居民服务、修理和其他服务业	Services to Households, Repair and Other Services	2.25	0.46	0.09	1.70
教育	Education	88.17	86.72	0.13	1.31
卫生和社会工作	Health and Social Work	39.21	35.67	2.48	1.07
文化、体育和娱乐业	Culture, Sports and Entertainment	5.00	4.13	0.08	0.78
公共管理、社会保障和社会组织	Public Management, Social Security and Social Organization	88.69	88.60	0.09	0.01

分登记注册类型和行业城镇非私营单位在岗职工人数（2017年底）
Number of Staff and Workers on-post in Urban Non Private Units by Registration Status and Sector (End of 2017)

单位：万人 (10000 persons)

行业	Sector	合计 Total	国有经济 State-Owned	城镇集体经济 Urban Collective-Owned	其他经济类型 Others
全省总计	**Total**	**498.35**	**266.83**	**13.01**	**218.51**
按企、事业和机关分组	**Grouped by Enterprises, Institutions and Agencies**				
企业	Business	270.21	43.00	10.35	216.85
事业	Institutions	155.71	151.97	2.58	1.16
机关	Agencies & Organizations	71.88	71.81	0.05	0.02
民间非盈利组织	Non Profit Organization	0.25	0.04		0.20
其他	Others	0.31		0.02	0.28
按国民经济行业分组	**Grouped by Sector**				
农、林、牧、渔业	Agriculture, Forestry, Animal Husbandry and Fishery	3.35	3.18	0.07	0.11
采矿业	Mining	19.54	0.34	0.52	18.69
制造业	Manufacturing	101.17	2.42	2.05	96.70
电力、热力、燃气及水生产和供应业	Production and Distribution of Electricity, Thermal, Gas and Water	16.86	8.18	0.02	8.65
建筑业	Construction	33.63	4.28	1.86	27.49
批发和零售业	Wholesale and Retail Trades	17.14	2.75	1.50	12.89
交通运输、仓储和邮政业	Traffic, Transport, Storage and Post	23.40	14.88	0.43	8.10
住宿和餐饮业	Hotels and Catering Services	3.24	1.48	0.10	1.66
信息传输、软件和信息技术服务业	Information Transmission, Software and Information Technology Services	7.29	0.87	0.04	6.38
金融业	Financial Intermediation	21.15	2.77	2.46	15.93
房地产业	Real Estate	5.99	0.73	0.11	5.15
租赁和商务服务业	Leasing and Business Services	9.60	3.55	1.02	5.03
科学研究和技术服务业	Scientific Research and Technical Service	13.45	7.85	0.08	5.52
水利、环境和公共设施管理业	Management of Water Conservancy, Environment and Public Facilities	9.64	7.91	0.19	1.54
居民服务、修理和其他服务业	Services to Households, Repair and Other Services	2.15	0.44	0.09	1.62
教育	Education	84.90	83.53	0.13	1.24
卫生和社会工作	Health and Social Work	36.99	33.75	2.20	1.04
文化、体育和娱乐业	Culture, Sports and Entertainment	4.79	3.95	0.08	0.77
公共管理、社会保障和社会组织	Public Management, Social Security and Social Organization	84.08	83.99	0.09	0.01

注：从2012年起，在岗职工人数含劳务派遣人员。
a) Since 2012 staff and workers on-post include the labor dispatch personnel.

分登记注册类型和行业城镇非私营单位女性就业人数（2017年底）
Number of Female Employed Persons in Urban Non Private Units Status by Registration and Sector (End of 2017)

单位：万人 (10000 persons)

行业	Sector	女性 就业人数 Number of Female Employed Persons	国有经济 State-Owned	城镇集体经济 Urban Collective-Owned	其他经济类型 Others
全省总计	**Total**	**215.62**	**131.26**	**5.18**	**79.19**
按企、事业和机关分组	**Grouped by Enterprises, Institutions and Agencies**				
企业	Business	95.84	14.21	3.55	78.08
事业	Institutions	95.84	93.46	1.61	0.77
机关	Agencies & Organizations	23.59	23.57	0.01	0.01
民间非营利组织	Non Profit Organization	0.17	0.02		0.15
其他	Others	0.19		0.01	0.18
按国民经济行业分组	**Grouped by Sector**				
农、林、牧、渔业	Agriculture, Forestry, Animal Husbandry and Fishery	1.17	1.12	0.02	0.03
采矿业	Mining	3.40	0.06	0.11	3.23
制造业	Manufacturing	31.18	0.73	0.82	29.62
电力、热力、燃气及水生产和供应业	Production and Distribution of Electricity, Thermal, Gas and Water	4.87	2.57	0.01	2.29
建筑业	Construction	5.28	0.88	0.23	4.18
批发和零售业	Wholesale and Retail Trades	9.48	1.31	0.62	7.56
交通运输、仓储和邮政业	Traffic, Transport, Storage and Post	6.79	4.32	0.13	2.35
住宿和餐饮业	Hotels and Catering Services	1.90	0.84	0.06	0.99
信息传输、软件和信息技术服务业	Information Transmission, Software and Information Technology Services	3.32	0.35	0.01	2.96
金融业	Financial Intermediation	19.75	1.26	1.08	17.42
房地产业	Real Estate	2.43	0.29	0.05	2.09
租赁和商务服务业	Leasing and Business Services	2.45	0.62	0.29	1.54
科学研究和技术服务业	Scientific Research and Technical Service	4.23	2.86	0.02	1.34
水利、环境和公共设施管理业	Management of Water Conservancy, Environment and Public Facilities	4.82	3.85	0.10	0.87
居民服务、修理和其他服务业	Services to Households, Repair and Other Services	0.87	0.16	0.04	0.67
教育	Education	57.24	56.29	0.08	0.87
卫生和社会工作	Health and Social Work	25.85	23.63	1.44	0.79
文化、体育和娱乐业	Culture, Sports and Entertainment	2.28	1.87	0.04	0.37
公共管理、社会保障和社会组织	Public Management, Social Security and Social Organization	28.32	28.29	0.02	

城镇非私营单位就业人员工资总额（2017年）
Total Wages Bill of Urban Units Employed Persons in Urban Non Private Units (2017)

单位：万元 (10000 yuan)

行业	Sector	就业人员 工资总额 Total wages Bill of Employed Persons	在岗职工 工资总额 Total Wages Bill of Staff and Workers	#国有经济 State-owned Units	#城镇集体经济 Urban Collective-owned Units	其他就业人员工资总额 Units of Others Types of Ownership
全省总计	**Total**	**33562526**	**32422207**	**17718517**	**636738**	**1140319**
按企、事业和机关分	**Grouped by Enterprises, Institutions and Agencies**					
企业	Enterprises	17998768	17171477	2685094	514132	827291
事业	Institutions	10839639	10613560	10425972	119435	226079
机关	Agencies & Organizations	4693441	4607282	4603430	2341	86159
民间非营利组织	Non Profit Organization	13841	13050	3790		791
其他	Others	16838	16838	231	830	
按国民经济行业分	**Grouped by Sector**					
农、林、牧、渔业	Agriculture, Forestry, Animal Husbandry and Fishery	81058	78678	71387	2956	2380
采矿业	Mining	1233938	1223116	10494	18413	10822
制造业	Manufacturing	5978908	5903218	135533	75694	75690
电力、热力、燃气及水生产和供应业	Production and Distribution of Electricity, Thermal, Gas and Water	1510132	1477293	586335	1622	32839
建筑业	Construction	2000643	1772696	221512	75717	227947
批发和零售业	Wholesale and Retail Trades	828401	811458	172056	41810	16943
交通运输、仓储和邮政业	Traffic, Transport, Storage and Post	1639337	1609913	1010600	15652	29424
住宿和餐饮业	Hotels and Catering Services	129684	125101	56028	2855	4583
信息传输、软件和信息技术服务业	Information Transmission, Software and Information Technology Services	634157	631770	54900	1615	2387
金融业	Financial Intermediation	2575833	2197927	293963	228403	377906
房地产业	Real Estate	365411	354880	40043	2443	10531
租赁和商务服务业	Leasing and Business Services	447216	440675	133767	39618	6541
科学研究和技术服务业	Scientific Research and Technical Service	1123448	1097645	635999	5392	25803
水利、环境和公共设施管理业	Management of Water Conservancy, Environment and Public Facilities	514707	456890	393228	3487	57817
居民服务、修理和其他服务业	Services to Households, Repair and Other Services	82571	79874	22200	2459	2697
教育	Education	6186385	6109891	6043885	5921	76494
卫生和社会工作	Health and Social Work	2496896	2427341	2261865	106093	69555
文化、体育和娱乐业	Culture, Sports and Entertainment	293978	288347	244045	2374	5631
公共管理、社会保障和社会组织	Public Management, Social Security and Social Organization	5439824	5335497	5330679	4214	104327

注：从2012年起在岗职工工资总额含劳务派遣人员工资总额。

a) Since 2012 total wages bill of staff and workers on-post include the labor dispatch personnel.

城镇非私营单位职工工资总额和指数
Total Wages of Staff and Workers and Related Indices in Urban Non Private Units

年份 Year	工资总额 (万元) Total Wages (10000 yuan)	#国有经济单位 State-Owned	#城镇集体经济单位 Urban Collective-Owned	指数 (上年=100) Indices (preceding year=100)	#国有经济单位 State-Owned	#城镇集体经济单位 Urban Collective-Owned
1978	256463	219056	37407	114.39	113.15	122.28
1980	340513	292414	48099	118.81	118.69	119.51
1985	580441	466525	113244	121.86	121.73	122.36
1986	716788	579844	135878	123.49	124.29	119.99
1987	825146	667635	156254	115.12	115.14	115.00
1988	1035117	841302	190789	125.49	126.01	122.10
1989	1147097	937626	204030	110.78	111.45	106.94
1990	1293229	1064042	221831	112.74	113.48	108.72
1991	1422357	1163790	246622	109.98	109.37	111.18
1992	1684325	1393304	276422	118.42	119.72	112.08
1993	2108195	1739368	323734	125.17	124.84	117.12
1994	2895850	2391572	387584	137.36	137.50	119.72
1995	3360002	2767436	441368	116.03	115.72	113.88
1996	3652207	3020439	464211	108.70	109.14	105.18
1997	3859772	3218123	440888	105.68	106.54	94.98
1998	3755910	3036502	349331	99.75	96.68	81.46
1999	3979361	3227728	332995	105.95	106.30	95.32
2000	4271797	3459724	318530	107.35	107.19	95.66
2001	4580897	3709329	313935	107.24	107.21	98.56
2002	5040301	4039839	296030	110.03	108.91	94.30
2003	5481960	4343902	292264	108.76	107.53	98.73
2004	6255065	4842573	311543	114.10	111.48	106.60
2005	7160660	5260503	341572	114.48	108.63	109.66
2006	8095785	5819518	369771	113.06	110.63	108.26
2007	9732071	6997885	407554	120.21	120.25	110.22
2008	11744961	8322196	422304	120.68	118.92	103.62
2009	13379216	9284802	479223	113.91	111.57	113.48
2010	15485836	10235669	551224	115.75	110.24	115.02
2011	18369456	11077774	542680	118.62	108.23	98.45
2012	23983034	12954720	613616	121.42	112.36	101.09
2013	27241454	11810500	606164	113.59	91.17	98.79
2014	29654617	12684854	591250	108.86	107.40	97.54
2015	32894839	15167871	603437	110.93	119.57	102.06
2016	35187502	16741647	625841	106.97	110.38	103.71
2017	33562526	18137994	673522	95.38	108.34	107.62

注：1.1998年至2011年职工工资总额为在岗职工工资总额，2012年起为就业人员工资总额，指数按可比口径计算。

a) Data on total wage bill from 1998 to 2011 refer to wages of fully employed staff and workers, Since 2012 refer employed persons, and the indices since 1998 was calculated on the basis of constant coverage.

城镇非私营单位职工平均工资及指数
Average Wage of Staff and Workers and Related Indices in Urban Non Private Units

年 份 Year	平均货币工资(元) Average Wage (yuan)				实际工资指数(上年=100) Indices of Real Wage (preceding year=100)			
	全部职工 Total Staff and Workers	国有经济 State-owned	城镇集体经济 Urban Collective-owned	其他经济类型 Others	全部职工 Total Staff and Workers	国有经济 State-owned	城镇集体经济 Urban Collective-owned	其他经济类型 Others
1978	592	608	512		105.5	105.9	104.5	
1980	726	753	592		107.2	107.2	106.8	
1985	1075	1128	901	949	107.5	107.3	108.2	106.7
1986	1268	1338	1035	1180	111.3	111.9	108.4	117.3
1987	1394	1471	1139	1308	101.6	101.6	101.7	102.4
1988	1688	1788	1351	1910	102.4	102.7	100.3	123.4
1989	1821	1940	1421	1870	93.1	93.6	90.8	84.5
1990	2019	2166	1522	2002	109.6	110.3	105.8	105.8
1991	2156	2314	1629	2210	100.2	100.2	100.4	103.6
1992	2485	2685	1806	2537	106.2	106.9	102.2	105.8
1993	3035	3272	2157	3460	105.7	105.5	103.4	118.1
1994	4185	4531	2762	4896	106.0	106.4	98.8	110.5
1995	4839	5208	3303	5158	99.6	99.0	103.0	90.7
1996	5286	5653	3658	5625	101.5	100.9	102.9	101.4
1997	5692	6066	3843	6118	103.8	103.4	101.3	104.9
1998	5820	6169	3746	6190	103.6	103.0	98.8	102.5
1999	7022	7354	4836	7107	112.9	113.0	112.4	116.3
2000	7781	8146	5187	7846	110.3	110.2	106.7	109.9
2001	8730	9139	5746	8678	111.8	111.7	110.3	110.2
2002	10032	10578	6343	9537	116.5	117.4	112.0	111.5
2003	11189	11783	6919	10701	109.0	108.9	106.6	109.7
2004	12925	13576	7916	12527	111.4	111.1	110.3	112.9
2005	14707	15291	9041	14835	112.2	111.1	112.6	116.8
2006	16590	17152	10337	16882	110.9	110.3	112.4	111.9
2007	19911	20900	12443	19195	115.1	116.8	115.4	109.0
2008	24756	25730	15293	24320	118.2	117.0	116.8	120.4
2009	28383	29459	18467	27754	116.1	115.9	122.3	115.5
2010	32306	32830	22220	32916	110.7	108.4	117.0	115.4
2011	36166	36782	25196	36440	106.3	106.4	107.7	105.1
2012	38658	39177	28597	38822	106.6	106.3	112.3	106.3
2013	41501	39648	33057	43578	104.5	98.5	112.6	109.3
2014	45114	43351	36358	47004	106.9	107.5	108.1	106.1
2015	50921	52686	40637	49885	111.6	120.2	110.6	105.0
2016	55334	58761	43767	52925	107.1	109.9	106.1	104.5
2017	63036	64522	46587	62276	111.8	107.6	104.4	115.5

注：1.1994年实际工资指数是按可比口径计算的。2.2012年为全部就业人员平均工资，指数是按可比口径计算的。
a) Indices of Real Wage was calculated on the basis of constant coverage in 1994.
b) Data in total wage bill since 2012 refer employed persons and the indices was calculated on the basis of constant coverage.

分行业城镇私营单位就业人员平均工资
Average Wage of Employed Persons in Urban Private Units by Sector

单位：元 (yuan)

行　业	Sector	2013	2014	2015	2016	2017
全省总计	**Total**	**28135**	**31459**	**34084**	**36507**	**38136**
农、林、牧、渔业	Agriculture, Forestry, Animal Husbandry and Fishery	24198	27473	29148	31330	34654
采矿业	Mining	27096	31140	34986	35316	36664
制造业	Manufacturing	28983	32692	35035	37333	39040
电力、热力、燃气及水生产和供应业	Production and Distribution of Electricity, Thermal, Gas and Water	27760	30109	33009	35800	42490
建筑业	Construction	28852	31565	33813	36976	38191
批发和零售业	Wholesale and Retail Trades	25345	28033	31529	33440	34412
交通运输、仓储和邮政业	Traffic, Transport, Storage and Post	30108	34049	36950	39190	42479
住宿和餐饮业	Hotels and Catering Services	24783	27518	29791	33168	33224
信息传输、软件和信息技术服务业	Information Transmission, Software and Information Technology Services	27827	32033	34832	37335	42182
金融业	Financial Intermediation	29054	32544	34564	37756	41474
房地产业	Real Estate	29993	33914	36766	40386	41264
租赁和商务服务业	Leasing and Business Services	27953	31491	32821	34692	37370
科学研究和技术服务业	Scientific Research and Technical Service	31978	34841	37431	42141	42280
水利、环境和公共设施管理业	Management of Water Conservancy, Environment and Public Facilities	23851	27122	32871	36001	36961
居民服务、修理和其他服务业	Services to Households, Repair and Other Services	24149	27185	30928	33889	36534
教　育	Education	25815	29306	32964	35583	37817
卫生和社会工作	Health and Social Work	29717	30915	35435	40226	42559
文化、体育和娱乐业	Culture, Sports and Entertainment	23901	26507	30657	33065	34564
公共管理、社会保障和社会组织	Public Management, Social Security and Social Organization					

分细行业城镇非私营单位就业人员平均工资（2017年）
Average Wage of Staff and Workers in Urban Non Private Units by Sector in Detail (2017)

单位：元 (yuan)

项目	Item	就业人员平均工资 Average Wage of Staff and Workers	国有单位 State-owned Units	城镇集体 Urban Collective-owned Units	其他单位 Units of Other Types of Ownership
全省总计	**Total**	**63036**	**64522**	**46587**	**62276**
按企业、事业、机关分	**Grouped by Enterprises, Institutions and Agencies**				
企业	Enterprises	61444	60599	47117	62312
事业	Institutions	65958	66395	44509	58616
机关	Agencies & Organizations	62914	62917	50790	80127
民间非营利组织	Non profit organization	52648	85369		45999
其他	Others	56032	49106	32402	58391
按国民经济行业分	**Grouped by Sector**				
农、林、牧、渔业	**Agriculture, Forestry, Animal Husbandry and Fishery**	**23327**	**22438**	**42695**	**36308**
农业	Farming	11246	11134	36500	17776
林业	Forestry	47605	47991	45759	26500
畜牧业	Animal Husbandry	43001	46797	27692	39967
渔业	Fishery	71062	56400	73127	
农、林、牧、渔、服务业	Services in Support of Agriculture	51432	52342	26598	
采矿业	**Mining**	**60268**	**30362**	**36400**	**61423**
煤炭开采和洗选业	Mining and Washing of Coal	57575	27240	38352	58129
石油和天然气开采业	Extraction of Petroleum and Natural Gas	90726			90726
黑色金属矿采选业	Mining of Ferrous Metal Ores	55205	35834	35219	58193
有色金属矿采选业	Mining of Non-ferrous Metal Ores	70575	70575		
非金属矿采选业	Mining and Processing of Nonmetal Ores	51836	30446		55906
开采辅助活动	Support Activities for Mining	9900	9900		
其他采矿业	Mining of Others				
制造业	**Manufacturing**	**58479**	**55156**	**35899**	**59062**
农副食品加工业	Processing of Food from Agricultural Products	48961	37993	29907	49656
食品制造业	Manufacture of Foods	59529	19923	28980	60178
酒、饮料和精制茶制造业	Manufacture of Wine, Soft Drinks and Refined Tea	51368	24110		51590
烟草制品业	Manufacture of Tobacco	126642	330593		121183
纺织业	Manufacture of Textile	37723	27108	26642	38173
纺织服装、服饰业	Manufacture of Textile, Apparel	44969	74770	38624	44460
皮革、毛皮、羽毛及其制品和制鞋业	Manufacture of Leather, Fur, Feather and Its Products and Footware	39944		39282	39951
木材加工和木、竹、藤、棕、草制品业	Processing of Timbers, Manufacture of Wood, Bamboo, Rattan, Palm, and Straw Products	50978		28300	51152
家具制造业	Manufacture of Furniture	48500		30313	49895
造纸和纸制品业	Manufacture of Paper and Paper Products	48422		47644	48949
印刷和记录媒介复制业	Printing, Reproduction of Recording Media	59850	48125	38003	63615
文教、工美、体育和娱乐用品制造业	Manufacture of Articles for Culture, Arts and Crafts, Education, Sport Activities and Entertainment Goods	35508		38817	35451
石油加工、炼焦和核燃料加工业	Processing of Petroleum, Coking, Processing of Nuclear Fuel	61498	65838	53862	61549
化学原料和化学制品制造业	Manufacture of Chemical Raw Material and Chemical Products	50878	66332	29542	50913
医药制造业	Manufacture of Medicines	48010	65196	28676	47865
化学纤维制造业	Manufacture of Chemical Fiber	72800		35463	72982
橡胶和塑料制品业	Manufacture of Rubber and Plastic	44068	52258	32612	44111
非金属矿物制品业	Manufacture of Nonmetallic Mineral Products	46760	73259	25472	46580
黑色金属冶炼和压延加工业	Manufacture and Processing of Ferrous Metals	62287	80791	30150	62320
有色金属冶炼和压延加工业	Manufacture and Processing of Non-ferrous Metals	49245		24372	49561

分细行业城镇非私营单位就业人员平均工资（2017年）(续一)

Average Wage of Staff and Workers in Urban Non Private Units by Sector in Detail (2017)

单位：元 (yuan)

项　　目	Item	就业人员平均工资 Average Wage of Staff and Workers	国有单位 State-owned Units	城镇集体 Urban Collective-owned Units	其他单位 Units of Other Types of Ownership
金属制品业	Manufacture of Metal Products	47710	23850	30276	48855
通用设备制造业	Manufacture of General Purpose Machinery	51205	38031	19476	55276
专用设备制造业	Manufacture of Special Purpose Machinery	56901	45945	38758	59329
汽车制造业	Manufacture of Automotive	80284	29315	42245	80593
铁路、船舶、航空航天和其他运输设备制造业	Manufacture of Railroad, Marine, Aerospace and Other Transportation Equipment	69859	56308	28775	72774
电气机械和器材制造业	Manufacture of Electrical Machinery and Equipment	52804	52057	24632	53490
计算机、通信和其他电子设备制造	Manufacture of Computer, Communications and Other Electronic Equipment	52409	23010	18000	52574
仪器仪表制造业	Manufacture of Measuring Instrument	55647	53162	28893	56646
其他制造业	Manufacture of Others	47621	39550	11667	47703
废弃资源综合利用业	Recycling and Disposal of Waste	60739		29237	61418
金属制品、机械和设备修理业	Metal Products, Machinery and Equipment Repair	68468	85804	49597	69114
电力、热力、燃气及水生产和供应业	**Production and Distribution of Electricity, Thermal, Gas and Water**	**84590**	**67928**	**72388**	**101745**
电力、热力生产和供应业	Production and Supply of Electric Power and Heat Power	92795	71752	168283	115526
燃气生产和供应业	Production and Distribution of Gas	61929	59930	23000	62604
水的生产和供应业	Production and Distribution of Water	54157	51886	44151	57432
建筑业	**Construction**	**51771**	**48758**	**36319**	**53687**
房屋建筑业	Construction of Building	44985	37723	36054	47215
土木工程建筑业	Construction of Civil Engineering	61005	56653	37298	62466
建筑安装业	Architectural Installation	60457	44034	43825	61860
建筑装饰和其他建筑业	Architectural Decoration and Other Construction	45606	34746	38670	47904
批发和零售业	**Wholesale and Retail Trades**	**46280**	**61844**	**27315**	**45259**
批发业	Wholesale Trade	55159	82615	26416	47933
零售业	Retail Trade	40919	25532	27897	43999
交通运输、仓储和邮政业	**Traffic, Transport, Storage and Post**	**67700**	**66694**	**33951**	**71538**
铁路运输业	Transport Via Railway	91063	91300	41886	85257
道路运输业	Transport Via Road	47088	48950	32213	45192
水上运输业	Water Transport	114004	266689		112944
航空运输业	Air Transport	130521	203843		110835
管道运输业	Transport Via Pipeline	145664			145664
装卸搬运和运输代理业	Handling and Transportation Agency	60862	47454	40875	67655
仓储业	Storage	55410	61206	15646	48658
邮政业	Post	61649	62003		40568
住宿和餐饮业	**Hotels and Catering Services**	**38465**	**37329**	**29470**	**40073**
住宿业	Hotels	38441	36669	29605	41225
餐饮业	Catering Services	38540	41186	28736	37724
信息传输、软件和信息技术服务业	**Information Transmission, Software and Information Technology Services**	**84317**	**62795**	**43803**	**87416**
电信、广播电视和卫星传输服务	Telecommunications, Rradio and Television and Satellite Transmission ServicesServices	90137	63068	47221	94726
互联网和相关服务	Computer Services	49868	56573	43260	48816
软件和信息技术服务业	Software and Information Technology Services	60630	53425	34581	60857
金融业	**Financial Intermediation**	**77845**	**101811**	**93147**	**73828**
货币金融服务	Monetary and Financial Services	110116	104261	93157	114794
资本市场服务	Capital Market Services	156945	116168		161186

分细行业城镇非私营单位就业人员平均工资（2017年）(续二)

Average Wage of Staff and Workers in Urban Non Private Units by Sector in Detail (2017)

单位：元 (yuan)

项目	Item	就业人员平均工资 Average Wage of Staff and Workers	国有单位 State-owned Units	城镇集体 Urban Collective owned Units	其他单位 Units of Other Types of Ownership
保险业	Insurance	41043	83496		39902
其他金融业	Other Financial Activities	118380	113498	90792	162939
房地产业	**Real Estate**	**57196**	**52112**	**22309**	**58759**
房地产开发经营	Development and Management of Real Estate	76696	55314		77613
物业管理	Estate Mnagement	32597	44645	30118	31039
房地产中介服务	Real Estate Agency Services	50522	46334	20556	63146
租赁和商务服务业	**Leasing and Business Services**	**45988**	**37990**	**38353**	**53145**
租赁业	Leasing	53024	33347		58697
商务服务业	Business Services	45915	38019	38353	53060
科学研究和技术服务业	**Scientific Research and Technical Service**	**81947**	**78433**	**58942**	**87743**
研究和试验发展	Research and Experimental Development	106918	115748		61893
专业技术服务	Professional Technical Services	78622	69728	60165	90402
科技推广和应用服务业	Services of Science and Technology Promotion and Application	67630	69974	44611	63463
水利、环境和公共设施管理业	**Management of Water Conservancy, Environment and Public Facilities**	**42366**	**43666**	**18055**	**37774**
水利管理业	Management of Water Conservancy	61554	61921	26803	64058
生态保护和环境治理业	Ecological Protection and Environmental Management	56636	58806	27600	36310
公共设施管理业	Management of Public Facilities	37138	38315	15843	33309
居民服务、修理和其他服务业	**Services to Households, Repair and Other Services**	**36813**	**49301**	**28180**	**33869**
居民服务业	Services to Households	39418	52970	32027	35851
机动车、电子产品和日用产品修理业	Motor Vehicles, Electronics and Household Goods Repair	38187	43303	28251	42636
其他服务业	Other Services	29505	40522	21584	27149
教育	**Education**	**70456**	**70798**	**44937**	**49603**
#初等教育	Junior Education	65638	65677	84054	52036
中等教育	Secondary Education	70113	70268	50143	59835
高等教育	Senior Education	96028	98333		43430
卫生和社会工作	**Health and Social Work Welfare**	**64190**	**65583**	**46219**	**59299**
卫生	Health	64468	65834	46274	61846
社会工作	Social Work	52793	55283	25292	29180
文化、体育和娱乐业	**Culture, Sports and Entertainment**	**58934**	**60265**	**30353**	**54863**
新闻和出版业	Journalism and Publishing Activities	61945	59421	61194	70050
广播、电视、电影和影视录音制作业	Broadcasting, Televisions, Movies and Video Recording Production	61622	62554		51974
文化艺术业	Cultural and Art Activities	55940	58340	28295	42973
体育	Sports Activities	66539	68517	19267	65995
娱乐业	Entertainment	41570	45463	22765	38459
公共管理、社会保障和社会组织	**Public Management, Social Security and Social Organization**	**61994**	**62005**	**49970**	**69891**
中国共产党机关	Organs of Communist Party of China	70806	70806		
国家机构	Government Agencies	61488	61498	49362	67633
人民政协和民主党派	People's Political Consultative Conference and Democratic Parties	80362	80408	68105	
社会保障业	Social Security	62548	62548		
群众团体、社会团体和其他成员组织	Non-Governmental Organizations, Social Organizations and Religion Organizations	63993	64065	51076	74125

年末城镇登记失业人员及登记失业率
Registered Unemployed Persons and Unemployment Rate in Urban Area at End of Year

年 份 Year	登记失业人员 (万人) Registered Unemployed Persons (10000 persons)	登记失业率 (%) Registered Unemployment Rate (%)	年 份 Year	登记失业人员 (万人) Registered Unemployed Persons (10000 persons)	登记失业率 (%) Registered Unemployment Rate (%)
1978	32.10	6.70	1998	15.86	2.30
1979	9.80	2.10	1999	16.20	2.50
1980	8.10	1.70	2000	17.40	2.80
1981	7.44	1.50	2001	19.54	3.20
1982	6.33	1.20	2002	22.16	3.60
1983	6.70	1.30	2003	25.69	3.90
1984	5.19	1.00	2004	28.01	4.00
1985	3.60	0.60	2005	27.82	3.93
1986	3.23	0.50	2006	28.69	3.84
1987	3.21	0.50	2007	29.29	3.83
1988	4.13	0.60	2008	32.24	3.96
1989	7.28	1.10	2009	34.50	3.93
1990	7.67	1.10	2010	35.14	3.86
1991	6.05	0.90	2011	35.99	3.75
1992	18.38	2.50	2012	36.83	3.69
1993	14.71	2.00	2013	37.17	3.68
1994	16.45	2.30	2014	38.30	3.59
1995	17.48	2.50	2015	39.41	3.60
1996	15.64	2.40	2016	39.73	3.68
1997	15.53	2.30	2017	39.92	3.68

全社会固定资产投资
Total Investment in Fixed Assets

指标	Item	2000	2010	2015	2016	2017
投资总额(亿元)	**Total Investment (100 million yuan)**	**1847.23**	**15083.35**	**29448.27**	**31750.02**	**33406.80**
按经济类型分	**Grouped by Ownership**					
国有经济	State-owned Units	827.66	3759.75	5061.08	5105.09	5224.02
集体经济	Collective-owned Units	507.68	1147.16	832.44	223.62	153.81
私营个体经济	Private and Self-employed Individual	310.58	4931.15	12331.48	14012.72	16713.56
联营经济	Joint	9.34	23.45	45.61	6.81	1.30
股份制经济	Share-holding	89.21	4395.18	8503.93	10338.46	9170.70
港澳台商投资经济	Funds from Hong Kong, Macao and Taiwan	20.01	137.62	343.81	370.76	406.13
外商投资经济	Foreign Investment	38.97	254.71	250.33	459.11	448.12
其他经济	Others	5.90	434.33	2079.58	1233.47	1289.16
按资金来源分	**Grouped by Sources of Funds**					
国家预算内投资	State Budget	65.34	373.47	1044.58	1260.40	1185.11
国内贷款	Domestic Loans	321.19	2161.54	1922.80	1797.93	1951.77
利用外资	Foreign Investment	36.79	87.79	42.66	31.60	74.71
自筹投资	Self-raising Funds	1185.43	12331.82	24321.70	25518.32	25815.16
其他投资	Others	238.48	1595.35	1776.71	2319.09	2889.81
按构成分	**Grouped by Use of Funds**					
建筑安装工程	Construction and Installation	1145.57	9581.66	20052.81	22386.89	24139.76
设备工器具购置	Purchase of Equipment and Instruments	487.35	3427.43	6299.31	6337.70	6522.52
其他费用	Others	214.31	2074.27	3096.15	3025.42	2744.52
按三次产业分	**Grouped by Three Strata of Industry**					
第一产业	Primary Industry	88.96	559.63	1499.01	1628.47	1724.97
第二产业	Secondary Industry	784.34	6630.57	14650.48	15763.20	16168.11
第三产业	Tertiary Industry	973.93	7893.16	13298.79	14358.35	15513.71
房屋建筑面积(万平方米)	**Floor Space of Building (10000 sq.m)**					
施工面积	Floor Space under Construction	13473.63	48769.16	57974.11	49121.09	45080.13
竣工面积	Floor Space Completed	10512.58	15945.18	19492.73	16221.34	12105.26
#住宅	Residential Building	6842.97	9156.42	9056.93	7024.81	5111.31

注：1.2003年及以后资金来源分组为财务拨款数。2.自2011年起，固定资产投资统计的起点由50万元提高到500万元，以下相关表同。3.2012年起三次产业划分按新的产业标准，以下相关表同。

a) The data for 2003 and the later years, which are grouped by source of funds, refer to financial appropriation. b) Since 2011, the cut-off point has changed from 500000 yuan to 5 million yuan projects.The same applies to the tables following. c) Since 2012, three industry classification according to the new industry standard. The same applies to the tables following.

按经济类型分全社会固定资产投资（2017年）
Total Investment in Fixed Assets by Ownership (2017)

指标	Item	总计 Total	国有经济 State-owned	集体经济 Collective-owned	私营个体 Private and Self-employed Individual	#农户 Agricultural Households
投资总额(亿元)	**Total Investment (100 million yuan)**	**33406.80**	**5224.02**	**153.81**	**16713.56**	**394.57**
按隶属关系分	**by Administrative**					
中　央	Center	829.17	443.21		8.14	
地　方	Local	32577.63	4780.81	153.81	16310.86	394.57
按构成分	**by Use of Funds**					
建筑安装工程	Construction and Installation	24139.76	4298.2	125.94	11486.93	335.10
设备工器具购置	Purchase of Equipment and Instruments	6522.53	440.12	22.66	3857.41	38.79
其他费用	Others	2744.52	485.70	5.21	1369.22	20.68
按三次产业分	**by Three Strata of Industry**					
第一产业	Primary Industry	1724.97	132.04	9.13	825.94	76.97
第二产业	Primary Industry	16168.11	919.40	44.92	9728.60	10.33
第三产业	Primary Industry	15513.72	4172.58	99.76	6159.01	307.26
房屋建筑面积(万平方米)	**Floor Space of Building (10000 sq.m)**					
施工面积	Floor Space under Construction	45080.13	1786.61	50.05	29331.75	2817.12
竣工面积	Floor Space Completed	12105.25	641.91	33.50	8579.42	2560.60
#住　宅	Residential Building	5111.32	103.94	0.14	4103.80	2232.95

指标	Item	联营经济 Joint Ownership Units	股份制经济 Share Holding Units	港澳台商投资经济 Units with Funds from Hong Kong Macao and Taiwan	外商投资经济 Foreign Funds Units	其他经济 Others
投资总额(亿元)	**Total Investment (100 million yuan)**	**1.30**	**9170.70**	**406.13**	**448.12**	**1289.16**
按隶属关系分	**by Administrative**					
中　央	Center		246.05	16.70	110.02	5.04
地　方	Local	1.30	8924.64	389.43	338.11	1284.11
按构成分	**by Use of Funds**					
建筑安装工程	Construction and Installation	1.07	6793.85	243.84	283.26	906.67
设备工器具购置	Purchase of Equipment and Instruments	0.09	1702.54	133.01	141.37	225.33
其他费用	Others	0.14	674.31	29.28	23.50	157.16
按三次产业分	**by Three Strata of Industry**					
第一产业	Primary Industry		282.13	5.92		469.81
第二产业	Primary Industry	0.45	4454.34	306.36	291.66	422.38
第三产业	Primary Industry	0.85	4434.23	93.85	156.47	396.97
房屋建筑面积(万平方米)	**Floor Space of Building (10000 sq.m)**					
施工面积	Floor Space under Construction		12799.13	485.39	238.82	388.38
竣工面积	Floor Space Completed		2441.21	106.53	70.01	232.67
#住　宅	Residential Building		831.10	40.73	21.06	10.55

分行业全社会固定资产投资（2017年）
Total Investment in Fixed Assets by Sector (2017)

单位：万元　　(10000 yuan)

行　业	Sector	全社会投资总额 Total Investment	固定资产投资 Investment in Fixed Assets	农户 Agricultural Households
全省总计	**Total**	**334068021**	**330122314**	**3945707.47**
农、林、牧、渔业	Agriculture, Forestry, Animal Husbandry and Fishery	18731870	17961943	769727.26
采矿业	Mining	3811471	3810823	647.58
制造业	Manufacturing	138759257	138712988	46269.26
电力、热力、燃气及水生产和供应业	Production and Distribution of Electricity, Thermal, Gas and Water	19199430	19142997	56432.87
建筑业	Construction	45352	45352	
批发和零售业	Wholesale and Retail Trades	7981695	7952843	28851.74
交通运输、仓储和邮政业	Traffic, Transport, Storage and Post	21354501	21162885	191615.99
住宿和餐饮业	Hotels and Catering Services	2090431	2088727	1704.39
信息传输、软件和信息技术服务业	Information Transmission, Software and Information Technology Services	3273819	3273819	
金融业	Financial Intermediation	587667	587667	
房地产业	Real Estate	58107221	55263951	2843270.44
租赁和商务服务业	Leasing and Business Services	5569832	5568366	1465.81
科学研究和技术服务业	Scientific Research and Technical Service	4267855	4267855	
水利、环境和公共设施管理业	Management of Water Conservancy, Environment and Public Facilities	35542431	35542431	
居民服务、修理和其他服务业	Services to Households, Repair and Other Services	1001762	996040	5722.13
教　育	Education	3177567	3177567	
卫生和社会工作	Health and Social Work	3348873	3348873	
文化、体育和娱乐业	Culture, Sports and Entertainment	5111971	5111971	
公共管理、社会保障和社会组织	Public Management, Social Security and Social Organization	2105216	2105216	

固定资产投资主要指标
Major Indicators of Investment in Fixed Assets

单位：万元 (10000 yuan)

指　　标	Item	2014	2015	2016	2017
投资总额	**Total Investment**	**261471985**	**289057383**	**313400673**	**330122314**
#住宅	Residential Buildings	32343422	35417514	36697725	38475461
按控股情况分	**Grouped by Share-holding**				
国有控股	State Holdings	47453600	58425679	67916742	69730930
集体控股	Collective Holdings	13770142	10442040	5354452	2977754
私人控股	Private Holdings	167345828	183233541	193797333	207963804
港澳台控股	Hong Kong, Macao and Taiwan Holdings	1680339	1819979	2647084	2112733
外商控股	Foreign Holdings	2768693	1202681	2535175	2509720
其他	Others	28453383	33933463	41149587	44827373
按隶属关系分	**Grouped by Jurisdiction of Management**				
中央	Central Investment	8330629	9311034	8436673	8291723
地方	Local Investment	253141356	279746349	304964000	321830591
按构成分	**Grouped by Use of Funds**				
建筑工程	Construction	149160639	165984600	185259862	199491608
安装工程	Installation	23598231	29974946	35035153	38554978
设备工器具购置	Purchase of Equipment and Instruments	57898915	62215541	62949291	64837318
其他费用	Others	30814200	30882296	30156367	27238410
按建设性质分	**Grouped by Type of Construction**				
新建	New Construction	159217623	133118035	148293286	156314778
扩建	Expansion	43638977	43736217	44850382	46366183
改建和技术改造	Reconstruction and Technical Transformation	46105041	56245939	64510299	71820448
单纯建造生活设施	Simple Transformation of Living Facilities	1595662	2438511	878256	429971
迁建	Relocation	8249673	7245237	4673384	3925415
恢复	Recovery	157358	128604	227703	408632
单纯购置	Purchase	2507651	3292130	3011030	2617795
按产业分	**Grouped by Three Strata of Industry**				
第一产业	Primary Industry	10404858	14092759	15397745	16480017
第二产业	Secondary Industry	130443932	146493799	157588029	161577775
第三产业	Tertiary Industry	120623195	128470825	140414899	152064522
按经济类型分	**Grouped by Ownership**				
国有经济	State-Owned Units	40542978	50610775	51050867	52240227
集体经济	Collective-Owned Units	11918907	8324447	2236155	1538064
私营个体	Private and Self-employed Individual	106959175	117889473	136027683	163189940
联营经济	Joint	159759	456074	68081	12986
股份制经济	Share-holding	78520595	85039296	103384565	91706969

固定资产投资主要指标(续)
Major Indicators of Investment in Fixed Assets

单位：万元 (10000 yuan)

指　标	Item	2014	2015	2016	2017
港澳台投资	Funds from Hong Kong, Macao & Taiwan	2656885	3438140	3707553	4061328
外商投资	Foreign Investment	3382704	2503346	4591052	4481245
其他	Others	17330982	20795832	12334717	12891555
按登记注册类型分	**Grouped by Registration Status**				
内资	Domestic	255127637	281964815	304102472	320647555
国有	State-owned	37437109	46741822	42958994	41175616
集体	Collective-owned	10157943	6762040	1747370	1116567
股份合作	Cooperative	1675456	1484203	481285	421497
联营企业	Joint	574902	1109095	120901	70854
有限责任公司	Limited Liability	68311022	74495757	100644223	93590501
股份有限公司	Share-holding	12985807	13837675	10786895	9123211
私营	Private	106654416	116738391	135028087	162257754
其他	Others	17330982	20795832	12334717	12891555
港澳台商投资	Funds from Hong Kong, Macao & Taiwan	2656885	3438140	3707553	4061328
外商投资	Foreign Funded	3382704	2503346	4591052	4481245
个体经营	Individuals Economy	304759	1151082	999596	932186
按资金来源分	**Grouped by Sources of Funds**				
本年资金来源合计	Subtotal of Sources of Funds This Year	257967563	285659162	305289039	315526623
国家预算内资金	State Budget	6847366	10445791	12603970	11851145
国内贷款	Domestic Loans	18811925	18730193	17685641	19341605
债券	Bonds	111877	36030	116381	306732
利用外资	Foreign Investment	1048625	426603	316024	747056
自筹资金	Self-raising Funds	212477993	238534021	251683880	254804188
其他资金	Others	18669777	17486524	22883143	28475897
新增固定资产	**Newly Increased Fixed Assets**	**173806985**	**224069378**	**223857816**	**217689968**
房屋建筑面积(万平方米)	**Floor Space of Building (10000 sq.m)**				
施工面积	Floor Space under Construction	61197.74	52677.29	44758.19	422630110
#住宅	Residential Buildings	26553.66	25692.30	24508.48	238998049
竣工面积	Floor Space Completed	12007.71	14883.63	12469.48	95446571
#住宅	Residential Buildings	3970.61	4304.77	3745.19	28783620
施工项目个数(个)	**Number of Projects under Construction (unit)**	**19149**	**20613**	**23995**	**28063**
#本年新开工	Started This Year	13050	15150	19234	17887
本年投产项目个数(个)	**Number of Projects under Construction This Year (unit)**	**13830**	**16226**	**18396**	**19026**

国有单位固定资产投资
Investment in Fixed Assets of State-owned Units

年 份 Year	投资总额 (亿元) Total Investment (100 million yuan)	建设项目 投 资 Investment in Construction	#国家预算内投资 State Budgetary Appropriation	房地产开发 Real Estate Development
1978	36.69	36.69	23.69	
1980	36.17	36.17	18.57	
1985	62.64	62.64	15.10	
1986	76.28	76.28	18.02	
1987	86.36	86.36	18.43	
1988	111.35	111.35	17.10	
1989	101.25	101.25	14.89	
1990	[illegible]	[illegible]	[illegible]	3.88
1991	127.97	122.50	11.81	5.47
1992	200.39	189.07	12.78	11.32
1993	295.29	275.86	15.60	19.43
1994	336.16	312.78	12.61	23.38
1995	415.61	390.19	14.59	25.42
1996	506.07	481.50	15.24	24.57
1997	640.71	613.80	17.70	26.91
1998	725.85	690.17	23.02	35.68
1999	823.18	779.26	34.31	43.93
2000	827.66	783.90	32.04	43.76
2001	773.63	720.13	50.87	53.49
2002	720.51	672.66	26.09	47.85
2003	829.12	788.81	35.45	40.31
2004	1020.93	998.21	57.44	22.72
2005	1174.13	1158.78	77.54	15.35
2006	1396.12	1378.50	105.65	17.62
2007	1570.30	1551.49	101.68	18.81
2008	1729.24	1697.79	173.36	31.45
2009	2933.03	2888.36	367.92	44.67
2010	3759.75	3702.29	341.38	57.46
2011	3177.50	3126.00	339.59	51.50
2012	3279.01	3228.42	418.41	50.59
2013	3685.16	3614.21	499.49	70.95
2014	4054.30	4007.89	603.58	46.41
2015	5061.08	5026.27	1006.18	34.81
2016	6791.67	6556.94	1260.40	234.73
2017	6973.09	6827.53	1185.11	145.56

注：国有建设项目2004年及以前包括国有基本建设项目、国有更新改造项目和国有其他固定资产投资项目。2005年及以后为城镇国有建设项目。国家预算内投资2004年及以前为国有基本建设项目。

a) In 2004 and earlier, the construction projects invested by the state-owned units, can be classified as fundamental construction projects, projects of replacement and technical transformation,and projects of other fixed asset investment. In 2005,the construction projects invested by the state-owned units onot include the projects in the rural areas. The projects invested by the state budgetary appropriation in 2004 and earlier, refer to the fundamental construction projects invested by the state-owned units.

分行业固定资产投资
Investment in Fixed Assets by Sector

单位：万元　　(10000 yuan)

指　标	Item	2015	2016	2017
全省总计	**Total**	**289057383**	**313400673**	**330122314**
农、林、牧、渔业	**Agriculture, Forestry, Animal Husbandry and Fishery**	**15101056**	**16865844**	**17961943**
农　业	Farming	7276246	9150794	10193645
林　业	Forestry	1016799	920511	1570079
畜牧业	Animal Husbandry	5421749	4920558	4504224
渔　业	Fishery	377965	405882	212069
农、林、牧、渔服务业	Services in Support of Agriculture	1008297	1468099	1481926
采矿业	**Mining**	**5615747**	**4423669**	**3810823**
煤炭开采和洗选业	Mining and Washing of Coal	1118508	513142	449801
石油和天然气开采业	Extraction of Petroleum and Natural Gas	336402	307078	190108
黑色金属矿采选业	Mining of Ferrous Metal Ores	2846321	2664501	2476483
有色金属矿采选业	Mining of Non-ferrous Metal Ores	389941	353632	78934
非金属矿采选业	Mining and Processing of Nonmetal Ores	896171	537427	571363
开采辅助活动	Support Activities for Mining	20946	28629	44134
其他采矿业	Mining of Others	7458	19260	
制造业	**Manufacturing**	**125787501**	**134488851**	**138712988**
农副食品加工业	Processing of Food from Agricultural Products	6055137	5885232	6121866
食品制造业	Manufacture of Foods	3169462	4062955	4068093
酒、饮料和精制茶制造业	Manufacture of Wine, Soft Drinks and Refined Tea	2102264	2133272	2185957
烟草制品业	Manufacture of Tobacco	31906	24734	
纺织业	Manufacture of Textile	4542561	4892395	5142621
纺织服装、服饰业	Manufacture of Textile, Apparel	1693471	1742506	1451919
皮革、毛皮、羽毛及其制品和制鞋业	Manufacture of Leather, Fur, Feather and Its Products and Footware	2398469	2373718	2208000
木材加工和木、竹、藤、棕、草制品业	Processing of Timbers, Manufacture of Wood, Bamboo, Rattan, Palm, and Straw Products	2001039	2273190	1887863
家具制造业	Manufacture of Furniture	2889145	3054097	3579234
造纸和纸制品业	Manufacture of Paper and Paper Products	1744315	2017076	1791556
印刷和记录媒介复制业	Printing, Reproduction of Recording Media	1115842	1297090	1241961
文教、工美、体育和娱乐用品制造业	Manufacture of Articles for Culture, Arts and Crafts, Education, Sport Activities and Entertainment Goods	2129340	2141211	2409632
石油加工、炼焦和核燃料加工业	Processing of Petroleum, Coking, Processing of Nuclear Fuel	1704046	2787971	3754411
化学原料和化学制品制造业	Manufacture of Chemical Raw Material and Chemical Products	9618464	9510880	8374981
医药制造业	Manufacture of Medicines	3962262	4619140	3707667
化学纤维制造业	Manufacture of Chemical Fiber	650239	1083314	1169816
橡胶和塑料制品业	Manufacture of Rubber and Plastic	6540602	6792120	6804464
非金属矿物制品业	Manufacture of Nonmetallic Mineral Products	12603758	12554023	13350916
黑色金属冶炼和压延加工业	Manufacture and Processing of Ferrous Metals	7448997	8627004	8529257
有色金属冶炼和压延加工业	Manufacture & Processing of Non-ferrous Metals	1421631	1382416	1389377
金属制品业	Manufacture of Metal Products	9278331	12252885	12165345
通用设备制造业	Manufacture of General Purpose Machinery	12567176	12190418	12101413
专用设备制造业	Manufacture of Special Purpose Machinery	10787031	9256324	9812412

分行业固定资产投资(续一)
Investment in Fixed Assets by Sector

单位：万元　　(10000 yuan)

指　标	Item	2015	2016	2017
汽车制造业	Manufacture of Automotive	5034809	6556872	6301416
铁路、船舶、航空航天和其他运输设备制造业	Manufacture of Railroad, Marine, Aerospace and Other Transportation Equipment	1977984	1864784	1957207
电气机械和器材制造业	Manufacture of Electrical Machinery and Equipment	6486023	7322835	8361683
计算机、通信和其他电子设备制造业	Manufacture of Computer, Communications and Other Electronic Equipment	2715625	2451630	3589528
仪器仪表制造业	Manufacture of Measuring Instrument	474959	719970	907882
其他制造业	Manufacture of Others	1120138	1225285	1637611
废弃资源综合利用业	Recycling and Disposal of Waste	1146436	1129646	2618649
金属制品、机械和设备修理业	Metal Products, Machinery and Equipment Repair	376039	263858	90251
电力、热力、燃气及水生产和供应业	**Production and Distribution of Electricity, Thermal, Gas and Water**	**15286885**	**18897623**	**19142997**
电力、热力生产和供应业	Production and Supply of Electric Power and Heat Power	11046888	14762273	14083444
燃气生产和供应业	Production and Distribution of Gas	2219345	2160668	3225080
水的生产和供应业	Production and Distribution of Water	2020652	1974682	1834473
建　筑　业	**Construction**	**200651**	**70373**	**45352**
房屋建筑业	Construction of Building	52575	24391	24967
土木工程建筑业	Construction of Civil Engineering	87913	1095	11970
建筑安装业	Architectural Installation	18848		7565
建筑装饰和其他建筑业	Architectural Decoration and Other Construction	41315	44887	850
批发和零售业	**Wholesale and Retail Trades**	**9674032**	**8516700**	**7952843**
批发业	Wholesale Trade	4807422	4774589	4528588
零售业	Retail Trade	4866610	3742111	3424255
交通运输、仓储和邮政业	**Traffic, Transport, Storage and Post**	**20357253**	**20812837**	**21162885**
铁路运输业	Transport Via Railway	1185315	1266074	1427008
道路运输业	Transport Via Road	9894296	10598433	11130166
水上运输业	Water Transport	1667158	795998	469546
航空运输业	Air Transport	188610	375864	615987
管道运输业	Transport Via Pipeline	24949	25785	15111
装卸搬运和运输代理业	Handling and Transportation Agency	701959	535690	994947
仓 储 业	Storage	6627226	7130593	6437608
邮 政 业	Post	67740	84400	72512
住宿和餐饮业	**Hotels and Catering Services**	**2215106**	**1856458**	**2088727**
住宿业	Hotels	1615751	1511828	1556036
餐饮业	Catering Services	599355	344630	532691
信息传输、软件和信息技术服务业	**Information Transmission, Software and Information Technology Services**	**1471735**	**2390975**	**3273819**
电信、广播电视和卫星传输服务	Telecommunications, Rradio and Television and Satellite Transmission Services	775906	892261	1018561
互联网和相关服务	Computer Services	64023	179006	336408
软件和信息技术服务业	Software and Information Technology Services	631806	1319708	1918850
金融业	**Financial Intermediation**	**478744**	**930820**	**587667**
货币金融服务	Monetary and Financial Services	274905	278463	180240
资本市场服务	Capital Market Services	138852	574527	359310

分行业固定资产投资(续二)
Investment in Fixed Assets by Sector

单位：万元 (10000 yuan)

指 标	Item	2015	2016	2017
保险业	Insurance			617
其他金融业	Other Financial Activities	64987	77830	47500
房地产业	**Real Estate**	**52878373**	**54697123**	**55263951**
房地产业	Real Estate	52878373	54697123	55263951
租赁和商务服务业	**Leasing and Business Services**	**4169174**	**5009584**	**5568366**
租赁业	Leasing	59261	87665	72948
商务服务业	Business Services	4109913	4921919	5495418
科学研究和技术服务业	**Scientific Research and Technical Service**	**1856467**	**3517956**	**4267855**
研究和试验发展	Research and Experimental Development	364743	532282	648875
专业技术服务业	Professional Technical Services	760602	697951	879932
科技推广和应用服务业	Services of Science and Technology Promotion and Application	731122	2287723	2739048
水利、环境和公共设施管理业	**Management of Water Conservancy, Environment and Public Facilities**	**22192142**	**27059102**	**35542431**
水利管理业	Management of Water Conservancy	3248310	2693259	2598855
生态保护和环境治理业	Ecological Protection and Environmental Management	766688	1048253	1241629
公共设施管理业	Management of Public Facilities	18177144	23317590	31701947
居民服务、修理和其他服务业	**Services to Households, Repair and Other Services**	**871726**	**939437**	**996040**
居民服务业	Services to Households	375334	520326	653180
机动车、电子产品和日用产品修理业	Motor Vehicles, Electronics and Household Goods Repair	241710	191665	167247
其他服务业	Other Services	254682	227446	175613
教 育	**Education**	**2603236**	**3252926**	**3177567**
卫生和社会工作	**Health and Social Work Welfare**	**2614479**	**3164234**	**3348873**
卫 生	Health	1668317	1900344	1950035
社会工作	Social Work	946162	1263890	1398838
文化、体育和娱乐业	**Culture, Sports and Entertainment**	**4615290**	**4616958**	**5111971**
新闻和出版业	Journalism and Publishing Activities	290960	133808	143450
广播、电视、电影和影视录音制作业	Broadcasting, Televisions, Movies and Video Recording Production	83921	184088	231390
文化艺术业	Cultural and Art Activities	2060920	1969573	1692396
体 育	Sports Activities	778796	961640	1164527
娱乐业	Entertainment	1400693	1367849	1880208
公共管理、社会保障和社会组织	**Public Management, Social Security and Social Organization**	**1067786**	**1889203**	**2105216**
中国共产党机关	Organs of Communist Party of China	2150		
国家机构	Government Agencies	423445	878695	1458962
人民政协和民主党派	People's Political Consultative Conference and Democratic Parties			
社会保障业	Social Security	31707	30544	68095
群众团体、社会团体和其他成员组织	Non-Governmental Organizations, Social Organizations and Religion Organizations	39244	174375	239245
基层群众自治组织	Grass Roots Self-governing Organizations	571240	805589	338914

建设项目分行业固定资产投资（2017年）

单位：万元

行　　业	Item	投资总额 Total
全省总计	**Total**	**281883222**
农、林、牧、渔业	**Agriculture, Forestry, Animal Husbandry and Fishery**	**17961943**
农　　业	Farming	10193645
林　　业	Forestry	1570079
畜 牧 业	Animal Husbandry	4504224
渔　　业	Fishery	212069
农、林、牧、渔服务业	Services in Support of Agriculture	1481926
采 矿 业	**Mining**	**3810823**
煤炭开采和洗选业	Mining and Washing of Coal	449801
石油和天然气开采业	Extraction of Petroleum and Natural Gas	190108
黑色金属矿采选业	Mining of Ferrous Metal Ores	2476483
有色金属矿采选业	Mining of Non-ferrous Metal Ores	78934
非金属矿采选业	Mining and Processing of Nonmetal Ores	571363
开采辅助活动	Support Activities for Mining	44134
其他采矿业	Mining of Others	
制 造 业	**Manufacturing**	**138712988**
农副食品加工业	Processing of Food from Agricultural Products	6121866
食品制造业	Manufacture of Foods	4068093
酒、饮料和精制茶制造业	Manufacture of Wine, Soft Drinks and Refined Tea	2185957
烟草制品业	Manufacture of Tobacco	
纺织业	Manufacture of Textile	5142621
纺织服装、服饰业	Manufacture of Textile, Apparel	1451919
皮革、毛皮、羽毛及其制品和制鞋业	Manufacture of Leather, Fur, Feather and Its Products and Footware and Its Products and Footware	2208000
木材加工和木、竹、藤、棕、草制品业	Processing of Timbers, Manufacture of Wood, Bamboo, Rattan, Palm and Straw Products	1887863
家具制造业	Manufacture of Furniture	3579234
造纸和纸制品业	Manufacture of Paper and Paper Products	1791556
印刷和记录媒介复制业	Printing, Reproduction of Recording Media	1241961
文教、工美、体育和娱乐用品制造业	Manufacture of Articles for Culture, Arts and Crafts, Education, Sport Activities and Entertainment Goods	2409632
石油加工、炼焦和核燃料加工业	Processing of Petroleum, Coking, Processing of Nuclear Fuel	3754411
化学原料和化学制品制造业	Manufacture of Chemical Raw Material and Chemical Products	8374981
医药制造业	Manufacture of Medicines	3707667
化学纤维制造业	Manufacture of Chemical Fiber	1169816
橡胶和塑料制品业	Manufacture of Rubber and Plastic	6804464
非金属矿物制品业	Manufacture of Nonmetallic Mineral Products	13350916
黑色金属冶炼和压延加工业	Manufacture and Processing of Ferrous Metals	8529257
有色金属冶炼和压延加工业	Manufacture & Processing of Non-ferrous Metals	1389377
金属制品业	Manufacture of Metal Products	12165345
通用设备制造业	Manufacture of General Purpose Machinery	12101413

Investment in Capital Construction Projects by Sector (2017)

(10000 yuan)

按建设性质分 by Type of Construction			按构成分 by Composition of Funds		
#新 建 New Construction	#扩 建 Expansion	#改建和技术改造 Reconstruction	#建筑工程 Construction	#安装工程 Installation	#设备工器具购置 Purchase of Equipment and Instruments
156314778	**46366183**	**71820448**	**163477178**	**32854917**	**63700053**
15412053	**1713167**	**711028**	**10899616**	**2033584**	**2737414**
8989760	754376	331342	6123753	1224069	1389134
1486617	62099	14868	903928	135927	209038
3439411	757118	306662	2811341	489778	835663
183190	7109	21770	133785	29955	34046
1313075	132465	36386	926809	153855	269533
854271	**526308**	**2428454**	**2085134**	**461757**	**885037**
58866	11500	379435	206535	46751	173589
4300	185801	7	178462	905	3108
566557	213060	1696866	1346002	312528	559189
17111	4854	56969	35608	23959	13955
178531	111093	279949	289241	66566	134696
28906		15228	29286	11048	500
43128048	**34015387**	**56851935**	**70102991**	**17370481**	**43588463**
2174506	1403819	2506708	3252387	921577	1558670
995229	1402493	1625581	2155085	361882	1389744
851544	695920	439121	1311085	203316	464405
724727	1687690	2652400	2065438	461323	2169200
342146	392653	717120	810578	141342	410321
438457	1179250	590293	945417	383481	758047
927592	349920	534481	902994	251944	578572
1498895	746795	1175209	2234926	423520	805017
463934	527793	750908	718313	246742	727530
267241	428029	523214	738221	121296	320634
843476	758383	784853	1298910	282483	580590
1282753	616114	1803151	2030213	681391	937058
2684288	1518761	3900494	3935340	1375084	2722682
1420807	850571	1209408	2178471	488282	820081
530800	263541	373677	502534	157715	412455
1734289	1973806	2929579	3096653	833436	2536686
4389863	3042785	5707253	6676335	1767085	4071101
1359194	942186	5573911	3361968	1244602	3318223
414301	249675	681439	733182	199286	380774
3976427	3378161	4422178	6637229	1463859	3666910
4074943	3706235	4075615	6082184	1306090	3954877

建设项目分行业固定资产投资（2017年）(续一)

单位：万元

行　业	Item	投资总额 Total
专用设备制造业	Manufacture of Special Purpose Machinery	9812412
汽车制造业	Manufacture of Automotive	6301416
铁路、船舶、航空航天和其他运输设备制造业	Manufacture of Railroad, Marine, Aerospace and Other Transportation Equipment	1957207
电气机械和器材制造业	Manufacture of Electrical Machinery and Equipment	8361683
计算机、通信和其他电子设备制造	Manufacture of Computer, Communications and Other Electronic Equipment	3589528
仪器仪表制造业	Manufacture of Measuring Instrument	907882
其他制造业	Manufacture of Others	1637611
废弃资源综合利用业	Recycling and Disposal of Waste	2618649
金属制品、机械和设备修理业	Metal Products, Machinery and Equipment Repair	90251
电力、热力、燃气及水生产和供应业	**Production and Distribution of Electricity, Thermal, Gas and Water**	**19142997**
电力、热力生产和供应业	Production and Supply of Electric Power and Heat Power	14083444
燃气生产和供应业	Production and Distribution of Gas	3225080
水的生产和供应业	Production and Distribution of Water	1834473
建　筑　业	**Construction**	**45352**
房屋建筑业	Construction of Building	24967
土木工程建筑业	Construction of Civil Engineering	11970
建筑安装业	Architectural Installation	7565
建筑装饰和其他建筑业	Architectural Decoration and Other Construction	850
批发和零售业	**Wholesale and Retail Trades**	**7952843**
批发业	Wholesale Trade	4528588
零售业	Retail Trade	3424255
交通运输、仓储和邮政业	**Traffic, Transport, Storage and Post**	**21162885**
铁路运输业	Transport Via Railway	1427008
道路运输业	Transport Via Road	11130166
水上运输业	Water Transport	469546
航空运输业	Air Transport	615987
管道运输业	Transport Via Pipeline	15111
装卸搬运和运输代理业	Handling and Transportation Agency	994947
仓　储　业	Storage	6437608
邮　政　业	Post	72512
住宿和餐饮业	**Hotels and Catering Services**	**2088727**
住宿业	Hotels	1556036
餐饮业	Catering Services	532691
信息传输、软件和信息技术服务业	**Information Transmission, Software and Information Technology Services**	**3273819**
电信、广播电视和卫星传输服务	Telecommunications, Radio and Television and Satellite Transmission Services	1018561
互联网和相关服务	Computer Services	336408
软件和信息技术服务业	Software and Information Technology Services	1918850

Investment in Capital Construction Projects by Sector (2017)

(10000 yuan)

按建设性质分 by Type of Construction			按构成分 by Composition of Funds		
#新 建 New Construction	#扩 建 Expansion	#改建和技术改造 Reconstruction	#建筑工程 Construction	#安装工程 Installation	#设备工器具购置 Purchase of Equipment and Instruments
2812284	2663473	3873781	5397727	956503	2994304
2276861	1583521	1558254	3122464	927146	1957246
826525	285734	777467	1081015	246225	546405
3455420	3100050	3600063	3970079	931602	2974397
1225271	454696	1798767	1944835	448198	1017869
267192	198109	431986	651650	70000	139044
883084	415815	321062	922363	155261	454336
974399	183837	1432893	1305061	306646	897771
11600	6572	72079	40334	13084	23514
11750533	**2519916**	**4436241**	**7981860**	**4113246**	**5978279**
8667826	1740986	3356667	5296791	3068836	4826419
2111746	453453	597582	1549850	773155	807587
970961	325477	481992	1135219	271255	344273
24982	**20370**		**35906**	**4074**	**2140**
9657	15310		22133	1532	650
7760	4210		7938	2542	1490
7565			4985		
	850		850		
6131772	**820174**	**781727**	**5618868**	**879758**	**829928**
3487723	435292	485446	3511675	341548	408957
2644049	384882	296281	2107193	538210	420971
17505229	**1366933**	**1895988**	**15400461**	**1153991**	**2075506**
1396543	8176	19411	1071216	17391	20600
8609488	666691	1551739	8522490	314896	777920
373710		35984	387035	9534	72896
600319			499318	3043	26058
15111			5171	3033	4157
911271	69787	9650	818239	79158	60801
5529975	618579	279204	4038697	725653	1105300
68812	3700		58295	1283	7774
1714296	**86733**	**273688**	**1340608**	**298038**	**230132**
1319985	71959	164092	1047260	194179	141837
394311	14774	109596	293348	103859	88295
2750372	**377814**	**23992**	**1227706**	**319474**	**1399797**
863691	147270	7600	132716	178293	701237
271057			99368	30432	183476
1615624	230544	16392	995622	110749	515084

建设项目分行业固定资产投资（2017年）(续二)

单位：万元

行　　业	Item	投资总额 Total
金融业	**Financial Intermediation**	**587667**
货币金融服务	Monetary and Financial Services	180240
资本市场服务	Capital Market Services	359310
保险业	Insurance	617
其他金融业	Other Financial Activities	47500
房地产业	**Real Estate**	**7024859**
房地产业	Real Estate	7024859
租赁和商务服务业	**Leasing and Business Services**	**5568366**
租赁业	Leasing	72948
商务服务业	Business Services	5495418
科学研究和技术服务业	**Scientific Research and Technical Service**	**4267855**
研究和试验发展	Research and Experimental Development	648875
专业技术服务业	Professional Technical Services	879932
科技推广和应用服务业	Services of Science and Technology Promotion and Application	2739048
水利、环境和公共设施管理业	**Management of Water Conservancy, Environment and Public Facilities**	**35542431**
水利管理业	Management of Water Conservancy	2598855
生态保护和环境治理业	Ecological Protection and Environmental Management	1241629
公共设施管理业	Management of Public Facilities	31701947
居民服务、修理和其他服务业	**Services to Households, Repair and Other Services**	**996040**
居民服务业	Services to Households	653180
机动车、电子产品和日用产品修理业	Motor Vehicles, Electronics and Household Goods Repair	167247
其他服务业	Other Services	175613
教　育	**Education**	**3177567**
卫生和社会工作	**Health and Social Work**	**3348873**
卫　生	Health	1950035
社会工作	Social Work	1398838
文化、体育和娱乐业	**Culture, Sports and Entertainment**	**5111971**
新闻和出版业	Journalism and Publishing Activities	143450
广播、电视、电影和影视录音制作业	Broadcasting, Televisions, Movies and Video Recording Production	231390
文化艺术业	Cultural and Art Activities	1692396
体　育	Sports Activities	1164527
娱乐业	Entertainment	1880208
公共管理、社会保障和社会组织	**Public Management, Social Security and Social Organization**	**2105216**
中国共产党机关	Organs of Communist Party of China	
国家机构	Government Agencies	1458962
人民政协和民主党派	People's Political Consultative Conference and Democratic Parties	
社会保障业	Social Security	68095
群众团体、社会团体和其他成员组织	Non-Governmental Organizations, Social Organizations and Religion Organizations	239245
基层群众自治组织	Grass Roots Self-governing Organizations	338914

Investment in Capital Construction Projects by Sector (2017)

(10000 yuan)

按建设性质分 by Type of Construction			按构成分 by Composition of Funds		
#新 建 New Construction	#扩 建 Expansion	#改建和技术改造 Reconstruction	#建筑工程 Construction	#安装工程 Installation	#设备工器具购置 Purchase of Equipment and Instruments
478366	**7467**	**88948**	**363157**	**104292**	**72630**
136429	6850	24075	137830	11162	19553
294437		64873	194110	89230	40077
	617		617		
47500			30600	3900	13000
6292129	**219199**	**169889**	**5281098**	**495802**	**314933**
6292129	219199	169889	5281098	495802	314933
4671487	**566328**	**276929**	**3943963**	**454704**	**668570**
40430		27918	25293	7810	38822
4631057	566328	249011	3918670	446894	629748
3294909	**491468**	**377381**	**2315842**	**575644**	**899082**
516173	600	128533	300133	109925	132078
786069	24400	49766	435367	105354	256576
1992667	466468	199082	1580342	360365	510428
29875965	**2695644**	**2624079**	**26320378**	**3113160**	**2370640**
2212487	142151	176042	2204582	125070	62964
822142	111422	296058	759573	153860	279935
26841336	2442071	2151979	23356223	2834230	2027741
680605	**113942**	**168867**	**473668**	**164669**	**278920**
473713	51205	103788	306926	96625	204594
141308	16089	4950	76170	42201	41206
65584	46648	60129	90572	25843	33120
2489231	**382603**	**152884**	**2527544**	**193811**	**174574**
2825689	**155213**	**173565**	**2407767**	**296060**	**529975**
1455987	155213	144429	1328124	199669	382512
1369702		29136	1079643	96391	147463
4627266	**230014**	**225289**	**3548963**	**594419**	**497015**
138800	4650		61325	20180	25170
197637	15277	10184	147590	41142	34510
1484046	121717	72993	1292728	169258	152530
1082603	52507	29417	799343	116181	85653
1724180	35863	112695	1247977	247658	199152
1807575	**57503**	**159564**	**1601648**	**227953**	**167018**
1276139	36819	79032	1122494	165024	114772
68095			28795		
212364	3537	23344	182453	18036	36061
250977	17147	57188	267906	44893	16185

建设项目固定资产投资
Investment in Capital Construction Projects

指　　标	Item	2010	2015	2016	2017
投资总额(万元)	**Total Investment (10000 yuan)**	**106577218**	**246204673**	**266444340**	**281883222**
#住 宅	Residential Building	3873234	3792040	1942895	1905660
按隶属关系分	**Grouped by Administrative**				
中 央	Center	6640686	8958460	7930640	7990343
地 方	Local	99936532	237246213	258513700	273892879
按登记注册类型分	**Grouped by Registration Status**				
内 资	Domestic Funds	103000354	240114647	258233633	273556603
国 有	State-Owned Units	34314490	46669108	51050867	41152437
集 体	Collective-Owned Units	7023016	6762040	2236155	1116567
股份合作	Share-holding	573538	1484203	464832	421497
联 营	Joint	464811	1109095	120901	70854
有限责任公司	Limited Liability Corporations	24391887	50429515	75190712	77999721
股份有限公司	Share-Holding Corporations Ltd	7431767	12103836	9055946	8209554
私 营	Private	25931178	100801196	116635750	131708118
其 他	Others	2869667	20755654	12156381	12877855
港、澳、台商投资企业	Funds from Hong Kong, Macao and Taiwan	1176032	2631700	2829140	3464203
外商投资	Foreign Funded Economic	2096145	2307244	4381971	3930230
个体经营	Individuals Economy	304687	1151082	999596	932186
按项目规模分	**Grouped by Size of Construction**				
亿元及以上项目投资	100 Million Yuan and Above	67964939	168198867	194503287	220488607
亿元以下项目投资	Below 100 Million Yuan	38612279	78005806	71941053	61394615
按主要行业分	**Grouped by Major Sector**				
能源工业	Energy	8824555	16425189	17649680	
交通运输	Transport	12335402	13662287	13597844	21162885
教 育	Education	1440222	2603236	3252926	3177567
科学研究	Scientific Research	178202	364743	532282	4267855
按资金来源分	**Grouped by Sources of Funds**				
国家预算内资金	State Budget	3645328	10445791	12603970	11851145
国内贷款	Domestic Loans	18106874	14163242	13124651	14014813
债 券	Bonds	277716	36030	116381	306732
利用外资	Foreign Investment	698683	403465	298926	726972
自筹资金	Self-raising Funds	87741740	207542882	219438981	223471016
其他资金	Others	5037911	6401008	8682483	13306313
本年新增固定资产(万元)	**Newly Increased Fixed Assets (10000 yuan)**	**69975813**	**206183010**	**206407811**	**202161933**
固定资产交付使用率(%)	**Rate of Prefects of Fixed Assets Completed Put into Operation (%)**	**65.7**	**83.7**	**77.5**	**71.7**
房屋建筑面积(万平方米)	**Floor Space of Building (10000 sq.m)**				
施工面积	Floor Space under Construction	18843.15	22242.53	14281.42	11944.69
#住 宅	Residential Building	3300.93	2017.92	1101.29	699.79
竣工面积	Floor Space Completed	5579.50	10844.32	8181.70	6128.65
#住 宅	Residential Building	999.16	1077.86	392.58	148.23
竣工房屋价值(万元)	Value of building Completed (10000 yuan)	8908280			8754742
#住 宅	Residential Building	1702311			235296

注：2011年以前建设项目投资为城镇建设项目，2011年起为城镇建设项目和农村非农户建设项目投资，以下有关各表同。

a) Data prior to 2011 include investment in capital construction projects in urban areas only. Nevertheless, data for 2011 include in investment in capital construction projects in both rural areas and urban areas. The same applies to the tables following.

建设项目新增主要产品生产能力（2017年）
Newly Increased Production Capacity through Capital Construction Projects (2017)

能力(效益)名称	Item	新增生产能力 Ewly Increased Production Capacity
原煤开采(万吨/年)	Coal Mining (10000 tons/year)	15
天然原油开采(万吨/年)	Crude Oil (10000 tons/year)	22.5
石油加工　蒸馏设备能力（处理万吨/年）	Petroleum Processing:　Distilling (10000 tons/year)	10
铁矿开采(原矿)(万吨/年)	Crude Iron Ore Mining (10000 tons/year)	2598
生铁（万吨/年）	Pig Iron (10000 tons/year)	156
粗钢（万吨/年）	Crude Steel (10000 tons/year)	158.1
钢材(万吨/年)	Steel (10000 tons/year)	735.5
铝加工材(吨/年)	Aluminum Processing Materials (tons / year)	2220
火力发电(万千瓦)	Thermal Power Generation (10000 kilowatt)	147.1
风力发电(万千瓦)	Wind Power(10000 kilowatt)	100.4
太阳能发电(万千瓦)	Solar Power(10000 kilowatt)	154.64
其他发电(万千瓦)	Other Power Generation (10000 kilowatt)	138.6
输电线路长度(110千伏及以上)(公里)	Power Transmission Line (110KV and Above, km)	2110
水泥(万吨/年)	Cement (10000 ton/year)	10
氮肥(吨/年)	Nitrogen Fertilizer(tons/year)	215500
塑料树脂及共聚物(吨/年)	Plastic Resin and Polymer (ton/year)	50962.3
合成橡胶(吨/年)	Synthetic Rubber (ton/year)	16400
轿车制造(辆/年)	Car Manufacturing (unit/year)	420150
其他汽车制造(辆/年)	Other Automobile Manufacturing (vehicles / year)	3696
化学纤维(吨/年)	Chemical Fiber (ton/year)	50510
棉纺锭(锭)	Cotton Textile Spindle (unit)	956800
啤酒(万吨/年)	Beer(10000 tons/year)	13.2
白酒(万吨/年)	Chinese Liquor (10000 tons/year)	0.1
其他酒(万吨/年)	Other Liquor (10000 tons/year)	0.2
机制纸浆(万吨/年)	Mechanical Pulp (10000 tons/year)	10
程控交换机（指安装能力）(万线/年)	SPC (Refers To The Installed Capacity) (10000 lines/year)	40
新建铁路里程（公里）	Length of Newly-built Railway (km)	47.7
电气化铁路里程(公里)	Electrified Railway Mileage (km)	1.6
新建公路(公里)	Newly- Built Highway (km)	795
#高速公路	Expressway	34
一级公路	First-class Highway	24
二级公路	Second-class Highway	13.6
改建公路(公里)	Rebuilt Highway (km)	2079.7
#一级公路	First-class Highway	247.2
二级公路	Second-class Highway	1076
新建独立公路桥梁(延长米)	Newly-built Independent Highway Bridge (m)	5856
新建独立公路桥梁(座)	Newly-built Independent Highway Bridge (unit)	3
新(扩)建公路客、货运站(个)	Newly-built or Extended Passenger Station and Freight Station for Highway (unit)	1
新(扩)建公路客、货运站(平方米)	Newly-built or Extended Passenger Station and Freight Station for Highway (m^2)	4728
城市自来水供水能力(万吨/日)	Tap Water Supply Capacity (10000 tons/day)	813.4
城市污水处理能力(万吨/日)	Sewage Treatment Capacity of Urban Areas (10000 tons/day)	68

分行业建设项目施工、投产个数和新增固定资产（2017年）

行　　业	Item	施工项目个数（个）Number of Projects under Construction (unit)
全省总计	**Total**	**24382**
农、林、牧、渔业	**Agriculture, Forestry, Animal Husbandry and Fishery**	**2508**
农　　业	Farming	1304
林　　业	Forestry	167
畜 牧 业	Animal Husbandry	771
渔　　业	Fishery	32
农、林、牧、渔服务业	Services in Support of Agriculture	234
采 矿 业	**Mining**	**320**
煤炭开采和洗选业	Mining and Washing of Coal	50
石油和天然气开采业	Extraction of Petroleum and Natural Gas	3
黑色金属矿采选业	Mining of Ferrous Metal Ores	146
有色金属矿采选业	Mining of Non-ferrous Metal Ores	18
非金属矿采选业	Mining and Processing of Nonmetal Ores	99
开采辅助活动	Support Activities for Mining	4
其他采矿业	Mining of Others	
制 造 业	**Manufacturing**	**12979**
农副食品加工业	Processing of Food from Agricultural Products	696
食品制造业	Manufacture of Foods	356
酒、饮料和精制茶制造业	Manufacture of Wine, Soft Drinks and Refined Tea	155
烟草制品业	Manufacture of Tobacco	
纺织业	Manufacture of Textile	635
纺织服装、服饰业	Manufacture of Textile, Apparel	195
皮革、毛皮、羽毛及其制品和制鞋业	Manufacture of Leather, Fur, Feather and Its Products and Footware and Its Products and Footware	254
木材加工和木、竹、藤、棕、草制品业	Processing of Timbers, Manufacture of Wood, Bamboo, Rattan, Palm, and Straw Products	196
家具制造业	Manufacture of Furniture	388
造纸和纸制品业	Manufacture of Paper and Paper Products	205
印刷和记录媒介复制业	Printing, Reproduction of Recording Media	125
文教、工美、体育和娱乐用品制造业	Manufacture of Articles for Culture, Arts and Crafts, Education, Sport Activities and Entertainment Goods	266
石油加工、炼焦和核燃料加工业	Processing of Petroleum, Coking, Processing of Nuclear Fuel	158
化学原料和化学制品制造业	Manufacture of Chemical Raw Material and Chemical Products	733
医药制造业	Manufacture of Medicines	216
化学纤维制造业	Manufacture of Chemical Fiber	51
橡胶和塑料制品业	Manufacture of Rubber and Plastic	828
非金属矿物制品业	Manufacture of Nonmetallic Mineral Products	1585
黑色金属冶炼和压延加工业	Manufacture and Processing of Ferrous Metals	490
有色金属冶炼和压延加工业	Manufacture & Processing of Non-ferrous Metals	107
金属制品业	Manufacture of Metal Products	1262
通用设备制造业	Manufacture of General Purpose Machinery	1472

Number of Capital Construction Projects under Construction and Put into Use and Newly Increased Fixed Assets by Sector (2017)

本年投产项目个数(个) Completed Projects (unit)	建设项目投产率(%) Rate of Construction Projects Completed and Put into Use (%)	本年完成投资(万元) Investment Completed This year (10000 yuan)	本年新增固定资产(万元) Newly Increased Fixed Assets (10000 yuan)	固定资产交付使用率(%) Rate of Projects of Fixed Assets Completed and Put into Use (%)
18519	**76.0**	**281883222**	**202161933**	**71.7**
2058	**82.1**	**17961943**	**14083610**	**78.4**
1034	79.3	10193645	7675157	75.3
136	81.4	1570079	1238576	78.9
679	88.1	4504224	3891795	86.4
28	87.5	212069	188888	89.1
181	77.4	1481926	1088894	73.5
250	**78.1**	**3810823**	**3010632**	**79.0**
41	82.0	449801	275411	61.2
2	66.7	190108	149158	78.5
104	71.2	2476483	1880331	75.9
17	94.4	78934	103139	130.7
83	83.8	571363	564487	98.8
3	75.0	44134	38106	86.3
10133	**78.1**	**138712988**	**102718443**	**74.1**
554	79.6	6121866	4789701	78.2
273	76.7	4068093	3064681	75.3
112	72.3	2185957	1715820	78.5
545	85.8	5142621	4456978	86.7
172	88.2	1451919	1479327	101.9
224	88.2	2208000	1996766	90.4
154	78.6	1887863	1591565	84.3
300	77.3	3579234	2751022	76.9
162	79.0	1791556	1301044	72.6
98	78.4	1241961	842251	67.8
203	76.3	2409632	2118889	87.9
103	65.2	3754411	2003549	53.4
553	75.4	8374981	6985332	83.4
146	67.6	3707667	2655524	71.6
36	70.6	1169816	653370	55.9
697	84.2	6804464	5591799	82.2
1298	81.9	13350916	10186475	76.3
359	73.3	8529257	5200969	61.0
75	70.1	1389377	864165	62.2
988	78.3	12165345	9169687	75.4
1146	77.9	12101413	9520033	78.7

分行业建设项目施工、投产个数和新增固定资产（2017年）(续一)

行　　业	Item	施工项目个数（个）Number of Projects under Construction (unit)
专用设备制造业	Manufacture of Special Purpose Machinery	854
汽车制造业	Manufacture of Automotive	332
铁路、船舶、航空航天和其他运输设备制造业	Manufacture of Railroad, Marine, Aerospace and Other Transportation Equipment	130
电气机械和器材制造业	Manufacture of Electrical Machinery and Equipment	675
计算机、通信和其他电子设备制造	Manufacture of Computer, Communications and Other Electronic Equipment	140
仪器仪表制造业	Manufacture of Measuring Instrument	75
其他制造业	Manufacture of Others	177
废弃资源综合利用业	Recycling and Disposal of Waste	216
金属制品、机械和设备修理业	Metal Products, Machinery and Equipment Repair	7
电力、热力、燃气及水生产和供应业	**Production and Distribution of Electricity, Thermal, Gas and Water**	**1091**
电力、热力生产和供应业	Production and Supply of Electric Power and Heat Power	652
燃气生产和供应业	Production and Distribution of Gas	249
水的生产和供应业	Production and Distribution of Water	190
建　筑　业	**Construction**	**10**
房屋建筑业	Construction of Building	4
土木工程建筑业	Construction of Civil Engineering	3
建筑安装业	Architectural Installation	2
建筑装饰和其他建筑业	Architectural Decoration and Other Construction	1
批发和零售业	**Wholesale and Retail Trades**	**595**
批发业	Wholesale Trade	295
零售业	Retail Trade	300
交通运输、仓储和邮政业	**Traffic, Transport, Storage and Post**	**1248**
铁路运输业	Transport Via Railway	21
道路运输业	Transport Via Road	766
水上运输业	Water Transport	23
航空运输业	Air Transport	5
管道运输业	Transport Via Pipeline	4
装卸搬运和运输代理业	Handling and Transportation Agency	28
仓　储　业	Storage	395
邮　政　业	Post	6
住宿和餐饮业	**Hotels and Catering Services**	**183**
住宿业	Hotels	131
餐饮业	Catering Services	52
信息传输、软件和信息技术服务业	**Information Transmission, Software and Information Technology Services**	**89**
电信、广播电视和卫星传输服务	Telecommunications, Radio and Television and Satellite Transmission Services	10
互联网和相关服务	Computer Services	15
软件和信息技术服务业	Software and Information Technology Services	64

Number of Capital Construction Projects under Construction and Put into Use and Newly Increased Fixed Assets by Sector (2017)

本年投产项目个数(个) Completed Projects (unit)	建设项目投产率(%) Rate of Construction Projects Completed and Put into Use (%)	本年完成投资(万元) Investment Completed This year (10000 yuan)	本年新增固定资产(万元) Newly Increased Fixed Assets (10000 yuan)	固定资产交付使用率(%) Rate of Projects of Fixed Assets Completed and Put into Use (%)
663	77.6	9812412	7170864	73.1
218	65.7	6301416	4408530	70.0
99	76.2	1957207	1465614	74.9
518	76.7	8361683	5454717	65.2
97	69.3	3589528	1694342	47.2
54	72.0	907882	600559	66.1
144	81.4	1637611	1311582	80.1
136	63.0	2618649	1591573	60.8
6	85.7	90251	81715	90.5
759	**69.6**	**19142997**	**13051993**	**68.2**
431	66.1	14083444	9320474	66.2
193	77.5	3225080	2414560	74.9
135	71.1	1834473	1316959	71.8
8	**80.0**	**45352**	**27836**	**61.4**
3	75.0	24967	13557	54.3
2	66.7	11970	5864	49.0
2	100.0	7565	7565	100.0
1	100.0	850	850	100.0
455	**76.5**	**7952843**	**6045564**	**76.0**
225	76.3	4528588	3392879	74.9
230	76.7	3424255	2652685	77.5
845	**67.7**	**21162885**	**12099405**	**57.2**
9	42.9	1427008	105011	7.4
520	67.9	11130166	6690594	60.1
17	73.9	469546	797557	169.9
		615987	19268	3.1
4	100.0	15111	15111	100.0
18	64.3	994947	518134	52.1
271	68.6	6437608	3893218	60.5
6	100.0	72512	60512	83.5
147	**80.3**	**2088727**	**1655509**	**79.3**
101	77.1	1556036	1124862	72.3
46	88.5	532691	530647	99.6
50	**56.2**	**3273819**	**1822351**	**55.7**
6	60.0	1018561	785954	77.2
10	66.7	336408	273730	81.4
34	53.1	1918850	762667	39.7

分行业建设项目施工、投产个数和新增固定资产（2017年）(续二)

行　　业	Item	施工项目个数（个）Number of Projects under Construction (unit)
金融业	**Financial Intermediation**	**33**
货币金融服务	Monetary and Financial Services	17
资本市场服务	Capital Market Services	14
保险业	Insurance	1
其他金融业	Other Financial Activities	1
房地产业	**Real Estate**	**449**
房地产业	Real Estate	449
租赁和商务服务业	**Leasing and Business Services**	**305**
租赁业	Leasing	11
商务服务业	Business Services	294
科学研究和技术服务业	**Scientific Research and Technical Service**	**251**
研究和试验发展	Research and Experimental Development	44
专业技术服务业	Professional Technical Services	56
科技推广和应用服务业	Services of Science and Technology Promotion and Application	151
水利、环境和公共设施管理业	**Management of Water Conservancy, Environment and Public Facilities**	**2773**
水利管理业	Management of Water Conservancy	235
生态保护和环境治理业	Ecological Protection and Environmental Management	140
公共设施管理业	Management of Public Facilities	2398
居民服务、修理和其他服务业	**Services to Households, Repair and Other Services**	**124**
居民服务业	Services to Households	72
机动车、电子产品 和日用产品修理业	Motor Vehicles, Electronics and Household Goods Repair	23
其他服务业	Other Services	29
教　　育	**Education**	**492**
卫生和社会工作	**Health and Social Work**	**295**
卫　生	Health	192
社会工作	Social Work	103
文化、体育和娱乐业	**Culture, Sports and Entertainment**	**276**
新闻和出版业	Journalism and Publishing Activities	3
广播、电视、电影和影视录音制作业	Broadcasting, Televisions, Movies and Video Recording Production	16
文化艺术业	Cultural and Art Activities	107
体　育	Sports Activities	55
娱乐业	Entertainment	95
公共管理、社会保障和社会组织	**Public Management, Social Security and Social Organization**	**361**
中国共产党机关	Organs of Communist Party of China	
国家机构	Government Agencies	222
人民政协和民主党派	People's Political Consultative Conference and Democratic Parties	
社会保障业	Social Security	2
群众团体、社会团体和其他成员组织	Non-Governmental Organizations, Social Organizations and Religion Organizations	50
基层群众自治组织	Grass Roots Self-governing Organizations	87

Number of Capital Construction Projects under Construction and Put into Use and Newly Increased Fixed Assets by Sector (2017)

本年投产项目个数(个) Completed Projects (unit)	建设项目投产率(%) Rate of Construction Projects Completed and Put into Use (%)	本年完成投资(万元) Investment Completed This year (10000 yuan)	本年新增固定资产(万元) Newly Increased Fixed Assets (10000 yuan)	固定资产交付使用率(%) Rate of Projects of Fixed Assets Completed and Put into Use (%)
25	**75.8**	**587667**	**362931**	**61.8**
15	88.2	180240	133248	73.9
9	61.3	359310	229066	63.8
1	100.0	617	617	100.0
		47500		
289	**64.4**	**7024859**	**4232872**	**60.3**
289	64.4	7024859	4232872	60.3
202	**66.2**	**5568366**	**3949481**	**70.9**
8	72.7	72948	119418	163.7
194	66.0	5495418	3830063	69.7
152	**60.6**	**4267855**	**2734308**	**64.1**
22	50.0	648875	457035	70.4
33	58.9	879932	666287	75.7
97	64.2	2739048	1610986	58.8
2039	**73.5**	**35542431**	**25822143**	**72.7**
168	71.5	2598855	1630574	62.7
113	80.7	1241629	842054	67.8
1758	73.3	31701947	23349515	73.7
109	**87.9**	**996040**	**652775**	**65.5**
61	84.7	653180	343444	52.6
20	87.0	167247	161951	96.8
28	96.6	175613	147380	83.9
357	**72.6**	**3177567**	**2323113**	**73.1**
196	**66.4**	**3348873**	**2351584**	**70.2**
121	63.0	1950035	1253787	64.3
75	72.8	1398838	1097797	78.5
167	**60.5**	**5111971**	**3720151**	**72.8**
1	33.3	143450	132300	92.2
15	93.8	231390	230640	99.7
54	50.5	1692396	991084	58.6
30	54.5	1164527	876148	75.2
67	70.5	1880208	1489979	79.2
278	**77.0**	**2105216**	**1497232**	**71.1**
150	67.6	1458962	873620	59.9
1	50.0	68095	78275	114.9
48	96.0	239245	232543	97.2
79	90.8	338914	312794	92.3

农村个人固定资产投资和建房
Individual Investment in Fixed Assets and Building Construction in Rural Areas

年 份 Year	投资总额 (万元) Total Investment (10000 yuan)	竣工房屋投资 (万元) Investment in Buildings Completed (10000 yuan)	#住 宅 Residential Building	竣工房屋建筑面积 (万平方米) Floor Space of Building Completed (10000 sq.m)	#住 宅 Residential Building	竣工房屋造 价 (元/平方米) Cost of Building Completed (yuan/sq.m)	#住 宅 Residential Building
1985	298000	195642	182533	4501	4180	44	44
1986	359822	260767	245397	5210	4920	50	50
1987	398281	291036	273402	4814	4519	61	61
1988	499057	369514	319109	4556	3962	81	81
1989	541861	409349	349993	4172	3569	98	98
1990	429344	300279	294392	2657	2605	113	113
1991	766958	582594	550727	5206	4996	112	110
1992	546134	401504	375097	3599	3493	112	107
1993	630000	475398	428400	3087	2898	154	148
1994	939969	569168	438813	2357	1915	190	182
1995	1327776	763276	633945	2742	2301	278	275
1996	1435517	803518	650362	2690	1959	299	332
1997	1905761	1101954	929314	3210	2716	343	342
1998	1924263	1358974	1358974	3475	3475	391	391
1999	1756132	1418346	1163256	3887	3613	365	322
2000	1916841	1613181	1178865	4370	4044	369	292
2001	2086309	1321156	1370608	3978	3892	332	352
2002	2050000	1174363	1110486	3693	3402	318	326
2003	1994491	1203077	1100113	3660	3348	329	329
2004	2166460	1187529	1092411	3424	3146	347	347
2005	2374485	1250815	1197039	3879	3588	322	334
2006	2935796	1697233	1607621	3945	3700	430	434
2007	3219779	2222333	2039699	4385	3990	507	511
2008	3956398	2223572	2106120	4014	3683	554	572
2009	3934497	2627023	2404306	4450	4134	590	582
2010	4608235	3244877	3002363	4815	4703	674	638
2011	6090686	3538588	3237756	5180	4640	683	698
2012	5566535	3846906	3474366	4547	4458	846	779
2013	5644603	4146015	3852843	4502	4039	921	954
2014	5247229	4235542	3938773	4437	4032	955	977
2015	5425323	3821126	3514325	4752	4159	804	845
2016	4099479	3233756	2810430	3752	3280	862	857
2017	3945707	2953927	2648714	2561	2233	1154	1186

总投资50亿元以上建设项目主要经济指标（2017年）
Major Economic Indicators of Investment Over 5 Billon under Construction(2017)

单位：万元 (10000 yuan)

建设单位及建设项目 Unit Names	计划总投资 Total Investment Planed	累计完成投资 Accumulative Investment Actually Completed	#本年完成 This Year	累计新增固定资产 Accumulative Newly Increased Fixed Assets
首钢京唐钢铁联合有限责任公司首钢京唐公司钢铁厂	6572800	6835762	33323	
沧州明珠服饰文化产业有限公司沧州明珠服饰文化产业有限公司服饰加工	5356000	233000	233000	
国网冀北电力有限公司2016年电网基建项目	4244836	1724555	821986	
河钢乐亭钢铁有限公司河钢产业升级及宣钢产能转移项目	4237293	118531	118531	
北京铁路局张家口至唐山铁路工程建设指挥部新建张家口至唐山铁路	4223054	4019000	200000	
首钢京唐钢铁联合有限责任公司首钢京唐钢铁联合有限责任公司二期工程项目	4069165	290819	223519	
首都机场集团公司北京新机场项目	4000000	1594697	565656	
中核燃料沧州有限公司核燃料产业园	3650000	731700	344700	
石家庄乐城创意国际贸易城开发有限公司石家庄国际贸易城	3500000	636072	107612	
唐山渤海钢铁有限公司联合重组暨城市钢厂搬改造项目	3363000	286200		1
河北纵横集团丰南钢铁有限公司联合重组暨城市钢厂搬迁改造项目	3200000	471823	471823	471823
云谷(固安)科技有限公司第6代有源矩阵有机发光显示器件(AMOLED)面板生产	2621400	983454	983454	
京唐城际铁路有限公司新建北京至唐山铁路	2039600	40683	40683	
涿鹿县博达建设开发投资有限责任公司涿鹿博达公司高层次人才创业园项目	2000000	502115	61421	61421
武安市新峰水泥有限责任公司煤制天然气综合利用项目	1999694	672735	109255	109255
河北钢铁集团矿业有限公司马城铁矿采选项目	1909030	658780	298800	298800
石家庄市轨道交通有限责任公司石家庄市轨道交通1号线	1889168	1458308	205698	
河北太行钢铁集团有限公司重组搬迁改造项目	1826000	861992	393330	289000
涿鹿合符发展建设投资有限公司涿鹿县一河两城项目	1798400	502765	65642	65642
京张城际铁路有限公司新建北京至张家口铁路	1770000	844155	404600	
石家庄市乐华恒业文化发展有限公司石家庄(藁城)乐华城国际欢乐度假区项目	1570000	9780	9780	9780
固安浙温服装园区建设发展有限公司京南服装工业基地	1550000	42975	3015	
石家庄市轨道交通有限责任公司石家庄市轨道交通3号线一期工程	1539603	643955	158411	
张家口名郡鑫泰旅游开发有限责任公司新建京北葡萄酒主体旅游文化产业园项目	1500000	134441	81295	134441
石家庄市交通运输局平山至赞皇高速公路	1490500	226829	226829	
唐山中上昱德投资有限公司京东皇家文化旅游创意体验基地	1420400	194800	46710	194800
河北省首钢迁安钢铁有限责任公司首钢迁钢公司冷轧项目	1400000	1205658	156118	
晟旭海上装备有限责任公司智能海洋工程装备制造项目(一、二期)	1320000	108800	108800	
唐山京唐铁路有限公司水厂矿区至曹妃甸港区集疏港铁路工程	1319799	192635	192635	
联通云数据有限公司廊坊市分公司中国联通华北(廊坊)基地建设工程	1300300	155154	32054	
河北保通物流有限公司京都国际物流商贸中心	1300000	249346	62913	
中国电子科技集团公司电子科学研究院中国电科电子科技园建设项目	1278700	155640	97400	
石家庄市轨道交通有限责任公司石家庄市轨道交通2号线一期工程	1232746	186507	136729	
迁安市瑞腾投资有限公司滦河迁安市段河道综合治理工程	1212982	1100415	118100	
沧州临港万国石材商贸城有限公司中国黄骅港万国(国际)石材商贸城一期项目	1210000	693386	148216	
石家庄市鹿泉区交通运输局南绕城高速公路工程	1197300	211510	110510	
唐山瑞丰钢铁(集团)有限公司新一代高强度冷轧卷板项目	1146803	71144	71144	71144
河北千森旅游开发有限公司都山生态体育健康休闲文化产业示范园项目	1110350	3500	3500	3500
石家庄钢铁有限责任公司环保搬迁产品升级改造	1108255	537582	398079	
唐山滦州古镇置业有限公司滦州古城文化旅游整体开发建设项目	1100000	817253	93583	510897
恒泰(唐山)国际物流股份有限公司恒泰(唐山)云商产业城	1053598	541755	185295	
河北辛集化工集团有限责任公司整体搬迁技改	1050000	763703	138078	
承德市双滦区海建房地产开发有限公司皇家奥林匹亚体育文化休闲产业园	1033325	350550		
保定市交通运输局荣乌高速保定段	1028603	1139000	59000	59000
石家庄雨润农产品全球采购有限公司雨润农产品全球采购中心项目	1020900	661943	144536	
中国石油天然气股份有限公司华北石化分公司华北石油炼油质量升级与安全环保技术改造工程	1005982	698400	439614	
玉田泰昌旅游房地产开发有限公司恒大玉龙湾体育休闲度假小镇项目	1000000	5000	5000	
唐山市中港城基础设施开发建设有限公司中国 · 中港城高端装备制造产业园项目	1000000	11	11	
张家口通运建设有限责任公司京张奥物流产业基地项目	1000000	256702	156702	
张家口西山综合开发有限责任公司冰雪运动装备产业园项目	1000000	67995	67995	
富龙达沃斯崇礼置业有限公司崇礼四季小镇旅游	1000000	242064	89001	

总投资50亿元以上建设项目主要经济指标（2017年)(续一)

Major Economic Indicators of Investment Over 5 Billon under Construction(2017)

单位：万元 (10000 yuan)

建设单位及建设项目 Unit Names	计划总投资 Total Investment Planed	累计完成投资 Accumulative Investment Actually Completed	#本年完成 This Year	累计新增固定资产 Accumulative Newly Increased Fixed Assets
河北丰宁抽水蓄能有限公司河北丰宁抽水蓄能电站	994687	357329	70479	
国网河北省电力公司2017年电网基建项目包	992369	992369	992369	992369
润泽科技发展有限公司国际信息云聚核港(ICFZ)项目	980177	303764	98820	
河北交通投资集团公司太行山高速公路邯郸段	955100	594074	315000	
河北交通投资集团公司太行山高速公路邢台段	950800	611051	310000	
石家庄高新建设投资有限公司石家庄高新区郄马镇整体改造项目	950000	200739	135239	
河北交通投资集团公司曲阳至黄骅港高速公路曲阳至肃宁段	934600	813274	150620	
唐山唐曹铁路有限责任公司新建唐山至曹妃甸铁路工程	933883	599112	145138	
河北海伟交通设施集团有限公司100万吨年丙烷脱氢项目	929240	913962	172305	
河北丰宁抽水蓄能有限公司河北丰宁抽水蓄能电站二期工程	928999	89690	48391	
河北卓越奥莱投资有限公司石家庄藁城奥特莱斯小镇项目	880000	9980	9980	5923
河北七星园实业发展有限公司七星园文化名胜风景区项目	870000	110251	110251	
无极卡森建材装饰城有限公司卡森绿色家居北方基地	811373	159696	86543	
邯郸市交通局邯郸市交通局邯大高速公路建设.	802308	795200		
唐山市中港城基础设施开发建设有限公司中国·中港城新材料产业园区项目	800000	5	5	
张家口红石山旅游开发有限公司红石山国际旅游度假区项目	778800	160660	160660	150660
河北迁曹高速公路开发有限公司迁曹高速公路京哈高速至沿海高速段	771600	47400	47400	
固安国宾温泉休闲酒店有限公司太阳能光伏农业示范基地项目	767473	66000	28000	
河北交通投资集团公司太行山高速公路涞源至曲阳段	764400	487900	240000	240000
保定市秀兰文化园有限公司秀兰文化小镇项目	764000	9820	9820	9820
中国移动通信集团河北有限公司2017年移动通信工程	758705	767586	767586	767586
华润电力(唐山曹妃甸)有限公司华润电力曹妃甸电厂二期2*1000MW超超临界燃煤发电机组工程	758100	625313	297341	
河北永洋特钢集团有限公司河北永洋特钢集团有限公司产业重组、退城搬迁装备升级项目	751700	447170	150688	
华耀城(邯郸)实业有限公司邯郸华耀城商贸项目	750223	267539	153099	
河北众旺缘旅游开发有限公司河北武安禅文化高新农业旅游项目	750000	171160	94500	94500
唐山陡河青龙河开发建设投资有限责任公司陡河青龙河防洪排涝综合整治工程	744000	171005	59000	
冀中能源邢台矿业集团有限责任公司邢台矿区采煤沉陷区治理项目金牛阳光苑工程	708885	62522	23840	
唐山中南国际旅游岛房地产投资开发有限公司温泉特色小镇核心景区及商业配套设施项目	700000	250	250	250
二秦高速公路张家口管理处二连浩特至秦皇岛高速公路康保至沽源段	698500	527297	72000	
冀中能源峰峰集团有限公司冀中能源峰峰集团棚户区改造	681684	602109	48200	
文安鲁能生态旅游房地产开发有限公司文安鲁能生态区(一期)项目	680000	259549	29799	29500
北京现代汽车有限公司技术改造建设项目	679054	596470	30920	
河北戎兴实业有限公司中国登山训练基地建设项目	678821	336517	106900	
京张城际铁路有限公司新建崇礼铁路工程	664900	252300	239000	
石家庄高新建设投资有限公司石家庄高新区韩通村和八方村棚户区改造项目	661350	169552	117552	
临漳县文物旅游局邺北城考古遗址公园	650720	245400	145600	
固安肽谷药业科技有限公司固安肽谷基因工程医药及医疗器械生产基地项目	650000	271900	16400	
京新高速公路张家口管理处河北胶泥湾至西洋河公路	649347	309505	101000	
固安盛业自动化技术有限公司中关村科技园科技成果转化基地项目	640000	4375	200	
河北水务集团河北省南水北调配套工程石津干渠工程	639169	616771	127777	
定州市文化广电新闻出版局定州古城恢复工程项目	630000	327585	157090	
河北浙友机电设备制造有限公司河北浙商机电生产基地项目	629167	405803	225850	
河北银隆新能源有限公司年产14.62亿安时锂电池生产线项目	628387	458229	458229	
河北迈普润光学物流运营有限公司年产氟化钙、氟化镁等化学晶体产品25000吨	622437	65013	42082	41970
涿州市城市投资发展有限公司涿州培训保障基地项目	620038	421384	217315	
无极卡森实业有限公司高档皮革系列制品	620000	326414	87540	
东旭集团有限公司光电显示玻璃基板及装备制造产业化项目	615000	561474	164400	164400
唐山曹妃甸振鹏新能源汽车制造有限公司年产4亿锂离子电池项目	613855	736000	317000	317000
河北康城建设集团有限公司河北实甫文化创意产业示范园	605490	605490	61800	61800
河北交通投资集团公司太行山高速公路京冀界至蔚县段	600600	403821	210000	192911
新陆港物流有限责任公司新陆港现代物流项目	600255	156810	34620	

总投资50亿元以上建设项目主要经济指标（2017年）(续二)

Major Economic Indicators of Investment Over 5 Billon under Construction(2017)

单位：万元 (10000 yuan)

建设单位及建设项目 Unit Names	计划总投资 Total Investment Planed	累计完成投资 Accumulative Investment Actually Completed	#本年完成 This Year	累计新增固定资产 Accumulative Newly Increased Fixed Assets
唐山市中港城基础设施开发建设有限公司中国 · 中港城纳米技术产业园项目	600000	10	10	
保定河工科技园投资有限公司河北工业大学国家大学科技园	600000	403195	86976	
河北秦淮数据有限公司新建新媒体大数据产业基地一期建设项目	600000	72080	72080	
围场满族蒙古族自治县文化旅游发展有限公司围场皇家猎苑小镇休闲旅游项目	600000	11780	11780	3800
金雁通用航空股份有限公司白洋淀通用航空休闲产业园一期	600000	57150	3600	3600
河北泰纳新材料科技有限公司氯化聚乙烯改性合成橡胶新材料开发与应用项目	590271	581330	90449	
邯郸市魏晋文化旅游开发有限公司魏晋文化旅游创意产业区项目	590000	162816	42850	
河北中翔能源有限公司3*120000Nm3/h焦炉气制LNG及富氢尾气制液氨装置	586859	586859	92997	586859
邯郸市峰峰鑫宝新材料科技有限公司812新材料项目	585780	373200	80800	
建设新能源(唐山)有限公司唐山乐亭菩提岛海上风电场300兆瓦示范工程	584452	120268	120268	
中车石家庄车辆有限公司南车石家庄轨道运输装备和工程机械产业园	583730	583730	138654	123654
河北山田房地产开发有限公司中国元氏历史文化城	576600	527773	27900	
河北蔚州能源综合开发有限公司河北大唐电厂上大压小新建工程	572638	476950	136618	
京津冀(固安)投资发展有限公司京津冀(固安)国际商贸城一期西区	570837	9020	9020	
唐山联东金运投资有限公司联东U谷唐山产业园	566472	185891	107975	
石家庄中博汽车有限公司石家庄中博汽车有限公司技术改造汽车生产项目	563800	230813	22113	275
神华黄骅港务有限责任公司黄骅港四期工程	556111	556111	70092	70000
永年县广府古城文化旅游开发有限公司广府古城保护整治与旅游开发项目	550000	550000	590	590
保定市民生房地产开发有限公司保定朝阳养老健康产业城项目	550000	510799	104440	
沧州黄骅港矿石港务有限公司黄骅港散货港区矿石码头一期工程	548956	541660		528915
新兴铸管股份有限公司30万吨高端无缝钢管项目	540000	433470	90800	
承德钢铁集团有限公司钒钛高强冷轧板	538649	18136	17136	
阜平县鑫润嘉工程服务有限公司阜平县阜东产业园区基础设施建设项目	537929	225655	67853	
保定天海房地产开发有限公司必福利中医养生养老小镇项目	528000	94760	94760	9960
河北洁神新能源科技有限公司年产12亿AH氧化锂铁磷电池生产线	526430	502212	96962	
深安智谷实业有限公司深安智谷保定中国安防与智能交通北方基地	526184	147800	147800	
万浩投资控股有限公司冀南电子商务产业园项目	524717	136900	87300	
涞水中诚房地产开发有限责任公司涞水垒子水库旅游综合开发项目	523200	138955	18005	
河北玉山健康管理有限公司河北玉山(国际)生态养生谷	521000	41220	41220	
河北透海山旅游开发有限公司透海山野主题旅游度假区	521000	170265	102365	
河北远鹏物流有限公司亿博基业冀中南国际物流智港	520000	201841	107526	
涞源县水务局涞源县滨湖新区旅游综合开发项目	520000	538750	19800	19800
河北亚太通信科技集团有限公司中国智能终端科技产业园	520000	9800	9800	
河北邯钢冷轧薄板有限公司年产30万吨冷轧及200万吨钢材后延加工项目	518000	518000	37300	37300
河北水务集团河北省南水北调配套工程保沧干渠工程	517095	503775		
河北嘉门贤集投资有限公司中国孔雀湖国际旅游度假区	513600	160284	16000	
河北华电曹妃甸储运有限公司唐山港曹妃甸港区煤码头三期工程	513399	615469		
河北新发地农副产品有限公司国际食品贸易港项目	512000	110900	110900	
中国移动通信集团河北有限公司中国移动(河北石家庄)数据中心工程	510000	30020	30020	
滦平县冀康物流有限公司中国.冀康国际物流总部基地	503950	28460	28460	9000
固安京开大数据产业园建设发展有限公司固安京南大数据产业园	503826	11		
河北东创恒升投资管理有限公司石家庄东创恒升科技园项目(一期)	502159	89941	89941	
张家口崇礼太舞旅游度假有限公司崇礼太舞四季文化旅游度假区	501100	308142	63300	
张家口崇礼山水旅游房地产开发有限公司崇礼翠云山国际旅游度假区项目	500825	500779	93578	
戴克电器有限公司电器产业园项目	500200	500200	25890	25890
河北静港文化旅游开发集团有限公司河北静港投资管理有限公司冶河生态谷开发	500000	131060	93400	
石家庄常山纺织股份有限公司常山云数据中心	500000	35000	35000	35000
河北元禾农业科技有限公司封龙山万亩生态种植基地项目	500000	270106	50609	
迁安北商国际泵阀产业园投资股份有限公司北商国际泵阀产业园项目	500000	510000	81380	81380
河北华讯方舟太赫兹技术有限公司太赫兹国际科产业基地项目	500000	24500	24500	
定州市城市建设投资有限公司定州市地下管廊项目	500000	272795	123800	69800

一次能源生产总量和构成
Primary Energy Production and Composition

年 份 Year	能源生产总量（万吨标准煤） Primary Energy Production (10000 tons of SCE)	占能源生产总量的比重（%） As Percentage of Total Energy Production (%)			
		原 煤 Raw Coal	原 油 Crude Oil	天然气 Natural Gas	一次电力及其他能源 Primary Electricity
1981	5502.86	67.90	32.00		0.10
1982	5463.31	69.94	29.57	0.36	0.13
1983	5506.73	72.93	26.48	0.31	0.28
1984	5510.29	72.94	26.47	0.39	0.20
1985	5292.72	71.51	27.85	0.51	
1986	5889.07	74.79	24.28	0.61	0.32
1987	5716.06	79.30	19.88	0.55	0.27
1988	5501.38	82.70	16.37	0.54	0.39
1989	5354.45	83.56	15.42	0.56	0.46
1990	5313.08	83.43	15.34	0.74	0.49
1991	5199.85	84.03	14.77	0.74	0.46
1992	5257.18	84.68	14.11	0.82	0.39
1993	5348.20	85.16	13.43	0.72	0.69
1994	5699.77	86.25	12.78	0.71	0.26
1995	6619.56	87.41	11.16	0.64	0.79
1996	6690.35	87.21	11.19	0.66	0.94
1997	6470.60	86.97	11.68	0.70	0.65
1998	5868.17	85.65	13.07	0.77	0.51
1999	5763.48	85.42	13.17	0.88	0.53
2000	5639.26	85.46	13.13	1.11	0.30
2001	5656.12	85.70	12.96	1.12	0.22
2002	5854.03	86.27	12.28	1.23	0.22
2003	5998.00	86.38	12.15	1.28	0.19
2004	7413.94	87.80	10.79	1.19	0.22
2005	7089.90	87.05	11.33	1.29	0.33
2006	6956.72	85.90	12.54	1.25	0.31
2007	7246.47	85.39	13.01	1.31	0.29
2008	6755.66	84.40	13.60	1.72	0.28
2009	6879.85	85.19	12.44	2.11	0.26
2010	8109.66	84.04	10.55	2.08	3.32
2011	8601.60	84.69	9.73	1.89	3.69
2012	9560.46	84.57	8.73	1.82	4.89
2013	6956.42	76.95	12.14	2.98	7.93
2014	6801.01	75.42	12.44	3.42	8.72
2015	7096.14	77.39	11.68	1.95	8.97
2016	6752.93	72.71	11.55	1.53	14.21
2017	6778.54	67.31	11.36	2.98	18.34

注：2010年以前的一次电力及其他能源指标仅包括一次电力。(以下相关表同)

a) Primary electricity and Otheor energy prior to 2010 include primary electricity only. (The same applies to the tables following.)

能源消费总量及构成
Primary Energy Consumption and its Composition

年 份 Year	能源消费总量 (万吨标准煤) Total Energy Consumption (10000 tons of SCE)	占能源消费总量的比重 (%) As Percentage of Primary Energy Production (%)			
		煤 炭 Coal	石 油 Petroleum	天然气 Natural Gas	一次电力及其他能源 Primary Electricity
1980	3120.50	85.00	12.90	1.90	0.20
1981	3627.80	90.10	8.20	1.60	0.10
1982	3929.05	87.79	10.24	1.78	0.19
1983	4185.78	89.25	9.19	1.19	0.37
1984	4475.00	86.98	11.51	1.27	0.24
1985	4548.85	89.91	8.36	1.58	0.15
1986	5079.52	89.58	8.46	1.59	0.37
1987	5516.81	90.26	8.12	1.34	0.28
1988	5962.40	90.55	7.90	1.19	0.36
1989	6169.26	90.77	7.74	1.09	0.40
1990	6124.22	90.34	7.91	1.32	0.43
1991	6471.93	90.63	7.67	1.33	0.37
1992	6866.29	90.59	7.77	1.34	0.30
1993	7861.92	90.12	8.44	0.96	0.48
1994	8168.62	90.43	8.31	1.08	0.18
1995	8892.41	90.33	8.54	0.94	0.19
1996	8938.47	90.55	8.25	0.99	0.21
1997	9033.01	90.33	8.66	0.87	0.14
1998	9151.12	89.68	9.33	0.88	0.11
1999	9379.27	90.01	9.00	0.88	0.11
2000	11195.71	90.94	8.17	0.84	0.05
2001	12114.29	91.84	7.42	0.70	0.04
2002	13404.53	91.12	8.15	0.70	0.03
2003	15297.89	92.78	6.49	0.66	0.07
2004	17347.79	91.14	8.01	0.75	0.10
2005	19835.99	91.82	7.45	0.61	0.12
2006	21794.09	91.59	7.64	0.67	0.10
2007	23585.13	92.36	6.87	0.68	0.09
2008	24321.87	92.31	6.67	0.94	0.08
2009	25418.79	92.51	6.21	1.21	0.07
2010	26201.41	89.71	7.75	1.51	1.03
2011	28075.03	89.09	8.12	1.66	1.13
2012	28762.47	88.86	7.48	2.04	1.62
2013	29664.38	88.69	7.22	2.23	1.86
2014	29320.21	88.46	6.98	2.54	2.02
2015	29395.36	86.55	7.99	3.30	2.17
2016	29794.40	85.01	8.63	3.14	3.22
2017	30385.88	83.71	7.97	4.23	4.09

注：2010年及以后数据在第三次经济普查后作了修订，能源消费总量为不包括回收能的商品能源。(以下相关表同)

a) Adjustment has been done for the data since 2010, due to the 3rd. Total energy consumption do not include recycle energy used for commercial purposes. (The same applies to the tables following.)

综合能源平衡表
Overall Energy Balance Sheet

单位：万吨标准煤　　　　(10000 tons of SCE)

项　目	Item	2005	2010	2013	2014	2015	2016	2017
可供消费的能源总量	**Total Energy Available for Consumption**	**19836**	**26201**	**29664**	**29320**	**29395**	**29794**	**30386**
一次能源生产量	Primary Energy Output	7090	8110	6956	6801	7096	6753	6779
回收能	Recovery of Energy	819						
进口量	Imports	459	966	4812	804	2899	316	562
出口量	Exports (-)	57	62	638	91	339	263	215
年初年末库存差额	Stock Changes in the Year	-81	-129	252	125	-30	-548	779
能源消费总量	**Total Energy Consumption**	**19836**	**26201**	**29664**	**29320**	**29395**	**29794**	**30386**
在总量中	**Consumption by Usage**							
农、林、牧、渔、水利业	Farming, Forestry, Animal Husbandry, Fishery Conservancy	532	713	574	625	642	648	675
工　业	Industry	15852	20563	23389	22785	22184	22014	22507
建筑业	Construction	203	319	265	253	297	312	315
交通运输、仓储和邮政业	Transport, Storage and Post	710	971	1162	1109	1111	1206	1215
批发、零售业和住宿、餐饮业	Wholesale, Retail Trade and Hotel, Restaurants	205	304	565	639	713	772	977
其　他	Others	465	716	829	911	1057	1134	892
生活消费	Residential Consumption	1870	2615	2881	2997	3391	3628	3806
在总量中	**Consumption by Usage**							
终端消费	Final Consumption	18536	26032	30831	30881	30707	31269	31506
#工　业	Industry	14554	20395	24574	24365	23515	23508	23626
加工转换损失量	Losses in Processing and	896	-428	-1837	-2230	-1933	-2106	-1753
#炼　焦	Coking	283	259	274	177	135	175	284
炼　油	Petroleum Refining	30	91	54	47	44	54	100
损失量	Other Losses	403	597	671	669	622	632	633
平衡差额	**Balance**							

能源加工转换效率
Efficiency of Energy Transformation

单位：%

年　份 Year	总效率 Total Efficiency	火力发电 Thermal Power	供　热 Heating Supply	洗　煤 Coal Washing	炼　焦 Coking	炼　油 Petroleum Refineries	制　气 Gas Works
2005	66.31	32.36	65.94	81.87	90.98	97.82	54.16
2006	67.01	33.21	66.40	80.86	89.03	95.36	73.37
2007	69.73	33.89	64.85	83.21	93.16	99.78	60.51
2008	71.91	34.95	60.48	85.93	94.44	96.84	65.77
2009	73.01	35.76	57.05	87.07	92.94	96.90	50.98
2010	75.58	37.06	61.66	92.24	95.68	95.50	41.18
2011	76.09	37.17	61.36	90.61	96.63	97.44	51.84
2012	77.26	37.85	67.27	92.23	95.97	96.70	51.57
2013	77.51	38.59	68.75	92.20	96.49	97.22	53.76
2014	77.40	38.60	72.44	92.36	97.41	97.54	63.51
2015	77.48	39.69	73.87	87.58	97.96	98.26	
2016	76.15	39.42	73.82	86.28	97.29	98.07	
2017	72.69	39.90	75.83	80.08	95.44	96.19	82.24

规模以上工业企业分行业能源消耗情况

Consumption of Main Energy Sources in above Designated Size Industrial Enterprises by Industrial Sector

单位：万吨标准煤 (10000 tons of SCE)

行　　业	Item	2015	2016	2017
规模以上工业综合能源消费量	**Consumption of Energy Sources in above Designated Size Industrial Enterprises**	**20269.64**	**20544.02**	**20292.11**
六大高耗能行业能耗	**Energy Consumption of the top-6 Energy-consuming Industries**			
煤炭开采和洗选业	Mining and Washing of Coal	929.53	923.38	817.59
石油加工、炼焦及核燃料加工业	Processing of Petroleum, Coking, Processing of Nucleus Fuel	762.78	719.90	693.38
化学原料及化学制品制造业	Manufacture of Raw Chemical Material and Chemical Products	1288.43	1164.73	1104.52
非金属矿物制品业	Manufacture of Non-metallic Mineral Products	1011.22	1012.08	1047.05
黑色金属冶炼及压延加工业	Smelting and Pressing of Ferrous Metals	10686.81	10938.73	10732.44
电力、热力的生产和供应业	Production and Distribution of Electric Power and Heat Power	3871.98	3939.87	4100.92
其他行业能耗	**Energy Sources Consumption of Other Industrial Sectors**			
石油和天然气开采业	Extraction of Petroleum and Natural Gas	53.51	52.96	54.45
黑色金属矿采选业	Mining of Ferrous Metal Ores	211.17	186.07	174.83
有色金属矿采选业	Mining of Non-ferrous Metal Ores	4.05	4.48	4.56
非金属矿采选业	Mining and Processing of Nonmetal Ores	21.92	19.73	13.99
农副食品加工业	Processing of Food from Agricultural Products	180.11	157.93	158.17
食品制造业	Manufacture of Foods	74.69	82.72	83.51
酒、饮料和精制茶制造业	Manufacture of Wine, Soft Drinks and Refined Tea	41.37	38.06	40.11
烟草制品业	Manufacture of Tobacco	2.66	2.24	2.29
纺织业	Manufacture of Textile	113.63	101.13	95.11
纺织服装、服饰业	Manufacture of Textile, Apparel	16.70	16.47	17.25
皮革、毛皮、羽毛及其制品和制鞋业	Manufacture of Leather, Fur, Feather and Its Products and Footware	31.17	27.42	29.54
木材加工和木、竹、藤、棕、草制品业	Processing of Timbers, Manufacture of Wood, Bamboo, Rattan, Palm, and Straw Products	40.55	34.10	30.38
家具制造业	Manufacture of Furniture	14.06	14.03	7.91
造纸和纸制品业	Manufacture of Paper and Paper Products	107.00	101.35	94.86
印刷和记录媒介复制业	Printing, Reproduction of Recording Media	12.84	16.76	17.40
文教、工美、体育和娱乐用品制造业	Manufacture of Articles for Culture, Arts and Crafts, Education, Sport Activities and Entertainment Goods	10.26	10.32	9.84
医药制造业	Manufacture of Medicines	92.44	88.27	87.88
化学纤维制造业	Manufacture of Chemical Fiber	19.67	222.19	229.71
橡胶和塑料制品业	Manufacture of Rubber and Plastic	91.33	86.10	82.41
有色金属冶炼和压延加工业	Manufacture & Processing of Non-ferrous Metals	36.61	34.91	32.44
金属制品业	Manufacture of Metal Products	182.59	172.41	158.90
通用设备制造业	Manufacture of General Purpose Machinery	65.47	79.43	55.39
专用设备制造业	Manufacture of Special Purpose Machinery	69.06	72.28	78.60
汽车制造业	Manufacture of Automotive	72.20	72.83	79.96
铁路、船舶、航空航天和其他运输设备制造业	Manufacture of Railroad, Marine, Aerospace and Other Transportation Equipment	26.86	18.64	16.69
电气机械和器材制造业	Manufacture of Electrical Machinery and Equipment	65.72	66.05	64.21
计算机、通信和其他电子设备制造	Manufacture of Computer, Communications and Other Electronic Equipment	17.30	16.67	19.40
仪器仪表制造业	Manufacture of Measuring Instrument	1.79	1.63	2.05
其他制造业	Manufacture of Others	3.10	13.09	8.18
废弃资源综合利用业	ecycling and Disposal of Waste	10.66	11.48	13.24
金属制品、机械和设备修理业	Metal Products, Machinery and Equipment Repair	1.69	0.77	0.75
燃气生产和供应业	Production and Distribution of Gas	20.14	14.87	23.41
水的生产和供应业	Production and Distribution of Water	6.57	7.94	8.81

分行业规模以上工业企业水消费(取水总量)
Computation of Water in above Designated Size Industrial Enterprises by Sector

单位：万立方米 (10000 m³)

行　业	Sector	2016	2017
全部工业企业	**Total**	**214029.0**	**216956.3**
轻工业	Light Industry	28584.8	29471.8
重工业	Heavy Industry	185444.2	187484.4
按工业行业分	**Grouped by Sector**		
采　矿　业	**Mining**	**62171.5**	**67189.0**
煤炭开采和洗选业	Mining and Washing of Coal	8410.5	7944.5
石油和天然气开采业	Extraction of Petroleum and Natural Gas	2292.1	2168.5
黑色金属矿采选业	Mining of Ferrous Metal Ores	19724.5	18308.3
有色金属矿采选业	Mining of Non-ferrous Metal Ores	244.0	178.2
非金属矿采选业	Mining and Processing of Nonmetal Ores	31500.4	38589.6
制　造　业	**Manufacturing**	**115494.4**	**112452.8**
农副食品加工业	Processing of Food from Agricultural Products	2402.0	2936.5
食品制造业	Manufacture of Foods	7562.8	7775.6
酒、饮料和精制茶制造业	Manufacture of Wine, Soft Drinks and Refined Tea	2143.1	2208.3
烟草制品业	Manufacture of Tobacco	75.6	69.4
纺织业	Manufacture of Textile	2419.6	2017.5
纺织服装、服饰业	Manufacture of Textile, Apparel	391.1	362.8
皮革、毛皮、羽毛及其制品和制鞋业	Manufacture of Leather, Fur, Feather and Its Products and Footware	2286.3	2058.1
木材加工和木、竹、藤、棕、草制品业	Processing of Timbers, Manufacture of Wood, Bamboo, Rattan, Palm and Straw Products	168.2	167.2
家具制造业	Manufacture of Furniture	101.1	69.0
造纸和纸制品业	Manufacture of Paper and Paper Products	2545.6	2285.1
印刷和记录媒介复制业	Printing, Reproduction of Recording Media	236.4	437.6
文教、工美、体育和娱乐用品制造业	Manufacture of Articles for Culture, Arts & Crafts, Education, Sport Activities and Entertainment Goods	80.6	281.6
石油加工、炼焦和核燃料加工业	Processing of Petroleum, Coking, Processing of Nuclear Fuel	5202.3	4964.3
化学原料和化学制品制造业	Manufacture of Chemical Raw Material & Chemical Products	9974.8	8975.1
医药制造业	Manufacture of Medicines	2467.9	2529.0
化学纤维制造业	Manufacture of Chemical Fiber	3945.0	4590.4
橡胶和塑料制品业	Manufacture of Rubber and Plastic	742.0	721.6
非金属矿物制品业	Manufacture of Nonmetallic Mineral Products	3943.9	4017.4
黑色金属冶炼和压延加工业	Manufacture and Processing of Ferrous Metals	60696.6	57233.7
有色金属冶炼和压延加工业	Manufacture & Processing of Non-ferrous Metals	672.6	727.4
金属制品业	Manufacture of Metal Products	1682.8	1745.6
通用设备制造业	Manufacture of General Purpose Machinery	614.1	578.3
专用设备制造业	Manufacture of Special Purpose Machinery	716.5	748.6
汽车制造业	Manufacture of Automotive	1138.8	1441.4
铁路、船舶、航空航天和其他运输设备制造业	Manufacture of Railroad, Marine, Aerospace and Other Transportation Equipment	446.1	342.9
电气机械和器材制造业	Manufacture of Electrical Machinery and Equipment	1431.3	1671.4
计算机、通信和其他电子设备制造业	Manufacture of Computer, Communications and Other Electronic Equipment	1255.2	1348.5
仪器仪表制造业	Manufacture of Measuring Instrument	35.1	45.6
其他制造业	Manufacture of Others	22.0	18.0
废弃资源综合利用业	Recycling and Disposal of Waste	20.5	20.2
金属制品、机械和设备修理业	Metal Products, Machinery and Equipment Repair	74.4	64.8
电力、热力、燃气及水生产和供应业	**Production and Distribution of Electricity, Thermal, Gas and Water**	**36363.2**	**37314.4**
电力、热力生产和供应业	Production and Supply of Electric Power and Heat Power	32899.8	33851.0
燃气生产和供应业	Production and Distribution of Gas	3463.4	3463.4
水的生产和供应业	Production and Distribution of Water		

注：不包括水的生产和供应业行业。

a) The date exclude production and distribution of water.

主要耗能工业企业单位产品能源消耗情况
Energy Consumption per Unit of Product in Main Enterprises that Consume much Energy

指　　标　　Item	2010	2015	2016	2017
吨原煤综合能耗（千克标准煤/吨） Overall Energy Consumption per ton of Machining Coal (kg SCE/ton)	7.83	6.92	6.62	6.66
吨原煤生产耗电（千瓦时/吨） Electric Power Consumption per ton of Machining Coal (kwh/ton)	27.32	31.34	34.26	34.75
选煤电力单耗（千瓦时/吨） Electric Power Consumption per ton of Milling run Coal (kwh/ton)	7.28	5.89	6.13	6.51
单位油气产量综合能耗(千克标准煤/吨) Overall Energy Consumption per unit of Oil and Gas Output (kg SCE/ton)	85.77	74.35	79.14	82.62
单位油气产量耗电（千瓦时/吨） Electric Power Consumption per unit of Oil and Gas Output (kwh/ton)	150.24	148.35	161.22	172.21
铁矿采矿工序单位能耗（千克标准煤/吨） Energy Consumption per Unit of Mining of Iron ore (kg SCE/ton)	3.42	2.63	1.97	2.78
铁矿选矿工序单位能耗（千克标准煤/吨） Energy Consumption per Unit of Milling run Iron ore (kg SCE/ton)	3.84	2.94	2.65	2.64
每吨纱(线)混合数综合能耗（千克标准煤/吨） Overall Energy Consumption per ton of Mixed Yarn (Cotton)(kg SCE/ton)	349.69	427.34	426.96	475.96
每吨纱(线)混合数生产用电量（千瓦时/吨） Electric Power Consumption per ton of Gauze and Line (kwh/ton)	3103.19	2691.70	2676.39	3012.01
万米布混合数综合能耗（千克标准煤/万米） Overall Energy Consumption per 10km of mixed Cloth (kg SCE/10km)	1519.90	1072.25	1034.29	1019.40
万米印染布综合能耗（千克标准煤/万米） Overall Energy Consumption per 10km of Printing and Dyeing (kg SCE/10km)	5518.89	3876.78	3483.86	3460.84
机制纸及纸板耗电（千瓦时/吨） Electric Power Consumption per ton of Machine made Paper and Paperboard (kwh/ton)	589.52	557.08	564.44	578.01
机制纸及纸板综合能耗（千克标准煤/吨） Overall Energy Consumption of Machine made Paper and Paperboard (kg SCE/ton)	295.70	242.73	244.47	225.35
炼焦工序单位能耗（千克标准煤/吨） Energy Consumption per Unit of Coking plant (kg SCE/ton)	138.42	117.38	117.66	120.55
原油(原料油)加工单位综合能耗（千克标准油/吨） Overall Energy Consumption of Machining Base oil (kg toe/ton)	64.38	66.15	67.24	70.67
原油(原料油)加工单位耗电（千瓦时/吨） Electric Power Consumption per ton of Machining Base oil (kwh/ton)	56.74	70.15	65.24	62.68
单位烧碱生产综合能耗(离子膜法30%)（千克标准煤/吨） Overall Energy Consumption per Unit of Manufacturing Caustic Soda (Ion Film 30%) (kg SCE/ton)	325.04	306.32	308.37	303.92
单位烧碱生产耗交流电(离子膜法30%)（千瓦时/吨） Electric Power Consumption per ton of Manufacturing Caustic Soda (Ion Film 30%)(kwh/ton)	2360.67	2227.47	2230.64	2236.29

主要耗能工业企业单位产品能源消耗情况(续一)
Energy Consumption per Unit of Product in Main Enterprises that Consume much Energy

指　标　Item	2010	2015	2016	2017
单位烧碱生产综合能耗(离子膜法45%)(千克标准煤/吨) Overall Energy Consumption per Unit of Manufacturing Caustic Soda (Ion Film 45%) (kg SCE/ton)	420.12	391.38	584.64	
单位烧碱生产耗交流电(离子膜法45%)(千瓦时/吨) Electric Power Consumption per ton of Manufacturing Caustic Soda (Ion Film 45%)(kwh/ton)	2325.93	2162.00	2263.35	
氨碱法单位纯碱生产综合能耗(千克标准煤/吨)) Overall Energy Consumption per Unit of Sodium carbonate in Ammonia soda Process (kg SCE/ton)	387.63	371.76	369.91	
氨碱法单位纯碱生产耗电(千瓦时/吨) Electric Power Consumption per Unit of Sodium carbonate in Ammonia soda Process (kwh/ton)	57.73	70.74	71.40	
单位合成氨生产综合能耗(千克标准煤/吨) Overall Energy Consumption per Unit of Manufacturing Compound ammonia (kg SCE/ton)	1316.94	1242.87	1234.08	1266.26
每吨合成氨耗电(千瓦时/吨) Electric Power Consumption per ton of Manufacturing Compound ammonia (kwh/ton)	1366.38	1256.23	1228.07	1170.17
每吨合成氨耗原料煤(7000千卡发热)(千克/吨) Raw Coal Consumption per ton of Manufacturing Compound ammonia (kg/ton)	1046.40	1031.93	1032.49	1056.40
每吨合成氨耗标准燃料煤(7000千卡发热)(千克/吨) Standard Fuel Coal Consumption per ton of Manufacturing Compound ammonia (kg/ton)	121.12	78.42	76.80	101.02
每吨合成氨消耗天然气(立方米/吨) Natural Gas Consumption per ton of Manufacturing Compound ammonia(m^3/ton)	987.77	998.82	996.29	
每吨粘胶纤维综合能耗(短纤)(千克标准煤/吨) Overall Energy Consumption per ton of Pectic-fibre (short fibre)(kg SCE/ton)	1061.76	899.06	913.88	849.75
每吨粘胶纤维用电量(短纤)(千瓦时/吨) Electric Power Consumption per ton of Pectic-fibre (short fibre)(kwh/ton)	1074.97	898.20	888.34	891.93
每吨粘胶纤维综合能耗(长丝)(千克标准煤/吨) Overall Energy Consumption per ton of Pectic-fibre (long silk)(kg SCE/ton)	4687.38	4871.53		
每吨粘胶纤维用电量(长丝)(千瓦时/吨) Electric Power Consumption per ton of Pectic-fibre (long silk)(kwh/ton)	7799.89	7206.26		
每吨水泥熟料综合能耗(千克标准煤/吨) Energy Consumption per ton of Cement Ripe-material (kg SCE/ton)	112.14	104.50	103.23	106.17
每吨水泥熟料综合电耗(千瓦时/吨) Overall Electric Power Consumption per ton of Cement Ripe-material (kwh/ton)	78.86	61.57	58.47	59.34
每吨水泥熟料烧成标准煤耗(千克标准煤/吨) SCE Consumption per ton of Cement Ripe-material (kg SCE/ton)	109.83	101.11	98.49	103.94
每吨水泥综合能耗(千克标准煤/吨) Fully Energy Consumption for Cement (kg SCE/ton)	70.40	93.05	84.54	81.75

注：本表统计范围为年综合能源消费量1万吨标准煤及以上的工业企业。
a) The statistical objects of the sheet are the industrial enterprises each with an annual overall energy consumption of no less than 10000 t SCE.

主要耗能工业企业单位产品能源消耗情况(续二)
Energy Consumption per Unit of Product in Main Enterprises that Consume much Energy

指　标　Item	2010	2015	2016	2017
每吨水泥综合能耗(千克标准煤/吨) Fully Energy Consumption for Cement (kg SCE/ton)	70.40	93.05	84.54	81.75
每吨水泥综合电耗(千瓦时/吨) Overall Electric Power Consumption per ton of Cement (kwh/ton)	78.86	90.49	78.60	77.38
吨水泥标准煤耗(千克/吨) SCE Consumption per ton of Cement (kg/ton)	79.53	78.06	77.57	77.30
每重量箱平板玻璃综合能耗(千克标准煤/重量箱) Energy Consumption per weight case of Plate Glass (kg SCE/weight case)	14.79	13.43	13.29	13.37
每重量箱平板玻璃耗电(千瓦时/重量箱) Electric Power Consumption per ton of Plate Glass (kwh/weight case)	6.79	5.32	5.23	5.37
每重量箱平板玻璃耗燃油(千克/重量箱) Fuel Oil Consumption per ton of Plate Glass (kg/weight case)	6.93	9.30	9.23	8.67
吨钢综合能耗(千克标准煤/吨) Energy Consumption per ton of Steel (kg SCE/ton)	562.49	544.41	560.63	552.26
吨钢耗电(千瓦时/吨) Electric Power Consumption per ton of Steel (kwh/ton)	405.07	404.40	404.19	410.46
炼铁工序单位能耗(千克标准煤/吨) Energy Consumption per Unit of Ferrosilicon Processes (kg SCE/ton)	403.48	391.97	396.70	397.38
铁矿烧结工序单位能耗(千克标准煤/吨) Energy Consumption per Unit of Iron Ore Sintering Processes (kg SCE/ton)	48.89	45.75	46.83	46.75
转炉炼钢工序单位能耗(千克标准煤/吨) Energy Consumption per Unit of Converter Steelmaking Processes (kg SCE/ton)	2.36	-10.04	-11.92	-11.42
轧钢工序单位能耗(千克标准煤/吨) Energy Consumption per Unit of Steel Rolling Processes (kg SCE/ton)	52.31	50.86	49.15	49.09
轧钢工序电力消耗(千瓦时/吨) Electric Power Consumption per ton of Steel rolling (kwh/ton)	78.87	83.30	82.98	82.86
吨钢耗新水(吨/吨) Fresh Water Consumption per ton of Steel (ton/ton)	3.04	2.70	2.45	2.39
吨铝加工材消耗电量(千瓦时/吨) Electric Power Consumption per ton of Machining Aluminum (kwh/ton)	1534.36	967.82	967.80	998.64
吨铝加工材消耗能源量(千克标准煤/吨) Energy Consumption per ton of Machining Aluminum (kg SCE/ton)	433.04	256.95	249.14	279.53
火力发电标准煤耗(克标准煤/千瓦时) SEC Consumption of Firepower Generate Electricity (g SCE/kwh)	314.48	300.45	296.83	294.94
火力发电供电标准煤耗(克标准煤/千瓦时) Power-supply SEC Consumption of Firepower Generate Electricity (g SCE/kwh)	337.40	320.39	316.61	312.93
发电厂用电率(%) Electro-rate of Power plant (%)	6.79	6.22	6.22	6.21

注：本表统计范围为年综合能源消费量1万吨标准煤及以上的工业企业。
a) The statistical objects of the sheet are the industrial enterprises each with an annual overall energy consumption of no less than 10000 t SCE.

财政收支总额及增长速度
Government Revenue and Expenditure and Growth Rates

单位：亿元 (100 million yuan)

年份 Year	财政总收入 Total Government Revenue	#地方一般预算收入 Local Government Budgetary Revenue	财政支出 Government Expenditure	比上年增长(%) Growth Rate over preceding year (%)		
				财政总收入 Total Government Revenue	#地方一般预算收入 Local Government Budgetary Revenue	财政支出 Government Expenditure
1978	45.10		32.44	38.0		2.9
1979	42.87		34.22	4.9		5.5
1980	35.02		28.36	-18.3		-17.1
1981	34.10		23.29	-2.6		-17.9
1982	31.78		25.94	-6.8		11.4
1983	36.39		28.27	14.5		9.0
1984	39.11		35.86	7.5		26.9
1985	45.15		41.66	15.4		16.2
1986	51.17		53.82	13.3		29.2
1987	57.62		53.33	12.3		-0.9
1988	64.78		67.52	12.4		26.6
1989	76.12		72.30	17.5		7.1
1990	81.15		87.29	6.6		20.7
1991	90.66		91.14	11.7		4.4
1992	101.17		101.19	11.6		11.0
1993	144.21		142.26	42.5		40.6
1994	182.16	95.22	160.84	26.3		13.1
1995	214.12	119.95	191.18	17.5	26.0	18.9
1996	258.57	151.78	231.90	20.8	26.5	21.3
1997	297.34	176.07	270.46	15.0	16.0	16.6
1998	341.86	206.76	301.55	14.9	17.4	11.5
1999	367.20	223.28	350.80	7.4	8.0	16.3
2000	397.60	248.76	415.54	8.3	11.4	18.5
2001	448.40	283.50	514.18	12.8	14.0	23.7
2002	544.86	302.31	576.59	12.6	6.6	12.1
2003	634.94	335.83	646.74	16.6	11.1	12.2
2004	778.33	407.83	785.56	22.6	21.4	21.5
2005	1035.20	515.70	979.16	33.0	26.5	24.6
2006	1223.46	620.53	1180.36	18.2	20.3	20.5
2007	1528.92	789.12	1506.65	25.0	27.2	27.6
2008	1824.00	947.59	1881.67	19.3	20.1	24.9
2009	2020.77	1067.12	2347.59	10.8	12.6	24.8
2010	2409.00	1331.85	2820.24	19.3	24.8	20.1
2011	3017.59	1737.77	3537.39	25.3	30.5	25.4
2012	3479.26	2084.28	4079.44	15.3	19.9	15.3
2013	3652.40	2295.62	4409.58	5.0	10.14	8.1
2014	3764.56	2446.62	4677.30	3.1	6.6	6.1
2015	4065.11	2649.18	5632.19	8.0	8.3	20.4
2016	4390.65	2849.87	6049.53	8.0	7.6	7.4
2017	5085.98	3233.83	6639.18	15.8	13.5	9.7

分项目地方财政收支
Local Revenue and Expenditures by Item

单位：亿元 (100 million yuan)

项 目	Item	2015		2016		2017	
		金额 Amount	比重(%) Percentage	金额 Amount	比重(%) Percentage	金额 Amount	比重(%) Percentage
地方财政总收入	**Local Revenue**	**2649.18**	**100.00**	**2849.88**	**100.00**	**3233.83**	**100.00**
税收收入	Tax Revenue	1934.29	73.01	1996.13	70.04	2199.35	68.01
增值税	Value-added Tax	315.35	11.90	595.20	20.89	909.01	28.11
营业税	Operation Tax	651.54	24.59	342.41	12.01	4.72	0.15
企业所得税	Enterprises' Income Tax	266.94	10.08	272.99	9.58	351.75	10.88
个人所得税	Individual Income Tax	62.86	2.37	71.52	2.51	92.29	2.85
城建税	Tax on City Construction	111.89	4.22	115.21	4.04	129.00	3.99
资源税	Tax on Natural Resources	28.36	1.07	30.20	1.06	44.98	1.39
房产税	Tax on Real Estates	51.34	1.94	54.63	1.92	62.21	1.92
城镇土地使用税	Tax on the Use of Urban Land	106.84	4.03	101.65	3.57	112.14	3.47
耕地占用税	Tax on the Occupancy of Cultivated Land	49.37	1.86	67.24	2.36	58.50	1.81
契 税	Contract Tax	109.20	4.12	136.74	4.80	181.08	5.60
其他税收收入	Other Tax	180.60	6.83	208.34	7.30	253.67	7.84
非税收收入	Non-tax Revenue	714.89	26.99	853.75	29.96	1034.48	31.99
行政事业性收费收入	Income from Administrative Fees	185.80	7.01	208.65	7.32	189.16	5.85
地方财政总支出	**Total Expenditure Of Local Finance**	**5632.19**	**100.00**	**6049.53**	**100.00**	**6639.18**	**100.00**
一般公共服务	General Public Services	503.32	8.94	551.81	9.12	633.18	9.50
国 防	National Defenses	10.31	0.18	10.00	0.17	8.81	0.10
公共安全	Public Security	287.08	5.10	336.57	5.56	367.55	5.50
教 育	Education	1041.16	18.49	1134.89	18.76	1276.55	19.20
科学技术	Science and Technology	45.50	0.81	73.18	1.21	69.08	1.00
文化体育与传媒	Culture, Sports and Communications	88.34	1.57	87.54	1.45	103.19	1.60
社会保障和就业	Social Security and Employment	763.68	13.56	839.27	13.87	976.88	14.70
医疗卫生	Medical Treatment and Health	535.09	9.50	547.86	9.06	605.10	9.10
环境保护	Environment Protection	282.72	5.02	262.80	4.34	353.45	5.30
城乡社区事务	Affairs of Urban and Rural Communities	476.59	8.46	555.70	9.19	455.35	6.90
农林水事务	Affairs of Agriculture, Forestry and Water Resources	712.49	12.65	800.79	13.24	782.91	11.80
交通运输	Transport	323.82	5.75	251.80	4.16	352.42	5.30
其他支出	Other Expenditures	562.09	9.97	597.32	9.87	654.71	10.00

注：2011年起“环境保护”口径调整为“节能环保”。

a) The statistic scale of "Environmental Protection" had been changed to "Energy Saving" since 2011.

金融机构年末存贷款
Deposits and Loans Balances of Financial Institutions at Year-end

单位：亿元　　　　(100 million yuan)

年　份 Year	各项存款 Deposits Balances	#单位存款 Deposits of Organizations	#住户存款 Deposits of Households	#财政性存款 Treasury Deposits	各项贷款 Loans Balances	#中长期贷款 Medium- and Long-term Loans	农村信用社贷款 Deposits of Rural Loan Society
1978	77.23	16.35			91.51		2.91
1980	100.91	23.65			114.13		3.84
1985	195.64	69.99			219.36	22.26	27.45
1990	554.15	135.20			631.31	76.59	136.42
1995	1694.65	465.34			1578.21	262.83	385.25
1996	2159.37	612.33			1894.66	295.75	488.05
1997	2591.11	780.30			2372.15	337.00	541.86
1998	3030.11	822.06			2795.20	444.56	617.14
1999	3306.12	818.40			3038.32	539.79	738.77
2000	3780.74	1020.15			2933.19	784.92	895.71
2001	4053.75	983.52			3098.89	1019.51	996.75
2002	4543.39	993.92			3488.18	1207.92	1077.09
2003	5273.35	1138.11			3854.72	1442.65	1207.89
2004	9249.94	2083.56			6152.24	1949.57	1353.50
2005	10764.93	2360.31			6415.23	2474.74	1362.36
2006	12551.62	2825.42			7411.88	3033.10	1623.99
2007	14355.59	3532.72			8397.82	3883.28	1893.13
2008	17709.02	4049.73			9453.30	4684.42	2084.29
2009	22361.37	6003.08			13123.80	7143.58	2541.76
2010	26099.00	6508.21			15755.74	9073.08	3033.53
2011	29563.77	10841.38	17824.33	448.24	18143.99	10505.32	3535.19
2012	34257.16	12359.28	20723.61	498.17	21317.96	11453.51	3972.28
2013	39444.45	14381.26	23421.49	672.79	24423.22	12846.73	4042.53
2014	43764.02	16009.72	25760.08	902.95	28052.29	15117.85	4361.03
2015	48927.59	18607.23	29220.28	1089.33	32608.47	17903.52	4729.72
2016	55928.87	21853.93	32870.97	1193.25	37745.85	22218.55	5093.97
2017	60451.27	23104.68	35719.15	1589.97	43315.28	26492.75	5238.07

注：1. 2003年及以前年份为银行存贷款，2004年及以后年份为全部金融机构数据。2. 中长期贷款1993年及以前年份为固定资产贷款。3. 单位存款2010年及以前年份为企业存款。4.住户存款2010年及以前年份为储蓄存款，2011年以后为个人储蓄存款。5.各项存贷款余额2011年及以前年份为人民币口径，2012年及以后年份为本外币口径。

a) Financial institutes refer to banks only prior to 2003. b) Prior to 1993, Medium-and-Long-term loans equal fixed asset loans. c) Prior to 2010,deposits of organizations refer to deposit from enterprises. d) Deporsits of households are savings deposits Prior to 2010, and personal deposits after 2011. e) Deposits and loans balances is the caliber of RMB Prior to 2010, it is the caliber of foreign currency since 2012.

住户存款年末余额
Savings Deposit of Households at Year-end

单位：亿元 (100 million yuan)

年 份 Year	住户存款年末余额 Saving Deposits of Housholds at Year-end	定期储蓄 Fixed Deposits	活期储蓄 Current Deposits
2000	3957.07	3152.36	804.71
2001	4364.18	3419.48	944.70
2002	4811.30	3680.17	1131.13
2003	5457.00	4064.09	1392.91
2004	6207.48	4517.25	1690.23
2005	7084.03	5096.75	1987.28
2006	8014.16	5606.72	2407.44
2007	8922.41	6094.72	2827.69
2008	11435.60	7974.18	3461.42
2009	13551.06	9138.95	4412.11
2010	15678.43	10127.45	5550.99
2011	17948.32	11834.30	6114.03
2012	20872.37	14143.67	6728.70
2013	23790.19	15995.79	7794.40
2014	26207.43	18264.48	7942.95
2015	29220.28	20495.71	8724.57
2016	32870.97	22722.04	10148.93
2017	35719.15	10806.81	24912.34

注：1.本表为全部金融机构数。2.住户存款年末余额原为城乡居民储蓄存款年末余额。3.2015年定期储蓄为新口径。
a) Data in this table are statement of financial institutions. b) Savings deposit in urban and rural areas changes to Savings deposit of households.
c) In 2015, Fixed deposits is based on new stsndard.

保险业务经济技术指标
Economic and Technical Indicators of Insurance Business

年 份 Year	保险业务收入 (万元) Premium (10000 yuan)	保险金额 (亿元) Amount Insured (100 million yuan)	已决赔款 (万元) Claim and Payment (10000 yuan)
1995	187354	2678	104327
2000	565800	6625	165700
2001	764100	7376	268500
2002	1126300	12094	267900
2003	1671000	10804	283300
2004	2054031	14450	367911
2005	2173133	25152	404183
2006	2533740	30088	523107
2007	3322513	36473	1024014
2008	4805928	55400	1476827
2009	6010900	63244	1429800
2010	7464000	71933	1453800
2011	7328900	78738	1834700
2012	7661782	104297	2239037
2013	8375900	145226	3157534
2014	9319000	198078	3950000
2015	11631156	326847	4619200
2016	14952700	423356	5482200
2017	17149263	535252	5475467

各种价格指数（上年=100）
General Price Indices (Preceding Year=100)

年份 Year	居民消费价格指数 Consumer Price Index	城市居民消费价格指数 Urban Areas	农村居民消费价格指数 Rural Areas	商品零售价格指数 Retail Price Index	工业品出厂价格指数 Ex-factory Price Indices of Industrial Products	原材料、燃料、动力购进价格指数 Purchasing Price Indices of Raw Material, Fuel and Power	固定资产投资价格指数 Investment in Fixed Assets Price Index
1978		100.2		99.8			
1979		101.7		101.4			
1980		107.2		105.3			
1981		103.2		102.1			
1982		100.9		101.5			
1983		102.0		101.4			
1984	102.6	103.1	102.1	103.4			
1985	106.8	108.9	105.7	106.8			
1986	105.7	106.0	105.4	105.2			
1987	107.8	108.2	107.4	108.3			
1988	118.0	118.3	117.8	118.1			
1989	118.7	115.9	122.2	118.4			
1990	100.6	101.2	99.9	99.9			
1991	103.4	106.6	101.6	102.8			106.8
1992	106.1	108.5	103.9	105.2	108.6	111.4	129.3
1993	113.8	115.5	111.9	110.5	129.1	134.9	124.8
1994	122.6	124.9	120.0	121.4	119.2	119.9	110.0
1995	115.2	116.1	114.8	115.8	111.4	110.9	106.9
1996	107.1	107.6	106.8	106.2	102.9	106.3	103.9
1997	103.5	103.7	103.4	102.1	98.8	102.1	101.5
1998	98.4	98.7	98.1	97.7	94.4	96.2	97.8
1999	98.1	98.7	97.6	97.8	95.9	95.4	99.4
2000	99.7	100.5	99.1	99.1	105.3	103.3	101.1
2001	100.5	100.4	100.6	99.8	99.8	101.0	99.9
2002	99.0	98.6	99.5	99.2	99.4	97.2	99.5
2003	102.2	102.3	102.0	100.2	107.1	109.4	102.3
2004	104.3	103.7	104.8	103.2	111.6	118.4	107.0
2005	101.8	101.4	102.2	101.1	104.4	107.0	101.9
2006	101.7	101.7	101.7	101.5	100.8	105.0	101.7
2007	104.7	104.3	105.1	104.1	106.9	107.8	103.8
2008	106.2	105.2	108.1	106.7	116.7	115.9	109.6
2009	99.3	98.8	100.3	99.0	89.1	93.5	96.5
2010	103.1	102.8	103.6	103.1	109.0	110.9	103.7
2011	105.7	105.3	106.5	105.0	107.7	110.9	105.5
2012	102.6	102.7	102.5	102.2	94.7	96.2	100.3
2013	103.0	102.7	103.5	102.2	96.6	97.6	99.9
2014	101.7	101.7	101.8	101.0	95.2	95.6	100.2
2015	100.9	101.1	100.5	100.2	89.1	90.3	98.0
2016	101.5	101.5	101.5	101.2	99.9	98.3	99.4
2017	101.7	101.9	101.4	101.4	115.0	114.5	106.7

各种价格定基指数
Fixed-base Price Indices

年 份 Year	居民消费价格指数 Consumer Price Index (1983=100)	城市居民消费价格指数 Urban Areas (1978=100)	农村居民消费价格指数 Rural Areas (1983=100)	商品零售价格指数 Retail Price Index (1978=100)	工业品出厂价格指数 Ex-factory Price Indices of Industrial Products (1991=100)	原材料、燃料、动力购进价格指数 Purchasing Price Indices of Raw Material, Fuel and Power (1991=100)	固定资产投资价格指数 Investment in Fixed Assets Price Index (1990=100)
1979		101.7		101.4			
1980		109.0		106.8			
1981		112.5		109.0			
1982		113.5		110.6			
1983		115.8		112.1			
1984	102.5	119.4	102.1	115.9			
1985	109.5	130.0	107.9	123.8			
1986	115.7	137.8	113.7	130.2			
1987	124.7	149.1	122.1	141.0			
1988	147.1	176.4	143.8	166.5			
1989	174.6	204.4	175.7	197.1			
1990	175.6	206.9	175.5	196.9			
1991	181.6	220.6	178.3	202.4			106.8
1992	192.7	239.4	185.3	212.9	108.6	111.4	138.0
1993	219.3	276.5	207.4	235.3	140.3	150.3	172.2
1994	268.9	345.3	248.9	285.7	167.1	180.3	189.5
1995	309.8	400.9	285.7	330.8	186.2	200.0	202.5
1996	331.8	431.4	305.1	351.3	191.6	212.6	210.4
1997	343.4	447.4	315.5	358.7	189.3	217.1	213.5
1998	337.9	441.6	309.5	350.4	178.8	208.8	208.8
1999	331.5	435.9	302.1	342.7	171.5	199.1	207.6
2000	330.5	438.1	299.4	339.6	180.5	205.6	209.9
2001	332.2	439.9	301.2	338.9	180.3	207.7	209.6
2002	328.9	433.7	299.7	336.2	179.2	202.0	208.6
2003	336.1	443.7	305.7	336.9	192.0	221.0	213.4
2004	350.6	460.1	320.4	347.7	214.1	261.6	228.3
2005	356.9	466.5	327.4	351.5	223.5	280.0	232.7
2006	363.0	474.4	333.0	356.8	225.3	293.9	236.6
2007	380.0	495.0	349.9	371.3	240.9	316.7	245.6
2008	403.5	520.7	378.4	396.3	281.0	367.1	269.2
2009	400.8	514.6	379.7	392.3	250.3	343.2	259.8
2010	413.1	529.1	393.4	404.5	272.8	380.6	269.4
2011	436.7	557.2	418.9	424.7	293.8	422.1	284.2
2012	448.1	572.2	429.4	434.0	278.2	406.1	285.1
2013	461.4	587.7	444.3	443.5	268.8	396.3	284.8
2014	469.3	597.8	452.1	448.0	255.9	378.9	285.4
2015	473.6	604.3	454.3	448.9	228.0	342.1	279.7
2016	480.8	613.4	461.1	454.1	227.8	336.3	278.0
2017	489.1	625.0	467.8	460.5	262.0	385.1	296.6

居民消费价格分类指数（2017年，上年=100）
Consumer Price Indices by Category (2017, Preceding Year=100)

项　　目		全　省 Provincial Indices	城　市 Urban Indices	农　村 Rural Indices
居民消费价格总指数	**Consumer Price Index**	**101.7**	**101.9**	**101.4**
食品烟酒	**Food, Tobacco, Liquor and Articles**	**99.3**	**99.3**	**99.2**
食品	**Food**	98.7	98.6	98.8
粮食	Grain	101.7	100.9	102.5
薯类	Tubers	96.0	94.4	99.3
豆类	Beans	99.9	100.0	99.8
食用油	Cooking Oil	99.9	99.0	100.9
菜	Flavoring	91.7	91.9	91.4
畜肉类	Livestock meat	95.7	96.6	94.1
禽肉类	Meat	99.3	100.6	96.4
水产品	Aquatic Products	103.2	103.4	104.0
蛋类	Eggs	95.6	94.7	96.9
奶类	Milk	98.8	98.7	98.9
干鲜瓜果类	Dried and Fresh Melons and Fruits	103.0	101.8	106.0
糖果糕点类	Confectionery	102.0	102.4	101.2
调味品	Flavoring	103.1	103.7	102.1
其他食品类	Other Foods and Manufacturing Services	100.3	100.1	100.6
茶及饮料	Tea and Beverages	101.1	101.5	100.1
烟酒	Tobacco, Liquor and Articles	99.9	100.1	99.7
在外餐饮	Dining Out	101.2	101.3	101.1
衣着	**Clothing**	**101.4**	**101.5**	**101.2**
服装	Garments	101.7	101.8	101.5
服装材料	Clothing Material	99.9	99.5	100.5
其他衣着及配件	Other Clothing and Accessories	101.3	101.8	99.7
衣着加工服务费	Clothing Manufacturing Service	104.0	104.7	102.4
鞋类	Footgear	100.4	100.4	100.5
居住	**Residence**	**103.0**	**103.0**	**103.2**
租赁房房租	Housing rents	103.1	103.3	101.0
住房保养维修及管理	Maintenance and Management of Housing	101.4	100.8	101.9
水电燃料	Water, Electricity and Fuels	103.8	102.2	106.2
自有住房	Private Housing	103.1	103.6	101.8
生活用品及服务	**Supplies and Services**	**100.8**	**100.7**	**100.9**
家具及室内装饰品	Furniture and Interior decoration	102.1	102.0	102.3
家用器具	Home Appliances	100.6	100.7	100.3
家用纺织品	Home Textile	99.8	99.7	99.9
家庭日用杂品	Household Groceries	100.3	100.0	101.0
个人护理用品	Personal Care Products	101.2	101.2	101.3
家庭服务	Family Services	101.4	101.6	100.8
交通和通信	**Transportation and Communication**	**100.4**	**100.5**	**100.3**
交通	Transportation	100.7	100.8	100.6
通信	Communication	99.8	100.0	99.6
教育文化和娱乐	**Education, Culture Articles and Recreation**	**101.6**	**101.3**	**102.2**
教育	Education	102.3	102.0	102.7
文化娱乐	Culture Articles and Recreation	100.4	100.3	100.5
医疗保健	**Health Care**	**106.9**	**108.5**	**104.4**
药品及医疗器具	Medicines and Medical Devices	108.7	107.5	111.2
医疗服务	Medical Services	105.7	109.2	101.0
其他用品和服务	**Other Supplies and Services**	**110.1**	**111.9**	**106.3**
其他用品类	Other Supplies	101.8	101.8	101.8
其他服务类	Other Services	116.9	120.2	110.2

商品零售价格分类指数（2017年，上年=100）
Retail Price Indices by Category of Commodities (2017, Preceding Year=100)

项　　目	Item	全　省 Provincial Indices	城　市 Urban Indices	农　村 Rural Indices
商品零售价格指数	**Retail Price Index**	**101.4**	**101.2**	**102.2**
食品	Food	99.0	99.0	99.0
饮料、烟酒	Beverages, Tobacco and Liquor	100.0	100.1	99.7
服装、鞋帽	Garments, Shoes and Hats	101.2	101.3	100.9
纺织品	Textiles	99.9	99.9	100.1
家用电器及音像器材	Household Appliances, Music and Video Equipment	99.7	99.6	100.1
文化办公用品	Cultural and Office Appliances	99.2	99.0	99.8
日用品	Articles for Daily Use	100.5	100.5	100.6
体育娱乐用品	Sports and Recreation Articles	100.2	99.8	101.8
交通、通信用品	Transportation and Communication Appliances	97.9	98.0	97.3
家具	Furniture	102.4	102.2	103.1
化妆品	Cosmetics	101.6	101.7	101.1
金银饰品	Gold, Silver and Jewelry	102.3	102.2	102.9
中西药品及医疗保健用品	Traditional Chinese, Western Medicines and Health Care Articles	109.0	107.6	113.3
书报杂志及电子出版物	Books, Newspapers, Magazines and Electronic Publications	105.2	105.8	103.2
燃料	Fuels	113.0	111.1	119.0
建筑材料及五金电料	Building Materials and Hardware	100.6	100.5	100.9

居民消费和商品零售价格指数（2017年）
Consumer Price Indices and Retail Price Indices of Commodities (2017)

项　　目 Item	居民消费价格指数 Consumer Price Index			商品零售价格指数 Retail Price Index			农业生产资料价格指数 Price Indices of Agricultural Means of Production Index
	全　省 Provincial Indices	城　市 Urban Indices	农　村 Rural Indices	全　省 Provincial Indices	城　市 Urban Indices	农　村 Rural Indices	
1950=100		687.2		525.2	537.7	530.2	570.7
1957=100		563.4		425.5	438.4	436.1	490.2
1965=100		634.7		449.3	503.9	430.8	550.3
1970=100		633.5		453.2	501.0	437.9	581.0
1978=100		625.0		460.7	493.9	452.5	657.7
1980=100		572.8		432.0	452.0	431.8	653.1
1985=100	446.5	480.4	433.6	372.2	379.5	378.7	557.8
1990=100	277.7	302.0	266.3	233.9	241.1	235.4	341.7
1995=100	157.7	155.8	163.5	139.3	133.1	147.2	210.5
2000=100	147.9	142.7	156.1	135.6	129.2	144.3	190.4
2005=100	137.0	133.9	142.8	131.0	127.2	136.8	166.4
2010=100	118.2	118.1	119.0	113.9	113.1	116.4	123.0
2015=100	103.2	103.4	102.9	102.6	102.3	103.5	101.0

农业生产资料价格分类指数（上年=100）
Price Indices of Agricultural Means of Production by Category (Preceding Year=100)

项　　目	Item	2000	2010	2015	2016	2017
农业生产资料价格指数	**Price Indices of Agricultural Means of Production Index**	**101.5**	**104.4**	**99.8**	**100.0**	**101.0**
农用手工工具	Farm Hand tools	98.8	105.0	100.0	99.9	100.7
饲　料	Forage	96.2	108.2	99.3	96.0	99.6
产品畜	Production Livestock	113.5	105.0	104.4	133.5	101.0
半机械化农具	Labour Livestock	99.1	99.9	100.0	100.3	102.0
机械化农具	Semi-mechanized Farm Tools	97.7	101.8	100.4	100.6	100.2
化学肥料	Mechanized Farm Machinery	95.0	100.2	101.4	98.3	102.4
农药及农药械	Chemical Fertilizer	97.7	97.6	99.6	98.6	100.9
农用机油	Pesticide and Its Appliances	120.3	115.2	86.4	98.4	107.8
其他农业生产资料	Oil for Farm Machinery	97.8	108.0	99.1	99.4	100.5
农业生产服务	Other Means of Agricultural Production		103.1	100.5	100.3	100.1

工业品出厂价格分类指数（上年=100）
Ex-factory Price Indices of Industrial Products (Preceding Year=100)

项　　目	Item	2000	2010	2015	2016	2017
全部工业品	**Total Industry Products**	**105.27**	**109.03**	**89.09**	**99.94**	**115.01**
轻工业	Light Industry	99.17	104.69	98.31	98.44	101.16
以农产品为原料	Agricultural Products as Raw Materials	100.44	106.77	98.21	98.36	101.07
以非农产品为原料	Non-agricultural Products as Raw Materials	95.27	102.40	98.69	98.75	101.48
重工业	Heavy Industry	107.92	110.90	86.95	100.32	118.46
采　掘	Mining and Quarrying Industry	135.25	123.56	71.17	93.03	118.88
原　料	Raw Materials Industry	106.76	111.28	87.74	97.39	119.99
加　工	Processing Industry	98.53	107.88	88.33	102.64	117.70
生产资料	Means of Production	106.98	109.82	87.37	100.17	117.80
采　掘	Mining and Quarrying Industry	132.56	120.15	71.17	93.03	118.88
原　料	Raw Materials Industry	105.95	111.55	87.81	97.35	119.65
加　工	Processing Industry	99.20	106.67	88.90	102.27	116.88
生活资料	Consumer Goods	98.44	104.16	99.20	98.75	100.86
食　品	Food	95.96	106.08	98.76	99.03	100.45
衣　着	Clothing	101.82	101.61	97.71	98.77	100.65
一般日用品	Articles for Daily Use	97.49	100.74	99.84	97.54	101.65
耐用消费品	Durable Consumer Goods	98.75	103.21	101.34	99.67	101.03

主要原材料、燃料、动力购进价格指数（上年=100）
Purchasing Price Indices of Major Raw Material, Fuel and Motive (Preceding Year=100)

项　　目	Item	2000	2010	2015	2016	2017
全部原材料	**Total Raw Materials**	**103.31**	**110.85**	**90.27**	**98.26**	**114.50**
燃料、动力类	Fuel and Power	107.30	113.46	87.28	99.47	123.04
黑色金属材料类	Ferrous Metals	100.10	111.08	83.54	94.40	117.54
#钢材	Steel Products	102.78	103.55	92.93	99.10	116.91
其他	Others	99.46	119.09	79.69	91.18	118.19
有色金属材料和电线类	Nonferrous Metals	115.59	120.24	94.57	96.61	116.68
化工原料类	Raw Chemical Materials	104.56	113.19	91.72	98.65	107.37
木材及纸浆类	Timber and Paper Pulp	102.57	105.57	99.03	101.18	103.88
建筑材料及非金属矿类	Building Materials & Nonmetal Ores	111.17	100.29	91.76	101.49	119.27
其他工业原料及半成品类	Other Industrial Raw Materials and Semi-finished Products	94.65	107.73	95.38	99.57	107.87
农副产品类	Agricultural Products	94.79	111.89	97.81	104.52	100.96
纺织原料类	Textile Materials	109.95	109.99	96.52	101.14	99.48

固定资产投资价格指数（上年=100）
Price Indices of Investment in Fixed Assets (Preceding Year=100)

年　份 Year	固定资产投资 Investment in Fixed Assets	建筑安装工程 Construction and Installation	设备、工器具购置 Purchase of Equipment, Tools and Instruments	其他费用 Others
1991	106.8	104.1	110.5	107.2
1992	129.3	131.2	122.0	148.3
1993	124.8	133.0	121.0	86.0
1994	110.0	108.1	110.1	123.2
1995	106.9	106.0	106.2	115.1
1996	103.9	106.0	100.0	101.9
1997	101.5	105.0	95.0	101.2
1998	97.8	99.4	94.4	98.5
1999	99.4	100.0	96.4	104.3
2000	101.1	102.3	98.4	100.9
2001	99.9	100.6	97.9	100.4
2002	99.5	100.0	98.0	100.3
2003	102.3	104.2	98.5	101.4
2004	107.0	109.6	103.6	102.1
2005	101.9	101.8	101.9	102.0
2006	101.7	101.6	101.6	102.0
2007	103.8	105.4	100.7	102.4
2008	109.6	113.9	101.6	105.8
2009	96.5	94.7	97.4	102.3
2010	103.7	105.0	101.2	102.8
2011	105.5	107.9	101.6	101.9
2012	100.3	100.6	99.2	100.7
2013	99.9	99.9	99.1	101.9
2014	100.2	100.2	99.5	101.9
2015	98.0	97.1	99.3	100.4
2016	99.4	99.4	98.7	100.8
2017	106.7	109.5	100.5	101.6

农产品生产价格指数（上年=100）
Production Price Indices of Farm Produces (Preceding Year=100)

指　　标	Item	2005	2010	2015	2016	2017
农产品生产价格指数	**General Price Index of Farm Products**	**102.45**	**115.13**	**97.50**	**96.35**	**96.19**
种植业产品	**Planting Products**	**103.85**	**124.07**	**97.26**	**93.24**	**98.79**
谷　物(原粮)	Cereal	98.03	114.22	97.28	88.36	101.80
小　麦	Wheat	100.25	109.67	100.00	98.20	103.42
稻　谷	Rice	107.02	116.72			
玉　米	Corn	95.90	117.33	93.22	81.24	100.63
薯　类	Tubers	111.47	136.55	79.84	105.41	101.32
豆　类	Beans	92.69	106.60	99.65	103.45	104.07
大　豆	Beans	96.60	106.02	98.59	103.97	104.07
油　料	Oil-bearing Crops	98.75	120.66	109.81	101.74	88.30
棉　花(籽棉)	Cotton (Unginned Cotton)	104.86	150.97	90.06	92.89	97.75
蔬　菜	Fresh Vegetables	106.03	116.73	107.53	105.78	91.95
水　果	Fruits	113.25	122.69	85.91	82.23	102.92
瓜类水果	Melon Fruit	113.51	90.64	80.00		
其他水果	Other Fruits	114.41	118.97	83.17	72.73	101.31
林业产品	**Forestry Products**	**100.58**	**108.05**	**94.53**	**95.94**	**109.50**
畜牧业产品	**Animal Husbandry Products**	**100.40**	**103.63**	**97.33**	**101.50**	**90.63**
牛	Cattle and Buffaloes	100.24	102.61	93.00	95.49	106.46
羊	Sheep and Goats	100.17	105.45	79.06	90.95	120.85
生　奶	Raw Milk	100.10	117.90	94.77	95.99	100.16
动物毛类	Animal Hair Type	94.53	118.23	86.80	99.73	124.12
猪	Pig Feeding	98.50	99.47	111.73	120.93	83.14
活家禽(毛重)	Live Poultry (Gross Weight)	103.92	104.88	94.24	100.00	87.40
禽　蛋	Poultry Eggs	103.08	109.22	90.19	86.90	82.23
渔业产品	**Fishery Products**	**107.08**	**125.07**	**105.74**	**99.97**	**103.19**
海水养殖产品	Seawater Artificially Cultured Products	110.55	141.79			
淡水养殖产品	Freshwater Artificially Cultured Products	100.28	109.44	105.74	99.97	103.19

居民人均可支配收入及指数
Per Capita Disposable Income and Indices of the Population

年份 Year	全体居民 All Households	城镇居民 Urban Households		农村居民 Rural Households	
		绝对值 Value	指数(1978年=100) Index (1978=100)	绝对值 Value	指数(1978年=100) Index (1978=100)
1978		276.24	100.0	114.06	100.0
1980		400.56	145.0	175.77	154.1
1981		402.48	145.7	204.41	179.2
1982		432.84	156.7	238.70	209.3
1983		448.68	162.4	298.07	261.3
1984		519.24	188.0	345.00	302.5
1985		630.72	228.3	385.23	337.7
1986		766.44	277.5	407.61	357.4
1987		855.00	309.5	444.40	389.6
1988		1080.48	391.1	546.62	479.2
1989		1256.88	455.0	589.40	516.7
1990		1397.35	505.8	621.67	545.0
1991		1489.32	539.1	657.38	576.3
1992		1763.40	638.4	682.48	598.4
1993		2201.04	796.8	803.80	704.7
1994		3007.68	1088.8	1107.25	970.8
1995		3674.16	1330.1	1668.73	1463.0
1996		4429.66	1476.0	2054.95	1801.6
1997		4958.67	1652.3	2286.01	2004.2
1998		5084.64	1694.3	2405.32	2108.8
1999		5365.03	1787.7	2441.50	2140.5
2000		5661.16	1886.4	2478.86	2073.3
2001		5984.82	1994.3	2603.60	2282.7
2002		6678.73	2225.5	2685.16	2354.2
2003		7239.12	2412.2	2853.29	2501.6
2004		7951.31	2649.4	3171.06	2780.2
2005		9107.09	2734.6	3481.64	3052.5
2006		10304.56	3092.8	3801.82	3333.2
2007		11690.47	3895.4	4293.43	3764.2
2008		13441.09	4478.7	4795.46	4204.3
2009		14718.25	4904.2	5149.67	4514.9
2010		16263.43	5419.1	5957.98	5223.5
2011		18292.23	6095.1	7119.69	6242.1
2012		20543.44	6845.2	8081.40	7085.2
2013	15189.64	22226.75	8174.2	9187.71	7979.9
2014	16647.40	24141.34	8878.3	10186.14	8847.1
2015	18118.09	26152.16	9617.8	11050.51	9597.8
2016	19725.42	28249.39	10226.4	11919.35	10450.1
2017	21484.13	30547.76	11058.4	12880.94	11293.1

注：2013年起使用城乡一体化住户收支与生活状况调查数据，与以前的分城镇和农村住户调查的范围、方法、指标口径有所不同。以下相关表同。

a) The integrated household income and expenditure survey has been used since 2013, including both urban and rural households. The coverage, methodology and definitions used in the survey are different from those used for the separate urban and rural household survey prior to 2013. The same applies to the relevant tables following.

居民生活基本情况

项目	Item	2000	2005
收入与支出(抽样调查)(元)	**Income and Expenditure (yuan)**		
职工平均工资	Annual Average Wages of Staff and Workers	7781	14707
全省居民人均可支配收入	Per Capita Annual Disposable Income of the Population		
全省居民人均消费支出	Per Capita Annual Living Expenditure of the Population		
城镇居民人均可支配收入	Per Capita Annual Disposable Income of Urban Households	5661.16	9107.09
城镇居民人均消费支出	Per Capita Annual Living Expenditure of Urban Households	4348.47	6699.70
农村居民人均可支配收入	Annual Per Capita Net Income of Rural Residents	2478.86	3481.64
农村居民人均消费支出	Per Capita Annual Living Expenditure of Rural Households	1365.23	2165.72
居住条件(平方米)	**Residence Condition (sq.m)**		
全省居民期末人均拥有房屋面积	Per Capita Floor Space of Owned Houses of the Population		
城镇居民期末人均拥有房屋面积	Per Capita Floor Space of Owned Houses in Urban Areas	15.42	21.53
农村居民期末人均拥有房屋面积	Per Capita Floor Space of Owned Houses in Rural Areas	22.87	28.35
储　　蓄	**Savings**		
城乡居民储蓄存款年底余额(亿元)	Balance of Savings Deposit of Rural and Urban Residents (year-end) (100 million yuan)	3957.06	7084.03
人均储蓄存款年底余额(元)	Per Capita Balance of Saving Deposit (yuan)	5955.8	10372.3
文　　化(抽样调查)(台)	**Culture (unit)**		
全省居民每百户拥有彩色电视机	Number of Color TV Sets Per 100 Households of the Population		
城镇居民每百户拥有彩色电视机	Number of Color TV Sets Per 100 Households in Urban Areas	112	124.34
农村居民每百户拥有彩色电视机	Number of Color TV Sets Per 100 Households in Rural Areas	64.76	102.14
全省居民每百户拥有计算机	Number of Refrigerator Sets Per 100 Households of the Population		
城镇居民每百户拥有计算机	Number of Refrigerator Sets Per 100 Households in Urban Areas	7	37.63
农村居民每百户拥有计算机	Number of Refrigerator Sets Per 100 Households in Rural Areas	0.14	1.21
全省居民每百户拥有照相机	Number of Refrigerator Sets Per 100 Households of the Population		
城镇居民每百户拥有照相机	Number of Refrigerator Sets Per 100 Households in Urban Areas	38	46.47
农村居民每百户拥有照相机	Number of Refrigerator Sets Per 100 Households in Rural Areas	4.17	3.50
教　　育	**Education**		
学龄儿童入学率(%)	Enrollment Ratio of School-Age Children (%)	99.9	99.7
每万人口拥有当年大学生毕业生数(人)	Number of University Students Per 10000 Persons (person)	6.2	25.0
卫　　生	**Public Health**		
每万人口拥有病床(张)	Number of Hospital Beds Per 10000 Persons (unit)	25.4	23.8
每万人口拥有医生(人)	Number of Doctors Per 10000 Persons (person)	13.8	12.3
就　　业(抽样调查)(人)	**Employment (person)**		
全省每一就业者负担人数(含本人)	Number of Dependents Per Employee of the Population (including the laborer himself or herself)		
城镇每一就业者负担人数(含本人)	Number of Dependents Per Urban Employee (including the laborer himself or herself)	1.83	1.94
农村每一劳动力负担人数	Number of Dependents Per Rural Employee	1.50	1.40

注：城镇人均居住面积2007年以前为人均住房使用面积，2007年—2012年为人均住房建筑面积，从2013年开始为人均拥有房屋面积。(下同)

Basic Statistics on People's living Conditions

2010	2011	2012	2013	2014	2015	2016	2017
32306	36166	38658	41501	45114	50921	55334	63036
			15189.64	16647.40	18118.09	19725.42	21484.13
			10872.18	11931.54	13030.69	14247.49	15436.99
16263.43	18292.23	20543.44	22226.75	24141.34	26152.16	28249.39	30547.76
10318.32	11609.29	12531.12	14970.03	16203.82	17586.62	19105.89	20600.35
5957.98	7119.69	8081.39	9187.71	10186.14	11050.51	11919.35	12880.94
3844.92	4711.16	5364.14	7377.13	8247.99	9022.84	9798.28	10535.94
			34.35	35.70	36.82	38.00	38.48
30.52	32.21	32.51	33.65	35.45	35.87	36.70	37.46
32.23	34.11	35.01	34.94	35.91	37.66	39.20	39.45
15678.43	17824.33	20872.37	23790.19	25760.08	29220.28	32870.97	35719.15
22038.8	24696.0	28733.0	32544.5	35008.8	39463.7	44137.0	47657.1
			113.30	115.71	115.87	114.86	115.29
117.97	116.30	115.96	109.48	111.28	111.11	109.95	110.18
116.55	121.88	121.76	117.07	120.12	120.81	120.28	121.11
			49.56	55.92	57.53	58.56	59.48
61.32	74.74	75.53	70.29	76.58	76.57	76.11	76.36
9.69	25.57	30.40	29.09	35.32	37.82	39.18	40.26
			19.03	20.32	19.85	18.34	19.16
39.28	37.04	36.96	33.72	35.84	34.65	31.15	31.99
4.24	3.57	4.05	4.53	4.85	4.54	4.20	4.54
99.8	99.8	99.8	99.8	99.7	99.8	103.2	102.5
42.5	43.1	43.5	45.7	46.8	44.3	44.9	44.0
34.7	37.4	37.5	41.9	43.7	46.1	48.3	52.6
17.1	17.3	19.6	20.5	21.4	22.5	23.8	25.5
			1.68	1.66	1.68	1.72	1.73
2.05	2.04	2.05	1.95	1.86	1.90	1.93	1.93
1.34	1.35	1.35	1.40	1.41	1.40	1.41	1.41

a) Figures for per capita living space of urban residents was per capita usable floor space before 2007, In 2007-2012 was per capita floor space of residential building. Sine 2013 was per capita floor space of owned houses. Same as following tables.

居民人均消费支出及恩格尔系数
Per Capita Consumption Expenditures and Engle Coefficient of the Population

年 份 Year	居民人均消费支出(元) Per Capita Annual Living Expenditures (yuan)					恩格尔系数(%) Engle Coefficient (%)	
	全体居民 All Households	城镇居民 Urban Households		农村居民 Rural Households		城镇居民 Urban Households	农村居民 Rural Households
		绝对值 Value	指数(1978年=100) Index (1978=100)	绝对值 Value	指数(1978年=100) Index (1978=100)		
1978		402.00	100.0	95.02	100.0		66.27
1979		423.00	105.2	116.43	122.5		59.92
1980		460.00	114.4	142.01	149.5	60.08	56.06
1981		401.16	99.8	164.66	173.3	53.34	52.19
1982		401.04	99.8	175.39	184.6	56.28	54.29
1983		419.88	104.4	224.65	236.4	56.93	53.52
1984		475.80	118.4	243.20	255.9	55.36	52.24
1985		605.52	150.6	297.72	313.3	49.96	50.03
1986		717.72	178.5	333.04	350.5	50.24	48.51
1987		799.68	198.9	365.35	384.5	51.67	48.44
1988		1118.76	278.3	445.68	469.0	46.50	46.95
1989		1188.12	295.6	495.20	521.2	52.00	48.12
1990		1278.02	317.9	485.70	511.2	51.16	49.05
1991		1336.08	332.4	558.23	587.5	51.34	47.94
1992		1612.32	401.1	579.36	609.7	49.51	52.47
1993		1983.72	493.5	696.52	733.0	46.31	58.39
1994		2613.24	650.1	779.04	819.9	47.29	56.69
1995		3256.80	810.1	1104.30	1162.2	46.22	56.81
1996		3424.35	851.8	1398.94	1472.3	44.78	52.18
1997		4003.71	995.9	1394.81	1467.9	41.95	50.28
1998		3834.43	953.8	1298.54	1366.6	40.02	47.51
1999		4026.30	1001.6	1338.37	1408.5	37.70	43.68
2000		4348.47	1081.7	1365.23	1436.8	34.39	39.50
2001		4479.75	1114.4	1429.81	1504.7	35.35	39.72
2002		5068.38	1260.8	1476.42	1553.8	35.42	38.92
2003		5439.72	1353.2	1600.10	1684.0	35.16	39.94
2004		5819.18	1447.6	1834.92	1931.1	36.82	42.51
2005		6699.67	1666.6	2165.72	2279.2	34.56	41.02
2006		7343.49	1826.7	2495.33	2626.1	33.94	36.69
2007		8234.97	2048.5	2786.77	2932.8	33.88	36.81
2008		9086.73	2260.4	3125.55	3289.4	34.73	38.17
2009		9678.75	2407.6	3349.74	3525.3	33.59	35.69
2010		10318.32	2566.7	3844.92	4046.4	32.32	35.15
2011		11609.29	2887.9	4711.16	4958.1	33.80	33.53
2012		12531.12	3117.2	5364.14	5645.3	33.60	33.87
2013	10872.18	14970.03	3393.2	7377.13	6455.6	26.88	29.89
2014	11931.54	16203.82	3672.8	8247.99	7217.7	26.17	29.36
2015	13030.69	17586.62	3986.3	9022.84	7895.7	26.05	28.57
2016	14247.49	19105.89	4752.7	9798.28	10311.8	26.13	28.02
2017	15436.99	20600.35	5124.5	10535.94	11088.1	24.60	26.74

城镇居民家庭基本情况
Basic Indicators of Urban Households

项　　目	Item	2000	2010	2015	2016	2017
户均常住人口数(人)	Average Number of Permanent Residents Per Household (person)	3.06	2.85	2.89	2.83	2.83
户均就业人口数(人)	Average Number of Employed Persons Per Household (person)	1.68	1.39	1.52	1.46	1.47
户均就业面(%)	Percentage of Employment Per Houschold (%)	54.69	48.77	52.65	51.78	51.87
平均每一就业者负担人数(含就业者本人)(人)	Number of Persons Supported by Each Employee (including the employee himself or herself) (person)	1.83	2.05	1.90	1.93	1.93
人均可支配收入(元)	Per Capita Disposable Income (yuan)	5661.16	16263.43	26152.16	28249.39	30547.76
人均消费支出(元)	Per Capita Consumption Expenditures (yuan)	4348.47	3844.92	17586.62	19105.89	20600.35
期末拥有房屋面积(平方米/人)	Per Capita Floor Space of Owned Houses at Year-end (sq.m/person)	22.87	32.23	35.87	36.70	37.46
现住房面积	Covered Area of Present House			32.82	33.45	33.68
# 钢筋混凝土	Reinforced Concrete Structure	2.98	7.53	12.29	13.16	13.04
砖混材料	Brick Concrete Structure	18.35	23.57	17.92	17.93	18.35
砖瓦砖木	Brick Structure			2.48	2.20	2.15
竹草土坯	Bamboo GrassAdobe Structure			0.11	0.07	0.06
其他	Others			0.02	0.08	0.08
年末拥有房屋价值(元/人)	Value of Owned Houses at Year-end (yuan/person)	5292.80	11047.80	147635.59	168001.30	188159.91
期内新建、购住房建筑面积(平方米/人)	Per Capita Floor Space of Newly Built House Within the Year (sq.m/person)	0.94	0.41	0.98	0.94	0.96
新建住房竣工建筑面积	Floor Space Completed of Newly Built Residential Buildings			0.03	0.04	…
新购住房建筑面积	Floor Space of Newly Built			0.95	0.90	0.96
期内新建、购住房价值(元/人)	Value of Newly Built House Within the Year (yuan/person)	325.17	312.03	4090.05	4973.18	5298.69
新建住房竣工价值	Value Completed of Newly Built House			37.80	26.92	4.19
新购住房总金额	Total Value of Newly Built House			4052.25	4946.27	5294.50

城镇居民按人均可支配收入分组的户数构成
Percentage of Households Grouped by Per Capita Disposable Income of Urban Households

项　目	Item	2015	2016	2017	项　目	Item	2015	2016	2017
2000元以下	Less Than 2000 yuan	0.23	0.35	0.56	20000－22000元	20000－22000 yuan	7.00	6.03	5.07
2000－4000元	2000-4000 yuan	0.12	0.22	0.52	22000－24000元	22000－24000 yuan	5.56	6.68	4.46
4000－6000元	4000-6000 yuan	0.76	0.78	0.31	24000－26000元	24000－26000 yuan	7.41	5.94	5.19
6000－8000元	6000-8000 yuan	1.39	1.47	0.74	26000－28000元	26000－28000 yuan	6.01	5.46	5.29
8000－10000元	8000-10000 yuan	1.76	2.86	1.40	28000－30000元	28000－30000 yuan	6.05	5.37	5.72
10000－12000元	10000-12000 yuan	3.13	3.08	2.14	30000－35000元	30000－35000 yuan	13.70	11.40	12.09
12000－14000元	12000-14000 yuan	4.01	3.90	3.02	35000－40000元	35000－40000 yuan	9.19	9.41	12.88
14000－16000元	14000-16000 yuan	4.64	4.68	3.84	40000－45000元	40000－45000 yuan	5.87	6.63	8.78
16000－18000元	16000-18000 yuan	5.06	5.20	4.58	45000－50000元	45000－50000 yuan	5.79	5.20	7.07
18000－20000元	18000-20000 yuan	7.02	5.98	4.27	50000元以上	50000 yuan and over	5.30	9.36	12.05

按收入五等份划分的城镇居民家庭基本情况（2017年）
Basic Indicators of Urban Households by Income Quintile (2017)

项　目	Item	城镇居民家庭 Urban Residents	低收入户 Low Income Households	中低收入户 Lower Middle Income Households	中等收入户 Middle Income Households	中高收入户 Upper Middle Income Households	高收入户 High Income Households
户均常住人口(人)	Average Household Size (person)	2.83	3.48	3.14	2.85	2.39	2.27
户均就业人口(人)	Average Number of Employed Persons Per Household (person)	1.47	1.75	1.70	1.44	1.12	1.31
户均就业面(%)	Percentage of Employment Per Household (%)	51.87	50.36	54.26	50.64	46.98	57.55
平均每一就业者负担人数(包括就业者本人)(人)	Number of Persons Supported by Each Employee (including the employee himself or herself) (person)	1.93	1.99	1.84	1.97	2.13	1.74
人均可支配收入(元)	Per Capita Disposable Income (yuan)	30547.76	13386.59	23439.82	31201.74	39194.27	56645.44
人均消费支出(元)	Per Capita Consumption Expenditures (yuan)	20600.35	13437.74	16583.55	20528.87	24362.92	33213.42

城镇居民人均收支情况
Per Capita Income and Consumption Expenditure of Urban Households

单位：元 (yuan)

指　标	Item	2000	2010	2015	2016	2017
人均可支配收入	**Per Capita Disposable Income of Urban Households**	**5661.16**	**16263.43**	**26152.16**	**28249.39**	**30547.76**
工资性收入	Income of Wages and Salaries		10566.30	16705.34	18031.94	19495.96
工资	Income of Wages and Subsidies		10431.20	15800.27	17013.79	18363.86
实物福利	Benefits in Kind			16.70	30.08	33.14
其他	Others		135.10	888.38	988.07	1098.96
经营净收入	Net Business Income		1043.72	1831.39	1983.29	2139.21
第一产业净收入	Primary Industry			148.35	126.55	120.80
第二产业净收入	Secondary Industry			143.76	155.75	162.99
第三产业净收入	Tertiary Industry			1539.27	1700.98	1855.42
财产净收入	Net Income from Property	146.13	323.97	2319.80	2512.55	2724.14
转移净收入	Net Income from Transfer	1292.32	5400.43	5295.63	5721.61	6188.45
#养老金或离退休金	Pension	1100.38	4886.67	6253.46	6794.98	7214.11
人均消费支出	**Per Capita Consumption Expenditures of Urban Households**	**4348.47**	**10318.32**	**17586.62**	**19105.89**	**20600.35**
食品烟酒	Food, Alcohol and Tobacco	1517.94	3335.23	4581.13	4991.56	5067.12
衣　着	Clothing	534.35	1225.94	1544.24	1614.41	1688.81
居　住	Residence	416.66	1334.47	4111.59	4483.24	5047.59
#自有住房折算租金	Owned Housing Rental Conversion			2598.80	2843.04	3138.95
生活用品及服务	Household Facilities, Articles and Service	444.60	693.56	1178.69	1351.11	1485.13
交通通信	Transport and Communications	337.15	1398.35	2386.40	2664.06	2923.34
教育文化娱乐	Education, Cultural and Recreation	529.35	1001.01	1870.83	1991.28	2172.67
医疗保健	Health Care and Medical Service	376.71	923.83	1500.63	1549.85	1737.33
其他用品及服务	Miscellaneous Coods and Services	191.71	395.93	413.12	460.38	478.36

城镇居民人均主要食品消费量
Per Capita Consumption of Major Foods of Urban Households

单位：公斤 (kg)

品　名	Item	2000	2010	2015	2016	2017
粮食(原粮)	**Grain (Unprocessed)**	**94.53**	**86.20**	**115.76**	**121.95**	**114.80**
谷物	Cereal			105.67	110.52	103.96
小麦	Wheat		26.74	69.93	72.76	69.03
稻谷	Rice		24.47	27.15	28.63	25.61
薯类	Potato		11.64	2.41	2.75	2.67
豆类	Beans			7.67	8.68	8.17
蔬菜及菜制品	**Vegetables and It's Products**			**94.72**	**108.29**	**100.39**
# 鲜菜	Fresh Vegetables	128.23	119.21	91.15	104.12	96.65
肉禽及其制品	**Meats, Poultry and Related Products**	**27**	**22.93**	**28.00**	**28.95**	**28.16**
# 猪肉	Pork	9.97	13.49	13.64	13.70	13.66
牛肉	Beef	4.13①	2.63	2.15	2.36	2.40
羊肉	Mutton		1.94	1.90	2.14	1.88
家禽	Poultry	4.13	3.23	5.16	5.55	5.12
蛋及蛋制品	**Eggs and Processed Products**	**14.78**	**13.39**	**13.66**	**14.94**	**15.07**
奶和奶制品	**Milk and Dairy Products**		**20.46**	**21.20**	**23.02**	**20.77**
水产品	**Aquatic Products**	**5.63**	**8.16**	**7.45**	**8.25**	**7.86**
油脂类	**Edible Oil**		**8.06**	**9.78**	**10.87**	**9.14**
# 植物油	Vegetable Oil	8.13	8.02	9.69	10.80	9.07
食　糖	**Sugar**			**1.02**	**1.18**	**1.04**
鲜瓜果类	**Fruits, Melons and Processed Products**		**51.45**	**56.75**	**62.72**	**63.34**
坚果	**Nuts and Processed Products**			**5.44**	**5.84**	**5.55**
茶叶	**Tea**		**0.16**	**0.21**	**0.23**	**0.22**
酒	**Liquor**	**10.65**	**8.29**	**8.92**	**8.95**	**8.77**

注：①为牛、羊肉之和。

a) ① The data for beef, mutton and.

城镇居民平均每百户年末主要耐用消费品拥有量
Main Durable Goods Owned Per 100 Urban Households at Year-end

项 目	Item	2000	2010	2015	2016	2017
家用汽车(辆)	Automobile (unit)	0.94	12.46	36.91	40.56	42.56
摩托车(辆)	Motorcycle (unit)	37.00	28.85	14.38	13.02	13.04
助力车(辆)	Aided Power Bike (unit)		49.98	73.53	75.83	78.86
洗衣机(台)	Washing Machine (unit)	93.00	97.66	98.43	98.91	99.36
电冰箱(柜)(台)	Refrigerator (unit)	84.00	98.28	97.51	99.13	99.11
微波炉(台)	Oven (unit)	10.00	50.13	58.39	59.72	60.24
彩色电视机(台)	Color TV Set (unit)	112.00	117.97	111.11	109.95	110.18
#接入有线电视网	Cable TV		90.38	85.23	83.74	79.84
空调(台)	Air Conditioner (unit)	33.00	90.39	117.91	123.77	126.18
热水器(台)	Water Heater (unit)		78.09	88.50	91.19	91.67
#太阳能热水器	Solar Water Heater			42.17	42.21	42.89
消毒碗柜(台)	Disinfect Cupboard		2.91	1.84	1.84	
洗碗机(台)	Dish Washing Machine (unit)		0.56	0.93	1.00	1.15
排油烟机(台)	Exhaust Fan (unit)			78.20	79.54	79.92
固定电话(部)	Telephone (set)		75.8	40.40	36.04	30.83
移动电话(部)	Mobile Telephone (set)	14.14	173.7	220.51	223.38	226.48
#接入互联网	Internet Mobile Phone		24.61	96.95	118.40	128.17
计算机(台)	Computer (unit)	7.00	61.32	76.57	76.11	76.36
#接入互联网	Internet Computer		59.67	61.93	64.44	61.68
摄像机(台)	Camera (unit)		6.75	7.68	6.26	
照相机(台)	Camera (unit)	38.00	39.28	34.65	31.15	31.99
中高档乐器(件)	Medium and High-grade Musical Instruments (unit)		4.32	3.37	3.06	4.02
健身器材(套)	Healthy Equipment (unit)		3.73	4.49	4.98	5.58
组合音响(台)	Hi-Fi Stereo Component System (unit)		22.6	5.30	4.31	

农村居民家庭基本情况
Basic Indicators of Rural Households

项　　目	Item	2000	2010	2015	2016	2017
户均常住人口(人)	Average Number of Permanent Residents Per Household (person)	4.11	3.70	3.40	3.41	3.39
户均整、半劳动力(人)	Average Number of Full/Semi Laborer Force Per Household (person)	2.74	2.76	2.43	2.42	2.40
平均每个劳动力负担人口(人)	Average Number of Dependents Per Laborer Force (person)	1.50	1.34	1.40	1.41	1.41
人均可支配收入(元)	Per Capita Disposable Income (yuan)	2478.86	5957.98	11050.51	11919.35	12880.94
人均消费支出(元)	Per Capita Consumption Expenditures (yuan)	1365.23	3844.92	9022.84	9798.28	10535.94
年末拥有房屋面积(平方米/人)	Per Capita Floor Space of Owned Houses at Year-end (sq.m/person)	22.87	32.48	37.66	39.20	39.45
现住房面积	Covered Area of Present House	22.87	32.23	36.52	38.00	38.26
# 钢筋混凝土	Reinforced Concrete Structure	2.98	7.53	2.88	3.59	3.67
砖混材料	Brick Concrete Structure	18.35	23.57	18.25	20.47	20.45
砖瓦砖木	Brick Structure			14.58	13.25	13.44
竹草土坯	Bamboo GrassAdobe Structure			0.68	0.53	0.55
其他	Others			0.13	0.17	0.15
年末拥有房屋价值(元/人)	Value of Owned Houses at Year-end (yuan/person)	5292.80	11047.80	35216.01	39804.23	39937.69
年内新建、购住房建筑面积(平方米/人)	Per Capita Floor Space of Newly Built House Within the Year (sq.m/person)	0.94	0.42	0.41	0.27	0.43
新建住房竣工建筑面积	Floor Space Completed of Newly Built Residential Buildings			0.23	0.13	0.20
新购住房建筑面积	Floor Space of Newly Built			0.18	0.14	0.23
年内新建、购住房价值(元/人)	Value of Newly Built House Within the Year (yuan/person)	325.17	312.03	768.79	694.09	1105.82
新建住房竣工价值	Value Completed of Newly Built House			219.96	146.55	203.36
新购住房总金额	Total Value of Newly Built House			548.83	547.54	902.45

农村居民按人均可支配收入分组的户数占调查户比重
Percentage of Households Grouped by Per Capita Disposable Income of Rural Households

项　　目	Item	2000	2005	2010	2015	2016	2017
2000元以下	Less Than 2000 yuan	39.85	23.24	8.83	3.76	2.38	2.63
2000－3000元	2000－3000 yuan	30.40	26.21	12.00	2.51	2.14	2.00
3000－4000元	3000－4000 yuan	15.98	19.40	14.38	3.87	3.19	2.18
4000－5000元	4000－5000 yuan	7.79	12.55	13.07	4.62	3.70	3.31
5000－6000元	5000－6000 yuan	5.98①	7.21	10.98	5.67	4.78	4.12
6000－7000元	6000－7000 yuan		4.10	8.95	5.99	5.30	5.17
7000－8000元	7000－8000 yuan		2.62	7.33	7.21	6.45	5.96
8000－9000元	8000－9000 yuan		1.33	5.52	7.08	7.02	6.63
9000－10000元	9000－10000 yuan		0.88	4.21	7.66	7.16	6.81
10000－11000元	10000－11000 yuan		0.55	3.57	7.01	6.74	6.59
11000－12000元	11000－12000 yuan		0.45	1.98	5.92	6.77	6.26
12000－13000元	12000－13000 yuan		0.38	2.00	6.25	6.24	5.59
13000－14000元	13000－14000 yuan		0.19	1.14	4.61	5.68	5.58
14000－15000元	14000－15000 yuan		0.21	1.38	4.16	4.35	5.12
15000－16000元	15000－16000 yuan		0.07	0.79	3.18	4.54	4.10
16000－17000元	16000　17000 yuan		0.07	0.79	3.16	3.55	4.21
17000－18000元	17000－18000 yuan		0.07	0.55	2.27	3.24	3.16
18000－19000元	18000－19000 yuan		0.05	0.50	2.57	2.61	2.77
19000－20000元	19000－20000 yuan		0.14	0.29	1.66	2.20	2.32
20000元以上	20000 yuan and over		0.26	1.74	10.85	11.96	15.49

注：①为5000元以上组数据。

a) ① The data for the group of more than 5000 yuan.

农村居民人均收支情况
Per Capita Income and Consumption Expenditure of Rural Households

单位：元 (yuan)

指　　标	Item	2000	2010	2015	2016	2017
人均可支配收入	**Per Capita Disposable Income**	**2478.86**	**5957.98**	**11050.51**	**11919.35**	**12880.94**
工资性收入	Income of Wages and Salaries	949.25	2653.42	5811.87	6263.25	6840.90
工资	Income of Wages			5407.67	5788.99	6393.81
实物福利	Physical Welfare			9.40	5.55	7.25
其他	Others			394.80	468.70	439.84
经营净收入	Net Business Income	1417.99	2729.80	3684.86	3970.00	4227.90
第一产业净收入	Primary Industry	914.45	2052.76	2144.19	2131.05	2100.58
第二产业净收入	Secondary Industry	113.26	213.65	276.15	334.12	501.40
第三产业净收入	Tertiary Industry	390.28	463.38	1264.51	1504.83	1625.92
财产净收入	Net Income from Property	51.98	182.45	233.78	257.47	274.23
转移净收入	Net Income from Transfer	59.64	392.31	1320.00	1428.64	1537.91
#养老金或离退休金	Pension	10.25	119.68	495.31	573.13	643.82
人均消费支出	**Per Capita Consumption Expenditures of Rural Households**	**1365.23**	**3844.92**	**9022.84**	**9798.28**	**10535.94**
食品烟酒	Food, Alcohol and Tobacco	539.33	1351.41	2578.07	2745.42	2817.16
衣　着	Clothing	104.84	250.92	625.26	650.23	684.42
居　住	Residence	322.04	839.66	2014.16	2206.87	2380.80
#自有住房折算租金	Owned Housing Rental Conversion			966.48	1102.26	1120.92
生活用品及服务	Household Facilities, Articles and Service	65.41	218.90	527.48	597.17	668.50
交通通信	Transport and Communications	84.55	464.80	1298.46	1511.06	1689.42
教育文化娱乐	Education, Cultural and Recreation	130.71	296.11	870.43	952.85	1014.12
医疗保健	Health Care and Medical Service	78.28	344.25	920.54	928.22	1072.63
其他用品及服务	Miscellaneous Coods and Services	40.07	78.87	188.43	206.47	208.89

农村居民人均主要食品消费量
Per Capita Consumption of Major Foods of Rural Households

单位：公斤 (kg)

品 名	Item	2000	2005	2010	2015	2016	2017
粮食（原粮）	**Grain (Unprocessed)**	**215.88**	**200.84**	**181.69**	**145.41**	**138.54**	**134.25**
谷物	Cereal	211.00	196.52	178.60	137.58	130.26	125.79
小麦	Wheat	153.10	139.80	122.09	93.32	90.72	86.69
稻谷	Rice	14.63	17.47	21.10	24.85	24.48	24.10
薯类	Potato	2.76	1.52	1.23	2.15	2.19	2.29
豆类	Beans	2.12	2.81	1.86	5.68	6.08	6.16
蔬菜及菜制品	**Vegetables and It's Products**	**61.45**	**57.70**	**55.38**	**82.41**	**81.73**	**75.09**
# 鲜菜	Fresh Vegetables	61.23		54.69	80.61	79.63	73.07
肉禽及其制品	**Meats, Poultry and Related Products**	**8.06**	**10.54**	**10.95**	**18.58**	**18.78**	**19.13**
# 猪肉	Pork	6.63	7.15	7.12	11.26	10.72	10.95
牛肉	Beef	0.35	0.47	0.34	0.44	0.44	0.50
羊肉	Mutton	0.19	0.37	0.38	0.83	0.90	0.94
家禽	Poultry	0.37	0.75	1.02	2.93	3.36	3.22
蛋及蛋制品	**Eggs and Processed Products**	**5.09**	**6.27**	**7.26**	**11.49**	**11.80**	**12.96**
奶和奶制品	**Milk and Dairy Products**	**0.22**	**2.40**	**3.48**	**7.55**	**7.99**	**8.26**
水产品	**Aquatic Products**	**1.79**	**2.48**	**2.52**	**3.41**	**3.87**	**3.66**
油脂类	**Edible Oil**	**5.91**	**6.75**	**8.33**	**11.87**	**9.45**	**9.50**
# 植物油	Vegetable Oil	5.32	6.28	8.12	11.73	9.28	9.34
食糖	**Sugar**	**0.59**	**0.77**	**0.66**	**1.10**	**1.21**	**1.18**
鲜瓜果类	**Fruits,Melons and Processed Products**	**16.74**	**16.57**	**21.11**	**41.51**	**44.75**	**46.85**
坚果	**Nuts and Processed Products**	**0.60**	**1.11**	**1.11**	**3.24**	**3.90**	**3.90**
茶叶	**Tea**		**0.13**	**0.12**	**0.10**	**0.11**	**0.11**
酒	**Liquor**	**6.50**	**9.16**	**8.84**	**11.97**	**11.59**	**11.55**

农村居民平均每百户年末主要耐用消费品拥有量
Main Durable Goods Owned Per 100 Rural Households at Year-end

品　名	Item	2000	2005	2010	2014	2015	2016	2017
家用汽车(辆)	Automobile (unit)				20.15	23.61	29.39	31.27
摩托车(辆)	Motorcycle (unit)	34.33	58.17	61.43	70.03	66.43	58.69	57.69
助力车(辆)	Aided Power Bike (unit)			40.50	86.03	91.11	100.04	102.66
洗衣机(台)	Washing Machine (unit)	58.86	74.17	86.33	95.07	96.72	97.83	98.98
电冰箱(柜)(台)	Refrigerator (unit)	21.74	30.64	50.45	86.95	90.12	94.83	95.84
微波炉(台)	Oven (unit)	0.17	0.88	4.48	15.59	15.77	17.00	17.93
彩色电视机(台)	Color TV Set (unit)	64.76	102.14	116.55	120.12	120.81	120.28	121.11
#接入有线电视网	Cable TV			42.14	52.31	51.63	55.40	52.28
空调(台)	Air Conditioner (unit)				50.18	55.25	65.92	70.43
热水器(台)	Water Heater (unit)				54.25	56.37	62.66	64.54
#太阳能热水器	Solar Water Heater				46.54	49.79	54.43	55.83
消毒碗柜(台)	Disinfect Cupboard				0.51	0.29	0.17	
洗碗机(台)	Dish Washing Machine (unit)				0.19	0.57	0.67	0.68
排油烟机(台)	Exhaust Fan (unit)	1.86	3.81	8.05	16.29	17.21	21.71	24.05
固定电话(部)	Telephone (set)	31.17	76.74	61.45	40.65	33.21	26.59	21.39
移动电话(部)	Mobile Telephone (set)				218.09	226.22	236.27	240.52
#接入互联网	Internet Mobile Phone				60.87	68.85	88.14	98.98
计算机(台)	Computer (unit)				35.32	37.82	39.18	40.26
#接入互联网	Internet Computer				25.31	29.20	31.83	30.61
摄像机(台)	Camera (unit)	0.24	0.43	0.69	1.03	0.72	0.76	
照相机(台)	Camera (unit)	4.17	3.50	4.24	4.85	4.54	4.20	4.54
中高档乐器(件)	Medium and High-grade Musical Instruments (unit)	0.19	0.17	0.38	0.44	0.46	0.67	0.90
健身器材(套)	Healthy Equipment (unit)				0.82	0.64	0.80	1.08
组合音响(台)	Hi-Fi Stereo Component System (unit)	8.12	11.74		3.54	2.59	1.81	

农村基层组织和农业基本情况
Basic Conditions of Rural Grassroots Units and Agriculture

指　　标	Item	2010	2015	2016	2017
乡镇数(个)	Number of Township and Town Governments (unit)	1960	1957	1952	1946
#镇个数	Number of Town Governments	1007	1067	1107	1128
村民委员会(个)	Number of Villagers' Committees (unit)	48953	48974	48860	48671
乡村总户数(万户)	Number of Rural Households (10000 units)	1525.6	1579.0	1590.5	1609.7
乡村人口数(万人)	Population of Rural (10000 persons)	5570.2	5711.5	5746.6	5736.3
乡村从业人员(万人)	Number of Rural Laborers (10000 persons)	2976.5	3055.3	3063.8	3061.7
#男	Male	1602.5	1650.1	1654.3	1654.1
按行业分乡村从业人员	by Sector				
农、林、牧、渔业	Agriculture, Forestry, Animal Husbandry & Fishery	1458.3	1371.4	1369.3	1354.7
工　业	Industry	640.1	695.4	695.8	699.3
建筑业	Construction	342.1	365.9	366.9	366.7
批发和零售业	Wholesale and Retail Trades	242.1①	211.9	215.2	216.6
交通运输、仓储和邮电通信业	Transport, Storage, Postal & Telecommunication Services	132.4	135.3	135.9	136.8
住宿和餐饮业	Hotels and Catering Services		80.7	82.9	84.3
信息传输、软件和信息技术服务业	Information Transmission, Software and Information Technology Services		11.7	11.9	12.3
金融业	Banking and Insurance	5.3	6.5	6.6	6.8
其他非农行业	Other Non-agricultural Industries	156.2	176.5	179.4	184.2
农用化肥施用量(折纯量)(万吨)	Consumption of Chemical Fertilizers (10000 tons)	322.86	335.49	336.49	322.00
农村用电量(亿千瓦小时)	Electricity Consumed (100 millions kwh)	511.81	611.82	600.78	615.16
农业机械总动力(万千瓦)	Total Agricultural Machinery Power (10000 kw)	10151.30	11102.81	7401.97	7580.58
主要农作物播种面积(千公顷)	Total Sown Area (1000 hectares)				
#粮　食	Grain Crops	6441.29	6772.10	6791.38	6658.52
棉　花	Cotton	467.61	298.05	230.68	220.65
油　料	Oil-bearing Crops	428.54	383.83	383.15	394.59
主要农作物产量(万吨)	Yield of Major Farm Crops (10000 tons)				
#粮　食	Grain Crops	3120.99	3602.19	3782.99	3829.25
棉　花	Cotton	42.74	23.90	23.90	24.00
油　料	Oil-bearing Crops	129.46	126.01	126.20	129.40
农业产业化经营率(%)	Rate of Industrialization of Agriculture (%)	58.6	65.55	64.7	66.6
农村基础设施(个)	Social Basic Facilities in Rural Areas (unit)				
自来水受益村	Villages with Access to Tap Water	42395	45169	45501	45511
通有线电视村数	Villages with Cable Radio and TV	30003	39051	40150	41038

注：1.①包括批发和零售业、住宿和餐饮业。2.根据第三次全国农业普查结果，对农业生产2007—2017年的相关数据、2011—2017年的价值量数据，2012—2017年的水产数据作了修订。

a) ① Includes the wholesale and retail trades, hotels and catering services. b) The data on agricultural production from 2007 to 2017, value of agriculture from 2011 to 2017 and output of aquatic products from 2012-2017 were revised according to the results of the Third National Agricultural Census .

耕 地 面 积
Area of Cultivated Land

单位：千公顷 (1000 hectares)

年 份 Year	年末耕地面积 Cultivated Area (Year-end)	#年末常用耕地面积 Regularly Cultivated Area (Year-end)	#有效灌溉面积 Irrigated Area	有效灌溉面积占耕地面积比重(%) Irrigable Land Percentage to Cultivated Area (%)
1962		6953.83	1357.31	19.5
1965		6983.71	1754.27	25.1
1970		6849.55	2678.31	39.1
1975		6718.61	3553.22	52.9
1978		6675.01	3660.17	54.8
1980		[illegible]	[illegible]	[illegible]
1985		6603.41	3572.70	54.1
1990		6556.03	3758.49	57.3
1995		6517.25	4040.01	62.0
1996	6897.11	6498.80	4248.15	61.6
1997	6888.52	6493.74	4322.57	62.8
1998	6874.94	6484.58	4388.04	63.8
1999	6868.77	6478.71	4444.45	64.7
2000	6857.08	6465.96	4482.32	65.4
2001	6854.04	6448.93	4485.39	65.4
2002	6691.13	6125.15	4415.17	66.0
2003	6486.51	5991.27	4403.99	67.9
2004	6441.51	6000.63	4459.77	69.2
2005	6396.25	5988.93	4547.75	71.1
2006	6315.34	5882.52	4569.77	72.4
2007	6314.53	5893.61	4579.02	72.5
2008	6331.89	5901.44	4560.51	72.0
2009	6561.35	6060.83	4509.60	68.7
2010	6551.42	6057.53	4520.87	69.0
2011	6563.78		4596.61	70.0
2012	6558.33		4165.03	63.5
2013	6551.20		4349.03	66.4
2014	6537.74		4404.22	67.4
2015	6525.47		4447.98	68.2
2016	6520.45		4457.64	68.4
2017	6518.86		4474.67	68.6

注：1.年末常用耕地面积不包括25°以上坡地。2.2012年有效灌溉面积为全国第一次水利普查数据。

a) Regularly cultivated land at year-end excluded under this category are steep slope land over 25 degrees.

b) Irrigated area of 2012 was from the first national water resources census.

农、林、牧、渔业总产值及构成
Gross Output Value and Composition of Farming, Forestry, Animal Husbandry and Fishery

年份 Year	农林牧渔业 Farming, Forestry, Animal Husbandry and Fishery	农业 Farming	林业 Forestry	牧业 Animal Husbandry	渔业 Fishery	农林牧渔服务业 Service for Farming, Forestry, Animal Husbandry and Fishery
绝对数(亿元) Gross Output Value (100 million yuan)						
1980	97.79	79.86	3.10	14.00	0.83	
1985	167.33	128.65	6.15	31.16	1.37	
1990	357.63	254.77	9.58	83.38	9.90	
1995	1147.83	753.52	23.50	344.18	26.63	
2000	1544.65	846.72	25.37	613.68	58.88	
2005	2379.17	1258.00	40.13	879.38	79.44	122.21
2006	2466.37	1380.45	45.85	832.32	72.75	135.00
2007	3075.77	1639.07	52.37	1146.99	85.14	152.20
2008	3505.23	1760.75	55.89	1410.82	102.77	175.00
2009	3640.93	1958.79	39.69	1350.10	108.38	183.99
2010	4309.42	2470.11	51.26	1443.76	142.47	201.83
2011	4570.27	2484.67	62.23	1643.80	155.36	224.21
2012	4912.42	2710.55	83.40	1709.84	167.08	241.54
2013	5284.43	2975.01	104.30	1772.37	166.28	266.46
2014	5373.76	2893.29	118.47	1895.90	175.85	290.25
2015	5291.68	2820.11	134.62	1842.65	181.12	313.18
2016	5299.66	2772.86	148.30	1846.23	190.30	341.97
2017	5373.38	2890.60	175.54	1735.82	195.86	375.55
构成(农业总产值＝100) Composition (Gross Output Value=100)						
1980	100	81.66	3.17	14.32	0.85	
1985	100	76.88	3.68	18.62	0.82	
1990	100	71.24	2.68	23.31	2.77	
1995	100	65.65	2.05	29.98	2.32	
2000	100	54.82	1.64	39.73	3.81	
2005	100	52.87	1.69	36.96	3.34	5.14
2006	100	55.97	1.86	33.75	2.95	5.47
2007	100	53.29	1.70	37.29	2.77	4.95
2008	100	50.23	1.60	40.25	2.93	4.99
2009	100	53.80	1.09	37.08	2.98	5.05
2010	100	57.32	1.19	33.50	3.31	4.68
2011	100	54.37	1.36	35.97	3.40	4.91
2012	100	55.18	1.70	34.81	3.40	4.92
2013	100	56.30	1.97	33.54	3.15	5.04
2014	100	53.84	2.20	35.28	3.27	5.40
2015	100	53.29	2.54	34.82	3.42	5.92
2016	100	52.32	2.80	34.84	3.59	6.45
2017	100	53.79	3.27	32.30	3.65	6.99

注：本表按当年价格计算，2002年及以后年份执行新国民经济行业分类标准，总产值包括农林牧渔服务业产值。2002年到2005年为第二次农业普查修正后数据(以下相关表同)。

a) Data in value terms in this table are calculated at current prices. The new classification for national standard of industry classification has been implemented since 2002 and the gross output value includes the services in support of agriculture, forestry, animal husbandry and fishery. The same applies to the tables following.

农、林、牧、渔业总产值指数（上年=100）
Indices of Farming, Forestry, Animal Husbandry and Fishery (Preceding Year=100)

年份 Year	农林牧渔业 Farming, Forestry, Animal Husbandry and Fishery	农业 Farming	林业 Forestry	牧业 Animal Husbandry	渔业 Fishery	农林牧渔服务业 Service for Farming, Forestry, Animal Husbandry and Fishery
1978	122.1	125.0	113.1	97.2	101.5	
1980	93.8	92.1	96.2	104.0	100.9	
1985	103.3	98.6	104.6	131.1	126.2	
1986	98.5	97.0	91.7	106.0	123.2	
1987	104.5	104.3	103.3	105.3	116.9	
1988	107.8	105.6	104.8	117.6	115.4	
1989	103.1	102.5	98.8	105.5	109.4	
1990	105.4	104.4	107.3	107.1	143.7	
1991	103.6	102.1	104.3	106.6	111.4	
1992	100.9	95.1	103.8	110.3	140.7	
1993	108.7	109.3	95.2	119.5	57.8	
1994	116.2	113.1	105.4	123.6	120.3	
1995	111.9	110.5	105.4	114.0	124.3	
1996	109.4	104.0	103.0	119.1	123.2	
1997	107.5	105.0	105.2	110.6	120.1	
1998	107.8	107.4	102.1	108.6	110.2	
1999	104.8	102.2	102.9	108.6	110.4	
2000	105.7	105.4	98.4	106.2	108.7	
2001	105.3	105.2	122.1	104.7	104.3	
2002	105.0	104.0	110.9	106.4	103.3	
2003	106.3	105.6	111.7	107.1	99.4	110.5
2004	106.7	106.8	93.8	106.6	107.8	109.6
2005	106.5	106.0	96.9	107.7	104.1	107.5
2006	105.5	106.0	96.7	104.9	102.0	108.8
2007	103.9	104.2	109.6	102.1	105.1	108.4
2008	105.1	103.7	108.6	106.6	106.9	107.8
2009	103.2	103.3	111.8	102.3	104.4	106.2
2010	103.5	103.8	101.8	102.4	105.8	106.5
2011	103.9	105.5	103.6	101.1	101.8	105.0
2012	104.1	103.6	105.5	104.7	104.1	105.0
2013	103.3	104.0	106.5	101.2	106.0	107.0
2014	104.1	103.1	108.9	105.1	103.2	107.0
2015	102.7	102.8	104.3	101.7	102.4	107.0
2016	103.5	101.3	97.8	106.8	101.2	107.4
2017	104.0	104.9	107.9	102.1	98.2	108.0

注：本表按可比价格计算。
a) Data in value terms in this table are calculated at constant prices.

农、林、牧、渔业分项产值
Gross Output Value of Farming, Forestry, Animal Husbandry and Fishery by Branch

指　标	Item	绝对数(亿元) Gross Output Value (100 million yuan)		构　成(%) Composition (%)	
		2016	2017	2016	2017
农、林、牧、渔业总产值	**Gross Output Value**	**5299.66**	**5373.38**	**100.00**	**100.00**
农业产值	**Output Value of Farming**	**2772.86**	**2890.60**	**52.32**	**53.79**
谷物及其他作物	Cereal and Other Crops	1060.62	1063.00	20.01	19.78
谷　物	Cereal	732.06	737.82	13.81	13.73
薯　类	Tubers	92.93	100.34	1.75	1.87
油　料	Oil-bearing Crops	72.41	65.62	1.37	1.22
豆　类	Beans	10.50	11.48	0.20	0.21
棉　花	Cotton	52.77	46.15	1.00	0.86
生　麻	Raw Flax	…	…	…	…
糖　类	Sugar Crops	2.42	2.62	0.05	0.05
烟　草	Tobacco	0.19	0.18	…	…
其他农作物	Other Crops	97.35	98.79	1.80	1.80
蔬菜、食用菌及花卉盆景园艺	Vegetables, Edible Fungus and Flowers Bonsai Gardening	1189.24	1238.89	22.44	23.06
#蔬　菜	Vegetables	1070.50	1115.36	20.20	20.76
水果、食用坚果、饮料和香料作物	Fruits,Edible Nuts, Beverages and Spice Crops	442.55	489.23	8.35	9.10
#水　果	Fruits	352.46	383.02	6.65	7.13
食用坚果	Edible Nuts	82.38	97.40	1.55	1.81
中草药材	Chinese Herbal Medicines	80.44	99.47	1.52	1.85
林业产值	**Output Value of Forestry**	**148.30**	**175.54**	**2.80**	**3.27**
林木的培育和种植	Cultivation and Planting of Trees	115.56	141.68	2.18	2.64
育种育苗	Breeding Nursery	23.19	26.21	0.44	0.49
造　林	Afforestation	66.04	84.01	1.25	1.56
抚育和管理	Tending Management	26.33	31.46	0.23	0.26
木材采运	Logging and Transport of Bamboo	5.10	4.84	0.10	0.09
林产品	Forestry Products	27.64	29.02	0.52	0.54
牧业产值	**Output Value of Animal Husbandry**	**1846.23**	**1735.82**	**34.84**	**32.30**
牲畜饲养	Stock Breading	564.33	549.89	10.65	10.23
牛的饲养	Cattle	258.91	267.45	4.89	4.98
羊的饲养	Sheep	178.52	150.39	3.37	2.80
其他牲畜饲养	Others	2.14	3.00	0.08	0.06
奶产品	Milk Products	118.84	123.06	2.24	2.29
毛绒产品	Feather and Cashmere Products	5.92	5.99	0.11	0.11
猪的饲养	Pigs Breeding	673.66	637.38	12.71	11.86
家禽饲养	Poultry Breeding	470.24	395.81	8.87	7.37
肉　禽	Poultry for Meat	135.66	106.20	2.56	1.98
禽　蛋	Egg	334.59	289.61	6.31	5.39
猎狩和捕捉动物	Animal Hunting and Trapping				
其他畜牧业	Other Animal Husbandry	138.00	152.74	2.60	2.84
渔业产值	**Output Value of Fishery**	**190.30**	**195.86**	**3.59**	**3.65**
海水产品	Seawater Aquatic Products	136.83	139.50	2.58	2.60
淡水产品	Aquatic Products from Inland Waterways	53.47	56.36	1.01	1.05
农林牧渔服务业产值	**Output Value of Service to Farming, Forestry, Animal Husbandry and Fishery**	**341.97**	**375.55**	**6.45**	**6.99**

农、林、牧、渔业增加值
Value-added of Farming, Forestry, Animal Husbandry and Fishery

单位：万元 (10000 yuan)

指标	Item	2010	2015	2016	2017
农林牧渔业总产值	**Gross Output Value**	**43094214**	**52916795**	**52996593**	**53733788**
农业	Farming	24701102	28201130	27728607	28906028
林业	Forestry	512574	1346172	1483008	1755414
牧业	Animal Husbandry	14437565	18426522	18462289	17358228
渔业	Fishery	1424679	1811157	1902950	1958626
农林牧渔服务业	Service to Farming, Forestry, Animal Husbandry & Fishery	2018294	3131814	3419738	3755491
中间消耗	**Intermediate Exertion**	**17466072**	**20519325**	**20651403**	**20756147**
农业	Farming	7996487	8752884	8539418	8759648
林业	Forestry	145725	467371	548092	609454
牧业	Animal Husbandry	7620147	8888954	8969859	8571610
渔业	Fishery	582551	670392	694369	737800
农林牧渔服务业	Service to Farming, Forestry, Animal Husbandry & Fishery	1121162	1739723	1899665	2077635
农林牧渔业增加值	**Added Value**	**25628142**	**32397471**	**32345190**	**32977641**
农业	Farming	16704615	19448246	19189189	20146380
林业	Forestry	366849	878801	934916	1145960
牧业	Animal Husbandry	6817418	9537568	9492430	8786618
渔业	Fishery	842128	1140764	1208581	1220826
农林牧渔服务业	Service to Farming, Forestry, Animal Husbandry & Fishery	897132	1392091	1520074	1677856

农、林、牧、渔业商品率
Commodity Rate of Farming, Forestry, Animal Husbandry and Fishery

单位：% (%)

年份 Year	农林牧渔业商品率 Farming, Forestry, Animal Husbandry and Fishery	农业 Farming	林业 Forestry	牧业 Animal Husbandry	渔业 Fishery
1986	54.50	50.32	38.14	70.45	95.45
1990	55.84	50.18	29.75	71.92	91.31
1995	62.21	55.34	43.66	76.15	93.02
2000	70.20	62.72	45.97	79.77	88.40
2001	71.64	64.87	51.59	79.81	90.76
2002	73.00	66.98	49.25	80.39	91.17
2003	74.52	67.23	45.59	83.40	90.19
2004	75.64	66.84	51.86	85.29	88.56
2005	77.33	68.54	59.46	86.80	91.45
2006	77.94	71.95	65.19	87.32	92.34
2007	79.08	72.42	68.59	88.11	92.06
2008	78.24	71.61	65.54	86.16	90.17
2009	79.97	74.91	27.20	87.74	93.72
2010	80.45	76.16	24.90	88.35	94.90
2011	81.09	76.27	29.11	89.27	92.52
2012	81.61	77.93	27.58	89.60	86.46
2013	81.58	78.54	30.23	89.86	80.00
2014	81.80	78.26	29.40	90.10	85.90
2015	82.20	79.19	34.19	89.70	88.52
2016	84.32	81.96	34.86	91.05	92.03
2017	84.72	83.19	34.67	91.06	95.99

主要农作物总播种面积
Total Sown Areas of Major Farm Crops

单位：千公顷 (1000 hectares)

年份 Year	农作物总播种面积 Total Sown Area	#粮食作物播种面积 Sown Area of Grain Crops	#夏收 Summer Harvest Grain	#经济作物播种面积 Economic Crops	#棉花 Cotton	#油料 Oil-bearing Crops
1978	9370.9	7949.4	2979.2	959.1	576.6	300.2
1980	9013.9	7487.2	2703.8	1073.9	548.7	461.0
1985	8656.5	6492.7	2367.5	1677.5	850.3	749.8
1990	8786.7	6827.8	2515.0	1502.1	910.9	543.5
1991	8814.8	6798.0	2535.0	1564.5	955.2	559.1
1992	8570.5	6625.9	2550.1	1481.4	882.1	549.4
1993	8676.7	7040.5	2530.4	1129.6	520.0	556.3
1994	8649.3	6801.7	2466.5	1327.2	685.3	590.2
1995	8720.1	6829.5	2515.3	1349.3	700.5	604.5
1996	8872.1	7137.3	2610.4	1071.6	427.5	601.1
1997	8856.9	7099.4	2745.3	1033.3	377.1	602.7
1998	9097.7	7305.7	2793.8	990.2	315.7	632.4
1999	9055.2	7236.1	2765.8	932.3	266.6	635.2
2000	9024.4	6918.7	2716.6	1033.9	307.4	686.4
2001	8990.8	6628.9	2629.6	1091.0	418.5	631.7
2002	8935.1	6484.4	2493.2	1099.5	407.4	642.0
2003	8638.5	5944.0	2232.9	1266.7	581.4	634.0
2004	8695.4	6003.4	2200.5	1303.2	669.1	583.6
2005	8785.5	6240.2	2415.4	1180.3	573.5	559.0
2006	8713.9	6271.7	2535.6	1177.9	664.1	485.9
2007	8015.3	6201.5	2441.0	1813.8	445.5	488.4
2008	8290.0	6201.0	2451.7	2089.1	685.5	496.5
2009	8271.1	6317.4	2418.5	1953.7	586.0	467.6
2010	8260.8	6441.3	2472.7	1819.5	467.6	428.5
2011	8278.3	6488.6	2455.3	1789.7	459.8	403.9
2012	8361.9	6553.6	2476.9	1808.3	446.7	404.5
2013	8416.0	6607.3	2450.3	1808.7	423.3	411.7
2014	8454.9	6678.6	2421.7	1776.3	398.3	390.9
2015	8457.8	6772.1	2413.5	1685.7	298.0	383.8
2016	8467.3	6791.4	2408.3	1676.0	230.7	383.1
2017	8381.7	6658.5	2400.5	1723.2	220.6	394.6

粮食、棉花、油料单位面积产量
Output of Grain, Cotton and Oil-bearing Per Hectare

单位：千克／公顷 (kg/ha)

年 份 Year	粮 食 Grain	#小 麦 Wheat	#稻 谷 Rice	#玉 米 Corn	棉 花 Cotton	油 料 Oil-bearing	#花 生 Peanuts
1978	2123.0	2211.6	4927.6	2310.1	203.3	816.0	1305.0
1980	2033.5	1430.2	5722.5	2833.2	450.5	979.2	1508.8
1985	3028.9	3164.8	6112.9	3880.5	739.3	1159.2	1749.6
1990	3334.7	3698.4	6201.2	4063.1	626.6	1377.9	1951.5
1991	3337.3	3562.1	5927.6	4407.8	664.0	1303.3	2014.0
1992	3298.6	3611.2	6396.0	4199.0	346.9	1207.0	1645.0
1993	3380.7	3571.9	6833.9	4533.8	370.0	1447.5	2110.4
1994	3710.1	3753.2	7498.9	5063.9	569.1	1808.9	2483.9
1995	4010.6	4240.1	7018.9	5165.9	528.8	1817.3	2547.6
1996	3908.0	4396.0	6500.9	4627.7	604.0	2007.0	2686.0
1997	3869.0	4891.1	6590.9	4161.3	660.0	1957.0	2672.0
1998	3993.0	4535.6	6476.9	4599.8	856.0	2195.0	2787.0
1999	3795.3	4690.7	6016.5	4084.5	835.0	2038.9	2740.5
2000	3687.2	4509.3	4573.1	4012.4	976.4	2141.1	2861.6
2001	3759.0	4351.8	5020.7	4165.5	1001.9	2434.8	2917.6
2002	3756.4	4488.6	5018.9	4015.5	986.5	2356.1	2927.3
2003	4017.2	4646.4	5432.7	4313.6	897.9	2572.6	3026.4
2004	4131.1	4872.6	5659.0	4400.4	994.4	2644.2	3071.2
2005	4164.2	4839.1	5881.8	4458.9	1006.5	2732.0	3198.1
2006	4433.6	4750.3	5770.3	4817.4	1054.4	2753.3	3227.4
2007	4672.0	4948.2	6784.0	5091.7	1622.5	2769.2	3337.6
2008	4829.9	5057.4	6814.3	5311.6	1068.7	2952.3	3417.4
2009	4776.4	5179.0	6750.8	5127.2	997.1	2885.0	3438.0
2010	4845.3	5085.2	6804.7	5214.0	914.0	3021.1	3517.4
2011	5155.1	5325.9	7248.8	5584.0	983.0	3128.8	3578.9
2012	5253.0	5550.9	5798.2	5585.6	922.8	3145.7	3580.5
2013	5425.6	5834.6	6767.7	5608.2	915.4	3212.6	3657.8
2014	5343.9	6007.9	6332.8	5360.8	928.6	3221.0	3666.8
2015	5319.2	6193.3	6405.2	5193.0	801.9	3283.1	3716.1
2016	5570.3	6194.1	6712.6	5495.5	1036.0	3293.8	3794.0
2017	5750.9	6337.5	6722.3	5743.3	1087.7	3279.3	3876.0

主要农作物分品种播种面积和产量
Yield and Sown Area of Major Farm Crops by Assortment

项　　目	Item	播种面积(千公顷) Sown Area (1000 hectares)		总产量(万吨) Total Output (10000 tons)		每公顷产量(千克) Output Per Hectare (kg)	
		2016	2017	2016	2017	2016	2017
农作物总播种面积	**Total Sown Area**	**8467.3**	**8381.7**				
粮食作物	**Grain Crops**	**6791.38**	**6658.52**	**3782.99**	**3829.25**	**5570**	**5751**
谷　物	Cereal	6490.56	6356.75	3645.63	3674.51	5617	5780
稻　谷	Rice	76.32	75.02	51.23	50.43	6712	6722
小　麦	Wheat	2389.75	2373.36	1480.23	1504.12	6194	6338
玉　米	Corn	3696.14	3544.06	2031.21	2035.48	5495	5743
谷　子	Millet	130.03	127.20	45.77	44.96	3520	3534
高　粱	Sorghum	2.02	2.41	0.71	0.85	3521	3537
豆　类	Beans	89.06	90.12	19.80	20.83	2223	2311
#大　豆	Soybean	68.73	70.10	16.03	17.06	2332	2434
薯　类	Tubers	211.76	211.65	117.56	133.91	5551	6327
油　料	**Oil-bearing**	**383.15**	**394.59**	**126.20**	**129.40**	**3294**	**3279**
#花　生	Peanut	270.64	266.79	102.68	103.41	3794	3876
油菜籽	Rapeseeds	19.48	24.52	3.22	4.17	1652	1700
芝　麻	Sesame	1.49	1.41	0.20	0.20	1363	1423
胡麻籽	Benne	30.18	38.09	3.09	3.81	1022	1001
葵花籽	Sunflower	60.14	62.08	16.82	17.42	2797	2806
棉　花	**Cotton**	**230.68**	**220.65**	**23.90**	**24.00**	**1036**	**1088**
麻　类	**Fiber Crops**	**…**	**…**	**…**	**…**	**2876**	**1379**
#黄红麻	Jute and Ambary Hemp	…		…		1727	
大　麻	Hemp						
甜　菜	**Beetroots**	**12.14**	**12.20**	**60.44**	**62.49**	**49784**	**51238**
烟　叶	**Tobacco**	**1.40**	**1.35**	**0.23**	**0.22**	**1661**	**1656**
#烤　烟	Flue-cured Tobacco	1.38	1.33	0.23	0.22	1639	1640
药　材	**Medicinal Materials**	**66.75**	**74.87**	**42.34**	**47.34**	**6343**	**6322**
蔬　菜	**Vegetables**	**751.55**	**748.58**	**5038.89**	**5058.53**	**67046**	**67575**
瓜果类	**Melons**	**70.26**	**70.74**	**390.23**	**395.40**	**55543**	**55894**
其他农作物	**Other Crops**	**160.03**	**200.20**				
#青饲料	Green Feed	98.14	115.02				

主要农产品产量
Yield of Major Farm Crops

年份 Year	粮食（万吨） Grain (10000 tons)	谷物 Cereal	#小麦 Wheat	#稻谷 Rice	#玉米 Corn	豆类 Beans	#大豆 Soybean	薯类 Tubers	棉花（万吨） Cotton (10000 tons)
1978	1687.9		631.4	54.3	516.6		32.3	163.8	11.71
1980	1522.5		378.8	83.1	663.2		29.7	125.2	24.72
1985	1966.6		744.3	78.0	678.9		38.5	144.5	62.86
1990	2276.9		927.7	91.6	829.2		53.5	138.6	57.08
1995	2739.0	2507.0	1060.3	90.3	1183.4	94.3	78.6	137.7	37.05
2000	2551.1	2355.6	1208.0	65.8	994.5	74.5	62.9	121.0	30.01
2005	2598.6	2452.9	1150.3	51.6	1193.8	51.2	42.4	94.5	57.72
2006	2780.6	2640.2	1189.7	51.2	1348.8	46.9	39.5	93.5	70.02
2007	2897.3	2781.7	1197.6	57.0	1478.2	40.6	34.8	73.0	72.29
2008	2995.0	2862.5	1229.8	54.8	1532.6	41.4	35.0	91.1	73.26
2009	3017.4	2926.3	1241.8	56.3	1579.4	30.1	25.0	61.0	58.43
2010	3121.0	3018.3	1246.6	52.8	1663.8	27.5	23.3	75.2	42.74
2011	3345.0	3237.4	1296.9	58.2	1823.0	28.1	23.8	79.4	45.20
2012	3442.6	3330.8	1363.9	47.9	1856.2	24.2	20.0	87.6	41.22
2013	3584.9	3474.2	1419.0	56.1	1922.8	22.2	18.1	88.4	38.75
2014	3569.0	3468.9	1444.3	51.0	1898.8	23.7	18.2	76.4	36.99
2015	3602.2	3505.8	1482.8	51.2	1897.7	19.1	15.3	77.3	23.90
2016	3783.0	3645.6	1480.2	51.2	2031.2	19.8	16.0	117.6	23.90
2017	3829.2	3674.5	1504.1	50.4	2035.5	20.8	17.1	133.9	24.00

年份 Year	油料（万吨） Oil-bearing Crops (10000 tons)	#花生 Peanut	#芝麻 Sesame	麻类（吨） Fiber Crops (ton)	#黄红麻 Jute and Ambary Hemp	烟叶（吨） Tobacco (ton)	#烤烟 Flue-cured Tobacco	蔬菜（万吨） Vegetables (10000 tons)	瓜果类（万吨） Melons (10000 tons)
1978	24.50	17.37	1.26	16615	9130	10940	6385	550.7	29.7
1980	45.14	35.77	3.23	17785	9720	5900	1540	531.6	45.9
1985	86.92	58.01	5.14	59890	52305	20135	5440	921.2	173.1
1990	74.89	57.81	2.74	20148	18158	22090	11596	1157.0	110.6
1995	109.86	94.68	2.47	13996	13095	9427	6513	2148.4	186.6
2000	146.97	132.59	2.03	7951	7436	12429	7360	4454.0	341.9
2005	152.73	140.33	1.46	7262	767	9759	4928	6467.6	479.4
2006	133.78	121.87	1.32	7328	810	4984	2286	6314.4	460.3
2007	135.24	128.00	0.97	3962	717	4223	2271	3916.1	453.4
2008	146.59	131.33	0.83	710	617	5321	3378	4068.4	433.5
2009	134.90	121.28	0.68	745	699	5399	3628	4100.5	392.4
2010	129.46	118.33	0.59	677	648	4926	3192	4306.3	400.6
2011	126.36	113.74	0.53	729	688	4812	3518	4507.9	407.2
2012	127.25	111.50	0.41	780	738	4626	3491	4703.0	416.4
2013	132.28	113.99	0.35	786	736	4714	3697	4823.8	433.7
2014	125.92	105.46	0.29	612	592	5088	4439	4965.1	448.8
2015	126.01	102.81	0.29	499	480	3424	2839	5022.2	455.3
2016	126.20	102.68	0.20	3	…	2318	2265	5038.2	390.2
2017	129.40	103.41	0.20	3	…	2231	2189	5058.5	395.4

平均每人主要农产品产量（按平均人口计算）
Per Capita of Major Agricultural Products (Calculated by Average Population)

单位：千克 (kg)

年份 Year	粮食 Grain	棉花 Cotton	油料 Oil-bearing Crops	蔬菜 Vegetables	园林水果 Garden Fruit	猪牛羊肉 Pork, Beef and Mutton	禽蛋 Poultry Eggs	牛奶 Cow Milk	水产品 Aquatic Products
1978	335.72	2.32	1.87	108.38	15.81	8.29		0.36	2.76
1980	296.42	4.81	8.79	103.50	15.60	13.45		0.32	1.90
1985	356.43	11.39	15.75	166.96	29.03	14.84	6.06	1.33	2.31
1990	378.23	9.48	12.44	192.19	29.15	20.13	8.52	1.86	3.64
1995	427.17	5.78	17.13	335.05	67.37	40.36	32.02	5.08	6.18
2000	383.97	4.52	22.12	670.38	101.94	40.64	49.57	12.67	12.18
2005	380.48	8.45	22.36	946.97	134.48	46.00	56.40	49.83	14.49
2006	404.49	10.19	19.46	918.55	140.89	47.06	55.61	54.55	12.68
2007	418.65	10.45	19.54	565.87	140.36	44.72	57.39	58.82	13.10
2008	429.94	10.52	21.04	584.03	138.94	47.84	59.21	60.24	13.87
2009	430.35	8.33	19.24	584.81	138.78	48.96	50.65	53.56	14.32
2010	438.71	6.01	18.20	605.33	131.15	47.93	48.01	51.41	14.95
2011	463.48	6.26	17.51	624.62	132.70	47.12	47.51	52.88	14.79
2012	473.93	5.67	17.52	647.44	134.22	49.06	47.67	53.85	13.74
2013	490.40	5.30	18.10	659.88	127.47	49.62	47.94	52.11	14.50
2014	485.04	5.03	17.11	674.78	127.89	52.14	50.01	55.13	14.91
2015	486.50	3.23	17.02	678.28	128.12	51.52	51.28	53.15	15.25
2016	507.95	3.21	16.95	676.59	126.60	50.39	53.12	49.19	15.39
2017	510.92	3.20	17.27	674.94	129.42	50.32	51.20	50.84	14.90

主要农业机械和农产品加工机械拥有量（年底数）
Ownership of Agricultural Machinery and Machinery for Procession Farm Products (End of Year)

指标	Item	2000	2010	2015	2016	2017
农业机械总动力（万千瓦）	**Total Power of Agricultural Machinery (10000 kw)**	**7000.4**	**10151.3**	**11102.8**	**7402.0**	**7580.6**
柴油发动机动力	Power of Diesel Engine	5082.5	8011.6	8760.2	5116.3	5300.5
汽油发动机动力	Power of Gasoline Engine	317.9	121.6	146.0	134.7	136.9
电动机动力	Power of Motor	1600.0	2018.1	2196.6	2151.0	2143.2
其他机械动力	Power of Others	0.1				
主要农业机械与设备（万台）	**Major Agricultural Machinery and Equipment (10000 units)**					
大中型拖拉机	Large and Medium Agricultural Tractors	6.4	17.3	27.4	29.9	31.5
小型拖拉机	Mini-Tractors	129.8	150.5	136.3	131.8	129.0
大中型拖拉机配套农具	Number of Large and Medium Tractor Towing Farm Machinery	10.8	34.5	49.8	53.8	59.8
小型拖拉机配套农具	Number of Mini-Tractor Towing Farm Machinery	156.7	201.0	180.4	173.4	168.8
排灌用电动机	Electrical Engines	131.2	148.2	154.5	152.9	147.4
排灌用柴油机	Diesel Engines	138.2	113.2	94.3	88.5	75.4
联合收获机	Combine Harvesters	4.2	7.9	13.8	14.7	15.6
割晒机	Swathers		4.0	3.0	2.6	2.5
机动脱粒机	Motorised Threshing Machines	46.7	21.8	19.8	19.3	16.8
农用运输汽车	Agricultural Vehicles	160.4	268.2	269.4		
节水灌溉机械	Water-saving Irrigated Machinery	3.1	4.4	5.7	5.7	6.0
农用水泵	Agricultural Pump	163.7	172.1	169.7	164.8	164.7

农村居民家庭平均每百户年末拥有生产性固定资产数量
Number of Productive Fixed Assets Per 100 Rural Households (End of Year)

项　　目	Item	2000	2010	2015	2016	2017
生产性用房及建筑物(平方米)	Productive Houses and Buildings (m2)	1179.10	2203.59	1179.08	1182.95	1324.26
大中型拖拉机(台)	Large and Medium Tractors (set)	2.03	2.92	2.46	2.00	2.10
小型农用拖拉机(台)	Mini and Walking Tractors (set)	34.49	32.13	36.68	31.01	30.57
农用排灌动力机械(台)	Pumps (set)		26.59	8.25	7.57	7.91
收割机(台)	Harvesters (set)		1.76	0.64	0.74	0.76
脱粒机(台)	Motorized Threshing Machines (set)	6.30	2.73	2.68	1.78	1.92
役畜(头)	Draught Animals (unit)	25.04	8.32	3.30	2.37	2.77
产品畜(头)	Commodity Animals (unit)	19.88	40.26	60.96	80.55	52.64

农村居民家庭平均每户年末拥有生产性固定资产原值
Original Value of Productive Fixed Assets Per Rural Households (End of Year)

单位：元　　　　(yuan)

项　　目	Item	2000	2010	2015	2016	2017
生产性固定资产原值	**Original Value of Productive Fixed Assets**	**6328.32**	**11455.36**	**15252.44**	**20362.85**	**19302.89**
农业	Farming		5683.50	6287.34	5232.19	5226.31
林业	Forestry		11.27	59.15	12.74	10.19
牧业	Animal Husbandry		1417.95	1534.27	2030.10	2003.77
渔业	Fishery	4132.77①		6.93	7.55	
农林牧渔服务业	Service to Farming, Forestry, Animal Husbandry and Fishery			53.04	22.78	53.64
采矿业	Mining		26.19		18.66	
制造业	Manufacturing	586.06②	1354.51	1587.37	3182.82	3518.57
电力、热力、燃气及水生产和供应业	Production and Distribution of Electricity, Thermal, Gas and Water		4.76		6.72	12.71
建筑业	Construction	31.57	158.33	238.89	1013.95	1017.04
批发和零售业	Wholesale and Retail Trades		727.00	2362.73	5511.61	4242.49
交通运输业、仓储和邮政业	Traffic, Transport, Storage and Post		1585.74	2232.68	2100.92	2040.82
住宿和餐饮业	Hotels and Catering Services		101.55	217.22	348.06	317.99
房地产业	Real Estate	1577.92③			21.57	21.64
租赁和商务服务业	Leasing and Business Services			108.53	96.16	17.85
居民服务、修理和其他服务业	Social Services		206.44	487.58	654.50	588.43
其他行业	Others		178.12	76.71	102.53	231.43

注：①包括农业、林业、牧业、渔业及农林牧渔服务业。②包括采矿业，制造业，电力、热力、燃气及水生产和供应业。③包括批发和零售业，交通运输业、仓储和邮政业，住宿和餐饮业，房地产业，租赁和商务服务业，居民服务、修理和其他服务业，其他行业。

a) ① Included farming, forestry, animal husbandry, fishery and service to farming, forestry, animal husbandry and fishery. ② Included mining, manufacturing,production and distribution of electricity, thermal, gas and water. ③ Included wholesaleand retail trades, traffic, transport, storage & post, hotels & catering services, real estate, leasing & business services, social services & others.

农业机械化、能源、化肥、水利
Mechanization, Energy Resources, Chemical Fertilizer and Water Conservancy of Agriculture

指　　标	Item	2010	2015	2016	2017
农业机械化情况(千公顷)	**Agriculture Mechanization (1000 hectares)**				
当年实际机械耕地面积	Area Cultivated by Machine This Year	5317.10	5475.26	5473.05	5480.01
当年机械播种面积	Area Sown by Machine This Year	6274.51	6624.64	6669.38	6825.28
当年机械收获面积	Mechanical Harvest Area This Year	3428.52	5192.38	5397.25	5533.93
农业能源情况	**Agriculture Energy**				
农村用电量(亿千瓦小时)	Electricity Consumed in Rural Area (100 million kwh)	511.81	611.82	600.78	615.16
农村水电站数(处)	Hydropower Station in Rural Areas (unit)	135	248	250	241
装机容量(万千瓦)	Generating Capacity (10000 kw)	6.32	39.57	39.58	37.17
农用化肥施用量	**Consumption of Chemical Fertilizers**				
折纯量(万吨)	by 100% Effective Component (10000 tons)	322.86	335.49	331.79	322.00
农药使用量(万吨)	**Consumption of Agricultural Pesticide (10000 tons)**	**8.46**	**8.33**	**8.17**	**7.76**
农田水利情况	**Farm Water Conservancy Condition**				
有效灌溉面积(千公顷)	Effective Irrigated Areas (1000 hectares)	4520.87	4447.98	4457.64	4474.67
年末实有机井数量(万眼)	Motor-pumped Well at the Year-end (10000 units)	96.45	91.72	91.43	91.36

注：2012年有效灌溉面积、机电井数据为全国第一次水利普查数据。
a) In 2012, the effective irrigation area, motor-pumped well for the first national water resources census.

林　业　生　产
Forestry Production

指　　标	Indicator	2010	2015	2016	2017
营造林情况(千公顷)	**Afforestation Situation (1000 hec)**				
人工造林面积	Manual Planting	138.37	284.08	345.63	371.77
飞播造林面积	Airplane Planting	76.60		33.33	20.24
当年新封山育林面积	New Closing Hillsides for Afforestation	68.91	58.84	135.11	84.79
退化林修复面积	Restoration of Degraded Foresta		11.69	65.65	1.70
人工更新面积	Artificial Regeneration	4.20	5.26	3.64	2.80
森林抚育面积	Area of Forest Care	263.75	444.49	408.38	403.69
当年零星四旁植树(万株)	Planting Trees Piecemeal (10000 trees)	10036.95	10786.14	10429.56	9728.96
当年新增育苗面积	New Seedling Area Was Added	16.12	28.86	25.01	27.43
商品材采伐量(万立方米)	**Lumber Logging Amount (10000 m3)**	**71.34**	**80.45**	**82.30**	**78.70**
#村及村以下木材采伐量	Timber Logging in Rural Areas	44.20	48.29	54.61	59.00
花椒产量(吨)	**Chinese Prickly Ash Output (ton)**	**12271**	**10726**	**10284**	**10325**

注：森林抚育面积是指中、幼龄林抚育面积。
a) Area of forest care refers to the area of the Medium and young forest.

畜禽产品年末存栏数量
Number of Livestock at Year-end

单位：万头 (10000 heads)

年 份 Year	大牲畜 Large Animals	#牛 Cattle and Buffaloes	#马 Horses	#驴 Donkeys	#骡 Mules	生 猪 Number of Hogs at Year-end	羊 (万只) Sheep and Goats (10000 units)	山 羊 Goats	绵 羊 Sheep	家 禽 (万只) Poultrys (10000 units)
1978	354.70	134.60	79.81	83.07	56.95	1245.7	600.7	346.1	254.6	
1980	341.05	120.71	78.02	78.26	63.88	1293.4	814.9	461.4	353.5	4210.8
1985	446.50	155.10	71.95	142.57	76.88	1421.4	721.1	372.8	348.3	10233.0
1990	525.22	207.90	56.95	176.71	83.66	1494.2	1074.5	562.6	511.9	12838.2
1995	870.88	579.34	48.68	167.69	75.17	2052.8	1565.7	803.4	762.3	35670.5
2000	774.24	516.73	45.04	149.14	63.33	1959.6	1676.6	801.8	874.8	45515.9
2005	762.63	584.92	33.13	104.11	40.47	1977.5	1679.1	678.3	1000.8	41070.5
2006	613.00	458.93	28.99	90.16	34.92	1812.8	1552.6	634.9	917.8	37495.5
2007	571.85	448.21	22.78	74.05	26.81	1923.5	1580.6	784.0	796.7	39177.3
2008	536.23	435.71	18.98	59.45	22.09	2050.2	1610.8	748.0	862.8	38133.2
2009	491.90	410.19	15.52	48.55	17.64	2019.5	1556.1	548.2	1007.8	35111.3
2010	449.68	380.62	13.17	40.88	15.01	1910.7	1397.8	458.7	939.1	33345.5
2011	431.71	371.33	11.63	36.25	12.50	1968.1	1443.2	463.0	980.2	35990.5
2012	423.26	368.35	10.77	33.07	11.07	1945.4	1397.2	445.3	951.9	38946.8
2013	400.17	351.69	9.65	29.32	9.49	2052.9	1435.6	444.8	990.7	37677.8
2014	398.18	356.84	8.33	25.03	7.94	2052.0	1503.0	474.2	1028.8	39255.4
2015	395.85	360.31	7.13	21.78	6.60	2015.9	1425.1	467.6	957.5	38421.6
2016	369.55	340.74	6.17	17.25	5.36	1982.5	1359.8	461.3	898.4	39260.6
2017	387.87	359.50	5.86	17.35	5.12	1957.8	1228.1	401.4	826.7	39653.2

畜禽产品当年出栏数量及产量
Number of Livestock in the Year and Output of Livestock Products

年 份 Year	肉 猪 当年出栏 (万头) Slaughtered Pigs in the Year (10000 heads)	牛 当年出栏 (万头) Slaughtered Cattle in the Year (10000 heads)	羊 当年出栏 (万只) Slaughtered Sheep & Goats in the Year (10000 units)	家 禽 当年出栏 (万只) Slaughtered Poultry in the Year (10000 units)	肉 类 总产量 (万吨) Output of Meat (10000 tons)	#猪牛羊肉 Output of Pork, Beef and Mutton	奶 类 产 量 (万吨) Output of Milk (10000 tons)	#牛奶产量 Output of Cow Milk	禽 蛋 产 量 (万吨) Poultry Eggs (10000 tons)
1978	570.5	4.0	135.7			41.7	2.46	1.82	
1980	716.9	5.4	174.9			52.5	4.51	2.65	
1985	1018.5	15.2	325.9		85.9	81.9	10.05	7.32	33.44
1990	1395.5	45.0	644.4	5246.6	130.1	121.2	14.26	11.18	51.28
1995	2409.6	333.3	1200.7	31457.4	310.7	258.8	38.92	32.55	205.29
2000	2675.2	326.3	1511.5	44471.3	342.4	270.0	96.21	84.20	329.35
2005	3145.0	360.4	1695.5	48690.1	395.6	314.2	348.64	340.35	385.18
2006	3246.7	348.8	1726.4	48743.0	406.2	323.5	384.39	375.01	382.30
2007	2989.8	359.7	1785.6	52201.6	396.6	309.5	415.33	407.06	397.16
2008	3286.9	354.1	1938.7	54094.5	422.3	333.3	430.41	419.60	412.48
2009	3420.1	344.3	2047.2	52837.1	429.7	343.3	385.03	375.51	355.12
2010	3335.8	361.2	2127.0	48327.2	420.7	340.9	375.06	365.74	341.53
2011	3378.1	339.0	2031.0	51189.1	423.9	340.0	389.70	381.66	342.91
2012	3576.7	340.3	2047.6	58564.5	450.7	356.4	399.80	391.20	346.27
2013	3666.4	325.3	2076.9	59315.3	458.8	362.7	388.57	380.91	350.44
2014	3897.8	320.6	2155.7	60491.7	481.1	383.6	414.03	405.67	367.97
2015	3837.1	325.4	2216.1	59388.6	477.5	381.5	401.30	393.50	379.69
2016	3742.6	331.9	2259.7	61875.3	472.1	375.3	373.01	366.35	395.59
2017	3785.3	340.5	2168.9	60637.8	472.3	377.2	387.75	381.01	383.72

水产品产量
Output of Aquatic Products

单位：吨 (ton)

年 份 Year	水产品 总产量 Total Aquatic Products	海水产品 Seawater Aquatic Products	#鱼 类 Fish	#虾蟹类 Carapace	淡水产品 Freshwater Aquatic Products	#鱼 类 Fish	#虾蟹类 Carapace	远洋捕捞产品 Pelagic Fishery
1978	139017	128043	43988	63856	10974	10232	214	
1980	97610	86479	41902	38144	11131	9811	643	
1985	127495	104529	58578	39276	22966	21464	1489	
1990	218553	164880	61762	71295	53673	50912	2722	
1995	396070	210215	73868	62853	185855	178218	6330	
2000	809496	482032	187945	80707	327464	306535	15084	
2005	989461	571808	191613	95057	417653	386333	23696	
2006	871418	499047	155456	77803	372371	342458	22504	
2007	906437	524303	160388	75141	382134	353175	22909	
2008	966400	549250	164631	80317	417150	385537	25009	
2009	1004100	553884	151520	78503	450216	415983	26465	
2010	1063300	582600	151653	78882	480700	443331	27725	
2011	1067131	563281	145094	71757	503850	464896	28464	
2012	998232	634631	141882	81978	363601	319201	33498	
2013	1060219	682809	134634	77538	377410	328514	39094	
2014	1097300	731594	143783	74982	365706	323490	32328	
2015	1129198	756931	153972	77740	368267	327368	30960	4000
2016	1194099	759208	155961	76951	387300	346506	32652	47591
2017	1164600	763207	148731	76994	353193	313725	33197	48200

受灾情况
Natural Disaster

指 标	Item	2000	2010	2015	2016	2017
受灾面积（千公顷）	**Areas Covered (1000 hectares)**	**3560.28**	**1668.17**	**1794.90**	**1447.83**	**803.23**
#成 灾	Areas Affected	2541.30	1058.29	976.93	560.58	381.44
旱 灾	Drought	2974.70	844.65	1104.15	216.05	367.40
#成 灾	Areas Affected	2210.54	640.47	543.32	20.60	146.10
水 灾	Flood	114.16	127.12	320.99	953.22	58.24
#成 灾	Areas Affected	62.78	58.05	240.00	371.14	23.06
风雹灾	Wind Hail	256.15	149.83	347.77	261.63	217.46
#成 灾	Areas Affected	166.12	86.92	159.00	156.23	114.84
霜冻灾	Frost	1.74	252.98	10.68	15.40	41.40
#成 灾	Areas Affected	0.37	146.53	2.80	12.20	36.58
病虫灾	Diseases and Insect	203.40	118.80	11.31	1.50	85.25
#成 灾	Areas Affected	92.89	35.32	6.25	0.41	44.93

注：1.2015年及以后数据为民政部门数，其他年份为统计部门数。
a) The Data are from the Ministry of Civil Affairs since 2015, other years are from the department of statistics.

农垦系统国营农牧场基本情况
Basic Statistics on State Farms and Pasturelands of Land Reclamation Departments

指　　标	Item	2000	2010	2015	2016	2017
农场数(个)	**Number of Farms (unit)**	**30**	**32**	**33**	**33**	**33**
农场人口及职工(人)	**Population, Staff and Workers (person)**					
总人口	Total Population	290157	422544	459210	462635	421873
职工人数	Number of Staff and Workers	94660	71138	66068	66674	62539
土地总面积(公顷)	**Total Land Area (hectare)**	**350720**	**354669**	**393149**	**393146**	**387607**
# 耕地面积	Cultivated Area	90380	89095	97763	96726	92756
牧草地面积	Area of Grassland	99080	77909	94430	93091	97720
#已利用面积	Utilized Area	84730	51891	63911	61944	64599
林地面积	Forest Area	38330	83774	79527	76156	73966
水面面积	Water Area	47680	36939	26702	26464	28824
#养殖面积	Cultivated Area	10010	13042	18277	18488	18269
茶果桑园面积	Area of Tea, Mulberry and Orchards Plantations	2880	1964	1589	1552	1901
农作物总播种面积(公顷)	**Sown Area of Farm Crops (hectare)**	**94840**	**99098**	**100743**	**97265**	**85045**
# 粮食	Grain	68540	64341	78239	76439	65774
#谷物	Cereal	61350	59771	68009	67346	56407
# 小麦	Wheat	19710	17504	16114	15845	10754
稻谷	Rice	27010	18145	24062	25704	25337
经济作物	Economic Crops					
# 棉花	Cotton	3390	19881	7657	5385	3838
油料	Oil-bearing Crops	12380	2015	1262	1467	1411
主要农产品产量(吨)	**Yield of Major Farm Crops (ton)**					
# 粮食	Grain	240341	415799	532361	622544	653090
#谷物	Cereal	232711	389171	401920	443034	423812
# 小麦	Wheat	50070	75643	75169	76966	44516
稻谷	Rice	141569	179027	211730	23792	262041
经济作物	Economic Crops					
# 棉花	Cotton	4121	32481	9410	6831	5076
油料	Oil-bearing Crops	3466	2626	1324	1898	1614
鲜果	Fruit	17295	16037	24292	24209	27877
林业生产	**Forestry Production**					
当年造林面积(公顷)	New Forestry Area This Year (hectare)	5417	3110	4227	4703	6059
林木采伐量(立方米)	Fall of Forest (cu.m)	2420	3636	1621	6363	1093
畜牧业、渔业生产	**Production of Animal Husbandry and Fishery**					
年末大牲畜存栏(头)	Number of Large Animals (year-end) (head)	36500	137400	202800	189800	195641
年末猪存栏(头)	Number of Hogs (head)	90100	273700	328300	330600	376516
年末羊存栏(只)	Number of Sheep and Goats (unit)	51700	54000	128000	114700	106005
#山羊	Goats	14600	4300	3600	3400	3927
畜产品产量(吨)	Output of Livestock Products (ton)					
肉类总产量	Pork, Beef and Mutton	21210	56021	61005	67409	73176
牛奶产量	Milk	68104	473614	538743	559201	515048
禽蛋产量	Poultry Eggs	6817	10027	12438	19050	20308
水产品产量(吨)	Output of Aquatic Products (ton)	48207	78115	136907	114136	113425
#养殖	Artificially Cultured	39057	71562	115135	111896	96230

规模以上工业企业主要指标
Main Indicators of Industrial Enterprises above Designated Size

项　目	Item	2010	2015	2016	2017
企业单位数(个)	**Number of Enterprises (unit)**	**13927**	**15295**	**14764**	**14790**
内资企业	Domestic Funded	12833	14480	14033	14071
港澳台商投资企业	Enterprises with Funds from Hong Kong, Macao and Taiwan	309	254	244	239
外商投资企业	Foreign Funded Enterprises	785	561	487	480
工业增加值(亿元)	**Value Added of Industry (100 million yuan)**	**8182.8**	**11244.7**	**11663.8**	
资产总计(亿元)	**Total Assets (100 million yuan)**	**24943.75**	**42717.82**	**44562.88**	**45213.57**
内资企业	Domestic Funded	20723.15	37890.71	39562.90	39510.88
港澳台商投资企业	Enterprises with Funds from Hong Kong, Macao and Taiwan	1853.85	2009.14	2148.20	2949.92
外商投资企业	Foreign Funded Enterprises	2366.75	2817.97	2851.78	2752.78
主营业务收入(亿元)	**Revenue from Principal Business (100 million yuan)**	**31628.93**	**45648.10**	**47318.60**	**41949.97**
内资企业	Domestic Funded	27031.17	41076.86	42837.77	37169.06
港澳台商投资企业	Enterprises with Funds from Hong Kong, Macao and Taiwan	2035.06	1785.72	1707.44	2378.23
外商投资企业	Foreign Funded Enterprises	2562.70	2785.51	2773.38	2402.69
利润总额(亿元)	**Total Proficts (100 million yuan)**	**2141.47**	**2360.99**	**2815.11**	**2712.87**
内资企业	Domestic Funded	1774.90	2165.45	2539.48	2311.11
港澳台商投资企业	Enterprises with Funds from Hong Kong, Macao and Taiwan	150.28	114.22	126.92	213.12
外商投资企业	Foreign Funded Enterprises	216.29	81.33	148.70	188.64
总资产贡献率(%)	**Ratio of Profits, Taxes & Interests to Average Assets (%)**	**14.75**	**10.39**	**11.06**	**10.39**
内资企业	Domestic Funded	15.18	10.75	11.34	10.31
港澳台商投资企业	Enterprises with Funds from Hong Kong, Macao and Taiwan	12.25	9.62	9.78	11.43
外商投资企业	Foreign Funded Enterprises	12.96	6.06	8.19	10.56
资产负债率(%)	**Ratio of Debts to Assets (%)**	**60.68**	**56.16**	**54.87**	**57.74**
内资企业	Domestic Funded	61.33	56.48	55.27	58.55
港澳台商投资企业	Enterprises with Funds from Hong Kong, Macao and Taiwan	58.46	54.69	51.66	54.32
外商投资企业	Foreign Funded Enterprises	56.74	52.87	51.73	49.87

注：规模以上工业企业统计范围1998年至2007年为全部国有及年主营业务收入在500万元及以上非国有工业企业；2008年至2010年为年主营业务收入在500万元及以上的工业企业；2011年及以后年份为年主营业务收入在2000万元及以上的工业企业(以下相关表同)。

a) Industrial enterprises above designated size are all state-owned enterprises and non-state owned enterprises with annual revenue from principal business over 5 million yuan from 1998 to 2006, and are industrial enterprise with annual revenue from principal business over 5 million yuan from 2007 to 2010, and are industrial enterprise with annual revenue from principal business over 20 million yuan since 2011. The same applies to the tables following.

规模以上工业企业主要经济指标（2017年）
Main Indicators of Industrial Enterprises above Designated Size (2017)

单位：亿元　　(100 million yuan)

项　目	Item	企业单位数（个） Number of Enterprises (unit)	负债合计 Total Liabilities	资产总计 Total Assets	主营业务收入 Revenue from Principal Business	利润总额 Total Profits
全省总计	**Total**	**14790**	**26107.85**	**45213.57**	**41949.97**	**2712.87**
按轻重工业分	**by Light & Heavy Industries**					
轻工业	Light Industry	5547	3765.92	8159.24	10814.58	737.13
重工业	Heavy Industry	9243	22341.94	37054.33	31135.39	1975.74
按企业规模分	**by Size of Enterprises**					
大型企业	Large Enterprises	313	13388.76	21607.02	17905.65	1344.28
中型企业	Medium sized Enterprises	1565	5942.36	10072.15	9072.92	511.89
小型企业	Small Enterprises	11760	6127.48	12184.76	14288.27	809.03
微型企业	Micro enterprises	1152	649.25	1349.64	683.13	47.66
按登记注册类型分	**by Status of Registration**					
内资企业	Domestic Funded	14071	23132.84	39510.88	37169.06	2311.11
国有企业	State-owned Enterprises	71	814.47	1443.65	981.46	183.86
中央企业	Central Enterprises	19	641.78	1210.99	901.94	183.00
地方企业	Local Enterprises	52	172.70	232.66	79.51	0.86
集体企业	Collective-owned Enterprises	116	44.85	90.93	160.23	8.85
股份合作企业	Cooperative Enterprises	19	5.96	8.03	21.06	0.87
联营企业	Joint Ownership Enterprises	1	0.03	0.32	3.20	0.43
国有联营企业	State Joint Ownership Enterprises					
集体联营企业	Collective Joint Ownership Enterprises					
国有与集体联营	Joint State-collective Enterprises					
其他联营企业	Other Joint Ownership Enterprises	1	0.03	0.32	3.20	0.43
有限责任公司	Limited Liability Corporations	1942	11835.49	17630.92	10230.67	435.40
国有独资公司	State Sole funded Corporations	110	2432.27	3724.59	2076.83	27.55
其他有限责任公司	Other Limited Liability Corporations	1832	9403.23	13906.32	8153.83	407.84
股份有限责任公司	Share-holding Corporations Limited	267	2483.52	4814.99	3473.04	200.27
私营企业	Private Enterprises	11647	7932.56	15484.98	22278.66	1479.09
私营独资企业	Private-funded Enterprises	455	90.74	217.99	451.62	28.47
私营合伙企业	Private Partnership Enterprises	130	23.55	72.48	180.14	8.41
私营有限责任公司	Private Limited Liability Corporations	10779	7507.64	14430.03	21000.08	1396.21
私营股份有限公司	Private Share-holding Corporations Ltd.	283	310.63	764.49	646.82	46.00
其他企业	Other Enterprises	8	15.94	37.05	20.74	2.34
港澳台商投资企业	Enterprises with Funds from Hong Kong, Macao and Taiwan	239	1602.27	2949.92	2378.23	213.12
合资经营企业	Joint-ventures Enterprises	131	885.4	1649.86	1328.17	108.21
合作经营企业	Cooperative Enterprises	11	81.87	182.52	173.17	27.84
独资企业	Enterprises with Sole Investment	86	565.00	1020.36	794.80	67.73
投资股份有限公司	Share-holding Corporations Ltd.	7	62.11	88.21	69.13	9.63
其他投资	Other Enterprises	4	7.89	8.96	12.96	-0.30
外商投资企业	Foreign Funded Enterprises	480	1372.75	2752.78	2402.69	188.64
中外合资经营企业	Joint-venture Enterprises	224	641.70	1344.87	992.57	63.46
中外合作经营企业	Cooperation Enterprises	11	21.74	30.13	54.88	1.94
外资企业	Enterprises with Sole Funds	232	576.05	1125.01	1051.17	81.25
股份有限公司	Share-holding Corporations Ltd.	5	125.23	234.85	280.13	40.77
其他外商投资	Other Enterprises	8	8.04	17.91	23.94	1.21

规模以上工业企业增加值
Value-added of Industry Enterprises above Designated Size

项　目	Item	2010	2012	2013	2014	2015	2016
工业增加值(亿元)	**Value Added of Industry (100 million yuan)**	**8182.8**	**11069.6**	**11711.1**	**11758**	**11244.7**	**11663.8**
# 轻工业	Light Industry	1626.6	2272.9	2498.0	2690.1	2791.2	2921.9
重工业	Heavy Industrial	6556.2	8796.7	9213.1	9068.3	8453.4	8741.9
# 国有企业	State-owned Enterprises	850.5	964.4	890.2	416.6	364.5	260.7
集体企业	Collective-owned Enterprises	164.3	130.7	170.0	113.6	87.1	64.5
股份合作企业	Cooperative Enterprises	21.8	15.4	10.8	5.1	4.5	4.4
股份制企业	Share-holding Corporations Limited	5053.4	7331.4	7954.3	9394.9	9145.9	9802.3
外商及港澳台投资企业	Industrial Enterprises with Foreign Funds and Hong Kong, Macao and Taiwan	1166.1	1296.0	1267.1	1210.2	1084.0	1096.0
# 国有及国有控股企业	State-owned and State-holding Enterprises	2901.8	3169.3	3065.0	2673.4	2371.3	2305.9
# 大中型工业	Large and Medium-sized Enterprises	5025.5	6749.0	7336.4	7224.1	6630.3	7097.2
比上年增长(%)	**Growth Rate (%)**						
工业增加值	Value Added of Industry	16.5	13.4	10.0	5.1	4.4	4.8
# 轻工业	Light Industry	18.6	14.8	10.2	6.4	3.9	6.7
重工业	Heavy Industrial	16.0	13.0	10.0	4.7	4.5	4.2
# 国有企业	State-owned Enterprises	19.5	12.3	3.7	2.9	4.0	8.0
集体企业	Collective-owned Enterprises	6.2	18.2	-0.2	0.4	-8.4	-15.8
股份合作企业	Cooperative Enterprises	-4.5	10.5	-9.0	-1.6	7.2	-0.3
股份制企业	Share-holding Corporations Limited	17.8	13.9	11.2	5.8	4.9	5.7
外商及港澳台投资企业	Industrial Enterprises with Foreign Funds and Hong Kong, Macao and Taiwan	7.5	5.5	4.5	1.4	3.4	…
# 国有及国有控股企业	State-owned and State-holding Enterprises	13.9	5.6	3.2	1.4	-1.5	-0.6
# 大中型工业	Large and Medium-sized Enterprises	10.8	8.9	6.1	3.0	-0.2	3.2

按行业分规模以上工业企业主要指标（2017年）

单位：亿元

行　业	Sector	企　业单位数（个）Number of Enterprises (unit)
全省总计	**Total**	**14790**
煤炭开采和洗选业	Mining and Washing of Coal	73
石油和天然气开采业	Extraction of Petroleum and Natural Gas	2
黑色金属矿采选业	Mining of Ferrous Metal Ores	295
有色金属矿采选业	Mining of Non-ferrous Metal Ores	17
非金属矿采选业	Mining and Processing of Nonmetal Ores	76
其他采矿业	Mining of Others	
农副食品加工业	Processing of Food from Agricultural Products	633
食品制造业	Manufacture of Foods	356
酒、饮料和精制茶制造业	Manufacture of Wine, Soft Drinks and Refined Tea	163
烟草制品业	Manufacture of Tobacco	3
纺织业	Manufacture of Textile	749
纺织服装、服饰业	Manufacture of Textile, Apparel	244
皮革、毛皮、羽毛及其制品和制鞋业	Manufacture of Leather, Fur, Feather and Its Products and Footware	533
木材加工和木、竹、藤、棕、草制品业	Processing of Timbers, Manufacture of Wood,Bamboo, Rattan, Palm and Straw Products	170
家具制造业	Manufacture of Furniture	169
造纸和纸制品业	Manufacture of Paper and Paper Products	236
印刷和记录媒介复制业	Printing, Reproduction of Recording Media	228
文教、工美、体育和娱乐用品制造业	Manufacture of Articles for Culture, Arts and Crafts, Education, Sport Activities and Entertainment Goods	354
石油加工、炼焦和核燃料加工业	Processing of Petroleum, Coking, Processing of Nuclear Fuel	145
化学原料和化学制品制造业	Manufacture of Chemical Raw Material and Chemical Products	947
医药制造业	Manufacture of Medicines	252
化学纤维制造业	Manufacture of Chemical Fiber	45
橡胶和塑料制品业	Manufacture of Rubber and Plastic	858
非金属矿物制品业	Manufacture of Nonmetallic Mineral Products	1397
黑色金属冶炼和压延加工业	Manufacture and Processing of Ferrous Metals	372
有色金属冶炼和压延加工业	Manufacture & Processing of Non-ferrous Metals	204
金属制品业	Manufacture of Metal Products	1709
通用设备制造业	Manufacture of General Purpose Machinery	978
专用设备制造业	Manufacture of Special Purpose Machinery	821
汽车制造业	Manufacture of Automotive	623
铁路、船舶、航空航天和其他运输设备制造业	Manufacture of Railroad, Marine, Aerospace and Other Transportation Equipment	179
电气机械和器材制造业	Manufacture of Electrical Machinery and Equipment	840
计算机、通信和其他电子设备制造	Manufacture of Computer, Communications and Other Electronic Equipment	215
仪器仪表制造业	Manufacture of Measuring Instrument	101
其他制造业	Manufacture of Others	50
废弃资源综合利用业	Recycling and Disposal of Waste	74
金属制品、机械和设备修理业	Metal Products, Machinery and Equipment Repair	17
电力、热力生产和供应业	Production and Supply of Electric Power and Heat Power	322
燃气生产和供应业	Production and Distribution of Gas	88
水的生产和供应业	Production and Distribution of Water	52

Main Indicators of Industrial Enterprises above Designated Size by Industrial Sector (2017)

(100 million yuan)

负债合计 Total Liabilities	实收资本 Total Capital Hold	流动资产 合 计 Total Working Capitals	#存 货 Inventory	#产成品 Finished Products	固定资产 合 计 Fixed Assets	固定资产 原 价 Original Value of Fixed Assets	累计折旧 Accumulated Depreciation
26107.85	**8316.60**	**18959.29**	**4179.34**	**1515.01**	**17906.77**	**28627.10**	**11321.69**
1260.59	238.62	759.64	101.12	62.81	578.34	900.48	455.44
256.70		65.86	4.09	1.99	491.70	1282.57	761.69
824.08	158.15	449.55	60.77	27.64	337.21	525.90	209.81
25.13	4.01	14.73	3.50	1.57	22.69	31.08	9.15
46.10	14.15	38.63	6.73	4.54	23.56	37.12	14.87
680.55	212.53	684.96	185.59	78.42	352.97	477.07	160.98
294.24	174.35	344.89	79.71	39.34	233.13	338.75	116.38
278.18	135.61	284.14	72.61	23.84	160.08	239.55	91.45
54.58	13.16	116.69	92.51	5.39	22.77	61.39	39.39
318.86	140.27	306.12	98.92	49.95	248.03	339.84	103.78
99.90	38.31	106.10	30.27	14.44	80.66	113.44	39.54
123.78	41.88	129.75	33.62	12.36	136.66	171.87	35.95
66.94	28.02	58.74	16.36	8.88	69.60	96.64	27.92
75.12	32.66	66.34	17.87	6.47	46.38	68.66	19.04
155.78	65.63	129.42	29.09	14.08	120.19	158.98	52.00
94.63	70.49	113.04	24.60	9.03	87.25	159.33	70.20
70.73	46.36	86.12	29.85	12.85	86.42	125.79	41.32
1000.75	279.63	647.61	168.61	45.93	560.82	896.99	405.53
1161.71	443.82	968.74	186.83	81.51	778.17	1159.88	393.89
560.06	217.12	646.77	129.97	52.06	289.37	460.68	164.23
185.52	43.37	96.34	26.61	6.58	165.79	239.46	70.45
322.97	253.53	446.03	84.83	36.57	252.13	347.57	117.23
1105.75	503.85	878.20	175.12	72.51	775.32	1206.41	437.27
7220.35	1492.52	3985.00	1133.94	294.19	5051.03	7272.22	2648.53
163.59	102.87	130.88	35.45	10.92	96.52	173.46	74.31
923.55	523.28	939.64	247.30	111.88	1026.73	1345.25	412.70
470.63	230.15	553.49	159.77	60.51	311.55	429.81	140.67
1416.24	556.17	1407.53	222.11	83.95	405.42	565.43	185.34
1637.14	305.14	1559.44	222.00	105.16	983.33	1751.69	816.60
352.10	111.37	392.30	103.35	24.07	142.58	193.46	61.35
984.59	476.96	1044.38	233.60	114.77	444.98	759.45	299.09
238.31	153.95	308.94	48.67	16.50	161.03	271.01	106.89
55.51	27.04	103.63	23.16	9.92	26.42	40.48	16.75
9.46	5.43	13.07	3.26	0.95	11.57	15.92	5.00
57.20	27.81	43.30	9.80	3.37	23.31	33.64	11.30
22.24	3.66	22.56	9.96	0.06	6.03	12.10	5.93
3072.71	1000.54	779.12	38.58	3.00	3041.69	5983.69	2587.38
293.33	67.65	174.72	24.27	6.72	149.31	167.89	40.34
128.23	76.54	62.88	4.94	0.29	106.06	172.14	72.01

按行业分规模以上工业企业主要指标（2017年）(续)

单位：亿元

行　业	Sector	资产总计 Total Assets
全省总计	**Total**	**45213.57**
煤炭开采和洗选业	Mining and Washing of Coal	1814.71
石油和天然气开采业	Extraction of Petroleum and Natural Gas	626.85
黑色金属矿采选业	Mining of Ferrous Metal Ores	1167.30
有色金属矿采选业	Mining of Non-ferrous Metal Ores	54.63
非金属矿采选业	Mining and Processing of Nonmetal Ores	71.94
其他采矿业	Mining of Others	
农副食品加工业	Processing of Food from Agricultural Products	1107.63
食品制造业	Manufacture of Foods	696.69
酒、饮料和精制茶制造业	Manufacture of Wine, Soft Drinks and Refined Tea	568.49
烟草制品业	Manufacture of Tobacco	144.76
纺织业	Manufacture of Textile	670.38
纺织服装、服饰业	Manufacture of Textile, Apparel	211.49
皮革、毛皮、羽毛及其制品和制鞋业	Manufacture of Leather, Fur, Feather and Its Products and Footware	442.04
木材加工和木、竹、藤、棕、草制品业	Processing of Timbers, Manufacture of Wood,Bamboo, Rattan, Palm and Straw Products	142.55
家具制造业	Manufacture of Furniture	133.09
造纸和纸制品业	Manufacture of Paper and Paper Products	284.19
印刷和记录媒介复制业	Printing, Reproduction of Recording Media	237.91
文教、工美、体育和娱乐用品制造业	Manufacture of Articles for Culture, Arts and Crafts, Education, Sport Activities and Entertainment Goods	205.28
石油加工、炼焦和核燃料加工业	Processing of Petroleum, Coking, Processing of Nuclear Fuel	1428.40
化学原料和化学制品制造业	Manufacture of Chemical Raw Material and Chemical Products	2169.56
医药制造业	Manufacture of Medicines	1196.36
化学纤维制造业	Manufacture of Chemical Fiber	307.74
橡胶和塑料制品业	Manufacture of Rubber and Plastic	818.84
非金属矿物制品业	Manufacture of Nonmetallic Mineral Products	1954.10
黑色金属冶炼和压延加工业	Manufacture and Processing of Ferrous Metals	11008.63
有色金属冶炼和压延加工业	Manufacture & Processing of Non-ferrous Metals	278.13
金属制品业	Manufacture of Metal Products	2194.12
通用设备制造业	Manufacture of General Purpose Machinery	999.92
专用设备制造业	Manufacture of Special Purpose Machinery	2617.62
汽车制造业	Manufacture of Automotive	2916.53
铁路、船舶、航空航天和其他运输设备制造业	Manufacture of Railroad, Marine, Aerospace and Other Transportation Equipment	610.93
电气机械和器材制造业	Manufacture of Electrical Machinery and Equipment	1783.03
计算机、通信和其他电子设备制造	Manufacture of Computer, Communications and Other Electronic Equipment	510.75
仪器仪表制造业	Manufacture of Measuring Instrument	151.80
其他制造业	Manufacture of Others	27.73
废弃资源综合利用业	Recycling and Disposal of Waste	84.04
金属制品、机械和设备修理业	Metal Products, Machinery and Equipment Repair	31.52
电力、热力生产和供应业	Production and Supply of Electric Power and Heat Power	4805.60
燃气生产和供应业	Production and Distribution of Gas	441.96
水的生产和供应业	Production and Distribution of Water	216.92

Main Indicators of Industrial Enterprises above Designated Size by Industrial Sector (2017)

(100 million yuan)

流动负债合计 Total Working Liabilities	非流动负债合计 Total Non Working Liabilities	所有者权益合计 Total Owners' Equities	主营业务收入 Revenue from Principal Business	主营业务成本 Cost of Principal Business	营业利润 Profits of Business	利润总额 Total Profits	亏损企业亏损总额 Total Loss of Enterprises Running under Deficit
19947.77	**5146.17**	**18713.07**	**41949.97**	**35917.43**	**2715.51**	**2712.87**	**263.95**
806.38	408.09	558.45	1057.47	924.96	15.20	19.23	6.39
[illegible]	[illegible]	[illegible]	[illegible]	[illegible]	[illegible]	[illegible]	[illegible]
702.17	93.16	343.20	509.66	414.56	10.04	9.01	18.00
18.71	6.13	25.59	25.45	14.25	6.82	6.57	0.78
30.93	13.01	25.84	47.08	37.71	-1.10	2.73	0.16
597.50	54.06	501.58	1865.86	1690.58	75.54	75.98	9.26
245.09	36.85	395.16	979.30	806.78	59.38	61.34	7.22
247.58	19.50	289.65	438.36	323.83	56.43	56.84	3.51
54.53	0.05	90.18	151.46	56.56	1.19	1.16	
268.40	25.00	342.00	1355.14	1208.40	82.37	81.52	3.69
86.39	7.76	111.51	323.07	284.65	18.76	18.85	1.33
109.13	3.21	310.09	1204.54	1001.88	111.41	111.26	0.60
53.15	6.74	75.28	225.82	197.20	16.22	16.62	2.73
64.27	7.22	57.86	186.37	155.70	13.33	13.70	1.08
107.62	42.88	125.54	365.75	323.77	21.90	22.22	1.32
81.16	6.85	141.36	289.65	244.21	22.78	22.72	1.84
60.85	3.56	132.56	324.70	285.14	22.01	21.98	0.90
824.71	153.28	433.26	1966.39	1629.23	82.69	81.66	4.85
862.21	236.75	1004.54	2321.50	1959.00	167.50	179.69	21.98
472.20	74.51	633.78	931.71	647.52	97.78	99.29	1.85
120.25	63.36	120.79	263.17	201.46	23.92	23.54	0.69
263.30	27.49	484.50	944.79	807.75	67.49	67.79	3.70
904.90	122.69	838.11	1741.47	1482.30	106.81	111.46	12.93
5854.42	1050.41	3656.09	10454.43	9189.98	732.39	712.96	15.41
130.80	30.87	114.22	441.55	412.32	8.60	9.51	3.96
820.38	36.30	1258.58	2795.13	2492.81	170.08	139.48	8.93
386.96	47.95	519.31	1034.08	887.79	62.88	64.73	7.70
754.36	642.29	1199.31	1143.22	946.41	72.47	78.06	13.82
1344.16	248.55	1272.68	2536.31	2168.54	120.39	123.52	28.07
319.19	30.49	258.83	458.40	378.83	38.54	39.13	0.38
895.98	69.76	792.81	1925.16	1655.58	115.77	115.36	12.10
203.03	16.97	262.16	450.45	390.54	24.58	24.23	3.85
48.52	5.60	92.85	125.87	91.00	15.68	16.27	0.19
6.16	0.60	17.04	52.18	45.49	3.95	3.95	0.12
54.23	1.59	26.73	90.17	79.50	4.20	5.13	1.29
19.85	2.20	9.29	20.44	17.80	0.35	0.37	0.36
1774.50	1238.60	1730.59	2460.21	2087.65	274.61	287.16	20.48
223.15	63.09	148.54	240.19	201.22	20.79	21.72	4.15
71.69	51.03	88.69	53.96	41.31	-0.89	1.41	3.08

按行业分国有及国有控股工业企业主要指标（2017年）

单位：亿元

行　业	Sector	企　业 单位数 （个） Number of Enterprises (unit)
全省总计	**Total**	**699**
煤炭开采和洗选业	Mining and Washing of Coal	14
石油和天然气开采业	Extraction of Petroleum and Natural Gas	2
黑色金属矿采选业	Mining of Ferrous Metal Ores	14
有色金属矿采选业	Mining of Non-ferrous Metal Ores	1
非金属矿采选业	Mining and Processing of Nonmetal Ores	7
其他采矿业	Mining of Others	
农副食品加工业	Processing of Food from Agricultural Products	11
食品制造业	Manufacture of Foods	9
酒、饮料和精制茶制造业	Manufacture of Wine, Soft Drinks and Refined Tea	12
烟草制品业	Manufacture of Tobacco	3
纺织业	Manufacture of Textile	9
纺织服装、服饰业	Manufacture of Textile, Apparel	10
皮革、毛皮、羽毛及其制品和制鞋业	Manufacture of Leather, Fur, Feather and Its Products and Footware	2
木材加工和木、竹、藤、棕、草制品业	Processing of Timbers, Manufacture of Wood,Bamboo, Rattan, Palm and Straw Products	2
家具制造业	Manufacture of Furniture	
造纸和纸制品业	Manufacture of Paper and Paper Products	2
印刷和记录媒介复制业	Printing, Reproduction of Recording Media	12
文教、工美、体育和娱乐用品制造业	Manufacture of Articles for Culture, Arts and Crafts, Education, Sport Activities and Entertainment Goods	
石油加工、炼焦和核燃料加工业	Processing of Petroleum, Coking, Processing of Nuclear Fuel	14
化学原料和化学制品制造业	Manufacture of Chemical Raw Material and Chemical Products	48
医药制造业	Manufacture of Medicines	9
化学纤维制造业	Manufacture of Chemical Fiber	2
橡胶和塑料制品业	Manufacture of Rubber and Plastic	9
非金属矿物制品业	Manufacture of Nonmetallic Mineral Products	63
黑色金属冶炼和压延加工业	Manufacture and Processing of Ferrous Metals	25
有色金属冶炼和压延加工业	Manufacture & Processing of Non-ferrous Metals	11
金属制品业	Manufacture of Metal Products	23
通用设备制造业	Manufacture of General Purpose Machinery	20
专用设备制造业	Manufacture of Special Purpose Machinery	41
汽车制造业	Manufacture of Automotive	17
铁路、船舶、航空航天和其他运输设备制造业	Manufacture of Railroad, Marine, Aerospace and Other Transportation Equipment	13
电气机械和器材制造业	Manufacture of Electrical Machinery and Equipment	19
计算机、通信和其他电子设备制造	Manufacture of Computer, Communications and Other Electronic Equipment	15
仪器仪表制造业	Manufacture of Measuring Instrument	4
其他制造业	Manufacture of Others	2
废弃资源综合利用业	Recycling and Disposal of Waste	4
金属制品、机械和设备修理业	Metal Products, Machinery and Equipment Repair	4
电力、热力生产和供应业	Production and Supply of Electric Power and Heat Power	183
燃气生产和供应业	Production and Distribution of Gas	23
水的生产和供应业	Production and Distribution of Water	37

Main Indicators of State-owned and State-holding Industrial Enterprises by Industrial Sector (2017)

(100 million yuan)

负债合计 Total Liabilities	实收资本 Total Capital Hold	流动资产 合计 Total Working Capitals	# 存货 Inventory	# 产成品 Finished Products	固定资产 合计 Fixed Assets	固定资产 原价 Original Value of Fixed Assets	累计折旧 Accumulated Depreciation
11295.98	**3221.09**	**5515.01**	**1360.33**	**398.53**	**8417.18**	**14071.30**	**5950.54**
1233.59	232.65	733.29	94.61	59.39	575.81	894.57	452.77
256.70		65.86	4.09	1.99	491.70	1282.57	761.69
345.59	90.02	138.06	22.79	6.38	131.80	201.06	78.54
6.83	0.50	2.12	1.33	0.11	4.19	5.46	1.27
23.66	6.56	19.66	3.61	3.06	10.70	15.69	6.62
57.16	28.42	45.97	5.71	2.56	14.36	26.60	12.51
13.32	28.95	23.43	5.36	3.61	14.38	20.16	5.84
28.86	17.93	35.03	16.90	3.93	18.98	29.73	11.74
54.58	13.16	116.69	92.51	5.39	22.77	61.39	39.39
81.29	18.19	81.58	22.65	12.66	20.89	30.97	9.75
12.66	4.44	20.67	4.33	1.47	4.27	10.42	6.21
4.03	2.10	6.74	1.58	0.88	1.46	2.46	0.99
8.88	1.30	1.33	0.61	0.14	3.52	5.37	1.85
0.07	0.83	0.99	0.30	0.24	0.02	0.05	0.03
15.39	29.98	40.74	7.61	3.01	26.31	70.85	42.77
353.55	177.39	215.22	72.51	16.69	256.75	412.51	193.86
324.90	108.24	171.82	27.95	9.49	181.92	328.11	108.84
194.35	50.85	146.48	23.18	13.18	73.18	116.01	41.67
170.79	26.68	81.44	20.55	4.79	145.96	216.30	66.82
19.52	9.31	18.22	5.01	2.01	9.61	18.76	8.30
194.90	117.39	135.37	19.33	9.79	143.18	256.30	108.15
3972.47	909.77	1510.31	532.95	108.75	3032.86	3838.30	1247.28
37.06	22.07	23.24	9.78	1.54	24.34	49.12	27.79
184.13	134.84	167.84	33.95	13.03	109.94	144.27	67.89
60.22	17.39	68.65	20.19	5.04	24.28	32.76	13.29
146.67	76.55	175.30	54.91	23.02	58.46	85.48	30.12
331.11	36.47	294.07	62.63	42.24	133.66	157.10	63.23
253.90	75.80	278.45	78.20	13.12	90.66	117.58	39.87
218.28	61.90	205.09	54.40	25.67	36.66	89.51	34.79
46.60	22.98	47.51	7.78	2.64	32.52	50.75	19.69
1.37	0.74	3.66	0.11	0.11	0.63	0.86	0.23
2.23	0.07	2.54	0.55	0.16	0.08	0.18	0.09
23.76	4.00	5.00	0.42	0.25	5.86	10.74	4.70
19.29	1.75	19.50	9.43		4.72	9.77	4.98
2414.11	802.72	517.90	30.13	2.00	2573.00	5275.97	2358.11
77.92	26.87	46.10	7.77	0.06	41.01	51.53	15.24
106.23	62.26	49.15	4.62	0.12	96.75	152.06	63.64

按行业分国有及国有控股工业企业主要指标（2017年)(续)

单位：亿元

行业	Sector	资产总计 Total Assets
全省总计	**Total**	**17491.84**
煤炭开采和洗选业	Mining and Washing of Coal	1780.56
石油和天然气开采业	Extraction of Petroleum and Natural Gas	626.85
黑色金属矿采选业	Mining of Ferrous Metal Ores	508.98
有色金属矿采选业	Mining of Non-ferrous Metal Ores	7.52
非金属矿采选业	Mining and Processing of Nonmetal Ores	31.75
其他采矿业	Mining of Others	
农副食品加工业	Processing of Food from Agricultural Products	90.50
食品制造业	Manufacture of Foods	41.11
酒、饮料和精制茶制造业	Manufacture of Wine, Soft Drinks and Refined Tea	62.50
烟草制品业	Manufacture of Tobacco	144.76
纺织业	Manufacture of Textile	142.19
纺织服装、服饰业	Manufacture of Textile, Apparel	27.75
皮革、毛皮、羽毛及其制品和制鞋业	Manufacture of Leather, Fur, Feather and Its Products and Footware	10.41
木材加工和木、竹、藤、棕、草制品业	Processing of Timbers, Manufacture of Wood,Bamboo, Rattan, Palm and Straw Products	5.30
家具制造业	Manufacture of Furniture	
造纸和纸制品业	Manufacture of Paper and Paper Products	1.03
印刷和记录媒介复制业	Printing, Reproduction of Recording Media	77.51
文教、工美、体育和娱乐用品制造业	Manufacture of Articles for Culture, Arts and Crafts, Education, Sport Activities and Entertainment Goods	
石油加工、炼焦和核燃料加工业	Processing of Petroleum, Coking, Processing of Nuclear Fuel	562.32
化学原料和化学制品制造业	Manufacture of Chemical Raw Material and Chemical Products	485.29
医药制造业	Manufacture of Medicines	301.99
化学纤维制造业	Manufacture of Chemical Fiber	268.52
橡胶和塑料制品业	Manufacture of Rubber and Plastic	32.22
非金属矿物制品业	Manufacture of Nonmetallic Mineral Products	322.50
黑色金属冶炼和压延加工业	Manufacture and Processing of Ferrous Metals	5684.53
有色金属冶炼和压延加工业	Manufacture & Processing of Non-ferrous Metals	58.49
金属制品业	Manufacture of Metal Products	306.64
通用设备制造业	Manufacture of General Purpose Machinery	109.10
专用设备制造业	Manufacture of Special Purpose Machinery	285.48
汽车制造业	Manufacture of Automotive	488.02
铁路、船舶、航空航天和其他运输设备制造业	Manufacture of Railroad, Marine, Aerospace and Other Transportation Equipment	414.47
电气机械和器材制造业	Manufacture of Electrical Machinery and Equipment	292.14
计算机、通信和其他电子设备制造	Manufacture of Computer, Communications and Other Electronic Equipment	92.71
仪器仪表制造业	Manufacture of Measuring Instrument	4.36
其他制造业	Manufacture of Others	3.76
废弃资源综合利用业	Recycling and Disposal of Waste	16.91
金属制品、机械和设备修理业	Metal Products, Machinery and Equipment Repair	26.45
电力、热力生产和供应业	Production and Supply of Electric Power and Heat Power	3896.15
燃气生产和供应业	Production and Distribution of Gas	104.06
水的生产和供应业	Production and Distribution of Water	176.99

Main Indicators of State-owned and State-holding Industrial Enterprises by Industrial Sector (2017)

(100 million yuan)

流动负债合计 Total Working Liabilities	非流动负债合计 Total Non Working Liabilities	所有者权益合计 Total Owners' Equities	主营业务收入 Revenue from Principal Business	主营业务成本 Cost of Principal	营业利润 Profits of	利润总额 Total Profits	亏损企业亏损总额 Total Loss of Enterprises Running under Deficit
8306.94	**2863.85**	**6048.42**	**9865.84**	**8179.13**	**494.58**	**518.45**	**108.07**
785.71	407.95	552.08	993.22	865.02	14.29	18.25	6.27
58.96	197.74	224.53	149.54	133.18	27.38	35.21	35.21
288.96	55.04	163.40	109.08	76.38	-3.60	-3.13	6.70
0.92	5.91	0.70	0.90	0.68	-0.27	-0.26	0.26
12.40	11.27	8.09	6.23	6.06	-3.33	0.30	0.02
55.09	2.07	33.34	68.04	57.05	-1.25	-1.44	1.85
10.42	2.90	27.79	30.72	24.95	0.38	0.78	0.42
26.76	2.10	33.64	38.55	20.77	1.87	2.02	0.82
54.53	0.05	90.18	151.46	56.56	1.19	1.16	
69.72	11.57	60.90	119.20	110.00	3.03	3.30	0.70
10.45	2.21	15.10	18.79	14.87	-0.20		0.97
3.45	0.58	6.38	12.00	11.16	0.18	0.41	
8.64	0.23	-3.58	2.38	2.85	-0.65	-0.57	0.57
0.07		0.96	1.57	1.31	0.08	0.08	
14.03	1.36	62.12	45.60	32.17	6.48	6.54	0.55
284.68	68.40	208.77	855.68	633.64	26.93	26.39	1.75
206.03	109.60	160.63	233.38	181.45	18.22	18.13	11.45
156.98	36.55	107.65	107.52	78.48	1.21	0.91	0.30
108.69	62.10	97.73	210.81	154.73	19.66	19.25	0.51
16.28	3.24	12.70	32.15	27.64	0.52	0.71	0.66
176.97	15.83	127.60	164.87	119.66	17.10	18.61	2.13
3218.48	749.99	1712.06	2684.10	2331.44	96.49	98.90	5.18
34.84	2.23	21.43	55.60	49.97	-0.28	-0.27	1.27
166.48	-0.78	122.51	260.05	222.19	22.19	22.54	0.71
45.21	18.05	47.21	47.08	34.67	4.09	4.85	1.83
125.00	19.21	136.80	96.16	80.86	-2.97	0.58	2.81
268.98	62.14	156.91	461.61	382.36	22.67	23.76	1.59
232.69	21.21	160.57	222.93	177.04	19.79	20.14	0.13
203.50	14.78	73.86	188.15	152.87	5.08	5.97	0.90
32.16	5.64	46.12	88.21	76.83	4.26	4.08	0.65
1.37		2.98	2.63	1.80	0.47	0.47	
0.05		0.34	2.66	2.05	-0.06	-0.02	0.02
22.98	0.79	-6.85	4.53	3.68	-0.98	-0.97	1.05
17.12	2.17	7.16	11.57	9.76	0.18	0.21	0.32
1486.11	894.02	1479.75	2271.52	1945.27	251.02	260.99	15.44
45.79	31.87	26.14	71.91	64.33	0.09	0.70	1.95
56.43	45.86	70.76	45.44	35.39	-1.89	0.32	3.04

按行业分私营工业企业主要指标（2017年）

单位：亿元

行　业	Sector	企　业 单位数 （个） Number of Enterprises (unit)
全省总计	**Total**	**11647**
煤炭开采和洗选业	Mining and Washing of Coal	49
石油和天然气开采业	Extraction of Petroleum and Natural Gas	
黑色金属矿采选业	Mining of Ferrous Metal Ores	229
有色金属矿采选业	Mining of Non-ferrous Metal Ores	10
非金属矿采选业	Mining and Processing of Nonmetal Ores	61
其他采矿业	Mining of Others	
农副食品加工业	Processing of Food from Agricultural Products	648
食品制造业	Manufacture of Foods	264
酒、饮料和精制茶制造业	Manufacture of Wine, Soft Drinks and Refined Tea	106
烟草制品业	Manufacture of Tobacco	
纺织业	Manufacture of Textile	669
纺织服装、服饰业	Manufacture of Textile, Apparel	195
皮革、毛皮、羽毛及其制品和制鞋业	Manufacture of Leather, Fur, Feather and Its Products and Footware	492
木材加工和木、竹、藤、棕、草制品业	Processing of Timbers, Manufacture of Wood,Bamboo, Rattan, Palm and Straw Products	150
家具制造业	Manufacture of Furniture	154
造纸和纸制品业	Manufacture of Paper and Paper Products	202
印刷和记录媒介复制业	Printing, Reproduction of Recording Media	186
文教、工美、体育和娱乐用品制造业	Manufacture of Articles for Culture, Arts and Crafts, Education, Sport Activities and Entertainment Goods	314
石油加工、炼焦和核燃料加工业	Processing of Petroleum, Coking, Processing of Nuclear Fuel	96
化学原料和化学制品制造业	Manufacture of Chemical Raw Material and Chemical Products	689
医药制造业	Manufacture of Medicines	160
化学纤维制造业	Manufacture of Chemical Fiber	38
橡胶和塑料制品业	Manufacture of Rubber and Plastic	720
非金属矿物制品业	Manufacture of Nonmetallic Mineral Products	1114
黑色金属冶炼和压延加工业	Manufacture and Processing of Ferrous Metals	292
有色金属冶炼和压延加工业	Manufacture & Processing of Non-ferrous Metals	178
金属制品业	Manufacture of Metal Products	1485
通用设备制造业	Manufacture of General Purpose Machinery	815
专用设备制造业	Manufacture of Special Purpose Machinery	628
汽车制造业	Manufacture of Automotive	463
铁路、船舶、航空航天和其他运输设备制造业	Manufacture of Railroad, Marine, Aerospace and Other Transportation Equipment	132
电气机械和器材制造业	Manufacture of Electrical Machinery and Equipment	678
计算机、通信和其他电子设备制造	Manufacture of Computer, Communications and Other Electronic Equipment	150
仪器仪表制造业	Manufacture of Measuring Instrument	78
其他制造业	Manufacture of Others	37
废弃资源综合利用业	Recycling and Disposal of Waste	53
金属制品、机械和设备修理业	Metal Products, Machinery and Equipment Repair	7
电力、热力生产和供应业	Production and Supply of Electric Power and Heat Power	75
燃气生产和供应业	Production and Distribution of Gas	26
水的生产和供应业	Production and Distribution of Water	4

Main Indicators of Private Enterprises by Industrial Sector (2017)

(100 million yuan)

负债合计 Total Liabilities	实收资本 Total Capital Hold	流动资产 合 计 Total Working Capitals	#存 货 Inventory	#产成品 Finished Products	固定资产 合 计 Fixed Assets	固定资产 原 价 Original Value of Fixed Assets	累计折旧 Accumulated Depreciation
7932.56	**3002.05**	**7100.46**	**1748.03**	**711.25**	**6044.74**	**8567.05**	**2795.72**
23.38	3.82	22.34	5.97	3.23	2.15	3.85	1.53
[illegible]	[illegible]	[illegible]	[illegible]	[illegible]	[illegible]	[illegible]	87.99
11.05	1.90	3.71	1.28	1.06	5.71	9.35	3.03
16.57	5.92	12.12	1.82	0.83	8.19	13.32	3.82
367.78	105.37	384.00	84.29	36.27	212.87	277.35	83.94
151.51	86.60	158.48	43.79	20.99	131.68	180.52	53.12
97.91	34.04	84.46	24.99	12.25	68.36	85.39	25.49
184.14	103.86	187.29	58.93	27.92	204.49	267.83	74.79
41.20	25.55	49.10	16.52	8.31	56.65	75.89	24.37
109.79	35.85	113.03	29.50	10.11	128.03	159.15	31.77
44.69	18.67	45.26	12.61	7.08	50.55	70.63	20.64
64.96	24.25	59.65	15.35	5.29	37.15	50.73	15.15
124.24	51.47	98.02	23.10	11.38	99.52	127.31	40.81
64.65	32.11	56.95	13.45	4.81	51.43	71.80	20.12
59.24	40.38	70.33	24.24	10.73	73.26	107.73	35.39
402.98	55.17	297.71	70.98	19.80	145.25	195.19	68.32
422.26	178.52	435.95	92.35	45.58	307.60	431.90	134.41
71.15	50.31	99.58	22.61	9.59	65.28	114.34	26.62
9.03	12.79	12.69	5.08	1.40	13.87	16.57	2.74
200.79	179.85	283.65	53.74	23.22	182.99	237.94	72.36
647.42	253.85	518.40	107.83	41.25	465.37	664.77	211.23
2184.66	480.68	1476.89	433.93	144.68	1540.96	2382.04	911.92
73.96	35.13	71.58	16.85	6.54	41.33	60.83	21.78
576.80	312.07	608.74	160.71	75.83	813.55	1067.96	294.83
282.56	156.76	324.53	94.74	37.34	228.28	306.22	90.15
243.65	129.02	283.57	71.23	27.10	231.15	313.79	94.67
273.66	78.70	280.05	67.86	29.92	142.38	205.08	69.80
70.24	22.13	64.19	15.45	6.03	32.71	49.22	12.96
332.86	286.36	457.13	102.04	48.48	287.61	441.00	169.22
57.53	50.11	93.71	19.66	6.99	31.94	51.63	19.21
40.88	17.19	60.67	13.40	5.16	19.52	29.50	12.52
4.53	3.38	7.15	1.68	0.57	10.74	14.36	4.10
11.94	9.92	12.89	3.37	1.63	8.38	11.72	4.27
1.00	0.58	1.36	0.31	0.04	0.40	0.62	0.28
236.54	55.06	86.94	3.33	0.82	165.07	220.32	44.15
81.82	12.34	57.82	8.37	3.35	45.79	43.64	6.77
6.82	1.82	5.54	0.15	0.11	1.52	3.30	1.42

按行业分私营工业企业主要指标（2017年）(续)

单位：亿元

行　业	Sector	资产总计 Total Assets
全省总计	**Total**	**15484.98**
煤炭开采和洗选业	Mining and Washing of Coal	28.42
石油和天然气开采业	Extraction of Petroleum and Natural Gas	
黑色金属矿采选业	Mining of Ferrous Metal Ores	454.46
有色金属矿采选业	Mining of Non-ferrous Metal Ores	19.03
非金属矿采选业	Mining and Processing of Nonmetal Ores	28.40
其他采矿业	Mining of Others	
农副食品加工业	Processing of Food from Agricultural Products	[illegible]
食品制造业	Manufacture of Foods	367.30
酒、饮料和精制茶制造业	Manufacture of Wine, Soft Drinks and Refined Tea	182.09
烟草制品业	Manufacture of Tobacco	
纺织业	Manufacture of Textile	452.43
纺织服装、服饰业	Manufacture of Textile, Apparel	120.96
皮革、毛皮、羽毛及其制品和制鞋业	Manufacture of Leather, Fur, Feather and Its Products and Footware	389.95
木材加工和木、竹、藤、棕、草制品业	Processing of Timbers, Manufacture of Wood,Bamboo, Rattan, Palm and Straw Products	107.65
家具制造业	Manufacture of Furniture	108.67
造纸和纸制品业	Manufacture of Paper and Paper Products	224.34
印刷和记录媒介复制业	Printing, Reproduction of Recording Media	130.05
文教、工美、体育和娱乐用品制造业	Manufacture of Articles for Culture, Arts and Crafts, Education, Sport Activities and Entertainment Goods	172.15
石油加工、炼焦和核燃料加工业	Processing of Petroleum, Coking, Processing of Nuclear Fuel	516.50
化学原料和化学制品制造业	Manufacture of Chemical Raw Material and Chemical Products	941.62
医药制造业	Manufacture of Medicines	224.38
化学纤维制造业	Manufacture of Chemical Fiber	29.14
橡胶和塑料制品业	Manufacture of Rubber and Plastic	534.13
非金属矿物制品业	Manufacture of Nonmetallic Mineral Products	1152.56
黑色金属冶炼和压延加工业	Manufacture and Processing of Ferrous Metals	3448.71
有色金属冶炼和压延加工业	Manufacture & Processing of Non-ferrous Metals	141.54
金属制品业	Manufacture of Metal Products	1573.12
通用设备制造业	Manufacture of General Purpose Machinery	641.54
专用设备制造业	Manufacture of Special Purpose Machinery	586.50
汽车制造业	Manufacture of Automotive	502.04
铁路、船舶、航空航天和其他运输设备制造业	Manufacture of Railroad, Marine, Aerospace and Other Transportation Equipment	117.35
电气机械和器材制造业	Manufacture of Electrical Machinery and Equipment	900.24
计算机、通信和其他电子设备制造	Manufacture of Computer, Communications and Other Electronic Equipment	137.78
仪器仪表制造业	Manufacture of Measuring Instrument	96.59
其他制造业	Manufacture of Others	19.57
废弃资源综合利用业	Recycling and Disposal of Waste	24.71
金属制品、机械和设备修理业	Metal Products, Machinery and Equipment Repair	2.07
电力、热力生产和供应业	Production and Supply of Electric Power and Heat Power	308.19
燃气生产和供应业	Production and Distribution of Gas	115.60
水的生产和供应业	Production and Distribution of Water	9.82

Main Indicators of Private Enterprises by Industrial Sector (2017)

(100 million yuan)

流动负债合计 Total Working Liabilities	所有者权益合计 Total Owners' Equities	主营业务收入 Revenue from Principal Business	主营业务成本 Cost of Principal Business	营业利润 Profits of Business	利润总额 Total Profits	亏损企业亏损总额 Total Loss of Enterprises Running under Deficit
6598.51	**7461.64**	**22278.66**	**19550.26**	**1503.92**	**1479.09**	**71.66**
17.82	4.37	54.52	51.46	0.68	0.70	0.11
294.54	116.07	268.77	235.04	6.10	5.67	7.63
10.57	4.07	8.82	6.85		-0.18	0.52
12.94	11.83	35.32	27.18	2.17	2.25	0.13
325.04	302.99	1186.74	1077.41	55.28	55.57	5.68
126.32	210.57	571.27	491.55	41.00	41.03	3.25
76.11	83.52	184.93	143.52	19.23	19.45	0.91
149.46	258.78	1142.05	1014.31	76.32	74.92	1.81
34.58	79.68	239.78	211.02	17.24	17.11	0.32
98.38	273.29	1059.93	878.98	99.07	98.68	0.38
34.06	62.63	207.81	180.15	17.93	18.05	0.40
60.44	43.71	163.97	139.50	10.84	10.76	1.07
80.45	97.23	297.94	267.15	14.82	15.11	1.16
54.43	63.48	216.10	188.95	14.75	14.55	1.04
49.26	111.10	273.53	241.41	18.86	18.83	0.80
344.14	113.06	665.85	608.56	28.08	27.23	1.91
335.85	518.29	1396.49	1197.82	101.75	115.06	7.25
54.81	151.28	299.48	233.41	28.08	27.79	0.21
7.07	18.67	49.25	43.93	4.28	4.30	0.08
168.03	328.33	703.68	615.30	45.47	44.57	1.88
521.79	499.23	1254.89	1094.83	74.24	76.86	6.02
1806.59	1249.75	5625.92	5018.13	411.45	392.22	8.22
63.13	67.26	310.06	291.88	9.51	10.05	0.94
512.83	992.95	2136.37	1915.36	127.33	106.39	5.12
226.42	351.57	796.22	696.67	46.59	46.95	3.76
219.68	342.79	711.04	608.97	55.92	56.43	2.76
252.03	226.33	566.41	494.54	33.81	34.82	1.64
60.39	47.11	136.79	121.66	6.60	6.59	0.19
296.06	562.14	1244.55	1070.47	92.08	91.28	1.67
53.63	80.13	160.12	136.13	12.32	12.19	0.44
34.05	52.26	91.72	69.03	10.34	10.45	0.14
3.94	15.01	42.18	36.96	3.79	3.73	
10.83	12.67	58.16	53.74	2.34	2.71	0.14
0.82	1.07	4.32	3.88	0.15	0.15	0.01
130.04	71.66	53.68	39.09	5.33	6.64	2.67
65.29	33.78	57.83	43.77	10.00	10.03	1.42
6.69	3.00	2.16	1.63	0.16	0.17	0.02

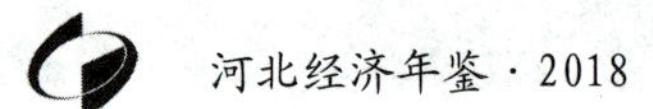

按行业分大中型工业企业主要指标（2017年）

单位：亿元

行　业	Sector	企　业 单位数 （个） Number of Enterprises (unit)
全省总计	**Total**	**1878**
煤炭开采和洗选业	Mining and Washing of Coal	14
石油和天然气开采业	Extraction of Petroleum and Natural Gas	1
黑色金属矿采选业	Mining of Ferrous Metal Ores	55
有色金属矿采选业	Mining of Non-ferrous Metal Ores	4
非金属矿采选业	Mining and Processing of Nonmetal Ores	5
其他采矿业	Mining of Others	
农副食品加工业	Processing of Food from Agricultural Products	99
食品制造业	Manufacture of Foods	59
酒、饮料和精制茶制造业	Manufacture of Wine, Soft Drinks and Refined Tea	35
烟草制品业	Manufacture of Tobacco	3
纺织业	Manufacture of Textile	114
纺织服装、服饰业	Manufacture of Textile, Apparel	44
皮革、毛皮、羽毛及其制品和制鞋业	Manufacture of Leather, Fur, Feather and Its Products and Footware	76
木材加工和木、竹、藤、棕、草制品业	Processing of Timbers, Manufacture of Wood,Bamboo, Rattan, Palm and Straw Products	22
家具制造业	Manufacture of Furniture	21
造纸和纸制品业	Manufacture of Paper and Paper Products	28
印刷和记录媒介复制业	Printing, Reproduction of Recording Media	23
文教、工美、体育和娱乐用品制造业	Manufacture of Articles for Culture, Arts and Crafts, Education, Sport Activities and Entertainment Goods	32
石油加工、炼焦和核燃料加工业	Processing of Petroleum, Coking, Processing of Nuclear Fuel	47
化学原料和化学制品制造业	Manufacture of Chemical Raw Material and Chemical Products	131
医药制造业	Manufacture of Medicines	49
化学纤维制造业	Manufacture of Chemical Fiber	4
橡胶和塑料制品业	Manufacture of Rubber and Plastic	53
非金属矿物制品业	Manufacture of Nonmetallic Mineral Products	154
黑色金属冶炼和压延加工业	Manufacture and Processing of Ferrous Metals	139
有色金属冶炼和压延加工业	Manufacture & Processing of Non-ferrous Metals	13
金属制品业	Manufacture of Metal Products	137
通用设备制造业	Manufacture of General Purpose Machinery	72
专用设备制造业	Manufacture of Special Purpose Machinery	86
汽车制造业	Manufacture of Automotive	105
铁路、船舶、航空航天和其他运输设备制造业	Manufacture of Railroad, Marine, Aerospace and Other Transportation Equipment	25
电气机械和器材制造业	Manufacture of Electrical Machinery and Equipment	80
计算机、通信和其他电子设备制造	Manufacture of Computer, Communications and Other Electronic Equipment	30
仪器仪表制造业	Manufacture of Measuring Instrument	16
其他制造业	Manufacture of Others	4
废弃资源综合利用业	Recycling and Disposal of Waste	2
金属制品、机械和设备修理业	Metal Products, Machinery and Equipment Repair	6
电力、热力生产和供应业	Production and Supply of Electric Power and Heat Power	63
燃气生产和供应业	Production and Distribution of Gas	11
水的生产和供应业	Production and Distribution of Water	16

Major Indicators of Large and Medium-sized Industrial Enterprises by Sector (2017)

(100 million yuan)

负债合计 Total Liabilities	实收资本 Total Capital Hold	流动资产 合计 Total Working Capitals	#存货 Inventory	#产成品 Finished Products	固定资产 合计 Fixed Assets	固定资产 原价 Original Value of Fixed Assets	累计折旧 Accumulated Depreciation
19331.1	**5151.6**	**13055.9**	**2898.9**	**974.5**	**12480.9**	**20546.5**	**8550.5**
1225.0	231.6	724.7	93.1	58.3	572.0	888.3	449.3
173.9		32.5	3.2	1.9	317.6	801.2	481.6
614.9	124.6	293.6	33.8	11.7	258.0	393.3	152.3
18.0	3.2	6.5	2.1	0.4	16.8	23.9	7.1
23.7	6.0	21.3	4.2	3.4	13.0	20.0	9.6
457.1	105.6	436.7	83.8	38.4	163.5	241.3	101.2
204.7	112.9	219.6	47.3	22.8	142.0	210.7	75.7
174.8	55.2	208.3	48.4	16.1	82.1	136.9	61.6
54.6	13.2	116.7	92.5	5.4	22.8	61.4	39.4
174.5	68.3	159.3	55.9	28.2	110.5	161.0	58.4
52.1	16.4	47.7	13.5	4.7	28.9	47.4	22.4
33.1	18.5	46.4	12.8	4.9	40.2	57.2	16.8
17.6	6.3	10.8	2.9	1.0	29.9	47.7	15.6
43.0	17.0	36.8	9.5	3.1	27.4	35.8	10.0
94.9	39.0	65.1	12.0	5.7	65.6	87.4	31.6
26.4	39.4	54.3	12.6	4.4	40.9	90.4	47.9
23.1	12.3	24.3	9.9	4.3	39.5	63.9	25.0
909.0	252.1	590.2	151.9	38.0	523.3	851.3	390.0
685.5	216.5	527.3	97.9	42.9	445.0	691.7	237.4
472.7	166.8	543.4	109.2	42.0	225.5	369.7	137.1
172.2	34.8	86.8	23.2	5.0	151.5	222.8	67.7
99.9	63.9	137.9	26.6	10.5	73.8	109.6	45.4
569.3	238.8	417.5	92.1	37.9	391.1	672.0	272.6
6859.3	1407.5	3658.3	1044.1	259.4	4952.7	7108.7	2581.0
77.9	55.2	42.4	11.0	3.6	50.0	106.2	48.9
451.8	206.0	390.6	109.4	48.8	437.7	566.1	188.4
192.6	83.2	236.4	77.9	27.3	104.7	160.2	61.8
1107.3	396.7	1035.6	128.4	49.4	184.8	251.9	83.1
1246.0	216.4	1307.4	172.9	83.2	535.6	764.6	274.7
286.6	81.4	320.2	82.1	17.4	96.0	138.9	46.5
694.9	184.1	598.1	148.9	77.5	200.4	401.1	167.8
164.2	95.9	186.6	25.1	7.9	125.3	211.5	82.7
32.3	11.1	61.0	12.2	5.9	13.2	19.4	7.7
0.4	0.9	1.9	0.7	0.1	0.3	0.8	0.5
24.7	2.8	4.8	0.9	0.6	5.2	7.9	2.6
19.7	1.9	20.0	9.7	…	4.7	9.9	5.0
1674.6	497.0	285.9	24.4	1.6	1873.5	4339.9	2174.5
105.2	25.1	62.4	9.5	0.8	51.7	64.5	17.9
74.1	44.1	36.7	4.5	0.1	64.3	110.2	52.1

按行业分大中型工业企业主要指标（2017年）(续)

单位：亿元

行　业	Sector	资产总计 Total Assets
全省总计	**Total**	**31679.17**
煤炭开采和洗选业	Mining and Washing of Coal	1764.83
石油和天然气开采业	Extraction of Petroleum and Natural Gas	398.47
黑色金属矿采选业	Mining of Ferrous Metal Ores	881.33
有色金属矿采选业	Mining of Non-ferrous Metal Ores	30.38
非金属矿采选业	Mining and Processing of Nonmetal Ores	34.49
其他采矿业	Mining of Others	
农副食品加工业	Processing of Food from Agricultural Products	689.34
食品制造业	Manufacture of Foods	436.26
酒、饮料和精制茶制造业	Manufacture of Wine, Soft Drinks and Refined Tea	336.98
烟草制品业	Manufacture of Tobacco	144.76
纺织业	Manufacture of Textile	341.70
纺织服装、服饰业	Manufacture of Textile, Apparel	87.51
皮革、毛皮、羽毛及其制品和制鞋业	Manufacture of Leather, Fur, Feather and Its Products and Footware	163.76
木材加工和木、竹、藤、棕、草制品业	Processing of Timbers, Manufacture of Wood,Bamboo, Rattan, Palm and Straw Products	42.24
家具制造业	Manufacture of Furniture	70.40
造纸和纸制品业	Manufacture of Paper and Paper Products	148.76
印刷和记录媒介复制业	Printing, Reproduction of Recording Media	110.16
文教、工美、体育和娱乐用品制造业	Manufacture of Articles for Culture, Arts and Crafts, Education, Sport Activities and Entertainment Goods	73.47
石油加工、炼焦和核燃料加工业	Processing of Petroleum, Coking, Processing of Nuclear Fuel	1310.02
化学原料和化学制品制造业	Manufacture of Chemical Raw Material and Chemical Products	1258.82
医药制造业	Manufacture of Medicines	993.98
化学纤维制造业	Manufacture of Chemical Fiber	279.53
橡胶和塑料制品业	Manufacture of Rubber and Plastic	248.25
非金属矿物制品业	Manufacture of Nonmetallic Mineral Products	956.33
黑色金属冶炼和压延加工业	Manufacture and Processing of Ferrous Metals	10416.47
有色金属冶炼和压延加工业	Manufacture & Processing of Non-ferrous Metals	114.40
金属制品业	Manufacture of Metal Products	914.29
通用设备制造业	Manufacture of General Purpose Machinery	390.39
专用设备制造业	Manufacture of Special Purpose Machinery	1930.54
汽车制造业	Manufacture of Automotive	2100.75
铁路、船舶、航空航天和其他运输设备制造业	Manufacture of Railroad, Marine, Aerospace and Other Transportation Equipment	477.54
电气机械和器材制造业	Manufacture of Electrical Machinery and Equipment	1004.71
计算机、通信和其他电子设备制造	Manufacture of Computer, Communications and Other Electronic Equipment	334.97
仪器仪表制造业	Manufacture of Measuring Instrument	85.49
其他制造业	Manufacture of Others	2.24
废弃资源综合利用业	Recycling and Disposal of Waste	16.03
金属制品、机械和设备修理业	Metal Products, Machinery and Equipment Repair	27.00
电力、热力生产和供应业	Production and Supply of Electric Power and Heat Power	2790.32
燃气生产和供应业	Production and Distribution of Gas	147.31
水的生产和供应业	Production and Distribution of Water	124.97

Major Indicators of Large and Medium-sized Industrial Enterprises by Sector (2017)

(100 million yuan)

流动负债合计 Total Working Liabilities	非流动负债合计 Total Non Working Liabilities	所有者权益合计 Total Owners' Equities	主营业务收入 Revenue from Principal Business	主营业务成本 Cost of Principal Business	营业利润 Profits of Business	利润总额 Total Profits	亏损企业亏损总额 Total Loss of Enterprises Running under Deficit
15106.01	**3819.75**	**12345.66**	**26978.57**	**22794.38**	**1877.73**	**1856.18**	**143.60**
785.66	407.99	544.98	988.25	859.62	14.53	18.52	6.24
33.50	140.44	224.53	109.85	95.39	-13.79	-18.34	18.34
531.44	78.73	266.43	286.49	217.50	4.78	3.88	10.57
12.09	5.94	12.35	15.10	7.14	4.52	4.29	0.59
13.22	10.51	10.76	8.11	7.74	-3.33	0.38	0.02
412.10	37.54	232.23	936.67	849.82	37.90	37.42	4.51
173.67	28.82	230.82	576.01	454.23	28.03	29.44	4.87
162.13	10.25	162.14	276.05	196.19	44.72	44.74	1.11
54.53	0.05	90.18	151.46	56.56	1.19	1.16	
149.57	17.05	167.24	609.73	545.20	34.19	34.03	1.55
44.06	6.77	35.44	84.70	73.52	2.85	3.07	0.95
30.50	2.52	130.69	506.59	425.63	49.65	49.84	0.05
12.50	1.50	24.65	109.33	92.09	11.31	11.11	2.10
40.57	0.86	27.45	81.73	64.69	7.08	7.47	0.98
59.96	33.76	53.84	117.08	103.99	7.30	7.54	0.83
23.29	2.72	83.79	106.08	81.86	12.93	12.73	0.54
21.12	1.91	50.37	130.17	113.22	11.18	11.06	0.39
755.98	148.69	401.07	1722.76	1398.80	79.89	78.85	2.30
488.41	174.28	573.32	1152.42	923.16	105.43	103.88	13.92
401.45	65.59	521.33	647.93	415.54	78.98	80.15	0.83
109.42	62.27	107.38	239.68	180.07	22.86	22.44	0.51
86.12	11.24	148.39	268.35	211.60	30.10	30.08	1.37
446.48	94.33	385.36	651.40	531.23	42.56	46.77	6.90
5620.98	1033.50	3557.18	9494.61	8317.21	715.92	696.29	9.85
54.54	23.34	36.51	85.50	76.42	-0.84	-0.64	2.73
411.84	16.23	462.45	1196.77	1041.78	96.80	66.80	2.32
156.35	31.79	196.14	298.69	243.28	21.69	22.99	1.51
477.96	627.86	823.20	428.72	329.63	21.99	27.20	9.09
1128.70	97.97	853.78	1946.56	1653.13	105.90	112.74	5.81
264.17	22.46	190.91	285.87	230.28	23.20	23.61	0.06
636.97	54.54	309.83	873.29	745.39	40.48	40.34	9.37
139.32	14.70	170.78	287.51	251.31	14.45	14.02	2.62
26.61	4.82	53.22	64.02	43.92	9.24	9.45	0.07
0.37		1.86	5.08	4.57	0.17	0.17	
23.90	0.79	-8.65	6.47	5.73	-0.92	-0.91	0.95
17.55	2.17	7.28	12.30	10.45	0.15	0.18	0.32
1174.37	491.13	1113.47	2099.63	1838.28	212.36	219.23	12.74
80.27	24.93	42.11	80.63	68.65	4.27	4.13	1.70
44.35	29.76	50.85	36.98	29.55	-1.97	0.06	1.96

按行业分规模以上工业企业主要经济效益指标（2017年）
Main Indicators on Economic Benefit of Industrial Enterprises above Designated Size by Industrial Sector (2017)

行　　业	Sector	总资产贡献率 (%) Ratio of Total Assets to Industrial Output Value (%)	资　产负债率 (%) Assets-Liability Ratio (%)	流动资产周转次数 (次) Number of Times of Annual of Turnover Working Capitals (times)	工业成本费　用利润率 (%) Ratio of Profits to Industrial Cost (%)	产　品销售率 (%) Proportion of Products Sold (%)
全省总计	**Total**	**10.39**	**57.74**	**2.30**	**6.75**	**98.60**
煤炭开采和洗选业	Mining and Washing of Coal	6.59	69.47	1.47	1.76	100.68
石油和天然气开采业	Extraction of Petroleum and Natural Gas	-1.45	40.95	2.50	-19.14	100.14
黑色金属矿采选业	Mining of Ferrous Metal Ores	5.93	70.60	1.19	1.79	101.77
有色金属矿采选业	Mining of Non-ferrous Metal Ores	18.03	46.01	1.75	36.61	97.66
非金属矿采选业	Mining and Processing of Nonmetal Ores	8.02	64.08	1.34	5.27	98.27
其他采矿业	Mining of Others					
农副食品加工业	Processing of Food from Agricultural Products	8.54	57.33	2.75	4.24	100.69
食品制造业	Manufacture of Foods	13.82	42.23	3.02	6.28	97.61
酒、饮料和精制茶制造业	Manufacture of Wine, Soft Drinks and Refined Tea	16.76	48.93	1.56	14.74	97.89
烟草制品业	Manufacture of Tobacco	66.51	37.71	1.73	0.96	93.74
纺织业	Manufacture of Textile	16.97	47.57	4.46	6.37	96.02
纺织服装、服饰业	Manufacture of Textile, Apparel	12.35	47.24	3.05	6.24	98.03
皮革、毛皮、羽毛及其制品和制鞋业	Manufacture of Leather, Fur, Feather and Its Products and Footware	35.75	28.00	9.29	10.26	98.67
木材加工和木、竹、藤、棕、草制品业	Processing of Timbers, Manufacture of Wood, Bamboo, Rattan, Palm, and Straw Products	15.34	46.96	3.87	7.90	98.96
家具制造业	Manufacture of Furniture	14.80	56.44	2.82	7.92	99.90
造纸和纸制品业	Manufacture of Paper and Paper Products	12.11	54.82	2.86	6.40	99.04
印刷和记录媒介复制业	Printing, Reproduction of Recording Media	14.42	39.78	2.59	8.47	99.21
文教、工美、体育和娱乐用品制造业	Manufacture of Articles for Culture, Arts and Crafts, Education, Sport Activities and Entertainment Goods	14.85	34.46	3.78	7.26	98.27
石油加工、炼焦和核燃料加工业	Processing of Petroleum, Coking, Processing of Nuclear Fuel	22.45	70.06	3.07	4.72	97.27
化学原料和化学制品制造业	Manufacture of Chemical Raw Material and Chemical Products	12.13	53.55	2.47	8.13	98.08
医药制造业	Manufacture of Medicines	12.58	46.81	1.45	11.86	93.08
化学纤维制造业	Manufacture of Chemical Fiber	13.39	60.28	2.77	9.86	97.73
橡胶和塑料制品业	Manufacture of Rubber and Plastic	12.08	39.44	2.13	7.73	98.21
非金属矿物制品业	Manufacture of Nonmetallic Mineral Products	9.63	56.59	2.00	6.79	98.04
黑色金属冶炼和压延加工业	Manufacture and Processing of Ferrous Metals	10.09	65.59	2.84	6.83	99.04
有色金属冶炼和压延加工业	Manufacture & Processing of Non-ferrous Metals	7.37	58.82	3.42	2.17	97.44
金属制品业	Manufacture of Metal Products	9.25	42.09	3.02	5.26	98.53
通用设备制造业	Manufacture of General Purpose Machinery	9.69	47.07	1.89	6.61	96.15
专用设备制造业	Manufacture of Special Purpose Machinery	5.56	54.10	0.83	7.15	98.52
汽车制造业	Manufacture of Automotive	8.61	56.13	1.69	4.95	101.89
铁路、船舶、航空航天和其他运输设备制造业	Manufacture of Railroad, Marine, Aerospace and Other Transportation Equipment	9.50	57.63	1.20	9.09	97.94
电气机械和器材制造业	Manufacture of Electrical Machinery and Equipment	9.56	55.22	1.90	6.27	98.53
计算机、通信和其他电子设备制造	Manufacture of Computer, Communications and Other Electronic Equipment	7.79	46.66	1.49	5.65	94.98
仪器仪表制造业	Manufacture of Measuring Instrument	15.23	36.57	1.25	14.49	90.38
其他制造业	Manufacture of Others	18.83	34.12	4.01	8.20	94.35
废弃资源综合利用业	Recycling and Disposal of Waste	11.83	68.07	2.09	5.97	96.79
金属制品、机械和设备修理业	Metal Products, Machinery and Equipment Repair	4.36	70.54	0.92	1.82	99.72
电力、热力生产和供应业	Production and Supply of Electric Power and Heat Power	9.21	63.94	3.20	13.02	99.77
燃气生产和供应业	Production and Distribution of Gas	6.56	66.37	1.46	9.21	99.46
水的生产和供应业	Production and Distribution of Water	3.33	59.11	0.92	2.46	99.50

按行业分国有及国有控股工业企业主要经济效益指标（2017年）
Main Indicators on Economic Benefit of State-owned and State-holding Industrial Enterprises by Industrial Sector (2017)

行　业	Sector	总资产贡献率 (%) Ratio of Total Assets to Industrial Output Value (%)	资　产负债率 (%) Assets-Liability Ratio (%)	流动资产周转次数（次） Number of Times of Annual of Turnover Working Capitals (times)	工业成本费　用利润率 (%) Ratio of Profits to Industrial Cost (%)	产　品销售率 (%) Proportion of Products Sold (%)
全省总计	**Total**	**8.07**	**64.58**	**1.92**	**5.33**	**99.31**
煤炭开采和洗选业	Mining and Washing of Coal	6.60	69.28	1.44	1.77	101.10
石油和天然气开采业	Extraction of Petroleum and Natural Gas	-1.45	40.95	2.50	-19.14	100.14
黑色金属矿采选业	Mining of Ferrous Metal Ores	3.45	67.90	0.81	-3.02	103.40
有色金属矿采选业	Mining of Non-ferrous Metal Ores	2.78	90.72	0.43	-22.52	71.97
非金属矿采选业	Mining and Processing of Nonmetal Ores	4.24	74.53	0.38	2.87	103.44
其他采矿业	Mining of Others					
农副食品加工业	Processing of Food from Agricultural Products	0.04	63.16	1.62	-2.11	129.27
食品制造业	Manufacture of Foods	5.13	32.40	1.42	2.38	72.15
酒、饮料和精制茶制造业	Manufacture of Wine, Soft Drinks and Refined Tea	16.14	46.18	1.11	6.39	98.99
烟草制品业	Manufacture of Tobacco	66.51	37.71	1.73	0.96	93.74
纺织业	Manufacture of Textile	5.17	57.17	1.47	2.78	90.07
纺织服装、服饰业	Manufacture of Textile, Apparel	3.59	45.61	0.92		101.84
皮革、毛皮、羽毛及其制品和制鞋业	Manufacture of Leather, Fur, Feather and Its Products and Footware	4.42	38.72	1.79	3.45	100.25
木材加工和木、竹、藤、棕、草制品业	Processing of Timbers, Manufacture of Wood, Bamboo, Rattan, Palm, and Straw Products	-9.27	167.57	1.82	-18.60	103.76
家具制造业	Manufacture of Furniture					
造纸和纸制品业	Manufacture of Paper and Paper Products	10.52	7.04	1.63	5.12	98.60
印刷和记录媒介复制业	Printing, Reproduction of Recording Media	14.52	19.85	1.14	16.62	105.51
文教、工美、体育和娱乐用品制造业	Manufacture of Articles for Culture, Arts and Crafts, Education, Sport Activities and Entertainment Goods					
石油加工、炼焦和核燃料加工业	Processing of Petroleum, Coking, Processing of Nuclear Fuel	41.30	62.87	3.99	3.96	95.75
化学原料和化学 制品制造业	Manufacture of Chemical Raw Material and Chemical Products	7.98	66.95	1.40	8.24	99.74
医药制造业	Manufacture of Medicines	2.96	64.35	0.75	0.85	82.06
化学纤维制造业	Manufacture of Chemical Fiber	13.11	63.60	2.63	10.08	100.21
橡胶和塑料制品业	Manufacture of Rubber and Plastic	5.69	60.59	1.78	2.25	96.90
非金属矿物制品业	Manufacture of Nonmetallic Mineral Products	10.36	60.43	1.23	12.66	99.30
黑色金属冶炼和压延加工业	Manufacture and Processing of Ferrous Metals	4.49	69.88	2.05	3.33	100.04
有色金属冶炼和压延加工业	Manufacture & Processing of Non-ferrous Metals	3.19	63.36	2.49	-0.48	99.44
金属制品业	Manufacture of Metal Products	10.60	60.05	1.62	9.09	96.64
通用设备制造业	Manufacture of General Purpose Machinery	7.14	55.19	0.70	11.11	97.11
专用设备制造业	Manufacture of Special Purpose Machinery	2.28	51.38	0.57	0.57	98.67
汽车制造业	Manufacture of Automotive	7.34	67.85	1.80	4.72	99.85
铁路、船舶、航空航天和其他运输设备制造业	Manufacture of Railroad, Marine, Aerospace and Other Transportation Equipment	7.62	61.26	0.81	9.76	99.10
电气机械和器材制造业	Manufacture of Electrical Machinery and Equipment	7.26	74.72	0.93	3.31	104.53
计算机、通信和其他电子设备制造	Manufacture of Computer, Communications and Other Electronic Equipment	6.24	50.26	1.87	4.86	96.88
仪器仪表制造业	Manufacture of Measuring Instrument	17.42	31.56	0.72	22.17	100.24
其他制造业	Manufacture of Others	2.19	59.37	1.07	-0.58	9.01
废弃资源综合利用业	Recycling and Disposal of Waste	1.37	140.50	0.92	-16.98	100.40
金属制品、机械和设备修理业	Metal Products, Machinery and Equipment Repair	1.32	72.94	0.61	1.80	100.22
电力、热力生产和供应业	Production and Supply of Electric Power and Heat Power	10.17	61.96	4.44	12.80	99.99
燃气生产和供应业	Production and Distribution of Gas	4.37	74.88	1.74	0.87	95.03
水的生产和供应业	Production and Distribution of Water	2.86	60.02	1.01	0.64	99.81

按行业分私营工业企业主要经济效益指标（2017年）
Main Indicators on Economic Benefit of Private Industrial Enterprises by Industrial Sector (2017)

行业	Sector	总资产贡献率(%) Ratio of Total Assets to Industrial Output Value (%)	资产负债率(%) Assets-Liability Ratio (%)	流动资产周转次数(次) Number of Times of Annual of Turnover Working Capitals (times)	工业成本费用利润率(%) Ratio of Profits to Industrial Cost (%)	产品销售率(%) Proportion of Products Sold (%)
全省总计	**Total**	**13.69**	**51.23**	**3.22**	**6.99**	**98.29**
煤炭开采和洗选业	Mining and Washing of Coal	4.97	82.26	2.45	1.30	96.29
石油和天然气开采业	Extraction of Petroleum and Natural Gas					
黑色金属矿采选业	Mining of Ferrous Metal Ores	6.80	74.45	1.34	2.04	100.26
有色金属矿采选业	Mining of Non-ferrous Metal Ores	7.46	58.08	2.42	2.16	98.26
非金属矿采选业	Mining and Processing of Nonmetal Ores	13.26	50.36	2.92	6.89	97.53
其他采矿业	Mining of Others					
农副食品加工业	Processing of Food from Agricultural Products	11.02	54.45	3.10	4.90	99.18
食品制造业	Manufacture of Foods	15.49	41.25	3.89	7.16	98.27
酒、饮料和精制茶制造业	Manufacture of Wine, Soft Drinks and Refined Tea	17.58	53.77	2.21	12.07	96.74
烟草制品业	Manufacture of Tobacco					
纺织业	Manufacture of Textile	22.04	40.70	6.13	7.02	96.20
纺织服装、服饰业	Manufacture of Textile, Apparel	18.37	34.06	4.88	7.72	98.06
皮革、毛皮、羽毛及其制品和制鞋业	Manufacture of Leather, Fur, Feather and Its Products and Footware	36.30	28.15	9.39	10.36	98.64
木材加工和木、竹、藤、棕、草制品业	Processing of Timbers, Manufacture of Wood, Bamboo, Rattan, Palm, and Straw Products	21.12	41.51	4.62	9.48	99.02
家具制造业	Manufacture of Furniture	14.16	59.78	2.76	7.03	100.44
造纸和纸制品业	Manufacture of Paper and Paper Products	10.44	55.38	3.05	5.34	99.81
印刷和记录媒介复制业	Printing, Reproduction of Recording Media	15.70	49.71	3.81	7.21	99.56
文教、工美、体育和娱乐用品制造业	Manufacture of Articles for Culture, Arts and Crafts, Education, Sport Activities and Entertainment Goods	15.21	34.41	3.90	7.41	98.44
石油加工、炼焦和核燃料加工业	Processing of Petroleum, Coking, Processing of Nuclear Fuel	8.82	78.02	2.27	4.23	99.02
化学原料和化学 制品制造业	Manufacture of Chemical Raw Material and Chemical Products	16.18	44.84	3.25	8.80	98.49
医药制造业	Manufacture of Medicines	17.76	31.71	3.02	10.26	98.37
化学纤维制造业	Manufacture of Chemical Fiber	20.21	31.01	3.88	9.60	87.51
橡胶和塑料制品业	Manufacture of Rubber and Plastic	12.31	37.59	2.49	6.78	98.07
非金属矿物制品业	Manufacture of Nonmetallic Mineral Products	10.60	56.17	2.44	6.48	97.75
黑色金属冶炼和压延加工业	Manufacture and Processing of Ferrous Metals	16.03	63.35	4.05	7.16	98.47
有色金属冶炼和压延加工业	Manufacture & Processing of Non-ferrous Metals	11.06	52.26	4.38	3.31	96.79
金属制品业	Manufacture of Metal Products	9.59	36.67	3.56	5.26	98.64
通用设备制造业	Manufacture of General Purpose Machinery	10.65	44.04	2.47	6.27	97.64
专用设备制造业	Manufacture of Special Purpose Machinery	13.01	41.54	2.54	8.53	98.25
汽车制造业	Manufacture of Automotive	10.75	54.51	2.04	6.50	103.30
铁路、船舶、航空航天和其他运输设备制造业	Manufacture of Railroad, Marine, Aerospace and Other Transportation Equipment	9.81	59.86	2.24	4.81	96.45
电气机械和器材制造业	Manufacture of Electrical Machinery and Equipment	13.33	36.97	2.79	7.75	96.64
计算机、通信和其他电子设备制造	Manufacture of Computer, Communications and Other Electronic Equipment	12.56	41.76	1.71	8.27	97.01
仪器仪表制造业	Manufacture of Measuring Instrument	15.37	42.33	1.57	12.51	89.12
其他制造业	Manufacture of Others	23.90	23.17	5.92	9.76	99.74
废弃资源综合利用业	Recycling and Disposal of Waste	19.44	48.32	4.51	4.88	99.28
金属制品、机械和设备修理业	Metal Products, Machinery and Equipment Repair	30.20	48.37	3.17	3.63	96.81
电力、热力生产和供应业	Production and Supply of Electric Power and Heat Power	3.85	76.75	0.64	13.19	96.46
燃气生产和供应业	Production and Distribution of Gas	9.80	70.78	1.02	20.39	106.13
水的生产和供应业	Production and Distribution of Water	3.87	69.49	0.39	8.50	99.05

按行业分大中型工业企业主要经济效益指标（2017年）
Main Indicators on Economic Benefit of Large and Medium-sized Industrial Enterprises by Industrial Sector (2017)

行业	Sector	总资产贡献率(%) Ratio of Total Assets to Industrial Output Value (%)	资产负债率(%) Assets-Liability Ratio (%)	流动资产周转次数(次) Number of Times of Annual of Turnover Working Capitals (times)	工业成本费用利润率(%) Ratio of Profits to Industrial Cost (%)	产品销售率(%) Proportion of Products Sold (%)
全省总计	**Total**	**10.64**	**61.02**	**2.17**	**7.16**	**99.25**
轻工业	Light Industry	14.65	51.06	2.23	8.05	97.78
重工业	Heavy Industry	9.94	62.77	2.15	6.95	99.62
按行业分	**Grouped by Sector**					
煤炭开采和洗选业	Mining and Washing of Coal	6.67	69.41	1.45	1.80	101.16
石油和天然气开采业	Extraction of Petroleum and Natural Gas	0.71	43.65	3.66	-14.31	100.17
黑色金属矿采选业	Mining of Ferrous Metal Ores	5.60	69.77	1.01	1.41	101.97
有色金属矿采选业	Mining of Non-ferrous Metal Ores	22.66	59.36	2.35	43.74	97.57
非金属矿采选业	Mining and Processing of Nonmetal Ores	4.59	68.81	0.44	3.09	101.57
其他采矿业	Mining of Others					
农副食品加工业	Processing of Food from Agricultural Products	7.35	66.31	2.17	4.12	99.98
食品制造业	Manufacture of Foods	11.81	46.91	2.73	5.18	98.09
酒、饮料和精制茶制造业	Manufacture of Wine, Soft Drinks and Refined Tea	21.69	51.88	1.34	18.68	98.14
烟草制品业	Manufacture of Tobacco	66.51	37.71	1.73	0.96	93.74
纺织业	Manufacture of Textile	14.61	51.06	3.87	5.83	99.07
纺织服装、服饰业	Manufacture of Textile, Apparel	6.78	59.50	1.78	3.81	98.01
皮革、毛皮、羽毛及其制品和制鞋业	Manufacture of Leather, Fur, Feather and Its Products and Footware	39.22	20.19	10.93	10.93	98.75
木材加工和木、竹、藤、棕、草制品业	Processing of Timbers, Manufacture of Wood, Bamboo Rattan, Palm, and Straw Products	31.68	41.64	10.23	11.24	100.92
家具制造业	Manufacture of Furniture	15.69	61.02	2.24	10.01	97.41
造纸和纸制品业	Manufacture of Paper and Paper Products	7.85	63.81	1.81	6.82	100.35
印刷和记录媒介复制业	Printing, Reproduction of Recording Media	17.54	23.94	1.98	13.60	101.19
文教、工美、体育和娱乐用品制造业	Manufacture of Articles for Culture, Arts and Crafts, Education, Sport Activities and Entertainment Goods	20.31	31.44	5.39	9.26	98.17
石油加工、炼焦和核燃料加工业	Processing of Petroleum, Coking, Processing of Nuclear Fuel	23.66	69.38	2.95	5.30	97.84
化学原料和化学制品制造业	Manufacture of Chemical Raw Material and Chemical Products	12.24	54.46	2.25	9.66	98.78
医药制造业	Manufacture of Medicines	12.13	47.55	1.21	14.00	91.81
化学纤维制造业	Manufacture of Chemical Fiber	14.17	61.59	2.80	10.37	100.17
橡胶和塑料制品业	Manufacture of Rubber and Plastic	16.36	40.22	1.96	12.62	100.34
非金属矿物制品业	Manufacture of Nonmetallic Mineral Products	8.92	59.53	1.57	7.68	98.22
黑色金属冶炼和压延加工业	Manufacture and Processing of Ferrous Metals	10.37	65.85	2.83	7.29	99.47
有色金属冶炼和压延加工业	Manufacture & Processing of Non-ferrous Metals	2.63	68.09	2.05	-0.74	99.52
金属制品业	Manufacture of Metal Products	10.54	49.42	3.13	5.97	98.50
通用设备制造业	Manufacture of General Purpose Machinery	9.19	49.33	1.31	8.00	95.04
专用设备制造业	Manufacture of Special Purpose Machinery	3.82	57.36	0.42	6.43	99.51
汽车制造业	Manufacture of Automotive	9.73	59.31	1.52	6.06	102.88
铁路、船舶、航空航天和其他运输设备制造业	Manufacture of Railroad, Marine, Aerospace and Other Transportation Equipment	7.96	60.02	0.90	8.90	98.71
电气机械和器材制造业	Manufacture of Electrical Machinery and Equipment	7.21	69.16	1.55	4.68	101.15
计算机、通信和其他电子设备制造	Manufacture of Computer, Communications and Other Electronic Equipment	7.30	49.02	1.58	5.07	94.15
仪器仪表制造业	Manufacture of Measuring Instrument	15.75	37.75	1.06	17.19	85.41
其他制造业	Manufacture of Others	12.62	16.72	2.73	3.55	100.52
废弃资源综合利用业	Recycling and Disposal of Waste	1.44	154.00	1.37	-12.03	96.53
金属制品、机械和设备修理业	Metal Products, Machinery and Equipment Repair	1.95	73.04	0.63	1.44	99.30
电力、热力生产和供应业	Production and Supply of Electric Power and Heat Power	11.80	60.01	7.42	11.56	99.99
燃气生产和供应业	Production and Distribution of Gas	3.48	71.41	1.33	5.17	98.73
水的生产和供应业	Production and Distribution of Water	3.16	59.31	1.11	0.14	99.87

主要工业产品产量
Output of Major Industrial Products

产品名称	Item	2000	2010	2015	2016	2017
化学纤维(万吨)	Chemical Fiber (10000 tons)	10.26	23.42	60.68	61.79	67.37
#合成纤维(万吨)	Synthetic Fiber (10000 tons)	6.15	1.50	5.54	5.87	10.12
纱(万吨)	Yarn (10000 tons)	43.70	123.91	204.24	222.15	235.72
布(亿米)	Cloth (100 million m)	15.60	54.82	69.66	70.96	62.66
呢绒(万米)	Woolen Piece Goods (10000 m)	662.86	507.20	428.30	459.21	689.89
毛线(吨)	Knitting Wool (ton)	105574.00	66752.73	81859.17	85857.16	94327.04
机制纸及纸板(万吨)	Machine-made Paper and (10000 tons)	216.34	420.52	345.68	345.04	372.11
皮革鞋靴(万双)	Shoes (10000 pairs)	309.59	584.09	924.67	938.86	965.55
塑料制品(万吨)	Plastic Articles (10000 tons)	42.33	221.92	288.00	326.89	326.89
白炽灯泡(万只)	Incandescent Light Bulbs (10000 units)	8397.36	12391.00	30681.50	27154.60	23461.30
原盐(万吨)	Salt (10000 tons)	432.62	418.97	320.42	274.56	279.67
精制食用植物油(万吨)	Refined Edible Vegetable Oil (10000 tons)	29.88	130.25	192.35	207.46	337.19
成品糖(万吨)	Refined Sugar (10000 tons)	1.28	2.75	7.02	32.80	36.64
饮料酒(混合量)(万千升)	Alcoholic Beverages (10000 kiloliter)	160.39	170.60	216.66	194.36	204.24
#白酒	Liquor	26.40	26.14	24.41	22.40	23.60
啤酒	Beer	130.60	134.44	181.75	165.00	174.89
罐头(万吨)	Canned Food (10000 tons)	16.40	26.22	46.79	60.39	46.77
卷烟(亿支)	Cigarettes (100 million pieces)	107.97	775.00	848.50	763.50	751.50
粗钢(万吨)	Crude Steel (10000 tons)	1230.10	14458.79	18832.98	19259.97	19121.47
生铁(万吨)	Pig Iron (10000 tons)	1709.23	13705.39	17383.32	18398.37	17997.27
铁合金(万吨)	Iron Alloy (10000 tons)	8.78	17.48	21.46	26.68	33.26
钢材(万吨)	Rolled Steel (10000 tons)	1306.62	16757.23	25245.31	26150.42	24551.08
发电量(亿千瓦小时)	Electricity (100 million kwh)	844.42	1992.5707	2487.17	2630.59	2777.28
#水电	Hydropower (100 million kwh)	4.70	5.00	4.29	22.26	12.27
原煤(万吨)	Coal (10000 tons)	5781.21	10199.27	7437.05	6484.32	6010.84

注：1.饮料酒2004年以前为万吨。2.卷烟2003年及以前为万箱。3.2014年天然气含煤层气。4.为与国家局名录口径保持一致，2017年天然气数据做了调整。5.卫生陶瓷制品2000年计量单位为吨。

a) Unit of alcoholic beverages was 10000 kiloliter before 2004. b) Unit of cigarettes was 10000 boxes before 2003. c) Natural gas include the coalbed methane in 2014. d) The 2017 gas data have been adjusted to align it with the National Bureau directory. e) Unit of ceramic sanitary in 2000 was ton.

主要工业产品产量(续)
Output of Major Industrial Products

产品名称	Item	2000	2010	2015	2016	2017
原油(万吨)	Crude Oil (10000 tons)	518.26	599.04	580.10	545.96	539.11
天然气(亿立方米)	Natural Gas (100 million cu.m)	5.14	12.68	10.44	7.78	7.39
焦炭(万吨)	Coke (10000 tons)	792.47	4988.09	5480.62	5312.18	4813.84
硫酸(折100%)(万吨)	Sulfuric Acid (10000 tons)	96.83	71.86	142.91	124.12	142.60
烧碱(万吨)	Caustic Soda (10000 tons)	32.48	70.96	119.08	123.74	125.67
纯碱(碳酸钠)(万吨)	Soda Ash (10000 tons)	99.84	230.40	347.82	348.42	344.75
合成氨(无水氨)(万吨)	Synthetic Ammonia (10000 tons)	252.27	296.06	274.24	231.17	180.42
农用化肥(折纯量)(万吨)	Chemical Fertilizer (10000 tons)	195.23	178.19	215.82	226.23	213.78
化学农药原药(吨)	Chemical Pesticide (ton)	55733.00	35904.68	75485.84	72390.86	90889.62
纯苯(吨)	Benzene (ton)	38962.00	192052.00	723672.47	711091.12	714591.38
涂料(万吨)	Coating (10000 tons)	6.06	34.82	71.92	79.86	92.69
合成橡胶(吨)	Synthetic Rubber (ton)	8489.00	17294.51	44304.00	48225.00	56104.00
橡胶轮胎外胎(万条)	Tires (10000 units)	121.37	33.92	59.84	51.39	43.21
合成洗涤剂(万吨)	Synthetic Detergents (10000 tons)	1.83		15.77	16.17	18.83
化学药品原药(万吨)	Chemical Raw Medicines (10000 tons)	10.17	45.31	44.57	45.88	46.47
中成药(吨)	Traditional Chinese Patent Medicine (ton)	20077.00	41776.03	68467.25	66578.53	61135.75
工业锅炉(蒸发量吨)	Industrial Boilers (evaporation ton)	4418.00	9516.25	7953.97	7519.11	7547.37
变压器(万千伏安)	Transformers (10000 KVA pm)	2394.54	15745.42	16324.84	15215.58	12761.10
泵(万台)	Pumps (10000 units)	14.40	43.76	103.16	135.68	163.49
金属切削机床(台)	Metal-cutting Machine (unit)	555	1596	1486	1393	1251.00
汽车(辆)	Motor Vehicle (unit)	13989	710372	1128979	1290096	1308975.00
改装汽车(辆)	Modified Cars (unit)	31070	80344	86617	77299	89682.00
摩托车整车(辆)	Motorcycle (unit)	273231	480038	562366	564265	679796.00
程控交换机(万线)	Program-controlled Switchboards (10000 lines)			13.4	13.5	16.11
水泥(万吨)	Cement (10000 tons)	4694.59	12594.30	9073.23	9861.22	8963.45
平板玻璃(万重量箱)	Plate Glass (1000 weight cases)	2083.30	12033.83	11099.98	10383.27	10648.03
卫生陶瓷制品(万件)	Household Ceramic (10000 pieces)	105715.00	2208.86	2603.37	2559.77	2392.00
砖(亿块)	Brick (100 million)	115.26	159.94	57.36	67.65	38.21
单晶硅(万千克)	Monocrystalline Silicon (10000 kg)			524.1	519.7	529.27
太阳能电池(万千瓦)	Solar Cell (10000 kw)			399.7	410.1	529.97

建筑业主要经济指标
Major Economic Indicators on Construction Enterprises

指　　标	Item	2000	2010	2015	2016	2017
建筑业总产值(亿元)	Gross Output Value of Construction (100 million yuan)	492.10	3232.53	5252.57	5517.69	5655.38
竣工产值(亿元)	Value of Building Completed (100 million yuan)	357.67	1714.58	2852.20	2888.43	2838.73
产值竣工率(%)	Rate of Value of Building Completed (%)	72.70	53.04	54.30	52.35	50.20
按总产值计算的劳动生产率(元／人)	Overall Labor Productivity in Terms of Total Output Value (yuan/person)	51217	236031	377277	379684	374926
房屋建筑竣工面积(万平方米)	Floor Space of Buildings Completed (10000 sq.m)	3481.42	9100.87	11612.95	11145.14	9835.92
#住　宅	Residential Houses	2260.98	6247.72	8579.33	8111.71	7235.55
房屋面积竣工率(%)	Rate of Floor Space of Buildings Completed (%)	55.60	38.77	32.61	32.20	28.46
人均竣工面积(平方米／人)	Individual Floor Space of Buildings Completed (sq.m/person)	36.00	66.45	83.42	76.70	65.91
年末固定资产原价(亿元)	Fixed Assets End of Year (original value) (100 million yuan)	185.15	463.38	703.97	699.96	801.46
年末固定资产净值(亿元)	Fixed Assets End of Year (net value) (100 million yuan)	125.09	303.18	404.98	393.45	421.99
利润总额（亿元)	Total Profits (100 million yuan)	6.74	104.81	155.67	154.26	162.99
人均利润(元／人)	Individual Profit (yuan/person)	701.00	8145.12	11182.86	10614.91	10805.57
年末自有机械设备(万千瓦)	Total Power of Machinery and Equipment Owned End of year (10000 kw)	603.88	1034.50	1250.41	1029.74	1183.79
年末自有机械设备净值(亿元)	Net Value of Machinery and Equipment Owned End of Year (100 million yuan)	57.16	181.33	208.82	175.10	219.20
技术装备率(元／人)	Value of Machines per Laborer (yuan/person)	6525.00	14091.68	15000.68	12048.70	14531.95
动力装备率(千瓦／人)	Power of Machines per Laborer (kw/person)	7.00	8.04	8.98	7.09	7.85
资金利润率(%)	Ratio of Capital (%)	1.41	5.12	3.86	3.44	2.96

按承包类型分的建筑业企业主要指标
Main Economic Indicators on Construction Enterprise by General Contractors

指　标	Item	2005	2010	2015	2016	2017
总承包企业	**General Contractor**					
企业个数(个)	Number of Construction Enterprises (unit)	1338	1541	1734	1813	1874
从业人员(人)	Number of Employed Persons (person)	1053286	1174581	986073	1350119	1390761
建筑业总产值(万元)	Gross Output Value of Construction (10000 yuan)	11518883	29845785	49375043	52004159	53275335
特　级	Super	1178708	4380837	7525305	8145608	10792495
一　级	First Grade	5256800	14367669	24475894	25988255	25684951
二　级	Second Grade	3195002	7082044	12187639	12334569	11804202
三级及以下	Third Grade and below	1888373	4015235	5186205	5535727	4993679
利润总额(万元)	Total Profits (10000 yuan)	239490	901001	1406345	1322030	1465247
利税总额(万元)	Total Pre-Tax Profits (10000 yuan)	592672	1891199	2913237	2385075	2015901
专业承包企业	**Specialized Contractor**					
企业个数(个)	Number of Construction Enterprises (unit)	756	748	751	793	793
从业人员(人)	Number of Employed Persons (person)	132664	112191	87006	103112	101661
建筑业总产值(万元)	Gross Output Value of Construction (10000 yuan)	1334048	2479511	3150643	3172762	3278444
一　级	First Grade	489944	1024942	1283397	1383018	1380540
二　级	Second Grade	544565	805292	964962	825770	900147
三级及以下	Third Grade and below	299539	649276	902284	963974	997757
利润总额(万元)	Total Profits (10000 yuan)	54656	147090	150403	220563	164665
利税总额(万元)	Total Pre-tax Profits	94566	227730	255604	299323	199083

按登记类型分建筑业企业主要经济指标（2017年）

指　　标	Item	合　计 Total Enterprises	内资企业 Domestic Funded
企业单位数(个)	Number of Construction Enterprises (unit)	2667	2662
从业人员(人)	Number of Employed Persons (person)	1492422	1491644
自有施工机械设备年末总台数(万台)	Total Number of Machinery and Equipment Owned (10000 sets)	64.17	64.10
自有施工机械设备年末净值(亿元)	Net Value of Machinery and Equipment Owned (100 million yuan)	219.19	219.19
自有机械设备年末总功率(万千瓦)	Total Power of Machinery and Equipment Owned (10000 kw)	1183.79	1183.70
建筑业总产值(亿元)	Gross Output Value of Construction (100 million yuan)	5655.38	5650.70
建筑工程	Construction Engineering	4615.23	4611.62
安装工程	Construction and Installation	759.72	759.72
其他产值	Others	280.43	279.36
应付职工薪酬(亿元)	Wages Payable (100 million yuan)	414.51	414.10
主营业务税金及附加(亿元)	Taxes and Other Charges on Principal Business (100 million yuan)	58.51	58.48
营业利润(亿元)	Profits of Business (100 million yuan)	163.12	162.95
房屋建筑施工面积(万平方米)	Floor Space of Buildings under Construction (10000 sq.m)	34565.90	34565.90
房屋建筑竣工面积(万平方米)	Floor Space of Buildings Completed (10000 sq.m)	9835.92	9835.92
资产合计(亿元)	Total Assets (100 million yuan)	6144.42	6141.61
流动资产合计(亿元)	Total Circulating Funds (100 million yuan)	5091.92	5089.51
固定资产原价(亿元)	Original Value of Fixed Assets (100 million yuan)	801.46	800.97
流动负债合计(亿元)	Total Current Liabilities (100 million yuan)	3952.14	3950.41
非流动负债合计(亿元)	Total Non Working Liabilities (100 million yuan)	186.28	186.23
所有者权益(亿元)	Creditors' Equity (100 million yuan)	1875.98	1874.95
#实收资本(亿元)	Capitals Hold (100 million yuan)	1035.59	1034.84
利润总额(亿元)	Total Profits (100 million yuan)	162.99	162.86
利税总额(亿元)	Total Tax (100 million yuan)	221.50	221.34
劳动生产率(元/人)(按总产值计算)	Overall Labor Productivity (yuan/person) (In Terms of Gross Output Value)	378939.60	378823.36
技术装备率(元/人)	Value of Machines per Laborer (yuan/person)	14686.85	14694.30
动力装备率(千瓦/人)	Power of Machines per Laborer (yuan/person)	7.93	7.94
房屋建筑面积竣工率(%)	Rate of Floor Space of Buildings Completed (%)	28.46	28.46
产值利润率(%)	Ratio of Profit to Gross Output Value (%)	2.88	2.88
产值利税率(%)	Ratio of Pre-tax Profit to Gross Output Value (%)	3.92	3.92

Main Economic Indicators on Construction Enterprises by Registration Status (2017)

#国有经济 State-owned	#集体经济 Collective-owned	港澳台商投资企业 Funded from Hong Kong, Macao and Taiwan	外商投资企业 Foreign Funded	房屋建筑 Building Construction	土木工程建筑 Civil Engineering	建筑安装业 Installation	建筑装饰和其他建筑业 Building Decoration and Others
87	70	3	2	1397	548	335	387
67660	13209	453	325	1140058	241490	73550	37324
1.89	1.01	0.06	0.01	45.49	11.78	2.76	4.14
9.56	2.62	…		110.03	95.48	9.15	4.53
45.41	16.83	0.08	0.01	685.11	429.09	43.49	26.10
247.09	123.41	3.90	0.78	3577.91	1557.64	399.10	120.73
201.53	113.42	3.61		3174.01	1214.56	143.95	82.71
30.56	6.86			251.23	261.34	232.95	14.20
15.00	3.13	0.29	0.78	152.67	81.74	22.20	23.82
20.98	9.95	0.38	0.02	232.83	143.42	28.13	10.13
2.24	2.56	0.03	…	43.91	10.17	3.50	0.93
1.55	4.35	0.13	0.04	100.52	35.10	21.71	5.79
927.51	860.04			32320.80	894.19	1320.65	30.26
314.89	324.68			9216.73	224.53	379.29	15.38
355.36	49.70	2.11	0.71	3211.89	2379.55	377.75	175.24
245.09	32.94	1.86	0.56	2698.34	1920.89	326.83	145.86
45.15	10.02	0.36	0.13	307.36	426.96	44.60	22.54
230.14	21.85	1.37	0.36	2070.94	1567.76	229.40	84.04
35.64	0.19	…	0.05	88.20	86.12	7.70	4.25
88.36	22.63	0.73	0.30	967.85	689.17	137.57	81.39
78.26	8.59	0.48	0.26	505.15	413.02	68.76	48.66
1.71	4.35	0.09	0.04	98.17	37.06	21.68	6.08
3.95	6.91	0.12	0.04	142.09	47.23	25.18	7.01
429220.47	285605.89	860929.36	240606.15	313835.53	645012.77	542625.96	323459.65
16598.47	6065.66	591.61		9651.69	39535.93	12439.18	12138.52
7.89	3.90	1.77	0.37	6.01	17.77	5.91	6.99
33.95	37.75			28.52	25.11	28.72	50.81
0.69	3.52	2.35	4.58	2.74	2.38	5.43	5.04
1.60	5.60	3.05	4.88	3.97	3.03	6.31	5.81

建筑业企业技术装备情况
Number and Power of Machinery and Equipment Owned by Construction Enterprises

年份 Year	自有机械设备年末总台数（台） Number of and Machinery Equipment Owned (unit)	自有机械设备年末总功率（万千瓦） Total Power of Machinery and Equipment Owned (10000 kw)	自有机械设备年末净值（万元） Net Value of Machinery and Equipment Owned (10000 yuan)	技术装备率（元/人） Value of Machines per Laborer (yuan/person)	动力装备率（千瓦/人） Power of Machines per Laborer (kw/person)
1991	109405	226.15	133116	3362	5.71
1992	94837	212.56	138588	3398	5.21
1993	188111	330.00	169752	2637	5.13
1994	196886	412.22	247707	2926	4.90
1995	213972	331.78	2851719	3741	4.35
1996	326300	471.49	399500	3884	4.58
1997	291800	483.63	490300	4995	4.93
1998	309600	482.76	448200	5166	5.56
1999	363100	519.76	497700	5775	6.03
2000	380673	603.88	5715649	6525	7.00
2001	432840	663.66	6955482	7342	7.00
2002	449741	604.35	1030110	10331	6.10
2003	443997	575.41	1046003	10573	5.80
2004	508692	1251.48	989386	8697	11.00
2005	435734	716.67	975913	8212	6.00
2006	516915	723.70	1065747	9936	6.75
2007	498629	697.98	1071893	10004	6.51
2008	465252	777.43	1290411	11142	6.70
2009	475386	843.66	1384173	11711	7.14
2010	967008	1034.50	1813278	14092	8.04
2011	551462	1198.60	1878605	15590	9.95
2012	546209	1471.40	1873380	15672	12.31
2013	870203	1129.90	1818782	14732	9.15
2014	657988	1756.64	1949338	13327	12.01
2015	530245	1250.41	2088220	15001	8.98
2016	535161	1029.74	1750955	12049	7.09
2017	641691	1183.79	2191898	14532	7.85

房地产开发企业主要指标
Main Indicators of Real Estate Development

指 标	Item	2010	2015	2016	2017
企业个数(个)	**Number of Enterprises (unit)**	**2997**	**3181**	**3279**	**3317**
内 资	Domestic Funded	2933	3130	3228	3269
港澳台投资	Enterprises with Funds from Hong Kong, Macao and Taiwan	34	33	31	27
外商投资	Foreign Funded	30	18	20	21
年末从业人员数(人)	**Employed Persons at the Year-end (person)**	**75245**	**106614**	**111918**	**109273**
内 资	Domestic Funded	72592	103190	108712	106390
港澳台投资	Enterprises with Funds from Hong Kong, Macao and Taiwan	968	1433	1384	979
外商投资	Foreign Funded	1685	1991	1822	1904
土地购置(万平方米)	**Land Purchase (10000 sq.m)**				
本年土地购置面积	Land Space Purchased This Year	3024.15	756.86	929.93	1033.80
本年完成投资额(万元)	**Investment Completed This Year (10000 yuan)**	**22649354**	**42852710**	**46956333**	**48239092**
商品住宅	Residential Buildings	17857596	31625474	34754830	36569801
办公楼	Office Buildings	512738	1758739	2192564	2152211
商业营业用房	Houses for Business Use	2760060	5093980	6515654	5944858
其他	Others	1518960	4374517	3493285	3572222
资金来源小计(万元)	**Sources of Funds (10000 yuan)**	**27108920**	**46666744**	**51023647**	**51849632**
国内贷款	Domestic Loans	2888903	4566951	4560990	5326792
利用外资	Foreign Investment	29980	23138	17098	20084
自筹资金	Self-raising Fund	14625782	30991139	32244899	31333172
其他资金来源	Others	9564255	11085516	14200660	15169584
房屋建筑面积(万平方米)	**Floor Space of Buildings (10000 sq.m)**				
施工房屋面积	Floor Space under Construction	20700.03	30434.76	30476.78	30318.32
#新开工面积	Floor Space Started This Year	9629.16	7219.81	8161.30	8417.21
竣工房屋面积	Floor Space Completed	3614.66	4039.31	4287.78	3416.00
#住 宅	Residential Buildings	3130.09	3226.91	3352.61	2730.13
商品房屋销售面积(万平方米)	**Floor Space of Commercialized Buildings Sold (10000 sq.m)**	**4662.10**	**5854.65**	**6682.29**	**6425.91**
#住 宅	Residential Buildings	4325.12	5161.65	5899.72	5576.99
商品房屋销售价格(元/平方米)	**Selling Price of Commercialized Buildings (yuan/sq.m)**	**3539**	**5759**	**6438**	**7203**
#住 宅	Residential Buildings	3442	5530	6290	7039
主要财务指标(万元)	**Major Financial Indicators (10000 yuan)**				
实收资本	Total Capital Held	5907814	13750033	14376838	16323021
资产总计	Total Assets	48112569	142743489	159317875	183251017
资产负债率(%)	Ratio of Liabilities to Assets (%)	81.95	85.9	83.7	84.6
经营总收入	Total Revenue	12026554	23388882	28563301	25392402
主营业务税金及附加	Tax and Extra Charges	924133	2022774	2046262	1326600
利润总额	Total Profits	1017819	1322913	3543485	3105718

注：2010年为年平均从业人员数。

a) The number of employed persons refers to the annual average number in 2010.

房地产开发企业基本情况（2017年）

项　　目	Item	企业个数（个）Number of Enterprises (unit)	年平均从业人员（人）Average Number of Employed Persons (person)	资产总计（万元）Total Assets (10000 yuan)
全省总计	**Total**	**3317**	**109273**	**183251017**
按登记注册类型分	**Grouped by Registered Categories**			
内资企业	Domestic Funded Enterprises	3269	106390	177371337
国　有	State-owned Enterprises	6	300	281330
集　体	Collective-owned Enterprises	1	5	19696
股份合作	Cooperative Enterprises			
联营企业	Joint Ownership Enterprises			
有限责任公司	Limited Liability Corporations	890	32641	68303890
国有独资公司	State Sole Funded Corporations	24	764	2020204
其他有限责任公司	Other Limited Liability Corporations	866	31877	66283686
股份有限公司	Share-holding Corporations Ltd.	49	6659	7545528
私　营	Private Enterprises	2323	66785	101220894
其他内资企业	Other Enterprises			
港澳台商投资	Enterprises with Funds from Hong Kong, Macao and Taiwan	27	979	4191431
合资经营	Joint-venture Enterprises	10	513	1760834
合作经营	Cooperative Enterprises			
独资经营	Enterprises with Sole Fund	16	464	2423772
股份有限	Share-holding Corporations Ltd.			
外商投资经济	Foreign Funded Enterprises	21	1904	1688249
合资经营	Joint-venture Enterprises	6	128	257385
合作经营	Cooperation Enterprises	1	8	10132
外资企业	Enterprises with Sole Fund	12	1717	1350395
股份有限	Share-holding Corporations Ltd.	1	37	60425
按隶属关系分	**Grouped by Administrative Relationship**			
中　央	Central Government	10	353	866076
省	Province	10	503	1886540
市	Prefecture	188	7575	11420301
县	County			
其　他	Other	2969	97049	162843082
按资质等级分	**Grouped by Qualification Grade**			
一　级	First Grade	59	12159	18949495
二　级	Second Grade	293	13911	29671398
三　级	Third Grade	557	17903	29810476
四　级	Forth Grade	1234	31245	49502204
暂　定	Provisional	1088	31783	50725210
其　他	Other	86	2272	4592234
按营业状况分	**Grouped by Business Condition**			
营　业	Business	3118	105312	179628534
其　他	Other	194	3914	3578109

Basic Condition of Enterprises for Real Estate Development (2017)

净资产（所有者权益）（万元）Total Owners Equities (10000 yuan)	主营业务收入（万元）Revenue from Principal Business (10000 yuan)	土地转让收入 Land Transferred	商品房屋销售收入 Commercial Houses Sold	房屋出租收入 Houses Leased	其他收入 Others	主营业务税金及附加（万元）Taxes and Other Charges on Principal Business (10000 yuan)	利润总额（万元）Total Profits (10000 yuan)
28289246	**24142709**	**386518**	**23284239**	**83195**	**327661**	**1326600**	**3105718**
26362149	23214615	386518	22364041	76798	326162	1187841	2814892
546	4407		4297	42	67	547	-5117
1642							-56
9612812	9006768	288211	8625818	15543	72647	417774	1048127
505929	181858		180352	723	425	7034	-9442
9106883	8824910	288211	8445467	14819	72222	410740	1057569
1542834	289549	6	286985	510	644	19953	293324
15204316	13913892	98301	13446941	60703	252804	749568	1478614
1410674	657600		656985	303	312	125798	234409
522847	362293		361913	70	310	83899	130321
887009	295307		295072	233	2	41900	104089
516422	270494		263213	6094	1187	12960	56417
66562	32834		32448	192	195	1836	7603
1549	161				161		37
434628	218323		212390	5902	31	10380	52429
14295	19145		18345		800	735	-3569
110169	95143		91256	3887		2628	8200
246549	252748		252680		68	25527	75739
1743306	1306726	-547	1297966	3279	5092	71035	48343
25212967	21592445	385410	20759185	75236	312689	1186092	2843482
4596309	1982699	157854	1773363	4464	45615	91432	695722
5176172	3944760	47891	3761570	31381	100117	178201	599454
5004888	4346008	98998	4144417	22117	54393	266353	394521
6505988	6475374	16447	6329780	16474	83812	328554	699042
6494466	7148782	65329	7030706	8445	43443	441123	746579
511423	245086		244404	314	282	20936	-29600
27859586	23892301	386418	23036108	81854	326919	1313188	3104239
423983	250408	100	248131	1341	742	13412	2756

房地产开发企业建设总规模、完成投资及新增固定资产（2017年）

单位：万元

项 目	Item	计划总投资 Total Investment Planed	累计完成投资 Accumulated Investment Completed
全 省 总 计	**Total**	**210044039**	**149062993**
按登记注册类型分	**Grouped by Registered Categories**		
内资企业	Domestic Funded Enterprises	201916329	144947292
国 有	State-owned Enterprises	250782	82970
集 体	Collective-owned Enterprises		
股份合作	Cooperative Enterprises		
联营企业	Joint Ownership Enterprises		
有限责任公司	Limited Liability Corporations	70633918	46889351
国有独资公司	State Sole Funded Corporations	1852135	1415742
其他有限责任公司	Other Limited Liability Corporations	68781783	45473609
股份有限公司	Share-holding Corporations Ltd.	3812183	2244937
私 营	Private Enterprises	127180308	95716334
其他内资企业	Other Enterprises	39138	13700
港澳台商投资	Enterprises with Funds from Hong Kong, Macao and Taiwan	2957218	2497800
合资经营	Joint-venture Enterprises	513865	530749
合作经营	Cooperative Enterprises		
独资经营	Enterprises with Sole Fund	2443353	1967051
股份有限	Share-holding Corporations Ltd.		
其他	Other		
外商投资经济	Foreign Funded Enterprises	5170492	1617901
合资经营	Joint-venture Enterprises	90097	103245
合作经营	Cooperation Enterprises		
外资企业	Enterprises with Sole Fund	5007213	1431106
股份有限	Share-holding Corporations Ltd.	57000	68400
其他	Other	16182	15150
按隶属关系分	**Grouped by Administrative Relationship**		
中 央	Central Government	1493307	1176447
省	Province	2286015	2217389
市	Prefecture	17603273	13365051
县	County	1682438	1542132
其 他	Other	175754286	122712135
按资质等级分	**Grouped by Qualification Grade**		
一 级	First Grade	13931885	8352230
二 级	Second Grade	27733353	20977879
三 级	Third Grade	27440576	21222903
四 级	Forth Grade	51112545	37997937
暂 定	Provisional	84983691	57591226
其 他	Other	4841989	2920818
按营业状况分	**Grouped by Business Condition**		
营 业	Business	204858343	145288373
其 他	Other	4999696	3748620

Total Size of Construction, Actually Completed Investment and Newly Increased Fixed Assets for Real Estate Development (2017)

(10000 yuan)

本年完成投资 Investment Completed This Year	按用途分 by Use				本年新增固定资产 Newly Increased Fixed Assets
	住宅 Residential Buildings	办公楼 Office Buildings	商业营业用房 Houses for Business Use	其他 Others	
48239092	**36569801**	**2152211**	**5944858**	**3572222**	**15528035**
47090952	35941740	2047009	5646487	3455716	15268786
23179	[illegible]			727	
15590780	11995396	720744	1582007	1292633	5345250
316050	282082	60	24959	8949	54395
15274730	11713314	720684	1557048	1283684	5290855
913657	762729	41302	103325	6301	184526
30549636	23147463	1284963	3961155	2156055	9739010
13700	13700				
597125	309003	53300	195535	39287	151823
121468	113201		2636	5631	41711
475657	195802	53300	192899	33656	110112
551015	319058	51902	102836	77219	107426
27641	1000			26641	25441
517542	312876	51902	102457	50307	13585
1752	1102		379	271	68400
4080	4080				
301380	241714	4000	39158	16508	
611216	201348	159043	67549	183276	88330
4590613	3403046	210271	575353	401943	1135540
608023	453586	3081	54808	96548	190958
39092001	29875690	1720392	4838666	2657253	13444247
2162041	1853961	47028	215062	45990	850944
5527489	4479319	100301	479494	468375	1885453
6336796	4742355	374721	751883	467837	1743012
11153672	8778075	369898	1448229	557470	4406403
21725087	15556907	1235932	2965533	1966715	5947660
1334007	1159184	24331	84657	65835	694563
47138814	35709787	2136531	5835013	3457483	15029300
1089278	860014	15680	98845	114739	498735

房地产开发企业的土地开发、购置及资金来源（2017年）

项　　目	Item	土地购置费用（万元）Total Value of Land Purchased (10000 yuan)	待开发的土地面积（平方米）Land Space Pending Development (sq.m)
全　省　总　计	**Total**	**3730231**	**13510992**
按登记注册类型分	**Grouped by Registered Categories**		
内资企业	Domestic Funded Enterprises	3586993	12344129
国　　有	State-owned Enterprises	1028	
集　　体	Collective-owned Enterprises		
股份合作	Cooperative Enterprises		
联营企业	Joint Ownership Enterprises		
有限责任公司	Limited Liability Corporations	1097004	2696234
国有独资公司	State Sole Funded Corporations	7311	
其他有限责任公司	Other Limited Liability Corporations	1089693	2696234
股份有限公司	Share-holding Corporations Ltd.	8000	
私　　营	Private Enterprises	2480961	9647895
其他内资企业	Other Enterprises	5900	
港澳台商投资	Enterprises with Funds from Hong Kong, Macao and Taiwan	37539	838283
合资经营	Joint-venture Enterprises	22039	149788
合作经营	Cooperative Enterprises		
独资经营	Enterprises with Sole Fund	15500	688495
股份有限	Share-holding Corporations Ltd.		
外商投资经济	Foreign Funded Enterprises	105699	328580
合资经营	Joint-venture Enterprises	6000	328580
合作经营	Cooperation Enterprises		
外　　资	Enterprises with Sole Fund	99699	
股份有限	Share-holding Corporations Ltd.		
按隶属关系分	**Grouped by Administrative Relationship**		
中　　央	Central Government	34921	
省	Province		
市	Prefecture	469867	3125096
县	County	31164	266607
其　　他	Other	2878012	9109648
按资质等级分	**Grouped by Qualification Grade**		
一　级	First Grade	71444	
二　级	Second Grade	354715	493229
三　级	Third Grade	531771	725412
四　级	Forth Grade	821455	5411343
暂　定	Provisional	1872572	6784479
其　他	Other	78274	96529
按营业状况分	**Grouped by Business Condition**		
营　业	Business	3604215	13030825
其　他	Other	126016	480167

Land Development, Purchase and Source of Funds of Enterprises for Real Estate Development (2017)

本年购置土地面积（平方米） Land Space Purchased This Year (sq.m)	本年资金来源小计（万元） Total Funds This Year (10000 yuan)	国内贷款 Domestic Loans	#银行贷款 Bank loan	利用外资 Foreign Investment	自筹资金 Self-raising Funds	其他资金来源 Others
10338371	**51849632**	**5326792**	**4589673**	**20084**	**31333172**	**15169584**
10309254	50518182	5206056	4468937	500	30610394	14701232
	40272				13683	26589
2090359	16853585	1849012	1626699		10462514	4542059
9237	303356	86298	86298		146432	70626
2081122	16550229	1762714	1540401		10316082	4471433
60000	756648	366200	76200		342189	48259
8158895	32853977	2990844	2766038	500	19778308	10084325
	13700				13700	
	673543	67500	67500	19584	218880	367579
	150176				73798	76378
	523367	67500	67500	19584	145082	291201
29117	657907	53236	53236		503898	100773
	26646	4236	4236		22410	
29117	617102	49000	49000		481488	86614
	7196					7196
127364	380858	43300	43300		143814	193744
	661713	100000			226729	334984
739787	4349149	468395	458345		2975697	905057
160287	566856	65600	65600		269047	232209
8183351	42534722	4414631	3798102	20084	25704473	12395534
	2594893	658717	368717		1019522	916654
669657	6170771	617833	494500		3132122	2420816
1286189	6873255	866890	838370		3233582	2772783
2347014	12002670	1183042	1079626		6879113	3940515
5707745	22767722	1861710	1669860	20084	16230939	4654989
327766	1440321	138600	138600		837894	463827
9808924	50745619	5157746	4437128	20084	30519201	15048588
529447	1089013	169046	152545		798971	120996

房地产开发建设房屋建筑面积、造价和商品房屋销售情况（2017年）

项目	Item	施工房屋面积（平方米）Floor Space of Buildings under Construction (sq.m)	竣工房屋面积（平方米）Floor Space of Buildings Completed (sq.m)	#住宅 Residential Buildings	房屋面积竣工率(%) Rate of Floor Space of Buildings Completed (%)
全省总计	**Total**	**303183178**	**34160033**	**27301312**	**11.3**
按登记注册类型分	**Grouped by Registered Categories**				
内资企业	Domestic Funded Enterprises	297819859	33428020	26683431	11.2
国有	State-owned Enterprises	272244			
有限责任公司	Limited Liability Corporations	87293465	8970631	7551063	10.3
国有独资公司	State Sole Funded Corporations	3495856	128194	116814	3.7
其他有限责任公司	Other Limited Liability Corporations	83797609	8842437	7434249	10.6
股份有限公司	Share-holding Corporations Ltd.	5298210	725191	687212	13.7
私营	Private Enterprises	204916798	23732198	18445156	11.6
其他内资企业	Other Enterprises	39142			
港澳台商投资	Enterprises with Funds from Hong Kong, Macao and Taiwan	3759412	466856	407262	12.4
合资经营	Joint-venture Enterprises	741099	103472	103472	14.0
合作经营	Cooperative Enterprises				
独资经营	Enterprises with Sole Fund	3018313	363384	303790	12.0
股份有限	Share-holding Corporations Ltd.				
外商投资经济	Foreign Funded Enterprises	1603907	265157	210619	16.5
合资经营	Joint-venture Enterprises	160458	5948		3.7
合作经营	Cooperation Enterprises				
外资	Enterprises with Sole Fund	1184239	79002	72413	6.7
股份有限	Share-holding Corporations Ltd.	180207	180207	138206	100.0
按隶属关系分	**Grouped by Administrative Relationship**				
中央	Central Government	2001189			
省	Province	3010309	42727	42727	1.4
市	Prefecture	27394869	2539630	2117587	9.3
县	County	2654641	559374	461432	21.1
其他	Other	248509358	28920520	23075390	11.6
按资质等级分	**Grouped by Qualification Grade**				
一级	First Grade	15395102	2629594	2301583	17.1
二级	Second Grade	45310367	4823211	3547138	10.6
三级	Third Grade	47375940	4595657	3781092	9.7
四级	Forth Grade	82843326	11159483	9090726	13.5
暂定	Provisional	104007121	9615622	7372050	9.2
其他	Other	8251322	1336466	1208723	16.2
按营业状况分	**Grouped by Business Condition**				
营业	Business	295714701	33487099	26789643	11.3
其他	Other	7468477	672934	511669	9.0

Floor Space of Building and Their Cost, Selling of Commercial Houses in Real Estate Development (2017)

竣工房屋价值(万元) Value of Buildings Completed (10000 yuan)	竣工房屋造价(元/平方米) Cost of Buildings Completed (yuan/sq.m)	商品房销售面积(平方米) Floor Space of Commercialized Buildings Sold (sq.m)	#住宅 Residential Buildings	商品房销售额(万元) Total Sale of Commercialized Buildings (10000 yuan)	#住宅 Residential Buildings	商品房平均售价(元/平方米) Average Selling Price of Commercialized Buildings (yuan/sq.m)	#住宅 Residential Buildings
9713242	**2843**	**64259101**	**55769915**	**46283731**	**39253674**	**7203**	**6109**
9504096	2843	63349621	55212741	45240812	38720178	7141	6112
		27357	27357	9485	9485	3467	3467
3118993	3477	17448047	15693005	15477797	13851449	8871	7939
52951	4131	166988	165393	105719	104914	6331	6283
3066042	3467	17281059	15527612	15372078	13746535	8895	7955
155863	2149	942111	885693	1197769	1132711	12714	12023
6229240	2625	44932106	38606686	28555761	23726533	6355	5281
142547	3053	570505	268799	680995	250566	11937	4392
32435	3135	142077	142077	115518	115518	8131	8131
110112	3030	428428	126722	565477	135048	13199	3152
66599	2512	338975	288375	361924	282930	10677	8347
1000	1681	25104	25104	40166	40166	16000	16000
13554	1716	255500	210096	303974	227164	11897	8891
52045	2888	14913	9717	7196	5012	4825	3361
		192279	180297	129919	125805	6757	6543
3330	779	276558	178880	279560	205852	10109	7443
877042	3453	3517544	3195173	2539346	2183231	7219	6207
185566	3317	928401	881484	413697	379457	4456	4087
8093721	2799	54023766	47182164	39020626	33366649	7223	6176
729809	2775	3404160	3262055	2815407	2679783	8270	7872
1338679	2775	8671765	7664880	5520376	4700940	6366	5421
1217395	2649	11665910	10281789	7580464	6646732	6498	5698
2943299	2637	17966705	15355856	12239707	10147229	6812	5648
2841956	2956	20738436	17470903	16962257	13966763	8179	6735
642104	4804	1812125	1734432	1165520	1112227	6432	6138
9515565	2842	63111351	54778259	45634629	38718233	7231	6135
197677	2938	1147750	991656	649102	535441	5655	4665

按用途和销售方式分的商品房屋销售面积及平均销售价格（2017年）

项目	Item	商品房销售面积（平方米）Floor Space of Commercialized Buildings Sold (sq.m)	销售用途	
			住宅 Residential Buildings	#90平方米以下 90 sq.m below
全省总计	**Total**	**64259101**	**55769915**	**15376185**
按登记注册类型分	**Grouped by Registered Categories**			
内资企业	Domestic Funded Enterprises	63349621	55212741	15193359
国有	State-owned Enterprises	27357	27357	
有限责任公司	Limited Liability Corporations	17448047	15693005	3878589
国有独资公司	State Sole Funded Corporations	166988	165393	89102
其他有限责任公司	Other Limited Liability Corporations	17281059	15527612	3789487
股份有限公司	Share-holding Corporations Ltd.	942111	885693	579884
私营	Private Enterprises	44932106	38606686	10734886
港澳台商投资	Enterprises with Funds from Hong Kong, Macao and Taiwan	570505	268799	13474
合资经营	Joint-venture Enterprises	142077	142077	5211
独资经营	Enterprises with Sole Fund	428428	126722	8263
外商投资经济	Foreign Funded Enterprises	338975	288375	169352
合资经营	Joint-venture Enterprises	25104	25104	25104
外资	Enterprises with Sole Fund	255500	210096	139058
股份有限	Share-holding Corporations Ltd.	14913	9717	5190
按隶属关系分	**Grouped by Administrative Relationship**			
中央	Central Government	192279	180297	67761
省	Province	276558	178880	35952
市	Prefecture	3517544	3195173	851256
县	County	928401	881484	280068
其他	Other	54023766	47182164	13178774
按资质等级分	**Grouped by Qualification Grade**			
一级	First Grade	3404160	3262055	1209667
二级	Second Grade	8671765	7664880	1919409
三级	Third Grade	11665910	10281789	3471326
四级	Forth Grade	17966705	15355856	3835697
暂定	Provisional	20738436	17470903	4593293
其他	Other	1812125	1734432	346793
按营业状况分	**Grouped by Business Condition**			
营业	Business	63111351	54778259	14942989
其他	Other	1147750	991656	433196

Floor Space of Buildings Actually Sold and Average Selling Price by Use and Sale Method (2017)

by Use				销售方式 by Sale Method		商品房平均		
#别墅、高档公寓 Villas, High-grade Apartments	办公楼 Office Buildings	商业营业用房 Houses for Business Use	其他 Other	现房 Completed Buildings	期房 Buildings Completed in Future	销售价格(元/平方米) Average Selling Price of Houses (yuan/sq.m)	现房 Completed Buildings	期房 Buildings Completed in Future
932174	**1441069**	**4961271**	**2086846**	**17677797**		**7203**	**6472**	
891674	1196979	4862009	2077892	17589441		7141	6425	
						3467		
427096	284356	1071260	399426	4845668		8871	8362	
			1595	9473		6331	7666	
427096	284356	1071260	397831	4836195		8895	8364	
67183	2541	37195	16682	108978		12714	3974	
397395	910082	3753554	1661784	12634795		6355	5703	
	244090	49264	8352	87697		11937	15926	
				34181		8131	18160	
	244090	49264	8352	53516		13199	14500	
40500		49998	602	659		10677	5615	
						16000		
40500		45404			60000	11897		
		4594	602	659	14254	4825	5615	
			11982	39558		6757	3699	
	40950	13873	42855	48556	90000	10109	9887	
33882	45630	193078	83663	526548		7219	5460	
		35808	11109	103438	31529	4456	4364	
887366	1332389	3843555	1665658	15496682		7223	6371	
143359	2541	72132	67432	453089		8270	7954	
128706	387234	361511	258140	3184253		6366	5713	
112785	160415	758012	465694	3250888	5768	6498	4844	
282585	483206	1491880	635763	5134746	2000	6812	6858	
264739	406673	2232753	628107	5557363		8179	7442	
	1000	44983	31710	97458		6432	3111	
860690	1441069	4817743	2074280	17205614		7231	6486	
71484		143528	12566	472183	1442	5655	5968	

运输线路长度
Length of Transportation Routes

单位：公里 (km)

年份 Year	公路通车里程 Total Length of Highways	#高速公路 Expressway	内河通航里程 Length of Navigable Inland Waterways	地方铁路里程 Length of National Railways	中央铁路营业里程 Length of Local Railways
1978	40260		177	562.7	2012.5
1980	39883		29	572.8	2087.7
1985	40698			721.6	2481.1
1990	43640	7	75	691.5	2815.3
1995	51630	229	75	770.0	3076.3
2000	59152	1480	75	554.8	3474.2
2005	75894	2135	286	1207.0	3675.9
2006	143778	2329	286	1489.1	3594.9
2007	147265	2853	286	1522.7	3675.1
2008	149504	3234	286	1605.4	[illegible]
2009	152135	3303	286	2152.8	3670.0
2010	154344	4307	286	2124.1	3704.0
2011	156965	4756	286	2172.4	3707.5
2012	163045	5069	286	2174.8	3711.5
2013	174492	5618	286	2193.4	3711.0
2014	179200	5888	286	2212.1	3712.1
2015	184553	6333	286	2242.9	
2016	188431	6502	286	2330.2	
2017	191693	6531	286	2350.0	

交通运输工具拥有量
Number of Transportation Tools

指标	Item	2016 合计 Total	2016 #个人 Private	2016 占合计% As Percentage of Total	2017 合计 Total	2017 #个人 Private	2017 占合计% As Percentage of Total
汽车(辆)	Vehicles (unit)	12917061	11865845	91.9	14138344	13048931	92.3
载客汽车	Passenger Vehicles	10770633	10268582	95.3	12073363	11552364	95.7
#轿车	Saloon Cars	7584209	7313840	96.4	8512891	8236074	96.7
载货汽车	Trucks	1633175	1146791	70.2	1743437	1218223	69.9
#普通载货	Ordinary Trucks	824210	693371	84.1	851719	719185	84.4
其他汽车	Others	513253	450472	87.8	321544	278344	86.6
摩托车(辆)	Motorcycle (unit)	1699233	1672340	98.4	1244994	1231989	99.0
拖拉机(辆)	Tractors (unit)	1616825			1604585		
挂车(辆)	Combination Vehicle (unit)	447906	178791	39.9	424016	165579	39.1
运输船舶	Transport Vessels						
货船(艘)	Freighter (unit)	144	79	54.9	137	82	
净载重量(吨位)	Deadweight Cargo Tonnage (ton)	3687530	749781	20.3	1872611	697522	
拖船(艘)	Tow-boat (unit)	5			7		
功率(千瓦)	Drawing Power (kw)	13850			21530		
货运驳船(艘)	Barges (unit)	1					
净载重量(吨位)	Dead Weight Tonnage (ton)	1300					

民用汽车拥有量
Possession of Civil Vehicles

单位：万辆 (10000 units)

年 份 Year	民用汽车总计 Civil Vehicles	#载客汽车 Passenger Vehicles	#载货汽车 Trucks	#私人汽车总计 Private Vehicles	#载客汽车 Passenger Vehicles	#轿车 Cars	#载货汽车 Trucks
1978	6.9	1.3	5.1				
1980	9.3	1.7	6.9				
1985	17.8	3.5	13.3	2.8	0.2		2.5
1990	35.6	9.2	25.5	7.7	2.6		5.1
1995	72.6	23.6	44.5	26.7	10.5		12.6
1996	69.4	26.7	38.3	26.4	13.9		9.2
1997	77.3	31.9	41.1	32.6	18.5		11.0
1998	81.0	36.0	43.5	38.7	22.5		16.0
1999	91.1	42.0	47.6	41.7	26.4		15.3
2000	104.1	50.2	52.4	51.7	33.1		18.6
2001	119.9	59.9	58.5	63.4	41.2		22.1
2002	135.7	71.6	53.8	70.8	53.1		22.5
2003	155.6	87.4	56.1	95.1	66.1		30.9
2004	180.9	103.1	59.0	112.7	79.4		26.7
2005	282.9	120.0	70.9	198.9	97.0	44.6	34.5
2006	301.7	149.5	70.4	221.2	123.8	62.5	37.4
2007	345.2	185.3	75.1	260.6	156.2	85.9	41.6
2008	388.6	220.0	79.9	300.0	188.0	108.7	46.4
2009	625.8	286.1	104.4	379.0	248.1	149.3	62.7
2010	719.9	365.4	121.5	470.6	323.3	199.5	79.1
2011	832.5	463.4	137.2	577.1	416.2	266.5	92.3
2012	957.6	568.1	153.4	694.3	516.7	341.4	105.0
2013	1035.6	660.2	150.0	781.8	612.0	423.4	105.1
2014	995.3	780.6	143.5	895.4	732.0	516.4	100.4
2015	1137.1	923.3	146.6	1036.2	873.2	621.4	103.4
2016	1291.7	1077.1	163.3	1186.6	1026.9	731.4	114.7
2017	1413.8	1207.3	174.3	1304.9	1155.2	823.6	121.8

民用车辆拥有量(2017年)
Possession of Civil Motor Vehicles (2017)

单位：辆 (unit)

指　标	Item	总　计 Total	营　运 Working	进　口 Import	#个　人 Private
全省总计	**Total**	**17411992**	**1985922**	**299900**	**14446515**
汽　车	Civil Vehicles	14138344	1517346	298750	13048931
载客汽车	Passenger Vehicles	12073363	160593	296756	11552364
#大型	Large Scale	65944	46931	271	6113
中型	Medium Scale	22498	7766	361	7261
小型	Small Scale	11680108	105849	292110	11238801
#轿车	Cars	8512891	102154	106717	8236074
载货汽车	Trucks	1743437	1223921	1800	1218223
#重型	Heavy Scale	617007	605609	406	282414
中型	Medium Scale	45758	41658	16	34642
轻型	Light Scale	1077830	575984	1378	898665
#普通载货	Ordinary Trucks	851719	450637	1361	719185
其他汽车	Other Vehicles	321544	132832	194	278344
#三轮汽车	Tricycle Motors	185983	83813		182288
低速汽车	Low Speed Vehicles	80246	38978		72835
电　车	Tram				
摩托车	Motor	1244994	45623	1122	1231989
普通	Ordinary Motor	1240373	45622	1122	1227443
轻便	Light Motor	4621	1		4546
挂　车	Freight Trailers	424016	422949	26	165579
其他类型车	Other Motor Vehicles	53	4	2	16
拖拉机	Low Speed Vehicles	1604585			

民用航空发展基本情况
Basic Indication of Civil Aviation

指　标	Indicators	2005	2010	2015	2016	2017
定期航班航线条数(条)	Number of Regular Civil Aviation Routes (line)	25	56	74	90	183
国际航线	International Routes	1	1	4	7	12
国内航线	Domestic Routes	24	55	70	81	171
#港澳地区航线	Regional Routes	1	2	2	2	2
民用机场数(个)	Number of Civil Airports (unit)	2	4	5	5	6
国外通航国家和地区(个)	Countries and regions in international air navigation (unit)	1	1	3	5	7
#通航城市	Cities	1	1	4	7	12
民航机场旅客吞吐量(万人)	Passenger Traffic (10000 persons)	47	308.39	684.86	850.14	1186.20

客运量
Passenger Traffic

单位：万人 (10000 persons)

年份 Year	总计 Total	铁路 Railways	公路 Highways	水运 Waterways	民航 Civil Aviation
1990	25745	5034	20525	183	4.0
1995	36714	4655	32038		21.0
2000	65255	4902	60341		12.0
2001	72229	4841	67377		10.7
2002	76094	5004	71081		9.1
2003	65219	4441	60767		10.7
2004	77784	5270	72500		13.8
2005	80918	5492	75402		23.8
2006	83988	6024	77931		33.3
2007	88935	6238	82648		48.8
2008	94622	6816	87746		59.4
2009	77773	7194	70579		76.7
2010	90847	7558	83289		156.8
2011	99688	7601	91857		229.6
2012	105336	7846	97218		272.0
2013	102974	8762	93911		300.8
2014	61063	9571	51151	3.67	338.0
2015	53631	9706	43563	4.54	358.0
2016	51176	10771	39925	5.10	474.8
2017	50688	11527	38492	1.66	666.8

注：1.2009年运输量依新统计方法和口径进行了调整。2.2014、2015年公路运输量按新方法统计，数据与前期不可比。以下相关表同。

a) Volume of transportation of 2009 has been adjusted according to new computing methods and statistical approach. b) In 2014 and 2015, highways traffic is according to the new method of statistics, the data can not be compared with the previous period. The same applies to the tables following.

旅客周转量
Passenger-Kilometers

单位：亿人公里 (100 million passenger-km)

年份 Year	总计 Total	铁路 Railways	公路 Highways	水运 Waterways
1990	358.09	249.44	108.44	0.20
1995	493.92	287.72	206.20	
2000	782.87	377.24	405.63	
2001	849.33	402.56	445.35	
2002	897.84	415.26	482.58	
2003	780.46	383.76	396.69	
2004	945.40	479.07	466.33	
2005	989.77	504.44	485.33	
2006	1068.57	552.45	516.12	
2007	1165.28	595.48	569.80	
2008	1236.65	639.17	597.47	
2009	1043.30	672.40	370.90	
2010	1172.86	730.61	442.25	
2011	1306.58	784.50	522.08	
2012	1369.20	791.03	578.17	
2013	1434.76	867.18	567.58	
2014	1276.66	985.91	290.48	0.28
2015	1213.21	944.43	268.43	0.34
2016	1238.12	993.55	244.18	0.39
2017	1282.66	1042.72	239.82	0.12

货 运 量
Freight Traffic

单位：万吨 (10000 tons)

年份 Year	总计 Total	铁路 Railways	公路 Highways	水运 Waterways	民航 Civil Aviation	管道 Petroleum and Gas Pipelines	港口货物吞吐量 Volume of Freight Handled in Coastal Ports
1990	58203	11501	44258	363	0.10	2080	6960
1995	74214	12106	59860	404	…	1844	8815
2000	76808	12546	62321	571	3.09	1366	10771
2001	80835	14954	63696	945	3.80	1236	12558
2002	84315	15368	66655	1105	2.62	1184	14432
2003	80551	16646	61570	1172	2.48	1161	18002
2004	87265	18216	66227	1700	1.81	1120	22515
2005	91330	19051	68652	2539	1.45	1087	27341
2006	96784	19646	73263	2778	0.88	1096	33805
2007	104188	20920	79822	2162	0.77	1283	39962
2008	111383	23808	84486	1762	0.98	1326	44065
2009	136004	28308	106530	1008	1.16	958	50874
2010	177308	37964	135938	2149	1.68	1258	60344
2011	212330	41671	166680	2672	2.11	1305	71300
2012	242886	43429	195530	2590	2.40	1335	76234
2013	277840	49688	224319	2517	2.63	1313	88984
2014	238749	48063	185286	4041	2.52	1356	95029
2015	199192	17843	175637	4542	2.60	1168	91251
2016	210994	16313	189822	4458	2.33	399	95208
2017	229211	17100	207309	4413	2.10	386	108868

注：1.2014年起水运按新方法统计,数据与前期不可比。2.2015年货运量总计、铁路运输量按新方法统计，数据与前期不可比。以下相关表同。

a) In 2014, waterways is according to the new method of statistics, the data can not be compared with the previous period. b) In 2014 and 2015, total and railways are according to the new method of statistics, the data can not be compared with the previous period. The same applies to the following table.

货 物 周 转 量
Ton-Kilometers

单位：亿吨公里 (100 million ton-km)

年份 Year	总计 Total	铁路 Railways	公路 Highways	水运 Waterways	管道 Petroleum and Gas Pipelines
1990	1546.47	1256.80	215.42	48.53	25.72
1995	2029.48	1534.74	397.36	67.88	29.50
2000	2325.85	1474.77	555.42	267.97	27.69
2001	2760.82	1613.04	608.01	512.70	27.07
2002	2862.79	1658.24	632.40	543.34	28.82
2003	3023.79	1787.73	591.60	612.19	32.28
2004	3796.05	1955.54	658.59	1150.00	31.93
2005	4750.64	2120.98	691.45	1908.07	30.14
2006	5157.40	2331.11	748.86	2051.41	26.02
2007	5507.02	2581.86	843.23	2057.28	24.64
2008	5209.01	2738.05	890.96	1554.62	25.38
2009	5981.61	2743.10	2998.49	216.82	23.21
2010	7673.09	3208.70	4011.23	432.11	21.05
2011	9840.50	4104.69	5219.28	495.04	21.49
2012	10844.84	4180.88	6133.47	509.60	20.89
2013	12003.78	4489.73	6972.94	519.81	21.29
2014	12968.80	4444.78	7019.56	1481.77	22.69
2015	12024.94	3633.01	6821.48	1551.86	18.59
2016	12339.25	3704.47	7294.59	1335.55	4.64
2017	13383.62	4278.36	7896.99	1203.91	4.37

沿海港口基本情况（2017年）
Basic Indicators of Coastal Ports (2017)

港口名称	Name	合 计 Total						设 计 吞吐能力 (万吨) Design the Handling Capacity (10000 tons)	货 物 吞吐量 (万吨) Valueme of Freight Handled (10000 tons)
					#生产用 For Productive Use				
		码头长度 (米) Length of Quay Line (m)	泊位个数 (个) Number of Berths (unit)	#万吨级 10000 Ton Class	码头长度 (米) Length of Quay Line (m)	泊位个数 (个) Number of Berths (unit)	#万吨级 10000 Ton Class		
总 计	**Total**	**57514**	**253**	**185**	**55550**	**222**	**185**	**106522**	**108868**
秦皇岛港	Qinhuangdao	17161	92	44	15928	72	44	23549	24520
黄骅港	Huanghua	10006	48	33	9586	39	33	24550	27028
唐山港	Tangshan	30347	113	108	30036	111	108	58423	57320
# 京唐港	Jingtang	10500	42	37	10189	40	37	17375	29049
曹妃甸港	Caofeidian	19847	71	71	19847	71	71	41048	28271

规模以上沿海港口货物分货类吞吐量（2017年）
Volume of Freight Handled in Coastal Ports above Designated Size by Type of Freight (2017)

单位：万吨 (10000 tons)

货物种类	Type of Freight	合 计 Total	#外 贸 Foreign Trade	出港量 Out-put	#外 贸 Foreign Trade	进港量 In-put	#外 贸 Foreign Trade
总 计	**Total**	**108868**	**34593**	**72101**	**1349**	**36767**	**33244**
煤炭及制品	Coal	60491	1923	58633	213	1858	1711
石油、天然气及制品	Crude Petroleum Oil and Natural Gas	2777	1803	275	8	2502	1795
#原油	Crude oil	2236	1371	211		2025	1371
金属矿石	Metal Ores	29290	28577	23	0	29267	28576
钢 铁	Steel and Iron	6235	630	6180	623	55	7
矿建材料	Mineral Building Materials	3061	222	2913	221	148	1
水 泥	Cement	613	20	613	20		
木 材	Timber	65	62	2		64	62
非金属矿石	Nonmetal Ores	502	331	28	1	475	330
化肥农药	Chemical Fertilizers and Pesticides	74	69	53	50	21	19
盐	Salt	140	138	3	1	137	137
粮 食	Grain	491	434	0		490	434
机械、设备、电器	Machinery, Equipment and Electric Appliance	9	7	7	7	2	0
化工原料及制品	Industrial Chemicals and Product	85	19	70	10	15	9
有色金属	Non-ferrous Metals						
轻工、医药产品	Light Industry, Medicines and Product	21	21			21	21
农林牧渔业产品	Agriculture, Forestry, Animal Husbandry and Fishery Product	17	15	2	1	15	14
其 他	Others	4997	322	3300	194	1698	128
港口集装箱吞吐量（万标箱）	**Port Container Throughput (10000 TEUs)**	**374**	**31**	**187**	**14**	**188**	**17**

注：规模以上港口包括秦皇岛港、黄骅港和唐山港。

a) Coastal ports above designated size include Qinhuangdao, Huanghua and Tangshan.

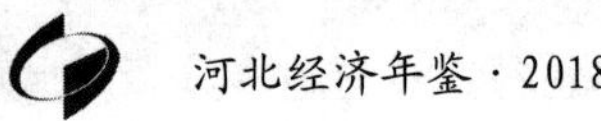

邮电业务基本情况（年底数）
Basic Conditions of Postal and Telecommunication Services (End of Year)

年份 Year	邮政局、所(处) Number of Postal and Offices (unit)	#设在农村的 Located in the Countryside	邮路总长度(万公里) Length of Postal Routes (10000 km)	长话电路(路) Long-distance Telephone Electric Circuit (unit)	移动电话用户(万户) Number of Mobile Telephone Subscribers (10000 subscribers)	#3G用户 3G Mobile Phone Subscribers	#4G用户 4G Mobile Phone Subscribers	互联网上网人数(万人) Number of Internet Users (10000 persons)	互联网宽带接入用户(万户) Broad Band Subscribers Port of Internet (10000 ports)
1978	1802	1511	16.5	1350					
1980	1752	1434	17.0	4539					
1985	2928	2588	2.6	2304					
1990	2443	1078	2.8	5177					
1995	2558	1869	3.5	35090					
1996	2555	1820	3.7	43537	24.7				
1997	2472	1863	3.9	61111	44.8				
1998	2389	1750	3.9	70111	86.5				
1999	2081	1455	4.0	87497	139.7				
2000	2018	1390	4.1	122560	279.4				
2001	2013	1371	4.1	187292	543.4				
2002	1978	1312	4.5	796340	840.8				
2003	1952	1272	5.3	20173	1253.2			289.1	
2004	1955	1258	5.4	22531	1512.9			387	
2005	1957	1242	4.7	27306	1785.5			486.0	
2006	1986	1244	4.6	21425	2251.0			631	
2007	1851	1110	4.9	30719	2814.8			762	
2008	1876	1091	5.5	90847	3214.1			1334	
2009	1742	1098	6.4	118913	3783.2	43.7		1842	
2010	2054	1030	5.1	323765	4353.6	166.8		2197	
2011	2114	1001	5.2	276250	5094.5	550.1		2597	824.5
2012	1616	1024	5.2	322492	5513.1	1077.2		3008	963.9
2013	1617	1019	4.7	4019468	6006.2	2003.5		3389	1031.6
2014	2273	1683	7.7	4810835	6229.1	2431.7		3603	1127.6
2015	2470	1883	6.5	6113726	6139.9	1172.7	2107.4	3731	1226.5
2016	2441	1875	7.2	9264390	7121.0	775.4	4034.7	3956	1612.0
2017	2460	1906	8.7	14752409	7581.8	628.3	5199.0	4183	1910.1

注：1.邮路总长度1982年及以前是邮路及农村投递线路总长度之和。2.2003年及以后长话电路计量单位为2M。3.2013年起长话电路统计口径进行了调整。

a) Length of postal routes before 1983 included the length of postal routes and rural delivery routes. b) Since 2003 the long-distance telephone electric circuit measuring unit was 2M. c) Since 2013 the long-distance telephone electric circuit has been adjusted according to new statistical approach.

邮电业务量
Post and Telecommunications Services

年 份 Year	邮电业务总量(亿元) Output of Post and Telecommunication Services (100 million yuan)	函 件(万件) Number of Letters (10000 pcs)	报刊期发数(万份) Issue of Newspapers (10000 copies)	快 递(万件) Pieces of Express Mail Services (10000 pcs)	城市固定电话用户(万户) Number of Urban Fixed Telephone Subscribers (10000 subscriber)	农村固定电话用户(万户) Rural Fixed Telephone Subscribers (10000 subscriber)	移动短信业务量(亿条) Short Message Services (100 million messages)
1978	0.59	15417	267		6.0	2.1	
1980	0.64	15961	304		6.2	2.0	
1985	1.26	21639	580		9.9	6.4	
1990	5.56	23716	473		19.8	3.8	
1995	36.09	31471	504		151.3	38.0	
1996	48.50	30171	584		199.6	65.7	
1997	63.42	25858	589		235.6	93.2	
1998	88.51	25699	499		276.2	127.2	
1999	116.44	21235	1149		315.4	172.0	
2000	191.04	26302	522		391.7	275.5	
2001	167.01	31698	422	507.2	486.1	419.2	
2002	219.84	36078	508	488.3	558.4	546.0	
2003	293.18	20056	484	651.0	731.5	607.5	
2004	430.79	32623	451	739.9	906.2	671.8	
2005	528.47	25742	378	842.9	947.0	680.9	
2006	641.57	22444	340	1023.5	1005.2	652.0	204.6
2007	852.31	20641	321	2956.5	994.3	594.8	281.0
2008	1069.57	26702	317	3795.5	929.1	528.4	362.2
2009	1190.65	26960	185	4506.8	870.1	473.8	380.4
2010	1420.68	25355	509	4573.7	811.8	439.5	352.5
2011	537.56	24432	617	8660.4	814.2	428.6	319.4
2012	572.69	29263	632	12469.1	850.8	356.9	311.2
2013	728.74	32091	732	20755.7	840.1	312.3	311.8
2014	825.54	25607	786	34019.0	819.9	265.2	265.5
2015	994.60	14319	1179	54911.9	766.7	211.5	220.5
2016	1545.18	7006	1095	90392.4	694.2	156.4	173.4
2017		5483	477	119389.3	641.1	122.7	178.1

注：1. 2011年起邮电业务总量按2010年不变价格计算，按可比价格比上年增长13.3%。2.2013年起邮电业务总量统计范围为全社会。

a) The business volume of post & telecommunication services was calculated at 2010 constant prices Since 2011, the rate of increase at constant prices in 2010 was 13.3%. b) The business volume of postal and telecommunication services statistical scope expanded to the whole society since 2013.

限额以上批发业企业基本情况（2017年）
Basic Conditions of Enterprises above Designated Size in Wholesale (2017)

项　目	Item	法人企业（个）Number of Corporation Enterprises (unit)	从业人员期末人员（人）Engaged Persons at End of Period (person)	年末零售营业面积（万平方米）Operational Area of Retail Sale Trade at Year-end (10000 sq.m)
全省总计	**Total**	**1593**	**101763**	**572.2**
按登记注册类型分	**by Types of Registration**			
内资企业	Domestic Funded Enterprises	1583	100404	540.6
国有企业	State-owned Enterprises	45	10273	2.9
集体企业	Collective-owned Enterprises	9	792	0.5
股份合作企业	Cooperative Enterprises	2	49	0.1
有限责任公司	Limited Liability Corporations	358	27132	209.2
国有独资公司	State Sole Funded Corporations	27	3142	65.5
其他有限责任公司	Other Limited Liability Corporations	331	23990	143.7
股份有限公司	Share-holding Corporations Ltd.	32	18340	260.4
私营企业	Private Enterprises	1119	42848	56.9
私营独资企业	Private-funded Enterprises	17	211	1.4
私营合伙企业	Private Partnership Enterprises	5	91	…
私营有限责任公司	Private Limited Liability Corporations	1087	41956	54.5
私营股份有限公司	Private Share-holding Corporations Ltd.	10	590	0.9
其他企业	Other Enterprises	18	970	10.6
港、澳、台商投资企业	Enterprises with Funds from Hong Kong, Macao and Taiwan	5	259	0.1
与港澳台商合资经营企业	Joint Ventures (Hong Kong, Macao and Taiwan-funded)	2	133	0.1
港澳台商独资企业	Enterprises with Sole Fund	3	126	
外商投资企业	Foreign Funded Enterprises	5	1100	31.5
中外合资经营企业	Joint-venture Enterprises	1	28	
外资企业	Cooperation Enterprises	4	1072	31.5
按批发行业小类分	**by Small Kind Points**			
农、林、牧产品批发	Agriculture, Forestry, Animal Husbandry Products	121	3861	2.3
谷物、豆及薯类批发	Cereal, Beans, and Tubers	83	2061	0.8
种子批发	Seed	11	513	0.2
饲料批发	Feed	5	273	…
棉、麻批发	Cotton, Hemp	10	419	0.8
林业产品批发	Forestry Products	4	339	0.4
牲畜批发	Livestock	2	101	0.1
其他农牧产品批发	Others	6	155	
食品、饮料及烟草制品批发	Food, Beverages and Tobaccos	175	17923	21.6
米、面制品及食用油批发	Rice, Flour and Edible Oil	36	1569	0.2
糕点、糖果及糖批发	Cakes, Sweets and Sugar	8	259	1.0
果品、蔬菜批发	Fruits and Vegetables	33	1415	13.5
肉、禽、蛋、奶及水产品批发	Meat, Poultry, Eggs, Milk and Aquatic Products	19	955	0.2
盐及调味品批发	Salt and Spices	12	961	2.0
酒、饮料及茶叶批发	Wine, Drinks and Tea	40	3586	2.6
烟草制品批发	Tobacco Products	15	8726	1.7
其他食品批发	Others	12	452	0.3
纺织、服装及家庭用品批发	Textiles, Garments and Household Goods	87	4900	6.7
纺织品、针织品及原料批发	Textiles, Knitwear and Raw Materials	21	771	0.3

限额以上批发业企业基本情况（2017年）(续)

Basic Conditions of Enterprises above Designated Size in Wholesale (2017)

项　　目	Item	法人企业（个）Number of Corporation Enterprises (unit)	从业人员期末人员（人）Engaged Persons at End of Period (person)	年末零售营业面积（万平方米）Operational Area of Retail Sale Trade at Year-end (10000 sq.m)
服装批发	Wholesale of Garments	25	1338	0.7
鞋帽批发	Shoes and Caps	2	89	0.1
化妆品及卫生用品批发	Cosmetics and Health Supplies	11	1356	4.1
厨房、卫生间用具及日用杂货批发	Kitchen, Bathroom Appliances and Daily Groceries	1	54	…
家用电器批发	Household Electrical Appliances	22	1208	0.4
其他家庭用品批发	Others	5	84	1.0
文化、体育用品及器材批发	Culture, Sports Appliances and Equipment	27	1807	0.4
文具用品批发	Stationery	11	508	…
体育用品及器材批发	Sports Appliances and Equipment	1	255	…
图书批发	Books	3	507	0.1
音像制品及电子出版物批发	Audio-visual Products and Electronic Publications	1	180	…
首饰、工艺品及收藏品批发	Jewelry, Crafts and Collectibles	8	205	0.1
其他文化用品批发	Others	3	152	0.1
医药及医疗器材批发	Medicines and Medical Appliances	222	20255	16.3
西药批发	Western Medicines	126	14185	9.5
中药批发	Traditional Chinese Medicines	82	5494	6.3
医疗用品及器材批发	Medical Supplies and Equipment	14	576	0.5
矿产品、建材及化工产品批发	Mineral Products, Building Materials and Chemical Products	730	31689	327.6
煤炭及制品批发	Coal and Related Products	180	6949	9.5
石油及制品批发	Petroleum and Related Products	102	12999	299.8
非金属矿及制品批发	Non-metallic Mineral and Metal Products	5	93	…
金属及金属矿批发	Metal Materials	212	5028	5.2
建材批发	Building materials	59	2128	7.6
化肥批发	Chemical Fertilizer	33	1256	1.7
农药批发	Pesticide	4	82	0.7
其他化工产品批发	Others	135	3154	3.2
机械设备、五金产品及电子产品批发	Machinery, Hardware Products and Electronic Equipment	202	20352	187.7
农业机械批发	Agricultural Machinery	33	653	2.3
汽车批发	Automotive	69	15697	182.8
汽车零配件批发	Auto Parts	9	371	0.2
摩托车及零配件批发	Motorcycles and Spare Parts	3	39	0.1
五金产品批发	Hardware	22	417	0.9
电气设备批发	Electrical Equipment	8	261	0.2
计算机、软件及辅助设备批发	Computer, Software and Assistant Appliances	9	798	0.2
通讯及广播电视设备批发	Communication and Broadcasting & Television Equipment	7	417	…
其他机械设备及电子产品批发	Others	42	1699	1.0
贸易经纪与代理	Trade Broker and Agency	8	217	…
贸易代理	Trade Agent	8	217	…
其他批发业	Others	21	759	9.7
再生物资回收与批发	Renewable Materials Recovery and Wholesale	7	279	9.2
其他未列明批发业	Others	14	480	0.5

限额以上零售业企业基本情况（2017年）
Basic Conditions of Enterprises above Designated Size in Retail Trade by Types of Registration and Sector (2017)

项 目	Item	法人企业（个）Number of Corporation Enterprises (unit)	从业人员期末人数（人）Engaged Persons at End of Period (person)	年末零售营业面积（万平方米）Operational Area of Retail Sale Trade at Year-end (10000 sq.m)
全省总计	**Total**	**2576**	**256296**	**1334.5**
按登记注册类型分	**by Types of Registration**			
内资企业	Domestic Funded Enterprises	2560	250439	1296.1
国有企业	State-owned Enterprises	30	1287	7.8
集体企业	Collective-owned Enterprises	76	3388	23.0
股份合作企业	Cooperative Enterprises	14	4594	6.3
有限责任公司	Limited Liability Corporations	654	80443	464.6
国有独资公司	State Sole Funded Corporations	13	2650	16.8
其他有限责任公司	Other Limited Liability Corporations	641	77793	447.9
股份有限公司	Share-holding Corporations Ltd.	48	20825	197.6
私营企业	Private Enterprises	1725	139752	596.1
私营独资企业	Private-funded Enterprises	185	3409	27.3
私营合伙企业	Private Partnership Enterprises	24	324	1.8
私营有限责任公司	Private Limited Liability Corporations	1490	131592	544.6
私营股份有限公司	Private Share-holding Corporations Ltd.	26	4427	22.4
其他企业	Other Enterprises	13	150	0.6
港、澳、台商投资企业	Enterprises with Funds from Hong Kong, Macao and Taiwan	9	1518	4.5
与港澳台商合资经营企业	Joint-ventures Enterprises	3	280	2.2
与港澳台商合作经营企业	Cooperative Enterprises	1	231	0.3
港澳台商独资企业	Enterprises with Sole Fund	4	996	2.1
其他港澳台投资企业	Other Enterprises with Funds from Hong Kong, Macao and Taiwan	1	11	…
外商投资企业	Foreign Funded Enterprises	7	4339	33.9
中外合资经营企业	Joint-venture Enterprises	2	1758	15.6
外资企业	Cooperation Enterprises	3	2217	16.3
外商投资股份有限公司	Share-holding corporations Ltd. With Foreign Investment	2	364	2.1
按零售行业小类分	**by Small Kind Points**			
综合零售	Integrated Retail	466	131428	668.0
百货零售	Retail of General Merchandise	302	89255	496.5
超级市场零售	Retail of Supermarkets	147	39795	166.8
其他综合零售	Others	17	2378	4.7
食品、饮料及烟草制品专门零售	Retail of Food, Beverages and Tobaccos	101	3430	14.6
粮油零售	Food and oil	13	462	2.9
糕点、面包零售	Cakes, Bread	4	392	0.4
果品、蔬菜零售	Fruits and Vegetables	11	333	3.8
肉、禽、蛋、奶及水产品零售	Meat, Poultry, Eggs, Milk and Aquatic Products	7	255	2.2
酒、饮料及茶叶零售	Wine, Drinks and Tea	47	1478	3.0
烟草制品零售	Tobacco Products	4	94	0.3
其他食品零售	Others	15	416	2.0
纺织、服装及日用品专门零售	Textiles, Garments and Household Goods	111	9007	59.9
纺织品及针织品零售	Textiles, Knitwear and Raw Materials	12	608	4.0

限额以上零售业企业基本情况（2017年）(续)

Basic Conditions of Enterprises above Designated Size in Retail Trade by Types of Registration and Sector (2017)

项目	Item	法人企业 (个) Number of Corporation Enterprises (unit)	从业人员期末人数 (人) Engaged Persons at End of Period (person)	年末零售营业面积 (万平方米) Operational Area of Retail Sale Trade at Year-end (10000 sq.m)
服装零售	Wholesale of Garments	67	7159	52.1
鞋帽零售	Shoes and Caps	6	313	2.1
化妆品及卫生用品零售	Cosmetics and Health Supplies	6	453	0.5
钟表、眼镜零售	Watches and Clocks, Glasses	3	125	0.1
箱、包零售	Box, Bag	7	43	0.2
厨房用具及日用杂品零售	Kitchen, Bathroom Appliances and Daily Groceries	3	102	0.4
自行车零售	Bicycle	6	198	0.5
其他日用品零售	Others	1	6	0.1
文化、体育用品及器材专门零售	Culture, Sports Appliances and Equipment	72	8536	22.1
文具用品零售	Stationery	13	840	4.3
图书、报刊零售	Books, Newspapers and Periodicals	17	5059	9.2
音像制品及电子出版物零售	Audio-visual Products and Electronic Publications	1	30	0.1
珠宝首饰零售	Jewelry	22	2141	6.7
工艺美术品及收藏品零售	Crafts and Collectibles	10	239	0.6
乐器零售	Music	4	148	0.4
其他文化用品零售	Others	5	79	0.8
医药及医疗器材专门零售	Medicines and Medical Appliances	134	20458	28.4
药品零售	Medicines	127	19799	28.2
医疗用品及器材零售	Medical Supplies and Equipment	7	659	0.2
汽车、摩托车、燃料及零配件专门零售	Automotive, Motorcycles, Fuel and Spare Parts	1182	60153	422.9
汽车零售	Automotive	890	46330	233.6
汽车零配件零售	Auto Parts	8	243	1.0
摩托车及零配件零售	Motorcycles and Spare Parts	5	34	0.5
机动车燃料零售	Motor Vehicle Fuel	279	13546	187.7
家用电器及电子产品专门零售	Household Appliances and Electronic Products	368	17544	78.5
家用视听设备零售	Home Audio and Video Equipment	217	9658	51.7
日用家电设备零售	Household Electrical Appliances	71	3397	17.2
计算机、软件及辅助设备零售	Computer, Software and Assistant Appliances	46	1020	1.3
通信设备零售	Communication Equipment	30	3383	8.1
其他电子产品零售	Others	4	86	0.2
五金、家具及室内装饰材料专门零售	Hardware, Furniture and Interior Decoration Materials	69	3071	28.6
五金零售	Hardware	23	426	4.6
家具零售	Furniture	35	1456	21.6
涂料零售	Paint	1	5	0.0
木质装饰材料零售	Wooden decorative materials	3	114	0.5
陶瓷、石材装饰材料零售	Ceramics, Stone Decoration Materials	2	213	0.4
其他室内装饰材料零售	Others	5	857	1.5
货摊、无店铺及其他零售业	Stall, Non-shop and Other Retails	73	2669	11.7
互联网零售	Retail on the Internet	37	872	2.0
邮购及电视、电话零售	Mail Order and Television, Telephone Retail	1	248	…
生活用燃料零售	Living with Fuel	28	1290	9.2
其他未列明零售业	Others	7	259	0.4

限额以上批发企业商品购进、销售和库存额（2017年）

Total Purchases, Sales and Stock of Enterprises above Designated Size of Wholesale Trade by Status of Registration and Sector (2017)

单位：万元 (10000 yuan)

项　　目	Item	商品购进 总额 Total Purchases Value	#进口额 Imports	商品销售 总额 Total Sales Value	#批发额 Exports	期末商品库存总额 Stock (period-end)
全省总计	**Total**	**64711206**	**905695**	**72113686**	**68838183**	**3239177**
按登记注册类型分	**by Types of Registration**					
内资企业	Domestic Funded Enterprises	**62622183**	905656	69791064	66826800	3222088
国有企业	State-owned Enterprises	4355390	130	5937954	5925619	406571
集体企业	Collective-owned Enterprises	139879		156507	154055	11370
股份合作企业	Cooperative Enterprises	8234		11059	10542	65
有限责任公司	Limited Liability Corporations	32242860	766793	35092201	33871530	1213372
国有独资公司	State Sole Funded Corporations	4370379	7123	4632486	4410155	115382
其他有限责任公司	Other Limited Liability Corporations	27872480	759669	30459715	29461375	1097990
股份有限公司	Share-holding Corporations Ltd.	2336072	52543	2503827	1539236	142046
私营企业	Private Enterprises	23481371	86190	26022269	25262872	1438975
私营独资企业	Private-funded Enterprises	100415		110454	106940	3509
私营合伙企业	Private Partnership Enterprises	17032		18275	17529	845
私营有限责任公司	Private Limited Liability Corporations	23285129	86190	25763191	25016540	1410115
私营股份有限公司	Private Share-holding Corporations Ltd.	78795		130350	121863	24506
其他企业	Other Enterprises	58378		67247	62946	9688
港、澳、台商投资企业	Enterprises with Funds from Hong Kong, Macao and Taiwan	334095		377694	376305	685
与港澳台商合资经营企业	Joint Ventures (Hong Kong, Macao and Taiwan-funded)	39828		41304	39915	18
港澳台商独资企业	Enterprises with Sole Fund	294267		336390	336390	667
外商投资企业	Foreign Funded Enterprises	1754929	39	1944928	1635078	16405
中外合资经营企业	Joint-venture Enterprises	10695		10783	10783	
外资企业	Cooperation Enterprises	1744234	39	1934145	1624295	16405
按批发行业小类分	**by Small Kind Points**					
农、林、牧产品批发	Agriculture, Forestry, Animal Husbandry Products	1449154	2930	1550582	1516450	182895
谷物、豆及薯类批发	Cereal, Beans, and Tubers	734695	594	781667	777326	105513
种子批发	Seed	41927		62661	61458	22841
饲料批发	Feed	76159		69834	61477	6501
棉、麻批发	Cotton, Hemp	559326	2336	585898	566540	34972
林业产品批发	Forestry Products	13041		12541	11923	10627
牲畜批发	Livestock	1258		5527	5273	659
其他农牧产品批发	Others	22748		32453	32453	1782
食品、饮料及烟草制品批发	Food, Beverages and Tobaccos	5391202	5537	7322740	7196762	519940
米、面制品及食用油批发	Rice, Flour and Edible Oil	354878	2172	370653	363330	54896
糕点、糖果及糖批发	Cakes, Sweets and Sugar	141203		176908	175912	10496
果品、蔬菜批发	Fruits and Vegetables	161684		185461	167463	16118
肉、禽、蛋、奶及水产品批发	Meat, Poultry, Eggs, Milk and Aquatic Products	104554		139251	116312	4263
盐及调味品批发	Salt and Spices	146504		175891	173444	12558
酒、饮料及茶叶批发	Wine, Drinks and Tea	542892	3234	821133	751232	53537
烟草制品批发	Tobacco Products	3871963	130	5371368	5370383	361202
其他食品批发	Others	67525		82075	78687	6870
纺织、服装及家庭用品批发	Textiles, Garments and Household Goods	2188424	14381	2545940	2485352	261243
纺织品、针织品及原料批发	Textiles, Knitwear and Raw Materials	339298	14291	371343	367275	29735

限额以上批发企业商品购进、销售和库存额（2017年）(续)

Total Purchases, Sales and Stock of Enterprises above Designated Size of Wholesale Trade by Status of Registration and Sector (2017)

单位：万元 (10000 yuan)

项目	Item	商品购进总额 Total Purchases Value	#进口额 Imports	商品销售总额 Total Sales Value	#批发额 Exports	期末商品库存总额 Stock (period-end)
服装批发	Wholesale of Garments	334622	90	355435	331891	31514
鞋帽批发	Shoes and Caps	16147		17503	17314	3059
化妆品及卫生用品批发	Cosmetics and Health Supplies	130608		140650	135948	14602
厨房、卫生间用具及日用杂货批发	Kitchen, Bathroom Appliances and Daily Groceries	307		4150	4150	262
家用电器批发	Household Electrical Appliances	1346294		1631162	1608984	181376
其他家庭用品批发	Others	21149		25618	19791	695
文化、体育用品及器材批发	Culture, Sports Appliances and Equipment	713973		924997	878159	68442
文具用品批发	Stationery	382708		426197	385927	27377
体育用品及器材批发	Sports Appliances and Equipment	26151		30427	30427	1520
图书批发	Books	237365		390433	389973	33664
音像制品及电子出版物批发	Audio-visual Products and Electronic Publications	261		3607	3607	107
首饰、工艺品及收藏品批发	Jewelry, Crafts and Collectibles	46053		47311	44409	5281
其他文化用品批发	Others	21435		27023	23817	494
医药及医疗器材批发	Medicines and Medical Appliances	7415039	24213	8129476	7746593	862727
西药批发	Western Medicines	5290130	24213	5708941	5428160	645048
中药批发	Traditional Chinese Medicines	2048226		2295611	2205855	200201
医疗用品及器材批发	Medical Supplies and Equipment	76683		124924	112578	17479
矿产品、建材及化工产品批发	Mineral Products, Building Materials and	32835570	843043	36182763	33871008	1057322
	Chemical Products	8745708	64816	9556974	9511896	221687
煤炭及制品批发	Coal and Related Products	5505259		6291227	4275151	215564
石油及制品批发	Petroleum and Related Products	23930		29860	29860	793
非金属矿及制品批发	Non-metallic Mineral and Metal Products	12672622	623008	14166725	14060469	352810
金属及金属矿批发	Metal Materials	880311	46512	923491	810102	84254
建材批发	Building materials	911798		933169	931390	84451
化肥批发	Chemical Fertilizer	11333		11726	11680	490
农药批发	Pesticide	4084609	108706	4269591	4240460	97275
其他化工产品批发	Others	11327371	13837	11989792	11679074	276917
机械设备、五金产品及电子产品批发	Machinery, Hardware Products and Electronic Equipment	128946		129151	120356	14696
农业机械批发	Agricultural Machinery	10134934		10675065	10414496	146877
汽车批发	Automotive	77348	4862	88853	86817	7595
汽车零配件批发	Auto Parts	17899		17470	16243	471
摩托车及零配件批发	Motorcycles and Spare Parts	269878	1985	294391	292760	7724
五金产品批发	Hardware	84623	12	85015	74404	6062
电气设备批发	Electrical Equipment	87522		92233	88489	4957
计算机、软件及辅助设备批发	Computer, Software and Assistant Appliances	126589		133622	132426	4321
通讯及广播电视设备批发	Communication and Broadcasting & Television Equipment	399633	6979	473992	453084	84215
其他机械设备及电子产品批发	Others	140664	1755	151632	151632	288
贸易经纪与代理	Trade Broker and Agency	140664	1755	151632	151632	288
贸易代理	Trade Agent	3249809		3315764	3313152	9403
其他批发业	Others	72404		82775	82411	5642
再生物资回收与批发	Renewable Materials Recovery and Wholesale	3177405		3232990	3230740	3762
其他未列明批发业	Others					

限额以上零售业企业商品购进、销售和库存额（2017年）
Total Purchases, Sales and Stock of Enterprises above Designated Size of Retail Trade by Status of Registration and Sector (2017)

单位：万元 (10000 yuan)

项目	Item	商品购进总额 Total Purchases Value	#进口额 Imports	商品销售总额 Total Sales Value	#批发额 Exports	期末商品库存总额 Stock (period-end)
全省总计	**Total**	**27026641**	**611954**	**31017937**	**1985232**	**5341225**
按登记注册类型分	**by Types of Registration**					
内资企业	Domestic Funded Enterprises	25911052	560089	29871600	1878857	5247174
国有企业	State-owned Enterprises	72579		83257	7301	6050
集体企业	Collective-owned Enterprises	343558		376587	20768	17575
股份合作企业	Cooperative Enterprises	142959		122131	7780	31628
有限责任公司	Limited Liability Corporations	10691531	360990	12211861	618337	1041793
国有独资公司	State Sole Funded Corporations	415980		435566	85779	45489
其他有限责任公司	Other Limited Liability Corporations	10275551	360990	11776295	532559	996306
股份有限公司	Share-holding Corporations Ltd.	3232802	19941	4083355	694937	257098
私营企业	Private Enterprises	11415126	179159	12980099	528647	3892440
私营独资企业	Private-funded Enterprises	235563	965	255013	10415	26964
私营合伙企业	Private Partnership Enterprises	24182		26003		2423
私营有限责任公司	Private Limited Liability Corporations	10919128	178194	12432334	512012	3836216
私营股份有限公司	Private Share-holding Corporations Ltd.	236253		266749	6221	26837
其他企业	Other Enterprises	12497		14311	1087	587
港、澳、台商投资企业	Enterprises with Funds from Hong Kong, Macao and Taiwan	197850	15463	212257	9537	19641
与港澳台商合资经营企业	Joint-ventures Enterprises	145134	15463	152161		11972
与港澳台商合作经营企业	Cooperative Enterprises	3180		3374		3645
港澳台商独资企业	Enterprises with Sole Fund	48949		56076	9537	3978
其他港澳台投资企业	Other Enterprises with Funds from Hong Kong, Macao and Taiwan	587		646		46
外商投资企业	Foreign Funded Enterprises	917740	36401	934080	96838	74410
中外合资经营企业	Joint-venture Enterprises	747853		749263	96838	57210
外资企业	Cooperation Enterprises	139176	36401	152917		17143
外商投资股份有限公司	Share-holding corporations Ltd. With Foreign Investment	30711		31900		57
按零售行业小类分	**by Small Kind Points**					
综合零售	Integrated Retail	7149525	955	8433535	102780	2685507
百货零售	Retail of General Merchandise	5400736	346	6043683	56397	2401832
超级市场零售	Retail of Supermarkets	1582488	309	2208880	29561	270864
其他综合零售	Others	166301	300	180973	16822	12810
食品、饮料及烟草制品专门零售	Retail of Food, Beverages and Tobaccos	169311	1272	220238	25581	38775
粮油零售	Food and oil	20177		27675	2456	3423
糕点、面包零售	Cakes, Bread	9505		10122		3814
果品、蔬菜零售	Fruits and Vegetables	39679		41753	2101	2204
肉、禽、蛋、奶及水产品零售	Meat, Poultry, Eggs, Milk & Aquatic Products	6125		8844	3053	897
酒、饮料及茶叶零售	Wine, Drinks and Tea	76305	1272	97267	15214	22859
烟草制品零售	Tobacco Products	2787		13690	604	1141
其他食品零售	Others	14734		20888	2153	4438
纺织、服装及日用品专门零售	Textiles, Garments and Household Goods	493370	1050	587800	53294	93980
纺织品及针织品零售	Textiles, Knitwear and Raw Materials	54558		38998	12988	22433

限额以上零售业企业商品购进、销售和库存额（2017年）(续)

Total Purchases, Sales and Stock of Enterprises above Designated Size of Retail Trade by Status of Registration and Sector (2017)

单位：万元 (10000 yuan)

项目	Item	商品购进总额 Total Purchases Value	#进口额 Imports	商品销售总额 Total Sales Value	#批发额 Exports	期末商品库存总额 Stock (period-end)
服装零售	Wholesale of Garments	386667	650	452486	15607	48406
鞋帽零售	Shoes and Caps	6859		38631		5882
化妆品及卫生用品零售	Cosmetics and Health Supplies	13475		18794	13834	4788
钟表、眼镜零售	Watches and Clocks, Glasses	4941		6009		3250
箱、包零售	Box, Bag	2390		2696	2235	20
厨房用具及日用杂品零售	Kitchen, Bathroom Appliances and Daily Groceries	3044		4320		1439
自行车零售	Bicycle	20896	400	25316	8580	7757
其他日用品零售	Others	540		550	50	5
文化、体育用品及器材专门零售	Culture, Sports Appliances and Equipment	415817	43984	527658	31264	71062
文具用品零售	Stationery	40214		43615	2157	8665
图书、报刊零售	Books, Newspapers and Periodicals	305362	43984	394147	19625	34504
音像制品及电子出版物零售	Audio-visual Products and Electronic Publications	3018		3479		2285
珠宝首饰零售	Jewelry	45442		58217	5081	20545
工艺美术品及收藏品零售	Crafts and Collectibles	7082		10733	1791	290
乐器零售	Music	11951		14065	2313	4660
其他文化用品零售	Others	2748		3401	297	113
医药及医疗器材专门零售	Medicines and Medical Appliances	863192	19231	1044697	172860	159247
药品零售	Medicines	833146	19231	1015594	165835	153430
医疗用品及器材零售	Medical Supplies and Equipment	30046		29103	7025	5817
汽车、摩托车、燃料及零配件专门零售	Automotive, Motorcycles, Fuel and Spare Parts	15677547	538537	17460955	1322514	2003477
汽车零售	Automotive	12645058	538537	13482842	201163	1839344
汽车零配件零售	Auto Parts	32447		34720	499	2545
摩托车及零配件零售	Motorcycles and Spare Parts	4813		4980		656
机动车燃料零售	Motor Vehicle Fuel	2995229		3938413	1120852	160932
家用电器及电子产品专门零售	Household Appliances and Electronic Products	1401888	5960	1764107	178850	247388
家用视听设备零售	Home Audio and Video Equipment	647591	973	783342	27341	136910
日用家电设备零售	Household Electrical Appliances	394977	4987	539740	37571	71765
计算机、软件及辅助设备零售	Computer, Software and Assistant Appliances	67953		96044	8676	12992
通信设备零售	Communication Equipment	284082		337754	105262	25153
其他电子产品零售	Others	7285		7226		569
五金、家具及室内装饰材料专门零售	Hardware, Furniture and Interior Decoration Materials	197136	965	238784	20593	30727
五金零售	Hardware	89827		91247	2351	11259
家具零售	Furniture	78998		105845	10468	14111
涂料零售	Paint	320		390		
木质装饰材料零售	Wooden decorative materials	10033		13514		2183
陶瓷、石材装饰材料零售	Ceramics, Stone Decoration Materials	8131		16932	5201	734
其他室内装饰材料零售	Others	9828	965	10855	2572	2440
货摊、无店铺及其他零售业	Stall, Non-shop and Other Retails	658855		740163	77496	11060
互联网零售	Retail on the Internet	488036		532647	55325	4354
邮购及电视、电话零售	Mail Order and Television, Telephone Retail	1721		20404		50
生活用燃料零售	Living with Fuel	150795		168515	15720	6422
其他未列明零售业	Others	18304		18597	6452	234

限额以上批发零售贸易业商品分类销售额(2017年)
Total Sales of Enterprises above Designated Size in Wholesale and Retail Sale Trade by Category (2017)

单位：万元 (10000 yuan)

类　别	Category	销售额 Total Sales Value	批　发 Wholesale Value	零　售 Retail Value
总　计	**Total**	**123697493.6**	**83750745.7**	**39946747.9**
#通过公共网络实现的商品销售	Goods Sold through Public Network	6710576.7	6024103.9	686472.8
粮油、食品类	Grain , Oil and Food	5516257.6	2214947.2	3301310.4
#粮油类	Grain and Oil	1744345.3	1040965.4	703379.9
肉禽蛋类	Meat, Poultry and Eggs	517954.4	86550.4	431404.0
水产品类	Aquatic Products	141504.7	6588.6	134916.1
蔬菜类	Vegetables	616783.7	309482.9	307300.8
干鲜果品类	Dried and Fresh Melons an Fruits	428253.8	131847.3	296406.5
饮料类	Beverages	623101.5	68932.6	554168.9
烟酒类	Tobacco and Liquor	7071388.4	6200680.4	870708.0
服装、鞋帽、针纺织品类	Clothing, Shoes, Hats and Textiles	4885933.9	432464.0	4453469.9
服装类	Clothing	3128155.8	132210.5	2995945.3
鞋帽类	Shoes and Hats	949505.2	28778.0	920727.2
针纺织品类	Knitwear and Textiles	808272.9	271475.5	536797.4
化妆品类	Cosmetics	679450.8	82915.1	596535.7
金银珠宝类	Gold, Silver and Jewellery	916892.5	39791.3	877101.2
日用品类	Articles for Daily Use	1372139.2	181652.8	1190486.4
#儿童玩具类	Children Toys	99408.4	439.1	98969.3
五金、电料类	Hardware and Electrical Materials	365707.2	210174.4	155532.8
体育、娱乐用品类	Sports and Recreation Articles	171569.8	32943.5	138626.3
#照相机类	Camera	5508.8		5508.8
书报杂志类	Newspapers and Magazines	769909.2	390577.2	379332.0
电子出版物及音像制品类	E-journals and Video Products	37905.5	637.6	37267.9
家用电器和音像器材类	Household Appliances and Video Appliances	4124333.1	1471357.4	2652975.7
中西药品类	Traditional Chinese and Western Medicines	8793242.5	5860432.3	2932810.2
#西药类	Western Medicines	6318167.1	4173059.2	2145107.9
中草药及中成药类	Traditional Chinese Medicines	1414012.6	892550.6	521462.0
文化办公用品类	Cultural and Offices Appliances	637579.9	313060.9	324519.0
#计算机及其配套产品	Computer and Related Products	107119.1	19942.9	87176.2
家具类	Furniture	819540.0	60935.8	758604.2
通讯器材类	Communication Appliances	1113718.4	447134.8	666583.6
煤炭及制品类	Coal and Related Products	10830284.4	10720213.8	110070.6
木材及制品类	Wood and Wooden Products	71268.0	71268.0	
石油及制品类	Petroleum and Related Products	17136618.6	12041519.2	5095099.4
化工材料及制品类	Chemical Materials and Related Products	4135986.1	4135986.1	
#化肥类	Fertilizers	941661.6	941661.6	
金属材料类	Metal Materials	25117666.2	25117666.2	
建筑及装潢材料类	Building and Decoration Materials	920106.8	507745.8	412361.0
机电产品及设备类	Mechanical and Electrical Products	741395.2	697649.9	43745.3
#农机类	Agricultural Machineries	121959.9	121959.9	
汽车类	Automobiles	25366580.6	11175801.7	14190778.9
种子饲料类	Seeds and Feedstuff	117664.4	117664.4	
棉麻类	Cotton, Hemp	654049.4	634145.5	19903.9
其他类	Others	707204.4	522447.8	184756.6

注：本表数据为快报统计数据。

a) Data in this table are preliminary estimation.

亿元以上商品交易市场摊位分类情况（2017年）
Classification of Commodity Transaction Markets of Turnover above 100 Million Yuan (2017)

项　目	Item	摊位数（个） Rental Booths (unit)	成 交 额（万元） Turnover (10000 yuan)
总计	**Total**	**282964**	**59180279**
粮油、食品类	Grain and Oil, Food,Beverages	93068	15038639
#粮油类	Grain and Oil	4146	848512
肉禽蛋类	Meat, Poultry and Eggs	5705	1294189
水产品类	Aquatic Products	4037	443847
蔬菜类	Vegetables	50883	4588374
干鲜果品类	Dried and Fresh Melons and Fruits	26080	7752795
饮料类	Beverages	2405	255331
烟酒类	Tobacco and Liquor	2851	362384
服装、鞋帽、针纺织品类	Clothing, Shoes, Hats and Textiles	51421	10053636
服装类	Clothing,	36752	6768258
鞋帽类	Shoes and Hats	5997	834864
针纺织品类	Knitwear and Textiles	8672	2450514
化妆品类	Cosmetics	995	120646
金银珠宝类	Gold, Silver and Jewellery	613	46636
日用品类	Articles for Daily Use	15826	3957993
#儿童玩具类	Children Toys	7540	871488
五金、电料类	Hardware and Electrical Materials	4738	1548854
体育、娱乐用品类	Sports and Recreation Articles	1694	706568
#照相器材类	Photographic Equipment	10	6925
书报杂志类	Newspapers and Magazines	145	16881
电子出版物及音像制品类	E-journals and Video Products	2317	1249213
家用电器和音像器材类	Household Appliances and Video Appliances	793	198538
中西药品类	Traditional Chinese and Westem Medicines	7106	2349262
#西药类	Westem Medicines	55	8871
中草药及中成药类	Traditional Chinese Medicines	7050	2340356
文化办公用品类	Cultural and Offices Appliances	4459	1566012
#计算机及其配套产品	Computer and Assistant Appliances	831	715623
家具类	Furniture	8865	3718048
通讯器材类	Communication Appliances	1108	218523
煤炭及制品类	Coal and Related Products	17	4516
木材及制品类	Wood and Wooden Products	226	250131
石油及制品类	Petroleum and Related Products	13	5983
化工材料及制品类	Chemical Materials and Related Products	17896	3647336
#化肥类	Fertilizers	235	139708
金属材料类	Metal Materials	13374	3007028
建筑及装潢材料类	Building and Decoration Materials	7158	1232345
机电产品及设备类	Mechanical and Electrical Products	3745	1300189
#农机类	Agricultural Machineries	1391	970284
汽车类	Automobiles	4658	1918195
种子饲料类	Seeds and Feedstuff	2272	76739
棉麻类	Cotton, Hemp	769	48521
其他类	Others	34432	6282132

限额以上批发业企业主要财务指标（2017年）

单位：万元

项　目	Item	资产总计 Total Assets
全省总计	**Total**	**34710337.9**
按登记注册类型分	**by Types of Registration**	
内资企业	Domestic Funded Enterprises	33738601.0
国有企业	State-owned Enterprises	1673727.4
集体企业	Collective-owned Enterprises	201467.3
股份合作企业	Cooperative Enterprises	2539.0
有限责任公司	Limited Liability Corporations	14784736.2
国有独资公司	State Sole Funded Corporations	4283846.1
其他有限责任公司	Other Limited Liability Corporations	10500890.1
股份有限公司	Share-holding Corporations Ltd.	5871115.6
私营企业	Private Enterprises	11183826.5
私营独资企业	Private-funded Enterprises	35465.5
私营合伙企业	Private Partnership Enterprises	8640.7
私营有限责任公司	Private Limited Liability Corporations	11004910.5
私营股份有限公司	Private Share-holding Corporations Ltd.	134809.8
其他企业	Other Enterprises	21189.0
港、澳、台商投资企业	Enterprises with Funds from Hong Kong, Macao and Taiwan	370250.2
合资经营企业(港或澳、台资)	Joint ventures (Hong Kong, Macao and Taiwan-funded)	118157.5
港、澳、台商独资经营企业	Enterprises with Sole Fund	252092.7
外商投资企业	Foreign Funded Enterprises	601486.7
中外合资经营企业	Enterprises with Sole Fund	95761.1
外资企业	Enterprises with Sole Fund	505725.6
按国民经济行业分		
农、林、牧产品批发	Wholesale of Agriculture, Forestry, Animal Husbandry Products	888562.3
食品、饮料及烟草制品批发	Wholesale of Food, Beverages and Tobaccos	2735029.3
# 米、面制品及食用油批发	Wholesale of Rice, Flour and Edible Oil	208460.6
烟草制品批发	Wholesale of Tobaccos	1478282.2
纺织、服装及家庭用品批发	Wholesale of Textiles, Garments and Household Goods	1370493.4
# 服装批发	Wholesale of Garments	101077.6
文化、体育用品及器材批发	Wholesale of Culture, Sports Appliances and Equipments	527044.5
医药及医疗器材批发	Wholesale of Medicines and Medical Appliances	3958730.5
矿产品、建材及化工产品批发	Wholesale of Mineral Products, Building Materials and Chemical Products	15848455.0
# 煤炭及制品批发	Wholesale of Coal and Related Products	3709280.8
石油及制品批发	Wholesale of Coal and Related Products	4397080.3
金属及金属矿批发	Wholesale of Metal Materials	5332380.1
建材批发	Wholesale of Building Materials	558925.9
化肥批发	Wholesale of Chemical Fertilizer	404338.2
机械设备、五金交电及电子产品批发	Wholesale of Machinery, Hardware Products and Electronic Equipment	6147257.2
汽车批发	Wholesale of Automotive	5424134.6
汽车零配件批发	Wholesale of Auto Parts	39488.7
五金产品批发	Wholesale of Hardware	188278.4
计算机、软件及辅助设备批发	Wholesale of Computer, Software and Assistant Appliances	27853.5
贸易经纪与代理	Trade Broker and Agency	26466.3
其他批发	Other Wholesale not Classified Elsewhere	3208299.4

Main Financial Indicators of Enterprises above Designated Size in Wholesale Trade (2017)

(10000 yuan)

负债合计 Total Liabilities	所有者权益合计 Total Owners Equities	主营业务收入 Revenue from Principal Business	主营业务成本 Cost of Principal Business	主营业务税金及附加 Taxes and Other Charges on Principal Business	销售费用 Sales Expenses	管理费用 Management Expenses	营业利润 Business Profits	利润总额 Total Profits
26694028.3	**8016309.8**	**63401578.6**	**59369202.8**	**720426.7**	**1317746.6**	**689389.1**	**1217807.7**	**1242729.7**
25897257.7	7841343.5	61353744.0	57405715.2	718300.5	1292303.8	669782.1	1190765.3	1214167.3
455639.1	1218088.3	5148936.0	3819662.6	655774.4	105794.2	184507.7	418386.2	419841.3
132814.0	68653.3	138534.2	130955.2	447.3	3563.1	4262.5	11644.2	11418.5
1943.4	595.6	9452.4	9018.8	24.2	66.9	343.6	-2.0	26.4
11976606.0	2808130.2	30933858.7	29590962.6	30161.2	576692.7	195475.5	455819.2	455053.9
3249530.1	1034316.0	4501237.4	4271847.7	3365.3	34245.2	35194.8	125449.4	135690.1
8727075.9	1773814.2	26432621.3	25319114.9	26795.9	542447.5	160280.7	330369.8	319363.8
4574125.1	1296990.5	2088443.1	1984840.4	4967.1	73354.1	35868.0	39388.2	53234.7
8746213.5	2437613.2	22968177.0	21811680.0	26876.5	529503.7	248195.6	262721.3	271864.3
23014.9	12450.6	95350.5	90710.6	94.8	2291.3	1096.6	1039.8	670.7
5544.9	3095.8	15619.7	14890.0	23.1	303.5	197.6	134.7	134.7
8655146.0	2349764.7	22742123.1	21599881.5	26312.7	523318.4	242608.0	262335.6	262581.0
62507.7	72302.1	115083.7	106197.9	445.9	3590.5	4293.4	-788.8	8477.9
9916.6	11272.4	66342.6	58595.6	49.8	3329.1	1129.2	2808.2	2728.2
385859.0	-15608.8	322815.5	311069.0	932.1	9048.7	8971.0	-16407.4	-14192.5
104889.8	13267.7	35303.0	34217.7	79.5	750.5	1019.5	-2112.2	-138.8
280969.2	-28876.5	287512.5	276851.3	852.6	8298.2	7951.5	-14295.2	-14053.7
410911.6	190575.1	1725019.1	1652418.6	1194.1	16394.1	10636.0	43449.8	42754.9
54007.4	41753.7	9216.3	9140.6	6.9	49.4	0.7	91.1	-127.8
356904.2	148821.4	1715802.8	1643278.0	1187.2	16344.7	10635.3	43358.7	42882.7
540138.8	348423.5	1422240.6	1354864.2	1113.2	31552.5	22958.8	12966.0	23331.3
1160032.2	1574997.1	6323602.0	4777283.8	660059.9	237647.3	220387.3	471107.8	478871.2
161267.5	47193.1	352497.5	335541.3	425.3	11593.0	5753.5	-2289.0	2066.6
289853.7	1188428.5	4651776.3	3344025.5	655037.2	95674.4	175993.7	415006.0	415443.2
1178446.9	192046.5	2217694.8	2112124.9	2106.4	46996.3	21699.9	42221.8	42444.8
72284.7	28792.9	318240.9	298411.0	807.2	10678.2	6006.1	1097.2	507.0
326453.1	200591.4	847898.8	683826.8	1424.8	8049.3	18577.8	71876.2	71359.0
3294940.3	663790.2	7112294.7	6601095.5	12255.3	200135.4	130550.4	120788.8	109047.4
12873387.7	2975067.5	31588447.6	30420805.4	28948.4	520958.2	203535.2	298855.2	295434.0
2788414.0	920866.8	8353754.6	8001098.8	10215.5	165641.1	55605.9	97060.8	106509.1
3632411.0	764669.3	5289238.6	4893448.0	5960.5	205610.0	60986.9	130505.7	124201.9
4653138.2	679241.9	12416668.6	12186319.1	6779.0	87116.9	43415.8	14504.9	18088.3
299919.6	259006.5	836847.5	789184.0	1828.9	14309.3	11839.2	11914.3	11340.7
292802.6	111535.6	885193.9	844930.6	1405.9	9681.2	5233.2	20087.9	3006.1
4859692.7	1287564.5	10461971.7	10055377.5	11938.6	265068.6	59183.0	135428.9	156112.6
4306886.7	1117247.9	9223060.3	8907268.8	9748.6	224745.7	27784.7	119786.7	133296.1
23177.5	16311.2	76707.9	70804.3	115.9	2742.0	2734.5	99.9	378.1
141335.0	46943.4	278831.0	259132.8	479.3	8190.4	6124.6	5396.9	5580.0
15963.7	11889.8	81158.9	75115.2	161.1	2721.3	2432.7	654.3	655.6
25031.1	1435.2	151128.0	145065.4	15.9	5023.9	1038.9	-804.4	-625.4
2435905.5	772393.9	3276300.4	3218759.3	2564.2	2315.1	11457.8	65367.4	66754.8

限额以上零售业企业主要财务指标（2017年）

单位：万元

项　目	Item	资产总计 Total Assets
全省总计	**Total**	**16406185.9**
按登记注册类型分	**by Types of Registration**	
内资企业	Domestic Funded Enterprises	16028848.3
国有企业	State-owned Enterprises	36983.3
集体企业	Collective-owned Enterprises	91989.0
股份合作企业	Cooperative Enterprises	145451.2
有限责任公司	Limited Liability Corporations	6349293.4
国有独资公司	State Sole Funded Corporations	333732.4
其他有限责任公司	Other Limited Liability Corporations	6015561.0
股份有限公司	Share-holding Corporations Ltd.	2853145.1
私营企业	Private Enterprises	6546932.3
私营独资企业	Private-funded Enterprises	84450.7
私营合伙企业	Private Partnership Enterprises	9620.1
私营有限责任公司	Private Limited Liability Corporations	6298868.4
私营股份有限公司	Private Share-holding Corporations Ltd.	153993.1
其他企业	Other Enterprises	5054.0
港、澳、台商投资企业	Enterprises with Funds from Hong Kong, Macao and Taiwan	72516.1
合资经营企业(港或澳、台资)	Joint ventures (Hong Kong, Macao and Taiwan-funded)	31685.0
合作经营企业(港或澳、台资)	Cooperative Enterprises	11721.2
港、澳、台商独资经营企业	Enterprises with Sole Fund	28977.9
其他港澳台投资企业	Other Enterprises with Funds from Hong Kong, Macao and Taiwan	132.0
外商投资企业	Foreign Funded Enterprises	304821.5
中外合资经营企业	Joint-venture Enterprises	180669.7
外资企业	Enterprises with Sole Fund	39508.3
外商投资股份有限公司	Share-holding Corporations Ltd. with Foreign Investment	84643.5
按国民经济行业分	**by Sector**	
综合零售	Integrated Retail	5083963.0
百货零售	Retail of General Merchandise	3658833.2
超级市场零售	Retail of Supermarkets	1313929.5
食品、饮料及烟草制品专门零售	Retail of Food, Beverages and Tobaccos	172397.5
纺织、服装及日用品专门零售	Special Retail of Textiles, Garments and Daily Consumer Articles	616519.2
服装零售	Retail of Garments	534382.4
文化、体育用品及器材专门零售	Retail of Culture, Sports Appliances and Equipments	582967.7
图书、报刊零售	Retail of Books and Newspapers	407481.1
医药及医疗器材专门零售	Retail of Medicines and Medical Appliances	565945.7
药品零售	Retail of Medicines	552405.7
汽车、摩托车、燃料及零配件专门零售	Retail of Motor Vehicles, Motorcycles, Fuel and Parts	7747608.2
汽车零售	Retail of Motor Vehicles	5074296.1
机动车燃料零售	Retail of Fuel of Motor Vehicles	2655205.6
家用电器及电子产品专门零售	Special Retail of Household Electric Appliances and Electronic Products	1169578.9
家用视听设备零售	Retail of Home Audio-visual Equipments	526521.5
日用家电设备零售	Retail of Household appliances	268292.3
计算机、软件及辅助设备零售	Retail of Computer, Software and Assistant Appliances	63696.6
通信设备零售	Retail of Communication Equipments	305885.8
五金、家具及室内装修材料专门零售	Special Retail of Hardware, Furniture and Decoration Materials	124255.6
五金零售	Retail of Hardware	46165.4
货摊、无店铺及其他零售业	Stall, Non-shop and Other Retails	342950.1

Main Financial Indicators of Enterprises above Designated Size in Retail Sales Trade (2017)

(10000 yuan)

负债合计 Total Liabilities	所有者权益合计 Total Owners Equities	主营业务收入 Revenue from Principal Business	主营业务成本 Cost of Principal Business	主营业务税金及附加 Taxes and Other Charges on Principal Business	销售费用 Sales Expenses	管理费用 Management Expenses	营业利润 Business Profits	利润总额 Total Profits
11902839.6	**4503346.3**	**26785650.7**	**24191335.2**	**93937.2**	**1536710.7**	**849049.2**	**287705.0**	**328396.4**
11660546.6	4368301.7	25783170.6	23299753.6	91481.5	1466527.9	835465.6	277395.0	342410.0
11175.0	1191.7	73708.1	67970.3	1155.4	1307.6	1044.0	2182.8	1361.6
54369.3	37619.7	354186.8	327918.4	1111.6	10323.7	8078.0	2704.5	5559.0
85672.9	59778.3	115755.8	94273.0	900.5	3575.7	7332.6	801.5	1311.2
4849701.4	1499592.0	10521981.1	9554828.0	34413.2	587586.5	344917.3	87411.5	133730.2
156489.1	177243.3	359575.9	301094.1	2213.3	22963.6	22637.8	16170.8	15535.2
4693212.3	1322348.7	10162405.2	9253733.9	32199.9	564622.9	322279.5	71240.7	118195.0
1661975.0	1191170.1	3365893.3	3016145.1	14684.4	207299.5	96419.2	100723.3	99882.9
4965957.4	1580974.9	11338720.6	10226963.6	39101.5	653120.3	373482.7	87414.6	102962.1
34283.5	50167.2	228690.5	197829.8	2361.3	7035.8	9009.0	11702.0	11003.1
6086.1	3534.0	22570.7	20259.0	89.5	1050.1	738.1	361.7	384.0
4845660.0	1453208.4	10865013.4	9822471.5	36068.4	626348.6	352788.3	64975.2	79475.8
79927.8	74065.3	222446.0	186403.3	582.3	18685.8	10947.3	10375.7	12099.2
1695.6	3358.4	12924.9	11655.2	114.9	314.6	290.9	522.4	326.2
53996.4	18519.7	196099.8	161761.0	603.8	16085.9	3842.4	17205.4	9445.8
17816.4	13868.6	130052.7	113446.9	454.3	7069.6	2934.4	9006.0	9367.6
13363.2	-1642.0	3374.1	3179.7	2.4	484.5	468.5	-1107.9	-932.7
22766.6	6211.3	62082.6	44603.6	146.1	8493.3	425.0	9301.8	1005.4
50.2	81.8	590.4	530.8	1.0	38.5	14.5	5.5	5.5
188296.6	116524.9	806380.3	729820.6	1851.9	54096.9	9741.2	-6895.4	-23459.4
15435.9	165233.8	640786.6	589814.2	1360.5	28269.6	4214.0	-17050.2	-18476.8
88867.5	-49359.2	137240.9	115511.0	362.2	23798.8	4318.8	9631.8	-5001.5
83993.2	650.3	28352.8	24495.4	129.2	2028.5	1208.4	523.0	18.9
4076165.9	1007797.1	7059628.4	6044287.4	48313.3	692470.1	409874.1	94713.3	119644.1
2712046.1	946787.1	4946971.8	4208138.4	42330.8	420760.1	304331.1	111170.0	135361.3
1271517.0	42412.5	1971205.2	1704207.1	5473.4	263435.3	99044.5	-13507.0	-14387.6
115311.7	57085.8	200636.8	172947.6	695.2	15557.5	7015.6	4073.0	4247.1
570228.2	46291.0	521487.2	439175.5	4571.3	37947.0	36805.1	7910.9	687.5
498111.2	36271.2	395010.6	333409.2	4025.9	30718.7	32453.2	-2472.8	-1704.4
288947.8	294019.9	472078.5	330802.8	3098.9	43862.7	44504.0	44863.3	42931.1
163204.4	244276.7	348581.7	229739.9	1832.2	33243.6	36570.4	43014.8	43400.1
326770.8	239174.9	923470.2	759436.8	3980.8	87257.6	51319.2	21818.4	21833.7
316177.8	236227.9	898564.8	739784.3	3916.4	85770.8	48480.0	21025.5	21009.9
5436635.3	2310972.9	15174544.9	14282372.6	26157.7	501862.9	224171.9	84631.6	112507.9
4002907.9	1071388.2	11775222.8	11148122.7	19365.9	335619.9	188401.0	69975.5	99912.1
1419896.9	1235308.7	3364019.4	3100990.3	6741.4	165086.1	35002.6	13975.3	11858.9
758446.3	411132.6	1542771.8	1375141.7	4476.7	97658.4	53057.5	21321.7	22337.1
463049.3	63472.2	675214.4	606707.1	2329.5	35762.9	22820.1	8043.5	7469.9
201885.4	66406.9	482379.7	426144.5	1398.0	35982.2	13904.3	4997.6	2148.5
21800.7	41895.9	83742.3	66771.0	333.0	4520.2	4996.7	7048.6	6369.7
69892.8	235993.0	295251.9	269805.3	407.6	21217.3	11212.7	1071.6	6191.1
75754.8	48500.8	239074.1	192554.1	1365.5	15312.3	9206.4	9973.0	3402.8
30355.6	15809.8	80670.6	73338.6	201.3	2737.8	3243.5	661.1	492.7
254578.8	88371.3	651958.8	594616.7	1277.8	44782.2	13095.4	-1600.2	805.1

商品销售总额前10名的批发企业
(2017年，按国民经济行业中类分别排序)
The Top 10 Wholesale Enterprises of Total Sale Value (2017)

单位：千元 (1000 yuan)

企业名称	Name of Enterprises	位次 Position	商品销售总额 Total Sales Value
农、林、牧产品批发	**Wholesales of Agricultural and Livestock Products**		
中棉集团廊坊储运有限公司	China National Cotton Group Langfang Storage and Transportation Co., Ltd.	1	1813030
中棉集团河北棉花有限公司	China National Cotton Group Hebei Cotton Co., Ltd.	2	1556785
宁晋县金玉粮食物流有限公司	Ningjin Jinyu Grain Logistics Co., Ltd.	3	1012621
河北星宇纺织原料有限公司	Hebei Xingyu Textile Materials Co., Ltd.	4	959880
抚宁县第一粮库有限责任公司	FuNing County the First Grain Depot Co.,Ltd	5	603577
高阳县中心粮油购销有限责任公司	GaoYang County Central Grain&Oil Purchase and Sale Co.,Ltd	6	599296
中棉集团南宫宏泰棉花有限公司	China cotton group Nangong Hongtai cotton Co., Ltd	7	431869
秦皇岛骊骅粮油有限公司	Qinhuangdao Lihua cereals and oils Co., Ltd.	8	422671
保定银祥棉业有限公司	Baoding Yinxiang Cotton Co., Ltd.	9	420233
秦皇岛骊都粮油有限公司	Qinhuangdao Li Du cereals and oils Co., Ltd.	10	406765
食品、饮料及烟草制品批发	**Wholesales of Foods, Beverages and Tobacco Products**		
河北省烟草公司石家庄市公司	Shijiazhuang Company of Hebei Tobacco Corporation	1	8895507
河北省烟草公司保定市公司	Baoding Company of Hebei Tobacco Corporation	2	8150950
河北省烟草公司唐山市公司	Tangshan Company of Hebei Tobacco Corporation	3	5858409
河北省烟草公司沧州市公司	Cangzhou Company of Hebei Tobacco Corporation	4	4869221
河北省烟草公司邯郸市公司	Handan Company of Hebei Tobacco Corporation	5	4678524
河北省烟草公司邢台市公司	Xingtai Company of Hebei Tobacco Corporation	6	4259526
河北省烟草公司廊坊市公司	Langfang Company of Hebei Tobacco Corporation	7	4207364
河北省烟草公司张家口市公司	Zhangjiakou Company of Hebei Tobacco Corporation	8	3671211
河北省烟草公司衡水市公司	Hengshui Company of Hebei Tobacco Corporation	9	2720254
河北省烟草公司承德市公司	Chengde Company of Hebei Tobacco Corporation	10	2709447
纺织、服装及家庭用品批发	**Wholesales of Textile, Clothing and Commodities**		
河北盛世欣兴格力贸易有限公司	Hebei Shengshi Xinxing Gree Trade Co., Ltd.	1	4916227
河北新兴格力电器销售有限公司	Hebei Xinxing Gree Electrical Appliance Marketing Co., Ltd.	2	4261167
河北盛世皓海格力贸易有限公司	Hebei Shengshi Haohai Gree Trade Co., Ltd.	3	1864624
河北格力电器营销有限公司	Hebei Gree Electrical Appliance Marketing Co., Ltd.	4	1737761
石家庄美的电器销售有限公司	ShiJiazhuang Midea Electrical sales Co.,Ltd	5	1510091
河北劲草商贸有限公司	Hebei Jincao Trading Company	6	1414863
石家庄常山纺织集团供销公司	Shijiazhuang Changshan Textile Group supply and marketing company	7	894155
河北纺联物资供销有限公司	Hebei Fanglian Material Supply and Marketing Co., Ltd.	8	699537
河北省纺织品进出口股份有限公司	Hebei Textiles Import and Export Co.,Ltd	9	633298
唐山智鸿家用电器销售有限公司	Tangshan Zhihong Electrical Appliance Marketing Co., Ltd.	10	490972
文化、体育用品及器材批发	**Wholesales of Culture and Sporting Products & Appliances**		
河北省新华书店有限责任公司	Hebei Xinhua Bookstore	1	3847051
河北文通国际贸易有限公司	Hebei Wengtong International Trade Co., Ltd.	2	2221040
唐山森信纸制品有限公司	Tangshan Senxin Paper Co.,Ltd	3	1177464
石家庄英利体育用品有限公司	Shijiazhuang Yingli Sporting Products Co.,Ltd.	4	304265
玉田县宏腾纸制品销售有限公司	Yutian Hongteng paper products Sales Co., Ltd.	5	221469
河北润林国际贸易有限公司	Hebei RunLin International Trade Co., Ltd.	6	184682
枣强县富恒商贸有限公司	ZaoQiang County FuHeng Trade Co.,Ltd	7	132418
石家庄孔雅商贸有限公司	Shijiazhuang Kong Ya Trading Co., Ltd.	8	123447
石家庄市福瑞纸业有限公司	Shijiazhuang Furui Paper Co., Ltd.	9	108635
石家庄华莱永盛商贸有限公司	Shijiazhuang Wallace Yongsheng Trading Co., Ltd.	10	104350
医药及医疗器材批发	**Wholesales of Medicines and Medical Appliances**		
国药乐仁堂医药有限公司	GuoYao LeRentang Medicine Co.,Ltd	1	18171705
华润河北医药有限公司	HeRun Hebei Medicine Co.,Ltd	2	3318100
国药乐仁堂唐山医药有限公司	GuoYao LeRentang Tangshan Medicine Co.,Ltd	3	2298111
河北金仑医药有限公司	Hebei Jinlun Medicine Corp., Ltd.	4	2286773

商品销售总额前10名的批发企业(续)
(2017年，按国民经济行业中类分别排序)
The Top 10 Wholesale Enterprises of Total Sale Value (2017)

单位：千元 (1000 yuan)

企业名称	Name of Enterprises	位次 Position	商品销售总额 Total Sales Value
保定市久展医药销售有限公司	Baoding Jiu Zhan Pharmaceutical Sales Co., Ltd.	5	1927779
河北冀北医药物流有限公司	Hebei JiBei Medicine Logistics Co.,Ltd.	6	1824837
河北顺泽医药有限公司	Hebei ShunZe Medicine Co.,Ltd.	7	1765224
河北东盛英华医药有限公司	Hebei Dongsheng Yinghua Medicine Co., Ltd.	8	1309833
华药国际医药有限公司	International Trade Co., Ltd. of North China Pharmaceutical Corporation	9	1247143
沧州天元医药有限公司	Cangzhou Tianyuan Medicine Co.,Ltd.	10	1190287
矿产品、建材及化工产品批发	**Wholesales of Mineral Products, Building Materials and Chemical Products**		
河北物流集团金属材料有限公司	Hebei logistics group metal material Co., Ltd.	1	52537458
中国煤炭工业秦皇岛进出口有限公司	China Coal Industry Qinhuangdao Import & Export Co., Ltd.	2	17397381
新奥能源贸易有限公司	Xinao Energy Trade Co., Ltd.	3	16108154
承德承钢商贸有限公司	Chengde Chenggang commerce and Trade Co., Ltd.	4	11220576
迁安市九江煤炭储运有限公司	Qian'an Jiujiang coal storage and Transportation Co., Ltd.	5	11069009
中石化河北唐山石油分公司	Sinopec Sales Co.,Ltd. Hebei Tangshan Petroleum Branch	6	6855051
冀中能源峰峰集团邯郸百维公司	Jizhong Energy Fengfeng Group Handan Bawei Import and Export Trade Co., Ltd.	7	6569002
石家庄常青成品油销售有限公司	Shijiazhuang Evergreen Oil Sales Co., Ltd.	8	5578060
河北省农业生产资料有限公司	Hebei Agricultural Means of Production Co.,Ltd.	9	4787567
秦皇岛市恒捷塑料有限公司	Qinhuangdao Hengjie Plastic Co., Ltd.	10	4360170
机械设备、五金产品及电子产品批发	**Wholesales of Machinery, Hardware and Electronic Equipment**		
保定哈弗汽车销售有限公司	Baoding Haval Auto Sales Co., Ltd.	1	83802425
庞大汽贸集团股份有限公司	Pangda Auto Sales Corp., Ltd.	2	7902658
保定长城汽车销售有限公司	Baoding Greatwall Auto Sales Co., Ltd.	3	5326973
河北明迈特贸易有限公司	Hebei Mingmaite Trading Company	4	1324644
唐山冀东机电设备有限公司	Tangshan Jidong Mechanical and Electrical Equipment Co.,Ltd..	5	926505
石家庄市正洋汽车贸易有限公司	Shijiazhuang Zhengyang Automobile Trade Limited Company	6	707231
廊坊新奥泛能设备销售有限公司	Langfang New Austrian pan energy equipment sales Co., Ltd.	7	619599
邯郸市华翔汽车销售服务有限公司	Handan Huaxiang automobile sales and Service Co., Ltd.	8	608917
河北步步高电子产品销售有限公司	Hebei BBK electronic products Sales Co., Ltd.	9	547186
邯郸市华诚汽贸有限公司	Handan Huacheng Auto Trade Co., Ltd.	10	532892
贸易经纪与代理	**Trade Broker and Agency**		
佳佳供应链管理(廊坊)有限公司	Jiajia supply chain management (Langfang) Co., Ltd.	1	581594
沧州市新丝路进出口服务有限公司	Cangzhou new Silk Road Import&Export Services Limited	2	458696
河北省沧州市新世纪对外贸易有限公司	Cangzhou New Century Foreign Trade Co., Ltd.	3	194916
廊坊圣奥国际贸易有限公司	Langfang Shengao International Trading Co., Ltd.	4	91893
万鸿进出口(廊坊)有限公司	Wanhong Import and Export (Langfang) Co., Ltd.	5	73310
石家庄三商进出口贸易有限公司	Shijiazhuang three merchants import and export trade Co., Ltd.	6	62806
沧州天晟进出口贸易有限公司	Cangzhou Tiansheng Import & Export Trade Co., Ltd.	7	33813
廊坊万隆嘉誉商贸有限公司	Langfang Wanlongjiayu Commerce and Trade Co., Ltd.	8	19291
其他批发业	**Other Wholesales**		
冀中能源国际物流集团有限公司	Jizhong Energy International Logistics Group Co., Ltd.	1	31765168
中节能保定废旧汽车回收拆解有限公司	Zhongjieneng Baoding Car Recycle&Dismantling Co., Ltd.	2	306193
石家庄市物资回收有限责任公司	Shijiazhuang General Company for Material Recycle	3	295480
唐山冀东金地汽车用品销售有限公司	Tangshan Jidong Jindi Co., Ltd.Of Auto Decoration	4	168566
衡水天宝废旧物资回收有限公司	Hengshui Tianbao Waste Materials Recycling Co.,Ltd.	5	135123
衡水永嘉气体有限公司	Hengshui Yongjia Gas Co., Ltd.	6	62164
枣强县阳光毛皮有限公司	Zaoqiang sunshine fur Co., Ltd.	7	58339
枣强县聚清源皮草有限公司	Zaoqiang County qingqingyuan fur Co., Ltd.	8	55104
枣强县文添皮草有限公司	Zaoqiang County Wen Tian fur Co., Ltd.	9	52600
清河县重诺金属材料有限公司	Qinghe County heavy metal materials Co., Ltd.	10	41302

商品销售总额前10名的零售企业
（2017年，按国民经济行业中类分别排序）
The Top 10 Retail Enterprises of Total Sale Value (2017)

单位：千元 (1000 yuan)

企业名称	Name of Enterprises	位次 Position	商品销售总额 Total Sales Value
综合零售	**Integrated Retails**		
北国商城股份有限公司	Beiguo Department Store Co., Ltd.	1	13128200
唐山百货大楼集团有限责任公司	Tangshan Department Store Co., Ltd.	2	5114372
河北保百集团有限公司	Hebei Baobai Department Store Co., Ltd.	3	4339562
河北永辉超市有限公司	Hebei Yonghui Supermarket Co., Ltd.	4	2091722
廊坊市明珠商业企业集团有限公司	Langfang Mingzhu Department Store Co., Ltd.	5	1843933
石家庄人民商场股份有限公司	Shijiazhuang Renmin Department Store Co., Ltd.	6	1642928
秦皇岛茂业控股有限公司	Qinhuangdao Maoye Shareholding Co.,Ltd.	7	1548476
承德宽广超市集团有限公司	Chengde Kuanguang Supermarket Co.,Ltd.	8	1458436
保定北国商城有限责任公司	Baoding beiguo mall co. Ltd.	9	1390722
邢台家乐园天一商贸有限公司	Xingtai garden tianyi trading co. Ltd.	10	1389043
食品、饮料及烟草制品专门零售	**Retails of Food, Beverage and Tobacco Product**		
河北裕农果蔬贸易有限公司	Hebei Yunong Fruit&Vegetable Trade Co.,Ltd	1	227802
泊头德合商贸有限公司	Botou dehe trading co. Ltd.	2	138127
邯郸市邯山朋超商贸有限公司	Hanshan Pengchao Trade Limited Company, Handan	3	116070
定州市中天商贸有限责任公司	Dingzhou Zhongtian Trading Co., Ltd.	4	87788
怀来县超市发连锁超市有限责任公司	Huailai County Chaoshifa Chain Supermarket Co., Ltd.	5	76701
邯郸市美食林商贸有限公司	Handan Meishilin Trading Co., Ltd.	6	64023
沧州东塑集团御河酒业营销有限公司	Cangzhou dongsu group yuhe wine marketing co. Ltd.	7	58020
枣强县营信购物有限公司	Zaoqiang county yingxin shopping co. Ltd.	8	52593
唐山市丰润区川鼎商贸有限公司	Tangshan fengrun district chuanding commerce and trade co. Ltd.	9	50501
安平县绿态农贸市场服务有限公司	Anping county green farmers market services co. Ltd.	10	49677
纺织、服装及日用品专门零售	**Retails of Textiles, Clothing and Commodities**		
邯郸阳光新世纪股份有限公司	Handan Sunshine New Centry Co., Ltd.	1	1150635
廊坊市新朝阳购物中心有限公司	Langfang Xinchaoyang Shopping Center Co., Ltd.	2	358793
河北东之杰运动产业发展有限公司	Hebei Dongzhijie Athletic Products Co., Ltd.	3	325260
河北双隆百信商贸有限公司	Hebei shuanglong baixin trading co. Ltd.	4	309496
武安市雅豪商厦	Wuan Yahao Commercial Building	5	252582
邯郸阳光百货有限责任公司世贸广场分公司	The world trade plaza branch of handan sunshine department store co. Ltd.	6	236453
石家庄市赛盛邦合体育用品贸易有限公司	Shijiazhuang saisheng hehe sporting goods trading co. Ltd.	7	218489
邯郸万达工贸有限公司	Handan Wanda Industry&Trade Co., Ltd	8	157392
张家口市桥西区三A企业集团	Zhangjiakou city bridge west area three A enterprise group	9	146276
晋州市乐珊商贸有限公司	Jinzhou leshan trading co. Ltd.	10	134611
文化、体育用品及器材专门零售	**Retails of Culture and Sporting Products and Appliance**		
保定市新华书店有限责任公司	Baoding Xinhua Bookstore Co., Ltd.	1	587985
沧州市新华书店有限责任公司	Cangzhou Xinhua Bookstore Co., Ltd.	2	469204
邯郸市新华书店有限责任公司	Handan Xinhua Bookstore Co., Ltd.	3	456899
石家庄市新华书店有限责任公司	Shijiazhuang Xinhua Bookstore Co., Ltd.	4	453720
邢台市新华书店有限责任公司	Xingtai Xinhua Bookstore Co., Ltd.	5	351177
唐山市新华书店有限责任公司	Tangshan Xinhua Bookstore Co., Ltd.	6	324442
廊坊市新华书店有限责任公司	Langfang Xinhua Bookstore Co., Ltd.	7	292777
衡水市新华书店有限责任公司	Hengshui Xinhua Bookstore Co., Ltd.	8	289060
张家口市新华书店有限责任公司	Zhangjiakou Xinhua Bookstore Co., Ltd.	9	241017
邯郸市千鑫商贸有限公司	Handan qianxin trading co. Ltd.	10	222352
医药及医疗器械专门零售	**Retails of Medicines and Medical Appliances**		
石家庄新兴药房连锁股份有限公司	Shijiazhuang Xinxing Pharmacy Chain Co.,Ltd	1	755373
邯郸市志英医药有限公司	Handan zhiying medical co. Ltd.	2	737112
国药河北乐仁堂医药连锁有限公司	Medicine hebei le ren tang medicine chain co. Ltd.	3	649422
河北华佗药房医药连锁有限公司	Hebei Huatuo Medicine Chain Co.,Ltd	4	580012
河北唐人医药股份有限公司	Hebei Tangren Pharmaceutical Co., Ltd	5	487380
廊坊市百和一笑堂医药零售连锁有限公司	Langfang Baiheyixiaotang Medicine Chain Co.,Ltd	6	440437
秦皇岛唐人医药连锁有限责任公司	Qinhuangdao Tangren Medicine chain Co., Ltd.	7	417161
河北德仁堂大药房连锁有限公司	Hebei Derentang Pharmacy Chain Co., Ltd.	8	382926
上药科园信海医药河北有限公司	Shanghai pharmaceutical science park xinhai pharmaceutical hebei co. Ltd.	9	356905
河北神威大药房连锁有限公司	Hebei Shenwei Medicine Chain Store Co., Ltd.	10	347933

商品销售总额前10名的零售企业(续)
(2017年，按国民经济行业中类分别排序)
The Top 10 Retail Enterprises of Total Sale Value (2017)

单位：千元 (1000 yuan)

企业名称	Name of Enterprises	位次 Position	商品销售总额 Total Sales Value
汽车、摩托车、燃料及零配件专门零售	**Retails of Automobiles, Motorcycles, Fuel and Motor**		
中石化河北石家庄石油分公司	Sionpec Sales Co.,Ltd Hebei Shijiazhuang Petroleum Branch	1	7466878
中石化河北保定石油分公司	Sionpec Sales Co.,Ltd Hebei Baoding Petroleum Branch	2	3628443
中石化河北沧州石油分公司	Sionpec Sales Co.,Ltd Hebei Cangzhou Petroleum Branch	3	3586092
中石油河北保定销售分公司	CNPC Co.,Ltd Hebei Baoding Sales Branch	4	3533136
中石化河北张家口石油分公司	Sionpec Sales Co.,Ltd Hebei Zhangjiakou Petroleum Branch	5	2817733
中石化河北秦皇岛石油分公司	Sionpec Sales Co.,Ltd Hebei Qinhuangdao Petroleum Branch	6	2717451
中石油河北石家庄销售分公司	CNPC Co.,Ltd Hebei Shijiazhuang Sales Branch	7	2489789
中石油河北张家口销售分公司	CNPC Co.,Ltd Hebei Zhangjiakou Sales Branch	8	1838052
唐山市冀东乐业汽车销售服务有限公司	Tangshan Jidong leye Auto Sales&Service Co.,Ltd	9	1707449
中石油河北秦皇岛销售分公司	CNPC Co.,Ltd Hebei Qinhuangdao Sales Branch	10	1540859
家用电器及电子产品专门零售	**Retails of Household Electrical Appliances**		
石家庄苏宁云商商贸有限公司	Shijiazhuang Suning-Yunshang Trading Co., Ltd.	1	1051361
廊坊苏宁云商销售有限公司	Langfang Suning-Yunshang Sales Co., Ltd.	2	624076
河北国美电器有限公司	Hebei Gome Electrical Appliance Co., Ltd.	3	573932
河北亚太通信科技集团有限公司	Hebei Yatai Communication Technology Group Co., Ltd	4	552379
河北乐语通讯器材销售有限公司	Hebei Leyu Communications Equipment Sales Co.,Ltd	5	540711
邯郸市阳光三联电器有限公司	Handan Yangguang Sanlian Electrical Appliance Co., Ltd.	6	524209
秦皇岛天洋电器有限公司	Qinhuangdao Tianyang Electrical Appliance Co., Ltd.	7	509410
唐山唐宁苏宁云商销售有限公司	Tangshan Downing Su Ning Yun Shang Sales Co., Ltd.	8	472973
河北永通电子科技有限公司	Hebei Yongtong Electronic Technology Co., Ltd.	9	424758
邢台市华业通信设备有限公司	Xingtai Huaye communication equipment Co., Ltd	10	396442
五金、家具及室内装饰材料专门零售	**Retails of Hardwares, Furniture and Decoration Materials**		
曲周县金梧桐商贸有限公司	Quzhou Jinwutong Trading Co., Ltd.	1	427543
唐山市常记家居展示中心有限公司	Tangshan City Changji Home Furnishing Exhibition Center Co., Ltd.	2	189150
邯郸大美家居经营管理有限公司	Handan Da Mei home management Co., Ltd.	3	163603
唐山百货大楼集团时代家居建材博览中心有限公司	Tangshan Department Building Group Time Home Building Materials Expo Center Co., Ltd.	4	131959
石家庄圣象木业有限公司	Shijiazhuang Shengxiang Wood Industry Co.,Ltd.	5	123447
沙河市供销社兴农有限公司	Shahe Supply and Marketing Cooperatives Xingnong Co., Ltd.	6	114835
衡水市东明村陶瓷建材企业管理有限责任公司	Hengshui Dongming village ceramic building material enterprise management Co., Ltd.	7	114312
河北求实欧林家具销售有限公司	Hebei Qiushi Olin Furniture Sales Co., Ltd.	8	66777
任丘市京开物资供销有限公司	Renqiu Jingkai material supply and Marketing Co., Ltd.	9	66612
香河日升昌红木家具有限公司	Xianghe RI Sheng Chang mahogany furniture Co., Ltd.	10	63738
货摊、无店铺及其他零售业	**Stall, Non-shop-front Retails and Others**		
廊坊京东友盛贸易有限公司	Langfang Jingdong You Sheng Trading Co., Ltd.	1	4251184
廊坊市浩鑫燃气销售有限公司	Langfang Xinhao Gas Sales Co.,Ltd.	2	410815
廊坊中信燃气有限公司	Langfang Zhongxin Gas Co., Ltd.	3	336984
廊坊京东吉特贸易有限公司	Langfang Jingdong Ji Te Trading Co., Ltd.	4	325631
移联网信电子商务有限公司	Mobile Internet letter Agel Ecommerce Ltd.	5	291364
河北三佳润尚商贸有限责任公司	Hebei San Jia Run Shang Trading Co., Ltd.	6	204039
河北鹏鼎塑胶制品制造有限公司	Hebei Peng Ding Plastic Products Manufacture Co., Ltd.	7	129040
石家庄市液化气总公司	Shijiazhuang Controlling Corporation for Liquefied Petroleum Gas	8	121413
石家庄新奥中泓燃气有限公司	Shijiazhuang Xinaozhonghong Gas Co.,Ltd.	9	106566
河北潜能燃气股份有限公司	Hebei potential gas Limited by Share Ltd.	10	101789

亿元以上商品市场成交额排序（2017年）
Transaction Value of Commodity Markets Over 100 Million Yuan (2017)

单位：万元 (10000 yuan)

市场名称	Name of Market	位　次 Position	成交额 Transaction Value
白沟新城市场	Baigou New City Market	1	11768056
石家庄市新华集贸市场	Xinhua Market, Shijiazhuang	2	4969560
沧州崔尔庄红枣批发市场	Cangzhou Cuierzhuang Red Dates Wholesale Market	3	3820000
南三条市场	Nansantiao Market	4	3760000
河北省香河家具城	XiangHe Furniture Market	5	2800000
新发地农副产品批发市场	Xinfadi Agricultural Product Market Co., Ltd.	6	2371200
安国市东方药城交易大厅	Dongfang Herb-medicine Market, Anguo	7	2340000
肃宁县皮毛交易市场	Suning Fur & Feather Market	8	1397500
永年县标准件市场	Yongnian Standardized Component Market	9	1155000
高阳县庞口汽车农机配件城管理委员会	Pangkou Market of Motor and Agricultural Machinery Component	10	1078000
石家庄桥西蔬菜中心批发市场有限公司	Qiaoxi Vegetable Wholesale Market Co., Ltd., Shijiazhuang	11	916500
昌黎县佳朋皮毛交易市场	Jiapeng Fur & Leather Market, Changli	12	850060
路南区荷花坑市场	Lunan District Lotus Pit Market	13	761600
邯郸市馆陶县金凤禽蛋农贸批发市场	Jinfeng Wholesale Market of Poultry and Agricultural Products, Guantao	14	716947
正定县恒山板材批发市场	Hengshan Wholesale Market of Sheet Material, Zhengding	15	592625
中国轴承大世界	China Shaft Bearing Market	16	559334
安平县丝网大世界管理委员会	Administrative Committee of Wire Mesh World, Anping	17	553230
清河县羊绒制品市场	Qinghe Pashm Trading Center	18	513510
河北高邑蔬菜批发市场	Gaoyi Vegetable Wholesale Market	19	500000
河北省邯郸市冀南针纺城	Handan Jinan Textile City, Hebei Province	20	498104
晋州市新世纪商城	New-Century Market, Jinzhou	21	461000
邯郸市魏县天仙果菜批发市场	Tianxian Wholesale Market of Fruit and Vegetable, Wei Xian, Handan	22	442100
饶阳县瓜菜果品交易市场	Raoyang Fruit and Vegetable Market	23	435843
正定国际小商品市场	Zhengding International Small Commodity Market	24	433975
孟村县辛大管件市场	Xinda Pipe Fitting Market, Mengcun	25	384890
东联汽车配件市场	Donglian Market of Auto Components	26	382973
秦皇岛海阳农副产品批发市场	Haiyang Wholesale Market of Agricultural Products, Qinhuangdao	27	380000
鸦鸿桥镇河西日杂市场	Hexi Grocery Market, Yahongqiao Town	28	378100
中国自行车零件城	China Bicycle Component Market	29	377420
鸦鸿桥河西村鞋市	Hexi Shoes Market, Yahongqiao Town	30	320710
景县橡塑制品专业市场	Rubber and Plastic Product Market, Jingxian	31	317050
邯郸市永年县中原农副产品批发市场	Zhongyuan Wholesale Market of Agricultural Products, Yongnian	32	301965
唐山金玉农产品综合交易中心	Jinyu Trading Center of Agriculture Products, Tangshan	33	301881
邯郸市科技城农副水产批发市场	Wholesale Market of Agricultural and Aquatic Products, Science and	34	301624
邯郸市涉县商贸城	Handan Shexian Trade City	35	301610
昌黎县新集农副产品批发	Xinji Market of Agricultural Products, Changli	36	301500
唐山和平钢铁物流有限公司	Tangshan Heping Steel Logistics Co., Ltd.	37	290000
明珠商贸城	Mingzhu Commercial&Trade City	38	258352
河间市堤口农产品批发市场	Dikou Wholesale Market of Agricultural Products, Hejian	39	252000
乐亭县冀东果菜批发市场管理委员会	Jidong Wholesale Market of Fruits and Vegetables Management	40	240748
鸦鸿桥镇小商品城	Yahongqiao Small Commodity City	41	239180
路南区小山服装批发市场	Xiaoshan Clothing Wholesale Market, Lunan District	42	232000
魏县天龙建筑建材批发市场	Tianlong Wholesale Market of Construction Materials, Weixian	43	215563
邢台市荣昌果品商贸总汇	Rongchang Fruit Market, Xingtai	44	213546
定州市鲜活农产品批发市场	Dingzhou Fresh Agricultural Products Wholesale Market	45	211480
张北县张库牲畜交易有限公司	Zhangbei Zhangku Livestock Trading Co., Ltd.	46	210890
河间市米各庄汽配城	MigeZhuang Auto Component Market, Hejian	47	208898
清河县绒毛交易市场	Qinghe Fur Market	48	208541
辛集皮革城有限公司	Xinji Leather City Co., Ltd.	49	203000
保定市工农路蔬菜果品批发市场	Gongnong-road Wholesale Market, Baoding	50	200150
青县盘古市场	Qingxian Pangu market	51	194183
张家口市宣化盛发蔬菜副食市场	Dalu Market of Agricultural Machinery Components, Ningjin	52	192621
宁晋县大陆村镇农机配件市场	Dalu Market of Agricultural Machinery Components, Ningjin	53	189631
河北衡水橡胶城	Hengshui Rubber Market, Hebei	54	189000
长安装饰材料和平路市场	Heping-Road Branch of Changan Decorative Material Market, Shijiazhuang	55	183247
石家庄时代汽车广场	Shidai Auto Plaza，Shijiazhuang	56	183200
邯郸市陶山市场	Taoshan Market, Handan	57	172223

亿元以上商品市场成交额排序（2017年）(续一)
Transaction Value of Commodity Markets Over 100 Million Yuan (2017)

单位：万元 (10000 yuan)

市场名称	Name of Market	位次 Position	成交额 Transaction Value
秦皇岛农副产品批发市场	Qinhuangdao Wholesale Market of Agricultural Products	58	160147
邯郸市启信商城	Qixin Market, Handan	59	160120
涿州市新发地农产品市场有限公司	Xinfadi Agricultural Product Market Co., Ltd., Zhuozhou	60	156037
威县冀南瓜菜蔬菜批发市场	Weixian Jinan Wholesale Market of Fruits and Vegetables	61	155000
正定三才家具市场	Sancai Furniture Market, Zhengding	62	136811
辛集市商业城制衣工业区市场	Market of Clothing Manufacturing Zone, Shangyecheng, Xinji	63	136466
霸州市益津市场	Yijin Market, Bazhou	64	134595
沧州市四合菜市场	Cangzhou Sihe Vegetable market	65	133076
怀来县京西果菜批发市场有限责任公司	Jingxi Wholesale Market of Fruits and Vegetables, Huailai	66	130000
承德市裕华路市场	Yuhua-Road Market, Chengde	67	121260
平泉县榆村林子蔬菜果品批发市场有限公司	Pingquan Yucu Linzi Vegetable&Fruit Wholesale Market Co., Ltd	68	120006
肃宁华斯国际裘皮城	Suning Huasi international fur city	69	120000
河北汽贸中心	Hebei Auto Trading Center	70	116328
秦皇岛旧机动车交易市场	Qinhuangdao Second-hand Auto Market	71	109711
唐山市吉祥实业(集团)公司钢材市场	Tangshan Jixiang Industrial (Group) Steel Market	72	109024
围场满蒙自治县棋盘山大牲畜交易市场	Weichang Manchu Mongolian Chess Mountain Large Livestock Market	73	105000
衡水市东明村农产品企业管理有限责任公司	Hengshui Dongmingcun Agricultural Products Business Management LLC	74	102400
霸州宾鹏钢木家具城	Binpeng Market Of Steel-and-Wood Structured Furniture, Bazhou	75	101010
武安市建材市场	Wu'an Market of Building Materials	76	94625
武安市杜庄农副产品批发市场	Duzhuang Market of Agricultural Products, Wuan	77	93952
武安市团城农贸市场	Wuan TuanCheng Farmers' Market	78	92471
唐山市吉祥旧机动车交易市场	Jixiang Second-hand Auto Market,Tangshan	79	90313
平乡县滏兴蔬菜交易有限公司	Fuxing Vegetable Trading Center Co., Ltd., Pingxiang	80	89826
鼎坚五金机电市场	Dingjian Market of Hardwares and Mechanical & Electrical Products	81	88088
沧县兴济蔬菜批发市场	Xinji Vegetable Whole Sale Market, Cangxian	82	75500
河北东明国际家具博览有限公司	Hebei Dongming International Furniture Exhibition Center Co., Ltd.	83	75000
长安装饰材料北宋路市场	Beisong-Road Branch of Changan Decorative Material Market	84	71802
遵化市燕山果菜批发市场有限公司	Yanshan Fruit and Vegetable Wholesale Market Co., Ltd., Zunhua	85	70250
张家口市蔬菜水产市场	Zhangjiakou Market of Vegetables and Aquatic Products	86	69900
宁晋县绿源果品批发市场有限公司	Ningjin Luyuan Fruit Wholesale Market Co., Ltd.	87	67535
唐山市丰南区通达商场有限公司	Tongda Shangmaocheng Trading Center Co., Ltd., Fengnan, Tangshan	88	64093
红星美凯龙世博家居广场	Red Star Macalline International Plaza of Furniture and Building Materials	89	61839
河北鑫顺石材石雕艺术交易市场有限公司	Hebei Xin Shun Stone Carving Art Market Co., Ltd	90	60829
邢台市蔬菜公司顺兴综合商场	Shunxing Store of Xingtai Vegetable Co., Ltd.	91	59784
廊坊市钢材交易市场有限公司	Langfang Steel Trading Market Co., Ltd.	92	59000
鸡泽县辣椒工贸城	Jize Processing and Trading Center of Capsicum	93	58749
文安县芦阜庄钢材市场	Lufuzhuang Market of Steel Products, Wenan	94	58170
武安市工矿机电设备市场	Wu'an Market of Industrial and Mineral Machinery	95	57211
海兴县辛集镇鱼子鱼粉市场	Xinji Market of Roe and Fish Powder, Haixing	96	55520
肃宁县京南皮毛交易市场	Suning County Jingnan Fur Trading Market	97	54830
沧州市恒顺旧车市场	Cangzhou Hengshun Old Car Market	98	54187
曹妃甸区农副产品市场	Caofeidian District Market of Agricultural Products	99	53349
承德市晨阳汽配城	Chengde Chenyang Auto Component Market	100	52840
迁安市兴安市场(迁安市市场建设服务中心)	Qian'an Xing'an Market (Qian'an Market Construction Service Center)	101	52729
文安县小王东机床市场	Wen'an Xiaowangdong Machine Tool Market	102	52380
任丘市张刘庄铝型材市场	Zhangliuzhuang Aluminum Product Market，Renqiu	103	52000
曲周县城北蔬菜市场	Chengbei Vegetable Market, Quzhou	104	50629
大城县东阜市场	Dongfu Market, Dacheng	105	48250
沧州市富园菜市场	Fuyuan Vegetable Market, Cangzhou	106	48000
黄骅市海鲜城中期贸易市场	Huanghua Seafood City Mid-term Trade Market	107	46260
邯郸市磁州商都	Cizhou Trading Capital, Handan	108	46107
承德市蔬菜果品批发市场	Chengde Wholesale Market of Fruits and Vegetables	109	45013
邢台市第一农业生产资料总公司	Wholesale Market of Xingtai First General Company of Agricultural Capital	110	43976
海龙电子城	Hailong Trading Center of Electronic Products	111	43874
秦皇岛市供销合作社贸易服务公司果菜批发市场分公司	Qinhuangdao Supply&Marketing Cooperatives Trade Services Company Fruit&Vegetable Wholesale Market Branch	112	42900

亿元以上商品市场成交额排序（2017年)(续二)
Transaction Value of Commodity Markets Over 100 Million Yuan (2017)

单位：万元 (10000 yuan)

市场名称	Name of Market	位 次 Position	成交额 Transaction Value
石家庄市白佛钢材交易中心	Baifo Steel Product Trading Center	113	42776
泊头市红旗综合批发市场	Hongqi-road Comprehensive Wholesale Market, Botou	114	42741
阜城县衡德瓜菜批市场	Hengde Wholesale Market of Fruits and Vegetables, Fucheng	115	42500
承德市昌升商贸城	Chengde Changsheng Trade Center	116	41580
冀州区辣椒专业市场	Jizhou Capsicum Market	117	41200
康保县惠农蔬菜批发市场	Huinong Wholesale Market of Fruits and Vegetables, Kangbao	118	41101
石家庄红星美凯龙	Red Star Macalline,Shijiazhuang	119	40538
定州市地道桥市场	Didaoqiao Market, Dingzhou	120	40047
新乐市集贸市场	Xinle Fair Market	121	39365
任丘市西环建材市场	Renqiu Xihuan Market of Building Materials	122	37900
冀州区荣兴市场	Jizhou district rongxing market	123	37526
银白佛蔬菜批发市场	Yinbaifo Wholesale Market of Vegetables	124	37119
盐山县兴隆果菜批发市场	Xinglong Wholesale Market of Fruits and Vegetables，Yanshan	125	35672
石家庄华北五金机电城	North-China Market of Hardwares and Mechanical & Electrical Products	126	35200
承德万泉花卉市场服务有限公司	Chengde Wanquan Flower Market Services Limited	127	35174
邯郸市冀粤建材市场	Jiyue Construction Material Market, Handan	128	35000
容城县容丰瓜果蔬菜批发市场	Rongfeng Wholesale Market of Fruits and Vegetables, Rongcheng	129	34870
由由水鲜城	Youyou Trading Center of Aquatic Products	130	34778
承德市红星美凯龙	Red Star Macalline,Chengde	131	34510
和平路建材广场	Heping Road Plaza of Building Materials	132	33931
任丘市华油东风市场	Huayou Dongfeng Market, Renqiu	133	33580
乐亭县冀东皮毛交易市场	Jidong Fur and Leather Market, Laoting	134	32783
肃宁县张大蔬菜批发市场	Zhangda Wholesale Market, Suning	135	32510
石家庄居然之家家居有限公司	Juranzhijia Home Furnishing Co., Ltd.， Shijiazhuang	136	31841
承德市香江家居	Xiangjiang Home Furnishing,Chengde	137	31430
泊头市刘庄蔬菜批发市场	Liuzhuang Vegetable Wholesale Market, Botou	138	31253
正定县西关蔬菜市场	Xiguan Vegetable Wholesale Market, Zhengding	139	31232
容城县城子瓜果蔬菜批发市场	Chengzi Wholesale Market of Fruits and Vegetables, Rongcheng	140	30180
遵化市鑫海钢材市场	Xinhai Market of Steel Products, Zunhua	141	30080
红星美凯龙(廊坊市凯宏家居广场有限公司)	Red Star Macalline(Langfang Kaihong Home Square Co., Ltd.)	142	29823
沧州聚鑫钢材交易市场	Juxin Steel Product Market, Cangzhou	143	28800
武安市泉上农贸市场	Wu'an City Quanshang Farmers Market	144	27877
河北瑞邦房地产开发公司燕山商城分公司	Hebei Ruibang Real Estate Development Company Yanshan Mall Branch	145	27339
任丘市西环蔬菜水果市场	Xihuan Market of Fruits and Vegetables, Renqiu	146	27249
新乐市花生米市场	Xinle Peanut Market	147	27191
青县曹寺消费品综合市场	Qingxian Caosi Consumer Goods Integrated Market	148	26800
霸州胜芳镇星光商城	Xingguang Trading Center, Shengfang Town, Bazhou	149	26020
秦皇岛市华运建筑装饰材料城	Huayun Market for Building and Decorative Materials, Qinhuangdao	150	26000
藁城区益农达蔬菜有限公司	Yinongda Vegetable Market, Gaocheng	151	25950
定兴县一市场	The First Market, Dingxing	152	25933
大城县平舒市场	Pingshu Market，Dacheng	153	25623
河北石材市场	Hebei Rough Stone Market	154	25387
沧州国富市场	Cangzhou Guofu Market	155	25133
张北县坝上蔬菜产业有限公司	Bashang Vegetable Industrial Co., Ltd., Zhangbei	156	25130
闪电河蔬菜交易市场	Shandianhe Vegetable Market, Guyuan	157	25000
正定县恒州肉食批发市场	Hengzhou Meat Wholesale Market, Zhengding	158	24222
任丘市裕华市场	Yuhua Market, Renqiu	159	24050
廊坊北方农贸批发市场	Beifang Wholesale Market of Agricultural Products, Langfang	160	23511
康保县杂粮市场	Kangbao Coarse Cereals Market	161	22450
承德市商城	Chengde Trading Center	162	22414
北戴河石塘路市场(秦皇岛市北戴河市场建设服务中心)	Beidaihe Shitang Road Market (Qinhuangdao Beidaihe Market Construction Service Center)	163	21706
任丘市废旧钢铁市场	Renqiu Market of Scrapped and Second-hand Steel Products	164	21340

亿元以上商品市场成交额排序（2017年)(续三)
Transaction Value of Commodity Markets Over 100 Million Yuan (2017)

单位：万元 (10000 yuan)

市场名称	Name of Market	位 次 Position	成交额 Transaction Value
邯郸市磁县新市场	New Market, Cixian, Handan	165	21253
大红门石材市场	Dahongmen Rough Stone Market	166	21034
长安装饰材料跃进路市场	Yuejin-road Branch of Changan Decorative Material Market	167	20387
中国大营国际皮草交易中心	Daying International Fur & Feather Trading Center	168	20000
饶阳县果品蔬菜市场	Raoyang Fruit and Vegetable Market	169	19157
邢台市中北商城有限公司	Zhongbei Shangcheng Co., Ltd., Xingtai	170	19073
藁城区稚翔禽蛋市场	Zhixiang Poultry Product Market, Gaocheng	171	18967
银白佛建华不锈钢市场	Yinbaifo Jianhua Stainless Steel Market	172	18874
平泉县六河源牲畜交易市场	Liuheyuan Live-stock Market, Pingquan	173	18680
新乐市承安集贸市场	Chengan Market of Agricultural Products, Xinle	174	18216
石家庄怀特装饰材料市场	Huaite Market of Decorative Materials, Shijiazhuang	175	18000
固安县京南刘园农副产品批发市场	Jingnan Liuyuan Market of Fruits and Vegetables, Gu'an	176	17350
行唐县龙洲商城	Longzhou Trading Center, Xingtang	177	17337
固安县方城农副产品批发市场	Fangcheng Wholesale Market of Agricultural Products, Gu'an	178	16880
曲周县东焦营无公害蔬菜批发市场	Dongjiaoying Pollution-free Vegetable Wholesale Market, Quzhou	179	16168
沽源县高润出口蔬菜交易市场	Guyuan Highrun Export Vegetable Market	180	15682
定兴县北河市场	Beihe Market, Dingxing	181	14749
沧州市新华区道东菜市场	Daodong Vegetable Market, Xinhua District, Cangzhou	182	14033
唐山金钟农副产品物流中心	Jinzhong Logistics Center of Agriculture Products, Tangshan	183	13599
兴隆县市场服务中心	Xinglong Market Service Center	184	13508
邯郸市乾政农贸市场	Qianzheng Market of Agricultural Products, Handan	185	13392
乐亭县富强街农贸市场	Fuqiang-street Market of Agricultural Products, Leting	186	13350
马坊市场	Mafang Market	187	13029
平山县宅北乡会口山货市场	Huikou Mountain Product Market, Zhaibei, Pingshan	188	12980
廊坊市兴安市场	Xingan Market, Langfang	189	12800
迁西县紫玉街市场	Ziyu-Street Market, Qianxi	190	12550
衡水市商贸中心物业管理处	Administrative Agency of Hengshui Trading Center	191	12530
冀北粮油批发交易市场	Jibei Grain Wholesale Market, Zhangjiakou	192	12447
佳农市场	Jianong Market	193	12389
尚村中国裘皮城	Shangcun China Fur Market	194	12000
玉田县二郎庙市场	Erlangmiao Market, Yutian	195	11949
抚宁县关内第一集	Guannei Diyiji Market, Funing	196	11900
宁晋县华鑫建材市场有限公司	Huaxin Construction Material Market Co., Ltd., Ningjin	197	11699
赵县梨乡商城	Lixiang Trading Center, Zhaoxian	198	11540
遵化市贸易城综合市场	Zunhua Maoyicheng Comprehensive Market	199	11360
定兴县昌明高科技农业发展有限公司	Dingxing Changming High-tech Agricultural Development Limited	200	11306
廊坊市安次区隆福市场	Longfu Market, Anci District	201	11299
天桥市场	Tianqiao Market	202	11048
新乐市三轮车市场	Xinle Motorized Tricycle Market	203	10929
栾城区鱼塘市场	Luancheng Fishpond Market	204	10330
河间市故仙乡大葱市场	Welsh onion Market，Guxian，Hejian	205	10313
张家口市纬一路万博大市场	Wanbo Market, Weiyi-road, Zhangjiakou	206	10284
任县农产品市场	Agricultural Product Market, Renxian	207	10260
栾城区蔬菜批发市场	Luancheng Wholesale Market of Fruits and Vegetables	208	10230
永清县大辛阁瓜果蔬菜批发市场	Daxinge Market of Fruits and Vegetables, Yongqing	209	10201
邯郸市磁县粮油食品市场	Cixian Grain Market, Handan	210	10113
家合广场(新北昌市场服务有限公司)	Jiahe Square (Xinbeichang Market Service Co., Ltd.)	211	10055
沧州市维明路菜市场	Weiming-Road Vegetable Market, Cangzhou	212	10012
平山县苏家庄核桃交易市	Sujiazhuang Walnut Market, Pingshan	213	10011
河间市卧佛堂汽车配件专业市场	Wofotang Auto Component Market, Hejian	214	10010
正定常山市场	Changshan Market, Zhengding	215	4264
正定县梅山商城	Meishan Shangcheng Market, Zhengding	216	3845
赵县集贸市场	Zhaoxian Market of Agricultural Products	217	2450

限额以上住宿业企业主要指标（2017年）

项　　目	Item	法人企业（个）Number of Corporation Enterprises (unit)	从业人员期末人数（人）Engaged Persons at Period-end (person)	客房间数（间）Number of Hotel Rooms (room)
住宿业	**Total**	**459**	**50152**	**69812**
按登记注册类型分	**by Status of Registration**			
内资企业	Domestic Funded Enterprises	453	48477	68457
国有企业	State-owned Enterprises	100	11419	14396
集体企业	Collective-owned Enterprises	9	666	793
有限责任公司	Limited Liability Corporations	102	13452	17470
国有独资公司	State Sole Funded Corporations	5	963	1060
其他有限责任公司	Other Limited Liability Corporations	97	12489	16410
股份有限公司	Share-holding Corporations Ltd.	9	942	1242
私营企业	Private Enterprises	233	21998	34556
私营独资企业	Private-funded Enterprises	20	1752	1515
私营合伙企业	Private Partnership Enterprises	1	115	92
私营有限责任公司	Private Limited Liability Corporations	210	20026	32764
私营股份有限公司	Private Share-holding Corporations Ltd.	2	105	185
港、澳、台商投资企业	Enterprises with Funds from Hong Kong, Macao and Taiwan	5	1131	1064
与港澳台商合资经营企业	Joint-venture Enterprises	3	673	520
港澳台商独资企业	Enterprises with Sole Fund	2	458	544
外商投资企业	Enterprises with Foreign Investment	1	544	291
中外合资经营企业	Joint-venture Enterprises	1	544	291
按住宿业行业小类分	**by Sector**			
旅游饭店	Tourist Hotels	278	33803	43245
一般旅馆	Fonda	166	13381	24332
其他住宿业	Others	15	2968	2235

Main Indicators of Enterprises above Designated Size of Hotels (2017)

床位数 (个) Number of Beds (unit)	餐位数 (位) Number of Dining-seats (unit)	年末餐饮营业面积 (万平方米) Operational Area of Catering Services at Year-end (10000 sq.m)	营业额 (万元) Business Revenue (10000 yuan)				
				客房收入 From Hotel Rooms	餐费收入 From Meals	商品销售收入 From Commodities	其他收入 Others
120799	**220287**	**151.8**	**705203.6**	**304559.2**	**319574.5**	**11762.2**	**69307.7**
118782	217480	149.9	671548.2	290316.7	307492.0	8761.4	64978.1
26903	56689	30.5	145276.7	58027.4	72137.9	2022.6	13088.8
1458	5436	2.9	12663.7	3687.2	8308.1	184.5	483.9
28830	55428	38.0	201427.4	86826.8	87925.1	1389.2	25286.3
1607	3126	1.6	18961.4	6983.4	9072.8		2905.2
27223	52302	36.4	182466.0	79843.4	78852.3	1389.2	22381.1
2196	3685	3.7	14945.5	6036.0	5726.5	247.0	2936.0
59395	96242	74.8	297234.9	135739.3	133394.4	4918.1	23183.1
2775	8679	5.0	12946.6	5059.6	7704.6	80.4	102.0
188	1025	0.9	477.4	252.1	225.3		
56124	85828	68.3	282601.4	130070.6	124612.0	4837.7	23081.1
308	710	0.5	1209.5	357.0	852.5		
1596	2387	1.6	24648.1	10313.7	7755.9	3000.8	3577.7
863	1352	0.5	11452.4	3118.5	2406.6	2945.4	2981.9
733	1035	1.1	13195.7	7195.2	5349.3	55.4	595.8
421	420	0.3	9007.3	3928.8	4326.6		751.9
421	420	0.3	9007.3	3928.8	4326.6		751.9
74344	150545	99.8	491300.6	215775.0	218673.8	5934.6	50917.2
42787	62963	48.1	171992.3	72823.9	86006.8	2442.7	10718.9
3668	6779	3.9	41910.7	15960.3	14893.9	3384.9	7671.6

限额以上餐饮业企业主要指标（2017年）

项　目	Item	法人企业（个）Number of Corporation Enterprises (unit)	从业人员期末人数（人）Engaged Persons at Period-end (person)	客房间数（间）Number of Hotel Rooms (room)
餐饮业	**Total**	**433**	**32554**	**34927**
按登记注册类型分	**by Status of Registration**			
内资企业	Domestic Funded Enterprises	430	32309	34831
国有企业	State-owned Enterprises	19	1507	1222
集体企业	Collective-owned Enterprises	3	132	145
股份合作企业	Cooperative Enterprises	3	264	
有限责任公司	Limited Liability Corporations	82	7237	4604
国有独资公司	State Sole Funded Corporations	2	231	104
其他有限责任公司	Other Limited Liability Corporations	80	7006	4500
股份有限公司	Share-holding Corporations Ltd.	7	675	436
私营企业	Private Enterprises	316	22494	28424
私营独资企业	Private-funded Enterprises	43	2675	896
私营合伙企业	Private Partnership Enterprises	6	349	124
私营有限责任公司	Private Limited Liability Corporations	260	16647	27147
私营股份有限公司	Private Share-holding Corporations Ltd.	7	2823	257
港、澳、台商投资企业	Enterprises with Funds from Hong Kong, Macao and Taiwan	1	124	96
与港澳台商合资经营企业	Joint-venture Enterprises	1	124	96
外商投资企业	Enterprises with Foreign Investment	2	121	
中外合资经营企业	Joint-venture Enterprises	2	121	
按餐饮业行业小类分	**by Sector**			
正餐服务	Restaurant	423	29774	34927
快餐服务	Fast Food	6	283	
其他餐饮业	Others	4	2497	
餐饮配送服务	Catering and Distribution Services	3	2411	
其他未列明餐饮业	Others	1	86	

Main Indicators of Enterprises above Designated Size of Catering Services (2017)

床位数 (个) Number of Beds (unit)	餐位数 (位) Number of Dining-seats (unit)	年末餐饮营业面积 (万平方米) Operational Area of Catering Services at Year-end (10000 sq.m)	营业额 (万元) Business Revenue (10000 yuan)				
				客房收入 From Hotel Rooms	餐费收入 From Meals	商品销售收入 From Commodities	其他收入 Others
63028	**255064**	**113.7**	**422069.3**	**66405.3**	**331219.0**	**11224.2**	**13220.8**
62872	254306	113.1	419879.5	65905.0	329708.5	11224.2	13041.8
2341	7824	5.2	20590.1	3785.2	15398.4	1156.1	250.4
286	998	0.6	1528.5	218.9	1244.5	65.0	0.1
	2320	0.9	6669.1		6669.1		
8052	43755	28.7	97413.7	16728.7	73060.3	2184.6	5440.1
184	143	0.9	2583.8	519.0	1953.8		111.0
7868	43612	27.8	94829.9	16209.7	71106.5	2184.6	5329.1
1740	4030	1.1	5584.0	963.1	4560.1		60.8
50453	195379	76.6	288094.1	44209.1	228776.1	7818.5	7290.4
1467	21419	8.3	37363.2	4147.4	31248.1	487.1	1480.6
302	2179	1.4	9825.4	389.1	9427.5	8.8	
48284	160852	64.4	219379.6	38440.7	169009.1	6120.0	5809.8
400	10929	2.5	21525.9	1231.9	19091.4	1202.6	
156	218	0.4	1403.7	500.3	724.4		179.0
156	218	0.4	1403.7	500.3	724.4		179.0
	540	0.1	786.1		786.1		
	540	0.1	786.1		786.1		
63028	246196	112.4	403188.6	66405.3	313620.9	9941.6	13220.8
	1169	0.4	3111.4		3059.8	51.6	
	7699	0.9	15769.3		14538.3	1231.0	
	7470	0.9	14987.8		13809.5	1178.3	
	229	0.0	781.5		728.8	52.7	

限额以上住宿业企业主要财务指标（2017年）

单位：万元

项　目	Item	资产总计 Total Assets	负债合计 Total Liabilities
全省总计	**Total**	**3256782.1**	**2784884.2**
按登记注册类型分	**by Status of Registration**		
内资企业	Domestic Funded Enterprises	3071535.7	2605097.9
国有企业	State-owned Enterprises	484208.3	333866.7
集体企业	Collective-owned Enterprises	17978.8	8764.2
有限责任公司	Limited Liability Corporations	1222815.5	850752.0
国有独资公司	State Sole Funded Corporations	79616.4	10983.7
其他有限责任公司	Other Limited Liability Corporations	1143199.1	839768.3
股份有限公司	Share-holding Corporations Ltd.	116941.4	92682.0
私营企业	Private Enterprises	1229591.7	1319033.0
私营独资企业	Private-funded Enterprises	26971.3	19115.0
私营合伙企业	Private Partnership Enterprises	2236.5	412.3
私营有限责任公司	Private Limited Liability Corporations	1198372.3	1297087.0
私营股份有限公司	Private Share-holding Corporations Ltd.	2011.6	2418.7
港、澳、台商投资企业	Enterprises with Funds from Hong Kong, Macao and Taiwan	141738.0	118906.0
与港澳台商合资经营企业	Joint-venture Enterprises	34346.1	31944.2
港澳台商独资企业	Enterprises with Sole Fund	107391.9	86961.8
外商投资企业	Enterprises with Foreign Investment	43508.4	60880.3
中外合资经营企业	Joint-venture Enterprises	43508.4	60880.3
按住宿行业小类分	**by Sector**		
旅游饭店	Tourist Hotels	2404230.3	2176622.8
一般旅馆	Fonda	720947.7	472088.3
其他住宿服务	Others	131604.1	136173.1

Main Financial Indicators of Enterprises above Designated Size of Hotels (2017)

(10000 yuan)

所有者权益合计 Total Owners Equities	主营业务收入 Revenue from Principal Business	主营业务成本 Cost of Principal Business	主营业务税金及附加 Taxes and Other Charges on Principal Business	销售费用 Sales Expenses	管理费用 Management Expenses	营业利润 Business Profits	利润总额 Total Profits
471897.8	**674022.4**	**270244.2**	**12587.3**	**253749.7**	**209692.2**	**-119014.4**	**-107065.5**
466437.7	642127.4	259259.4	11284.2	249366.0	190168.4	-113034.2	-101090.9
150341.6	135918.4	60374.2	2844.8	60860.6	41327.6	-27719.4	-21298.7
9214.6	12027.8	5018.8	212.9	4151.5	2222.4	284.6	288.1
372063.5	194089.3	70052.3	4401.9	74586.2	60235.0	-28613.6	-26209.4
68632.7	17482.7	4564.1	635.7	9274.4	3324.4	-355.4	-336.3
303430.8	176606.6	65488.2	3766.2	65311.8	56910.6	-28258.2	-25873.1
24259.4	14224.6	4752.6	312.1	4461.2	5931.9	-1013.6	-872.6
-89441.4	285867.3	119061.5	3512.5	105306.5	80451.5	-55972.2	-52998.3
7856.3	12226.4	6183.4	483.3	2472.7	1731.2	1101.5	726.9
1824.2	460.2	103.8	1.3		167.7	187.3	89.9
-98714.8	272004.6	112005.3	3025.4	102543.6	78501.1	-57279.7	-53833.4
-407.1	1176.1	769.0	2.5	290.2	51.5	18.7	18.3
22832.0	23254.2	9177.4	936.6	4224.8	12248.7	-5173.7	-5166.2
2401.9	10812.7	3346.8	173.2	3551.8	2472.3	89.1	125.4
20430.1	12441.5	5830.6	763.4	673.0	9776.4	5262.8	-5291.6
-17371.9	8640.8	1807.4	366.5	158.9	7275.1	-806.5	-808.4
-17371.9	8640.8	1807.4	366.5	158.9	7275.1	-806.5	-808.4
227607.5	469394.7	177151.5	9395.6	186482.9	156926.1	-95041.9	-88050.0
248859.3	166617.0	79610.4	2483.6	58908.8	37801.5	-23392.4	-19157.3
-4569.0	38010.7	13482.3	708.1	8358.0	14964.6	-580.1	141.8

限额以上餐饮业企业主要财务指标（2017年）

单位：万元

项　　目	Item	资产总计 Total Assets	负债合计 Total Liabilities
全省总计	**Total**	**796503.7**	**655399.1**
按登记注册类型分	**by Status of Registration**		
内资企业	Domestic Funded Enterprises	791507.7	651373.4
国有企业	State-owned Enterprises	42383.8	37673.6
集体企业	Collective-owned Enterprises	2202.4	458.7
股份合作企业	Cooperative Enterprises	9752.1	8705.4
有限责任公司	Limited Liability Corporations	207583.3	163104.9
国有独资公司	State Sole Funded Corporations	4828.8	828.5
其他有限责任公司	Other Limited Liability Corporations	202754.5	162276.4
股份有限公司	Share-holding Corporations Ltd.	13702.7	16637.0
私营企业	Private Enterprises	515883.4	424793.8
私营独资企业	Private-funded Enterprises	57537.3	44991.1
私营合伙企业	Private Partnership Enterprises	4949.9	2289.1
私营有限责任公司	Private Limited Liability Corporations	426222.3	351555.6
私营股份有限公司	Private Share-holding Corporations Ltd.	27173.9	25958.0
港、澳、台商投资企业	Enterprises with Funds from Hong Kong, Macao and Taiwan	4531.9	3943.2
与港澳台商合资经营企业	Joint-venture Enterprises	4531.9	3943.2
外商投资企业	Enterprises with Foreign Investment	464.1	82.5
中外合资经营企业	Joint-venture Enterprises	464.1	82.5
按餐饮行业小类分	**by Sector**		
正餐服务	Restaurant	778183.8	642787.1
快餐服务	Fast Food	1366.4	402.7
其他餐饮业	Others	16953.5	12209.3
餐饮配送服务	Catering and Distribution Services	16146.7	11831.1
其他未列明餐饮业	Others	806.8	378.2

Main Financial Indicators of Enterprises above Designated Size of Catering Services (2017)

(10000 yuan)

所有者权益合计 Total Owners Equities	主营业务收入 Revenue from Principal Business	主营业务成本 Cost of Principal Business	主营业务税金及附加 Taxes and Other Charges on Principal Business	销售费用 Sales Expenses	管理费用 Management Expenses	营业利润 Business Profits	利润总额 Total Profits
141104.6	**396886.4**	**201190.4**	**5643.2**	**124881.1**	**64668.9**	**-10279.6**	**-8275.2**
140134.3	395006.6	200182.0	5636.5	123743.1	64465.9	-9980.5	-7980.9
4710.2	18328.1	10710.2	419.8	5675.4	3354.1	-2166.5	-1956.5
1743.7	1528.4	1165.0	14.9	138.7	60.9	144.8	26.2
1046.7	6307.2	3376.5	47.9	1771.6	662.2	53.3	52.4
44478.4	93374.5	44871.5	941.1	30448.5	19932.9	-4033.6	-2809.4
4000.3	2444.9	1966.8	12.0	87.2	858.6	-464.5	-464.6
40478.1	90929.6	42904.7	929.1	30361.3	19074.3	-3569.1	-2344.8
-2934.3	5203.6	2328.4	46.5	2033.1	513.1	-1111.5	-1107.9
91089.6	270264.8	137730.4	4166.3	83675.8	39942.7	-2867.0	-2185.7
12546.2	34835.1	18302.0	708.5	12767.1	2691.3	244.4	471.6
2660.8	9596.5	5371.0	166.4	2017.3	1645.4	330.3	310.9
74666.7	205701.2	105231.1	3175.1	60792.8	32887.6	-3697.7	-3362.9
1215.9	20132.0	8826.3	116.3	8098.6	2718.4	256.0	394.7
588.7	1155.4	556.6	2.6	956.1	140.0	-322.4	-317.6
588.7	1155.4	556.6	2.6	956.1	140.0	-322.4	-317.6
381.6	724.4	451.8	4.1	181.9	63.0	23.3	23.3
381.6	724.4	451.8	4.1	181.9	63.0	23.3	23.3
135396.7	379386.7	193554.8	5550.6	117633.0	62635.1	-10723.7	-8758.4
963.7	2967.4	1281.2	57.2	1152.7	161.4	314.7	289.0
4744.2	14532.3	6354.4	35.4	6095.4	1872.4	129.4	194.2
4315.6	13795.0	6275.9	31.0	6064.0	1282.7	96.6	161.4
428.6	737.3	78.5	4.4	31.4	589.7	32.8	32.8

营业额前50名的住宿企业（2017年）
The Top 50 Hotels of Business Revenue (2017)

单位：千元 (1000 yuan)

企业名称	Name of Enterprises	位次 Position	营业额 Business Revenue
新绎七修酒店管理有限公司	Xinze Qixiu Hotel Management Co.,Ltd	1	173919
河北宾馆有限公司	Hebei-binguan Hotel Co., Ltd.	2	149971
河北太行国宾馆	Taihang State Guest House Hotel	3	138236
香格里拉大酒店(秦皇岛)有限公司	Shangrila Hotel(Qinhuangdao)Co.,Ltd	4	117565
河北世纪大饭店有限公司	Hebei Century Hotel Co., Ltd.	5	117034
廊坊国际饭店	Langfang International Hotel	6	109249
保定国际俱乐部有限公司	Baoding International Club Co., Ltd.	7	92565
保定源盛融通发展有限公司电谷酒店分公司	Diangu Hotel Company of Yuansheng Rongtong Development Co., Ltd.	8	90073
石家庄世贸广场酒店有限公司	World Trade Plaza Hotel, Shijiazhuang	9	86876
秦皇岛秦皇国际大酒店有限公司	Qinhuangdao International Hotel	10	[illegible]
石家庄高新区凯旋门大酒店有限公司	Shijiazhuang Gaoxin District Kaixuanmen Grand Hotel Co.,Ltd.	11	77201
宽城天宝酒店有限责任公司	KuanCheng Tianbao Hotel Co., Ltd.	12	75736
福成国际大酒店有限公司	Fucheng International Hotel Co., Ltd.	13	75219
石家庄美丽华大酒店有限公司	Shijiazhuang Meilihua Grand Hotel Co., Ltd.	14	68491
武安市蓝天宾馆	Wu'an Lantian Hotel	15	66110
河北中国大酒店	Hebei China Hotel	16	65283
石家庄国宾大酒店有限公司	Guobin Grand Hotel Co., Ltd., Shijiazhuang	17	64902
沧州阿尔卡迪亚国际酒店有限公司	Cangzhou Arcadia International Hotel Co., Ltd.	18	63104
邢台万峰酒店管理有限公司	Wanfeng Hotel Management Co., Ltd., Xingtai	19	58238
河北燕山大酒店有限责任公司	Hebei Yanshan Grand Hotel Co., Ltd.	20	56899
河北金圆大厦有限公司	Hebei Jinyuan Grand Hotel Co., Ltd.	21	55882
石家庄亚太大酒店	Shijiazhuang Yatai Hotel	22	54153
保定星光国际商务酒店有限公司	Xingguang International Business Hotel Co., Ltd., Baoding	23	54136
沧州金狮国际酒店有限责任公司	Gold Lion International Hotel Co., Ltd., Cangzhou	24	53446
河北省西山迎宾馆有限公司	Hebei Xishan Guest Hotel Co.,Ltd.	25	52796
承德嘉和国际饭店有限公司	Chengde Jiahe International Hotel Co.,Ltd.	26	52309
枣强县人民政府招待所	Guest House of Zaoqiang Government	27	52106
曲周县德馨餐旅有限公司	Quzhou County of Dexin Hospitality Company Limited	28	52079
石家庄市神洲七星酒店管理有限公司	Shijiazhuang Shenzhou Qixing Hotel Manangement Co.,Ltd.	29	49978
保定市秀兰饭店有限公司	Baoding Xiulan Hotel Co., Ltd.	30	46596
河北辰光集团有限公司	Hebei Chenguang Group Co., Ltd.	31	46452
保定市华中假日大酒店有限公司	Baoding Huazhong Holiday Hotel Co., Ltd	32	45600
张家口蓝鲸大厦泛海酒店有限公司	Zhangjiakou Blue Whale Building Oceanwide Hotel Co.,Limited	33	45066
河北卓正国际酒店有限公司	Hebei Zhuozheng International Hotel Co., Ltd.	34	43947
张家口市国宾东升大酒店有限公司	Zhangjiakou Guobin Dongsheng Grand Hotel Co.,Ltd.	35	42721
承德兆丰酒店管理有限公司	Chengde zhaofeng hotel management co. Ltd.	36	40748
衡水市人民政府招待处	Guest House of Hengshui Government	37	39908
邯郸市招商大酒店有限公司	Handan City Investment Hotel Co., Ltd	38	38516
秦皇岛市羊城酒店有限责任公司	Qinhuangdao Yangcheng Hotel Co., Ltd.	39	38168
邯郸金都饭店有限公司	Handan Jindu Hotel Co., Ltd.	40	38151
河北信达金建投资有限公司	Hebei xinda jinjian investment co. Ltd.	41	37985
河北敬业酒店有限公司	Hebei Jingye Hotel Co., Ltd.	42	37582
石家庄市京州国际酒店管理集团有限公司	Shijiazhuang jingzhou international hotel management group co. Ltd.	43	36918
迁安九江饭店	Qian 'an jiujiang hotel	44	36588
河北阳光大厦	Hebei Sunshine Building	45	35877
邯郸赵王宾馆有限公司	Handan zhao wang hotel co. Ltd.	46	35761
沧州渤海假日酒店有限公司	Cangzhou bohai holiday hotel co. Ltd.	47	34727
河北汇宾大酒店	Hebei Huibin Hotel	48	33741
石家庄市燕春饭店管理有限公司	Yanchun Hotel Management Co., Ltd., Shijiazhuang	49	33543
石家庄国大酒店经营有限公司	Shijiazhuang state hotel management co. Ltd.	50	33298

营业额前50名的餐饮企业（2017年）
The Top 50 Catering Enterprises of Business Revenue (2017)

单位：千元 (1000 yuan)

企业名称	Name of Enterprises	位次 Position	营业额 Business Revenue
河北千喜鹤饮食股份有限公司	Hebei qianxihe catering co. Ltd	1	138935
张家口国际大酒店有限公司	Zhangjiakou International Hotel Co., Ltd.	2	106302
唐山凤凰园美食城	Tangshan Fenghuangyuan Restaurant	3	88809
邢台市海艺温泉假日酒店有限责任公司	Xingtai Haiyi Hot Spring Holiday Hotel Co., Ltd.	4	76502
邢台市维多利亚商务酒店有限公司	Xingtai City Vitoria Traders Hotel Co., Ltd.	5	70383
石家庄市海星餐饮有限公司	Shijiazhuang Haixing Food and Beverage Co., Ltd.	6	64299
河北国源朗怡酒店有限责任公司	Hebei Guoyuan Langyi Hotel LLC	7	60507
唐山鸿宴饭庄	Tangshan Hongyan Restaurant	8	58411
石家庄市湘君府餐饮有限公司	Shijiazhuang Xiangjunfu Food and Beverage Co., Ltd.	9	56206
唐山曹妃甸首实实业有限公司	Tangshan Caofeidian Shoushi Industry Co.,Ltd.	10	51934
保定市金筷子餐饮有限公司	Baoding Gold-chopsticks Food and Beverage Co., Ltd.	11	46200
高阳县康恩美食服务有限公司	Gaoyang Kangen Food Service Co., Ltd.	12	46056
迁安锦江饭店	Qianan Jinjiang Hotel	13	46026
保定市金泰花园酒店(普通合伙)	Baoding Jintai Garden Hotel (General Partnership)	14	41533
石家庄福瑞德餐饮有限责任公司	Shijiazhuang Furuide Food and Beverage Co., Ltd.	15	40686
衡水忠义饮食有限公司	Hengshui Zhongyi Beverage and Food Co.,Ltd.	16	40217
石家庄饮食有限责任公司中和轩饭庄	Shijiazhuang Zhonghexuan Restaurant	17	39144
高阳县宾馆	Gaoyang Hotel	18	38793
河北众诚假日酒店有限公司	Hebei Zhongcheng Holiday Hotel Co.,Ltd.	19	37444
唐山市南湖生态城国际会展中心有限公司	Tangshan nanhu eco-city international exhibition center co. Ltd.	20	34494
高阳县巨马商贸有限责任公司	Gaoyang Juma Trade Co., Ltd.	21	33399
秦皇岛丰圣企业有限公司	Qinhuangdao Fengsheng Co., Ltd.	22	31190
河北华威酒店有限公司	Hebei Huawei Hotel Co., Ltd.	23	30927
高阳县奥林大酒店(普通合伙)	Gaoyang County Aolin Hotel (General Partnership)	24	29886
石家庄市国颐园餐饮有限责任公司	Shijiazhuang guoyi garden catering co. Ltd.	25	29034
武安市顺峰酒楼	Wu'an Shunfeng Restaurant	26	28862
河北丛台电子股份有限公司邯郸丛台大酒店	Handan Congtai Grand Hotel, Hebei Congtai Electronic Co., Ltd.	27	28752
黄骅市财政干部培训中心	Huanghua financial cadre training center	28	28534
保定唐人美食山	Baoding Tangren Garden Hotel	29	27474
保定市老城根餐饮发展有限公司	Baoding Laochenggen Food and Beverage Co., Ltd.	30	26666
张家口香园楼餐饮有限公司	Zhangjiakou fragrant garden restaurant co. Ltd.	31	25630
任丘市庆丰餐饮管理有限公司	Renqiu Qingfeng Restaurant Management Co., Ltd.	32	25621
沧州临港盛泰名人大酒店有限公司	Cangzhou Lingangshengtai Celebrity Hotel Co., Ltd.	33	25595
承德中鸿记餐饮管理有限公司	Chengde Zhonghongji Food and Beverage Co., Ltd.	34	25340
唐山冀唐开元大酒店有限公司	Tangshan JitangKaiyuan Hotel Co., Ltd.	35	24889
河北玉兰香保定会馆饮食有限公司	Yulanxiang Baoding Huiguan Co., Ltd. For Food and Beverage	36	23976
石家庄市锦绣金山人家酒店有限公司	Jinxiujinshan People Hotel Co., Ltd., Shijiazhang	37	23929
庞大滦州国际大酒店有限公司	Pangda Luanzhou International Co., Ltd.	38	23360
衡水龙源酒店有限公司	Hengshui longyuan hotel co. Ltd.	39	23160
秦皇岛海天一色餐饮有限公司	Qinhuangdao Haitianyise Food & Beverage Limited	40	23126
河北一鹗餐饮有限公司	Hebei Yie Food and Beverage Co., Ltd.	41	22945
唐山曹妃甸区金鼎实业有限公司	Tangshan caofeidian district jinding industrial co. Ltd.	42	22732
沧州渤海新区迎宾馆有限公司	Cangzhou Bohai New Area Guest House Co., Ltd	43	22448
唐山南湖紫天鹅大酒店管理有限公司	Tangshan south lake purple swan hotel management co. Ltd.	44	22419
秦皇岛市五粮液大酒店有限公司	Qinhuangdao wuliangye hotel co. Ltd.	45	22085
承德亮达实业有限公司	Chengde liangda industrial co. Ltd.	46	22020
河北浪淘沙餐饮有限公司	Hebei Langtaosha Food and Beverage Co., Ltd.	47	20615
张家口市宏昊餐饮娱乐有限公司	Zhangjiakou Honghao Grand Hotel Co., Ltd.	48	20507
廊坊市和平饭店有限公司	Langfang peace hotel co. Ltd.	49	20497
邯郸市大光明餐饮服务有限公司	Handan Bright Food Service Co., Ltd	50	20346

旅游事业发展情况
Development of International Tourism

年 份 Year	入境旅游人数(人次) Number of Overseas Visitor Arrivals (person-time)	#外国人 Foreigners	#港澳和台湾同胞 Chinese Compatriots From Hong Kong, Macao, and Taiwan	国际旅游外汇收入(万美元) Foreign Exchange Earnings from International Tourism (USD 10000)	国内旅游人数(万人次) Number of Domestic Visitors (10000 person-times)	国内旅游收入(亿元) Earnings from Domestic Tourism (100 million yuan)
1985	34229	24143	9678	107		
1990	47569	32695	14681	511	1537	2.25
1991	68907	44474	23140	851	2101	2.87
1992	90134	60480	28259	1090	2238	3.80
1993	116634	84147	29456	1248	2412	8.10
1994	145979	118828	23883	3421	2792	28.00
1995	165026	135868	26017	4201	3083	57.10
1996	254243	225328	27033	7350	2808	102.76
1997	301054	256552	42559	8790	3615	413.50
1998	321105	266984	52367	9508	4016	160.64
1999	350280	304352	43815	11043	4428	178.01
2000	400464	345494	54970	13035	4859	201.63
2001	434288	380772	53516	14715	5316	234.43
2002	473580	426983	46597	16703	5985	265.13
2003	280256	257642	22614	8460	4477	198.31
2004	580662	536486	44176	19042	7227	334.60
2005	626484	573890	52594	20917	8068	406.66
2006	724838	654003	70835	24314	9053	489.95
2007	817599	738386	79213	30911	10029	556.69
2008	750182	670210	79972	27395	9747	535.45
2009	842185	746930	95255	30781	12164	688.70
2010	977447	853110	124337	35071	14851	890.84
2011	1141439	982681	158758	44765	18627	1192.21
2012	1293201	1067125	226076	54494	22911	1553.91
2013	1337647	1111003	226644	58578	26988	1973.82
2014	1328630	1060615	268015	53419	31368	2528.66
2015	1381816	1083201	298615	62144	37060	3395.60
2016	1475907	1169471	306436	66862	46532	4610.13
2017	1602452	1234408	368044	76012	57074	6089.60

按国别(地区)分外国入境游客
Number of Oversea Visitor Arrivals by Country/Region

单位：人次 (person-time)

指　标	Item	2000	2010	2015	2016	2017
总　计	**Total**	**400464**	**977447**	**1381816**	**1475907**	**1602452**
亚　洲	**Asia**	**199170**	**375299**	**536217**	**605701**	**600597**
# 日　本	Japan	48613	100415	115726	130362	140555
韩　国	Republic of Korea	25220	97439	137436	138389	105436
蒙　古	Mongolia	4805	13709	31538	42718	40156
印度尼西亚	Indonesia	8004	17469	23970	33310	34520
马来西亚	Malaysia		43712	40997	56279	53018
菲律宾	Philippines	7039	12489	22590	23852	25357
新加坡	Singapoye	23686	38493	40333	53206	54812
泰　国	Thailand	7650	16395	28179	31221	30248
印　度	India	3022	12108	25056	29009	29816
越　南	Vietnam			7803	8015	12002
缅　甸	Myanmar			5013	3776	6338
朝　鲜	Korea,D.P.Rep			11903	7303	7710
巴基斯坦	Pakistan			14471	16600	18542
美　洲	**North America**	**26131**	**99468**	**86163**	**85800**	**101254**
# 美　国	United States	17309	55980	48869	45634	57223
加拿大	Canada	5510	28758	22897	23553	25178
欧　洲	**Europe**	**102396**	**313047**	**307159**	**329787**	**352294**
# 英　国	United Kingdom	18007	52606	50195	47588	49603
法　国	France	11392	46000	34222	39434	37727
德　国	Germany	11123	42882	42800	44842	41364
意大利	Italy	12531	27099	25429	31440	30802
瑞　士	Switzerland	3390	12363	14237	16563	22131
瑞　典	Sweden	2897	9339	13392	13788	19464
荷　兰	Netherlands	11012				
俄罗斯	Russia	22801	84704	81037	92065	97370
西班牙	Spain	1476	12592	17727	16700	20344
大洋洲	**Oceanic**	**15659**	**38293**	**50439**	**52898**	**69183**
# 澳大利亚	Australia	8042	20442	22654	24190	31256
新西兰	New Zealand	2989	9942	16271	16158	21887
其他(含非洲)	**Others(including Africa)**	**57108**	**27003**	**103223**	**95285**	**87056**

海关进出口贸易总额
Total Value of Imports and Exports by Customs

单位：万美元 (USD 10000)

年份 Year	进出口贸易总额 Total Value of Imports and Exports	出口总额 Total Exports	进口总额 Total Imports	进出口差额(+、-) Balance
1990	226785	190069	36716	153353
1995	392804	286635	106169	180466
2000	523460	370685	152775	217910
2005	1607132	1092685	514447	578238
2006	1852616	1283469	569147	714322
2007	2553848	1701651	852197	849454
2008	3841850	2402981	1438870	964111
2009	2961131	1569129	1392002	177127
2010	4193116	2257003	1936113	320890
2011	5359910	2858386	2501524	356862
2012	5054790	2960384	2094405	865979
2013	5488298	3096268	2392030	704238
2014	5988289	3571347	2416942	1154405
2015	5148154	3293870	1854284	1439586
2016	4662322	3057706	1604616	1453091
2017	4981003	3135882	1845122	1290760

石家庄海关按贸易方式分进出口商品总额
Total Value of Imports and Exports through Shijiazhuang Customs by Trade System

单位：万美元 (USD 10000)

年份 Year	一般贸易 Ordinary Trade		加工贸易 Processing Trade		其他贸易 Others	
	出口 Exports	进口 Imports	出口 Exports	进口 Imports	出口 Exports	进口 Imports
2000	301994	103967	67990	31558	3	136
2001	334620	127234	59057	29080	7	100
2002	386892	152537	67331	38453	98	121
2003	49860	23057	8796	5116	1	17
2004	814664	310919	112621	63899		225
2005	934921	403849	145311	75709	8	182
2006	1087143	453300	174552	80613	58	239
2007	1439235	686524	233864	123066	193	436
2008	2007767	1187130	340108	153103	167	734
2009	1232708	1228780	285241	115779	125	953
2010	1799712	1719740	409743	177965	743	1199
2011	2389590	2204243	419651	202084	782	1611
2012	2490598	1831041	414373	184802	851	2204
2013	2612374	2097053	411327	211086	399	1437
2014	3101926	2097904	422137	209222	489	1199
2015	2894593	1703796	329203	121279	533	1679
2016	2784184	1487674	231262	93769	1541	1528
2017	2763443	1680549	241750	108833	48834	1159

石家庄海关按国别(地区)分的进出口商品总额
Import and Export Value through Shijiazhuang Customs by Country and Region

单位：万美元 (USD 10000)

国别(地区)	Country (Region)	2016			2017		
		进出口 Total Imports and Exports	出口 Exports	进口 Imports	进出口 Total Imports and Exports	出口 Exports	进口 Imports
合　计	**Total**	**4662322**	**3057706**	**1604616**	**4981003**	**3135882**	**1845122**
亚　洲	**Asia**	**1779824**	**1444051**	**335773**	**1699785**	**1329311**	**370474**
阿富汗	Afghanistan	1199	1171	29	1543	1521	22
巴林	Bahrain	2921	2918	3	4719	4689	30
孟加拉国	Bangladesh	34247	33672	575	29788	27574	2214
不丹	Bhutan	1	1		2	2	
文莱	Brunei	721	721		417	417	
缅甸	Myanmar	24601	24383	218	21415	21173	242
柬埔寨	Cambodia	7873	2844	5029	10947	2462	8485
塞浦路斯	Cyprus	760	760		599	595	4
朝鲜	Korea DPR	7307	1887	5420	4733	1266	3467
香港	Hong Kong,China	62369	60666	1703	78842	66967	11875
印度	India	145840	109619	36221	166899	119259	47640
印度尼西亚	Indonesia	103010	98091	4919	80746	69968	10778
伊朗	Iran	29593	22895	6697	23498	22138	1361
伊拉克	Iraq	9534	9513	22	15860	15860	
以色列	Israel	25250	22864	2386	25249	22512	2737
日本	Japan	205987	148038	57949	218753	158255	60498
约旦	Jordan	6168	6166	2	8182	8182	
科威特	Kuwait	11412	11270	142	10612	10236	377
老挝	Laos	1057	657	399	3724	1737	1987
黎巴嫩	Lebanon	3716	3716		2637	2637	
澳门	Macao,China	369	366	3	299	294	6
马来西亚	Malaysia	56337	45063	11274	53870	41941	11930
马尔代夫	Maldives	233	232		540	540	
蒙古	Mongolia	8541	3107	5434	11060	3246	7813
尼泊尔	Nepal	1552	1520	32	2521	2506	15
阿曼	Oman	8515	8091	424	6254	4962	1292
巴基斯坦	Pakistan	51673	50484	1190	51444	50503	941
巴勒斯坦	Palestine	45	45		32	32	
菲律宾	Philippines	88673	87180	1494	70784	67204	3581
卡塔尔	Qatar	3709	3185	524	3960	3531	429
沙特阿拉伯	Saudi Arabia	66747	60647	6100	40585	29481	11103
新加坡	Singapore	27658	24306	3352	27084	24231	2853
韩国	Korea Rep.	330176	210782	119394	301924	213275	88649
斯里兰卡	Sri Lanka	14768	14739	29	12097	11998	100
叙利亚	Syrian	1016	1016		759	759	
泰国	Thailand	104437	90127	14310	73044	58371	14674
土耳其	Turkey	54435	52537	1899	43046	41232	1814
阿联酋	United Arab Emirates	60339	50310	10029	81661	46280	35381
也门	Republic of Yemen	4182	4182		3613	3613	…
越南	Vietnam	104044	98771	5273	94688	90294	4394
中国	China	5718	18	5700	6682		6682
台湾省	Taiwan, China	84403	58326	26077	78937	53893	25044
东帝汶	East Timor	462	462		1473	1473	
哈萨克斯坦	Kazakhstan	7763	7760	3	12985	12770	214

石家庄海关按国别(地区)分的进出口商品总额(续一)
Import and Export Value through Shijiazhuang Customs by Country and Region

单位：万美元 (USD 10000)

国别(地区)	Country (Region)	2016 进出口 Total Imports and Exports	2016 出口 Exports	2016 进口 Imports	2017 进出口 Total Imports and Exports	2017 出口 Exports	2017 进口 Imports
吉尔吉斯斯坦	Kirghizia	5105	5023	83	4127	4099	28
塔吉克斯坦	Tadzhikistan	1030	887	143	1116	987	129
土库曼斯坦	Turkmenistan	568	568		713	608	105
乌兹别克斯坦	Uzbekistan	3757	2464	1293	5315	3734	1582
非　洲	**Africa**	**281753**	**221702**	**60051**	**297969**	**219665**	**78303**
阿尔及利亚	Algeria	21074	21074		24856	24819	37
安哥拉	Angola	2718	2718		8327	3881	4447
贝宁	Benin	2732	2732		3477	3472	5
博茨瓦那	Botswana	191	191		364	364	
布隆迪	Burundi	199	199		166	132	35
喀麦隆	Cameroon	3133	3133		2491	2478	12
加那利群岛	Canary Is.	…	…		…	…	
佛得角	Cape Verde	89	89		104	104	
中非共和国	Central Africa	4	4		99	99	
塞卜泰(休达)	Ceuta				1	1	
乍得	Chad	737	737		5845	394	5451
科摩罗	Comoros	45	45		39	39	
刚果(布)	Congo (B)	840	840		5327	439	4888
吉布提	Djibouti	9460	9460		4167	4167	
埃及	Egypt	29967	29881	86	16261	16089	173
赤道几内亚	Eq. Guinea	177	177		54	54	
埃塞俄比亚	Ethiopia	5475	5084	391	5873	5517	356
加蓬	Gabon	1321	719	603	897	605	292
冈比亚	Gambia	742	741	1	927	927	
加纳	Ghana	13006	12975	30	11790	11710	80
几内亚	Guinea	1510	1510		2662	2662	…
几内亚比绍	Guinea Bissau	109	109		13	13	
科特迪瓦	Cote d'Lvoire	5189	5189		5243	5239	3
肯尼亚	Kenya	11330	11250	80	11332	11161	171
利比里亚	Liberia	1295	1288	7	564	564	
利比亚	Libyan	2397	2397		1539	1539	…
马达加斯加	Madagascar	4123	4002	121	5832	5268	564
马拉维	Malawi	372	372		488	488	
马里	Mali	1229	1214	15	1335	1335	
毛里塔尼亚	Mauritania	1592	1100	491	1247	634	613
毛里求斯	Mauritius	1360	1360		1122	1121	…
摩洛哥	Morocco	4339	4317	22	3926	3920	6
莫桑比克	Mozambique	2338	2320	18	2640	2640	
纳米比亚	Namibia	535	535		1047	1047	
尼日尔	Niger	191	173	18	274	241	33
尼日利亚	Nigeria	27445	27445	…	41311	41278	33
留尼汪	Reunion	379	379		315	315	
卢旺达	Rwanda	266	153	113	543	364	179
圣多美和普林西比	Sao Tome & Principe	10	10		13	13	
塞内加尔	Senegal	3235	3235		2388	2369	19
塞舌尔	Seychelles	33	33		29	29	

石家庄海关按国别(地区)分的进出口商品总额(续二)

Import and Export Value through Shijiazhuang Customs by Country and Region

单位：万美元 (USD 10000)

国别(地区)	Country (Region)	2016			2017		
		进出口 Total Imports and Exports	出口 Exports	进口 Imports	进出口 Total Imports and Exports	出口 Exports	进口 Imports
塞拉利昂	Sierra Leone	1226	493	733	704	541	164
索马里	Somalia	535	528	8	634	622	13
南非	S. Africa	[illegible]	[illegible]	[illegible]	[illegible]	[illegible]	[illegible]
苏丹	Sudan	8963	8735	229	9841	9442	399
坦桑尼亚	Tanzania	7301	7214	87	9732	9319	413
多哥	Togo	1543	1543		1522	1500	22
突尼斯	Tunisia	3215	3085	130	5869	2896	2973
乌干达	Uganda	1919	1859	60	2949	2896	53
布基纳法索	Burkina Faso	948	948		416	416	
刚果(金)	Congo(J)	1913	1891	22	1928	1667	261
赞比亚	Zambia	1831	1519	312	6018	5493	525
津巴布韦	Zimbabwe	792	792		901	848	53
莱索托	Lesotho	288	288	…	182	182	…
梅利利亚	Melilla				56	56	
斯威士兰	Swaziland	115	115		263	263	
厄立特里亚	Eritrea	69	69		410	410	
马约特	Mayo Is.	64	64		26	26	
南苏丹共和国	S. Sudan	55	55		10	10	
欧　洲	**Europe**	**939457**	**697797**	**241661**	**1071320**	**800706**	**270614**
比利时	Belgium	50822	41269	9554	38851	35225	3626
丹麦	Denmark	14452	6668	7784	16959	7543	9417
英国	United Kingdom	75549	66730	8818	75807	67903	7904
德国	Germany	161058	76801	84257	187335	86997	100338
法国	France	42282	29129	13153	47288	37497	9791
爱尔兰	Ireland	3986	2813	1173	4460	3152	1308
意大利	Italy	80555	65858	14697	82436	63588	18849
卢森堡	Luxembourg	2148	345	1802	1789	317	1472
荷兰	Netherlands	71075	52268	18807	71708	57176	14532
希腊	Greece	4043	3864	179	4009	3571	438
葡萄牙	Portugal	6735	4240	2495	5830	5109	721
西班牙	Spain	38754	32235	6519	42279	35256	7024
阿尔巴尼亚	Albania	978	821	157	1033	796	237
安道尔	Andorra				1	1	
奥地利	Austria	7685	2376	5310	9059	2431	6628
保加利亚	Bulgaria	2400	1600	800	2194	1936	258
芬兰	Finland	9608	3366	6242	9813	4007	5806
直布罗陀	Gibraltar				1	1	
匈牙利	Hungary	3837	2231	1606	6223	2781	3443
冰岛	Iceland	240	240		233	221	11
列支敦士登	Liechtenstein	87	67	19	37	2	35
马耳他	Malta	505	503	3	270	259	11
摩纳哥	Monaco	11	10	1	1	1	
挪威	Norway	3424	3245	180	6242	4775	1467
波兰	Poland	16843	16158	685	20418	18825	1593
罗马尼亚	Romania	5406	4219	1187	5907	4451	1456
圣马力诺	Sanmarino	4	4		3	3	

石家庄海关按国别(地区)分的进出口商品总额(续三)

Import and Export Value through Shijiazhuang Customs by Country and Region

单位：万美元 (USD 10000)

国别(地区)	Country (Region)	2016 进出口 Total Imports and Exports	2016 出口 Exports	2016 进口 Imports	2017 进出口 Total Imports and Exports	2017 出口 Exports	2017 进口 Imports
瑞典	Sweden	27125	10247	16877	29814	10421	19393
瑞士	Switzerland	6827	1849	4978	7933	2100	5834
爱沙尼亚	Estonia	943	922	21	1224	1222	2
拉脱维亚	Latvia Armenia	2808	2805	2	2574	2533	41
立陶宛	Lithuania	2147	2145	2	3051	2979	72
格鲁吉亚	Georgia	1188	1187	1	1011	1008	3
亚美尼亚	Armenia	274	274		310	310	
阿塞拜疆	Azerbaijan	364	363	1	362	362	…
白俄罗斯	Belorussia	1086	694	393	1378	1112	266
摩尔多瓦	Moldavia	142	140	2	216	202	14
俄罗斯联邦	Russia	251066	238616	12450	339358	309393	29965
乌克兰	Ukraine	26501	10603	15898	23114	11038	12077
斯洛文尼亚	Slovenia	4408	3370	1038	5973	4801	1172
克罗地亚	Croatia	1414	1372	42	1556	1424	133
捷克	Czech	6881	4282	2599	8645	5268	3377
斯洛伐克	Slovakia	2206	709	1497	2557	745	1812
前南马其顿	Macedonia	63	62	1	86	85	1
波黑	Bosnia&Hercegovina	62	61	1	108	103	5
塞尔维亚	Serbie	1337	916	421	1576	1527	50
黑山	Montenegro	130	119	11	85	51	34
拉丁美洲	**Latin America**	**437700**	**201102**	**236599**	**534223**	**233409**	**300814**
安提瓜和巴布达	Antigua & Barbuda	7	7		96	96	
阿根廷	Argentina	14778	7259	7519	9022	8795	227
阿鲁巴岛	Aruba	31	31		32	32	
巴哈马	Bahamas	75	75		51	51	
巴巴多斯	Barbados	154	154		192	192	…
伯利兹	Belize	372	372		121	121	
玻利维亚	Bolivia	1366	1366		1635	1577	57
巴西	Brazil	250751	37717	213034	328207	49183	279024
开曼群岛	Cayman Islands	5	5		60	60	
智利	Chile	44015	31975	12040	49143	39094	10049
哥伦比亚	Colombia	15110	15107	3	13485	13453	32
多米尼克	Dominica	26	26	…	7	7	
哥斯达黎加	Costa Rica	3886	3821	65	3124	2740	385
古巴	Cuba	965	965		708	708	
库腊索岛	Curacao	24	24		20	20	
多米尼加共和国	Dominica Rep.	3118	3117	…	3974	3970	4
厄瓜多尔	Ecuador	7889	7274	615	16561	16018	543
法属圭亚那	French Guyana	25	25		25	25	
格林纳达	Grenada	14	14		17	17	
瓜德罗普	Guadaloupe	81	81		59	59	
危地马拉	Guatemala	6863	6853	10	7799	6082	1717
圭亚那	Guyana	661	655	6	478	477	2
海地	Haiti	3185	3182	3	1171	1171	
洪都拉斯	Honduras	2791	2790		3142	3142	…
牙买加	Jamaica	705	703	2	692	692	

石家庄海关按国别(地区)分的进出口商品总额(续四)
Import and Export Value through Shijiazhuang Customs by Country and Region

单位：万美元 (USD 10000)

国别(地区)	Country (Region)	2016 进出口 Total Imports and Exports	2016 出口 Exports	2016 进口 Imports	2017 进出口 Total Imports and Exports	2017 出口 Exports	2017 进口 Imports
马提尼克	Martinique	31	31		23	23	
墨西哥	Mexico	39050	38323	727	42061	41291	769
尼加拉瓜	Nicaragua	1997	1994	3	1401	1398	3
巴拿马	Panama	3650	3650		5360	5360	
巴拉圭	Paraguay	1685	1685	…	1805	1790	15
秘鲁	Peru	21525	20279	1246	29800	25754	4046
波多黎各	PuertoRico	1165	1162	3	627	624	3
圣卢西亚	Saint Lucia	20	20		14	14	
圣马丁岛	Saint Martin Is.	7	7		7	7	
圣文森特和格林纳丁斯	Saint Vincent & Grenadines	9	9		10	10	
萨尔瓦多	EL Salvador	1454	1454		1203	1202	1
苏里南	Suriname	260	259	1	248	238	10
特立尼达和多巴哥	Trinidad & Tobago	1347	1347	…	988	988	
特克斯和凯科斯群岛	Tueks and Caicos Is.				2	2	
乌拉圭	Uruguay	4311	4201	110	4428	4079	349
委内瑞拉	Venezuela	4119	2909	1210	6100	2523	3578
英属维尔京群岛	Br.VirginIS.	16	16		60	60	
圣其茨和尼维斯	St.Kitts-Nevis	1	1		11	11	
荷属安地列斯群岛	Netherlands Antilles	157	157		254	254	
拉丁美洲其他国家(地区)	Other Countries (region)				…	…	
北美洲	**North America**	**605067**	**440627**	**164441**	**703272**	**489551**	**213722**
加拿大	Canada	60595	41478	19118	75941	52443	23499
美国	United States	544472	399149	145323	627290	437067	190223
百慕大	Bermuda				14	14	
大洋洲	**Oceanic & Pacific**	**618515**	**52428**	**566087**	**674409**	**63240**	**611169**
澳大利亚	Australia	601868	43561	558307	654528	52459	602069
库克群岛	Cook Islands				…	…	
斐济	Fiji	681	681	1	583	583	
新喀里多尼亚	New Caledonia	233	233		439	439	…
瓦努阿图	Vanuatu	48	48		55	55	
新西兰	New Zealand	13614	6229	7385	16330	7466	8864
诺福克岛	Norfolk Is.						
巴布亚新几内亚	Papua New Guinea	1135	741	394	1689	1453	236
社会群岛	Society Islands	20	20		28	28	
所罗门群岛	Solomon Is.	427	427		374	374	
汤加	Tonga	84	84		35	35	
萨摩亚	Samoa	101	101		35	35	
基里巴斯	Kiribati	13	13		9	9	
密克罗尼西亚联邦	Micronesia FS	1	1		1	1	
马绍尔群岛	Marshall Is.	59	59		101	101	
帕劳共和国	Palau	1	1		2	2	
法属波利尼西亚	French Polynesia	165	165		145	145	
瓦利斯和浮图纳	Wallis and Budo Satisfied	9	9				
大洋洲其他国家(地区)	Other Countries	53	53		27	27	
国别(地区)不详的	Country (region) of Unknown	5		5	26		26

利用外资概况
Utilization of Foreign Capital

项目单位：个　金额单位：万美元 (unit, USD 10000)

年份 Year	总计 Total 项目 Number of Projects	总计 Total 金额 Value	对外借款 Foreign Loans 项目 Number of Projects	对外借款 Foreign Loans 金额 Value	外商直接投资 Foreign Direct Investment 项目 Number of Projects	外商直接投资 Foreign Direct Investment 金额 Value	外商其他投资 Other Foreign Investment 项目 Number of Projects	外商其他投资 Other Foreign Investment 金额 Value
合同利用外资额 Total Amount of Contracted Foreign Investment								
1985	53	4804	1	175	39	4093	13	536
1990	110	8877			110	8593		284
1995	1220	188794	16	19445	1204	168656		693
2000	510	94822	9	19624	501	72445		2753
2005	381	272736	4	742	377	253154		18840
2006	447	177048	1	495	446	150625		25928
2007	369	357085			369	311892		45193
2008	252	300118	4	495	248	288913		10710
2009	215	266027			215	260727		5300
2010	248	376971	2	1417	246	329314		46240
2011	199	477064	4	1555	195	422376		53133
2012	197	415637	1	10000	196	388396		17241
2013	196	384587	1	495	195	368226		15866
2014	198	550329			198	496978		53351
2015	208	687096		7411	208	567962		111723
2016	162	413984		37570	162	334675		41739
2017	194	415341		36143	194	370705		8493
实际利用外资额 Total Amount of Contracted Investment Actually Utilized								
1985		1423		597		393		433
1990		4447				3935		512
1995		108620		29924		78061		635
2000		139378		34249		102376		2753
2005		227890		17794		191256		18840
2006		238274		10912		201434		25928
2007		300722		13908		241621		45193
2008		363395		10817		341868		10710
2009		369316		4192		359824		5300
2010		436597		7283		383074		46240
2011		526016		4788		468095		53133
2012		603168		5441		580486		17241
2013		667250		6664		644720		15866
2014		700949		10402		637196		53351
2015		736884		7411		617750		111723
2016		814697		37570		735388		41739
2017		893587		36143		848951		8493

注：1990年以前年度数据为部门数，仅供参考使用。

a) The data for 1990 and before are from the ministries other than Hebei Bureau of Statistics. They are listed here as comparable data.

对外承包工程
Contracted Projects with Foreign Countries and Territories

年　份 Year	签订合同的国家(地区)(个) Number of Coutries Made Contracts with China for Projects and Labor (unit)	合同份数(份) Number of Contracts (unit)	合同金额(万美元) Contracted Value (10000 USD)	派出人次(人次) Number of Labor Send abroad (person-time)	完成营业额(万美元) Value of Business Fulfilled (10000 USD)
1985	4	4	321		466
1990	9	9	327	121	584
1995	7	16	2127	428	1798
2000	13	50	9440	1170	4624
2001	16	26	5265	662	2412
2002	22	38	21329	2998	12022
2003	25	40	31669	1509	17940
2004	25	69	48200	1484	23095
2005	35	91	107533	1832	54139
2006	29	84	171035	3176	78583
2007	41	119	172954	7241	123912
2008	37	73	393774	5271	155593
2009	47	186	266678	8097	287157
2010	50	190	294596	7033	285351
2011	51	214	328203	6599	243461
2012	45	160	373834	10790	285086
2013	44	175	467343	9791	434565
2014	48	190	485335	8636	408696
2015	46	185	386488	7039	357117
2016	45	130	467386	4936	257649
2017	39	128	584589	6122	294101

对外投资与劳务合作
Outward Foreign Direct Investment and Labor Services

单位：万美元　　(USD 10000)

项　目	Item	2013	2014	2015	2016	2017
对外投资	**Outward Foreign Direct Investment**					
新核准家数	Enterprise Approved to Invest Abroad	85	121	131	132	98
对外投资总额	Total Value of the Outward-FDI by the Enterprises	197179	169368	306258	362977	405352
中方对外投资额	FDI by Domestic Chinese Investors	118349	155124	235256	335488	378153
对外劳务合作	**Labor Services**					
新签合同工资总额	Gross Payroll in Newly Signed Contracts	4022	4301	715	1656	1883
实际收入总额	Realized Payroll	1906	1925	725	1596	2802
派出人数	Workers Sent Abroad for the Year	553	603	342	1287	1797
期末在外人数	Workers Abroad at the Year-end	1512	2231	2340	3159	3554

外商直接投资情况

单位：万美元

指　　标	Item	新设立 Amount of New		
		2010	2012	2013
全省总计	**Total**	**329314**	**388396**	**368226**
按投资方式分	**Grouped by Investment by Type**			
# 独资经营	Enterprises with Sole Fund	226559	265924	215220
合资经营	Joint-venture Enterprises	80995	98771	151229
合作经营	Cooperative Enterprises	15434	5663	1577
按国民经济行业分	**Grouped by Sector**			
# 农、林、牧、渔业	Agriculture, Forestry, Animal Husbandry and Fishery	8841	12702	25323
采矿业	Mining	1928	5242	6356
制造业	Manufacturing	201207	219352	185706
电力、势热力、燃气及水生产和供应业	Production and Distribution of Electricity, Gas and Water	7160	36532	29912
建筑业	Construction	207		272
批发和零售业	Wholesale and Retail Trades	20829	14997	22546
交通运输、仓储和邮政业	Traffic, Transport, Storage and Post	1724	19465	19785
住宿和餐饮业	Hotels and Catering Services	3619	2707	203
信息传输、软件和信息技术服务业	Information Transmission, Computer Services and Software	1583	4132	5292
房地产业	Real Estate	46716	38109	44603
租赁和商务服务业	Leasing and Business Services	4751	4963	33332
居民服务、修理和其他服务业	Services to Households and Other Services	1325	3177	1188
按主要国别(地区)分	**Grouped by Country and Region**			
# 香　港	Hong Kong, China	187672	238629	259367
台　湾	Taiwan, China	7631	17399	10397
日　本	Japan	19597	14879	16355
美　国	United States	12893	25358	2816
加拿大	Canada	3400	121	5403
德　国	Germany	1858	1881	4364
英　国	United Kingdom	3352	4444	2426
法　国	France	589	3860	2000

Statistics on Foreign Direct Investment

(USD 10000)

合同外资额 Contracted Foreign Investment				外商直接投资额 Foreign Direct Investment						
2014	2015	2016	2017	2010	2012	2013	2014	2015	2016	2017
496978	**567962**	**334675**	**370705**	**383074**	**580486**	**644720**	**637196**	**617750**	**735388**	**848951**
344394	335149	195500	260263	260238	325131	382261	405134	308654	366932	499234
148386	195855	137968	56735	103141	182736	229152	199812	271479	312595	311604
3125	34141	528	50741	7574	28553	13461	7715	9276	25866	11522
34619	10171	50907	28953	7327	23591	21386	34772	9518	10405	5579
1778	8000		118	3943	17508	7503	12727	2012	10708	1818
258827	322271	143515	120416	259917	422535	438135	397414	384395	547061	625203
7226	23426	60883	20975	18101	23326	52171	34670	36099	50529	57155
8947	96	-366	317	2103			3627	4531	869	1179
8516	13712	18274	11546	11846	18355	13494	11719	4059	9050	8767
23946	66827	21262	29861	6202	11349	21957	19111	58418	17647	15992
381	281	30	1128	3975	4697	2616	7		1544	
1835	9971	2333	16458	138	307	1558	5607	2834	4456	15563
40929	66057	7544	32438	52258	22183	42758	44254	61963	52268	94601
3680	14711	7138	6872	1886	5065	13609	12566	7646	2108	827
1513	940	444	-23	406	1615	1550	2440		721	4121
309534	292259	208503	226287	195212	364757	383992	404081	340270	343375	472395
6896	17601	4561	29803	3683	6764	12310	10559	4771	3812	4389
6433	2256	772	2219	13557	28870	30774	18372	27957	24644	30353
14674	7913	846	11457	18621	25777	25822	21444	7046	39390	49067
4030	3940	14173	11450	3131	75	3796	5379	1927	4231	6047
2236	4681	547	250	2351	4268	8455	2591	8843	9582	4451
14841	3393	2174	12228	6557	11457	7243	4175	7016	15973	20678
4000	300	1225	11470	510	9035	6018	4706	300	3643	1246

外商直接投资情况（2017年）

单位：万美元

项　　目	Item	新设立项目 New Projects		
		项目个数(个) Number of Projects (unit)	项目总投资 Total Investment	合同外资额 Contracted Value
合　　计	**Total**	**194**	**1047923**	**370705**
按投资方式分组	**Grouped by Investment by Type**			
港、澳、台投资经济	Enterprises with Funds from Hong Kong,	93	768012	256828
港澳台合资经营企业	Joint-venture from Hong Kong, Macao	35	189398	40488
港澳台合作经营企业	Cooperation Enterprises from Hong Kong,	2	170000	50689
港澳台独资经营企业	Enterprises with Sole Fund from Hong Kong,	55	399917	162683
港澳台投资股份公司	Share-holding Corporations Ltd from Hong Kong,			
外商投资经济	Foreign Funded Enterprises	101	279911	113877
中外合资经营企业	Joint-venture Enterprises	50	61793	16247
中外合作经营企业	Cooperation Enterprises	1	70	52
外资企业	Enterprises with Sole Fund	50	218048	97578
外商投资股份公司	Share-holding Corporations Ltd			
按产业分组	**Grouped by Industry**			
第一产业	Primary Industry	2	5155	1467
第二产业	Secondary Industry	88	400964	140348
第三产业	Tertiary Industry	104	641804	228890
按国民经济行业分组	**Grouped by Sector**			
农、林、牧、渔业	Agriculture, Forestry, Animal Husbandry	4	95641	28953
采矿业	Mining	2	205	118
制造业	Manufacturing	76	342917	120416
电力、燃气及水的生产和供应业	Production and Distribution of Electricity,	10	59165	20975
建筑业	Construction	2	437	317
批发和零售业	Wholesale and Retail Trades	34	15907	11546
交通运输、仓储和邮政业	Traffic, Transport, Storage and Post	7	83573	29861
住宿和餐饮业	Hotels and Catering Services	5	2631	1128
信息传输、计算机服务和软件业	Information Transmission, Computer Services	9	23551	16458
金融业	Financial Intermediation	5	32599	10941
房地产业	Real Estate	4	101949	32438
租赁和商务服务业	Leasing and Business Services	14	13734	6872
科学研究、技术服务和地质勘查业	Scientific Research, Technical Service	12	267129	86408
水利、环境和公共设施管理业	Management of Water Conservancy,	3	4904	2387
居民服务和其他服务业	Services to Households and Other Services	2	629	-23
教　育	Education	2	90	34
卫生、社会保障和社会福利业	Health, Social Security and Social Welfare	1	1000	500
文化、体育和娱乐业	Culture, Sports and Entertainment	2	1862	1376

Statistics on Foreign Direct Investment (2017)

(USD 10000)

外商直接投资 Foreign Direct Investment	新注册三资企业 Newly Registered Enterprises with Hongkong,Macao, Taiwan and Foreign Funds				期末实有三资企业(个) Number of Registered Enterprises in the Year-end (unit)			
	注册户数(户) Number of Registered Enterprises(unit)	投资总额 Total Investment	注册资本 Registered Capital	外商注册资本 Capital Invested by Foreign Partner	合计 Total	开工在建 Under Construction	投产企业 Enterprises that have come into Operation	#当年 The Present Year
848951	**133**	**694891**	**310338**	**258987**	**3060**	**312**	**1463**	**6**
476784	69	585599	239438	197604	1294	148	524	
246496	24	138282	57239	27197	632	64	291	
3204	1	80000	29987	23690	54	2	22	
200568	43	358620	142726	143482	599	80	205	
25816					5		5	
372167	64	109292	70900	61383	1766	164	939	6
65108	30	33208	19341	9990	846	69	452	6
8318					70	8	35	
298666	34	76084	51559	51393	845	86	448	
75					5	1	4	
5579	3	1229	2503	2260	69	21	24	
682834	57	206068	87202	70666	2274	184	1183	3
160538	73	487594	220633	186061	717	107	256	3
5579	5	1715	3136	2849	81	24	25	
1818					30	3	8	
625203	50	161098	69380	58409	2117	164	1118	3
57155	7	46148	18920	13355	113	15	56	
1179	1	422	302	302	26	3	9	
8767	23	9430	9897	9571	175	19	61	
15992	4	64088	24783	24783	75	8	36	
	3	2554	1054	1054	44	6	15	
15563	8	15939	17784	16073	38	6	10	
6379	4	23519	18681	10792	30	2	11	
94601	3	89009	41714	29330	122	17	59	
827	11	10505	7600	3743	73	12	16	
3650	9	266675	94012	86213	58	17	14	1
6012	2	1268	1239	1122	26	4	7	1
4121	1	688	344	44	21	2	8	
	1	15	15	15	5	2		
120					1			
1985	1	1818	1477	1332	25	8	10	1

按国别和地区分外商直接投资情况（2017年）

单位：万美元

项　目	Item	新设立项目 New Projects 项目个数(个) Number of Projects (unit)	项目总投资 Total Investment	合同外资额 Contracted Value
合　　计	**Total**	**194**	**1047923**	**370705**
亚　　洲	**Asia**	**132**	**804100**	**272969**
# 香　港	Hong Kong, China	77	671130	226287
澳　门	Macao, China	2	8328	738
台　湾	Taiwan, China	14	88554	29803
印度尼西亚	Indonesia	1	301	75
日　本	Japan	[illegible]	[illegible]	[illegible]
马来西亚	Malaysia			
菲律宾	Philippines		11100	3700
新加坡	Singapore	3	12672	5688
韩　国	Republic of Korea	24	7224	3395
泰　国	Thailand	1	290	290
# 东南亚联盟	Association of Southeast Asian Nations	5	24363	9753
非　　洲	**Africa**	**8**	**1655**	**1573**
欧　　洲	**Europe**	**28**	**84873**	**29155**
# 比利时	Belgium	2	739	303
丹　麦	Denmark			
英　国	United Kingdom	4	36503	12228
德　国	Germany	3	482	250
法　国	France	4	32016	11470
爱尔兰	Ireland	1	2500	1000
意大利	Italy	2	5220	1508
卢森堡	Luxembourg			
荷　兰	Netherlands	1	332	36
希　腊	Greece	1	2	2
葡萄牙	Portugal			
西班牙	Spain			
芬　兰	Finland			
瑞　士	Switzerland	1	669	234
# 欧　盟(27国)	European Union (27 Coumtries)	23	83129	28647
拉丁美洲	**Latin America**	**4**	**80272**	**27968**
# 开曼群岛	Cayman Islands			
英属维尔京群岛	Virgin Islands	4	80272	27968
北美洲	**North America**	**16**	**61113**	**22907**
# 加拿大	Canada	6	30922	11450
美　国	United States	10	30191	11457
大洋洲	**Oceanic**	**6**	**15910**	**16133**
# 澳大利亚	Australia	4	3140	330
新西兰	New Zealand	1	45	45

Statistics on Foreign Direct Investment by Countries and Regions (2017)

(USD 10000)

外商直接投资 Foreign Direct Investment	新注册三资企业 Newly Registered Enterprises with Hongkong,Macao, Taiwan and Foreign Funds				期末实有三资企业(个) Number of Registered Enterprises in the Year-end (unit)			
	注册户数(户) Number of Registered Enterprises(unit)	投资总额 Total Investment	注册资本 Registered Capital	外商注册资本 Capital Invested by Foreign Partner	合计 Total	开工在建 Under Construction	投产企业 Enterprises that have come into Operation	#当年 The Present Year
848951	**133**	**694891**	**310338**	**258987**	**3060**	**312**	**1463**	**6**
535734	**93**	**603220**	**253039**	**209799**	**2053**	**209**	**902**	**2**
172395	51	500160	207076	167305	1113	121	447	
	1	791	791	791	6	2	1	
4389	14	84340	30771	29508	175	25	76	
491	1	301	301	75	6		3	
30353	1	215	341	179	239	17	140	
16					21	3	9	
100			3700	3700	7		4	
10251	4	12778	6000	5765	104	13	59	2
7985	13	3863	2795	2266	314	23	134	
1340					8	2	2	
12198	5	13079	10001	9540	152	18	79	2
6661	**6**	**1451**	**1451**	**1451**	**32**	**5**	**7**	
47183	**19**	**47689**	**23017**	**17812**	**350**	**26**	**210**	**2**
	2	739	749	305	9	3	4	
6098					10	2	6	
20678	2	1603	1403	1403	53	6	31	1
4451	2	438	285	229	79	2	51	
1246	4	32915	12208	11913	23	2	10	1
	1	2500	1000	1000	1			
1264	1	4695	5191	1548	37	1	21	
					2		2	
5829					23	1	17	
	1	2	2	2	2			
321					12	1	10	
907	1	215	150	60	10	2	6	
45001	15	47399	22791	17684	295	19	184	2
173318	**1**	**3600**	**-4177**	**-2257**	**183**	**16**	**113**	
19271					20	3	14	
153033	1	3600	-4177	-2257	156	12	97	
58040	**11**	**38331**	**19731**	**16087**	**332**	**40**	**172**	**1**
6047	2	10197	5197	5046	72	11	33	
49067	9	28134	14534	11041	253	29	134	1
27625	**3**	**600**	**17277**	**16095**	**99**	**13**	**53**	**1**
8570	2	555	1482	300	63	3	35	1
1280	1	45	45	45	10	1	3	

各级各类学校数
Number of Schools by Level and Type of School

单位：所 (unit)

年 份 Year	普通高等学校 Regular Institutions of Higher Education	普通中学 Regular Secondary Schools	高 中 Senior Secondary Schools	初 中 Junior Secondary Schools	职业中学 Vocational Secondary Schools	普通小学 Primary Schools
1990	50	5403	181	4745	362	48568
1991	50	5321	199	4687	313	48414
1992	48	5314	206	4712	323	48189
1993	54	5260	212	4680	318	47975
1994	52	5294	257	4723	358	47623
1995	47	5256	250	4695	359	47133
1996	45	5175	273	4598	392	465.3
1997	46	5076	301	4465	436	46243
1998	46	4984	325	4338	474	45343
1999	48	4949	358	4272	494	39770
2000	47	4910	380	4194	463	36465
2001	63	5098	377	4024	362	31529
2002	75	5053	390	3908	369	28433
2003	83	5024	394	3863	361	25700
2004	87	4917	814	4103	313	22953
2005	86	4734	1136	4320	288	20883
2006	88	4464	801	3343	290	19162
2007	88	4164	761	3755	291	17340
2008	87	3885	713	3484	292	16205
2009	109	3548	661	3177	267	14447
2010	110	3264	615	2649	267	13563
2011	112	3132	598	2534	235	13274
2012	113	3000	565	2435	216	12898
2013	118	2944	563	2381	206	12538
2014	118	2958	567	2391	206	12529
2015	118	2956	578	2378	202	12126
2016	120	2977	598	2379	200	11944
2017	121	3005	630	2375	198	11697

注：1.2004年以前年份的职业中学包括职业高中与职业初中，2005年后为职业高中(旧标准)。2.2007年职业中学包括职业高中和职业初中(新标准)。3.普通高等学校指的是普通本专科，即小口径。(以下相关表同)

a) Vocational middle schools before 2004 covered vocational senior middle schools and vocational junior middle schools, and those after 2005 are vocational senior middle schools.(old standards). b) In Year-2007 Education Report, data of "vocational junior middle schools" covered vocational senior middle schools & vocational junior middle schools. (new standards). c) Ordinary institutions of higher learnin refer to ordinary guniversities/colleges and junior colleges, namely small statistical caliber.(The same applies to the tables following)

各级各类学校专任教师数
Number of Full-time Teachers by Level and Type of School

年 份 Year	普通高等学校 (万人) Regular Institutions of Higher Education (10000 persons)	普通中学 (万人) Regular Secondary Schools (10000 persons)	高 中 Senior Secondary Schools	初 中 Junior Secondary Schools	职业中学 (人) Vocational Secondary Schools (person)	普通小学 (万人) Primary Schools (10000 persons)
1990	1.36	15.59	2.55	13.04	11312	26.99
1995	1.48	17.95	2.59	15.37	16621	27.01
2000	1.94	25.37	4.37	21.00	23782	32.95
2005	4.27	29.00	7.34	21.66	19223	32.01
2006	4.74	28.71	7.82	20.89	20788	31.53
2007	5.28	28.26	8.12	20.14	21973	31.60
2008	5.51	27.43	8.07	19.36	22064	31.67
2009	5.84	26.79	8.18	18.62	22846	32.12
2010	6.08	26.07	8.30	17.77	23750	31.90
2011	6.27	25.59	8.34	17.25	25458	31.65
2012	6.50	25.07	8.29	16.78	25448	31.70
2013	6.68	26.23	10.15	16.07	24730	30.37
2014	6.86	27.08	10.36	16.72	24765	31.63
2015	6.94	27.79	10.68	17.10	24848	32.02
2016	7.04	28.92	11.23	17.69	25215	33.05
2017	7.29	30.57	12.02	18.55	25481	34.22

各级各类学校毕业生数
Number of Graduates by Level and Type of School

年 份 Year	普通高等学校 (万人) Regular Institutions of Higher Education (10000 persons)	普通中学 (万人) Regular Secondary Schools (10000 persons)	高 中 Senior Secondary Schools	初 中 Junior Secondary Schools	职业中学 (人) Vocational Secondary Schools (person)	普通小学 (万人) Primary Schools (10000 persons)
1990	2.28	65.70	10.54	55.16	39780	82.56
1995	3.64	75.35	8.84	66.50	57460	119.22
2000	4.13	131.58	18.16	113.42	151104	154.93
2005	18.32	178.03	39.63	138.40	91352	117.46
2006	20.76	178.09	45.06	133.03	114058	108.58
2007	22.82	162.54	47.22	115.32	134110	93.54
2008	27.13	153.50	48.23	105.27	156842	80.20
2009	27.22	145.97	46.90	99.07	171653	73.39
2010	29.71	130.35	42.66	87.69	161616	72.18
2011	31.11	118.04	42.79	75.25	177719	73.28
2012	31.58	112.68	42.37	70.31	161371	79.61
2013	33.43	107.23	40.45	66.78	137825	84.01
2014	34.45	96.45	36.20	60.25	113216	82.04
2015	32.80	104.43	35.24	69.19	101746	78.10
2016	33.52	114.26	36.82	77.44	73992	87.26
2017	33.00	118.64	37.30	80.94	72535	97.69

各级各类学校招生数
Number of New Students Enrollment by Level and Type of School

年份 Year	普通高等学校(万人) Regular Institutions of Higher Education (10000 persons)	普通中学(万人) Regular Secondary Schools (10000 persons)	高中 Senior Secondary Schools	初中 Junior Secondary Schools	职业中学(人) Vocational Secondary Schools (person)	普通小学(万人) Primary Schools (10000 persons)
1990	2.38	75.78	10.81	64.97	51512	125.33
1995	4.30	120.64	14.66	105.98	95099	162.60
2000	10.64	177.22	26.22	151.00	134336	107.05
2005	25.69	164.67	49.47	115.20	181050	72.00
2006	29.71	157.19	49.70	107.49	207170	80.07
2007	30.33	138.61	45.25	93.37	202145	88.52
2008	33.95	124.93	44.85	80.08	175406	91.44
2009	33.23	118.08	44.72	73.36	201940	87.38
2010	34.63	114.18	42.02	72.16	171300	93.60
2011	35.05	112.50	39.78	72.72	180921	103.85
2012	34.23	116.18	38.41	77.77	123177	106.29
2013	34.69	115.92	37.56	78.36	88258	99.61
2014	34.20	119.50	38.23	81.27	85839	98.98
2015	35.08	117.83	40.77	77.06	85372	109.27
2016	38.07	128.68	43.27	85.41	54832	110.88
2017	39.24	142.21	45.71	96.50	91291	113.45

注：普通高等学校2011年起含成人专科招生数，2012年起不含研究生数。
b) Data of regular HEIS include Adult Students for Short-cycle Courses since 2011, and no include postgraduate students since 2012.

各级各类学校在校学生数
Number of Students Enrollment by Level and Type of School

年份 Year	普通高等学校(万人) Regular Institutions of Higher Education (10000 persons)	普通中学(万人) Regular Secondary Schools (10000 persons)	高中 Senior Secondary Schools	初中 Junior Secondary Schools	职业中学(人) Vocational Secondary Schools (person)	普通小学(万人) Primary Schools (10000 persons)
1990	7.60	207.61	31.24	176.37	126727	705.48
1995	12.63	310.24	35.58	274.66	242698	851.31
2000	24.38	481.75	70.04	411.71	416143	813.73
2005	77.40	509.54	139.11	370.43	391232	500.36
2006	82.71	480.63	143.81	336.83	471121	470.25
2007	93.05	447.10	140.86	306.24	515629	465.44
2008	100.00	409.30	135.12	274.18	505295	475.66
2009	103.03	372.73	130.87	241.86	519262	488.65
2010	110.50	348.76	127.51	221.25	504000	511.59
2011	115.39	338.35	123.32	215.03	533603	541.09
2012	116.88	335.06	117.69	217.37	393347	562.22
2013	117.44	318.13	109.28	208.85	313483	546.21
2014	116.43	339.23	110.41	228.82	267966	564.29
2015	117.92	351.92	115.79	236.13	241955	596.24
2016	121.61	364.91	121.33	243.58	237402	620.55
2017	126.89	389.21	129.14	260.07	249656	637.22

高等教育学校(机构)数（2017年）
Number of School or Institution of Higher Education (2017)

单位：所 (unit)

项　目	Item	总计 Total	中央部门 Central Ministries and Agencies	#教育部门 Other Ministries	地方部门 Local Depart-ments	#教育部门 Depart-ments of Education	民办 Private
研究生培养机构	**Institutions Prov**	**27**	**7**		**19**	**19**	**1**
普通高校	Regular Institution	24	4		19	19	1
科研机构	Research Institutions	3	3				
普通高校	**Regular Instituti**	**121**	**4**		**81**	**62**	**36**
本科院校	Universities wi	61	4		33	32	24
专科院校	Colleges with Specialized Courses	60			48	30	12
#高等职业学校	Vocational and Technical Colleges	52			42	26	10
成人高等学校	**Adult Institutions**	**6**	**1**		**5**	**2**	
民办的其他高等教育机构	**Other Private Institu**	**38**					**38**

高等学校(机构)学生数（2017年）
Number of Students in Regular Institutions of Higher Education (2017)

单位：人 (person)

项　目	Item	招生数 Entrants	在校学生数 Enrollment	毕(结)业生数 Graduates with Degrees or Diplomas	授予学位数 Degrees Conferred
研究生	Postgraduates	17162	45637	12771	12718
博　士	Doctor's Degree	724	3111	423	366
硕　士	Master's Degree	16438	42526	12348	12352
普通本科、专科生	Regular Undergraduates and College Students	392443	1268873	329972	168293
本　科	Enrolled in Full Undergraduate Courses	201826	735827	170408	168293
专　科	Enrolled in Specialized Courses	190617	533046	159564	
成人本科、专科生	Adult Undergraduates and College Students	166567	417761	122185	7490
本　科	Enrolled in Full Undergraduate Courses	91087	238971	65937	7490
专　科	Enrolled in Specialized Courses	75480	178790	56248	
在职人员攻读硕士学位	Employees Enrolled in Graduate Programs		6583		1819
自考助学班	Classes for Self-learning Programs		307	202	
研究生课程进修班	Postgraduate Courses for Advanced Study		156	141	
普通预科生	College Preparatory Courses		665		
进修及培训	In-service Training Courses		99889	111124	
留学生	Overseas Students	949	3570	657	426

分学科研究生情况（2017年）
Number of Postgraduate Students by Field of Study (2017)

单位：人 (person)

项目	Item	毕业生数 Graduates	博士 Doctor's Degree	硕士 Master's Degree	招生数 Enrollment	博士 Doctor's Degree	硕士 Master's Degree	在校学生数 Enrollment	博士 Doctor's Degree	硕士 Master's Degree
分学科研究生数(总计)	**Total**	**12771**	**423**	**12348**	**17162**	**724**	**16438**	**45637**	**3111**	**42526**
哲　学	Philosophy	89	4	85	84	4	80	259	22	237
经济学	Economics	423	8	415	524	9	515	1307	49	1258
法　学	Law	690	9	681	923	21	902	2411	82	2329
教育学	Education	621	12	609	877	12	865	2143	41	2102
文　学	Literature	608	16	592	695	26	669	1898	94	1804
历史学	History	132	6	126	162	17	145	540	86	454
理　学	Science	998	46	952	1122	75	1047	3342	300	3042
工　学	Engineering	4913	175	4738	6491	346	6145	17610	1486	16124
农　学	Agriculture	538	30	508	794	44	750	1904	177	1727
医　学	Medicine	1849	92	1757	2552	131	2421	7102	413	6689
军事学	Military	48		48	39		39	123		123
管理学	Management	1378	25	1353	2452	39	2413	5610	361	5249
艺术学	Art	484		484	444		444	1385		1385
分学科研究生数（普通高校）	**Regular HEIs**	**12742**	**423**	**12319**	**17124**	**724**	**16400**	**45538**	**3111**	**42427**
哲　学	Philosophy	89	4	85	84	4	80	259	22	237
经济学	Economics	423	8	415	524	9	515	1307	49	1258
法　学	Law	690	9	681	923	21	902	2411	82	2329
教育学	Education	621	12	609	877	12	865	2143	41	2102
文　学	Literature	608	16	592	695	26	669	1898	94	1804
历史学	History	132	6	126	162	17	145	540	86	454
理　学	Science	998	46	952	1122	75	1047	3342	300	3042
工　学	Engineering	4884	175	4709	6453	346	6107	17511	1486	16025
农　学	Agriculture	538	30	508	794	44	750	1904	177	1727
医　学	Medicine	1849	92	1757	2552	131	2421	7102	413	6689
军事学	Military	48		48	39		39	123		123
管理学	Management	1378	25	1353	2452	39	2413	5610	361	5249
艺术学	Art	484		484	444		444	1385		1385
分学科研究生数（科研机构）	**Research Institutions**	**29**		**29**	**38**		**38**	**99**		**99**
工　学	Engineering	29		29	38		38	99		99

普通本科分学科学生数

Number of Regular Students for Normal Courses in HELs by Discipline

单位：人 (person)

项目	Item	毕业生数 Graduates 2016	毕业生数 Graduates 2017	招生数 Entrants 2016	招生数 Entrants 2017	在校学生数 Enrollment 2016	在校学生数 Enrollment 2017
总　计	**Total**	**163600**	**170408**	**194046**	**201826**	**708713**	**735827**
#师范生	Teacher Training	20776	20222	20221	21430	75589	79405
按学科分	**by Field of Study**						
哲　学	Philosophy	24	28	40	40	146	147
经济学	Economics	8015	8248	8209	8905	32430	33276
法　学	Law	5921	6048	6121	6919	22136	22907
教育学	Education	5929	6624	8761	9782	27947	30849
文　学	Literature	14520	14681	15819	17186	55804	58284
#外　语	Foreign Languages	7814	7861	8504	9445	29525	31010
历　史	History	805	801	1010	1220	3089	3452
理　学	Science	10852	10941	13397	13650	46773	48903
工　学	Engineering	56811	56795	65873	67856	243254	251944
农　学	Agriculture	3100	3283	4066	3989	14453	14754
医　学	Medicine	13602	15922	17688	18063	71542	73576
管理学	Management	31406	32144	34167	33734	127526	129072
艺　术	Art	12615	14893	18895	20482	63613	68663

专科分学科学生数（2017年）

Number of Students in Junior Colleges by Field of Study (2017)

单位：人 (person)

项目	Item	毕业生数 Graduates 普通高校 Regular Institutions	毕业生数 Graduates 成人高校 Adult Institutions	招生数 Entrants 普通高校 Regular Institutions	招生数 Entrants 成人高校 Adult Institutions	在校学生数 Enrollment 普通高校 Regular Institutions	在校学生数 Enrollment 成人高校 Adult Institutions
专　科	**Junior Colleges**	**157620**	**1944**	**187838**	**2779**	**526686**	**6360**
#师范生	Teacher Training	11983	68	15098	329	37869	617
按学科分	**by Field of Study**						
农林牧渔类	Agriculture, Forestry, Animal Husbandry and Fishery	1777		2432		6290	
资源环境与安全大类	Resources, Environmental and Safety	2682	497	1999	450	6519	1428
能源动力与材料大类	Energy and Materials	2128		2012		5514	
土木建筑大类	Civil Engineering	17647	304	11372	230	33342	577
水利大类	Water Resources	287		222		745	
装备制造大类	Manufacturing	17238	4	18094	19	52104	28
生物与化工大类	Biochemical and Chemical	1922		835		3686	
轻工纺织大类	Light and Textile	431		295		843	
食品药品与粮食大类	Medicine and Food	1921		1877		6169	
交通运输大类	Transport and Communication	8343		15259	200	41139	396
电子信息大类	Electronic Information	14852	202	28653	557	70359	1017
医药卫生大类	Medicine and Health	20184		29773	79	83807	79
财经商贸大类	Financial	36366	567	33505	716	105474	1684
旅游大类	Tourism	3283	78	3492	31	9797	74
文化艺术大类	Artistic Design and Culture	7810	134	7622	72	22199	271
新闻传播大类	Mass Media	1263		1398	29	4192	51
教育与体育大类	Education and Physical	16714	68	24270	337	60319	628
公安与司法大类	Public Security and Law	1865	1	3646		11234	
公共管理与服务大类	Public Services	907	89	1082	59	2954	127

普通中学学校数（2017年）
Number of Regular Secondary Schools (2017)

单位：所 (unit)

项 目	Item	高 中 Regular Senior Secondary Schools	完全中学 Combined Secondary Schools	高级中学 Regular High Schools	十二年一贯制学校 12-Year Schools	初 中 Regular Junior Secondary Schools	初级中学 Junior Secondary Schools	九年一贯制 From Grade 1 to 9
总计	**Total**	**630**	**209**	**367**	**54**	**2375**	**1854**	**521**
教育部门	Departments of Education	460	147	302	11	2112	1787	325
其他部门	Other Department					5		5
民办	Run by Private Institutions	169	62	65	42	258	67	191
城区	**Cities**	**280**	**122**	**136**	**22**	**413**	**307**	**106**
教育部门	Departments of Education	192	90	97	5	344	283	61
其他部门	Other Department					3		3
民办	Run by Private Institutions	88	32	39	17	66	24	42
镇区	**Counties and Towns**	**322**	**81**	**217**	**24**	**1177**	**923**	**254**
教育部门	Departments of Education	252	54	193	5	1034	891	143
其他部门	Other Department					2		2
民办	Run by Private Institutions	70	27	24	19	141	32	109
乡村	**Rural**	**28**	**6**	**14**	**8**	**785**	**624**	**161**
教育部门	Departments of Education	16	3	12	1	734	613	121
民办	Run by Private Institutions	11	3	2	6	51	11	40

普通中学学生数
Number of Junior Secondary Students

单位：人 (person)

项 目	Item	2016 总计 Total	2016 城区 Cities	2016 镇区 Counties and Towns	2016 乡村 Rural	2017 总计 Total	2017 城区 Cities	2017 镇区 Counties and Towns	2017 乡村 Rural
高 中	**Regular Senior Secondary School**								
毕业生数	Graduates	368170	159995	196745	11430	376969	161930	202555	12484
招生数	Entrants	432658	177551	237944	17163	457055	188673	250706	17676
在校学生数	Enrolment	1213315	507809	656181	49325	1291375	538488	706509	46378
初 中	**Regular Junior School**								
毕业生数	Graduates	774421	229600	417538	127283	809376	233260	443886	132230
招生数	Entrants	854121	245934	463284	144903	965029	277192	525743	162094
在校学生数	Enrolment	2435810	689249	1329598	416963	2600675	738329	1429555	432791

中等职业学校(机构)学生分科类情况（2017年）
Students in Secondary Vocational Schools by Field of Study (2017)

单位：人 (person)

项目	Item	招生数 New Enrollment	#应届毕业生 Current Year Graduates	#初中毕业生 Junior Secondary School Graduates	在校学生数 Total Enrollment	毕业生数 Graduates	#获得职业资格证书 With Certificate on Professional Competence
总计	**Total**	**287128**	**244910**	**233487**	**706167**	**220087**	**160310**
农林牧渔类	Agriculture, Forestry, Animal Husbandry and Fishery	16479	10360	10334	47614	21185	15857
资源环境类	Resources and Environment	380	380	380	755	468	462
能源与新能源类	Energy and New Energy	830	800	789	2656	1448	1390
土木水利类	Civil and Hydraulic Engineering	7576	7406	7206	20590	8206	7238
加工制造类	Manufacturing	35416	31297	29999	94309	32940	29525
石油化工类	Petroleum and Chemical	414	295	295	1940	501	372
轻纺食品类	Light Industry, Textile and Food	723	628	628	1644	764	719
交通运输类	Communication & Transportation	32422	30071	29761	86288	22855	17196
信息技术类	Information Technologies	54264	52175	51050	136315	30099	24976
医药卫生类	Medicine and Health	19486	16974	16232	54476	13349	9034
休闲保健类	Leisure Health Class	1028	947	945	2552	786	679
财经商贸类	Finance and Trade	27008	24980	24420	72353	20184	14553
旅游服务类	Tourism Services	7643	7328	7315	18409	4155	3520
文化艺术类	Culture and Arts	18875	17407	17010	47410	9955	7533
体育与健身	Sports and Fitness	2069	2029	2024	5582	1152	1134
教育类	Teacher Training	58238	39998	33323	106627	48231	22917
司法服务类	Judicial Services	585	468	459	1011	245	6
公共管理与服务类	Public Management and Services	3335	1010	960	4869	3262	2962
其他	Others	357	357	357	767	302	237

技工学校情况
Statistics on Skilled Workers Schools

年 份 Year	学校数(所) Number of Schools (unit)	毕业生数(人) Graduates (person)	招生数(人) Entrants (person)	在校学生数(人) Enrolment (person)	教职工数(人) Educational Personnel (person)	专任教师数(人) Full-time Teachers (person)	文化技术理论课指导教师 Classroom Teachers	生产实习课指导教师 Practical Training Teachers	理论实习一体化教师 Classroom cum Practical Training Teachers
2005	164			105508	10863	8111	4863	1987	1261
2006	160			129845	10951	8988	5406	2228	1354
2007	161			160286	13096	10209	5809	2386	2014
2008	161			174421	12133	10881	6352	2571	1958
2009	164			169663	12597	11196	6101	2917	2178
2010	166			158592	12743	11109	6046	2826	2237
2011	168			145870	12686	8865	6310	2555	2387
2012	170			145272	13100	9355	6736	2619	2628
2013	170	48513	50126	135468	13204	9546	6962	2584	2687
2014	173	46449	45245	111626	13131	9504	7045	2459	2697
2015	173	41083	38570	101333	13044	9456	7077	2379	2640
2016	175	41257	43842	100535	13076	9539	7107	2432	2683
2017	177	33969	52997	110598	13331	9973	7462	2511	2645

普通小学情况
Statistics on Primary Schools

项 目	Item	学校数(所) Schools (unit) 2016	2017	毕业生数(人) Graduates (person) 2016	2017	招生数(人) Entrants (person) 2016	2017	在校学生数(人) Enrollment (person) 2016	2017
总计	**Total**	**11944**	**11697**	**872566**	**976942**	**1108722**	**1134496**	**6205473**	**6372170**
教育部门	Departments of Education	11411	11093	784046	875796	1033986	1039546	5703339	5766625
其他部门	Other Department	1		421	487	489	503	3132	2688
地方企业	Local Enterprises	1	1	104	55	83	69	599	687
民办	Run by Private Institutions	531	603	87995	100604	74214	94378	498403	602170
城区	**Cities**	**1418**	**1461**	**200610**	**224894**	**250664**	**271853**	**1386416**	**1478354**
教育部门	Departments of Education	1346	1372	180358	202663	235108	251422	1279934	1354089
其他部门	Other Department			363	410	375	437	2256	2303
地方企业	Local Enterprises	1	1	104	55	83	19	492	472
民办	Run by Private Institutions	71	88	19785	21766	15098	19975	103734	121490
镇区	**Counties and Towns**	**3357**	**3374**	**353231**	**396947**	**420222**	**439360**	**2405076**	**2539876**
教育部门	Departments of Education	3096	3095	303209	338689	379660	391209	2127877	2209179
其他部门	Other Department	1		58	77	114	66	876	385
地方企业	Local Enterprises								
民办	Run by Private Institutions	260	279	49964	58181	40448	48085	376323	330312
乡村	**Rural**	**7169**	**6862**	**318725**	**355101**	**437886**	**423283**	**2413981**	**2353940**
教育部门	Departments of Education	6969	6626	300479	334444	419218	396915	2295528	2203357
其他部门	Other Department								
地方企业	Local Enterprises						50	107	215
民办	Run by Private Institutions	200	236	18246	20657	18668	26318	118346	150368

每万人口各级学校平均在校生数和中小学升学情况
Number of Students Per 10000 Population by Level and Enrollment Rate of Secondary and Primary Schools

年 份 Year	每万人口各级学校平均在校生数(人) Number of Students Per 10000 Population by Level (person)					小学学龄儿童入学率(%) Enrollment Rate of School-age Children (%)	小学毕业生升学率(%) Primary School Graduates Entering into Junior Secondary Schools (%)	初中毕业生升学率(%) Junior Secondary Graduates Entering into Senior Secondary Schools (%)
	学前教育 Pre-education	小 学 Primary Education	初中阶段 Junior Secondary	高中阶段 Senior Secondary	高等教育 Higher Education			
2004	160	809	600	296	137	99.8	98.4	32.9
2005	179	735	546	338	144	99.7	98.1	39.0
2006	195	686	492	362	163	99.4	99.0	37.4
2007	197	675	444	372	171	99.5	99.8	39.2
2008	200	685	395	372	181	99.7	99.8	42.6
2009	216	699	346	370	187	99.7	99.95	45.1
2010	239	727	315	365	195	99.8	99.98	85.6
2011	255	752	299	343	201	99.8	99.97	86.2
2012	271	777	300	315	206	99.8	97.69	99.3
2013	292	749	287	275	211	99.8	93.26	92.1
2014	296	770	312	258	210	99.7	99.06	92.5
2015	314	808	320	256	214	99.8	98.67	92.6
2016	315	836	328	266	219	103.2	97.88	90.2
2017	318	853	348	282	232	102.5	98.78	92.1

注：1.高等教育包括普通高等学校和成人高等学校。
2.高中阶段合计数据包括普通高中、成人高中、普通中专、职业高中、技工学校和成人中专。
3.初中阶段包括普通初中和职业初中。

a) Institutions of higher education include that of regular institutions of higher education and institutions of higher education for adults.
b) Total of senior schools include that of regular senior schools, adult senior schools, regular secondary technical schools, vocational secondary schools, technical worker school, adult technical secondary schools.
c) Junior secondary schools include regular junior schools and junior vocational schools.

科技活动基本情况
Basic Statistics on Scientific and Technological Activities

指　　标	Item	2010	2015	2016	2017
研究与试验发展(R&D)投入情况	**Statistics on R&D Input**				
R&D人员全时当量(人年)	Full-time Equivalent of R&D Personnel (man-year)	62302	107508	111384	113191
# 基础研究	Basic Research	3807	5623	6208	5973
应用研究	Applied Research	10577	14432	15828	15434
试验发展	Experimental Development	47919	87456	89350	91785
R&D经费内部支出（万元）	Intramural Expenditure on R&D (10000 yuan)	1554487.8	3521443.9	3834273.8	4520311.8
# 基础研究	Basic Research	52824.2	68298.0	80788.1	105087.1
应用研究	Applied Research	230884.4	309184.0	333943.1	379701.5
试验发展	Experimental Development	1270778.2	3143961.9	3419542.6	4035523.2
# 政府资金	Government Funds	273893.4	541239.3	557713.0	679937.0
企业资金	Self-raised Funds by Enterprises	1220159.6	2858630.8	3189523.3	3746806.5
R&D经费内部支出相当于GDP比例(%)	Proportion of Intramural Expenditure on R&D to GDP (%)	0.76	1.18	1.20	1.33
科技产出及成果情况	**Statistics on S&T Outputs and Results**				
专利申请数(件)	Number of Patents Application Accepted (piece)	5112	15159	20022	21704
#发明专利	Inventions	1774	5258	7078	8408
专利授权数(件)	Number of Patents Application Granted (piece)	877	3456	3883	4046
#发明专利	Inventions	292	1133	1209	1420
发表科技论文(篇)	Scientific Papers Issued (piece)	40425	44427	46603	48674
出版科技著作(种)	Publication on Science and Technology (kind)	917	1384	1757	1743
技术市场情况	**Technical Market**				
签定各类技术合同(份)	Signing of Various Technical Contracts (unit)	10181	9287	10802	12520
#输出技术合同	Export Technical Contracts	4517	3298	3848	4411
技术市场成交额(亿元)	Transaction Value in Technical Market (100 million yuan)	109.30	139.04	184.38	302.41
#输出技术交易额	Transaction Value in Export Technology	17.08	35.01	48.99	70.74
技术合同成交额(亿元)	Transaction Value in Technoical Contracts (100 million yuan)	148.50	185.25	243.86	396.51
#输出技术合同成交额	Transaction Value in Export Technical Contracts	19.29	39.95	59.58	93.26

科学研究与开发机构基本情况
Basic Statistics on Scientific Research and Development Institutions

指　　标	Item	2010	2015	2016	2017
机构基本情况	**Basic Statistics on Institutions**				
机构数（个）	Number of R&D Institutions (unit)	75	79	80	80
# 中央属	Subordinated to Central Level	8	8	8	8
地方属	Subordinated to Local Level	67	71	72	72
研究与试验发展(R&D)投入情况	**Statistics on R&D Input**				
R&D人员(人)	R&D Personnel (person)	6551	9400	10142	10435
R&D人员全时当量（人年）	Full-time Equivalent of R&D Personnel (man-year)	6201	8757	9236	9627
# 基础研究	Basic Research	669	693	849	753
应用研究	Applied Research	4072	3597	3311	3677
试验发展	Experimental Development	1460	4467	5076	5197
R&D经费内部支出(万元)	Intramural Expenditure on R&D (10000 yuan)	212542	406037	383879	487942
# 基础研究	Basic Research	24796	13306	10990	26961
应用研究	Applied Research	141414	100804	82885	112152
试验发展	Experimental Development	46331	291927	290004	340829
# 政府资金	Government Appropriation Funds	175190	346804	363835	456895
企业资金	Self-raised Funds by Enterprises	51	549	670	1946
R&D项目(课题)情况	**Statistics on R&D Topics**				
R&D项目(课题)数(项)	Projects of R&D (item)	572	857	864	956
R&D项目(课题)人员全时当量(人年)	Participants (man-year)	5690	7958	8132	8935
R&D项目(课题)经费内部支出(万元)	Intramural Expenditure (10000 yuan)	106116	266479	249768	311118
科技产出及成果情况	**Statistics on S&T Outputs and Results**				
发表科技论文(篇)	Scientific Papers Issued (piece)	1935	2352	2568	2763
出版科技著作(种)	Publication on Science and Technology (kind)	35	124	82	121
专利申请受理数(件)	Number of Patents Applications Accepted (piece)	244	665	727	841
#发明专利	Inventions	151	430	513	623
专利申请授权数(件)	Number of Patents Applications Granted (piece)	150	510	409	441
#发明专利	Inventions	62	298	216	271

高等学校科技活动情况

Basic Statistics on Higher Education for Scientific and Technological Activities

指　　标	Item	2010	2015	2016	2017
机构基本情况	**Basic Statistics on Institutions**				
机构数（个）	Number of R&D Institutions (unit)	162	240	271	311
# 中央属	Subordinated to Central Level	6	10	14	20
地方属	Subordinated to Local Level	156	230	257	291
研究与试验发展(R&D)投入情况	**Statistics on R&D Input**				
R&D人员(人)	R&D Personnel (person)	16842	28416	30448	32588
R&D人员全时当量（人年）	Full-time Equivalent of R&D Personnel (man-year)	7388	10569	10682	11832
# 基础研究	Basic Research	2981	4657	4834	5050
应用研究	Applied Research	4092	5659	5620	6412
试验发展	Experimental Development	319	253	228	365
R&D经费内部支出(万元)	Intramural Expenditure on R&D (10000 yuan)	74597	140153	159007	210433
# 基础研究	Basic Research	27030	51196	64154	75854
应用研究	Applied Research	41076	83895	89610	118551
试验发展	Experimental Development	6486	5062	5243	16028
# 政府资金	Government Appropriation Funds	39915	84486	102003	133566
企业资金	Self-raised Funds by Enterprises	29338	41916	38189	50230
R&D项目(课题)情况	**Statistics on R&D Topics**				
R&D项目(课题)数(项)	Projects of R&D (item)	13301	20946	23567	25232
R&D项目(课题)人员全时当量(人年)	Participants (man-year)	7385	10554	10670	11824
R&D项目(课题)经费内部支出(万元)	Intramural Expenditure (10000 yuan)	54999	80604	83528	119360
科技产出及成果情况	**Statistics on S&T Outputs and Results**				
发表科技论文(篇)	Scientific Papers Issued (piece)	30426	32909	36187	37524
出版科技著作(种)	Publication on Science and Technology (kind)	743	1129	1554	1494
专利申请受理数(件)	Number of Patents Applications Accepted (piece)	937	3753	4834	5368
# 发明专利	Inventions	430	1286	1883	2308
专利申请授权数(件)	Number of Patents Applications Granted (piece)	649	2900	3461	3574
# 发明专利	Inventions	211	821	986	1141

规模以上工业企业科技活动基本情况
Basic Statistics on Science and Technology Activities of Industrial Enterprises above Designated Size

指　　标	Item	2010	2015	2016	2017
企业基本情况	**Statistics on Industrial Enterprises**				
有R&D活动企业数(个)	Number of Enterprises Having R&D Activities (unit)	546	1388	1701	2218
有R&D活动企业所占比重(%)	Percentage of Enterprises Having R&D Activities to Total Number of Enterprises (%)	3.92	9.07	11.50	15.00
R&D活动情况	**Statistics on R&D Activities**				
R&D人员全时当量(人年)	Full-time Equivalent of R&D Personnel (man-year)	41632.2	79452.0	82971.0	79135.1
R&D经费内部支出(万元)	Intramural Expenditure on R&D (10000 yuan)	1149280.1	2858050.6	3086607.6	3509683.7
R&D经费内部支出与主营业务收入之比 (%)	Percentage of Intramural Expenditure on R&D to Sales Revenue (%)	0.36	0.63	0.65	0.84
R&D项目数 (项)	Projects of R&D (item)	4976	8358	9533	11295
R&D项目经费内部支出(万元)	Intramural Expenditure on R&D Projects (10000 yuan)	979938.9	2493028.1	2759307.4	3504670.2
企业办科技机构情况	**Statistics on Science and Technology Institutions**				
机构数(个)	Number of R&D Institutions (unit)	529	1245	1385	1466
机构人员数(人)	R&D Personnel (person)	43038	79049	82305	84768
机构经费支出(万元)	Expenditure on R&D (10000 yuan)	771782.8	1514208.2	1554700.0	1754004.3
新产品开发及生产情况	**Statistics on New Products Development and Production**				
新产品开发项目数(个)	Number of New Products (unit)	4892	7489	8428	10238
新产品开发经费支出(万元)	Expenditure on New Products Development (10000 yuan)	1081733.6	2465368.8	2626888.7	3422205.3
新产品销售收入(万元)	Sales Revenue of New Products (10000 yuan)	13857107.8	34762444.9	39231360.2	46623293.6
#新产品出口	Export	1480374.9	3268926.3	4329022.5	4016522.2
专利情况	**Statistics on Patent**				
专利申请数(件)	Patent Applications (piece)	3581	10396	13189	13855
#发明专利	Inventions	1072	3393	4120	4798
有效发明专利数(件)	Number of Patents in Force (piece)	1545	7740	13074	14750
技术获取和技术改造情况	**Statistics on Technology Acquisition and Technology Reconstruction**				
引进境外技术经费支出(万元)	Expenditure for Acquisition of Foreign Technology (10000 yuan)	134132.2	41979.8	21239.4	89303.8
引进技术消化吸收经费支出(万元)	Expenditure for Assimilation of Technology (10000 yuan)	190810.8	16576.2	13344.6	13540.3
购买境内技术经费支出(万元)	Expenditure for Purchase of Foreign Technology (10000 yuan)	31476.4	21107.9	15412.2	29859.6
技术改造经费支出(万元)	Expenditure for Technical Renovation (10000 yuan)	1714642.3	1236017.5	1059852.2	1262379.3

按行业分规上工业企业研究与试验发展(R&D)活动情况（2017年）
Basic Statistics on R&D Activities of Industrial Enterprises above Designated Size by Industrial Sector (2017)

行业	Sector	R&D人员全时当量（人年）Full-time Equivalent of R&D Personnel (man-year)	R&D经费内部支出（万元）Intramural Expenditure on R&D (10000 yuan)	R&D项目数（项）R&D Projects (unit)
全省总计	**Total**	**79135**	**3509683.7**	**11295**
煤炭开采和洗选业	Mining and Washing of Coal	2015	98528.6	261
石油和天然气开采业	Extraction of Petroleum and Natural Gas	1529	26531.2	161
黑色金属矿采选业	Mining of Ferrous Metal Ores	49	542.3	18
有色金属矿采选业	Mining of Non-ferrous Metal Ores	2	5.0	1
非金属矿采选业	Mining and Processing of Nonmetal Ores	59	1745.0	15
农副食品加工业	Processing of Food from Agricultural Products	1185	43094.7	175
食品制造业	Manufacture of Foods	813	54027.7	252
酒、饮料和精制茶制造业	Manufacture of Wine, Soft Drinks and Refined Tea	814	32835.8	149
烟草制品业	Manufacture of Tobacco	2	34.0	1
纺织业	Manufacture of Textile	535	25319.3	132
纺织服装、服饰业	Manufacture of Textile, Apparel	278	11604.8	125
皮革、毛皮、羽毛及其制品和制鞋业	Manufacture of Leather, Fur, Feather and Its Products and Footware	203	9734.3	31
木材加工和木、竹、藤、棕、草制品业	Processing of Timbers, Manufacture of Wood, Bamboo, Rattan, Palm, and Straw Products	87	6099.1	39
家具制造业	Manufacture of Furniture	195	6597.4	42
造纸和纸制品业	Manufacture of Paper and Paper Products	63	9368.6	26
印刷和记录媒介复制业	Printing, Reproduction of Recording Media	635	8146.3	119
文教、工美、体育和娱乐用品制造业	Manufacture of Articles for Culture, Arts and Crafts, Education, Sport Activities and Entertainment Goods	260	7377.9	61
石油加工、炼焦和核燃料加工业	Processing of Petroleum, Coking, Processing of Nuclear Fuel	430	39692.6	75
化学原料和化学制品制造业	Manufacture of Chemical Raw Material and Chemical Products	5754	220128.4	1036
医药制造业	Manufacture of Medicines	5159	213048.2	1009
化学纤维制造业	Manufacture of Chemical Fiber	761	44035.4	98
橡胶和塑料制品业	Manufacture of Rubber and Plastic	1713	55338.0	375
非金属矿物制品业	Manufacture of Nonmetallic Mineral Products	2790	90737.1	457
黑色金属冶炼和压延加工业	Manufacture and Processing of Ferrous Metals	13670	1069109.0	1159
有色金属冶炼和压延加工业	Manufacture & Processing of Non-ferrous Metals	425	19704.1	96
金属制品业	Manufacture of Metal Products	2689	89974.2	585
通用设备制造业	Manufacture of General Purpose Machinery	2809	73555.2	628
专用设备制造业	Manufacture of Special Purpose Machinery	5842	149091.5	1117
汽车制造业	Manufacture of Automotive	13105	584488.1	1286
铁路、船舶、航空航天和其他运输设备制造业	Manufacture of Railroad, Marine, Aerospace and Other Transportation Equipment	2157	104410.7	231
电气机械和器材制造业	Manufacture of Electrical Machinery and Equipment	6029	248302.6	764
计算机、通信和其他电子设备制造业	Manufacture of Computer, Communications and Other Electronic Equipment	5361	116576.1	375
仪器仪表制造业	Manufacture of Measuring Instrument	850	17665.0	225
其他制造业	Manufacture of Others	50	4386.5	16
废弃资源综合利用业	Comprehensive Utilization of Waste Resources	24	717.1	8
金属制品、机械和设备修理业	Metal Products, Machinery and Equipment Repair	338	11422.9	38
电力、热力生产和供应业	Production and Supply of Electric Power and Heat Power	295	6269.0	73
燃气生产和供应业	Production and Distribution of Gas	138	8300.7	23
水的生产和供应业	Production and Distribution of Water	26	339.3	13

大中型工业企业科技活动基本情况
Basic Statistics on Science and Technology Activities of Large and Medium-sized Industrial Enterprises

指　　标	Item	2010	2015	2016	2017
企业基本情况	**Statistics on Industrial Enterprises**				
有R&D活动企业数（个）	Number of Enterprises Having R&D Activities (unit)	290	532	554	633
有R&D活动企业所占比重(%)	Percentage of Enterprises Having R&D Activities to Total Number of Enterprises (%)	17.82	24.41	27.13	33.65
R&D活动情况	**Statistics on R&D Activities**				
R&D人员全时当量(人年)	Full-time Equivalent of R&D Personnel (man-year)	37814.5	67381.0	69360.0	64075.0
R&D经费内部支出(万元)	Intramural Expenditure on R&D (10000 yuan)	1078941.2	2506229.8	2615770.2	2991560.9
R&D经费内部支出与主营业务收入之比(%)	Percentage of Intramural Expenditure on R&D to Sales Revenue (%)	0.52	0.91	0.92	1.11
R&D项目数(项)	Projects of R&D (item)	4346	6200	6535	6871
R&D项目经费内部支出(万元)	Intramural Expenditure on R&D (10000 yuan)	926520.2	2183489.4	2352856.9	2987367.4
企业办R&D机构情况	**Statistics on R&D Institutions**				
机构数(个)	Number of R&D Institutions (unit)	365	609	604	613
机构人员数（人）	R&D Personnel (person)	39860	66218	68281	69270
机构经费支出(万元)	Expenditure on R&D (10000 yuan)	737155.5	1334845.0	1373000.3	1541102.7
新产品开发及生产情况	**Statistics on New Products Development and Production**				
新产品开发项目数(个)	Number of New Products (unit)	4048	5290	5489	6088
新产品开发经费支出(万元)	Expenditure on New Products Development (10000 yuan)	983795.8	2158520.6	2212085.2	2903717.8
新产品销售收入(万元)	Sales Revenue of New Products (10000 yuan)	13062232.8	32499892.8	36188606.1	42633952.9
# 新产品出口	Export	1428054.4	3170022.9	4158780.0	3785224.3
专利情况	**Statistics on Patent**				
专利申请数(件)	Patent Applications (piece)	2827	8225	10132	10216
#发明专利	Inventions	820	2575	2946	3562
有效发明专利数(件)	Number of Patents in Force (piece)	1218	5916	9477	9937
技术获取和技术改造情况	**Statistics on Technology Acquisition and Technology Reconstruction**				
引进境外技术经费支出(万元)	Expenditure for Acquisition of Foreign Technology (10000 yuan)	132991.6	41028.1	18935.4	87118.4
引进技术消化吸收经费支出(万元)	Expenditure for Assimilation of Technology (10000 yuan)	189600.8	15876.6	12846.8	11602.6
购买境内技术经费支出(万元)	Expenditure for Purchase of Foreign Technology (10000 yuan)	30970.8	20143.6	12563.7	20318.9
技术改造经费支出(万元)	Expenditure for Technical Renovation (10000 yuan)	1701417.4	1171257.3	1003119.9	1228690.8

注：2005年企业办R&D机构为企业科技机构。

a) R&D agency supported by enterprises for 2005, refers to those R&D agencies which are attached to enterprises.

国有地方企事业单位各部门专业技术人员
Number of Scientific and Technical Personnel in Local State-owned Enterprises and Institutions

单位：人 (person)

项　　目	Item	2010	2015	2016	2017
专业技术人员总计	**Total**	**1139161**	**1160009**	**1196524**	**1211116**
#工程技术人员	Engineering and Technical Personnel	125593	129104	130576	134027
农业技术人员	Agricultural Technician	27096	27086	26379	26628
科学研究人员	Scientific Researcher	2917	4115	4293	4378
卫生技术人员	Medical Personnel	163372	185793	184948	189917
教学人员	Teaching Staff	696487	687077	695824	704505
#农、林、牧、渔业	Agriculture, Forestry, Animal Husbandry and Fishery	33597	34729	34270	33980
采矿业	Mining	29550	31137	31937	33922
制造业	Manufacturing	44892	41006	37722	32646
电力、煤气及水的生产和供应业	Production and Supply of Electricity, Gas and Water	9745	9897	10074	10060
建筑业	Construction	21332	16913	16539	19360
交通运输 、仓储和邮政业	Transport, Storage and Post	26071	28697	29287	29602
信息传输、计算机服务和软件业	Information Transmission, Computer Services and Software	1089	701	706	767
批发和零售业	Wholesale and Retail Trades	9488	7854	8133	7358
住宿和餐饮业	Hotels and Catering Services	1003	804	724	762
金融业	Financial Intermediation	2618	1913	2193	3972
房地产业	Real Estate	3387	3567	3645	3825
租赁和商务服务业	Leasing and Business Services	1153	904	821	1042
科学研究、技术服务和地质勘查业	Scientific Research, Technical Service and Geologic Environment Prospecting	14870	16455	16695	17094
水利、环境和公共设施管理业	Management of Water Conservancy, and Public Facilities	27013	26081	26776	27130
居民服务和其他服务业	Services to Households and Other Services	4927	3639	3889	4019
教　育	Education	665785	693348	710034	717694
卫生、社会保障和社会福利业	Health, Social Security and Social Welfare	173742	182884	198938	202822
文化、体育和娱乐业	Culture, Sports and Entertainment	22319	24680	26425	25197
公共管理和社会组织	Public Management and Social Organization	46571	34800	37716	39864

省内三种专利申请受理量及授权量
Three Kinds of Patent Applications Examined and Granted

单位：件 (unit)

项　　目	Item	2000	2010	2015	2016	2017
申请量合计	**Total Applications Examined**	**3848**	**12300**	**44060**	**54838**	**61303**
发　　明	Inventions	601	3269	11259	14141	13982
实用新型	Utility Models	2429	7095	24646	30253	36150
外观设计	Designs	818	1936	8155	10444	11171
在三种专利申请量中	**In the Three Types of Patent Applications Examined**					
非职务	Non-official	3080	5707	15359	20212	21494
职　务	Official	768	6593	28701	34626	39809
大专院校	Universities and Colleges	27	810	4309	5763	6369
科研单位	Research Institutions	45	394	814	1095	1030
企业	Enterprises	682	5296	23181	27281	31698
机关团体	Government Agencies and Organizations	14	93	397	487	712
授权量合计	**Three Kinds of Patents Granted**	**2812**	**10061**	**30130**	**31826**	**35348**
发　　明	Inventions	221	954	3840	4247	4927
实用新型	Utility Models	1917	6838	19103	19762	21841
外观设计	Designs	674	2269	7187	7817	8580
在三种专利授权量中	**In the Three Types of Patent Applications Certified**					
非职务	Non-official	2137	4919	9714	10116	11506
职　务	Official	675	5142	20416	21710	23842
大专院校	Universities and Colleges	27	586	2708	3137	3371
科研单位	Research Institutions	61	265	362	323	320
企业	Enterprises	568	4231	17050	18019	19834
机关团体	Government Agencies and Organizations	19	60	296	231	317

文化艺术事业机构发展情况
Basic Statistics of Institution in Culture and Arts

单位：个 (unit)

年 份 Year	艺术业 Arts	#艺术表演团体 Arts Performance Troupes	#剧场、影剧院 Cinemas, Theaters and Music Halls	图书馆 Public Libraries	群众艺术馆、文化馆 Mass Art Centers and Cultural Centers 省市级 Province and City Level	县市级 County Level	文化站 Cultural Stations	文物业 Cultural Relics	#博物馆 Museums
1985	305	181	115	104	20	172	3724	116	12
1990	286	143	101	121	18	170	3399	163	22
1995	237	138	99	134	12	169	3011	197	31
1996	259	138	101	143	12	169	1920	205	34
1997	270	138	111	143	12	169	2098	207	38
1998	244	138	106	146	12	168	2108	212	40
1999	263	140	103	145	12	168	2092	213	42
2000	256	138	96	145	12	166	2079	215	43
2001	241	134	97	146	12	166	2103	216	43
2002	236	135	100	145	12	165	2091	215	44
2003	231	133	98	147	12	165	2106	215	44
2004	217	127	90	149	12	162	1972	215	45
2005	221	126	93	153	13	162	1974	216	46
2006	228	135	91	156	13	162	2056	217	46
2007	269	170	91	160	13	164	2017	256	56
2008	336	228	91	163	13	164	2057	228	57
2009	355	246	75	164	13	164	2088	236	64
2010	403	284	77	165	13	164	2142	236	65
2011	426	312	81	166	14	163	2183	254	69
2012	588	448	96	172	13	168	2212	249	75
2013	569	492	69	173	13	169	2217	272	101
2014	535	458	76	172	13	171	2220	277	105
2015	562	482	79	172	13	167	2222	304	107
2016	836	712	83	172	13	167	2236	309	111
2017	841	735	92	173	13	167	2251	458	122

文化、文物事业机构、人员数（2017年）
Number of Institution and Personnel in Culture and Cultural Relics (2017)

机构类别	Category of Institution	机构数(个) Number of Institutions (unit)	从业人数(人) Number of Employed Persons (person)
艺术业	Arts	841	18466
艺术表演团体	Arts Performance Troupes	735	16617
# 话剧、儿童剧、滑稽剧团	Drama, Plays for Children and Comedy Troupes	90	1634
歌舞团、轻音乐团	Song and Dance Troupe, Light Music Troupe	105	1893
戏曲剧团	Local Opera Troupes	192	5243
# 京 剧	Beijing Opera Troupes	13	428
曲艺、杂技、木偶、皮影团	Recitation and Ballad Troupes, Acrobatics and Circus Troupes, Puppet Show Troupes and Shadow Play Troupes	138	3699
艺术表演场所	Arts Centers	96	1702
# 剧场、影剧院	Cinemas, Theaters and Music Halls	92	1656
图书馆	Public Libraries	173	1899
群众文化服务	Mass Culture	2431	7377
群众艺术馆、文化馆(省市级)	Mass Art Centers and Cultural Centers (Province and City Level)	13	505
群众艺术馆、 文化馆(县市级)	Mass Art Centers and Cultural Centers (County Level)	167	1838
文化站	Cultural Stations	2251	5034
# 乡镇文化站	Township Cultural Stations	1988	4429
文物业	Cultural Relics	458	9009
文物保护管理机构	Agencies of Historical Relics Preservation	164	3861
文物科研机构	Scientific and Research Historical Relics Agencies	7	310
博物馆	Museums	122	3925
综合性博物馆	Comprehensive Museums	44	1633
历史类博物馆	History Museums	52	1734
艺术类博物馆	Arts Museums	10	182
自然科技类	General Natural Sciences Museums	3	98
其他	Others	13	278
文物商店	Cultural Relics Shops	2	11
其他文物机构	Other Cultural Relice Agencies	163	902

艺术表演团体演出情况（2017年）
Basic Statistics on Performance of Art Troupes (2017)

种　　类	Item	国内演出场次（万场） Number of Performances (10000 shows)	国内观众人数（万人次） Number of Spectators (10000 person-times)
全省总计	**Total**	**94870**	**5501.41**
#到农村演出	Rural Performance	61620	3418.66
# 话剧、儿童剧、滑稽剧团	Drama, Plays for Children and Comedy Troupes	12110	615.50
歌舞团、轻音乐团	Song and Dance Troupe, Light Music Troupes	12550	300.71
戏曲剧团	Opera Troupes	29070	2058.05
# 京　剧	Beijing Opera Troupes	830	42.2[illegible]
曲艺、杂技、木偶、皮影团	Folk, Acrobatics, Puppets and Shadow Puppets	27120	1695.18
综合性艺术表演团体	Comprehensive Art Performance	13760	1.38

群众艺术馆、文化馆(站)业务活动及经费收支（2017年）
Basic Statistics on Activities and Expenditures of Mass Art Centers and Cultural Centers (2017)

项　　目	Item	总计 Total	群众艺术馆、文化馆（省、地市级） Mass Art Centers and Cultural Centers (Province and City Level)	群众艺术馆、文化馆（县市级） Mass Art Centers and Cultural Centers (County Level)	文化站 Cultural Stations
机构数(个)	Number of Units (unit)	2431	13	167	2251
举办展览(个)	Number of Exhibitions (unit)	5331	113	959	4259
组织文艺活动(次)	Art Performances and Story-telling Sessions (show)	43856	927	10171	32758
举办训练班	Training Courses				
班　次(次)	Number of Classes (show)	19344	1191	6453	11700
培训人次(万人次)	Number of Persons Completing Courses (1000 person-times)	127.3	9.5	36.4	81.4
负责指导单位	Centers and Cultural Centers				
馆办文艺团体(个)	Art Performance Troupes (unit)	309	26	283	
群众业余演出团(队)	Part-time Art Groups	23859	241	4126	19492
总支出(万元)	Total Expenditures (10000 yuan)	59888.5	14092.3	23098.6	22697.6
各种设备、交通工具、图书购置费	Purchase of Instruments, Vehicles and Books	467.1	65.5	401.6	

公共图书馆基本情况（2017年）
Basic Statistics on Public Libraries (2017)

项　　目	Item	总　计 Total	#市级图书馆 Public Libraries at City Level	#县(市)区级图书馆 Public Libraries at County Level
总藏量(万册，件)	Total Collections (10000 volumes)	2546.9	920.0	1306.4
书架单层总长度(万米)	Total Length of Bookshelves (10000 m)	50.1	13.6	29.3
图书流通情况	Circulation of Books			
总流通人次(万人次)	Total Number of Circulation (10000 person-times)	2300.0	1120.6	910.0
有效借书证数(万个)	Number of Valid Library Cards (10000 units)	144.1	67.8	44.5
为读者服务举办各种活动	Service Activities Provided for Readers			
次　　数(次)	Number of Activities (show)	5536	1676	3537
参加人数(万人次)	Number of Readers Involved (10000 person-times)	169.5	79.6	70.2
总支出(万元)	Total Expenditures (10000 yuan)	33233.8	13988.7	14276.5
#新增藏量购置费	New Books Acquisition	4303.3	1763.0	1944.5
本年新购藏量(万册)	Number of Books Purchased During the Year (10000 volumes)	191.3	53.2	118.3
实际使用公用房屋建筑面积(万平方米)	Floor Space of Public Buildings in Use (10000 sq.m)	49.3	14.9	29.3
#书　库	Stack Rooms	10.2	2.0	7.0
阅览室座席(万个)	Seating Capacity of Reading Rooms (10000 seats)	4.1	1.0	2.8

广播电视基本情况
Basic Statistics on Broadcasting and Television Stations

项　　目	Item	2013	2014	2015	2016	2017
广播	**Radio**					
广播节目综合覆盖率(%)	Comprehensive coverage of radio programs (%)	99.34	99.34	99.35	99.35	99.35
电视	**Television**					
电视节目综合覆盖率(%)	Comprehensive coverage of TV programs (%)	99.27	99.27	99.27	99.28	99.29
有线广播电视用户数(万户)	Users of Cable Radios and TV (10000 households)	865.82	914.40	922.47	857.22	850.99
广播电视技术及其他	**TV Technology and Others**					
中、短波转播发射台(座)	Transmission and Relaying Stations of Medium and Short Wave Broadcast (unit)	31	31	29	31	31
调频转播发射台(座)	Relaying Stations of Frequency Modulation Broadcsting (unit)	159	159	159	159	421①
电视转播发射台(座)	TV Transmission and Relaying Stations (unit)	253	253	253	251	
微波实有站(座)	Microwave Stations (unit)	32	32	32	32	41

注：①为调频转播发射台与电视转播发射台之和。
a) ①The data for relaying stations of frequency modulation, TV transmission & relaying stations.

图书、报纸、杂志出版种类和数量（2017年）
Number of Books, Newspaper and Magazines Published (2017)

门　　类	Category	本版图书种类(种) Number of Publications (items)	总印数(万册) Printed Copies (10000 copies)	总印张(千印张) Printed Sheets (1000 sheets)
图　书	**Books Published**	**9857**	**29436.3**	**2210994.5**
马克思主义、列宁主义、毛泽东思想	Marxism-Leninism, Mao Zedong Thought	3	8.7	1228.6
哲学	Philosophy	8	1.6	419.2
社会科学总论	General Social Sciences	22	3.1	780.6
政治、法律	Politics and Law	36	355.3	14266.3
军事	Military Affairs	3	5.0	523.0
经济	Economics	44	5.7	1101.4
文化、科学、教育、体育	Culture, Science, Education and Sports	8407	27136.2	2054109.4
语言、文字	Languages	69	118.9	3618.7
文学	Literature	628	1418.6	81027.0
艺术	Arts	334	234.7	35801.6
历史、地理	History and Geography	74	14.7	2379.8
自然科学类	General Natural Sciences			
数理科学、化学	Mathematics and Chemistry	6	7.7	611.8
天文学、地理科学	Astronomy and Geology	4	0.5	59.1
医药、卫生	Medicine and Health Care	47	51.6	6361.8
农业科学	Agricultural Science	44	20.2	2031.7
工业技术	Industrial Technology	18	2.2	322.6
交通运输	Transportation	3	1.3	42.4
环境科学	Environmental Science	6	8.8	1335.0
综合性图书	General Books	85	37.3	4219.7
报　纸	**Newspapers Published**	**64**	**116454.0**	**2438571.0**
省级	Province	27	73504.0	1166205.0
地(市)级	Prefecture	36	42657.0	1266512.0
县级	County	1	293.0	5854.0
期　刊	**Magazines Published**	**217**	**4226.5**	**192260.3**
#综合类	General Magazines	10	28.1	1750.2
哲学、社会科学类	Philosophy and Social Sciences	52	1708.0	73717.9
自然科学、技术类	Natural Sciences and Technology	106	727.1	51747.7
文化、教育类	Culture and Education	35	1568.4	52204.8
文学、艺术类	Literature and Arts	14	195.0	12839.8
#画刊	Pictures	2	24.1	1351.2
#少年儿童读物	Books for Children	3	670.9	16036.3

体育系统从业人员情况(2017年)

Number of Engaged Persons of Physical Education System (2017)

指 标	Item	合 计 Total	#管理人员 Management	#专业技术人员 Professional and Technical Personnel	#优秀运动队运动员 Excellent Sports Teams and Athletes	#工勤人员 Workers and Service Personnel	#其他 Others
全省总计	**Total**	**6291**	**935**	**2176**	**972**	**850**	**373**
体育行政机关	Administrative Agencies	1419				177	257
运动项目管理部门	Sports Events Management	1318	168	159	955	36	
本科院校	Colleges	484	53	393		38	
体育运动学校	Physical Education & Sports Schools	701	71	503	12	105	10
少儿体育运动学校(业余体校)	Spare-time Sports School	923	107	725	5	83	3
训练基地	Training Bases	80	18	24		18	20
体育场馆	Stadium and Gymnasium	561	132	149		242	38
体育科研机构	Sports Science & Technology Institute	67	7	56		4	
其他事业单位	Other Institutions	599	355	155		64	25
其他	Others	139	24	12		83	20

等级运动员、裁判员分项发展人数(2017年)

Number of Athletes and Referees in Grades by Type of Sports (2017)

单位：人 (person)

运动项目	Item	等级运动员 Number of Athletes in Grades	#女 性 Female	#一 级运动员 First Grades	#二 级运动员 Second Grades	等级裁判员 Number of Referees in Grades	#女 性 Female
全省总计	**Total**	**2518**	**847**	**530**	**1988**	**834**	**266**
# 田径	Track and Field	786	174	31	755	156	44
游泳	Swimming	192	54	20	172	90	45
举重	Weight Lifting	17	4	3	14		
体操	Gymnastics	16	8	14	2	5	2
射击	Fire	29	11	11	18		
国际式摔跤	International -like Wrestling	75	19	22	53		
柔道	Judo	62	27	28	34	11	4
篮球	Basketball	228	101	30	198	67	2
排球	Volleyball	160	79	64	96	21	15
乒乓球	Ping pong	93	46	49	44	102	48
羽毛球	Badminton	43	26	19	24	49	19
足球	Football	46	31	1	45	113	20
武术	Martial Arts	231	69	18	213	8	1

卫生事业发展情况
Basic Statistics of Health Institutions

年份 Year	卫生机构数（个） Number of Health Institutions (unit)	#医院 Hospitals	卫生机构床位数（万张） Beds in Health Care Institutions (10000 beds)	#医院 Hospitals	卫生技术人员数（万人） Medical Technical Personnel (10000 persons)	#执业(助理)医师 Licensed Doctors	每千人口医疗床位（张） Beds of Medical Institutions per 1000 Population (bed)	每万人口执业(助理)医师数（人） Licensed (Assistant) Doctors in Health Care Institutions per 10000 Persons(person)
1978	8949	4336	8.90	8.16	10.70	5.46	1.76	10.8
1980	9492	4336	9.55	8.76	12.56	6.13	1.85	11.9
1981	10063	4327	9.79	8.84	13.37	6.23	1.86	11.9
1982	10227	4316	10.18	9.08	14.32	6.35	1.90	11.8
1983	10281	4333	10.71	9.61	14.85	6.59	1.98	12.2
1984	10344	4333	11.02	9.89	15.47	6.75	2.01	12.3
1985	10402	3120	12.09	10.31	15.45	6.85	2.18	12.4
1986	10454	3246	12.48	10.77	15.88	6.94	2.22	12.3
1987	10366	3311	13.32	11.48	16.18	6.96	2.34	12.2
1988	10579	3374	13.81	11.89	16.88	7.70	2.38	13.3
1989	10721	3379	14.39	12.43	17.45	8.36	2.44	14.2
1990	10586	3531	14.60	12.59	18.56	8.60	2.39	14.0
1991	10647	3630	14.81	12.93	18.35	8.61	2.38	13.8
1992	10715	3640	15.19	13.24	18.95	8.89	2.43	14.2
1993	10958	3787	15.54	13.56	19.77	8.25	2.46	13.0
1994	10274	4540	15.91	13.74	19.83	9.14	2.50	14.3
1995	10266	4533	15.90	13.76	20.18	9.31	2.49	14.5
1996	5402	794	16.19	10.25	18.18	7.93	2.50	12.2
1997	5392	795	16.62	10.45	18.73	8.24	2.56	12.6
1998	5386	791	16.56	10.44	19.21	8.53	2.53	13.0
1999	5338	784	16.62	10.64	20.30	8.96	2.51	13.6
2000	5306	779	16.89	10.78	20.75	9.17	2.54	13.7
2001	5281	773	17.27	10.99	20.98	9.41	2.57	14.0
2002	4671	885	17.17	10.98	20.05	9.33	2.55	12.4
2003	4520	770	15.88	10.98	20.28	9.31	2.35	12.3
2004	3414	807	15.84	11.72	20.21	8.39	2.33	12.3
2005	3284	817	16.23	11.84	20.29	8.41	2.38	12.3
2006	3394	874	17.30	12.63	21.08	8.75	2.52	12.7
2007	19431	1125	19.54	13.74	24.29	10.81	2.82	15.6
2008	15050	1103	21.40	14.84	24.57	10.91	3.07	15.6
2009	14738	1123	23.30	15.92	25.80	11.44	3.31	17.2
2010	15122	1224	24.93	17.29	28.03	21.94	3.47	18.4
2011	14855	1248	26.69	18.77	30.20	12.52	3.69	18.6
2012	79083	1248	28.47	20.39	31.51	14.31	3.75	19.6
2013	78486	1268	30.36	22.05	33.31	15.02	4.19	20.0
2014	78906	1341	32.29	23.69	35.17	15.78	4.37	21.4
2015	78600	1547	34.22	25.48	37.26	16.69	4.61	22.8
2016	78723	1618	36.10	27.15	39.36	17.74	4.83	23.8
2017	80903	1847	39.53	29.98	42.51	19.19	5.26	25.5

卫生机构基本情况
Basic Statistics of Health Institutions

指 标	Indicator	2015	2016	2017
卫生机构数(个)	**Number of Health Institutions (unit)**	**78600**	**78723**	**80903**
城镇	Urban Areas	7521	8075	9655
农村	Rural Areas	71079	70648	71248
医院	Hospitals	1547	1618	1847
# 公立医院	Public hospital	770	726	720
民营医院	Private hospitals	777	892	1127
# 综合医院	General Hospitals	1043	1086	1265
中医医院	Hospitals Specialized in Traditional Chinese Medicine	226	237	218
专科医院	Specialized Hospitals	278	295	323
基层医疗卫生机构	Basic Medical Institutions	75560	75984	78207
# 社区卫生服务中心(站)	Community Health Service Centers	1187	1197	1274
街道卫生院	Urban Health Centers			8
乡镇卫生院	Township Health Centers	1960	1961	1972
村卫生室	Village Clinics	60492	60365	60225
门诊部(所)	Outpatient Department	11921	12461	12029
专业公共卫生机构	Specialized Public Health Institutions	1269	1040	791
# 疾病预防控制机构	Center for Disease Control and Prevention	193	192	189
专科疾病防治院(所/站)	Specialized Disease Prevention & Treatment Institution	9	11	11
妇幼保健院(所/站)	Women and Children Care Agencies	199	191	192
健康教育中心(所)	Health Education Center	3	2	2
卫生监督所(中心)	Health Inspection Institution	189	188	185
卫生人员数(人)	**Number of Medical Personnel (person)**	**533271**	**556151**	**590524**
卫生技术人员	Medical Technical Personnel	372648	393593	425050
# 执业(助理)医师	Licensed (Assistant) Doctors	166872	177430	191900
# 执业医师	Licensed Doctors	128785	137970	149854
注册护士	Registered Nurse	132839	143772	158414
药师(士)	Pharmacist	15656	16449	17539
乡村医生和卫生员	Village Doctors and Assistants	82355	82542	79738
其他技术人员	Other Technical Personnel	24232	25722	27355
管理人员	Administrative Personnel	18885	19277	21016
工勤技能人员	Logistics Technical Workers	35151	35017	37357
卫生机构床位数(张)	**Beds in Health Care Institutions (bed)**	**342189**	**360992**	**395299**
城镇	Urban Areas	133162	148724	161193
农村	Rural Areas	209027	212268	234106
医院	Hospitals	254829	271502	299849
# 公立医院	Public hospital	210117	218844	229762
民营医院	Private hospitals	44712	52658	70087
基层医疗卫生机构	Basic Medical Institutions	74873	76689	81476
# 社区卫生服务中心(站)	Community Health Service Centers	9521	9775	9924
乡镇卫生院	Township Health Centers	64853	66447	70817
专业公共卫生机构	Specialized Public Health Institutions	11482	11796	12959
# 妇幼保健院(所/站)	Women and Children Care Agencies	10627	10910	12599
专科疾病防治院(所/站)	Specialized Disease Prevention & Treatment Institution	800	831	93

各类医疗卫生机构医疗服务及床位利用情况（2017年）

机构名称	Institutions	诊　疗人次数（人次）Visits (person-time)	医师日均担负诊疗人次(人次) Daily Visits Each Doctor (person-time)
全省总计	**Total**	**431033851**	**5.9**
医　院	Hospitals	141332762	5.2
综合医院	General Hospitals	107089471	5.3
中医医院	Hospitals Specialized in Traditional Chinese Medicine	19049057	5.1
中西医结合医院	Hospital of Integrated Traditional Chinese with Western Medicine	3299310	4.5
民族医院	Nationalities Hospitals		
专科医院	Specialized Hospitals	11894914	4.7
护理院	Nursing Hospital	10	
基层医疗卫生机构	Basic Medical Institutions	276027460	7.0
社区卫生服务中心(站)	Community Health Service Centers	16911135	9.3
卫生院	Health Centers	40432708	6.1
# 街道卫生院	Urban Health Centers	113998	9.1
乡镇卫生院	Township Health Centers	40318710	6.1
村卫生室	Village Clinics	179840457	
门诊部	Outpatient Department	2247857	4.2
专业公共卫生机构	Specialized Public Health Institutions	13658221	6.9
专科疾病防治院(所、站)	Specialized Disease Prevention & Treatment Institution	85557	3.3
妇幼保健院(所、站)	Women and Children Care Agencies	13440067	7.0
其他机构	Other Institutions	15408	1.4
疗养院	Sanatoriums	15408	1.5
临床检验中心	Clinical Laboratory Center		

Number of Visits and Inpatients in Medical Institutions and Utilization of Beds (2017)

入院人数 (人) Inpatients (person)	出院人数 (人) Number of People Discharged from Hospital (person)	实际开放总床日数 (日) Days of Total Beds Actually Opened (day)	平均开放病床 (张) Average Beds Opened (bed)	病床周转次数 (次) Turnover of Beds (time)	病床工作日 (日) Working Days of Beds (day)	病床使用率 (%) Utilization Rate of Beds (%)	平均住院日 (日) Average Stay Days in Hospital (day)
11731996	**11609419**	**133774278**	**366505**	**31.7**	**281.7**	**77.17**	**8.4**
9483298	9369037	102893949	281901	33.2	305.7	83.76	8.8
7466311	7397928	75864837	207849	35.6	311.5	85.33	8.4
1168032	1158690	13382011	36663	31.6	288.6	79.06	8.7
246442	241656	2617680	7172	33.7	352.7	96.62	9.9
602512	570762	11029369	30217	18.9	276.1	75.64	13.3
1	1	52		7.0	7.0	1.92	1.0
1743784	1738959	26312327	72089	24.1	192.9	52.85	6.8
94550	93852	2507324	6869	13.7	177.4	48.61	7.2
1631056	1626929	23805003	65219	24.9	194.5	53.29	6.9
2187	2162	50250	138	15.7	64.5	17.68	4.1
1628869	1624767	23754753	65082	25.0	194.8	53.37	6.9
18178	18178						
500299	496861	4451153	12195	40.7	253.5	69.44	5.9
175	174	87627	240	0.7	124.1	34.00	41.5
500124	496687	4363526	11955	41.5	256.1	70.15	5.9
4615	4562	116849	320	14.3	164.0	44.94	10.8
4615	4562	116849	320	14.3	164.0	44.94	10.8

前十位疾病死亡原因和构成
The Top 10 Death-causing Diseases and Composition

死亡原因	Cause of Death	死亡率(1/10万) Death Rate (1/100000)		占死亡总数(%) Percentage of Total Death (%)	
		2016	2017	2016	2017
心脏病	Heart Diseases	184.17	192.96	31.71	31.79
脑血管病	Cerebrovascular Disease	146.51	155.10	25.23	25.55
恶性肿瘤	Malignant Tumour	120.79	126.33	20.80	20.81
呼吸系统疾病	Diseases of the Respiratory System	40.58	39.37	6.99	6.49
损伤及中毒	External Causes of Injury and Poison	35.64	34.40	6.14	5.67
内分泌营养代谢疾病	Endocrine, Nutritional & Metabolic Diseases	12.68	13.60	2.18	2.24
消化系统疾病	Diseases of the Digestive System	8.13	8.87	1.40	1.46
泌尿生殖系统疾病	Diseases of the Genitourinary System	4.60	4.98	0.79	0.82
神经系统疾病	Diseases of the Nervous System	4.29	4.70	0.74	0.77
传染病	Infectious Disease	4.04	4.17	0.70	0.69

各类医院病床使用率
Utilization Rate of Beds in Hospital

单位：% (%)

类　别	Category	2015	2016	2017
总　　计	**Total**	**83.52**	**86.23**	**83.76**
按管理类别分	**by Management Category**			
非营利性	Non-profit	85.03	87.84	85.25
营利性	For-profit	53.49	56.79	55.05
按医院等级分	**by Hospital Grade Point**			
三级医院	Tertiary Hospitals	104.81	106.47	106.16
二级医院	Secondary Hospital	80.88	84.13	82.06
一级医院	Pprimary Hospitals	53.24	54.96	52.35
按类别分	**by Nature**			
综合医院	General Hospital	85.13	87.69	85.33
中医医院	Hospital Specialized in Traditional Chinese Medicine	76.78	81.52	79.06
中西医结合医院	Hospital of Integrated Traditional Chinese with Western Medicine	99.76	100.71	96.62
民族医院	Nationalities Hospital			
专科医院	Specialized Hospital	76.81	78.32	75.64
护理院	Nursing Hospital			1.92

社会福利事业、企业单位和工作人员数
Number of Social Welfare Institutions and Enterprises and Persons Engaged

项　目	Item	单位数(个) Number of Institutions (unit)			工作人员(人) Number of Personnel Engaged (person)		
		2015	2016	2017	2015	2016	2017
烈士纪念建筑物管理单位	Army Supply Transfer Stations	98	80	76	841	775	747
救助类单位	Salvation Institutions	63	40		478	370	
#救助管理站	Collecting and Repatriating Units	62	40	35	465	370	348
流浪儿童保护中心	Centers for Rescuing Street Children	1	1		13	13	
殡仪馆	Funeral Parlor	153	155	152	2786	2759	2659
殡葬管理服务单位	Funeral and Burial Management Service Units	11	9	9	181	95	97

收养性社会福利单位基本情况（2017年）
Basic Statistics on Social Welfare Institutions (2017)

项　目	Item	院数(个) Number of Homes (unit)	工作人员(人) Number of Staff and Workers (person)	床位(张) Number of Beds (unit)	年末收养人数(人) Number of Persons Housed (year-end) (person)
荣誉军人康复医院	Convalescent Hospitals for Honorable Serviceman	1	217	200	102
复员军人慢性病疗养院	Sanatoriums for Ex-serviceman	8	893	1874	1044
复退军人精神病院	Psychiatric Hospital for Ex-serviceman	2	555	1270	892
光荣院	Homes for Disabled Veterans	113	1336	8337	2773
社会福利院	Social Welfare Homes	30	991	5602	3026
儿童福利院	Baby Welfare Homes	5	38	534	186
城镇养老服务机构	Institutions for the Aged in Urban Areas	415	10073	69642	32902
农村养老服务机构	Institutions for the Aged in Rural Areas	494	7181	77077	33502
其他提供住宿的服务机构	Other Accommodation Institutions	27	482	3002	1714

公证文书分类（2017年）
Notary Documents by Type (2017)

指　　标	Indicators	办理公证(件) Number of Notarial Documents Issued (piece)	比重(%) Percentage (%)
合计	**Total**	**369353**	**100.00**
合同(协议)	Contracts (Agreement)	28200	7.63
继承	Inheritance	61898	16.76
委托	Proxy	92826	25.13
声明	Declarations	25493	6.90
赠与	Gift	4039	1.09
遗嘱	Testaments	1516	0.41
现场监督	Field Supervision	4977	1.35
婚姻状况、亲属关系、收养关系	Marital Status, Kinship Confirmation, Child Adoption	19138	5.18
出生、生存、死亡	Births, Survival, Deaths	12658	3.43
身份、经历、学历、学位、职务、职称	Identity, Personal Histories, Schooling, Degree, Position, Professional Certificates	13032	3.53
有无违法犯罪记录	Any Illegal and Criminal Record	12382	3.35
公司章程	Articles of Association	143	0.04
保全证据	Preservation of Evidence	6172	1.67
证书、执照	Certificate, License	11873	3.21
签名、印鉴	The ignature (The seal)	21954	5.94
文本相符	Confirmation of Copies and Photo-offset Copies to Originals	13129	3.55
赋予强制执行效力	Give Effectiveness	12594	3.41
执行证书	Perform Certificate	785	0.21
抵押登记	Mortgage Registration	157	0.04
提存	Deposited	103	0.03
保管	Custody	13	0.00
司法辅助事务	Judicial Assistance	768	0.21
其他	Others	25503	6.90

享受救济、补助人员情况
Persons Relief Funds or Receiving Subsidies

项　　目	Item	2016	2017
城镇居民最低生活保障人数(人)	Number of Persons Receiving Minimum Living Allowance in Urban Areas (person)	475772	355026
农村居民最低生活保障人数(人)	Number of Persons Receiving Minimum Living Allowance in Rural Areas (person)	1894573	1601717
本地临时救济人次数(人次)	Number of Local Persons Receiving Temporary Relief (household-time)	586018	464474
非本地临时救济人次数(人次)	Number of Non-local Persons Receiving Temporary Relief (household-time)	9089	1358

婚姻服务情况
Statistics on Marriages and Divorces

年　份 Year	按婚前状况分类 by the Classification of Pre Marital Status		按居住地分类 by Place of Residence		离　婚
	初　婚(人) First Marriages (person)	再　婚(人) Re-marriages (person)	居民登记结婚(对) Registered Marriages (couple)	#涉外登记结婚(对) Registered Marriages with Foreigner (couple)	(对) Divorces (couple)
2003	952850	95232	523822	219	25785
2004	1041641	107581	574384	227	43117
2005	947158	100884	523746	275	50280
2006	1003450	105780	554305	310	56926
2007	1093448	113714	603261	320	60483
2008	1203102	122410	662368	388	73066
2009	1300578	139344	719547	414	86707
2010	1355779	144803	749885	406	98792
2011	1370018	184302	776674	486	109600
2012	1303042	187630	744884	452	118613
2013	1266237	215277	740260	497	133622
2014	1099881	222771	660732	594	146877
2015	987465	231419	609442	579	157180
2016	851411	252381	551896	988	181901
2017	750461	259269	504865	963	192255

社会保险基本情况
Basic Statistics of Social Insurance

项　　目	Item	2010	2015	2016	2017
基本养老保险	**Basic Pension Insurance**				
年末参保人数(万人)	Contributors at Year-end (10000 persons)	2092.34	4760.80		4963.37
职　工	Number of Employees				1064.22
#企业(含其他)	Enterprises (including others)	728.94	952.03	846.83	880.35
离退休人员	Number of Retirees				425.01
#企业(含其他)	Enterprises (including others)	259.50	368.45	328.6725	337.78
城乡居民	Urban and Rural Residents	1103.90	3440.32	3446.1054	3474.14
失业保险	**Unemployment Insurance**				
年末参保人数(万人)	Contributors at Year-end (10000 persons)	493.41	510.98	515.88	529.72
全年发放失业保险金人数(万人)	Beneficiaries of Unemployment Insurance Fund (10000 persons)	9.01	14.12	15.1	13.87
全年发放失业保险金(亿元)	Unemployed Relief (100 million yuan)	23.51	7.96	8.49	9.36
基本医疗保险(万人)	**Basic Medical Care Insurance (10000 persons)**				
城镇职工	Contributors at Year-end	848.01	957.04	973.7	986.93
城乡居民	Urban and Rural Residents	670.05	744.96	5698.43	5896.22
工伤保险(万人)	**Work Injury Insurance (10000 persons)**				
年末参保人数	Contributors at Year-end	594.44	809.72	840.04	860.66
年末享受工伤待遇的人数	Beneficiaries at Year-end	7.50	9.64	9.83	9.97
生育保险	**Maternity Insurance**				
年末参保人数(万人)	Contributors at Year-end (10000 persons)	561.50	712.96	710.34	737.82
社会保险基金收支及累计结余(亿元)	**Revenue, Expenses and Balance of Social Insurance Fund (100 million yuan)**				
基金收入	**Revenue**				
基本养老保险	Basic Pension Insurance	618.50	1214.28	1052.36	1387.93
失业保险	Unemployment Insurance	27.62	42.86	38.45	27.71
基本医疗保险	Basic Medical Care Insurance	159.18	351.91	741.57	908.19
工伤保险	Work Injury Insurance	16.09	37.84	40.63	46.40
生育保险	Maternity Insurance	4.71	15.18	14.37	16.62
基金支出	**Expenses**				
基本养老保险	Basic Pension Insurance	466.29	1235.42	1104.30	1316.92
失业保险	Unemployment Insurance	23.51	27.91	49.61	27.11
基本医疗保险	Basic Medical Care Insurance	117.49	276.48	658.78	775.14
工伤保险	Work Injury Insurance	13.28	34.12	36.03	39.57
生育保险	Maternity Insurance	2.53	10.68	16.51	20.37
累计结余	**Balance at Year-end**				
基本养老保险	Basic Pension Insurance	607.10	966.97	795.07	911.07
失业保险	Unemployment Insurance	54.75	169.06	157.90	158.50
基本医疗保险	Basic Medical Care Insurance	189.92	490.19	645.77	790.48
工伤保险	Work Injury Insurance	18.77	23.89	28.50	35.33
生育保险	Maternity Insurance	6.76	24.17	22.03	16.24

注：1.2010年城乡居民养老保险仅为农村养老保险。2.2012年8月起，新型农村社会养老保险和城镇居民社会养老保险制度全覆盖工作全面启动，合并为城乡居民社会养老保险。3.2016年以前城乡居民基本医疗保险仅为城镇居民。4.2016年基本养老保险不含行政事业单位职工。

a) Data of pension insurance for urban and rural residents only includes rural residents in 2010. b) Since August, 2012, system of new rural old-age insurance and urban basic pension insurance have started completely, and called basic pension insurance for urban and rural residents as total. c) Data of basic medical careinsurance for urban and rural residents only includes rural residents before 2016. d) Data of pension insurance no includes Staff in administrative institutions in 2016.

残疾人事业基本情况
Basic Statistics on the Work for Persons with Disabilities

项　　目	Item	2016	2017
康复	**Rehabilitation**		
视力残疾康复服务人数(人)	Rehabilitation of Persons with Visual Disability (person)		30899
听力语言残疾康复服务人数(人)	Rehabilitation of Persons with Hearing and Speech Disability (person)		18908
肢体残疾康复服务人数(人)	Rehabilitation of Persons with Physical Disability (person)		251467
智力残疾康复服务人数(人)	Rehabilitation of Persons with Intellectual Disability (person)		19567
精神病防治康复服务人数(人)	Prevention and Rehabilitation of Mental Illness (PRMI) (person)		28459
残疾人康复机构(个)	Provision of Assistive Devices (unit)		377
辅助器具服务机构(个)	Assistive Devices Provided (piece) (unit)		65
教育	**Education**		
特殊教育普通高中在校生(人)	Students at Special Education Senior High Schools (person)	660	518
残疾人中等职业教育在校生(人)	Students at Secondary Vocational Schools for PWDs (person)	318	315
高等院校录取残疾考生(人)	Disable Students Admitted to Higher Education Institutions (person)	309	364
就业	**Employment**		
残疾人就业状况(人)	Newly Employed PWDs in Urban Areas in the Year (person)		
残疾人就业人数	Annual New Employee Population	76500	618533
扶贫	**Poverty Alleviation**		
扶持贫困残疾人（人）	Impoverished PWDs Assisted in Rural Areas (person-time)	30741	35862
农村贫困残疾人危房改造(户)	Dilapidated House Renovation for Poor PWDs (household)	2341	3536
受益残疾人(人)	PWDs Benefited (person)	2378	3611
组织建设	**Organization Development**		
残疾人工作者数(人)	Number of Workers with Disabilities (person)	5628	5676
残疾人人口库持证残疾人(人)	PWDs with Disability Certificate in the PWD Database (person)	1762037	1828383

各城市地区生产总值（2017年）
Gross Domestic Product (2017)

单位：亿元 (100 million yuan)

城 市	City	地区生产总值 Gross Domestic Product	第一产业 Primary Industry	第二产业 Secondary Industry	第三产业 Tertiary Industry	地区生产总值增长率(%) Growth Rate of Gross Domestic Product (%)	人均地区生产总值(元) Per Capita Gross Domestic Product (yuan)
石家庄市	Shijiazhuang	3396.3	73.8	1320.4	2002.0	8.1	69926
承德市	Chengde	404.6	4.0	186.0	214.6	7.2	60575
张家口市	Zhangjiakou	709.4	49.7	276.1	383.6	6.5	41038
秦皇岛市	Qinhuangdao	1014.7	63.9	358.5	592.3	7.4	61170
唐山市	Tangshan	3205.4	137.0	1990.5	1077.9	6.7	89233
廊坊市	Langfang	804.8	18.8	334.1	311.9	11.8	91067
保定市	Baoding	1357.3	75.5	665.8	616.0	2.0	44917
沧州市	Cangzhou	866.8	10.5	433.5	422.7	7.7	120805
衡水市	Hengshui	553.5	22.0	265.8	265.6	7.2	57615
邢台市	Xingtai	370.7	3.9	132.6	234.2	7.3	38163
邯郸市	Handan	1351.8	87.4	584.3	680.1	6.6	37796

各城市就业人员（2017年底）
Employed Persons (End of 2017)

单位：人 (person)

城 市	City	年末单位就业人员 Employed Persons (year-end)	第一产业 Primary Industry	第二产业 Secondary Industry	#制造业 Manufacturing	第三产业 Tertiary Industry
石家庄市	Shijiazhuang	661444	591	212779	142489	448074
承德市	Chengde	134503	38	38876	21381	95589
张家口市	Zhangjiakou	177757	196	50873	31936	126688
秦皇岛市	Qinhuangdao	238966	274	88270	66888	150422
唐山市	Tangshan	541897	16216	254493	130741	271188
廊坊市	Langfang	356953	1299	183170	96379	172484
保定市	Baoding	401624	380	203945	116030	197299
沧州市	Cangzhou	160589	5173	48430	30211	106986
衡水市	Hengshui	102398	26	26444	10824	75928
邢台市	Xingtai	140062	65	57339	16844	82658
邯郸市	Handan	360310	780	156281	49233	203249

各城市固定资产投资及内贸、外经主要指标（2017年）
Major Indicators of Investment in Fixed Assets and Domestic Trade, Foreign Economy Trade (2017)

城　市	City	固定资产投　资（亿元）Total Investment in Fixed Assets (100 million yuan)	商品房屋销售面积（万平方米）Floor Space of Commercialized Building Sold (10000 sq m)	商品房屋销售额（亿元）Total Sale of Commercialized Building (100 million yuan)	社会消费品零售总额（亿元）Total Retail Sale of Consumer Goods (100 million yuan)	限额以上批发零售贸易企业（个）Number of Enterprises above Designated Size (unit)	当年实际利用外资金额（万美元）Amount of Foreign Capital Actually Utilized (USD 10000)
石家庄市	Shijiazhuang	3218.6	844.0	972.8	1852.5	336	124281
承德市	Chengde	301.2	82.3	59.3	180.9	66	1047
张家口市	Zhangjiakou	696.7	183.8	121.2	428.6	136	9181
秦皇岛市	Qinhuangdao	563.5	297.0	209.3	613.7	212	89113
唐山市	Tangshan	2779.9	466.1	277.6	1324.9	273	81951
廊坊市	Langfang	2631.8	129.1	185.2	295.1	131	44867
保定市	Baoding	875.0	21.2	14.9	760.7	243	55931
沧州市	Cangzhou	1180.6	416.5	300.2	269.7	181	40057
衡水市	Hengshui	423.9	227.1	138.9	279.3	176	8782
邢台市	Xingtai	285.7	249.5	126.3	263.2	102	12634
邯郸市	Handan	1638.5	409.0	250.8	816.0	181	58839

注：固定资产投资不包含农户投资。
a) Total investment in fixed assets excludes the investment made by agricultural households.

各城市财政、金融主要指标（2017年）
Major Indicators of Public Finance and Banking (2017)

单位：亿元　　(100 million yuan)

城　市	City	地方财政一般预算收入 General Budget of Financial Revenue	财政支出 Expenditure	#一般性公共服务支出 General Public Services	年末金融机构存款余额 Deposits of Financial Institutions at year-end	#住户存款 Deposits of Households	年末金融机构贷款余额 Loans of Financial Institutions at year-end
石家庄市	Shijiazhuang	274.1	268.2	37.8	8808.0	3418.6	7636.4
承德市	Chengde	40.8	104.9	10.3	1001.3	557.3	876.0
张家口市	Zhangjiakou	82.9	228.0	24.4	2056.2	1154.2	1553.7
秦皇岛市	Qinhuangdao	100.0	186.7	17.6	2165.7	1356.7	1466.8
唐山市	Tangshan	262.9	416.1	40.7	5887.1	3052.5	3830.8
廊坊市	Langfang	122.0	179.6	23.7	2440.1	918.7	1912.7
保定市	Baoding	42.7	120.5	14.7	2901.7	1579.9	1593.0
沧州市	Cangzhou	112.1	166.3	18.6	1240.0	618.9	1052.7
衡水市	Hengshui	53.8	106.9	11.5	1146.2	715.4	847.1
邢台市	Xingtai	46.8	99.4	11.2	1261.1	664.2	995.5
邯郸市	Handan	115.2	249.4	25.7	3041.4	1919.5	2319.2

各城市规模以上工业企业主要经济指标（2017年）
Major Indicators on Economic Benefit of Industrial Enterprises above Designated Size (2017)

单位：亿元 (100 million yuan)

城　市	City	工　业企业数(个) Number of Industrial Enterprises (unit)	从业人员年平均人数(万人) Annual Average Employment Personnel (10000 persons)	固定资产合　计 Fixed Assets	主营业务收　入 Revenue from Principal Business	利润总额 Total Profits
石家庄市	Shijiazhuang	983	31.3	1367.3	4386.3	543.0
承 德 市	Chengde	83	3.8	372.2	548.9	15.4
张家口市	Zhangjiakou	195	6.5	396.9	587.7	13.5
秦皇岛市	Qinhuangdao	285	10.5	410.7	1160.3	48.1
唐 山 市	Tangshan	809	38.1	2945.7	5661.8	226.9
廊 坊 市	Langfang	210	10.7	291.7	829.8	38.6
保 定 市	Baoding	425	18.1	676.1	2005.8	79.6
沧 州 市	Cangzhou	209	7.4	884.9	1689.1	62.7
衡 水 市	Hengshui	269	5.4	218.0	639.6	46.2
邢 台 市	Xingtai	99	5.3	272.9	541.3	29.3
邯 郸 市	Handan	455	13.7	1518.2	1535.5	50.3

各城市文化、卫生及社会保障情况（2017年）
Conditions of Culture, Public Health, Social Security (2017)

城　市	City	公共图书馆图书藏量(千册) Total Collections (1000 volumes)	医院(个) Hospitals (unit)	医院床位数(张) Number of Hospital Beds (bed)	医 生 数(人) Doctors (person)	注册护士数(人) Number of Registered Nurses (person)
石家庄市	Shijiazhuang	239.8	136	31179	22680	22665
承 德 市	Chengde	41.4	32	6322	3319	3655
张家口市	Zhangjiakou	96.1	57	11257	5636	4834
秦皇岛市	Qinhuangdao	119.3	51	9781	6565	6022
唐 山 市	Tangshan	167.4	83	14112	8308	7987
廊 坊 市	Langfang	170.3	43	4923	3511	2939
保 定 市	Baoding	94.3	110	17930	11042	10059
沧 州 市	Cangzhou	83.0	17	10699	5036	6210
衡 水 市	Hengshui	29.5	32	6544	4752	3842
邢 台 市	Xingtai	51.9	57	9012	4730	5143
邯 郸 市	Handan	79.0	117	19207	10723	10582

各城市教育事业及专业技术人员主要指标（2017年）
Conditions of Education and Scientific and Technical Personnel (2017)

城市	City	学校数（个）Number of Schools (unit)			专任教师数（人）Number of Full-time Teachers (person)			在校学生数（万人）Number of Higher Education (10000 persons)		
		中等职业技术学校 Secondary Vocational Schools	普通中学 Regular Secondary Schools	小学 Primary Schools	中等职业技术学校 Secondary Vocational Schools	普通中学 Regular Secondary Schools	小学 Primary Schools	中等职业技术学校 Secondary Vocational Schools	普通中学 Regular Middle Schools	小学 Primary Schools
石家庄市	Shijiazhuang	93	162	504	5493	18095	17982	14.69	27.75	35.74
承德市	Chengde	10	24	57	699	2600	2926	1.45	3.11	4.68
张家口市	Zhangjiakou	22	63	208	1820	7599	7048	2.65	8.79	10.87
秦皇岛市	Qinhuangdao	36	84	174	2558	7923	7920	2.12	6.60	10.39
唐山市	Tangshan	45	134	411	4318	13055	13262	4.83	14.63	20.97
廊坊市	Langfang	12	26	134	492	3258	4279	1.14	4.49	8.03
保定市	Baoding	27	113	393	2358	12227	11368	2.87	14.64	23.18
沧州市	Cangzhou	8	19	54	662	3181	3164	1.55	4.56	5.48
衡水市	Hengshui	15	49	90	1251	9342	4528	2.29	13.49	8.70
邢台市	Xingtai	21	43	125	1481	5111	5055	1.58	7.45	9.58
邯郸市	Handan	43	144	517	2691	19007	16925	5.08	22.21	34.25

各城市市政公用事业（2017年）
Basic Statistics on Urban Public Utilities (2017)

城市	City	年末实有城市道路面积（万平方米）Area of Paved Roads (year-end) (10000 sq.m)	排水管道长度（公里）Length of City Sewage Pipes (km)	供水综合生产能力（万立方米/日）Production Capacity of Tap Water Supply(10000 cu.m/day)	供水总量（万立方米）Annual Supply of Tap Water (10000 cu.m)	液化石油气供气总量（吨）Liquefied Petroleum Gas (ton)	园林绿地面积(公顷) Area of Urban Gardens and Green Areas (hectare)	建成区绿化覆盖面积（公顷）Green Covered Areas (hectare)
石家庄市	Shijiazhuang	5688	1985	156.31	27679	128034	4840	12687
承德市	Chengde	864	615	29.11	6303	5039	1447	5393
张家口市	Zhangjiakou	1574	843	40.03	6954	880	1013	3849
秦皇岛市	Qinhuangdao	2222	689	40.00	8121	1493	2257	5431
唐山市	Tangshan	3343	2595	82.60	13158	10709	3151	10156
廊坊市	Langfang	1018	647	37.50	5153	4052	814	3176
保定市	Baoding	3266	1290	53.16	11515	6366	1755	8148
沧州市	Cangzhou	1093	636	20.08	3837	3319	726	3101
衡水市	Hengshui	994	605	19.03	4585	3289	790	3041
邢台市	Xingtai	1519	845	32.20	4680	592	1538	4457
邯郸市	Handan	4134	2255	88.20	14380	803	3500	7852

各市国民经济主要指标（2017年）
Major Indicators of National Economy (2017)

市	City	地区生产总值（亿元）Gross Domestic Product (100 million yuan)	规模以上工业 Industrial Enterprises above Designated Size 能耗（万吨标准煤）Energy Consumption (10000 tons of SCE)	资产总计（亿元）Total Assets (100 million yuan)	利润总额（亿元）Total Profits (100 million yuan)	亏损额（亿元）Losses (100 million yuan)	全社会投资总额（亿元）Total Investment (100 million yuan)
全　　省	**Total**	**34016.32**	**20292.11**	**45213.6**	**2712.9**	**264.0**	**33406.80**
石家庄市(含辛集市)	Shijiazhuang (Including Xinji)	6177.03	2552.56	7551.1	910.3	30.3	6353.17
石家庄市(不含辛集市)	Shijiazhuang (Exluding Xinji)	5720.83	2397.85	7137.7	820.0	29.9	6098.06
#辛集市	Xinji	456.20	154.71	413.3	90.2	0.4	255.11
承 德 市	Chengde	1465.45	966.75	2015.3	55.9	18.8	1750.99
张家口市	Zhangjiakou	1427.02	967.10	2382.9	54.3	15.8	1655.28
秦皇岛市	Qinhuangdao	1500.34	833.74	1707.9	93.6	14.9	890.70
唐 山 市	Tangshan	6530.15	7424.16	10369.9	560.2	49.5	5365.29
廊 坊 市	Langfang	2881.01	631.63	2667.2	82.8	25.2	2663.92
保 定 市(含定州市)	Baoding (Including Dingzhou)	3449.74	809.68	4060.8	190.7	22.3	2939.55
保 定 市(不含定州市)	Baoding (Excluding Dingzhou)	3132.43	485.08	3766.7	171.7	21.8	2626.33
#定州市	Dingzhou	317.31	324.61	294.2	19.0	0.5	313.22
沧 州 市	Cangzhou	3643.40	1385.32	4927.1	272.4	51.1	3759.05
衡 水 市	Hengshui	1523.19	298.27	1522.1	74.1	8.6	1322.75
邢 台 市	Xingtai	2090.62	1135.44	2719.8	140.6	8.5	2169.56
邯 郸 市	Handan	3379.53	3287.16	5289.5	276.1	18.9	4029.12

市	City	新开工项目（个）Stated This Year (unit)	社会消费品零售总额（万元）Total Retail Sales of Consumer Goods (10000 yuan)	限额以上企业消费品零售额（万元）Retail Sales of Consumer Goods above Designated Enterprises (10000 yuan)	实际利用外资（万美元）Total Amount of Contracted Investment Actually Utilized (10000 USD)	外商直接投资（万美元）Foreign Direct Investent (10000 USD)
全　　省	**Total**	**17887**	**159076495**	**40965581**	**893587**	**848951**
石家庄市(含辛集市)	Shijiazhuang (Including Xinji)	3024	32960487	9938638	139458	129290
石家庄市(不含辛集市)	Shijiazhuang (Exluding Xinji)	2703	29833374	9856247	138408	128240
#辛集市	Xinji	321	3127113	82391	1050	1050
承 德 市	Chengde	1105	6033630	1420440	3770	2723
张家口市	Zhangjiakou	788	7525211	1542743	40965	39933
秦皇岛市	Qinhuangdao	560	7751785	1862512	102197	101430
唐 山 市	Tangshan	2850	26171695	5339361	160669	157916
廊 坊 市	Langfang	1249	9803501	3283124	98838	96843
保 定 市(含定州市)	Baoding (Including Dingzhou)	1422	20259673	4910819	78226	68516
保 定 市(不含定州市)	Baoding (Excluding Dingzhou)	1341	18491338	4517518	73226	63516
#定州市	Dingzhou	81	1768335	393302	5000	5000
沧 州 市	Cangzhou	3057	13551723	3437177	62394	61627
衡 水 市	Hengshui	672	7514849	2066487	26131	25327
邢 台 市	Xingtai	1763	10761579	2774906	60349	58035
邯 郸 市	Handan	1390	16742363	4389374	109238	107311

各市按主要行业分法人单位数(2017年)
Number of Legal Entities by Sector (2017)

单位：个 (unit)

市	City	合计 Total	农、林、牧、渔业 Agriculture, Forestry, Animal Husbandry and Fishery	采矿业 Mining	制造业 Manufacturing	电力、热力、燃气及水的生产和供应业 Production and Supply of Electricity, Heat, Gas and Water	建筑业 Construction	批发和零售业 Wholesale and Retail Trades
全　省	**Total**	**1147414**	**105376**	**6864**	**211185**	**5496**	**68466**	**337783**
石家庄市	Shijiazhuang	242591	12483	532	29296	748	16228	85803
#辛集市	Xinji	8432	1634	5	2349	38	301	2065
承德市	Chengde	54142	13117	1492	3259	461	3554	12265
张家口市	Zhangjiakou	63128	10745	918	4907	939	4680	15339
秦皇岛市	Qinhuangdao	59511	6466	470	5507	173	4067	17947
唐山市	Tangshan	99390	7394	1549	13928	419	3477	34289
廊坊市	Langfang	89920	6350	25	21780	278	7467	19644
保定市	Baoding	155486	14692	618	31918	641	9235	45124
#定州市	Dingzhou	9934	905		2098	27	713	2492
沧州市	Cangzhou	95071	8168	66	32240	359	4049	21372
衡水市	Hengshui	72833	7326	9	24814	297	3853	17647
邢台市	Xingtai	94222	9025	414	26706	519	4841	25359
邯郸市	Handan	121120	9610	771	16830	662	7015	42994

市	City	交通运输、仓储和邮政业 Transport, Storage and Post and Post	住宿和餐饮业 Hotels and Catering Services	信息传输、软件和信息技术服务业 Information Transmission, Software and Information Technology	金融业 Financial Inter-mediation	房地产业 Real Estate	租赁和商务服务业 Leasing and Business Services	科学研究和技术服务业 Scientific Research, and Technical Services
全　省	**Total**	**27649**	**12922**	**30164**	**5793**	**40640**	**94383**	**44418**
石家庄市	Shijiazhuang	5643	2254	10596	1720	9982	29736	14116
#辛集市	Xinji	144	39	103	25	192	213	190
承德市	Chengde	1057	830	863	265	1761	4512	1505
张家口市	Zhangjiakou	1490	928	1221	367	2612	5071	2070
秦皇岛市	Qinhuangdao	1543	1112	2036	286	2091	6453	2448
唐山市	Tangshan	3836	946	3128	580	2779	7812	3514
廊坊市	Langfang	1501	1416	2046	381	6599	8016	3597
保定市	Baoding	2912	2048	3507	688	5824	11258	5311
#定州市	Dingzhou	151	58	149	22	270	661	559
沧州市	Cangzhou	2667	651	1474	336	2144	5459	2613
衡水市	Hengshui	1079	539	1008	202	1439	3294	1916
邢台市	Xingtai	1913	833	1313	334	2272	3963	2929
邯郸市	Handan	4008	1365	2972	634	3137	8809	4399

各市按主要行业分法人单位数(2017年)(续)
Number of Legal Entities by Sector (2017)

单位：个 (unit)

市	City	水利、环境和公共设施管理业 Management of Water Conservancy, Environment and Public Facilities	居民服务、修理和其他服务业 Services to Households, Repair and Other Services	教育 Education	卫生和社会工作 Health, and Social Service	文化、体育和娱乐业 Culture, Sports and Enter-tainment	公共管理、社会保障和社会组织 Public Management, Social Security and Social Organizations	国际组织 International Organizations
全省	**Total**	**9604**	**19771**	**22583**	**7912**	**16824**	**79581**	
石家庄市	Shijiazhuang	1525	3897	3971	1278	3567	9216	
#辛集市	Xinji	52	81	233	37	102	629	
承德市	Chengde	799	922	872	579	1132	4897	
张家口市	Zhangjiakou	960	1082	1066	625	1212	6896	
秦皇岛市	Qinhuangdao	633	1390	1179	559	1155	3996	
唐山市	Tangshan	881	1726	2670	862	1325	8275	
廊坊市	Langfang	835	1671	1374	471	1644	4825	
保定市	Baoding	1352	3221	3850	1132	2153	10002	
#定州市	Dingzhou	37	492	417	79	124	680	
沧州市	Cangzhou	566	1106	2086	552	1131	8032	
衡水市	Hengshui	353	728	923	424	595	6387	
邢台市	Xingtai	681	1072	2203	647	1155	8043	
邯郸市	Handan	1019	2956	2389	783	1755	9012	

各市按三次产业和机构类型分法人单位数(2017年)
Number of Legal Entities by Three Strata of Industry and Type of Institutions (2017)

单位：个 (unit)

市	City	法人单位数 Number of Legal Entities	按三次产业分 Grouped by Three Strata of Industry			按机构类型分 by Type of Institutions				
			第一产业 Primary Industry	第二产业 Secondary Industry	第三产业 Tertiary Industry	企业法人 Business Entity	事业法人 Institution Entity	机关法人 Government Entity	社会团体 Social Organization	其他 Others
全省	**Total**	**1147414**	**90060**	**290629**	**766725**	**954105**	**31631**	**11803**	**8284**	**141591**
石家庄市	Shijiazhuang	242591	10354	46641	185596	212602	4973	1453	1592	13539
#辛集市	Xinji	8432	1210	2687	4535	6105	325	64	48	1890
承德市	Chengde	54142	11734	8707	33701	36635	2107	902	742	13756
张家口市	Zhangjiakou	63128	10147	11354	41627	46231	2401	1153	659	12684
秦皇岛市	Qinhuangdao	59511	6130	9982	43399	48905	1627	547	594	7838
唐山市	Tangshan	99390	6562	19054	73774	80687	3375	1076	864	13388
廊坊市	Langfang	89920	5548	29459	54913	78739	1659	723	354	8445
保定市	Baoding	155486	13182	42301	100003	129060	4820	1536	1117	18953
#定州市	Dingzhou	9934	801	2838	6295	7357	473	77	60	1967
沧州市	Cangzhou	95071	6890	36602	51579	76773	2654	1055	482	14107
衡水市	Hengshui	72833	4639	28942	39252	57312	1315	698	372	13136
邢台市	Xingtai	94222	7330	32432	54460	75999	2942	1250	753	13278
邯郸市	Handan	121120	7544	25155	88421	105057	3433	1346	707	10577

各市按控股情况分企业法人单位数(2017年)
Numbers of Corporate Enterprises by the Status of Holdings (2017)

单位：个 (unit)

市	City	企业单位数 Numbers of Enterprises	国有控股 State-holding	集体控股 Collective-holding	私人控股 Private-holding	港、澳、台商控股 Hong Kong, Macao and Taiwan-holding	外商控股 Foreign-holding	其他 Others
全省	**Total**	**954105**	**10298**	**8457**	**910082**	**703**	**1393**	**23172**
石家庄市	Shijiazhuang	218707	1849	1346	210012	119	221	5160
#辛集市	Xinji	6105	32	51	5948	3	9	62
承德市	Chengde	36635	781	392	34169	21	32	1240
张家口市	Zhangjiakou	46231	934	844	43005	38	84	1326
秦皇岛市	Qinhuangdao	48905	779	406	46243	52	137	1288
唐山市	Tangshan	80687	1546	1167	75238	94	181	2461
廊坊市	Langfang	78739	517	416	76273	119	309	1105
保定市	Baoding	129060	934	1155	124062	60	120	2729
#定州市	Dingzhou	7357	45	48	7123	2	5	134
沧州市	Cangzhou	76773	697	550	71832	68	140	3486
衡水市	Hengshui	57312	454	434	55276	23	52	1073
邢台市	Xingtai	75999	597	535	72919	32	54	1862
邯郸市	Handan	105057	1210	1212	101053	77	63	1442

各市按登记注册类型分企业法人单位数(2017年)
Number of Business Entities by Status of Registration (2017)

单位：个 (unit)

市	City	企业单位数 Number of Enterprises	内资企业 Domestic Funded Enterprises	国有企业 State-owned Enterprises	集体企业 Collective-owned Enterprises	股份合作企业 Cooperative Enterprises	联营 Ownership
全省	**Total**	**954105**	**951217**	**4442**	**6341**	**1454**	**212**
石家庄市	Shijiazhuang	218707	218220	703	1063	154	21
#辛集市	Xinji	6105	6082	15	40	3	1
承德市	Chengde	36635	36564	365	262	43	12
张家口市	Zhangjiakou	46231	46079	426	620	159	28
秦皇岛市	Qinhuangdao	48905	48640	408	328	47	22
唐山市	Tangshan	80687	80305	591	929	182	19
廊坊市	Langfang	78739	78260	202	311	45	14
保定市	Baoding	129060	128735	405	826	405	33
#定州市	Dingzhou	7357	7338	12	31	36	
沧州市	Cangzhou	76773	76479	262	402	99	13
衡水市	Hengshui	57312	57200	209	319	32	8
邢台市	Xingtai	75999	75865	306	350	163	19
邯郸市	Handan	105057	104870	565	931	125	23

各市按登记注册类型分企业法人单位数(2017年)(续)
Number of Business Entities by Status of Registration (2017)

单位：个　　(unit)

市	City	有限责任公司 Limited Liability Corporations	股份有限公司 Share-holding Corporations Ltd.	私营 Private	其他 Others	港、澳、台商投资企业 Enterprises with Funds from Hong Kong, Macao and Taiwan	外商投资企业 Enterprises with Foreign Investment
全　省	**Total**	**85662**	**4510**	**823964**	**24632**	**968**	**1920**
石家庄市	Shijiazhuang	13027	633	201227	1392	182	305
#辛集市	Xinji	286	4	5610	123	8	15
承德市	Chengde	3601	196	30534	1551	29	42
张家口市	Zhangjiakou	6434	458	36617	1337	41	111
秦皇岛市	Qinhuangdao	4929	254	41482	1170	74	191
唐山市	Tangshan	11292	372	64990	1930	137	245
廊坊市	Langfang	11306	207	64692	1483	124	355
保定市	Baoding	12079	1124	109878	3985	106	219
#定州市	Dingzhou	323	21	6847	68	3	16
沧州市	Cangzhou	3377	192	68603	3531	96	198
衡水市	Hengshui	3450	221	50733	2228	38	74
邢台市	Xingtai	5042	314	66041	3630	50	84
邯郸市	Handan	11125	539	89167	2395	91	96

各市民营经济主要指标(2017年)
Major Indicators of Private Economies (2017)

市	City	增加值(亿元) Value-added (100 million yuan)	营业(业务)收入(亿元) Revenue (100 million yuan)	利润总额(亿元) Pretax Profit (100 million yuan)	工资总额(亿元) Payment to Employees (100 million yuan)	从业人员(万人) Employment (10000 persons)	出口创汇(万美元) Export (USD 10000)	实缴税金(亿元) Tax Paid (100 million yuan)
全　省	**Total**	**23089.4**	**105157.2**	**7843.4**	**5777.9**	**2180.6**	**266.2**	**3125.9**
石家庄市	Shijiazhuang	3759.4	17963.6	1263.1	843.5	302.5	60.6	520.7
承德市	Chengde	954.7	3756.8	236.5	243.4	99.7	2.2	142.8
张家口市	Zhangjiakou	844.2	3038.9	238.0	221.7	110.2	2.7	135.9
秦皇岛市	Qinhuangdao	1006.0	4115.9	206.3	269.1	78.2	26.4	156.0
唐山市	Tangshan	4489.8	17732.6	1220.1	692.5	236.6	34.9	483.7
廊坊市	Langfang	2097.1	7826.4	559.8	414.0	146.2	21.7	537.5
保定市	Baoding	2139.5	11881.6	775.2	827.0	288.8	35.0	338.6
沧州市	Cangzhou	2577.5	11607.6	1066.9	710.3	230.4	23.4	267.2
衡水市	Hengshui	1079.7	4322.5	365.2	359.2	123.3	25.5	121.2
邢台市	Xingtai	1392.5	7611.8	621.6	433.0	222.6	15.9	147.3
邯郸市	Handan	2215.7	12598.4	1072.9	596.8	277.4	8.2	233.3
定州市	Dingzhou	205.6	1356.6	84.2	89.5	35.4	2.0	22.1
辛集市	Xinji	372.3	1344.4	133.7	77.6	29.5	7.7	19.6

各市地区生产总值及指数（2017年）
Gross Domestic Product and Its Indices (2017)

市	City	地区生产总值（亿元）Gross Domestic Product (100 million yuan)	第一产业 Primary Industry	第二产业 Secondary Industry	第三产业 Tertiary Industry	#工业 Industry	#建筑业 Construction	人均地区生产总值（元）Per Capita GDP (yuan)
全　省	**Total**	**34016.32**	**3129.98**	**15846.21**	**15040.13**	**13757.84**	**2109.03**	**45387**
石家庄市	Shijiazhuang	6177.03	394.63	2714.27	3068.13	2395.21	328.56	57024
#辛集市	Xinji	456.20	45.55	264.26	146.39	250.35	13.91	71843
承德市	Chengde	1465.45	234.97	610.17	620.31	496.45	113.91	41299
张家口市	Zhangjiakou	1427.02	200.57	511.05	715.39	391.09	120.20	32219
秦皇岛市	Qinhuangdao	1500.34	193.02	512.71	794.61	414.83	102.58	48356
唐山市	Tangshan	6530.15	465.73	3640.65	2423.77	3331.62	309.88	82972
廊坊市	Langfang	2881.01	190.05	1258.47	1432.49	1057.05	201.53	61586
保定市	Baoding	3449.74	389.87	1584.88	1475.00	1238.82	346.06	29580
#定州市	Dingzhou	317.31	58.48	162.75	96.09	108.78	53.97	26110
沧州市	Cangzhou	3643.40	263.21	1775.50	1604.69	1576.44	200.90	48384
衡水市	Hengshui	1523.19	187.59	690.89	644.70	616.95	73.94	34177
邢台市	Xingtai	2090.62	247.86	953.31	889.46	854.75	98.59	28499
邯郸市	Handan	3379.53	306.85	1619.48	1453.20	1407.72	213.12	35567

市	City	地区生产总值指数（上年=100）Gross Domestic Product (preceding year=100)	第一产业 Primary Industry	第二产业 Secondary Industry	第三产业 Tertiary Industry	#工业 Industry	#建筑业 Construction	人均地区生产总值（元）Per Capita GDP (yuan)
全　省	**Total**	**106.6**	**103.9**	**103.0**	**111.3**	**102.6**	**106.3**	**105.9**
石家庄市	Shijiazhuang	107.2	102.3	103.6	111.3	103.2	106.8	106.4
#辛集市	Xinji	107.2	102.8	104.5	114.2	104.6	103.0	106.7
承德市	Chengde	107.0	106.1	104.0	111.0	104.0	104.2	106.4
张家口市	Zhangjiakou	106.7	105.3	102.4	110.6	102.2	103.0	106.5
秦皇岛市	Qinhuangdao	107.3	102.8	105.4	109.8	105.3	105.7	106.6
唐山市	Tangshan	106.3	103.1	103.6	110.9	103.8	101.0	105.7
廊坊市	Langfang	106.9	98.9	103.1	111.5	102.0	108.6	104.8
保定市	Baoding	106.1	103.2	102.7	111.1	101.8	106.6	105.5
#定州市	Dingzhou	107.3	102.8	105.7	113.2	105.8	105.6	106.5
沧州市	Cangzhou	106.7	98.4	104.4	111.0	104.6	102.7	105.9
衡水市	Hengshui	107.2	103.5	104.3	111.5	104.3	104.3	106.9
邢台市	Xingtai	107.1	105.0	105.0	110.1	105.2	103.7	106.7
邯郸市	Handan	107.0	103.8	103.7	111.1	103.6	104.2	106.6

各市支出法计算的地区生产总值（2017年）
Gross Domestic Product by Expenditure Approach (2017)

单位：亿元　(100 million yuan)

市	City	支出法地区生产总值 Gross Regional Product by Expenditure Approach	最终消费 Final Consumption Expenditures	居民消费 Household Consumption Expenditures	政府消费 Government Consumption Expenditures	资本形成总额 Gross Capital Formation	货物和服务净流出 Net Outflow of Goods and Services
全　省	**Total**	**340163200**	**160557000**	**119113400**	**41443600**	**190831600**	**-11225400**
石家庄市	Shijiazhuang	57208262	24139073	17447763	6691310	32589056	480133
承 德 市	Chengde	14654537	7658987	5592827	2066160	10954497	-3958947
张家口市	Zhangjiakou	14270162	6606996	4716350	1890646	7555053	108113
秦皇岛市	Qinhuangdao	15003351	7366673	5945117	1421556	7224604	412074
唐 山 市	Tangshan	65301459	19871442	16467382	3404060	35226820	10203197
廊 坊 市	Langfang	20010071	[illegible]	[illegible]	[illegible]	10355882	102713
保 定 市	Baoding	31324312	19034143	15568029	3466114	16820061	-4529892
沧 州 市	Cangzhou	36434034	17451902	13280897	4171005	18836396	145736
衡 水 市	Hengshui	15231872	7563232	6377574	1185658	7240726	427914
邢 台 市	Xingtai	20906243	10189970	9027886	1162084	10324665	391608
邯 郸 市	Handan	33795261	15478448	12614678	2863770	18019596	297217

注：本表数据中石家庄市不含辛集市、保定市不含定州市。
a) Data in this table, Shijiazhuang excluding Xinji, Baoding excluding Dingzhou.

各市人口数及人口自然变动（2017年）
Total Population and Natural Changes of Population (2017)

市	City	总人口（万人） Total Population (10000 persons)	#男 Male	出生率(‰) Birth Rate (‰)	死亡率(‰) Death Rate (‰)	自然增长率(‰) Natural Growth Rate (‰)
全　省	**Total**	**7519.52**	**3817.66**	**13.20**	**6.60**	**6.60**
石家庄市	Shijiazhuang	1087.99	545.05	13.40	5.94	7.46
#辛集市	Xinji	63.66	32.23	11.53	7.04	4.49
承 德 市	Chengde	356.50	181.78	12.15	6.91	5.24
张家口市	Zhangjiakou	443.31	225.16	10.29	5.90	4.39
秦皇岛市	Qinhuangdao	311.08	157.28	11.02	7.01	4.01
唐 山 市	Tangshan	789.70	402.55	12.32	6.99	5.33
廊 坊 市	Langfang	474.09	245.09	14.37	6.13	8.24
保 定 市	Baoding	1169.05	595.11	13.35	6.68	6.67
#定州市	Dingzhou	122.13	61.08	13.05	5.90	7.15
沧 州 市	Cangzhou	755.49	386.96	13.35	6.61	6.74
衡 水 市	Hengshui	446.04	225.94	12.31	6.31	6.00
邢 台 市	Xingtai	735.16	374.58	14.86	7.01	7.85
邯 郸 市	Handan	951.11	475.88	14.41	7.05	7.36

注：本表数据根据2017年人口变动情况抽样调查数据推算。
a) This figure was estimated on the basis of the annual sample surveys of populationi in 2017.

各市人口的城乡构成（2017年底）
Population by Urban and Rural Residence and Region (End of 2017)

单位：万人 (10000 persons)

市	City	人口数 Total Population	城镇人口 Urban Population		乡村人口 Rural Population	
			人口数 Population	比重（%） Proportion	人口数 Population	比重（%） Proportion
全　　省	**Total**	**7519.52**	**4136.49**	**55.01**	**3383.03**	**44.99**
石家庄市	Shijiazhuang	1087.99	670.61	61.64	417.38	38.36
#辛集市	Xinji	63.66	32.45	50.98	31.21	49.02
承 德 市	Chengde	356.50	180.75	50.70	175.75	49.30
张家口市	Zhangjiakou	443.31	247.90	55.92	195.41	44.08
秦皇岛市	Qinhuangdao	311.08	180.05	57.88	131.03	42.12
唐 山 市	Tangshan	789.70	486.77	61.64	302.93	38.36
廊 坊 市	Langfang	474.09	277.34	58.50	196.75	41.50
保 定 市	Baoding	1169.05	595.82	50.97	573.23	49.03
#定州市	Dingzhou	122.13	63.15	51.71	58.98	48.29
沧 州 市	Cangzhou	755.49	395.20	52.31	360.29	47.69
衡 水 市	Hengshui	446.04	225.70	50.60	220.34	49.40
邢 台 市	Xingtai	735.16	379.12	51.57	356.04	48.43
邯 郸 市	Handan	951.11	526.10	55.31	425.01	44.69

各市城镇非私营单位就业人数（2017年底）
Number of Staff and Workers in Urban Non Private Units (End of 2017)

单位：万人 (10000 persons)

市	City	就业人数 Number of Staff and Workers	#国有经济 State-Owned	#城镇集体经济 Urban Collective-Owned	在岗职工人数 Number of Staff and Workers on-post	#国有经济 State-Owned	#城镇集体经济 Urban Collective-Owned
全　　省	**Total**	**535.32**	**282.69**	**13.75**	**498.35**	**266.83**	**13.01**
石家庄市	Shijiazhuang	91.61	48.02	2.24	87.32	46.30	2.19
#辛集市	Xinji	3.92	1.69	0.03	3.90	1.67	0.03
承 德 市	Chengde	26.60	14.91	0.55	23.29	14.50	0.54
张家口市	Zhangjiakou	31.82	19.91	1.16	29.65	18.47	1.05
秦皇岛市	Qinhuangdao	29.28	14.54	0.32	26.72	13.91	0.28
唐 山 市	Tangshan	76.14	32.85	1.79	71.35	31.23	1.70
廊 坊 市	Langfang	40.05	17.52	0.92	39.16	17.20	0.89
保 定 市	Baoding	78.40	38.45	1.11	71.83	35.85	1.07
#定州市	Dingzhou	4.02	2.51	0.02	3.98	2.49	0.02
沧 州 市	Cangzhou	43.49	26.10	0.83	39.81	24.31	0.81
衡 水 市	Hengshui	22.79	14.99	1.54	21.72	14.70	1.52
邢 台 市	Xingtai	35.01	22.01	1.24	32.97	20.46	1.13
邯 郸 市	Handan	60.13	33.38	2.05	54.52	29.90	1.83

注：在岗职工人数含劳务派遣人员。
a) The staff and workers on-post include the labor dispatch personnel.

各市城镇非私营单位就业人员工资总额（2017年）
Total Wages Bill of Urban Units Employed Persons in Urban Non Private Units (2017)

单位：万元 (10000 yuan)

市	City	就业人员	在岗职工			其他就业人员
		工资总额 Gross Payments to Employees in Urban Areas	工资总额 Payments to Full-time Employees	#国有经济 By State-owned Econmy	#城镇集体经济 By Urban Collective-owned Economy	其他就业人员工资总额 Payments to Others Types of Employees
全　省	**Total**	**33562526**	**32422207**	**17718517**	**636738**	**1140320**
石家庄市	Shijiazhuang	6059693	5908489	3372594	96905	151204
#辛集市	Xinji	200011	199139	109650	769	871
承德市	Chengde	1494156	1408334	882898	26624	85822
张家口市	Zhangjiakou	1922196	1849486	1185022	46725	72710
秦皇岛市	Qinhuangdao	1950714	1880620	974503	9528	70094
唐山市	Tangshan	4927793	4788281	2108462	66865	139512
廊坊市	Langfang	3106889	3036036	1381705	46100	70852
保定市	Baoding	4697378	4476089	2211659	53852	221289
#定州市	Dingzhou	213977	212603	145328	821	1373
沧州市	Cangzhou	2751892	2643821	1609932	46966	108071
衡水市	Hengshui	1276044	1244019	856705	77696	32024
邢台市	Xingtai	2005492	1959458	1260514	70054	46034
邯郸市	Handan	3370280	3227573	1874523	95424	142707

注：从2012年起在岗职工工资总额含劳务派遣人员工资总额。

a) Since 2012 total wages bill of staff and workers on-post include the labor dispatch personnel.

各市城镇非私营单位在岗职工工资总额及平均工资（2017年）
Total Wages Bill and Average Wage of Staff and Workers on-post in Urban Non Private Units (2017)

市	City	在岗职工工资总额（万元） Total Wages (10000 yuan)	国有经济 State-Owned	城镇集体经济 Urban Collective-Owned	其他经济类型 Others	在岗职工平均工资（元） Average Wage of Staff and Workers on-post (yuan)	国有经济 State-Owned	城镇集体经济 Urban Collective-Owned	其他经济类型 Others
全　省	**Total**	**32422207**	**17718517**	**636738**	**14066952**	**65266**	**66661**	**48827**	**64549**
石家庄市	Shijiazhuang	5709350	3262945	96136	2350269	68632	73260	45211	64352
承德市	Chengde	1408334	882898	26624	498812	60270	61129	49276	59497
张家口市	Zhangjiakou	1849486	1185022	46725	617740	62338	64593	43709	60244
秦皇岛市	Qinhuangdao	1880620	974503	9528	896589	70753	68942	36843	73574
唐山市	Tangshan	4788281	2108462	66865	2612954	66843	68162	38661	67047
廊坊市	Langfang	3036036	1381705	46100	1608232	77665	80680	51543	76323
保定市	Baoding	4263486	2066331	53031	2144124	63835	62055	46719	66267
沧州市	Cangzhou	2643821	1609932	46966	986923	66984	66525	58473	68225
衡水市	Hengshui	1244019	856705	77696	309618	58014	58774	52743	57399
邢台市	Xingtai	1959458	1260514	70054	628890	59431	61854	61782	54888
邯郸市	Handan	3227573	1874523	95424	1257626	58917	63182	52170	54012
定州市	Dingzhou	212603	145328	821	66455	54139	58515	38014	46740
辛集市	Xinji	199139	109650	769	88721	51641	65560	29117	41126

注：在岗职工工资总额和平均工资均含劳务派遣人员。

a) The total wages bill and average wage of staff and workers on-post include the labor dispatch personnel.

各市城镇私营单位就业人员平均工资
Average Wage of Employed Persons in Urban Private Enterprises

单位：元 (yuan)

市	City	2010	2011	2012	2013	2014	2015	2016	2017
全　省	**Total**	**17914**	**21729**	**25158**	**28135**	**31459**	**34084**	**36507**	**38136**
石家庄市	Shijiazhuang	17790	22200	26187	28902	32705	35003	37659	38756
承德市	Chengde	17781	21189	24120	27962	30229	32401	34302	36795
张家口市	Zhangjiakou	16891	21805	23325	25458	27723	29120	30477	33536
秦皇岛市	Qinhuangdao	19997	22893	26583	29130	32090	33439	35169	38692
唐山市	Tangshan	21077	24736	28751	31449	34475	38140	40034	41234
廊坊市	Langfang	19884	22626	25523	29918	33855	38283	44244	47531
保定市	Baoding	16461	20579	23913	27083	30726	33027	35762	36717
沧州市	Cangzhou	17430	22422	25194	28442	31148	33218	35214	37218
衡水市	Hengshui	16435	19928	22874	25882	28737	32378	34455	36212
邢台市	Xingtai	15156	18782	22440	25358	29459	31327	33640	34755
邯郸市	Handan	15513	18768	22099	25591	28249	31052	33414	35274
定州市	Dingzhou				24558	29391	30000	31528	36452
辛集市	Xinji				27187	31049	33672	35531	38672

注：1.本表数据为抽样调查。2.2013年起石家庄市不含辛集市、保定市不含定州市。(下表同)

a) Data in this table come from data collected through the sample survey.

b) Data in this table, Shijiazhuang excluding Xinji, Baoding excluding Dingzhou since 2013. Same as following tables.

各市城镇登记失业人员及失业率
Number of Unemployed and Unemployment Rate in Urban Area

市	City	年底登记失业人数(万人) Number of Unemployed End of the Year (10000 persons)				登记失业率(%) Registered Rate of Unemployment (%)			
		2010	2015	2016	2017	2010	2015	2016	2017
全　省	**Total**	**35.14**	**39.41**	**39.73**	**39.92**	**3.86**	**3.60**	**3.68**	**3.68**
石家庄市	Shijiazhuang	5.09	5.36	5.23	5.10	3.82	3.66	3.70	3.35
承德市	Chengde	2.46	1.99	1.97	2.28	4.34	3.14	3.45	3.53
张家口市	Zhangjiakou	3.27	3.44	3.77	3.69	4.31	3.23	3.45	3.12
秦皇岛市	Qinhuangdao	1.89	2.51	2.22	2.35	3.76	3.32	3.02	2.88
唐山市	Tangshan	5.79	7.01	6.94	4.42	4.06	4.15	4.28	2.83
廊坊市	Langfang	1.19	1.02	0.95	0.05	2.00	1.87	1.78	1.88
保定市	Baoding	4.26	4.27	4.67	4.38	4.08	4.18	4.30	3.97
沧州市	Cangzhou	1.89	2.46	2.32	2.32	4.24	3.55	3.37	3.12
衡水市	Hengshui	2.13	2.36	2.38	2.33	3.50	3.73	3.86	3.38
邢台市	Xingtai	2.11	2.15	2.07	1.94	3.80	3.64	3.81	3.45
邯郸市	Handan	5.05	5.92	6.31	6.16	4.00	3.67	3.80	3.54
定州市	Dingzhou		0.73	0.72	0.65		3.89	4.01	3.51
辛集市	Xinji		0.18	0.17	0.16		3.21	3.12	2.82

注：石家庄市不含辛集市、保定市不含定州市。

a) Data in this table, Shijiazhuang excluding Xinji, Baoding excluding Dingzhou.

各市全社会固定资产投资（2017年）
Total Investment in Fixed Assets (2017)

单位：万元 (10000 yuan)

市	City	全社会投资总额 Total Investment	固定资产投资 Investment in Fixed Assets	建设项目 Construction Projects	房地产开发 Real Estate Development	农户 Agricultural Households
全省	**Total**	**334068021**	**330122314**	**266444340**	**48239092**	**3945707**
石家庄市	Shijiazhuang	63531676	63101434	48796801	12436330	430242
#辛集市	Xinji	2551102	2541722	2169818	313610	9380
承德市	Chengde	17509944	17324514	14789171	1529394	185430
张家口市	Zhangjiakou	16552846	16387326	13052730	3908464	165520
秦皇岛市	Qinhuangdao	8904967	8733903	6229688	1669504	171064
唐山市	Tangshan	53652867	53053688	45161685	3577110	599179
廊坊市	Langfang	26639225	26318341	17548738	7579946	320884
保定市	Baoding	[illegible]	[illegible]	[illegible]	[illegible]	[illegible]
#定州市	Dingzhou	3132201	3090113	1721611	1121759	42088
沧州市	Cangzhou	37590549	37102513	31977079	2534421	488036
衡水市	Hengshui	13227450	13003330	10407524	1991383	224120
邢台市	Xingtai	21695613	21332980	18343734	1968427	362633
邯郸市	Handan	40291230	39779225	33834768	4752490	512005

注：1.全省农村农户投资为抽样调查数，各市为全面调查数。2.全省总计中含不分地区数，不等于各市合计。以下相关表同。

a) The provincial data of individual investment in fixed assets in the rural area are estimator on the base of sample surveys. owever, the corresponding data for the cities are results of overall statistical surveys. b)The data by city didn't contained of others so total isn't equal to the figure of whole province. The same applies to the tables following.

各市按构成和建设性质分的建设项目投资（2017年）
Investment in Capital Construction Projects by Use of Funds and Type of Construction (2017)

单位：万元 (10000 yuan)

市	City	投资总额 Total Invstment	按构成分 by Composition of Funds: #建筑工程 Construction	#安装工程 Installation	#设备工器具购置 Purchase of Equipment and Instruments	按建设性质分 by Type of Construction: #新建 New Construction	#扩建 Expansion	#改建和技术改造 Reconstruction
全省	**Total**	**281883222**	**163477178**	**32854917**	**63700053**	**156314778**	**46366183**	**71820448**
石家庄市	Shijiazhuang	50665104	24340613	6466126	12405110	24849333	9288907	14826632
#辛集市	Xinji	2228112	1064607	469980	678169	668160	624654	793060
承德市	Chengde	15795120	10668053	1644083	2217836	10888417	2306299	2437077
张家口市	Zhangjiakou	12478862	7778078	1375570	1756237	10131455	956864	1263181
秦皇岛市	Qinhuangdao	7064399	4631802	652925	1077768	4626899	522367	1499427
唐山市	Tangshan	49476578	30244860	5998042	10855250	26169329	6236352	15740192
廊坊市	Langfang	18738395	12395393	1756490	3766728	9511008	2572217	5688619
保定市	Baoding	22617250	13740846	2315597	4797522	15320872	3094467	2885826
#定州市	Dingzhou	1968354	1255589	159311	314882	1772375	25603	137014
沧州市	Cangzhou	34568092	19799466	4015583	9340387	13801091	11339262	9012424
衡水市	Hengshui	11011947	6404513	1169848	2932806	5323679	2682017	2766042
邢台市	Xingtai	19364553	10761835	2340778	5003228	9773474	2943974	6219997
邯郸市	Handan	35026735	20560551	3984897	8326469	20852105	4414386	9481031

各市建设项目施工、投产个数和新增固定资产（2017年）
Number of Capital Construction Projects under Construction and Put into Use and Newly Increased Fixed Assets (2017)

市	City	施工项目（个）Number of Projects under Construction (unit)	全部建成投产项目个数（个）Number of Projects Completed and Put into Use (unit)	项目建成投产率（%）Rate of Construction Projects Completed and Put into Use (%)	新增固定资产（万元）Newly Increased Fixed Assets (10000 yuan)	固定资产交付使用率（%）Rate of Projects of Fixed Assets Completed and Put into Use (%)
全　省	**Total**	**24382**	**18519**	**76.0**	**202161933**	**71.7**
石家庄市	Shijiazhuang	4403	3592	81.6	35732925	70.5
#辛集市	Xinji	392	355	90.6	1630905	73.2
承 德 市	Chengde	1573	1132	72.0	12224135	77.4
张家口市	Zhangjiakou	1096	858	78.3	8928058	71.5
秦皇岛市	Qinhuangdao	816	568	69.6	4357672	61.7
唐 山 市	Tangshan	3688	2791	75.7	35162923	71.1
廊 坊 市	Langfang	1635	1199	73.3	12849351	68.6
保 定 市	Baoding	1890	1405	74.3	16157168	71.4
#定州市	Dingzhou	135	113	83.7	1575674	80.1
沧 州 市	Cangzhou	3726	2906	78.0	28533052	82.5
衡 水 市	Hengshui	1018	767	75.3	8278048	75.2
邢 台 市	Xingtai	2404	1762	73.3	16017921	82.7
邯 郸 市	Handan	2110	1535	72.7	21268414	60.7

各市建设项目施工、竣工房屋建筑面积（2017年）
Floor Space of Buildings under Construction and Completed in Capital Construction Projects (2017)

市	City	施工面积（万平方米）Floor Space under Construction (10000 sq.m)	#住宅 Residential Building	竣工面积（万平方米）Floor Space Completed (10000 sq.m)	#住宅 Residential Building
全　省	**Total**	**11944.69**	**699.79**	**6128.65**	**148.23**
石家庄市	Shijiazhuang	1294.30	48.87	752.05	37.89
#辛集市	Xinji	70.96		50.09	
承 德 市	Chengde	367.82	12.45	194.61	7.86
张家口市	Zhangjiakou	206.82	20.94	95.65	6.85
秦皇岛市	Qinhuangdao	228.85	20.53	108.06	3.03
唐 山 市	Tangshan	1717.83	45.79	622.14	21.87
廊 坊 市	Langfang	749.96	4.68	293.83	2.16
保 定 市	Baoding	1287.50	33.94	678.42	20.09
#定州市	Dingzhou	68.43	6.22	62.46	4.17
沧 州 市	Cangzhou	2374.12	21.34	1589.52	0.35
衡 水 市	Hengshui	656.49	11.96	375.51	1.39
邢 台 市	Xingtai	939.17	86.79	582.85	29.88
邯 郸 市	Handan	2113.83	392.51	836.03	16.88

各市能源工业投资（2017年）
Investment in Energy Industry (2017)

单位：万元 (10000 yuan)

市	City	合计 Total	煤炭开采和洗选业 Mining and Washing of Coal	石油和天然气开采业 Extraction of Petroleum and Natural Gas	石油加工、炼焦及核燃料加工业 Processing of Petroleum, Coking,	电力、燃气生产和供应业 Production and Supply of Electricity, Gas and Water
全　省	**Total**	**18092574**	**449801**	**190108**	**3754411**	**13698254**
石家庄市	Shijiazhuang	1743259	70889		252506	1419864
#辛集市	Xinji	139801			62781	77020
承德市	Chengde	1320623	13100	7		1307516
张家口市	Zhangjiakou	1901490	16371		30000	1855119
秦皇岛市	Qinhuangdao	309907			11	309896
唐山市	Tangshan	2468147	90316	185801	458872	1733158
廊坊市	Langfang	775843			7900	767943
保定市	Baoding	1436839			220212	1216627
#定州市	Dingzhou	196100			159532	36568
沧州市	Cangzhou	3398023	9600	4300	2326995	1057128
衡水市	Hengshui	308856				308856
邢台市	Xingtai	640881	9557		72431	558893
邯郸市	Handan	1672057	239968		385484	1046605

各市建设项目资金来源（2017年）
Source of Funds of Investment in Capital Construction Projects (2017)

单位：万元 (10000 yuan)

市	City	本年资金来源 Total Funds This Year	国家预算内资金 State Budget	国内贷款 Domestic Loans	债券 Bond	利用外资 Foreign Investment	自筹资金 Self-raising Funds	其他资金 Others
全　省	**Total**	**263676991**	**11851145**	**14014813**	**306732**	**726972**	**223471016**	**13306313**
石家庄市	Shijiazhuang	48085475	3674049	4554597	66156	110228	37375095	2305350
#辛集市	Xinji	2213570	143160	10000			2024646	35764
承德市	Chengde	13735793	1080114	858190	10950	61918	10354694	1369927
张家口市	Zhangjiakou	10781104	1240612	1707356	58368	18895	6531865	1224008
秦皇岛市	Qinhuangdao	5436440	375944	812613	8912	71906	3826498	340567
唐山市	Tangshan	45732448	590433	1241617	4000	6130	42054450	1835818
廊坊市	Langfang	17717995	588092	294525	15064	96426	16220932	502956
保定市	Baoding	21401251	1133624	783981	8763	183546	18016064	1275273
#定州市	Dingzhou	1903790	323596	100		25691	1265728	288675
沧州市	Cangzhou	33444026	1144150	652269	24193	82154	30368178	1173082
衡水市	Hengshui	10676228	415455	511007	9736	19250	9453171	267609
邢台市	Xingtai	18340762	201888	475829	4838	8579	16437509	1212119
邯郸市	Handan	33852915	1324268	543107	95752	67940	30092996	1728852

各市亿元及以上固定资产投资项目投资情况(2017年)
Investment of Projects above 100 Million yuan (2017)

单位：亿元 (100 million yuan)

市	City	施工项目(个) Number of Projects under Construction (unit)	#新开工 Started in This Year	在建规模 Total investment Planed	#新开工 Started in This Year	本年完成投资 Real investment completed in this year
全　省	**Total**	**8589**	**4939**	**2.57**	**2.35**	**22048.86**
石家庄市	Shijiazhuang	1235	676	3.01	2.49	3718.74
#辛集市	Xinji	43	30	2.16	1.50	93.07
承 德 市	Chengde	563	304	2.16	1.69	1218.81
张家口市	Zhangjiakou	376	207	2.74	2.36	1030.17
秦皇岛市	Qinhuangdao	237	118	2.41	3.12	570.93
唐 山 市	Tangshan	1521	1007	2.72	2.54	4132.76
廊 坊 市	Langfang	562	283	2.44	2.38	1369.54
保 定 市	Baoding	654	342	2.84	2.54	1859.82
#定州市	Dingzhou	53	22	3.32	2.80	175.87
沧 州 市	Cangzhou	1043	724	2.17	2.09	2259.13
衡 水 市	Hengshui	395	193	2.28	1.73	900.92
邢 台 市	Xingtai	717	388	1.80	1.73	1293.27
邯 郸 市	Handan	1264	691	2.52	2.50	3187.34

各市分行业建设项目投资（2017年）
Investment in Capital Construction Projects by Sector (2017)

单位：万元 (10000 yuan)

市	City	投资总额 Total	农林牧渔业 Agriculture, Forestry, Animal Husbandry and Fishery	采矿业 Mining	制造业 Manufacturing	电力、热力、燃气及水生产和供应业 Production and Supply of Electricity, Thermal, Gas & Water	建筑业 Construction	批发和零售业 Wholesale and Retail Trades
全　省	**Total**	**281883222**	**17961943**	**3810823**	**138712988**	**19142997**	**45352**	**7952843**
石家庄市	Shijiazhuang	50665104	3119624	253185	22940547	2442569		1640044
#辛集市	Xinji	2228112	91363		1545986	174706		483
承 德 市	Chengde	15795120	2732073	1059337	3097952	1656257		268070
张家口市	Zhangjiakou	12478862	1912976	45841	1603321	1995617	2580	151361
秦皇岛市	Qinhuangdao	7064399	487673	91923	1723256	486705		85283
唐 山 市	Tangshan	49476578	3004970	1912159	24741738	2575489	16760	1578089
廊 坊 市	Langfang	18738395	349090		11553304	1159057	4985	330476
保 定 市	Baoding	22617250	1132592	6370	8664877	1988452	7057	1088891
#定州市	Dingzhou	1968354	60936		613328	53473	2400	173935
沧 州 市	Cangzhou	34568092	1690029	38200	24950841	1514950	5000	924079
衡 水 市	Hengshui	11011947	646991		7635791	563403		130812
邢 台 市	Xingtai	19364553	1071904	64506	11888816	1015947		228520
邯 郸 市	Handan	35026735	1814021	339302	19912545	1627902	8970	1527218

各市分行业建设项目投资（2017年）(续)
Investment in Capital Construction Projects by Sector (2017)

单位：万元 (10000 yuan)

市	City	交通运输、仓储和邮政业 Transport, Storage and Post	住宿和餐饮业 Hotels and Catering Services	信息传输、软件和信息技术服务业 Information Transmission, Software & Information Technology Services	金融业 Financial Inter-Mediation	房地产业 Real Estate	租赁和商务服务业 Leasing and Business Services	科学研究和技术服务业 Scientific Research and Technical Services
全 省	**Total**	**21162885**	**2088727**	**3273819**	**587667**	**7024859**	**5568366**	**4267855**
石家庄市	Shijiazhuang	4351105	392962	347879	390223	2611787	1535827	1106897
#辛集市	Xinji	140651	13337	5000	12990			16834
承 德 市	Chengde	1143267	517743	181468		21395	206379	17865
张家口市	Zhangjiakou	1354083	268009	333681		594948	190603	312479
秦皇岛市	Qinhuangdao	909412	56407	16156		143380	343406	301149
唐 山 市	Tangshan	4503008	379512	301395	53992	600802	808473	654385
廊 坊 市	Langfang	1238169	82521	261407	2012	69082	569784	151769
保 定 市	Baoding	770701	241163	463613	6565	1443384	811074	764097
#定州市	Dingzhou	122080	69377	98159		32100	174350	5115
沧 州 市	Cangzhou	1623094	5154	149511	59654	405080	170511	327399
衡 水 市	Hengshui	281727	4134			173023	148041	150400
邢 台 市	Xingtai	994819	82400	79993	3604	525409	292487	173478
邯 郸 市	Handan	2203348	58722	149130	69617	436569	491701	307937

市	City	水利、环境和公共设施管理业 Management of Water Conservancy, Environment and Public Facilities	居民服务、修理和其他服务业 Services to Households, Repair and Other Services	教育 Education	卫生和社会工作 Health and Social Work	文化、体育和娱乐业 Culture, Sports and Entertainment	公共管理、社会保障和社会组织 Public Management, Social Security and Social Organizations
全 省	**Total**	**35542431**	**996040**	**3177567**	**3348873**	**5111971**	**2105216**
石家庄市	Shijiazhuang	6630754	326485	708221	695338	749049	422608
#辛集市	Xinji	199116	9180	9266	2500	5400	1300
承 德 市	Chengde	3647397	30776	145404	215672	779739	74326
张家口市	Zhangjiakou	2304282	7347	212460	86777	547871	332546
秦皇岛市	Qinhuangdao	1656571		70258	252440	390323	50057
唐 山 市	Tangshan	6426010	173895	431506	380826	831346	102223
廊 坊 市	Langfang	2237756		70674	234242	59115	364952
保 定 市	Baoding	3086640	20324	399889	777228	771900	172433
#定州市	Dingzhou	237105		1900	32520	180591	110985
沧 州 市	Cangzhou	2126156	21224	147032	132946	128152	149080
衡 水 市	Hengshui	839344	18850	89705	50615	199221	79890
邢 台 市	Xingtai	2084906	51712	316671	137016	241854	110511
邯 郸 市	Handan	4109886	345427	578676	385773	413401	246590

各市单位GDP能耗（2017年）
Energy Consumption by GDP (2017)

市	City	单位GDP能耗 Energy Consumption by GDP		单位工业增加值能耗 Energy Consumption by Add value of Industry		单位GDP电耗 Electricity Consumption by GDP	
		上升或下降 Change(±%)		上升或下降 Change(±%)		上升或下降 Change(±%)	
		2016	2017	2016	2017	2016	2017
全　省	**Total**	**-5.05**	**-4.42**	**-4.25**	**-5.71**	**-3.75**	**-1.19**
石家庄市	Shijiazhuang	-6.48	-6.90	-7.53	-8.44	-4.22	-3.38
承 德 市	Chengde	-3.72	-3.39	-2.25	-7.85	-5.22	1.92
张家口市	Zhangjiakou	-4.47	-6.83	-6.40	-3.68	-4.13	5.51
秦皇岛市	Qinhuangdao	-4.39	-4.88	-4.70	-5.04	-4.49	-0.33
唐 山 市	Tangshan	-4.04	0.34	-1.77	-4.35	-8.03	-5.29
廊 坊 市	Langfang	-5.52	-8.28	-8.36	-10.82	-1.14	-2.26
保 定 市	Baoding	-4.65	-6.09	-3.28	-8.12	2.19	3.42
沧 州 市	Cangzhou	-4.26	-4.83	-5.46	-7.12	-0.57	4.07
衡 水 市	Hengshui	-6.02	-2.58	-14.52	6.59	-8.01	0.32
邢 台 市	Xingtai	-4.36	-4.83	-6.75	-8.25	0.64	1.51
邯 郸 市	Handan	-5.10	-4.41	-4.86	-11.07	-7.99	-0.97
定 州 市	Dingzhou	-3.50	2.13	-6.28	-5.85	-3.42	-6.41
辛 集 市	Xinji	-6.82	0.49	-11.70	-6.21	-0.50	-2.93

注：1.单位工业增加值能耗的统计范围是年主营业务收入2000万元及以上的工业法人企业。 2.GDP按照2015年价格计算,工业增加值按照可比价计算。

a) The data ofenergy consumption by industrial value-added are based on survey of industrial legal-person enterprises, whose major-business annual incomes are no less than 20 million yuan. b) GDP is calculated based on constant prices in year 2015, industrial value-added is calculated at constant prices.

各市规模以上工业企业能源消耗情况
Consumption of Main Energy Sources in above Designated Size Industrial Enterprises

单位：万吨标准煤 (10000 tons of SCE)

市	City	2005	2010	2015	2016	2017
全　省	**Total**	**13976.29**	**18117.87**	**20269.64**	**20544.02**	**20292.11**
石家庄市	Shijiazhuang	2256.15	2778.90	2615.47	2531.74	2397.85
承 德 市	Chengde	483.90	733.29	963.09	991.63	966.75
张家口市	Zhangjiakou	894.44	952.48	1025.16	981.11	967.40
秦皇岛市	Qinhuangdao	519.92	674.38	713.54	721.10	833.74
唐 山 市	Tangshan	4672.85	6280.62	7182.77	7421.77	7424.16
廊 坊 市	Langfang	279.76	558.45	687.82	674.18	631.63
保 定 市	Baoding	590.36	720.11	472.52	511.14	485.08
沧 州 市	Cangzhou	474.89	763.75	1271.66	1417.95	1385.32
衡 水 市	Hengshui	306.36	271.99	295.24	264.87	298.27
邢 台 市	Xingtai	942.99	1178.53	1166.84	1156.69	1135.44
邯 郸 市	Handan	2554.67	3205.38	3395.01	3396.86	3287.16
定 州 市	Dingzhou			322.75	319.84	324.61
辛 集 市	Xinji			157.79	155.16	154.71

注：本表数据从2013年开始，石家庄市不含辛集市、保定市不含定州市。

a) Data since 2013, Shijiazhuang excluding Xinji, Baoding excluding Dingzhou.

各市规模以上工业企业水消费(取水总量)
Consumption of Water in above Designated Size Industrial Enterprises

单位：万立方米 (10000 m³)

市	City	2010	2012	2013	2014	2015	2016	2017
全　省	**Total**	**231593.98**	**223896.30**	**232929.7**	**226177.4**	**220095.9**	**214029.0**	**216956.3**
石家庄市	Shijiazhuang	32264.03	33273.78	33532.4	32938.9	30559.4	29020.7	27716.7
#辛集市	Xinji			2145.3	2073.7	2021.1	1718.4	1695.6
承德市	Chengde	14976.11	16496.01	18500.2	19720.6	22016.8	21008.2	19962.4
张家口市	Zhangjiakou	9984.96	10912.79	11797.6	11277.8	10873.2	9544.6	8616.9
秦皇岛市	Qinhuangdao	53050.65	8377.19	6769.2	6637.0	5445.9	5242.7	4626.0
唐山市	Tangshan	64398.13	72452.64	81450.3	81140.6	85111.1	81339.3	87555.1
廊坊市	Langfang	4688.63	5008.41	5306.8	5272.3	5210.9	5214.0	4835.6
保定市	Baoding	9655.55	10456.40	10943.4	10438.4	9924.7	9171.4	9207.8
#定州市	Dingzhou			2137.3	2269.2	2228.7	2040.1	2314.8
沧州市	Cangzhou	7514.14	33127.75	31645.0	27449.2	20595.3	23852.4	24784.2
衡水市	Hengshui	3170.33	3998.13	4082.6	4380.4	3755.2	3321.0	3550.4
邢台市	Xingtai	9182.51	9640.93	8770.8	7940.9	7949.3	7718.7	8010.8
邯郸市	Handan	22708.94	20152.26	20131.4	18981.4	18654.2	18596.0	18090.4

注：2009年以后取水总量不包括水的生产和供应业行业，也不包括河湖海冷却水用量。

a) Data after 2009 exclude the industry of production and supply of water, exclude cooling water directly from rivers, lakes and seas as well.

各市地方财政收入及支出（2017年）
Local Revenue and Expenditures (2017)

单位：万元 (10000 yuan)

市	City	地方一般预算收入 Local Government Budgetary Revenue	#增值税 Value-added Tax	#营业税 Operation Tax	地方财政支出 Local Expenditure	#一般公共服务 General Public Services
全　省	**Total**	**32338332**	**9090100**	**47165**	**66391840**	**6331839**
石家庄市	Shijiazhuang	4755066	1197060	1033	8473843	836938
#辛集市	Xinji	146180	43691	-612	406559	53536
承德市	Chengde	892213	257680	1864	3376382	313041
张家口市	Zhangjiakou	1357853	277380	4691	4725763	470931
秦皇岛市	Qinhuangdao	1185525	292062	910	2626987	248127
唐山市	Tangshan	3803481	1090800	3120	6626323	669814
廊坊市	Langfang	3314731	736112	7097	5827035	589609
保定市	Baoding	2784445	705414	7303	7180123	606173
#定州市	Dingzhou	200295	54127	1106	543401	50831
沧州市	Cangzhou	2395362	622682	4095	5504803	602102
衡水市	Hengshui	1034737	253555	922	2982886	292265
邢台市	Xingtai	1267379	345350	2950	4185241	442311
邯郸市	Handan	2201150	476575	-762	5470074	552801

注：全省总计数中含省本级数，故不等于各市相加。

a) The total revenues are not equal to the sum of the prefectures' revenues. This is because the former are the total of both provincial and prefectural revenues. So do the total expenditures.

各市区居民消费价格分类指数（2017年，上年＝100）

Consumer Price Indices by Category and by Cities (2017, Preceding Year＝100)

市 区	City	总指数 General Index	食品烟酒 Food, Tobacco and Liquor	衣着 Clothing	居住 Residence	生活用品及服务 Household Facilities, Articles & Service	交通和通信 Transport and Communi-cation	教育文化和娱乐 Education, Cultural & Recreation	医疗保健 Health Care & Medical Service	其他用品和服务 Miscellaneous Coods & Services
全 省	**Total**	**101.7**	**99.3**	**101.4**	**103.0**	**100.8**	**100.4**	**101.6**	**106.9**	**110.1**
石家庄市	Shijiazhuang	101.4	98.8	101.2	102.8	99.6	101.7	101.5	107.4	102.5
#辛集市	Xinji	101.6	99.2	100.1	99.7	101.5	99.5	108.8	107.9	106.7
承 德 市	Chengde	102.0	99.6	101.8	105.1	101.8	99.9	100.1	110.0	99.2
张家口市	Zhangjiakou	101.9	99.1	103.1	102.9	100.6	99.5	99.9	114.8	100.1
秦皇岛市	Qinhuangdao	101.8	98.8	99.7	103.3	101.2	100.2	103.0	104.7	125.3
唐 山 市	Tangshan	101.6	99.0	101.2	100.8	101.5	99.5	100.9	105.0	137.5
廊 坊 市	Langfang	102.7	99.6	102.1	108.3	100.8	99.8	100.6	110.3	99.5
保 定 市	Baoding	102.9	100.1	101.9	102.2	100.8	99.8	99.6	114.2	131.2
#定州市	Dingzhou	100.8	99.6	99.2	100.9	101.1	100.1	100.1	106.4	100.8
沧 州 市	Cangzhou	101.9	101.0	101.4	101.6	100.5	99.7	101.5	111.3	100.9
衡 水 市	Hengshui	101.6	99.2	100.9	100.1	101.8	100.6	104.9	112.5	101.0
邢 台 市	Xingtai	102.0	99.2	99.1	101.8	101.1	100.1	104.1	111.0	120.4
邯 郸 市	Handan	101.4	99.4	103.1	102.6	101.6	100.2	100.7	105.7	101.1

各市区商品零售价格分类指数（2017年，上年＝100）

Retail Price Indices by Category of Commodities by Cities (2017, Preceding Year=100)

市 区	City	总指数 General Index	食品 Food	饮料、烟酒 Beverages, Tobacco and Liquor	服装、鞋帽 Garments, Shoes and Hats	纺织品 Textiles	家用电器及音像器材 Household Appliances, Music and Video Equipment	文化办公用品 Cultural and Office Appliances	日用品 Articles for Daily Use	体育娱乐用品 Sports and Recreation Articles
全 省	**Total**	**101.4**	**99.0**	**100.0**	**101.2**	**99.9**	**99.7**	**99.2**	**100.5**	**100.2**
石家庄市	Shijiazhuang	100.9	98.6	100.0	101.2	99.4	98.3	99.3	100.5	99.1
#辛集市	Xinji	101.3	98.7	100.1	99.7	101.2	99.3	100.8	100.4	107.1
承 德 市	Chengde	101.6	99.8	99.2	101.9	101.3	100.5	99.6	101.5	101.6
张家口市	Zhangjiakou	100.4	99.3	98.0	103.0	99.5	99.8	98.9	100.0	100.0
秦皇岛市	Qinhuangdao	100.4	98.3	102.5	99.4	100.5	100.2	98.7	101.9	101.6
唐 山 市	Tangshan	101.1	99.0	99.2	101.2	100.9	99.9	99.0	100.6	99.6
廊 坊 市	Langfang	100.7	99.3	102.1	102.0	101.0	100.2	99.3	99.5	99.8
保 定 市	Baoding	101.7	99.7	101.2	102.0	97.4	100.6	99.1	99.8	98.8
#定州市	Dingzhou	101.0	99.6	98.9	99.1	100.0	100.4	99.8	100.9	100.4
沧 州 市	Cangzhou	100.6	100.7	100.3	101.3	99.9	100.0	99.3	100.0	100.3
衡 水 市	Hengshui	101.2	99.1	99.6	100.9	99.7	102.1	100.1	100.8	98.6
邢 台 市	Xingtai	102.7	98.7	101.2	99.0	98.3	99.0	99.4	100.4	99.5
邯 郸 市	Handan	102.4	99.3	99.7	103.2	99.9	100.5	98.5	100.2	101.5

各市区商品零售价格分类指数（2017年，上年＝100）(续)

Retail Price Indices by Category of Commodities by Cities (2017, Preceding Year=100)

市区	City	交通、通信用品 Transportation and Communication Appliances	家具 Furniture	化妆品 Cosmetics	金银珠宝 Gold, Silver and Jewelry	中西药品及医疗保健用品 Traditional Chinese and Western Medicines and Health Care Articles	书报杂志及电子出版物 Books, Newspapers, Magazines and Electronic Publications	燃料 Fuels	建筑材料及五金电料 Building Materials and Hardware
全省	**Total**	**97.9**	**102.4**	**101.6**	**102.3**	**109.0**	**105.2**	**113.0**	**100.6**
石家庄市	Shijiazhuang	100.4	100.1	100.0	102.5	107.3	111.6	105.5	99.6
#辛集市	Xinji	96.0	106.8	100.7	103.9	119.3	102.0	101.0	101.7
承德市	Chengde	96.6	102.9	104.3	103.7	109.2	104.2	109.7	100.2
张家口市	Zhangjiakou	95.4	100.6	101.7	99.9	107.1	101.7	106.6	102.3
秦皇岛市	Qinhuangdao	96.5	102.1	100.4	103.3	103.5	103.7	108.2	100.5
唐山市	Tangshan	96.8	102.1	103.4	102.4	106.5	105.0	111.2	99.7
廊坊市	Langfang	97.1	104.5	101.7	101.8	104.5	103.1	107.7	100.6
保定市	Baoding	96.8	102.1	101.7	101.7	116.7	102.2	106.0	104.0
#定州市	Dingzhou	95.6	102.1	102.5	103.4	115.8	101.8	104.7	101.7
沧州市	Cangzhou	96.5	100.2	101.4	103.1	101.1	101.7	109.2	100.6
衡水市	Hengshui	99.8	102.1	103.0	101.7	106.9	104.9	105.8	101.0
邢台市	Xingtai	97.8	105.1	101.4	103.1	104.9	107.2	134.4	101.5
邯郸市	Handan	97.1	106.9	100.2	99.9	108.9	102.4	124.7	100.3

各市居民生活基本情况（2017年）

Basic Statistics on People's Living Conditions (2017)

单位：元　　(yuan)

市	City	人均可支配收入 Per Capital Annual Disposable Income			人均消费支出 Per Capita Annual Living Expenditures			恩格尔系数(%) Engle Cocfficient (%)	
		全体居民 All Households	城镇居民 Urban Households	农村居民 Rural Households	全体居民 All Households	城镇居民 Urban Households	农村居民 Rural Households	城镇居民 Urban Households	农村居民 Rural Households
石家庄市	Shijiazhuang	24651	32929	13345	15299	20339	8417	23.7	26.9
#辛集市	Xinji	23350	31907	15761	11856	14149	9822	22.3	26.2
承德市	Chengde	17755	27042	9682	13454	19426	8264	28.3	29.5
张家口市	Zhangjiakou	19585	28512	10293	13127	18043	8010	26.3	29.8
秦皇岛市	Qinhuangdao	22473	32795	12563	16391	22700	10316	24.4	26.4
唐山市	Tangshan	27786	36415	16229	18132	22758	11938	23.0	25.0
廊坊市	Langfang	27338	37474	15487	18772	24389	12203	21.5	25.9
保定市	Baoding	19641	27859	12779	12967	17437	8667	23.0	25.9
#定州市	Dingzhou	20846	27777	14748	14707	17048	10048	25.3	27.9
沧州市	Cangzhou	21349	31044	12363	14985	21642	8815	22.4	27.4
衡水市	Hengshui	18004	26195	11194	13086	17894	8698	27.2	29.5
邢台市	Xingtai	18050	26179	10999	11630	16419	7826	24.4	29.6
邯郸市	Handan	21168	28774	13151	13736	17568	9697	25.9	27.2

各市农、林、牧、渔业总产值（2017年）
Gross Output Value of Farming, Forestry, Animal Husbandry and Fishery (2017)

单位：万元 (10000 yuan)

市	City	农林牧渔业 Farming, Forestry, Animal Husbandry and Fishery	农业 Farming	林业 Forestry	牧业 Animal Husbandry	渔业 Fishery	农林牧渔服务业 Service for Farming, Forestry, Animal Husbandry and Fishery
全省	**Total**	**53733788**	**28906028**	**1755414**	**17358228**	**1958626**	**3755491**
石家庄市	Shijiazhuang	6345669	3123391	194900	2535731	29601	462046
#辛集市	Xinji	769533	437764	3300	305441	35	22993
承德市	Chengde	3632165	2074574	253544	1181882	26567	95598
张家口市	Zhangjiakou	3637064	1809430	275644	1426462	15959	109569
秦皇岛市	Qinhuangdao	3497035	1400948	100544	1251792	478692	265059
唐山市	Tangshan	7647722	3677405	77037	2578180	1005006	310094
廊坊市	Langfang	2939197	2081144	63589	656168	41551	96745
保定市	Baoding	6579159	3813452	236429	2172551	53809	302918
#定州市	Dingzhou	988353	562183	68930	328647	72	28521
沧州市	Cangzhou	5409131	2364363	104136	1247043	423424	1270165
衡水市	Hengshui	3621983	2254974	64074	1021962	8517	272456
邢台市	Xingtai	4289113	2883643	96031	1073074	7508	228857
邯郸市	Handan	5634283	2998606	147729	2089961	33106	364881

各市农、林、牧、渔业总产值指数（2017年，上年=100）
Indices of Gross Output Value of Farming，Forestry，Animal Husbandry and Fishery (2017, Preceding Year=100)

市	City	农林牧渔业 Farming, Forestry, Animal Husbandry and Fishery	农业 Farming	林业 Forestry	牧业 Animal Husbandry	渔业 Fishery	农林牧渔服务业 Service for Farming, Forestry, Animal Husbandry and Fishery
全省	**Total**	**104.0**	**104.9**	**107.9**	**102.1**	**98.2**	**108.0**
石家庄市	Shijiazhuang	102.7	100.3	70.9	108.4	102.7	105.5
#辛集市	Xinji	101.8	105.8	115.6	96.6	106.3	103.5
承德市	Chengde	105.6	108.7	112.3	100.3	86.9	109.6
张家口市	Zhangjiakou	106.3	93.9	88.5	130.2	113.2	117.5
秦皇岛市	Qinhuangdao	103.9	98.2	127.0	106.1	105.5	119.2
唐山市	Tangshan	103.4	102.3	82.4	105.9	101.0	106.6
廊坊市	Langfang	98.0	106.2	68.9	81.2	103.4	108.3
保定市	Baoding	103.3	109.6	102.2	91.0	127.6	144.9
#定州市	Dingzhou	102.4	105.7	102.5	97.0	84.8	108.8
沧州市	Cangzhou	102.3	100.3	259.0	89.4	98.1	122.2
衡水市	Hengshui	101.8	114.0	100.3	83.1	118.7	105.1
邢台市	Xingtai	104.3	104.3	93.4	104.2	115.2	109.3
邯郸市	Handan	104.4	102.8	89.6	106.7	113.7	111.7

注：本表按可比价格计算。
a) Data in value in this table are calculated at current prices.

各市农、林、牧、渔业中间消耗（2017年）
Intermediate Exertion of Farming, Forestry, Animal Husbandry and Fishery (2017)

单位：万元 (10000 yuan)

市	City	农林牧渔业中间消耗 Intermediate Exertion	农业 Farming	林业 Forestry	牧业 Animal Husbandry	渔业 Fishery	农林牧渔服务业 Service for Farming, Forestry, Animal Husbandry and Fishery
全省	**Total**	**20756147**	**8759648**	**609454**	**8571610**	**737800**	**2077635**
石家庄市	Shijiazhuang	2169873	720096	48742	1154133	14359	232543
#辛集市	Xinji	302779	120976	1092	168942	14	11755
承德市	Chengde	1238493	539091	68992	564882	13906	51622
张家口市	Zhangjiakou	1570926	735902	111180	667308	7364	49172
秦皇岛市	Qinhuangdao	[illegible]	[illegible]	[illegible]	[illegible]	[illegible]	[illegible]
唐山市	Tangshan	2852591	1029518	24775	1245237	380803	172258
廊坊市	Langfang	995666	595772	22037	305797	18342	53718
保定市	Baoding	2539554	1236907	77462	1034441	28778	161966
#定州市	Dingzhou	390890	190362	17460	167185	39	15844
沧州市	Cangzhou	2212448	733274	36285	601482	135833	705574
衡水市	Hengshui	1624938	894715	26767	547552	4556	151348
邢台市	Xingtai	1700838	955509	46750	575667	3742	119170
邯郸市	Handan	2403676	1046346	59106	1077861	17563	202800

各市农、林、牧、渔业增加值（2017年）
Value-added of Farming, Forestry, Animal Husbandry and Fishery (2017)

单位：万元 (10000 yuan)

市	City	农林牧渔业增加值 Added Value	农业 Farming	林业 Forestry	牧业 Animal Husbandry	渔业 Fishery	农林牧渔服务业 Service for Farming, Forestry, Animal Husbandry and Fishery
全省	**Total**	**32977641**	**20146380**	**1145960**	**8786618**	**1220826**	**1677856**
石家庄市	Shijiazhuang	4175796	2403295	146158	1381598	15242	229503
#辛集市	Xinji	466754	316788	2208	136499	21	11238
承德市	Chengde	2393672	1535483	184552	617000	12661	43976
张家口市	Zhangjiakou	2066138	1073528	164464	759154	8595	60397
秦皇岛市	Qinhuangdao	2075993	966741	60472	649025	253969	145786
唐山市	Tangshan	4795131	2647887	52262	1332943	624203	137836
廊坊市	Langfang	1943531	1485372	41552	350371	23209	43027
保定市	Baoding	4039605	2576545	158967	1138110	25031	140952
#定州市	Dingzhou	597463	371821	51470	161462	33	12677
沧州市	Cangzhou	3196683	1631089	67851	645561	287591	564591
衡水市	Hengshui	1997045	1360259	37307	474410	3961	121108
邢台市	Xingtai	2588275	1928134	49281	497407	3766	109687
邯郸市	Handan	3230607	1952260	88623	1012100	15543	162081

各市主要农作物总播种面积（2017年）
Total Sown Areas of Major Farm Crops (2017)

单位：公顷 (hectare)

市	City	总播种面积 Total Sown Area	#粮食作物 播种面积 Sown Area of Grain Crops	#夏收 Summer Harvest Grain	谷物 Cereal	豆类 Beans	薯类 Tubers	#油料 播种面积 Sown Area of Oil bearing Crops	#棉花 播种面积 Sown Area of Cotton	#蔬菜 播种面积 Sown Area of Vegetables
全　省	**Total**	**8381695**	**6658515**	**2400527**	**6356748**	**90120**	**211647**	**394587**	**220648**	**748581**
石家庄市	Shijiazhuang	914686	776710	339920	751308	15465	9938	40794	1621	65709
#辛集市	Xinji	110907	92413	47964	89120	1681	1612	6645	1098	9137
承德市	Chengde	367240	275853		220144	3946	51764	10815		54859
张家口市	Zhangjiakou	718340	522978		423639	21227	78112	74866		68859
秦皇岛市	Qinhuangdao	193644	128992	10529	106417	3481	19094	23808	64	32152
唐山市	Tangshan	721668	480037	117106	461887	5231	12920	79534	12699	113388
廊坊市	Langfang	423841	307486	63903	290881	11197	5408	11790	9374	81433
保定市	Baoding	1111857	926635	402788	902659	4582	19394	37675	855	86551
#定州市	Dingzhou	156583	118966	62337	118001	134	831	5351	14	15086
沧州市	Cangzhou	1024758	904805	379511	895032	6663	3110	16743	19720	48691
衡水市	Hengshui	897702	718779	338695	707344	8633	2802	28263	55024	64910
邢台市	Xingtai	999701	794783	367901	785871	5214	3698	37196	80687	48535
邯郸市	Handan	1008260	821456	380174	811566	4482	5407	33103	40605	83494

各市主要农业机械和农产品加工机械拥有量（2017年底）
Ownership of Agricultural Machinery and Machinery for Processing Farm Products (End of 2017)

市	City	农业机械总动力（万千瓦） Total Power of Agricultural Machinery (10000 kw)	大中型拖拉机（混合台） Large and Medium Agricultural Tractors (unit)	小型拖拉机（台） Mini-Tractor (unit)	排灌用电动机（台） Electrical Engines (unit)	排灌用柴油机（台） Diesel Engines (unit)	联合收获机（台） Combine Harvester (unit)	农用水泵（台） Agricultural Pump
全　省	**Total**	**7580.6**	**314728**	**1289857**	**1473647**	**753513**	**155957**	**1647050**
石家庄市	Shijiazhuang	1300.4	36101	154775	218098	126381	30242	197578
#辛集市	Xinji	126.2	2093	15660	20654	23980	2698	22951
承德市	Chengde	253.4	22510	45710	38927	12450	291	58586
张家口市	Zhangjiakou	251.8	20119	72371	24360	2503	1330	23931
秦皇岛市	Qinhuangdao	172.6	5863	44512	29724	11507	449	64608
唐山市	Tangshan	775.8	31802	147388	277399	57058	4344	295631
廊坊市	Langfang	393.3	17618	47645	88084	39543	7405	94163
保定市	Baoding	773.0	38542	116676	162570	90620	26053	212394
#定州市	Dingzhou	97.5	3695	18800	22090		3540	22090
沧州市	Cangzhou	1028.0	36550	224367	143505	265281	20104	247462
衡水市	Hengshui	793.0	29892	179531	63215	14169	21289	59393
邢台市	Xingtai	837.6	40282	178632	179307	47565	20942	157014
邯郸市	Handan	1001.6	35449	78250	248458	86436	23508	236290

各市农、林、牧、渔业中间消耗、增加值占总产值的比重(2017年)

Intermediate Consumption and Value-added of Farming, Forestry, Animal Husbandry and Fishery as Percentage of Gross Output Value (2017)

单位：% (%)

市	City	农业 Agriculture		林业 Forestry		牧业 Animal
		中间消耗 Intermediate Exertion	增加值 Added Value	中间消耗 Intermediate Exertion	增加值 Added Value	中间消耗 Intermediate Exertion
全　省	**Total**	**30.30**	**69.70**	**34.72**	**65.28**	**49.38**
石家庄市	Shijiazhuang	23.05	76.95	25.01	74.99	45.51
#辛集市	Xinji	27.63	72.37	33.09	66.91	55.31
承德市	Chengde	25.99	74.01	27.21	72.79	47.80
张家口市	Zhangjiakou	40.67	59.33	40.33	59.67	46.78
秦皇岛市	Qinhuangdao	30.99	69.01	39.86	60.14	48.15
唐山市	Tangshan	28.00	72.00	32.16	67.84	48.30
廊坊市	Langfang	28.63	71.37	34.66	65.34	46.60
保定市	Baoding	32.44	67.56	32.76	67.24	47.61
#定州市	Dingzhou	33.86	66.14	25.33	74.67	50.87
沧州市	Cangzhou	31.01	68.99	34.84	65.16	48.23
衡水市	Hengshui	39.68	60.32	41.78	58.22	53.58
邢台市	Xingtai	33.14	66.86	48.68	51.32	53.65
邯郸市	Handan	34.89	65.11	40.01	59.99	51.57

市	City	牧业 Animal	渔业 Fishery		农林牧渔服务业 Service to Farming, Forestry, Animal Husbandry and Fishery	
		增加值 Added Value	中间消耗 Intermediate Exertion	增加值 Added Value	中间消耗 Intermediate Exertion	增加值 Added Value
全　省	**Total**	**50.62**	**37.67**	**62.33**	**55.32**	**44.68**
石家庄市	Shijiazhuang	54.49	48.51	51.49	50.33	49.67
#辛集市	Xinji	44.69	40.00	60.00	51.12	48.88
承德市	Chengde	52.20	52.34	47.66	54.00	46.00
张家口市	Zhangjiakou	53.22	46.14	53.86	44.88	55.12
秦皇岛市	Qinhuangdao	51.85	46.95	53.05	45.00	55.00
唐山市	Tangshan	51.70	37.89	62.11	55.55	44.45
廊坊市	Langfang	53.40	44.14	55.86	55.53	44.47
保定市	Baoding	52.39	53.48	46.52	53.47	46.53
#定州市	Dingzhou	49.13	54.17	45.83	55.55	44.45
沧州市	Cangzhou	51.77	32.08	67.92	55.55	44.45
衡水市	Hengshui	46.42	53.49	46.51	55.55	44.45
邢台市	Xingtai	46.35	49.84	50.16	52.07	47.93
邯郸市	Handan	48.43	53.05	46.95	55.58	44.42

注：本表按当年价格计算。

a) Data in value in this table are calculated at current prices.

各市主要农产品产量（2017年）
Yield of Major Farm Crops (2017)

市	City	粮食 (吨) Grain (ton)	谷物 Cereal	#稻谷 Rice	#小麦 Wheat	#玉米 Corn	豆类 Beans	薯类 Tubers
全 省	**Total**	**38292469**	**36745053**	**504308**	**15041186**	**20354766**	**208295**	**6695597**
石家庄市	Shijiazhuang	5112143	5031538	240	2329041	2683340	28774	259238
#辛集市	Xinji	658983	646628		343907	300721	3087	46341
承德市	Chengde	1293332	920901	25260		772480	11594	1804260
张家口市	Zhangjiakou	1779879	1302552	3000		883300	30868	2232168
秦皇岛市	Qinhuangdao	756614	617152	29897	22574	543442	7406	660213
唐山市	Tangshan	2888320	2783085	434360	609402	1725569	16044	445862
廊坊市	Langfang	1574456	1514051		357902	1149860	29597	154155
保定市	Baoding	5657324	5510490	7932	2537342	2944691	14559	661371
#定州市	Dingzhou	802553	794445		413968	380071	546	37811
沧州市	Cangzhou	4476817	4439385		2023544	2400847	15539	109461
衡水市	Hengshui	4289737	4245071		2180557	2054304	25198	97340
邢台市	Xingtai	4826261	4785637		2374330	2321597	17321	116515
邯郸市	Handan	5637588	5595190	3619	2606495	2875338	11395	155015

市	City	棉花 (吨) Cotton (ton)	油料 (吨) Oil-bearing Crops (ton)	#花生 Peanut	#芝麻 Sesame	烟叶 (吨) Tobacco (ton)	#烤烟 Flue-cured Tobacco	蔬菜 (吨) Vegetables (ton)
全 省	**Total**	**240000**	**1293984**	**1034076**	**2002**	**2231**	**2187**	**50585300**
石家庄市	Shijiazhuang	1482	143527	131740	36	28	28	5807211
#辛集市	Xinji	1058	30612	27397	0			887976
承德市	Chengde		26468	562	5	2	1	3438481
张家口市	Zhangjiakou		115912	665		2069	2069	5069145
秦皇岛市	Qinhuangdao	74	83229	80565	4			2391472
唐山市	Tangshan	13846	331768	331103	91	43		9175698
廊坊市	Langfang	9583	30849	23519	185			5054599
保定市	Baoding	832	146387	138214	114	89	89	5645261
#定州市	Dingzhou	12	23346	22753				1088529
沧州市	Cangzhou	21667	50510	36594	313			3476148
衡水市	Hengshui	58084	110212	88616	539			2905324
邢台市	Xingtai	86697	128794	88531	271			2749047
邯郸市	Handan	47734	126328	113968	443			4872914

注：全省粮食(包括分品种)产量系抽样调查推算数，各市为全面调查数。

a) The provincial products of grain (contained grain differentiated according to variety) are reckoned figure of sampling estigation，the civil products are figure of comprehensive investigation.

各市农业机械化、能源、化肥、水利（2017年）
Mechanization, Energy Resources, Chemical Fertilizer and Water Conservancy of Agriculture (2017)

市	City	农业机械化情况 Agriculture Mechanization			农村能源情况 Agriculture Energy			农用化肥施用量 Consumption of Chemical Fertilizer	农田水利情况 Farm Water Conservancy
		机耕面积（公顷） Area Cultivated by Machine (hectare)	机播面积（公顷） Area Sown by Machine (hectare)	机收面积（公顷） Mechanical Harvest Area (hectare)	农村用电量（万千瓦小时） Electricity Consumed in Rural Area (10000 kvh)	乡、村办水电站（个） Hydropower Station in Rural Area (unit)	乡、村办水电站发电量（万千瓦小时） Electricity (10000 kwh)	折纯量（吨） by 100% Effective Component (ton)	有效灌溉面积（公顷） Effective Irrigated Areas (hectare)
全　　省	**Total**	**5480014**	**6825277**	**5533932**	**6151557**	**241**	**58204**	**3219959**	**4474670**
石家庄市	Shijiazhuang	542633	728033	705486	776745	53	15807	471105	504020
#辛集市	Xinji	45265	84550	75110	36284			64521	59600
承 德 市	Chengde	251450	215912	99756	215440	30	4517	108728	136410
张家口市	Zhangjiakou	[illegible]	422611	[illegible]	[illegible]	11	[illegible]	[illegible]	[illegible]
秦皇岛市	Qinhuangdao	184950	103061	65986	247906	5	5319	135318	127780
唐 山 市	Tangshan	533320	579922	382001	1123923	14	2301	380479	458140
廊 坊 市	Langfang	340563	345574	262779	832995			161000	227350
保 定 市	Baoding	643821	867975	820013	558006	50	10547	471720	654370
#定州市	Dingzhou	68966	103000	101053	34225			75659	85660
沧 州 市	Cangzhou	704161	1010717	825291	892398			305688	503230
衡 水 市	Hengshui	496042	756796	642681	333291			277302	479320
邢 台 市	Xingtai	629450	951519	697431	371632	11	1383	343951	587610
邯 郸 市	Handan	592046	843157	750280	672625	67	16774	457976	538740

各市畜禽产品年末存栏数量（2017年）
Number of Livestock Year-end (2017)

单位：百头 (100 units)

市	City	大牲畜 Large Animals	#牛 Cattle and Buffaloes	生　猪 Number of Hogs at Year-end	羊（百只） Sheep and Goats (100 units)	家　禽（百只） Poultrys Poultrys (100 units)
全　　省	**Total**	**38783**	**35950**	**195780**	**122809**	**3965322**
石家庄市	Shijiazhuang	5399	5221	27701	8293	907888
#辛集市	Xinji	296	287	4520	1111	136643
承 德 市	Chengde	7090	6301	10505	8327	224646
张家口市	Zhangjiakou	5089	4419	10788	15205	175877
秦皇岛市	Qinhuangdao	1258	1156	11580	8440	138173
唐 山 市	Tangshan	5563	5275	34608	6748	309120
廊 坊 市	Langfang	1605	1574	7075	8673	145115
保 定 市	Baoding	3501	3118	31692	19139	321603
#定州市	Dingzhou	581	529	5080	1513	54533
沧 州 市	Cangzhou	2029	1956	11683	10461	353276
衡 水 市	Hengshui	2590	2556	14861	8650	261650
邢 台 市	Xingtai	1949	1871	11587	7323	398009
邯 郸 市	Handan	2716	2506	23700	21550	729965

各市畜禽产品当年出栏数量及产量（2017年）
Number of Livestock in the Year and Output of Livestock Products (2017)

市	City	肉猪当年出栏（百头）Slaughtered Pigs in the Year (100 heads)	牛当年出栏（百头）Slaughtered Cattle in the Year (100 heads)	羊当年出栏（百只）Slaughtered Sheep & Goats in the Year (100 units)	家禽当年出栏（百只）Slaughtered Poultry in the Year (100 units)	肉类总产量（吨）Output of Meat (ton)	#猪牛羊肉 Output of Pork, Beef and Mutton	牛奶产量（吨）Output of Cow Milk (ton)	禽蛋产量（吨）Poultry Eggs (ton)
全　省	**Total**	**378530**	**34050**	**216890**	**6063778**	**4723051**	**3772013**	**3810057**	**3837217**
石家庄市	Shijiazhuang	53375	4937	14690	1098253	653804	515800	713100	876000
#辛集市	Xinji	7684	271	1968	114800	84185	67600	40500	143000
承德市	Chengde	19653	5959	14750	744896	388806	268800	104500	94800
张家口市	Zhangjiakou	23267	4179	26934	255204	326256	281550	846100	205604
秦皇岛市	Qinhuangdao	24422	1093	14950	362121	299967	234696	51800	82400
唐山市	Tangshan	62296	4989	11953	533065	675724	582600	1010900	288600
廊坊市	Langfang	15161	1488	15364	214738	193408	162600	121300	125900
保定市	Baoding	60652	2949	33903	443557	625844	554800	470600	359200
#定州市	Dingzhou	9584	500	2680	68755	92042	80700	147800	67800
沧州市	Cangzhou	25181	1850	18531	809648	385410	250673	72400	254400
衡水市	Hengshui	27196	2417	15322	345820	316440	267900	85800	230600
邢台市	Xingtai	21014	1769	12973	492931	283074	207900	190200	424200
邯郸市	Handan	46313	2419	37521	763545	574929	445029	143300	895500

各市水产品产量（2017年）
Output of Aquatic Products (2017)

单位：吨　　(ton)

市	City	水产品总产量 Total Aquatic Products	海水产品 Seawater Aquatic Products	#鱼类 Fish	#虾蟹类 Carapace	淡水水域水产品 Freshwater Aquatic Products	#鱼类 Fish	#虾蟹类 Carapace
全　省	**Total**	**1164600**	**763207**	**148731**	**76994**	**353193**	**313725**	**33197**
石家庄市	Shijiazhuang	19567				19567	17894	974
#辛集市	Xinji	27				27	27	
承德市	Chengde	20683				20683	20633	50
张家口市	Zhangjiakou	9656				9656	8354	1302
秦皇岛市	Qinhuangdao	379977	372172	18166	6866	5907	5218	550
唐山市	Tangshan	500330	280368	41083	53052	185141	159121	25660
廊坊市	Langfang	25055	4528	4158	310	20527	20358	102
保定市	Baoding	34085				34085	27156	1960
#定州市	Dingzhou	57				57	57	
沧州市	Cangzhou	138735	106139	85324	16766	21115	19379	1731
衡水市	Hengshui	6505				6505	6424	81
邢台市	Xingtai	5855				5855	5840	4
邯郸市	Handan	24152				24152	23348	783

各市规模以上工业企业个数和主营业务收入（2017年）
Number and Gross Industrial Value of Industrial Enterprises above Designated Size (2017)

个数单位：个 收入单位：亿元 (unit, 100 million yuan)

市	City	全部工业 Total		内资企业 Domestic Funded Enterprises		#国有企业 State-owned Enterprises		#集体企业 Collective-owned Enterprises	
		企业个数 Number of Enterprises	主营业务收入 Revenue from Principal Business	企业个数 Number of Enterprises	主营业务收入 Revenue from Principal Business	企业个数 Number of Enterprises	主营业务收入 Revenue from Principal Business	企业个数 Number of Enterprises	主营业务收入 Revenue from Principal Business
全 省	**Total**	**14790**	**41949.97**	**14071**	**37169.06**	**71**	**981.46**	**116**	**160.23**
石家庄市	Shijiazhuang	2643	8973.34	2555	8249.84	14	237.66	19	54.18
#辛集市	Xinji	315	955.07	302	878.14			6	2.62
承德市	Chengde	432	1111.31	421	1081.46	5	2.30	1	0.26
张家口市	Zhangjiakou	446	919.64	415	786.04	4	2.99	6	2.84
秦皇岛市	Qinhuangdao	361	1628.87	295	1278.55	3	6.20	2	1.58
唐山市	Tangshan	1630	9478.78	1542	8462.12	11	19.92	22	12.16
廊坊市	Langfang	1180	2349.04	1031	1787.09	5	5.23	13	7.10
保定市	Baoding	1828	3899.36	1746	3512.01	9	198.35	14	8.14
#定州市	Dingzhou	253	358.13	247	258.42			1	0.44
沧州市	Cangzhou	2417	5087.42	2321	4504.34	4	139.54	12	25.22
衡水市	Hengshui	1166	1290.82	1128	1209.26	2	65.89	7	9.54
邢台市	Xingtai	1343	2335.19	1305	2013.19	4	116.86	5	3.33
邯郸市	Handan	1344	4876.19	1312	4285.15	10	186.52	15	35.88

市	City	#股份制经济 Cooperative Enterprise		中外合资、合作企业 Joint Venture, Cooperative Operation Enterprise		外资企业 Foreign Funded Enterprises		港、澳、台投资企业 Funds from Hong Kong, Macao and Taiwan	
		企业个数 Number of Enterprises	主营业务收入 Revenue from Principal Business	企业个数 Number of Enterprises	主营业务收入 Revenue from Principal Business	企业个数 Number of Enterprises	主营业务收入 Revenue from Principal Business	企业个数 Number of Enterprises	主营业务收入 Revenue from Principal Business
全 省	**Total**	**13271**	**35350.61**	**235**	**1047.44**	**232**	**1051.17**	**239**	**2378.23**
石家庄市	Shijiazhuang	2403	7714.83	28	107.38	18	140.71	41	473.03
#辛集市	Xinji	269	854.93	4	3.86			9	73.06
承德市	Chengde	410	1077.97	5	5.70			6	24.14
张家口市	Zhangjiakou	399	776.41	14	44.07	7	29.25	10	60.28
秦皇岛市	Qinhuangdao	280	1263.80	19	136.98	28	147.11	17	63.19
唐山市	Tangshan	1322	8224.91	23	65.24	35	218.28	26	444.28
廊坊市	Langfang	973	1756.78	34	190.22	80	198.96	33	171.35
保定市	Baoding	1670	3275.07	42	95.01	15	113.67	24	178.14
#定州市	Dingzhou	243	257.32	4	1.60			2	98.12
沧州市	Cangzhou	2237	4243.37	33	299.30	26	48.57	36	233.70
衡水市	Hengshui	1072	1114.90	13	24.69	9	16.86	16	40.00
邢台市	Xingtai	1243	1870.46	17	16.63	10	125.44	10	176.06
邯郸市	Handan	1262	4032.12	7	62.21	4	12.32	20	514.06

各市规模以上工业企业主要指标（2017年）
Main Indicators of Industrial Enterprises above Designated Size (2017)

单位：亿元 (100 million yuan)

市	City	企业单位数（个）Number of Enterprises (unit)	实收资本 Total Capital Hold	流动资产合计 Total Working Capitals	#存货 Inventory	#产成品 Finished Products	固定资产合计 Fixed Assets	固定资产原价 Original Value of Fixed Assets	累计折旧 Accumulated Depreciation
全　　省	**Total**	**14790**	**8316.60**	**18959.29**	**4179.34**	**1515.01**	**17906.77**	**28627.10**	**11321.69**
石家庄市	Shijiazhuang	2643	1317.45	3108.3	634.62	228.27	2461.19	3981.66	1398.14
#辛集市	Xinji	315	35.37	109.91	30.99	15.21	121.78	178.87	61.08
承 德 市	Chengde	432	321.90	812.98	151.68	42.50	889.90	1320.71	466.21
张家口市	Zhangjiakou	446	440.10	847.56	319.54	50.97	984.66	1563.16	558.14
秦皇岛市	Qinhuangdao	361	447.45	964.07	239.20	110.54	516.30	1049.05	508.26
唐 山 市	Tangshan	1630	1998.83	3692.35	891.59	300.36	4636.96	7290.92	2844.76
廊 坊 市	Langfang	1180	519.73	1439.93	266.86	95.93	830.31	1396.75	555.43
保 定 市	Baoding	1828	744.28	2223.18	425.72	179.33	1220.51	1979.98	772
#定州市	Dingzhou	253	48.39	132.46	23.33	10.76	122.69	197.33	72.99
沧 州 市	Cangzhou	2417	852.07	1568.99	353.04	125.89	2603.50	4605.69	1948.57
衡 水 市	Hengshui	1166	437.92	890.87	185.16	67.46	410.72	699.78	261.07
邢 台 市	Xingtai	1343	537.20	1218.57	237.05	88.48	936.02	1641.20	727.78
邯 郸 市	Handan	1344	699.66	2192.50	474.88	225.30	2416.68	3098.19	1281.34

市	City	资产总计 Total Assets	流动负债合计 Total Working Liabilities	非流动负债合计 Total NonWorking Liabilities	所有者权益合计 Total Owners' Equities	主营业务收入 Revenuefrom Principal Business	主营业务成本 Costof Principal Business	营业利润 Profits of Business	亏损企业亏损总额 Total Loss of Enterprises Running under Deficit
全　　省	**Total**	**45213.57**	**19947.77**	**5146.17**	**18713.07**	**41949.97**	**35917.43**	**2715.51**	**263.95**
石家庄市	Shijiazhuang	7551.06	2431.84	1079.56	3905.06	8973.34	7274.06	912.04	30.34
#辛集市	Xinji	413.32	124.74	9.79	272.75	955.07	776.18	90.18	0.43
承 德 市	Chengde	2015.28	1190.76	283.00	512.36	1111.31	914.39	53.51	18.84
张家口市	Zhangjiakou	2382.93	1014.64	587.91	732.06	919.64	732.13	47.85	15.80
秦皇岛市	Qinhuangdao	1707.93	940.64	146.48	613.70	1628.87	1415.64	92.28	14.87
唐 山 市	Tangshan	10369.87	5309.36	1201.12	3574.46	9478.78	8234.50	616.46	49.48
廊 坊 市	Langfang	2667.17	1259.70	159.23	1030.23	2349.04	2085.89	76.09	25.15
保 定 市	Baoding	4060.84	2050.64	239.46	1674.16	3899.36	3361.73	178.17	22.32
#定州市	Dingzhou	294.17	148.05	32.32	110.00	358.13	309.88	18.03	0.53
沧 州 市	Cangzhou	4927.09	1408.71	601.54	2803.01	5087.42	4439.32	269.11	51.14
衡 水 市	Hengshui	1522.12	697.23	60.57	734.83	1290.82	1114.67	72.07	8.61
邢 台 市	Xingtai	2719.75	1102.10	288.42	1243.61	2335.19	2020.68	136.45	8.48
邯 郸 市	Handan	5289.52	2542.16	498.89	1889.58	4876.19	4324.42	261.47	18.92

各市国有及国有控股工业企业主要指标（2017年）

Main Indicators of State-owned and State-holding Industrial Enterprises (2017)

单位：亿元 (100 million yuan)

市	City	企业单位数（个） Number of Enterprises (unit)	实收资本 Total Capital Hold	流动资产合计 Total Working Capitals	#存货 Inventory	#产成品 Finished Products	固定资产合计 Fixed Assets	固定资产原价 Original Value of Fixed Assets	累计折旧 Accumulated Depreciation
全　省	**Total**	**699**	**3221.09**	**5515.01**	**1360.33**	**398.53**	**8417.18**	**14071.30**	**5950.54**
石家庄市	Shijiazhuang	109	297.92	780.36	193.26	47.78	842.04	1730.04	653.64
#辛集市	Xinji	4	2.51	13.89	2.83	0.69	7.71	8.16	2.99
承 德 市	Chengde	57	160.90	294.20	74.92	8.67	522.99	760.05	255.99
张家口市	Zhangjiakou	90	269.42	509.96	255.79	25.46	653.67	993.01	325.35
秦皇岛市	Qinhuangdao	44	185.15	361.28	95.50	47.95	249.58	507.33	239.96
唐 山 市	Tangshan	108	1143.01	1675.52	346.65	111.46	2779.24	4582.37	1815.85
廊 坊 市	Langfang	55	108.44	107.67	21.05	6.19	172.59	383.12	186.68
保 定 市	Baoding	68	188.73	472.77	116.63	45.78	464.73	818.92	377.65
#定州市	Dingzhou	7	21.33	49.31	3.08	1.18	64.48	109.41	44.93
沧 州 市	Cangzhou	46	275.88	242.77	50.96	14.22	714.76	1571.12	828.37
衡 水 市	Hengshui	21	49.17	64.75	18.48	6.10	104.56	263.79	127.32
邢 台 市	Xingtai	35	134.45	276.88	19.10	6.68	277.56	527.01	246.15
邯 郸 市	Handan	66	408.02	728.87	167.99	78.24	1635.46	1934.53	873.58

市	City	资产总计 Total Assets	流动负债合计 Total Working Liabilities	非流动负债合计 Total NonWorking Liabilities	所有者权益合计 Total Owners' Equities	主营业务收入 Revenuefrom Principal Business	主营业务成本 Costof Principal Business	营业利润 Profits of Business	亏损企业亏损总额 Total Loss of Enterprises Running under Deficit
全　省	**Total**	**17491.84**	**8306.94**	**2863.85**	**6048.42**	**9865.84**	**8179.13**	**494.58**	**108.07**
石家庄市	Shijiazhuang	2184.62	854.85	315.87	991.91	1300.93	894.25	215.47	12.19
#辛集市	Xinji	23.09	14.14	0.79	8.16	10.52	9.24	0.18	0.03
承 德 市	Chengde	948.48	525.79	209.20	213.20	483.86	419.78	15.75	7.11
张家口市	Zhangjiakou	1568.27	705.78	369.61	467.00	541.52	424.23	22.38	6.94
秦皇岛市	Qinhuangdao	714.51	470.87	80.64	162.99	527.41	459.12	15.27	7.43
唐 山 市	Tangshan	5805.95	2914.96	872.35	1858.77	3304.11	2871.19	113.34	27.09
廊 坊 市	Langfang	376.79	171.53	59.18	138.86	264.21	242.65	4.00	3.03
保 定 市	Baoding	1072.85	575.03	123.83	374.00	857.93	717.28	32.25	5.69
#定州市	Dingzhou	121.05	67.67	15.49	37.90	117.87	98.64	7.61	0.03
沧 州 市	Cangzhou	1182.51	377.85	273.00	528.00	867.65	669.11	28.36	22.39
衡 水 市	Hengshui	233.74	118.20	27.47	88.06	177.07	150.85	5.59	2.27
邢 台 市	Xingtai	747.38	249.27	156.39	332.57	275.58	229.55	15.62	2.74
邯 郸 市	Handan	2656.75	1342.81	376.31	893.06	1265.57	1101.12	26.55	11.20

各市私营工业企业主要指标（2017年）
Main Indicators of Private Enterprises (2017)

单位：亿元 (100 million yuan)

市	City	企业单位数（个）Number of Enterprises (unit)	实收资本 Total Capital Hold	流动资产合计 Total Working Capitals	#存货 Inventory	#产成品 Finished Products	固定资产合计 Fixed Assets	固定资产原价 Original Value of Fixed Assets	累计折旧 Accumulated Depreciation
全省	**Total**	**11647**	**3002.05**	**7100.46**	**1748.03**	**711.25**	**6044.74**	**8567.05**	**2795.72**
石家庄市	Shijiazhuang	2226	496.22	907.81	251.43	107.17	1228.74	1687.51	533.08
#辛集市	Xinji	283	29.55	84.70	24.78	12.71	109.39	159.93	51.89
承德市	Chengde	290	95.14	334.55	52.94	23.05	229.79	339.57	129.68
张家口市	Zhangjiakou	215	52.55	109.06	24.81	11.51	108.77	180.01	58.33
秦皇岛市	Qinhuangdao	211	114.02	263.66	70.68	30.01	123.86	268.84	126.98
唐山市	Tangshan	1225	558.61	1294.09	387.52	136.43	1212.43	1749.00	625.79
廊坊市	Langfang	839	194.59	808.89	145.61	54.50	437.27	619.29	199.25
保定市	Baoding	1396	270.77	637.04	172.25	78.24	305.66	415.24	121.98
#定州市	Dingzhou	211	21.38	58.93	14.65	7.21	22.38	36.22	13.78
沧州市	Cangzhou	2122	443.06	840.83	207.36	84.08	1268.11	1663.32	452.81
衡水市	Hengshui	980	294.71	543.97	107.98	39.49	207.12	289.76	83.50
邢台市	Xingtai	1109	288.82	601.11	142.54	57.52	396.12	625.21	237.61
邯郸市	Handan	1034	193.56	759.44	184.92	89.24	526.88	729.30	226.70

市	City	资产总计 Total Assets	流动负债合计 Total Working Liabilities	非流动负债合计 Total Working Liabilities	所有者权益合计 Total Owners' Equities	主营业务收入 Revenue from Principal Business	主营业务成本 Cost of Principal Business	营业利润 Profits of Business	亏损企业亏损总额 Total Loss of Enterprises Running under
全省	**Total**	**15484.98**	**6598.51**	**700.87**	**7461.64**	**22278.66**	**19550.26**	**1503.92**	**71.66**
石家庄市	Shijiazhuang	2665.55	787.65	89.20	1704.11	6408.94	5425.13	590.20	4.75
#辛集市	Xinji	351.46	102.06	8.10	235.71	858.09	696.45	82.19	0.27
承德市	Chengde	684.36	462.85	42.10	159.32	386.41	313.08	16.49	8.48
张家口市	Zhangjiakou	275.56	131.68	61.54	75.24	141.28	120.51	2.26	5.82
秦皇岛市	Qinhuangdao	456.48	204.77	22.77	227.88	621.57	543.90	51.29	1.79
唐山市	Tangshan	2951.96	1695.95	148.51	1004.04	4540.73	3986.41	339.53	16.98
廊坊市	Langfang	1388.59	701.87	66.17	423.42	1330.22	1240.62	24.90	12.91
保定市	Baoding	1103.68	465.66	52.50	543.37	1348.76	1202.79	63.58	3.29
#定州市	Dingzhou	88.03	42.55	0.58	41.36	127.60	114.07	5.65	0.29
沧州市	Cangzhou	2368.79	646.73	65.93	1592.58	3218.94	2898.27	195.52	5.06
衡水市	Hengshui	849.33	392.56	16.92	421.52	669.78	595.60	17.66	5.70
邢台市	Xingtai	1257.88	508.81	52.45	639.67	1282.54	1130.50	62.28	3.47
邯郸市	Handan	1482.81	599.99	82.78	670.50	2329.48	2093.44	140.21	3.40

各市建筑业生产情况(2017年)
Productive Indicators on Construction Enterprises (2017)

市	City	建筑企业个数(个) Number of Construction Enterprises (unit)	从业人员(人) Number of Employed persons (person)	建筑企业平均人数(人) Annual Average Employed Personnel (person)	建筑业总产值(万元) Gross Output Value of Construction (10000 yuan)	房屋建筑施工面积(万平方米) Floor Space of Building and Construction (10000 sq.m)	房屋建筑竣工面积(万平方米) Floor Space of Building Completed (10000 sq.m)	#住宅 Residential Building
全 省	**Total**	**2667**	**1395520**	**1508402**	**56553779**	**34565.90**	**9835.92**	**7235.55**
石家庄市	Shijiazhuang	327	141929	144513	12386683	6777.65	1493.75	996.92
#辛集市	Xinji	18	10872	10747	139039	131.40	27.47	17.85
承德市	Chengde	185	39819	56478	2048449	769.00	286.17	238.32
张家口市	Zhangjiakou	123	35121	51427	1801025	1255.90	438.42	362.60
秦皇岛市	Qinhuangdao	238	46735	48277	1989738	992.34	355.72	266.64
唐山市	Tangshan	[illegible]	[illegible]	[illegible]	[illegible]	[illegible]	927.51	720.44
廊坊市	Langfang	208	172137	180454	5926065	2733.17	482.32	294.68
保定市	Baoding	267	462615	477798	13831133	10505.88	2932.14	2357.40
#定州市	Dingzhou	26	103403	114196	2801096	1174.01	620.29	542.25
沧州市	Cangzhou	226	111984	119359	4626040	1853.09	780.97	497.30
衡水市	Hengshui	168	65836	70471	1559803	1257.92	554.75	467.60
邢台市	Xingtai	170	53835	56559	1596167	1343.35	399.61	299.45
邯郸市	Handan	436	147564	165494	4816272	3641.08	1184.57	934.21

各市建筑业主要财务指标（2017年）
Major Financial Indicators on Construction Enterprises (2017)

单位：万元 (10000 yuan)

市	City	资产合计 Total Assets	#流动资产 Total Working Capitals	#固定资产 Fixed Assets	负债合计 Total Liabilities	流动负债 Liquid Liabilities	非流动负债 Total Non Working Liabilities	所有者权益 Owners' Equity	#实收资本 Capitals Hold
全 省	**Total**	**61444237**	**50919207**	**5249889**	**42684391**	**39521431**	**1862776**	**18759846**	**10355865**
石家庄市	Shijiazhuang	10088605	8676638	700816	7757193	7284402	261644	2331412	1437439
#辛集市	Xinji	230328	202318	18895	171278	166409	4869	59050	36121
承德市	Chengde	2332801	1904540	220709	1386516	1280233	64676	946285	533026
张家口市	Zhangjiakou	2006836	1739545	134026	1520872	1436018	49519	485964	315493
秦皇岛市	Qinhuangdao	3621570	3098117	227885	2674751	2416846	86567	946819	584864
唐山市	Tangshan	9306915	7684790	790543	6856066	6159870	580049	2450849	1329606
廊坊市	Langfang	10445307	8781165	576104	7045685	6739748	176369	3399622	1512700
保定市	Baoding	10008433	8709640	723930	7445644	7095567	181250	2562789	1255864
#定州市	Dingzhou	321328	267567	47779	107472	30391	11	213856	78875
沧州市	Cangzhou	3888260	3246293	387519	2661711	2548269	8845	1226549	763049
衡水市	Hengshui	1249430	1010788	180212	558871	529902	9139	690559	346933
邢台市	Xingtai	3250748	1897575	615863	1598816	1129419	318637	1651932	854017
邯郸市	Handan	5245333	4170116	692282	3178266	2901159	126082	2067067	1422875

各市房地产开发企业个数、建设总规模、完成投资及新增固定资产(2017年)
Number of Enterprise, Total Size of Construction, Actually Completed Investment and Newly Increased Fixed Assets for Real Estate Development (2017)

单位：万元 (10000 yuan)

市	City	企业个数(个) Number of Enterprises (unit)	#内资企业 Domestic Funded	计划总投资 Total Investment Planed	自开始建设累计完成投资 Accumulated Investment Completed	本年完成投资 Investment Completed This Year	本年新增固定资产 Newly Increased Fixed Assets
全省	**Total**	**3317**	**3266**	**210044039**	**149062993**	**48239092**	**15528035**
石家庄市	Shijiazhuang	424	418	48501456	32494950	12436330	3157375
#辛集市	Xinji	23	23	1047064	700358	313610	196353
承德市	Chengde	259	256	6785689	5004823	1529394	503717
张家口市	Zhangjiakou	401	392	17947820	10572642	3908464	605497
秦皇岛市	Qinhuangdao	227	223	11041402	10133381	1669504	1374584
唐山市	Tangshan	349	342	27624944	20763025	3577110	910584
廊坊市	Langfang	351	340	28024391	19136963	7579946	1861319
保定市	Baoding	421	420	22834488	16166882	6291623	1267501
#定州市	Dingzhou	45	45	3370970	3040762	1121759	38560
沧州市	Cangzhou	208	206	9527906	7719158	2534421	2456437
衡水市	Hengshui	166	166	7190786	5268406	1991383	642838
邢台市	Xingtai	260	257	10080502	6942285	1968427	1780280
邯郸市	Handan	251	246	20484655	14860478	4752490	967903

各市房地产开发完成投资情况（2017年）
Completed Investment of Real Estate Development (2017)

单位：万元 (10000 yuan)

市	City	完成投资额 Investment Completed	按工程用途分 by Use：住宅 Residential Buildings	#90平方米以下 90 sq.m below	#别墅、高档公寓 Villas, High-grade Apartments	办公楼 Office Buildings	商业营业用房 Houses for Business Use	其他 Other
全省	**Total**	**48239092**	**36569801**	**14301096**	**407787**	**2152211**	**5944858**	**3572222**
石家庄市	Shijiazhuang	12436330	8908919	3540164	131126	1128890	1422370	976151
#辛集市	Xinji	313610	232249	100695		21847	41556	17958
承德市	Chengde	1529394	1095177	283405	325	21567	273619	139031
张家口市	Zhangjiakou	3908464	3063744	1098365	46756	91643	400015	353062
秦皇岛市	Qinhuangdao	1669504	1356732	510988	20556	12882	102209	197681
唐山市	Tangshan	3577110	2724476	925063	53974	131598	492546	228490
廊坊市	Langfang	7579946	5950108	3697777	110966	202322	947268	480248
保定市	Baoding	6291623	5065436	1898054	1406	173712	585773	466702
#定州市	Dingzhou	1121759	979016	251970		14033	124242	4468
沧州市	Cangzhou	2534421	1998665	560771	12335	46891	361421	127444
衡水市	Hengshui	1991383	1639883	573804	300	31743	244866	74891
邢台市	Xingtai	1968427	1569685	459681	22472	47526	195132	156084
邯郸市	Handan	4752490	3196976	753024	7571	263437	919639	372438

各市房地产开发企业的土地开发及购置
Land Development and Purchase of Enterprises for Real Estate Development

市	City	土地购置费用(万元) Total Value of Land Purchased (10000 yuan)		待开发的土地面积(平方米) Land Space Pending Development (sq.m)		本年购置土地面积(平方米) Land Space Purchased This Year (sq.m)	
		2016	2017	2016	2017	2016	2017
全　省	**Total**	**3378395**	**3730231**	**11223727**	**13510992**	**9299254**	**10338371**
石家庄市	Shijiazhuang	871871	828169	343093	401182	713674	1334364
#辛集市	Xinji	10137	8095	34147		127814	92963
承 德 市	Chengde	137644	103812	745713	2543721	828661	431421
张家口市	Zhangjiakou	417246	479883	3163777	2329033	1592544	1534540
秦皇岛市	Qinhuangdao	221348	273022	697686	1530620	543645	901219
唐 山 市	Tangshan	118454	208819	1374789	2193955	679568	1523461
廊 坊 市	Langfang	302407	373260	2227364	1667527	1199829	1357218
保 定 市	Baoding	479925	534438	889447	1107431	710477	651504
#定州市	Dingzhou	50304	84159	412519	365000	76385	
沧 州 市	Cangzhou	140218	253015	638440	962995	1046536	770475
衡 水 市	Hengshui	130713	55706	676244	193944	354427	211127
邢 台 市	Xingtai	198519	233928	207948	423540	986816	994970
邯 郸 市	Handan	360050	386179	259226	157044	643077	628072

各市房地产开发企业的资金来源（2017年）
Source of Funds of Enterprises for Real Estate Development (2017)

单位：万元 (10000 yuan)

市	City	本年资金来源小计 Total Funds This Year	国内贷款 Domestic Loans	#银行贷款 Bank Loans	利用外资 Foreign Direct Investment	自筹资金 Self-raising Funds	其他资金来源 Others
全　省	**Total**	**51849632**	**5326792**	**4589673**	**20084**	**31333172**	**15169584**
石家庄市	Shijiazhuang	13292440	1318656	1142143	500	9780047	2193237
#辛集市	Xinji	292253				155104	137149
承 德 市	Chengde	1969919	329283	295983		901007	739629
张家口市	Zhangjiakou	3806972	488775	425342	19584	2011111	1287502
秦皇岛市	Qinhuangdao	2396415	250633	206133		603264	1542518
唐 山 市	Tangshan	4154991	249244	249244		2081801	1823946
廊 坊 市	Langfang	8468269	1241953	881203		4663765	2562551
保 定 市	Baoding	6170303	506947	500367		4186353	1477003
#定州市	Dingzhou	1021389	53683	53683		826942	140764
沧 州 市	Cangzhou	2804858	255980	242177		1321246	1227632
衡 水 市	Hengshui	2009914	145081	145081		1113161	751672
邢 台 市	Xingtai	2388562	92839	79939		1425251	870472
邯 郸 市	Handan	4386989	447401	422061		3246166	693422

各市房地产开发建设房屋建筑面积和造价（2017年）
Floor Space of Building and Their Cost in Real Estate Development (2017)

市	City	施工房屋面积（平方米）Floor Space under Construction (sq.m)	竣工房屋面积（平方米）Floor Space Completed (sq.m)	#住宅 Residential Building	房屋面积竣工率（%）Rate of Floor Space of Buildings Completed (%)	竣工房屋价值（万元）Value of Building Completed (10000 yuan)	竣工房屋造价（元/平方米）Cost of Buildings Completed (yuan/sq.m)	竣工房屋住宅套数（套）Number of building Completed (unit)
全　省	**Total**	**303183178**	**34160033**	**27301312**	**11.3**	**9713242**	**2843**	**259478**
石家庄市	Shijiazhuang	45493918	4591707	3945342	10.1	1245382	2712	38154
#辛集市	Xinji	3066730	831202	748907	27.1	195203	2348	7080
承德市	Chengde	15274051	1771750	1295774	11.6	389060	2196	11154
张家口市	Zhangjiakou	23225671	1858496	1524634	8.0	427986	2303	15478
秦皇岛市	Qinhuangdao	18630015	3325523	2708413	17.9	1061230	3191	27023
唐山市	Tangshan	38486394	2214253	1857296	5.8	724762	3273	16682
廊坊市	Langfang	43229129	4813535	3821530	11.1	1333865	2771	38095
保定市	Baoding	29884842	3217831	2764803	10.8	871987	2710	27423
#定州市	Dingzhou	4572968						
沧州市	Cangzhou	20143115	5925689	4622986	29.4	2137501	3607	39965
衡水市	Hengshui	17313533	1548066	1217079	8.9	276886	1789	11680
邢台市	Xingtai	22036858	3267092	2588402	14.8	830479	2542	23552
邯郸市	Handan	29465652	1626091	955053	5.5	414104	2547	10272

各市商品房屋销售情况（2017年）
Selling of Commercial Houses (2017)

市	City	商品房销售面积（平方米）Floor Space of Commercialized Buildings Sold (sq.m)	#住宅 Residential Buildings	商品房销售额（万元）Total Sales of Commercialized Buildings (10000 yuan)	#住宅 Residential Buildings	商品房平均售价（元/平方米）Average Selling Price of Commercialized Buildings (yuan/sq.m)	#住宅 Residential Buildings
全　省	**Total**	**64259101**	**55769915**	**46283731**	**39253674**	**7203**	**7039**
石家庄市	Shijiazhuang	10919162	8776467	10732131	8216435	9829	9362
#辛集市	Xinji	645800	607107	283654	261301	4392	4304
承德市	Chengde	3259730	2720443	1907780	1547064	5853	5687
张家口市	Zhangjiakou	4210909	3717340	2703878	2340069	6421	6295
秦皇岛市	Qinhuangdao	3437388	3175733	2261949	2061561	6580	6492
唐山市	Tangshan	7347228	6380642	3937873	3298426	5360	5169
廊坊市	Langfang	8193341	7590166	9952876	9345473	12148	12313
保定市	Baoding	5456255	5000752	3305301	3060555	6058	6120
#定州市	Dingzhou	1440968	1422719	608605	598658	4224	4208
沧州市	Cangzhou	6953659	5356781	4297291	3017133	6180	5632
衡水市	Hengshui	4935464	4417352	2368740	2018961	4799	4571
邢台市	Xingtai	4377737	3868049	1907006	1687761	4356	4363
邯郸市	Handan	5168228	4766190	2908906	2660236	5628	5581

各市按用途分的商品房屋销售面积（2017年）
Floor Space of Buildings Actually Sold by Use (2017)

单位：平方米 (sq.m)

市	City	商品房销售面积 Floor Space of Commercialized Buildings Sold	住宅 Residential Buildings	#90平方米以下 90 sq.m below	#别墅、高档公寓 Villas, High-grade Apartments	办公楼 Office Buildings	商业营业用房 Houses for Business Use	其他 Other
全　省	**Total**	**64259101**	**55769915**	**15376185**	**932174**	**1441069**	**4961271**	**2086846**
石家庄市	Shijiazhuang	10919162	8776467	2876215	284284	760624	1142487	239584
#辛集市	Xinji	645800	607107	203389		11006	21308	6379
承德市	Chengde	3259730	2720443	518799	21378	25675	299462	214150
张家口市	Zhangjiakou	4210909	3717340	1016721	69253	2582	412164	78823
秦皇岛市	Qinhuangdao	3437388	3175733	818486	175163	17927	146862	96866
唐山市	Tangshan	7347228	6380642	1259703	66364	297693	310276	358617
廊坊市	Langfang	8193341	7590166	3422663	110495	14954	477472	110749
保定市	Baoding	5456255	5000752	972840	16260	4497	200777	250229
#定州市	Dingzhou	1440968	1422719	266204			5350	12899
沧州市	Cangzhou	6953659	5356781	1008393	108936	195472	1153261	248145
衡水市	Hengshui	4935464	4417352	1552423		85083	292475	140554
邢台市	Xingtai	4377737	3868049	727798	69783	15298	246090	248300
邯郸市	Handan	5168228	4766190	1202144	10058	21264	279945	100829

各市按用途分的商品房屋平均销售价格（2017年）
Average Selling Price of Commercial Houses by Use (2017)

单位：元/平方米 (yuan/sq.m)

市	City	商品房平均销售价格 Average Selling Price of Commercialized Buildings	住宅 Residential Buildings	#90平方米以下 90 sq.m below	#别墅、高档公寓 Villas, High-grade Apartments	办公楼 Office Buildings	商业营业用房 Houses for Business Use	其他 Other
全　省	**Total**	**7039**	**8001**	**8550**	**10253**	**10334**	**9115**	**4882**
石家庄市	Shijiazhuang	9362	9689	11958	9420	12580	11432	10549
#辛集市	Xinji	4304	3174	5099		4386	7160	3559
承德市	Chengde	5687	5976	8298	8720	9952	9029	3025
张家口市	Zhangjiakou	6295	6532	9626	12061	4756	8312	2537
秦皇岛市	Qinhuangdao	6492	6196	9594	10007	7478	9870	4340
唐山市	Tangshan	5169	4652	7023	10717	7788	9040	3544
廊坊市	Langfang	12313	12940	13648	13973	14690	10071	9443
保定市	Baoding	6120	6532	7089	9271	6744	7703	3479
#定州市	Dingzhou	4208	5091	3990			9318	3847
沧州市	Cangzhou	5632	5376	5510	10016	6084	8529	7156
衡水市	Hengshui	4571	4791	4674		10373	7230	3561
邢台市	Xingtai	4363	4272	5066	7354	5661	5797	2736
邯郸市	Handan	5581	6556	5772	9208	9152	7300	2465

各市按销售方式分的商品房销售面积及平均销售价格（2017年）
Floor Space of Buildings Actually Sold and Average Selling Price of Commercial Houses by Sale Method (2017)

市	City	商品房销售面积（平方米）Floor Space of Commercialized Buildings Sold (sq.m)	现房 Completed Buildings	期房 Buildings Completed in Future	商品房平均销售价格（元/平方米）Average Selling Price of Commercialized Buildings (yuan/sq.m)	现房 Completed Buildings	期房 Buildings Completed in Future
全　省	**Total**	**64259101**	**17677797**	**46581304**	**7203**	**6472**	**7480**
石家庄市	Shijiazhuang	10919162	3598364	7320798	9829	8936	10267
#辛集市	Xinji	645800	20750	625050	4392	2000	4472
承德市	Chengde	3259730	1036078	2223652	5853	4891	6300
张家口市	Zhangjiakou	4210909	1182608	3028301	6421	5791	6667
秦皇岛市	Qinhuangdao	3437388	1550466	1886922	6580	5940	7107
唐山市	Tangshan	7347228	2867420	4479808	5360	5618	5194
廊坊市	Langfang	8193341	1600121	6593220	12148	10833	12467
保定市	Baoding	5456255	1561511	3894744	6058	4380	6731
#定州市	Dingzhou	1440968	420920	1020048	4224	4397	4152
沧州市	Cangzhou	6953659	419694	6533965	6180	5156	6246
衡水市	Hengshui	4935464	1061855	3873609	4799	4855	4784
邢台市	Xingtai	4377737	368318	4009419	4356	4369	4355
邯郸市	Handan	5168228	2431362	2736866	5628	4903	6273

各市房地产开发经营情况（2017年）
Real Estate Development and Management (2017)

单位：万元　　(10000 yuan)

市	City	主营业务收入 Revenue from Principal Business	土地转让收入 Land Transferred	商品房屋销售收入 Commercial Houses Sold	房屋出租收入 Houses Leased	其他收入 Others	主营业务税金及附加 Taxes and Other Charges on Principal Business	利润总额 Total Profits
全　省	**Total**	**241427086**	**3865179**	**232842390**	**831953**	**3276608**	**13265999**	**31057184**
石家庄市	Shijiazhuang	28265485	74553	27945373	70759	167919	1407891	3552487
#辛集市	Xinji	1375355		1339294		36061	66730	14794
承德市	Chengde	17814293	298166	17263588	25917	226604	667442	1344542
张家口市	Zhangjiakou	17307719	37112	17189185	46250	34943	866178	1668286
秦皇岛市	Qinhuangdao	19473853	510	18703775	81578	678386	606496	828063
唐山市	Tangshan	32813255	1269036	30392484	171392	836220	1097526	2250480
廊坊市	Langfang	55610315	2157347	52921247	104521	425322	4405834	15686932
保定市	Baoding	26501012	1010	26322031	113674	33590	1757034	2785236
#定州市	Dingzhou	3082756		3081564	314	878	156684	120339
沧州市	Cangzhou	13973356	18292	12910183	37642	657983	764395	525267
衡水市	Hengshui	10262705	3697	10178590	54677	22241	502550	1983294
邢台市	Xingtai	8687351	4325	8530229	29934	61907	530973	277342
邯郸市	Handan	10717742	1131	10485705	95609	131493	659680	155255

各市社会消费品零售总额及亿元以上商品交易市场基本情况（2017年）

Total Retail Sales of Consumer Goods and Commodity Markets on Sales Value Over 100 Million Yuan (2017)

单位：亿元 (100 million yuan)

市	City	社会消费品 零售总额 Total Retail Sales of Consumer Goods	城 镇 Urban Areas	乡 村 Rural Areas	亿元以上商品交易市场 Markets on Sales Value Over 100 Million Yuan 总摊位数（个） Number of Booths (unit)	市场成交额 Transaction Value of Markets
全 省	**Total**	**15907.6**	**12324.3**	**3583.3**	**327322**	**5918.0**
石家庄市	Shijiazhuang	3296.0	2777.7	518.4	64530	1405.6
#辛集市	Xinji	312.7	207.6	105.1	1750	33.9
承 德 市	Chengde	603.4	450.6	152.8	7772	64.1
张家口市	Zhangjiakou	752.5	556.1	196.5	5057	75.6
秦皇岛市	Qinhuangdao	775.2	658.3	116.9	26142	192.8
唐 山 市	Tangshan	2617.2	2145.3	471.9	16288	333.0
廊 坊 市	Langfang	980.4	532.2	448.1	15888	343.7
保 定 市	Baoding	2026.0	1541.5	484.5	78718	1828.2
#定州市	Dingzhou	176.8	135.1	41.7	1225	25.2
沧 州 市	Cangzhou	1355.2	991.5	363.7	52219	757.9
衡 水 市	Hengshui	751.5	548.0	203.4	17260	177.0
邢 台 市	Xingtai	1076.2	851.3	224.9	17760	251.9
邯 郸 市	Handan	1674.2	1271.9	402.3	25688	488.3

各市限额以上批发和零售业基本情况（2017年）

Basic Indicators of Enterprises above Designated Size in Wholesale and Retail Sale Trade (2017)

单位：万元 (10000 yuan)

市	City	法人企业（个） Number of Corporation Enterprises (unit)	从业人员期末人数（人） Engaged Persons at Period-end (person)	购进总额 Total Purchases	销售总额 Total Sales	#零 售 Retail Value	期末商品库存额 Total Stock at Period-end	年末零售营业面积（平方米） Operational Area of Retail Sale Trade (sq.m)
全 省	**Total**	**4169**	**358059**	**91737847**	**103131624**	**32308209**	**8580402**	**19067665**
石家庄市	Shijiazhuang	680	67307	21838808	24220515	7517086	1628416	2485329
#辛集市	Xinji	14	1838	88167	109960	73724	20747	66515
承 德 市	Chengde	158	16104	1851507	3437011	1077545	278414	1177637
张家口市	Zhangjiakou	194	15710	1976530	2479752	1369021	256375	891032
秦皇岛市	Qinhuangdao	248	17327	8175002	8944019	1653512	353030	874817
唐 山 市	Tangshan	447	52493	13684096	15214323	3756922	1248985	4532785
廊 坊 市	Langfang	331	22333	6934092	7697389	3292724	2351902	1086159
保 定 市	Baoding	538	45429	16102934	17480957	4397310	740774	2054718
#定州市	Dingzhou	48	6472	416379	451753	339267	51402	134211
沧 州 市	Cangzhou	446	45169	6731373	7557574	3023502	615317	1730206
衡 水 市	Hengshui	390	24731	3427792	4011828	1636207	320894	1412143
邢 台 市	Xingtai	365	25828	3320125	3972664	2108941	431751	905115
邯 郸 市	Handan	372	25628	7695587	8115591	2475440	354544	1917724

各市限额以上住宿业和餐饮业基本情况（2017年）
Basic Indicators of Hotels and Catering Services above Designated Size (2017)

市	City	法人企业（个）Number of Corporation Enterprises (unit)	从业人员期末人数（人）Engaged Persons (person)	营业额（万元）Business Revenue (10000 yuan)	#客房收入 From Hotel Rooms	#餐费收入 Revenue from Meals	#商品销售收入 Total Sales of Commodities
全　省	**Total**	**892**	**82706**	**1127272.9**	**370964.5**	**650793.5**	**22986.4**
石家庄市	Shijiazhuang	134	17805	262254.3	86658.7	150095.7	3600.4
#辛集市	Xinji	2	234	1699.6	868.8	770.8	
承 德 市	Chengde	58	5138	77328.2	31322.4	41871.7	185.9
张家口市	Zhangjiakou	89	8099	85324.1	28891.7	48414.5	894.5
秦皇岛市	Qinhuangdao	91	6452	101709.4	39660.3	54886.9	454.4
唐 山 市	Tangshan	83	7778	99502.9	24976.4	64803.8	3931.3
廊 坊 市	Langfang	65	5676	89249.2	28717.1	45845.1	1709.2
保 定 市	Baoding	122	11028	147642.6	39987.2	91901.3	5374.3
#定州市	Dingzhou	4	512	4652.1	825.8	3581.7	226.3
沧 州 市	Cangzhou	62	5807	62073.7	22434.3	33754.6	148.6
衡 水 市	Hengshui	44	3596	48386.2	20005.8	26584.9	697.9
邢 台 市	Xingtai	65	4428	65198.2	24614	35034.1	3402.5
邯 郸 市	Handan	79	6899	88604.1	23696.6	57600.9	2587.4

各市海关进出口贸易总额(2017年)
Total Value of Imports and Exports by Customs (2017)

单位：万美元　　(USD 10000)

市	City	2016			2017		
		进出口贸易总额 Total Value of Imports and Exports	出口总额 Total Exports	进口总额 Total Imports	进出口贸易总额 Total Value of Imports and Exports	出口总额 Total Exports	进口总额 Total Imports
全　省	**Total**	**4662322**	**3057706**	**1604616**	**4981003**	**3135882**	**1845122**
石家庄市	Shijiazhuang	1160563	702114	458450	1272927	783662	489265
承 德 市	Chengde	47563	43732	3831	44389	42537	1852
张家口市	Zhangjiakou	56198	40035	16163	51399	32964	18435
秦皇岛市	Qinhuangdao	439349	295825	143524	499318	318125	181193
唐 山 市	Tangshan	1072499	710790	361710	991392	546575	444817
廊 坊 市	Langfang	497797	225983	271814	534474	225647	308827
保 定 市	Baoding	406421	293757	112664	498751	382176	116575
沧 州 市	Cangzhou	284422	209705	74717	364761	238999	125762
衡 水 市	Hengshui	265655	243653	22002	292811	267082	25728
邢 台 市	Xingtai	179595	134958	44638	212175	163381	48793
邯 郸 市	Handan	252259	157155	95104	218607	134734	83873

各市外商投资企业情况（2017年）
Basic Condition of Foreign Funded Enterprises (2017)

金额单位：万美元　企业单位：个　　(USD 10000, unit)

市 City	新设立项目 New Projects 合同个数 Number of Contracts	合同总金额 Total Value of the Contracts	合同外资额 FDI Contracted	注册 Registered 个数 Number of Enterprises with FDI	注册资本 Registered Capital	外方注册资本 Registered Capital from FDI	外商直接投资额 Foreign Direct Invest	到2017年底实有外商投资企业数 Actual Number of Enterprises with FDI at End of 2017	#筹建企业个数 Number of Prepare to Construct Enterprises	#投产企业 Enterprises on Operation
全　省 Total	**194**	**1047923**	**370705**	**133**	**310338**	**258987**	**848951**	**3060**	**312**	**1463**
石家庄市 Shijiazhuang	25	46156	17476	13	18579	9445	128240	362	23	227
承德市 Chengde	6	8228	3906	1	280	135	2723	95	10	30
张家口市 Zhangjiakou	4	20603	18295	4	18621	18295	39933	137	38	46
秦皇岛市 Qinhuangdao	11	45496	17524	1	1950	1904	101430	230	44	132
唐山市 Tangshan	33	131796	37214	25	41335	32322	157916	402	30	180
廊坊市 Langfang	22	319588	116157	26	84064	82957	96843	523	34	238
保定市 Baoding	11	37721	22026	9	18891	19505	63516	322	32	245
沧州市 Cangzhou	35	150246	41410	6	6609	3267	61627	382	11	150
衡水市 Hengshui	7	5292	4892	11	5724	5206	25327	168	19	60
邢台市 Xingtai	13	96016	33545	12	32240	30355	58035	149	59	62
邯郸市 Handan	26	185614	57210	24	80878	54546	107311	257	11	62
定州市 Dingzhou							5000	15		14
辛集市 Xinji	1	1167	1050	1	1167	1050	1050	18	1	17

各市各级各类学校数（2017年）
Number of Schools by Level and Type of School (2017)

单位：所　　(unit)

市 City	普通高等学校 Regular Institutions of Higher Education	普通中学 Regular Secondary Schools	高中 Senior Secondary Schools	初中 Junior Secondary Schools	职业中学 Vocational Secondary Schools	普通小学 Primary Schools
全　省 Total	**121**	**3005**	**630**	**2375**	**609**	**11697**
石家庄市 Shijiazhuang	44	411	124	287	143	1418
#辛集市 Xinji		33	7	26	4	72
承德市 Chengde	5	123	22	101	24	447
张家口市 Zhangjiakou	5	164	34	130	43	524
秦皇岛市 Qinhuangdao	7	156	32	124	38	419
唐山市 Tangshan	11	333	78	255	50	1129
廊坊市 Langfang	13	187	34	153	30	798
保定市 Baoding	16	464	86	378	76	2144
#定州市 Dingzhou	1	40	11	29	5	260
沧州市 Cangzhou	8	322	51	271	42	1314
衡水市 Hengshui	2	171	47	124	34	746
邢台市 Xingtai	4	277	54	223	62	1107
邯郸市 Handan	5	397	68	329	67	1651

各市各级各类学校专任教师数（2017年）
Number of Full-time Teachers by Level and Type of School (2017)

单位：人 (person)

市	City	普通高等学校 Regular Institutions of Higher Education	普通中学 Regular Secondary Schools	高中 Senior Secondary Schools	初中 Junior Secondary Schools	职业中学 Vocational Secondary Schools	普通小学 Primary Schools
全省	**Total**	**72890**	**305676**	**120222**	**185454**	**46119**	**342180**
石家庄市	Shijiazhuang	25997	42702	20357	22345	8716	41810
#辛集市	Xinji		3250	1070	2180	368	1998
承德市	Chengde	2702	13095	4198	8897	2047	17366
张家口市	Zhangjiakou	2957	17602	6999	10603	3292	19427
秦皇岛市	Qinhuangdao	5311	13003	4215	8788	2407	14946
唐山市	Tangshan	6735	32371	13118	19253	4757	29442
廊坊市	Langfang	7551	17611	6936	10675	1938	23890
保定市	Baoding	9972	43827	16878	26949	6669	50065
#定州市	Dingzhou	184	4827	2491	2336	481	4573
沧州市	Cangzhou	3145	37743	9001	28742	3716	37001
衡水市	Hengshui	849	21545	11850	9695	2613	19706
邢台市	Xingtai	2530	29399	11645	17754	4397	36743
邯郸市	Handan	3656	44137	15025	29112	5567	51784

各市各级各类学校在校学生数（2017年）
Number of Students Enrollment by Level and Type of School (2017)

单位：人 (person)

市	City	普通高等学校 Regular Institutions of Higher Education	普通中学 Regular Secondary Schools	高中 Senior Secondary Schools	初中 Junior Secondary Schools	职业中学 Vocational Secondary Schools	普通小学 Primary Schools
全省	**Total**	**1262513**	**3892050**	**1291375**	**2600675**	**706167**	**6372170**
石家庄市	Shijiazhuang	454335	514823	181212	333611	177358	843605
#辛集市	Xinji		30774	10826	19948	3376	43352
承德市	Chengde	44883	177805	56655	121150	37419	278437
张家口市	Zhangjiakou	53969	210698	74983	135715	43671	300305
秦皇岛市	Qinhuangdao	86842	132387	45408	86979	28199	202215
唐山市	Tangshan	120283	356229	125455	230774	58850	508814
廊坊市	Langfang	122827	226376	70982	155394	30180	462962
保定市	Baoding	171818	618574	210413	408161	77993	981326
#定州市	Dingzhou	3316	75038	27655	47383	10033	94337
沧州市	Cangzhou	60584	369123	113721	255402	85709	719071
衡水市	Hengshui	17048	311183	125371	185812	33064	357270
邢台市	Xingtai	50292	384853	127118	257735	50285	676426
邯郸市	Handan	60299	589999	160057	429942	83439	1041739

各市科技主要指标
Major Indicators of Science and Technology

市 City		专利申请受理量(件) Applications Accepted (unit)		专利申请授权量(件) Paten Granted (unit)		R&D人员全时当量(人年) Full-time Equivalent of R&D Personnel (man-year)		R&D经费内部支出(万元) Intramural Expenditure on R&D (10000 yuan)	
		2016	2017	2016	2017	2016	2017	2016	2017
全 省	**Total**	**54838**	**61303**	**31826**	**35348**	**82971**	**79135**	**3086607.6**	**3509683.7**
石家庄市	Shijiazhuang	12189	12966	6994	7501	20745	18135	715563.3	802227.2
#辛集市	Xinji	265	258	159	143	262	207	4437.1	5573.9
承 德 市	Chengde	1178	1470	595	774	2075	2009	74776.0	86951.5
张家口市	Zhangjiakou	1464	1717	837	985	1269	1229	45876.8	53254.2
秦皇岛市	Qinhuangdao	5637	4833	3217	3021	3221	3590	124771.6	138652.0
唐 山 市	Tangshan	5566	6712	3282	3677	14567	13652	663547.8	779860.2
廊 坊 市	Langfang	4936	6293	3037	3494	3139	7071	134216.2	203380.4
保 定 市	Baoding	7818	9386	4783	5506	19507	15052	583177.1	621390.8
#定州市	Dingzhou	552	875	201	451	117	478	13452.4	8454.5
沧 州 市	Cangzhou	4648	5016	2690	3041	5265	5369	172710.5	218243.7
衡 水 市	Hengshui	2857	3082	1634	2086	2805	2789	101847.1	107926.9
邢 台 市	Xingtai	4481	4932	2630	2828	4049	4227	190243.9	213445.7
邯 郸 市	Handan	4064	4896	2107	2435	4308	6011	259877.3	284351.1

注：R&D人员全时当量、R&D经费内部支出的统计范围为规模以上工业企业。
a) The coverage of full-time equivalent of R&D personnel and intramural expenditure on R&D are industrial enterprises above designated size.

各市广播电视节目综合覆盖情况及文化主要指标
Population Coverage of Radio and TV Programs, and Radio and Culture

市 City		广播节目综合覆盖率(%) Comprehensive Coverage of Radio Programs (%)		电视节目综合覆盖率(%) Comprehensive Coverage of TV Programs(%)		公共图书馆(个) Public Libraries (unit)		公共图书馆图书藏量(万册) Total Collections of Public Libraries(10000 volumes)	
		2016	2017	2016	2017	2016	2017	2016	2017
全 省	**Total**	**99.35**	**99.35**	**99.28**	**99.29**	**172**	**173**	**2339.93**	**2546.89**
石家庄市	Shijiazhuang	99.40	99.40	99.38	99.39	26	24	665.25	369.65
承 德 市	Chengde	94.19	94.19	96.48	96.48	11	11	97.95	99.68
张家口市	Zhangjiakou	99.67	99.67	99.71	99.71	15	15	145.36	150.51
秦皇岛市	Qinhuangdao	100	100	100	100	7	8	147.78	156.04
唐 山 市	Tangshan	100	100	100	100	13	13	251.66	279.28
廊 坊 市	Langfang	100	100	100	100	11	11	240.32	287.71
保 定 市	Baoding	98.57	98.57	98.34	98.34	23	22	220.80	218.33
沧 州 市	Cangzhou	100	100	100	100	15	15	160.50	174.56
衡 水 市	Hengshui	100	100	100	100	12	12	67.44	79.92
邢 台 市	Xingtai	99.41	99.41	99.39	99.39	20	20	159.72	172.16
邯 郸 市	Handan	99.99	99.99	98.9	98.91	19	19	183.15	201.42

各市卫生事业基本情况(2017年)
Basic Statistics of Health Institutions (2017)

市	City	卫生机构数(个) Number of Health Institutions (unit)	#医院 Hospitals	#疾病预防控制机构数 Center for Disease Control and Prevention	#妇幼保健机构 Women and Children Care Agencies	床位数(张) Beds in Health Care Institutions (bed)	#医院、卫生院 Hospitals and Health Centers	卫生机构人员(人) Number of Medical Personnel (person)	#卫生技术人员 Medical Technical Personnel	#执业(助理)医师 Licensed (Assistant) Doctors
全　省	**Total**	**80903**	**1847**	**189**	**192**	**395299**	**370804**	**590524**	**425050**	**191900**
石家庄市	Shijiazhuang	7317	235	24	25	57589	52126	99363	76643	34487
#辛集市	Xinji	491	22	1	1	2189	2079	4653	3061	1595
承 德 市	Chengde	4319	79	12	14	24934	23750	30551	22699	9732
张家口市	Zhangjiakou	5691	100	20	17	24507	23116	31384	21078	9401
秦皇岛市	Qinhuangdao	3502	71	9	8	18529	16259	27747	21335	9448
唐 山 市	Tangshan	9093	173	16	19	43434	39923	65294	47475	20043
廊 坊 市	Langfang	6115	153	11	10	22457	21316	37446	26995	11877
保 定 市	Baoding	11878	365	26	26	58366	49181	88363	62329	28300
#定州市	Dingzhou	787	38	1	1	5564	5006	7031	5388	2650
沧 州 市	Cangzhou	9213	154	20	20	38790	36990	57601	41539	19233
衡 水 市	Hengshui	6221	126	12	15	20530	19700	32399	22685	11010
邢 台 市	Xingtai	8717	177	20	20	35053	33720	51354	36089	17533
邯 郸 市	Handan	8837	214	19	18	51110	47638	69022	46183	20836

各市医院床位利用情况(2017年)
Utilization of Beds in Hospital (2017)

市	City	病床工作日(日) Working Days of Beds (day)			病床使用率(%) Utilization Rate of Beds (%)			出院者平均住院日(日) Average Say Days in Hospital (day)		
		合计 Total	公立 State	民营 Private	合计 Total	公立 State	民营 Private	合计 Total	公立 State	民营 Private
全　省	**Total**	**305.7**	**327.1**	**226.3**	**83.76**	**89.61**	**62.01**	**8.79**	**8.99**	**7.78**
石家庄市	Shijiazhuang	365.8	388.7	248.0	100.21	106.50	67.94	9.66	9.86	8.16
承 德 市	Chengde	305.4	327.4	204.8	83.67	89.71	56.10	8.88	9.19	7.10
张家口市	Zhangjiakou	291.9	304.7	210.5	79.99	83.49	57.68	10.11	10.05	10.67
秦皇岛市	Qinhuangdao	300.9	315.1	218.5	82.44	86.33	59.85	8.73	8.60	10.12
唐 山 市	Tangshan	295.2	319.8	167.1	80.88	87.61	45.78	7.95	8.07	6.88
廊 坊 市	Langfang	291.2	315.4	250.3	79.79	86.41	68.57	8.25	8.68	7.46
保 定 市	Baoding	284.4	287.2	263.0	77.93	78.70	72.07	10.06	10.34	8.17
沧 州 市	Cangzhou	302.5	316.5	180.5	82.88	86.72	49.44	10.60	10.81	8.08
衡 水 市	Hengshui	316.5	347.6	207.0	86.71	95.23	56.71	7.83	8.02	6.88
邢 台 市	Xingtai	270.9	298.7	239.5	74.23	81.83	65.62	7.95	7.68	8.38
邯 郸 市	Handan	255.4	268.3	207.8	69.96	73.52	56.92	8.29	8.40	7.66

各市城乡居民基本养老保险情况（2017年）
Statistics on Basic Pension Insurance for Urban and Rural Residents (2017)

市	City	参保人数（万人） Contributors at Year-end (10000 persons)	#达到领取待遇年龄参保人数 Number of Participants Who Have Reached the Prescribed Age of Benefit Entitlement	基金收支情况(亿元) Revenue and Expenses(100 million yuan) 基金收入 Revenue	基金支出 Expenses	累计结余 Balance at Year-end
全　省	**Total**	**3474.14**	**1032.03**	**162.67**	**120.70**	**291.12**
石家庄市	Shijiazhuang	372.33	116.05	17.62	12.96	31.29
承德市	Chengde	171.65	49.07	7.66	5.27	15.19
张家口市	Zhangjiakou	203.18	68.20	10.92	8.30	16.13
秦皇岛市	Qinhuangdao	127.13	42.11	6.88	5.17	12.24
唐山市	Tangshan	334.86	107.47	18.33	14.67	36.30
廊坊市	Langfang	218.24	61.94	12.80	9.46	18.75
保定市	Baoding	506.40	154.91	22.77	16.51	38.99
沧州市	Cangzhou	371.06	106.90	16.32	12.17	33.70
衡水市	Hengshui	237.56	76.03	10.95	8.20	19.06
邢台市	Xingtai	396.26	101.92	15.63	11.03	29.27
邯郸市	Handan	447.13	116.10	18.47	13.59	34.28
定州市	Dingzhou	54.34	18.97	2.63	2.05	3.49
辛集市	Xinji	34.01	12.35	1.68	1.33	2.43

各市城镇职工基本养老保险情况（2017年）
Statistics on Urban Employee Basic Pension Insurance (2017)

市	City	年末参加城镇职工基本养老保险人数（万人） Urban Employee Basic Pension Insurance Contributors at Year-end (10000 persons)	职工 Number of Staff and Workers	离退休人员 Number of Retirees	基金收支情况(亿元) Revenue and Expenses(100 million yuan) 基金收入 Revenue	基金支出 Expenses	累计结余 Balance at Year-end
全　省	**Total**	**1489.23**	**1064.22**	**425.01**	**1225.26**	**1196.22**	**619.94**
石家庄市	Shijiazhuang	230.29	173.61	56.68	136.41	151.14	71.49
承德市	Chengde	72.77	52.46	20.31	37.72	54.56	11.74
张家口市	Zhangjiakou	103.28	65.17	38.11	51.64	98.27	17.40
秦皇岛市	Qinhuangdao	85.31	64.92	20.39	58.88	57.15	28.65
唐山市	Tangshan	223.37	157.86	65.51	137.73	198.72	40.43
廊坊市	Langfang	96.35	82.13	14.22	63.14	38.85	57.92
保定市	Baoding	130.86	95.12	35.74	72.60	91.32	36.59
沧州市	Cangzhou	106.75	74.35	32.40	59.39	80.03	27.58
衡水市	Hengshui	52.54	36.76	15.78	27.27	34.23	13.96
邢台市	Xingtai	85.13	58.89	26.24	46.67	63.83	22.49
邯郸市	Handan	148.15	103.29	44.86	70.90	123.23	19.31
定州市	Dingzhou	10.27	7.87	2.40	3.61	5.94	1.04
辛集市	Xinji	8.70	6.12	2.58	4.91	7.43	0.84

各市失业保险情况（2017年）
Statistics of Unemployment Insurance (2017)

市	City	年末参加失业保险人数（万人）Unemployment Insurance Contributors at Year-end (10000 persons)	年末领取失业保险金人数（万人）Beneficiaries of Unemployment Insurance Fund (10000 persons)	基金收支情况(亿元) Revenue and Expenses (100 million yuan)		
				基金收入 Revenue	基金支出 Expenses	累计结余 Balance at Year-end
全　省	**Total**	**529.72**	**13.87**	**27.71**	**27.11**	**158.50**
石家庄市	Shijiazhuang	92.17	2.04	5.30	2.64	29.29
承德市	Chengde	22.71	1.22	1.43	1.44	4.24
张家口市	Zhangjiakou	39.22	0.79	1.69	3.48	4.17
秦皇岛市	Qinhuangdao	36.11	1.15	1.92	2.13	15.17
唐山市	Tangshan	86.23	2.86	5.48	8.76	27.80
廊坊市	Langfang	30.53	0.56	1.70	0.42	15.23
保定市	Baoding	50.04	1.23	2.40	1.07	14.31
沧州市	Cangzhou	37.31	0.91	1.54	0.76	6.83
衡水市	Hengshui	18.72	0.55	0.71	0.47	2.45
邢台市	Xingtai	35.76	0.51	1.03	0.44	2.72
邯郸市	Handan	69.51	1.85	3.21	5.29	5.59
定州市	Dingzhou	3.41	0.14	0.18	0.17	0.61
辛集市	Xinji	1.72	0.04	0.05	0.04	0.07

各市基本医疗保险参保人数（2017年）
Persons Covered of Urban Basic Medical Care Insurance (2017)

单位：万人　(10000 persons)

市	City	人数合计 Persons Covered at Year-end	城镇职工 Urban Workers			城乡居民 Urban and Rural Residents
				在岗职工 Staff and Workers	退休人员 Retirees	
全　省	**Total**	**6883.15**	**986.93**	**674.55**	**312.38**	**5896.22**
石家庄市	Shijiazhuang	868.72	144.61	98.75	45.86	724.11
承德市	Chengde	343.08	43.73	30.32	13.41	299.35
张家口市	Zhangjiakou	411.17	66.47	40.79	25.68	344.70
秦皇岛市	Qinhuangdao	274.43	64.96	46.30	18.66	209.47
唐山市	Tangshan	702.03	159.55	103.29	56.26	542.48
廊坊市	Langfang	410.79	65.04	51.38	13.66	345.75
保定市	Baoding	947.56	112.93	79.39	33.54	834.63
沧州市	Cangzhou	679.46	70.58	49.82	20.77	608.88
衡水市	Hengshui	404.92	35.60	24.31	11.29	369.32
邢台市	Xingtai	707.72	66.95	48.90	18.05	640.77
邯郸市	Handan	902.03	89.85	56.49	33.36	812.18
定州市	Dingzhou	109.81	6.47	4.52	1.95	103.34
辛集市	Xinji	58.23	4.57	2.92	1.64	53.66

各市基本医疗保险基金收支情况（2017年）
Revenue and Expenses of Urban Basic Medical Care Insurance (2017)

单位：亿元 (100 million yuan)

市	City	基金收入 Revenue			基金支出 Expenses			累计结余 Balance at the Year-end		
		合计 Total	职工 Workers	居民 Non-employment	合计 Total	职工 Workers	居民 Non-employment	合计 Total	职工 Workers	居民 Non-employment
全省	**Total**	**908.19**	**459.94**	**448.25**	**775.14**	**377.67**	**397.47**	**790.48**	**605.48**	**185.00**
石家庄市	Shijiazhuang	111.05	63.37	47.68	94.21	51.70	42.51	93.32	74.74	18.57
承德市	Chengde	35.97	15.86	20.11	31.59	13.94	17.65	27.91	16.89	11.02
张家口市	Zhangjiakou	89.63	41.35	48.28	81.55	36.08	45.47	45.38	33.05	12.33
秦皇岛市	Qinhuangdao	51.41	26.50	24.91	46.10	22.26	23.84	36.84	29.17	7.67
唐山市	Tangshan	98.28	62.52	35.76	73.40	48.40	25.00	40.69	11.46	29.23
廊坊市	Langfang	125.56	67.73	57.83	112.69	56.96	55.73	66.53	54.33	12.20
保定市	Baoding	88.15	32.64	55.51	76.13	28.50	47.64	82.17	55.03	27.14
沧州市	Cangzhou	75.67	37.95	37.72	61.25	27.20	34.05	85.66	66.86	18.80
衡水市	Hengshui	34.99	10.97	24.02	29.25	8.86	20.39	24.70	13.72	10.98
邢台市	Xingtai	57.83	18.93	38.90	51.88	14.56	37.32	44.55	30.71	13.84
邯郸市	Handan	85.90	38.86	47.04	70.35	30.44	39.91	83.50	62.86	20.64
定州市	Dingzhou	8.49	1.90	6.59	7.65	1.75	5.90	3.71	2.83	0.88
辛集市	Xinji	5.04	1.62	3.42	3.09	0.92	2.16	3.97	2.24	1.73

注：邯郸市数据包含生育保险基金。
a) Data in this table, Handan include the maternity insurance.

各市企业职工基本养老保险（2017年）
Statistics on Enterprises Employee Basic Pension Insurance (2017)

市	City	年末参加企业职工基本养老保险人数（万人） Enterprises Employee Basic Pension Insurance Contributors at Year-end (10000 persons)	职工 Number of Staff and Workers	离退休人员 Number of Retirees	基金收支情况(亿元) Revenue and Expenses(100 million yuan)		
					基金收入 Revenue	基金支出 Expenses	累计结余 Balance at Year-end
全省	**Total**	**1218.13**	**880.35**	**337.78**	**1043.19**	**1064.41**	**524.69**
石家庄市	Shijiazhuang	200.84	153.96	46.88	128.21	142.77	68.49
承德市	Chengde	57.62	42.10	15.52	28.94	45.38	11.24
张家口市	Zhangjiakou	81.96	51.36	30.60	43.75	90.05	10.94
秦皇岛市	Qinhuangdao	72.01	55.80	16.21	45.41	50.28	21.12
唐山市	Tangshan	196.69	141.61	55.08	112.40	176.45	34.96
廊坊市	Langfang	79.07	69.67	9.40	47.88	30.06	50.43
保定市	Baoding	100.19	74.08	26.11	58.96	83.13	27.47
沧州市	Cangzhou	82.50	57.52	24.98	47.12	68.25	22.23
衡水市	Hengshui	37.67	26.61	11.06	21.66	29.97	10.15
邢台市	Xingtai	66.14	45.70	20.44	34.63	58.41	11.36
邯郸市	Handan	120.25	83.16	37.09	58.91	113.27	15.47
定州市	Dingzhou	7.61	6.04	1.57	3.34	4.91	0.89
辛集市	Xinji	6.75	4.84	1.91	3.27	5.85	0.65

各市工伤保险情况（2017年）
Statistics of Work Injury Insurance (2017)

市	City	年末参加工伤保险人数（万人）Work Injury Insurance Contributors at Year-end (10000 persons)	享受工伤待遇人数（万人）Beneficiaries at Year-end (10000 persons)	基金收支情况(亿元) Revenue and Expenses (100 million yuan)		
				基金收入 Revenue	基金支出 Expenses	累计结余 Balance at Year-end
全　省	**Total**	**860.66**	**9.97**	**46.40**	**39.57**	**35.33**
石家庄市	Shijiazhuang	147.24	1.15	6.05	4.79	4.49
承德市	Chengde	45.43	0.65	3.54	3.52	0.59
张家口市	Zhangjiakou	56.14	0.36	2.07	1.47	1.55
秦皇岛市	Qinhuangdao	47.71	0.58	2.38	1.89	3.25
唐山市	Tangshan	110.00	1.94	8.35	6.99	5.15
廊坊市	Langfang	60.38	0.80	3.29	3.30	4.03
保定市	Baoding	80.92	0.53	2.88	2.53	3.37
沧州市	Cangzhou	58.92	0.82	4.57	3.57	2.66
衡水市	Hengshui	31.84	0.23	1.22	0.94	1.05
邢台市	Xingtai	45.80	0.59	2.49	1.71	1.62
邯郸市	Handan	89.04	0.71	2.71	3.10	0.50
定州市	Dingzhou	7.07	0.02	0.14	0.06	0.24
辛集市	Xinji	8.15	0.09	0.34	0.24	0.22

各市生育保险情况（2017年）
Statistics of Maternity Insurance (2017)

市	City	年末参加生育保险人数(万人) Maternity Insurance at Year-end (10000 persons)	基金收支情况(亿元) Revenue and Expenses (100 million yuan)		
			基金收入 Revenue	基金支出 Expenses	累计结余 Balance at Year-end
全　省	**Total**	**737.82**	**16.62**	**20.37**	**16.24**
石家庄市	Shijiazhuang	142.35	3.84	5.91	0.24
承德市	Chengde	31.14	0.72	1.18	0.81
张家口市	Zhangjiakou	32.12	1.61	1.13	2.75
秦皇岛市	Qinhuangdao	45.98	1.14	1.45	1.14
唐山市	Tangshan	107.22	2.45	4.07	1.44
廊坊市	Langfang	65.04	0.55	0.55	
保定市	Baoding	73.92	1.38	1.45	1.27
沧州市	Cangzhou	50.62	1.90	1.95	2.40
衡水市	Hengshui	23.04	0.33	0.21	0.97
邢台市	Xingtai	46.94	0.40	0.30	0.77
邯郸市	Handan	56.49			
定州市	Dingzhou	4.41	0.09	0.10	0.15
辛集市	Xinji	2.92	0.06	0.05	0.11

各县(市、区)国民经济主要指标(2017年)(1-1)

县(市、区)	County (City or District)	行政区域面积(平方公里) Administrative Area (sq.km)	乡(个) Towns (unit)	镇(个) Towns (unit)	村民委员会(个) Villagers' Committees (unit)	#自来水受益村 Administrative Village Access to Tap Water
石家庄市	**Shijiazhuang**					
长安区	Changan District	138		4	8	8
桥西区	Qiaoxi District	70			15	15
新华区	Xinhua District	92			13	13
井陉矿区	Jingxing Mining Area	70	1	2		
裕华区	Yuhua District	61		1	5	5
藁城区	Gaocheng District	836	1	12	226	226
鹿泉区	Luquan District	603	3	9	208	208
栾城区	luancheng District	326	3	4	173	173
井陉县	Jingxing County	1381	7	10	318	303
正定县	Zhengding County	468	5	3	154	154
行唐县	Xingtang County	1025	11	4	322	251
灵寿县	Lingshou County	1066	9	6	279	249
高邑县	Gaoyi County	222	1	4	107	107
深泽县	Shenze County	296	3	3	125	125
赞皇县	Zanhuang County	1210	7	4	212	147
无极县	Wuji County	524	5	6	213	213
平山县	Pingshan County	2648	11	12	717	692
元氏县	Yuanshi County	675	7	8	208	190
赵　县	Zhao County	674	4	7	281	281
辛集市	Xinji City	951	7	8	344	344
晋州市	Jinzhou City	619	1	9	224	224
新乐市	Xinle City	525	3	8	160	160
承德市	**Chengde**					
双桥区	Shuangqiao District	354		5	53	37
双滦区	Shuangluan District	452	2	4	63	51
鹰手营子区	Yingshouyingzi District	149		4	15	14
承德县	Chengde County	3648	11	12	378	305
兴隆县	Xinglong County	3123	7	13	290	137
滦平县	Luanping County	2993	11	9	200	131
隆化县	Longhua County	5473	15	9	357	250
丰宁满族自治县	Fengning Man A.C.	8739	16	10	309	295
宽城满族自治县	Kuancheng Man A.C.	1936	8	10	205	172
围场满蒙自治县	Weichang Man & Mongolian A.C.	9037	25	12	312	257
平泉市	Pingquan City	3294	6	13	238	204

Major Indicators of National Economy by County (City or District)(2017)(1-1)

#通有线电视村 Administrative Village Access to Cable TV	#通宽带村 Administrative Village Access to Internet Broadband	地区生产总值(万元) Gross Domestic Product (10000 yuan)	第一产业 Primary Industry	第二产业 Secondary Industry	第三产业 Tertiary Industry	#工业 Industry	地区生产总值指数(上年=100) Indices of Gross Domestic Product (preceding year=100)	第一产业 Primary Industry
8	8	5008111	10743	822600	4174768	357060	110.7	88.9
15	15	5455184	4983	530919	4919282	75253	110.6	82.6
13	13	2967841	3857	616727	2347257	110005	110.8	75.4
		455451	5050	215669	234732	218590	70.8	90.7
5	5	2510605	589	447710	2062306	159941	110.8	17.7
226	226	6008138	376329	4061366	1570443	3956430	107.3	102.6
198	208	3844841	186027	1897694	1761120	1771030	108.3	96.9
163	173	2105023	133959	1161224	809840	1057439	107.2	101.6
252	305	1569795	111533	592678	865584	499301	101.2	99.5
154	154	2970319	337855	998217	1634247	854580	106.8	101.4
301	318	1179591	289425	410478	479688	375020	102.8	102.2
152	260	1000223	243383	365911	390929	325576	106.2	103.8
107	107	865889	112071	471312	282506	407714	106.1	103.7
125	125	1041540	125238	587162	329140	495816	107.2	104.3
212	212	889038	148185	418472	322381	366108	105.2	110.3
213	213	2032302	254729	1013255	764318	953241	107.6	100.8
300	715	2386065	139231	1439621	807213	1354358	103.4	102.9
208	208	1913632	169739	972252	771641	900957	107.6	104.1
277	281	2175119	217235	1304836	653048	1246104	106.9	101.6
344	344	4562022	455516	2642604	1463902	2503536	107.2	102.8
98	224	3051278	305421	1613359	1132498	1540369	108.2	102.4
160	160	2170743	298265	1108698	763780	1005224	108.0	104.6
48	53	1291232	5950	259708	1025574	43314	106.8	89.8
61	63	1244398	21979	809035	413384	692361	107.8	91.1
15	15	274342	6285	175968	92089	140578	106.8	103.4
374	354	1233780	312816	454722	466242	377969	107.0	107.3
218	256	1005647	252343	400089	353215	345273	106.2	107.2
199	192	1410084	227073	628346	554665	514364	107.4	107.3
349	335	1220290	366916	405402	447972	301488	106.9	105.5
296	265	1045791	228868	390585	426338	299021	106.9	106.4
194	200	1724610	156843	947095	620672	838550	107.0	106.0
312	308	1242879	443496	335078	464305	237000	108.0	105.3
238	238	1725559	320988	680535	724036	602515	107.4	106.5

各县(市、区)国民经济主要指标(2017年)(1-2)

县(市、区)	County (City or District)	行政区域面积(平方公里) Administrative Area (sq.km)	乡(个) Towns (unit)	镇(个) Towns (unit)	村民委员会(个) Villagers' Committees (unit)	#自来水受益村 Administrative Village Access to Tap Water
张家口市	**Zhangjiakou**					
桥东区	Qiaodong District	94		1	9	9
桥西区	Qiaoxi District	119		1	20	20
宣化区	Xuanhua District	2334	8	9	356	351
下花园区	Xiahuayuan District	315	4		46	46
万全区	Wanquan District	1162	7	4	171	170
崇礼区	Chongli District	2324	8	2	211	210
张北县	Zhangbei County	3868	11	7	366	291
康保县	Kangbao County	3365	8	7	326	285
沽源县	Guyuan County	3363	10	4	233	103
尚义县	Shangyi County	2601	7	7	172	162
蔚　县	Yu County	3198	11	11	547	397
阳原县	Yangyuan County	1849	9	5	301	224
怀安县	Huaian County	1698	7	4	273	248
怀来县	Huailai County	1801	6	11	279	259
涿鹿县	Zhuolu County	2802	4	13	373	369
赤城县	Chicheng County	5273	9	9	440	365
秦皇岛市	**Qinhuangdao**					
海港区	Haigang District	800		8	262	185
山海关区	Shanhaiguan District	194		3	96	96
北戴河区	Beidaihe District	113		3	43	37
抚宁区	Funing District	968	2	5	363	176
青龙满族自治县	Qinglong Man A.C.	3510	14	11	396	238
昌黎县	Changli County	1212	5	11	418	385
卢龙县	Lulong County	956	3	9	548	298
唐山市	**Tangshan**					
路南区	Lunan District	117	1	1	56	56
路北区	Lubei District	161	1	1	71	71
古冶区	Guye District	248	3	2	122	122
开平区	Kaiping District	257		6	134	134
丰南区	Fengnan District	1262	3	12	444	444
丰润区	Fengrui District	1154	3	17	480	480
曹妃甸区	Caofeidian District	1281		5	107	107
滦　县	Luan County	1027		10	504	492
滦南县	Luannan County	1482		16	589	589
乐亭县	Leting County	1417	3	10	473	473
迁西县	Qianxi County	1439	8	9	417	275
玉田县	Yutian County	1170	4	16	750	750
遵化市	Zuihua City	1513	12	13	648	648
迁安市	Qianan City	1227	7	10	458	431

Major Indicators of National Economy by County (City or District)(2017)(1-2)

#通有线电视村 Administrative Village Access to Cable TV	#通宽带村 Administrative Village Access to Internet Broadband	地区生产总值(万元) Gross Domestic Product (10000 yuan)	第一产业 Primary Industry	第二产业 Secondary Industry	第三产业 Tertiary Industry	#工业 Industry	地区生产总值指数(上年=100) Indices of Gross Domestic Product (preceding year=100)	第一产业 Primary Industry
9	9	1816041	25460	839657	950924	730689	110.0	593.1
20	10	937801	3060	185440	749301	110830	109.8	85.6
268	280	1798683	145271	731134	922278	624934	102.8	128.6
41	41	255474	18283	146045	91146	142430	113.6	142.7
170	163	666736	89869	310581	266286	272851	105.1	82.7
199	176	321719	51868	151206	118645	93906	103.7	90.8
215	220	1011685	235884	485466	290335	349466	106.0	96.7
131	128	484626	157957	183202	143467	138402	118.0	119.2
165	156	535228	207016	182001	146211	140001	99.4	86.3
172	161	378086	111453	150562	116071	143762	95.8	74.5
400	419	837887	131709	198463	507715	139063	105.8	110.3
126	257	471297	99344	149226	222727	108226	106.5	103.3
171	235	658816	86718	215070	357028	170070	106.8	107.8
193	244	1353573	119221	366332	868020	126332	106.0	103.9
323	344	839229	138918	254647	445664	166347	110.8	149.4
120	175	606002	220192	164663	221147	126663	102.2	115.7
253	262	4207402	72572	1190097	2944733	757361	107.4	88.1
96	96	717563	70164	286096	361303	239296	107.4	103.5
43	43	585436	19243	78287	487906	27888	107.6	77.6
278	363	1167193	288982	275706	602505	203417	106.4	97.0
390	396	1099958	365610	169440	564908	93140	106.4	107.2
415	418	2597928	592503	1031717	973708	947117	107.4	104.4
410	548	1158608	333464	340554	484590	281393	106.7	107.2
56	56	1217802	14332	235750	967720	140750	106.5	74.7
71	71	1580520	30280	275784	1274456	170784	106.3	100.3
122	122	2086144	78290	1345549	662305	1273549	105.7	101.3
122	134	1350000	38844	679753	631403	634953	106.3	104.5
290	444	5985532	388541	3341991	2255000	3218991	106.0	102.8
459	480	6770488	340080	4646838	1783570	3926838	105.1	103.0
107	107	4391515	267385	2709353	1414777	2417847	107.7	105.5
372	504	4871852	396456	2916218	1559178	2775054	107.0	104.7
522	589	3322948	683556	1103005	1536387	824227	106.5	105.0
423	466	3578773	731003	1245124	1602646	996369	107.5	104.0
417	417	4127146	183804	2465831	1477511	2295618	105.0	96.5
617	750	3445577	567612	1502765	1375200	1379765	104.8	102.0
648	648	4864906	397163	2062430	2405313	1852430	105.5	100.1
458	458	9036714	327986	5205892	3502836	4938892	105.6	100.1

各县(市、区)国民经济主要指标(2017年)(1-3)

县（市、区）	County (City or District)	行政区域面积（平方公里） Administrative Area (sq.km)	乡（个） Towns (unit)	镇（个） Towns (unit)	村民委员会（个） Villagers' Committees (unit)	#自来水受益村 Administrative Village Access to Tap Water
廊坊市	**Langfang**					
安次区	Anci District	578	4	4	284	284
广阳区	Guangyang District	331	1	3	150	137
固安县	Guan County	703	4	5	421	421
永清县	Yongqing County	776	5	5	386	386
香河县	Xianghe County	448		9	300	300
大城县	Dacheng County	897	2	8	394	394
文安县	Wenan County	1037	1	12	383	383
大厂回族自治县	Dachang Hui A.C.	176		5	105	105
霸州市	Bazhou City	802	5	7	363	363
三河市	Sanhe City	643		10	395	395
保定市	**Baoding**					
竞秀区	Jingxiu District	127	5		63	63
莲池区	Lianchi District	178	7		120	111
满城区	Mancheng District	658	6	5	183	183
清苑区	Qingyuan District	867	9	9	266	262
徐水区	Laishui District	723	4	10	304	288
涞水县	Xushui County	1662	4	11	284	220
阜平县	Fuping County	2496	7	6	209	209
定兴县	Dingxing County	714	9	7	258	137
唐　县	Tang County	1414	11	9	345	250
高阳县	Gaoyang County	495	4	4	170	170
容城县	Rongcheng County	314	3	5	127	127
涞源县	Laiyuan County	2448	9	8	283	267
望都县	Wangdu County	370	4	4	143	143
安新县	Anxin County	728	3	9	207	207
易　县	Yi County	2534	18	9	469	360
曲阳县	Quyang County	1084	10	8	367	233
蠡　县	Li County	652	3	10	232	232
顺平县	Shunping County	711	5	5	237	235
博野县	Boye County	331	1	6	133	133
雄　县	Xiong County	514	3	6	223	223
涿州市	Zhuozhou City	751	1	10	402	378
定州市	Dingzhou City	1284	5	16	486	479
安国市	Anguo City	486	3	6	198	197
高碑店市	Gaobeidian City	618	1	8	409	406

Major Indicators of National Economy by County (City or District)(2017)(1-3)

#通有线电视村 Administrative Village Access to Cable TV	#通宽带村 Administrative Village Access to Internet Broadband	地区生产总值(万元) Gross Domestic Product (10000 yuan)	第一产业 Primary Industry	第二产业 Secondary Industry	第三产业 Tertiary Industry	#工业 Industry	地区生产总值指数(上年=100) Indices of Gross Domestic Product (preceding year=100)	第一产业 Primary Industry
240	284	2057898	110510	932244	1015144	813814	109.2	97.3
137	137	2976582	77475	767874	2131233	344049	110.9	95.8
251	421	2458095	405466	557716	1494913	422598	107.8	100.6
386	386	1631723	520028	314480	797215	246079	108.6	101.9
123	300	2507862	174259	1264027	1069576	1104664	106.6	103.5
235	394	1315065	156028	548199	610838	427628	105.4	101.3
359	383	1583503	119518	912683	551302	805008	106.9	105.2
105	105	1035367	49832	346343	639192	247925	109.8	91.0
337	363	4308124	127105	2520794	1660225	2272285	103.5	89.8
168	395	5321863	160028	2779583	2382252	2279510	100.2	92.6
51	63	2112333	15840	1324516	771977	737397	102.6	81.4
81	111	3619106	22704	1641696	1954706	1348695	98.0	103.0
146	179	1147677	188387	510500	448790	449682	106.5	102.8
215	266	1234586	286498	462887	485201	361182	92.5	101.8
236	304	2632615	236590	1643198	752827	1570159	109.1	98.9
88	250	709270	136222	161361	411687	68148	106.7	105.3
196	200	423285	87953	102013	233319	54353	108.8	104.9
70	258	1350848	260892	586937	503019	504026	107.4	102.6
270	322	857503	223430	334329	299744	216156	106.4	106.4
170	170	964649	58476	555813	350360	500209	108.1	93.0
105	127	531161	91554	255802	183805	242702	83.3	102.0
147	225	642453	49236	276826	316391	240608	102.0	103.8
142	142	604288	142620	256630	205038	154943	109.1	104.6
158	207	560897	84433	236627	239837	215027	89.6	106.2
221	445	1255607	223739	554689	477179	422447	108.0	109.4
247	367	930473	125284	344712	460477	303958	108.4	102.2
191	232	1070459	152083	590027	328349	553016	106.9	98.7
172	237	512488	177772	167372	167344	116277	106.2	105.6
65	133	489479	129283	189298	170898	161398	106.0	104.9
72	223	799515	91841	479573	228101	448483	72.7	102.5
188	393	3269308	209817	1160458	1899033	755958	110.3	104.8
462	473	3173132	584786	1627485	960861	1087833	107.3	102.8
46	198	1096417	182035	442465	471917	385509	108.0	104.0
177	409	1682717	131934	868294	682489	653576	110.0	103.1

各县(市、区)国民经济主要指标(2017年)(1-4)

县(市、区)	County (City or District)	行政区域面积(平方公里) Administrative Area (sq.km)	乡(个) Towns (unit)	镇(个) Towns (unit)	村民委员会(个) Villagers' Committees (unit)	#自来水受益村 Administrative Village Access to Tap Water
沧州市	**Cangzhou**					
新华区	Xinhua District	89	1		20	20
运河区	Yunhe District	118	1	1	62	62
沧　县	Cang County	1520	15	4	506	506
青　县	Qing County	968	3	7	343	343
东光县	Dongguang County	710	1	8	447	447
海兴县	Haixing County	919	4	3	197	197
盐山县	Yanshan County	795	6	6	450	450
肃宁县	Suning County	516	3	6	254	254
南皮县	Nanpi County	790	3	6	312	312
吴桥县	Wuqiao County	582	5	5	473	473
献　县	Xian County	1173	11	7	500	500
孟村回族自治县	Mengcun Hui A.C.	387	2	4	126	126
泊头市	Botou City	1009	4	8	657	657
任丘市	Renqiu City	1012	6	9	413	413
黄骅市	Huanghua City	1545	6	4	327	327
河间市	Hejian City	1322	11	7	563	563
衡水市	**Hengshui**					
桃城区	Taocheng District	383	1	3	220	220
冀州区	Jizhou District	878	4	6	382	382
枣强县	Zaoqiang County	905	3	8	553	553
武邑县	Wuyi County	800	3	6	524	524
武强县	Wuqiang County	443	3	3	238	238
饶阳县	Raoyang County	572	3	4	197	197
安平县	Anping County	495	3	5	230	230
故城县	Gucheng County	941	4	9	538	538
景　县	Jing County	1188	6	10	848	848
阜城县	Fucheng County	695	5	5	610	610
深州市	Shenzhou City	1245	6	11	465	465
邢台市	**Xingtai**					
桥东区	Qiaodong District	122	1	2	55	55
桥西区	Qiaoxi District	120		2	31	31
邢台县	Xingtai County	1848	6	10	519	519
临城县	Lincheng County	797	4	4	209	197
内丘县	Neiqiu County	788	4	5	301	301

Major Indicators of National Economy by County (City or District)(2017)(1-4)

#通有线电视村 Administrative Village Access to Cable TV	#通宽带村 Administrative Village Access to Internet Broadband	地区生产总值(万元) Gross Domestic Product (10000 yuan)	第一产业 Primary Industry	第二产业 Secondary Industry	第三产业 Tertiary Industry	#工业 Industry	地区生产总值指数(上年=100) Indices of Gross Domestic Product (preceding year=100)	第一产业 Primary Industry
20	20	1619374	2460	621232	993662	489232	107.0	103.3
62	62	2831156	4765	824442	2001949	551942	108.2	89.0
506	506	2344489	187000	1126805	1030684	997010	106.5	96.9
345	345	1871849	482893	704436	684520	639626	106.9	100.2
447	447	1518352	106861	596620	814871	543620	107.1	101.3
197	197	479905	69687	233583	176635	169112	106.6	78.3
450	450	1401397	94764	863054	443579	811054	105.0	102.3
254	254	1372416	241097	458893	672426	380997	105.4	99.9
312	312	1058109	155602	447656	454851	379656	107.1	86.5
473	473	771663	155175	195361	421127	172450	107.9	105.5
500	500	2343719	246544	1191500	905675	1121834	106.1	100.4
126	126	873631	53733	525838	294060	491490	106.5	98.9
657	657	2090280	147525	1095605	847150	989228	107.2	104.0
413	413	6065518	142961	3568438	2354119	3428667	106.5	102.0
327	327	2784570	297937	1136204	1350429	992121	107.5	99.9
563	563	2790208	144823	1276076	1369309	1053038	107.5	102.3
220	220	1456915	78128	480292	898495	396392	107.1	98.5
382	382	1011298	113575	457334	440389	415283	107.0	103.6
553	553	990948	124368	550239	316341	499935	107.3	102.5
524	524	773468	213829	278435	281204	215948	107.4	104.7
238	238	658328	78652	323870	255806	261955	107.2	104.9
197	197	695948	253474	202076	240398	166875	107.0	102.7
230	230	1315917	116517	680723	518677	609654	107.0	103.8
538	538	1171394	204936	389510	576948	326529	106.7	103.9
749	830	1648530	171531	875194	601805	770467	106.9	104.1
610	610	799488	168835	345423	285230	307408	107.8	105.3
465	465	1642886	323356	605370	714160	544680	107.2	103.4
55	55	944660	10725	174792	759143	139721	107.0	90.9
28	31	1710214	7564	685557	1017093	631998	106.1	102.2
379	475	1469101	129183	940713	399205	880292	106.8	112.5
195	201	677771	77885	387972	211914	356896	108.1	110.9
92	301	770457	111079	330766	328612	273883	106.7	104.5

各县(市、区)国民经济主要指标(2017年)(1-5)

县（市、区）	County (City or District)	行政区域面积（平方公里）Administrative Area (sq.km)	乡（个）Towns (unit)	镇（个）Towns (unit)	村民委员会（个）Villagers' Committees (unit)	#自来水受益村 Administrative Village Access to Tap Water
柏乡县	Baixiang County	268	2	4	121	121
隆尧县	Longyao County	749	5	7	274	274
任　县	Ren County	431	4	4	134	134
南和县	Nanhe County	405	5	3	209	209
宁晋县	Ningjin County	1111	5	11	333	333
巨鹿县	Julu County	631	3	7	246	246
新河县	Xinhe County	366	4	2	169	169
广宗县	Guangzong County	504	4	4	196	196
平乡县	Pingxiang County	406	4	2	227	227
威　县	Wei County	1012	5	11	519	519
清河县	Qinghe County	500		6	305	305
临西县	Linxi County	542	3	6	297	297
南宫市	Nangong City	861	5	6	440	440
沙河市	Shahe City	859	4	4	242	224
邯郸市	**Handan**					
邯山区	Hanshan District	209	2	2	118	118
丛台区	Congtai District	192	4	1	76	73
复兴区	Fuxing District	137	2	1	41	28
峰峰矿区	Fengfeng Mining Area	341	1	9	157	157
肥乡区	Feixiang District	503	4	5	253	253
永年区	Yongnian District	761	8	9	342	342
临漳县	Linzhang County	742	7	7	425	425
成安县	Chengan County	482	4	5	234	234
大名县	Daming County	1053	10	10	609	601
涉　县	She County	1509	8	8	280	272
磁　县	Ci County	695	5	6	240	188
邱　县	Qiu County	449	2	5	217	217
鸡泽县	Jize County	336	3	4	169	169
广平县	Guangping County	314	3	4	99	99
馆陶县	Guantao County	456	4	4	269	269
魏　县	Wei County	864	9	12	489	489
曲周县	Quzhou County	677	4	6	338	338
武安市	Wuan City	1806	9	13	502	395

Major Indicators of National Economy by County (City or District)(2017)(1-5)

#通有线电视村 Administrative Village Access to Cable TV	#通宽带村 Administrative Village Access to Internet Broadband	地区生产总值(万元) Gross Domestic Product (10000 yuan)	第一产业 Primary Industry	第二产业 Secondary Industry	第三产业 Tertiary Industry	#工业 Industry	地区生产总值指数(上年=100) Indices of Gross Domestic Product (preceding year=100)	第一产业 Primary Industry
121	121	370401	81947	143698	144756	125845	107.2	105.9
258	274	1000460	216691	407528	376241	357550	106.9	102.3
134	134	503633	107146	173283	223204	142774	108.6	105.5
185	209	626275	189877	186980	249418	150903	109.6	109.7
324	333	2879179	296491	1881240	701448	1755782	106.5	102.0
246	246	759608	277009	222784	259815	183362	107.1	105.8
169	169	344849	84931	139894	120024	125785	107.5	106.4
196	196	498148	107276	213862	177010	183256	107.9	105.8
162	227	651009	130071	254387	266551	215729	107.6	105.5
474	518	869226	232171	302622	334433	253260	106.6	101.6
142	305	1535437	57800	721296	756341	645809	107.6	103.0
297	297	762268	118111	293175	350982	252472	106.9	104.9
434	440	1086690	160189	424796	501705	362923	107.4	107.2
184	238	2394824	61902	1182177	1150745	1073478	106.4	104.3
118	118	1900849	28425	476523	1395901	208277	107.3	79.5
73	73	2595069	15048	819499	1760522	540174	107.3	108.0
34	41	1724432	6666	991080	726686	913965	102.8	104.8
108	150	1784405	42808	975232	766365	948168	105.0	105.6
253	253	1027193	238948	466941	321304	359844	108.2	102.8
302	238	2657269	345749	1446463	865057	1332682	107.7	102.9
325	390	1345162	206400	705874	432888	585405	108.2	104.4
222	234	1606475	211916	801664	592895	711107	108.2	107.9
537	609	1368900	242375	528815	597710	447939	108.1	106.1
280	280	2325021	124266	1159552	1041203	967120	108.1	103.3
223	237	819441	94844	369514	355083	263343	102.9	100.8
217	217	817927	131826	361182	324919	312050	108.4	100.8
165	116	860490	121296	384779	354415	333257	108.3	102.9
99	99	816267	99285	342280	374702	255400	107.8	104.2
269	269	806257	189253	327812	289192	259591	107.7	104.6
478	481	1740146	327825	780727	631594	648530	108.6	105.2
281	338	1372107	187998	836966	347143	749446	108.6	104.2
248	420	6398787	256978	3752919	2388890	3626616	106.7	104.0

各县(市、区)国民经济主要指标(2017年)(2-1)

县(市、区)	County (City or District)	第二产业 Secondary Industry	第三产业 Tertiary Industry	年末总人口(万人) Total Population (year-end) (10000 persons)	乡村总户数(户) Rural Households (household)	乡村人口(人) Rural Population (person)
石家庄市	**Shijiazhuang**					
长安区	Changan District	104.8	111.9	81.9	6523	22734
桥西区	Qiaoxi District	100.7	111.8	84.0	13441	33340
新华区	Xinhua District	107.6	111.9	69.5	16673	59876
井陉矿区	Jingxing Mining Area	51.5	110.6	10.0	14333	54009
裕华区	Yuhua District	107.2	111.8	55.5	5891	27198
藁城区	Gaocheng District	106.3	112.3	77.4	205732	741964
鹿泉区	Luquan District	106.6	111.5	46.0	97657	375401
栾城区	luancheng District	105.3	111.8	35.4	82297	326629
井陉县	Jingxing County	89.7	110.4	31.8	84730	291053
正定县	Zhengding County	104.0	109.5	49.5	104961	441446
行唐县	Xingtang County	97.5	109.5	42.0	107080	379285
灵寿县	Lingshou County	103.0	110.7	34.3	72382	273963
高邑县	Gaoyi County	104.1	110.8	19.2	44081	167169
深泽县	Shenze County	106.4	110.1	25.5	61950	228944
赞皇县	Zanhuang County	100.0	111.4	25.3	62628	222034
无极县	Wuji County	106.8	111.2	52.1	119335	458795
平山县	Pingshan County	98.9	110.9	44.9	125450	451700
元氏县	Yuanshi County	106.3	109.9	43.5	99535	395465
赵　县	Zhao County	106.2	110.7	59.1	127083	501831
辛集市	Xinji City	104.5	114.2	63.7	162943	559020
晋州市	Jinzhou City	107.2	111.1	55.5	125006	477785
新乐市	Xinle City	106.8	111.1	51.4	105352	421710
承德市	**Chengde**					
双桥区	Shuangqiao District	98.4	109.2	34.7	25267	71598
双滦区	Shuangluan District	104.2	117.8	15.9	26618	83142
鹰手营子区	Yingshouyingzi District	105.2	110.4	6.3	6025	19426
承德县	Chengde County	105.2	108.7	39.3	119248	390710
兴隆县	Xinglong County	104.7	107.7	32.0	89734	293597
滦平县	Luanping County	105.4	110.5	29.3	89666	274762
隆化县	Longhua County	103.0	112.6	37.8	111045	374548
丰宁满族自治县	Fengning Man A.C.	106.9	107.2	36.5	115290	349365
宽城满族自治县	Kuancheng Man A.C.	103.8	112.8	25.6	68804	229342
围场满蒙自治县	Weichang Man & Mongolian A.C.	108.0	111.3	42.8	134635	463705
平泉市	Pingquan City	104.9	110.3	45.3	123054	424151

Major Indicators of National Economy by County (City or District)(2017)(2-1)

年末乡村从业人员（人）Number of Rural Laborers (year-end) (person)	#农林牧渔业 Farming, Forestry, Animal Husbandry & Fishery	地方一般公共预算收入（万元）General Public Budget Revenue of the Local Goverments (10000 yuan)	一般公共预算支出（万元）General Public Budget Expenditure (10000 yuan)	城镇居民人均可支配收入（元）Per Capita Disposable Income of Urban Households (yuan)	农村居民人均可支配收入（元）Per Capita Disposable Income of Rural Households (yuan)	农用机械总动力（千瓦）Total Agricultural Machinery Power (kw)	机耕面积（公顷）Area Cultivated by Machine (hectare)
10999	2128	486104	305929	36923		19321	7337
18039	484	630011	369561	37656		3889	145
34981	2349	272165	249992	37105		27501	2130
19513	3677	31252	79200	29539	17254	7100	120
13651	3183	310061	164906	37939		1061	138
392769	64612	365702	621514	32871	17626	1512933	33519
177174	67257	230078	404908	31674	17636	491009	24815
174918	43686	117618	229409	29444	16088	576963	23650
145789	62291	62702	182483	27410	12176	331664	14200
228695	68814	222061	347875	29506	17001	831164	34747
186978	77893	46464	250288	27532	7626	833392	35149
149599	74581	40861	204137	27025	6904	476442	20850
95591	44842	48012	137341	25444	12842	458950	21599
127843	46733	42307	134307	26271	12351	284866	12535
130121	47552	35030	166418	25167	6417	515717	21000
249309	116019	60270	224242	26975	13984	639398	31090
246100	157170	123173	320390	28175	8165	594926	16120
243233	159983	76180	190675	26197	13635	588280	34767
290782	102108	59359	227121	28122	14169	1034684	70849
299232	91654	146180	406559	31907	15761	1261991	45265
260952	83640	91150	250814	31181	17568	709080	39333
224374	51144	78677	228992	26260	15569	1760120	49675
30037	10713	129591	134333	30845	11553	21516	2100
43271	15176	86059	101465	31498	11565	64050	1671
8948	3027	12662	62459	24032	9364	34519	297
219078	124908	64366	260618	25395	9971	162623	22670
157549	101762	50710	241475	24005	11011	72913	9000
152549	66498	71527	263756	27415	8936	312979	19699
226593	137800	37049	285772	24037	8068	303501	35000
179402	122079	61510	370573	21706	7614	472581	65333
120756	50620	80085	199124	29104	11558	92387	7400
239090	176305	54156	367855	22643	7966	664955	69000
218258	117255	64659	338250	25961	11139	331648	19280

各县(市、区)国民经济主要指标(2017年)(2-2)

县(市、区)	County (City or District)	第二产业 Secondary Industry	第三产业 Tertiary Industry	年末总人口(万人) Total Population (year-end) (10000 persons)	乡村总户数(户) Rural Households (household)	乡村人口(人) Rural Population (person)
张家口市	**Zhangjiakou**					
桥东区	Qiaodong District	105.6	111.5	23.5	7348	19691
桥西区	Qiaoxi District	106.0	110.7	25.6	7986	21542
宣化区	Xuanhua District	90.6	110.8	64.9	117343	316146
下花园区	Xiahuayuan District	111.0	113.3	6.4	11913	26811
万全区	Wanquan District	106.5	114.0	22.3	71021	188794
崇礼区	Chongli District	103.2	111.9	10.3	40413	98743
张北县	Zhangbei County	109.4	108.4	29.9	88678	242323
康保县	Kangbao County	125.5	109.4	19.9	77852	193851
沽源县	Guyuan County	112.5	109.1	17.6	62970	168911
尚义县	Shangyi County	108.8	109.7	15.6	56433	135109
蔚　县	Yu County	90.8	111.2	45.1	161341	255635
阳原县	Yangyuan County	104.8	109.4	25.2	83681	227270
怀安县	Huaian County	102.9	109.3	20.7	74134	199021
怀来县	Huailai County	101.6	108.1	37.0	107459	282879
涿鹿县	Zhuolu County	102.7	107.7	33.7	108974	250660
赤城县	Chicheng County	81.4	111.1	25.3	92059	224454
秦皇岛市	**Qinhuangdao**					
海港区	Haigang District	103.6	109.4	82.0	67605	192964
山海关区	Shanhaiguan District	106.7	108.7	15.0	18535	52941
北戴河区	Beidaihe District	108.6	109.2	12.1	24650	62691
抚宁区	Funing District	106.5	112.5	32.5	93506	288904
青龙满族自治县	Qinglong Man A.C.	106.8	105.8	50.5	137881	478063
昌黎县	Changli County	108.1	108.9	53.9	179250	456261
卢龙县	Lulong County	104.9	107.4	40.2	128089	380298
唐山市	**Tangshan**					
路南区	Lunan District	108.7	106.7	26.5	20063	61123
路北区	Lubei District	110.8	105.7	69.5	31893	118960
古冶区	Guye District	106.2	105.2	36.0	41911	128675
开平区	Kaiping District	105.1	107.5	27.6	57794	177930
丰南区	Fengnan District	105.3	107.9	55.1	124295	458243
丰润区	Fengrui District	102.3	113.3	83.2	179852	627257
曹妃甸区	Caofeidian District	106.3	110.6	30.6	48171	154629
滦　县	Luan County	106.5	108.6	56.7	148570	515736
滦南县	Luannan County	104.5	108.7	58.4	152420	519846
乐亭县	Leting County	105.9	110.3	45.4	123358	377405
迁西县	Qianxi County	106.0	104.6	41.6	99339	350305
玉田县	Yutian County	103.6	107.6	71.5	166357	598266
遵化市	Zuihua City	105.2	106.8	77.7	194624	685114
迁安市	Qianan City	104.2	108.5	77.9	159146	545266

Major Indicators of National Economy by County (City or District)(2017)(2-2)

年末乡村从业人员(人) Number of Rural Laborers (year-end) (person)	#农林牧渔业 Farming, Forestry, Animal Husbandry & Fishery	地方一般公共预算收入(万元) General Public Budget Revenue of the Local Goverments (10000 yuan)	一般公共预算支出(万元) General Public Budget Expenditure (10000 yuan)	城镇居民人均可支配收入(元) Per Capita Disposable Income of Urban Households (yuan)	农村居民人均可支配收入(元) Per Capita Disposable Income of Rural Households (yuan)	农用机械总动力(千瓦) Total Agricultural Machinery Power (kw)	机耕面积(公顷) Area Cultivated by Machine (hectare)
10515	4806	32615	112946	33705	14777	10821	1000
8953	1637	35200	108487	31685	12670	18343	201
176603	105836	126670	524745	29868	11928	111853	30600
14226	7662	20805	104831	30894	8443	10017	2000
101174	69607	42265	211908	27807	9081	93336	20200
58389	36957	48000	206079	29371	9679	69845	11334
153601	99007	68586	277968	25993	9586	361311	84053
123104	74226	23000	225936	24165	8943	269479	88503
91210	66862	29316	237247	25116	9221	442446	78920
79281	57227	19484	194090	22865	8290	115881	40002
102856	92029	54023	297906	28560	9289	248896	61000
117565	69550	33461	226902	22148	8631	114573	30000
115886	80249	46541	219906	25034	9860	79712	32200
162042	95144	154088	277152	29054	15372	162060	17900
157402	114080	63331	262164	29457	11487	194955	19843
106638	79455	37369	226930	27303	9601	109160	23100
100074	48824	421799	330575	35217	17848	53514	8424
31561	17677	61358	100855	30668	17724	39753	4829
35701	12534	56219	142474	37981	17853	13799	2140
154911	104196	40884	178043	32317	13866	230737	32230
285932	165847	37773	258147	31508	9538	120703	25763
268417	170827	106018	294380	29334	14799	655485	70519
218310	148084	41806	207269	29936	12545	612044	41045
31540	9563	209301	168455	39043	16445	79926	5056
65812	27096	421123	316466	39361	18899	49275	6620
64287	26585	123315	198208	34713	15795	70212	8061
85303	24485	107772	139675	33899	15602	100232	7069
251210	95126	397342	508356	37345	15871	543714	49119
356112	190344	238090	379629	36999	15464	797469	65657
86328	39842	670462	834785	35987	17611	569758	25300
291222	113775	172400	323892	37039	15960	583652	55434
295814	184042	110058	275218	34577	13918	942307	84567
231568	103045	137076	293370	34078	16090	723524	68683
190772	81703	123918	282844	36157	15935	186127	11732
338555	97573	102193	287378	33431	15628	664609	55200
330454	112049	123618	351195	35586	15436	986739	42874
292064	59838	405223	651032	37339	21473	1114033	19776

各县(市、区)国民经济主要指标(2017年)(2-3)

县(市、区)	County (City or District)	第二产业 Secondary Industry	第三产业 Tertiary Industry	年末总人口(万人) Total Population (year-end) (10000 persons)	乡村总户数(户) Rural Households (household)	乡村人口(人) Rural Population (person)
廊坊市	**Langfang**					
安次区	Anci District	105.8	114.3	39.9	70810	273289
广阳区	Guangyang District	107.3	113.2	46.3	37567	162068
固安县	Guan County	101.4	112.8	50.5	93013	377265
永清县	Yongqing County	104.1	121.2	36.9	81998	321285
香河县	Xianghe County	104.1	110.1	37.4	79890	286075
大城县	Dacheng County	101.3	110.3	50.3	121052	453923
文安县	Wenan County	102.3	114.9	52.2	116125	438972
大厂回族自治县	Dachang Hui A.C.	100.0	119.0	13.4	27873	68083
霸州市	Bazhou City	96.0	118.5	65.3	124196	513401
三河市	Sanhe City	104.0	97.0	73.6	100373	351546
保定市	**Baoding**					
竞秀区	Jingxiu District	102.5	103.6	44.5	29896	118156
莲池区	Lianchi District	88.1	109.0	71.7	41868	162710
满城区	Mancheng District	103.2	115.2	40.4	88288	336208
清苑区	Qingyuan District	76.9	111.9	65.3	164396	627933
徐水区	Laishui District	110.7	109.5	59.6	161502	566165
涞水县	Xushui County	109.1	106.1	35.3	98873	321401
阜平县	Fuping County	108.5	110.7	22.0	57313	194780
定兴县	Dingxing County	105.9	113.1	53.1	139728	541415
唐　县	Tang County	100.7	113.4	55.0	141065	542658
高阳县	Gaoyang County	107.5	114.7	35.6	82946	310055
容城县	Rongcheng County	65.1	110.4	27.2	55190	225989
涞源县	Laiyuan County	94.7	115.3	28.4	83391	246060
望都县	Wangdu County	107.6	114.9	26.2	61388	229918
安新县	Anxin County	69.5	109.9	45.8	143541	448747
易　县	Yi County	104.5	111.8	56.3	148993	521432
曲阳县	Quyang County	104.8	114.0	58.6	158804	570423
蠡　县	Li County	106.7	111.1	51.9	116907	495974
顺平县	Shunping County	101.4	115.0	30.1	83705	293342
博野县	Boye County	102.9	110.9	26.0	63526	190579
雄　县	Xiong County	58.0	111.9	37.9	88976	338119
涿州市	Zhuozhou City	104.6	115.2	62.0	120681	462442
定州市	Dingzhou City	105.7	113.2	122.1	289041	1125142
安国市	Anguo City	106.9	111.6	38.2	92637	345233
高碑店市	Gaobeidian City	107.3	115.3	54.0	103265	432941

Major Indicators of National Economy by County (City or District)(2017)(2-3)

年末乡村从业人员(人) Number of Rural Laborers (year-end) (person)	#农林牧渔业 Farming, Forestry, Animal Husbandry & Fishery	地方一般公共预算收入(万元) General Public Budget Revenue of the Local Goverments (10000 yuan)	一般公共预算支出(万元) General Public Budget Expenditure (10000 yuan)	城镇居民人均可支配收入(元) Per Capita Disposable Income of Urban Households (yuan)	农村居民人均可支配收入(元) Per Capita Disposable Income of Rural Households (yuan)	农用机械总动力(千瓦) Total Agricultural Machinery Power (kw)	机耕面积(公顷) Area Cultivated by Machine (hectare)
152537	92304	160229	270395	34409	15232	141975	23511
82838	54821	181889	192331	37654	14850	113062	13880
185575	141734	413595	913776	33960	14799	489909	57200
177028	109158	145523	379656	32576	14425	419482	48066
143042	43939	333338	587763	39914	16567	254660	20323
224895	117339	84063	233266	34945	14071	476624	54702
228212	80138	96627	334340	35050	15388	662330	59341
43990	10827	244200	349252	38263	15417	153780	3700
251696	64174	235487	479878	39861	15948	772976	31700
176649	61828	542097	753133	41115	17543	444907	28140
62125	21735	54426	131090	32896	20062	47669	2863
91602	37900	80979	249179	33388	19230	63444	6144
184556	110910	59188	190762	28708	15416	296727	13850
352364	188831	57555	256955	28950	15886	543513	58000
311855	157581	135669	308435	28711	15880	502408	42037
182596	116644	67595	220947	23029	9334	175177	19000
89638	60850	31855	262386	16072	7405	85069	2000
338788	145362	58231	225166	28959	14201	453293	44720
268761	154870	40206	272133	19071	7094	294452	23340
178922	66500	70150	166821	25645	16685	170230	32132
130702	44069	16508	119037	25136	16159	311197	21970
126103	87650	95118	321804	22923	6863	79114	21321
127003	85160	30358	168049	25228	12306	330382	32999
240899	112108	35482	158100	26481	13436	402958	30356
254434	140216	47924	270184	22337	8358	234340	17482
273228	165364	44266	234320	20332	7143	428106	26939
270532	144827	42743	198744	25052	14471	502937	16220
162690	110265	38866	155699	24780	6800	253284	16000
123749	54585	18146	114418	22072	12088	260343	22200
211809	99047	26558	153761	30301	15780	247165	27300
260533	145442	261452	402085	33071	16879	290835	31511
675746	188644	200295	543401	27777	14748	975327	68966
212680	98418	62729	199971	24372	16654	525961	30000
244098	130839	117625	256285	29159	15136	240177	32125

各县(市、区)国民经济主要指标(2017年)(2-4)

县（市、区）	County (City or District)	第二产业 Secondary Industry	第三产业 Tertiary Industry	年末总人口（万人）Total Population (year-end) (10000 persons)	乡村总户数（户）Rural Households (household)	乡村人口（人）Rural Population (person)
沧州市	**Cangzhou**					
新华区	Xinhua District	103.7	109.1	22.9	9642	37900
运河区	Yunhe District	105.2	109.4	35.4	21238	81797
沧　县	Cang County	105.1	110.2	66.9	177503	674586
青　县	Qing County	103.8	114.8	42.3	98836	357697
东光县	Dongguang County	103.9	110.0	37.2	93711	336924
海兴县	Haixing County	105.6	122.3	21.2	60964	194696
盐山县	Yanshan County	103.4	108.9	45.7	110736	428516
肃宁县	Suning County	103.7	108.8	35.7	93086	327972
南皮县	Nanpi County	104.0	119.7	38.6	91320	339924
吴桥县	Wuqiao County	104.0	110.6	29.9	71112	232049
献　县	Xian County	103.6	111.0	61.3	140338	545482
孟村回族自治县	Mengcun Hui A.C.	104.9	111.0	21.4	48145	186411
泊头市	Botou City	104.5	111.6	62.2	155450	500867
任丘市	Renqiu City	104.2	110.4	87.6	165727	617982
黄骅市	Huanghua City	104.8	112.1	47.0	106629	414246
河间市	Hejian City	104.8	110.7	86.6	201609	722299
衡水市	**Hengshui**					
桃城区	Taocheng District	102.2	110.8	45.5	47783	154502
冀州区	Jizhou District	105.3	109.8	34.8	99096	295049
枣强县	Zaoqiang County	104.3	114.4	39.8	109043	346798
武邑县	Wuyi County	103.6	113.3	31.0	70112	274224
武强县	Wuqiang County	104.7	111.5	21.6	56122	193244
饶阳县	Raoyang County	103.7	114.0	28.5	73567	258642
安平县	Anping County	103.7	111.5	33.4	83777	279407
故城县	Gucheng County	102.0	111.1	49.8	124091	430050
景　县	Jing County	104.9	110.7	53.9	125576	477264
阜城县	Fucheng County	106.1	112.1	34.4	103168	335869
深州市	Shenzhou City	103.7	112.2	57.2	177664	535325
邢台市	**Xingtai**					
桥东区	Qiaodong District	96.8	110.2	34.2	22026	72834
桥西区	Qiaoxi District	100.8	109.4	45.1	20163	71404
邢台县	Xingtai County	104.6	110.7	33.0	112576	342135
临城县	Lincheng County	106.2	110.5	21.1	50814	183143
内丘县	Neiqiu County	104.9	109.4	27.5	63534	247956

Major Indicators of National Economy by County (City or District) (2017)(2-4)

年末乡村从业人员（人）Number of Rural Laborers (year-end) (person)	#农林牧渔业 Farming, Forestry, Animal Husbandry & Fishery	地方一般公共预算收入（万元）General Public Budget Revenue of the Local Governments (10000 yuan)	一般公共预算支出（万元）General Public Budget Expenditure (10000 yuan)	城镇居民人均可支配收入（元）Per Capita Disposable Income of Urban Households (yuan)	农村居民人均可支配收入（元）Per Capita Disposable Income of Rural Households (yuan)	农用机械总动力（千瓦）Total Agricultural Machinery Power (kw)	机耕面积（公顷）Area Cultivated by Machine (hectare)
15970	6571	82544	96687	32590	12911	48313	1038
37972	21301	142685	125838	35038	14578	86798	3608
379995	79327	100168	419210	31512	13762	1106970	80570
208454	54003	80157	269608	31444	15132	571552	78810
167590	69854	54930	211876	31281	11248	523088	45084
106230	57299	37850	155950	25798	7542	354213	23003
218790	78460	47668	249195	28031	9204	437138	43400
203185	56681	103872	233738	31388	12756	694152	29379
194721	103329	44502	227006	30209	9217	961760	36500
142607	47125	31468	175094	29202	12072	504559	39221
277860	105322	67195	287450	28282	10323	975126	69713
93883	37969	34946	141330	30004	10781	254659	15983
269521	64424	83920	268831	30396	13301	1138243	41962
301993	58558	320289	451817	33153	15325	630713	41951
211141	31513	163726	397398	31683	14996	831052	64080
429593	84303	103727	353097	31444	13435	981150	76460
78219	20095	127647	219398	31916	14382	370802	20730
150537	65627	62330	236239	29423	13414	703942	41350
176500	91201	67687	233336	26416	10761	451161	48800
136435	65574	40983	192436	20083	8173	499727	47050
101691	53979	34189	148579	20985	7936	581240	24970
151221	52333	27797	167751	23296	7817	515292	21890
150525	41163	72963	213358	26191	14237	371651	18606
215242	104239	59843	237486	24144	10662	1105805	57991
233273	100167	72936	264166	25508	13764	1018225	76950
172456	67103	41352	188389	24118	8048	624744	40290
287968	104976	78873	268595	23962	13531	1638205	87085
36940	12650	100316	154952	28558		16816	2436
35857	11600	139885	167450	33189		70699	3000
170243	54450	100549	247098	27500	12631	348753	24650
83088	54185	26334	138373	23193	8430	246667	18168
125166	57034	45304	155473	25080	10982	261057	22722

各县(市、区)国民经济主要指标(2017年)(2-5)

县(市、区)	County (City or District)	第二产业 Secondary Industry	第三产业 Tertiary Industry	年末总人口(万人) Total Population (year-end) (10000 persons)	乡村总户数(户) Rural Households (household)	乡村人口(人) Rural Population (person)
柏乡县	Baixiang County	105.8	109.5	19.6	46490	186039
隆尧县	Longyao County	106.5	110.6	52.3	122311	513029
任　县	Ren County	106.7	112.1	33.9	76678	325498
南和县	Nanhe County	108.2	110.6	33.6	83776	344680
宁晋县	Ningjin County	107.1	107.7	79.0	193590	768189
巨鹿县	Julu County	105.5	109.7	38.7	117585	392031
新河县	Xinhe County	106.9	109.2	17.5	43855	155529
广宗县	Guangzong County	106.8	110.5	29.3	76910	298463
平乡县	Pingxiang County	106.1	110.1	31.0	68941	288223
威　县	Wei County	107.1	111.3	57.5	155564	566236
清河县	Qinghe County	105.3	110.6	39.9	86325	364583
临西县	Linxi County	106.6	107.9	35.4	75830	296523
南宫市	Nangong City	106.3	108.6	48.4	116877	450729
沙河市	Shahe City	104.6	108.8	42.5	92529	383982
邯郸市	**Handan**					
邯山区	Hanshan District	97.4	111.1	52.4	40460	168859
丛台区	Congtai District	98.2	110.2	55.0	34493	156974
复兴区	Fuxing District	94.5	113.9	25.7	13113	57446
峰峰矿区	Fengfeng Mining Area	100.9	110.8	50.8	58922	228012
肥乡区	Feixiang District	107.4	113.5	37.0	79019	354302
永年区	Yongnian District	105.2	112.7	85.8	178544	724888
临漳县	Linzhang County	106.9	111.6	61.3	142985	611539
成安县	Chengan County	106.5	110.4	39.3	84258	344928
大名县	Daming County	107.5	109.8	79.7	161639	703669
涉　县	She County	105.8	111.5	43.0	122116	378904
磁　县	Ci County	96.0	111.8	43.5	92710	368270
邱　县	Qiu County	107.9	112.1	23.9	52258	208410
鸡泽县	Jize County	108.2	110.5	28.7	66758	284859
广平县	Guangping County	105.4	111.2	27.9	60392	257568
馆陶县	Guantao County	105.4	111.8	32.2	69674	283525
魏　县	Wei County	106.1	112.6	82.6	197490	898600
曲周县	Quzhou County	108.4	111.6	44.6	100151	450974
武安市	Wuan City	104.4	111.0	86.0	193276	699875

Major Indicators of National Economy by County (City or District)(2017)(2-5)

年末乡村从业人员(人) Number of Rural Laborers (year-end) (person)	#农林牧渔业 Farming, Forestry, Animal Husbandry & Fishery	地方一般公共预算收入(万元) General Public Budget Revenue of the Local Goverments (10000 yuan)	一般公共预算支出(万元) General Public Budget Expenditure (10000 yuan)	城镇居民人均可支配收入(元) Per Capita Disposable Income of Urban Households (yuan)	农村居民人均可支配收入(元) Per Capita Disposable Income of Rural Households (yuan)	农用机械总动力(千瓦) Total Agricultural Machinery Power (kw)	机耕面积(公顷) Area Cultivated by Machine (hectare)
91633	36421	17857	103586	22597	11886	356023	18375
226733	81029	41537	185835	24317	11412	835601	56000
161210	59321	31999	185921	23606	11123	517118	25040
171957	80885	36771	171235	26774	13249	491992	35000
368230	183294	97259	297351	25384	13405	1144810	63964
211054	115815	39038	184047	23530	7460	440060	46019
71398	41854	17134	116995	22037	6903	299140	24480
152547	60370	20446	135743	23572	7978	222915	33180
143633	40254	30620	158475	23387	9094	296960	30500
300719	151352	50009	274873	22221	8083	667529	74300
164978	33584	70961	212882	27422	13762	398721	31187
148526	58915	39038	179097	24658	12480	547206	35202
214920	92050	33272	200095	23542	11699	761404	63962
168880	72113	101280	243879	28780	14033	313364	13010
88885	42053	104387	218346	35697	15213	89825	8301
60988	21577	82196	138854	36728	14807	110682	6800
30186	12461	40747	118432	35945	13492	114333	2432
97070	31584	111676	264528	24967	12711	101641	6930
197040	58065	63559	227530	24012	13497	495970	49109
386177	116027	127353	323966	29499	15123	682343	54666
389594	266956	44580	217879	27013	14198	649512	43140
191999	67313	68477	207440	31631	13975	634510	39946
360367	168454	43955	302089	26449	11935	726807	83500
198772	66795	117102	239911	18678	12087	368000	14640
182704	43935	70366	194918	28106	13798	734551	28017
108039	58541	35409	125345	16761	12545	273263	35857
136938	22055	35622	160200	24984	13390	281488	21019
143129	66682	43500	153913	20840	11781	338220	22184
142877	75439	50008	175525	23678	11775	535416	25500
372500	270800	72664	381406	26165	12412	725103	46870
239309	69757	51075	184892	26502	14191	794927	37068
371762	124774	416046	632276	34403	14593	1814353	27200

各县(市、区)国民经济主要指标(2017年)(3-1)

县（市、区）	County (City or District)	机播面积 (公顷) Area Sown by Machine (hectare)	机收面积 (公顷) Machinical Harvest Area (hectare)	化肥使用量(折纯量) (吨) Consumption of Chemical Fertilizer (ton)	农村用电量 (万千瓦时) Electricity Consumed in Rural Areas (10000 kwh)	有效灌溉面积 (公顷) Irrigated Area (hectare)
石家庄市	**Shijiazhuang**					
长安区	Changan District	7337	7337	1057		3970
桥西区	Qiaoxi District	145	145	28	5035	230
新华区	Xinhua District	2130	2130	64		2370
井陉矿区	Jingxing Mining Area	231	231	290	16000	1800
裕华区	Yuhua District	145	145	58	760	204
藁城区	Gaocheng District	68581	68884	40875	97268	52308
鹿泉区	Luquan District	28875	28719	14793	41601	23960
栾城区	luancheng District	32463	32463	15480	16087	21815
井陉县	Jingxing County	13600	10500	11026	18193	10010
正定县	Zhengding County	41943	40687	42145	17956	29890
行唐县	Xingtang County	45450	37937	25285	38459	24240
灵寿县	Lingshou County	26500	34831	10318	28387	17770
高邑县	Gaoyi County	21599	26112	11383	8827	15410
深泽县	Shenze County	26166	26803	15847	27349	20640
赞皇县	Zanhuang County	34000	26128	11212	61857	22310
无极县	Wuji County	47289	46289	28923	48705	33440
平山县	Pingshan County	22485	21490	14616	18100	19130
元氏县	Yuanshi County	51191	49167	33825	19422	20830
赵　县	Zhao County	72278	74565	58132	48733	47570
辛集市	Xinji City	84550	75110	64521	36284	59600
晋州市	Jinzhou City	47000	46333	32849	193856	39730
新乐市	Xinle City	49675	45080	19535	33866	32830
承德市	**Chengde**					
双桥区	Shuangqiao District	510		595	3957	2080
双滦区	Shuangluan District	1300		1130	3706	1960
鹰手营子区	Yingshouyingzi District			315	1540	560
承德县	Chengde County	17400	953	11034	22309	17380
兴隆县	Xinglong County	3000		7001	13523	6480
滦平县	Luanping County	15510	1670	10015	40201	18530
隆化县	Longhua County	20526	4667	16267	12472	21060
丰宁满族自治县	Fengning Man A.C.	60000	28533	12012	9560	29570
宽城满族自治县	Kuancheng Man A.C.	5333		5886	75913	6040
围场满蒙自治县	Weichang Man & Mongolian A.C.	60000	58900	23053	14070	19670
平泉市	Pingquan City	32333	5033	20851	15991	13080

Major Indicators of National Economy by County (City or District)(2017)(3-1)

农作物总播种面积（公顷）Total Sown Area (hectare)	粮食播种面积（公顷）Sown Area Area of Grain Crops (hectare)	粮食总产量（吨）Output of Grain (ton)	油料产量（吨）Output of Oil-bearing (ton)	棉花产量（吨）Output of Cotton (ton)	蔬菜产量（吨）Vegetables (ton)	园林水果产量（吨）Garden Fruit (ton)	肉类总产量（吨）Output of Meat (ton)	#猪牛羊 Output of Pork, Beef and Mutton
5239	5044	28037	3	2	10449	3597	1700	1700
310	120	677			7752		100	
1234	774	3976	263		19223	505		
446	305	1227			3540	4012	2000	1900
277	258	1511			752		100	100
80077	71407	544426	5974	35	649529	140567	76590	57100
33270	26975	148969	2344	15	452453	15353	18704	14400
36579	33783	238823	359	1	72396	299	21807	7900
18587	15317	53048	2217	57	91601	37642	17218	13000
53885	41761	291148	13167	8	580264	3376	76700	61900
74809	53231	340985	19204	19	277673	123450	35975	30900
34573	30356	139535	3588	17	368212	4686	31923	29000
31185	24990	173963	3389	54	420774	2275	10216	7300
34339	29862	206113	4045	18	227434	83950	19769	17200
23590	17661	62553	7501	10	102983	86790	21807	18100
65344	55362	373502	11649	1	499574	4613	45568	34800
28568	20889	104892	6650	59	134612	6331	19115	17500
63607	59306	354560	5450	129	140217	8286	35843	28300
84445	82696	624909	1845		76100	281350	14900	8900
110907	92413	658983	30612	1058	887976	407682	84185	67600
59403	53081	348689	5652		350602	664399	59008	48900
64693	52024	355014	19616	…	419437	10719	59201	48500
2140	1677	8215	60		16909	534	901	900
4333	3568	18215	2899		49399	1226	2400	2200
943	453	2407	90		18765	1316	1101	1000
33953	27038	159381	576		365765	259316	80651	27400
6732	5444	22022	214		43552	324288	18105	15300
28841	17719	78110	514		462413	28666	83731	41700
54659	32873	193590	7026		608780	43245	66555	63900
82632	65965	188291	5140		481298	11849	48057	43700
15264	11336	44948	1065		138665	51831	17673	14900
92604	73380	375237	7744		686548	204293	49995	41200
42576	34131	194252	1131		557137	117815	18136	15900

各县(市、区)国民经济主要指标(2017年)(3-2)

县(市、区)	County (City or District)	机播面积(公顷) Area Sown by Machine (hectare)	机收面积(公顷) Machinical Harvest Area (hectare)	化肥使用量(折纯量)(吨) Consumption of Chemical Fertilizer (ton)	农村用电量(万千瓦时) Electricity Consumed in Rural Areas (10000 kwh)	有效灌溉面积(公顷) Irrigated Area (hectare)
张家口市	**Zhangjiakou**					
桥东区	Qiaodong District	1000	200	257	624	1000
桥西区	Qiaoxi District			41	486	30
宣化区	Xuanhua District	27030	4120	9421	15096	29850
下花园区	Xiahuayuan District	13		365	1931	970
万全区	Wanquan District	13333	2333	5610	30302	19500
崇礼区	Chongli District	1334	357	1569	1850	7820
张北县	Zhangbei County	78067	46334	6999	6625	29280
康保县	Kangbao County	84080	77166	4460	3371	14570
沽源县	Guyuan County	76830	72300	4188	2968	26060
尚义县	Shangyi County	26150	17650	3903	2595	9750
蔚　县	Yu County	53500	18500	10399	8130	25140
阳原县	Yangyuan County	5100	9867	9810	6263	19100
怀安县	Huaian County	7500	5200	9882	10496	18840
怀来县	Huailai County	15400	8660	11611	11151	20720
涿鹿县	Zhuolu County	8258	4477	22594	10963	18040
赤城县	Chicheng County	8260	860	3876	4467	12540
秦皇岛市	**Qinhuangdao**					
海港区	Haigang District	2300	1573	5272	7156	5280
山海关区	Shanhaiguan District	1374	310	462	530	2600
北戴河区	Beidaihe District	1253	830	1547	10271	2620
抚宁区	Funing District	6268	2705	17725	20400	19700
青龙满族自治县	Qinglong Man A.C.	8768		13744	16295	14620
昌黎县	Changli County	67698	44068	53309	174277	50620
卢龙县	Lulong County	15400	16500	38583	14067	25040
唐山市	**Tangshan**					
路南区	Lunan District	5056	5000	3326	8546	2970
路北区	Lubei District	3450	2862	4619	4636	5950
古冶区	Guye District	6061	4621	3709	8273	5000
开平区	Kaiping District	7789	7511	3816	26122	5140
丰南区	Fengnan District	51157	38828	30593	331152	51490
丰润区	Fengrui District	65124	51136	41474	45411	40220
曹妃甸区	Caofeidian District	25200	21995	11833	39394	25280
滦　县	Luan County	72528	35282	44596	26069	30500
滦南县	Luannan County	79472	64343	42263	26763	71350
乐亭县	Leting County	38115	25926	70152	11709	54160
迁西县	Qianxi County	3286	32	17627	28032	5250
玉田县	Yutian County	83000	69300	51052	158941	63880
遵化市	Zuihua City	52669	23795	30596	179989	36810
迁安市	Qianan City	58762	9553	15290	197633	40110

Major Indicators of National Economy by County (City or District)(2017)(3-2)

农作物总播种面积（公顷）Total Sown Area (hectare)	粮食播种面积（公顷）Sown Area of Grain Crops (hectare)	粮食总产量（吨）Output of Grain (ton)	油料产量（吨）Output of Oil-bearing (ton)	棉花产量（吨）Output of Cotton (ton)	蔬菜产量（吨）Vegetables (ton)	园林水果产量（吨）Garden Fruit (ton)	肉类总产量（吨）Output of Meat (ton)	#猪牛羊 Output of Pork, Beef and Mutton
6809	6558	35909	202		4629	1051	7408	6200
309	292	910	6		575	497	714	700
35380	29776	172749	5308		124787	2826	36833	33400
1796	1546	4533	74		6708	439	4204	2900
20381	17635	109738	966		92005	2127	22626	21300
12029	7414	19583	1638		260037	1456	3738	3100
109396	61685	134660	22518		786137		28648	28400
128461	101610	210229	25988		657265		24923	24400
95011	69921	230814	2985		1286378		10742	10600
44305	18122	48317	27491		568583	270	14764	14200
65954	56564	168024	2595		156732	6751	29254	26300
47938	42917	94186	5118		34571	5111	23004	17500
36094	27093	110908	11113		117849	2507	13504	12900
23512	21283	104670	759		73508	144569	33446	14700
24021	22637	134237	850		49377	68185	40205	35200
36726	23291	114551	2218		502581	2240	22295	21200
5955	2575	13535	3703	1	79339	13851	16650	10500
4031	750	4087	2274		183383	27508	6647	4500
2339	1347	7752	1083		35615	2795	1747	1000
25699	13701	79530	12022	5	414747	127814	76957	61600
30859	21547	99418	4125		304141	208480	57666	41900
77628	52617	315177	34341	22	1130186	87364	61980	50800
43575	33871	220395	23901	46	216576	124242	71250	58000
3162	2130	12788	1536	…	30730	59	3408	3100
5855	2634	14661	1635		155650	4893	2600	2100
8301	4155	22789	5774	…	216946	8625	13400	10600
8228	5760	30805	7829	2	41564	1482	9460	8300
73006	38184	231161	35948	10069	1108061	11944	55659	37900
74486	58800	357827	37487	43	511233	34990	72606	62600
25164	23682	172629	622		64590	4327	23800	20800
67276	40219	259395	69950	215	894559	43599	50442	43100
114956	65524	398323	62686	10	1370885	42810	105641	98300
67399	42802	269813	10341	8	1339754	331332	28215	20600
19073	12224	63678	8065	135	109962	34975	20258	16800
114143	85752	500341	3055	69	2180646	39525	107044	101600
57809	41995	231140	48064	13	502958	134347	76056	70100
52238	34018	183888	34829	13	554399	74630	80028	70300

各县(市、区)国民经济主要指标(2017年)(3-3)

县(市、区)	County (City or District)	机播面积 (公顷) Area Sown by Machine (hectare)	机收面积 (公顷) Machinical Harvest Area (hectare)	化肥使用量(折纯量) (吨) Consumption of Chemical Fertilizer (ton)	农村用电量 (万千瓦时) Electricity Consumed in Rural Areas (10000 kwh)	有效灌溉面积 (公顷) Irrigated Area (hectare)
廊坊市	**Langfang**					
安次区	Anci District	24560	16779	5944	4760	13960
广阳区	Guangyang District	17350	11980	6818	5843	11860
固安县	Guan County	50000	40000	25847	18994	36210
永清县	Yongqing County	60506	22199	22121	15912	30320
香河县	Xianghe County	17440	17646	18772	21750	20410
大城县	Dacheng County	47556	43983	11486	54318	29210
文安县	Wenan County	63041	56384	14679	139841	32740
大厂回族自治县	Dachang Hui A.C.	3300	4300	2234	9340	4470
霸州市	Bazhou City	37400	25999	24157	515808	25670
三河市	Sanhe City	24421	23109	28799	44683	22350
保定市	**Baoding**					
竞秀区	Jingxiu District	5678	5666	5733	13818	4438
莲池区	Lianchi District	6144	6144	6982	10885	6320
满城区	Mancheng District	25700	25243	12889	22589	21120
清苑区	Qingyuan District	67940	65330	49781	28994	53230
徐水区	Laishui District	58146	53597	29650	35500	36600
涞水县	Xushui County	26000	20550	8524	15180	13800
阜平县	Fuping County	3000	200	4807	4653	9650
定兴县	Dingxing County	66510	65240	34154	28199	47460
唐　县	Tang County	30330	30159	26174	12597	19210
高阳县	Gaoyang County	32126	29646	12115	27324	27460
容城县	Rongcheng County	30060	28340	9955	10689	17020
涞源县	Laiyuan County	13132	2000	4191	2843	5740
望都县	Wangdu County	32333	31666	18828	10519	22540
安新县	Anxin County	44671	45000	13198	38798	27970
易　县	Yi County	25927	30837	18208	15947	25440
曲阳县	Quyang County	23253	26510	12785	6125	17320
蠡　县	Li County	35924	32985	21069	25892	36990
顺平县	Shunping County	23000	19728	16417	28345	18940
博野县	Boye County	31980	27017	19446	30125	23200
雄　县	Xiong County	35833	34366	10442	71562	22930
涿州市	Zhuozhou City	56210	50074	21084	51322	40200
定州市	Dingzhou City	103000	101053	75659	34225	85660
安国市	Anguo City	38667	37289	23402	7588	31490
高碑店市	Gaobeidian City	47325	46287	15244	19432	36230

Major Indicators of National Economy by County (City or District)(2017)(3-3)

农作物总播种面积(公顷) Total Sown Area (hectare)	粮食播种面积(公顷) Sown Area of Grain Crops (hectare)	粮食总产量(吨) Output of Grain (ton)	油料产量(吨) Output of Oil-bearing (ton)	棉花产量(吨) Output of Cotton (ton)	蔬菜产量(吨) Vegetables (ton)	园林水果产量(吨) Garden Fruit (ton)	肉类总产量(吨) Output of Meat (ton)	#猪牛羊 Output of Pork, Beef and Mutton
33275	23412	107805	3228	2905	221632	45029	9966	7200
14266	8696	41426	2307	368	146881	12459	9110	7600
71252	42146	225453	4204	94	1412774	85440	12300	11300
59630	29609	148534	8762	710	1786060	201980	46600	42900
24494	15781	90952	78	3	464188	3659	9562	6800
69114	58068	280045	7123	3292	232136	56893	25123	17000
74136	69621	346495	243	593	107815	10737	14000	10500
3967	2988	17241			52464	739	11800	11300
44135	35152	189666	4837	1611	284890	10526	16304	12200
29106	21582	125173	40	3	345079	26601	38642	35800
3939	3500	20890	64	…	21534	10422	4800	4700
6286	5492	32161	386		38561	929	1700	1600
28971	23305	139728	1512	15	170086	166910	24160	21300
91206	70202	456898	6897	20	540471	48973	22577	15900
77399	70059	448227	2377	1	372955	23789	72524	67500
28561	22513	118227	10573	24	166196	34643	21663	19800
13367	10194	50757	4722		61682	59316	6304	5600
80655	68276	446586	15982	101	597410	25484	62916	54200
29115	26066	145574	3286	10	72131	67686	44847	42700
37175	34850	208201	3836	181	53326	6960	4714	4200
37065	34037	221919	2154	2	147358	1625	27730	26500
17875	16369	51319	86		22866	5029	6150	5900
44088	38293	268912	2468	23	184317	12688	16007	13900
54465	50033	278701	334	93	61937	4866	9547	6900
41270	35869	189655	8818	9	195945	100357	68842	65700
35137	30344	146503	7173	115	135653	50518	20272	18600
59440	45724	259867	6703	170	491443	25068	6231	4800
29155	21745	118320	2361	3	276557	285484	8596	7900
27970	24366	163386	4678	17	117361	26818	11513	10500
40222	36776	215017	2904	7	132735	24959	11800	9800
59048	48927	276791	7431	1	397538	21210	40309	31700
156583	118966	802553	23346	12	1088529	25937	92042	80700
56353	39199	262912	15774	28	200781	7934	14601	13200
53925	48998	319562	12497	1	93653	19476	25201	20500

各县(市、区)国民经济主要指标(2017年)(3-4)

县(市、区)	County (City or District)	机播面积 (公顷) Area Sown by Machine (hectare)	机收面积 (公顷) Machinical Harvest Area (hectare)	化肥使用量 (折纯量) (吨) Consumption of Chemical Fertilizer (ton)	农村用电量 (万千瓦时) Electricity Consumed in Rural Areas (10000 kwh)	有效灌溉面积 (公顷) Irrigated Area (hectare)
沧州市	**Cangzhou**					
新华区	Xinhua District	1857	1826	242	1480	1380
运河区	Yunhe District	6275	5111	770	1984	2620
沧　县	Cang County	99966	95858	40201	101363	37190
青　县	Qing County	70402	52198	18757	75950	29120
东光县	Dongguang County	63704	46538	23099	31392	48420
海兴县	Haixing County	36161	34088	9858	13336	15580
盐山县	Yanshan County	68163	58355	9753	14790	33010
肃宁县	Suning County	48512	41378	23237	42887	31800
南皮县	Nanpi County	68900	51573	13530	18466	35090
吴桥县	Wuqiao County	65971	51267	22609	12439	33850
献　县	Xian County	98945	73281	25957	74580	53200
孟村回族自治县	Mengcun Hui A.C.	33336	31784	8422	76530	14250
泊头市	Botou City	71862	65240	31777	81750	43120
任丘市	Renqiu City	69165	64913	30520	120398	40680
黄骅市	Huanghua City	84679	67019	11377	70900	18460
河间市	Hejian City	109420	73430	30526	139840	63040
衡水市	**Hengshui**					
桃城区	Taocheng District	26379	21348	8031	34035	19630
冀州区	Jizhou District	67305	47332	26045	33495	48600
枣强县	Zaoqiang County	72380	69100	22103	25442	51940
武邑县	Wuyi County	67560	49685	17561	13492	39180
武强县	Wuqiang County	45600	42500	7425	17054	22960
饶阳县	Raoyang County	60756	45200	19301	20499	35080
安平县	Anping County	42698	38639	12952	27866	26900
故城县	Gucheng County	81170	67500	37175	24847	47630
景　县	Jing County	104530	94950	36283	15431	77130
阜城县	Fucheng County	65060	48221	20542	28564	37040
深州市	Shenzhou City	103228	99166	65763	74645	63690
邢台市	**Xingtai**					
桥东区	Qiaodong District	4955	4955	2979	6478	2150
桥西区	Qiaoxi District	6050	5411	1122	2896	2400
邢台县	Xingtai County	22533	20783	12817	19351	23990
临城县	Lincheng County	26792	21420	8529	5577	10880
内丘县	Neiqiu County	43200	28438	8293	10969	23400

Major Indicators of National Economy by County (City or District)(2017)(3-4)

农作物总播种面积(公顷) Total Sown Area (hectare)	粮食播种面积(公顷) Sown Area Area of Grain Crops (hectare)	粮食总产量(吨) Output of Grain (ton)	油料产量(吨) Output of Oil-bearing (ton)	棉花产量(吨) Output of Cotton (ton)	蔬菜产量(吨) Vegetables (ton)	园林水果产量(吨) Garden Fruit (ton)	肉类总产量(吨) Output of Meat (ton)	#猪牛羊 Output of Pork, Beef and Mutton
1822	1804	6385			789	74	630	400
2859	2817	10976	3		3750	1168	1311	700
97527	94404	407949	320	96	115979	199898	27814	20800
71881	49490	186222	1236	217	1475880	14440	14339	9600
75308	65933	399495	1301	5782	66380	5165	14123	11300
43582	42610	145951	541	73	18420	4170	17364	9800
71028	70357	269951	181	4	12996	198	46900	43200
55313	47033	264775	977	18	495309	59247	24504	9500
85990	76660	421979	1809	6049	332202	60344	13003	10200
63904	55408	393035	463	5575	113470	12256	21302	17600
82232	68245	350440	19336	652	432951	61616	47314	37400
32749	32015	153008	938	284	7981	3681	27700	7100
70082	67544	366732	279	135	44103	367516	22502	17200
67159	61677	359640	2121	257	145181	10713	30263	9700
97599	83458	273474	2823	1028	74170	67147	45234	29900
89420	73771	422999	18122	1496	118141	45306	26064	13700
34097	28549	190668	4461	878	204502	16846	14105	11900
82890	55570	314320	11697	18266	80785	44845	12789	10500
89998	75898	450202	6807	11046	94413	38004	16235	14900
83812	59914	353736	11816	7987	569134	39196	28886	22800
46615	40278	240329	4458	107	121863	1432	14408	9900
64377	38619	221571	9060	65	775235	191740	20227	16600
44124	38932	218568	8689	8	81873	21711	66014	64300
96893	68541	396377	11115	11555	383448	9010	39032	27000
135018	120471	759422	9775	4168	125726	12986	32017	28300
76237	59780	324164	933	3509	299115	22976	15109	12500
123133	112358	703079	30672	429	163651	624584	50716	43300
6149	5553	30798	216	1	23579	1766	1200	1000
6636	6303	32799	364	43	4222	1031	1410	1100
30005	24989	115454	6642	159	96830	118069	9400	7300
31239	27601	131493	5773	8	70036	17299	14000	10400
48261	37545	196103	14486	8	73105	37125	20460	18500

各县(市、区)国民经济主要指标(2017年)(3-5)

县(市、区)	County (City or District)	机播面积(公顷) Area Sown by Machine (hectare)	机收面积(公顷) Machinical Harvest Area (hectare)	化肥使用量(折纯量)(吨) Consumption of Chemical Fertilizer (ton)	农村用电量(万千瓦时) Electricity Consumed in Rural Areas (10000 kwh)	有效灌溉面积(公顷) Irrigated Area (hectare)
柏乡县	Baixiang County	31985	25760	13573	6765	17970
隆尧县	Longyao County	90920	73333	41688	65072	49000
任　县	Ren County	47935	46135	16755	22762	30160
南和县	Nanhe County	55000	48000	16720	20311	28780
宁晋县	Ningjin County	118897	115014	43366	36941	69500
巨鹿县	Julu County	62370	32339	14974	16737	30180
新河县	Xinhe County	37850	29433	6717	9321	21240
广宗县	Guangzong County	35754	17890	11577	8771	26640
平乡县	Pingxiang County	51500	31200	18444	23890	26050
威　县	Wei County	86410	26200	35681	9416	72800
清河县	Qinghe County	49108	39715	20907	34356	34090
临西县	Linxi County	58895	49667	27510	12300	32700
南宫市	Nangong City	85225	43464	23126	21193	62310
沙河市	Shahe City	24016	26377	10557	23130	20970
邯郸市	**Handan**					
邯山区	Hanshan District	14037	12965	11868	15208	12770
丛台区	Congtai District	8850	8600	461	3400	4780
复兴区	Fuxing District	4813	2957	1950	3460	2320
峰峰矿区	Fengfeng Mining Area	7667	7333	6798	12148	7690
肥乡区	Feixiang District	62320	61380	40583	17712	38300
永年区	Yongnian District	78000	62993	48662	71482	52030
临漳县	Linzhang County	77981	70267	45275	11792	48900
成安县	Chengan County	55898	37333	45629	28669	35000
大名县	Daming County	110150	115632	42681	17644	57960
涉　县	She County	14700	12800	7611	8757	5610
磁　县	Ci County	35168	34368	14435	73924	17060
邱　县	Qiu County	38001	29267	22386	3527	26880
鸡泽县	Jize County	33801	29534	20463	28182	24560
广平县	Guangping County	32640	29060	14102	12314	22870
馆陶县	Guantao County	47160	39830	25628	13985	28620
魏　县	Wei County	83990	83418	30270	15200	56510
曲周县	Quzhou County	65540	54894	47389	40800	41780
武安市	Wuan City	37318	26133	18034	259812	30950

Major Indicators of National Economy by County (City or District)(2017)(3-5)

农作物总播种面积(公顷) Total Sown Area (hectare)	粮食播种面积(公顷) Sown Area of Grain Crops (hectare)	粮食总产量(吨) Output of Grain (ton)	油料产量(吨) Output of Oil-bearing (ton)	棉花产量(吨) Output of Cotton (ton)	蔬菜产量(吨) Vegetables (ton)	园林水果产量(吨) Garden Fruit (ton)	肉类总产量(吨) Output of Meat (ton)	#猪牛羊 Output of Pork, Beef and Mutton
33545	30325	217694	2115	40	202998	68292	11434	7800
91989	83298	553375	10571	2757	121866	21751	30112	21000
55679	51357	358311	2323	6	235905	6817	10881	7300
57439	49227	307821	1815	2	414379	4054	15422	11400
143701	129603	884564	4166	1251	341890	314721	30800	27600
57822	40680	221511	13051	668	153862	94500	14425	8900
37903	32662	170101	3249	3655	23691	149478	8931	7600
35546	16273	90152	15054	7515	95851	11879	14755	11300
49976	38774	258680	20724	306	164541	25768	10922	7400
74115	30110	160574	7069	41781	80514	164382	30906	16800
50957	49655	330769	2167	414	10675	5463	7502	4500
63001	55019	343218	1030	1165	96716	10828	14121	10100
79815	45553	237437	13801	26864	206896	23481	20708	18800
29820	27685	120638	2987	52	23504	13070	12354	7200
16884	16381	109462	379	80	13011	8487	6617	5300
10940	10381	62086	328	145	14320	80	3702	2600
5150	4885	25312	326	38	117	129	1606	1500
10182	9816	47528	262	8	4740	1228	21900	20300
68123	49076	353009	4797	4306	618871	48882	31524	26300
84607	71373	524923	2388	379	814077	10134	44181	30500
87102	80425	619242	2413	78	245458	18188	45751	36200
61054	42220	309813	5678	10733	407494	65863	27876	23200
136369	106689	756386	81178	17	402900	23096	59808	50500
32294	17901	72966	633	10	51752	25193	15671	11300
35655	33668	201468	645	32	55387	2766	22918	17600
44103	24687	172887	1095	20427	118319	21009	18103	11100
37443	31298	212861	224	76	352924	14070	22462	16800
39371	33098	238722	3753	947	161157	15310	9990	7600
53900	43919	317805	5052	736	327154	16572	46549	29200
100700	90305	639037	4693	523	467329	255296	52752	31900
70601	59454	423338	2561	6804	251898	14967	44421	31300
68074	59303	313528	7032	2228	142444	20245	78673	75200

各县(市、区)国民经济主要指标(2017年)(4-1)

县（市、区）	County (City or District)	禽蛋产量（吨）Output of Egg (ton)	奶类产量（吨）Output of Milk (ton)	年内猪出栏（百头）Slaughtered Pigs in the Year (100 heads)	年末猪存栏（百头）Number of Hogs at Year-end (100 heads)	水产品产量（吨）Total Aquatic Products (ton)
石家庄市	**Shijiazhuang**					
长安区	Changan District	300	2100	191	89	
桥西区	Qiaoxi District			6	2	
新华区	Xinhua District					
井陉矿区	Jingxing Mining Area	1000		233	145	12
裕华区	Yuhua District	100	[illegible]	11	[illegible]	
藁城区	Gaocheng District	113400	48443	5600	3200	40
鹿泉区	Luquan District	26700	44900	1588	460	5110
栾城区	luancheng District	75600	66000	400	200	
井陉县	Jingxing County	23800	3600	894	554	290
正定县	Zhengding County	95400	70700	6720	3500	600
行唐县	Xingtang County	33400	193700	2406	1137	1415
灵寿县	Lingshou County	16100	36812	3534	1805	5298
高邑县	Gaoyi County	13000	3200	876	384	
深泽县	Shenze County	15600	25037	1866	639	124
赞皇县	Zanhuang County	19300		1104	525	1023
无极县	Wuji County	64400	39500	3018	1441	5
平山县	Pingshan County	13300	6900	1858	1002	5430
元氏县	Yuanshi County	43800	27700	2472	1204	193
赵　县	Zhao County	44500	23500	1056	420	
辛集市	Xinji City	143000	40500	7684	4520	27
晋州市	Jinzhou City	60700	14200	5905	3360	
新乐市	Xinle City	67000	66875	5880	3000	
承德市	**Chengde**					
双桥区	Shuangqiao District	400		111	72	168
双滦区	Shuangluan District	600	100	281	253	480
鹰手营子区	Yingshouyingzi District	500		108	62	310
承德县	Chengde County	18800	1500	2445	1136	405
兴隆县	Xinglong County	6300	1000	1597	730	356
滦平县	Luanping County	8800	6712	4839	1990	390
隆化县	Longhua County	8200	2100	3493	1988	550
丰宁满族自治县	Fengning Man A.C.	15600	70500	2254	1652	780
宽城满族自治县	Kuancheng Man A.C.	6200		1580	694	16386
围场满蒙自治县	Weichang Man & Mongolian A.C.	13500	22000	1937	1425	488
平泉市	Pingquan City	13500	618	926	441	180

Major Indicators of National Economy by County (City or District)(2017) (4-1)

农林牧渔业总产值(现价)(万元) Gross Output Value (10000 yuan)	农林牧渔业总产值指数(上年=100) Indices of Gross Output Value (preceding year=100)	公路里程(公里) Total Length of Highways (km)	固定电话用户(户) Number of Fixed Telephone Subscribers (subscriber)	移动电话用户(户) Number of Mobile Telephone Subscribers (subscriber)	互联网宽带接入用户(户) Broadband Subscribers of Internet (subscriber)	全社会用电量(万千瓦时) Total Electricity Consumed (10000 kwh)
20170	91.7					
7128	78.8					
6558	78.4					
8282	92.1	137	7622	86000	23200	
977	16.1					
602014	102.8	1673	46695	703853	163552	326464
291034	98.4	982	55000	350000	90000	218655
269730	102.9	836	33374	423583	142987	156402
179474	101.0	1423	11986	94200	55656	66794
538201	102.0	1123	63372	248610	94301	230335
472734	105.7	1420	18453	311563	63890	74269
362523	108.7	1252	20400	298400	51068	127472
163434	104.0	618	16100	150000	39600	105337
210004	105.8	505	7823	178686	37066	67766
239228	108.4	889	6485	221087	56818	106348
416044	103.0	842	29884	430660	42621	135025
238440	103.8	3007	29760	117800	62485	276640
256496	101.8	1048	20330	403320	62352	178492
338368	102.3	831	19202	466897	98121	171666
769533	101.8	1266	40466	582967	113385	251401
447658	99.6	1035	33589	385693	57213	247077
482285	102.8	957	26211	444865	91961	153512
9673	89.5	641	65899	730369	111864	119474
37636	87.1	584	12723	194287	45434	306385
9548	102.2	227	9409	78620	15462	13259
493763	110.3	2776	22420	333210	51023	112267
357533	107.4	2821	15054	272442	49360	141263
374239	106.4	2184	12543	262935	45955	203072
584082	104.2	2797	15715	335559	50864	98860
409335	105.0	3468	14886	326138	56754	78189
238466	105.3	1497	12441	259247	40948	323811
669855	104.6	3082	24452	425133	68863	69067
437682	105.4	2442	20062	391313	61384	150394

各县(市、区)国民经济主要指标(2017年)(4-2)

县(市、区)	County (City or District)	禽蛋产量 (吨) Output of Egg (ton)	奶类产量 (吨) Output of Milk (ton)	年内猪出栏 (百头) Slaughtered Pigs in the Year (100 heads)	年末猪存栏 (百头) Number of Hogs at Year-end (100 heads)	水产品产量 (吨) Total Aquatic Products (ton)
张家口市	**Zhangjiakou**					
桥东区	Qiaodong District	16100	11800	558	334	
桥西区	Qiaoxi District	300	1200	76	32	
宣化区	Xuanhua District	18700	44400	3158	1385	610
下花园区	Xiahuayuan District	9200	2800	326	178	
万全区	Wanquan District	8900	50101	2026	816	4
崇礼区	Chongli District	2800	18800	196	120	17
张北县	Zhangbei County	1400	120900	2052	1463	247
康保县	Kangbao County	2500	61100	1336	470	85
沽源县	Guyuan County	700	48200	258	147	905
尚义县	Shangyi County	2100	200	818	247	153
蔚　县	Yu County	26200	16200	2218	788	460
阳原县	Yangyuan County	47100	6500	1513	683	417
怀安县	Huaian County	1500	15600	1411	585	326
怀来县	Huailai County	9100	56000	1503	585	5315
涿鹿县	Zhuolu County	44300	78800	3769	1815	350
赤城县	Chicheng County	3100	1300	1298	817	769
秦皇岛市	**Qinhuangdao**					
海港区	Haigang District	5400	3811	1230	327	1724
山海关区	Shanhaiguan District	3500	2200	556	309	5666
北戴河区	Beidaihe District	1500		108	56	950
抚宁区	Funing District	14500	7686	7006	3630	1769
青龙满族自治县	Qinglong Man A.C.	9400	199	4083	1202	1350
昌黎县	Changli County	19600	26195	4619	2496	99679
卢龙县	Lulong County	22100	11306	6014	3100	1975
唐山市	**Tangshan**					
路南区	Lunan District	600	4700	381	167	
路北区	Lubei District	500	3700	247	118	
古冶区	Guye District	11300	41571	1123	620	6369
开平区	Kaiping District	3100	11101	577	311	4047
丰南区	Fengnan District	10400	54303	4632	2420	57550
丰润区	Fengrui District	46100	73533	7001	3814	7243
曹妃甸区	Caofeidian District	5500	1100	2663	1193	111354
滦　县	Luan County	32500	262900	3209	1745	1377
滦南县	Luannan County	34000	329339	11348	6560	75872
乐亭县	Leting County	9800	32559	2173	1126	135946
迁西县	Qianxi County	7800	20264	1416	651	12610
玉田县	Yutian County	59200	84300	10839	6030	4324
遵化市	Zuihua City	22500	9146	7440	4811	4424
迁安市	Qianan City	32200	90209	7200	4000	

Major Indicators of National Economy by County (City or District)(2017) (4-2)

农林牧渔业总产值(现价)(万元) Gross Output Value (10000 yuan)	农林牧渔业总产值指数(上年=100) Indices of Gross Output Value (preceding year=100)	公路里程(公里) Total Length of Highways (km)	固定电话用户(户) Number of Fixed Telephone Subscribers (subscriber)	移动电话用户(户) Number of Mobile Telephone Subscribers (subscriber)	互联网宽带接入用户(户) Broadband Subscribers of Internet (subscriber)	全社会用电量(万千瓦时) Total Electricity Consumed (10000 kwh)
47606	612.9					228640
6251	91.6					38029
259724	128.6	1370	55409	731905	168486	475206
34700	156.8	254	4100	54500	14200	22932
166961	84.9	1094	9047	229167	44084	60648
91903	92.8	1080	9028	94766	15781	29901
406441	97.0	2743	23678	110178	36847	68555
305329	118.7	3108	4760	105600	12600	18676
391898	86.6	1315	7524	132000	30800	41442
209151	77.1	1107	2760	75500	20800	15803
241070	112.7	2006	13122	446715	80165	56907
178076	102.3	1227	11000	145783	19200	43600
146621	111.1	1528	13201	93260	22161	31346
214046	104.2	3038	51120	247853	50036	67209
249409	141.4	1312	45190	100113	41395	57901
374364	116.3	1661	7600	178077	35869	61626
123583	88.6	739	202624	2280946	559323	271958
110585	103.7	283	33847	174057	49502	19785
32946	78.1	90	26733	93971	29269	40672
535840	100.5	1528	25700	407200	66200	
649971	106.7	2700	28700	403000	67800	75150
1082814	106.0	2039	37010	557752	107412	241051
577038	106.0	1655	26732	294103	46730	109585
23354	72.4					
43577	100.3					
130143	103.0	332	46861	418720	82470	59102
69670	104.9	377	35590	146490	40509	74082
630375	102.8	1312	66600	700350	127050	817204
604152	103.1	1879	115725	930437	177745	363523
516597	104.9	1035	63600	389030	86025	135400
665830	104.7	1541	40075	543792	114320	535649
1156010	105.3	1892	53849	500549	126887	165313
1068260	103.9	1891	42200	468236	100625	318642
276913	95.2	1497	50200	363880	76865	448889
937928	102.7	1634	83290	658604	142864	294655
601893	101.9	1661	78900	713000	150925	394252
564452	101.7	3314	69750	733341	147086	1057536

各县(市、区)国民经济主要指标(2017年)(4-3)

县(市、区)	County (City or District)	禽蛋产量 (吨) Output of Egg (ton)	奶类产量 (吨) Output of Milk (ton)	年内猪出栏 (百头) Slaughtered Pigs in the Year (100 heads)	年末猪存栏 (百头) Number of Hogs at Year-end (100 heads)	水产品产量 (吨) Total Aquatic Products (ton)
廊坊市	**Langfang**					
安次区	Anci District	13400	8100	833	453	911
广阳区	Guangyang District	9100	10497	906	258	381
固安县	Guan County	6000	4700	1332	677	236
永清县	Yongqing County	11000	21300	1350	2200	531
香河县	Xianghe County	[illegible]	[illegible]	[illegible]	[illegible]	[illegible]
大城县	Dacheng County	25500	10700	1240	474	610
文安县	Wenan County	13600	10100	769	404	6641
大厂回族自治县	Dachang Hui A.C.	3300		571	187	1313
霸州市	Bazhou City	8500	1500	1364	527	4306
三河市	Sanhe City	10700	46700	3145	1600	8040
保定市	**Baoding**					
竞秀区	Jingxiu District	900	1500	586	153	
莲池区	Lianchi District	8300	16100	140	37	
满城区	Mancheng District	31800	22500	2356	1442	80
清苑区	Qingyuan District	37800	56800	1967	1018	
徐水区	Laishui District	15900	90700	8000	5000	82
涞水县	Xushui County	3200	5522	1987	763	230
阜平县	Fuping County	2500	4300	504	313	5848
定兴县	Dingxing County	28600	12600	6624	4140	150
唐　县	Tang County	12600	1905	2416	1353	489
高阳县	Gaoyang County	4400	6000	614	464	30
容城县	Rongcheng County	3800	7600	2966	1212	355
涞源县	Laiyuan County	3400		414	219	436
望都县	Wangdu County	11900	25000	1652	392	12
安新县	Anxin County	11900	300	873	660	18992
易　县	Yi County	23500	4700	6280	3050	4374
曲阳县	Quyang County	9900	23800	1638	552	2109
蠡　县	Li County	8800	6700	532	279	
顺平县	Shunping County	3300	5600	824	298	5
博野县	Boye County	8600	1500	1364	632	
雄　县	Xiong County	4600	1200	1019	400	34
涿州市	Zhuozhou City	14700	11000	3569	1759	722
定州市	Dingzhou City	67800	147800	9584	5080	57
安国市	Anguo City	14500	5100	1577	800	
高碑店市	Gaobeidian City	24400	12100	3084	1644	80

Major Indicators of National Economy by County (City or District)(2017) (4-3)

农林牧渔业总产值（现价）（万元） Gross Output Value (10000 yuan)	农林牧渔业总产值指数（上年=100） Indices of Gross Output Value (preceding year=100)	公路里程（公里） Total Length of Highways (km)	固定电话用户（户） Number of Fixed Telephone Subscribers (subscriber)	移动电话用户（户） Number of Mobile Telephone Subscribers (subscriber)	互联网宽带接入用户（户） Broadband Subscribers of Internet (subscriber)	全社会用电量（万千瓦时） Total Electricity Consumed (10000 kwh)
183200	90.2	880	[illegible]	[illegible]	[illegible]	[illegible]
128772	95.2	590	125536	228105	90128	229478
595660	100.1	1205	30024	400459	79661	144141
754559	100.2	1148	56120	357850	76704	114892
267944	101.6	1054	28710	452744	118682	147176
259028	103.4	1352	56040	441000	108000	184385
195364	102.8	1604	162584	582500	135082	382706
80094	90.2	544	25020	174964	53319	89758
202314	90.7	1314	116415	659122	175488	649375
271773	90.8	1422	104124	814770	176324	388148
28524	82.0	52	12282	279	16455	
39770	105.8		18835	345	21813	
321498	105.5	976	39193	447495	74400	181710
485761	101.1	1201	43142	527204	103580	159260
434182	104.3	1446	55814	550781	204999	148003
230769	103.2	1234	25354	285949	69565	70767
123966	97.3	1692	16821	176720	34665	29312
468168	101.3	867	32150	440516	88349	81611
328296	104.6	1120	40329	429106	76651	102764
108601	107.3	617	37915	371226	78923	139654
158487	100.1	408	25232	262191	54193	71026
78350	102.1	1404	21202	259134	53200	58014
228387	105.3	640	20058	238436	50069	48084
151045	106.7	602	40735	417799	82852	146210
377457	112.0	1757	41419	424202	84642	95867
209029	101.2	1348	42523	501858	94960	90413
294103	102.7	891	36672	457003	84400	135343
251190	105.6	997	23653	253096	47266	79123
197457	101.4	440	19048	212265	41339	50487
143773	101.3	730	30576	373776	82039	188155
369327	105.2	1167	77557	644218	196733	168928
988353	102.4	1809	73850	1086000	223000	262650
320455	102.8	661	3478	376106	78274	68801
230953	103.1	1062	40838	485393	129539	178013

各县(市、区)国民经济主要指标(2017年)(4-4)

县(市、区)	County (City or District)	禽蛋产量 (吨) Output of Egg (ton)	奶类产量 (吨) Output of Milk (ton)	年内猪出栏 (百头) Slaughtered Pigs in the Year (100 heads)	年末猪存栏 (百头) Number of Hogs at Year-end (100 heads)	水产品产量 (吨) Total Aquatic Products (ton)
沧州市	**Cangzhou**					
新华区	Xinhua District	500		50	57	27
运河区	Yunhe District	2700	100	77	42	
沧　县	Cang County	30300	5700	2007	772	106
青　县	Qing County	18000	16600	846	458	350
东光县	Dongguang County	12800	300	823	358	680
海兴县	Haixing County	6600	1000	1161	733	7399
盐山县	Yanshan County	4400		5227	1582	356
肃宁县	Suning County	17400	2300	1109	592	
南皮县	Nanpi County	8500		854	587	506
吴桥县	Wuqiao County	13100		1347	599	299
献　县	Xian County	48200	3300	3502	1920	1974
孟村回族自治县	Mengcun Hui A.C.	4100		338	256	132
泊头市	Botou City	35900	3500	1819	996	465
任丘市	Renqiu City	12900	4300	995	530	10558
黄骅市	Huanghua City	15100	2100	3206	1365	70167
河间市	Hejian City	20300	1200	1509	609	465
衡水市	**Hengshui**					
桃城区	Taocheng District	6800	4200	967	508	572
冀州区	Jizhou District	12600	3200	932	539	1923
枣强县	Zaoqiang County	4100	4100	1382	429	259
武邑县	Wuyi County	16800	7500	1452	1166	181
武强县	Wuqiang County	18300	33700	900	528	
饶阳县	Raoyang County	27500	10100	1950	1186	
安平县	Anping County	12000	4100	8374	4785	195
故城县	Gucheng County	30200	7000	2283	544	1481
景　县	Jing County	20600	4300	2559	1416	101
阜城县	Fucheng County	20000	2600	1270	1180	110
深州市	Shenzhou City	57400	4800	4602	2361	426
邢台市	**Xingtai**					
桥东区	Qiaodong District	600	200	118	62	
桥西区	Qiaoxi District	2000	700	129	61	177
邢台县	Xingtai County	13400	200	807	352	510
临城县	Lincheng County	31700		909	516	2274
内丘县	Neiqiu County	15900	500	2226	1035	41

Major Indicators of National Economy by County (City or District)(2017) (4-4)

农林牧渔业总产值（现价）（万元） Gross Output Value (10000 yuan)	农林牧渔业总产值指数（上年=100） Indices of Gross Output Value (preceding year=100)	公路里程（公里） Total Length of Highways (km)	固定电话用户（户） Number of Fixed Telephone Subscribers (subscriber)	移动电话用户（户） Number of Mobile Telephone Subscribers (subscriber)	互联网宽带接入用户（户） Broadband Subscribers of Internet (subscriber)	全社会用电量（万千瓦时） Total Electricity Consumed (10000 kwh)
4073	106.2		310			44356
8202	86.7					
355040	101.4	2016	184100	406215	38621	162489
715921	100.7	1041	44950	437120	81300	97677
526971	103.7	1300	23726	332000	71235	207787
132420	84.5	836	21650	193620	42300	32175
178460	102.2	986	33409	339310	57156	68544
408474	100.0	589	29402	348321	65910	73963
365385	106.8	916	21169	345279	65849	77967
542105	104.1	884	23294	233871	47366	44452
499303	101.9	1561	47780	486230	92786	144301
97198	104.6	558	42669	99867	8749	99038
252632	104.2	1020	39480	562600	101900	147493
277696	104.2	1335	170043	868848	195635	540392
518270	100.9	1700	46206	551986	118310	142559
337161	105.0	1402	85427	714233	144582	188204
151347	97.5	834	127600	987582	189415	167775
208086	103.2	1400	48213	321528	62808	78167
238125	104.2	1717	40061	355478	72011	77021
405413	101.4	1231	26149	251999	55466	67325
164451	102.5	756	18300	197600	43600	58029
457795	99.0	681	20676	252000	53900	56001
256936	103.0	799	48949	361252	81035	163316
407213	103.2	1293	45800	419625	74999	81140
350835	104.0	1635	44428	438528	73021	109432
331458	103.0	1353	18473	262546	43258	59188
591714	100.5	1682	39514	471000	99290	153370
17213	91.6					
13880	101.5					
200650	111.5	2146	29200	182467	32883	173069
136774	109.0	807	26287	129441	22537	60193
190406	104.5	1175	27150	168219	39216	108229

各县(市、区)国民经济主要指标(2017年)(4-5)

县(市、区)	County (City or District)	禽蛋产量 (吨) Output of Egg (ton)	奶类产量 (吨) Output of Milk (ton)	年内猪出栏 (百头) Slaughtered Pigs in the Year (100 heads)	年末猪存栏 (百头) Number of Hogs at Year-end (100 heads)	水产品产量 (吨) Total Aquatic Products (ton)
柏乡县	Baixiang County	31000	1400	931	402	
隆尧县	Longyao County	70700	4700	2260	856	
任　县	Ren County	23900		812	433	60
南和县	Nanhe County	35400	7600	1446	891	19
宁晋县	Ningjin County	21900	121900	2975	1636	1
巨鹿县	Julu County	10400	3800	773	714	79
新河县	Xinhe County	9900	700	657	373	562
广宗县	Guangzong County	7800		1032	606	
平乡县	Pingxiang County	17100	2100	639	389	50
威　县	Wei County	44500	38600	1482	1259	370
清河县	Qinghe County	6300	2302	467	269	485
临西县	Linxi County	18500	1300	653	250	150
南宫市	Nangong City	12600		1775	960	293
沙河市	Shahe City	41700	1100	693	379	726
邯郸市	**Handan**					
邯山区	Hanshan District	3500	22900	471	196	
丛台区	Congtai District	1500		118	48	
复兴区	Fuxing District	800	100	187	92	
峰峰矿区	Fengfeng Mining Area	9300	5900	2467	933	1417
肥乡区	Feixiang District	34300	15000	2385	1155	27
永年区	Yongnian District	145900	35211	3033	1775	5756
临漳县	Linzhang County	43100	6515	3147	1254	19
成安县	Chengan County	38500	13400	2050	1148	7
大名县	Daming County	73000	3300	5504	3200	443
涉　县	She County	30300		1123	627	3050
磁　县	Ci County	45800	5600	1878	896	5271
邱　县	Qiu County	48800	700	753	461	88
鸡泽县	Jize County	37400	5320	1595	687	60
广平县	Guangping County	21900	905	836	456	30
馆陶县	Guantao County	147300	4200	3149	1394	20
魏　县	Wei County	56500	850	3549	2214	82
曲周县	Quzhou County	84000	4700	3089	1357	3740
武安市	Wuan City	21500	2400	9416	5120	1352

Major Indicators of National Economy by County (City or District)(2017) (4-5)

农林牧渔业总产值（现价）（万元）Gross Output Value (10000 yuan)	农林牧渔业总产值指数（上年=100）Indices of Gross Output Value (proceeding year=100)	公路里程（公里）Total Length of Highways (km)	固定电话用户（户）Number of Fixed Telephone Subscribers (subscriber)	移动电话用户（户）Number of Mobile Telephone Subscribers (subscriber)	互联网宽带接入用户（户）Broadband Subscribers of Internet (subscriber)	全社会用电量（万千瓦时）Total Electricity Consumed (10000 kwh)
137646	105.2	350	8602	131911	31480	63232
379371	103.0	1111	63820	366120	43200	153233
186596	105.4	856	16812	260618	53852	78720
317893	109.1	751	18626	295296	67505	77794
530384	94.1	1769	42442	506702	124050	307797
443757	105.9	1436	20383	263370	38720	63154
144728	109.1	648	26506	25870	21890	55413
189535	105.7	1001	11684	119080	15106	61303
208166	105.4	1036	14528	268706	57500	85531
376724	101.5	1715	25849	296636	84132	83172
164099	104.4	945	30057	243071	80787	133293
230227	105.4	874	11750	213530	59900	61936
266558	107.2	1278	38092	228008	62876	72366
117373	103.5	1629	46596	455600	104680	176027
54150	83.0					
27371	107.8	267				
11915	104.1	157				
83966	106.5	496	25770	486570	67226	104248
448104	102.6	1102	3800	241776	38288	46653
597826	104.3	1093	25832	583346	41317	220115
374820	106.1	2210	17956	267896	25739	70712
420286	108.2	1063	19137	279739	37350	101563
526024	106.0	1467	16000	556000	76209	83178
194505	101.7	1527	21190	409109	84565	88560
181325	99.8	836	25069	582963	116517	106073
251269	101.8	785	7404	166747	41960	42004
214668	108.5	1324	38002	354439	48692	61101
162732	105.0	265	7020	159900	21523	33907
401743	100.6	991	7720	230910	49231	47162
544860	107.6	1400	17790	523039	59163	74498
390198	105.6	1244	12102	304344	43943	65798
421897	101.6	1482	35100	876000	142000	1118326

各县(市、区)国民经济主要指标(2017年)(5-1)

县(市、区)	County (City or District)	出口总额 (万美元) Total Exports (USD 10000)	当年实际使用外资额 (万美元) Total Amount of Contracted Investment Actually Utilized USD 10000)	年末居民储蓄存款余额 (万元) Outstanding Amount of Saving Deposit (10000 yuan)	普通中学专任教师 (人) Number of Full-time Teachers of Regular Secondary Schools (person)	小学专任教师 (人) Number of Full-time Teachers of Regular Primary Schools (person)
石家庄市	**Shijiazhuang**					
长安区	Changan District		30391		2217	2593
桥西区	Qiaoxi District		8987		2763	2673
新华区	Xinhua District	194600	829		1930	1875
井陉矿区	Jingxing Mining Area	3544	19	423345	258	403
裕华区	Yuhua District	22941	3513		1475	1482
藁城区	Gaocheng District	41881	30183	2671186	2647	3307
鹿泉区	Luquan District	14135	6167	2265000	1637	1614
栾城区	luancheng District	31000	18441	1409452	1282	1666
井陉县	Jingxing County		1817	1237962	1141	1294
正定县	Zhengding County	9987	1537	3259863	1851	2484
行唐县	Xingtang County		3301	1329066	1359	2224
灵寿县	Lingshou County	1837		1069160	1130	1964
高邑县	Gaoyi County		801	471456	655	1436
深泽县	Shenze County	7415	21	1036393	602	981
赞皇县	Zanhuang County	7008		734843	678	1560
无极县	Wuji County	557	641	1644484	1681	2408
平山县	Pingshan County	27776	201	1677793	2408	2539
元氏县	Yuanshi County	55133	76	1394496	426	2128
赵　县	Zhao County	11086	56	1340761	1926	2278
辛集市	Xinji City	76814	1050	3149854	2408	2839
晋州市	Jinzhou City	28480	3346	2261616	1556	2235
新乐市	Xinle City	10888	507	1436781	1827	2352
承德市	**Chengde**					
双桥区	Shuangqiao District			5543885	1627	1499
双滦区	Shuangluan District	25615	1049	924047	512	760
鹰手营子区	Yingshouyingzi District			304233	204	240
承德县	Chengde County	970	53	1295152	1190	1555
兴隆县	Xinglong County	2256		1286482	1138	1643
滦平县	Luanping County	3330		1117005	1163	1532
隆化县	Longhua County	48		1153401	1160	2133
丰宁满族自治县	Fengning Man A.C.	46		1083579	1439	2058
宽城满族自治县	Kuancheng Man A.C.	1034	177	1591477	944	1715
围场满蒙自治县	Weichang Man & Mongolian A.C.	269	2459	1293586	1596	2173
平泉市	Pingquan City	5372	34	1700906	1308	2130

注：部分市辖区的基本医疗保险为市级统一参保。以下相关表同。

a) Some municipal district basic Medical Care insurance is city level unified ginseng protect. The same applies to the tables following.

Major Indicators of National Economy by County (City or District)(2017) (5-1)

普通中学在校学生 (人) Total Enrollment of Regular Secondary Schools (person)	小学在校学生 (人) Total of Regular Primary Schools (person)	农业技术人员 (人) Number of Professional Technical Personnel in Agriculture (person)	医疗卫生机构床位数 (张) Number of Beds in Health Care Institutions (bed)	医疗卫生机构技术人员数 (人) Number of Medical Technical Personnel in Health Care Institutions (person)	年末参加基本养老保险人数 (人) Basic Pension Insurance Participated at Year-end (person)	年末参加基本医疗保险人数 (人) Basic Medical Care Insurance at Year-end (person)	城镇化率 (%) Standard of Urbanization (%)
25596	55565		10035	15117	178057		100.0
31810	80843		6115	9120	160918		100.0
27166	51335		7326	11828	110294		98.7
2708	4175	11	683	630	42088		80.5
21539	44581	6	5826	9439	96778		100.0
31872	59212	118	2021	2331	503039	636157	52.6
18510	33672	84	2067	2721	271502	41600	57.5
13390	27711	148	1613	1587	216160	277313	59.0
12782	18402	35	1401	1629	179516	298400	42.9
26095	41246	38	2218	2840	284033	409076	58.1
22717	39964	84	1775	1668	260927	381499	37.8
18286	26843	100	1269	1382	201506	318834	38.0
9767	18914	4	700	499	116402	181012	42.7
8369	16598	21	905	965	143694	224471	35.2
10294	29312		1118	848	147040	238045	31.6
20835	41895	240	1400	1309	307245	481355	39.3
23617	38170	679	1597	2032	315576	452514	38.9
15368	34833	39	1860	2035	262631	394611	37.9
24231	46208	103	2240	1911	339693	539268	39.0
30774	43352	199	2189	3061	427021	582315	51.0
20699	40984	145	1449	1493	361032	506861	43.5
27463	49224	96	1782	2198	253812	461172	48.6
18880	25479	53	5228	6577	28623	118152	94.5
6564	13308	10	1402	1295	33066	94202	75.0
2565	3099	15	547	445	14802	54915	89.9
18262	26774	133	2509	1777	258128	372398	39.8
13881	20561	252	1381	1365	219028	293352	40.5
15594	23125	69	1866	1844	209197	299466	43.6
17068	32398	156	2049	2078	270245	396252	42.2
18052	30510	73	2205	1880	255809	376720	38.3
10580	23529	93	3154	1398	174036	240875	49.1
28794	41636	301	2484	2175	325524	478953	38.4
24509	33327	269	2109	1865	308444	419080	50.9

各县(市、区)国民经济主要指标(2017年)(5-2)

县(市、区)	County (City or District)	出口总额(万美元) Total Exports (USD 10000)	当年实际使用外资额(万美元) Total Amount of Contracted Investment Actually Utilized USD 10000)	年末居民储蓄存款余额(万元) Outstanding Amount of Saving Deposit (10000 yuan)	普通中学专任教师(人) Number of Full-time Teachers of Regular Secondary Schools (person)	小学专任教师(人) Number of Full-time Teachers of Regular Primary Schools (person)
张家口市	**Zhangjiakou**					
桥东区	Qiaodong District	1463			692	915
桥西区	Qiaoxi District	3657	490		579	747
宣化区	Xuanhua District	3599	598	3807253	2846	2639
下花园区	Xiahuayuan District	37		362893	183	314
万全区	Wanquan District	2560		770557	521	954
崇礼区	Chongli District	14	3950	581202	366	521
张北县	Zhangbei County	1433	7418	955723	1140	1642
康保县	Kangbao County	848	70	385863	616	681
沽源县	Guyuan County		300	480092	600	898
尚义县	Shangyi County	384	1076	399929	429	806
蔚　县	Yu County	311		1660640	1701	2888
阳原县	Yangyuan County	6277	310	790528	1171	1304
怀安县	Huaian County	18652	2774	774615	707	816
怀来县	Huailai County	1814	14214	1677210	1373	1863
涿鹿县	Zhuolu County	458		1116848	1020	2425
赤城县	Chicheng County	237		876868	975	1186
秦皇岛市	**Qinhuangdao**					
海港区	Haigang District	77156	28938	1916325	2544	3648
山海关区	Shanhaiguan District	5100	7533	520162	377	720
北戴河区	Beidaihe District	292	4102	942921	270	592
抚宁区	Funing District	12093	588	1886419	1743	1759
青龙满族自治县	Qinglong Man A.C.	563	5021	1271308	1430	2621
昌黎县	Changli County	2857	5177	2829682	1986	2385
卢龙县	Lulong County		2886	1496695	1919	2285
唐山市	**Tangshan**					
路南区	Lunan District	13692	5062		869	1061
路北区	Lubei District		4522		1961	1840
古冶区	Guye District	1832	4221	2268675	1125	1389
开平区	Kaiping District	18200	9479	1349877	785	1321
丰南区	Fengnan District	68301	19143	3923958	2317	1918
丰润区	Fengrui District	62772	9326	5613109	3109	3157
曹妃甸区	Caofeidian District	62129	16084	1694344	732	917
滦　县	Luan County	6669	5916	3297890	2764	2333
滦南县	Luannan County	39362	6312	2227900	2314	1783
乐亭县	Leting County	5963	18243	2604443	2198	1653
迁西县	Qianxi County	5680	20500	2171058	1723	2380
玉田县	Yutian County	15958	1824	3681109	2371	2592
遵化市	Zuihua City	11165	4285	3830864	2480	3252
迁安市	Qianan City	46984	15834	5308389	3120	3095

Major Indicators of National Economy by County (City or District)(2017) (5-2)

普通中学在校学生（人）Total Enrollment of Regular Secondary Schools (person)	小学在校学生（人）Total of Regular Primary Schools (person)	农业技术人员（人）Number of Professional Technical Personnel in Agriculture (person)	医疗卫生机构床位数（张）Number of Beds in Health Care Institutions (bed)	医疗卫生机构技术人员数（人）Number of Medical Technical Personnel in Health Care Institutions (person)	年末参加基本养老保险人数（人）Basic Pension Insurance Participated at Year-end (person)	年末参加基本医疗保险人数（人）Basic Medical Care Insurance at Year-end (person)	城镇化率（%）Standard of Urbanization (%)
8332	18637	14	2520	2783	83740	82940	93.7
8387	15136	5	5020	4686	86542	75608	94.2
33015	41551	69	3722	3588	338378	426612	67.4
1422	2470	5	286	315	40421	37007	72.2
9010	14942	59	1260	884	162795	201688	54.5
2997	5157	30	383	382	90618	114948	44.8
22309	22782	29	1788	1288	255262	325603	48.5
6067	6579	101	787	578	142797	242340	40.0
6941	11363	119	678	408	131327	202772	40.3
4108	6197		1048	636	114464	165318	38.3
20824	45863	54	1525	1350	303869	449320	42.4
7311	18531	63	785	768	165796	251440	42.9
5809	13556	52	827	673	143740	205734	43.8
18693	29065	55	1468	1140	211955	322254	53.6
10207	23592	142	1358	1019	242117	287049	46.9
10962	17260	28	1052	580	185421	255809	42.0
23580	58104	33	7627	11576	174634	382620	87.7
3372	7603	40	1067	912	62331	79744	95.0
1803	5351	7	1773	1037	60956	86205	90.1
8730	18753	88	1849	1918	227734	297824	30.2
15281	41396	86	1755	1578	355702	477157	30.6
25266	30662	54	2844	2784	362269	478785	45.7
18729	23619	56	1614	1530	295733	352943	36.9
9410	17184	14	4579	4459	109646		91.6
20121	39844	8	8738	10127	150663		95.1
7433	15280	40	2589	2242	161017		86.1
7036	15414	24	1350	1403	142616		65.6
27163	32948	201	2113	3076	433818	515335	57.5
36281	56090	274	3854	4297	557325	694715	56.8
7233	9796	97	884	1236	149534	170168	73.4
26439	39893	277	2291	2608	444911	486963	52.0
30543	31798	232	2514	2557	428823	526045	48.8
19462	18534	185	1833	1702	331999	396603	51.7
20156	34052	214	2109	1771	291150	369509	49.1
34737	49956	155	2788	2553	486974	643498	50.5
42491	61490	372	3140	3631	473314	654442	56.3
36640	63567	309	4652	5813	483052	700362	56.7

各县(市、区)国民经济主要指标(2017年)(5-3)

县（市、区）	County (City or District)	出口总额 (万美元) Total Exports (USD 10000)	当年实际使用外资额 (万美元) Total Amount of Contracted Investment Actually Utilized USD 10000)	年末居民储蓄存款余额 (万元) Outstanding Amount of Saving Deposit (10000 yuan)	普通中学专任教师 (人) Number of Full-time Teachers of Regular Secondary Schools (person)	小学专任教师 (人) Number of Full-time Teachers of Regular Primary Schools (person)
廊坊市	**Langfang**					
安次区	Anci District	7872	1999		1047	1791
广阳区	Guangyang District	4310	170		661	1886
固安县	Guan County	7066	122	2341382	1689	2589
永清县	Yongqing County	7893	[illegible]	[illegible]	[illegible]	1025
香河县	Xianghe County	9749	592	2836141	1455	2392
大城县	Dacheng County	4446		2246064	1966	3386
文安县	Wenan County	5958	200	2554512	1659	3056
大厂回族自治县	Dachang Hui A.C.	6024	637	1012282	618	615
霸州市	Bazhou City	63605	1483	3929004	2474	3725
三河市	Sanhe City	15537	21505	5387113	2369	2937
保定市	**Baoding**					
竞秀区	Jingxiu District	13655	21		1159	1738
莲池区	Lianchi District	62490	27614		1967	3106
满城区	Mancheng District	6262	2117	1454965	1706	1861
清苑区	Qingyuan District	14838	2563	1790343	2306	2868
徐水区	Laishui District	13098	7500	2042669	2607	2100
涞水县	Xushui County	137		1173554	1463	1430
阜平县	Fuping County			856515	965	1075
定兴县	Dingxing County	1004	2072	1393362	1824	2202
唐　县	Tang County	2063	21	1713771	2346	2716
高阳县	Gaoyang County	29949	1567	1335073	1424	2046
容城县	Rongcheng County	18683		1023925	820	1142
涞源县	Laiyuan County	181	241	828953	1080	1422
望都县	Wangdu County	2418	129	89069	944	1188
安新县	Anxin County	7919		1360670	1085	2200
易　县	Yi County	2435		1563368	2236	2602
曲阳县	Quyang County	1031	2	1464532	2793	3334
蠡　县	Li County	40313	60	1497572	1668	2535
顺平县	Shunping County	7687	227	839189	1089	1385
博野县	Boye County	2761	931	660807	878	830
雄　县	Xiong County	8259		1346170	1297	1829
涿州市	Zhuozhou City	26547	7565	3286001	2718	1944
定州市	Dingzhou City	20000	5000	3888907	4827	4869
安国市	Anguo City	891		1659997	1616	1821
高碑店市	Gaobeidian City	3388	4480	3036756	2018	1950

Major Indicators of National Economy by County (City or District)(2017) (5-3)

普通中学在校学生 (人) Total Enrollment of Regular Secondary Schools (person)	小学在校学生 (人) Total of Regular Primary Schools (person)	农业技术人员 (人) Number of Professional Technical Personnel in Agriculture (person)	医疗卫生机构床位数 (张) Number of Beds in Health Care Institutions (bed)	医疗卫生机构技术人员数 (人) Number of Medical Technical Personnel in Health Care Institutions (person)	年末参加基本养老保险人数 (人) Basic Pension Insurance Participated at Year-end (person)	年末参加基本医疗保险人数 (人) Basic Medical Care Insurance at Year-end (person)	城镇化率 (%) Standard of Urbanization (%)
14707	31872	40	788	1153	352318	339619	61.5
8279	34226	21	5185	6619	174047	252565	70.1
22608	44670	93	1101	1543	267120	408238	56.6
13296	32784	24	1093	1047	262673	348301	46.7
17891	31921	111	1644	2102	248695	309519	61.2
25421	54500	82	1921	1856	354625	429647	47.9
23677	62622	126	2368	2196	340738	479754	53.6
6779	10826	146	447	637	88776	123546	63.3
33607	76485	83	2724	3619	394361	585321	57.1
38153	72668	347	5186	6223	357015	542885	63.8
12909	29044	7	2780	3913	121713	193270	97.3
25116	55220	12	11856	14223	230129	338582	98.0
20660	36617	39	1507	2455	232586	378821	47.5
29308	55667	56	2657	2418	346508	612804	42.4
33885	47392	21	3016	2889	410122	568624	44.9
17307	21251	33	1050	1186	232370	297210	45.5
11781	20584	125	829	773	145104	213943	39.0
30932	42390	26	1456	1446	353394	502608	45.9
33262	50433	110	2635	1996	338597	509710	34.4
17990	34634	64	1366	1627	217143	297683	48.1
10358	22286	123	1109	968	179981	228053	47.0
16380	25984	39	1115	1298	189974	262844	47.4
11612	18883	174	1222	1326	162026	240627	45.3
19364	42904	544	1593	1555	262019	422907	41.8
31037	40131	350	3105	2308	390943	505978	32.1
42543	72427	29	2782	2678	289009	539855	37.7
26200	50414	55	1912	1537	311583	470617	43.0
13394	23508	45	1368	1266	198996	289265	34.2
12587	21516	76	811	857	143536	235602	47.0
14584	37640	37	1174	1382	251235	293043	48.2
27264	44627	94	4175	4880	352147	581768	58.2
75038	94337	520	5564	5388	836398	1098121	51.7
23218	27863	54	1319	1426	269000	369046	48.1
26567	39980	86	1965	2534	320847	491660	50.7

各县(市、区)国民经济主要指标(2017年)(5-4)

县（市、区）	County (City or District)	出口总额（万美元）Total Exports (USD 10000)	当年实际使用外资额（万美元）Total Amount of Contracted Investment Actually Utilized USD 10000)	年末居民储蓄存款余额（万元）Outstanding Amount of Saving Deposit (10000 yuan)	普通中学专任教师（人）Number of Full-time Teachers of Regular Secondary Schools (person)	小学专任教师（人）Number of Full-time Teachers of Regular Primary Schools (person)
沧州市	**Cangzhou**					
新华区	Xinhua District	7143	1780		112	1118
运河区	Yunhe District	16405	1853		383	1877
沧　县	Cang County	4810	1698	1725597	2515	3263
青　县	Qing County	13776	1660	[illegible]	[illegible]	1950
东光县	Dongguang County	12915	5412	1574959	1139	1725
海兴县	Haixing County	1950	240	619506	811	1363
盐山县	Yanshan County			982190	822	1651
肃宁县	Suning County	12354	2	1426213	1571	1591
南皮县	Nanpi County	7593	675	1159774	1163	1927
吴桥县	Wuqiao County	2254		1018067	806	1193
献　县	Xian County	16865	1601	1944750	2133	3132
孟村回族自治县	Mengcun Hui A.C.	17000	920	696053	582	1263
泊头市	Botou City	15028	142	2507314	2185	2949
任丘市	Renqiu City	23305	5650	4333012	3124	4408
黄骅市	Huanghua City	22203	3213	2435689	1264	2260
河间市	Hejian City	9603	1124	3068970	1568	2550
衡水市	**Hengshui**					
桃城区	Taocheng District	15057	1323	5410512	5713	2456
冀州区	Jizhou District	8634	3129	1743154	2645	1203
枣强县	Zaoqiang County	94859	2880	1910259	1368	1660
武邑县	Wuyi County	4070		1134421	1667	1326
武强县	Wuqiang County	4152	244	755339	648	1129
饶阳县	Raoyang County	1431	1590	965299	729	1567
安平县	Anping County	31784	2906	1701992	926	1809
故城县	Gucheng County	65842	2281	1609307	1734	2259
景　县	Jing County	8745	3000	2230405	1835	2090
阜城县	Fucheng County	6249	1660	1315130	1139	1540
深州市	Shenzhou City	6630	2788	1702959	1245	1996
邢台市	**Xingtai**					
桥东区	Qiaodong District	2964	1978		1199	1384
桥西区	Qiaoxi District	23039	10656		2282	1653
邢台县	Xingtai County	2619	14944	1479384	1192	1595
临城县	Lincheng County	728	305	828061	1134	963
内丘县	Neiqiu County	260	2925	967050	908	1282

Major Indicators of National Economy by County (City or District)(2017) (5-4)

普通中学在校学生 (人) Total Enrollment of Regular Secondary Schools (person)	小学在校学生 (人) Total of Regular Primary Schools (person)	农业技术人员 (人) Number of Professional Technical Personnel in Agriculture (person)	医疗卫生机构床位数 (张) Number of Beds in Health Care Institutions (bed)	医疗卫生机构技术人员数 (人) Number of Medical Technical Personnel in Health Care Institutions (person)	年末参加基本养老保险人数 (人) Basic Pension Insurance Participated at Year-end (person)	年末参加基本医疗保险人数 (人) Basic Medical Care Insurance at Year-end (person)	城镇化率 (%) Standard of Urbanization (%)
1020	15184	23	3198	3635	56276	91502	96.5
6908	37290	38	8700	9099	95858	212903	95.4
31311	66238	130	2717	2387	492145	690536	31.3
15165	35380	125	1657	2030	296525	394420	52.0
12737	28695	128	1448	1312	260577	345373	51.0
10046	19616	153	1227	831	122842	195970	45.1
16031	44780	116	1349	1661	301336	443771	44.1
18539	34430	94	1078	1330	246606	321582	47.3
17660	33930	135	1479	1590	212289	362361	43.7
11197	17580	105	1392	1173	196589	255525	47.2
33485	69035	123	1789	1891	400358	558697	43.8
7557	22490	124	426	557	132857	190941	48.7
31704	60481	280	1810	2383	381638	554547	54.5
43526	87677	290	4599	5495	468616	811850	62.0
25764	43183	228	3407	3472	291293	446896	58.7
27341	85072	245	2514	2693	563454	729009	42.4
83853	47236	98	6376	8895	195349	356361	80.8
46823	27990	76	1026	1046	256117	336120	57.6
23820	36341	191	1186	900	276107	366625	44.5
28379	24593		998	895	206718	268090	42.4
6932	15891	362	659	790	131785	193224	39.9
8185	18853	70	1389	1489	207790	269397	42.0
13478	26262	75	1320	1405	219343	301941	49.1
27995	45347	188	2400	2478	328616	466376	45.5
28099	44457	55	2094	1748	343974	479850	47.6
18035	27305	86	1380	1048	211150	311136	42.8
21328	31964	147	1702	1991	359619	522184	49.1
19117	31662	25	5113	5802	62672	132202	94.9
28553	42464	29	4295	5654	85407	182592	96.8
14259	21976	190	2055	1957	277114	337618	33.1
16026	18905	72	1103	1022	130519	202090	45.2
14671	24879	56	1227	1133	174608	270353	43.3

各县(市、区)国民经济主要指标(2017年)(5-5)

县(市、区)	County (City or District)	出口总额 (万美元) Total Exports (USD 10000)	当年实际使用外资额 (万美元) Total Amount of Contracted Investment Actually Utilized USD 10000)	年末居民储蓄存款余额 (万元) Outstanding Amount of Saving Deposit (10000 yuan)	普通中学专任教师 (人) Number of Full-time Teachers of Regular Secondary Schools (person)	小学专任教师 (人) Number of Full-time Teachers of Regular Primary Schools (person)
柏乡县	Baixiang County	1533	382	462236	597	1003
隆尧县	Longyao County	10125	400	1281375	1314	2897
任　县	Ren County	2698	447	816707	764	1908
南和县	Nanhe County	792	50	827600	1337	1404
宁晋县	Ningjin County	27806	17690	2232741	2109	3602
巨鹿县	Julu County	5090	316	1081316	1397	2402
新河县	Xinhe County	1892	215	594395	450	652
广宗县	Guangzong County	5394	483	582800	667	1545
平乡县	Pingxiang County	8441	847	862868	1189	1622
威　县	Wei County	5104	2737	1303057	1993	3051
清河县	Qinghe County	23491	766	1686172	1175	3231
临西县	Linxi County	3367	2110	836919	847	2250
南宫市	Nangong City	15732	221	1529883	2248	2721
沙河市	Shahe City	9980	2877	2196737	2846	2503
邯郸市	**Handan**					
邯山区	Hanshan District	3149	662		935	2778
丛台区	Congtai District	10700	4097		473	1923
复兴区	Fuxing District	15392	48003		297	1163
峰峰矿区	Fengfeng Mining Area	1606	2080	2109636	1757	2102
肥乡区	Feixiang District	1352	111	765830	1524	2473
永年区	Yongnian District	6976	520	2619408	4518	4717
临漳县	Linzhang County		451	1250279	2024	3654
成安县	Chengan County	9748	429	872736	1652	2438
大名县	Daming County	2435	33	1484007	2669	3216
涉　县	She County	641	48	1569201	1742	1837
磁　县	Ci County	2024	256	1461157	2847	2193
邱　县	Qiu County	2624	109	599953	1089	1713
鸡泽县	Jize County	4044	12	699614	991	1398
广平县	Guangping County	2204	1786	617100	1153	1495
馆陶县	Guantao County	900	183	770086	1286	2039
魏　县	Wei County	10716	647	1434000	3003	5118
曲周县	Quzhou County	12900	18	1021959	1592	2732
武安市	Wuan City	23847	46427	4479373	3696	4532

Major Indicators of National Economy by County (City or District)(2017) (5-5)

普通中学在校学生（人）Total Enrollment of Regular Secondary Schools (person)	小学在校学生（人）Total of Regular Primary Schools (person)	农业技术人员（人）Number of Professional Technical Personnel in Agriculture (person)	医疗卫生机构床位数（张）Number of Beds in Health Care Institutions (bed)	医疗卫生机构技术人员数（人）Number of Medical Technical Personnel in Health Care Institutions (person)	年末参加基本养老保险人数（人）Basic Pension Insurance Participated at Year-end (person)	年末参加基本医疗保险人数（人）Basic Medical Care Insurance at Year-end (person)	城镇化率（%）Standard of Urbanization (%)
9589	16486	39	830	738	112724	183916	44.1
15946	44737	90	1695	2035	362388	516112	43.2
13470	30293	34	1105	1161	223404	338476	43.8
18677	30005	89	1237	1236	246976	337116	49.5
28905	66146	427	3233	2811	498661	790978	47.6
20350	33113	85	1604	1424	226200	378094	46.2
5484	9294	111	631	553	109046	150674	41.4
8460	27298	68	980	860	182678	277091	32.5
16208	31922	32	1271	1340	200815	310028	56.0
25895	56491	152	2023	1781	366200	552944	38.9
17667	48197	69	1844	2261	253967	391604	57.9
14749	38424	61	1418	910	256652	351465	46.7
28340	34655	86	1563	1572	334248	444540	47.9
30165	42682	212	1826	1839	281137	398554	55.5
11093	52159	109	9000	9807	146649	275185	86.7
5883	43026	30	5495	6179	127465	295217	86.7
2504	22278	10	1332	1541	67931	157481	89.6
21766	34336	30	3751	3031	203075	349274	75.3
24278	45217	172	1158	1283	236877	350077	47.2
55911	88110	235	4668	3273	521221	821256	44.9
35619	74712	112	1718	1271	383124	579991	44.3
23185	46748	60	1644	1357	251067	391112	49.5
48241	85367	81	4010	3203	495917	804864	45.0
23489	33933	135	2479	1627	262048	383509	59.5
34806	47303	207	2703	1816	243535	424403	51.6
17198	31390	88	942	634	162448	216714	48.7
16267	39237	24	1171	1062	206099	278262	42.4
11908	35497	74	1302	1001	178084	264189	45.0
17195	43253	57	1285	1414	215250	279031	47.2
42865	92883	22	3050	2523	556290	848536	48.4
28067	58290	35	1808	1535	308166	463159	43.0
43613	81133	176	4076	3747	501098	765031	52.3

京津冀基本情况(2017年)
Basic Conditions of Jing-Jin-Ji Region (2017)

指　标	Item	全　国 China	京津冀合计 Total of Jing-Jin-Ji Region	北　京 Beijing	天　津 Tianjin	河　北 Hebei
基本情况	**Basic Conditions**					
土地面积(万平方公里)	Total Land Area (10000 sq.km)	960	21.6	1.6	1.2	18.8
占京津冀的比重(%)	Share in Jing-Jin-Ji Region (%)			7.6	5.5	86.9
年末常住人口(万人)	Risident Population (year-end) (10000 persons)	139008	11247.1	2170.7	1556.9	7519.5
占京津冀的比重(%)	Share in Jing-Jin-Ji Region (%)			19.3	13.8	66.9
在全部常住人口中(%)	of Risident Population (%)					
0-14岁人口占比重	Percentage of Population Aged 0-14	16.8	15.9	10.4	10.2	18.7
15-59岁人口占比重	Percentage of Population Aged 15-59	65.9	66.8	73.1	73.4	63.6
60岁及以上人口占比重	Percentage of Population Aged 60 and Over	17.3	17.3	16.5	16.4	17.7
65岁及以上人口占比重	Percentage of Population Aged 65 and Over	11.4	11.1	10.9	10.1	11.3
常住人口密度(人/平方公里)	Risident Population Density (person/sq.km)	144.4	519.7	1323.4	1308.6	399.3
城镇化水平(%)	Urbanization Level (%)	58.52	64.9	86.5	82.9	55.0
水资源	**Water Resources**					
水资源总量(亿立方米)	Total Amount of Water Resources (100 million cu.m)	28761.2	181.1	29.8	13.0	138.3
占京津冀的比重(%)	Share in Jing-Jin-Ji Region (%)			16.5	7.2	76.4
人均水资源(立方米/人)	Per Capita Water Resources (cu.m/person)	2074.5	161.3	137.2	83.4	184.5
经济水平(亿元)	**Economic Level (100 million yuan)**					
地区生产总值	Gross Domestic Product	827121.7	80580.5	28014.9	18549.2	34016.3
占京津冀的比重(%)	Share in Jing-Jin-Ji Region (%)			34.8	23.0	42.2
人均地区生产总值(元/人)	Per Capita GDP (yuan/person)	59660	71779.6	128994	118944	45387
一般公共预算收入	General Public Budgetary Revenue	172592.8	10975.0	5430.8	2310.4	3233.8
占京津冀的比重(%)	Share in Jing-Jin-Ji Region (%)			49.5	21.1	29.5
农林牧渔业总产值	Gross Output Value of Agriculture, Forestry, Animal Husbandry and Fishery	109331.7	6063.8	308.3	382.1	5373.4
占京津冀的比重(%)	Share in Jing-Jin-Ji Region (%)			5.1	6.3	88.6
规模以上工业增加值可比价增速(%)	Growth Rate at Constant Prices of Industry Enterprises above Designated Size (%)	6.6		5.6	2.3	3.4
全社会固定资产投资	Total Investment in Fixed Assets	641238.4	53066.2	8370.4	11288.9	33406.8
占京津冀的比重(%)	Share in Jing-Jin-Ji Region (%)			15.8	21.3	63.0
社会消费品零售总额	Total Retail Sales of Consumer Goods	366261.6	33212.8	11575.4	5729.7	15907.6
占京津冀的比重(%)	Share in Jing-Jin-Ji Region (%)			34.9	17.3	47.9
就业	**Employment**					
城镇登记失业率(%)	Registration Unemployment Rate in Urban Areas (%)	3.90		1.43	3.50	3.68
就业人员(万人)	Employment (10000 persons)	77640	6348.3	1246.8	894.8	4206.7
占京津冀的比重(%)	Share in Jing-Jin-Ji Region (%)			19.6	14.1	66.3
公共服务	**Public Service**					
普通高等学校数(所)	Regular Institutions of Higher Education (unit)	2631	270	92	57	121
占京津冀的比重(%)	Share in Jing-Jin-Ji Region (%)			34.1	21.1	44.8
医院数(个)	Number of Hospital (unit)	31056	2928	656	426	1846
占京津冀的比重(%)	Share in Jing-Jin-Ji Region (%)			22.4	14.5	63.0
医疗卫生机构诊疗人次(万人次)	Number of Visits in Medical Institutions (10000 person-times)	81.83	7.78	2.25	1.21	4.32

注：人均水资源=水资源总量/年平均常住人口；常住人口密度=年平均常住人口/土地面积。

a) Per capita average volume of water resources=average volume of water resources/annual average population

京津冀人口情况
Population of Jing-Jin-Ji Region

指　　标 Indicator	全　国 China	京津冀合计 Total of Jing-Jin-Ji Region	北　京 Beijing	天　津 Tianjin	河　北 Hebei	河北占京津冀比重(%) Hebei's Share in Jing-Jin-Ji Region (%)
常住人口(万人) Risident Population (10000 persons)						
2005	130756	9431.8	1538.0	1043.0	6850.8	72.6
2010	134091	10454.8	1961.9	1299.3	7193.6	68.8
2011	134735	10613.7	2018.6	1354.6	7240.5	68.2
2012	135404	10770.0	2069.3	1413.2	7287.5	67.7
2013	136072	10919.6	2114.8	1472.2	7332.6	67.2
2014	136782	11052.2	2151.6	1516.8	7383.8	66.8
2015	137462	11142.4	2170.5	1547.0	7424.9	66.6
2016	138271	11205.1	2172.9	1562.1	7470.1	66.7
2017	139008	11247.2	2170.7	1557.0	7519.5	66.9
人口密度(人/平方公里) Population Density (person/sq.km)						
2005	136.2	436.6	937.2	886.9	365.0	
2010	139.7	484.0	1195.6	1104.8	383.3	
2011	140.3	491.3	1230.1	1151.8	385.8	
2012	141.0	498.6	1261.0	1201.6	388.3	
2013	141.7	505.5	1289.0	1251.8	390.7	
2014	142.1	512.0	1311.1	1289.8	393.4	
2015	143.2	515.8	1323.0	1315.0	395.6	
2016	144.0	518.7	1324.1	1328.5	398.0	
2017	144.4	519.7	1323.4	1308.6	399.3	
城镇人口(万人) Urban Population (10000 persons)						
2005	56212.0	4651.5	1286.1	783.4	2582.0	55.5
2010	66978.0	5921.1	1686.4	1033.6	3201.2	54.1
2011	69079.0	6132.8	1740.7	1090.4	3301.7	53.8
2012	71182.0	6346.7	1783.7	1152.5	3410.5	53.7
2013	73111.0	6561.0	1825.1	1207.4	3528.5	53.8
2014	74916.0	6749.4	1859.0	1248.0	3642.4	54.0
2015	77116.0	6967.3	1877.7	1278.4	3811.2	54.7
2016	79298.0	7158.1	1879.6	1295.5	3983.0	55.6
2017	81347.5	7305.4	1877.7	1291.2	4136.5	56.6
城镇人口比重(%) Proportion of Urban Population (%)						
2005	43.0	49.3	83.6	75.1	37.7	
2010	49.9	56.6	86.0	79.6	44.5	
2011	51.3	57.8	86.2	80.5	45.6	
2012	52.6	58.9	86.2	81.6	46.8	
2013	53.7	60.1	86.3	82.0	48.1	
2014	54.8	61.1	86.4	82.3	49.3	
2015	56.1	62.5	86.5	82.6	51.3	
2016	57.3	63.9	86.5	82.9	53.3	
2017	58.5	65.0	86.5	82.9	55.0	

京津冀地区生产总值

项 目	Item	2005	2006	2007
地区生产总值(亿元)	**Gross Domestic Product (100 million yuan)**			
全　国	China	187318.9	219438.5	270232.3
京津冀合计	Total of Jing-Jin-Ji Region	21094.1	24288.9	28987.0
北京	Beijing	7141.4	8312.6	10071.9
天津	Tianjin	3905.6	4462.7	5252.8
河北	Hebei	10047.1	11513.6	13662.3
河北占京津冀比重(%)	Hebei's Share in Jing-Jin-Ji Region (%)	47.6	47.4	47.1
第一产业增加值(亿元)	**Value-added of the Primary Industry (100 million yuan)**			
全　国	China	21806.7	23317.0	27788.0
京津冀合计	Total of Jing-Jin-Ji Region	1599.3	1652.4	2014.3
北京	Beijing	86.9	87.2	99.4
天津	Tianjin	112.4	103.4	110.2
河北	Hebei	1400.0	1461.8	1804.7
河北占京津冀比重(%)	Hebei's Share in Jing-Jin-Ji Region (%)	87.5	88.5	89.6
第二产业增加值(亿元)	**Value-added of the Second Industry (100 million yuan)**			
全　国	China	88084.4	104361.8	126633.6
京津冀合计	Total of Jing-Jin-Ji Region	9452.2	10785.3	12628.5
北京	Beijing	2045.6	2217.8	2534.1
天津	Tianjin	2135.1	2457.1	2892.5
河北	Hebei	5271.6	6110.4	7201.9
河北占京津冀比重(%)	Hebei's Share in Jing-Jin-Ji Region (%)	55.8	56.7	57.0
第三产业增加值(亿元)	**Value-added of the Tertiary Industry (100 million yuan)**			
全　国	China	77427.8	91759.7	115810.7
京津冀合计	Total of Jing-Jin-Ji Region	10007.6	11805.4	14289.2
北京	Beijing	5008.9	6007.7	7438.4
天津	Tianjin	1658.2	1902.3	2250.0
河北	Hebei	3340.5	3895.4	4600.7
河北占京津冀比重(%)	Hebei's Share in Jing-Jin-Ji Region (%)	33.4	33.0	32.2
工业增加值(亿元)	**Value-added of the Industry (100 million yuan)**			
全　国	China	77960.5	92238.4	111693.9
京津冀合计	Total of Jing-Jin-Ji Region	8392.9	9603.8	11293.9
北京	Beijing	1730.7	1856.3	2116.7
天津	Tianjin	1958.0	2261.5	2661.9
河北	Hebei	4704.3	5486.0	6515.3
河北占京津冀比重(%)	Hebei's Share in Jing-Jin-Ji Region (%)	56.1	57.1	57.7
人均地区生产总值(元/人)	**Per Capita GDP (yuan/person)**			
全　国	China	14259	16602	20337
北京	Beijing	47127	52964	61470
天津	Tianjin	37796	42141	47970
河北	Hebei	14659	16682	19662

注：2017年数据根据第三次农业普查结果进行了修订。

Gross Domestic Product of Jing-Jin-Ji Region

2008	2009	2010	2011	2012	2013	2014	2015	2016	2017
319515.5	349081.4	413030.3	489300.6	540367.4	595244.4	643974.0	689052.1	743585.5	827121.7
34191.0	37260.3	44160.3	52582.3	57978.1	63399.7	67290.5	69358.9	75624.9	80580.5
11392.0	12419.0	14441.6	16627.9	18350.1	20330.1	21944.1	23685.7	25669.1	28014.9
6719.0	7521.9	9224.5	11307.3	12893.9	14442.0	15722.5	16538.2	17885.4	18549.2
16080.0	17319.5	20494.2	24647.1	26734.1	28627.6	29624.0	30025.1	32070.5	34016.3
47.0	46.5	46.4	46.9	46.1	45.2	44.0	43.0	42.4	42.2
32753.2	34161.8	39362.6	46163.1	50902.3	55329.1	58343.5	60862.1	63672.8	65467.6
2268.6	2453.0	2831.2	3200.0	3506.7	3730.2	3808.2	3788.5	3842.8	3419.4
111.4	116.8	122.8	134.5	148.4	159.8	159.2	140.4	129.8	120.42
122.6	128.9	145.6	159.7	171.6	188.5	201.5	208.8	220.2	168.96
2034.6	2207.3	2562.8	2905.7	3186.7	3382.0	3447.5	3439.5	3492.8	3129.98
89.7	90.0	90.5	90.8	90.9	90.7	90.5	90.8	90.9	91.5
149956.6	160171.7	191629.8	227038.8	244643.3	261956.1	277571.8	282040.3	296547.7	334622.6
15052.9	15804.6	18935.8	22808.4	24727.4	26482.7	27323.8	26633.7	27772.7	28766.6
2641.8	2856.9	3387.9	3753.2	4060.0	4392.8	4663.4	4660.6	4944.4	5326.76
3709.8	3987.8	4840.2	5928.3	6663.8	7308.1	7766.1	7704.2	7571.4	7593.59
8701.3	8959.8	10707.7	13126.9	14003.6	14781.9	15012.9	14386.9	15256.9	15846.21
57.8	56.7	56.5	57.6	56.6	55.8	54.9	54.0	54.9	55.1
136805.8	154747.9	182038.0	216098.6	244821.9	277959.3	308058.6	346149.7	383365.0	427031.5
16801.5	19458.9	22293.3	26442.6	29584.9	33001.9	35347.2	38936.6	44009.4	48394.5
8638.8	9445.4	10930.9	12740.2	14141.7	15777.4	17121.5	18884.7	20594.9	22567.76
2886.7	3405.2	4238.7	5219.2	6058.5	6945.4	7759.3	8625.2	10093.8	10786.64
5276.0	6608.3	7123.8	8483.2	9384.8	10279.1	10960.8	11979.8	13320.7	15040.13
31.4	34.0	32.0	32.1	31.7	31.1	31.0	30.8	30.3	31.1
131727.6	138095.5	165126.4	195142.8	208905.6	222337.6	233856.4	236506.3	247877.7	279996.9
13483.4	13954.3	16782.0	20316.2	22016.4	23543.0	24156.6	23319.7	24219.3	24895.8
2173.0	2348.3	2817.1	3115.0	3381.7	3661.6	3859.6	3830.7	4026.7	4274.00
3418.9	3622.1	4410.9	5430.8	6123.1	6686.6	7079.1	6982.7	6805.1	6863.98
7891.5	7983.9	9554.0	11770.4	12511.6	13194.8	13330.7	12626.2	13387.5	13757.84
58.5	57.2	56.9	57.9	56.8	56.0	55.2	54.1	55.3	55.3
23912	25963	30567	36018	39544	43320	47203	49992	53980	59660
66098	68406	75573	83547	89778	97178	102869	109603	118198	128994
58656	62574	72994	85213	93173	100105	105231	107995	115053	118944
22986	24581	28668	33969	36584	38909	39984	40255	43062	45387

a) Data of 2017 was revised according to the results of the Third National Agricultural Census.

京津冀三次产业就业人员情况
Employed Persons by Type of Industry in Jing-Jin-Ji Region

单位：万人 (10000 persons)

指标 Indicator	全国 China	京津冀合计 Total of Jing-Jin-Ji Region	北京 Beijing	天津 Tianjin	河北 Hebei	河北占京津冀比重(%) Hebei's Share in Jing-Jin-Ji Region (%)
就业人员 Employment						
2005	74647.0	4989.5	878.0	542.5	3569.0	71.5
2010	76105.0	5625.4	1031.6	728.7	3865.1	68.7
2011	76420.0	5795.3	1069.7	763.2	3962.4	68.4
2012	76704.0	5996.2	1107.3	803.1	4085.7	68.1
2013	76977.0	6172.4	1141.0	847.5	4183.9	67.8
2014	77253.0	6236.6	1156.7	877.2	4202.7	67.4
2015	77451.0	6295.4	1186.1	896.8	4212.5	66.9
2016	77603.0	6346.5	1220.1	902.4	4223.9	66.6
2017	77640.0	6348.3	1246.8	894.8	4206.7	66.3
第一产业 Primary Industry						
2005	33441.9	1708.7	62.2	81.8	1564.7	91.6
2010	27930.5	1599.5	61.4	73.9	1464.2	91.5
2011	26594.2	1571.9	59.1	73.2	1439.6	91.6
2012	25773.0	1554.8	57.3	71.2	1426.3	91.7
2013	24171.0	1528.9	55.4	69.0	1404.5	91.9
2014	22790.0	1519.3	52.4	68.0	1398.9	92.1
2015	21919.0	1504.3	50.3	66.2	1387.8	92.3
2016	21496.0	1495.0	49.6	65.1	1380.3	92.3
2017	20944.0	1478.4	48.8	62.7	1366.9	92.5
第二产业 Secondary Industry						
2005	17766.0	1502.0	231.1	227.4	1043.6	69.5
2010	21842.1	1755.9	202.7	302.3	1250.9	71.2
2011	22543.9	1855.0	219.2	316.0	1319.8	71.1
2012	23241.0	1944.3	212.6	330.9	1400.8	72.0
2013	23170.0	2002.8	210.9	353.9	1438.1	71.8
2014	23099.0	1989.2	209.9	341.5	1437.8	72.3
2015	22693.0	1958.4	200.8	320.2	1437.4	73.4
2016	22350.0	1939.2	193.0	306.4	1439.7	74.2
2017	21824.0	1880.3	192.8	290.9	1396.6	74.3
第三产业 Tertiary Industry						
2005	23439.2	1778.7	584.7	233.4	960.7	54.0
2010	26332.3	2270.1	767.5	352.5	1150.1	50.7
2011	27281.9	2368.4	791.4	374.0	1203.0	50.8
2012	27690.0	2497.1	837.4	401.0	1258.7	50.4
2013	29696.0	2640.7	874.7	424.6	1341.4	50.8
2014	31364.0	2728.1	894.4	467.7	1366.0	50.1
2015	32839.0	2832.8	935.0	510.5	1387.2	49.0
2016	33757.0	2912.3	977.5	530.9	1403.9	48.2
2017	34872.0	2989.6	1005.2	541.2	1443.2	48.3

京津冀固定资产投资情况
Total Investment in Fixed Assets of Jing-Jin-Ji Region

单位：亿元 (100 million yuan)

指标 Indicator	全国 China	京津冀合计 Total of Jing-Jin-Ji Region	北京 Beijing	天津 Tianjin	河北 Hebei	河北占京津冀比重(%) Hebei's Share in Jing-Jin-Ji Region (%)
全社会固定资产投资 Total Investment in Fixed Assets						
2005	88773.6	8554.3	2827.2	1516.8	4210.2	49.2
2010	251683.8	27088.3	5493.5	6511.4	15083.4	55.7
2011	311485.1	29810.6	5910.6	7510.7	16389.3	55.0
2012	374694.7	34995.4	6462.8	8871.3	19661.3	56.2
2013	446294.1	40347.6	7032.2	10121.2	23194.2	57.5
2014	512760.7	45888.3	7562.3	11654.1	26671.9	58.1
2015	561999.8	50504.4	7990.9	13065.2	29448.3	58.3
2016	606466.0	54840.9	8461.7	14629.2	31750.0	57.9
2017	**641238.4**	53066.2	8370.4	11288.9	33406.8	63.0
房地产开发投资 Investment of Real Estate Development						
2005	15909.2	2244.1	1525.0	327.5	391.5	17.4
2010	48259.4	6032.6	2901.1	866.6	2264.9	37.5
2011	61796.9	7170.9	3036.3	1080.0	3054.6	42.6
2012	71803.8	7499.9	3153.4	1260.0	3086.5	41.2
2013	86013.4	8409.6	3483.4	1480.8	3445.4	41.0
2014	95035.6	9670.7	3911.3	1699.7	4059.7	42.0
2015	95978.8	10383.1	4226.3	1871.6	4285.3	41.3
2016	102581.0	11041.0	4045.4	2300.0	4695.6	42.5
2017	109798.5	10749.8	3692.5	2233.4	4823.9	44.9
基础设施投资 Investment of Infrastructure						
2005			610.7	420.8		
2010		6321.4	1403.5	1673.7	3244.2	51.3
2011		6025.9	1400.2	1567.8	3057.9	50.7
2012		7170.5	1789.2	1905.2	3476.1	48.5
2013		8291.2	1785.7	2113.4	4392.1	53.0
2014		9225.8	2018.1	2195.1	5012.6	54.3
2015		10586.3	2174.5	2642.0	5769.8	54.5
2016		11884.5	2399.5	2716.1	6768.9	57.0
2017		13454.3	2984.2	2237.4	8232.7	61.2
交通运输投资 Investment of Transportation						
2005			224.1		336.4	
2010		2515.6	720.5	571.0	1224.1	48.7
2011		2328.8	680.7	504.9	1143.2	49.1
2012		2413.5	712.0	518.2	1183.3	49.0
2013		2851.9	664.5	587.9	1599.5	56.1
2014		2876.5	756.5	595.8	1524.2	53.0
2015		2818.4	827.0	625.2	1366.2	48.5
2016		2947.3	973.0	614.4	1359.8	46.1
2017		3201.9	1327.0	409.6	1465.3	45.8

注：北京基础设施投资数据为全社会口径。
a) Investment of Infrastructure in the whole country of Beijing are exclude from the data.

京津冀居民收入支出和居住水平

项　目	Item	2005	2006	2007
城镇单位在岗职工平均工资(元)	**Average Wage of Staff and Workers on-post in Urban Units (yuan)**			
全　国	China	18364	21001	24932
北京	Beijing	34191	40117	46507
天津	Tianjin	25271	28682	34938
河北	Hebei	14707	16590	19911
城镇居民人均可支配收入(元)	**Per Capita Annual Disposable Income of Urban Households (yuan)**			
全　国	China	10493	11760	13786
北京	Beijing	17653	19978	21989
天津	Tianjin	12639	14283	16357
河北	Hebei	9107	10305	11690
农村居民人均可支配收入(元)	**Per Capita Net Income of Rural Households (yuan)**			
全　国	China	3255	3587	4140
北京	Beijing	7860	8620	9559
天津	Tianjin	7202	7942	8752
河北	Hebei	3482	3802	4293
城镇居民人均消费支出(元)	**Per Capita Annual Living Expenditure of Urban Households (yuan)**			
全　国	China	7943	8697	9997
北京	Beijing	13244	14825	15330
天津	Tianjin	9653	10548	12029
河北	Hebei	6700	7344	8235
农村居民人均消费支出(元)	**Per Capita Consumption Expenditure of Rural Households (yuan)**			
全　国	China	2555	2829	3224
北京	Beijing	5515	6061	6828
天津	Tianjin	3590	3829	4118
河北	Hebei	2166	2495	2787

注：2013年、2014年天津城镇居民收支数据为城镇常住居民口径。

Income and Consumption Expenditure, Living Level of Households in Jing-Jin-Ji Region

2008	2009	2010	2011	2012	2013	2014	2015	2016	2017
29229	32736	37147	42452	47593	52379	57346	63241	68993	76121
54913	58140	65683	75834	85307	93997	103400	113073	122749	134994
41748	44992	52963	55636	62225	72535	73839	81486	87806	96965
24756	28383	32306	36166	38658	42532	46239	52409	56987	65266
15781	17175	19109	21810	24565	26467	28844	31195	33616	36396
24725	26738	29073	32903	36469	40321	43910	52859	57275	62406
19423	21402	24293	26921	29626	28980	31506	34101	37110	40278
13441	14718	16263	18292	20543	22580	24141	26152	28249	30548
4761	5153	5919	6977	7917	9430	10489	11422	12363	13432
10747	11986	13262	14736	16476	18337	20226	20569	22310	24240
9670	10675	11801	11891	13571	15405	17014	18482	20076	21754
4795	5150	5958	7120	8081	9102	10186	11051	11919	12881
11243	12265	13471	15161	16674	18488	19968	21392	23079	24445
16460	17893	19934	21984	24046	26275	28009	36642	38256	40346
13422	14801	16562	18424	20024	22306	24290	26230	28345	30284
9087	9679	10318	11609	12531	13641	16204	17587	19106	20600
3661	3993	4382	5221	5908	7485	8383	9223	10130	10955
7656	9141	10109	11078	11879	13553	14529	15811	17329	18810
4593	4926	5606	6725	8337	10155	13739	14739	15912	16386
3126	3350	3845	4711	5364	6134	8248	9023	9798	10536

a) Income, Expenditure and Living Condition of impermenent resident are excluded from data of Tianjin for 2013 and 2014.

京津冀财政收支情况
General Public Budgetary Revenue and Expenditures of Jing-Jin-Ji Region

单位：亿元 (100 million yuan)

指标 Indicator	全国 China	京津冀合计 Total of Jing-Jin-Ji Region	北京 Beijing	天津 Tianjin	河北 Hebei	河北占京津冀比重(%) Hebei's Share in Jing-Jin-Ji Region (%)
一般公共预算收入 General Public Budgetary Revenue						
2005	15100.8	1766.8	919.2	331.9	515.7	29.2
2006	18303.6	2154.7	1117.2	417.1	620.5	28.8
2007	23572.6	2822.2	1492.6	540.4	789.1	28.0
2008	28649.8	3460.5	1837.3	675.6	[illegible]	27.1
2009	32602.6	3915.9	2026.8	822.0	1067.1	27.3
2010	40613.0	4754.6	2353.9	1068.8	1331.9	28.0
2011	52547.1	6199.2	3006.3	1455.1	1737.8	28.0
2012	61078.3	7159.2	3314.9	1760.0	2084.3	29.1
2013	69011.2	8035.8	3661.1	2079.1	2295.6	28.6
2014	75876.6	8864.2	4027.2	2390.4	2446.6	27.6
2015	83002.0	10040.2	4723.9	2667.1	2649.2	26.4
2016	87239.4	10654.6	5081.3	2723.5	2849.9	26.7
2017	91469.4	10975.0	5430.8	2310.4	3233.8	29.5
一般公共预算支出 General Public Budgetary Expentditure						
2005	25154.3	2479.6	1058.3	442.1	979.2	39.5
2006	30431.3	3020.3	1296.8	543.1	1180.4	39.1
2007	38339.3	3830.5	1649.5	674.3	1506.7	39.3
2008	49248.5	4708.7	1959.3	867.7	1881.7	40.0
2009	61044.1	5791.2	2319.4	1124.3	2347.6	40.5
2010	73884.4	6914.4	2717.3	1376.8	2820.2	40.8
2011	92733.7	8578.9	3245.2	1796.3	3537.4	41.2
2012	107188.3	9908.0	3685.3	2143.2	4079.4	41.2
2013	119740.3	11132.5	4173.7	2549.2	4409.6	39.6
2014	129091.6	12086.7	4524.7	2884.7	4677.3	38.7
2015	175768.0	14602.2	5737.7	3232.4	5632.2	38.6
2016	160351.4	16155.7	6406.8	3699.4	6049.5	37.4
2017	173228.3	16746.3	6824.5	3282.5	6639.2	39.6

注：1.表内全国财政收入和支出为31个省市地方公共财政预算收入和支出的合计数。

a) Total of China is composed by the data of China's 31 provintial regtions.

京津冀客、货运量情况
Passenger and Freight Traffic of Jing-Jin-Ji Region

指　标 Indicator	全　国 China	京津冀合计 Total of Jing-Jin-Ji Region	北　京 Beijing	天　津 Tianjin	河　北 Hebei	河北占京津冀比重(%) Hebei's Share in Jing-Jin-Ji Region (%)
客运量(万人) Passenger Traffic (10000 persons)						
2005	1847018	146438	60841	4679	80918	55.3
2010	3269508	256383	140663	24873	90847	35.4
2011	3526319	270792	145773	25331	99688	36.8
2012	3804035	282835	149037	28462	105336	37.2
2013	2122992	203548	71056	29518	102974	50.6
2014	2032218	152377	71715	19599	61063	40.1
2015	1943271	143330	69924	19775	53631	37.4
2016	1900194	140398	69292	19930	51176	36.5
2017	1848620	137371	67490	19193	50688	36.9
公路客运量(万人) Passenger Traffic by Highways (10000 persons)						
2005	1697381	130288	51925	2961	75402	57.9
2010	3052738	231241	126130	21822	83289	36.0
2011	3286220	243828	129918	22053	91857	37.7
2012	3557010	254034	132333	24483	97218	38.3
2013	1853463	171372	52481	24980	93911	54.8
2014	1736270	118035	52354	14530	51151	43.3
2015	1619097	107712	49931	14218	43563	40.4
2016	1562510	101706	48040	13741	39925	39.3
2017	1456784	96042	45012	12538	38492	40.1
货运量(万吨) Freight Traffic (10000 tons)						
2005	1862066	164102	32509	40263	91330	55.7
2010	3241807	242632	23712	41611	177308	73.1
2011	3696961	283830	26849	44651	212330	74.8
2012	4100436	319234	28650	47698	242886	76.1
2013	4098900	357737	28294	51603	277840	77.7
2014	4167296	291768	29518	50948	211302	72.4
2015	4175886	275607	23236	53179	199192	72.3
2016	4386763	286672	24099	51580	210994	73.6
2017	4804850	306082	23879	52992	229211	74.9
公路货运量(万吨) Freight Traffic by Highways (10000 tons)						
2005	1341778	118552	30050	19850	68652	57.9
2010	2448052	176977	20184	20855	135938	76.8
2011	2820100	213382	23276	23426	166680	78.1
2012	3188475	248683	24925	28228	195530	78.6
2013	3076648	280955	24651	31985	224319	79.8
2014	3113334	241832	25416	31130	185286	76.6
2015	3150019	228405	19044	33724	175637	76.9
2016	3341259	242635	19972	32841	189822	78.2
2017	3686858	261403	19374	34720	207309	79.3

注：1.2013年起，公路客运量统计范围调整为省际客运、旅游客运和郊区客运，市郊公交不再纳入客运量统计。北京2006-2007年公路客运量为持有道路运输经营许可证的客运车辆发生的旅客运输量。2.从2014年1季度起，公路客货运量按照交通运输部新方案进行统计，所以2014年数据与2013年不可比。北京按照2013年口径对2014年数据进行了调整。

a) Since 2013, statistics of passenger traffic by highways covers of interprovincial transportation, tourist transportation and suburban transportation, except urban-suburb transportation. Beijings passenger traffic by highways for 2006-2007 means transportation by vehicles with highway-passenger-transportation licence. b) Except Beijing, data of passenger traffic by highways for 2014 are not comparable with years before, for the change of survy coverage.

京津冀国内贸易主要指标

Major Indicators of Domestic in Jing-Jin-Ji Region

单位：亿元 (100 million yuan)

指标 Indicator	全国 China	京津冀合计 Total of Jing-Jin-Ji Region	北京 Beijing	天津 Tianjin	河北 Hebei	河北占京津冀比重(%) Hebei's Share in Jing-Jin-Ji Region (%)
社会消费品零售总额 Total Retail Sales of Consumer Goods						
2005	68352.6	7071.3	2911.7	1190.1	2969.5	42.0
2006	79145.2	8087.8	3295.3	1356.8	3435.7	42.5
2007	93571.6	9492.7	3835.2	1603.7	4053.8	42.7
2008	114830.1	11715.3	4645.5	2078.7	4991.1	42.6
2009	132678.4	13505.6	5309.9	2430.8	5764.9	42.7
2010	156998.4	15953.6	6229.3	2902.6	6821.8	42.8
2011	183918.6	18330.9	6900.3	3395.1	8035.5	43.8
2012	210307.0	20878.2	7702.8	3921.4	9254.0	44.3
2013	242842.8	23859.2	8872.1	4470.4	10516.7	44.1
2014	271896.1	26197.2	9638.0	4738.7	11820.5	45.1
2015	300930.8	28586.0	10338.0	5257.3	12990.7	45.4
2016	332316.0	31005.6	11005.1	5635.8	14364.7	46.3
2017	366261.6	33212.7	11575.4	5729.7	15907.6	47.9
限额以上批发零售业商品销售总额 Total Sales Value above Desinated Size in Wholesale and Retail Sale Trade						
2005	93151.3	18961.0	13044.9	4316.0	1600.1	8.4
2006	110054.8	22807.2	15902.6	5109.0	1795.6	7.9
2007	132740.8	27656.2	19475.8	6061.7	2118.7	7.7
2008	208229.8	42378.5	28185.3	10216.7	3976.5	9.4
2009	201166.2	43008.8	29620.1	9718.2	3670.5	8.5
2010	276635.7	58707.6	39601.7	13642.5	5463.4	9.3
2011	360525.9	73550.1	46924.3	18618.7	8007.1	10.9
2012	410532.7	86123.1	53692.6	23284.4	9146.1	10.6
2013	496603.8	97906.9	57904.5	28747.9	11254.5	11.5
2014	541319.8	104246.4	60065.5	32601.8	11579.1	11.1
2015	515567.5	95830.4	51811.3	33156.3	10862.8	11.3
2016	558877.6	100174.2	54866.6	34420.9	10886.8	10.9
2017	630181.3	101629.8	61113.3	30203.3	10313.2	10.1

主要统计指标解释

行政区划 指国家对行政区域的划分。根据有关法规规定，我国的行政区域划分如下：（1）全国分为省、自治区、直辖市；（2）省、自治区分为自治州、县、自治县、市；（3）自治州分为县、自治县、市；（4）县、自治县分为乡、民族乡、镇；（5）直辖市和较大的市分为区、县；（6）国家在必要时设立的特别行政区。

平均增长速度 平均增长速度表明社会经济现象在一个较长的时期内逐期平均增长变化的程度，它不能根据各个环比增长速度直接求得，但与平均发展速度之间存在着一定的数量关系：平均增长速度＝平均发展速度－1。

平均发展速度是一种根据环比发展速度计算的序时平均数，由于各时期对比的基础不同，所以计算平均发展速度不能采用一般的序时平均数的计算方法，计算方法分为水平法和累计法。水平法，又称几何平均法，即将环比发展速度按连乘法用几何平均数公式计算。累计法，也称方程法，根据一段时期内各年发展水平总和与基期水平的关系，列出方程式计算平均发展速度。水平法着重考虑最后一年所达到的发展水平；累计法着重考虑整个时期累计发展水平的总量。

本年鉴内所列的平均增长速度，除固定资产投资用“累计法”计算外，其余均用“水平法”计算。从某年到某年平均增长速度的年份，均不包括基期年在内。如建国五十年以来的平均增长速度是以1949年为基期计算的，则写为1950－1999年平均增长速度，其余类推。

国民经济行业分类 自2012年定期报表开始使用新的《国民经济行业分类》（GB/T4754－2011）。该分类是由国家统计局组织修订，国家质量监督检验检疫总局和中国国家标准化管理委员会于2011年4月29日发布。这次修订是在2002年分类标准的基础上，参照联合国《全部经济活动的国际标准产业分类》（ISIC/Rev. 4）进行的。修订后的《国民经济行业分类》（GB/T4754－2012）共有门类20个，大类96个，中类432个，小类1094个。

企业（单位）登记注册类型 是以在工商行政管理机关登记注册的各类企业为划分对象，以工商行政管理部门对企业登记注册的类型为依据，将企业登记注册类型分为内资企业、港澳台商投资企业和外商投资企业三大类。内资企业包括国有企业、集体企业、股份合作企业、联营企业、有限责任公司、股份有限公司、私营企业和其他企业；港澳台商投资企业和外商投资企业分别包括合资经营企业、合作经营企业、独资经营企业和股份有限公司等。对不在工商行政管理部门进行登记注册的行政机关、事业单位和社会团体，主要按其经费来源和管理方式进行划分。

国有企业 指企业全部资产归国家所有，并按《中华人民共和国企业法人登记管理条例》规定登记注册的非公司制的经济组织。不包括有限责任公司中的国有独资公司。

集体企业 指企业资产归集体所有，并按《中华人民共和国企业法人登记管理条例》规定登记注册的经济组织。

股份合作企业 指以合作制为基础，由企业职工共同出资入股，吸收一定比例的社会资产投资组建，实行自主经营，自负盈亏，共同劳动，民主管理，按劳分配与按股分红相结合的一种集体经济组织。

联营企业 指两个及两个以上相同或不同所有制性质的企业法人或事业单位法人，按自愿、平等、互利的原则，共同投资组成的经济组织。联营企业包括国有联营企业、集体联营企业、国有与集体联营企业和其他联营企业。

有限责任公司 指根据《中华人民共和国公司登记管理条例》规定登记注册，由两个以上、五十个以下的股东共同出资，每个股东以其所认缴的出资额对公司承担有限责任，公司以其全部资产对其债务承担责任的经济组织。有限责任公司包括国有独资公司以及其他有限责任公司。

股份有限公司 指根据《中华人民共和国公司登记管理条例》规定登记注册，其全部注册资本由等额股份构成并通过发行股票筹集资本，股东以其认购的股份对公司承担有限责任，公司以其全部资产对其债务承担责任的经济组织。

私营企业 指由自然人投资设立或由自然人控股，以雇佣劳动为基础的营利性经济组织。包括按照《公司法》、《合伙企业法》、《私营企业暂行条例》规定登记注册的私营有限责任公司、私营股份有限公司、私营合伙企业和私营独资企业。

其他企业 指上述企业之外的其他内资经济组织。

合资经营企业（港或澳、台资） 指港澳台地区投资者与内地企业依照《中华人民共和国中外合资经营企业法》及有关法律的规定，按合同规定的比例投资设立、分享利润和分担风险的企业。

合作经营企业（港或澳、台资） 指港澳台地区投资者与内地企业依照《中华人民共和国中外合作经营企业法》及有关法律的规定，依照合作合同的约定进行投资或提供条件设立、分配利润和分担风险的企业。

港澳台商独资经营企业 指依照《中华人民共和国外资企业法》及有关法律的规定，在内地由港澳台地区投资者全额投资设立的企业。

港澳台商投资股份有限公司 指根据国家有关规定，经原外经贸部依法批准设立，其中港、澳、台商的股本占公司注册资本的比例达25%以上的股份有限公司。凡其中港、澳、台商的股本占公司注册资本的比例小于25%的，属于内资企业中的股份有限公司。

其他港澳台商投资企业 指在中国境内参照《外国企业或个人在中国境内设立合伙企业管理办法》和《外商投资合伙企业登记管理规定》，依法设立的港、澳、台商投资合伙企业等。

中外合资经营企业 指外国企业或外国人与中国内地企业依照《中华人民共和国中外合资经营企业法》及有关法律的规定，按合同规定的比例投资设立、分享利润和分担风险的企业。

中外合作经营企业 指外国企业或外国人与中国内地企业依照《中华人民共和国中外合作经营企业法》及有关法律的规定，依照合作合同的约定进行投资或提供条件设立、分配利润和分担风险的企业。

外资企业 指依照《中华人民共和国外资企业法》及有关法律的规定，在中国内地由外国投资者全额投资设立的企业。

外商投资股份有限公司 指根据国家有关规定，经原外经贸部依法批准设立，其中外资的股本占公司注册资本的比例达25%以上的股份有限公司。凡其中外资股本占公司注册资本的比例小于25%的，属于内资企业中的股份有限公司。

其他外商投资企业 指在中国境内依照《外国企业或个人在中国境内设立合伙企业管理办法》和《外商投资合伙企业登记管理规定》，依法设立的外商投资合伙企业等。

行政机关、事业单位和社会团体 参照企业登记注册类型，主要按其经费来源和管理方式划分。具体规定如下：

(1) 行政机关：包括国家机关和政党机关，原则上均列为“国有”。但有特殊规定的，如供销社等，则列为“集体”。

(2) 事业单位：包括经国家机构编制部门和有关业务主管部门批准成立的各类事业单位，不包括实行企业化管理的事业单位。事业单位的划分办法如下：

①由国家财政预算拨款或列入财政预算外资金管理以及经费主要来源于国有主管部门或国有上级单位的事业单位，列为“国有”。

②经费主要来源于集体单位的事业单位，列为“集体”。

③公民个人（或个人合伙）开办的事业单位，列为“私营”。

④上述以外的其他事业单位，如果其经费来源不明确，按管理方式进行归类。

(3) 社会团体：包括经民政部门批准成立以及未纳入社会团体管理条例范围的工会、妇联等各类社会团体。社会团体的划分办法如下：

①未纳入民政部社会团体管理条例范围的工会、妇联、共青团、青联、工商联、科协、侨联等社会团体，国家拨款设立的基金会或基金管理组织以及经费主要来源于国有业务主管部门或国有上级单位的社会团体，列为“国有”。

②经费主要来源于集体单位的社会团体，列为“集体”。

③公民个人（或个人合伙）开办的社会团体，划为“私营”。

④上述以外的其他社会团体，如果其经费来源不明确，改按管理方式进行归类。

国内生产总值（GDP） 指一个国家所有常住单位在一定时期内生产活动的最终成果。国内生产总值有三种表现形态，即价值形态、收入形态和产品形态。从价值形态看，它是所有常住单位在一定时期内生产的全部货物和服务价值与同期投入的全部非固定资产货物和服务价值的差额，即所有常住单位的增加值之和；从收入形态看，它是所有常住单位在一定时期内创造的各项收入之和，包括劳动者报酬、生产税净额、固定资产折旧和营业盈余；从产品形态看，它是所有常住单位在一定时期内最终使用的货物和服务价值与货物和服务净出口价值之和。在实际核算中，国内生产总值有三种计算方法，即生产法、收入法和支出法。三种方法分别从不同的方面反映国内生产总值及其构成。

对于一个地区来说，称为地区生产总值或地区GDP。

国民总收入（GNI） 原称国民生产总值（GNP），指一个国家所有常住单位在一定时期内收入初次分配的最终结果。一国常住单位从事生产活动所创造的增加值在初次分配中主要分配给该国的常住单位，但也有一部分以生产税（扣除生产补贴）、劳动者报酬和财产收入等形式分配给非常住单位；同时，国外生产所创造的增加值也有一部分以生产税（扣除生产补贴）、劳动者报酬和财产收入等形式分配给该国的常住单位，从而产生了国民总收入的概念。它等于国内生产总值加上来自国外的初次收入分配净额。与国内生产总值不同，国民总收入是个收入概念，而国内生产总值是个生产概念。

三次产业 三次产业的划分是世界上较为常用的产业结构分类，但各国的划分不尽一致。根据《国民经济行业分类》（GB/T 4754—2011）和《三次产业划分规定》，我国的三次产业划分是：

第一产业是指农、林、牧、渔业（不含农、林、牧、渔服务业）。

第二产业是指采矿业（不含开采辅助活动），制造业（不含金属制品、机械和设备修理业），电力、热力、燃

气及水生产和供应业，建筑业。

第三产业即服务业，是指除第一产业、第二产业以外的其他行业。

劳动者报酬 指劳动者从事生产活动应获得的全部报酬，既包括货币形式的报酬，也包括实物形式的报酬。主要包括工资、奖金、津贴和补贴，单位为其员工交纳的社会保险费、补充社会保险费和住房公积金、行政事业单位职工的离退休金、单位为其员工提供的其他各种形式的福利和报酬等。

生产税净额 指生产税减生产补贴后的差额。其中，生产税指政府对生产单位从事生产、销售和经营活动，以及因从事生产活动使用某些生产要素（如固定资产和土地等）所征收的各种税收、附加费和其他规费。生产税分为产品税和其他生产税，产品税主要有：增值税、消费税、进口关税、出口税等；其他生产税主要有：房产税、车船使用税、城镇土地使用税等。生产补贴则相反，它是政府为影响生产单位的生产、销售及定价等生产活动而对其提供的无偿支付，包括农业生产补贴、政策亏损补贴、进口补贴等。生产补贴作为负生产税处理。

固定资产折旧 指由于自然退化、正常淘汰或损耗而导致的固定资产价值下降，用以代表固定资产通过生产过程被转移到其产出中的价值。原则上，固定资产折旧应按照固定资产的重置价值计算。

营业盈余 指常住单位创造的增加值扣除劳动者报酬、生产税净额和固定资产折旧后的余额。

支出法国内生产总值 是从最终使用的角度反映一个国家（或地区）一定时期内生产活动最终成果的一种方法，包括最终消费支出、资本形成总额及货物和服务净出口三部分。计算公式为：

支出法国内生产总值＝最终消费支出＋资本形成总额＋货物和服务净出口

最终消费支出 指常住单位为满足物质、文化和精神生活的需要，从本国经济领土和国外购买的货物和服务的支出。它不包括非常住单位在本国经济领土内的消费支出。最终消费支出分为居民消费支出和政府消费支出。

居民消费支出 指常住住户在一定时期内对于货物和服务的全部最终消费支出。居民消费支出除了直接以货币形式购买的货物和服务的消费支出外，还包括以其他方式获得的货物和服务的消费支出，后者称为虚拟消费支出。居民虚拟消费支出主要包括：单位以实物报酬及实物转移的形式提供给劳动者的货物和服务；住户生产用于自身消费的货物（如自产自用的农产品），以及纳入生产核算范围并用于自身消费的服务（如住户的自有住房服务）；银行和保险机构提供的间接计算的金融服务。

政府消费支出 指政府部门为全社会提供的公共服务的消费支出和免费或以较低的价格向居民住户提供的货物和服务的净支出，前者等于政府服务的产出价值减去政府单位所获得的经营收入的价值，后者等于政府部门免费或以较低价格向居民住户提供的货物和服务的市场价值减去向住户收取的价值。

资本形成总额 指常住单位在一定时期内获得减去处置的固定资产和存货的净额，包括固定资本形成总额和存货变动两部分。

固定资本形成总额 指常住单位在一定时期内获得的固定资产减处置的固定资产的价值总额。固定资产是通过生产活动生产出来的，且其使用年限在一年以上、单位价值在规定标准以上的资产，不包括自然资产、耐用消费品、小型工器具。固定资本形成总额包括住宅、其他建筑和构筑物、机器和设备、培育性生物资源、知识产权产品（研发支出、矿藏的勘探、计算机软件）的价值获得减处置。

存货变动 指常住单位在一定时期内存货实物量变动的市场价值，即期末价值减期初价值的差额，再扣除当期由于价格变动而产生的持有收益。存货变动可以是正值，也可以是负值，正值表示存货上升，负值表示存货下降。存货包括生产单位购进的原材料、燃料和储备物资等存货，以及生产单位生产的产成品、在制品和半成品等存货。

货物和服务净出口 指货物和服务出口减货物和服务进口的差额。出口包括常住单位向非常住单位出售或无偿转让的各种货物和服务的价值；进口包括常住单位从非常住单位购买或无偿得到的各种货物和服务的价值。货物的出口和进口都按离岸价格计算。

机构单位 指能够以自己的名义拥有资产和承担负债，能够独立地从事经济活动并与其他主体进行交易的经济主体。

机构部门 将相同性质的机构单位归并在一起，就形成机构部门。资金流量核算将常住机构单位划分为以下四个机构部门：非金融企业部门、金融机构部门、政府部门、住户部门。与常住单位发生交易的非常住单位称为国外，在资金流量核算中也视同机构部门。

非金融企业与非金融企业部门 非金融企业指主要从事市场性货物生产或提供非金融市场性服务的常住企业，它主要包括从事上述活动的各类法人企业。所有非金融企业组成非金融企业部门。

金融机构与金融机构部门 金融机构指主要从事金融媒介及与金融媒介密切相关的辅助金融活动的常住机构单位，包括从事货币金融服务、资本市场服务、保险服务、其他金融服务等活动的法人单位。所有金融机构组成金融机构部门。

政府机构与政府部门 政府机构指在设定区域内对其他机构单位拥有立法、司法或行政权的法律实体及其附属单位。政府机构的主要职能是利用征税和其他方式获得的资金向社会和公众提供货物和服务；通过转移支付，对社会收入和财产进行再分配；从事非市场性生产。它主要包括各级党政机关、群众团体、事业单位、基层群众的自治组织等。所有政府机构组成政府部门。

住户与住户部门 住户指共享同一生活设施，共同使用部分或全部收入和财产，共同消费住房、食品和其他消费品与服务的常住个人或个人群体。所有住户组成住户部门。

非常住单位与国外　所有不具有常住性的机构单位都是非常住单位。与我国常住单位发生交易的所有非常住单位称为国外。

初次分配总收入　收入初次分配是生产活动创造的价值在参与生产活动的生产要素所有者及政府之间的分配。生产活动的最终成果是增加值。生产要素主要包括劳动力、资本、自然资源。劳动力所有者因提供劳动而获得劳动报酬；资本的所有者因提供资本而获得不同形式的收入，如借贷资本所有者获得利息收入；股权所有者获得红利或参与利润分配；自然资源所有者因出让自然资源使用权而获得地租；政府因国家管理需要对生产活动或生产要素征收生产税同时也因扶持有关生产活动而支付生产补贴。初次分配的结果形成各个机构部门的初次分配总收入。各部门的初次分配总收入之和就等于国民总收入，亦即国民生产总值。

经常转移　转移是一个机构单位向另一个机构单位提供货物、服务或资产，但又不从后者获取任何直接对应回报的一种交易。经常转移指交易的一方或双方都不涉及获得或处置资产（除存货和现金外）的转移。其形式有所得税、财产税等经常税、社会保险缴款、社会保险福利、社会补助和其他经常转移。

可支配总收入　在初次分配总收入的基础上，通过经常转移的形式对初次分配总收入进行再次分配。再分配的结果形成各个机构部门的可支配总收入。各部门的可支配总收入之和称为国民可支配总收入。

总储蓄　指可支配总收入用于最终消费后的余额。各部门的总储蓄之和称为国民总储蓄。

资本转移　指交易的一方或双方涉及获得或处置资产（除存货和现金外）的转移。资本转移包括资本税、投资性补助和其他资本转移。

净金融投资　它反映各机构部门或经济总体非金融投资过程中资金富余或短缺的状况。从非金融交易角度看，它是指总储蓄加资本转移收入减资本转移支出减非金融投资后的差额。从金融交易角度看，它是金融资产的增加额减金融负债的增加额之后的差额。

通货　指以现金形式存在于市场流通领域中的货币，包括纸币和硬币。

存款　指金融机构接受客户存入的货币款项，存款人可随时或按约定时间支取款项的信用业务。主要包括活期存款、定期存款、财政存款、外汇存款、委托存款、信托存款、证券公司客户保证金、其他存款和金融机构往来。

贷款　指金融机构将其所吸收的资金，按一定的利率贷放给客户并约期归还的信用业务。主要包括短期贷款及票据融资、中长期贷款、外汇贷款、委托贷款和其他贷款。

债券　指以票据形式筹集资金而发行的、承诺按一定利率付息和一定期限偿还本金的书面债务证书。包括国债、金融债券、中央银行债券、企业债券等。

股票　指股份有限公司按照公司法的规定，为筹集公司资本所发行的、用于证明股东身份和权益并据此获得股息和红利的凭证。目前仅含能在股票交易所进行交易的股票的发行筹资额。

保险准备金　指社会保险和商业保险基金的净权益、保险费预付款和未结索赔准备金。

金融机构往来　指各金融机构之间的资金往来，包括同业存放、同业拆借、债券回购等。

准备金　指各金融机构在中央银行的存款及缴存中央银行的法定准备金。

中央银行贷款　指中央银行向各金融机构的贷款。

国际储备　指中央银行拥有的、可以随时动用并有效控制的对外资产，包括货币黄金、特别提款权、外汇储备、在国际货币基金组织的储备头寸和其他债权。

经常账户　包括货物、服务、初次收入和二次收入等内容。

初次收入　指常住单位与非常住单位之间因提供劳务、金融资产和出租自然资源而获得的回报，包括雇员报酬、投资收益和其他初次收入三部分。雇员报酬指雇员（属于一个经济体）因在雇主（属于另一个经济体）生产过程中提供劳务投入而获得的酬金回报，包括现金形式的工资和薪金、实物形式的工资和薪金、雇主的社会保险缴费。投资收益指常住单位与非常住单位之间提供金融资产获得的回报，包括直接投资收益、证券投资收益和其他投资收益。

二次收入　指常住单位与非常住单位之间的经常转移，包括现金和实物转移。

资本账户　是反映常住单位与非常住单位之间发生的资本转移，以及常住单位与非常住单位之间发生的非生产非金融资产的获得和处置。其中，资产转移包括债务减免、投资捐赠等非经常性转移；非生产非金融资产的获得和处置包括营销资产及契约、租约和许可等的获得和处置。

金融账户　指常住单位与非常住单位之间发生的金融资产和负债交易，包括非储备性质的金融账户和国际储备。

直接投资　指投资者为在国外经营企业，并在管理上实施控制或重要影响而进行的投资。

证券投资　指没有列入直接投资或国际储备的股本证券和债务证券的跨境交易。

人口数　指一定时点、一定地区范围内有生命的个人总和。

年度统计的年末人口数指每年 12 月 31 日 24 时的人口数。

城镇人口和乡村人口　城镇人口是指居住在城镇范围内的全部常住人口；乡村人口是除上述人口以外的全部人口。

出生率（又称粗出生率）　指在一定时期内（通常为一年）一定地区的出生人数与同期内平均人数（或期中人数）之比，用千分率表示。本资料中的出生率指年出生率，其计算公式为：

$$出生率 = \frac{年出生人数}{年平均人数} \times 1000‰$$

式中：出生人数指活产婴儿，即胎儿脱离母体时（不管怀孕月数），有过呼吸或其他生命现象。年平均人数指年初、年底人口数的平均数，也可用年中人口数代替。

死亡率（又称粗死亡率） 指在一定时期内（通常为一年）一定地区的死亡人数与同期内平均人数（或期中人数）之比，用千分率表示。本资料中的死亡率指年死亡率，其计算公式为：

$$死亡率 = \frac{年死亡人数}{年平均人数} \times 1000‰$$

人口自然增长率 指在一定时期内（通常为一年）人口自然增加数（出生人数减死亡人数）与该时期内平均人数（或期中人数）之比，用千分率表示。计算公式为：

$$人口自然增长率 = \frac{本年出生人数 - 本年死亡人数}{年平均人数} \times 1000‰ = 人口出生率 - 人口死亡率$$

总抚养比 也称总负担系数。指人口总体中非劳动年龄人口数与劳动年龄人口数之比。通常用百分比表示。说明每100名劳动年龄人口大致要负担多少名非劳动年龄人口。用于从人口角度反映人口与经济发展的基本关系。计算公式为：

$$GDR = \frac{P_{0\sim14} + P_{65+}}{P_{15\sim64}} \times 100\%$$

其中：GDR 为总抚养比；

$P_{0\sim14}$ 为0～14岁少年儿童人口数；

P_{65^+} 为65岁及65岁以上的老年人口数；

$P_{15\sim64}$ 为15～64岁劳动年龄人口数。

老年人口抚养比 也称老年人口抚养系数。指某一人口中老年人口数与劳动年龄人口数之比。通常用百分比表示。用以表明每100名劳动年龄人口要负担多少名老年人。老年人口抚养比是从经济角度反映人口老化社会后果的指标之一。计算公式为：

$$ODR = \frac{P_{65+}}{P_{15-64}} \times 100\%$$

其中：ODR 为老年人口抚养比；

P_{65^+} 为65岁及65岁以上的老年人口数；

$P_{15\sim64}$ 为15～64岁的劳动年龄人口数。

少年儿童抚养比 也称少年儿童抚养系数。指某一人口中少年儿童人口数与劳动年龄人口数之比。通常用百分比表示。以反映每100名劳动年龄人口要负担多少名少年儿童。计算公式为：

$$CDR = \frac{P_{0\sim14}}{P_{15\sim64}} \times 100\%$$

其中：CDR 为少年儿童抚养比；

$P_{0\sim14}$ 为0～14岁少年儿童人口数；

$P_{15\sim64}$ 为15～64岁劳动年龄人口数。

人户分离人口 是指居住地与户口登记地所在的乡镇街道不一致且离开户口登记地半年以上的人口。

流动人口 是指人户分离人口中不包括市辖区内人户分离的人口。市辖区内人户分离的人口是指一个直辖市或地级市所辖区内和区与区之间，居住地和户口登记地不在同一乡镇街道的人口。

劳动力 指在16周岁及以上，有劳动能力，参加或要求参加社会经济活动的人口。包括就业人员和失业人员。

就业人员 指在一定年龄以上，有劳动能力，为取得劳动报酬或经营收入而从事一定社会劳动的人员。具体指年满16周岁，为取得报酬或经营利润，在调查周内从事了1小时（含1小时）以上劳动的人员；或由于学习、休假等原因在调查周内暂时处于未工作状态，但有工作单位或场所的人员；或由于临时停工放假、单位不景气放假等原因在调查周内暂时处于未工作状态，但不满三个月的人员。

单位就业人员 指报告期末最后一日在本单位工作，并取得工资或其他形式劳动报酬的人员数。该指标为时点指标，不包括最后一日当天及以前已经与单位解除劳动合同关系的人员，是在岗职工、劳务派遣人员及其他就业人员之和。就业人员不包括：

（1）离开本单位仍保留劳动关系，并定期领取生活费的人员；

（2）在本单位实习的各类在校学生；

（3）本单位以劳务外包形式使用的人员，如：建筑业整建制使用的人员。

城镇私营和个体就业人员 城镇私营就业人员指在工商管理部门注册登记，其经营地址设在县城关镇（含县城关镇）以上的私营企业就业人员，包括私营企业投资者和雇工。城镇个体就业人员指在工商管理部门注册登记，并持有城镇户口或在城镇长期居住，经批准从事个体工商经营的就业人员，包括个体经营者和在个体工商户劳动的家庭帮工和雇工。

在岗职工 指在本单位工作且与本单位签订劳动合同，并由单位支付各项工资和社会保险、住房公积金的人员，以及上述人员中由于学习、病伤、产假等原因暂未工作仍由单位支付工资的人员。在岗职工还包括：

（1）应订立劳动合同而未订立劳动合同人员（如使用的农村户籍人员）；

（2）处于试用期人员；

（3）编制外招用的人员，如临时人员；

（4）派往外单位工作，但工资仍由本单位发放的人员（如挂职锻炼、外派工作等情况）。

工资总额 指根据《关于工资总额组成的规定》（1990年1月1日国家统计局发布的一号令）进行修订，本单位在报告期内（季度或年度）直接支付给本单位全部就业人员的劳动报酬总额。包括计时工资、计件工资、奖金、津贴和补贴、加班加点工资、特殊情况下支付的工资，是在岗职工工资总额、劳务派遣人员工资总额和其他就业人员工资总额之和。

工资总额是税前工资，包括单位从个人工资中直接为其代扣或代缴的房费、水费、电费、住房公积金和社会保险基金个人缴纳部分等。

工资总额不论是计入成本的还是不计入成本的，不论是以货币形式支付的还是以实物形式支付的，均应列入工资总额的计算范围。

平均工资　指单位就业人员在一定时期内平均每人所得的工资额。它表明一定时期工资收入的高低程度，是反映就业人员工资水平的主要指标。计算公式为：

$$平均工资=\frac{报告期就业人员工资总额}{报告期就业人员平均人数}$$

平均货币工资指数　指报告期就业人员平均工资与基期就业人员平均工资的比率，是反映不同时期就业人员货币工资水平变动情况的相对数。计算公式为：

$$平均货币工资指数=\frac{报告期就业人员平均工资}{基期就业人员平均工资}\times 100\%$$

平均实际工资指数　就业人员平均实际工资指扣除物价变动因素后的就业人员平均工资。就业人员平均实际工资指数是反映实际工资变动情况的相对数，表明就业人员实际工资水平提高或降低的程度。计算公式为：

$$平均实际工资指数=\frac{报告期就业人员平均工资指数}{报告期城镇居民消费价格指数}\times 100\%$$

城镇登记失业人员　指有非农业户口，在一定的劳动年龄内（16周岁至退休年龄），有劳动能力，无业而要求就业，并在当地劳动保障部门进行失业登记的人员。

城镇登记失业率　城镇登记失业人员与城镇单位就业人员（扣除使用的农村劳动力、聘用的离退休人员、港澳台及外方人员）、城镇单位中的不在岗职工、城镇私营业主、个体户主、城镇私营企业和个体就业人员、城镇登记失业人员之和的比。

全社会固定资产投资　是以货币形式表现的在一定时期内全社会建造和购置固定资产的工作量以及与此有关的费用的总称。该指标是反映固定资产投资规模、结构和发展速度的综合性指标，又是观察工程进度和考核投资效果的重要依据。全社会固定资产投资按登记注册类型可分为国有、集体、联营、股份制、私营和个体、港澳台商、外商、其他等。

固定资产投资（不含农户）　指城镇和农村各种登记注册类型的企业、事业、行政单位及城镇个体户进行的计划总投资500万元及500万元以上的建设项目投资和房地产开发投资，包含原口径的城镇固定资产投资加上农村企事业组织项目投资，该口径自2011年起开始使用。

固定资产投资的实际到位资金　根据固定资产投资的资金来源不同，分为国家预算资金、国内贷款、利用外资、自筹资金和其他资金。

（1）国家预算资金　国家预算包括一般预算、政府性基金预算、国有资本经营预算和社保基金预算。各类预算中用于固定资产投资的资金全部作为国家预算资金填报，其中一般预算中用于固定资产投资的部分包括基建投资、车购税、灾后恢复重建基金和其他财政投资。各级政府债券也应归入国家预算资金。

（2）国内贷款　指报告期固定资产项目投资单位向银行及非银行金融机构借入用于固定资产投资的各种国内借款，包括银行利用自有资金及吸收存款发放的贷款、上级主管部门拨入的国内贷款、国家专项贷款（包括煤代油贷款、劳改煤矿专项贷款等），地方财政专项资金安排的贷款、国内储备贷款、周转贷款等。

（3）利用外资　指报告期收到的境外（包括外国及港澳台地区）资金（包括设备、材料、技术在内）。包括对外借款（外国政府贷款、国际金融组织贷款、出口信贷、外国银行商业贷款、对外发行债券和股票）、外商直接投资、外商其他投资（包括利用外商投资收益在国内进行固定资产再投资活动的资金）。不包括我国自有外汇资金（国家外汇、地方外汇、留成外汇、调剂外汇和国内银行自有资金发放的外汇贷款等）。各类外资按报告期末的外汇牌价（中间价）折成人民币计算。

（4）自筹资金　指固定资产投资单位在报告期收到的，由各企、事业单位筹集用于固定资产投资的资金，包括各类企事业单位的自有资金和从其他单位筹集的用于固定资产投资的资金，但不包括各类财政性资金、从各类金融机构借入资金和国外资金。

（5）其他资金　指在报告期收到的除以上各种资金之外的用于固定资产投资的资金，包括社会集资、个人资金、无偿捐赠的资金及其他单位拨入的资金等。

固定资产投资按国民经济行业分　指根据其从事的社会经济活动性质对各类单位进行的分类。应根据建设项目建成投产后的主要产品种类或主要用途及社会经济活动种类来划分，不能根据项目单位本身的行业类别来划分。如果项目投产后有几种产品，应根据主要产品来确定行业类别。一般情况下，一个建设项目只能属于一种国民经济行业。

固定资产投资按隶属关系分　是按建设单位或企业、事业、行政单位的主管上级机关确定的。

（1）中央　是指中共中央、人大常委会和国务院各部、委、局、总公司以及直属机构直接领导的建设项目和企业、事业、行政单位。这些单位的固定资产投资计划由国务院各部门直接编制和下达，统一组织或委托下级实施。包括有中央垂直管理的部门（如国家统计局各级调查队）和中央直属企业、事业单位（如工商银行、中国电信、中国石油）等。

（2）地方　是由省（自治区、直辖市）、地（区、市、州、盟）、县（区、市、旗）三级政府及业务主管部门直接领导和管理的建设项目、企业、事业、行政单位。地方项目还包括不隶属以上各级政府及主管部门的建设项目和企业、事业单位，如外商投资企业和无主管部门的企业等。

固定资产投资按建设性质分　按整个建设项目情况来确定。建设项目的性质一般分为新建、扩建、改建和技术改造、单纯建造生活设施、迁建、恢复、单纯购置。房地产开发单位、农户投资不划分建设性质。

（1）新建　指从无到有“平地起家”开始建设的项目。现有企业、事业、行政单位投资的项目一般不属于新建。但如有的单位原有基础很小，经过建设后新增的固定资产价值超过该企业、事业、行政单位原有固定资产价值（原值）三倍以上的，也应作为新建。

（2）扩建　指在厂内或其他地点，为扩大原有产品的生产能力（或效益）或增加新的产品生产能力，而增建的生产车间（或主要工程）、分厂、独立的生产线等项目。行政、事业单位在原单位增建业务性用房（如学校增建教学用房、医院增建门诊部、病房等）也作为扩建。

现有企、事业单位为扩大原有主要产品生产能力或增加新的产品生产能力，增建一个或几个主要生产车间（或主要工程）、分厂，同时进行一些更新改造工程的，也应作为扩建。

（3）改建和技术改造　指现有企业、事业单位对原有设施进行技术改造或更新（包括相应配套的辅助性生产、生活福利设施）的建设项目。改建项目包括现有企业、事业单位为适应市场变化的需要，而改变企业的主要产品种类（如军工企业转民产品等）的建设项目，原有产品生产作业线由于各工序（车间）之间能力不平衡，为填平补齐充分发挥原有生产能力而增建不增加本企业主要产品设计能力的车间的建设项目。技术改造是指企业、事业单位在现有基础上，用先进的技术代替落后的技术，用先进的工艺和装备代替落后的工艺和装备，以改变企业落后的技术经济面貌，实现以内涵为主的扩大再生产，达到提高产品质量、促进产品更新换代、节约能源、降低消耗、扩大生产规模、全面提高社会经济效益的目的。技术改造具体包括以下内容：机器设备和工具的更新改造；生产工艺改革、节约能源和原材料的改造；厂房建筑和公共设施的改造；保护环境进行的“三废”治理改造；劳动条件和生产环境的改造等。

固定资产投资按构成分

（1）建筑工程　指各种房屋、建筑物的建造工程，又称建筑工作量。这部分投资额必须兴工动料，通过施工活动才能实现，是固定资产投资额的重要组成部分。

（2）安装工程　指各种设备、装置的安装工程，又称安装工作量。

在安装工程中，不包括被安装设备本身价值。

（3）设备工具器具购置　指报告期内购置或自制的，达到固定资产标准的设备、工具、器具的价值。新建单位及扩建单位的新建车间，按照设计或计划要求购置或自制的全部设备、工具、器具，不论是否达到固定资产标准均计入“设备工具器具购置”中。

（4）其他费用　指在固定资产建造和购置过程中发生的，除建筑安装工程和设备、工器具购置投资完成额以外的应当分摊计入固定资产投资的费用，不指经营中财务上的其他费用。

施工项目个数　是指本年正式进行过建筑或安装施工活动的建设项目个数。包括本年新开工项目，以前年度开工跨入本年继续施工项目，本年全部建成投产项目、以前年度全部停缓建在本年恢复施工的项目，本年进行过施工又在本年内全部停缓建的项目。施工项目个数可以反映一定时期固定资产投资的实际规模，与同期全部建成投产项目个数相比，可以从建设速度的角度反映固定资产投资的效果。

本年投产项目个数　指报告期内按设计文件规定建成主体工程和相应配套的辅助设施，形成生产能力或工程效益，经过验收合格，并且已正式投入生产或交付使用的建设项目。

新增生产能力（或工程效益）　指通过固定资产投资活动而增加的设计能力（或工程效益）。主要指标包括建设规模、本年施工规模、自开始建设累计新增生产能力（或工程效益）、本年新增生产能力（或工程效益）等。

建设规模指建设项目或工程设计文件中规定的全部设计能力（或工程效益）。包括已经建成投产和尚未建成投产的工程的生产能力（或工程效益）。

本年施工规模　指报告期内施工的单项工程（或更新改造项目）的设计能力（或工程效益），包括报告期以前已开工跨入本年继续施工的工程的设计能力和报告期新开工工程的设计能力。也包括报告期内建成投产或报告期施工后又停缓建的单项工程设计能力。不包括在报告期以前建成投产或已经停、缓建的工程，以及报告期内尚未正式开工的工程的设计能力。

自开始建设累计新增生产能力（或工程效益）　指自开始建设至本年底止建成投产的全部单项工程累计新增生产能力（或工程效益）。

本年新增生产能力（或工程效益）　指在本年度内按照新增生产能力（或工程效益）的计算条件和标准，实际建成投入生产或交付使用的生产能力（或工程效益）。

新增固定资产　是指已经完成建造和购置过程，并已交付生产或使用单位的固定资产的价值，包括已经建成投入生产或交付使用的工程投资和达到固定资产标准的设备、工具、器具的投资及有关应摊入的费用。该指标是表示固定资产投资成果的价值指标，也是反映建设进度，计算固定资产投资效果的重要指标。

项目建成投产率　指一定时期内全部建成投产项目个数与同期施工项目个数的比率。该指标从建设单位建设速度的角度反映投资效果。

固定资产交付使用率　指一定时期新增固定资产与同期完成投资额的比率。该指标是反映固定资产动用速度，衡量建设过程中宏观投资效果的综合指标。由于新增固定资产是较长时期内形成的结果，而投资额则是当年完成的，因此，该指标一般适宜于反映较长时期内固定资产的动用情况。

能源生产总量　指一定时期内，全国一次能源生产量的总和。该指标是观察全国能源生产水平、规模、构成和发展速度的总量指标。一次能源生产量包括原煤、原油、天然气、水电、核能及其他动力能（如风能、地热能等）发电量，不包括低热值燃料生产量、太阳热能等的利用和由一次能源加工转换而成的二次能源产量。

能源消费总量　指一定地域内，国民经济各行业和居民家庭在一定时期内消费的各种能源的总和。包括：原煤、原油、天然气、水能、核能、风能、太阳能、地热能、生物质能等一次能源；一次能源通过加工转换产生的洗煤、焦炭、煤气、电力、热力、成品油等二次能源和同时产生的其他产品；其他化石能源、可再生能源和新能源。其中水能、风能、太阳能、地热能、生物质能等可再生能源，是指人们通过一定技术手段获得的，并作为商品能源使用的部分。在核算过程中，一次能源、二次能源消费不能重复计算。能源消费总量分为终端能源消费量、能源加工转换损失量和能源损失量三部分。

（1）终端能源消费量：指一定时期内，全国生产和生活消费的各种能源在扣除了用于加工转换二次能源消费量和损失量以后的数量。

（2）能源加工转换损失量：指一定时期内，全国投入加工转换的各种能源数量之和与产出各种能源产品之和的差额。该指标是观察能源在加工转换过程中损失量变化的指标。

（3）能源损失量：指一定时期内，能源在输送、分配、储存过程中发生的损失和由客观原因造成的各种损失量，不包括各种气体能源放空、放散量。

能源生产弹性系数　是研究能源生产增长速度与国民经济增长速度之间关系的指标，计算公式：

$$能源生产弹性系数=\frac{能源生产量年平均增长速度}{国民经济年平均增长速度}$$

国民经济年平均增长速度，可根据不同的目的或需要，用国民生产总值、国内生产总值等指标来计算，本年鉴是采用国内生产总值指标计算的。

电力生产弹性系数　是研究电力生产增长速度与国民经济增长速度之间关系的指标。一般来说，电力的发展应当快于国民经济的发展，也就是说电力应超前发展。计算公式为：

$$电力生产弹性系数=\frac{电力生产量年平均增长速度}{国民经济年平均增长速度}$$

能源消费弹性系数　反映能源消费增长速度与国民经济增长速度之间比例关系的指标。计算公式为：

$$能源消费弹性系数=\frac{能源消费量年平均增长速度}{国民经济年平均增长速度}$$

电力消费弹性系数　反映电力消费增长速度与国民经济增长速度之间比例关系的指标。计算公式为：

$$电力消费弹性系数=\frac{电力消费量年平均增长速度}{国民经济年平均增长速度}$$

能源加工转换效率　指一定时期内，能源经过加工、转换后，产出的各种能源产品的数量与同期内投入加工转换的各种能源数量的比率。该指标是观察能源加工转换装置和生产工艺先进与落后、管理水平高低等的重要指标。计算公式为：

$$能源加工转换效率=\frac{能源加工转换产出量}{能源加工转换投入量}\times 100\%$$

单位国内生产总值能耗　指一定时期内，一个国家或地区每生产一个单位的国内生产总值所消费的能源。计算公式为：

$$单位国内生产总值能耗=\frac{能源消费总量}{国内生产总值}$$

单位国内生产总值电耗　指一定时期内，一个国家或地区每生产一个单位的国内生产总值所消费的电力。计算公式为：

$$单位国内生产总值电耗=\frac{全社会用电量}{国内生产总值}$$

一般公共预算收入　指国家财政参与社会产品分配所取得的收入，是实现国家职能的财力保证。主要包括：（1）各项税收：包括国内增值税、国内消费税、进口货物增值税和消费税、出口货物退增值税和消费税、企业所得税、个人所得税、资源税、城市维护建设税、房产税、印花税、城镇土地使用税、土地增值税、车船税、船舶吨税、车辆购置税、关税、耕地占用税、契税、烟叶税等。（2）非税收入：包括专项收入、行政事业性收费、罚没收入和其他收入。财政收入按现行分税制财政体制划分为中央本级收入和地方本级收入。

一般公共预算支出　指国家财政将筹集起来的资金进行分配使用，以满足经济建设和各项事业的需要。主要包括：一般公共服务、外交、国防、公共安全、教育、科学技术、文化体育与传媒、社会保障和就业、医疗卫生与计划生育、节能环保、城乡社区、农林水、交通运输、资源勘探信息等、商业服务业等、金融、援助其他地区、国土海洋气象等、住房保障、粮油物资储备、政府债务付息等方面的支出。财政支出根据政府在经济和社会活动中的不同职权，划分为中央财政支出和地方财政支出。

中央一般公共预算收入和地方一般公共预算收入　属于中央一般公共预算的收入包括关税，进口货物增值税和消费税，出口货物退增值税和消费税，消费税，铁道部门、各银行总行、各保险公司总公司等集中缴纳的城市维护建设税，增值税50%部分，纳入共享范围的企业所得税60%部分，未纳入共享范围的中央企业所得税、中央企业上交的利润，个人所得税60%部分，车辆购置税，船舶吨税，证券交易印花税，海洋石油资源税，中央非税收入等。属于地方一般公共预算的收入包括地方企业上交利润，城市维护建设税（不含铁道部门、各银行总行、各保险公司总公司集中缴纳的部分），房产税，城镇土地使用税，土地增值税，车船税，耕地占用税，契税，烟叶税，印花税（不含证券交易印花税），增值税50%部分，纳入共享范围的企业所得税40%部分，个人所得税40%部分，海洋石油资源税以外的其他资源税，地方非税收入等。

中央一般公共预算支出和地方一般公共预算支出　指根据政府在经济和社会活动中的不同职责，划分中央和地方政府的责权，按照政府的责权划分确定的支出。中央一般公共预算支出包括一般公共服务，外交支出，国防支出，公共安全支出，以及中央政府调整国民经济结构、协调地区发展、实施宏观调控的支出等。地方一般公共预算支出包括一般公共服务，公共安全支出，地方统筹的各项社会事业支出等。

居民消费价格指数　是反映一定时期内城乡居民所购买的生活消费品和服务项目价格变动趋势和程度的相对数，是对城市居民消费价格指数和农村居民消费价格指数进行综合汇总计算的结果。通过该指数可以观察和分析消费品的零售价格和服务项目价格变动对城乡居民

实际生活费支出的影响程度。

城市居民消费价格指数　是反映一定时期内城市居民家庭所购买的生活消费品价格和服务项目价格变动趋势和程度的相对数。通过该指数可以观察和分析消费品的零售价格和服务项目价格变动对城镇居民收入和消费支出的影响。

农村居民消费价格指数　是反映一定时期内农村居民家庭所购买的生活消费品价格和服务项目价格变动趋势和程度的相对数。该指数可以观察农村消费品的零售价格和服务项目价格变动对农村居民收入和生活消费支出的影响。

商品零售价格指数　是反映一定时期内城乡商品零售价格变动趋势和程度的相对数。商品零售价格的变动与国家的财政收入、市场供需的平衡、消费与积累的比例关系有关。因此，该指数可以从一个侧面对上述经济活动进行观察和分析。

农业生产资料价格指数　指反映一定时期内农业生产资料价格变动趋势和程度的相对数。其编制目的是了解农业生产中投入物质资料价格的变动状况，服务于国民经济核算。1994年以前，农业生产资料价格指数仅仅是商品零售价格指数的一个类别，此后，从商品零售价格指数中分离出来，单独编制。

农产品生产者价格指数　是反映一定时期内，农产品生产者出售农产品价格水平变动趋势及幅度的相对数。该指数可以客观反映全国农产品生产价格水平和结构变动情况，满足农业与国民经济核算需要。其中某代表品生产价格指数是通过对全部有出售该产品行为的调查单位的个体指数进行几何平均求得的，类价格指数是通过对其所属的类（或代表品）的价格指数进行加权平均求得的。季度累计价格指数的计算方法与分季指数的计算方法相同。

工业生产者出厂价格指数　是反映一定时期内全部工业产品第一次出售时的出厂价格总水平的变动趋势和变动幅度的相对数。

工业生产者购进价格指数　是反映作为中间投入的原材料、燃料、动力购进价格总水平的变动趋势和变动幅度的相对数。

固定资产投资价格指数　是反映一定时期内固定资产投资品及取费项目的价格变动趋势和变动幅度的相对数。该指数可以准确地反映固定资产投资中涉及的各类投资品和取费项目价格变动趋势和变动幅度，消除按现价计算的固定资产投资指标中的价格变动因素，真实地反映固定资产投资的规模、速度、结构和效益。

一、住户收支与生活状况调查指标解释

从2012年四季度起，国家统计局对分别进行的城乡住户调查实施了一体化改革，规范了城乡划分范围，统一了城乡居民收入指标名称、分类和统计标准，建立了城乡统一的一体化住户调查，并据此采集全国居民有关数据。

（一）居民可支配收入

居民可支配收入指居民可用于最终消费支出和储蓄的总和，即居民可用于自由支配的收入。既包括现金收入，也包括实物收入。按照收入的来源，可支配收入包含四项，分别为：工资性收入、经营净收入、财产净收入和转移净收入。

工资性收入　指就业人员通过各种途径得到的全部劳动报酬和各种福利，包括受雇于单位或个人、从事各种自由职业、兼职和零星劳动得到的全部劳动报酬和福利。

经营净收入　指住户或住户成员从事生产经营活动所获得的净收入，是全部经营收入中扣除经营费用、生产性固定资产折旧和生产税之后得到的净收入。计算公式为：

经营净收入＝经营收入－经营费用－生产性固定资产折旧－生产税

财产净收入　指住户或住户成员将其所拥有的金融资产、住房等非金融资产和自然资源交由其他机构单位、住户或个人支配而获得的回报并扣除相关的费用之后得到的净收入。财产净收入包括利息净收入、红利收入、储蓄性保险净收益、转让承包土地经营权租金净收入、出租房屋净收入、出租其他资产净收入和自有住房折算净租金等。财产净收入不包括转让资产所有权的溢价所得。

转移净收入　计算公式为：转移净收入＝转移性收入－转移性支出

转移性收入　指国家、单位、社会团体对住户的各种经常性转移支付和住户之间的经常性收入转移。包括养老金或退休金、社会救济和补助、政策性生产补贴、政策性生活补贴、经常性捐赠和赔偿、报销医疗费、住户之间的赡养收入，本住户非常住成员寄回带回的收入等。转移性收入不包括住户之间的实物馈赠。

转移性支出　指调查户对国家、单位、住户或个人的经常性或义务性转移支付。包括缴纳的税款、各项社会保障支出、赡养支出、经常性捐赠和赔偿支出以及其他经常转移支出等。

（二）居民消费支出

居民消费支出是指居民用于满足家庭日常生活消费需要的全部支出，既包括现金消费支出，也包括实物消费支出。消费支出可划分为食品烟酒、衣着、居住、生活用品及服务、交通通信、教育文化娱乐、医疗保健以及其他用品及服务八大类。

食品烟酒　指用于各种食品和烟草、酒类的支出。

衣着　指与居民穿着有关的支出，包括服装、服装材料、鞋类、其他衣类及配件、衣着相关加工服务的支出。

居住　指与居住有关的支出，包括房租、水、电、燃料、物业管理等方面的支出，也包括自有住房折算租金。

生活用品及服务　指家庭及个人的各类生活品及家庭服务。包括家具及室内装饰品、家用器具、家用纺织品、家庭日用杂品、个人用品和家庭服务。

交通通信　指用于交通和通信工具及相关的各种服

务费、维修费和车辆保险等支出。

教育文化娱乐 指用于教育、文化和娱乐方面的支出。

医疗保健 指用于医疗和保健的药品、用品和服务的总费用。包括医疗器具及药品，以及医疗服务。

其他用品及服务 指无法直接归入上述各类支出的其他用品与服务支出。

二、2012年及以前的分城镇和农村住户调查指标解释

2012年及以前年份，中国的住户调查一直分城乡分别开展。由于分别调查，农村与城镇居民收入、支出等指标的统计口径有所不同，数据也不完全可比，城镇调查城镇居民可支配收入，农村调查农村居民纯收入。城镇居民收入与支出数据，指现金收入或现金支出，不包括实物收支；其中，计算城镇居民人均可支配收入和消费支出时，不包括自有住房折算租金，也不包括购建房支出。农村居民收入与支出数据，分为总收支和现金收支，即农村居民的总收支部分包括了自产自用的实物收支；其中，计算农村居民人均纯收入和消费支出时，也不包括自有住房折算租金，但农村居民居住消费支出中，包括了购建房支出。

为了保持历史数据的可比，本年鉴中2012年及以前年份的数据和指标解释仍保持了原城镇住户调查和农村住户调查方案的原貌。

（一）城镇住户调查

城镇家庭人口 指居住在一起，经济上合在一起共同生活的家庭成员。凡计算为家庭人口的成员其全部收支都包括在本家庭中。

城镇居民家庭可支配收入 指家庭成员得到可用于最终消费支出和其他非义务性支出以及储蓄的总和，即居民家庭可以用来自由支配的收入。它是家庭总收入扣除交纳的个人所得税、个人交纳的社会保障支出以及记账补贴后的收入。计算公式为：

城镇居民家庭可支配收入＝家庭总收入－交纳个人所得税－个人交纳的社会保障支出－记账补贴

（二）农村住户调查

农村住户 指农村常住户。农村常住户指长期（一年以上）居住在乡镇（不包括城关镇）行政管理区域内的住户，以及长期居住在城关镇所辖行政村范围内的农村住户。户口不在本地而在本地居住一年及以上的住户也包括在本地农村常住户范围内；有本地户口，但举家外出谋生一年以上的住户，无论是否保留承包耕地都不包括在本地农村住户范围内。

农村居民家庭纯收入 指农村住户当年从各个来源得到的总收入相应地扣除所发生的费用后的收入总和。计算公式为：

农村居民家庭纯收入＝总收入－家庭经营费用支出－税费支出－生产性固定资产折旧－赠送农村内部亲友

纯收入主要用于再生产投入和当年生活消费支出，也可用于储蓄和各种非义务性支出。“农民人均纯收入”是按人口平均的纯收入水平，反映的是一个地区农村居民的平均收入水平。

农林牧渔业总产值 指以货币表现的农、林、牧、渔业全部产品和对农林牧渔业生产活动进行的各种支持性服务活动的价值总量，它反映一定时期内农林牧渔业生产总规模和总成果。1957年以前的农林牧渔业总产值中包括了厩肥和农民自给性手工业（如农民自制衣服、鞋、袜，自己从事粮食初步加工等）。1958年及以后，林业中增加了村及村以下竹木采伐产值；牧业中取消了厩肥产值；副业中取消了农民自给性手工业产值，增加了村及村以下办的工业产值；渔业中增加了海洋捕捞水产品产值。1980年及以后，在副业中增加了农民家庭兼营工业商品部分的产值。从1984年起村及村以下工业产值划归工业。从1993年起取消副业，将野生动物的捕猎划入牧业，野生植物采集和农民家庭兼营商品性工业划归农业。从2003年起，执行新的国民经济行业分类标准，农林牧渔业总产值中包括了农林牧渔服务业产值。林业中增加了森林采运业产值。农业中取消了家庭兼营商品性工业产值，将野生林产品的采集划归林业。第一次农业普查以后，由于畜牧业产品年报数据与普查数据之间存在一定的差距，根据农业普查结果，对畜牧业年报数据和畜牧业产值进行了修正。2010年执行《统计用产品分类目录》，对2009年的农业、林业产值做了相应调整。

农林牧渔业总产值的计算方法通常是按农、林、牧、渔业产品及其副产品的产量分别乘以各自单位产品价格求得；少数生产周期较长，当年没有产品或产品产量不易统计的，则采用间接方法匡算其产值；然后将四业产品产值及农林牧渔服务业产值相加即为农林牧渔业总产值。

粮食产量 指农业生产经营者日历年度内生产的全部粮食数量。按收获季节包括夏收粮食、早稻和秋收粮食，按作物品种包括谷物、薯类和豆类。其产量计算方法：谷物按脱粒后的原粮计算，豆类按去豆荚后的干豆计算；薯类（包括甘薯和马铃薯，不包括芋头和木薯）1963年以前按每4公斤鲜薯折1公斤粮食计算，从1964年开始改为按5公斤鲜薯折1公斤粮食计算，2014年开始按鲜薯计算；城市郊区作为蔬菜的薯类（如马铃薯等）按鲜品计算，并且不作粮食统计。1989年以前粮食产量数据主要靠全面报表取得，1989年开始使用抽样调查数据。

棉花产量 指全社会的产量。包括春播棉和夏播棉。产量按皮棉计算。不包括木棉。

油料产量 指全部油料作物的生产量。包括花生、油菜籽、芝麻、向日葵籽、胡麻籽（亚麻籽）和其他油料。不包括大豆、木本油料和野生油料。花生以带壳干花生计算。

水产品产量 指渔业（捕捞和养殖）生产活动的最终有效成果，包括全部海水和淡水鱼类、甲壳类（虾、蟹）、贝类、头足类、藻类和其他类渔业产品的最终产量。水产品产量是通过各级水产部门逐级上报取得数据。

1995年及以前，贝类中牡蛎按鲜肉计算；蚶、蛤、蛏按5斤鲜品折1斤计算。1996年以后则统一按鲜品计算。

猪、牛、羊肉产量 指当年出栏并已屠宰、除去头蹄下水后带骨肉（即胴体重）的重量。包括全社会范围内的产量。1996年以前为全面统计并逐级上报数据。1996年第一次农业普查以后，根据普查结果，对畜牧业主要年报数据进行了修正。1999年以后，国家统计局在部分地区开展了猪、牛、羊、禽等主要畜禽品种的抽样调查，并用抽样数据作为国家定案数据使用。未开展抽样调查的地区和品种，仍使用各级统计部门逐级上报数据。2007年，根据第二次农业普查结果，对2000—2006年畜牧业主要年报数据进行了修正。2008年，建立了主要畜禽监测调查制度，猪、牛、羊、禽等主要畜禽数据均以抽样调查数为法定数据。

期初（末）畜禽存栏头（只）数 指报告期初（末）农村各种合作经济组织和国营农场、农民个人、机关、团体、学校、工矿企业、部队等单位以及城镇居民饲养的大牲畜、猪、羊、家禽等畜禽的数量。数据上报方式及数据调整情况同猪、牛、羊肉产量。

农作物播种面积 指农业生产经营者应在日历年度内收获农作物在全部土地（耕地或非耕地）上的播种或移植面积。凡是本年内收获的农作物，无论是本年还是上年播种，都算为播种面积，但不包括本年播种，下年收获的农作物面积。

耕地灌溉面积 指具有一定的水源，地块比较平整，灌溉工程或设备已经配套，在一般年景下能够进行正常灌溉的耕地面积。在一般情况下，耕地灌溉面积应等于灌溉工程或设备已经配套，能够进行正常灌溉的水田和水浇地面积之和。它是反映我国农田水利建设的重要指标。

农用化肥施用量 指本年内实际用于农业生产的化肥数量，包括氮肥、磷肥、钾肥和复合肥。化肥施用量要求按折纯量计算数量。折纯量是指把氮肥、磷肥、钾肥分别按含氮、含五氧化二磷、含氧化钾的百分之百成份进行折算后的数量。复合肥按其所含主要成分折算。公式为：

折纯量＝实物量×某种化肥有效成份含量的百分比

农业机械总动力 指全部农业机械动力的额定功率之和。农业机械是指用于种植业、畜牧业、渔业、农产品初加工、农用运输和农田基本建设等活动的机械及设备。农机总动力按使用能源不同分为以下四部分：

柴油发动机动力：指全部柴油发动机额定功率之和；

汽油发动机动力：指全部汽油发动机额定功率之和；

电动机动力：指全部电动机（含潜水电泵的电动机）额定功率之和；

其他机械动力：指采用柴油、汽油、电力之外的其他能源，如水力、风力、煤炭、太阳能等动力机械功率之和。

这个指标的统计数据主要来源于农机部门。

工业 指从事自然资源的开采，对采掘品和农产品进行加工和再加工的物质生产部门。具体包括：（1）对自然资源的开采，如采矿、晒盐等（但不包括禽兽捕猎和水产捕捞）；（2）对农副产品的加工、再加工，如粮油加工、食品加工、缫丝、纺织、制革等；（3）对采掘品的加工、再加工，如炼铁、炼钢、化工生产、石油加工、机器制造、木材加工等，以及电力、燃气及水的生产和供应等；（4）对工业品的修理、翻新，如机器设备的修理等。

工业统计调查单位为工业法人单位。

工业法人单位指从事工业生产经营活动的法人单位。工业法人单位应同时具备以下条件：①依法成立，有自己的名称、组织机构和场所，能够独立承担民事责任；②独立拥有（或授权）使用资产，承担负债，有权与其他单位签订合同；③具有包括资产负债表在内的帐户，或者能够根据需要编制帐户。

国有控股企业 即原来的国有及国有控股企业，根据企业实收资本中国有经济成分的出资人的实际投资情况，或国有经济成分的出资人对企业资产的实际控制、支配程度进行分类。以下情况为国有控股：（1）在企业的全部实收资本中，国有经济成分的出资人拥有的实收资本（股本）所占企业全部实收资本（股本）的比例大于50％的国有绝对控股。（2）在企业的全部实收资本中，国有经济成分的出资人拥有的实收资本（股本）所占比例虽未大于50％，但相对大于其他任何一方经济成分的出资人所占比例的国有相对控股；或者虽不大于其他经济成分，但根据协议规定拥有企业实际控制权的国有协议控股。（3）投资双方各占50％，且未明确由谁绝对控股的企业，若其中一方为国有经济成分的，一律按国有控股处理。

本篇涉及的企业登记注册类型的解释详见综合篇。

资产总计 指企业过去的交易或者事项形成的、由企业拥有或者控制的、预期会给企业带来经济利益的资源。资产一般按流动性分为流动资产和非流动资产。其中流动资产可分为货币资金、交易性金融资产、应收票据、应收账款、预付款项、其他应收款、存货等；非流动资产可分为长期股权投资、固定资产、无形资产及其他非流动资产等。来源于会计“资产负债表”中“资产总计”项目的期末余额数。

流动资产合计 资产满足以下条件之一应归为流动资产：（1）预计在一个正常营业周期中变现、出售或耗用，主要包括存货、应收账款等；（2）主要为交易目的而持有；（3）预计在资产负债表日起一年内（含一年）变现；（4）自资产负债日起一年内，交换其他资产或清偿负债的能力不受限制的现金或现金等价物。包括货币资金、应收票据、应收账款、存货等项目。来源于会计“资产负债表”中“流动资产合计”项目的期末余额数。

负债合计 指企业过去的交易或者事项形成的，预期会导致经济利益流出企业的现时义务。负债一般按偿还期长短分为流动负债和非流动负债。来源于会计“资产负债表”中“负债合计”项目的期末余额数。

应收账款 指企业因销售商品、提供劳务等经营活动所形成的债权，包括应向客户收取的货款、增值税款和为客户代垫的运杂费等。来源于会计“资产负债表”中“应收账款”项目的期末余额数。

存货 指企业在日常活动中持有以备出售的产成品或商品、处在生产过程中的在产品、在生产过程或提供劳务过程中耗用的材料或物料等，通常包括原材料、在产品、半成品、产成品、商品以及周转材料等。来源于会计“资产负债表”中“存货”项目的期末余额数。

产成品 指企业已经完成全部生产过程并验收入库，可以按照合同规定的条件送交订货单位，或者可以作为商品对外销售的产品。来源于会计“产成品”科目的借方余额。

主营业务收入 指企业确认的销售商品、提供劳务等主营业务的收入。来源于会计“主营业务收入”科目的期末贷方余额（结转前）。

主营业务成本 指企业经营主要业务所发生的成本总额。来源于会计“主营业务成本”科目的期末借方余额（结转前）。

销售费用 指企业在销售商品和材料、提供劳务的过程中发生的各种费用，包括保险费、包装费、展览费和广告费、商品维修费、预计产品质量保证损失、运输费、装卸费等以及为销售本企业商品而专设的销售机构（含销售网点、售后服务网点等）的职工薪酬、业务费、折旧费等经营费用。

管理费用 指企业为组织和管理企业生产经营所发生的费用，包括企业在筹建期间内发生的开办费、董事会和行政管理部门在企业经营管理中发生的，或者应当由企业统一负担的公司经费等。来源于会计“利润表”中“管理费用”项目的本期金额数。

财务费用 指企业为筹集生产经营所需资金等而发生的筹资费用，包括企业生产经营期间发生的利息支出（减利息收入）、汇兑损失（减汇兑收益）以及相关的手续费等。来源于会计“利润表”中“财务费用”项目的本期金额数。

利润总额 指企业在一定会计期间的经营成果，是生产经营过程中各种收入扣除各种耗费后的盈余，反映企业在报告期内实现的盈亏总额。来源于会计“利润表”中“利润总额”项目的本期金额数。

平均用工人数 指报告期企业平均实际拥有的、参与本企业生产经营活动的人员数。

建筑业统计单位 指从事房屋、构筑物建造和设备安装活动的法人企业。建筑业法人企业应具有建筑业资质并能够独立核算，同时还应具备以下条件：①依法成立，有自己的名称、组织机构和场所，能够承担民事责任；②独立拥有和使用资产，承担负债，有权与其他单位签订合同；③独立核算盈亏，能够编制资产负债表。

建筑业总产值 是以货币形式表现的建筑业企业在一定时期内生产的建筑业产品和提供服务的总和。建筑业总产值包括：

（1）建筑工程产值：指列入建筑工程预算内的各种工程价值。

（2）安装工程产值：指设备安装工程价值，不包括被安装设备本身的价值。

（3）其他产值：建筑业总产值中除建筑工程、安装工程以外的产值。包括房屋构筑物修理产值、非标准设备制造产值、总包企业向分包企业收取的管理费以及不能明确划分的施工活动所完成的产值。

a. 房屋构筑物修理产值：指房屋和构筑物修理所完成的产值，但不包括被修理房屋、构筑物本身价值和生产设备的修理价值。

b. 非标准设备制造产值：指加工制造没有定型的非标准生产设备的加工费和原材料价值（如化工厂、炼油厂用的各种罐、槽，矿井生产统一使用的各种漏斗、三角槽、阀门等）以及附属加工厂为本企业承建工程制作的非标准设备的价值。

建筑业增加值 指建筑业企业在报告期内以货币形式表现的建筑业生产经营活动的最终成果。

从2004年第一次全国经济普查开始，建筑业现价增加值按生产法和分配法（收入法）两种方法计算，以收入法的计算结果为准，即从收入的角度出发，根据生产要素在生产过程中应得的收入份额计算。具体计算方法：经济普查年度建筑业增加值按照《经济普查年度GDP核算方案》计算，非经济普查年度建筑业增加值按照《非经济普查年度GDP核算方案》计算。

房屋施工面积 指报告期内施工的全部房屋建筑面积，包括本期新开工的房屋建筑面积、上期跨入本期继续施工的房屋建筑面积、上期停缓建在本期恢复施工的房屋建筑面积、本期竣工的房屋建筑面积及本期施工后又停缓建的房屋建筑面积。

房屋竣工面积 指报告期内房屋建筑按照设计要求已全部完工，达到住人和使用条件，经验收鉴定合格或达到竣工验收标准，可正式移交使用的各栋房屋建筑面积的总和。

待开发土地面积 指房地产开发企业经有关部门批准，通过各种方式获得土地使用权，但尚未开工建设的土地面积。

本年土地购置面积 指房地产开发企业本年通过各种方式获得土地使用权的土地面积。

本年土地成交价款 指房地产开发企业本年进行土地使用权交易活动的最终金额。在土地一级市场，是指土地最后的划拨款、“招拍挂”价格和出让价；在土地二级市场是指土地转让、出租、抵押等最后确定的合同价格。土地成交价款与土地购置面积同口径。

土地购置费 指房地产开发企业通过各种方式取得土地使用权而支付的费用。土地购置费按本年实际发生额计入投资。土地购置费为分期付款的，分期计入房地产开发投资。

计划总投资 指房地产开发企业在建的建设工程按照总体设计（或按设计概算或预算）规定的内容全部建成计划需要的总投资。

自开始建设累计完成投资 指房地产开发企业在建的房屋建设工程或正在开发的土地开发工程从开始建设到本年末止累计完成的全部投资。

房地产开发投资 指房地产开发企业本年完成的全部用于房屋建设工程、土地开发工程的投资额以及公益性建筑和土地购置费等的投资。

本年实际到位资金 指房地产开发企业本年实际到位的，可用于房地产开发的各种货币资金。包括国内贷款、利用外资、自筹资金、定金及预收款、个人按揭贷款和其他资金。

房屋施工面积 指房地产开发企业本年施工的全部房屋建筑面积。包括本年新开工的房屋建筑面积、上年跨入本年继续施工的房屋建筑面积、上年停缓建在本年恢复施工的房屋建筑面积、本年竣工的房屋建筑面积以及本年施工后又停缓建的房屋建筑面积。多层建筑应填各层建筑面积之和。

房屋新开工面积 指房地产开发企业本年新开工建设的房屋建筑面积，以单位工程为核算对象。不包括在上年开工跨入本年继续施工的房屋建筑面积和上年停缓建而在本年恢复施工的房屋建筑面积。房屋的开工应以房屋正式开始破土刨槽（地基处理或打永久桩）的日期为准。房屋新开工面积指整栋房屋的全部建筑面积，不能分割计算。

房屋竣工面积 指房地产开发企业本年按照设计要求已全部完工，达到住人和使用条件，经验收鉴定合格或达到竣工验收标准，可正式移交使用的各栋房屋建筑面积的总和。

商品房销售面积 指房地产开发企业本年出售商品房屋的合同总面积（即双方签署的正式买卖合同中所确定的建筑面积）。

商品房销售额 指房地产开发企业本年出售商品房屋的合同总价款（即双方签署的正式买卖合同中所确定的合同总价）。该指标与商品房销售面积同口径。

铁路营业里程 又称营业长度，指投入客货运输营业或临时营业的线路长度。

电气化里程 指具备了电力机车牵引条件，并已交付运营的线路里程。

公路里程 指报告期末公路的实际长度。统计范围：包括城间、城乡间、乡（村）间能行驶汽车的公共道路，公路通过城镇街道的里程，公路桥梁长度、隧道长度、渡口宽度。不包括城市街道里程，断头路里程，农（林）业生产用道路里程，工（矿）企业等内部道路里程。统计原则：按已竣工验收或交付使用的实际里程计算；两条或多条公路共同经由同一路段的重复里程，只计算一次。

内河航道里程 指在一定时期内，能通航运输船舶及排筏的天然河流、湖泊水库、运河及通航渠道的长度。包括全年季节性通航累计三个月以上的航道，不包括仅供零散流放竹、木排的河道。两省以河为界的航道里程，双方均按一半计算，以免重复。

定期航班航线里程 指定期航班营运里程的总长度，以万公里为计算单位。航线里程的统计分为按重复距离计算和按不重复距离计算两种形式。“按重复距离计算”是指不同航线的相同航段距离可以重复累加；“按不重复距离计算”则不同航线相同航段只统计一次。

管道输油（气）里程 指油、气、成品油等各类介质实际输送距离，是反映运输管线长度的指标，也是计算周转量的依据。对于有复线和备用线的地段，原则上按单线计算管输里程。双线同时输送又不能分开计量的情况下，管输里程为双线长度之和除以2。

货（客）运量 指在一定时期内，各种运输工具实际运送的货物重量（旅客数量）。货运按吨计算，客运按人计算。货物不论运输距离长短、货物类别，均按实际重量统计。旅客不论行程远近或票价多少，均按一人一次客运量统计；半价票、儿童票也按一人统计。

货物（旅客）周转量 指在一定时期内，由各种运输工具运送的货物（旅客）数量与其相应运输距离的乘积之总和。该指标可以反映运输业生产的总成果，也是编制和检查运输生产计划，计算运输效率、劳动生产率以及核算运输单位成本的主要基础资料。计算货物周转量通常按发出站与到达站之间的最短距离，也就是计费距离计算。计算公式为：

货物（旅客）周转量＝∑（货物（旅客）运输量×运输距离）

港口货物吞吐量 指经由水路进、出港区范围，并经过装卸的货物数量。按货物流向分为进港吞吐量和出港吞吐量，按货物的贸易性质分为内贸和外贸吞吐量。货物类别根据现行的交通行业《运输货物分类和代码》标准分类。

民用运输船舶拥有量 指报告期末在水路运输管理部门注册登记的从事水上客、货运输活动的我国企业或私人拥有的营业性运输船舶（含我国企业或私人拥有的悬挂外国旗的船舶）数量。不包括非运输船舶及农业、渔业生产船舶。

民用汽车拥有量 指报告期末，在公安交通管理部门按照《机动车注册登记工作规范》，已注册登记领有民用车辆牌照的全部汽车数量。汽车拥有量统计的主要分类：根据汽车结构分为载客汽车、载货汽车及其他汽车；根据汽车所有者不同分为个人（私人）汽车、单位汽车；根据汽车的使用性质分为营运汽车、非营运汽车；根据汽车大小规格不同，载客汽车分为大型、中型、小型和微型，载货汽车分为重型、中型、轻型和微型。

邮政、电信业务总量 指以货币形式表示的邮政、电信企业为社会提供各类邮政、电信通信服务的总数量。计算方法为各类业务的实物量分别乘以相应的不变单价，求出各类业务的货币量加总求得。没有不变单价的业务按其业务收入直接相加。

移动电话用户 指在电信运营企业营业网点办理开户登记手续，通过移动电话交换机进入移动电话网，占用移动电话号码的各类电话用户。包括各类签约用户、智能网预付费用户、无线上网卡用户。

互联网上网人数 指过去半年内使用过互联网的6周岁及以上中国居民人数。

固定电话用户 指在电信企业营业网点办理开户登记手续并已接入固定电话网上的全部电话用户。包括普通电话用户、无线市话用户、公用电话用户、窄带综合业务数字网（N—ISDN）用户、智能网专用接入终端用户等。

互联网宽带接入端口 指用于接入互联网用户的各类实际安装运行的接入端口的数量，包括 xDSL 用户接入端口、LAN 接入端口、其他类型接入端口等，不包括窄带拨号接入端口。

批发业 指向其他批发或零售单位（含个体经营者）及其他企事业单位、机关团体等批量销售生活用品、生产资料的活动，以及从事进出口贸易和贸易经纪与代理的活动，包括拥有货物所有权，并以本单位（公司）的名义进行交易活动，也包括不拥有货物的所有权，收取佣金的商品代理、商品代售活动；还包括各类商品批发市场中固定摊位的批发活动，以及以销售为目的的收购活动。

零售业 指百货商店、超级市场、专门零售商店、品牌专卖店、售货摊等主要面向最终消费者（如居民等）的销售活动，以互联网、邮政、电话、售货机等方式的销售活动，还包括在同一地点，后面加工生产，前面销售的店铺（如面包房）；谷物、种子、饲料、牲畜、矿产品、生产用原料、化工原料、农用化工产品、机械设备（乘用车、计算机及通信设备除外）等生产资料的销售不作为零售活动；多数零售商对其销售的货物拥有所有权，但有些则是充当委托人的代理人，进行委托销售或以收取佣金的方式进行销售。

批发和零售业商品购进、销售、库存额 指各种登记注册类型的批发和零售业企业（单位）以本企业（单位）为总体的，从国内、国外市场购进的商品总量，销售和出口的商品总量，库存的商品总量等情况。该指标可以反映商品流转过程中商品的购进、销售、库存之间的比例关系和存在的问题。

商品购进额 指从本企业以外的单位和个人购进（包括从国外直接进口）作为转卖或加工后转卖的商品金额（含增值税）。商品购进包括：（1）从工农业生产者、批发和零售业企业、住宿和餐饮业企业、出版社或报社的出版发行部门和其他服务业企业购进的商品；（2）从机关、社会团体购进的商品；（3）从海关、市场管理部门购进的缉私和没收的商品；（4）从居民收购的废旧商品等。不包括：（1）企业为本单位自身经营用，不是作为转卖而购进的商品，如材料物资、包装物、低值易耗品、办公用品等；（2）未通过买卖行为而收入的商品，如接受其他部门移交的商品、借入的商品、收入代其他单位保管的商品、其他单位赠送的样品、加工回收的成品等；（3）经本单位介绍，由买卖双方直接结算，本单位只收取手续费的业务；（4）销售退回和买方拒付货款的商品；（5）商品溢余；（6）期货交易商品。

商品销售额 指对本单位以外的单位和个人出售的商品金额（包括售给本单位消费用的商品，含增值税）。商品销售包括：（1）售给城乡居民和社会集团消费用的商品；（2）售给农业、工业、建筑业、服务业等国民经济各行业用于生产、经营用的商品，包括售予批发和零售业作为转卖或加工后转卖的商品；（3）对国（境）外直接出口的商品。不包括：（1）未通过买卖行为付出的商品，如因机构变动移交给其他企业单位的商品、借出的商品、归还受其他单位委托代保管的商品、付出的加工原料和赠送给其他单位的样品等；（2）促销返券所销售的、不计入营业收入的商品；（3）经本单位介绍，由买卖双方直接结算，本单位只收取手续费的业务；（4）未发生所有权转移的商品预付卡销售，如加油卡；（5）汽车维修、电话卡销售等服务性经济活动；（6）购货退回的商品；（7）商品损耗和损失；（8）出售本单位自用的废旧物资；（9）期货交易商品；（10）自来水供应企业、电力企业、天然气供应企业提供的水、电、气。

商品库存额 对于批发和零售业法人单位和个体经营户，是指报告期末取得所有权的全部商品金额（含增值税）；对于批发和零售业产业活动单位，是指报告期末实际在库且归属法人具有所有权的全部商品金额（含增值税）。库存商品包括：（1）存放在本单位（如门市部、批发站、采购站、经营处）的仓库、货场、货柜和货架中的商品；（2）挑选、整理、包装中的商品；（3）已记入购进而尚未运到本单位的商品，即发货单或银行承兑凭证已到而货未到的商品；（4）寄放他处的商品，如因购货方拒绝付款而暂时存在购货方的商品；（5）委托其他单位代销（未作销售或调出）尚未售出的商品；（6）代其他单位购进尚未交付的商品。不包括：（1）所有权不属于本单位的商品，如商品已作销售但买方尚未取走的商品，代替他人保管、运输、加工的商品，代其他单位销售（未做购进或调入）而未售出的商品；（2）委托外单位加工的商品（包括本单位所属加工厂和其他生产单位加工生产尚未收回成品的商品）；（3）外贸企业代理其他单位从国外进口，尚未付给订货单位的商品；（4）代国家储备部门保管的商品。

连锁总店（总部） 指负责连锁企业资源（商号、商誉、经营模式、服务标准、管理模式等等）的开发、配置、控制或使用等功能的企业核心管理机构。连锁经营是指经营同类商品或服务，使用统一商号的若干店铺，在同一总店（总部）的管理下，采取统一采购或特许经营等方式，实现规模效益的组织形式，包括直营连锁、特许连锁和自愿连锁三种形式。其中，直营连锁是指连锁店铺由连锁公司全资或控股开设，在总部的直接控制下，开展统一经营的连锁经营形式；特许连锁是指拥有注册商标、企业标志、专利、专有技术等经营资源的企业（特许人），以合同形式将其拥有的经营资源许可其他经营者（被特许人）使用，被特许人按合同约定在统一的经营模式下开展经营，并向特许人支付特许经营费用的连锁经营形式；自愿连锁是指若干个店铺或企业自愿组合起来，在不改变各自资产所有权关系的情况下，以同一个品牌形象面对消费者，以共同进货为纽带开展的连锁经营形式。

亿元以上商品交易市场 指年成交额在亿元及以上的商品交易市场。商品交易市场是指经有关部门和组织批准设立，有固定场所、设施，有经营管理部门和监管人员，若干市场经营者入内，常年或实际开业三个月以上，集中、公开、独立地进行生活消费品、生产资料等现货商品交易以及提供相关服务的交易场所，包括各类消费品市场、生产资料市场等。

社会消费品零售总额 指企业（单位、个体户）通过交易直接售给个人、社会集团非生产、非经营用的实物商品金额，以及提供餐饮服务所取得的收入金额。个人包括城乡居民和入境人员，社会集团包括机关、社会团体、部队、学校、企事业单位、居委会或村委会等。

住宿业 指为旅行者提供短期留宿场所的活动，有些单位只提供住宿，也有些单位提供住宿、饮食、商务、娱乐一体的服务，不包括主要按月或按年长期出租房屋住所的活动。

餐饮业 指通过即时制作加工、商业销售和服务性劳动等，向消费者提供食品和消费场所及设施的服务。

营业额 指住宿和餐饮业单位在经营活动中因提供服务或销售商品等取得的全部收入（含增值税），收入主要来源于提供客房、餐费服务、商品销售和其他服务，如商务服务。不包括多产业法人企业附营的其他行业产业活动单位的餐费收入、商品销售收入等各项收入。其中，客房收入指住宿和餐饮业单位在经营活动中因提供住宿服务取得的收入（含增值税）。不包括多产业法人企业附营的其他行业产业活动单位的客房收入。餐费收入指本单位为顾客提供就餐服务取得的收入（含增值税），包括：经烹饪、调制加工后出售的各种食品，如主食、炒菜、凉拌菜等的收入。不包括多产业法人企业附营的其他行业产业活动单位的餐费收入。

入境游客 指报告期内来中国（大陆）观光、度假、探亲访友、就医疗养、购物、参加会议或从事经济、文化、体育、宗教活动的外国人、港澳台同胞等游客（即入境旅游人数）。统计时，入境游客按每入境一次统计1人次。入境旅游人数包括入境过夜游客和入境一日游游客。

出境人数（出境游客） 指中国（大陆）居民因公或因私出境前往其他国家、中国香港特别行政区、澳门特别行政区和台湾省观光、度假、探亲访友、就医疗养、购物、参加会议或从事经济、文化、体育、宗教活动的人数（即出境游客）。统计时，出境游客按每出境一次统计1人次。

国内游客 指报告期内在中国（大陆）观光游览、度假、探亲访友、就医疗养、购物、参加会议或从事经济、文化、体育、宗教活动的中国（大陆）居民人数，其出游的目的不是通过所从事的活动谋取报酬。统计时，国内游客按每出游一次统计1人次。

国际旅游收入 指入境游客在中国（大陆）境内旅行、游览过程中用于交通、参观游览、住宿、餐饮、购物、娱乐等全部花费。

国内旅游收入（旅游总花费） 指国内游客在国内旅行、游览过程中用于交通、参观游览、住宿、餐饮、购物、娱乐等全部花费。

货物进出口总额 指实际进出我国关境的货物总金额。包括对外贸易实际进出口货物，来料加工装配进出口货物，国家间、联合国及国际组织无偿援助物资和赠送品，华侨、港澳台同胞和外籍华人捐赠品，租赁期满归承租人所有的租赁货物，进料加工进出口货物，边境地方贸易及边境地区小额贸易进出口货物，中外合资企业、中外合作经营企业、外商独资经营企业进出口货物和公用物品，到、离岸价格在规定限额以上的进出口货样和广告品（无商业价值、无使用价值和免费提供出口的除外），从保税仓库提取在中国境内销售的进口货物，以及其他进出口货物。该指标可以观察一个国家在货物贸易方面的总规模。我国规定出口货物按离岸价格统计，进口货物按到岸价格统计。

服务进出口 指常住单位与非常住单位之间相互提供的服务。包括运输，旅行，建筑，保险服务，金融服务，电信、计算机和信息服务，技术，知识产权使用费，个人、文化和娱乐服务，维护和维修服务，加工服务，其他商业服务，政府服务。

外商直接投资 是指外国投资者在我国境内通过设立外商投资企业、合伙企业、与中方投资者共同进行石油资源的合作勘探开发以及设立外国公司分支机构等方式进行投资。外国投资者可以用现金、实物、无形资产、股权等投资，还可以用从外商投资企业获得的利润进行再投资。

外商其他投资 指除对外借款和外商直接投资以外的各种利用外资的形式。包括企业在境内外股票市场公开发行的以外币计价的股票发行价总额，国际租赁进口设备的应付款，补偿贸易中外商提供的进口设备、技术、物料的价款，加工装配贸易中外商提供的进口设备、物料的价款。

对外直接投资 指我国企业、团体等（简称境内投资主体）在国外及港澳台地区以现金、实物、无形资产等方式投资，并以控制国（境）外企业的经营管理权为核心的经济活动。对外直接投资的内涵主要体现在一经济体通过投资于另一经济体而实现其持久利益的目标。

对外承包工程 根据《对外承包工程管理条例》，对外承包工程是指中国的企业或者其他单位承包境外建设工程项目的活动。

对外劳务合作 指组织劳务人员赴其他国家或地区为国外的企业或机构工作的经营性活动。

普通高等学校 指通过国家普通高等教育招生考试，招收高中毕业生为主要培养对象，实施高等学历教育的全日制大学、独立设置的学院、独立学院和高等专科学校、高等职业学校及其他机构。

大学、独立设置的学院主要实施本科及本科层次以上的教育。独立学院主要实施本科层次的教育。高等专科学校、高等职业学校实施专科层次的教育。其他机构是指承担国家普通招生计划任务不计校数的机构，包括普通高等学校分校、大专班等。

成人高等学校 指通过国家成人高等教育招生考试，招收具有高中毕业或同等学力的人员为主要培养对象，利用函授、业余、脱产等多种形式，对其实施高等学历教育的学校。

包括：职工高等学校、农民高等学校、管理干部学院、教育学院、独立函授学院、广播电视大学、其他机构。其他机构是指承担国家成人招生计划任务不计校数的机构。

小学学龄儿童净入学率 指调查范围内已入小学学习的学龄儿童占校内外学龄儿童总数的比重。计算公式为：

$$\text{小学学龄儿童净入学率}=\frac{\text{已入学的小学学龄儿童数}}{\text{校内外小学学龄儿童总数}}\times 100\%$$

研究与试验发展（R&D） 指在科学技术领域，为增加知识总量，以及运用这些知识去创造新的应用进行的系统的创造性的活动，包括基础研究、应用研究、试验发展三类活动。国际上通常采用R&D活动的规模和强度指标反映一国的科技实力和核心竞争力。

基础研究 指为了获得关于现象和可观察事实的基本原理的新知识（揭示客观事物的本质、运动规律，获得新发现、新学说）而进行的实验性或理论性研究，它不以任何专门或特定的应用或使用为目的。其成果以科学论文和科学著作为主要形式。用来反映知识的原始创新能力。

应用研究 指为获得新知识而进行的创造性研究，主要针对某一特定的目的或目标。应用研究是为了确定基础研究成果可能的用途，或是为达到预定的目标探索应采取的新方法（原理性）或新途径。其成果形式以科学论文、专著、原理性模型或发明专利为主。用来反映对基础研究成果应用途径的探索。

试验发展 指利用从基础研究、应用研究和实际经验所获得的现有知识，为产生新的产品、材料和装置，建立新的工艺、系统和服务，以及对已产生和建立的上述各项作实质性的改进而进行的系统性工作。其成果形式主要是专利、专有技术、具有新产品基本特征的产品原型或具有新装置基本特征的原始样机等。在社会科学领域，试验发展是指把通过基础研究、应用研究获得的知识转变成可以实施的计划（包括为进行检验和评估实施示范项目）的过程。人文科学领域没有对应的试验发展活动。主要反映将科研成果转化为技术和产品的能力，是科技推动经济社会发展的物化成果。

产品创新 指企业推出了全新的或有重大改进的产品。产品创新的“新”要体现在产品的功能或特性上，包括技术规范、材料、组件、用户友好性等方面的重大改进。不包括产品仅有外观变化或其他微小改变的情况，也不包括直接转销。此处的“新”是指该产品对本企业而言必须是新的，但对于其他企业或整个市场而言不一定是新的。

这里的产品既包括货物，也包括服务。货物方面产品创新的例子有新能源汽车、新功能手机等；服务方面产品创新的例子有新的保修服务，如显著延长的新产品保修期限等。

工艺创新 指企业采用了全新的或有重大改进的生产方法、工艺设备或辅助性活动。工艺创新的“新”要体现在技术、设备或流程上；它对本企业而言必须是新的，但对于其他企业或整个市场而言不一定是新的。不包括单纯的组织管理方式的变化。此处的辅助性活动指企业的采购、物流、财务、信息化等活动。

生产工艺方面工艺创新的例子有采用新型自动化包装生产线替代人工包装等；辅助性活动方面工艺创新的例子有首次采用条形码追踪产品走向、开发新的软件进行财务管理等。

R&D人员 指参与研究与试验发展项目研究、管理和辅助工作的人员，包括项目（课题）组人员，企业科技行政管理人员和直接为项目（课题）活动提供服务的辅助人员。反映投入从事拥有自主知识产权的研究开发活动的人力规模。

R&D人员全时当量 指全时人员数加非全时人员按工作量折算为全时人员数的总和。例如：有两个全时人员和三个非全时人员（工作时间分别为20%、30%和70%），则全时当量为2＋0.2＋0.3＋0.7＝3.2人年。为国际上比较科技人力投入而制定的可比指标。

R&D经费支出合计 指调查单位用于内部开展R&D活动（基础研究、应用研究和试验发展）的实际支出。包括用于R&D项目（课题）活动的直接支出，以及间接用于R&D活动的管理费、服务费、与R&D有关的基本建设支出以及外协加工费等。不包括生产性活动支出、归还贷款支出以及与外单位合作或委托外单位进行R&D活动而转拨给对方的经费支出。

R&D经费支出中政府资金 指R&D经费内部支出中来自各级政府部门的各类资金，包括财政科学技术拨款、科学基金、教育等部门事业费以及政府部门预算外资金的实际支出。

R&D经费支出中企业资金 指R&D经费内部支出中来自本企业的自有资金和接受其他企业委托而获得的经费，以及科研院所、高校等事业单位从企业获得的资金的实际支出。

R&D项目（课题）数 指在当年立项并开展研究工作、以前年份立项仍继续进行研究的研发项目（课题）数，包括当年完成和年内研究工作已告失败的研发项目（课题），但不包括委托外单位进行的研发项目（课题）数。

R&D项目（课题）人员全时当量 指实际参加研发项目（课题）活动人员折合的全时当量。

R&D项目（课题）经费支出 指调查单位内部在报告年度进行研发项目（课题）研究和试制等的实际支出。包括劳务费、其他日常支出、固定资产购建费、外协加工费等，不包括委托或与外单位合作进行项目（课题）研究而拨付给对方使用的经费。

新产品销售收入 指报告期企业销售新产品实现的销售收入。新产品是指采用新技术原理、新设计构思研制、生产的全新产品，或在结构、材质、工艺等某一方面比原有产品有明显改进，从而显著提高了产品性能或扩大了使用功能的产品。既包括经政府有关部门认定并在有效期内的新产品，也包括企业自行研制开发，未经

政府有关部门认定，从投产之日起一年之内的新产品。

专利 是专利权的简称，是对发明人的发明创造经审查合格后，由专利局依据专利法授予发明人和设计人对该项发明创造享有的专有权。包括发明、实用新型和外观设计。反映拥有自主知识产权的科技和设计成果情况。

发明（专利） 指对产品、方法或者其改进所提出的新的技术方案。是国际通行的反映拥有自主知识产权技术的核心指标。

实用新型（专利） 指对产品的形状、构造或者其结合所提出的适于实用的新的技术方案。反映具有一定技术含量的技术成果情况。

外观设计（专利） 指对产品的形状、图案、色彩或者其结合所作出的富有美感并适于工业上应用的新设计。反映拥有自主知识产权的外观设计成果情况。

广播/电视节目综合人口覆盖率 指根据国家广播电视总局制定的《广播电视人口覆盖率统计技术标准和方法》进行统计调查的，在对象区内能接收到由中央、省、地市或县通过无线、有线或卫星等各种技术方式转播的各级广播/电视节目的人口数占全国总人口数的百分比。

艺术表演团体 指由文化部门主办或实行行业管理（经文化行政部门审批或已申报登记并领取相关许可证），专门从事表演艺术等活动的各类专业艺术表演团体，含民间职业剧团。不包括群众业余文艺表演团体。

艺术表演场馆 指由文化部门主办或实行行业管理（经文化市场行政部门审批或已申报登记并领取相关许可证），有观众席、舞台、灯光设备，公开售票、专供文艺团体演出的文化活动场所。

文化市场经营机构 指经文化市场行政部门审批或已申报登记并领取相关许可证的、从事文化经营和文化服务活动的机构。

规模以上文化制造业企业 指《文化及相关产业分类（2018）》所规定行业范围内，年主营业务收入在2000万元及以上的工业企业法人。

限额以上文化批发和零售业企业 指《文化及相关产业分类（2018）》所规定行业范围内，年主营业务收入在2000万元及以上的批发业企业法人和年主营业务收入在500万元及以上的零售业企业法人。

规模以上文化服务业企业 指《文化及相关产业分类（2018）》所规定行业范围内，从业人员在50人及以上或年营业收入在1000万元及以上的服务业企业法人，其中文化和娱乐业的年营业收入在500万元及以上。

医疗卫生机构 指从卫生（卫生计生）行政部门取得《医疗机构执业许可证》、《计划生育技术服务许可证》，或从民政、工商行政、机构编制管理部门取得法人单位登记证书，为社会提供医疗服务、公共卫生服务或从事医学科研和医学在职培训等工作的单位。医疗卫生机构包括医院、基层医疗卫生机构、专业公共卫生机构、其他医疗卫生机构。

医院 包括综合医院、中医医院、中西医结合医院、民族医院、各类专科医院和护理院，不包括专科疾病防治院、妇幼保健院和疗养院，包括医学院校附属医院。

基层医疗卫生机构 包括社区卫生服务中心、社区卫生服务站、街道卫生院、乡镇卫生院、村卫生室、门诊部、诊所（医务室）。

专业公共卫生机构 包括疾病预防控制中心、专科疾病防治机构、妇幼保健机构（含妇幼保健计划生育服务中心）、健康教育机构、急救中心（站）、采供血机构、卫生监督机构、取得《医疗机构执业许可证》或《计划生育技术服务许可证》的计划生育技术服务机构。

卫生人员 指在医院、基层医疗卫生机构、专业公共卫生机构及其他医疗卫生机构工作的职工，包括卫生技术人员、乡村医生和卫生员、其他技术人员、管理人员和工勤人员。一律按支付年底工资的在岗职工统计，包括各类聘任人员（含合同工）及返聘本单位半年以上人员，不包括临时工、离退休人员、退职人员、离开本单位仍保留劳动关系人员、本单位返聘和临聘不足半年人员。

卫生技术人员 包括执业医师、执业助理医师、注册护士、药师（士）、检验技师（士）、影像技师、卫生监督员和见习医（药、护、技）师（士）等卫生专业人员。不包括从事管理工作的卫生技术人员（如院长、副院长、党委书记等）。

执业医师 指《医师执业证》“级别”为“执业医师”且实际从事医疗、预防保健工作的人员，不包括实际从事管理工作的执业医师。执业医师类别分为临床、中医、口腔和公共卫生四类。

执业（助理）医师 指《医师执业证》“级别”为“执业助理医师”且实际从事医疗、预防保健工作的人员，不包括实际从事管理工作的执业助理医师。执业助理医师类别分为临床、中医、口腔和公共卫生四类。

床位数 指年底固定实有床位（非编制床位），包括正规床、简易床、监护床、正在消毒和修理床位、因扩建或大修而停用的床位、不包括产科新生儿床、接产室待产床、库存床、观察床、临时加床和病人家属陪待床。

城市居民最低生活保障人数 指在报告期末共同生活的家庭成员人均收入低于当地最低生活保障标准，且家庭财产状况符合相关规定的城镇居民，并已发放补助经费的人数。

农村居民最低生活保障人数 指报告期末共同生活的家庭成员人均收入低于当地最低生活保障标准，得到当地政府给予最低生活保障待遇的农业人口家庭人数。

公证文书 指公证处根据当事人申请，依照事实和法律，按照法定程序制作的，具有法律效力的司法证明文书。

受理劳动人事争议案件数 指劳动人事争议仲裁委员会根据国家法律、法规及有关规章、政策规定，对劳动人事争议当事人提出的仲裁申请进行审查后，符合受理条件而正式立案的劳动人事争议案件数。

城镇职工基本养老保险

1. 参保职工人数 指报告期末按照国家法律、法规和有关政策规定参加城镇职工基本养老保险并在社保经办机构已建立缴费记录档案的职工人数，包括中断缴费但未终止养老保险关系的职工人数，不包括只登记未建立缴费记录档案的人数。

2. **离退休人员人数** 指报告期末参加城镇职工基本养老保险的离休、退休和退职人员的人数。

3. **基金收入** 指根据国家有关规定，由纳入职工基本养老保险范围的缴费单位和个人按国家规定的缴费基数和缴费比例缴纳的养老保险费，以及通过其他方式取得的形成基金来源的收入。包括单位和职工个人缴纳的基本养老保险费、基本养老保险基金利息收入、委托投资收益、上级补助收入、下级上解收入、转移收入、财政补贴和其他收入。

4. **基金支出** 指按照国家政策规定的开支范围和开支标准从职工基本养老保险基金中支付给参加职工基本养老保险的个人养老保险待遇支出，以及由于保险关系转移、上下级之间补助、上解等原因而发生的支出。其他支出包括基本养老金、医疗补助金、丧葬补助金和抚恤金、病残津贴、补助下级支出、上解上级支出、转移支出和其他支出等。

5. **基金累计结余** 指职工基本养老保险基金收支相抵后的期末累计余额。

城乡居民基本养老保险

1. **参保人数** 指报告期末，参加城乡居民养老保险(在经办机构参保登记并已建立缴费记录以及制度实施当年已经年满60周岁并在经办机构参保登记）的人数（不包括已经办理注销登记手续的人数)。

2. **基金收入** 指根据国家有关规定，由参加城乡居民基本养老保险的个人按规定缴费的城乡居民基本养老保险费，以及通过集体补助、财政补助等其他方式取得的形成基金来源的收入。包括个人缴费收入、集体补助收入、政府补贴收入、利息收入、委托投资收益、转移收入、上级补助收入、下级上解收入和其他收入。

3. **基金支出** 指按照国家政策规定的开支范围和开支标准从城乡居民基本养老保险基金中支付给参加城乡居民基本养老保险的个人养老保险待遇支出，以及由于参保人员跨统筹地区或跨制度流动而发生的支出等。包括养老保险待遇支出、转移支出、补助下级支出、上解上级支出和其他支出。

4. **基金累计结余** 指城乡居民基本养老保险基金收支相抵后的期末累计余额。

基本医疗保险

1. **参保人数** 指报告期末按国家有关规定参加职工基本医疗保险和城乡居民基本医疗保险人员的合计。

2. **基金收入** 指由用人单位和个人按照国家规定的缴费基数、缴费比例或缴费标准缴纳的基本医疗保险费，财政补贴资金以及通过其他方式取得的形成基金来源的款项，包括：单位缴纳收入、个人缴纳收入、财政补贴收入、利息收入、上级补助收入、下级上解收入和其他收入。

3. **基金支出** 指按照国家政策规定的开支范围和开支标准，从基本医疗保险基金中支付给参保人员的医疗保险待遇支出，以及其他支出。包括住院费用支出、门诊费用支出、大病保险支出、生育保险与职工基本医疗保险合并实施的统筹地区生育待遇支出、补助下级支出、上解上级支出和其他支出。

4. **基金累计结余** 指基本医疗保险基金收支相抵后的期末累计结余金额。

失业保险

1. **参保人数** 指报告期末按照国家法律、法规和有关政策规定参加了失业保险的城镇企业、事业单位的职工及地方政府规定参加失业保险的其他人员的人数。

2. **基金收入** 指报告期内筹集的失业保险基金的总额，包括失业保险费收入、利息收入、财政补贴收入、其他收入、转移收入、上级补助收入、下级上解收入。

3. **基金支出** 指报告期内为保障失业人员基本生活、促进其再就业等支出的基金总额，包括失业保险金支出、医疗补助金支出、丧葬补助金和抚恤金支出、职业培训和职业介绍补贴支出、农民合同制工人一次性生活补助支出、其他支出、转移支出、上级补助支出、下级上解支出。

4. **基金累计结余** 指截止报告期末失业保险基金收支相抵后的累计余额。

工伤保险

1. **参保人数** 指报告期末依据国家有关规定参加工伤保险的职工人数和有雇工的个体工商户的雇工数。

2. **享受工伤保险待遇人数** 指年报告期内因工伤或职业病而享受工伤保险待遇的职工人数。为享受工伤医疗待遇中未评定等级的人数、享受伤残待遇人数以及享受因工死亡待遇人数之和。

3. **基金收入** 指根据国家有关规定，由参加工伤保险的单位按国家规定的缴费基数和缴费比例缴纳的及难以直接按照工资总额计算缴纳工伤保险费的部分行业企业按规定方式缴纳工伤保险费，以及通过其他形式取得的形成基金来源的款项。包括：工伤保险费收入、财政补贴收入、利息收入、上级补助收入、下级上解收入和其他收入。

4. **基金支出** 指按照国家政策规定的开支范围和开支标准从工伤保险基金中支付给参加工伤保险的人员及供养直系亲属工伤保险待遇支出及其他支出。包括工伤医疗待遇支出、伤残待遇支出、工亡待遇支出、劳动能力鉴定支出、工伤预防费用支出、补助下级支出、上解上级支出和其他支出。

5. **基金累计结余** 指工伤保险基金收支相抵后的期末累计结余金额。

生育保险

1. **参保人数** 指报告期末依据有关规定参加生育保险的人数。

2. **基金收入** 指根据国家有关规定，由参加生育保险的单位按照国家规定的缴费基数和缴费比例缴纳的生育保险费，以及通过其他方式取得的形成基金来源的款项，包括：生育保险费收入、财政补贴收入、利息收入、上级补贴收入、下级上解收入和其他收入。

3. **基金支出** 指按照国家政策规定的开支范围和开支标准，从生育保险基金中支出的生育保险待遇支出及其他支出。包括：生育津贴、医疗费用支出、补助下级支出、上解上级支出及其他支出。

4. **基金累计结余** 指生育保险基金收支相抵后的期末累计结余金额。

离婚率 指某地区当年离婚对数占该地区年平均人口的比重。计算公式为：

$$离婚率 = \frac{当年离婚对数}{年平均人口数} \times 1000‰$$

残疾人就业人数 指本年度通过集中就业、按比例就业、个体就业、公益性岗位就业、辅助性就业、从事农业种养、灵活就业形式安排实现就业的城镇残疾人。

供水综合生产能力 指按供水设施取水、净化、送水、出厂输水干管等环节设计能力计算的综合生产能力。包括在原设计能力的基础上，经挖、革、改增加的生产能力。计算时，以四个环节中最薄弱的环节为主确定能力。

城市供水总量 指报告期供水企业（单位）供出的全部水量。包括有效供水量和漏损水量。

道路长度 指道路长度和与道路相通的桥梁、隧道的长度，按车行道中心线计算。

城市排水管道长度 指所有排水总管、干管、支管、检查井及连接井进出口等长度之和。

年末公共交通车辆运营数 指年末城市用于公共交通运营业务的全部车辆数。新购、新制和调入的运营车辆，自投入之日起开始计算；调出、报废和调作他用的运营车辆，自上级主管机关批准之日起不再计入。

城市绿地面积 指报告期末用作园林和绿化的各种绿地面积。包括公园绿地、生产绿地、防护绿地、附属绿地和其他绿地的面积。

公园绿地 城市中向公众开放的、以游憩为主要功能，有一定的游憩设施和服务设施，同时兼有健全生态、美化景观、防灾减灾等综合作用的绿化用地。包括综合公园、社区公园、专类公园、带状公园和街旁绿地。其中综合公园、专类公园和带状公园面积之和为公园面积。